新思历史
Book

探索世界 ｜ 发现自己

转型与碰撞

THE
WEST
Encounters and Transformations

VOL.
I

Brian Levack
[美] 布赖恩·莱瓦克

Edward Muir
[美] 爱德华·缪尔

Meredith Veldman
[美] 梅雷迪斯·维德曼
著

陈恒 马百亮 徐英华
译

中信出版集团 | 北京

图书在版编目（CIP）数据

碰撞与转型：全三册 /（美）布赖恩·莱瓦克，
（美）爱德华·缪尔，（美）梅雷迪斯·维德曼著；陈恒，
马百亮，徐英华译 .-- 北京：中信出版社，2024.8
ISBN 978-7-5217-5230-4

Ⅰ.① 碰… Ⅱ.① 布… ② 爱… ③ 梅… ④ 陈… ⑤ 马
… ⑥ 徐… Ⅲ.① 西方文化—文化史 Ⅳ.① K500.3

中国国家版本馆 CIP 数据核字（2023）第 168952 号

碰撞与转型
著者： 　［美］布赖恩·莱瓦克 ［美］爱德华·缪尔 ［美］梅雷迪斯·维德曼
译者： 　陈恒 马百亮 徐英华
出版发行：中信出版集团股份有限公司
　　（北京市朝阳区东三环北路 27 号嘉铭中心 邮编 100020）
承印者： 　北京利丰雅高长城印刷有限公司

开本：880mm×1230 mm　1/32　　　印张：52.75　　字数：1266 千字
版次：2024 年 8 月第 1 版　　　　　印次：2024 年 8 月第 1 次印刷
京权图字：01-2024-1546　　　　　　审图号：GS（2024）1579 号
书号：ISBN 978-7-5217-5230-4
　　　　　　　　定价：388.00 元（全三册）

总目录

分目录

561 **第 11 章**

中世纪西方的危机

前言

　　我们编写这部书的目的，是要回答我们所生活其中的文明的身份认同问题。记者、政治家和学者经常把我们的文明，以及它的政治意识形态、经济体制和文化称为"西方的"，而他们并没有充分考虑这个称谓的含义，以及为什么这样称呼可能是恰当的。在全球化时代，把我们的文明归入西方文明已经变得很有问题。国际市场的建立、全球化观念的迅速传播，以及流行文化从一个国家传播到另一个国家，这往往使人们很难区分哪些是西方的，哪些不是。这部《碰撞与转型》为读者提供了一部西方文明史，其中强调了这些西方身份认同的问题。我们的目标既不是要理想化西方文明，也不是要指责西方文明，而是要描述西方文明在不同历史时期的主要特征。

　　本书仔细探讨了两个基本问题：首先，西方的定义是如何随着时间而改变的？它的边界是如何变化的？它的文化特征又是如何变化的？其次，西方和西方思想是通过什么方式发展起来的？我们认为，西方是发生在其地理边界内外的一连串文化碰撞的产物。我们将通过详细描述这些地区的政治史、社会史、宗教史和文化史来探讨这些碰撞及其所带来的变革，而这些地区曾经是西方的一部分。

定义西方

　　西方是什么？它是如何产生的？它又经历了怎么样的历史发展过程？许多教科书想当然地认为世界上哪些地区或民族构成了西方。它们把西方的历史看作欧洲历史的某种扩展。尽管我们对欧洲在西方定义中的中心地位没有异议，但我们认为，西方不仅是一个边界不断变化的地理范围，而且是一个文化范围，一个文化影响力超越欧洲地理和政治边界的区域。我们如此坚定地相信这个概念，以至于我们在本书"引言"中写了"西方是什么？"这节介绍性文字，以鼓励读者思考自己对西方文明的理解，并指导读者对每一章节的理解。我们所说的西方文明的许多特征起源于地理上不属于欧洲的地区（如北非和中东）。自 15 世纪以来，来自非欧洲地区（如北美和南美、俄罗斯东部、澳大利亚、新西兰和南非）的各种社会群体、种族和政治团体都以这样或那样的方式把自身与西方密切联系起来。在这一节中，我们对西方的边界给予了相当大的关注，并展示了文化之间的边界是如何产生的，尤其是在东欧和东南欧。

作为一个地理和文化范围，"西方"被认为是最近才出现的一个术语，而它所指的文明直到 11 世纪才有了明确的定义，尤其是在十字军东征期间，那时西欧的基督徒形成了一种独特的文化身份。在此之前，我们只能谈论创造西方的强大力量，特别是西欧、拜占庭帝国和伊斯兰世界三者间的动态互动。

几个世纪以来，西方文明获得了许多显著的特征，其中包括世界两大法律体系（民法法系和普通法系），世界三大一神教（犹太教、基督教和伊斯兰教），特定的政治和社会哲学，政治组织形式（如近代官僚制度和民主制度），科学探究方法，经济组织制度（如工业资本主义），以及独特的艺术、建筑和音乐的风格。有时，这些特征中的一个或多个成了西方身份认同的主要来源：中世纪的基督教、启蒙运动时期的科学和理性主义、19—20 世纪的工业化，以及 20 世纪晚期对个人自由和民主的执念。然而，这些西方身份认同的来源总是受到挑战和质疑，无论是在它们崭露头角的时候，还是在它们看起来最成功的时候。西方文化从来就不是单一的，即使在今天提到"西方"也有很广泛的含义。

文化碰撞

西方的定义与我们这本书的中心主题密切相关，那就是文化碰撞的过程。在整部书中，我们将西方视为一系列文化碰撞的产物，这些碰撞既有西方外部的，也有西方内部的。我们认为，西方的起源和发展是在一个不断包容和排斥的过程中进行的，而这一过程是由不同群体之间和同一群体内部的一系列碰撞所导致的。一般来说，这些碰撞可以被描述为外部碰撞、内部碰撞或意识形态上的碰撞。

外部碰撞

外部碰撞发生在不同文明的民族之间。在西方作为一个明确定义的实体出现之前，外部碰撞发生在不同民族之间，如希腊人和腓尼基人之间，马其顿人和埃及人之间，罗马人和凯尔特人之间，等等。11世纪以后，西方民族和非西方民族的外部碰撞主要发生在欧洲人探险时期、扩张时期和帝国主义时期。例如，在16—17世纪，一系列外部碰撞发生在欧洲人与非洲人、亚洲人以及美洲原住民等群体之间。本书第13章、第18章和第24章的大部分内容深入探讨了这些外部碰撞，并讨论了它们是如何影响西方文明和非西方文明的。

内部碰撞

我们对碰撞的讨论也包括西方国家不同社会群体之间的类似互动。这些内部碰撞往往发生在主从群体之间，如领主和农民之间，统治者和臣民之间，男人和女人之间，工厂主和工人之间，主人和奴隶之间。受过教育的人和文盲之间的碰撞，在整个西方历史上反复出现，也属于这一类型。在不同的宗教团体和政治团体之间经常会发生碰撞，如基督徒和犹太人之间，天主教徒和新教徒之间，以及皇权绝对主义者和共和主义者之间。

意识形态上的碰撞

意识形态上的碰撞包括各种思想体系之间的相互影响，最显著的是宗教学说、政治哲学和关于世界本质的科学理论。这些意识形态上的冲突通常是由内部碰撞引发的，西方社会内部的不同群体支持不同的政府理论或对立的宗教信仰时，就会发生这样的内部冲突。中世纪早期基督教与多神教之间的碰撞、19世纪自由主义与保守主义之间的碰撞、20世纪法西斯主义与共产主义之间的碰撞，都是意识形态上的碰撞。有些意识形态上的碰撞具有外部碰撞的特征，比如在十字军东征期间，当伊斯兰教的力量和基督教的力量陷入冲突时，以及在20世纪下半叶，苏维埃共产主义和西方民主之间陷入冷战时。

本书阐明了这些碰撞的多样性以及它们的影响。就其本质而言，碰撞是互动的，但它们的形式不同：暴力的或和平的，胁迫的或合作的。其中一些导致了把西方思想强加于西方地理边界以外的地区，或导致了西方社会中的主流文化的延续。然而，更多的时候，碰撞导致了相互间的交流，在这个交流过程中，西方文化和非西方文化，或者主导群体和从属群体的价值观，都经历了重大转型。本书不仅指出了这些碰撞，而且通过不时回到西方身份认同的问题上来讨论它们的意义。

涵盖范围

本书全面涵盖了政治史、社会史和文化史，也更广泛地涵盖了西方甚至世界。

全面涵盖

本书的目标是要全面涵盖政治史、社会史和文化史，以及宗教史和军事史。政治史确定了这本书的基本结构，一些章节包括了连续的政治叙事，如关于希腊化文明、宗教分裂时期、绝对主义和国家建构、法国大革命和大众政治的到来等部分。因为我们把西方理解为一个文化范围和地理范围，所以我们把文化史放在一个突出的位置。因此，本书包括了丰富的内容，如希腊哲学和文学、意大利文艺复兴的文化环境、法国大革命时期新政治文化的创造，以及第一次世界大战后欧洲弥漫的文化绝望和渴望的氛围。本书还特别关注宗教史，包括伊斯兰教、基督教和犹太教的历史。与其他许多著作不同，我们对宗教的讲述一直延续到现代。

本书广泛涵盖女性的历史和性别的历史。只要有可能，我们就将女性的历史与那个时期更广泛的社会史、文化史和政治史相结合。在关于古典希腊、文艺复兴、宗教改革、启蒙运动、工业革命、第一次世界大战、第二次世界大战和战后时期的章节中，也有单独的关于女性的章节。

西方与世界

本书所涵盖的地理范围很广。因为西方是一系列碰撞的产物，所以西方与之互动的外部区域至关重要。有三章具体论述了西方与世界之间的关系，它们是：

这些章节提供了大量关于撒哈拉沙漠以南非洲、拉丁美洲、中东、印度和东亚的信息。

本书在对东欧和伊斯兰世界的讲述上也别具一格，这些地区通常被认为位于西方边界之外。但这些地区是重要的文化碰撞场所。

最后，本书还讲述了美国和澳大利亚，这两个国家都已成为西方的一部分。我们认识到，大多数美国大学生有机会学习作为一门独立学科的美国历史。但是我们如果把美国当作一个西方国家来对待，就会获得一种不同的视角，例如：本书把美国独立战争看作大西洋沿岸四次革命之一，把美国在 19 世纪的统一看作西欧更广泛发展的一部分，把它的工业化模式与英国的工业化模式相关联，认为它在冷战中扮演的核心角色是全球性意识形态碰撞的一部分。

致谢

我们要感谢 Michael Maas，他对第二版的贡献已经被纳入本版的第 1—8 章。我们也要感谢 Priscilla McGeehon，在本书前三版的创作过程中她给予了很多支持；Janet Lanphier 帮助我们设计了第三版；Gerald Lombardi 对前八章提供了很好的编辑评论；Charles Cavaliere 指导我们完成了编写第三版的漫长过程。在编写第五版的过程中，我们要感谢 Clark Baxter、Ed Parsons、Angela Kao 提供的专业知识。

我们也要感谢以下朋友和同事提出的宝贵意见或建议，他们是 Gabor Agoston、Catherine Clinton、Catherine Evtuhov、Wojciech Falkowski、Benjamin Frommer、Andrzej Kaminski、Adam Kozuchowski、Christopher

Lazarski、Robert Lerner、David Lindenfeld、John McNeill、Suzanne Marchand、John Merriman、James Miller、Daria Nalecz、Yohanan Petrovsky-Shtern、Karl Roider 和 Mark Steinberg。最后，我们要感谢 Graham Nichols 提供的电信技术援助和专门知识。

意大利帕埃斯图姆（Paestum）的赫拉神庙。意大利的希腊殖民者在公元前 6 世纪建造了这座神庙。希腊的思想和艺术风格传播到了整个古代世界，这既有希腊殖民者的贡献，比如帕埃斯图姆的殖民者，也有模仿希腊的其他民族的贡献。

图片来源：Galina Mikhalishina / Alamy

引言

西方是什么？

许多影响公众舆论的人——政治家、教师、神职人员、记者和电视评论员——经常会提到"西方价值观""西方""西方文明"。他们使用这些术语，好像不需要解释似的。但是这些术语是什么意思呢？西方一直是不同的文化、宗教、价值观和哲学相互影响的舞台，对西方的任何定义都不可避免地会引发争议。

对西方的定义一直存在争议。请注意下面这两首诗的不同之处。拉迪亚德·吉卜林（Rudyard Kipling, 1865—1936）是欧洲帝国主义的热心推动者，他在大英帝国鼎盛时期写下了《东西方民谣》（*The Ballad of East and West*）：

> 东方就是东方，西方就是西方，两者永不相遇，
> 直到地球和天空都站在上帝的审判席上。……[1]

第二首《东方/西方诗》（*East / West Poem*），是一个居住在夏威夷的华裔美国人林永得（1946年生）写的，他表达了指代全球文化特征和方向的术语所造成的困惑：

> 东方是东方，
> 西方是西方，

哪里是西方？纵观历史，西方国家的边界已经发生了多次移动，但始终包括这张卫星照片中所显示的地区，即欧洲、北非和中东。

图片来源：GSO Images / The Image Bank / Getty Images

但是在地理课上，
我一直不明白，
为什么东方在西方，
而西方在东方，
从来没有人在意两者之间的区别。[2]

本书关注的就是两者的区别，并且它也表明，与吉卜林的观点相反，东方和西方经常"相遇"。这些相遇创造了东方和西方的概念，并帮助确定了两者之间不断变化的边界。

西方边界的变化

西方最基本的定义是一个地方。西方文明现在通常被认为包括欧洲、美洲、澳大利亚和新西兰等地区。然而，这是对西方的当代定义。把这些地区归入西方是欧洲通过殖民和征服进行长期扩张的结果。

本书从一万年前的伊拉克开始讲起，最后一章又回到对伊拉克战争的讨论。但与此同时，西方历史只是偶尔会关注美索不达米亚地区。西方的历史始于动物的驯化、第一批农作物的种植，以及在两河流域和尼罗河流域远距离贸易网络的建立。这些河谷中的城市、王国和帝国孕育了西方最早的文明。在公元前 500 年前后，作为现代西方文化祖先的这些文明已经从亚洲西南部和北非传播到整个地中海地区，这里受到了埃及、希伯来、希腊和罗马等的思想、艺术、法律和宗教的影响。由此产生的希腊－罗马文化创造了西方世界最持久的基础。到了公元 1 世纪，罗马帝国成了历史学家们所认为的西方世界的中心，其疆域涵盖了西欧和南欧的大部分地区、地中海沿岸地区和中东。

在很多个世纪里，这些古老的基础确定了西方的边界。然而，在 20 世纪，西方更多地关注文化、身份认同和技术，而不是地理。第二次世界大战后，日本作为一个亚洲国家接受了人权和民主等西方价值观，它是否成了西方的一部分？大多数日本人可能不认为他们已经接受了"西方的"价值观，但这个从未被欧洲列强殖民过的传统亚洲国家蓬勃发展的资本主义和稳定的民主，使西方的概念变得复杂起来。再以南非共和国为例，直到 1994 年，南非一直由少数白人统治，这些白人是欧洲移民的后裔。这个压迫性的白人政权侵犯了人权，拒绝所有公民享有完全的法律平等，并监禁或杀害那些质疑政府的人。只有当向黑人开放的民主选举取代这个政府时，南非才完全接受了其他西方国家所认为的西方价值观。在这些发展之前和之后，南非在多大程度上属于西方呢？

俄罗斯又是怎样的呢？长期以来，俄罗斯一直认为自己是一个与欧洲其他国家有着文化、经济和政治联系的基督教国家。俄罗斯人断断续续地认同他们的西方邻居，特别是在彼得大帝统治时期（1682—1725），但是他们的邻居并不总是相信他们。在13—14世纪蒙古人入侵之后，俄罗斯的大部分地区与西方其他地区相隔绝，在1949—1989年的冷战期间，西方国家将当时的苏联视为敌人。俄罗斯什么时候是"西方国家"，什么时候不是？

因此，当我们谈论西方的地理范围时，我们几乎总是在谈论地中海地区和欧洲大部分地区（后来还有美洲）。但我们也将表明，与"西方"接壤的国家，甚至是与之相距遥远的国家，在许多方面也可能被视为西方国家。

西方世界内部不断变化的身份认同

西方不仅是一个地区，还是西方文明的发祥地。西方文明包含了文化史，这一传统可以追溯到几千年前的古代世界。在这一漫长的时期，我们现在所认为的西方逐渐成形。它的许多特征在这一时期显现出来：政府形式、经济体制、科学研究方法，以及宗教、语言、文学和艺术。

在整个西方文明的发展过程中，人们认识自己的方式也发生了变化。古代世界的人们没有这样的西方共同身份认同意识，他们只知道自己是一个部落的成员、一个城镇的公民或一个帝国的臣民。但是，随着基督教和伊斯兰教的传播，这些"西方"土地上独特文明的概念发生了微妙的变化。人们越来越不把自己视为一个特定帝国的臣民，而是更多地将自己视为一个信仰共同体的成员——不管这个共同体是由犹太教、基督教的追随者组成的，还是由伊斯兰教的追随者组成。这些信仰共同体划定了今天仍然存在的接纳和排斥的界限。从距今大约1 600年前开始，基督教的君主和神职人员开始消灭多神教（对多神的崇拜），并排斥犹太人。在距今 1 000 年至 500 年前，基督教当局一直在努力将穆斯林逐出欧洲。欧洲人对西方的定义不包括伊斯兰社会，尽管穆斯林继续生活在欧洲，欧洲人与穆斯林进行贸易并相互影响。伊斯兰国家自己也设置了障碍，认为自己与西方基督徒是对立的，虽然穆斯林继续回顾他们与犹太人和基督徒在古代世界的共同文化起源。

在 15 世纪的文艺复兴时期，这些古老的文化起源成为思考西方身份认同的宗教归属之外的另一种选择。从文艺复兴时期的历史观点来看，犹太人、基督徒和穆斯林都是古埃及人、希伯来人、希腊人和罗马人的后裔。尽管存在分歧，但这些宗教的追随者有着共同的历史。事实上，在文艺复兴后期，许多犹太思想家和基督教思想家设想有可能重新发现一种单一的普世宗教，他们认为这种宗教在古代世界一定曾经存在过。如果他们能重新获得这种宗教，他们就能恢复他们所想象的曾经在西方盛行的统一。

西方的定义也因为距今大约 500 年前开始的欧洲殖民主义而发生了变化。当欧洲列强在海外建立庞大的帝国时，它们把西方的语言、宗教、技术和文化带到世界上许多遥远的地方，让西方身份认同成为一个可移植的概念。在一些被殖民的地区，如北美、阿根廷、澳大利亚和新西兰，欧洲新来者的数量远远超过了原住民，这些地区与英国、法国和西班牙一样成为西方的一部分。在其他欧洲殖民地，尤其是在亚洲大陆，西方文化并未发挥类似的影响力。

由于殖民主义的影响，西方文化有时会与其他文化融合，在这个过程中，两者都发生了变化。巴西是南美洲的一个国家，这里居住着大量的原住民、非洲奴隶的后代和欧洲殖民者，它集中体现了定义西方的复杂性。在巴西，几乎每个人都会讲西方的语言（葡萄牙语），信奉西

象牙盒里的航海罗盘（现藏于英国伦敦的国家航海博物馆）。这是一种主要用于海上的导航装置，可能是意大利人于 1570 年前后制造的。罗盘起源于中国，传入欧洲之后，帮助欧洲人从事环绕世界的远洋航行。

图片来源：Bridgeman Images

方的宗教（基督教），参与西方的政治和经济体制（民主和资本主义）。然而，在巴西，所有这些西方文明的特征都已成为一种独特文化的一部分，其中融合了原住民、非洲和欧洲的元素。例如，在狂欢节期间，巴西人穿着原住民的服装，在欧洲乐器的伴奏下跳着非洲节奏的舞蹈。

西方价值观

对今天的许多人来说，对西方最重要的定义是坚持"西方价值观"。典型的西方价值观包括民主、个人主义、普世人权、对宗教多样性的容忍、私有财产的所有权、法律面前人人平等，以及探究和言论的自由。然而，这些价值观并不总是西方文明的一部分。事实上，它们描述的是理想，而不是现实；这些价值观在整个西方世界并不是普遍被人接受的。因此，这些价值观并非一以贯之；不同时期的西方历史表现出很大的不同。直到最近，西方社会才开始重视法律或政治上的平等。在古罗马和整个中世纪的欧洲，富人和当权者比奴隶和穷人享有更多的法律保护。在中世纪，大多数基督徒完全相信向穆斯林和异教徒开战以及限制犹太人的行为是理所当然的。在18世纪末之前，很少有西方人对奴隶制提出疑问。在整个19世纪，西方一直存在着强大的由出身所决定的社会等级制度。此外，一直到20世纪，大多数女性被排除在平等的经济机会和受教育的机会之外。在许多地方，女性至今仍然没有获得平等的机会。在20世纪，数以百万计的西方人追随那些扼杀探究自由、剥夺许多公民的基本人权、将恐怖主义作为国家工具，以及审查作家、艺术家和记者的领导人。

界定何为西方的诸价值观不仅随着时间的推移而改变，而且一直存在着激烈的争议。例如，当今最具争论性的政治问题之一就是"同性婚姻"问题。在这场争论中，双方都以"西方价值观"为论据。同性婚姻合法化的支持者强调平等和人权，他们要求所有公民平等地享有婚姻所提供的基本法律保护。而反对者则强调一夫一妻制的异性婚姻的传统对西方法律、道德和宗教规范的重要性。当前这场争论向我们表明，对"西方价值观"或对"西方"本身的理解并不统一。围绕这些价值观一直存在争议和斗争。换句话说，这些价值观是有历史的。本书重点介绍并考察了这段历史。

提出正确的问题

那么，我们如何才能理解西方作为一个地区和身份认同的意义、

西方的主要地理区域

海拔

英尺	米
13 123	4 000
6 562	2 000
3 281	1 000
1 640	500
656	200
0	0
海平面以下	海平面以下

0   500 千米
0   500 英里

大西洋

挪威海

北海

凯尔特海

比斯开湾

地中海

黑海

里海

红海

波斯湾

乌拉尔山脉

高加索山脉

扎格罗斯山脉

幼发拉底河

博斯普鲁斯海峡

达达尼尔海峡

爱琴海

阿尔卑斯山脉

喀尔巴阡山脉

南喀尔巴阡山脉

喀尔巴阡山脉

亚平宁山脉

第勒尼安海

亚得里亚海

爱奥尼亚海

伊比利亚半岛

比利牛斯山脉

直布罗陀海峡

阿特拉斯山脉

80°E
70°E
60°E
50°E
40°E
30°E
20°E
10°E
0°
10°W

50°N
40°N
30°N

这些是本书中反复出现的主要地理区域。

西方不断变化的边界和定义，以及整个西方文明呢？简而言之，西方文明在其漫长的历史进程中经历了什么？今天的西方文明又是什么？

回答这些问题是本书所面临的挑战。这些问题都没有简单的答案，但有一种方法可以找到答案。方法很简单，那就是总是问一下"何事""何时""何地""何人""如何""何故"等问题。

"何事"的问题

什么是西方文明？这个问题的答案将随时间和地点的变化而变化。事实上，在本书所涵盖的早期历史中，"西方文明"并不存在。相反，在中东、北非和欧洲出现了许多独特的文明，每一种文明都对后来的西方文明做出了贡献。随着这些文化的发展和融合，西方文明的观念得以慢慢形成。因此，对西方文明的理解将随着章节的不同而变化。西方在地理上最广泛的变化是 15—20 世纪欧洲国家的殖民扩张。在文化上最重要的变化也许是人们接受了科学探究在解决人类问题和哲学问题时的价值，这种方法在 17 世纪之前并不存在，但成了西方文明的显著特征之一。在 18 世纪末和 19 世纪，工业化成为西方经济发展的动力。在20 世纪，资本主义形式的工业化和共产主义形式的工业化给西方带来了非工业化地区无法比拟的经济繁荣。

"何时"的问题

西方文明的典型特征是什么时候首次出现的？它们盛行了多久？每一章的内容都是根据时间来组织的。时间本身没有任何意义，但它们之间的联系可以揭示一切。例如，时间表明，让第一个文明得以诞生的农业革命持续了漫长的大约 1 万年时间，这比这部书所涵盖的所有其他事件和发展所经历的时间都要长。在启蒙运动思想家阐明宗教宽容的理念之前，宗教战争已经困扰欧洲近200年。美国内战——亚伯拉罕·林肯总统所称的维护联邦的战争——与德国和意大利为国家统一而进行的战争发生在同一时期。换句话说，通过关注同时代其他国家的统一战争，美国人的经历似乎不再是美国特有的事件。

通过了解事情发生的时间，人们可以确定事件发生的主要原因和后果，从而看到西方文明的转变。例如，农业生产带来的粮食过剩和驯养动物是文明出现的先决条件。16世纪新教改革后宗教统一的突然崩溃导致一些欧洲人在两个世纪后提出政教分离。在19世纪，许多西方国家为了应对本国各民族的巨大差异，开始致力于维护或建立国家统一。

"何地"的问题

西方文明位于何地？当然，地理位置不会发生非常迅速的变化，但"西方在何地"的观念确实发生了变化。通过追溯西方和其他与之互动的更遥远的文明之间不断变化的关系，这些章节强调了西方在"何地"的变化。理解西方边界变化的关键是研究西方内部的人如何看待自己，以及他们是如何认定别人"不是西方人"的。例如，在冷战期间，许多西方国家视当时的苏联为敌人，而不是西方的一部分。在过去的几个世纪里，澳大利亚和北美成为西方的一部分，因为这些地区的欧洲征服者认同欧洲的文化和传统，反对非欧洲的价值观。

"何人"的问题

是谁创造了西方文明？有些人姓名是不可知的，比如发明了古代美索不达米亚数学系统的无名天才；有些是众所周知的，圣人如圣女贞德，思想家如伽利略，将领如拿破仑。但大多数是普通的、卑微的人，比如从欧洲移民到美国的数百万人，或者是那些在第一次世界大战的战壕中受苦受难的数百万不幸之人，他们也影响了事件发展的进程。

也许最常见的情况是，本书中提到的人与其说是自己命运的塑造者，不如说是制约他们做出各种选择的力量的受动者，而他们的这些选择往往会带来意想不到的结果。在 11 世纪，当整个欧洲的农民开始使用一种新型犁来耕种土地时，他们仅仅是在努力提高生产率。他们当然没有意识到他们生产的食物的增加会刺激人口的巨大增长，而正是因为人口的增长，中世纪的城市繁荣和建造宏伟的大教堂才成为可能。回答"何人"的问题需要评估个人和群体在多大程度上控制了事件，以及事件在多大程度上控制了他们。

"如何"的问题

西方文明是如何发展的？这是一个关于过程的问题，即随着时间的推移，事物是如何变化或保持不变的。本书从几个方面确定并探索了这些过程。

首先，贯穿本书的主题是碰撞与转型。什么是碰撞？距今大约 500 年前，当西班牙征服者到达美洲时，他们接触到了加勒比人（Carib）、阿兹特克人（Aztec）、印加人（Inca）和其他在美洲生活了数千年的人的文化。随着西班牙人与当地人战斗、贸易和通婚，每种文化都发生了变化。对于西班牙人来说，他们从美洲引入新的植物，并对他们所认为的对世界观的严重威胁做出了回应。反过来，许多美洲原住民接受了欧洲的宗教习俗，学会了说欧洲语言。与此同时，美洲印第安人因欧洲人带来的疾病而大量死亡，这些疾病他们从未接触过。美洲原住民也目睹了他们自己的文明和政府被殖民列强毁灭的过程。经过几个世纪的互动或相互影响，双方都变得与过去大不相同。

事实上，这是一个不断与其他文化碰撞的过程，欧洲人与美洲人的碰撞是一个明显的例子。这些碰撞经常发生在不同文明的人民之间，比如古代希腊人和波斯人之间的斗争，或者19世纪欧洲人和中国人之间的斗争。其他的碰撞发生在生活在同一文明里的人们之间。这包括领主和农民之间、男性和女性之间、基督徒和犹太人之间、天主教徒和新教徒之间、工厂主和工人之间、资本主义者和共产主义者之间的互动。直到今天，西方文明的发展和变化都是通过一系列外部和内部的碰撞来实现的。

其次，各章的专题版块为西方文明如何发展的问题提供了答案。例如，文中题为"历史上的正义"的专题讨论的是有关审判或其他涉及正义问题的事件。这一专题的有些讨论说明了西方文明是如何在价值观冲突的斗争中形成的，比如对伽利略的审判的讨论探讨了宗教和科学之间有关真理概念的冲突。其他专题文章展示了解决内部文化的、政治的和宗教的紧张关系的努力如何帮助塑造了西方的正义观念，比如关于"信仰行动"（auto-da-fé，见第15章的"历史上的正义"专题）的文章阐述了当局如何试图强制推行宗教的一致性。

有些章还包括"碰撞与转型"这一专题，展示了不同的人群、技术和思想之间的碰撞不是抽象的历史过程，而是以一种转变历史的方式将人们聚集在一起的事件。例如，当阿拉伯人把骆驼作为一种战争工具时，他们为了自己的目的而使用骆驼。因此，他们能够很快征服他们的邻居，并将伊斯兰教传播到阿拉伯半岛以外的地方。

每一章中"不同的声音"这一专题包括来自该时期的文件，这些文件代表了当时某一特定的重要问题的不同看法。这些相互对立的声音表明人们如何讨论对自己重要的事情，并在此过程中形成了今天的西方价值观。例如，在20世纪50年代和60年代初的法阿战争期间，法国军官在审讯据称是叛乱分子的阿尔及利亚囚犯时，就酷刑的适用性问题进行了辩论。对恐怖分子嫌疑人是否可以使用酷刑的辩论今天仍在继续，这揭示了关于西方价值观的一个尚未解决的冲突。

"何故"的问题

为什么事情会以历史上的方式发生？这是所有问题中最难的一个，也是历史学家们争论最多的一个。举一个持久争论的例子：为什么希特勒要发起一项消灭欧洲犹太人的计划？这可以用他童年时发生的事情来解释吗？他心里是否充满了他投射到犹太人身上的自我厌恶？这是不是为了制造一个敌人，让他能更好地统一德国？他真的认为犹太人是德国所有问题的根源吗？难道他仅仅是利用了德国人民根深蒂固的反犹太倾向吗？历史学家们仍在围绕这些问题进行讨论。

这样的问题引发了关于人类动机和人类个体在历史事件中的作用问题。了解他人的动机是一件十分困难的事情，即使是同时代的人。因此，历史学家是否真的能够了解过去某个特定个体的动机吗？任何个体是否能够决定历史的进程？"何事""何时""何地""何人""如何"这些问题都相对容易回答，但是"何故"这个问题是最有趣的，也是最迫切需要答案的。

本书没有（也不能）总是对"何故"这个问题给出明确的答案，但它试图列出最大的可能性。例如，历史学家并不十分清楚是什么导致了14世纪的黑死病。在短短几个月内，黑死病夺去了大约三分之一的人的性命。但他们可以回答许多关于那场大灾难后果的问题。为什么在14—15世纪出现了这么多新大学？这是因为很多教士死于黑死病，造成的巨大人才缺口需要填补。关于"何故"这个问题的答案并不总是显而易见的，但它们总是很吸引人，寻找答案正是学习历史的乐趣所在。

切尔纳沃达的思想者（左）。这尊罗马尼亚切尔纳沃达（Cernevoda）镇附近墓地出土的新石器时代的雕塑只有 4.5 英寸（约 11.4 厘米）高，比冰人奥茨至少要早 1 200 年。虽然大多数现存的新石器时代艺术关注的都是生育和狩猎这些基本问题，这个赤陶雕塑却描绘了一个陷入沉思的人物。右边的是同一墓地出土的坐着的女人。

第 1 章

文明的发端

公元前 10000—前 1150 年

1991 年，在奥地利和意大利之间的阿尔卑斯山上，当徒步旅行者们艰难地穿越冰川时，他们有了一个惊人的发现：一具冻在冰川里的男性尸体。他们向执法部门报了警，但警察很快把尸体交给了考古学家，因为这名男子在距今 5 300 年前就死掉了。冰人奥茨［Ötzi the Ice Man，这个人的名字来自他的葬身之地奥茨山谷（Ötztal Valley）］很快成为全球名人，成为许多猜测和研究的对象。现在我们知道，奥茨患有肠道寄生虫病，在生命的最后几个月里，他病了好几次。医治者已经在他身上刺了 61 条纹理，都是用木炭摩擦过的小切口。

然而，奥茨并非死于疾病。他手上的伤口和左肩上的一个箭头表明，他在生命的最后几个小时在与人搏斗，而真正致命的是头部的一击造成的脑部创伤。奥茨生活（和死亡）在一个过渡时期，即新石器时代末期。公元前 10000—前 3000 年，新石器时代是最根本的革命性变革时期，人们学会了通过农业生产和驯养动物来获得食物。食物生产的成就使人类发展出新的定居式村落；奥茨可能就住在这样的一个村落里。他胃里的东西表明，他最近不仅吃了野山羊和鹿，还吃了面包。事实上，粮食的种植和面粉的加工都是几千年来人类与自然环境相互作用和反复实验的结果。西方文明的历史，乃至全人类的历史，都始于人类与自然之间这一最根本的碰撞。

奥茨去世那天遗留的所有物显示出了他对自然环境的了解和利用

能力。为了御寒，他穿了一双皮靴，里面垫有用来保暖的干草。他腰间的袋子里装着点火器，他背着轻便的木质背包，里面装着盛有余烬的容器。他箭筒里的箭在制作时使用了一种天然黏合剂，这种黏合剂能把骨头和木质箭杆牢牢地固定在一起，而他的弓是用精心挑选的木头做的，既有硬度又有柔韧性。

然而，在奥茨的遗物中，最值得注意的是他的斧子。它有一个普通的木柄，但斧头是铜的，在大多数工具是石头的时代，这是一个非常珍贵的特征。只有地位很高的人才会携带铜质武器，因此奥茨很可能是一名武士。在他的头发中还发现了砷，且含量很高，这表明他可能做过铜匠，考虑到铜在其社会中的重要性，这个职业可能也有很高的地位。

学习如何开采和利用金属，就像学习如何生产食物一样，是一个革命性的转型。它标志着新石器时代向青铜器时代的转型，社会变得更加复杂，有不同的社会阶层和更广泛、更复杂的经济互动。一旦人们定居在一个地区，他们就开始交易在当地买不到的商品，尤其是当这些商品象征着财富和权力的时候。奥茨的定居点位于铜矿资源丰富的地区，他们很可能不仅生产自己的铜质工具和武器，还用铜制品与其他定居点进行交易。随着贸易路线长距离的延伸和不同民族之间交流的扩大，思想和技术也得到了传播。文明就是从这些众多的碰撞中产生的。

然而，世界上最早的文明并不是在奥茨生活的阿尔卑斯山中部出现的，甚至也不是在"西方"的地理中心欧洲出现的。最早的文明是在我们今天所说的中东发展起来的。因此，在这一章我们将关注两个问题：早期人类社会内部和不同社会之间的碰撞如何创造了世界上最早的文明？这些文明与后来的西方文明之间有什么关系？

定义文明，定义西方文明

人类学家用"文化"一词来描述人类集体适应环境、组织经验以及将知识传授给下一代的各种方式。文化是一个相互联系的网络，它使人们能够了解自己和自己在世界上的位置。考古学家将"文明"定义为一种城市文化，其中在财富、职业和权力方面存在着等级差异。一位考古学家指出："文明的完整清单"包括"城市、战争、文字、社会等级制度，以及先进的工艺"。[1]有了城市，人口达到了发展专门职业和一定经济生产水平所必需的数量，从而足以维持复杂的宗教和文化习俗，并发动战争。为了记录这些经济、文化和军事的相互作用，文字应运而生。社会组织变得越来越复杂。大多数人的劳动养活着一小群政治、军事和宗教领导者。这些领导者不仅控制着政府和战争，还控制着食物和财富的分配。他们为众神建造庙宇，并参加将神性与王权和军事实力联系起来的宗教仪式，从而增强了自己的权威。就这样，在早期文明中，军事、经济、政治和宗教这四种权力集中在少数人手中。

正如地图 1.1 所示，在全球范围内有许多文明是独立发展的。本章主要讨论美索不达米亚文明和埃及文明，因为"西方文明"的许多特征就起源于这两个地区。因此，西方文明史并非始于今天西方的核心地区欧洲，而是始于我们通常所说的中东地区，以及古代历史学家所说的"近东"地区。*就像我们下文将会看到的那样，到了公元前 2500 年，美索不达米亚的城邦出现了繁荣的文明，埃及在古王国时期已经很发

---

* 诸如"近东"、"中东"和"远东"（中国、日本和韩国）等术语，暴露了它们的西欧起源。对于印度、俄罗斯或澳大利亚的人来说，美索不达米亚地区和埃及都不位于"东方"。

地图 1.1 文明的起源

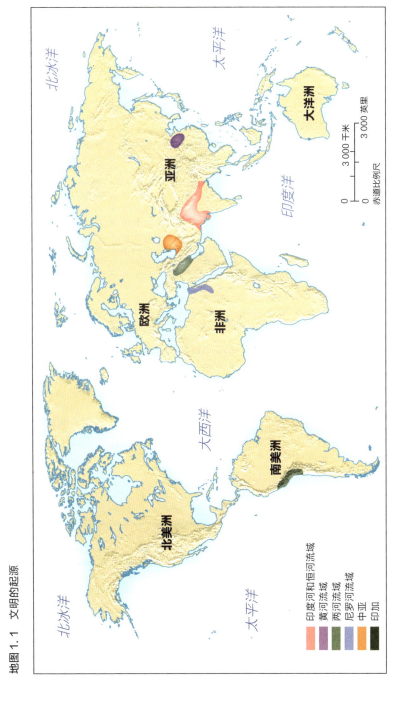

印度、中国、中亚、秘鲁、埃及和西南亚的文明是独立发展起来的。然而，西方文明植根于最早出现在埃及和西南亚的文明。哪五个特征构成了"文明的完整清单"呢？

达，而此时欧洲人仍然生活在分散的农业聚居点。由于没有伴随城市生活而来的大量人口和财富，早期的欧洲人并没有形成一个文明所特有的专门的宗教阶层、经济阶层和政治阶层。

使文明成为可能：食物生产革命

在人类存在的前 17.5 万多年里，被称为"智人"（意为"最聪明的人"）的现代人类并不生产食物。然而，在距今大约 1.5 万年前，随着最后一个冰期的结束，一个重大变革的时代到来了：食物生产革命。随着地球气候变暖，谷类植物大面积分布。狩猎者和采集者学会了收集这些野生谷物，并将它们磨碎作为食物。当人们了解到野草的种子可以引种到新的土地上生长时，植物的种植就开始了。

人们也开始驯养猪、绵羊、山羊和牛，这些动物最终取代了野生动物，成为肉类的主要来源。驯养山羊最早出现在公元前 8900 年前后亚洲西南部的扎格罗斯山脉。猪因吃垃圾而能很好地适应人类居住地，在公元前 7000 年前后首次被驯养。到公元前 6500 年前后，驯养动物已经非常普遍。

耕种和放牧都是很辛苦的工作，却能带来巨大的回报。即使是简陋的农业耕种方法也能生产出比狩猎和采集多 50 倍的食物。由于食物供应的增加，更多的新生儿能够安全度过婴儿期。随着人口的增加，人类定居点也随之扩大。随着对食物生产的掌握，人类社会不仅能够养活自己，还能有盈余，这让经济专业化成为可能，并促进了社会、政治和宗教等级制度的发展。

第一个食物生产社会

世界上最早的食物生产社会出现在西南亚。如地图 1.2 所示，人们

地图 1.2　食物生产的开端

这幅地图显示了早期的农业种植区域，已知最早的食物生产发生在古代西南亚。人们最早开始作物种植的是哪三个地区？

开始在三个不同地区种植粮食。考古学家称第一个区域为黎凡特走廊*，又名"新月沃地"，这是一片宽25英里（约40千米）的狭长地带，从今天以色列和巴勒斯坦的约旦河流域一直延伸到伊拉克的幼发拉底河流域。第二个区域是美索不达米亚以北扎格罗斯山脉脚下的丘陵地带。第三个区域是安纳托利亚，也就是现在的土耳其。

---

* "黎凡特"（Levant）一词是指东地中海沿海地区。这个词源于法语，原意为"日出之地"。

来自安纳托利亚的恰塔尔休于（Çatal Hüyük）定居点的考古证据，让我们得以一窥这些早期的食物生产社会。公元前 6000 年，这里是一个由密密麻麻的长方形泥屋组成的小镇，占地面积为 32 英亩（约 13 公顷），随着人口的增长，居民们重建此地十几次。大约有 6 000 人居住在这些紧密相连的房子里，居民们只能沿着屋顶行走，要想进入自己的家，就要借助梯子从开在屋顶上的洞口下去。这样的设计虽然居住起来很不方便，但更加安全，使其免受外来者的攻击。考古学家发现了大约 40 个用作神龛的房间。这些房间墙壁上的绘画和雕刻题材主要涉及古代社会的两个主要问题：生育和死亡。在这些场景中，秃鹰以人类尸体为食，而妇女生出公牛（与生殖力有关）。这些神龛里也有女神的雕像，她们夸张的乳房和臀部表明了生育仪式在宗教仪式中的重要性。

只有富裕的社会才能允许一些人成为艺术家或祭司，而不是农民。按照当时那个时代的标准来衡量，这个社会是很富裕的。它的大部分财富来自黑曜石贸易。这种火山石是新石器时代最重要的商品，因为它可以用来制作锋利的工具，如箭头、矛头和收割庄稼用的镰刀。

恰塔尔休于控制着从安纳托利亚到黎凡特走廊的黑曜石贸易。随着财富的增加，社会地位的差异也在扩大。虽然恰塔尔休于的大多数墓地几乎没有什么区别，但有几具尸体陪葬有珠宝和其他财物，这一做法表明这个社会开始有了贫富差别。

远距离黑曜石贸易给恰塔尔休于带来了财富，也加速了黎凡特走廊、扎格罗斯山脉和安纳托利亚的这些食物生产社会的发展。新石器时代的这些贸易网络为孕育世界上第一个文明的商业和文化碰撞奠定了基础。

恰塔尔休于。这幅图展示了考古学家对公元前 7 千纪至公元前 6 千纪土耳其恰塔尔休于定
居点的重构。在这样的定居点中，人们从屋顶上的洞口进入房间，现代的隐私和自决观念
在当时是不可想象的。

图片来源：De Agostini Picture Library / Bridgeman Images

欧洲的转型

在所有这些发展中，欧洲仍然很落后。欧洲气候更冷、更潮湿，这
意味着土壤更黏重，比近东地区的土地更难耕种。公元前 8000 年前后开
始于西南亚的食物生产革命，在 1 000 年后才传播到欧洲，当时农民（可
能来自安纳托利亚）冒险来到希腊北部和巴尔干半岛。公元前 6000 年，
定居的农业社会已经成为西南亚的常态，但直到公元前 2500 年左右，

欧洲的狩猎和采集文化才让位于分散的小型农耕文化（见地图1.3）。

随着农民和牧民遍布欧洲，人们适应了不同的气候和地形。各种各样的文化从这些差异中发展而来，但其中大多数具有相同的基本特征：早期欧洲人种植多种农作物，并饲养家畜。他们生活在由一个个聚集的定居家庭农场组成的村落里。妇女坟墓中的珠宝和其他奢侈品表明，这些村落社会可能赋予妇女很高的地位，这也许是因为这些村落是母系社会。

两个重要的技术变革导致了这些早期欧洲群体的重大经济和社会变化。第一个是冶金术，即用火熔化金属的技术。冶金知识从巴尔干半岛缓慢地传播到整个欧洲，那里的人们早在公元前5500年就开始开采铜矿了。用铜和金制成的珠宝成了人们梦寐以求的奢侈品（想想冰人奥茨的铜斧头吧）。随着金属贸易的蓬勃发展，长距离的贸易网络也随之发展起来。这些网络为不同民族、不同文化观念和思想的相遇与融合提供了条件。

犁的发明是早期欧洲第二大重要的技术发展。在公元前5千纪晚期或公元前4千纪早期，美索不达米亚地区发明了犁，到了公元前2600年左右犁已经在欧洲被广泛使用。犁的使用意味着耕种欧洲黏重土地所需要的人手更少了。随着越来越多的人能够开垦林地，农业社会开始扩大并成倍增长，个人主动性和财富积累的机会也随之增多。

这些发展的结果是，就像近东地区很久以前所发生的那样，欧洲村落的社会结构变得越来越等级分化，贫富之间的差距越来越大。从随葬在坟墓里的武器来看，我们知道在这些早期的欧洲社会里，武士逐渐占据统治地位。随着对军事力量的日益重视，女性的地位可能有所下降。

这些早期的欧洲人建造了不朽的历史遗迹，让后来的人们得以一

地图 1.3 欧洲新石器时代文化

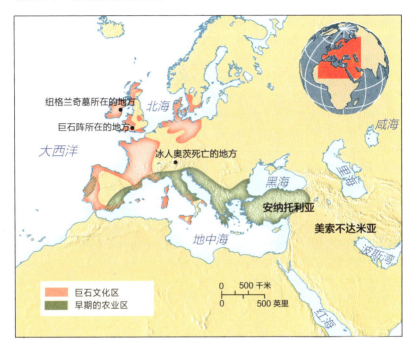

在新石器时代，随着欧洲大多数民族改变了生活方式，从狩猎和采集转向食物生产，新的文化得到了发展。这些早期欧洲社会的特点是什么？

窥他们的文化习俗和宗教信仰。例如，在公元前 4000 年左右，欧洲人开始用巨石建造公共墓地。从斯堪的纳维亚半岛到西班牙，以及地中海西部的岛屿，都有这样的巨石建筑。其中最著名的是英国的巨石阵。大约在公元前 3000 年，人们开始建造圆形巨石阵。第一个由"青石"组成的巨石阵建造于公元前 2300 年左右，所用石材是从威尔士山区运来的。

早期欧洲的另一个历史遗迹位于爱尔兰东部的博因河谷（Boyne Valley），那里点缀着 30 多个新石器时代的人造墓地。其中最令人叹为

巨石阵。这座位于英格兰南部的巨石阵由两圈立石组成，内外圈的立石顶部由巨大的石块连接。它是在没有借助轮式车辆或金属工具的情况下建成的，这些巨大的石头是从很远的地方搬运而来。

图片来源：Desfa24 / Fotolia

观止的是纽格兰奇（Newgrange）墓，这是一个惊人的占星学和工程学成就，其历史可以追溯到公元前 3200 年左右。一个由 90 多块巨石组成的巨石圈环绕着纽格兰奇墓，其中许多巨石雕刻着精美的图案。这座坟墓由 20 万吨石头和一个土丘组成，石头全部是人工搬运到这里的。坟墓有一条超过 60 英尺（约 18 米）长的墓道，墓道尽头是一个巨大的拱形墓室。在冬至（12 月 21 日）的早晨，朝阳的光线从一个精确设置的开口照射进来，穿过墓道，照亮整个墓室。

关于这些宏伟建筑的用途仍存在争议。巨石阵和纽格兰奇墓等遗迹的建造主要是为了观测恒星和行星的运动吗？或者它们主要是神圣的空间，是人们聚集在一起举行宗教仪式的地方？最近在巨石阵的发掘表明，它可能是一个用于治疗仪式的综合设施，而纽格兰奇墓肯定至少部分上用于墓葬。所有这些理论都可能是正确的，因为古人通常把治疗和天文观察与宗教实践和来世联系在一起。

只有具有高级的工程技术和天文知识，再加上高度的劳动组织，才有可能建造出巨石阵和纽格兰奇墓这样的建筑。然而，我们如果回想一下文明所需要的"完整清单"——城市、战争、文字、社会等级制度，以及先进的工艺[2]——就可以看到，到了公元前 1600 年，除了城市和文字之外（这两项对建设人类文明都至关重要），欧洲人已经符合了所有的要求。因此，本章其余部分的讨论将不着重于欧洲，而是着重于从公元前 6000 年以来西南亚和埃及的重大发展。

美索不达米亚：王国、帝国和征服

第一个文明出现在美索不达米亚（即两河流域）冲积平原。西南亚位于非洲、亚洲、欧洲三大洲的交会处，成为民族、技术和思想的交会之地。

苏美尔人的王国

约公元前 5300 年，美索不达米亚南部苏美尔人的村落形成了一个充满活力的文明，并繁荣了数千年。苏美尔文明的关键是水。没有正常的水供应，苏美尔人的村落和城市就无法生存。"美索不达米亚"

（Mesopotamia）一词源自希腊语，意思是"两河之间的土地"。坐落在底格里斯河和幼发拉底河之间的苏美尔文明随着其人民学会控制河流而发展，这些河流让人类得以定居，也让人类的生存受到威胁。

底格里斯河和幼发拉底河是变化无常的水源，容易发生突然的、破坏性极强的洪水泛滥。苏美尔的村民首先建造了防洪堤坝，并开挖水渠，分流这两条大河的洪水，灌溉他们干旱的土地。后来他们发现，联合几个村庄的劳动力，就可以建造和维护更大规模的堤坝系统和灌溉渠道。为了集中管理堤坝和灌溉渠，并指导维护、扩建水利工程所需的劳动力，以及分配这一系统所产生的资源，村庄合并成了城市，而城市成了苏美尔文明的基础。

在公元前 2500 年，大约有 13 个主要的城邦（也可能多达 35 个）以一种有组织的方式管理着两河流域（见地图 1.4）。在苏美尔的城邦，城市中心直接控制着周围的乡村。"人类历史上第一座城市"[3]乌鲁克（Uruk）占地约 2 平方英里（约 5 平方千米），人口约 5 万人，包括城市居民和生活在城市周围约 10 英里（约 16 千米）半径内的小村庄里的农民。

苏美尔的城市是经济中心，陶工、工具制造者和织工等工匠聚集在这里交换信息，交易商品。由于引进了轮式车，远距离贸易变得更加容易，商人们可以从安纳托利亚、黎凡特走廊、阿富汗和伊朗等地带来在美索不达米亚南部无法获得的木材、矿石、建筑石材和奢侈品。

在每个城邦内部都有一群精英，他们管理着城邦的经济生活。乌鲁克和其他苏美尔城邦实行的是"再分配经济"。在这种经济体制下，中央政府（如国王）控制着农业资源，并将其"重新分配"（以一种不平等的方式！）给他的人民。考古学家在发掘乌鲁克时发现了数百万个有着相同大小和形状的碗。有一种理论认为，这些碗是用来分配的容

地图 1.4　西南亚的王国和帝国

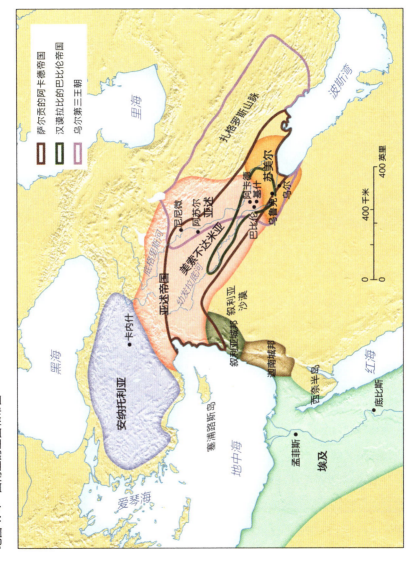

图例：
- 萨尔贡的阿卡德帝国
- 汉谟拉比的巴比伦帝国
- 乌尔第三王朝

里海

波斯湾

扎格罗斯山脉

苏美尔

底格里斯河

尼尼微

阿苏尔
亚述

巴比伦
基什
乌鲁克
乌尔
阿卡德

亚述帝国

美索不达米亚

幼发拉底河

叙利亚
沙漠

叙利亚城邦

迦南城邦

黑海

卡内什

安纳托利亚

塞浦路斯岛

地中海

爱琴海

西奈半岛

红海

孟菲斯

埃及

底比斯

0　　　　400 千米
0　　　　400 英里

在公元前 3000—前 1500 年，西南亚先后出现了苏美尔城邦、萨尔贡的阿卡德帝国、汉谟拉比的巴比伦帝国，以及乌尔第三王朝。这四个不同的政治实体有什么共同特点？

器，工人们用它来领取每天定量的粮食。可以肯定的是，这些碗是大规模生产的，只有一个强大的中央权力机构才能组织如此大规模的生产。

在苏美尔历史的初期，神庙的祭司组成了这个中央权力机构。苏美尔人相信他们的城市属于一位神灵：神拥有所有的土地和水，和神一起居住在神庙里的祭司代表神来管理这些资源。实际上，这意味着祭司以物品（粮食、牲畜和纺织品等）和劳务（从事城市和灌溉工程的建设）的形式收取很高的赋税；作为回报，他们从这些收入中为工人提供口粮。

随着苏美尔城邦的扩张，一种新的权威出现了。宏伟的宫殿和神庙的遗迹表明强大的王室家族出现了，他们加入了神庙祭司的行列，一起管理城邦的资源。历史学家认为，随着城邦的扩张，争夺土地的竞争加剧了。这样的竞争导致了战争，在战争中，军事领导人的权力不断扩大，并最终成为国王。

国王的权力依赖于他的军事力量。然而，为了保持人民的忠诚和顺从，国王还需要宗教上的合法性。于是，王权很快成为苏美尔宗教传统的重要组成部分。苏美尔人相信"君权神授"，国王代表神灵实行统治。根据苏美尔人的一句谚语："人是神的影子，而国王是神的化身。"[4]因此，挑战国王就是挑战神灵，这绝对不是一个好的选择。王室与神庙祭司就这样联合起来，剥削其臣民的劳动，积聚权力和财富。宗教和政治生活完全交融在一起。

尽管苏美尔各城邦在政治上并不统一，事实上还经常互相争斗，但许多因素造就了单一的苏美尔文化。首先，这些国王之间保持着外交关系，并与整个西南亚的统治者保持着外交关系，这主要是为了保护他们的贸易网络。这些贸易网络也有助于把苏美尔人的城邦联系在一起，并培育了共同的苏美尔文化。其次，这些城邦拥有同样的众神。流传下来的文献显示，不同城邦的苏美尔人唱着同样的赞美诗，用同样的咒语来保护自己不受邪灵的伤害，并向他们的孩子提供同样的宝贵建议和警告。然而，他们使用两种不同的语言，即苏美尔语和阿卡德语，前者与其他任何已知语言都没有联系，而后者与希伯来语和阿拉伯语一样，是闪米特语系的一支。

萨尔贡大帝的阿卡德帝国

约公元前 2340 年，苏美尔城邦的政治独立结束了，当时它们被一名武士征服，他的名字叫萨尔贡（Sargon，意为"真正的国王"），并在阿卡德（Agade，或 Akkad）建立了首都，这座城市的遗址可能就位于现在的巴格达城下面。在萨尔贡统治时期（约公元前 2340—约前 2305），美索不达米亚的历史出现了一个急转弯。萨尔贡建立了历史上第一个帝国。"帝国"一词指的是控制外国领土的王国或国家，这些领土或在同一片大陆上，或在海外。除了相对短暂的分裂时期外，数千年来帝国统治成了西南亚政治国家的标准形式。因为按照定义，一个帝国将不同的民族聚集在一起，它就像一个文化交流和碰撞的大熔炉。我们将在下文看到，这样的交流和碰撞不仅改变了被征服的民族，也改变了征服者自己。

地图 1.4 显示，萨尔贡帝国的疆域包括了从幼发拉底河向西一直延伸到地中海的一连串领土。萨尔贡可能是历史上第一个建立常备军的统治者，这支常备军的规模超过了近东地区的任何一支军队。这种强大的战斗力量当然有助于解释他是如何征服许多民族的。然而，要将这些民族融合成一个帝国，不仅需要军事力量，还需要创新的组织技能。曾经独立的苏美尔统治者成了萨尔贡的总督，并被要求将征收来的部分税款交给阿卡德。阿卡德语成为新的行政用语，并采用了一套标准的测量和计时系统，以提高记录的效率。

提高赋税以支付运营这个庞大帝国的成本至关重要。阿卡德的君主们通过多种方式创造收入。当然，他们会向百姓征税。因此，美索不达米亚有句谚语："有领主，也有国王，但真正让你害怕的人是税吏。"[5]他们还将大片的农田出租，要求被征服的人民定期进贡。此外，阿卡德的国王们还依赖于商业带来的收入，他们对从外国进口的原材料课以重税。事实上，大多数阿卡德国王把远距离贸易作为其外交政策的中心目标。他们派出军事远征队到安纳托利亚和伊朗去获取木材、金属和奢侈品。阿卡德军队保护着国际贸易路线，并管理着波斯湾的海上贸易，商人们用船只从印度和阿拉伯南部运来货物。

阿卡德军队也会发动战争。两项新的军事技术的使用改变了这个时代的战争。第一项是复合弓。复合弓的使用提高了弓箭手的杀伤力。他们对不同木材、动物骨骼和肌腱的使用，增加了弓的抗拉强度，也提高了箭的射程和速度。第二项重要的军事创新是一种早期形式的战车。这是一种沉重的四轮马车，上面载着一名车夫和一名长矛兵。早期的战车车厢是安装在固定式的轮子上（因此不能急转弯）的，由驴子拉着（直到公元前 2 千纪才开始使用更快的马），因此它一定很缓慢而且笨重。但事实证明，这种战车能有效地瓦解敌军的步兵编队。

在阿卡德人的统治下，美索不达米亚的城市繁荣昌盛起来。即便如此，阿卡德统治者也无法维护帝国的统一，历史学家至今无法完全理解其原因。早期的一种解释是，来自扎格罗斯山脉的劫掠部落渗透进了王国，造成了巨大的破坏。最近的研究表明，内战使阿卡德帝国分崩离析。不管原因是什么，阿卡德的国王们失去了对自己土地的控制，阿卡德在大约公元前 2250 年开始了一段无政府时期。在这段动荡不安的时期，一位作家哀叹道："谁是国王？谁不是国王？"经过大约一个世纪

战争中的苏美尔人。从这面"乌尔军旗"（约公元前 2500）上可以看到，苏美尔人的战车是由驴子拉动的重型四轮车。在 20 世纪 20 年代出土的这面"军旗"实际上是一个约 8.5 英寸 × 20 英寸（约 21.6 厘米 × 50.8 厘米）的木箱，上面是一幅用贝壳、红色次宝石和天青石组成的镶嵌画。这个木箱的一块面板描绘了苏美尔人的战争场景，另一块面板描绘的是一场庆功宴的场面，因此，考古学家将这两块面板分别标记为"战争"与"和平"。

图片来源：Tim Parmenter / DK Images

的混乱，帝国最终崩溃了。然而，萨尔贡作为强大的国王的典范，仍然活在西南亚人民的记忆和民间故事中。

乌尔第三王朝和亚述的崛起

随着阿卡德政权的崩溃，苏美尔的城邦重新获得了独立，但很快又被位于阿卡德以南的苏美尔城邦乌尔的国王乌尔纳姆（Ur-Nammu，约公元前 2112—前 2095 年在位）武力统一。乌尔纳姆建立了一个强大的王朝，并延续了五代。

这个王朝被称为乌尔第三王朝，它建立了一个比萨尔贡时期更复杂的行政官僚机构。像所有的官僚机构一样，它产生了大量的文献，因此我们才有了更多的关于这一时期的史料，比古代西南亚任何其他时期都要多。当地的精英作为国王的总督，管理着帝国的20个省份。为了保证他们的忠诚，国王常常与他们联姻。作为总督，这些当地精英控制着神庙的地产，维护着灌溉体系，并担任该省的最高法官。值得注意的是，他们并没有控制军队。乌尔第三王朝建立了一个独立的军事管理机构，并确保指派到每个省的将领都来自他省。这样，国王就可以确保将领效忠于王室，而不是效忠于当地的精英阶层。乌尔的国王也通过扮演神的角色来加强自己的力量。王室官员鼓励人们给他们的孩子起意为"舒尔吉（Shulgi）是我的神"之类的名字，以时时提醒他们国王的神圣权威。

尽管乌尔的国王拥有复杂的官僚机构，并声称自己是神，但事实证明，他们无法长期避免政治分裂。叛乱的规模和频率都在增加。约公元前2000年，被称为亚摩利人（Amorite）的半游牧民族开始从西部和北部的大草原入侵美索不达米亚。亚摩利人攻占了设防的城镇，掠夺粮食和补给品，造成了大范围的破坏。他们的入侵破坏了经济的稳定。农民逃离农田。没有了粮食和收入，通货膨胀和饥荒又席卷整个帝国。乌尔第三王朝崩溃了，美索不达米亚再次分裂成许多争吵不休的城邦。

亚述和巴比伦

在很长一段时间里，萨尔贡在美索不达米亚所建立的那种政治统一依然无法实现，因为国家和人民为了争夺控制权而互相争斗。这一时期的政治分裂促成了一项重要的发展：美索不达米亚经济部分"私有化"，因为个人开始以自己的名义进行贸易。他们与神庙或宫殿没有任何联系，因此，在再分配经济之外，这些自由人中有许多人变得富裕起来。通过陆路或海路旅行的商人从地中海沿岸、波斯湾和红海沿岸带来了纺织品、金属以及金银珠宝等奢侈品。

例如，亚述商人建立了一个复杂的贸易网络，将阿苏尔城邦与安纳托利亚连接起来（见地图 1.4）。在阿苏尔，他们把锡和纺织品放在驴背上，结成商队，前往安纳托利亚南部城市卡内什（Kanesh），进行为期 50 天的艰苦旅程。现存的记录非常详细，我们知道每头驴驮着 150 磅（约 68 千克）重的锡或 30 件纺织品，每件约重 5 磅（约 2.3 千克）。他们一到卡内什，就把驴子卖掉，把货物换成金银，然后返回阿苏尔。与此同时，驻扎在卡内什的亚述商人在安纳托利亚各地出售运来的锡和纺织品。这种生意是有风险的，暴风雨、强盗或者驴子生病都会带来危险，但是其利润是巨大的，年利润高达 50% 到 100%。在这种经济繁荣的基础上，阿苏尔（或亚述）作为一个强大的城邦繁荣起来，直到古代西南亚历史上最强大的帝国缔造者之一的出现才削弱了它的实力。

到了公元前 1780 年，在汉谟拉比（公元前 1792—前 1750 年在位）的统治下，巴比伦王国已经成为一个强大的帝国。汉谟拉比从未完全征服过亚述，但他支配了美索不达米亚的事务。和乌尔纳姆与萨尔贡一样，汉谟拉比建立了一个中央集权的行政机构来指导灌溉和建筑工程，并在他的王国发展商业。他的法典（本章后面将会讨论）和他写给其代理人的被保存下来的信件都表明，他事无巨细地关心经济生活。例如，在一封信中，他命令代理人把"一块土质优良、靠近水源的休耕地交给刻印人辛古拉尼（Sin-imguranni）"[6]。然而，汉谟拉比并没有扭转在政治分裂时期发展起来的经济部分私有化。巴比伦社会由繁荣的商人、手工业者、农民和水手组成。汉谟拉比喜欢把自己想象成一个仁慈的统治者，一种保护者父亲的角色。他说："我把苏美尔和阿卡德的人民安全地拥抱于怀中。"[7]

然而，汉谟拉比和他的继任者们都对其臣民课以重税。汉谟拉比的这些财政上的需求激起了臣民的怨恨，他死后，许多巴比伦省份成功反叛。财政收入的损失削弱了巴比伦帝国政府。

到公元前 1650 年，汉谟拉比的帝国已经缩小到只剩下巴比伦北部，也就是汉谟拉比当初成为国王时继承的领土。汉谟拉比的继承者们又控制了巴比伦北部达五代之久，但到了公元前 1400 年，一个新的民族加喜特人（Kassite）统治了这个国家。

文化延续性：美索不达米亚文化的传播

虽然在公元前 5300 年苏美尔文明的出现和公元前 1500 年巴比伦的崩溃之间，王国和帝国的兴衰贯穿了美索不达米亚的政治历史，美索不达米亚的文化却展现出非凡的延续性。在这几千年里，苏美尔人的宗教价值观、建筑风格、文学形式和其他文化观念被他们在商业活动和征服中遇到的不同民族所吸收、改造并传承。

美索不达米亚的世界观：宗教

受到美索不达米亚多变气候的强烈影响，宗教在苏美尔人乃至更广泛的美索不达米亚世界观中发挥了核心作用。苏美尔人并不认为他们的神是慈爱的或宽容的。苏美尔文明是在一个受极端且不可预测的气候条件影响的泛滥平原上产生的，这里既有毁灭性的干旱，也有洪水泛滥。苏美尔人对突如其来的暴雨、狂风或洪水可能造成的饥荒和破坏有切身的体验。他们把每一种自然力量都想象成一个善变的神，就像人类的国王或女王一样，常常是不公正的，必须去取悦和安抚：

> 不知我犯了什么错，
>
> 不知我做了什么不应该做的事。
>
> 有位男神向我发怒，
>
> 有位女神向我发怒。
>
> 我呼救，但没有人前来相助。[8]

　　苏美尔的宗教是多神论。苏美尔人相信有许多神控制着他们的命运。在苏美尔的万神殿中，众神之父、全能的国王阿努（Anu）统治着天空。恩利尔（Enlil）掌管着风，并引导人类正确使用武力。恩奇（Enki）统治着大地和河流，并指导着人类的创造和发明。伊南娜（Inanna）是掌管爱、性、生育和战争的女神。在苏美尔的城邦失去政治独立之后，这些神继续支配着美索不达米亚文化。在汉谟拉比征服了美索不达米亚的大部分地区后，巴比伦城的主神马杜克（Marduk）加入了这些神灵的行列，成为一位主要神灵。

　　由于负责献祭以安抚那些经常发怒的神，祭司们就像他们所服务的神庙和他们所祭祀的神一样，支配着美索不达米亚的文化。在每个苏美尔城市的中心都矗立着一座综合性建筑，包括供奉各种神的神庙、男女祭司居住的房子、储存祭品的仓库，以及俯视着这一切的塔庙。从乌尔的塔庙（ziggurat，吉库拉塔）的照片可以看出，它是一座巨大的方形或长方形庙宇，有着引人注目的阶梯设计。乌尔的塔庙大约建于公元前2100年，由乌尔纳姆建造，基座高达50英尺（约10米），上面有三组台阶，每组台阶有100级，通往主入口。塔庙的顶部没被保存下来，但是在乌尔纳姆的时代，有一个中央楼梯可以向上通往一座神庙。

乌尔的塔庙（图为塔庙的东北立面，约建于公元前 2100 年）。塔庙由泥砖砌成，是乌尔城宗教生活的中心。这座巨大的塔庙是由第三王朝的国王乌尔纳姆建造的，并由英国考古学家伦纳德·伍利（Leonard Woolley）爵士在 20 世纪 30 年代复原。

图片来源：Religions Photo Library / Bridgeman Images

　　乌尔纳姆建造这座塔庙的目的是要供奉这座城市的主神。苏美尔人相信每一座城市都受到一位男神或女神的保护，而这座城市应该作为神的神圣家园在尘世间的模型。高高耸立的塔庙让该城市的所有居民都时刻想着无处不在的神，这些神不仅控制着他们的商业，也控制着他们的命运。

美索不达米亚的世界观：科学

　　美索不达米亚人努力在一个经常充满敌意的环境中求生存，他们试图通过占卜来理解和控制他们的世界。为了"占卜"——推断和"解读"——未来，当地的女巫或祭司会寻找那些蕴藏在自然世界的信息，比如动物的内脏或自然界的异常现象。一旦一个人知道了未来是什么样子，他或她就可以努力去改变它。例如，如果预兆不好，一个人可以通过献祭来安抚神灵。

占卜和宗教祭祀似乎与科学没有多大关系，在 21 世纪的西方文化中，"宗教"和"科学"常常被视为对立的或至少是分离的领域。然而，美索不达米亚人的占卜实践帮助他们形成了一种对世界的"原始科学"态度。很多占卜是由"如果……那么……"这样的假设模式组成的。例如：

> 如果一匹马试图和一头牛交配，那么这片土地就会衰退；
>
> 如果一个人的胸毛往上卷，那么他就会成为奴仆；
>
> 如果（祭羊的）胆囊被剥去了胆管，那么国王的军队在军事行动中就会缺水。[9]

这种假设似乎很愚蠢，不科学。然而，它们建立在现代科学的一个基础之上，那就是对自然界的仔细观察。只有通过观察和记录自然界的"正常"过程，美索不达米亚人才有希望认识到隐藏在"异常现象"中的征兆。此外，在占卜的实践中，对个别事件的观察导致了对一般模式的假设的形成，我们称之为"归纳"，而这是科学分析的一个关键部分。美索不达米亚人在努力发现自然世界的理性模式以改善他们的生活环境时，正朝着一种科学思维方式的开端迈进，这是西方文明的一个重要方面。

这种原始的科学理解在古代美索不达米亚的科技、天文学和数学遗产中更为明显。苏美尔人发明了陶轮、马车和战车。他们发展了关于恒星、行星和月球运动的详细知识，特别是当这些运动与农业周期有关时，他们还在数学上做出了令人印象深刻的创新。许多苏美尔人的写字板上有乘法表、平方根、立方根、指数以及其他诸如如何计算贷款利息等实用信息。苏美尔人将圆划分成 360 度，并发明了一种 60 进位制的计数系统，我们今天仍然用这个系统来报时。

书写系统的发展

苏美尔人最重要的文化创新也许是书写系统。他们发明了一种独特的文字来记录他们的语言。历史学家称苏美尔人用利器在泥板上刻画出的符号为楔形文字。已知的最早用这种文字写成的文献来自公元前 3200 年的乌鲁克。书写起源于对记录的需求。到了公元前 4000 年前后，乌鲁克的官员们已经开始使用形状各异的陶筹来记录农产品和牲畜的数量，这种陶筹用黏土制成，形状各异。他们把这些陶筹放进空心泥球里封存，并在泥球的外面打上印记，以表明里面装的陶筹的数量和形状。到了公元前 3100 年，人们不再使用陶筹，而是直接用削尖的木棍或芦苇把这些图形刻画在扁平的泥板上。

随着商品和交易变得越来越复杂，符号的数量也成倍增加。要掌握数百种这样的符号需要高强度的学习。掌握了这些符号的书吏成为王室和宗教法庭上的重要人物，因为有了他们的工作，国王和祭司才能有效地管理他们城市的经济生活。苏美尔楔形文字传播开来，美索不达米亚和西南亚的其他民族开始采用楔形文字来记录自己的语言信息。

《吉尔伽美什史诗》

书写系统的发展使文学传承成为可能。苏美尔人讲述了关于他们的神和英雄的激动人心的故事。经过代代流传和改编，这些故事塑造了美索不达米亚历史上关于神的行为和人类反应的观念。

其中最受欢迎的一个故事是关于传说中的乌鲁克国王吉尔伽美什的。吉尔伽美什半神半人，骚扰他的臣民。他向年轻女子提出性要求，

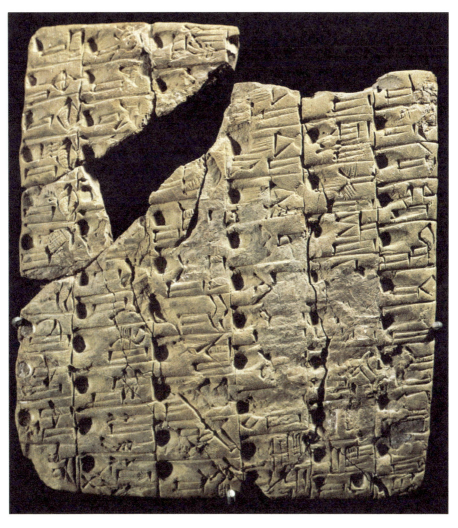

楔形文字石板。在公元前 3200 年前后，乌鲁克城邦的一名苏美尔书吏在这块石板上写下了这些楔形文字。

图片来源：Iraq Museum, Baghdad / Bridgeman Images

并让年轻男子承担建筑任务。乌鲁克人祈求诸神转移这位令人讨厌的英雄的注意力。众神创造了一个野人恩基杜（Enkidu）去与吉尔伽美什战斗，但在一场旷日持久的摔跤比赛以平局告终后，两人成为挚友，并开始了一系列的冒险。两位英雄与怪兽战斗，甚至智胜众神。最后，众神被激怒，决定处死恩基杜，不久恩基杜暴病而死。吉尔伽美什因失去了忠实的朋友而哀痛，开始寻找长生不老的秘诀。最终，他与长生不老无缘。作为一个凡人，吉尔伽美什成为一位英明的国王，他的臣民也从他的新智慧中受益。他意识到，虽然他必有一死，但他的名声可能会永远流传下去，于是他争取在他身后留下一座宏伟的城市，永远活在人们的记忆中。

我们今天所知道的《吉尔伽美什史诗》是用阿卡德文字记录的，但很明显，这些故事可以追溯到阿卡德帝国兴起之前很久。吉尔伽美什的故事被美索不达米亚人吟诵了数千年，其影响甚至超越了萨尔贡或汉谟拉比的帝国的疆域。故事的主题、情节和人物改头换面，出现在不同民族的文学作品中，如古希伯来人（记录在《希伯来圣经》或《旧约》中）和早期希腊人的文学作品。然而，这些民族根据他们自己的文化价值观对这些故事进行了改编。《吉尔伽美什史诗》以其苏美尔人的形式展示了一种美索不达米亚式的世界观：它强调了神的反复无常、自然的敌对以及人类存在的不可预测性。它给人的不是天堂的希望，而是对生活的不可预测性的服从，以及在人类短暂的一生中找到某种回报的机会。

法律与秩序

美索不达米亚文化还通过另一项重要的创新在未来的社会中留下了永恒的印记，那就是以书面形式保存下来的法典。迄今为止，考古学家已发现了三部苏美尔法典，最早的可以追溯到公元前 2350 年左右。

历史上的正义

美索不达米亚正义中的神和国王

美索不达米亚的国王把公正地统治自己的臣民放在了优先的位置。太阳神兼正义之神沙马什（Shamash）给他的两个孩子分别取名为"真理"和"公正"。在《汉谟拉比法典》前言中，汉谟拉比解释了他的统治和神圣正义之间的关系：

> 当时，为了人民的福祉，阿努和恩利尔（两位最伟大的神）呼唤我的名字：汉谟拉比，虔诚而敬畏神灵的君主，并派我在国中主持公道，消灭恶人，使强者不欺压弱者。[10]

美索不达米亚的法院审理的案件涉及财产、遗赠、边界、买卖和盗窃。一个由王室法官和官员组成的特别小组负责处理涉及死刑的案件，如叛国、谋杀、巫术、盗窃神庙物品或通奸。美索不达米亚人把审判和法律判决的记录刻在泥板上，这样其他人就可以引以为戒，避免了更多的诉讼。

当一个人把争讼提交给法院时，诉讼就开始了。法庭由三到六名法官组成，他们是从镇上的社会名流中选拔出来的，例如商人、书吏和官员。作为法官，他们可以凭权威谈论社会正义原则。

诉讼当事人代表自己发言，并通过证人、书面文件或主要官员的陈述提供证词。目击者要在神庙里的神像前庄严宣誓要说真话。一旦当事人出示完所有的证据，法官就做出裁决，并宣布判决结果和惩罚。

有时，法官们会要求被告自证清白，他向哪位神灵宣誓，就由哪位神灵做出裁决。然后，被告将接受一项严酷的考验或神判，他或她必须跳进河里，在水面以下游一定的距离。那些幸存下来的人被认为是无辜的，而溺水则构成了有罪的证据，是神给予的公正惩罚。

下面是公元前1770年左右发生在马里城的一段神判的故事。一位王后被指控对国王施咒。她的女仆阿玛特·萨迦尼姆（Amat Sakkanim）被迫代表她接受这场神判。结果，她被淹死了，至于王后是否被定罪，我们不得而知。

关于阿玛特·萨迦尼姆……河神淹死了她……"我们让她跳进河里，对她说：'你要发誓，你的女主人没有对她的丈夫雅卡布－阿达德（Yarkab-Addad）施过任何魔咒；你没有泄露宫廷的任何秘密，也没有其他人打开你的女主人的信；你的女主人没有对她的丈夫犯罪。'说完这些誓言，他们让她跳到河里。河水淹没了她，她溺水而亡。"[11]

这个故事说明了美索不达米亚人的宗教信仰，即有时只有神才能决定对与错。相比之下，下面的审判摘录来自一桩杀人案，在这桩案件中，做出最终判决的是人，而不是神。约公元前 1850 年，三名男子谋杀了一名神庙官员。不知什么原因，他们把他们所做的一切告诉了受害者的妻子宁达达（Nindada）。当案件进入审判阶段时，九名原告要求处决这三名杀人犯。他们还要求将宁达达也一并处死，因为她没有向当局报告这起谋杀案。原告说：

杀人者不配活在这个世上。那三个男人和那个女人都应该被处死。

宁达达的两名辩护者指出，她没有参与谋杀，因此应该被释放。

宁达达是卢－尼努尔塔（Lu-Ninurta）的女儿，就算她的丈夫被杀害，与她又有什么关系呢？为什么要将她处死？

法庭同意了辩护者的意见，理由是宁达达保持沉默是合理的，因为她的丈夫没有给她提供必要的生活照顾。

她的丈夫不给她提供必要的照顾……她为什么不能对他的死保持沉默呢？是她杀了自己的丈夫吗？只要惩罚那些杀害她丈夫的人就够了。

宁达达幸免于难，三名被指控的杀人犯被处决。法院的这一判决成为后来法官们经常引用的一个重要判例。

《汉谟拉比法典》。国王汉谟拉比站在太阳神兼正义之神沙马什面前接受象征王权的权杖，以象征"君权神授"，王权不可侵犯。

图片来源：Iberfoto / SuperStock

古代世界最著名的立法者是巴比伦帝国的缔造者汉谟拉比。《汉谟拉比法典》由民法、商法和刑法组成，共282条，是世界上现存最古老的完整的法律汇编。但我们不知道这些法律实际执行到什么程度。许多学者认为，《汉谟拉比法典》是一种公关活动，汉谟拉比努力展现一种社会理想，同时也让他的臣民（和神）把他视为"正义之王"（见本章"历史上的正义"专题）。

很明显，汉谟拉比的法律揭示了古巴比伦统治者的社会价值观和日常关切。例如，许多法律侧重于能使巴比伦农业繁荣发展成为可能的灌溉系统。其中一条法律这样规定："如果一个人打开了他的灌溉渠道，却因疏忽大意，让水冲毁了邻居家的田地，他应该根据邻居可能的收成予以赔偿。"否则他就要被卖为奴隶。[12]

《汉谟拉比法典》通过对社会阶层的法律区分，巩固了巴比伦的社会等级制度。贵族（被称为自由人）的罪行受到比普通人更宽大的对待，而奴隶则没有任何权利。如果一个贵族杀死了一个平民，他或她只需支付罚款；而如果一个平民杀死了一个贵族，他或她将被处死。但《汉谟拉比法典》也强调了政府官员的责任，并谨慎地规范商业交易。如果一所房子被抢劫，而市政官员未能找到窃贼，那么房主有权要求市政府赔偿他的损失。如果一个放债人突然把利率提高到超过原来商定的标准，那么他将丧失全部贷款。

《汉谟拉比法典》中近四分之一的内容涉及家庭事务。法典对嫁妆和遗产问题的关注反映了美索不达米亚将婚姻首先视为一个商业问题。苏美尔语中"爱"一词的字面意思是"测量土地"，即标记土地边界，并指定谁得到了它。《汉谟拉比法典》还强调了美索不达米亚家庭生活的父权制结构。在父权制社会中，丈夫／父亲在家庭中拥有至高无上的权威。因此，《汉谟拉比法典》规定，如果妻子有了情人，她和她的情人都将被淹死，而丈夫则被允许发生婚外性行为。如果妻子不认真履行家庭义务或不能生育，丈夫有权与她离婚。然而，美索不达米亚妇女（至少是那些"自由"阶层的妇女）并不是没有任何权利。如果丈夫在没有充分理由的情况下与妻子离婚，那么他必须归还妻子的全部嫁妆。与后来的许多社会不同，在这里，已婚妇女是一个独立的法人实体，她可以出庭，可以签署商业合同。一些巴比伦妇女还可以经营生意，如小商店和旅馆。

汉谟拉比的许多法律似乎很严苛：如果一间房屋因施工不当而倒塌，造成房主死亡，那么建造者就会被处死。如果一个自由人打了另一个自由人怀孕的女儿，导致她流产，他必须为这个未出世的孩子支付 10 个银币；但如果他打死了另一个自由人的女儿，那么他自己的女儿就要被处死。然而，通过这些法律，《汉谟拉比法典》提出了西方法理学的一个基本原则：惩罚必须与罪行相适应（至少在涉及社会地位相等的人之间的犯罪时）。1 000 年来，"以眼还眼"（而不是"以命还眼"）的原则帮助塑造了西南亚的法律思想。这一原则后来影响了希伯来人的法律，并通过《希伯来圣经》（基督教《旧约》）影响着西方的正义观。

埃及：尼罗河帝国

在美索不达米亚文明的兴衰之际，另一个文明出现在遥远的南方，它就是埃及文明。埃及位于非洲东北角的狭长地带，其生存依赖于尼罗河。尼罗河是世界上最长的河流，从 4 000 英里（约 6 437 千米）外东非的源头向北注入地中海。埃及的最北部是尼罗河注入地中海的地方，是一个广阔而富饶的三角洲。每年 7 月中旬到 10 月中旬，这条河都会泛滥，留下大量淤泥，非常适合种植农作物。与西南亚不同的是，埃及每年的洪水泛滥都是有规律地发生的。对埃及人来说，大自然不是不可预测的，不会随时可能带来毁灭，而是一种仁慈的力量，慷慨地分享它的财富。

埃及的另一个地理特征也使它很幸运：它安全地坐落在两个沙漠地区之间，这两个地区有效地阻止了外来征服者。美索不达米亚位于三大洲的交会处，很容易受到外敌的攻击，而埃及文明则位于一个更容易防守的位置。因此，埃及的历史因其政治稳定而著称。这种稳定性，再加上尼罗河泛滥的可预测性和慷慨馈赠，也许可以解释埃及文化中的自信和乐观。

历史学家将古埃及漫长的历史分为四个主要时期：前王朝和早王朝时期（公元前10000—前2680）、古王国时期（公元前2680—前2200）、中王国时期（公元前2040—前1720）和新王国时期（公元前1550—前1150）。不同王国之间的政治分裂时期被称为"中间期"。尽管经历了这些分裂时期，埃及人仍然保持了数千年非常稳定的文明。

埃及崛起为帝国

和美索不达米亚人一样，埃及人最初也是狩猎和采集民族，后来慢慢地转向种植庄稼和驯养动物。公元前5000—前4000年，尼罗河沿岸出现了小村庄，在那里人们可以很容易地协调他们的劳动。到了公元前3500年，埃及人已经可以通过农业和畜牧业过上舒适的生活。尼罗河沿岸出现了许多小城镇，由道路连接起来的市场中心逐渐成为工匠和商人交换商品的集散地。

在公元前3500—前3000年的前王朝末期，沿尼罗河沿岸的贸易产生了共同的文化和生活方式。城镇发展成为小王国，统治者们不断地互

地图 1.5　埃及：古王国、中王国和新王国

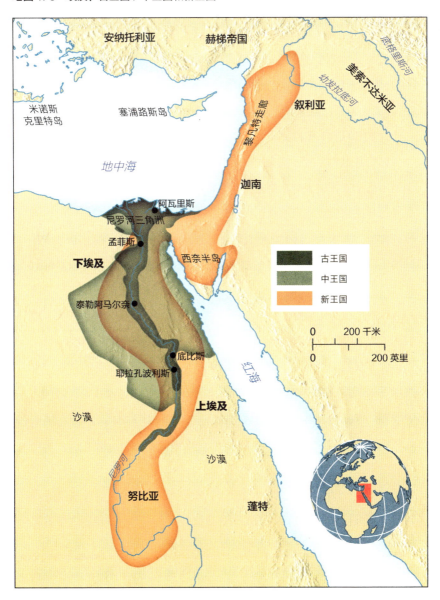

正如这幅地图所显示的，埃及的势力从其沿尼罗河三角洲的基地开始扩张，首先沿着尼罗河向南扩展，然后通过贸易和征服，扩张到西南亚。埃及对矿产资源的控制，尤其是黄金、绿松石和铜，在其商业繁荣中发挥了重要作用。与古王国和中王国相比，新王国有何不同？如何根据这幅地图来理解埃及和新王国和赫梯帝国之间的竞争？

相争斗，试图攫取更多的土地，扩大自己的权力。大鱼吃小鱼；到了公元前 3000 年，这些城镇被并入两个王国：南部的上埃及和北部的下埃及。后来，这两个王国联合起来，形成了历史学家们所说的"古王国"（见地图 1.5）。

古王国的国王和神灵

在新首都孟菲斯，埃及国王成为宗教、社会和政治生活的核心。在美索不达米亚，国王被认为是神在人间的代表，而埃及国王被认为是代表其他神灵来统治埃及的神。因此，古王国时期的埃及人称他们的国王为"善神"（"法老"这个称呼直到新王国时期才被使用），他们讲故事强调国王的神性。在一个这样的故事中，埃及的统治者奥西里斯（Osiris）被自己的邪恶的弟弟塞特（Seth）杀死，并把尸体切成碎块抛入尼罗河里。奥西里斯的儿子荷鲁斯（Horus）为父报仇，打败了塞特，夺回了埃及的王位。因此，所有的埃及国王在其统治期间都是荷鲁斯的化身。

关于奥西里斯、塞特和荷鲁斯的故事不仅强调了国王的神性，也强调了埃及世界观的中心主题：混乱和秩序的力量之间的斗争。塞特代表邪恶和混乱的力量。通过打败塞特，荷鲁斯战胜了混乱，恢复了埃及人所说的"玛阿特"（ma'at）。这个词在英语里没有对应的表达，在不同的上下文中，它可以代表真理、智慧、正义或稳定。上帝就是这样创造了世界——万物各就其位，各按其所愿。国王的主要任务是维持玛阿特，即维护秩序与和谐。国王的存在意味着宇宙的和谐秩序主导着王国，王国受到保护，免受混乱和破坏力量的影响。

和美索不达米亚人一样，埃及人也信仰很多神，但在埃及，神不会无缘无故地惩罚人类。由于尼罗河定期地、可预见地泛滥，它每年都会留下沉积物，对埃及人来说，自然界似乎远没有那么严酷和不可预测。

因此，他们认为他们的神在很大程度上是仁慈的。普通的埃及人往往会向次要的神灵祈祷，比如被描绘成一头怀孕河马的陶瑞特（Tauret），负责保护分娩时的妇女。然而，官方宗教以主要的国家神为中心，他们被供奉在全国各地的重要神庙中，接受人们的祭拜。太阳神是埃及最重要的神之一。他每天都乘船穿越天空，晚上休息，第二天早上再回来继续他永恒的旅程。通过无休止地重复日出日落的循环，太阳象征着重新建立起来的宇宙和谐秩序。然而，代表邪恶的蛇神阿波皮（Apopis）能像尼罗河中的芦苇一样缠住太阳神的船，不断威胁着这一秩序。只有在玛阿特得以维护的情况下，太阳神的宇宙之旅才能继续。

金字塔

古埃及宗教的一大特点是金字塔的建造，这些精致的建筑反映了埃及人对来世的重视。最早的金字塔建于公元前 2680 年左右，在那里，祭司们崇拜国王的雕像，其周围是巨大的泥砖砌成的金字塔。金字塔里有隔间，国王死后可以在那里继续享受他生前所享受的奢华。国王左塞尔（King Djoser，约公元前 2668—前 2649 年在位）在孟菲斯附近的塞加拉（Saqqara）建造了第一座金字塔，也是世界上第一座具有纪念意义的石头建筑。这个建筑今天被称为"阶梯金字塔"，坐落在左塞尔的墓地之上，六级台阶高高耸立，象征着通往天堂的阶梯。

在左塞尔之后的几个世纪里，国王们继续为自己建造金字塔，并为他们的王后建造小一点的金字塔，每座陵墓的建筑都变得更加复杂。墙壁越来越高，越来越陡，里面有隐藏的墓室和藏宝室。胡夫国王（King Khufu，又称"齐奥普斯"，Cheops）于公元前 2600 年左右建造的吉萨大金字塔是古代世界最大的人造建筑，由 200 多万块石头组成，每块石头的平均重量为 2.5 吨。它占地 13 英亩（约 5.3 公顷），高

左塞尔的阶梯金字塔。左塞尔在公元前 2668 年左右登上了埃及王位，立即命令他的维齐尔伊姆
霍特普（Imhotep）为他建造陵墓。在这之前，埃及人都是用泥砖建造金字塔，但伊姆霍特普打
破了传统，选择用石头来建造。

图片来源：Geoff Brightling / DK Images

达 480 英尺（约 146 米），高耸入云。

　　建造金字塔是一项旷日持久而耗资巨大的工程。除了长年累月在
建筑工地上劳作的建筑师、画家、雕塑家、木匠和其他专业人员，还有
石匠负责监督巨型建筑石材的采集和运输。当尼罗河每年淹没他们的农
田时，农民们就被组织起来，加入施工队伍，由国王提供报酬和食物。
每天有多达 7 万人在金字塔工地上挥汗如雨，而据估计，当时埃及的总

人口约为 150 万。一座座城市在金字塔建筑工地周围拔地而起，为工人、工匠和农民提供住所。公元前 2400 年以后，可能是因为造价过高，大型金字塔的建造停止了，但规模较小的陵墓的建造持续了几个世纪。

古王国的社会和政治秩序

国王和王室成员位于古王国社会和政治等级的顶端。作为人间的神，国王拥有绝对的权威。整个埃及——所有的土地，所有的资源，所有的人——理论上都属于国王。然而，埃及的王室成员并不能自由地以任何他们可能选择的方式行事。我们已经提到，维护玛阿特——确保事物保持神圣的秩序——是埃及世界观的核心。对埃及的国王来说，维护玛阿特意味着几乎任何时候都要遵循严格规定的仪式。管理王室成员的规则与统治平民的规则不同。例如，国王有很多妻子，经常娶自己的女儿和姐妹，而普通的埃及人实行的是一夫一妻制，并且只能与家庭以外的人结婚。

在王室成员之下是贵族，由祭司、朝廷官员和各省总督组成。这些贵族执行国王的命令。和美索不达米亚的帝国一样，埃及实行的也是再分配经济。国王的官员们先将埃及的农产品聚集起来，然后再将其重新分配到全国。记录国王财产和监督食物生产的工作落到了书吏的肩上，他们受过象形文字的训练。埃及象形文字（Hieroglyphs，字面意思是"神圣的雕刻"，故又称圣书体）既代表发音（就像西方的字母一样），又代表事物（像图画文字一样）。为了文学或行政目的而掌握数百个符号需要多年的学习。然而，这种努力是值得的，因为象形文字的知识赋予书吏巨大的权力。在 3 000 年的时间里，尽管王朝更迭，这些王室官僚仍然维持着埃及政府的运转。

普通埃及人可分为三类：熟练的工匠、农民和奴隶。在社会等级方面，工匠和熟练工人（如磨坊主和石匠）位于贵族之下。工匠受雇于国王或贵族拥有的大型作坊，为上层特权阶级服务。在他们之下是农民，他们不仅要耕种田地，还要从事公共工程建设，如神庙、道路和灌溉工程。和中世纪的欧洲一样，这些农民被束缚在土地上：他们不能离开国王或贵族的土地，如果土地被出售，他们也会被移交给新的主人。奴隶位于社会等级的底层。他们不仅要在神庙和王宫里，还要在宏伟的建筑工程上辛勤劳作。然而，奴隶制度在埃及经济中并不占主导地位。自由埃及人承担了大部分工作。

自由的埃及妇女——无论是贵族出身还是熟练的工匠出身——拥有明确的权利。她们可以买卖财产，签订合同，在法院起诉，还可以拥有自己的生意。在婚姻中，丈夫和妻子被认为是平等的。妇女主导着某些职业，比如纺纱和织布，甚至还可以当医生。

玛阿特哪里去了？古王国的崩溃

在大约公元前 2200 年，古王国崩溃了，这也许是因为可怕的干旱降低了尼罗河的水位。饥荒随之而至。作为埃及世界观核心的神圣和谐与秩序的"玛阿特"消失了。在 200 年的时间里，无政府状态和内战在埃及肆虐，历史学家称之为第一中间期。

第一中间期的混乱和动荡导致了宗教和文化上的重大转变。埃及文化的乐观主义已经让位于不确定性，甚至悲观主义，埃及人开始思考如何在一个如此失衡的世界里恢复玛阿特：

> 今天我还能信任谁？
> 人心贪婪，
> 邻里为盗。[13]

不同的声音

古代对恶的解释

21 世纪西方读者与古代美索不达米亚人或埃及人之间的鸿沟是巨大的，但他们的一些问题听起来很熟悉：为什么好人和有正义感的人要受苦？当生活似乎毫无希望时，我们到哪里去寻找希望呢？下面的两份记录对邪恶的时代给出了不同的回应。第一份记录来自美索不达米亚的阿卡德帝国时期刻在四块石碑上的一首长诗。阿卡德帝国时期总体上来说是繁荣的，但正如这份记录所显示的，对许多人来说，日常生存仍然很困难。第二份记录来自埃及古王国崩溃后动荡的中间期。作者可能是随着古王国的崩溃而出现的一个国家的国王。在《梅利卡尔的教导》（*The Instructions for Merikare*）中，他与儿子分享了他在一个疯狂的世界里学到的教训。

一、来自美索不达米亚的记录：《我要赞美智慧之王》

我转过身，却很糟糕，很糟糕；

我的倒霉事越来越多，我找不到什么是对的。

我呼求我的男神，他却不向我显现。

我向我的女神祈祷，但她头也不抬。

就连占卜者也不能预测，

解梦者的奠酒也不能说明我的情况……

到处都是奇怪的情况！

当我回头看时，看到的是迫害和麻烦。

就像不向神奠酒的人一样，

他在吃饭时不向他的女神祷告，

他不跪拜，也认识不到鞠躬的必要性。

他很少祈求和祷告，

他甚至忽视了神圣的日子和节日……

就像一个疯狂的人，忘记了他的主，

他轻浮地对他的神宣誓，

表面上看我就像是这样的人。

但实际上我专心祈求和祷告；

我谨小慎微，虔诚献祭。

敬拜神的日子使我充满喜乐；

对我来说，女神游行那天是极大的收获。

国王的祝福是我的快乐……

但愿我知道这些事会讨神的喜悦！

对自己有益的事，可能会冒犯自己的神，

在自己看来是卑鄙的东西，在神看来却是适当的。

谁能知道天上诸神的旨意呢？

谁能明白阴间诸神的旨意呢？

人类从哪里学会了神的方式？

昨天还活着的人今天就死了……

至于我，疲惫不堪，狂风催着我前进！

让人衰弱的疾病在我身上肆虐；

邪恶的风从地平线上吹来，

头痛已经从阴曹地府的表面冒了出来……

我浑身乏力，

我大病一场。

资料来源：James B. Pritchard (ed.), *The Ancient Near East: Supplementary Texts and Pictures Relating to the Old Testament*, pp. 597–598. Copyright © 1968 Princeton University Press, 1996 renewed Princeton University Press. 经普林斯顿大学出版社许可转载。

二、来自埃及的记录：《梅利卡尔的教导》

你在世的时候，要秉公行义。

安慰哭泣者；不可欺压寡妇；不可霸占他人的遗产；不可伤害履行职务的官员。

你要当心，不要做出不公正的惩罚。

不要杀戮，杀戮对你没有好处……

你要知道，在众神的审判席上，他们将毫不留情……

他们把一生看作一个时辰。人死后并没有终结，他在世时的行为要被置于天平之上。

然而，死后的存在是永恒的，抱怨它的人是傻瓜。

　　至于那些没有做坏事的人，他将像神灵一样永世长存，像永恒之主一样自由地走出去。

　　……

　　人是神的牧群，受到良好的指引。

　　他按照他们的愿望创造了天地，并赶走了水怪。他给他们的鼻孔注入了生命之气……他杀了他们中间的诡诈之人，好像一个男人为了他的弟兄而打自己的儿子一样。因为神知道每一个人的名字。

资料来源："The Instruction for King Meri-kare," James B. Pritchard (ed.), *Ancient Near Eastern Texts Relating to the Old Testament* (Princeton: Princeton University Press, 1950), pp. 415, 417.

　　为了从混乱中寻找生命的意义，埃及作家开始强调来世，尘世间的正义行为到来世都有好报。在古王国时期，埃及人一直寻求按照玛阿特的方式公正行事，因为他们相信正确的行为会在尘世得到回报。然而，在动乱和饥饿的新环境中，令他们感到安慰的是，尽管好人在他们的现实生活中受苦受难，但他们会在来世得到报偿。在这一时期，埃及人形成了最终审判的概念，这是人类历史上已知最早的此类观念的实例。一个人死后，他的心脏会被放在天平上，而天平的另一端是一根鸵鸟羽毛（玛阿特的象征）。如果天平出现了倾斜，即心脏比羽毛重，就意味着没有通过审判，心脏会被一个长着鳄鱼头的怪物阿米特吞噬，而那些通过审判的人会在来生过着神仙一样的生活（见本章"不同的声音"专题）。

中王国时期

　　在第一中间期结束时，上埃及的底比斯（Thebes）开始重新统一王国。公元前 2040 年，孟图霍特普二世（Mentuhotep II，公元前 2040—前 2010 年在位）建立了一个充满活力的新君主政体，开启了中王国时期（见地图 1.5）。他和他的继任者恢复了埃及的玛阿特：他们重建了君主政体的权力，重建了中央集权，修复了埃及与西南亚的商业和外交联系。埃及恢复了繁荣和稳定。

然而，中王国并不是古王国的再生。第一中间期的混乱改变了政治观念和社会关系。国王不再是全能的神。这位中王国的君主会犯错误，甚至会害怕，他在文本中以一个孤独者的形象出现，试图成为百姓的好牧人。随着王权这一新概念的出现，社会秩序发生了轻微的变化，贵族拥有比古王国时期更多的权力和自治权。

宗教也有了新的发展。随着玛阿特的回归，世间的生活变得更加繁荣和稳定，埃及人开始把最终的判决看作一个需要解决的问题，而不是一种慰藉。一个人怎样才能在享受生命的同时，又能像神一样永生，而不是被阿米特吃掉呢？为了确保能够通过最后的审判，埃及人用一种特殊的圣甲虫与自己陪葬。这种圣甲虫是一种小型的粪金龟子，但这些葬礼用圣甲虫有着人的头，并带有符咒或护身符。这种强大的魔法阻止了心脏在最后的审判称重时做出对死者不利的证据。换句话说，这是一种虚假的重量，是放在天平上的一根羽毛，是一种欺骗神灵、确保通往来世的手段。

与其他文明的接触

虽然埃及因位于两个沙漠地区之间而确保了它的军事安全，但这并没有把埃及与古代世界的其他地方隔绝开来。在古王国和中王国时期，埃及国王建立了一个经济网络，包括黎凡特走廊、米诺斯克里特岛（见本书第 2 章），以及被称为蓬特（Punt）的红海南部地区和美索不达米亚。为了保护原材料和奢侈品进口的贸易路线，统治者不惜使用武力。然而，他们也会利用外交手段促进贸易。

埃及与努比亚（今天的苏丹）的交往尤其重要。努比亚拥有丰富的黄金和其他自然资源，也因地处中非和东非贸易路线的交会处而受益。埃及统治者的代理人被称为"南方大门的守护者"，试图通过与好战的努比亚部落保持和平来保护这种贸易。慢慢地，埃及君主们在那里加强了长久的存在。国王孟图霍特普二世的统治标志着中王国时期的开始，他不仅重新统一了埃及，而且控制了下努比亚。埃及控制范围的扩大确保了努比亚资源向北的自由流动。公元前 1900 年左右，在埃及，国王阿蒙尼姆赫特（Amenemhet）在从非洲内陆到尼罗河的贸易路线上的战略要地修建了 10 座堡垒。这些堡垒极大地方便了埃及人对努比亚黄金、象牙和其他自然资源的获取。

来自不同地方的人们被埃及的稳定和繁荣所吸引，在尼罗河谷地定居下来。他们取了埃及人的名字，并融入了埃及文化。政府把移民和战俘安置在全国各地，在那里他们可以很快地与当地居民融为一体。这种接纳新来者的意愿给埃及文明带来了更大的活力。

来自迦南（现在的黎巴嫩、以色列以及约旦和叙利亚的部分地区）的移民在埃及中王国末期的历史上扮演了重要的角色。公元前 1720 年左右，中央集权开始衰落（原因尚不清楚），迦南人开始夺取对他们定居地区的政治控制权。长达一个世纪的政治瓦解和混乱随之而来，这就是第二中间期，更多的迦南移民定居在埃及三角洲地区：

> 各处的外邦人都成为埃及人……
>
> 现在看呀！这片土地被几个无视习俗的人剥夺了王权。[14]

到了公元前 1650 年前后，其中迦南人群体已经控制了整个北部三角洲地区，并强迫那里的埃及统治者向他们进贡。喜克索斯人（Hyksos）统治时代开始了。尽管"喜克索斯人"在埃及语中的意思是"外来的统治者"，喜克索斯王朝（约公元前 1650—前 1540）很快就吸收了埃及文化。他们使用埃及的名字和文字符号，崇拜埃及的神，雇用当地的埃及人来管理他们的官僚机构，并用埃及象形文字保存他们的国家记录。

喜克索斯人以及他们所来自的迦南移民社区不仅吸收了埃及人的生活方式，还对其进行了改造。迦南移民带来了一项重要的技能：冶炼青铜。青铜是铜和锡的合金，比单独的铜和锡坚硬得多，因此更加耐用。大约从公元前 3500 年开始，叙利亚和伊拉克北部的人们开始冶炼青铜时，这项技术慢慢地传遍了整个西南亚。考古学家常会谈到"青铜器时代早期"（约公元前 3500—前 2000）、"青铜器时代中期"（约公元前 2000—前 1550）和"青铜器时代晚期"（公元前 1500—前 1100）。在青铜器时代中期，迦南移民将青铜带到了埃及。青铜意味着农业、手工业生产和战争有了新的可能性。

特别是，青铜使轻便的双轮马拉战车成为可能。喜克索斯人把这种先进的军事技术带到埃及，彻底改变了整个西南亚、安纳托利亚和希腊的战争。与早期的战车不同，青铜器时代的战车只有两个轮子固定在一个轴上，这样更便于操控。青铜辐条使车轮更耐用。每辆战车上有两名身穿青铜链甲的士兵，一名驾驭战马，另一名向敌人射出装有青铜箭头的箭。由训练有素的车手和弓箭手组成的部队可以轻而易举地击败传统的步兵部队，并在远处给敌人造成可怕的伤亡。

战车战争重塑了埃及的经济政策，以及它与对手和同盟之间的外交关系。帝国的统治和赋税系统变得更加复杂和集中，因为统治者试图通过扩大经济资源来支付训练和供应战车部队的费用。结果，帝国出现了空前的繁荣。因此，考古学家将公元前 1500 年左右的时期视为一个新时代，即青铜器时代晚期，这是一个帝国空前稳定、国际交流空前频繁的时期。后面我们将详细考察这一时期的国际结构。在接下来的章节中，我们将继续讲述埃及作为一个强国重新崛起的故事。

新王国时期：青铜器时代晚期的埃及帝国

埃及的新王国时期大约开始于公元前 1550 年，国王雅赫摩斯一世（Ahmose I，约公元前 1550—前 1525 年在位）把喜克索斯人赶出了埃及。在新王国时期，埃及的国王们首次采用"法老"（pharaoh，意思是"大房屋"，或者是"所有埃及人的主人"）这个称号。正如地图 1.5 所示，雅赫摩斯一世的新王朝不仅重新确立了君主的权威，重建了中央国家的权力，还将埃及的疆域延伸到了亚洲，最远到达幼发拉底河流域。

帝国的建立：军事征服和领土扩张

一支庞大的常备军使新王国的征服成为可能。作为一支训练有素的新型战车部队，又装备了复合弓（此种弓在美索不达米亚久负盛名，在新王国时期传入埃及），埃及军队十分强大。埃及人每十人中就有一人必须服兵役。此外，还有从国外雇用的雇佣兵，以及在巴勒斯坦和叙利亚被占领地区招募的士兵作为补充。

埃及人对非埃及人的态度也促进了新王国的帝国扩张。埃及人把世界上的人分为两类：他们自己（他们称之为"人民"）和所有其他人。埃及人认为，在法老还不能施加自己意志的外邦土地上还存在着混乱的力量。因此，法老的责任是镇压所有的外国人民，给世界带来秩序。

为了在世界上建立秩序，埃及新王国的统治者与安纳托利亚和美索不达米亚的王国发生了冲突。在图特摩斯一世（Thutmose I，公元前1504—前1492年在位）的有力领导下，埃及军队征服了巴勒斯坦南部。后来叙利亚的城市联合起来，减缓了其征服的步伐，但在伟大的征服者图特摩斯三世（Thutmose III，公元前1458—前1425年在位）统治末期，埃及将其统治扩大到整个西海岸（见地图 1.5）。图特摩斯三世 17次率领军队进入迦南，加强了帝国对迦南和叙利亚的控制。迦南被证明是一个宝地，因为它有自己的自然资源，还因为它是一个重要的贸易中心，与美索不达米亚和更远的地方有联系。

在公元前 1500 年前后，新王国重新控制了努比亚。为了加强对努比亚的控制，法老鼓励埃及人在尼罗河沿岸建立定居点。这些埃及殖民者开发了沿河的肥沃土地，拓展了法老的利益。

帝国的维护：行政和外交上的创新

埃及人用军事力量建立了一个庞大的帝国。他们运用行政技巧和外交创新来维护这个帝国。在新王国时期，法老的官僚机构将埃及划分为两个主要的行政区域：南部的上埃及，从底比斯进行管辖；北部的下埃及，从孟菲斯进行管辖。地方官员负责征税、征兵，并为法老的建筑工程工作。国家的首席国务大臣维齐尔（vizier）负责管理整个王国。每年他都要决定什么时候打开尼罗河上的闸门灌溉农民的田地。他管理着埃及的国库和用来储藏作为赋税的农产品的仓库。

新王国的法老也依靠外交手段控制着他们辽阔的国土。他们经常与各省的总督、属国的领导人和其他大国的统治者通信。这些信件证明，埃及君主不仅利用军事胁迫，还利用贸易特权和政治利益来控制不安分的下属，并与邻国互动。

新王国的连续性

在新王国时期，古王国和中王国时期的许多生活特征被保留下来，基本的社会等级制度也保持不变，乡村农民在王室、主要神庙的祭司和贵族拥有的土地上劳动。法老的政府和主要的神庙都继续发挥着经济再分配的作用，以农产品的形式收税，并从仓库中支付给那些从事建筑工程和其他劳动的农民报酬。例如，卡纳克的阿蒙神庙控制着 10 万名工人。

在新王国时期，就像在古王国和中王国时期一样，重大建筑仍然是政治和宗教生活的焦点。阿蒙霍特普三世（Amenhotep III，公元前 1388—前 1350 年在位）为自己建造了一座宏伟的宫殿和一座巨大的墓葬庙宇，其中有一个巨大的露天庭院作为圣殿，入口两侧有两尊 64 英尺（约 19.5 米）高的法老雕像。拉美西斯二世（Ramesses II，公元前 1279—前 1212 年在位）在努比亚建造了巨大的阿布辛贝神庙，以此来装点他的长期统治。四尊 65 英尺（约 20 米）高的法老雕像守卫着神庙的入口。神庙建在 200 多英尺（约 61 米）高的山坡上，里面有四位神灵的巨大雕像。初升的太阳每年两次（2 月 21 日和 10 月 21 日）从入口处直射进来，正好落在其中三尊雕像上，而第四尊是阴间之神，仍在阴暗之中。

在新王国时期，女性在埃及社会中保持着她们的地位。她们在财产、生意和继承方面与男性完全平等。有些女性还担任祭司，其中权力最大的是"阿蒙神之妻"，通常由王室成员来担任。这位女祭司除了履行宗教仪式的义务外，还负有行政职责。

新王国的变化

虽然新王国与其前身之间有许多连续性，但在其历史上有两个时期，

哈特谢普苏特：形象与现实。尽管哈特谢普苏特是女性，但传统要求她被描绘成男性，就像在这座雕像中（左下），她戴着法老的传统胡须。2007年，考古学家发现了哈特谢普苏特的木乃伊（上）。研究表明，女王去世时年龄在45岁到60岁，她患有癌症，而且非常肥胖。

左下：以奥西里斯形象出现的哈特谢普苏特半身雕像的头部，出土于底比斯的达尔巴赫里（Deir el Bahri）。埃及新王国第18王朝，哈特谢普苏特和图特摩斯三世联合统治（约公元前1479—前1458年）。彩绘石灰石，高124.4厘米。

图片来源：（上）Amr Nabil / AP Images；（左下）Rogers Fund, 1931(31.3.157).The Metropolitan Museum of Art, New York, NY, U. S. A. Image copyright © The Metropolitan Museum of Art / Art Resource, NY

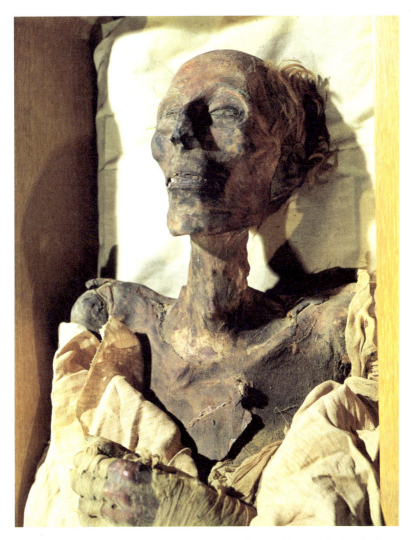

拉美西斯二世的木乃伊。这具木乃伊是在埃及第 19 王朝（公元前 1292—前 1187）达尔巴赫里的一座坟墓中发现的，现藏于开罗的埃及国家博物馆。制作木乃伊既是一门科学，也是一门艺术，拉美西斯二世的木乃伊保存了 3 000 多年。尸体防腐师用金属钩从鼻孔中取出大脑。有时他们用亚麻布和树脂填充头骨。通过肋骨下方的一个小切口，他们摘除了除心脏以外的所有器官（心脏代表着一个人的灵魂，将在审判日接受众神的审判）。然后，尸体防腐师用天然碱（一种碳酸钠和碳酸氢盐的天然化合物）包裹尸体，使其干燥。在戴上假发和假眼后，尸体防腐师在脸部和身体上涂上一层树脂，然后再涂上一层颜料，男性涂红色的，女性涂黄色的。

图片来源：Bridgeman Images

新王国开始走上新的发展道路。在第一个时期，埃及处于一位杰出女性的统治之下；在第二个时期，埃及处于一位宗教幻想家的统治之下。

公元前 1479 年，法老图特摩斯二世（Thutmose II，约公元前 1491—前 1479 年在位）去世。他的继承人图特摩斯三世为庶子，因此图特摩斯二世的正室和他的同父异母的妹妹哈特谢普苏特（Hatshepsut）成为这位少年国王的摄政。哈特谢普苏特起初保留的头衔往往与法老的妻子有关，比如"神之妻"，但在两年后她就自称法老。有证据表明，女性曾四次统治埃及，但这些女性可能只是摄政，因此不被承认为国王。相反，哈特谢普苏特明确声称自己是法老，并得到公认。

因为法老一直都是男性，所以所有的王权形象都是男性，精心设计的王室仪式也都假定统治者是男性。因此，哈特谢普苏特根据这些期望调整了自己的形象。例如，在大多数碑文中，人们用男性的头衔和代词来称呼她，她的大多数雕像把她描绘成了男性，留着仪式性的胡须。然而，哈特谢普苏特的一些雕像的确是女性形象，在一些碑文中，她被称为"太阳神的女儿"（而不是儿子）。

哈特谢普苏特统治埃及 20 多年。和大多数男性法老一样，她会在必要时发动战争，包括在努比亚发动大规模战役，但她统治的大部分时间是和平的。她于公元前 1458 年去世，图特摩斯三世继位。在他 30 年的统治后期，他下令将埃及各地纪念物上哈特谢普苏特的名字销毁，并毁掉她所有的雕像。他为什么这样做？这一直是一个谜。因为图特摩斯三世等了很长时间才试图消除哈特谢普苏特统治的证据，他似乎不太可能对她称王感到生气。其中一个更令人信服的解释是，图特摩斯三世此举试图履行他作为埃及国王的基本职责，即维护玛阿特。哈特谢普苏特的统治可能看起来太混乱了，与正确的做事方式相比变化太大。因此，为了让众神知道埃及已经恢复了"正常"的男性统治，图特摩斯三世下令将哈特谢普苏特从历史上抹去。

图特摩斯三世可能认为对哈特谢普苏特统治时期的记忆对玛阿特来说是一种危险。然而，相对于下面要讲的第二个时期，这是一个稳定的时期，因为在第二个时期，新王国在发展方向上发生了短暂而剧烈的变化。在阿蒙霍特普四世（公元前1351—前1334年在位）统治期间，进行了一场宗教革命。他的父亲阿蒙霍特普三世在位期间，强调崇拜新的太阳神——日轮阿吞（Aten），有时被视为太阳神拉（Re）。在此基础上，阿蒙霍特普四世将自己的名字改为阿赫那吞（Akhenaten，意为"服侍阿吞的人"），并宣布阿吞不仅是至高无上的神，而且是唯一的神。

阿赫那吞打击对其他神的崇拜，赶走了祭司，关闭了庙宇，并将他们的财富和土地据为己有。他禁止纪念其他神的古老公共节日，甚至禁止提到这些神的名字，还将建筑物上他们的名字销毁。满怀宗教热情的阿赫那吞和他的王后奈费尔提蒂（Nefertiti）放弃了底比斯的首都，建起了一座从未有过神庙的新城。这个遗址的现在名称是泰勒阿马尔奈（Tell el-Amarna，又称阿马尔奈丘），因此历史学家将这段宗教动乱时期称为"阿马尔奈时期"。

由于阿赫那吞禁止崇拜其他神，一些历史学家认为，阿马尔奈时期的埃及人是历史上最早形成一神论的民族。然而，这忽略了法老崇拜在阿赫那吞的新宗教中的重要性。阿赫那吞坚持要把他和奈费尔提蒂当作神来崇拜。因此，阿赫那吞可能并没有发明一神论，而是试图恢复古王国时期关于国王是神的观念。

不管阿赫那吞的意图或个人信仰是什么，他的宗教改革被证明是短暂的。由于普通埃及人不愿放弃那些在他们日常生活中扮演重要角色的许多传统神灵，被阿赫那吞削弱了权力的祭司们起而反对这一改革。阿

太阳神赐福法老阿赫那吞和王后奈费尔提蒂。在这块曾经被用来装饰祭坛的牌匾上，太阳神阿吞向阿赫那吞和奈费尔提蒂赐福，而这对夫妇正在和公主们玩耍。

图片来源：Art Resource, NY

赫那吞死后，朝廷又搬回了孟菲斯。新法老图坦卡蒙（Tutankhamun，公元前1334—前1325年在位）重建了被阿赫那吞手下破坏的庙宇，并把阿赫那吞从祭司那里夺取的财富和土地物归原主。埃及恢复了传统的宗教信仰和习俗，玛阿特也得到了恢复。

　　然而，到了公元前12世纪，埃及却陷入了长期的衰退期。干旱、歉收和通货膨胀摧毁了埃及的经济，而软弱的统治者们则在竭力维持国家的稳定。但是，正如我们将在本书第 2 章中看到的那样，仅仅国内的形势并不能解释这个新王国的崩溃。公元前 1150 年左右，安纳托利亚、美索不达米亚、东地中海沿岸以及埃及这些相互关联的社会都经历了经济困难和政治分裂。青铜器时代晚期的繁荣与稳定突然消失了。在下一章中，我们将仔细探讨造就这一繁荣时期的因素、结束这段繁荣的新发展以及此后出现的王国。

结语：文明与西方

在本章所讲述的几千年里，早期的欧洲人（如冰人奥茨）学会了以多种方式控制和利用自然，如种植庄稼，驯养动物，冶炼青铜。通过贸易网络的连接，他们的村庄变得越来越大，他们的社会也越来越等级分化和专业化。即便如此，在公元前 3 千纪至公元前 2 千纪，欧洲大部分地区还没有进入文明社会，"西方"也不存在。"西方文明"作为一种地理和文化名称出现的时间要晚得多，始于用"欧洲"这个词来指代西方的希腊人（见本书第 3 章），他们和我们一样，常常并不清楚西方的实际边界。

然而，在我们通常认为是西方边界之外的地区，也就是现在的伊拉克和埃及，西方文明开始萌芽。西方从古代的美索不达米亚文明和埃及文明继承了一些十分重要的内容，如书写和计算系统，以及其法律传统的核心部分。这些文明还留下了大量的宗教故事和思想，经过一个相对弱小的民族希伯来人的改编和修改，成为西方文明的基本道德。在"国际青铜器时代"结束的背景下，这种发展是本书第 2 章的主题之一。

舰队司令之家壁画（局部）。创作于公元前 1500 年前后，这幅栩栩如生的壁画长约 22 英尺（约 6.7 米），高约 1.5 英尺（约 46 厘米），出自锡拉岛（今圣托里尼岛）上一个所谓的舰队司令之家。该壁画描绘的是海港小镇外繁忙的海上活动场景，让人们一窥创造了"国际青铜器时代"的国际联系。

图片来源：Erich Lessing / Art Resource, NY

第 2 章

帝国时期：国际
青铜器时代及其余波

约公元前 1500—前 550 年

1984 年，潜水考古学家发掘了一艘商船的残骸，这艘商船于公元前 1300 年前后在土耳其南部海岸外的乌卢布伦（Uluburun）沉没。船上的物品包括鸵鸟蛋壳、象牙、一枚用埃及河马牙齿雕刻的小号、一吨来自亚洲西南部的芳香树脂，还有塞浦路斯岛的石榴，它们被装在精美的彩绘储物罐里。船舱内有 354 块铜锭，每块重约 50 磅（约 22.7 千克），还有很多锡锭。

这艘船上的货物突出了青铜器时代晚期（公元前 1500—前 1100）的两个典型特征：第一个典型特征是，船上装载着铜和锡，这是冶炼青铜所需的金属，而青铜是这个时代最受欢迎的商品之一。因为在同一地区很少发现大量的锡和铜的矿藏，所以商人们通过远距离贸易和跨越政治边界来获得这两种矿石，比如那些与乌卢布伦沉船的船主签订合同的商人。而君主们则投入军事和外交资源来促进和保护这种贸易，因为这是他们兴旺发达和权力的基础。因此，青铜器时代晚期的第二个典型特征是其空前的国际贸易和对外交流。如果不是各国君主共同努力构建一个稳定的国际体系的话，这艘船不可能在这么多的港口停靠，也不可能搭载如此多样的货物。这样的贸易网络、国际外交体系和文化交流使青铜器时代晚期成为"国际青铜器时代"。

在公元前 1200—前 1100 年，国际青铜器时代像一艘失事的货船一样突然神秘消失了，曾经充满活力的文化陷入了一个充满侵略、四处迁徙和政治分裂的黑暗时代。在这些动荡之后，世界上最强大的两个帝国——新亚述帝国和新巴比伦王国——奋力崛起，并统治了古代世界。这些新帝国的统治者以本书第1章所讨论的苏美尔文明、阿卡德文明和古巴比伦文明的继承者自居，他们有意识地寻求保留和传承美索不达米亚的传统。

尽管经历了这几个世纪的政治动荡，美索不达米亚文化的延续性并没有被打破。虽然强大的帝国主导着国际青铜器时代及其余波，但在西方历史上，这一时期最重要的发展发生在帝国的边缘地区，发生在一个相对弱小的民族中间。这些人被称为以色列人或希伯来人，他们建立了世界上第一个一神论宗教，构建了西方文明的道德框架。因此，本章的一个关键问题是，国际青铜器时代及其余波的各种接触和交流如何既塑造了外交和贸易关系，也塑造了文化假定和价值观？

国际青铜器时代的活力

锡、铜和奢侈品的贸易，王室之间的联姻，船只和战车的往来，甚至建筑风格和宗教思想的传播，所有这些因素共同创造了国际青铜器时代，也为众多史学家提供了研究材料。统治者利用贸易带来的财富建造宫殿和庙宇，这些遗迹提供了考古证据。这些统治者还雇用了许多书吏，以记录他们的经济协议、外交活动和军事成就。由于是刻在泥板上而不是写在易腐烂的羊皮上或莎草纸上，这些档案中的许多被保存了数千年之久。例如，1887年，一名埃及农妇发现了370多块楔形文字泥板，这是公元前14世纪中期法老的外交信函。这些泥板因为是在泰勒阿马尔奈发现的，所以被称为"阿马尔奈书简"，其中包括法老与其他帝国统治者之间的信件，以及迦南地区附属国首领寄给法老的信件。这些信件是用阿卡德语（用于国际交流的美索不达米亚语言）写成的，它们为青铜器时代晚期的国际体系提供了详细的证据。

国际青铜器时代的权力区域

国际青铜器时代的经济和外交网络涵盖了五个独立但相互联系的区域。地图 2.1 显示了这些区域：南边是埃及的新王国，北边是安纳托利亚的赫梯帝国，东边是美索不达米亚的亚述帝国和巴比伦帝国，西面是地中海东部克里特岛上的米诺斯王国和希腊大陆上的迈锡尼王国，最后是叙利亚－迦南海岸的几个小王国。

赫梯人的赫梯王国

在本书第 1 章中，我们探讨了在国际青铜器时代第一个权力区域的历史：埃及的新王国。第二个权力区域位于安纳托利亚（今土耳其）富饶的高原上。在大约公元前 1650 年，一个叫作赫梯人的印欧民族控制了这个地区。"印欧"是一个语言学术语。亚美尼亚语、波斯语和大多数欧洲语言在构词上和语法上有相似之处，它们都属于印欧语系。因此，赫梯人的语言与闪米特人的和西南亚的其他民族的语言不同，他们的起源仍不确定。一些学者认为他们起源于印度北部；另一些人认为，他们是来自高加索地区的印欧人，不仅生活在安纳托利亚，也生活在今天的印度、欧洲地区和伊朗；还有一些学者认为，从史前时代起，印欧人就生活在安纳托利亚。

不管他们起源于哪里，到了公元前 1650 年，赫梯人在安纳托利亚中部建立了一个繁荣的赫梯帝国。曾经盛行的观点是，赫梯人发明了冶铁的方法，他们的强大就依赖于这一秘密技能，现在这一观点已经被推

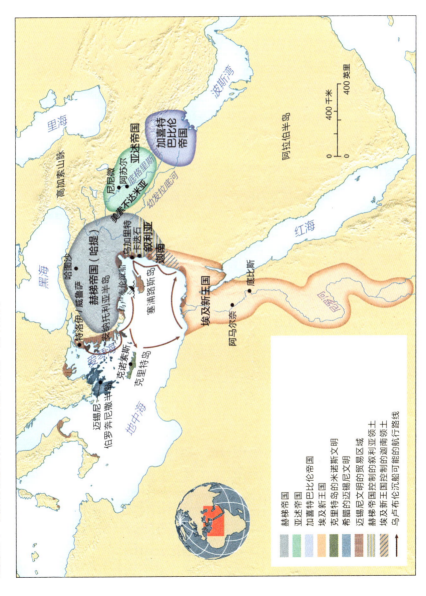

地图 2.1　国际青铜器时代（约公元前 1500—前 1100）

在长达 500 年的时间里，商业和外交网络将埃及、希腊、安纳托利亚和亚洲西南部的不同文化联系在一起，塑造国际青铜器时代的五个大权力区域是哪些？

图例

- 赫梯帝国
- 亚述帝国
- 加喜特巴比伦帝国
- 埃及新王国
- 克里特岛的米诺斯文明
- 希腊的迈锡尼文明
- 迈锡尼文明控制的贸易区域
- 赫梯帝国控制的叙利亚领土
- 埃及新王国控制的迦南领土
- 乌卢布伦沉船可能的航行路线

地图标注

- 里海
- 波斯湾
- 高加索山脉
- 阿拉伯半岛
- 红海
- 黑海
- 尼尼微
- 阿苏尔
- 亚述帝国
- 美索不达米亚
- 加喜特巴比伦帝国
- 底格里斯河
- 幼发拉底河
- 哈图沙
- 哈里斯河
- 赫梯帝国（哈提）
- 安纳托利亚半岛
- 乌加里特
- 卡迭石
- 叙利亚
- 迦南
- 埃及新王国
- 比布鲁斯河
- 底比斯
- 尼罗河
- 阿马尔奈
- 特洛伊/威鲁萨
- 迈锡尼
- 伯罗奔尼撒半岛
- 克诺索斯
- 克里特岛
- 地中海

翻了。但即使没有铁，赫梯人的势力也逐渐从安纳托利亚扩展到美索不达米亚西部和叙利亚，并在公元前14世纪扩展到迦南地区。

这种扩张意味着赫梯帝国和埃及的新王国二者很快就会争夺同样的领土。这种争夺在许多地方爆发为一场彻底的战争，最终产生了一场史诗般的军事冲突：公元前1274年的卡迭石战役（Battle of Kadesh，见本章中的"碰撞与转型"专题）。奇怪的是，这场战役并没有产生决定性的结果。这场战役以及随后的战役耗尽了两国的精力，埃及法老拉美西斯二世和赫梯国王哈图西里三世（Hattusili III，公元前1267—前1237年在位）转而寻求外交解决方案：他们达成协议，赫梯人控制叙利亚北部，而埃及保留其迦南领土。这一协议把长期的敌人变成了盟友，标志着稳定国际关系的关键一步。

帝国的扩张把许多不同的民族置于赫梯人的统治之下，重塑了赫梯人的宗教习俗。赫梯人正确地称他们的国家为"千神之国"。为了把人民团结起来，赫梯君主将其臣服者信奉的神灵运送到首都哈图沙（Hattusha），并为他们建造了许多庙宇。赫梯君主被称为"伟大的王"，他扮演着管辖下的不同民族所崇拜的所有神灵的大祭司的角色。新的神被简单地添加到赫梯众神之列，而不考虑其职能是否重叠或重复。因此，赫梯宗教包含了太阳神、战神、生育女神等无数神灵，以及无数相互矛盾的宗教传说。

正如赫梯人接受了新的神灵一样，他们也接受了不同文化的其他方面，如建筑、饮食、医疗实践和民间传说，并将这些文化传播给其他民族。赫梯人把古代美索不达米亚的思想传给了希腊人，在后来形成西方文明的过程中发挥了重要作用。希腊神话中的大力神赫拉克勒斯很可能就是在这种文化传播的过程中产生的。赫梯人的档案中《吉尔伽美什史诗》的存在表明赫梯人接受了这个美索不达米亚的故事（见本书第1

碰撞与转型

一场外交革命

对于贪婪和野心勃勃的统治者来说，从叙利亚西部延伸到迦南走廊（今天的黎巴嫩、以色列和巴勒斯坦）的土地带来了无数的诱惑：林地、农田和牧场，以及富含金属矿的山丘和与国际商业联系紧密的港口城市。公元前 13世纪，这一地区成为赫梯帝国和埃及新王国一次重要碰撞的地点，这次碰撞不仅改变了下个世纪的大国联盟，也改变了外交本身。

公元前 14 世纪，赫梯帝国向南扩张。到了公元前 14 世纪与公元前 13世纪之交，新王国统治下的埃及东山再起，强大到足以挑战赫梯帝国对叙利亚和迦南的控制。在长达 20 年的时间里，这两个帝国之间你争我夺。后来，拉美西斯二世（公元前 1279—前 1212 年在位）继承了埃及新王国的王位。他花了 5 年时间集结军队准备战斗，决心将赫梯人赶出迦南和叙利亚。公元前 1274 年，他率军北上。穆瓦塔利二世（Muwatalli II，约公元前 1295—前1272 年在位）率领一支由赫梯人和雇佣兵组成的大军准备迎战，队伍里有3.7 万名步兵和 3 500 辆战车。这两个帝国之间的决战一触即发。

当拉美西斯二世率领的埃及士兵逼近叙利亚城市卡迭石时，他们俘虏了两名赫梯军队的逃兵。逃兵说，穆瓦塔利二世被拉美西斯二世的攻势吓住了，已经带着他的军队向北撤退了大约 200 英里（约 322 千米）。听到这个消息，拉美西斯二世非常高兴，决定只带一部分队伍向卡迭石推进，希望在赫梯人再次南下之前占领这座城市。他这一决定使埃及军队的战线绵延数英里。事实上，那两名逃兵是穆瓦塔利二世派来的间谍。拉美西斯二世就这样掉进了精心设置的陷阱。随后，赫梯军队对拉美西斯二世处于不利地形的军队发动了突然袭击。

埃及士兵惊慌失措，开始溃败，但随后拉美西斯二世亲自驾着战车发起冲锋。在法老勇敢精神的鼓舞下（至少拉美西斯二世对战争的描述是这么说的），他的部下重整旗鼓。一方面，赫梯人纪律涣散，赫梯士兵转而掠夺埃及人的营地，而不是一鼓作气战胜对手；另一方面，有迦南同盟的战车部队前来解围，形势开始变得有利于埃及人。然而，埃及并没有赢得这场战斗。穆瓦塔利二世几乎失去了所有的战车，但第二天他的步兵顶住了拉美西斯二

拉美西斯二世的神庙里庆祝其军事成就的石雕。这座神庙的装饰带描绘了卡迭石战役中的战车手。
图片来源：BasPhoto / Shutterstock

世的进攻。拉美西斯二世决定就此罢休，率兵返回埃及。回去之后，他就吹嘘自己取得了巨大胜利。虽然并没有取得这样的胜利，但拉美西斯二世对这场战斗的不准确描述被刻在了全国各地的纪功柱上。

围绕叙利亚和迦南的争斗仍在继续。在接下来的几年里，拉美西斯二世和他的军队与穆瓦塔利二世及其继任者的军队进行了一系列的战斗。然而，他们都没有能力消灭对方，因为卡迭石战役已经耗尽了两个大国的资源。当他们忙着把对方榨干的时候，亚述却在积聚军事力量和经济实力。他们如果不改变策略，只会让亚述坐收渔翁之利。

公元前 1258 年，拉美西斯二世和赫梯国王哈图西里三世签署了一项具有创新性的和平互助条约。拉美西斯二世放弃了对叙利亚北部的领土要求，哈图西里三世承认了埃及对迦南的控制。然而，该条约不仅结束了两国间的战争，还创建了一个联盟：在外敌入侵或发生内部叛乱时，两个大国同意要互相给予援助。该条约表明，外交关系可以为大国利益服务。赫梯帝国和埃及新王国都已经消失在历史烟尘之中，但这种外交上的创新延续了很久。

游行中的众神。这幅描绘众神游行的浅浮雕来自雅兹利卡亚（Yazilikaya，字面意思为"刻有文字的岩石"），它是现今土耳其的一个岩石圣所。在赫梯时代，这里有一个精心设计的宗教场所，专门供奉赫梯人的风暴神（也被称为天气神）。雅兹利卡亚是一个天然的石窟，由两个无顶的洞穴组成，里面有许多石刻浮雕。在一个更大的石窟里，参加游行的共有 64 位神灵，在风暴神和他的配偶太阳女神会面时，游行达到高潮。在赫梯神话中，风暴神的雨令太阳女神怀孕。

图片来源：Cindy Miller Hopkins / Danita Delimont Photography / Newscom

章），然后他们通过贸易和征服把这个故事传给了希腊人。经过几个世纪的文化转型，吉尔伽美什这个典型的美索不达米亚英雄变成了希腊神话中的大力神赫拉克勒斯。类似的，美索不达米亚的数学概念也可能是通过赫梯人进入希腊（也就是西方）文化的。

　　一些学者认为，赫梯人的历史观念也很值得赞扬。在赫梯王国，官方公告通常包含冗长的介绍，通过介绍颁布公告的原因来交代公告（可能是一项法令，也可能是一项条约）颁布的背景。这些历史叙事表明，赫梯人相信人类可以而且应该从历史中学习。例如，赫梯国王愿意承认过去国王的无能或罪过（这在埃及史书中是不可想象的，因为作为神的国王是不会犯错误的），并将这种错误行为与当前的不幸联系起来。赫梯人的历史记载表明，赫梯人试图从历史的角度来理解当下，并将历史视为人类行为和神的心血来潮的结果。

加喜特巴比伦和亚述

国际青铜器时代的第三个权力区域位于美索不达米亚。大约公元前 1600 年，加喜特人（Kassite）以掠袭者、士兵和劳工的身份来到美索不达米亚。他们的语言和确切的起源地尚不清楚，但到公元前 1400 年，他们已经控制了美索不达米亚南部的大部分地区。在接下来的 250 年里，加喜特君主维持了巴比伦的秩序和繁荣，建立了古代西南亚历史上统治时间最长的王朝。

在这几个世纪里，巴比伦经历了一个黄金时代。加喜特国王通过高度集权的管理统一了巴比伦的许多城市，控制了城市中心和乡村。这些国王将土地分给各个阶层的个人，并在全国各地的神庙、公共建筑和灌溉渠修建上投入巨资，从而赢得了公正统治的声誉。政治上的稳定和经济上的繁荣让加喜特巴比伦成为一个著名的文学和学术中心。为了解决他们的外来血统问题，加喜特国王们声称自己是美索不达米亚文化遗产的继承者。他们命令他们的书吏抄写并保存苏美尔人和阿卡德人的作品。

在国际青铜器时代，巴比伦在美索不达米亚地区的主要竞争对手是北面的亚述。公元前 1360 年左右，亚述王国开始了一个新的扩张时期，在强大的图库尔蒂－尼奴塔一世（Tukulti-Ninurta I，公元前 1244—前 1208 年在位）统治时期达到高潮，他领导他的军队战胜了巴比伦。到图库尔蒂－尼奴塔去世时，亚述已经控制了从叙利亚北部到伊拉克南部的所有土地。

地中海文明：克里特的米诺斯文明和希腊的迈锡尼文明

国际青铜器时代的第四个权力区域位于地中海东部，即由克里特的米诺斯文明和希腊的迈锡尼文明组成的地中海文明。虽然没有埃及的新王国或美索不达米亚的加喜特巴比伦帝国和亚述帝国那么辽阔与强大，但这些航海文明在塑造青铜器时代晚期国际体系的过程中发挥了至关重要的作用。它们也是古希腊的先驱者。

米诺斯文明出现于公元前 2600 年左右。克里特岛上的小城市开始与埃及进行贸易，并从地中海东部进口铜和锡。到了公元前 1700 年，米诺斯人已经建立了以宫殿为中心的灿烂的文化。这些宫殿是政治、经济和宗教的中心。与美索不达米亚和埃及对称的宏伟建筑不同，米诺斯宫殿以一种杂乱无序的方式向外扩展，以致后来的希腊人称其为"迷宫"。米诺斯的普通人住在宫殿周围的房子里。其中一些以宫殿为中心的社区实际上是小城市。例如，克诺索斯大约有 2.5 万人。

米诺斯的繁荣是建立在海上贸易和奢侈品出口的基础上的，这些奢侈品包括珠宝、彩绘陶瓶和用一种叫作天青石的深蓝色宝石雕刻的精致雕像。米诺斯人组建了一支商船队，与希腊、埃及和地中海东部沿海地区进行贸易往来。高大而坚固的米诺斯船非常适合在地中海上航行。

虽然他们的语言属于印欧语系，但米诺斯人的象形文字是从埃及人那里学来的。被称为"线形文字 A"的米诺斯文字至今尚未被完全破译，因此，我们对米诺斯人的了解来自艺术和建筑，而不是文本。与青铜器时代晚期其他文明中心周围的坚固防御不同，米诺斯宫殿周围缺乏军事防御工事，而且米诺斯宫殿壁画上还有许多女性形象，这两点都引发了人们对米诺斯社会生活的猜测。一些学者认为，米诺斯社会是一个

跳牛。学者们曾认为，这幅公元前 1500 年的米诺斯宫殿壁画描绘的是一场体育赛事，可能类似于几个世纪后罗马竞技场里上演的人与动物之间的竞赛。现在的科学家们告诉我们，在一头冲过来的牛身上翻筋斗是不可能的，因此这幅壁画可能有宗教或占星术的意义。显而易见的是，不可否认，米诺斯艺术能够跨越千年传达出了力量和优雅之美。

图片来源：Nimatallah / Art Resource, NY

不同寻常的热爱和平的母系社会。后来发现的武器收藏品和存在公牛崇拜（通常与父权制社会联系在一起）的有力证据让这些论点受到质疑。壁画中的女性形象的主导地位更可能指向对生育能力的强调，而防御工事的缺乏可能表明米诺斯人拥有一支强大的海军，足以让他们在岛上生活感到安全。

这种安全突然神秘地结束了。公元前 1400 年左右，米诺斯的繁荣和权力灰飞烟灭。考古学家们不知道米诺斯文明的崩溃是入侵者所致，还是因为自然灾害，或许与附近的圣托里尼岛的火山爆发引起的海啸有关。

米诺斯文明崩溃后，东地中海的经济力量平衡发生了变化，文明中心转移到了希腊大陆上的迈锡尼。"迈锡尼文明"这个词既指迈锡尼王国（位于希腊的伯罗奔尼撒半岛上），也泛指国际青铜器时代的希腊文化。迈锡尼支配着伯罗奔尼撒半岛，但并没有统治整个希腊。相反，迈锡尼各王国之间既有贸易往来，又互相争斗。

在米诺斯文明崩溃前的一个世纪，迈锡尼人与克里特岛上的米诺斯人进行了广泛的交流，并接受了克里特的许多文化习俗，包括以宫殿为中心的经济，以及与"线形文字 A"有关的文字，这种文字被称为"线形文字 B"，是希腊语最早的书写形式。遗憾的是，现存的写在泥板上的宫殿记录都与经济问题有关，如土地持有记录、损坏设备清单、可获得的储物空间的清单等等。没有一块泥板上有故事、宗教赞美诗或战争纪事。

虽然我们没有关于迈锡尼人价值观或信仰的文献记录，但考古学证据（特别是迈锡尼人的墓葬形制）揭示了一个繁荣的、具有军国主义色彩的文化。迈锡尼商人将米诺斯的商业路线向西延伸至西班牙和意大利北部。然而，贸易和劫掠之间的界限从来就不是很清晰，迈锡尼人也因此赢得了名副其实的海盗之名。

城邦国家和沿海社会：叙利亚和迦南

如地图 2.1 所示，国际青铜器时代最后一个权力区域由叙利亚和迦南（或巴勒斯坦）地区组成。这个区域的政治分裂和它的关键位置使它成为赫梯人的帝国、美索不达米亚人的帝国和埃及人的帝国争夺霸权的战场。虽然叙利亚和迦南的小国常常沦为帝国权力游戏中的棋子，但它们在促进贸易关系、塑造外交模式和发起文化创新方面发挥了积极作用。

例如，乌加里特（Ugarit）城邦的名字就经常出现在青铜器时代晚期的文献中。乌加里特是一座港口城市，拥有约 2 000 平方英里（约

5 180 平方千米）的国土和丰富的自然资源。肥沃的平原为葡萄树、橄榄树和粮食作物提供了良田，而周围的山林为造船和建筑提供了木材。乌加里特最大的财富是一个天然港口，这使其成为国际贸易中心。商船（比如在乌卢布伦沉没的那艘）从地中海航行到乌加里特，而满载货物的商队则从美索不达米亚、赫梯和迦南到达这里。来自这些地区的所有人都在乌加里特定居，这里的人口估计有 6 000 至 8 000 人，也许还有 2.5 万人以农民的身份生活在乌加里特周围的 150 个村庄里。然而，乌加里特的自然资源和战略位置使它成为贪婪帝国的天然目标。到公元前 13 世纪，乌加里特的国王任命权掌握在赫梯帝国的皇帝手中。

乌加里特是国际青铜器时代叙利亚城邦和迦南城邦的典型代表。由于国际贸易的繁荣（以及对农村农业人口的沉重剥削），城市文化在该地区分散的城市中蓬勃发展起来。然而，持续的繁荣要求叙利亚和迦南的统治者们在外交上要手腕，先与这个帝国结盟，然后再与那个帝国结盟，在一个帝国强权的时代为生存而谈判。

特洛伊：一座传说中的城市

我们所描绘的五个权力区域提供了国际青铜器时代的参数。分散在这些区域的是小城邦和王国，它们有时被某个大帝国吞并，有时是独立的。安纳托利亚的城邦特洛伊就是其中之一。自从在荷马史诗《伊利亚特》中作为特洛伊战争的发生地而名垂千古以来，3 000 年来一直吸引着人们的无限想象力。《伊利亚特》讲述了希腊人和特洛伊人之间悲剧性冲突的最后一年。根据《伊利亚特》的记载，战争起因于特洛伊城的王子帕里斯绑架了希腊城邦斯巴达的美丽女子海伦，并以特洛伊城的彻底毁灭而告终。

阿伽门农的死亡面具。这个薄薄的黄金面具长约 11 英寸（约 28 厘米），是在迈锡尼城堡一个统治者的坟墓里发现的，他死于公元前 1550 年前后。海因里希·施里曼的发掘第一次证明了特洛伊城不仅存在于传说中，而且也存在于历史中，但是他错误地认为这是国王阿伽门农的死亡面具。正如荷马史诗《伊利亚特》中所描述的那样，阿伽门农在特洛伊战争期间亲自领导希腊军队。

图片来源：Antonio Gravante / Fotolia

　　《伊利亚特》在大约公元前 750 年写成，但大多数学者认为，它起源于一个可以追溯到青铜器时代晚期的口头传说。"特洛伊"这个名字并没有出现在青铜器时代的文献中，但许多考古学家认为，在古代文献中，迈锡尼和一个名叫威鲁萨（Wilusa）的城邦之间发生过冲突，这场冲突可能产生了口头传说，后来就成了荷马史诗中希腊人和特洛伊人之间的战争。即便如此，冲突双方争论的焦点可能是一些枯燥乏味的事情，比如商船的安全通行问题等，而不是因一位美丽的王后而激起的愤怒。

考古学家在安纳托利亚西北海岸发现了可能是特洛伊或威鲁萨的遗址。这里的考古发掘表明特洛伊在青铜器时代晚期繁荣昌盛起来。一层又一层含有不同时代的人类活动痕迹和建筑遗迹的地层表明，从公元前 3000—前 1000 年，一代代的居民一次又一次地重建了这座城市。和荷马史诗中的特洛伊一样，第六代特洛伊（第六层地层）是一座宏伟的城市。它的特色是有一个宏伟的大门入口和包含许多宽大的房间的宫殿群。但在公元前 1300 年左右的某个时候，这座城市被摧毁了，但并不是像特洛伊传说中的那样是被敌军摧毁的，它可能是毁于地震。特洛伊的居民迅速重建，但这座新城市（第七代特洛伊 a）更小，也更贫穷，一点也不像荷马史诗所描绘的那样辉煌。

那么，荷马史诗中的特洛伊纯属虚构吗？也许是，但也许不是。我们知道，在大约公元前 950 年，这座城市（第七代特洛伊 b3），又被摧毁，留下了一堆瓦砾。敌人的突袭可能造成了特洛伊的最终毁灭。对这些事件的记忆可能与此前第六代特洛伊的伟大文明及其与迈锡尼希腊人的冲突的故事相融合，并最终成为荷马史诗《伊利亚特》的内容。与《吉尔伽美什史诗》一样，《伊利亚特》是一种书面形式的考古遗迹，其中有许多不同的"地层"。

大国俱乐部

历史学家用"大国俱乐部"这种表达来描述塑造青铜器时代晚期的国际关系网络。正如"俱乐部"一词所表明的，这些大国之间互动密切，并在此过程中发展了国际外交和交流的概念和工具，而这些概念和工具在这些大国本身崩溃很久之后依然长期存在。

大国关系与交流

大国统治者知道谁在他们的俱乐部里，谁在设法加入，谁最容易被驱赶出去。例如，在青铜器时代晚期的初期，亚述还太小、太弱，没有资格加入这个俱乐部。然而，到了公元前1330年左右，亚述的实力增强，国王亚述－乌巴利特一世（Assur-Uballit I）决定是时候加入这个大国俱乐部了。他给埃及法老送去了贵重的礼物和一封信，信中他大胆地以平等的身份称呼这位埃及统治者："在此之前，我的前辈们都没有给您写过信，今天我要写信给您。"[1] 在许多方面，大国的统治者们表现得好像他们都属于同一个大家庭（尽管有些不和谐）。他们互相称兄道弟，互通书信，交换礼物以庆祝登基、军事征服和缔结姻缘（彼此联姻）。

大国之间的礼物交换是高度仪式化的。统治者毫不犹豫地纠正那些没能遵守规则的盟友。例如，赫梯国王哈图西里三世在亚述国王没有送上合适的礼物时训诫他说：

> 当国王继承王位时，与其地位相当的国王会送上合适的礼物以示问候，还要送上与国王身份相称的衣服和上等的膏油，这是一个传统。但你今天没有这么做。[2]

遵守交换礼物的规则不仅仅是互惠的贪婪问题。首先，这种交换表明，每一位统治者都承认对方的合法性，因此有助于维护国际关系的稳定。其次，对于大国统治者来说，送礼物的规则是"文明"定义的一部分，因此也是他们区别于野蛮人的特征之一。成为大国俱乐部的一员就是成为文明世界的一部分。再次，送礼物是一种变相的贸易形式。一位国王会送"礼物"给另一位国王，然后要求同等价值的"礼物"作为回报。奢侈品和其他需求量很大的物品就是这样在国际青铜器时代的经济中流通的。例如，埃及是近东黄金、象牙、乌木和雪花石膏的主要产地。

礼物交换仅限于大国的国王和王后之间，但大国的统治者也积极促进和保护更广泛形式的贸易。他们的许多信件内容涉及了商队路线和航道的安全问题。一位统治者对其国家的安全负有责任。如果匪徒袭击了一个商人的商队，袭击发生地的统治者应该赔偿其损失。对大国的统治者来说，贸易很重要，因为它不仅能创造财富，还能带来赋税收入。此外，国际贸易把冶炼青铜所需的锡和铜汇集到一起。

征服和附庸国

我们在本书第1章中看到，青铜是制造轻型战车关键部件的原材料，而轻型战车是国际青铜器时代帝国的核心军事技术。为了支付由训练有素的马车夫组成的军队的开支，大国的统治者不断地寻找新的收入来源。除了依靠贸易创收外，统治者还依赖他们从军事征服中获得的战利品和从附庸国获得的贡品。因此，国际青铜器时代的战争是一种商业冒险。

大多数国家在被征服以后成为征服大国的藩属国或附庸国。附庸国每年要向其强大的霸主提供贡品，还经常提供辅助部队。附庸国和大国之间的关系是明确的。如果一位大国的君主写信给他的一个附庸国的统治者，开头他会这样称呼："我的仆人。"附庸国的国王对其霸主的称呼使这种关系更加清晰：

> 我的王，我的主，我的太阳神，我七次拜倒在我的主的脚下，七次拜倒在我的太阳神脚下。[3]

大国文化的共性

埃及人、赫梯人、亚述人、巴比伦人和米诺斯人以及迈锡尼人的社会占据了不同的农业空间，例如，尼罗河三角洲的肥沃与安纳托利亚大部分地区的干旱形成了鲜明的对比。他们也有不同的历史、宗教和习俗。然而，国际青铜器时代的大国社会具有相同的基本社会经济结构和军国主义价值观。

考古学家和历史学家用"宫殿体系"一词来形容青铜器时代晚期的社会。在这个体系中，财富和权力集中在少数统治精英手中，他们深居简出，生活在雄伟坚固的宫殿里。有时这些宫殿构成了完整的城市，与普通人的居住区分隔开来。例如，在亚述帝国的首都阿苏尔，所有的宫殿和庙宇都建在城墙内，远离城市中其他居民居住的地方。

克诺索斯的米诺斯宫殿是国际青铜器时代宫殿体系的代表。这座宫殿占地 3 英亩（约 1.2 公顷），中间是一个庭院，周围有数百个房间，作为政治和宗教精英的生活区、行政总部和宗教祭祀圣地。宫殿的墙壁上装饰着海洋生物、花卉、杂技演员和日常生活场景的壁画。这里的居民享有室内卫生设施和供水设备，这是西方大多数人直到 19 世纪才享受到的。

国际青铜器时代的社会可以分为两个截然不同的等级：宫殿依附者和村庄里的自由人。前者包括宫殿体系内的军官、神职人员、书吏、工匠和农业劳动者。中低等级的劳工和手工业者可以得到定量的食物，高等级的人可以得到王室的土地，他们保证了王权的延续和王室奢华的生活方式。在克诺索斯，宫殿依附者的口粮储存在仓库里，这些仓库可以储存超过 25 万加仑（约 95 万升）的葡萄酒或橄榄油。这种定量供应意味着他们可能比村庄里的自由人生活得更好。由于必须缴税，还要每年抽出一部分时间为王室建筑工程提供劳役，这些村民采取混合农业，

重大建筑的国际风格。青铜器时代晚期的许多国王建造了新的首都，以此向他们的人民和国内外潜在的对手彰显他们的实力。在建造这些宫殿和城市的过程中，国王们互相借鉴对方的文化，因此在重大建筑中出现了一种单一的"国际风格"，就像这些赫梯人和迈锡尼人的城堡大门所展示的那样。赫梯人的首都哈图沙的大门（上）和迈锡尼城堡的大门都有巨大的石狮子，在许多青铜器时代的社会里，狮子是国王力量的象征。

图片来源：（上）Joe Cornish / DK Images；（下）William Richardson / Fotolia

种植农作物和果树，放牧绵羊和山羊，勉强维持生计。在经济不景气的时候，他们被迫向富裕的邻居借债，如果不能偿还债务，他们就要被迫成为其奴隶。

在所有青铜器时代的社会中，王室成员都居于社会体系的金字塔的顶端，他们过着奢华的生活，超出了当时大多数人的理解范围，也超出了我们今天大多数人的理解范围。在迈锡尼发现的王室墓穴中有 30 具骸骨，每具近 6 英尺（约 1.83 米）高，远高于迈锡尼人的平均身高，这清楚地表明国王们比他们的臣民享有更好的营养。墓穴中发现的许多金银酒器和珠宝进一步表明，不仅仅迈锡尼的统治者，青铜器时代的所有统治者都生活奢华。

青铜器时代晚期的每一个文化都颂扬军事征服，因此将战士置于更高的社会等级。国王亲自领导每年一次的军事行动，战争纪事也因此占据了王室编年史的主导地位。在迈锡尼，战士的坟墓里不仅有他们的尸体，还有他们的盔甲、武器，甚至他们的战车。这些珍贵物品的随葬表明了战士阶层的威望。要具有男子汉气概就要成为一名战士，正如这段关于赫梯人入伍仪式的记述所表明的那样：

> 他们拿来妇女的衣服、一把纺锤和一面镜子。他们折断一支箭，然后说："你在这里看到的不是妇女的衣服吗？我们把这些拿过来是为了入伍宣誓。谁违背这些誓言，伤害国王、王后和王子，就让这些誓言把他从男人变成女人！"……让他们折断手里的弓箭和棍棒，拿起纺锤和镜子！[4]

危机与崩溃：国际青铜器时代的终结

在公元前 1200—前 1100 年，埃及、西南亚、安纳托利亚和希腊之间的外交、文化和经济联系戛然而止。这些文明骤然陷入了一个以侵略、迁徙和稳定政府的崩溃为标志的"黑暗时代"。在希腊大陆，希腊语和一些宗教信仰得以保留，但人口下降了约75%。迈锡尼人的工艺、艺术风格和建筑传统都被遗忘了。现存的记录中充满了对干旱、饥荒和侵略的记录。后来的一部史诗《埃拉史诗》（*The Epic of Erra*）将这个时代描述成一个恐怖的时代：

> 西兰人不会放过西兰人……
>
> 亚述人也不会放过亚述人。
>
> 埃兰人也不会放过埃兰人，
>
> 加喜特人也不会放过加喜特人……
>
> 城市不会放过城市，
>
> 国家不会放过国家，
>
> 部落不会放过部落，
>
> 人不会放过人，
>
> 兄弟将互相残杀。[5]

海上民族

是什么导致了国际青铜器时代的终结？现存的古代文献指出，流浪移民的袭击和入侵是一个关键原因。例如，公元前1100年左右，乌加里特的国王警告另一个叙利亚王国的国王说："敌人的船已经到来。他们烧毁了我的村庄，在我们国家无恶不作。"[6]将这些入侵者称为"海上民族"的埃及人以戏剧化的语言描述了他们的到来。

> 在他们的武力面前，没有任何国家可以承受。他们烧杀抢

掠，所到之处，生灵涂炭，万户萧疏。他们正在向埃及扑来，火焰已经为他们准备好了。[7]

这些"海上民族"是什么人？他们对国际青铜器时代体系的崩溃负有责任吗？学者们尚未就这个关键问题的答案达成一致。有一种解释聚焦于迈锡尼文明和赫梯帝国的重大事件上。我们知道，在公元前1150年左右，许多迈锡尼王国之间的战争导致了以宫殿为中心的经济体系的崩溃。为了寻找生存手段，许多希腊人移居他乡。大约50年后，一场致命的饥荒、内战和外敌入侵引发了赫梯帝国政府的崩溃。和在迈锡尼一样，经济混乱接踵而至，绝望的农民纷纷逃离。

迈锡尼王国和赫梯帝国的灭亡导致了东地中海地区的大规模移民，而这带来了很大的不稳定因素。流离失所者在向南迁徙的过程中掠夺城市，给整个东地中海地区造成了巨大破坏。公元前1170年，埃及帝国已经失去了对叙利亚和迦南的控制，乌加里特也随之灭亡。成群结队的袭击者在地中海沿岸定居下来，并向内陆扩张势力。迦南有组织的政治生活很快就瓦解了。

系统性的动荡

海上民族的故事引人入胜，然而它并不能完全解释国际青铜器时代的突然终结。第二种解释聚焦于青铜器时代晚期宫殿制度的内部不稳定和对农业劳动者的剥削。为了生存，农民只能借债，而他们无力偿还债务时，就会被迫成为奴隶。面对奴役，许多农民逃到山区或人迹罕至的沼泽地区，在那里，他们可以在宫殿体系之外勉强维持生活。就这样，他们变成了哈比鲁（habiru）。"Habiru"这个词通常被翻译为"强盗"、"土匪"或"雇佣兵"，许多哈比鲁是其中的一种，或者全部是，他们是被严酷的社会经济秩序所迫而走上这条道路的。对于大国政府来说，哈比鲁是一个持续存在的问题，不仅因为犯罪和社会混乱的威胁，更重要的是，因为农民的外逃加剧了农业劳动力的短缺，从而威胁到整个宫殿体系的存续。

到了公元前 12 世纪，宫殿体系的这一关键弱点最终将其摧毁。许多地区似乎遭受了长期的干旱，劳动者的负担更加沉重，哈比鲁的数量激增。而那些留下来的人发现他们面临的要求更加严苛，于是更多的农民外逃。当海上民族出现时，许多哈鲁比非常高兴地加入他们，一起洗劫象征着压迫的宫殿和庙宇。虽然古代文献往往把海上民族描绘成外来者，但最近的考古和历史研究表明，他们中的许多人早已定居在他们攻击的土地上。换句话说，他们是叛逆者，而不是侵略者，他们的反抗摧毁了国际青铜器时代。

恢复和重建：国际青铜器时代后的帝国和社会

国际青铜器时代崩溃后，西南亚和地中海地区的人们逐渐重建了他们的世界。三个重要的变化使这个新时代不同于以往：第一个变化是，青铜器时代晚期复杂的国际外交和经济网络已经消失，这一网络的主要参与者也消失了。第二个变化是，青铜器时代晚期贸易路线的中断导致了冶金业上的一个重要转变。由于无法同时获得冶炼青铜所必需的锡和铜，人们开始转向一种更丰富、更容易获得的资源，那就是铁。古代人早就熟悉铁，但未经锻造的铁不是很耐用。然而，在大约公元前 1200 年以后，金属匠人们学会了如何炼铁：通过在木炭炉中反复加热金属，然后冷加工，他们就创造出了碳钢，一种可以媲美青铜的坚硬金属。铁器时代就此诞生。到公元前 1000 年，铁在整个地中海地区被广泛使用。到公元前 9 世纪，铁器已经遍及美索不达米亚和埃及。我们将会看到，铁使新亚述和新巴比伦的国王们拥有比以往任何时候都大得多的军队，从而统治了空前庞大的帝国。

第三个使这一时期不同于青铜器时代晚期的变化是，驯养的骆驼被用于运输和旅行。在大约公元前 1100 年，骆驼的形象开始出现在近东的艺术品和文字中，但是它们可能在几个世纪前就已经被驯化了。因为骆驼在旅途中只需要少量的水，它们为商人开辟了沙漠中的道路。商人们可以选择更直接、更快捷、更有利可图的路线，而不必再绕过沙漠。随着骆驼贸易成为古代经济的一个重要因素，通常是恐惧对象的阿拉伯人开始在西南亚文化中扮演更加重要的角色。传说阿拉伯人经常劫掠商队或洗劫城市，然后消失在沙漠中。

帝国之前与帝国之间

国际青铜器时代的崩溃和亚述帝国的重新崛起（大约公元前 1100—前 950）之间这段时间被称为"黑暗时代"，但是大国的削弱或消失使美索不达米亚和黎凡特走廊的一些小王国和城邦得以蓬勃发展。我们将在这一章的后面看到，在这段过渡时期，在迦南出现了以色列文化，或者说是希伯来文化。地图 2.2 显示，以色列和犹大的希伯来人国家位于铁器时代的王国和城邦网络之中。在 600 多年的时间里，这些国家形成了不断变化的联盟，它们互相结盟，互相对抗，最终复兴的亚述帝国和巴比伦帝国也卷入其中。

这片土地上的新民族：阿拉米人

在叙利亚和黎凡特走廊急增的众多民族、部落和移民中，阿拉米

地图 2.2　铁器时代的西南亚

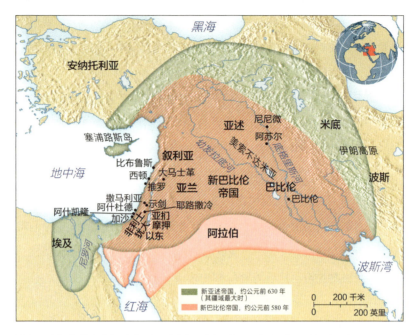

伴随国际青铜器时代的结束而来的经济和社会危机导致了移民潮，新的民族在西南亚各地定居，他们与当地人融合，成为新的部落群体。有一段时间，叙利亚和迦南曾摆脱了大国的控制，分裂成若干小王国和城邦。这些小王国和城邦有哪些？新亚述帝国和新巴比伦帝国的崛起是如何改变西南亚的政治版图和政治现实的？

人（Aramean）发挥了主导作用。阿拉米人部落最初是来自叙利亚北部的半游牧民族，在青铜器时代晚期，他们扩张到了亚述和巴比伦的领土。他们的袭击削弱了这些王国，也削弱了它们对帝国领土的控制。在后来的铁器时代，阿拉米人遍布近东。到公元前 9 世纪，阿拉米人部落统治了整个叙利亚内陆和美索不达米亚大部分乡村，在那里阿拉米语成为普通人的语言。

　　最重要的阿拉米人的国家是以大马士革为中心（见地图 2.2）的阿

拉米－大马士革。大马士革可能是世界上最古老的持续有人居住的城市。在铁器时代，大马士革变得繁荣而强大，这部分是因为它是古代世界最重要的一条经济"高速公路"（从阿拉伯沙漠到地中海的骆驼商队路线）上的关键贸易站。

海上新民族：腓尼基人

　　和阿拉米人一样，腓尼基人在青铜器时代的最后几个世纪登上了历史舞台。青铜器时代晚期的埃及帝国疆域包括沿叙利亚北部海岸（现在的黎巴嫩）的腓尼基城邦。在伴随着国际青铜器时代崩溃而来的混乱中，这些城市获得了独立。到公元前 1000 年，腓尼基人在地中海东部的港口城市建立了一种充满活力的海洋文明，这些城市有比布鲁斯、推罗和西顿等。通过沿用古老的米诺斯和迈锡尼的贸易路线，这些港口城市创造了一个巨大的商业势力范围。

　　然而，如地图 2.3 所示，腓尼基人冒险突破这些古老的青铜器时代的贸易路线，航行到了大西洋。腓尼基人最引人注目的航行发生在法老尼科二世（Necho II，公元前 610—前 595 年在位）在位时期，他雇用了一队腓尼基船员环游非洲大陆，这比欧洲人早了近 2 000 年。他们的航海经验解释了为什么腓尼基人可能是最早发明双层桨战船的人。这种船有两组桨，因此在战斗中可以获得更快的速度和更大的动力。

　　当《希伯来圣经》的作者们想要证明传说中所罗门王的财富时，他们写道，他与推罗王希兰（Hiram）订立了契约，从比布鲁斯进口木材。《希伯来圣经》中对这些腓尼基城邦的讲述突出了腓尼基人在铁器时代的商业统治地位。腓尼基人以他们的手工技艺而闻名，他们交易武器、珠宝、木器和珍贵的紫色布料。腓尼基人因为这种紫色的布料而得名。"Phoenician"一词是希腊人的新造词，翻译过来是"穿紫色衣服的

地图 2.3 腓尼基人的扩张（约公元前 900—前 600）

在对商业利润的追求——尤其是对利润丰厚的金属贸易的控制——的推动下，腓尼基人建立了横跨地中海的商业帝国。最初，腓尼基人的定居点只是贸易站，但在许多地区，这些定居点发展成了殖民地。到了公元前 600 年，迦太基已经成为腓尼基人在西地中海的主要城市，控制着北非和西班牙部分地区的资源。为什么金属贸易在这个时代如此重要？腓尼基人是如何成为连接亚洲、非洲和欧洲的经济和文化桥梁的呢？

人"。地图 2.3 显示，对金属矿的寻找也激发了腓尼基人的许多探险和商业活动。

　　为了保护和拓展他们的贸易，腓尼基人建立了海外贸易站，后来这些贸易站发展成为自治的腓尼基殖民地。这些殖民地一直延伸到西班牙海岸，但最重要的是位于今天的突尼斯北部海岸的迦太基（意为"新城"）。借助其宏伟的港口和战略位置，迦太基控制了东地中海和西地中海之间的贸易。

　　与后来成为西方文明中心的地区之间的经济联系意味着腓尼基人成为近东文明和欧洲文明之间的文化桥梁。通过贸易和殖民，腓尼基人把亚洲和埃及的艺术风格带到了西地中海地区，其中很多是青铜器时代的遗存。这些遗存中最重要的是音标字母。音标的原理似乎是公元前1900年左右由在埃及工作的迦南人发现的。迦南人简化了复杂的埃及象形文字系统，保留了不到30个符号，每个符号代表一个辅音字母。由此产生的原始迦南字母表演变成腓尼基人使用的字母表，腓尼基人把这种高效的书写系统传播到整个地中海世界，先后被希腊人和罗马人采用。就这样，它成了西方所有字母和文字的来源。

迦南文化及其延续性

随着埃及帝国在国际青铜器时代末期的崩溃，迦南进入了一段不稳定的时期，半游牧民族迁徙到这里，新的国家形成了。地图2.2显示，在大约公元前1000年，政治权力分散在非利士人（Philistine）的沿海城邦和亚扪（Ammon）、摩押（Moab）、以东（Edom）、以色列和犹大这些内陆小王国（将在本章下一节讨论）。

许多考古学家认为，非利士人起源于爱琴海的"海上民族"，他们在埃及生活了一段时间后，来到了迦南海岸。这些民族的名字之一"派莱赛特人"（Peleset），可能是"巴勒斯坦"这个名字的起源。到公元前1000年，非利士人居住在五个沿海城邦里，每个城邦都由一个国王统治。这些城邦组成了一个松散的联盟，成为迦南的主要力量。

考古学家认为，与非利士人相比，铁器时代内陆王国的大多数居民是迦南本地人。他们崇拜前青铜器时代的迦南神伊勒（El）和巴力（Ba'al）以及他们的妻子——生育女神亚舍拉（Asherah）和阿什塔特（Ashtart 或 Astarte）。铁器时代的迦南人也延续了古老的做法，通过无形象的神圣物体，如竖立的石头、方尖碑和特殊的树木来崇拜他们的神灵。这些圣物通常位于山顶（在《希伯来圣经》或《旧约》中被称为

文化延续性：跨越几个世纪的巴力神。这尊公元前 13 世纪的迦南神巴力的青铜雕像来自乌加里特。在整个青铜器时代和铁器时代，对巴力神的崇拜是迦南人宗教的一个特点。头部和脸部由金箔覆盖，胸部、手臂和腿部的银片可能代表盔甲。

图片来源：RMN Grand Palais / Art Resource, NY

"邱坛")上。和几千年来一样,迦南人宗教生活的核心仍然是对生育的追求,其中包括对人丁兴旺和农业丰收的追求。为了确保健康孩子的顺利出生和丰饶的收成,迦南的宗教习俗具有一些惊人的特点,如宗教性的卖淫和用孩子来献祭。关于前者,礼拜者和男女祭司为了重现巴力和阿什塔特的结合而进行性交;而关于后者,一对夫妇把自己的孩子献祭给神灵。

帝国的复兴:新亚述和新巴比伦

南安纳托利亚、叙利亚和迦南的小王国与城邦的独立并没有持续多久。从大约公元前 1000 年开始,亚述帝国和巴比伦帝国先后开始重新控制它们的领土,重建它们的商业力量,重新征服附近的土地。

新亚述帝国的统治

即使是在阿拉米人入侵和经济崩溃的最糟糕时期,亚述统治者也从未失去对亚述中心地带的控制,即亚述北部和东部富饶的农业区。如地图 2.2 所示,从大约公元前 1000 年开始,亚述再次开始控制这个中心地带周围的土地。亚述纳西拔二世(Ashurnasirpal II,公元前 883—前859 年在位)的统治代表了亚述帝国复兴的关键一步。他在叙利亚和黎凡特南征北战,逐渐吞并了较小的城邦。他重振了亚述力量,将势力范围一直延伸到地中海沿岸。为了避免面对亚述军事机器的冲击,腓尼基城邦自愿朝贡并成为其附庸国。亚述纳西拔二世恢复并强化了赫梯帝国的做法,用大规模驱逐来惩罚被征服的人民,震慑潜在的敌人,并为重大建筑工程(例如他的更加辉煌的新首都)提供劳动力。

后来的亚述君主扩张并巩固了亚述纳西拔二世的征服。在提革拉 - 帕拉萨三世(Tiglath-Pileser III)统治期间(公元前 745—前 727),亚述帝国迅速扩张。经历了 40 年的叛乱和瘟疫后，提革拉 – 帕拉萨三世登上王位，他重组了军队并平息了叛乱，兼并了迦南的部分领土，并自立为巴比伦的国王。他的成就开启了亚述人对埃及长达一个世纪的支配，甚至一度统治了埃及。新亚述帝国是历史上第一个控制底格里斯河、幼发拉底河和尼罗河流域的帝国。

管理如此庞大的帝国会存在很多问题，尤其是在通信方面。各省总督代表国王进行统治，但如果国王的命令要花几个月才能到达，各省就会走向自治，对当局来说，这是十分危险的。为了解决这个问题，亚述人发明了早期版本的快递。他们在每条主要路线（被称为"皇家大道"）上每隔 20 至 30 英里（约 32 至 48 千米，一天的行程）建立一个驿站。在这些驿站，国王的信使可以得到补给，换上新的马匹和拉车的骡子，这样他们就能在几天之内从帝国的一端走到另一端。

亚述人装备了一支常备军，这支军队在当时是非常庞大的，至少有 10 万人。所有的亚述人都被要求在军队服役（虽然富人可以花钱找人代替），但是政府也从其所征服的民族中征兵。为了支付这支军队和皇家建筑工程所需的费用，亚述统治者对其人民征收重税，要求其附属国进贡，并掠夺所征服的土地。因此，每年的军事行动都是出于经济上的需求。

亚述在军事上的成功部分要归功于其创新的战斗方法。亚述人发明了移动攻城槌和攻城塔来攻击敌人的城市，还发明了浮桥来运送重型装备。他们还创建了世界上第一支骑兵部队。事实证明，一队队技艺高超的骑兵甚至比轻型战车更善于突破步兵防线，而且与战车部队不同，他们能够在山区进行侦察和作战。

凭借其庞大的规模和创新的技术，亚述军队获得了当之无愧的恐怖名声。如果一个城市或地区反抗亚述的控制，它的居民就会受到残忍

亚述人的军事创新：骑兵。亚述纳西拔二世选择了曾经是一个小城镇的迦拉（Kalhu）作为他的新首都。为了用宏伟建筑来宣扬他的丰功伟绩，他建造了西北宫，这是一座宏伟的石头建筑，上面装饰着庆祝国王胜利的巨大浮雕。这张浮雕局部的照片显示了亚述人最重要的军事创新之一，即对骑兵的使用。

图片来源：Dea / G. Dagli Orti / De Agostini / Getty Images

的对待。亚述人折磨、强奸、残害甚至活剥被他们打败的敌人。那些被野蛮征服的幸存者随后被聚集起来，被迫行军数百英里，还被扔到陌生的土地上作为亚述的劳动力来源。通过如此残忍地对待抵抗者和反叛者，亚述人避免了频繁的战争：亚述人的暴行传到了邻近地区，这些地区往往会迅速投降以避免这样的命运发生在自己身上。因此，历史学家把亚述政策描述为"蓄意的恐怖"[8]。

尽管十分残暴，新亚述帝国在为后代保存和传播古代美索不达米亚文化方面发挥了至关重要的作用。亚述人虽然在公元前8世纪和公元前7世纪统治了巴比伦，在西拿基立（Sennacherib，公元前704—前681年在位）统治期间甚至洗劫了巴比伦城，但他们也认识到在文化上要感谢巴比伦以及阿卡德和苏美尔祖先。他们珍惜这一文化遗产，努力地收集和保存科学和文学作品。在新亚述时期，阿卡德创世故事《埃努玛·埃利什》（Enuma Elish）的最终版本和今天我们所知道的《吉尔伽美什史诗》的版本都被记录下来。

最引人注目的文化汇集活动发生在亚述巴尼拔（Ashurbanipal，公元前668—前627年在位）统治时期。和所有的亚述国王一样，亚述巴尼拔也是一名战士，但是他也以学者自居。在他的尼尼微城的宫殿里，他打算建造一座图书馆，收藏直到他那个时代的所有美索不达米亚的文学和学术著作。这也许是图书馆馆员所称的"馆藏建设"的第一个已知实例，亚述巴尼拔派代表到帝国各地购买或没收文字泥板和文稿。回到尼尼微，抄写员会把这些泥板上的文字抄写下来，并把它们分类，然后放在按主题区域划分的房间里。像间谍报告和秘密国事的记录这样的机密文件被储存在最里面、最难以接近的房间里。从亚述巴尼拔图书馆保存下来了3万多块泥板，包括大概1万种不同的文稿（其中许多是残片）。

亚述帝国虽然强大，却突然灭亡了。在公元前7世纪的最后几十年里，一连串继承危机和叛乱给亚述帝国造成了致命的打击。"蓄意的恐怖"产生了如此强烈的怨恨，以至于人们纷纷起来反抗。这些叛乱者中最重要的是美索不达米亚南部的巴比伦国王那波勃来萨（Nabopolassar，公元前626—前605年在位）。自称"无名小卒的儿子"的那波勃来萨

泥板和羊皮卷：楔形文字和字母文字。这幅来自尼尼微西南宫的新亚述帝国时期的浮雕（约公元前 630—前 620）描绘了亚述书吏清点针对巴比伦的军事行动中所收获的战利品的情景。值得注意的是，一名书吏手持泥板，用阿卡德楔形文字书写，而另一名书吏则用阿拉米文（也是一种字母文字）在纸莎草纸上书写。到了公元前 7 世纪，纸莎草纸和羊皮都被广泛使用，但这些脆弱的文件很少被保存下来。

图片来源：Zev Radovan / BibleLandPictures / www.BibleLandPictures.com / Alamy

为了把巴比伦从亚述人的控制下解放出来奋斗了 10 年。后来，他把战火烧到了亚述本土。公元前 616 年，经过三个月的围攻，尼尼微落入了入侵者之手。胜利者那波勃来萨宣布：

> 我打败了苏巴图（Subartu，即亚述）。很久以前，亚述人统治了所有的民族，他们沉重的枷锁给这片土地上的人们带来了长久的伤害，我把他们从阿卡德驱赶出去，我摆脱了他们的枷锁。[9]

新巴比伦帝国

那波勃来萨成为新巴比伦（或者迦勒底）帝国的创立者，这个帝国一直延续到公元前 539 年。在帝国早期，与埃及的冲突占据了主导地位，这两个大国争先恐后地想要填补亚述帝国灭亡所留下的权力真空。在这场冲突中，英明的将军尼布甲尼撒二世（Nebuchadnezzar II，公元前 604—前 562 年在位）占领了叙利亚、腓尼基人的城邦和犹大王国（见地图 2.2）。

新巴比伦帝国延续了亚述帝国驱逐被征服人民的做法，这既是一种恐怖武器，也是一种填补劳动力短缺的手段。被征服民族中被驱逐的上层阶级通常被允许住在宫廷里，只要他们接受巴比伦的统治，他们就会受到很好的对待。然而，大多数被驱逐者住在农村，他们被要求将大部分收成缴给地主，并缴纳寺庙税。

虽然农业劳动者忍受着极端的剥削，巴比伦的经济却繁荣起来。新巴比伦统治者投入财力修建道路和灌溉渠，扩大灌溉系统。私人商行资助商业探险和交易，巴比伦成为帝国和国际贸易的中心。政治边界和战争似乎无关紧要。例如埃及商人和他们的货物在巴比伦很受欢迎，即使是在两个帝国的战争期间也是如此。

利用从征服和贸易中获得的财富，新巴比伦国王把他们的首都巴比伦变成了古代世界的奇迹之一。根据传说，尼布甲尼撒二世为他最喜爱的妻子建造了巴比伦空中花园，因为她想念她的多山的家乡。绚丽的鲜花和植物从阶梯状的山坡上倾泻而下，从远处看，整个花园仿佛飘浮在空中。一条从幼发拉底河引水的护城河环绕着巴比伦 8 英里（约 13 千米）长的城墙。色彩鲜艳的瓷砖装饰着伊什塔尔城门（Ishtar Gate），它位于一条通往巴比伦最伟大的神马杜克神庙的大道上。

除了建筑上的成就，新巴比伦人还在天文研究和观测方面积累了

伊什塔尔城门（左）和空中花园想象图。铺设了华丽瓷砖的伊什塔尔城门让新巴比伦帝国的首都巴比伦的入口格外醒目。巴比伦的艺术家们用色彩鲜艳的瓷砖创造了动物和战士的复杂三维图像。该门现在被安置在柏林的一座博物馆里。艺术家的重建图显示了该门在帝国全盛时期的模样。

图片来源：（左）DK Images；（右）Erich Lessing / Art Resource

令人印象深刻的天文数据。巴比伦的天文学家相信这样的研究可以揭示神的意志，他们记录了恒星、行星和月亮的运行。他们对公元前747—公元61年的观测进行了连续记录。这是一项惊人的成就。到了公元前500年，他们已经积累了大量的天文数据，可以通过复杂的数学计算来预测日食和月食。这些天文学家的计算后来被波斯人和希腊人采用，从而奠定了西方科学的基础。此外，新巴比伦人还为西方世界提供了许多星座的名称、黄道带和许多天文学现象的数学模型。

新巴比伦人不仅仰望星空，也回顾过去，以确定他们在世界上的位置。像新亚述帝国的统治者一样，巴比伦的国王们认为自己是一个历史悠久而宝贵的文化传统的继承人和守护者。虽然阿拉米语是日常生活中的常用语，但阿卡德语仍然是国家政务中所使用的语言，巴比伦国王甚至试图恢复古老的表达方式和文字。他们还努力保存过去几代人的艺术品，并修复被毁坏的寺庙和宫殿。国王那波尼德（Nabonidus，公元前 555—前 539 年在位）被称为"第一位考古学家"，因为他修复了苏美尔和阿卡德的圣地，还对收集和鉴定古文物很感兴趣，并把古文物保存在他女儿在乌尔的博物馆里。

那波尼德也是一个虔诚的宗教信徒，他是月亮女神辛（Sin）的女祭司的儿子。在其统治期间，那波尼德对于辛的虔诚使得许多巴比伦人疏远了他，他们认为那波尼德忽视了对马杜克神的崇拜，因而危及了巴比伦的繁荣。这种疏远至少在一定程度上解释了为什么在公元前 539 年新巴比伦帝国迅速落入波斯人手中。然而，新巴比伦王朝的终结并没有破坏巴比伦的经济网络和文化传统。在波斯的统治下两者都继续蓬勃发展，我们将在本书第 3 章对此进行考察。

希伯来文明

西方最具影响力的文明之一是希伯来文明。希伯来人起源于青铜器时代晚期动荡时期的迦南。希伯来人或以色列人的历史是在这一章所考察的事件的背景下形成的，其中包括国际青铜时代及其崩溃、迦南和叙利亚几个小国的出现，以及公元前 1000 年后亚述帝国和巴比伦帝国的复兴。

早期希伯来历史

早期希伯来历史是古代近东研究中最具争议性的课题之一。这段历史的主要文本资料来源是《希伯来圣经》，即基督徒所说的《旧约》。《希伯来圣经》取材于各种口头和书面资料，描述的都是几个世纪之前发生的事情，浓缩了移民、定居和宗教发展的复杂过程。这些文本不是21世纪读者所理解的历史意义上的历史叙事。事实上，一些学者认为，这些文本几乎不能告诉我们关于早期希伯来历史的信息。他们指出，构成《希伯来圣经》的文本最早是在公元前7—前6世纪写成的，距离我们所描述的事件已经有400年至600年之久。根据这些学者的说法，这些文本描述的看似是历史，其实几乎完全是虚构的，不过是一个关于起源的神话，是为了赋予一个受压迫的民族以意义、安慰和身份。然而，大多数学者认为，尽管《希伯来圣经》文本最初是在其所叙述的事件几个世纪后才被记录下来，但这些文献是基于口述传统的，其中一些可以追溯到原来的事件。因此，《希伯来圣经》文本不是"历史"，但是当与考古证据相对照时，可以作为揭示那段历史的一个重要材料。

后来成为希伯来人的人最早出现在迦南的历史记录中是在公元前1200年左右，即青铜器时代晚期的末期。考古证据表明，在迦南内陆的山区，在城市社会的边缘，小定居点数量急剧增加。有些特征将这些村庄与该地区的其他村庄区分开来。这些房屋以三到四个为一组，有共同的墙壁和庭院。它们的遗迹证实了我们从《希伯来圣经》中看到的对早期以色列文化的描述，即这是一个高度自给自足的农业社会，非常重视家庭和社会生活。

但是，这些新的山地居民是从哪里来的呢？许多世纪之后，《圣经·出埃及记》解释说，一位名叫摩西的领袖带领他们从受奴役的埃及来到了自由之地迦南。然而，考古和语言学证据表明，这些"原始以色列人"是迦南的原住民，很可能是由半游牧民族和城市难民共同组成的，他们逃到山上，以逃避伴随国际青铜器时代崩溃而来的经济混乱和政治动荡。但我们不必完全抛弃《出埃及记》中的叙述。公元前13世纪，海上民族袭击了埃及，其中许多人最终定居在迦南和叙利亚。这些群体中的一支可能与当地的迦南人融合，形成了后来的希伯来人。他们的故事被一遍又一遍地讲述，可能代表了整个群体的身份。

以色列：从君主制到大流散

随着青铜器时代晚期帝国的崩溃，迦南地区出现了权力真空。非利士人和以色列人之间开始竞争。非利士人控制着迦南的地中海沿岸平原，无情地向居住在内陆山区的希伯来人的地盘推进。根据《圣经》的记载，绝望的希伯来人认为国王会给他们提供更强有力的领导。这种向王权的转变标志着希伯来文化的突然中断。如果历史学家对早期希伯来人的起源的定位是正确的——至少部分是由于受压迫而逃往山区的城市居民，希伯来人的身份认同在很大程度上根源于对中央集权的反抗。在《圣经》中，反君主制的思想（对王权及其对农民剥削的反抗）构成了一个强有力的重复主题。

统一王国

根据《圣经》记载，以色列人在公元前1020年左右选择扫罗为他们的第一位国王。大约20年后，一位名叫大卫（约公元前1000—约前962年在位）的武士继承了扫罗的王位，打败了非利士人，建立了一个繁荣的中央集权的王国，首都是古老的迦南城市耶路撒冷（见地图2.2）。大卫建立了一个有后宫的王宫；进行人口普查，作为征税、征兵和劳役的依据；建立一个由职业军人、行政官员和书吏组成的中央集权的官僚机构（见本章"历史上的正义"专题）。

《圣经》告诉我们，大卫的儿子所罗门（约公元前970—前931年在位）把以色列推向了权力和繁荣的顶峰。所罗门最伟大的成就之一是在耶路撒冷建造了一座宏伟的圣殿。在腓尼基建筑师和工匠的技术帮助下，通过所罗门臣民的强制劳动，新建成的耶路撒冷圣殿成为以色列宗教崇拜的中心。《圣经》文本突出了所罗门的财富和智慧，描绘了一位君主在整个古代世界建立远距离经济贸易和外交关系的画面。为了巩固外交协议，他娶了外国公主为妻。他控制了从埃及和阿拉伯到叙利亚的贸易路线，并与远在也门的示巴（Sabaea 或 Sheba）王国建立了经济联系。

然而，就像早期希伯来历史的各个方面一样，我们现在所称的统一王国的历史也是极具争议性的。没有其他的古代文献能证明大卫和所罗门的王权的存在，学者们对考古证据的理解也存在分歧。有三种主要的解释。少数学者认为大卫和所罗门根本不存在。一大批专家认为，《圣经》中关于统一王国的故事融合了公元前10世纪的现实和后来的事件。根据这种观点，历史上的大卫和所罗门是公元前10世纪相对贫穷、粗野的部落首领，而《圣经》中关于国王的详细描述反映的是公元前7世纪和公元前6世纪的情况。然而，历史研究的主流坚持认为，在公元前10世纪统一王国确实存在。《圣经》以外的文本资料和考古证据表明，到公元前10世纪，迦南在政治上已经被一些小王国瓜分，其中很可能包括以色列的统一王国。

分裂的君主国

大卫和所罗门建立的君主制并没有持续多久。《圣经》告诉我们，所罗门死后，北方的以色列人发起反叛。由于不满所罗门的高赋税和强迫劳动政策，他们拒绝承认所罗门之子的王权，并分裂出去，建立了一个独立的北方王国。这个新建立的国家保留了"以色列"之名，但迁都到示剑（Shechem），后来又迁到了撒马利亚。所罗门的继承者保留了耶路撒冷的王位，并统治着南方剩下的较小的王国，即犹大（见地图 2. 2）。因此，所罗门的去世开启了"分裂君主国"或"继任者王国"的时代。

这个分裂君主国的命运与新亚述帝国和新巴比伦帝国的崛起纠缠在一起。作为两个王国中较小和较穷的一个，犹大王国对侵略者的吸引力较小，因此在政治上更稳定。在整个犹大王国的历史上，大卫的子孙稳坐王位，并得到了人民的大力支持。相比之下，以色列王国却经历了多次革命和政权更迭，而这些往往是外部势力干预的结果。公元前 885 年左右，北方王国进入了鼎盛时期。当时，一位名叫暗利（Omri，约公元前 885—前 873 年在位）的军队指挥官夺取了政权。暗利的儿子和继承人亚哈（Ahab，约公元前 873—前 852 年在位）发扬光大了父辈的遗产，使以色列王国成为迦南地区最强盛的国家之一。

大流散

然而，新亚述帝国的出现意味着以色列王国的独立不可能持续下去。正如我们在本章前面看到的，公元前 745 年，提革拉－帕拉萨三世继位，并扩张了亚述帝国。仅仅十多年后，以色列与叙利亚和迦南的许多小王国一样成为亚述的附属国。就像亚述帝国控制下的许多民族一样，以色列人很快就厌倦了新亚述帝国的索求。公元前 722 年，以色列国王何西阿（Hoshea，约公元前 731—前 722 年在位）领导了一场反抗亚述人统治的叛乱。根据他们的"蓄意的恐怖"政策，亚述人进行了残酷的镇压。第二年，他们把以色列从地图上抹去，完全吞并了这块领土，把它分成四个行省，并将近3万以色列人驱逐到美索不达米亚。这些被驱逐者今天被称为"失踪的以色列十支派"，他们最终忘记了自己的文化身份，从历史上消失了。许多幸存下来的以色列居民逃到犹大王国避难（使犹大人口几乎翻了一番）。

随着其更强大的北方邻居被消灭，犹大王国在这一区域的重要性提高了，但是在帝国时期，这个小国只能作为帝国的附属国才得以幸存下来，先是附属于新亚述帝国，然后是埃及、新巴比伦和波斯。有几位国王试图摆脱这种附属地位，但是没有一位能够成功。例如，国王希西家（Hezekiah，公元前727—前697年在位）错误地加入了迦南－腓尼基联盟，对抗强大的亚述国王西拿基立。当亚述军队包围耶路撒冷时，希西家投降了，并向亚述的霸主宣誓效忠。生存的代价是高昂的，按照西拿基立的说法：

> 希西家本人也被我的威严震慑……把象皮、象牙、乌木、黄杨木和其他各种珍贵的宝物，还有他的女儿、妃子和男女乐师送到了我的伟大的城市尼尼微。他派了一名私人使者前来送贡品，并以奴隶的身份表示敬意。[10]

希西家的继任者就没那么幸运了。公元前586年，当国王西底家（Zedekiah，约公元前597—前586年在位）领导发起另一场叛乱时，巴比伦军队将耶路撒冷夷为平地，并摧毁了犹大王国的精神和政治中心所罗门圣殿。大约有2万人被驱逐到巴比伦，这一事件被称为"巴比伦之囚"。

然而，与以色列居民不同的是，被驱逐出犹大王国的希伯来人在流亡期间保留了他们的文化和宗教身份，有些人得以返回。公元前538

亚述人的酷刑。这幅亚述浮雕描绘的是亚述士兵用木桩刺死犹大囚犯的情景。公元前 701 年，皇帝西拿基立和他的军队进军犹大，以平息一场叛乱。他们围困了拉吉城（Lachish），然后残酷地折磨这里的居民。后来他们又包围了耶路撒冷，国王希西家选择投降，从而拯救了这座都城。

图片来源：Erich Lessing / Art Resource, NY

年，而同样成为新巴比伦帝国统治者的波斯国王居鲁士，允许所有被巴比伦人流放的人返回他们的家园。经过两代人的努力，犹大居民在耶路撒冷重新建造了一座神殿，名为第二圣殿。在接下来的 500 年里，这座重建的圣殿一直是希伯来人宗教生活的中心。历史学家称生活在第二圣殿建成后的希伯来人为犹太人，称他们的宗教为犹太教。

希伯来人的宗教遗产

如果没有这种宗教，西方文明的教科书几乎不会提到在统一王国统治下的以色列，也不会提到以色列和犹大王国的继承者。和亚扪或摩押一样，以色列和犹大是迦南地区的小国家，在帝国权力游戏中无足轻重。但是与亚扪和摩押不同的是，以色列和犹大拥有并留下了一种强大的宗教遗产，这一遗产塑造了西方文化认同的核心。

早期的宗教融合

与早期希伯来历史的其他方面一样，人们对早期希伯来人的宗教实践也存在争议。现有的证据表明，当他们在迦南的山区合并为一个民族时，原始以色列人将迦南人的宗教实践和对上帝耶和华（Yahweh，在英语《圣经》中写作"Jehovah"或"the Lord"）的崇拜结合在了一起。这位神可能是由来自阿拉伯半岛北部沙漠地区米甸（Midian）的移民带到迦南的。对耶和华的信仰成为希伯来人身份认同的核心，但早期的以色列人也继续崇拜迦南的神伊勒、他的配偶亚舍拉和生育之神巴力。

在统一王国时期，把外来信仰融合到一个本土信仰的做法将以色列人的宗教塑造成为我们所说的耶和华崇拜。以色列人将早期迦南人崇拜伊勒的神殿作为耶和华向他的子民显圣的地方，还采用了迦南人的礼拜仪式，例如庆祝丰收（后来犹太教中的住棚节）和犹太新年（哈桑纳节），并且也接受了迦南人对基路伯（cherubim）的信仰。基路伯是一种长着翅膀的半神性存在，有人的头和公牛或狮子的身体，经常守护着神和国王的宝座。

先知运动

公元前 9 世纪，耶和华崇拜出现了一个新的转折，这是西方历史上具有重大意义的革命性举动。在君主政体成立后的几年里，贫富之间的差距扩大了。国家的集权和发展加重了农民的赋税负担，许多农民负债累累，失去了赖以生存的土地。他们渴望正义，渴望回到他们记忆中那个更加平等的社会。由此产生了"先知运动"，这是一种对社会正义和宗教纯洁的呼吁，它最终将耶和华崇拜转变为世界上第一个一神论宗教。

先知以利亚（Elijah）领导了最初的运动。他和他的追随者要求以色列人只崇拜耶和华，因此呼吁净化迦南人的耶和华宗教信仰和实践。这些社会批评家用他们相信耶和华赋予他们的话语来代表受压迫者发声，谴责地主和国王在宗教和道德上的腐败。他们把对耶和华（只对耶和华）的崇拜与一种社会理想联系起来，在这种社会中，对穷人的剥削被视为对耶和华的一种罪过。

在接下来的一个世纪里，像阿摩司、何西阿、以赛亚和弥迦这样的先知继续谴责以色列和犹大王国的经济不平等，并呼吁只崇拜耶和华。他们也开始将宗教视为一种发自内心的精神实践，从而产生社会行动，而不是通过宗教仪式来安抚众神。在一份革命性的声明中，弥迦把耶和华描述为拒绝典型的宗教崇拜：

不同的声音

古代世界的"圣战"

古代世界的人们对宗教和政治没有区别。没有神的帮助，任何国王都无法统治，战争不仅可以扩大国王的权力，还可以歌颂众神，显示维护政治和社会秩序的神圣力量。这些摘录中的"圣战"描述不能被解读为记者的报道或历史学家的重构。透过这些宗教文本，我们可以管窥产生它们的社会深层动机和愿望。

一、亚述帝国的亚述纳西拔二世编年史

亚述纳西拔二世编年史是最著名的亚述文献之一，它提供了这位国王每年军事行动的详细记录。

> 我伟大的神阿舒尔（Assur），您赐名给我，使我的王权凌驾于世界上其他君王之上，名震四海……命令我去占领，去征服，去统治；依靠我伟大的神阿舒尔，我和我的军队在险峻的山路上行进，所向披靡……
>
> 当我在库特穆希（Kutmuhi）时，他们给我带来消息："比特－哈鲁佩（Bit-Halupe）的苏鲁城（Suru）反叛了……他们推举一个无名小卒的儿子阿希亚－巴巴（Ahia-baba）为他们的国王。"伟大的神让我的王国变得伟大，在他们的帮助下，我动员了我的战车和军队，开始出征……
>
> 当我靠近比特－哈鲁佩的苏鲁城时，我的神阿舒尔的光辉使他们不知所措。城中的首领和长老为救他们的性命，来到我面前，抱住我的脚说："是杀是留，随您心意。您想怎样就怎样吧！"
>
> 无名小卒的儿子阿希亚－巴巴……被我俘虏了。我以心中的勇气和手中的武器狂暴地冲进了这座城市。他们抓住并送来了所有的叛乱者。我让我的军官们进入他的宫殿和神庙。他的银子和金子，大量的铜和雪花石膏，镶花的桌子，他宫殿里的女人，他的女儿们，被俘的叛乱者和他们的财产、众神及他们的财产，来自山上的宝石，他的战车和装

备，他的马匹，鲜艳的羊毛衣服、亚麻布的衣服，优质的油，雪松和香草……他的马车，他的牛羊，他的大量的战利品，就像天上的星星一样数不胜数，这些全被我带走了。……我在他的城门外面修建了一座纪念柱，剥了每一位叛乱首领的皮，用他们的皮来包裹这座纪念柱。有的被我封在纪念柱里，有的被我钉死在纪念柱上，还有的被我绑在纪念柱周围的木桩上。……我砍掉了那些叛乱的军官和王室侍卫的四肢。我把阿希亚－巴巴带到尼尼微，剥了他的皮，把他的皮铺在尼尼微的墙上。我确立了我对这片土地的权威。……我增加了贡品，提高了赋税……

那时，我为自己建了一座雕像，上面刻着我的权力和我的荣耀，我把这座雕像立在他的宫殿中间。我在他的城门旁立了座纪念石碑，并在上面刻上我的荣耀和神威。

资料来源：Courtesy the Oriental Institute I. D. D. Luckenbill, *Ancient Records of Assyria and Babylonia*, Vol. I (Chicago, IL: University of Chicago Press, 1926), 141, 144–145.

二、《民数记》：以色列人与米甸人之间的战争

《旧约·民数记》（在《希伯来圣经》中名为"在旷野"）讲述了以色列人出埃及之后、定居迦南之前的故事。和《摩西五经》（《圣经》的前五卷）的其他内容一样，《民数记》最早可能是在公元前 950 年前后依据口头流传被记录下来的。在随后的几个世纪中，这份早期的记述被修改、扩充和编辑，可能在公元前 6 世纪形成了最终的形式。

以色列人住在什亭（Shittim），百姓与摩押女子行起淫乱，因为这女子叫百姓来，一同给他们的神献祭，百姓就吃他们的祭物，跪拜他们的神。以色列人与巴力毗珥（Ba'al of Pe'or）联合，耶和华的怒气就向以色列人发作。[耶和华降瘟疫于人]……那时遭瘟疫死的有二万四千人。……

耶和华晓谕摩西说，你要扰害米甸人，击杀他们。因为他们用诡计扰害你们，在毗珥的事上……。摩西吩咐百姓说，要从你们中间叫人带兵器出去攻击米甸，好在米甸人身上为耶和华报仇。从以色列众支派中每支派要打发一千人去打仗。于是从以色列千万人中每支派交出一千人，共一万二千人，带着兵器预备打仗。一千人去打仗，并打发祭司以利亚撒（Eleazar）的儿子非尼哈（Phinehas）同去……。他们就照耶和

华所吩咐摩西的，与米甸人打仗，杀了所有的男丁。……以色列人掳
了米甸人的妇女孩子，并将他们的牲畜和所有的财物都夺了来，当作掳
物。又用火焚烧他们所住的城邑和所有的营寨……将所掳的人，所夺的
牲畜、财物都带到摩押平原，在约旦河边与耶利哥相对的营盘，交给摩
西和祭司以利亚撒并以色列的会众。

摩西和祭司以利亚撒并会众一切的首领都出到营外迎接他们。摩西
向打仗回来的军长，还有千夫长、百夫长发怒。对他们说，你们要存留
这一切妇女的活命么？这些妇女……叫以色列人在毗珥的事上得罪耶
和华，以致耶和华的会众遭遇瘟疫。所以你们要把一切的男孩和所有已
嫁的女子都杀了。但女孩子中凡没有出嫁的，你们都可以存留她的活
命。……摩西和祭司以利亚撒收了千夫长、百夫长的金子，就带进会幕，
在耶和华面前作为以色列人的记念。

资料来源：Courtesy the Oriental Institute II. D. D. Luckenbill, *Ancient Records of Assyria and Babylonia*, Vol. I (Chicago, IL: University of Chicago, 1926).《民数记》25：1–3，9, 16–18；31：3–18, 52–54。

我朝见耶和华，在至高神面前跪拜，当献上什么呢？……

耶和华岂喜悦千千的公羊，或是千千万万的油河吗？我岂
可为自己的罪过，献我的长子吗？为心中的罪恶，献我身所生
的吗？

世人哪，耶和华已指示你何为善。他向你所要的是什么
呢？只要你行公义，好怜悯，存谦卑的心，与你的神同行。[11]

只信耶和华：一神论的出现

公元前 721 年，北方王国以色列的灭亡使许多犹大人相信了先知信
息的真实性。他们的结论是，耶和华选择亚述人作为他惩罚以色列人罪
过的手段。一种宗教改革的情绪传遍了南部这个王国。希西家国王试图

通过摧毁供奉巴力神和亚舍拉神的神殿和圣地，以及在耶路撒冷的圣殿集中崇拜耶和华，来净化犹大王国的宗教。

希西家的继任者玛拿西（Manasseh，公元前697—前642年在位）试图推翻他父亲的改革，恢复传统的做法，但这种反改革被证明是短暂的。玛拿西的继承者在位仅两年就遭到暗杀，为少年国王约西亚（Josiah，约公元前640—前609年在位）扫清了道路。在他统治期间，希伯来宗教发生了最彻底的改革。公元前622年，当约西亚26岁的时候，修造圣殿的工人们发现了一卷叫作《律法书》的书卷（我们所知道的《申命记》的早期版本，《圣经》的第五卷），假托由摩西撰写，包含了希伯来人应该遵循的基本原则。《申命记》最早的书面形式不是出现于摩西时代（公元前14世纪），而是出现于公元前7世纪。受这个所谓的"考古发现"的启发，约西亚实施了一系列的改革，所有这些改革都基于《申命记》的中心主题，即耶和华和以色列人之间的"约"，或者说是神圣契约。根据这份契约，耶和华指定以色列人为他的选民；作为回报，以色列人只能崇拜他，并遵守他的律法。

在这种宗教改革的刺激下，约西亚的一个臣民利用契约的理想，通过撰写《申命记派历史》（*Deuteronomistic History*）来重新解释希伯来人的历史，《申命记派历史》是《圣经》中《约书亚书》《士师记》《撒母耳记》《列王记》的早期版本。这部历史将耶和华作为以色列的真神的愿景投射到最早的希伯来人身上，并将以色列人的故事重新描述为耶和华的真正追随者和那些误入歧途、崇拜其他神的人之间的斗争。在其叙述中，这部历史强调了土地和律法紧密相连的概念：耶和华已经把以色列这片土地赐给他的选民，但条件是他们要按他的律法（在《申命记》中已经阐明）敬拜他。

约西亚的宗教改革在公元前609年结束，因为埃及的军队俘获并

历史上的正义

宫廷里的罪与罚

公元前 990 年左右，"过了一年，到列王出战的时候"，以色列国王大卫派兵攻打亚扪人。大卫虽是有名的勇士，却仍留在耶路撒冷。一天下午，他从午睡中醒来后，在王宫的平顶上散步。在地中海文化中，午睡是很普遍的，那时和现在一样，而屋顶是最凉爽的地方。大卫从屋顶上看见一个妇人在沐浴，"容貌甚美"。他打听到这位妇人是赫梯人乌利亚（Uriah）的妻子拔示巴（Bathsheba），而此时乌利亚正在战场上和亚扪人作战。他就命人把拔示巴带过来。用《圣经》文本的简洁表达来说："她来了，大卫与她同房。"这一行为引发了一系列事件，最终导致了以色列王国的分裂。

大卫和拔示巴的故事是《撒母耳记下》和《列王记上》中大卫的宫廷史的一部分。一些学者认为，这段宫廷史起源于公元前 7 世纪约西亚国王时期。然而，也有学者认为，其最早版本出现在公元前 10 世纪所罗门统治时期，并认为在约西亚的宗教改革过程中，第一个版本与其他故事结合到了一起，并在"巴比伦之囚"之后被再次修改。但不管它的起源如何，这段历史反映了推动约西亚改革的价值观，并促进了社会公正的革命性理念。

大卫是一位英俊的战士和受人爱戴的英雄，上帝选择他来领导他的人民，他却播下了民族悲剧的种子。在与拔示巴发生性行为的几个星期后，国王收到了她的信息："我怀孕了。"犯了通奸之罪的大卫竭力掩盖自己的罪行。大卫猜想乌利亚和大多数休假的士兵一样，急于要和妻子温存一番，就命令拔示巴的丈夫从战场上回家。如果乌利亚和拔示巴同寝，那么每个人都会认为他是孩子的父亲。但是这名赫梯士兵拒绝违反清洁的原则，这一原则要求参加"圣战"的士兵禁欲。大卫邀请他吃晚饭，还请他喝了很多酒，但即便在喝醉之后，乌利亚依然抵挡住了和美貌的妻子同寝的诱惑。

大卫很懊恼，把乌利亚送回战场，并告诉他的统帅约押（Joab）："要派乌利亚前进，到阵势极险之处，你们便退后，使他被杀。"约押听命。乌利亚和以色列最英勇善战的几名战士一起，在与亚扪人的激烈战斗中丧生。此后不久，大卫就把拔示巴纳入后宫。大卫以为自己可以逃脱谋杀的罪责，但是这段宫廷史告诉我们："大卫所行的这事，耶和华甚不喜悦。"

不久，耶和华的先知拿单（Nathan）来到大卫的宫廷，给他讲了这样一个故事：

> 在一座城里有两个人，一个是富户，一个是穷人。富户有许多牛群羊群。穷人除了所买来养活的一只小母羊羔之外，别无所有。羊羔在他家里和他儿女一同长大，吃他所吃的，喝他所喝的，睡在他怀中，在他看来如同女儿一样。
>
> 有一客人来到这富户家里。富户舍不得从自己的牛群羊群中取一只预备给客人吃，却取了那穷人的羊羔，预备给客人吃。
>
> 大卫就甚恼怒那人，对拿单说，我指着永生的耶和华起誓，行这事的人该死。…… 拿单对大卫说，你就是那人。[12]

拿单的寓言使大卫意识到自己就是那个自私的富人，因为他偷走了乌利亚的一切，包括他的生命。大卫承认了自己的罪过，忏悔说："我得罪耶和华了。"但他的忏悔并不意味着他可以逃脱自己行为的后果。拿单警告说："刀剑必永不离开你的家……耶和华如此说：'我必从你家中兴起祸患攻击你。'"

大卫和拔示巴所生的男婴不久就生病夭折了。拔示巴为大卫所生的第二个儿子所罗门继承他父亲的王位，但只是在王室承受了一系列的悲剧之后，其中包括乱伦强奸、谋杀、一场迫使大卫逃离首都的内战，并且大卫的另外两个儿子也死掉了，而他的另一个儿子在所罗门掌权后不久也被处死了。所罗门统治时期可能标志着希伯来人君主制的鼎盛时期，但他决定继续实行他父亲的重税和强迫劳动政策，这意味着对王室的怨恨在不断加深。所罗门死后，这种怨恨终于爆发，并造成了王国的分裂。

通过将这些不断演变的悲剧与大卫的罪行联系起来，这段宫廷史揭示了一种对古代世界来说是全新的正义观念。因为这个王国是属于耶和华的，而不属于大卫或他的任何一个儿子的，耶和华的律法适用于每一个人。虽然大卫是一位强大的国王，但他必须和普通农民一样遵守律法。他违背了律法，结果毁灭了他的家庭，削弱了他的统治，玷污了他的遗产。

这种对行为和后果的强调突出了这段宫廷史的第二个重要特征，即在耶和华控制的世界中人类行为的重要性。虽然这部分内容没有奇迹，没有天使，没有超自然因素对自然世界的介入，但悲剧的发生并不是偶然的。耶和华说了算。然而，大卫和他的儿子们并不是任由神灵摆布的棋子。他们的选择是有后果的。每个人的所作所为都很重要。因此，正义既是个人的，也是社会的，是耶和华的意志在公共生活和个人生活中的运作。

犹大的阿什塔特特崇拜。考古学家在邻近犹大王国时代的一些私人房屋遗址中发现了这些泥塑小雕像（以最重要的迦南生育女神的名字命名为阿什塔特特雕像）。这些雕像可以追溯到公元前 800 —前 600 年，为迦南人的宗教习俗在希伯来人中的延续提供了证据。

图片来源：The Israel Museum, Jerusalem, Israel / Bridgeman Images

杀害了他。没过几十年，犹大王国被新巴比伦征服，耶路撒冷被摧毁，"巴比伦之囚"开始了。当他们努力理解这些可怕的事件时，流亡的希伯来人朝着一神论迈出了最后一步。由于神殿被毁，他们努力从历史中吸取教训，并努力理解宗教信仰的意义，从而对神性有了革命性的理解。他们开始意识到耶和华是不受时间和空间限制的，不局限于任何一座神殿。他是独一无二的神，他不仅统治以色列和犹大，而且统治着所有地方、所有时代甚至超越时代的所有人。这种永恒和超然的上帝的观念将对西方文化产生巨大的影响。

"巴比伦之囚"的经历还导致了希伯来宗教的其他一些重要发展。首先，他们害怕失去作为希伯来人的身份，因为他们生活在异国他乡，四周都是外国的神，这导致了希伯来人对一种新的宗教纯洁性的重视。希伯来人的领导者制定了一套复杂的道德规范和仪式要求，旨在强化希伯来人的独立身份。例如，希伯来人不能再和非希伯来人结婚，他们必须遵守严格的饮食规定。

这种对宗教纯洁性的强调给希伯来妇女带来了重大而又矛盾的变化。一方面，她们发现自己的宗教角色更受限制：生育和月经使女性"不洁"，因此不适合在公共场合做礼拜。另一方面，许多饮食和仪式要求在家里举行，在家庭的背景下，这就赋予了女性维持希伯来人身份的核心责任。

在"巴比伦之囚"期间，第二个重要的宗教发展是《希伯来圣经》基本文本的编纂。在这个时期，希伯来人的领导者们在《申命记》中加入了一些更早的书面文本或口头流传的文本。经过编辑和编纂，这些文本与《申命记》一起成为《摩西五经》或者说是《律法书》的内容，即《圣经》的前五卷。流亡的希伯来人还创作了《申命记派历史》的第二版，其中特别强调了现已被摧毁的神殿及其祭司在以色列人生活中的核心作用。

　　通过强调祭司的职位和神殿祭祀，这个后来的《申命记派历史》的编纂者（他们自己可能是祭司）试图使正确的宗教实践成为希伯来人的信仰和身份的关键。然而，这种对宗教仪式的强调忽视了先知们置于耶和华律法核心的社会关切。在"巴比伦之囚"时期，先知运动仍然在继续，新的先知们开始挑战祭司对正确仪式的重视，转而要求社会公正。例如，先知以西结把耶和华描绘成一个牧羊人，他对羊群中最弱小的羊怀有特殊的爱：

　　　　主耶和华说，我必亲自作我羊的牧人……我必在羊与羊中间，公绵羊与公山羊中间施行判断。你们这些肥壮的羊，在美好的草场吃草还以为小事吗？剩下的草，你们竟用蹄践踏了。你们喝清水，剩下的水，你们竟用蹄搅浑了。……我必在肥羊和瘦羊中间施行判断。[13]

　　一边是通过实际行动实现的对社会正义的预言，另一边是通过宗教仪式表现出来的对宗教纯洁的要求，两者之间的矛盾永远不会完全调和，无论是犹太教，还是基督教和伊斯兰教这样的一神论宗教，这些宗教和犹太教一样，都有古老的希伯来人根源。

希伯来人的遗产

　　从这些希伯来人根源中产生了许多西方文明的特征。"选民"的概念不仅塑造了基督教神学，也塑造了民族主义的现代表达。"天定命运"（美国有权利和责任将其政治控制扩展到整个北美大陆）的思想也可以追溯到这一古老的希伯来思想。西方文化也借鉴了希伯来人的律法理念。在希伯来人的传统中，耶和华的律法是至高无上的：每一位国王，甚至是上帝所拣选的统治者，也要根据他如何执行上帝的律法，以及他如何公正地对待上帝的子民来接受审判。这一思想为西方一个重要的法律和政治原则提供了种子，这个原则就是任何统治者或领导人都不能凌驾于法律之上。"摩西十诫"中对耶和华律法的总结仍然是西方道德的基础，而《希伯来圣经》提供了西方传统中一些最有力和最有诗意的叙述。

最重要的是，相信存在一个全能的、无所不包的上帝，这个上帝超越时空，却会为了照顾他的子民而干涉人类历史，这一信念对西方社会产生了巨大影响。看到上帝之手在历史上的作用，让西方文化接受了人类历史是线性的、有意义的、随着时间的推移而变化的概念，而不是无休止地重复或不断地退化，从而使进步的概念成为可能。同样，"超验上帝"的概念对西方科学传统也做出了贡献。因为上帝超越自然世界，而不是渗透到自然世界，所以自然本身并不神圣，人类可以研究它，也可以使用它，操纵它，改造它。

结语：国际体系、古代帝国和西方文明的根源

国际青铜器时代是西方文明形成初期至关重要的阶段。在以地中海东部为中心远远超出其海岸的地理区域内，一些彼此相对孤立的城市和王国之间出现了一个政治、商业和文化联系网。在我们能够确定我们现在所称的西方世界之前很久，商品的交换、宗教思想的传播、共同政治传统的发展、科学和技术的传播以及一种语言对另一种语言的借用，所有这些在一个广阔的地理区域内创造了一种复杂的文化传播模式。

当青铜器时代晚期的国际体系崩溃时，这些元素并没有全部消失。苏美尔人和阿卡德人的文化遗产传给了新亚述和新巴比伦帝国，并被有意识地保存在图书馆和文学收藏中。公元前 1258 年拉美西斯二世和哈图西里三世之间订立的条约所体现的外交上的革新成为国际事务的重要特征。迦南人的原始字母表流传了下来，由腓尼基人通过希腊人传给了西方世界。最重要的是，在大国崩溃和新帝国崛起的过程中，一个看似无关紧要且身份起源始终有争议的民族，其理解神性的方式在今天继续影响、安慰、挑战和改变着西方乃至全世界的人民。

萨拉米斯海战（公元前 480）。雅典海军战胜波斯大军，从而解除了对希腊独立的重大威胁。这幅 19 世纪的绘画准确描述了古代海军交战的激烈程度。

图片来源：Bettmann / Corbis

第 3 章

希腊文明

Greek
Civilization

公元前 480 年，波斯大王薛西斯（公元前 485—前 465 年在位）率领 15 万大军渡过赫勒斯滂海峡（这条狭窄的海峡把亚洲和欧洲分开，现称达达尼尔海峡），对希腊发动了大规模的入侵。薛西斯的意图是征服希腊，使它成为世界上有史以来最广阔也最强大的帝国的一部分。虽然困难重重，希腊的 31 个城邦组成联军击退了入侵者，取得了胜利。同年 9 月，机动性很强的雅典海军在萨拉米斯岛附近击败了波斯舰队，迫使薛西斯将大部分兵力撤回安纳托利亚过冬。第二年年初，在普拉塔亚（Plataea）战役中，以斯巴达军队为主的希腊联军击溃了薛西斯留下的军队。幸存的波斯人被赶出希腊，再也不敢回来。

希腊人在萨拉米斯和普拉塔亚两次战胜强大的波斯帝国，是西方历史的一个里程碑。这为希腊（尤其是雅典城邦）提供了安全的条件，使其可以发展其政治制度、哲学、科学、文学和艺术。希腊文明继续与地中海地区其他国家的文明相互影响，它由此产生的各种成就成为西方文明的基石。

然而，如果把希腊对波斯的胜利当作西方对东方的胜利来庆祝，这将是一种误导。希腊在欧洲和波斯在亚洲的位置表明了这种对比。但是，正如我们所看到的，"西方"和"东方"这两个词所指代的不仅仅是地理概念，它们也指代一系列文化传统。我们认为，属于西方的一些政治、宗教和科学传统可以追溯到波斯帝国，其中许多是希腊文化和波斯文化碰撞的产物。

本章将在希腊与波斯帝国关系的背景下讨论希腊文明的发展。本章要解决的主要问题是：波斯和希腊在西方的形成中分别扮演了什么角色？

希腊的重建（公元前 1100—前 479 ）

正如我们在本书第 2 章中所看到的，在国际青铜器时代末期，希腊文明进入了一个经济和政治衰退的时期。大约公元前 1100—前 750 年的这段时间被称为希腊的"黑暗时代"，此后希腊在国内经历了一段经济增长时期，在国外与腓尼基人和波斯人发生了冲突。希腊在古风时期的复兴一直持续到公元前 479 年，为希腊古典时期的文化成就奠定了基础。

在黑暗时代，希腊经历了经济、政治和文化的停滞，这与在青铜器时代繁荣的迈锡尼国家的富足和辉煌形成了鲜明的对比。希腊大陆上几乎没有建立新的定居点，城市生活消失了。海上贸易急剧衰落，由宫殿体系控制的经济崩溃了。因为不再需要书吏记录财产清单，所以线形文字 B 也失传了。农业的严重衰退导致了粮食产量和人口的急剧下降。

在大约公元前 850 年，希腊世界开始了缓慢的经济复苏，人口开始增长，贸易变得活跃起来。由于在黑暗时代希腊大陆上的生活条件非常恶劣，许多希腊人移居到安纳托利亚西部海岸和岛屿上一个叫爱奥尼亚的地方。这些拓荒者与其他希腊社会相对隔绝，形成了自己的希腊语方言。到公元前 800 年，爱奥尼亚的希腊人与地中海东部的腓尼基人进行了频繁的交流。

古代的书写与诗歌

在大约公元前 750—前 650 年，通过与腓尼基人和其他民族的接触，来自近东的新思想源源不断地涌入希腊。与近东诗人、商人、工匠、难民、医生、奴隶及其家属的相遇给希腊带来了新事物，其中包括新的经济实践（如收取贷款利息）、新的神灵（如酒神狄俄尼索斯）以及各种提供便利的发明（如遮阳伞）。

从腓尼基人那里引进的最有价值的东西是字母表。正如我们在本书第 2 章中看到的，腓尼基人使用的 22 个字母的字母表至少有 3 个世纪了，他们在公元前 750 年左右把这个系统引入了希腊。就这样希腊人有了字母表，并加上了元音，这是希腊古风时期开始的标志之一。因为这些字母记录的是声音，而不是单词，所以它可以很容易地适应任何语言。希腊人很快认识到这种新系统的潜力，并学会了书写和阅读，起初是为了工作，后来是为了娱乐。他们开始记录他们的口头传说和诗歌。与此同时，他们开始创作新文学，并记录下他们的法律。

利用这种字母，西方文学中最伟大的两部作品《伊利亚特》和《奥德赛》很快就被记录下来。人们认为创作这些诗歌的是一位名叫荷马的希腊诗人，他活跃于公元前 750 年左右，但这些诗歌并不完全是他的独创。在写作这些诗歌时，荷马借用了关于传说中的特洛伊战争的口头故事，而这样的故事吟游诗人已经吟唱了几个世纪之久。在反复吟唱的过程中，这些诗人对其进行了阐发，以致这些故事丧失了其历史精确性。然而，诗歌中的许多细节（尤其是关于荷马时代已不再使用的武器和盔甲的细节）表明诗歌的最早版本是在青铜器时代首次被传唱的，大致基于当时的事件。

《伊利亚特》和《奥德赛》是众多故事中的一部分，这些故事讲述的是一支希腊军队航行到安纳托利亚西北海岸富裕的城市特洛伊，以找回

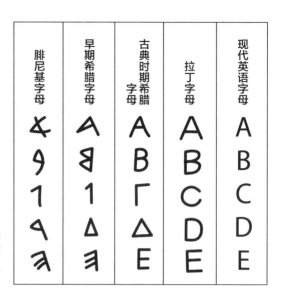

腓尼基字母	早期希腊字母	古典时期希腊字母	拉丁字母	现代英语字母
∀	A	A	A	A
9	B	B	B	B
1	1	Γ	C	C
9	△	△	D	D
Ǝ	Ǝ	E	E	E

字母的发展。这张图表显示了腓尼基字母表的前五个字母是如何发展成为现代英语字母表的前五个字母的。

被特洛伊王子绑架的美丽的希腊公主海伦。经过 10 年的残酷战斗，希腊人终于攻下了特洛伊城，并赢得了战争，尽管他们最伟大的战士在战斗中牺牲了。当这些幸存的英雄回到希腊时，他们遭遇了背叛和杀戮。

荷马的天才在于他对这些古老故事的复述。他并没有讲述特洛伊战争的整个故事，因为他知道他的观众对此都很熟悉。相反，他选择了特定的情节，并以新的方式强调了在暴力冲突中人类性格和情感的各个方面。例如，在《伊利亚特》中，他描写了希腊人中最强大的战士、英雄阿喀琉斯在希腊联军统帅阿伽门农抢走他最心爱的女人时是多么愤怒。盛怒之下，阿喀琉斯退出了战斗，只是为了替他最好的朋友复仇他才返回战场。特洛伊英雄赫克托耳杀死了他的朋友，阿喀琉斯最终杀死了他，但直到赫克托耳的父亲、特洛伊国王普里阿摩斯请求他把儿子的尸体还给他，妥善安葬，阿喀琉斯的愤怒才平息下来。阿喀琉斯心生怜悯，感动而泣，一番杀戮之后，他的人性恢复了。在荷马的笔下，阿喀琉斯的愤怒故事变成了对人类异化和救赎的深刻反思。

古风时期的政治发展

古风时期的希腊人也尝试了新的社会和政治生活。他们实行了一种新的社会形式，这种社会被称为"城邦"。城邦是一个自治的社会，包括一个城市中心和便于防御的山顶，这个山顶被称为"卫城"，还包括周围所有由城邦公民耕种的土地。希腊的城邦大小不一，从几平方英里到几百平方英里不等。所有这些城邦都设有类似的机构：社区的男性公民聚集在一起讨论公共事务（在某些情况下还决定公共事务）的公民大会；由城邦长老组成的议事会，负责为公共事务提供建议，在许多城邦还要负责制定法律；供奉着城邦守护神的神庙，城邦的繁荣就取决于这些神灵的善意；一个位于城镇中心名为"广场"（agora）的开阔场地，既是露天集市，又是非正式议事的场所。

城邦生活给公民提供了一种非常强烈的共同体意识。一个人只能是一个城邦的公民，而每个城邦的公民都应该把社区的利益置于其他一切之上。即使是作为公民但不被允许在公共生活中发挥作用的妇女，也感到自己与她们的城邦休戚与共。虽然只有公民才能成为城邦的正式成员，享有最大的权利，承担最大的责任，但每个城邦都有来自其他地方的非公民。有些非公民拥有有限的权利和义务，而奴隶则没有任何权利。

奥林匹亚赛会与希腊人的身份认同

在希腊古风时期，希腊人也开始形成一种黑暗时代所没有的认同感。被称为"泛希腊运动会"的体育竞赛成为希腊人培养这种新的希腊认同感的手段之一，而之所以这样命名，是因为它们吸引了来自整个希腊世界的参与者。这些泛希腊运动会成为古风时期希腊贵族文化的主要支柱。多达 150 个城邦定期为贵族男子提供机会，让他们通过二轮马车竞赛、掷铁饼、摔跤、竞走和其他田赛项目来赢得荣誉。通过体育运动，希腊人构建了一种共同的文化，使他们得以表达自己的希腊身份，同时也对神灵表达敬意，因为这些运动会也是宗教节庆。

其中声望最高的是公元前 776 年开始的奥林匹亚赛会。赛会每四年举办一次，从意大利南部到黑海的希腊，运动员都会聚集在伯罗奔尼撒半岛中部的奥林匹亚，参加献给希腊主神宙斯的比赛。规则要求所有参赛的城邦停止一切战争，即使正在打仗，也要休战，并为所有前往奥林匹亚的运动员提供安全通道。历史记录显示了公元前 776—公元 217 年奥林匹亚赛会冠军的名字。公元 393 年，信奉基督教的罗马皇帝狄奥多西一世（Theodosius I）废除了赛会，因为它涉及对希腊诸神的崇拜。

对新土地的殖民和建立定居点

古风时期的人口激增迫使希腊人移民海外，因为希腊大陆上的石质土壤无法提供足够的食物。公元前 750—前 550 年，希腊大陆上的科林斯（Corinth）和墨伽拉（Megara）以及爱奥尼亚的米利都（Miletos）等城邦在地中海和黑海周边建立了 200 多个殖民地。希腊移民乘船来到陌生的海岸。

许多殖民者在爱琴海海岸北面的黑海地区定居下来，那里有大量的农田。重要殖民地拜占庭控制着黑海殖民地的农业财富。在西西里和意大利南部以及法国南部海岸和西班牙东部海岸，希腊人都建立了许多新城市。到公元前 600 年，希腊人已经在北非即今天的利比亚所在地区以及塞浦路斯岛和克里特岛建立了殖民地。经埃及法老的许可，希腊商

地图 3.1 古风时期和古典时期希腊的扩张

在古风时期和古典时期，希腊城邦从希腊扩张到黑海沿岸，向西远至意大利和法国南部。这幅地图显示了希腊的心脏地带：希腊大陆、爱琴海的岛屿和爱奥尼亚。虽然在古风时期和古典时期从未在政治上统一过，但这些城邦的人们都说希腊语，崇拜同样的神，并拥有相似的文化。是什么阻碍了他们在政治上的统一呢？

人还在叙利亚海岸和埃及三角洲分别建立了贸易区（见地图 3.1）。

　　尽管所有的希腊殖民地都与它们的"母邦"保持着名义上的宗教联系，但它们都是自治和独立的。有些殖民地经济发达，人口众多，足以建立自己的殖民地。希腊殖民者用武力夺取领土，有时还会屠杀当地居民，因此他们与这些土地上的居民之间的关系往往比较紧张。

　　希腊人对货币的使用刺激了商业活动。公元前 630 年左右，安纳托利亚西部的吕底亚王国首先用硬币作为一种交换媒介，取代了物物交换。硬币由金、银、铜、青铜等贵金属铸造，重量统一，有助于人们将商品的价值标准化，这一发展彻底改变了商业模式。在公元前6世纪，居住在爱奥尼亚和希腊大陆的希腊人开始铸造自己的货币。每个城邦都使用一种独特的象征来标记其货币。公元前5世纪下半叶，雅典城邦成为爱琴海地区的主要经济强国，雅典银币成为整个希腊世界甚至更多地方的标准货币。

通过在意大利和西地中海建立富裕的希腊文化中心，希腊的殖民运动在塑造西方文明方面发挥了关键作用。在历史记录中，雅典、斯巴达和科林斯这些希腊大陆的城邦有时使新城邦黯然失色，但是这些新城邦把希腊文化、语言、文学、宗教和艺术传播到了希腊以外的地方。例如，西西里岛上的殖民地叙拉古就比希腊的任何一个城邦都要大。希腊人群体深刻地影响了当地文化，对意大利的伊特鲁里亚和罗马文明产生了重大影响，我们将在本书第5章中看到这一点。

重装步兵的改革

流向希腊世界的新财富促进了一种新的战斗力量的产生，这种力量被称为"重装步兵"。这是一支装备精良、训练有素的步兵部队，他们以四到八列纵队的形式进入战场，形成一个方阵。受亚述军事发展的启发，希腊诸城邦开始意识到大型步兵单位比单打独斗更有效。重装步兵战斗需要更多的士兵，仅仅依靠富裕的精英们是不够的，因此城邦不得不从普通人中进行招募。由于新兵必须足够富有才能买得起自己的盔甲和刀剑，所以重装步兵通常来自社会的中层。

在重装步兵战斗中，每个人都依赖于他右边的人的保护，其盾牌保护着他执剑的右臂。团队协作至关重要，因为如果防线被突破，单个士兵就更加容易受到伤害。这种重装步兵的战斗方式产生了一种共同目标意识，而这种意识对政治产生了影响，因为重装步兵要求在他们为之战斗的城邦获得政治发言权。他们日益增长的自信心对那些传统上控制城邦决策的贵族家庭构成了挑战。就这样，军事组织的改革导致了政治上的改革。

僭主的兴起

在许多城邦，新的政治领袖起来拥护担任重装步兵的公民的事业。这些政治领袖被称为"僭主"（tyrant），这个词是从近东借用而来的，本来并没有如今残酷专横的统治这样的负面含义。这个词最初指的是在城邦中不是通过继承、选举或某种合法程序来攫取权力的人。这些僭主通常都是贵族，但他们的政治支持来自重装步兵阶层和穷人，这些人觉得不这样做就会被排除在城邦的政治生活之外。僭主通常服务于整个社会的利益，而不仅仅是贵族的利益。他们促进海外贸易，建造港口，保护农民，雇用公民来兴建公共工程，美化他们的城市。为了促进和平与繁荣，他们还与其他城邦的僭主结成联盟。最重要的是，僭主的权威使许多公民第一次参与到政府中来。

但是僭主统治有一个致命的缺陷。僭主的权力由父亲传给儿子，而继任者却很少继承父辈的领导才能。结果，僭主统治常常变得暴虐而不得人心，尤其是在最初支持僭主的重装步兵阶层和穷人中间。很少有僭主统治能维持两代以上。

最著名的早期希腊僭主出现在公元前 7 世纪中期庞大而又极其富有和强盛的城邦科林斯。贵族世家巴齐亚德家族（Bacchiads）统治科林斯已经很多年。然而，公元前 657 年，出身于这个家族的僭主库普塞鲁斯（Cypselus）却在民众的支持下夺取了权力。他无情地镇压他的贵族对手，却保持了他在人民中的声望。然而，约公元前 625 年库普塞鲁斯去世，其子佩里安德（Periander）继承权力之后，人们大失所望。佩里

十字路口的科林斯城堡［纸上水粉画，罗杰·佩恩（Roger Payne，1934 年生），私人收藏］。科林斯富有传奇色彩的原因之一是它的战略位置，它控制着伯奔尼撒半岛和希腊大陆之间的狭窄陆地通道，以及船只穿越科林斯地峡的通道。

图片来源：© Look and Learn / Bridgeman Images

安德的残暴统治方法，包括系统地处决或驱逐他的政治对手，谋杀自己的妻子，使他失去了人民的支持。公元前 585 年，第三代僭主继位后不久，科林斯人用贵族政体取代了僭主制。

古风时期希腊的社会差异

希腊大陆上最重要的两个城邦是斯巴达和雅典，在古风时期，两者形成了非常迥异的政治和社会制度。这两个城邦都经历了重装步兵改革，都曾反抗僭主的统治，但它们走上了不同的发展方向。斯巴达变成了"寡头政体"，意思是由少数人组成的政府；而雅典则发展成为"民主政体"，意思是由人民来统治。民主是一种政治组织形式，在这种组织中，人民平等地分享权利，制定他们自己的政治制度，选择他们自己的领导人。

斯巴达：一个军事化的社会

斯巴达控制着希腊最南端的伯罗奔尼撒半岛，被西面和北面的山脉与希腊其他地区分隔开来。斯巴达人的生活和其他希腊人原本很相似，但到了大约公元前 700 年，他们的重装步兵（自称"平等者"）在没有僭主帮助的情况下获得了政治权力。斯巴达名义上是君主政体，由两位世袭的国王统治，每位国王都来自这个城邦最显赫的贵族家庭。这两位国王在权力上是平等的，这意味着一位国王可以否决另一位国王的决定。除非在战争时期，其中一位国王会被选为统帅。然而，在这个城邦中，实际的政治权力却掌握在由 28 位元老组成的元老院手中。这些元老终身任职，由斯巴达的公民大会选举产生。公民大会全部由重装步兵阶层组成，并没有多少实权。它以口头表决的方式选举元老院元老，并且只能投票赞成或反对元老院提出的政策。

在伯罗奔尼撒半岛的迅速扩张促使斯巴达成为一个高度军事化的社会，尤其是在公元前 700 年斯巴达人征服了伯罗奔尼撒半岛西部富饶的麦西尼亚（Messenia）之后。为了控制数量远远超过他们的麦西尼亚人，斯巴达人把他们变成了"黑劳士"（helots），即农奴。这些黑劳士名义上是自由的，实际上却被束缚在土地上，被迫为拥有土地的斯巴达人劳作。如果斯巴达主人把土地卖给另一个斯巴达人，黑劳士也要和土地一起易手。黑劳士把一半的农产品交给他们的斯巴达主人，而这些主人可以并且有时也确实会杀死他们而不受惩罚。

在斯巴达的社会等级中，边民比黑劳士高一等级，其中包括商人、手工业者和其他居住在斯巴达地区的生意人。边民要缴税，必要时要参军，但他们不是斯巴达公民。

斯巴达的男女公民位于社会金字塔的顶端。所有斯巴达公民的最大责任是满足城邦的军事需要。从幼年开始，男孩被训练成士兵，女孩则被训练成士兵的妻子或母亲。男孩 7 岁时就要离开家，住在军营里，在那里他们要掌握战斗技能。他们定期挨打，以使他们能够毫不畏惧地忍受痛苦。在生活中，战友扮演着比家人更重要的角色。年轻的已婚斯巴达人不允许和妻子住在一起，因此，他们不得不在晚上偷偷离开军营去看望妻子。

对疼痛和困难的蔑视、对命令的盲目服从、言行的简洁和勇敢是斯巴达人的美德。懦弱在这个社会中没有立足之地。在把她们的男人送上战场之前，妻子或母亲会叮嘱说："要么凯旋，要么躺在盾牌上被抬回来！"斯巴达的军队因此赢得了全希腊最勇猛的战斗力量的美誉。

在征服麦西尼亚之后，斯巴达组建了伯罗奔尼撒同盟，这是一个非正式的联盟，由伯罗奔尼撒半岛上的大多数城邦组成，斯巴达占据着主导地位。斯巴达人尽量避免远离家乡作战，但我们很快就会看到，他们曾和盟友一起参加了雅典人和其他希腊人抵抗波斯侵略的战争。

雅典：走向民主

雅典是古希腊最负盛名的城邦，为西方文明的政治、哲学、艺术和文学传统做出了不可估量的贡献。作为古代世界的第一个民主政体，雅典发展出来了至今仍在运作的政府管理原则。雅典创新的政府形式和精神生活的繁荣源于它对僭主统治和波斯侵略的直接回应。

在公元前 8 世纪和公元前 7 世纪，雅典人在他们城市周围的阿提卡进行拓殖，而不是到海外殖民。通过这种方式，雅典获得了更多的土地，大约1 000平方英里（约2 590平方千米，相当于罗得岛的面积），以及比希腊大陆上任何其他城邦都要多的人口。到公元前6世纪初，贵族控制了阿提卡的大部分财富，许多雅典农民因此负债累累。他们如果不能偿还债务，就有被卖到外邦当奴隶的危险。

为了防止债台高筑的农民和贵族之间的内战，阿提卡这两个等级的人都同意让以精明才智而闻名的雅典政治家梭伦（Solon，约公元前630—前560）来改革政治制度。公元前594年，梭伦实行了几项改革，限制了贵族的权力，让所有男性公民都能更加充分地参与公共生活。这些改革创设了使民主最终得以发展的制度。梭伦取消了债务，废除了债务奴隶制度，并为那些在国外沦为奴隶的雅典人争取到了自由。随着识字率的提高，梭伦让书吏把他的新法刻在木板上，供整个城邦的人阅读。这一政策削弱了贵族对雅典法律解释权的控制，并确保对所有雅典公民公平地执行法律，无论其地位如何。

梭伦又根据财产多少把人民分成四个政治等级。只有最富的两个等级中的男性才能担任最高行政职务执政官，也才能进入在传统上是贵族权威之堡垒的最高法院。第三个等级可以担任较低级别的行政职务。第四个等级是没有土地的日佣，他们买不起重装步兵使用的武器，在城邦中不能担任任何职务。但是，在由400名男性雅典公民组成的议事会里，每个等级都有100名代表。这个议事会是由全体男性公民组成的大会的咨询机构。最后，任何等级的男性都可以在梭伦建立的新法庭上任职。女性、奴隶和外邦人在政府中没有任何发言权。

梭伦实行的改革并没有消除社会不满，也没有实现政治稳定。尽管他取消了农业债务，小农仍然一贫如洗，他们中的许多人把土地交给了债权人。梭伦的政治妥协谁也不满意。贵族们认为梭伦让他们放弃了太多的权力，而第三等级的商人、店主和手工业者也很不开心，因为他们没有得到更多的政治权力。大多数选举产生的职位仍然掌握在贵族手中。

一位名叫庇西特拉图（Peisistratus，约公元前 590—前 528）的贵族利用这种普遍的不满情绪，于公元前 561 年夺取了政权，从公元前 547 年开始以僭主的身份统治雅典，直到公元前 528 年去世。和希腊的其他僭主一样，庇西特拉图的统治最初得到了广泛的支持。他把从贵族手中夺取的土地分给小农，以缓解他们的困境。他赞助公共建筑工程和支持宗教节日，鼓励贸易和经济发展，并支持艺术。他邀请来自希腊各地的艺术家和诗人到雅典来，开创了雅典精神生活生机勃勃的传统。然而，他的儿子们滥用权力，嫉妒的贵族们在斯巴达的帮助下，于公元前 510 年推翻了庇西特拉图家族的统治。庇西特拉图幸存的一个儿子逃到了波斯。

两年后，公民大会选举了一位名叫克里斯提尼（Cleisthenes）的贵族来重组雅典的政治机构。通过巧妙地将阿提卡的基本政治单位重组为 10 个部落，克里斯提尼统一了这片领土，把雅典变成了所有重要政治活动的中心。在梭伦改革的基础上，他建立了基本的民主制度，以五百人议事会取代了原来的四百人议事会，由每个部落通过抽签选出 50 名代表。这个议事会听取公民的建议，并在此基础上制定由全体成年男性组成的公民大会的议程。所有这些男性公民都可以担任公职。就这样，克里斯提尼打破了贵族家族的权势，建立了影响深远的、基本的雅典民主体制。

希腊与波斯的碰撞

波斯的历史始于公元前 1400 年左右，当时一小群牧民开始从里海北部地区迁移到现在的伊朗西部。在 500 多年的时间里，这些移民慢慢地合并成两个紧密相关的群体：米底人和波斯人。

在大约公元前 900 年，米底人已经征服了伊朗高原上的所有民族，包括波斯人。公元前 612 年，在巴比伦人的帮助下，米底人征服了亚述人。然后他们推进到安纳托利亚中部（现在的土耳其）和阿富汗，可能还深入了中亚。在居鲁士大帝（公元前 550—前 530 年在位）的领导下，波斯摆脱了米底人的统治，并很快征服了米底王国。在这位才华横溢的君主及其继任者的领导下，波斯人建立了一个庞大的帝国。他们信奉一神论的琐罗亚斯德教，坚定而宽容地统治着他们的臣服者。

居鲁士大帝和波斯的扩张

在登上波斯王座后，居鲁士马上开始了令人眼花缭乱的 20 年征战生涯。他的军事天才和组织才能使这个小王国变成了一个幅员辽阔的多民族帝国，疆域从印度一直延伸到地中海。居鲁士对米底人的迅速胜利使波斯成为近东的中心，进而与各种各样的民族发生碰撞。

居鲁士自称"大王"，他的帝国扩张分为以下几个阶段：公元前 546 年，他征服了安纳托利亚，在那里他第一次接触到希腊人。在战胜这些希腊城邦后，他让忠诚于自己的人担任统治者。接下来，他在公元前 539 年打败了巴比伦王国，从而控制了美索不达米亚。然后，他占领了阿富汗，并加强了防御，以抵御居住在北方草原上的游牧民族斯基泰人（Scythian）的袭击。这些凶猛的战士对波斯的领土构成了永久性的威胁。

居鲁士死于公元前 530 年。他的儿子冈比西斯二世（Cambyses II，公元前 530—前 522 年在位）继续了父亲的扩张政策，征服了埃及和腓尼基人在黎凡特的富裕的港口城市。波斯掌控了腓尼基的海军资源，借此把帝国扩张到海外的塞浦路斯和爱琴海岛屿。短短 30 年间，

地图 3.2 疆域最广时的波斯帝国

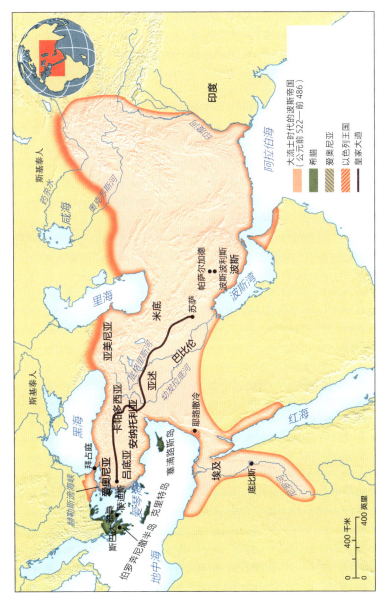

公元前 550 年由居鲁士建立的波斯帝国扩张到包括整个中东、远至印度、埃及和希腊北部。这个多民族、多宗教的帝国坚定而宽容地管理着众多民族。波斯是如何将这个庞大的帝国凝聚在一起的？

波斯就成了世界上最强大的帝国，其领土横跨欧洲、近东和北非（见地图 3.2）。

为了确保可以方便地与他们的臣民沟通，波斯大王们建立了一套精心设计的道路系统。为了把各个行省连接起来，早在亚述帝国时期，就已经开始修建这样的道路系统。官员们在这些道路上设置驿站并定期维护。这个系统的主要分支被称为皇家大道，从安纳托利亚一直延伸到波斯人在伊朗的家园。波斯帝国的道路不仅便利了把士兵和货物从帝国的一个地方运到另一个地方，而且使思想和文化传统的传播成为可能。

对于波斯这样多样化的帝国来说，维护权力的关键在于波斯政府对待其众多民族的方式。高度集权的波斯政府掌握着绝对的权力，但它摒弃了亚述帝国和巴比伦帝国的野蛮模式，而倾向于一种更加宽容的做法。在征服巴比伦后，居鲁士允许被巴比伦人流放的民族返回他们的家园，其中包括希伯来人。臣服者可以自由地崇拜神灵，并享受地方自治，只要他们承认大王的政治权威（见本章"不同的声音"专题）。

琐罗亚斯德教：一种帝国宗教

波斯大王和波斯人民信奉琐罗亚斯德教，这是一种一神论的宗教，至今仍在世界各地拥有很多追随者。它的创始人是先知查拉图斯特拉（Zarathustra），他的希腊名字"琐罗亚斯德"（Zoroaster）更加广为人知，生活在公元前 1400—前 900 年的某个时代。琐罗亚斯德教在成为波斯的主要信仰之前，琐罗亚斯德的教导已经在伊朗传播了好几个世纪。

波斯人通过口头传播琐罗亚斯德的教导，这些教导被统称为《阿维斯陀》（Avesta），直到 6 世纪才被记录下来。根据琐罗亚斯德的说法，

不同的声音

古代波斯的自由与专制

在波斯战争期间（公元前 490—前 479），希腊人把波斯塑造成一个专制国家的形象，其臣民没有希腊人在城邦中所享有的自由。公元前 6 世纪波斯王居鲁士大帝以及公元前 5 世纪希腊历史学家希罗多德的声音告诉我们这些刻板印象有多么误导人。公元前 539 年，居鲁士在他加冕为巴比伦国王的那一天发布了一份公告，向巴比伦人民保证他将和平地统治巴比伦，废除暴君那波尼德强加给他们的沉重负担，恢复被那波尼德驱逐出圣所的巴比伦和苏美尔诸神的雕像。居鲁士请求巴比伦的城市之神马杜克将他的统治合法化。将这份公告视为"第一部人权宪章"是一种误导，它是基于 1971 年的一种不准确的翻译而提出的。尽管如此，被称为"立法者"的居鲁士确实利用这个机会保证了巴比伦人的宗教信仰自由，结束了巴比伦最后一位国王的专制统治。

希罗多德在当时还处于波斯控制之下的爱奥尼亚长大成人，他也挑战了当时盛行的希腊人对波斯专制的刻板印象。在下文摘自《历史》(*The Histories*) 的这段文字中，希罗多德声称波斯在大流士一世（公元前 522—前 486 年在位）继承居鲁士成为大王时，曾经讨论过三种政体——君主政体、寡头政体和民主政体——的优缺点。大流士一世决定维持君主统治，但据说他是这样为此辩护的：是国王给了波斯人"自由"，只有他才能维护这种自由。

居鲁士结束了巴比伦暴君的专制统治

我以和平使者的身份前往巴比伦，在庆祝和欢呼声中在宫殿里建立了我的帝国。伟大的神马杜克赋予我宽宏大量、热爱巴比伦的命运，我每天心怀敬畏，以不负使命。我的大军在巴比伦和平行进，整个苏美尔和阿卡德的人都毫不畏惧。我确保巴比伦城和其中一切圣所的平安。至于巴比伦人，他们好像心甘情愿地承受了并非神灵降给他们的枷锁，我抚慰他们，把他们从枷锁（？）中解救了出来。伟大的神马杜克因我的善行而欢喜，赐福我这个敬畏他的王……我把住在舒亚纳（Shuanna）的神送回去，为他们建立了永久的圣所。我招聚众民，让他们返回故土。那波尼德把苏美尔和阿卡德的众神带到了舒亚纳，众神之主马杜克为之震怒。我奉伟大的神马杜克之命，将他们毫发无损地送回各自的圣所，让他们心生喜悦。愿我送回其圣所的神灵都能到马杜克和那波（Nabu）的面前，每天为我祈求长寿，并向他们赞扬我的善行。

资料来源：John Dyneley Prince, "The Cyrus Cylinder: Translation," *Mene Mene Tekel Upharsin: An Historical Study of the Fifth Chapter of Daniel* (Baltimore: Johns Hopkins University, 1893), 73.

希罗多德叙述了波斯对民主的排斥

奥塔涅斯（Otañez）主张让全体波斯人参加国家事务的管理。他说："我认为，我们不能再实行个人统治，因为这既不是一件好事，也不是一件让人喜欢的事……事实上，一位君主如果可以不负责任地为所欲为，怎么能够把国家治理得秩序井然呢？任何被授予这种权力的人，即使是最优秀的人，也会促使他的心态脱离正轨。他拥有的权力以及随之而来的各种好处都会让他心生傲慢……导致许多野蛮的暴行……他会任意废止国家法律，不经审判而任意处死他人，强奸妇女。而民主政治的优点就在于……他可以避免国王惯常犯下的种种暴行。因此，我建议我们废除个人统治，把权力交给民众。"

接着发言的是美伽比佐斯（Megabyzus），他主张实行寡头体制。他说："奥塔涅斯反对个人统治的观点我都赞同，但是他建议我们应该把权力交给民众，我认为这似乎不是一个好主意。因为没有什么比难以驾驭的乌合之众更缺乏理智，更反复无常。为了逃避暴君的肆意妄为而选择粗野群氓的肆意妄为，我认为这是愚蠢的。……让波斯人的敌人实行民主政治吧。让我们从公民中选出一批最优秀的人物，把权力交到他们手中。因为，这样我们的大部分人就可以名列其中，我们如果把权力交给这些最优秀的人，也就可以做出最高明的决定来治理国家了。……"

大流士随后走上前来，他是这样说的："我认为，美伽比佐斯对于民主政治的所有批评都是很有道理的，但他对于寡头政治的那些评论并没有经过深思熟虑。就拿这三种形式的政体——民主制、寡头制和君主制——来说，如果各取其最佳状态，我认为君主制远远优于其他两种形式。有什么统治能比让全国最优秀的人来统治更好呢？……相反，如果实行寡头政治，虽然人们会争先恐后地为国效力，但是这种愿望往往会导致人与人之间产生强烈的敌意，因为每个人都渴望成为领导者，并实行自己的措施。这样就会引起激烈的倾轧，进而导致公开的冲突，往往以流血事件告终。随后的结果必然还是君主政治，而这也正表明君主制是最好的制度。……一言以蔽之，我们现在所享有的自由是哪里来的？是民众给我们的吗？是寡头制给我们的吗？还是一位君主给我们的？既然是一个人让我们恢复了自由，那么我认为我们应该保留这种一人统治的形式。"

资料来源：Herodotus, *The Histories*, trans. by George Rawlinson III. 80-1 (New York: Dutton, London: Dent, 1962).

阿胡拉·玛兹达（Ahura Mazda，智慧之神）是唯一的创造之神，是宇宙中所有美好事物的根源。在所有被创造的事物中，他代表智慧、公正和秩序。另一个超自然的存在安格拉·曼纽（Angra Mainyu）也被称作阿里曼（Ahriman），他是破坏和混乱之神，是阿胡拉·玛兹达的对手，威胁着他仁慈的创造和安排。善与恶的超自然力量之间的冲突意味着琐罗亚斯德教是一种"二元论"的而不是多神论的宗教，因为安格拉·曼纽并不具有神的地位。

在琐罗亚斯德教信仰中，阿胡拉·玛兹达在与邪恶力量的斗争中将最终取得胜利，让所有的造物享受永恒的喜悦。在此之前，阿胡拉·玛兹达所代表的光明力量和安格拉·曼纽所代表的黑暗力量之间的宇宙之战赋予了人类存在的意义，并为一种深刻的道德生活方式奠定了基础。阿胡拉·玛兹达要求人类为世界的福祉做出贡献。每个人都必须在对与错之间做出选择。

在审判日，没有听从阿胡拉·玛兹达教诲的罪人，如那些沉溺于"污秽的陶醉"的人，将在可怕的黑暗中遭受永恒的折磨，而那些过着高尚生活的人将永远生活在一个没有邪恶的世界里。在一个叫作"创造仙境"的转变时期，死者将被复活，所有人都将生活在对阿胡拉·玛兹达的崇拜中。

波斯大王们相信自己是阿胡拉·玛兹达在人间的代表，负责与世界上的混乱势力作战。就这样，琐罗亚斯德教为波斯帝国的征服战争和统治提供了意识形态上的支持。波斯大王们慷慨地支持琐罗亚斯德教和被称为"玛吉"（magi）的祭司，将这一信仰确立为帝国的官方宗教。他们在帝国各地建造了宏伟的庙宇，其中的圣火永不熄灭。虽然波斯帝国容忍其他宗教的存在，但琐罗亚斯德教成为支持波斯大王的官方宗教。

在西方三大宗教（犹太教、基督教和伊斯兰教）形成的过程中，琐罗亚斯德教发挥了重要的作用。琐罗亚斯德教中一种强大的、邪恶的、反对上帝的恶魔的存在促成了犹太人对撒旦的信仰，撒旦在后来的《希伯来圣经》中作为一个有着鲜明个性的魔鬼形象出现。在公元 1 世纪，基督徒把撒旦（也就是他们所说的恶魔）变成了一股宇宙的邪恶力量。基督徒相信在与恶魔的最后一战之后，就可以在世上建立上帝的王国，这也起源于琐罗亚斯德教。琐罗亚斯德教关于最后的审判以及其后或升天堂或下地狱的来生思想，成为基督教和伊斯兰教的中心思想，尽管这点后来在犹太教中被淡化。

大流士大帝统治下的波斯

公元前 522 年，波斯王室贵族大流士通过谋杀居鲁士大帝的一个儿子夺取了王位。大流士一世成为新的大王，开启了一个新的领土扩张和文化活跃的时期，一直持续到马其顿征服者亚历山大大帝在公元前 330 年征服波斯。

大流士一世控制着一个高效的行政机构。他扩建和改善了波斯的道路，建立了邮政系统，统一了度量衡和货币。他还重组了居鲁士的行

大流士大帝接受觐见。在这块来自波斯波利斯宫殿宝库的浮雕上，大流士一世端坐在宝座之上，手握一根权杖，正在接受一位显贵的觐见。来自波斯帝国各地的臣属国王也来朝拜，并带来贡品。

图片来源：Achaemenid / Getty Images

省管理体系，将帝国划分为 20 个行省。每个行省每年根据其生产能力向中央政府支付一笔款项。每个行省的总督由波斯贵族来担任，他们负责征税和征兵，还负责监督当地的官僚。

到公元前 513 年，大流士一世已经大大扩展了他的帝国。在东北边境，他吞并了印度的部分地区，一直扩展到印度河。为了促进贸易，他在埃及修建了一条连接地中海和红海的运河。然而，他对波斯帝国西北边境的征服对西方文明影响最大，因为这使波斯与希腊人有了直接的联系。大流士一世急于征服希腊，他派军队越过赫勒斯滂海峡，在希腊北部建立了军事基地。这种沿希腊边境的入侵只是大流士一世宏大的帝国战略的一小部分，但对希腊人来说，波斯人日益增长的势力引起了极大的焦虑。波斯人与希腊人之间的对抗一触即发，这场冲突显示了波斯帝国统治的局限性。

大约公元前510年，大流士一世征服了爱奥尼亚的希腊城邦。波斯人以一种轻松的方式统治着他们的臣服者，但爱奥尼亚的希腊人在公元前499年发起叛乱，并向斯巴达和雅典寻求军事援助。远离爱奥尼亚的斯巴达人拒绝了，但雅典人派出远征军帮助爱奥尼亚人烧毁了波斯的省会城市萨迪斯。公元前494年，波斯人镇压了叛乱，但他们并没有忘记雅典人的介入。

波斯战争（公元前490—前479）

公元前490年，经过四年的精心策划，一支波斯军队乘坐已经臣服于波斯的腓尼基人的船只横渡爱琴海。他们在距离雅典约26英里（约42公里）的马拉松（Marathon）海滩登陆。马拉松周围的地区是前雅典僭主庇西特拉图家族的传统据点。波斯人计划让庇西特拉图的儿子希庇亚斯（Hippias）成为雅典新的僭主。

雅典人为了拯救自己的城邦，向马拉松进军，在友好邻邦军队的帮助下（斯巴达的援军姗姗来迟）击败了波斯人。希腊人出人意料的胜利表明，一支全副武装的重装步兵部队可以击败数量更多但武装较轻的波斯步兵。希腊人对胜利的自豪感也使雅典人团结起来，他们不赞成与波斯签订条约或结盟，就像许多人在战前所做的那样。

马拉松战役之后，雅典进行了更加引人注目的改革。新的政治领袖塞米斯托克利斯（Themistocles，约公元前 523—前 458）说服他的同胞把从阿提卡一个丰富的银矿中获得的收益用于建设新的海军和港口。到公元前 480 年，雅典拥有近 200 艘三列桨战船，这使雅典成为一个海军强国。被雇用来的桨手是城邦最贫穷的公民，他们是有薪酬的。此时，不仅仅是贵族和重装步兵等级的人，雅典的全体男性公民都可以被征召入伍。雅典海军在行动中体现了雅典的民主，因为每个男性公民都有义务保卫自己的祖国。

马拉松战役打击了波斯人的自尊心，他们决心复仇，但由于埃及的一场大叛乱和大流士一世在公元前 486 年的逝世，他们在长达 10 年的时间里没有再次入侵希腊。公元前 480 年，继位不久的大王薛西斯一世对希腊发动了大规模的侵略。他带来了约 15 万名士兵的压倒性力量，近 700 艘海军舰艇（其中大部分是腓尼基人的），以及充足的补给。他的军队通过赫勒斯滂海峡上的一座船桥从亚洲进入欧洲，而海军则从海上跟随以保持供给。他们势在必得，打算把雅典一举歼灭。

波斯军队的规模让人望而生畏，700 多个希腊城邦中只有不到 40 个加入了为抵御入侵而组建的防御同盟。在斯巴达的领导下，希腊同盟计划在北方牵制波斯陆军，而雅典海军则在海上发起攻击。领导联军的是斯巴达国王莱昂尼达斯（Leonidas）。在他的指挥下，一支希腊军队在温泉关（Thermopylae，德摩比利）挡住了波斯人，直到一个叛徒向波斯人指出另外一条绕过温泉关的道路，使波斯人得以绕到希腊人的后方并发起攻击。在战斗的最后一天，莱昂尼达斯率领的 300 名斯巴达人以及大约 1 200 名盟军在战斗中牺牲。

他们的牺牲没有白费。温泉关战役给雅典人赢得了宝贵的时间来撤离他们的城市，并将他们高度机动的舰队部署在雅典海岸附近狭窄的萨拉米斯海峡。凭借惊人的海军技能，雅典的三列桨战船在一天的激战

温泉关的莱昂尼达斯雕像。该雕像由希腊国王保罗于 1955 年委托建造，旨在颂扬莱昂尼达斯和斯巴达人在公元前 480 年的温泉关战役中所表现出来的英勇无畏的精神。

图片来源：Santi Rodriguez / Shutterstock

中就击败了波斯海军。薛西斯撤回波斯，但他在希腊中部留下了一支庞大的军队。

公元前 479 年初，在阿提卡北部的普拉塔亚，希腊联军再次击退了波斯军队。在这场战役中，一支由斯巴达人组成的庞大分遣队领导了决定性的最后冲锋。幸存的波斯军队被赶出希腊。同年，希腊海上联军在爱奥尼亚海岸再次击败波斯海军。从此，薛西斯放弃了征服希腊的企图。

希腊古典时期（公元前 479—前 336）

强大的波斯被几个希腊城邦击败的消息震惊了地中海地区。薛西斯的失败并没有严重削弱波斯的实力，却大大加强了希腊人在地中海的地位，增强了我们现在所说的他们的自我形象。在打败波斯人之后，希腊人表现出极大的信心，他们相信他们有能力塑造自己的政治制度，描述和分析自己的社会和周围的世界。壮志满怀的雅典人建立了一个强大的帝国，使他们成为希腊世界的主导力量，而民主制度在城邦中蓬勃发展。然而，雅典的成功却播下了它灭亡的种子。在与其他希腊城邦疏远之后，雅典在与斯巴达的漫长而痛苦的伯罗奔尼撒战争中失败。

古典时期希腊的显著特征是它非凡的创造力，尤其是在戏剧、科学、历史、哲学和视觉艺术方面。尽管经历了波斯战争和伯罗奔尼撒战争的动荡，希腊社会仍然保持着严格的等级制度，女性承担着既定的性别角色，奴隶承担着大部分繁重的工作。希腊社会的结构为许多男性公民提供了以民主方式讨论公共事务、观看戏剧和思考哲学问题的闲暇。众多的希腊诸神成为许多希腊艺术的主题。希腊人在古典风格的神庙里敬拜这些神，后来罗马人和其他西方国家的人也效仿这种风格。没有一个希腊城邦能像雅典那样产生如此多的富有创造力的人，这使得雅典作为一个帝国和民主国家的经历特别具有启示意义。

雅典帝国的兴衰

随着波斯对希腊的威胁逐渐被消除，雅典开始了快速的帝国扩张。这种咄咄逼人的外交政策最终适得其反。它在其他希腊城邦中引起了怨恨，导致了战争的爆发和雅典帝国的崩溃。

海战。在古典世界，海军依靠带有青铜撞槌的长桨船来攻击敌舰。这幅战船画创作于公元前550年左右，画中有士兵、桨手和一个掌舵的人。雅典人完善了战船，他们的船只短距离航行的速度可以达到每小时9海里以上。

图片来源：RMN Grand Palais / Art Resource, NY

从防御性联盟到帝国的转变

在普拉塔亚战役之后，希腊的防御性联盟开始把波斯人从爱奥尼亚海岸驱逐出去。斯巴达人很快就对这次战争大失所望，撤回了他们的军队，联盟的领导权转移到了雅典手中。公元前478年的冬天，雅典重组了联盟，创建了"提洛同盟"，这个名字源自同盟成员聚会的提洛岛。雅典派出约200艘舰船继续攻打波斯人，而其他成员则提供船只或资金。提洛同盟最终集结了一支由300艘舰船组成的海军部队。到公元前469年，它把最后一批波斯人赶出了爱琴海。

随着波斯人被驱逐出去，几个城邦试图脱离提洛同盟，但雅典人强迫它们留在其中。雅典人正在迅速地把提洛同盟变成一个为自己的利益而组织起来的雅典帝国。在随后的几十年里，雅典人在同盟成员的许多城邦派驻军队，并通过征收重税和金融监管来干涉盟邦内政。虽然爆发了几次叛乱，但没有一个城邦能战胜雅典。公元前 460 年，雅典派遣了大约 4 000 人和 200 艘舰船去帮助埃及人反抗波斯，却被波斯人摧毁。雅典人从这场灾难中清醒过来，把提洛同盟的金库从提洛岛搬到了雅典，声称是为了保护它免受波斯的报复。事实上，雅典人把同盟的资金用在了雅典的公共建筑上，其中包括帕特农神庙。雅典已经对同盟的最初目的漠不关心，但它通过剥削同盟中的其他城邦而获得收入，同时也使民主政治在雅典国内蓬勃发展。

伯里克利时代的民主政治

雅典帝国的主要设计师是伯里克利（Pericles，约公元前 495—前 429），他是一位贵族，从公元前 461 年一直支配着雅典的政治，直到他去世。这段时期被称为"伯里克利时代"，雅典的民主政治在帝国内外都达到了顶峰。

在伯里克利时代，雅典大约有 4 万名男性公民。只有 18 岁以上的自由人才能参加城邦的政治生活。妇女、外邦人、奴隶和其他帝国臣民在政治生活中都没有发言权。

由克里斯提尼建立的五百人议事会继续管理着公共事务。公民大会每十天举行一次，除了在极其重要的场合外，出席的公民可能从未超过 5 000 人。大会以多数票决定战争、和平和公共政策等问题。因为男性是通过在公民大会上的辩论获得政治权力的，所以政治家的演讲技巧在说服选民方面至关重要。

每年有 10 名被称为"将军"的官员通过选举产生，负责处理国家大事和指挥雅典军队。将军们通常都是久经考验、经验丰富的贵族。例如，伯里克利在 20 多年的时间里几乎连续不断地被选为将军。

随着帝国公共事务的大量增多，管理人员的数量也相应地增加了。到公元前 5 世纪中叶，雅典的官僚机构有大约 1 500 名官员。顾问委员会决定提洛同盟的成员必须缴纳多少贡金。同盟各成员之间的法律纠纷迫使雅典增设法庭。由于对陪审员和其他公职人员的不断需求，伯里克利开始为公共服务支付报酬，这是历史上第一次出现这种政策。陪审员是抽签选出的，为了加快案件的审理、节省资金和防止陪审团被贿赂，审判一般不超过一天。

伯里克利还赋予妇女在雅典社会中更重要的地位。在公元前 451 年以前，雅典男人和他们的外邦妻子所生的孩子能够成为正式公民。而伯里克利规定，只有当父母双方都是雅典公民时，他们的孩子才能成为雅典公民。因此，雅典的妇女们为能生下城邦唯一合法的公民而感到自豪。然而，雅典女性公民不能在议事会上发言或投票，不能担任公职，也不能参加陪审团。

伯罗奔尼撒战争和雅典霸权的衰落

斯巴达和它的盟友们对雅典的实力不断增长感到了威胁。公元前 460—前 431 年，雅典和它的几个盟友与斯巴达及其控制的伯罗奔尼撒同盟断断续续地发生了一些小规模的冲突。公元前 431 年，双方爆发了全面战争，这场战争一直延续到公元前 404 年，被称为伯罗奔尼撒战争（见地图 3.3）。在战争的早期阶段，斯巴达人不断入侵阿提卡，希望在正面交锋中击败雅典军队。

幸亏他们有坚固的防御工事，雅典人挡住了这些入侵。他们安全

地图 3.3　伯罗奔尼撒战争

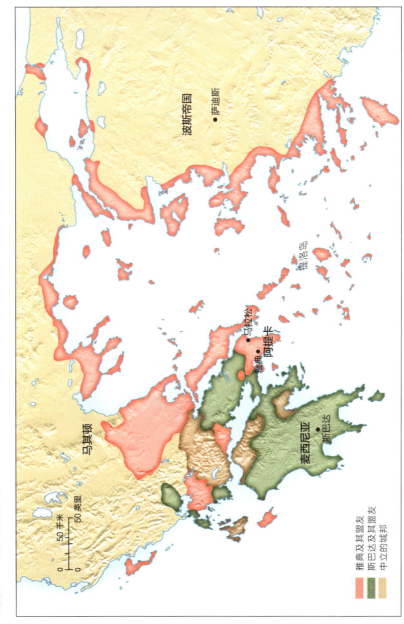

在这场从公元前 431 至公元前 404 年的漫长冲突中，雅典及其盟友与斯巴达及其盟友争夺希腊大陆的控制权。虽然斯巴达打败了雅典，但雅典作为希腊社会、政治和经济生活中的一支主要影响力的力量幸存了下来。对财政资源的争夺是如何影响战争结果的？

地躲在防御工事后面，依靠海军从雅典帝国的城市运来食物和补给。他们还从海上向斯巴达人的领土发动进攻。尽管公元前430年一场瘟疫袭击了这个拥挤的城市，杀死了包括伯里克利在内的几乎三分之一的人口，但他们仍坚持战斗。

公元前421年，斯巴达和雅典签署了休战50年的协定，但仅仅6年后战争再起。年轻的雅典将军亚西比德（Alcibiades，约公元前450—前404）鲁莽的政策引发了新一轮的战争。作为伯里克利的外甥，亚西比德缺乏他舅舅的智慧。公元前415年，他说服雅典人派出一支5 000人的远征军入侵西西里，夺取叙拉古的丰富资源，为战争做准备。就在舰队即将起航的时候，亚西比德的敌人指责他亵渎了一个宗教节日，于是他逃到了斯巴达。经过两年的激烈战斗，雅典远征军全军覆没。雅典的舰船全部被俘获，雅典战士或被屠杀或被卖为奴隶。

伯罗奔尼撒战争又持续了10年，但雅典再也没有从西西里远征的灾难性损失中恢复过来。在亚西比德的建议下，斯巴达人在雅典附近建立了一个永久性的军事基地，这让他们能够控制阿提卡。雅典银矿里的2万多名奴隶逃到了斯巴达人控制下的地区，雅典失去了主要的收入来源。斯巴达人的统帅来山得（Lysander）用来自波斯的钱建立了一支强大的海军，足以挑战雅典的海上力量，对于雅典来说，这意味着最后一击。在赫勒斯滂海峡的"阿哥斯波塔米战役"（Battle of Aegospotami，即羊河战役）中，来山得的海军消灭了所有的雅典舰船。雅典于公元前404年投降。

胜利的斯巴达人强迫雅典人拆掉了延伸至比雷埃夫斯港的长墙，但他们没像雅典的一些敌人要求的那样焚毁这座城市，因为在波斯战争中，雅典曾是他们的英勇盟友。斯巴达人扶持了一个寡头政权来取代民主政治。在一个残暴而守旧的政治集团"三十僭主"的领导下，寡头政治很快就招致了雅典公民的憎恶。不到一年，雅典人民便推翻了僭主集团，恢复了民主政体。

古典时期的社会与宗教生活

在古典时期，希腊人过着这样一种生活：性别和社会地位决定了一个人在社会和政治中的地位。希腊男人和妇女过着非常不同的生活，受到严格的行为准则的指导。性别角色的等级结构决定了一个人获得公共空间、法律权利和工作的机会。在这个男权社会中，只有男性拥有公共权力，他们控制着财富和遗产，参与政治生活。妇女被限制在家务活动中，这些活动大多发生在非家庭成员看不到的地方。男女奴隶位于社会的底层，完全听命于主人。

性别角色

希腊女性被要求在青春期早期结婚，通常是嫁给比她们大至少10岁的男性。通过婚姻，对妇女的法律控制由父亲传给了丈夫。只有男人才可以提出离婚，在此情况下，丈夫必须把妻子的嫁妆还给她的父亲。大多数希腊房屋都很小，通常分为两部分。在明亮的前厅里，丈夫们招待他们的男性朋友，共进晚餐，并与其他男性进行社交活动。妻子们大部分时间待在房子里比较隐蔽的地方，家里如果有奴隶的话，由她们负责看管，此外她们还要养育孩子，伺候公婆，纺纱织布。

希腊男人担心他们的妻子会通奸，这将会带来私生子的风险，并且还意味着丈夫不能控制他们的财产，不能管好自己的家门。因此，男性严格控制着女性的性行为。因为男性认为女性没有能力抵抗诱惑，所以有名望的女性很少在没有伴护的情况下外出。只要有可能，就让奴隶们去市场跑腿。对于典型的希腊丈夫来说，理想的妻子应该远离公众视线，尽职尽责地服从丈夫。她不应该介意自己的丈夫是否与妓女或青春年少男孩有关系。最重要的是，她要生育合法的孩子，最好是儿子，这样就能传宗接代，并光荣地为城邦服务。

在家庭之外工作的妇女主要有三种身份：在市场上卖农产品或布料的小贩、女祭司和妓女。市场上的女商贩来自下层社会。她们会织布，会做衣服，也会种蔬菜，这让她们能够补贴家庭收入。

女祭司服务于女神的庙宇，如阿尔戈斯的赫拉神庙和雅典的雅典娜神庙。在古典时期的雅典，有40多个公开举办的宗教崇拜仪式有女祭司。这些妇女在当地享有很高的威望。希腊人相信一些妇女拥有特殊的灵性，让她们成为传递神谕的灵媒。这些妇女担任祭司，例如在德尔斐的阿波罗神庙。她们吸引了来自地中海世界各地的人，因为他们想要了解神意，或者了解未来可能会发生的事。

每一个希腊城邦都有妓女，但与女祭司不同的是，她们的职业被认为是可耻的。在雅典，大多数的妓女是外邦的奴隶。她们中有些是高级妓女。因为希腊男人认为不可能和自己的配偶进行充满智慧的对话，所以他们雇用高级妓女陪他们参加社交聚会，一起讨论政治、哲学和艺术。和普通妓女一样，高级妓女也要提供有偿的性服务。

这些高级妓女中最著名的是从爱奥尼亚城市米利都来到雅典的阿斯帕西娅（Aspasia）。她成为伯里克利的伴侣，她为伯里克利生的儿子通过公民大会的特别投票获得了雅典公民身份。阿斯帕西娅充分融入了伯里克利周围由科学家、艺术家和知识分子组成的小圈子，而正是这些人使雅典成为"希腊的学园"。据传说，她教授雄辩术，为伯里克利撰写了许多演讲稿，并且经常与哲学家苏格拉底交谈。

雅典雄辩家德摩斯梯尼（Demosthenes）用下面这段著名的话总结了希腊人对女性的态度："我们有高级妓女为我们提供精神享受，有普

希腊男性对女性的看法。在以男性为主导的希腊社会，男性将被动的女性理想化。
这个公元前 5 世纪的雅典陶瓶反映了希腊男性对一个完全服从的女性的看法。在画
面中，妻子向她即将奔赴战场的年轻丈夫告别。她的使命是在家里操持家务，等他
回来。

图片来源：Foto Marburg / Art Resource, NY

通妓女满足我们的生理需要，而我们的妻子能够为我们生育合法的子嗣，并忠实地照顾我们的家庭。"[1]

在古典时期的希腊，男人认为妇女在智力和情感上都不如他们，有些男人（尤其是社会上的杰出人物）认为最好的友谊存在于男性之间的关系中，并把青春年少的男孩当作情人。在这些公开承认的关系中，年长的男人常常充当年轻伴侣的导师。有些城邦将这种关系制度化。例如在底比斯，公元前 4 世纪时，由 150 对男性伴侣组成的精英"圣军"率领城邦的重装步兵投入战斗。这些人被认为是最好的勇士，因为他们不会忍受在爱人面前表现出懦弱的耻辱。这支"圣军"甚至可以打败斯巴达的战士。

奴隶制：希腊繁荣的源泉

奴隶没有政治、法律或人身权利。主人即使杀了他们也不会受到严重的惩罚，并且可以随时要求获得性服务。奴隶制存在于每一个城邦的每一个社会阶层。公元前 600 年以后，随着城邦的繁荣和对劳动力需求的增加，奴隶的数量增加了。

关于希腊奴隶制的大部分信息来自雅典，这是第一个有充分文献记载的主要奴隶社会。在公元前 450—前 320 年，雅典的总人口大约有 25 万人，其中三分之一是奴隶。在其他城邦中，奴隶与自由人的比例与此相似。在古风时期，雅典贵族开始依靠奴隶劳动来耕种他们的大片土地。这些人大多是因债务而沦为奴隶的，但在公元前 594 年梭伦宣布奴役雅典公民的行为非法之后，富人开始在阿提卡之外购买奴隶。许多奴隶是波斯战争中的俘虏，但是大多数奴隶要么是奴隶的孩子，要么是从爱琴海周围的非希腊民族的奴隶贸易中购买的。

奴隶们执行许多任务。雅典城邦拥有公共奴隶，他们充当警察、刽子手、法庭文员和其他职务。但大多数奴隶是私人拥有的。有些奴隶是技艺高超的工匠和商人，他们与主人不住在一起，但被要求从利润中拿出很大一部分交给主人。大多数希腊家庭有男奴隶和女奴隶，他们从事诸如做饭和打扫卫生等卑微的工作。一些富有的地主拥有一帮在地里干活的奴隶。还有些人把奴隶租给城邦，让他们在银矿里劳作，在恶劣的工作条件下，他们有时会死在那里。

一个人不一定一直到死都是奴隶。例如，一些奴隶被他们的主人解放。另一些人则攒够足够的钱为自己赎身。然而，解放奴隶不能成为公民。相反，他们作为外邦人生活在他们前主人的城邦里，并经常与他们保持着紧密的忠诚和义务关系。

奴隶制之所以在雅典如此普遍，是因为它有利可图。雅典的政治制度允许和支持对奴隶的剥削，以使公民阶级受益。雅典的繁荣主要应该归功于奴隶。他们的劳作让贵族们有闲暇从事智力活动，从而创造了丰富的文化，这些文化成了西方文明核心的一部分。

宗教与神灵

宗教渗透到了希腊人生活的方方面面。希腊人崇拜很多神，向神灵寻求帮助或建议。每个城邦都有一个特定的日历，规定哪些日子举行宗教仪式。节日标志着农事的各个阶段，如收获或播种的季节。成人礼标志着一个人从童年到成年的转变。

希腊人对他们的城邦守护神最为虔诚。例如，在雅典一年一度的泛雅典娜节期间，全体市民，无论是不是公民，都加入盛大的游行和祭祀活动来纪念城市的守护神雅典娜。庆祝活动扩大到包括体育和音乐比赛，每四年一次。在欢乐的游行队伍中，市民们会将一件绣有神话场景的长袍送到雅典娜神庙里的雕像面前。这座神庙叫作帕特农神庙，坐落在城市中心的卫城上。

虽然每个城邦都有自己的宗教习俗，但整个希腊世界的人们都对神有共同的认识。就像希腊语一样，这些共同的宗教信仰给了希腊人一个共同的身份。他们还把自己与所谓的野蛮人区别开来，这些野蛮人以希腊人认为不文明的方式崇拜奇怪的神。

大多数希腊人相信不朽而强大的神就在他们周围。这些神通常象征着自然现象，如太阳和月亮，但希腊人把人的个性和欲望也归因于神。因为这些神的力量触及日常生活的方方面面，人类与他们的互动是不可避免的，也是危险的，因为他们不仅能帮助人，也会给人带来灾祸。

希腊人认为 12 位主神居住在希腊北部的奥林匹斯山上，他们组成了一个庞大而不和谐的家庭。宙斯是其中一些神的父亲，也是众神之王。赫拉是他的妹妹和妻子。阿芙罗狄忒是性与爱的女神。这个善妒的家族还包括太阳神、预言和医药之神阿波罗，海神波塞冬，还有智慧女神雅典娜。希腊神话形成了一套关于奥林匹亚诸神的故事，这些故事已经融入西方文学和艺术之中。

除了他们在奥林匹斯山上的家外，众神还在城市里居住。神庙是神居住的地方。希腊神庙的礼拜仪式包括献祭和祭祀。在户外，信徒们向神灵献上小礼物，如一束鲜花、一撮香或一块面饼。在特别重要的节日里，希腊人会在神庙前的祭坛上向他们的神献祭活的动物。男女祭司负责主持这些仪式。据说神庙里的神会观看祭司们准备祭祀，他们能够听到祭祀动物的喉咙被割开时发出的叫声，听到妇女在看到鲜血喷涌而出时发出的尖叫声。最后，当祭品被放在火上烤的时候，神会闻到烤肉的香味。吃饱之后，神就会等着下一次的献祭，而熟肉通常会被分给崇拜者。

希腊人还煞费苦心地预言未来。宗教专家会通过分析梦境和检查被献祭的动物内脏器官来预测未来。无论是希腊人还是非希腊人，都会到希腊中部的阿波罗神庙去请教女祭司，这就是所谓的"德尔斐神谕"。如果神选择回答，他会通过一位陷入一种恍惚状态的女祭司来传达神谕。祭司会记录并解释神谕，而神谕往往会有多种解释。当吕底亚国王克洛伊索斯（Croesus，公元前 560—前 547 年在位）问请神谕，如果他与波斯人开战会发生什么时，阿波罗告诉他："一个伟大的王国将会灭亡。"克洛伊索斯做梦也没想到灭亡的王国会是他自己的国家。

古典时期希腊的文化与精神生活

在古典时期，希腊人以惊人的朝气和活力去探索自然世界，探索人类的状况。他们在戏剧、科学、哲学和艺术方面的遗产为以后几个世纪的人们提供了启发。"文艺复兴"一词被用来指代后来的几次文化运动，指的是试图重拾希腊古典时期和罗马人的思想活力，而罗马人也对希腊多有借鉴。

戏剧

希腊的男人和女人通过公开的戏剧表演来检验他们社会的价值观。雅典戏剧起源于一年一度的酒神节。公元前 535 年，雅典的僭主庇西特拉图设立了这个节日。戏剧（其中包括合唱舞蹈）成了这些节日的一部分，剧作家为了争夺名次而展开角逐。戏剧作品很快成为希腊人生活的主要内容。在他们的剧本中，故事通常设定在神秘的过去，探讨的却是与当代社会相关的问题。最重要的是，观看戏剧的希腊人可望得到教育和愉悦。在希腊古典时期创作的数百部戏剧中，流传下来的只有不到 50 部，不过它们都属于西方文学中最有影响力的作品。

在悲剧中，雅典人看到的是人类社会深层的可怕苦难。在许多这样的戏剧中，一个超出了个人控制的致命缺陷最终导致一个重要贵族或统治者的毁灭。剧作家们以坚定的目光审视了激情与理性之间的冲突，以及诸神的律法与人类社会的法则之间的冲突。他们的戏剧描绘了复仇的可怕后果、战争的残酷，以及个人与城邦的关系。在雅典三大悲剧作家埃斯库罗斯（Aeschylus，公元前 525—前 456）、索福克勒斯（Sophocles，约公元前 496—前 406）和欧里庇德斯（Euripides，约公元前 480—前 406）的作品中，观众从剧中人物的苦难中吸取了重要的教训。

埃斯库罗斯相信诸神是公正的，痛苦直接源于人类的错误。他最有影响力的作品包括《俄瑞斯忒亚》（Oresteia）三部曲。这三部作品表达了这样一种观点：只有当由公民组成的法庭惩罚罪犯，而不是将正义留给家族仇杀时，城邦才能生存下去。

在索福克勒斯的作品中，人类可以自由行动，但他们被自己的弱点和过去以及神的意志所束缚。在《安提戈涅》（Antigone）中，一位少女明知城邦的法律禁止埋葬叛乱者，她却不惧死刑，根据神的律法埋葬了她的在叛乱中死去的哥哥。制定这条法律的国王下令处死她，虽然国王最后意识到只有当人类的法律和神的律法达到适当的平衡时城邦才会繁荣，但为时已晚。在《俄狄浦斯王》（Oedipus the King）中，俄狄浦斯在不知情的情况下杀死了他的父亲，并娶了他的母亲。当他意识到所做的一切时，他就刺瞎了自己的双眼。尽管他知道这是命运造成的悲剧，但他也知道这是他一手犯下的不义之举。

欧里庇得斯描绘了人类与命运抗争的故事。在他的作品中，众神没有人类的感情，能够对人类做出残忍的行为。欧里庇德斯对女性表现出了极大的同情，他作品中的女性经常成为战争和男性欺骗的牺牲品。

在《特洛伊妇女》(*The Trojan Women*)中，绝望的特洛伊王后赫卡柏（Hecuba）站在她的被征服的城市的废墟中，悲叹地等待着她的残酷的奴隶生活："给我带路，我从前曾经步履优雅地走在特洛伊的大街上，如今成了一名奴隶。把我带到一片陡崖边的草地上，让我在那里哭得声嘶力竭，滚下去死掉！"[2]

除了悲剧之外，希腊人还喜欢玩世不恭的喜剧。喜剧表演可能始于公元前 7 世纪与酒神和丰饶之神狄俄尼索斯有关的淫荡短剧。雅典剧作家阿里斯托芬（Aristophanes，约公元前 450—前 385）证明了他是将喜剧当作社会评论的大师。没有一个人、神或机构能逃脱他的嘲笑。尽管阿里斯托芬忠实于雅典民主，但他很讨厌虚伪的政客和自命不凡的知识分子。他的喜剧充满了淫秽的色情、令人哑口无言的讽刺、话里有话的双关语和对当代问题的影射。观众被逗得前仰后合，但这些喜剧总是传递着某种发人深省的寓意。《鸟》(*The Birds*)就是一个很好的例子。在这部讽刺作品中，阿里斯托芬讲述了两个不幸的雅典人逃离城市寻找和平与安宁的故事。在他们的长途跋涉中，他们不得不对付层出不穷的雅典官僚和骗子，阿里斯托芬对他们进行了无情的抨击。最后，他们夺取了鸟类王国的权力，然后把它变成了雅典的复制品。这种对雅典帝国统治的讽刺表明，雅典人无法避免自己最糟糕的本能。

科学思想

大约公元前 600 年，希腊的科学诞生于爱奥尼亚的城市，当时少数人开始对自然世界提出新的问题。这些希腊思想家生活在与近东文明接壤的地方，接触到在波斯帝国仍很繁盛的巴比伦科学和数学传统。通过仔细观察自然世界，系统地记录数据，这些人开始重新考虑希腊对自然现象的传统解释。他们摒弃了是神灵随意地给人类带来洪水、地震和其他灾难的观点。相反，他们寻找这些现象的自然原因。对这些研究者来说，自然界是有序的，通过仔细地探究可以认识并最终预测自然。这些科学家探究自然界的物理构成，试图找出解释变化发生的普遍原理，并开始思考怎样逻辑地验证他们的理论。

米利都的泰勒斯（Thales of Miletus，约公元前 625—前 547）是这些研究者中的第一个，他认为地球是一个漂浮在水上的圆盘。他提出，地球在水中晃动时就会引起地震。泰勒斯前往埃及研究几何学，并通过计算金字塔阴影的长度确定了金字塔的高度。也许是受埃及和巴比伦思想的影响，他认为水是万物之源。他作为天文学家的最大成就是预言了公元前 585 年的日食。

泰勒斯的弟子阿那克西曼德（Anaximander，约公元前 610—前 545）写了一篇关于自然科学的开创性文章，题为《论万物的本质》（*On the Nature of Things*）。阿那克西曼德还是第一个绘制人类世界地图的希腊人。他认为宇宙是有序的和对称的。在他看来，地球是一个位于宇宙中心的扁平圆盘，它被周围无限空间的完美平衡所固定。阿那克西曼德还认为，地球上的变化是通过对立事物之间的张力而发生的，比如热与冷、干与湿。

米利都的第三位伟大思想家阿那克西美尼（Anaximenes，约公元前586—前524）提出，空气是宇宙的基本物质。通过不同的过程，空气可以变成火、风、水、土，甚至石头。在今天看来，阿那克西美尼、泰勒斯和阿那克西曼德的结论可能是奇怪的，无法令人满意，但他们是自然界科学探索的先驱。他们将神的因素从对自然现象的解释中剔除出去，并努力捍卫自己的理论，奠定了现代科学探究和观察的基础。

米利都的这些思想家引发了希腊世界其他地方的研究者对大自然的

探究。以弗所的赫拉克利特（Heraclitus of Ephesus，约前544—前483）认为，世界的真正起源是火，而不是神。米利都的留基伯（Leucippus of Miletus，生活于公元前5世纪）和阿布德拉的德谟克利特（Democritus of Abdera，约公元前460—前370）提出，宇宙是由无数被称为原子的微小粒子构成的，它们四处飘浮。当原子相互碰撞或结合在一起时，它们就产生了我们生活其中的世界的各种元素，包括生命本身。这些原子论者在解释自然世界时根本不需要上帝。

历史

西方历史书写的传统起源于希罗多德（约公元前484—前425），他在爱奥尼亚的城市哈利卡那索斯（Halicarnassus）长大成人。希罗多德试图找出人类事件而不是自然现象的一般原因，他称自己的著作为"调查研究"（Investigations，希腊文"历史"一词的原意），并试图对波斯战争做出解释，他认为这是有史以来最伟大的战争。

希罗多德的讲述也会提到神，但是他们并不导致事件的发生。相反，希罗多德试图表明，人类总是按照对等原则行事，也就是说，人们对降临到他们身上的事情的反应是同样的。他在诸如特洛伊战争之类的传说中描述了相互之间的暴力，并叙述了公元前6世纪居鲁士大帝征服吕底亚的故事。他讲述了希腊人是如何卷入波斯事务并最终战胜波斯侵略的。

希罗多德游历广泛，并把对外国文化的描述和分析作为他的"调查研究"的一个组成部分。他经常去雅典，在那里他向有欣赏能力的观众朗读他的关于波斯战争历史的部分内容。他还去了埃及、巴比伦和其他地方，收集有关当地宗教和习俗的信息。希罗多德欣赏不同文化之间的差异，他的叙述充满了对遥远国度的陌生习惯的生动描述。

尽管希罗多德认为希腊人优于其他民族，但他提出了一些关于文化交流的基本问题，这些问题至今仍吸引着我们。一种文化的风俗习惯比另一种文化的好吗？我们能够以自己的方式来评价一种外国文化吗？还是我们注定要通过自己的眼睛和经历来看待这个世界？

雅典的修昔底德（Thucydides of Athens，约卒于公元前 400 年）也为西方文明做出了不可估量的贡献。他的杰作《伯罗奔尼撒战争史》（*History of the Peloponnesian War*）也许是西方传统历史上最有影响力的一部著作，因为它为分析人类事件的起因和个人决策的结果提供了一个模型。在这本书中，他将对细节一丝不苟的关注与宽广的道德视野结合起来。对修昔底德来说，伯罗奔尼撒战争是一场悲剧。在伯里克利的领导下，雅典曾是人类社会一切美好的缩影。它的文化和政治成就使其成为"希腊的学园"。不幸的是，雅典人和所有的人一样，都有一个致命的缺点——永无休止的占有欲。他们从不满足，在伯里克利死后，他们追随无原则的领袖，开始了鲁莽的冒险，最终自取灭亡。

在修昔底德看来，人类（而不是神）应该对自己的成功和失败负有全部责任。作为分析不受控制的权力对社会的破坏性影响的一位专家，修昔底德无可匹敌。他比希罗多德更进一步，创立了西方历史分析的标准。

哲学

希腊人相信，只有在公正的政治制度和公平的法律治理下，他们的社会才能繁荣昌盛。他们想知道政治和道德标准是植根于自然，还是由人类发明并将其作为习俗保存下来的；他们想知道是否应该用绝对的标准来指导城邦的生活，还是人类是万物的尺度。迄今为止，还没有人对这些问题做出令人满意的回答，但古典希腊的遗产之一就是有人提出

会饮。在被称为"会饮"的饮酒聚会上，男人们会聚集在一起享受夜宴，而且有舞女、乐师和葡萄酒。宴会结束后他们经常会探讨一些严肃的问题，包括哲学和伦理学。这幅画创作于公元前 480 年左右的雅典，画面上一个年轻男子斜靠在卧榻上，一个年轻女子为他跳舞。

图片来源：The Trustees of the British Museum / Art Resource, NY

了这些问题。

在公元前 5 世纪，一群被称为"智者"的教师游历于整个希腊世界。他们的信念各异，教授从数学到政治理论的一切知识，希望能指导人们过上更好的生活。其中最著名的是普罗泰戈拉（Protagoras，约公元前 490—前 420），他质疑神的存在和真理的绝对标准。他认为，所有的人类制度都是通过人类习俗或法律而不是通过大自然创立的。因此，由于真理是相对的，一个人应该能够为争论的任何一方提供有说服力的辩护。

苏格拉底（公元前469—前399）挑战了智者的思想，即没有绝对的东西可以指导人的生活。他通过不断地质疑他们，试图帮助他的雅典同胞了解支配他们生活的基本道德观念。由于苏格拉底本人什么也没写下来，所以我们主要是通过他的学生柏拉图（约公元前427—前347）的记述来了解他的思想，柏拉图让他的老师成为他自己的哲学论文的中心人物（见本章"历史的正义"专题）。

柏拉图在雅典建立了一个名为"学园"的教学和讨论中心，并在希腊哲学家中赢得了很高的声望。和苏格拉底一样，他摒弃了真理和道德是相对概念的观点。柏拉图教导说，诸如善良、正义和美之类的绝对美德确实存在，但这是一种更高层次的存在，他称之为永恒不变的绝对真理的"形式"。在柏拉图思想中，是这种形式构成了实存。就像影子只能勾勒出一个物体的轮廓一样，我们在日常生活中所经历的仅仅是接近这个现实。柏拉图关于绝对真理的存在以及人类如何发现绝对真理的理论至今仍影响着西方的思想。柏拉图理论特别强调感官是如何欺骗我们的，以及真相是如何被隐藏的。我们只能通过仔细的、批判性的质疑而不是通过对物质世界的观察来发现真理。因此，柏拉图式的思想认为理论高于科学探究。

柏拉图认为，人类之所以可以获得关于形式的知识，是因为我们的灵魂是一个更大的永恒灵魂的一小部分，它在我们出生时进入我们的身体，给我们带来关于形式的知识。我们灵魂的各个部分总是寻求回归它们的源头，但它们必须与阻碍它们回归的身体和物质世界的约束做斗争。人类可以通过运用理性寻求形式的知识来帮助灵魂战胜物质世界的

历史上的正义

对提问者苏格拉底的审判和处决

公元前 399 年，雅典人审判并处决了他们的同胞苏格拉底，罪名有三：不信雅典众神；引进新神；腐蚀城邦的年轻人。这些指控是荒谬的，因为苏格拉底毕生都在研究如何合乎伦理道德地生活。尽管苏格拉底可以逃脱，但他宁愿选择死亡，也不肯背叛他的基本信仰。苏格拉底没有写下任何作品，但他的思想和他的生死观所树立的榜样使他成为西方思想史上最有影响力的人物之一。

苏格拉底于公元前 469 年出生于雅典，在伯罗奔尼撒战争中他曾英勇作战。之后，他公开蔑视斯巴达人在雅典扶持的反民主的"三十僭主"。苏格拉底没有寻求从政或经商，而是把所有的时间都花在思考和讨论上，这为他赢得了古怪的名声。然而，他的朋友们都很尊敬他。

苏格拉底并不授课，而是质疑那些自以为掌握了真理的人。通过问他们诸如"什么是正义？什么是美？什么是勇气？"和"怎样才能过最好的生活？"这样的问题，苏格拉底揭露了他们——以及大多数人——并没有真正理解他们的基本假设。苏格拉底并没有声称自己知道答案，但他确实相信通过坚持不懈的理性论证可以得出答案。这种被称为"苏格拉底法"的提问方式激怒了那些自鸣得意的人，因为这使他们显得很愚蠢。但是，这使那些有兴趣认真研究自己最珍视的信念的人感到高兴。

苏格拉底吸引了许多追随者，他最聪明的弟子是哲学家柏拉图。苏格拉底不仅是一位导师，也是一位英雄。柏拉图写了大量的对话或戏剧化的对话，在这些对话中，苏格拉底以提问者的身份出现，围绕一个重要的话题执着地追求真理。柏拉图的四篇对话——《游叙弗伦》(Euthyphro)、《申辩》(Apology)、《克里同》(Crito)和《斐多》(Phaedo)——都涉及对苏格拉底的审判和处死。

审判开始时，名叫莱孔（Lycon）、美勒托（Meletus）和安尼托（Anytus）的三位公民在 501 人组成的陪审团面前指控苏格拉底。在听到这些指控后，苏格拉底开始为自己辩护，但他没有表现出悔恨，而是大胆地为自己的审问方法辩护。由于对苏格拉底的固执感到恼火，陪审团判他有罪。

苏格拉底的审判。在苏格拉底死后的几个世纪里，有许多雕塑家为他制作雕像。虽然苏格拉底被认为是为自己的信仰而死的英雄，但这位雕塑家并没有美化他。苏格拉底广为人知的除了其思想之美好，还有其外貌之丑陋。

图片来源：Scala / Art Resource, NY

雅典法律允许原告和被告各自提出处罚的建议。当原告要求判处死刑时，苏格拉底以令人震惊的傲慢态度做出回应。他认为雅典应该奖赏他，因为他让这座城市变得更好。陪审团被这种反应激怒了，这次更多的陪审团成员判他有罪。苏格拉底平静地接受了他们的裁决。

　　当苏格拉底坐在监狱里等待死刑时，一个叫克里同的朋友主动提出帮助他逃跑。苏格拉底拒绝逃跑。他对克里同说，只有不尊重法律的人才会触犯法律，这样的人的确会对年轻人产生腐蚀的影响。苏格拉底指出，他一生都是一名遵纪守法的雅典公民，现在也不会触犯法律。他承认人类的法律可能不完美，但它们能让一个社会得以正常运转。个人永远不应该置这些法律于不顾。直到生命最后一息，他一直是一个忠诚的公民。

　　在他生命的最后一天，在他最亲密的朋友们的陪伴下，苏格拉底喝下了一杯毒药，勇敢地死去了。柏拉图写道："我们亲爱的朋友就是这样死去的。可以说，他是我们所认识的人中最勇敢、最有智慧、最可敬的人。"[3]

　　历史学家和哲学家从柏拉图时代就开始讨论苏格拉底的案例。这些指控公平吗？他到底犯了什么罪？在腐蚀雅典青年的问题上，毫无疑问，他的至少两个最狂热的年轻追随者亚西比德和克里提亚斯（Critias）已经臭名昭著。亚西比德在伯罗奔尼撒战争中背叛了他的城邦，而克里提亚斯是"三十僭主"中最残暴的一个。许多雅典人怀疑他们受了苏格拉底的影响，尽管这些人代表了他所反对的一切。

　　关于对雅典众神不虔诚的指控很难得到证实，雅典人对此却很较真儿。苏格拉底始终参与雅典人的宗教生活。但在辩护中，他承认自己的宗教观点与控告他的人并不完全一致。他声称他的肩膀上有一个神圣的"幽灵"或"神迹"给他提供建议，这种说法虽然荒诞不经，但实际上并不构成亵渎神灵罪。许多雅典人以为这个幽灵是一个外来的神，而不是苏格拉底对他自己的心理活动的隐喻。

　　苏格拉底之所以被起诉，其实有一个比正式的指控更深层的原因。对他的审判和处决源于雅典在伯罗奔尼撒战争中失败和"三十僭主"统治之后所滋生的一种反智倾向。尽管雅典人已经恢复了民主制，但根深蒂固的怨恨决定了苏格拉底的命运。在历史上的许多社会中，特别是像雅典这样允许人们自由探索新思想的民主社会，害怕变革和创新的人往往在压力大的时候攻击艺术家、知识分子和创新者。雅典人憎恨苏格拉底，因为他挑战了他们的思想。他想让他们过上更好的生活，他们却杀了他。

斗争。柏拉图认为，这种对绝对的理性追求是哲学家们的特殊使命，但我们每一个人都应该从事这种探索。

在其伟大的政治著作《理想国》中，柏拉图描述了人们如何根据他所确立的原则来构建一个理想的社会。在这个理想的国家，被称为"保卫者"的受过教育的男人和女人将领导城邦，因为只有他们才有能力理解这些理念。他们将监督指导保卫这座城市的勇敢的"辅助者"。社会底层人员是那些生产生活必需品的劳动者，他们的抽象思维能力是最差的。

柏拉图和他的弟子亚里士多德（公元前384—前322）是古典时期希腊最伟大的两位思想家。亚里士多德在雅典建立了自己的学园，名字叫"吕克昂"（Lyceum）。与柏拉图不同的是，亚里士多德并不认为形式与质料相分离。在他看来，形式与质料是完全结合在一起的。因此，我们可以通过观察我们周围的世界和对我们所发现的事物进行分类来获得关于形式的知识。根据这一理论，亚里士多德研究了许多学科，包括动植物生物学、美学、心理学和物理学。他关于力学（对运动的研究）的理论和他认为太阳与行星围绕地球旋转的观点在古代和中世纪的思想家中获得了巨大的权威，直到16世纪晚期和17世纪的科学革命才真正受到挑战。

亚里士多德的政治思想同样具有很大的影响力。与描述一个理想国家的柏拉图不同，亚里士多德分析了他那个时代存在的政体，即希腊人的城邦。这种与他对自然世界的研究相一致的实证政治学方法，使他得出这样的结论：人类天生就是"政治动物"，有结成政治共同体的自然倾向。通过生活在这样的共同体中，他们学会了正义，这对国家至关重要，是国家的指导原则。亚里士多德认为，是人自己而不是神建立了国家，这一观点在西方思想史上非常重要。它在现代民主国家中幸存下来，尤其是在美国，因为美国宪法宣称，是人民自己建立了政府，并确定了政府的结构。

艺术：雕塑、绘画和建筑

就像古典时期的哲学家和剧作家一样，希腊的雕塑家、画家和建筑师也追求理想的美和真理。古典艺术家认为，人体是美丽的，是最值得他们关注的主题。他们也重视人类在艺术中表现自然之美、和谐和比例的能力。希腊人颂扬他们对美做出理性判断并创造出体现这些判断的艺术的能力。

为了创造一个完美的雕像，雕刻家们临摹了几个人体模型的最佳特征，而不理会它们的缺陷。他们努力描绘人体的肌肉、运动和平衡，既逼真地模仿自然，又理想化地表现躯干和四肢的和谐与对称。这种现实主义和理想主义之间的平衡，以及认为男性身体最接近完美、男性身上体现了最令人钦佩的美德的信念，是男性雕像（其中许多是裸体的）在整个希腊世界流行的原因。

希腊画家探索了人体的运动以及色彩和深度的视错觉。随着绘画艺术在古典时期的发展，他们在陶瓶和墙上描绘的人物变得越来越生动逼真。艺术家描绘了从宗教崇拜到性爱之乐的各种活动，但是无论主题如何，他们都有一个共同的目标，即创造出栩栩如生的人物形象。

为了追求完美的理想，希腊建筑师也做出了类似的努力，他们设计的建筑（尤其是庙宇）都是对称和比例均衡的。他们利用他们在自然界中观察到的数学比例来塑造他们的设计。两千多年来，他们所创造的建筑展现出的典雅、平衡与和谐启发了建筑师们的灵感。雅典的雅典娜神庙被称为帕特农神庙，是希腊古典建筑最伟大的作品。这座神庙建在雅典卫城上，象征着雅典帝国的荣耀。雅典人利用提洛同盟的盟捐，在

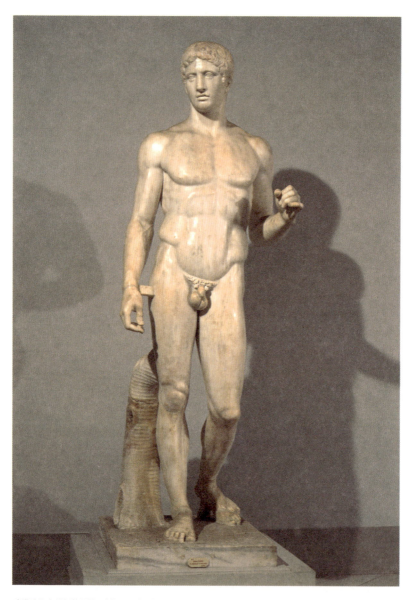

希腊雕塑中的裸体男性:《荷矛的战士》。这尊武士雕像是罗马时期的复制品,原作出自希腊雕塑家阿尔戈斯的波利克里托斯(Polyclitus of Argos)之手,刻画的可能是《伊利亚特》中的英雄阿喀琉斯,反映了希腊艺术家描绘理想人物的愿望。这位荷矛的战士的解剖结构几乎完美,从他身上的肌肉可以看出,他训练有素,随时可以投入战斗。原件青铜雕像已经遗失。

图片来源:Scala / Ministero per i Beni e le Attività culturali / Art Resource, NY

位于雅典卫城北侧的厄瑞克忒翁神庙。该神庙是雅典娜女神最古老的变体、城邦保护神雅典娜·波利亚斯（Athena Polias）的神庙。

图片来源：Borisb 17 / Shutterstock

公元前 447—前 432 年建造了这座宏伟的神庙，并将它奉献给这个城邦的保护神。建筑师伊克蒂诺（Ictinus）和卡利克拉特（Callicrates）在结构和谐方面创造了一个绝佳范例，他们根据从自然复制的数学比例，完美地平衡了建筑的所有元素。在帕特农神庙神圣的内室里，伯里克利的朋友菲狄亚斯（Phidias）用黄金和象牙制作了巨大的雅典娜雕像，并用宝石和其他贵重金属加以装饰。神庙还展示了一系列精心雕刻、色彩鲜艳的大理石外立面，上面描绘的是有关雅典娜的神话。1687 年之前，帕特农神庙几乎一直完好无损，但是在这一年，储存在里面的火药桶发生了爆炸，给建筑造成了无法弥补的破坏，神庙变成了我们今天所看到的样子。

结语：西方的文化基础

以雅典为首的希腊城邦做出了古典世界对西方文明影响最深远的贡献。直至今天，在欧洲和欧洲人定居的地方，希腊哲学、文学、科学、艺术和建筑的影响依然十分明显。希腊人对政治最独特的贡献，即民主的理论和实践，也在西方世界的许多地方蓬勃发展。然而，这些希腊的政治和文化遗产，没有一个是不经过改进、改变和与其他非希腊或非古典传统的融合而代代相传下来的。我们将在本书第 4 章看到，希腊文化在地中海地区经历了一个改进的过程，特别是在意大利和亚洲的希腊化时期。在过去两千多年里，在这一文化相遇和交流的过程中产生的希腊 - 罗马文化在欧洲经历了进一步的适应、复兴和改进。

如果我们考虑到波斯和希腊之间发生的文化交流，古代希腊人和非希腊人之间文化交流的过程就会变得更加复杂。许多这样的交流是在波斯人向希腊人、西地中海地区的人、北非的人，最后是欧洲人传播古老的近东科学、数学、天文学和宗教传统的过程中发生的。公元前 4 世纪，马其顿的统治者亚历山大大帝征服了希腊，并击败了波斯帝国。此后，波斯对西方产生了更为深远的影响。亚历山大在他征服的地区促进了希腊文化，但他也掌握了波斯大王的权力，这与雅典民主的原则背道而驰。亚历山大将"君权神授"的理论与对西方文明产生深远影响的波斯帝国统治传统相结合。后面我们将探讨希腊化时期复杂的、有时是矛盾的政治和文化碰撞。

垂死的高卢人。这尊大理石雕塑是罗马时期的复制品，很好地反映了希腊化时期的文化融合。其原作是青铜的，出自一位希腊雕塑家之手，创作于公元前 230—前 220 年的安纳托利亚，是为了纪念帕加马的阿塔罗斯一世对定居在加拉太的凯尔特人（高卢人）的胜利。该雕塑描绘了一位凯尔特战士生命的最后时刻，他的胸部受了致命伤，即将瘫倒在地，面孔因痛苦而扭曲。这尊雕塑把解剖学的准确性和对人类情感的描绘结合在了一起。

图片来源：Scala / Art Resource, NY

第 4 章

希腊化文明

Hellenistic
Civilization

公元前 323 年，年轻的马其顿君主亚历山大大帝所取得的史无前例的一连串的军事胜利，宣告结束。在短短 11 年的时间里，亚历山大控制了整个希腊，并征服了强大的波斯帝国。他横扫今天伊朗和阿富汗所在的地区，打败了印度的统治者波罗斯（Poros），到达了印度西北部。直到这时，士兵们才因疲劳和思乡之苦不愿再前进一步。亚历山大求助神谕，结果得知他越过因雨水而暴涨的比亚斯河（River Beas）是不吉利的，于是他下令撤退。在伊朗西南部的苏萨（Susa），他娶了第二任和第三任妻子［当时他与第一任妻子罗克珊娜（Roxanna）仍处于婚姻存续状态］，并制订进一步征服计划，计划从印度打到大西洋。但是亚历山大建立一个覆盖大部分已知世界的"世界帝国"的野心显然没有实现。公元前 323 年 6 月，就在他 33 岁生日的前两个月，他去世了。他死后，他所创立的世界上有史以来最大的帝国，分裂成许多小王国，这些小王国建立了自己的世袭王朝，延续了亚历山大大帝实行的那种君主统治。

亚历山大大帝的征服标志着西方文明中希腊化时期的开始。希腊人称自己为"赫伦人"（Hellene），因此历史学家就用"hellenistic"（希腊化）这个词来描述在亚历山大征服之后发展起来的这种复杂的世界性文明，因为它建立在希腊文明的基础之上。这个文明为懂希腊语的人提供了丰富多样的商品、技术和思想。正如今天世界各地的人们学习英语一样，因为它是科学技术、全球商业和国际政治中使用的主要语言，希腊化时期的人们在贸易、政治和思想生活中使用希腊语作为通用语言。希腊文化也成为文明人自我认同的标准。文明人确信自己在智力和文化上比低等民族优越（这是亚历山大的导师亚里士多德的哲学所提倡的一种思想），把那些不会说希腊语的人称为"barbarians"，即"蛮族"，这个词源于希腊人把这些人的语言描述为"ba-ba"，意思是希腊人听不懂。

在亚历山大的继业者王国中，希腊化文化蓬勃发展。这种文化传播的范围远远超出了亚历山大所征服的土地，主要是传到了地中海西部，对北非和欧洲的文明产生了深远的影响，尤其是对罗马。罗马人、犹太人、波斯人、凯尔特人、迦太基人和其他民族都吸收了希腊文化的元素，包括哲学、宗教、文学和艺术。希腊化向说不同语言、崇拜不同神祇的不同民族提供了一种共同的科学和知识的语言。因此，希腊化为西起欧洲、东至阿富汗的广大地区提供了一种文化上的统一。这个文化区域的大部分最终成了历史学家所说的"西方"。

希腊化文化在这一广大地区的传播涉及一系列的文化交流。希腊文化享有很高的声望，对非希腊人有更强大的思想吸引力，但它也威胁着当地传统的认同。这些非希腊人不是简单地接受希腊文化，而是经历了文化适应和文化综合的过程。在整个这一时期，希腊化一直对外开放，它以这一方式吸收了外来的科学知识、宗教思想和许多其他文化因素。后来所有这些被传播到更广阔的希腊化世界。西方文明的一些基本组成部分就起源于希腊人和非希腊人之间的文化碰撞，其中包括以七天为一周的星期制度、对地狱和末日审判的信念、占星术和天文学，以及冶金术、农业和航海技术。

希腊化时期和独立的希腊化王国时代在公元前 30 年结束，在这一年，罗马统治者屋大维结束了从亚历山大去世后开始的托勒密王朝对埃及的统治。此时，罗马几乎控制了在亚历山大征服的土地上建立的所有国家。因此，托勒密王朝的终结标志着希腊化时期的结束，但这并没有终结希腊化的影响。在本书第 5 章我们将会看到，罗马崛起于希腊化时期，并将希腊化融入了自己的文化。由此产生的希腊－罗马文化综合体被罗马传播到了它所控制的地区，成为西方文明的基石。

本章将讨论这样一个问题：希腊化是如何在西方取得主导地位的？

亚历山大大帝的影响

希腊化时期起源于希腊北部的马其顿王国，这里盛产木材、谷物、马匹和战士。大部分马其顿人住在分散的村庄里，靠从事小规模农业和短距离贸易以及袭击他们的邻居为生。对北部和东部的色雷斯人（Thracian）和伊利里亚（Illyrian）部落的残酷战争使马其顿人常年处于备战状态。

马其顿人说的是希腊语的一种方言，但他们的风俗和政治组织与南边城市化的希腊城邦不同。与实行民主制的雅典不同，马其顿是世袭君主制国家。王室内部你死我活的争权夺利使马其顿的国王学会了选择最佳时机给敌人以致命一击。对马其顿国王来说，保持对领土的控制一直是个问题，因为思想独立的贵族憎恶他们的统治。只有自由公民的军队才能使国王的统治合法化。作为对他们支持的回报，士兵们要求获得战利品。因此，马其顿国王只好不断地发动战争，以获得财富，保住他们朝不保夕的王位。

马其顿在国王腓力统治下的崛起

在希腊古典时期的大部分时间里，在老练世故的希腊人眼中，这些凶猛的马其顿高地人就像野蛮人一样。公元前5世纪，城市开始在马其顿出现，马其顿的贵族们开始仿效古典希腊的文化。例如，马其顿王室声称，希腊神话中的英雄、宙斯之子赫拉克勒斯就是他们的祖先。这一说法为他们赢得了参加奥林匹亚赛会的权利，因为这个赛会只有希腊人才能参加。马其顿国王还向希腊剧作家和学者提供大量的金钱，以吸引他们来到马其顿的首都佩拉（Pella）。

然而，在政治领域，马其顿精明地避免了卷入希腊事务。在波斯战争期间（公元前490、前480—前479），马其顿国王对波斯侵略者采取了谨慎而有利可图的友好政策。在伯罗奔尼撒战争（公元前431—前404）及其动荡的余波中，当雅典、斯巴达和其他希腊城邦已经精疲力竭之时，马其顿并没有趁火打劫。然而，不卷入希腊城邦之间的是非，并不能缓解马其顿国王和贵族之间的紧张关系。从公元前399年开始，马其顿陷入了长达40年的无政府状态。就在马其顿濒临崩溃之际，国王腓力二世（Philip II，公元前359—前336年在位）彻底改变了马其顿王国。

"独眼龙"腓力二世是一个冷酷无情的机会主义者，天生擅长军事组织，他通过消灭政敌巩固了自己的权力，其中很多政敌死于战场上。他通过展示在他领导下合作所带来的各种好处，收服了本来难以驾驭的、控制着马其顿不同地区的贵族。当腓力二世带领贵族战胜敌对的边境部落，并与他们以及普通士兵分享战利品时，马其顿人接受了他的领导。

腓力二世建立了一支新的军队，贵族们手持重型长矛，在其中扮演着骑兵的特殊角色。他们被称为"伙伴骑兵"，组成了效忠国王的精锐军团。腓力二世把主要从农民中招募来的步兵重新组织成方阵。与希腊的重装步兵不同，这些马其顿方阵使用长矛抵挡敌军，而骑兵则从敌人后方发起攻击。这种战术可能是腓力二世在底比斯当人质时学到的，使他的军队相对于传统的希腊重装步兵方队有了巨大的优势。在夺取希腊爱琴海北部的金矿和银矿后，腓力二世有了充足的资金雇用更多的雇佣兵来扩充马其顿军队。

马其顿已经牢牢地在腓力二世的掌控之下，边境也很安全，他的军队也渴望着战利品，他做好了攻打希腊的准备。公元前 349 年，他占领了希腊北部和中部的几个城邦，开启了长达 10 年的外交、贿赂和威胁之旅，他试图通过这些手段控制其他的希腊城邦。

杰出的雅典演说家德摩斯梯尼（Demosthenes，公元前 384—前 322）认识到腓力二世是对希腊自由的一种威胁，于是在城邦中组织了抵抗运动。公元前 340 年，当腓力二世试图占领博斯普鲁斯海峡（爱琴海和雅典重要的黑海贸易通道之间的狭窄水道）时，德摩斯梯尼发表了一系列言辞激烈的针对腓力二世的演讲，即《反腓力辞》（*Philippics*，一译《腓力皮克》），并组织了一个反马其顿同盟。在公元前 338 年的喀罗尼亚战役（Battle of Chaeronea）中，腓力二世击败了这个同盟。腓力二世的 18 岁的儿子亚历山大带领骑兵冲锋陷阵，为马其顿人赢得了胜利。

腓力二世建立了一个由希腊城邦组成的同盟，即科林斯同盟，同盟的领导权掌握在自己手中。他还在希腊的战略要地驻军，并禁止希腊城邦在未经他批准的情况下改变政府形式。对希腊城邦来说，独立的时代已经结束了。

接下来，腓力二世把目光投向了波斯帝国。公元前 337 年，他给自己披上了希腊文化的外衣，宣布他将领导他的军队和希腊城邦的军队一起对抗波斯人，他的目的是为上个世纪波斯入侵希腊进行报复。腓力二世将古希腊文明与马其顿的军事力量巧妙地联系在一起，这成为他治下帝国主义扩张的战斗口号。但公元前 336 年，腓力二世为进攻波斯制订了计划，但他的一名贴身护卫在他女儿的婚礼上刺杀了他。亚历山大继承了腓力二世的王位，他是腓力二世和妻子奥林匹娅丝（Olympias）的儿子。腓力二世极度疏远奥林匹娅丝，前一年刚把她流放。亚历山大继位后继续实施父亲入侵波斯的计划。就在亚历山大祭奠被杀的父亲时，奥林匹娅丝在阿波罗神庙里挂起了刺客用来杀死腓力二世的那把剑，接着又杀了腓力二世和妻子克娄巴特拉·欧里狄克（Cleopatra Eurydice）所生的儿子和女儿，克娄巴特拉·欧里狄克也随之被杀。

亚历山大大帝的征服

亚历山大（公元前 336—前 323 年在位）具有非凡的个人魅力和政治手腕，他在战斗中表现出的无畏精神和军事天才赢得了士兵的支持。他将追求征服和荣耀的掠夺本能与追求权力的极度无情集于一身。事实证明，这些特点是他成功的关键。到他死的时候，已经赢得了往东远至印度的军事胜利，建立了一个庞大的帝国。他的成功使他的一生成为一个传奇，他的数百万臣民把他当作神一样崇拜。历史学家认为，他是西方文明的关键人物，因为他的征服促进了希腊化文化在后来成为西方重要组成部分的土地上传播。

在父亲死后，亚历山大以残酷的手段巩固了他在马其顿和希腊的权力，接着发动了对波斯的入侵。公元前 334 年，他率领不到 4 万名步兵和 5 000 名骑兵，越过赫勒斯滂海峡，进军波斯人的领土。这位年轻的马其顿国王在格拉尼库斯河战役（Battle of the Granicus River）中首次大胜波斯军队，控制了安纳托利亚及其富饶的希腊沿海城市。然后他进军叙利亚，公元前 333 年在伊苏斯（Issus）附近击溃了波斯军队的主

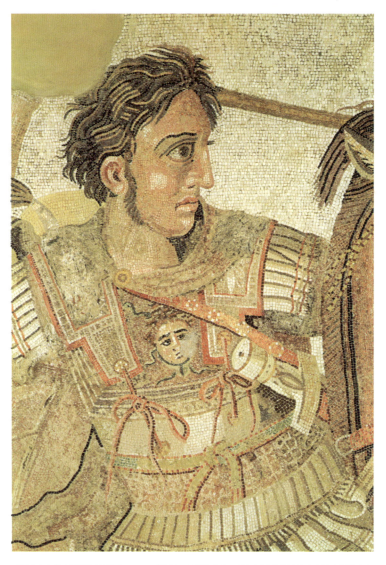

亚历山大大帝（马赛克镶嵌画，154003 局部）。这幅公元前 1 世纪罗马的作品来自庞贝农牧神之家的地面马赛克镶嵌画，模仿了公元前 4 世纪希腊画家菲罗克西诺斯（Philoxenos）的作品。这幅画描绘了伊苏斯战役中的亚历山大大帝。公元前 333 年，亚历山大大帝在伊苏斯战役中击败了波斯军队。公元前 323 年他去世时建立的帝国界定了希腊化世界的主要边界。

图片来源：Museo Archeologico Nazionale, Naples, Italy / Bridgeman Images

力。在这里，正如在格拉尼库斯河战役中那样，亚历山大率领马其顿的骑兵冲锋陷阵，所向披靡。通过这场胜利，亚历山大获得了整个地中海东岸和当地波斯海军基地的控制权。

公元前 332 年，亚历山大占领了港口城市推罗。波斯大王大流士三世（Darius III，约公元前 335—前 330 年在位）惊慌失措，为了换取和平，他把自己的女儿和幼发拉底河以西的整个帝国的土地都献给了这位年轻的马其顿人。但是，亚历山大拒绝了这一提议，开始进军埃及，那里的居民热烈欢迎他，认为是他将他们从波斯人手里解放出来，并加冕他为法老。亚历山大从埃及向美索不达米亚进军，并在靠近底格里斯河的高加米拉（Gaugamela）再次击败了大流士三世。

当亚历山大在高加米拉战役之后胜利地进入巴比伦时，他再次作为解放者受到热烈欢迎。他的军队从巴比伦向东南进军，进入波斯王城波斯波利斯（Persepolis），这座城市在公元前 330 年 1 月陷落。在这里，亚历山大命令他的士兵杀死所有的成年男子，奴役妇女，掠夺宫殿里的巨大宝藏，并放火把它夷为平地。亚历山大从波斯波利斯和波斯其他财富中心获得的巨额财富为他在此后七年里所有的军事活动提供了资金，并振兴了整个马其顿的经济。大流士三世逃往东方，但很快被自己的贵族谋杀。波斯帝国占地 100 万平方英里（约 260 万平方千米），拥有 5 000 万人口，曾强大无比，如今沦为一片废墟。

亚历山大实现了他父亲向波斯复仇的誓言，但他无意停下他征服的脚步（见地图 4.1）。他征服了阿富汗山区的部落，翻越山脉，深入中亚地区。在公元前 327 年，他通过开伯尔山口，进入今天的巴基斯坦，这条狭窄的通道将中亚和南亚次大陆分隔开来。在希达斯派斯河战役（Battle of the Hydaspes River）中，亚历山大打败了印度国王波罗斯，虽然后者集结了一支由 6 000 名骑兵、3 万名步兵和 200 头战象组成的

地图 4.1 亚历山大大帝的征服

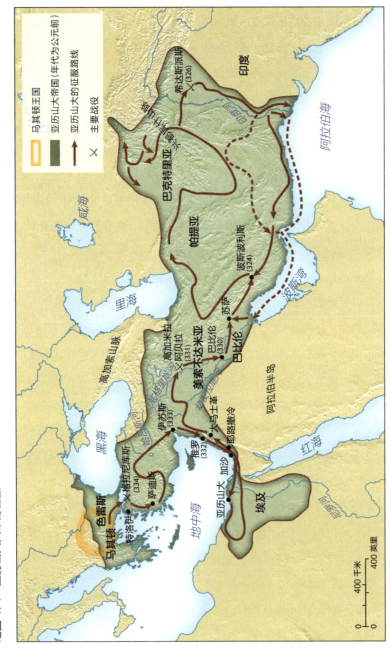

亚历山大率领军队从马其顿出发，一直向东进到印度河流域。他打败了波斯帝国并将其并入自己的帝国版图。这幅地图显示了亚历山大的征服路线和他最重要的胜利地点。为什么马其顿未能充分受益于其征服？

不同的声音

亚历山大大大帝的成就

亚历山大大大帝的征服使人们对其有了不同的解读，这些解读在很大程度上取决于是侧重于希腊文化在亚洲和欧洲的传播，还是侧重于亚历山大大大帝使不同的人臣服于他统治的野蛮方法。罗马帝国时期的希腊传记作家普鲁塔克（Plutarch，约 46—120）认为亚历山大促进了希腊哲学和文化在他所征服的土地上的传播。在一篇歌颂这些成就的演讲中，普鲁塔克宣称，亚历山大让他所征服的人民对希腊哲学的接受超过了古典时期的希腊人。我们可以把普鲁塔克所说的亚历山大促进了人类的团结归结为他演讲中修辞上的夸张。普鲁塔克本人不太可能对亚历山大建立世界帝国的不懈追求做出如此崇高的解释。被亚历山大征服的犹太人对他的遗产的看法远没有那么积极，这是可以理解的。公元前 2 世纪时次经中的《马加比一书》（*1 Maccabees*）的犹太作者认为亚历山大的统治时代是一个充满暴力和不稳定的时期。

希腊传记作家歌颂亚历山大大大帝的文化成就

但你如果审视亚历山大教育的影响，就会发现他教会了希尔卡尼亚人（Hyrcanian）缔结婚约，教会了阿拉霍西亚人（Arachosian）耕种土地，教会了粟特人（Sogdian）赡养父母而不是将其杀死，教会了波斯人敬重他们的母亲而不是将其占为己有。哲学的教导是那样伟大，它让印度人崇拜希腊的神祇，让斯基泰人掩埋逝者，而不是将其遗体吃掉！我们赞叹卡尔内阿德斯（Carneades）的力量，他让生于迦太基、本名叫作哈斯德鲁巴（Hashdrubal）的克莱托马库斯（Clitomachus）采用了希腊人的生活方式。我们称颂芝诺的品格，是他说服巴比伦人第欧根尼（Diogenes）成了哲学家。亚历山大却教化了亚细亚人，他让荷马的诗篇广为传阅，还让波斯人、苏西亚那人（Susianian）和格德罗西亚人（Gedrosian）的孩子吟唱索福克勒斯和欧里庇得斯的悲剧。苏格拉底被谗谄之人以引入异邦神灵的罪名告上法庭并被定罪，而多亏了亚历山大，巴克特里亚人（Bactria）和高加索人（Caucasu）开始崇拜希腊的神。柏拉图设计了一个理想的政体，但由于过于严苛而无人采用，而亚历山大在蛮族部落中建立了 70 多个城市，把希腊的制度传播到了亚洲各地，从而使他们放弃了野蛮的生活方式……

那些被亚历山大征服的人比逃脱其征服的人更幸运，因为后者没有人把他们从悲惨的生活中拯救出来，而胜利的亚历山大迫使前者过上更好的生活。亚历山大的受害者如果没有被他征服，就不会走上文明的道路。……因此，哲学家们如果是以驯服和纠正人性中那些粗野的、未开化的因素为最大的自豪，如果事实证明亚历山大已经改变了无数民族的野蛮习俗，那么他被视为一位非常伟大的哲学家是有道理的……

亚历山大却以天命的万国之王和全世界的中保自居，只有那些他实在无法用语言说服的人他才用武力加以征服，他把世界各地的人聚集在一起，本着友爱之精神，把人们的生活、习俗、婚姻和生活方式融合到了一起。他让所有人以天下为家，以军营为堡垒或防御之地，亲近善人，远离恶人。他认为，希腊人与蛮族的区别不在于是希腊长袍还是东方短衣，是希腊圆盾还是东方弯刀，真正的区别在于是拥有美德还是充满罪恶。对各种不同的衣冠、饮食、婚姻与生活方式都应该一视同仁，并且因为相互的通婚与血缘而合而为一。

资料来源：Plutarch, *On the Fortune or Virtue of Alexander*, in Michel Austin (ed.), *The Hellenistic World from Alexander to the Roman Conquest*, 2006, 57–58, Reprinted with the permission of Cambridge University Press.

一位犹太作家对亚历山大大帝所造成的苦难的描述

来自基提（Kittim）的马其顿人、腓力之子亚历山大战胜了波斯人和米底人的国王大流士三世，并代之为王。在此之前，他已经成为希腊的国王。他身经百战，攻占了许多要塞，斩杀了各地的国王，他的征服延伸到了世界各地，劫掠了许多民族的财物。所到之处，万户萧疏，他因此而心高气傲，妄自尊大。他招募了精锐的军队，征服各个国家、民族和国王，使他们向他纳税进贡。此后，当他患病在床，自觉将不久于人世，他召集了自幼与他一起长大的亲信军官，乘自己还活着的时候，把国家分给他们。亚历山大在位 12 年之后去世。在他死后，他的军官们各据一方，各自加冕称王。在此后的很多年里，这些军官的后人延续了这种割据之势，给世界带来了很多罪恶。

资料来源：《马加比一书》，1—9。

强大军队。但是亚历山大疲惫不堪的将士拒绝继续向印度推进，他只好撤退。他选择的向西撤退的路线经过了一片灼热的沙漠，许多士兵死在了那里，亚历山大本人也受了几乎致命的伤。公元前323年在巴比伦疗养时，亚历山大开始计划征服更多的地方，但是在一场纵饮之后，他因发烧而死。他一生从未输过一场战斗。

在所征服的战略要地，亚历山大建立了城市作为其军队的要塞。其中十几个城市以他的名字命名为"亚历山大"。成千上万的希腊人迁移到东部的新城市，因为那里有更多从事贸易和农业的机会。这些希腊移民成为新城市的文化和政治精英。

事实证明，管理一个如此庞大的帝国是一项艰巨的挑战。亚历山大大帝领导的马其顿王国更适合夺取土地和掠夺城市。但是，要建立必要的基础设施和纪律以便统治这片语言和文化都不统一的广袤领土是另外一回事。亚历山大认识到，只有以前的波斯统治者设计出来的统治模式才适用于这样一个帝国：大王统治贵族和附属国的国王，而贵族统治波斯的领土和一些非波斯的省份，附属国的国王统治非波斯的地区。

因此，亚历山大大帝不得不把马其顿军队和波斯臣服者联合起来，以维持一种平衡。为此，他说服他的军队宣布他为"亚洲之王"，即新的大王。与他的伙伴骑兵们一起，他从顶端接管了前波斯帝国的政府。他让一些忠诚的波斯人担任地方长官或总督，同时让其他波斯贵族在他的政府中担任次要的角色。这些切实可行的步骤有望给帝国带来秩序。通过扮演大王这一精心设计的礼仪角色，亚历山大向他的臣服者们证明，他的政权代表着安全和有序统治的连续性。

然而，亚历山大的那些高傲的马其顿士兵最终阻碍了他实现这一平衡的努力。他们拒绝按照波斯王室礼仪的要求拜倒在亚历山大面前。亚历山大可能认为自己是神，但他的士兵拒绝崇拜他。相反，他们认为亚历山大征召 3 万名士兵组成的波斯军队是对马其顿士兵与国王之间传统关系的威胁。他们也不满亚历山大为了把马其顿人和波斯人团结起来而强迫他们娶波斯贵族的女儿为妻，虽然没有波斯贵族娶希腊人或马其顿人为妻。马其顿士兵希望把所有的战利品都留给自己。他们想成为征服者，而不是新政府的合作伙伴。他们不明白，在新帝国内部，其他文化的人也可能同样忠诚于亚历山大，因此也应该享有权力和荣誉。亚历山大富有魅力的个性使他能够把征服的地区团结在一起，但他的死粉碎了波斯人与希腊人之间合作的梦想。

亚历山大对波斯王位的权力与象征意义的运用虽然不受马其顿士兵的欢迎，却是马其顿和波斯两种统治方式碰撞的产物，由此产生的政治文化对西方文明产生了深远的影响。与古典时期的雅典盛行的民主共和文化不同，亚历山大提出了一种王权和帝国统治的模式，这种模式赋予国王绝对的权力，并将这种权力与神的权力等同起来，而不是与国王的个人权力等同起来。在西方历史上，民主共和主义和神权专制主义这两种传统相互竞争。这种竞争在古典罗马时期表现得很明显，它最初是一个共和国，但后来变成了统治者拥有无上权力的帝国。这两种意识形态之间的紧张关系贯穿了整个中世纪，一直延续到文艺复兴时期。当时，意大利的佛罗伦萨复兴了古希腊和罗马的共和文化，而米兰公爵则重振了罗马帝国的雄心壮志。

东方和西方的希腊文化

希腊化的继业者王国

亚历山大没有留下成年的继承人，作为他的将军的马其顿贵族们

地图 4.2 公元前 290 年前后的主要继业者王国

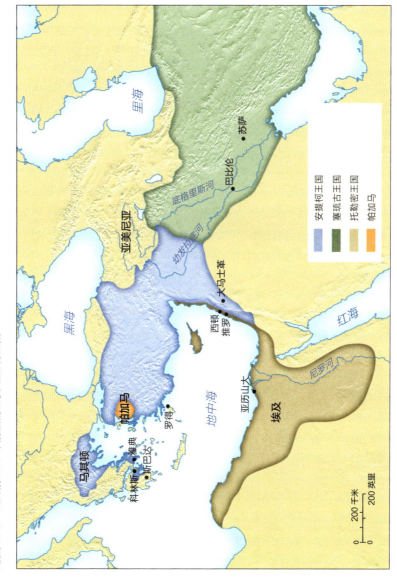

亚历山大死后，他的将军们把他的帝国分成几个王国。这幅地图显示了约公元前 290 年前后安提柯王国、塞琉古王国和托勒密王国的边界。安提柯王朝在公元前 294 年获得了对马其顿王国的控制权，尽管这种控制直到安提柯二世（公元前 276—前 239 年在位）统治时期才得以确立。在公元前 230 年前后，安纳托利亚的帕加马成为阿塔罗斯一世统治下的一个王国。这些王国的统治者是如何保持他们的权力的？

为了控制他所征服的领土进行了激烈的战争。最终，这些将军在亚历山大获得的土地上建立了许多王国（见地图4.2）。一位名叫托勒密（Ptolemy，公元前323—前286年在位）的将军在埃及建立了托勒密王朝，一直持续到公元前30年。"独眼龙"安提柯一世（Antigonus I，公元前306—前301年在位）控制了马其顿的国土，他的后代在那里建立了安提柯王朝，直到公元前167年罗马推翻了最后一位君主。亚历山大征服的最大一块土地（涵盖了旧波斯帝国的大部分）落在他的将军塞琉古（Seleucus，公元前312—前281年在位）手中。但是，塞琉古的继承者控制的领土不断缩小，到公元前3世纪中期，来自波斯东北部的帕提亚人（Parthian）摆脱了塞琉古的统治，在今天的伊朗地区建立了一个充满活力的新国家。到公元前150年，塞琉古王朝只剩下叙利亚、巴勒斯坦和安纳托利亚东南部的一小部分地区。

以马其顿为榜样，这些希腊化的继业者王国都实行了君主制，国王在军队和严格管制的官僚机构的支持下进行统治。主要的公职人员和官员都是希腊人和马其顿人。原住民没有被纳入统治精英阶层。希腊语是继业者王国的官方用语。才华横溢的女王克娄巴特拉七世（Cleopatra VII，公元前51—前30年在位）是托勒密王朝最后一位埃及统治者，也是她家族中第一个说埃及语的人。尽管如此，说希腊语的君主们知道，他们需要获得不讲希腊语的臣服者的支持。正如一位君主在一场希腊化时期的政治对话中所问的那样："我怎样才能顺应我王国里所有不同的种族？"他的一个臣民回答说："对每一个人都采取适当的态度，以正义为向导。"

国王高高在上，凌驾于希腊化时期的社会之上，对所有臣民拥有权威，并为他们的福祉承担全部责任。以亚历山大为榜样，希腊化王国的君主通过带领军队进行征服战争而获得了合法性。国王代表了他所统

埃及托勒密王朝的国王。这枚金戒指描绘的是公元前176—前145年统治埃及的托勒密六世。尽管他和他的朝廷只说希腊语,但他被描绘成一位戴着双重王冠的法老,这顶王冠是埃及君主制的古老象征。这个形象展示了希腊化时期埃及新旧政治象征的融合。

图片来源:RMN Grand Palais / Art Resource, NY

治的整个社会。他既是统治者、父亲、保护者、救世主、法源，又是所有臣民的神。他的装束加强了他的地位——国王满身战斗装备：戴着头盔或马其顿式的宽边帽或王冠，身穿紫色长袍，手持权杖，手指上戴着一枚特殊的印章戒指。国王赢得了臣民的忠诚，并通过建立城市、建造公共建筑和奖励自己的亲信来美化自己的统治。

托勒密二世于公元前283—前246年统治埃及，他是这些希腊化王权观念的典范。托勒密二世从塞琉古王朝手中夺取了安纳托利亚和叙利亚的部分地区，从而扩大了自己的领土。他还扩大了官僚机构，完善了赋税制度，并为士兵和退伍军人建立新城镇提供资金。在他的支持下，商人们在红海沿岸建立了新的贸易据点，在这里，他们与来自印度和其他东方国家的商人进行贸易。托勒密二世通过建立研究机构和图书馆来资助艺术和科学。公元前331年，亚历山大在埃及建立了亚历山大港，后来这里成为托勒密王朝的首都。托勒密二世将其变成了希腊化世界希腊文化和学问的主要中心。为了巩固他的权威和威严，托勒密二世鼓励他的臣民像以往埃及人崇拜法老那样崇拜他。

这种对希腊化君主的崇拜源自整个近东的传统，但在希腊化的形式中，其政治意义大于宗教意义。人们崇拜他们的国王是出于对英明统治所提供的保护与和平的感激之情。例如，公元前308年，安提柯王朝的国王、"攻城者"德米特里（Demetrius "the Besieger"）占领了雅典。务实的雅典人用一首歌来歌颂他们的新主人："其他的神要么不存在，要么离我们很远；要么不听，要么不在乎。但你在这里，我们可以看到你，不是在木头和石头上，而是活生生地在我们面前。"[1] 神化措施使国王的统治合法化，并帮助确保臣民的忠诚。

希腊化时期的君主们依靠庞大的职业军队来维持他们的权威，保卫他们的领土。这些统治者所争夺的领土远比前几个世纪希腊城邦之间

亚历山大的皇家图书馆。埃及的首都亚历山大于公元前331年由亚历山大建立，这座国际化的城市成为希腊化世界中希腊文化的主要中心。这幅19世纪的德国版画描绘了亚历山大著名的图书馆，直到公元前1世纪，它一直是一个主要的学术中心。

图片来源：The Granger Collection, NYC

争夺的领土要大得多。征服这些领土需要增加野战部队的规模。公元前5世纪，雅典重装步兵的人数约为1万人，但希腊化时期的国王们通常会召集6万到8万人的军队。许多士兵来自国王建立的军事殖民地。作为回报，给予他们土地。这些讲希腊语的殖民地的人必须一代又一代地在国王的军队中服役，管理当地的非希腊人。

希腊人与外族人的碰撞

在希腊化时期，希腊人遭遇了许多外族人，这些相互作用的影响奠定了西方的一些基础。这些碰撞发生在希腊人在非洲和欧洲探索他们以前没有涉足的地区时，也发生在希腊化的巴比伦人、埃及人、波斯人、阿富汗人和希伯来人抵制或采用希腊文化时，以及当凯尔特人迁徙到希腊化世界在欧洲和安纳托利亚的边界时。

探索希腊化世界

在希腊化时期，一种探索的精神，加上对贸易和利润的渴望，驱使人们探索和绘制未知世界的地图（地图4.3）。在君主的支持下，探险家冒险进入里海、咸海和红海。到公元前2世纪，希腊人已经在东非的厄立特里亚和索马里海岸设立了贸易站，商人们在那里购买从非洲内陆运来的货物，尤其是象牙。希腊化民族也渴望从印度进口胡椒、肉桂、丁香以及其他香料和奢侈品，但阿拉伯商人使得希腊化世界和印度之间的直接贸易几乎不可能。一位名叫欧多克索斯（Eudoxus）的勇敢航海家曾试图绕过非洲找到一条通往印度的航线，但他向西南方向最远只到达了摩洛哥海岸。

在所有希腊化时期的探险家中，最雄心勃勃、最成功的是马赛的皮提亚斯（Pytheas，约公元前380—前306）。约公元前310年，他从

地图 4.3 希腊化时期的贸易和探险

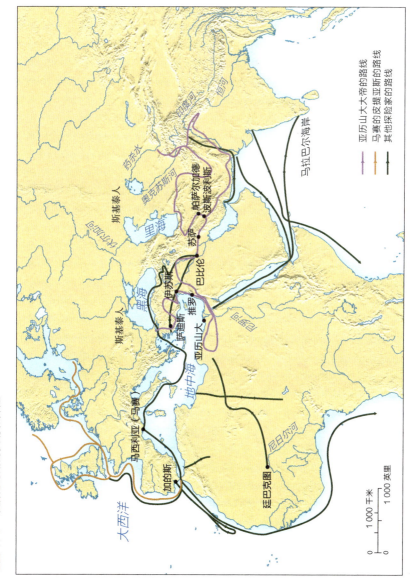

亚历山大大帝的路线
马赛的皮提亚斯的路线
其他探险家的路线

大西洋

马拉巴尔海岸

斯基泰人

里海

药杀水

奥克苏斯河

印度河

恒河

斯基泰人

黑海

帕萨尔加德
波斯波利斯
苏萨

伊苏斯
推罗
萨地斯
亚历山大

巴比伦

红海

波斯湾

马西利亚（马赛）

地中海

加的斯

廷巴克图

尼日尔河

0   1 000 千米
0   1 000 英里

在希腊化时期，商人的足迹遍及地中海和整个近东地区。他们航行到波斯湾和印度洋进行商业冒险。一些探险家沿着非洲的东西海岸以及欧洲的大西洋海岸航行，到达英国和北海。这些航行对希腊化文化的传播产生了什么样的影响？

迦太基城市加的斯（Gades，今天西班牙的加的斯港）出发，绕着不列颠岛向北航行，报告了冰岛或挪威的存在。他甚至可能通过波罗的海航行到波兰的维斯瓦河（Vistula River）。通过这次航行，皮提亚斯通过记录天文方位和自然奇观，如北极光，对航海知识做出了很大贡献。他是已知的第一个报道午夜太阳和极地冰的人。

这些探险家扩展了人们的地理视野，希腊人由此居高临下地对世界各国人民产生了兴趣。希腊人认为自己在文化上优于生活在希腊化王国边界之外的非希腊语民族，包括犹太人、巴比伦人、凯尔特人、草原游牧民族和撒哈拉沙漠以南的非洲人。希腊人认为所有这些民族都是蛮族。尽管存在这种偏见，整个希腊化世界受过教育的男男女女都喜欢阅读对外国风俗、神话、自然史和政治体制的希腊语记述。

有关不同民族的知识往往来自非希腊知识分子，他们把自己的叙述翻译成希腊语。例如，巴比伦的祭司贝罗索斯（Berosus）写了一部关于他的民族的历史，也为希腊读者提供了丰富的天文学知识。埃及祭司曼涅托（Manetho）写了一部关于他所在国度的历史。希腊人阿布德拉的赫卡塔埃乌斯（Hecataeus of Abdera）写了一部广受欢迎的历史，认为埃及是文明的发祥地。直到中世纪，西方对印度的了解大多来自曾是驻印度使节的塞琉古外交家麦加斯梯尼（Megasthenes）的报告。关于他们的非希腊邻居的历史和信仰系统的信息愉悦了希腊的知识分子，并帮助了希腊化的统治者统治被他们所征服的民族。

对希腊化统治的反抗

尽管受过教育的希腊人对外国习俗很好奇，但因相互间的不理解、怀疑和怨恨而产生的障碍把希腊人与他们的被征服民族分隔开来。语言就是这样一个障碍。在大多数王国，行政官员只使用希腊语处理公务。

在城市里，甚至在孤立的军事殖民地里，很少有希腊移民愿意学习当地的语言，只有一小部分当地居民学习希腊语。许多地方的人完全无视他们的希腊统治者。在美索不达米亚和叙利亚，阿拉米语仍然是主导语言，而不是希腊语。然而，一些非希腊人希望在为他们的希腊主人服务时能得到重用，于是他们努力学习希腊语并融入希腊文化。但他们与希腊统治者的合作使他们疏远了自己的人民，并将当地社会分裂为接受希腊化文化的人和不接受希腊化文化的人。

许多被希腊人征服的人继续践行自己的传统宗教。在巴比伦，古老的神庙崇拜模式没有受到希腊文化的影响。一些波斯贵族对波斯帝国的覆灭感到震惊，他们在传统的波斯宗教琐罗亚斯德教中找到了安慰。如我们在本书第 3 章中看到的那样，琐罗亚斯德教教导说，世界处于一场永恒的斗争之中，光明的力量（以神圣的创造者阿胡拉·玛兹达为代表）和黑暗的邪恶力量（以恶魔毁灭者安格拉·曼纽为代表）之间展开斗争。波斯的琐罗亚斯德教信徒认为亚历山大是安格拉·曼纽的代理人。波斯战败后，一篇重要的宗教文章（具有讽刺意味的是，是用希腊文写的）预言，一位勇敢的武士弥赛亚（Messiah）将很快推翻塞琉古国王，恢复波斯真正的宗教和统治者。一本名为《王朝预言》（*Dynastic Prophecy*，约成书于公元前 300 年）的书对巴比伦人表达了类似的希望。

埃及也发出不满的声音。《世俗体埃及文编年史》（*Demotic Chronicle*）和《陶工的神谕》（*The Oracle of the Potter*，约成书于公元前 250 年）认为托勒密王朝通过取代法老和干涉宗教习俗而把神的惩罚带到埃及。这两本书向读者保证，终究有一天，一位强有力的国王会把征服者都驱逐出去。在这些作品受到欢迎的同时，埃及也爆发了叛乱，这并非巧合。

犹太人对希腊化的反应产生了最著名的抵抗记录，保存在《马加比一书》和《马加比二书》（见本章"不同的声音"专题）中。亚历山大死后，托勒密王朝和塞琉古王朝先后控制了耶路撒冷和犹太人的巴勒斯坦。托勒密王朝的君主起初对犹太教持宽容态度，并欢迎耶路撒冷的祭司贵族迅速融入希腊文化。尽管耶路撒冷圣殿里的传统犹太人礼拜仍在继续，但在希腊化的犹太祭司统治时期，一座体育馆和其他希腊化元素首次出现在耶路撒冷。

然而，公元前167年，塞琉古国王"神选者"安条克四世（Antiochus IV Epiphanes，公元前175—前164年在位）试图使这座城市更加希腊化。当犹太人反抗时，他的士兵就在神庙里竖起希腊诸神的雕像，这在犹太人眼中是令人憎恶的。起初，安条克四世只是要宣扬自己的力量，而不是镇压犹太教，但他的计划事与愿违。一个犹太祭司家族马加比家族发起了一场宗教解放战争。他们把安条克四世的军队赶出了巴勒斯坦，净化了耶路撒冷的圣殿，建立了一个他们统治下的自治的犹太王国。后来，当犹太作家试图向亚历山大的说希腊语的犹太人解释这些行为时，他们把这些行为描述为对希腊化的抵抗。然而，马加比家族自己很快就接受了许多希腊习俗，使用希腊名字，在犹太社会中造成了深深的裂痕。

希腊化世界边缘的凯尔特人

除了在地中海和近东传播的希腊文化外，在希腊化时期，凯尔特文明也在欧洲繁荣昌盛起来。凯尔特人生活在一个从未在政治上大规模统一过的部落里，他们有着相同的方言、金属和陶器制造技术，以及相同的农业技术和房屋建造方法。他们是今天许多欧洲人的祖先。

通过贸易和战争，凯尔特人影响了从安纳托利亚到西班牙的希腊化世界的北部边缘。早在公元前 8 世纪，地中海地区与凯尔特人之间的贸易路线就已经建立。但是战争经常中断商业活动。凯尔特部落的军事活动限制了希腊化王国在马其顿和安纳托利亚的扩张，从而迫使这些王国加强其军事力量。

考古学家称中欧的第一个凯尔特文明为"哈尔施塔特文化"，因在奥地利的一个村镇哈尔施塔特（Hallstatt）发掘出了凯尔特人的定居点而得名。公元前 750 年左右，哈尔施塔特的凯尔特人开始从他们的家乡扩散到意大利、巴尔干半岛、爱尔兰、西班牙和安纳托利亚，并沿途征服了当地的居民。这些早期的凯尔特人没有留下任何书面记录，因此我们对他们的政治实践知之甚少。然而，他们埋在坟墓里的奢侈品和武器表明了这是一个由武士精英领导的阶级社会。哈尔施塔特遗址防卫森严，这表明战争很频繁。人们通过竞争性的礼物交换、突袭和战斗中的勇猛来获得地位。在法国南部，凯尔特人在希腊城市马西利亚（Massilia，今天的马赛）与希腊文明发生了碰撞。在那里，他们参与了罗讷河沿岸的希腊奢侈品贸易，包括葡萄酒和高脚杯。

在公元前 5 世纪中叶，凯尔特文明进入了一个新的阶段。它被称为"拉坦诺文化"，这个名字源自今天瑞士的一个地方拉坦诺（La Tène）。在拉坦诺墓葬中发现的武器比哈尔施塔特文化时期还多，这可能表明战争加剧了。拉坦诺凯尔特人建立了新的财富和权力中心，特别是在莱茵河和多瑙河流域。他们还在这些地区以及今天的法国和英国建立了大型的设防定居点。拉坦诺凯尔特人的工匠们受益于穿越阿尔卑斯山到意大利北部的新贸易路线，那里是伊特鲁里亚商人和工匠的故乡（见本书第5 章）。伊特鲁里亚人向凯尔特人的北部地区出口了青铜雕像，他们可能还出口了在凯尔特贵族坟墓中发现的两轮战车。希腊风格的艺术通过这些伊特鲁里亚人传到了凯尔特人那里，但是凯尔特艺术家形成了他们

地图 4.4 凯尔特人的扩张（公元前 5—前 3 世纪）

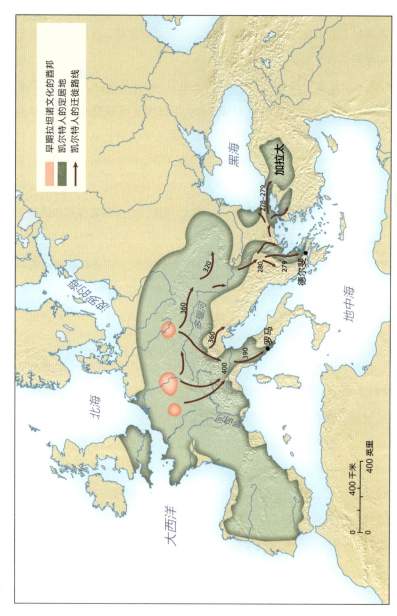

在希腊化时期，凯尔特人迁移到欧洲和小亚细亚的许多地方。这幅地图显示了他们的迁移路线。是什么阻止了凯尔特人联合起来并形成一个帝国？

自己独特的金属制品和雕塑风格。许多凯尔特人开始使用他们从希腊人那里学来的货币制度。

在大约一个世纪的时间里，凯尔特人和地中海地区的人民之间的关系主要是贸易上的往来，但是在公元前 400 年前后，中欧的人口过剩导致了凯尔特部落大量迁徙（见地图 4.4）。公元前 387 年，一群被称为高卢人的凯尔特人移民洗劫了罗马城。他们的入侵对罗马的军事技术产生了意想不到的影响：高效的凯尔特短剑成了罗马军团的标准化武器。

这种不友善的迁徙一直延续到公元前 200 年。一些凯尔特人来到今天的斯拉夫地区（今天的斯洛伐克和波兰南部），另一些则定居在意大利北部、西班牙、不列颠和爱尔兰。还有一些凯尔特人入侵了巴尔干半岛和希腊，最后在安纳托利亚定居下来，在那里他们建立了一个叫加拉太（Galatia，其源于表示高卢人的 "Gauls"）的王国。加拉太勇士以勇敢和残忍而闻名，他们在希腊化的继业者王国之间持续不停的战争中成为雇佣兵。最终，大多数凯尔特人和东地中海希腊化王国的人民一起被并入罗马帝国。

希腊化社会和文化

君主之间的长期战争使得希腊化王国之间的政治统一变得不可能。然而，所有这些国家讲希腊语的人的社会制度和文化赋予了他们一种他们的君主无法实现的统一。

城市社会

希腊的城市生活定义了希腊化文明。亚历山大和他的继承人占领了散布在地中海东部的几十个希腊城邦，并在他们占领的所有领土上建立了几十个新城市。希腊化时期的城市远不止于是用来加强征服者权力的要塞。它延续了古典城邦中曾经蓬勃发展的知识、艺术、建筑和公民参与公共生活的传统，这些传统在古典政治中曾经很盛行。最重要的是，在整个希腊化世界，城市里的人们说的是希腊共通语（Koine），这让他们有了一种共同的身份认同感。

从表面上看，许多古典希腊城邦的机构依然如故：行政官、议事会和公民大会管理城市事务，某种形式的民主或选举仍然是地方政府的常态。然而，实际上城邦已经发生了根本性变化。因为国王掌握着绝对的权力，曾经独立的城邦，如雅典和科林斯，失去了媾和或宣战的自由。虽然当地的地方政府是他们选举产生的，但这些城市现在成了管理统治者庞大王国的行政中心。

正如我们在本书第3章中所看到的，古典希腊城邦的公民身份受到了严格的限制，它赋予人们一种认同感，保证了他们想要的权利或特权，并要求他们承担一定的责任。每一个城邦控制的领土都相对较小，但即便是公元前5世纪帝国鼎盛时期的雅典，也从未考虑过给予其统治下的所有人雅典公民权，即使是在阿提卡之内。相反，在希腊化时期，包含许多城市的大王国是基本的政治单位。人民既是国王的臣民，又是他们所在城市的市民。可以肯定的是，有些哲学家会玩弄全人类的普遍公民身份的概念，但没有一个王国所有人都能享有公民权。公民身份失去了政治力量，因为城市失去了政治自主权。与早期的做法截然不同的是，重要人物有时会在多个城邦获得公民身份的荣誉，这在古典时期的希腊人看来是不可思议的。

为了维持城邦独立的假象，希腊化国王允许地方政府享有相当大的自治权。尽管如此，虽然在古风时期和古典时期，为了保护穷人和富人的利益，希腊发展了民主制度，但在希腊化时期，富人控制了社会和政府，穷人的状况更加恶化了。国王任命或批准的富人控制着所有的法庭和所有的行政职务，在国王的朝廷上代表所有的城市，而国王则以荣誉和奖励回报给这些公民领袖。通过土地赠予、赋税豁免和其他恩惠，君主们建立起了将公民领袖与他们联系在一起的个人关系网。作为回报，这些城市精英为他们的国王服务，花费大量的财富为他们的同胞建造宏伟的庙宇、体育场馆和其他公共建筑。

希腊化时期的国王和贵族把他们的城市变成了艺术和设计的展示橱窗。独具特色的建筑风格和装饰风格迅速地从东方传播到迦太基、罗马和西地中海的其他地区。城市中最具特色的建筑创新是巨大的宫殿建筑群，用来容纳希腊化的继业者王国君主及其随从。以网格状布置街道成了地中海世界的标准，这给城市空间带来了一种秩序感。到处都出现了供戏剧或精彩的表演用的石头剧院、市政大厅和带屋顶的柱廊，还有带热水池的公共澡堂、带有运动设施的体育场馆以及图书馆和演讲厅。

和古典时期的城市相比，希腊化的城市人口更加多样化。亚历山大是埃及最大、最国际化的希腊化城市，拥有马其顿人、希腊人、犹太人、叙利亚人和埃及人的大型社区。虽然这些群体生活在城市的不同区域，彼此之间经常发生暴力冲突，但他们都在不同程度上参与了亚历山大的文化生活。例如，亚历山大说希腊语的犹太人把《希伯来圣经》翻译成了希腊文，这个版本被称为《七十子希腊文本圣经》（Septuagint，源于希腊文 Septuaginta，意为"70"），这样那些不懂希伯来文的犹太人就可以理解它。这个译本后来为早期的基督徒提供了有关《希伯来圣经》的知识，这些基督徒中许多人说希腊语，也读希腊文。后来他们称这部圣经为《旧约圣经》。

妇女的新机会

衡量女性社会地位的一个标准是女婴被杀的比例。古典时期的希腊父母经常会遗弃不想要的女婴，让她们自生自灭。然而，希腊化时期的家庭养育了比以前更多的女婴，尤其是在托勒密王朝贵族的家庭里。在埃及和其他希腊化地区的希腊妇女享有完全的公民权，并担任宗教职务。许多妇女和男人一样，拥有土地和财产，并且纳税，但她们只能独自签订价值不大的商业合同。

希腊化时期一些贵族妇女掌握的权力很大，超出希腊古典时期的想象。希腊化国王的妻子是更强大的希腊化新女性的榜样。一些铭文赞美了希腊化的王后，因为她们展示了虔诚等传统女性的美德，还因为她们生下了王位继承人。作为公共捐助者，这些女性修建庙宇和公共工程，赞助参加奥林匹亚赛会的二轮马车的御者，为贫穷的新娘提供嫁妆。王后们有时行使真正的权力，支持和指挥军队。例如，托勒密二世的妹妹和妻子阿西诺二世（Arsinoë II，公元前276—前270年在位）指挥托勒密王国的陆军和海军征服了腓尼基和安纳托利亚的大部分海岸地区。埃及的史料称她为法老，这是一个通常为男性保留的王室头衔，并且她经常被当成女神伊希斯（Isis）。

在希腊化时期，非贵族的希腊女性的机会也在一定程度上增多了。在埃及的亚历山大，年轻女性被教授舞蹈、音乐、阅读和写作、学术和哲学。学者的女儿往往也成了学者。我们知道，非贵族的希腊妇女从事天文学、音乐理论和文学方面的创作，许多女诗人还为荣誉参加比赛。此外，一些希腊化妇女作为肖像画家、建筑师和竖琴演奏家而闻名遐迩。尽管取得了这些成就，妇女的权利和机会仍然比男子少，她们仍然要受到男性亲属的监督。在埃及，没有丈夫的允许，妇女不能在外过夜。

艺术和建筑

随着希腊文明传入继业者王国，希腊化时期的艺术和建筑发生了变化。艺术家和建筑师继续使用经典图案和主题，但不是简单地模仿经典模型，而是以新的方式来加以使用。希腊古典主义的这种创造性发展，既源于艺术家在新环境中工作所体验到的自由，也源于本土文化的影响。希腊化时期最显著的风格创新是"巴洛克风格"，这种风格暗示着运动而不是静止，并且常常诉诸情感。

巴洛克风格在许多希腊化的神庙上表现得很明显，设计师们在精心设计的露台和宏伟的楼梯上创造了弧形景观。一些最优秀的希腊化巴洛克风格建筑在帕加马（Pergamum）被保留了下来，这是位于今天土耳其南部海岸、靠近爱琴海的一座希腊城市。为了纪念帕加马战胜凯尔特人和塞琉古人，国王阿塔罗斯一世（Attalus I，公元前 241—前 197 年在位）下令建造了一系列宏伟建筑。雅典卫城为这项工程提供了古典模型，但这些宏伟建筑的巴洛克风格要归因于负责建造这些建筑的当地工匠，最显著的是其巨大的规模和多个引导观众的视线穿过建筑物立面的不同焦点。

希腊化时期的雕刻家也把古典希腊形式引到了新的方向。希腊化艺术家摒弃了对完美理想的表现，而热衷于探索人体的运动和各种面部表情。他们描绘的对象从迷人的爱情女神到醉鬼和憔悴的老拳击手。艺术家们喜欢在人体上描绘织物的变化，以突出男性和女性肌肉的轮廓。萨莫色雷斯（Samothrace）的胜利女神雕像是公元前 200 年前后在罗得岛上雕刻而成的，这位希腊女神刚刚降落在船头上，她展开翅膀，衣服在风中飘扬。这些雕像有时被涂上鲜艳的色彩，在歌颂美丽和崇高情感的同时，也在探索人类的弱点和平常。本章开头的雕塑《垂死的高卢人》不仅表现了这位战士的痛苦，也表现了他在失败中的勇气和高贵。

帕加马的宙斯祭坛。位于安纳托利亚（现在的土耳其）西北部的帕加马的建筑是希腊化时期巴洛克风格的。它们以古典希腊建筑形式为基础，但有着开阔的外观，为观众提供了多个焦点。这里展示的是 20 世纪重建的宙斯祭坛，它位于一个巨大的石质基座上，基座上建有一条长达 371 英尺（约 113 米）的柱廊。像许多巴洛克风格的建筑一样，祭坛装饰华丽。柱廊下两条长长的装饰带描绘了希腊神话人物忒勒福斯（Telephos）的一生，他是赫拉克勒斯的儿子，被认为是帕加马的创始人。

图片来源：Erich Lessing / Art Resource, NY

文学

许多希腊化的文学作品已经不复存在，但幸存下来的作品让人得以一窥当时作者的创造力和原创性，它们往往是文雅与学术的结合。希腊化时期的诗人开始转向轻浮的主题，因为压抑的政治氛围使他们不敢质疑权威。轻喜剧变得非常受欢迎，尤其是剧作家雅典的米南德（Menander of Athens）的作品。这位聪明的作者以逃避现实的空洞爱情故事和皆大欢喜的结局取悦观众。这些戏剧现在被称为"新喜剧"，是由古典时期雅典的讽刺喜剧发展而来的。它们的特点是运用生动的街头语言和一组固定的角色：古怪的父母、天真的年轻男人、愚蠢的年轻女

萨莫色雷斯的胜利女神。这尊有翅膀的希腊胜利女神雕像发现于萨莫色雷斯岛，通过描绘她张开的翅膀和风吹着她衣服的褶皱来捕捉她在空中飞行的感觉。这尊雕像坐落在一艘战船船头雕塑之上，描述的是胜利女神刚刚降落在那里的情景。

图片来源：RMN Grand Palais / Art Resource, NY

米洛斯的阿芙洛蒂忒。性爱女神阿芙洛蒂忒的这尊大理石雕像展现了女性形体的完美。这尊半裸雕像是在希腊米洛斯岛发现的，雕刻于公元前 2 世纪中叶，以其意大利语名称"米洛的维纳斯"（Venus di Milo）广为人知。她右脚着地，似乎正在走向观众。她的一只失去的胳膊可能是举起来矜持地遮盖住自己的胸部。她的面部表情安详宁静，衣服宽松地裹在臀部，让雕刻家可以通过对褶皱的刻画来传达一种飘逸轻盈的质感。与希腊化时期阿芙洛蒂忒的其他性感形象相比，这座雕像更加稳重，描绘了一个男性心目中完美女性的形象，既性感迷人，又端庄大方。

图片来源：Erich Lessing / Art Resource, NY

庞贝的喜剧。希腊化世界许多精美的装饰性镶嵌画流传了下来。这些场景通常源自已失传的希腊绘画，从中可以生动地窥见当时的日常生活。这幅马赛克镶嵌画是根据在剧院里表演的喜剧中的一个场景创作的。

图片来源：Erich Lessing / Art Resource, NY

人、聪明的奴隶和邪恶的皮条客。

忒奥克里托斯（Theocritus，约公元前 300—前 260）虽然来自西西里岛上的叙拉古城，但在埃及的亚历山大写作，他发明一种叫"田园诗"的新诗体。他的诗描绘了农村的田园生活，但他笔下的乡村牧人反映了城市生活的悲苦和紧张。在所有的希腊化诗人中，忒奥克里托斯的诗影响最为广泛和持久，他为罗马、莎士比亚时代的英国，甚至 19 世纪俄国的田园诗提供了典范。

卡利马科斯（Callimachus，约公元前305—前240）是亚历山大的另一位伟大诗人，他的作品寓教于乐，融合了趣味性和非凡的学识，既有《世界奇观集》（*Collections of Wonders of the World*），又有动人的情诗《哀歌》（*Elegies*）。他的诗歌提供了被称为"亚历山大主义"的博学风格的最佳范例，这种风格表现出对韵律和语言的掌控，诉求的更多是理智而不是情感。

希腊化时期最有成就的历史学家是波里比阿（Polybius，约公元前202—前120），他生于希腊的麦格罗波利斯（Megalopolis）。波里比阿后半生致力于撰写一部关于罗马在地中海地区迅速崛起的历史。作为一部文学作品，波里比阿的历史无法与伟大的希腊历史学家修昔底德和希罗多德的历史相媲美，沉重的风格使他无法捕捉事件的戏剧性。他的《通史》（*Histories*）的优点在于它对地中海世界所有国家的事件做了全面的叙述，并坚持高度准确和公正的标准，而这两个标准在以前的历史学家的著作中都是明显缺失的。

希腊化时期的哲学和科学

希腊化时期的哲学家们将其学科划分了三个分支：研究抽象推理的逻辑学；研究一个人应该如何生活的伦理学；研究自然世界的物理学。在中世纪，受过教育的人开始把物理学称为自然哲学。自18世纪以来，人们就把这种学术研究确定为科学。在希腊化时期，哲学的这三个分支都以柏拉图和亚里士多德的著作为基础，但哲学也有了自己独特的特点。

历史上的正义

希腊化世界里的神圣正义

人们普遍相信个人的不幸（如疾病、意外事故或财产的损失）表明了神的不悦，因此希腊化世界的人们经常去忏悔自己的罪过。这些罪过包括世俗的罪行，如偷窃、诽谤、人身伤害、巫术、通奸，还包括宗教上的罪行，如违反饮食规则，亵渎神灵，或不清洗身体或衣服就进入圣所。至于这些罪过是否故意，并不重要，关键是众神的不悦。当冒犯者确信自己有罪时，他们通常会去当地的圣所寻找众神发怒的原因，并学习如何为自己的罪过赎罪。他们的目的是通过神谕或在睡梦中接收来自神的信息。

公元前 2 世纪末和公元前 1 世纪，安纳托利亚的尼多斯（Knidos）的女神德墨忒耳（Demeter）神庙的碑文表明，受害的一方有时会通过在圣所存放刻有铭文的石碑来启动审判程序。铭文将指出被指控的罪犯，并请求神灵强迫罪犯到圣所承认罪行。其中一件铭文涉及一起诽谤案，上面是这样写的："我将那个诋毁我的人献给德墨忒耳和科莱（Kore，另一位女神，德墨忒耳的女儿），他声称我对自己的人下了毒。愿他和他的全家发高烧，都到德墨忒耳神庙来认罪。"这样的铭文就像希腊化世界的人们有时为了给敌人带来不幸而刻在"诅咒碑"上的文字。然而，这些"招供铭文"的目的并不是要伤害另一个人，而是要引起诸神对不公正行为的注意，并促使诸神迫使有罪之人招供。忏悔是为神圣的正义而祈祷，祈求让受伤害的一方得到道义上的满足，或者是可能的报复。

涉嫌犯罪的人也可以求助于神灵来证明他们的清白。当一个名叫塔提亚（Tatias）的妇女听到谣言说她给了自己的女婿一种使他发疯的魔法药水时，她去了当地的圣所，并"在神庙里立下了诅咒"。不同于私下里写一个恶毒的诅咒，这种公开的仪式是她向公众证明她是无辜的方式。不幸的是，塔提亚的亲属们公开取消了她的诅咒，让社会认为她是有罪的。

在理想情况下，这个过程中涉及的只有原告、认罪的罪犯和神，但在这个过程中神庙里的祭司常常也扮演着重要的角色。他们会接受甚至请求犯罪受害者的指控，协助其撰写忏悔书，并解释所谓的神意的迹象。在许多情况下，他们试图表明，使人们来到圣所的折磨就是对他们罪行的惩罚。正如历史学家曾经认为的那样，祭司们不会实施体罚，但他们确实会建议那些认罪

阿芙洛蒂忒神庙。这座神庙位于现在土耳其的代尼兹利（Denizli）附近，建于公元前1世纪，是安纳托利亚最重要的阿芙洛蒂忒神庙。人们在寻求神的帮助以引出对罪行的供认时，通常会进入这样的神庙。

图片来源：Jeremy Lightfoot / Robert Harding World Imagery

的人如何为自己的罪行赎罪。有时他们会审问因苦恼而来到圣所的人，以确定神发怒的原因。因此，在实际的审判中，祭司通常扮演着法官的角色。神庙所遵循的程序不是真正意义上的审判，因为不涉及证人的证词或判决的公布。但是铭文经常使用法律语言，这可能是祭司们建议的，这个程序和审判的作用是一样的，那就是解决社会冲突。与审判一样，这些程序涉及准司法身份的祭司与进入圣所的人之间的接触，以及此人与被认为通过神谕或梦给他发出信息的神之间的接触。

祭司参与一个类似于审判世俗和宗教罪行的过程，这表明希腊化社会在世俗领域和宗教领域之间并没有明确的界限。在世俗法庭被起诉的罪行也可以在宗教圣所处理。如果没有祭司的帮助，这个过程就不可能正常运作，因为祭司控制着进入圣所的通道，并帮助写作忏悔书。上告和忏悔的铭文也表明，在这些多神社会中，神被认为不仅在解决日常生活中的问题上发挥着积极的作用，而且在司法方面也发挥着积极的作用。

哲学：寻求内心的平静

希腊化时期对哲学的贡献在伦理学领域表现得最为突出。在这一时期出现的三个哲学学派——伊壁鸠鲁学派、斯多葛学派和犬儒学派——都有一个共同的目标，那就是获得内心的平静和安宁。根据雅典柏拉图学园的主管克赛诺克拉底（Xenocrates，卒于公元前314年）的说法，学习哲学的目的是"减少生活中的干扰"。这种对个人内心安宁的追求并没有忽视他人的需要，其目标是确定与他人互动的方式哪些是正确的，哪些是错误的。

其中第一个是由萨摩斯的伊壁鸠鲁（Epicurus of Samos，公元前341—前271）创立的伊壁鸠鲁学派。这个学派因其在雅典的集会场所"花园"而闻名，它对妇女、奴隶和自由人都开放。因为伊壁鸠鲁认为，"整个世界都生活在痛苦之中"，他敦促人们通过理性选择快乐来获得内心的安宁。今天英文里"epicurean"这个词指的是一个喜欢美食并且有鉴赏能力的人，但是伊壁鸠鲁所追求的是精神上的快乐，是肉体和精神的完美和谐。为了达到这种和谐，伊壁鸠鲁建议过一种高尚而简单的生活，其特点是过俭朴的生活，远离充满压力的政治和社会竞争。伊壁鸠鲁还教导他的弟子们，既不应该惧怕死亡，也不应该惧怕神灵。没有理由害怕死亡，因为灵魂离不开物质，所以根本就没有来生。也没有任何理由去害怕那些远离尘世、无忧无虑地生活着的神灵，因为他们对人间的事务并不关心。一旦从这些恐惧中解脱出来，人类就可以找到内心的平静。

伊壁鸠鲁学派的主要对手是公元前 300 年基蒂翁的芝诺（Zeno of Citium，约公元前 335—前 263）在雅典创立的斯多葛学派。斯多葛学派的名字来源于芝诺和他的后继者们经常在雅典集会广场聚众讲学的画廊（Stoa Poikile）。这个学派的影响一直延续到罗马帝国时期。斯多葛学派相信，所有的人身上都有一种神性的元素，因此都参与到一个单一的不可分解的宇宙过程当中。他们可以通过服从宇宙秩序来找到内心的平静，斯多葛学派将这种宇宙秩序认同为自然或命运。因此，今天英文的"stoic"这个词被用来形容那些泰然面对痛苦或不幸的人。斯多葛学派认为，智者不会让人生的变迁干扰他们。斯多葛学派鼓励人们积极参与公共生活，而不是像伊壁鸠鲁学派那样呼吁人们消极避世。因为斯多葛学派接受现状，许多国王和贵族都接受了它。他们想要相信他们的成功是冥冥之中神圣计划的一部分。

犬儒学派采取了一种不同的方法获得内心的平静。今天的"cynic"一词通常被用来指代那些对人类动机和行为的真诚嗤之以鼻的愤世嫉俗者，但是古代的犬儒主义者受到了苏格拉底的忠实追随者安提西尼（Antisthenes，约公元前 445—前 360）的启发，教导人们幸福的关键是摒弃所有的需求和欲望。为了实现这一目标，犬儒主义者放弃了一切

基蒂翁的芝诺（石头半身像）。斯多葛学派的雅典创始人芝诺认为，一个人在寻求内心的平静时，应该服从宇宙秩序，这种宇宙秩序有时被定义为自然或命运。斯多葛学派在罗马政治家和作家中有相当大的影响。

图片来源：Musei Capitolini, Rome, Italy / Bridgeman Images

财产，过着严格的苦行生活。这种哲学学派的主要代表人物是第欧根尼（约公元前 412—前 324），他就住在一个木桶里。犬儒主义者蔑视社会习俗和制度，包括财富、社会地位和普遍的道德标准。底比斯的克拉泰斯（Crates of Thebes）是一位著名的犬儒主义者，他做了一件不可思议的事情，引起了公愤，因为他带着他的妻子、哲学家希帕基亚（Hipparchia）到公共场所吃饭，而不是把她留在家里。要知道，在当时家才是体面的女人的归宿。有些犬儒主义者以第欧根尼为榜样，却走上了另一个极端，他们选择满足而不是摒弃最基本的自然需求，其行为包括在公共场所手淫和排泄，他们也因此而得名，因为"cynic"这个词来源于希腊单词"狗"。他们对主流社会价值观的排斥，加上他们令人不快的公共行为，是他们的教导没有产生持久影响的原因。

解释自然世界：科学研究

虽然雅典仍然是希腊化时期的哲学中心，但托勒密王朝把亚历山大变成了科学研究的中心。在那里，国王托勒密一世建立了历史上第一座博物馆，以资助关于自然世界的研究和讲座。这个机构以艺术和知识女神"缪斯"（Muses）命名，所以被称为"Museum"，即今天博物馆的统称。附近的皇家图书馆里收藏了成千上万的文稿，试图整理整个世界的知识体系。

除了总结以前学者的成果，亚历山大和整个希腊化世界的科学家们还试图描述自然世界的真实面目。这种对科学实在论的强调包含了对一些更具有思辨性质的理念的摒弃，而这些理念正是古典时期希腊科学的特征。狄奥弗拉斯图（Theophrastus，约公元前 371—前 287）是亚里士多德的弟子，他通常被认为是希腊化时期的第一位科学家，他反对亚里士多德的哲学观点，即自然是静态的，而不是动态的，可以用哲学的

"第一原理"来解释。狄奥弗拉斯图九卷本的《植物研究》(*Enquiries into Plants*)使他得出了这样的结论:植物并不是像亚里士多德所说的那样是动物"退化"的结果。

在数学领域,欧几里得(Euclid,约公元前300)在他的著作《几何原本》(*Elements*)中对几何学进行了完美的总结,直到20世纪,《几何原本》一直被用作标准的几何学教科书。欧几里得证明了一个人如何通过理性的方法——运用演绎证明和定理进行数学推理——获得一个学科的知识。叙拉古的阿基米德(Archimedes,约公元前287—前212)是一位与欧几里得同样著名的数学家,他计算出了圆周率(圆周长与直径之比)的值,并测量了太阳的直径。阿基米德是一位经验丰富的机械工程师,据说他曾说过:"给我一个支点,我就能撬动世界。"[2] 阿基米德把他的科学知识用到了战争中。据说在公元前212年罗马围攻叙拉古时,他建造了一个巨大的反射镜,将西西里明亮的太阳聚焦在罗马战舰上,把船帆烧出洞来。

在希腊化时期天文学也取得了长足的发展。研究者在研究中借用了巴比伦和埃及学者所创立的天文观测的悠久传统。这种希腊和近东天文工作的交叉产生了希腊化世界最丰富的新知识领域之一。例如,本都的赫拉克利德斯(Heraclides of Pontus,约公元前390—前322)观察到金星和水星围绕太阳而不是绕地球运行时,他预见到了一种关于宇宙理论的日心说。萨摩斯的阿里斯塔克(Aristarchus of Samos,约公元前310—前230)提出了这样一种观点:行星围绕太阳公转的同时也在自转。昔兰尼的厄拉多塞(Eratosthenes of Cyrene,约公元前276—前194)计算出的地球周长与实际数字仅相差200英里(约322千米)。

然而,由于亚里士多德追随者的激烈反对,日心说从未被广泛接受。而亚里士多德的地心说已成为经典。为了支持亚里士多德的"宇宙论",尼西亚的喜帕恰斯(Hipparchus of Nicaea,约公元前 190—前 127)制作了第一个恒星目录,并坚持认为它们是围绕着地球运行的。以地球为中心的宇宙观一直持续到 16 世纪。当时,波兰天文学家尼古拉·哥白尼(Nicholas Copernicus,1473—1543)阅读了赫拉克利德斯和阿里斯塔克的著作后,提出了支撑日心说的数学数据(见本书第 17 章)。

医学理论和研究也在希腊化的大城市中蓬勃发展起来。狄奥克莱斯(Diocles)是公元前 4 世纪的一位希腊医生,他把理论和实践结合起来,创作了第一本人体解剖学手册,并发明了一种可以把箭头从人的身体上取出来的勺状工具。这一时期的医生认为,人的行为和健康都是体液平衡的结果。他们将体液分为热、冷、湿、干四种特征,分别对应血液、黏液、黄胆汁和黑胆汁。公元前 4 世纪晚期的普拉克萨戈拉斯(Praxagoras)认为,人体包含十多种体液。他还研究了大脑和脊髓之间的关系。还有的医生系统地解剖了人类的尸体,如公元前 4 世纪住在亚历山大的希罗菲卢斯(Herophilus)和埃拉希斯特拉图斯(Erasistratus)。他们可能还进行了活体解剖。有证据表明,他们在尚未被处决的死刑犯身上进行了实验,这种做法在今天是非法的。通过对活人和尸体的解剖,这些医生都学到了很多关于人类神经系统、眼睛结构和生殖生理学的知识。

结语:界定希腊化时期的西方世界

在希腊化时期,后来被称为"西方"的文化和地理边界开始形成。这些边界囊括了希腊化文化深刻影响的地区。亚历山大大帝帝国的领土全部位于希腊和埃及的东部,构成了这个文化区域的核心,但希腊化世界也向西延伸，越过地中海，包括从北非到西班牙由迦太基人统治的土地。希腊化也传到了凯尔特人所居住的边缘地区。在所有这些地区，希腊文化与当地民族的文化发生碰撞，由此产生的综合体成为西方文明的主要基础之一。

正如下一章所示，希腊文化与非希腊文化在希腊化时期的碰撞在罗马是最具创造性的，这个小共和国最终征服了希腊化的王国，并在意大利半岛东部和西部的土地上建立了自己的霸权。公元前30年，罗马政治家和军事指挥官屋大维（后来被称为恺撒·奥古斯都）赢得了对地中海世界、近东、埃及和欧洲部分地区的控制权，希腊化时期就此结束。然而，这一政治成就，以及随之而来的罗马共和国向罗马帝国的转变，并没有终结希腊化文化对西方世界的影响。通过建立一个新的、更有弹性的文明，希腊人、罗马人与许多其他民族和平共处，罗马人创造了属于他们自己的希腊化文化。

从卡匹托尔山看罗马广场。这张照片是从罗马主神朱庇特神庙拍摄的。战争取得胜利后,所有的凯旋仪式游行都会在这座神庙结束,在这里人们会献祭。现在,游客们可以在此凭吊这些建筑物的遗迹,当年罗马曾经在这里统治庞大的帝国。

图片来源:John Miller / Robert Harding World Imagery

第 5 章

罗马共和国

The Roman
Republic

公元前 146 年，罗马将军卢修斯·穆米乌斯（Lucius Mummius）率领一支庞大的军队进入雅典西南偏西约 50 英里（约 80 千米）的希腊城邦科林斯。穆米乌斯刚刚战胜了由希腊城邦组成的亚该亚同盟军队。科林斯是这个同盟中最强大的城邦。科林斯人认识到守城无望，大部分人在罗马军队到达城门之前便逃之夭夭，穆米乌斯畅通无阻地进入了这座城市。罗马人杀死了留下来的男人，奴役了妇女和儿童，掠夺了城市里的财物，然后放火把科林斯夷为平地。就这样，这座以其国际贸易、财富和许多居民生活奢华而闻名的希腊城市在历史上灰飞烟灭了。亚该亚同盟的城邦受到罗马的直接控制，后来成了罗马亚该亚行省的一部分。

科林斯遭到洗劫的意义远比这座曾经强大的希腊城市被毁灭更为深远。它是罗马作为地中海世界主导力量得以确立的最后一步。这一事件的重要性在当时就已经被意识到。公元前 171 年，希腊历史学家波里比阿曾试图阻止亚该亚同盟与马其顿王国一起对抗罗马；他对罗马在地中海世界崛起过程的叙述以洗劫科林斯这一事件收尾，认为这是对希腊独立的最后一击。科林斯城被毁后，罗马迅速崛起。在一个世纪稍多的时间里，罗马将控制整个地中海世界、西欧大部分地区以及公元前 4 世纪亚历山大大帝征服的许多亚洲领土。罗马统治下的土地标志着后来西方的地理边界。罗马还发展了一些政治和文化传统，后来成为西方身份认同的核心。这些传统很大程度上基于希腊，但也有独特的罗马印记。

由此产生的希腊－罗马文化随后传播到罗马统治下的许多地方。就这样，这种希腊－罗马文化成为西方文明最持久的基础。在这种文化中，政治、外交、商业和文学的主导语言是拉丁语，而不是希腊语。

本章将探讨的问题是：这个位于意大利半岛的小共和国是如何在希腊化世界中崛起，从而为我们所说的西方奠定地理和文化基础的？

罗马共和国的性质

从罗马的卡匹托尔山俯瞰罗马广场，今天的游客就会看到一片建筑物的断壁残垣和其他历史遗迹。这些遗迹位于曾经庞大无比的帝国的中心，这个帝国从英格兰北部延伸到黑海，从摩洛哥延伸到美索不达米亚。在邻近的帕拉蒂尼山的西坡上，考古学家发现了生活在公元前10世纪罗马最早居住者的棚屋地基。罗马帝国是如何从这片沼泽之上的原始村落中崛起的，至今仍是西方历史上最耐人寻味的故事之一。

在希腊化时期，罗马从一个相对较小的共和制城邦崛起为一个广袤而强大的帝国。罗马征服了环绕地中海的民族——迦太基人、凯尔特人和亚历山大继承人的希腊化王国——将他们全部纳入了共和国的政治结构中（见地图5.1）。罗马试图用适合城邦的制度和社会传统来管理这些不断扩张的领土，这让罗马共和国不堪重负，最终导致了公元前1世纪末一种新的政体即罗马帝国的建立。

罗马的起源和伊特鲁里亚的影响

和外界民族的相互交往从一开始就塑造了罗马的历史。罗马坐落在台伯河上几百英亩低矮但易于防守的七座山丘上，位于意大利半岛南

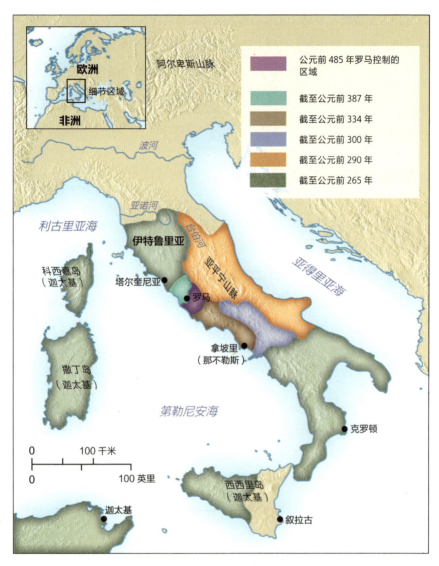

在 200 多年的时间里，罗马逐渐控制了意大利。到公元前 265 年，它几乎控制了整个意大利半岛。罗马是如何获得这些不同的土地的？

北和东西贸易路线的交会处。自新石器时代起，这些贸易路线就已经形成。罗马人利用这些路线来发展与其他民族的商业贸易，其中许多民族最终被罗马征服或兼并。

在大约公元前1000年，罗马就有人居住了，但是我们对这些第一代罗马人的生活知之甚少。乡村生活的规模是如此之小，以至于不同山丘上的小屋可能构成了完全不同的部落。后来成为罗马广场（司法和其他公共事务的集会场所）的地方当时还是一片沼泽，被村民们用作保护地和墓地。

对跨越台伯河和贸易的控制使罗马得以迅速发展起来。对公元前8世纪的坟墓进行的发掘表明，罗马已经出现了一个富有的精英阶层。妇女显然分享了经济繁荣带来的好处。其中一个坟墓里埋葬着一名妇女和象征着权威与地位的二轮马车。在公元前7世纪，罗马的人口迅速增长。大家族和宗族成为罗马生活中的一股力量。根据罗马的传说，在罗马整个早期阶段，国王统治着这座城市。

历史学家认为，在罗马存在的前4个世纪里，意大利半岛上混战频仍的部落至少使用140种不同的语言或方言，而拉丁语只是其中之一。在这一时期，罗马人发展了他们的军事技术来抵御邻近部落。尽管如此，罗马人还是与一些近邻保持着友好关系，尤其是生活在罗马西北部的伊特鲁里亚人。

在公元前7世纪和公元前6世纪，伊特鲁里亚人的文化极大地影响了罗马。伊特鲁里亚人来源不详，可能是从安纳托利亚迁徙到意大利半岛的。到了公元前800年，他们已经在意大利半岛中部亚诺河和台伯河之间的伊特鲁里亚（今天的托斯卡纳）牢牢扎下根来。到公元前6世纪，他们控制的领土南至那不勒斯湾，东到亚得里亚海。伊特鲁里亚人维持着一个松散的独立的城市联盟，经常与意大利半岛上的其他民族作战。

劫夺萨宾妇女。在罗马的传奇历史中，第一代罗马男人要娶居住在罗马附近地区的意大利萨宾部落的女子为妻。当遭到萨宾人拒绝时，罗马人就绑架了萨宾妇女，并要求她们嫁给罗马人。这个没有事实依据的传说出现在了李维和普鲁塔克的著作中。在16—17世纪，对萨宾妇女的劫夺成为艺术家们的热门题材。这幅画作就描绘了这一事件，是彼得罗·达·科尔托纳（Pietro da Cortona）在1627—1629年创作的。

图片来源：Mike Dunning / DK Images

伊特鲁里亚人与希腊商人进行活跃的贸易，用当地的铁矿石和其他资源交换陶瓶和其他奢侈品。商业成为伊特鲁里亚人和后来的罗马人大量吸收希腊文化的渠道。例如，伊特鲁里亚人采用了希腊字母，并接受了许多希腊神话，后来他们又把这些神话传给了罗马人。

在公元前6世纪，罗马处在伊特鲁里亚人的统治之下。虽然伊特鲁里亚人和罗马使用不同的语言，但一种源自意大利土著、伊特鲁里亚人和希腊人的共同文化逐渐形成，尤其是在宗教习俗方面。朱庇特、密涅瓦和朱诺最早是在伊特鲁里亚受到崇拜（希腊宗教里与其对应的分别是宙斯、雅典娜和赫拉）。伊特鲁里亚的预言家教罗马人如何解读预兆，尤其是如何通过检验献祭动物的内脏来了解神的旨意。他们还为罗马人提供了一种与希腊不同的、独特的神庙建筑。伊特鲁里亚和后来的罗马神庙有更深的门廊，由列柱支撑。

罗马共和国的建立

到公元前600年左右，罗马人已经繁荣到足以排干沼泽地里的水，把这里变成广场。他们还开始建造神庙和公共建筑，其中包括第一座元老院，元老们在这里开会，讨论公共事务。在国王的统治下（其中一些是伊特鲁里亚人血统），罗马成为意大利半岛上一支重要的军事力量。只有买得起自己武器的自由男性居民才能在公民大会上投票，公民大会根据元老院的建议做出公共决定。穷人可以打仗，但不能投票。就这样，富人和穷人之间的斗争开始了，几个世纪以来，这场斗争一直困扰着罗马人的生活。

公元前500年，罗马已经成为一个有大约3.5万居民的强大城邦，罗马人废除了王权，建立了共和国。在共和国中，政治权力掌握在人民或他们的代表手中，而不是君主手中。据传说，公元前509年，一位名叫卢修斯·尤尼乌斯·布鲁图（Lucius Junius Brutus）的贵族推翻了残暴的伊特鲁里亚国王"傲慢者"塔克文（Tarquin the Proud）。

废除君主制之后，罗马建立了几个新的机构。在长达500年的时间里，这些机构主导了罗马人的政治生活。由男性公民组成的"库里亚大会"（Centuriate Assembly，又译为"百人团大会"）负责城邦的立法、司法和行政事务。和希腊一样，只有男性可以参加公共生活。库里亚大会选出两名首席执行官，他们被称为执政官，可以执行法律，但对他们的决定可以向库里亚大会上诉。后来，库里亚大会还选举了更多的官员来处理法律和财政事务。元老院由大约300名罗马人组成，他们都是以前的行政官员。元老院可以向执政官提出建议，但没有正式的职权。祭司代表城邦举行宗教仪式。对国王的憎恨成了罗马政治思想的主要内容，这使得任何个人都很难大权独揽。少数几个显赫的家族通过垄断主要的职位和幕后操纵而掌握着实权。正如我们在本书第3章看到的，这种政府被称为寡头政体，或者说是少数人的统治。

为了庆祝君主制的结束，罗马人民在卡匹托尔山上为朱庇特建造了一座宏伟的新神庙，俯瞰着广场。他们也设立了维斯塔贞女（Vestal Virgins），这些女祭司在维斯塔神庙——罗马最古老的宗教场所之一——负责管理圣火和炉灶。就这样，罗马的福祉就成了公众共同关心的问题。

不同社会阶层之间的紧张关系塑造了罗马人的政治生活。位于社会等级制度顶端的是贵族，这是一群富裕的精英，他们的祖先可以追溯到王政时期。这些贵族声称是他们推翻了君主制。因为他们垄断了行政长官职权和祭司职务，贵族占据了元老院中的大多数职位。其他富有的地主、血统稍逊一筹的元老以及构成军队主力的富农也站到了贵族的一边，和平民（普通的罗马公民）做斗争。平民通常处于罗马社会的下层，尽管他们中的一些人设法获得了大量的财富。平民要求更多的政治权利，如公平分享公共土地的分配和免除债务奴役。这些贫穷的罗马平民为获得政治话语权而做出的这些努力，被称为"平贵之争"。在公元前5世纪，当罗马遭受了严重的经济衰退时，"平贵之争"变得更加激烈。

平民在这场斗争中所拥有的主要武器是以离开城邦作为威胁，而一旦他们真的离开，经济生活将陷入停顿，军队也就没有了兵源。这样的武器他们一共成功使用了三次。平民斗争的第一次胜利是在公元前

494 年，当时他们赢得了每年选举两位护民官作为他们代言人的权利。护民官可以否决行政长官的决定，这样可以阻止贵族独断的判决行为。公元前 471 年，一个新的平民大会让平民有机会在正式场合表达他们的政治观点，尽管他们没有权力颁布法律。

公元前 445 年，一条新的法律允许平民和贵族通婚。这使得富有的平民能够通过婚姻手段成为贵族家庭的一员。公元前 367 年，罗马通过法案规定，每年的两位执政官中有一位必须是平民。此时，平民已经完全融入了罗马政府。此外，罗马人还对分配给任何一位公民的公共土地的数量做出了限制。这一新的规定使贵族无法完全占有所有被征服的土地，确保贫穷的公民士兵也能分到属于自己的那一份土地。最后一次对平民的让步是在公元前 287 年，平民大会的决议开始对整个国家具有约束力。

在波里比阿讲述罗马迅速崛起为世界强国的过程时，他把罗马共和国的成功归因于它结合了亚里士多德所定义的三种政体：君主制、贵族制和民主制。在罗马共和国，两位执政官代表了君主制的因素；元老院代表了贵族阶层（被认为是最适合统治国家的人）；包括贵族和平民的公民大会代表着民主制的因素。根据波里比阿的观点，这种由三种政府形式组成的混合式共和政体可以避免每一种政体的缺点，因为君主制有可能衰变为暴君制，贵族制有可能衰变为寡头制，而民主制有可能衰变为暴民制。事实上，罗马共和国的公共事务通常是由贵族主导，因为两位执政官几乎总是来自富有的元老院元老，而且贵族通常在公民大会中占上风。诚然，公民大会中的平民可以制衡贵族的权力，在此程度上，罗马的政体是"平衡的"。但是代表着罗马政体中"民主"元素的富有平民加入了贵族的行列，形成了新的统治精英。因此，罗马共和国的政府并不像波里比阿所称赞的那样平衡。但是，在后来的西方国家选择是"一人统治"、"少数人统治"还是"多数人统治"的政府形式的过程中，波里比阿对罗马共和国政体的描述产生了深远的影响。

罗马法

共和国初期贵族和平民之间的冲突导致了一套管理个人之间（私法）和个人与政府（公法）之间关系的法律体系的形成。在共和国刚建立的时候，法律纠纷通过诉诸一套不成文的习俗来解决，这些习俗被认为起源于遥远的过去。当这些古老习俗在具体案件中如何应用不明确时，一群由被称为"祭司"的贵族组成的团体就会对其做出解释。当平民开始参与共和国的政治生活时，他们认识到贵族可能会以有利于他们这个阶层的方式来解释法律。因此，公民大会要求以书面形式制定法律，这样祭司团队的决定也必须以权威和公众所知晓的文本为基础。因此，公元前451年成立的一个委员会制定了一套被称为《十二铜表法》的成文法律，这些法律被刻在12块青铜板上，然后立在广场上。这一立法据说是参照了雅典的梭伦立法，实际上是对现有习惯法的书面总结，而不是颁布新的法律。

《十二铜表法》的原文已不复存在，但是通过后来的法律文件对它的引用，我们可以很好地了解其大致内容。它涉及诸如适当保护妇女和债务奴役等问题，关于前者的规定，如"妇女即使到了法定成年期，也应受［男子］监护"；关于后者的规定，如"他若不偿还所欠的债，或无人在法庭上为他作保，就当用绳索捆绑他"。对平民来说，这一文本的价值不在于法律的实质，因为法律在很多方面对平民不利，而在于它所阐明的法律程序。随着法律被公之于众，公民们知道了如何启动法律程序，在民事案件（涉及财产的案件）中，这意味着他们将把指控提交给行政官，然后由行政官指定一名普通公民检查证人并做出决定。只有在严重的刑事案件中，例如杀人案，行政官本人才会主动提出检控。由于罗马共和国没有庞大的官僚机构，《十二铜表法》鼓励公民私下解决，即使是那些涉及严重人身伤害的刑事案件。

《十二铜表法》适用于罗马公民之间的民事和刑事纠纷。由于涉及非公民的争端频繁发生，尤其是在罗马获得遥远的土地时，这导致了另一法律体系的建立，即"万民法"。因为这套法律是建立在被认为是所有文明人的法律的基础上，所以它常常被等同于"自然法"，即一种被认为是自然固有的而不是由人类规定的正义体系。"万民法"实际上成了第一部国际法。

在罗马共和国后期和罗马帝国时期，罗马法得到了长足的发展。公元6世纪，罗马皇帝查士丁尼颁布了一部名为《民法大全》的法典。这部法典后来成为大多数欧洲国家法律制度的基础。但是罗马人从来没有忘记，《十二铜表法》是这一综合法典的核心。就这样，在罗马共和国早期在平民的要求下制定的法律成了西方法律文化的基础。

罗马的领土扩张

在罗马共和国时期，罗马征服并合并了整个意大利、位于北非的庞大的迦太基帝国、西班牙以及意大利北部和西部的许多凯尔特人的土地（见地图5.2）。由于这些征服，罗马国家不得不改变建立于公元前5世纪的政府管理制度。

意大利半岛

在罗马发展起来的新的政治和军事制度帮助罗马人在公元前263年

地图 5.2　共和国时期的罗马征服

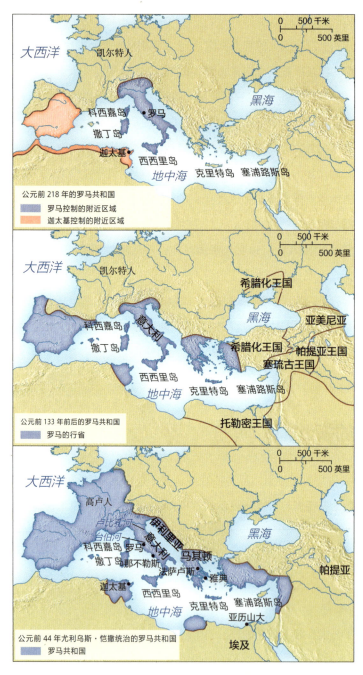

公元前 218 年的罗马共和国

大西洋　　凯尔特人

黑海

科西嘉岛　　·罗马

撒丁岛

·迦太基　　西西里岛

地中海　　克里特岛　塞浦路斯岛

公元前 218 年的罗马共和国
- 罗马控制的附近区域
- 迦太基控制的附近区域

公元前 133 年前后的罗马共和国

大西洋　　凯尔特人

希腊化王国

黑海

科西嘉岛　意大利

撒丁岛　　　　　　　　　　亚美尼亚

希腊化王国　　帕提亚王国

西西里岛　　　　　　　　塞琉古王国

地中海　　克里特岛　塞浦路斯岛

托勒密王国

公元前 133 年前后的罗马共和国
- 罗马的行省

公元前 44 年尤利乌斯·恺撒统治的罗马共和国

大西洋

高卢人

卢瓦河

台伯河　　伊利里亚

科西嘉岛　罗马　马其顿

撒丁岛　那不勒斯　法萨卢斯

黑海

帕提亚

迦太基·　西西里岛　　雅典

地中海　克里特岛　塞浦路斯岛

亚历山大

埃及

公元前 44 年尤利乌斯·恺撒统治的罗马共和国
- 罗马共和国

在希腊化时期，罗马共和国的军队征服了地中海世界，征服了迦太基帝国、希腊化的继业者王国，以及西班牙和高卢的许多凯尔特人。罗马军事成功的关键是什么？

征服了整个意大利半岛。在这个过程中，罗马人吸取了统治海外更多领土所必需的基本教训。他们开始通过与意大利半岛的邻近城邦结盟来扩大他们的领地。几个世纪以来，罗马和拉丁姆地区（罗马所在的意大利中部地区）的其他说拉丁语的民族一直属于一个松散的联盟，即拉丁同盟。这些城邦的公民之间有着紧密的商业和法律联系，可以在不丧失本国公民权的情况下通婚。更重要的是，他们之间结成了紧密的军事同盟。

公元前 493 年，罗马领导拉丁同盟与觊觎拉丁姆富饶农田的山地部落作战。从这次成功中，罗马体会到了与邻近城邦建立政治联盟的价值。罗马及其盟友随后开始对伊特鲁里亚人发起进攻。公元前 396 年，罗马人通过军事力量和精明的政治手段征服了伊特鲁里亚人的城市维爱（Veii）。从这次经历中，罗马人懂得了谨慎外交的作用。

公元前 389 年，罗马的扩张遭遇了暂时的挫折。当时一群来自意大利北部的凯尔特人打败了罗马军队，洗劫了罗马城。经过一代人的努力，罗马人才从这场灾难中恢复过来，并重新确立了他们在盟友中的卓越地位。尽管如此，他们已经懂得，坚韧和遵守纪律使他们能够承受严重的军事失败。

罗马扩张的下一个重要步骤发生在公元前 338 年。当时，罗马军队镇压了其拉丁盟友长达三年之久的叛乱，而叛乱的原因是这些盟友开始憎恨罗马的霸主地位。这场拉丁战争的和平解决为罗马未来的扩张开了先例：罗马给予战败的民族部分或完全的公民权，这取决于双方谈判达成的协议（见本章的"碰撞与转型"专题）。被征服的盟友被允许保留自己的风俗习惯，而不必被迫进贡。罗马只要求他们用两样东西作为回报：忠诚和军队。在战争期间，所有盟友都必须向罗马军队提供士兵。利用庞大的新军队，罗马成为意大利半岛最强大的力量。

作为对他们的军事服务和支持的回报，新合并的公民（特别是来

意大利奥斯塔的罗马剧院遗迹。位于意大利南部的希腊城市奥斯塔在希腊化时期曾繁荣一时，但在公元前3 世纪被罗马占领。罗马人在他们征服的许多城市建造了剧院。

图片来源：Dea Picture Library / Art Resource, NY

自同盟地区的富有地主）也能获得战争利润的一部分。罗马还向他们保证，一旦发生内部纷争或受到外部威胁，罗马会向他们提供帮助。那些没有被授予完全罗马公民权的部落，他们如果忠实地为罗马的利益服务，就有希望获得罗马公民权。一些部落自愿加入罗马，还有的部落进行了激烈的抵抗，但于事无补，如意大利中南部的萨谟奈人（Samnite）就是如此。

随后，罗马人卷入了位于靴子形的意大利半岛的"脚趾"和"脚跟"的希腊城邦的事务中。其中一些希腊城邦邀请了伊庇鲁斯国王皮洛士（Pyrrhus，公元前 318—前 272 年），一位来自西巴尔干半岛的希腊

碰撞与转型

罗马公民权

在罗马共和国早期，和古典时期的雅典一样，公民权是授予少数人的特权。罗马公民受到法律的充分保护，可以投票并担任政治职务。罗马公民的所有合法的子嗣在出生时就获得了其父亲的公民身份。奴隶和妇女都没有公民权，但解放奴隶可以获得有限的公民权，而他们的儿子也可以成为罗马公民。

罗马人与被罗马征服且并入罗马的意大利领土上的居民相遇后，罗马公民权的性质发生了变化。拉丁战争（公元前340—前338）结束后，罗马给予试图从共和国独立出来的拉丁同盟前成员有限的公民权。这些新公民获得了财产权和在共和国控制的土地上迁移到另一个城市的权利，但他们不能与拥有完全公民权的罗马公民结婚。这种被称为"拉丁权利"的有限公民权逐渐成为一种法律权利，并延伸到拉丁同盟前成员之外的人。

与罗马结盟的国家的公民，即"同盟者"，可以通过服兵役来获得某些合法的公民权。对这种安排的不满是"同盟者战争"（公元前91—前88）爆发的原因之一。在这场战争期间，元老院通过了一项名为《尤利亚法》的法律，把罗马公民权授予所有未卷入战争或愿意停止敌对行动的意大利和同盟国家的人。就这样，授予公民权成了罗马军事和外交政策的工具。战争结束时，罗马将罗马公民权扩大到所有的同盟者和拥有拉丁权利的人。

《尤利亚法》标志着罗马在确立一个人在一个国家的领土上出生即获得公民权的原则方面迈出了重要的一步。这一领土法原则最终成为确定西方国家国籍和公民身份的主要依据，尽管它经常必须和血缘法原则相协调。血缘法规定一个人可以从父母或其他亲属那里获得公民权。例如，这两项原则在决定今天美国公民身份方面都发挥着作用。罗马公民权的原始形式是作为特权授予特定的个人，直到19世纪，这一做法继续确定"自由人"在欧洲城市里的身份。但是，今天盛行的西方国籍法的基础深深植根于公元前1世纪通过的罗马公民权法。

化时期的冒险家，代表他们与罗马作战。皮洛士率领 2.5 万名士兵和 20 头大象入侵意大利半岛南部。尽管他在公元前 280 年的两次大战中击败了罗马军队，但自己也损失了近三分之二的士兵，只好从意大利撤军。因此，他对同伴说了这样一句话："再来一次这样的胜利，我就永远完了。"于是就产生了"皮洛士的胜利"这个说法，用来形容胜利的代价过于高昂，其结果是毁灭性的，因此得不偿失。没有了皮洛士的保护，意大利南部的希腊人无法抵抗住罗马军团，到公元前 263 年，罗马统治了整个意大利半岛。

与迦太基的斗争

公元前 3 世纪，迦太基帝国统治着西地中海地区。从位于北非海岸的首都迦太基（在今天的突尼斯附近），迦太基人掌握着从今天的阿尔及利亚到摩洛哥的肥沃土地，控制着西班牙南部的自然资源，还控制着西地中海的海上航线。腓尼基商人在公元前 8 世纪建立了迦太基。这座城市里精力充沛的商人与希腊人、伊特鲁里亚人、凯尔特人，最后是罗马人做生意。

希腊化文化也影响到了迦太基，就像在其他地中海和近东城市一样。在古典时期，迦太基人与西西里岛上的希腊城邦的人民进行贸易，可能还与北非的希腊工匠进行贸易，把希腊化文化的许多方面引入迦太基。例如，迦太基人在一座优雅的神庙里崇拜希腊农业女神德墨忒耳和她的女儿科莱（又名珀尔塞福涅）。到公元前 4 世纪，迦太基帝国通过出口农产品、原材料、金属制品和陶器，在希腊化世界的经济中扮演着不可或缺的角色。

罗马和迦太基交往已久。在罗马共和国成立之初，两国就签订了一项商业条约。此后是两个多世纪的谨慎对待和不断增长的贸易往来。

但是在公元前 264 年，正当罗马统治了整个意大利半岛，位于西西里岛上的希腊城邦之间的战争将罗马和迦太基卷入其中。当一支迦太基舰队去帮助西西里的一个希腊城邦时，另一个由意大利裔士兵控制的城邦请求罗马帮助驱逐迦太基人。元老院拒绝了，但渴望战利品的平民大会投票决定介入。罗马入侵西西里引发了第一次"布匿战争"，之所以这样称呼，是因为"布匿"（Punic）一词来源于拉丁语词"腓尼基人的"（Phoenician）。

罗马和迦太基之间为争夺西西里的控制权而爆发了第一次布匿战争，从公元前 264 年一直延续到公元前 241 年。在这段时间里，尽管遭遇惨败但仍坚持战斗的罗马人学会了如何在海上作战，切断了迦太基通往西西里的补给线。公元前 241 年，迦太基与罗马签订了一项条约，同意交出西西里和周围的岛屿，并支付 10 年的战争赔款。然而，罗马人的背叛破坏了这个协议。当迦太基人奋力镇压雇佣兵叛乱时，罗马人趁机占领了科西嘉岛和撒丁岛，并要求获得更大的赔偿。罗马人的背信弃义激起了迦太基人复仇的欲望。

和平又持续了 20 年。在哈米尔卡·巴卡（Hamilcar Barca，约公元前 270—前 228）的有力领导下，迦太基开发了西班牙的资源，而此时罗马正在意大利北部与凯尔特人和亚得里亚海沿岸的凶猛部落作战。在此期间，罗马和迦太基之间的贸易不断扩大。然而，迦太基在西班牙的势力增长导致了与罗马的又一场冲突。哈米尔卡 25 岁的儿子汉尼拔（Hannibal，公元前 247—前 182）渴望复仇，他无视罗马的警告，占领了与罗马有正式友好关系的西班牙城市萨贡托，第二次布匿战争（公元前 218—前 201）就此爆发。汉尼拔采取了大胆的行动，从西班牙出发，翻越阿尔卑斯山，从北方对意大利发动了突然袭击。他率领了近 2.5 万人的军队和 18 头大象，打败了前来阻击他的罗马军队。第一次大规模战役发生在波河流域的特雷比亚河，有 2 万名罗马士兵阵亡。在公元前 217 年伊特鲁里亚的特拉西美诺湖战役中，罗马又损失了 2.5 万人。在同一年的坎尼战役中，罗马遭遇了有史以来最惨痛的失败，损失了 5 万人。

尽管损失惨重，罗马人坚忍不拔，最终打败了这位迦太基将军。罗马人的成功首先是因为汉尼拔无法从迦太基获得足够的后勤支援，从而利用他早期的胜利来围攻并占领罗马城。其次，罗马在意大利的大多数盟友一直保持忠诚。他们对罗马人取得最后的胜利已习以为常，知道罗马人会对不忠的朋友进行激烈的报复。就这样，罗马接纳盟友并保护盟友的政策得到了回报。再次是罗马人不屈不挠的战斗精神。无论他们被打败多少次，罗马人一直拒绝停止战斗。

由于罗马指挥官采用了新的战略，战争出现了转折点。屡遭失败后，罗马军队不敢在公开的战斗中与汉尼拔正面交锋。相反，罗马在意大利的指挥官昆图斯·费边·马克西姆斯（Quintus Fabius Maximus，卒于公元前 202 年）避免了直接对抗，而是用游击战术牵制汉尼拔，他也因此赢得了"拖延者"的绰号。与此同时，后来被称为"阿非利加征服者"（Africanus）的普比利乌斯·科涅利乌斯·西庇阿（Publius Cornelius Scipio，公元前 237—前 183）接管了在西班牙的罗马军队。几年之内，他就打败了那里的迦太基军队，阻止了汉尼拔的援军。公元前 204 年，西庇阿带领罗马军团进入非洲，迫使迦太基从意大利召回汉尼拔以保护这座城市。

公元前 202 年，在迦太基附近的扎马战役中，幸运之神最终抛弃了汉尼拔。这次西庇阿胜利了，汉尼拔被迫逃亡。汉尼拔赢得了每一场战役，除了最后一场。虽然西庇阿没有摧毁迦太基，但这个城邦把所有的海外领土都输给了罗马。

由于对汉尼拔的战争耗资巨大，许多复仇心切的罗马人想要彻底摧毁迦太基城。尤其是政治家马库斯·波西乌斯·加图（Marcus Porcius Cato，公元前234—前149），他在每一次公开演讲的结尾都呼吁：“迦太基必须被摧毁！”他煽动罗马人与他们的老对手重启战争。第三次布匿战争（公元前149—前146）导致了迦太基的毁灭。幸存者被奴役，城市被夷为平地。它的领土变成了罗马的阿非利加行省。

在与迦太基的斗争中，罗马人的伤亡导致了妇女在罗马社会中地位的暂时改变。罗马人在坎尼战役中的损失是如此之大，以至于根据历史学家李维的说法：“没有一名妇女没有失去亲人。”阵亡士兵的妻子和孩子继承了其财产，这使许多罗马妇女变得富有起来，其中一些妇女公开展示她们新获得的财富。公元前215年，为了支付惊人的战争费用，政府通过了《奥庇安法》，限制任何单身妇女或寡妇所能持有的黄金数量，并禁止她们穿奢华的衣服。公元前195年，一群较为富有的罗马妇女起来抗议，要求废除《奥庇安法》。妇女参加这种抗议标志着罗马共和国妇女日益独立，这在西方历史上是第一次。

马其顿战争

到布匿战争结束时，罗马还卷入了东方世界希腊化王国的事务之中。起初，罗马领导人不愿直接控制这些地区，但他们逐渐承担起维持这些地区秩序的责任，并最终确立了对整个东地中海地区的绝对控制。

公元前215—前167年，罗马对马其顿发动了三次战争，最终控制了马其顿和希腊。第一次马其顿战争（公元前215—前205）始于马其顿国王腓力五世（Philip V，公元前221—前179年在位）在罗马人在坎尼战役中战败后，与汉尼拔结盟。这次战争没有产生决定性的结果。罗马与马其顿进行了第二次战争（公元前201—前196），因为腓力五世和叙利亚的塞琉古国王安条克三世（Antiochus III，公元前223—前

187 年在位）达成协议，要将东地中海一分为二，进行瓜分。希腊城邦向罗马求援，罗马要求腓力五世停止干涉希腊事务。腓力五世拒绝了，罗马军队在希腊城邦的支援下轻松击败了他。公元前 196 年，罗马统帅提图斯·昆提乌斯·弗拉米尼乌斯（Titus Quinctius Flamininus）宣布希腊城邦恢复自由，并撤回了他的军队。

然而，这些城邦并不是真的恢复了自由。罗马扶持了寡头政府，他们可以依赖这些政权的支持。这些不受欢迎的政权反映了罗马本身的阶级差别。当安条克三世派遣军队想将希腊从罗马的控制下解放出来时，罗马在公元前 189 年打败了他。罗马强加给他沉重的赔款，但没有占领其土地，而是选择从远处保护安纳托利亚和希腊新解放的希腊城邦。

与马其顿的第三次战争（公元前 172—前 167）是因为一位新的马其顿国王试图取代罗马成为希腊的保护者，此后罗马的遥控政策发生了变化。在这次战争大获全胜后，罗马把马其顿分成四个独立的共和国，禁止它们之间通婚和贸易。罗马军队无情地镇压了所有的反对势力，摧毁了 70 座城市，并把 15 万人卖为奴隶。同样的命运也在等待着那些反抗罗马的亚该亚城邦，其中最著名的是科林斯，它在罗马将军穆米乌斯手中的毁灭在本章的开头已经描述过了。

罗马共和国的文化

在五个世纪的共和统治期间，罗马通过融合自身文化和希腊文化的元素，创造了一种新的文化综合体。后来罗马在整个帝国境内传播了这种文化综合体，使其成为西方身份认同的一个主要基础。罗马吸收和改造的大部分希腊文化起源于希腊化时期，而这种文化交流的主要推动力是罗马在希腊化世界中的领土扩张。

希腊化文化和罗马文化的碰撞

几个世纪以来，罗马人一直与希腊文化相互影响，先是通过伊特鲁里亚人与其进行间接接触，然后又通过与南意大利和西西里岛的希腊城邦直接接触。在公元前2世纪，罗马通过与马其顿和塞琉古王朝的战争获得了东地中海的统治权，这加速了希腊化对罗马思想的影响。马其顿战争之后，除了精美的雕像和绘画，希腊人关于文学、艺术、哲学和修辞的思想潮水般涌入罗马。

这种希腊化的遗产挑战了罗马人对世界的许多设想。但罗马贵族对希腊文化的反应非常矛盾。许多人感到新奇的希腊化思想对他们构成了威胁。他们更愿意保持他们在公共生活和思想上的保守传统。他们想要保持强大而独立的罗马文化的形象不受外来者的影响。因此，在公元前2世纪，罗马人偶尔会试图将希腊哲学家驱逐出罗马，因为他们担心希腊人的思想可能会破坏罗马传统的价值观。但与此同时，许多罗马贵族也欣赏希腊先进的政治思想、艺术和文学，并希望加入希腊化共同体。

因此，许多罗马精英学习希腊语，但在因公出差到东方时拒绝说希腊语。虽然拉丁语仍然是元老院使用的语言，元老院元老却聘请希腊教师在家里指导他们的孩子学习哲学、文学、历史和修辞学，希腊知识分子受到了罗马上层阶级的热烈欢迎。主张罗马必须摧毁迦太基的监察官加图就体现了这种矛盾心理，即在公共场合他与希腊文化保持距离，私下里却非常珍视它。他留给外人的形象是直率和诚实，这类罗马传统的价值观他声称受到了希腊文化的威胁。他公开谴责希腊的演讲术缺乏男子汉气概，但在书写赞美罗马文化的演讲词时却利用了自己对希腊修辞学和文学的深刻了解。

在公元前 2 世纪接触到希腊化的世界之前，罗马人对文学几乎没有兴趣。他们的文字主要是刻在公共建筑外墙青铜匾上的法律和条约的铭文。各家各户都保存着祖先葬礼的悼词记录，祭司则只是简单地记录一些事件和宗教节日。大约公元前 240 年，曾经的希腊奴隶李维乌斯·安得罗尼库斯（Livius Andronicus）开始将希腊戏剧翻译成拉丁文。公元前 220 年，罗马元老院元老昆图斯·费边·皮克托尔（Quintus Fabius Pictor）用希腊文写了一部罗马史，这是罗马历史上第一部重要的散文作品。

希腊化文化也对罗马的戏剧产生了重大影响。普劳图斯（Plautus，约公元前 250—前 184）和泰伦提乌斯（Terence，约公元前 190—前 159）这两位罗马剧作家从希腊化时代的新喜剧中获得灵感，将幽默和风趣注入罗马文学。他们的存世作品都是以希腊世界为背景，对日常生活的陷阱提供了娱乐性的短暂的感受，同时也强化了统治着罗马广阔新领土的贵族阶级的价值观。

艺术和建筑

马其顿战争之后，希腊化艺术大量涌入罗马，这不可避免地影响了公众的品味。著名的艺术作品装饰了整个城市的神殿和公共空间。许多珍品落入私人收藏者的手中，其中包括那位腐败的西西里总督盖乌斯·维雷斯（Gaius Verres），他在公元前 73—前 71 年担任西西里总督期间，从西西里劫掠了大量的艺术珍品（见本章"历史上的正义"专题）。具有讽刺意味的是，起诉维雷斯的马库斯·图利乌斯·西塞罗（Marcus Tullius Cicero，公元前 106—前 43）本人就是一位狂热的希腊艺术品收藏家。对希腊艺术的狂热变得如此强烈，以至于希腊艺术家们很快就搬到了罗马，享受富有的罗马人的赞助。

在罗马，这些艺术家经常复制希腊原作。在许多情况下，只有这

历史上的正义

一名腐败的罗马总督被判犯有敲诈勒索罪

被罗马元老院派去管理行省的总督拥有着绝对的权力，这常常使他们变得很腐败。盖乌斯·维雷斯便是这样的一个人。公元前 70 年，他因为在担任西西里总督期间公然滥用权力而被罗马法庭宣判有罪。这一戏剧性的法庭判决表明了罗马共和国最严重的缺陷之一，即对罗马控制下的土地肆无忌惮地剥削。这次判决也显示出了罗马的一大优势，即道德高尚者的存在，他们相信诚实的政府，希望公平对待罗马臣民。这次审判及其结果揭示了罗马共和国最好和最坏的一面。

在公元前 73—前 71 年担任西西里总督期间，维雷斯对这里进行了彻底的劫掠。为了获得黄金和希腊艺术品，他折磨有时甚至杀死罗马公民。愤怒的受害者们雇用了年轻而野心勃勃的律师西塞罗来起诉维雷斯。他们找不到比他更好的人选了。

对维雷斯的起诉标志着西塞罗作为共和国最活跃的政治家和最伟大的演说家的光辉生涯的开始。西塞罗也是西方文明史上最具影响力的政治哲学家之一，他憎恨政治生活的腐败，反对任何形式的暴政。他的许多文学作品影响了从古至今的政治思想家。

在罗马共和国，只有年龄在 30 岁到 60 岁之间的元老院元老和骑士这两个贵族等级才可以为像维雷斯这样的民事犯罪担任陪审员。因此，成年男性公民都有向法院提起诉讼的权利，但女性在这方面的自由较少。在宣誓后，原告将在被告面前宣读指控书，而被告则同意接受法庭的判决。

当审判真正开始时，起诉人要到场，但被告可能会拒绝出席。控方和辩方都会提供证据，然后是盘问证人。因为罗马律师可以讨论被告的个人生活或公共生活的任何方面，所以人身攻击就成了一种重要且有趣的修辞工具。

在讨论后，陪审团做出裁决，法官给予法律规定的惩罚，通常是被罚款或被流放一段时间。当时没有关于上诉的规定，但公民大会可通过立法给予赦免。

西塞罗在起诉维雷斯时就利用了这一制度。他阻止了有人想要将审判拖延到公元前 69 年的企图，而到那时法庭主席会是维雷斯的密友。然后，西塞罗凭借口若悬河的雄辩和无可辩驳的证据，证明了维雷斯的罪行。下面这段话选自他的演讲，从中可见西塞罗对雄辩术的掌握已到了炉火纯青的地步：

> 在罗马内外，现在已经形成了这样一种对我们有害也对共和国有害的认识，在当前的法庭上，任何富人都不可能被判有罪，不管他的罪过有多大。在这样危及你们这个等级和法庭的时刻……今天我把这个人带上法庭，如果在这个案件中你们能够公正地行使权力，你们就有机会挽回你们在司法程序中失去的信誉，重获罗马人民对你们的信任，获得其他民族对你的满意。这是一个侵吞公款的人，这是亚细亚和潘菲利亚的暴君，这是城市权利的盗窃者，这是西西里行省的耻辱和破坏者……
>
> 当这个人担任西西里的总督时，西西里人民既不能享受他们自己的法律，不能享受我们元老院的法令，也不能享有每一个民族的共同权利。西西里的每一个人就只剩下了那么一点点财产了，这点财产不是逃过了那个贪得无厌、荒淫无道的人的注意，就是被他所忽视。这个人在做总督期间抢夺古迹，而这些古迹有些是由富裕的君主建造的，用来装点城市……他不仅对公共雕塑和装饰这样做，而且他还抢夺在人们心中有着最虔诚的宗教情感的神庙……我实在羞得说不出口他在强奸和其他类似的暴行中表现出来的邪恶的淫乱；有些人不能保全自己的儿女和妻子不被他邪淫的私欲玷污，我也不愿意增加他们的痛苦……
>
> 这是指控的第一部分。我们说盖乌斯·维雷斯不仅对罗马公民和我们的一些盟友做了许多淫乱而残忍的事情，以及许多人神共愤的邪恶行为，而且他还以非法手段从西西里获得 40 万赛斯特斯（sesterce，古罗马的货币单位）。[1]

西塞罗的演说很有说服力，陪审团判定维雷斯有罪。维雷斯为了逃避惩罚而逃亡到了马赛，但是他没能完全逃脱惩罚。正义是无情的，有时是具有讽刺性的。多年之后，即在公元前 44 年尤利乌斯·恺撒死后的内战期间，他遇到了一个同样觊觎他人财富的马克·安东尼。为了把维雷斯的艺术收藏据为己有，安东尼把维雷斯的名字列入了"死亡黑名单"。公元前 43 年，这位西西里的前任总督被谋杀。

在对维雷斯的起诉中，西塞罗所提出的不仅仅是对一个腐败之人的上诉，他揭露了罗马共和国一些最严重的缺陷。这次审判引发了短期的改革，但直到元首奥古斯都统治时期（公元前 27—公元 14），罗马对行省人民的管理才变得更加公正。

圆形神庙。这座圆形神庙位于罗马台伯河附近，建于公元前 2 世纪晚期。这是罗马现存最早的大理石神庙。神庙的设计、大理石柱子和建筑的其他部分大部分来自希腊。

图片来源：Scala / Art Resource, NY

些罗马复制品被保存了下来。因此，如果没有罗马的这些希腊艺术家，许多希腊艺术珍品可能早已失传。然而，希腊和罗马之间的文化碰撞并不局限于对希腊作品的模仿。例如，在人像雕塑中，一种现实主义风格在罗马发展起来，它大胆地描绘了一个人脸上所有的皱纹。就这样，罗马制作祖先半身像的优良传统与希腊艺术融合在了一起。

罗马建筑在共和时期的发展与此类似。罗马早期的建筑作品基本上是对希腊原作的复制，圆柱上有多立克式、爱奥尼亚式和科林斯式这三种柱头。罗马人对建筑的主要贡献是结构性的，比如建造拱门、拱顶和圆顶，而不是艺术设计。然而，公元前 1 世纪，位于罗马附近的城市

罗马柱式和希腊柱式。罗马的马尔切洛剧院（Theater of Marcellus）建成于公元前1世纪后期，采用了模仿希腊建筑的多立克式、爱奥尼亚式和科林斯式柱头的柱子。左图是三根科林斯式柱头的柱子；右图是多立克式柱头的柱子，仿效的是希腊的帕特农神庙，在罗马建筑中经常被采用。在18世纪的古典复兴时期，多立克式柱子意味着目标的严肃性，而在美国它象征着共和的美德。

图片来源：（左）Kompasstudio / Shutterstock；（右）Vanni Archive / Art Resource, NY

普雷尼斯特（Praeneste）的宏伟的命运女神庙，将意大利和希腊化的概念以一种真正的希腊－罗马风格结合起来。到共和国末期，罗马人已经有足够的信心接受希腊的知识遗产，并利用它来为自己的目的服务，而不用担心显得"太希腊化"。

哲学和宗教

许多受过教育的罗马人被希腊哲学所吸引。希腊化时期的哲学家伊壁鸠鲁（我们在本书第 4 章中讨论了他的伦理哲学）提出的物质理论为罗马人广泛接受。伊壁鸠鲁认为一切事物都有其自然的原因："无中不会生有。"罗马人从罗马诗人卢克莱修（Lucretius，约卒于公元前 51 年）的拉丁文诗《物性论》（*On the Nature of the Universe*）中了解了伊壁鸠鲁关于物质和宇宙无限的理论。然而，对罗马人最有吸引力的希腊化时期的伦理哲学是斯多葛学派，因为它鼓励积极的公共生活。斯多葛学派强调要克服人类的困难，这迎合了罗马贵族的责任感和尊严。尤其是西塞罗，他以一种个人化但又完全富有罗马特色的方式融合了斯多葛学派的思想。他强调政治生活中的道德行为，同时敦促实现广泛的教育。西塞罗对共和国的崇高奉献为他招致了无良政客的敌意。他在公元前 43 年被谋杀，原因是他发表公开演讲，指责马克·安东尼威胁到共和国所追求的自由。

罗马宗教和希腊化宗教之间的碰撞为希腊－罗马文化的融合提供了一个鲜明的例子。在希腊化时期，与希腊文明的接触导致许多罗马神灵和希腊神灵之间有了更密切的对应关系。因此，强大的罗马主神朱庇特获得了希腊主神宙斯的许多特征。罗马的战神马尔斯与希腊的战神阿瑞斯相似，罗马的狩猎女神戴安娜获得了希腊女神阿耳忒弥斯的许多属性。但是，罗马诸神的神话人物和活动与希腊诸神截然不同。例如，朱庇特就不像宙斯那样对性如饥似渴，而罗马女神维纳斯则将希腊女神阿芙洛蒂忒的许多特征与伊特鲁里亚神图兰（Turan）的特征结合在一起。总的来说，罗马诸神比荷马留给希腊的诸神更有规矩，更有尊严。

表5.1 部分罗马诸神与希腊诸神对应表

罗马神灵	希腊神灵	象征
阿波罗	阿波罗	太阳、预言、医药
巴克斯	狄俄尼索斯	酒、农业、节庆
刻瑞斯	得墨忒耳	植物、母爱
戴安娜	阿耳忒弥斯	狩猎、月亮、繁衍
朱庇特	宙斯	光明、天空
朱诺	赫拉	女性
马尔斯	阿瑞斯	战争
墨丘利	赫尔墨斯	贸易
密涅瓦	雅典娜	智慧
尼普顿	波塞冬	海洋
维多利亚	尼姬	胜利
潘神	潘神	牧群、森林
普罗塞耳皮娜	珀尔塞福涅或科莱	丰饶
普路托	哈迪斯	冥界和死亡
维纳斯	阿芙洛蒂忒	性爱与美

罗马人也承认他们所征服和吞并的领土上的当地神灵。公元前204年，罗马元老院决定将外邦的自然女神西布莉（Cybele）的形象引入罗马，这说明了罗马很容易就获得了新的神灵。西布莉被称为伟大的母亲，对她的崇拜在希腊化王国帕加马十分盛行，信徒们以一块古老而神圣的岩石的形式崇拜她。在与汉尼拔战争期间，元老院将这块石头引入罗马，以激励和统一这座城市。一个由主要公民组成的委员会在一片欢腾中把这块神圣的巨石带到了帕拉蒂尼山上的一座新神庙里。当

伟大的母亲西布莉的雕像。罗马人对她的崇拜是在针对汉尼拔的第二次布匿战争期间引入罗马的。自古以来，整个地中海东部的人们都在崇拜这位女神。这座雕像展示了她的威严。

图片来源：BPK, Berlin / Art Resource, NY

载着这块石头的船在台伯河中被困时，传说一位名叫克劳狄娅·昆塔（Claudia Quinta）的贵族妇女用她的腰带来拖船。象征着西布莉的圣石到来后不久，罗马不仅打败了汉尼拔，而且巩固了与帕加马的关系。

对外来神祇的认可导致了罗马神的大量增加。公元前 27 年，罗马政府建造了一座新的神殿，以接受人们认可的数百位神灵，这就是万神殿（字面意思是"众神之庙"）。由于有这么多不同的神，共和国制定了一项宽容各种宗教习俗的政策。然而，这种宽容也是有限度的。统治阶级对任何不公开进行的、威胁公共秩序或挑战传统道德标准的宗教活动都持怀疑态度。公元前 186 年，执政官们接到报告，称一种新的酒神狄俄尼索斯——罗马人称之为巴克斯——崇拜已经从伊特鲁里亚传到了罗马，信徒们经常夜间狂欢。据称，这些信徒从事"生来自由的男女滥交"和"各种各样的放荡行为"。他们还被指控"下毒和秘密谋杀"，这之所以没有被发现，是因为"大叫声和锣鼓声"淹没了受害者的哭叫声。政府对这些几乎肯定被夸大的报道做出回应，要求逮捕参与者，宣布宗教仪式不应在私下里举行，并禁止今后再举行这样的集会。

修辞学

罗马人对西塞罗的演讲所代表的雄辩术的狂热也反映了罗马人对希腊传统的接受。正如我们在本书第 3 章中所看到的，雅典人把雄辩术发展到了一个很高的水平。罗马人很欣赏这种希腊传统，并模仿雅典人的演讲风格。在某种程度上，罗马人对他们自己的演讲技巧有一种自卑情结。伟大的罗马修辞学家昆体良（Quintilian，35—100）承认，罗马演说家永远不可能像希腊人那样优雅或含蓄，但他认为他们可以"更直率"和"更庄重"。通过强调说服性演讲的力量（主要用于政治和法律），罗马人发展了一种更有效的演讲风格，虽然不像希腊人的那样复杂。

和其他许多文化领域一样，罗马人在演讲方面的成就被证明比希腊人的更持久，这主要是因为罗马人发展了一种修辞教学的传统，对西方教育产生了深远的影响。在15—16世纪的文艺复兴时期，学会如何进行古典风格的演讲再次成为一种技能，尤其是在意大利，它复兴了在罗马共和国曾经繁荣的希腊－罗马文化。就像在古罗马一样，文艺复兴时期欧洲的教育家重视激发公民政治或军事行动的能力。作为一门说服艺术，修辞学变得比获得哲学智慧更重要，至少对受过教育的精英来说如此。就这样，修辞学的知识和训练成为罗马共和国留给西方的文化遗产之一。

罗马共和国的社会生活

在共和国的统治下，一些有影响力的家族控制了政治生活，有时他们会做出关于战争与和平的决定，以此来赢得财富和声望。罗马共和国仍然很强大，因为这些统治家族努力限制任何一个人或政治家族所能获得的权力。

庇护人与被庇护人

罗马的统治家族建立了政治网络，将他们的影响扩大到整个罗马社会。这些关系依赖于罗马传统的庇护人和被庇护人之间的关系。通过庇护一个社会地位更低的人，有权势的人（庇护人）将这个人（被庇护人）与他联系在一起，期望以后能够获得他的支持。就这样，个人之间相互依存的复杂网络影响了整个罗马社会体系。庇护制度存在于社会的各个层面。有权势的人早晨第一件事就是在家里接待他的被庇护人，这是惯例。在一个普通家庭中，庇护人和被庇护人之间的讨论可能会涉及日常事务，如送鱼、安排婚姻或贷款。但在罗马贵族的府邸，庇护人可能对建立政治联盟更感兴趣。当几个庇护团体联合起来时，他们就变成了一个强有力的庇护人领导下的重要政治派系。

财富和权力的金字塔

就像其政治组织一样，罗马的社会组织也呈现出明确的等级制度。到公元前1世纪，罗马已经出现了一个新的由政治领袖构成的精英阶层，包括原来的贵族家庭和通过在各种公职上的服务而成为元老院成员的富有平民。这个精英阶层控制了元老院，形成了政府的核心圈子。大多数执政官来自他们中间。他们制定外交政策和国内政策，指挥军队作战，担任主要的行政官，并攫取共和国的大部分资源。

在这个精英阶层之下，是骑士阶层。骑士通常不担任公职，但常常对政治领袖有一种个人义务关系。他们中大部分是富裕的商人，他们从罗马的领土扩张带来的经济机遇中致富。例如，在共和时期，骑士阶层的商人可以竞标在各省收税的合同。只要能够拿到合同，政府对于他如何收税限制很少。在按照合同规定的数目上交国库之后，剩下的都可以作为利润据为己有。骑士阶层的许多人就是这样积累财富的。

排在骑士阶层之下的是广大的公民，他们被称为平民。正如我们所看到的，这个群体已经获得了政治代表权和影响力，但是平民大会已经逐渐被作为贵族庇护人的被庇护人的政客所控制。这些富有的平民政客已经成了新的统治精英的成员，对其他平民的状况不感兴趣，而后者此时没有直接的渠道来表达他们的政治意愿。因为要服兵役，许多拥有小块田地的平民长时间远离他们的土地。结果，许多平民阶层的农民破产了。富有的投资者趁机通过掠夺破产的农场，用奴隶取代自由农，创建了巨大的庄园。有时，贫穷的平民会成为自己拥有的土地上的佃农。结果，这些平民越来越多地求助于承诺保护他们并给他们土地的领导人。

罗马的意大利同盟者比平民拥有更少的权利，尽管他们也要在罗马军队中服役。数百万的同盟者居住在由罗马控制的土地上，但只有少数的当地精英才能获得罗马公民权，其余的只能寄希望于罗马官员的善意。

在罗马等级制度的底层是奴隶。公元前 1 世纪，大约有 200 万名战俘奴隶或这些战俘奴隶的子孙生活在意大利和西西里，他们占总人口的三分之一左右。和希腊人一样，罗马人认为奴隶是一种财产，是"会说话的工具"，主人可以随意剥削他们。解放奴隶对他们的前主人负有法律义务，并且是他们的被庇护人。这一制度的异常不平等导致了暴动。在西西里岛耕种大片土地的奴隶团结起来，首先发动了叛乱。公元前 135 年，他们开始了一场注定要失败的争取自由的斗争，这场斗争持续了长达 3 年，有 20 多万名奴隶参加。

30 年后，意大利南部和西西里岛爆发了另一场没能成功的奴隶暴动，原因是奴隶主拒绝服从元老院的命令，不肯释放曾经是罗马同盟国自由民的奴隶。在公元前 104—前 101 年的这次暴动中，有 3 万名奴隶拿起了武器。最具破坏性的一次暴动发生在公元前 73—前 71 年的意大利。一支由超过 10 万名奴隶组成的军队，在色雷斯人角斗士斯巴达克斯（角斗士是为公共娱乐而战的奴隶）的率领下，与多达 5 万人的 8 个罗马军团作战，最后他们被罗马优越的军事组织镇压。

罗马家庭

典型的罗马家庭不仅包括丈夫、妻子和未婚的孩子，还包括他们的奴隶、解放奴隶和其他依附者。合法的婚姻需要丈夫和妻子双方的同意。和古典时期的雅典一样，女孩通常在青春期早期就结婚，而男人在 20 多岁时结婚。在大多数家庭中只有两三个孩子能够安全度过婴儿期。男人在结婚前或妻子死后与未婚女人（小妾）住在一起是相当普遍的，也是社会所接受的，但是在婚姻存续期间不可以这样做。已婚男子通常从他们的奴隶或妓女那里寻求婚外性生活。在共和时期，娼妓是合法的。

罗马家庭是政治舞台上权威和依附模式的映照。就像一个庇护人不管他的被庇护人在公共生活中的地位如何，都要得到被庇护人的支持一样，一个家庭的男性户主决定着所有依附者在家庭中的命运。一家之主控制着他的家庭，对家里的财富和所有的后代拥有完全的权力，直到他去世。从理论上讲，家长对他的妻子、孩子和奴隶拥有生杀大权，尽管很少有人行使这种权力。实际上，妇女和成年子女通常享有相当大的独立性，而贵族妇女往往影响着政治生活，尽管总是在幕后。

上层社会的罗马人非常重视家族姓氏、家族传统的延续，并世代控制家族财产。因此，他们经常收养男性继承人，即使他已经成年，特别是当他们没有自己的合法儿子时。合法的后代总是用他们父亲的名字，即使父母离婚了（这很容易做到），仍然继续和父亲生活在一起。但私生子要和他们的母亲一起生活。

罗马妇女在法律上仍然依附男性亲属，这几乎没有例外。在最常见的婚姻形式中，妻子婚后仍然处于她婚前从属的家长（在大多数情况下是她的父亲）的正式控制之下。这在实际上意味着她保留了对自己财产以及她从父亲那里得到的遗产的控制权。在这种婚姻中，丈夫必须小心行事，避免激怒妻子的父亲或兄弟，这就意味着他可能会对他的妻子更公正。另一种更古老的婚姻形式是婚后妻子完全由丈夫控制。她不得不崇拜她丈夫家的家神，把他的祖先作为她自己的祖先。如果她的丈夫死了，他的一个男性亲属就成了她的合法保护人。

奴隶们不可能通过自由的罗马人所希望的世代相传来实现家庭生

活的稳定。被解放的女奴隶依然对以前的主人有依附和义务关系。罗马法不承认奴隶之间的婚姻。一些关于如何最大限度地利用奴隶的手册主张让奴隶组成家庭。然而，奴隶主可以通过卖掉奴隶夫妻中的一个或者他们的子女来拆散这样的家庭。

罗马共和国的灭亡

罗马社会财富和权力的不平等最终导致了共和国的瓦解。领土的迅速扩张和罗马精英阶层从海外征服中积累的巨额财富加剧了这些不平等。那些从帝国统治中获益最多的人——政治家、统治者、将军和商人——强烈抵制改革者实现资源更公平分配的努力。统治精英们追求个人荣誉和政治利益，即使是以牺牲共和国利益为代价。他们通过军事冒险寻求政治声望的追求，再加上罗马政治制度的缺陷，最终导致共和政体崩溃，并引发了一场革命，这场革命是一场具有决定意义的、根本性的政治制度变革。

格拉古兄弟

公元前 2 世纪，意大利越来越多的平民的土地落到了强大的地主手中，后者让大量的奴隶来耕种这些土地。一些政治精英担心这种事态的发展所导致的内在危险。如果平民再也不能满足服兵役的财产要求，也无力支付自己的武器费用，罗马军团就会征募不到新兵。

格拉古家族的两个年轻兄弟提比略·格拉古（Tiberius Gracchus，公元前 163—前 133）和盖乌斯·格拉古（Gaius Gracchus，公元前 153—前 121）试图进行改革。他们的母亲出身于贵族家庭（"阿非利加征服者"西庇阿的女儿），但她嫁给了一个富有的平民。因此，两兄弟在法律上算是平民，他们通过担任护民官施加影响，因为只有平民才能担任这个职务。作为护民官，提比略·格拉古说服平民大会通过一项法案，限制一个人可以拥有的公共土地的数量。富裕的地主多占的土地将被划分成小块，重新分配给贫穷的公民。在土地重新分配的过程中，保守的元老院元老掀起了一场反对他的风暴。作为回应，提比略·格拉古竞选连任护民官，而这打破了先例。由于害怕革命，公元前133年，一个由元老院元老组成的小集团乱棍打死了提比略。重新分配土地并没有停止，但是开启了公众暴力的可怕先例。

十年后，提比略的弟弟盖乌斯·格拉古于公元前123年成为护民官，他把注意力转向了各省的敲诈勒索问题。由于没有对他们的权力制约，许多来自元老阶层的总督在各省勒索金钱、贵重物品和农作物。盖乌斯·格拉古试图阻止这些暴行，为了削弱这些腐败的省级行政官员的权力，并赢得罗马骑士阶层的政治支持，他允许骑士阶层的税吏在各省活动，并担任审理敲诈勒索案件的陪审团成员。盖乌斯还试图加快土地的重新分配。但当他试图给予罗马的意大利盟友公民权以阻止罗马人没收他们的土地时，他失去了罗马人的支持，因为他们不愿与非罗马人分享公民权的好处。公元前121年，盖乌斯不愿像他哥哥那样被元老院仇敌派来的暴民杀死，而选择自杀身亡。

对格拉古兄弟及其支持者的无情镇压点燃了罗马政治和社会革命的导火索。格拉古兄弟试图通过平民大会实现变革，却无意中为那些不择手段的政客铺平了道路。为了谋取权力，这些政客谎称自己代表了穷人的利益。格拉古兄弟被暴力致死的事件标志着寡头政权政治共识的终结。精英阶层之间的斗争加上穷人的绝望，形成了一个火药桶，一触即发，而军队是潜在的决定性因素。如果一个肆无忌惮的政客与贫困潦倒的士兵联合起来，共和国就会陷入危险之中。

　　盖乌斯·马略（Gaius Marius，公元前157—前86）成为第一位将军队用于政治目的的罗马将军。当愤怒的罗马穷人拥戴他为他们的代表时，他便登上了权力的宝座。尽管他出身于骑士阶层，这位经验丰富的将军在公元前107年赢得了执政官的职位。平民大会的一项特殊法案使他成为在北非与努米底亚国王朱古达（Jugurtha）作战的军团指挥官，他迅速而成功地结束了战争。接着，他彻底击败了试图入侵意大利的日耳曼部落。

　　在组织他的军队时，马略做了彻底的改革。他取消了征召入伍的财产要求，从而使乡村和罗马最贫穷的公民也能参军。这些士兵宣誓效忠于他们的将军，作为回报，将军答应在胜利后给他们分配土地。马略的改革将将军们置于元老院和平民大会之间旷日持久的政治斗争的中间，这两个机构被授权分配在战争中获得的土地。

　　马略获得了巨大的个人权力，但他并没有把它用在反对共和国制度上。当他因为在精英阶层中不受欢迎而离开意大利时，罗马共和国蹒跚着走向了它的下一个重大危机：意大利同盟的反叛。

在意大利半岛和海外的战争

　　公元前90年，罗马在意大利的忠诚盟友再也不能忍受在分配土地和战利品时受到低人一等的对待了。他们发动了一场反抗，这被称为"同盟者战争"（Social War，在拉丁语中，"socii"一词的意思是"同盟"）。作为罗马的盟友，他们想要的并不是独立，而是要参与罗马共和国的事务。他们想要完全的罗马公民权，因为他们曾经和罗马人并肩作战，因此觉得有权利分享胜利的果实。这些反抗者最终被镇压了，但很快罗马赋予了所有意大利人公民权（见本章"碰撞与转型"专题）。

正在演讲的苏拉（大理石雕像，102091 局部，创作于公元前 1 世纪前后）。苏拉，罗马执政官和将军，在同盟者战争中立下赫赫战功。战争结束后，罗马将完全的罗马公民权扩大到所有同盟和拥有拉丁权的人。

图片来源：Louvre, Paris, France / Bridgeman Images

同盟者战争完成了意大利半岛在罗马控制下的统一，也为罗马帝国的海外扩张提供了一个中心基地。

在意大利的同盟者战争之后是残酷的内战。公元前 88 年，担任执政官的贵族卢修斯·科涅利乌斯·苏拉（Lucius Cornelius Sulla，公元前 138—前 78）正要率领军队去镇压安纳托利亚行省的一场严重的叛乱，这时平民大会把他的军队指挥权交给了马略，因为马略的军事改革帮助了穷人。作为回应，苏拉从意大利南部进军罗马，并把自己的支持者安排在元老院、平民大会和行政官员的重要职位上。

但是，仅仅一年后，当苏拉还在安纳托利亚时，马略和另一位执政官秦纳（Cinna）已经夺回了对罗马的政治控制权。他们宣布苏拉有罪，并在后来被称为马略大屠杀的事件中杀害了他的许多支持者。公元前 82

不同的声音

喀提林阴谋

公元前 63 年，卢修斯·塞吉乌斯·卡提利纳（Lucius Sergius Catilina，在英语中被称为"喀提林"，Catiline）策划了一场推翻罗马共和政体的阴谋。喀提林出身于一个家道式微的贵族家庭。他有过显赫的军旅生涯，但公元前71 年元老院以"莫须有"的荒淫无度的罪名将他免职。这个阴谋是在他公元前 64 年连任执政官失败后开始的。阴谋者们计划谋杀大量的元老院元老，并暗杀当年担任执政官的西塞罗。但阴谋败露了，喀提林在与共和国军队的战斗中被杀，四名同谋者被处死。

在罗马史学家撒路斯提乌斯（Sallust，约公元前 86—前 35）对这次阴谋的记述中有对社会和道德堕落的分析，而这种堕落被证明是喀提林密谋推翻共和政体的深层原因。西塞罗更关心的是揭露喀提林个人品质的问题。在谴责喀提林的第一篇演讲中，西塞罗批判了他的背信弃义。

罗马历史学家对喀提林阴谋的分析

在我看来，罗马帝国在这一时期的处境是极其悲惨的。虽然从日出之地到日落之处，各国都臣服在它的脚下，虽然人类心目中最伟大的福祉——和平与繁荣——在它身上得到了充分体现，但是在它的公民中间发现有人以顽固的决心要让他们的国家和他们一起陷入毁灭之境地。虽然元老院颁布了法令，但在这么多的人当中，没有一个人是受到悬赏的诱惑而提供这一阴谋的情报的，并且喀提林的阵营中也没有出现一个逃兵。这种强烈的不满情绪就像瘟疫一样，弥漫在大多数公民的心中。

这种愤愤不平的心理也不限于那些真正参与阴谋的人，因为出于变革的愿望，全体老百姓都赞成喀提林的计划。这似乎符合他们的一般性格，因为，在每一个国家，穷人都羡慕上层阶级的人，并竭力抬举那些造反的人。他们不喜欢既定的事物状态，而是渴望新的事物。他们对自己的处境不满，想要改变。他们可以在叛乱中养活自己，而不需要有任何担心，因为贫穷不容易遭受损失。

至于城里的民众，由于种种原因，他们已经变得不满了。首先，世界各地那些带头犯罪和放荡的人，还有那些挥霍钱财的人，总之，所有因罪恶或邪恶被赶出家园的人，成群结队地来到罗马，使其成为一个藏污纳垢的地方。其次，许多人看到苏拉的成功，看到那些从普通士兵升为元老院元老的人，看到那些富得像皇帝一样、过着奢华生活的人，于是他们每个人都希望，他们如果一旦拿起武器，也能从胜利中获得同样的成果。此外，那些在乡下靠体力劳动勉强维持生计的年轻人，受到公共和私人馈赠的诱惑，宁愿在城市里无所事事，也不愿在田地里辛苦劳作。对这些人以及所有其他具有类似性格的人来说，公共秩序的混乱将为他们提供生存所需。因此，那些处于困境中的人，那些有着放荡的道德原则和不切实际的期望的人，只有在国家利益能够为自己的利益服务时才会将其纳入考虑。此外，那些由于苏拉的胜利而父母被宣布为公敌的人，那些财产被没收的人，那些公民权被剥夺的人，也怀着同样的心情期待着战争的发生。

所有那些反对元老院派系的人也都希望国家卷入其中，而不是他们自己失去权力。这是一种罪恶，多年之后，它降临到了我们的社会，成为今天这样的情况。

资料来源：*The World's Famous Orations*, 1906.

西塞罗《反喀提林》第一篇

喀提林，你要浪费我们的耐心到什么时候？你那狂妄的举动还要愚弄我们多久？你那放肆的无耻行径什么时候才结束？帕拉蒂尼山上的守夜警卫，城中的岗哨，人们的恐慌，所有优秀公民的联合，把元老院聚集在这个最安全的地方所采取的预防措施，在座各位德高望重者脸上的表情，难道所有这些都对你没有任何影响吗？你不觉得你的计划被发觉了吗？难道你没有看到，你的阴谋已经被这里的每个人所了解，并被牢牢控制住了吗？你昨晚干什么了？前天晚上又干什么了？你当时在什么地方？你和什么人见面了？你制定了什么计划？你觉得我们当中还有人不知道吗？

时代啊！道德啊！这一切元老院都已经知道了，执政官也看到了，但是这个人还活着。看呀！他还活着！他甚至来到了元老院。他参与对公共事务的讨论，他在观察，在标记，好杀掉我们中的每一个人。而我们这些勇敢的人，却认为如果不干涉他疯狂的攻击，我们就是在履行对共和国的职责。

西塞罗在抨击喀提林［意大利参议院玛德玛宫（Palazzo Madama）的一幅壁画］。这幅创作于19世纪的作品描绘了发生在罗马元老院的一幕，西塞罗正在发表他针对喀提林的演说，后者独自坐在右侧。

图片来源：Scala / Art Resource, NY

喀提林，你早就该被执政官判处死刑了。你长期以来谋划的对我们的毁灭早就应该落在你自己的头上。

年，苏拉率领一支凯旋的忠诚军队回到意大利，在一场导致约 6 万名罗马士兵死亡的战役之后，他占领了罗马。接着他杀害了约 3 000 名政治对手。公元前 81 年，元老院任命苏拉为独裁官，从而给予他全部的权力。苏拉希望恢复元老院的权威，在元老院的支持下，他限制了护民官立法的权力，因为他们在过去 50 年里造成了太多的政治动荡。在恢复了国家的和平和体制之后，公元前 80 年苏拉成为执政官，第二年他就辞职隐退了，这让很多人大吃一惊。和马略一样，苏拉也不愿意为了自

罗马战船。这幅浮雕描绘的是一艘罗马战船。罗马最终打败了迦太基，并统治了地中海，成了海上强国。

图片来源：Dea Picture Library / De Agostini Editore / AGE Fotostock

己的野心而摧毁共和政体。对他来说，恢复和平和元老院的权威就足够了。尽管如此，他还是开创了在政治对抗中使用军队的先例。在接下来的 50 年里，元老院显然无法约束得到军队支持的将军们，从而导致了共和国的崩溃。

前三头同盟

有三个人使罗马共和国陷入最后的恶性循环，他们是格涅乌斯·庞培（Ganeus Pompeius，公元前 106—前 48）、马库斯·李锡尼·克拉苏（Marcus Licinius Crassus，公元前 115—前 53）和盖乌斯·尤利乌斯·恺撒（Gaius Julius Caesar，公元前 100—前 44）。公元前 71 年，曾镇压西班牙叛乱的庞培将军和苏拉曾经的副手、罗马首富克拉苏联手镇压了斯巴达克斯领导的奴隶起义。在军队的支持下，他们在公元前70年成为执政官，尽管庞培在法律上还太年轻，并且也没有担任执政官所必需的担任初级行政职务的经历。

在担任执政官期间，庞培和克拉苏对苏拉的改革做了一些小小的调整。他们允许护民官立法，并让骑士阶层加入陪审团。他们一年任职期满后就退了下来，没有提出进一步的要求。庞培继续他的军事生涯。公元前67年，他接到一项特别命令，要清除来自地中海的海盗，以保护罗马的海上贸易。第二年，庞培又镇压了安纳托利亚持续不断的叛乱，重组了近东，建立了新的行省，更多的附庸王国臣服于罗马。

回到罗马后，庞培要求元老院给他获胜的军队士兵分配土地。元老院嫉妒他的成功，并且担心他在获得如此多老兵的支持后会权力过大，因此拒绝了他的这一要求。为了给他的士兵们争取土地，并使他在近东的政治安排得到批准，庞培与两个比他更有野心的人结成了联盟，一个是他的老盟友克拉苏，另一个是野心勃勃的尤利乌斯·恺撒。恺撒出身于名门望族，但是家道衰落。这三个人结成了一个非正式的联盟，史称"前三头同盟"。任何个人或机构都无法对抗他们的共同影响。尽管遭到元老院许多元老的反对，恺撒还是于公元前59年成为执政官。他使用非法手段（这些手段也反过来让他深受其苦），命令元老院批准庞培在近东的安排，并将土地授予庞培的士兵。他以牺牲公共利益为代价帮助克拉苏的被庇护人骑士阶层的税吏摆脱了经济困境。

作为对恺撒努力的回报，在其执政官任期结束后，负债累累的恺撒被安排担任了波河流域和伊利里亚行省的总督职务，起初任期是5年，后来又延长到了10年。他打算在此期间通过自己所管辖的行省发家致富。然而，就在他动身赴任的时候，却被任命为征服"山外高卢"

（阿尔卑斯山脉的西北部）的指挥官，因为那里的日耳曼部落首领阿里奥维斯都斯（Ariovistus）威胁到了罗马的安全。这一变化使恺撒能够在整个高卢地区进行军事行动，并最终将其征服。

尤利乌斯·恺撒和罗马共和国的灭亡

恺撒决心征服高卢，以获得个人的政治权力。他知道通过征服新的土地，他就可以在罗马赢得荣耀、财富和威望，为此，他迅速对山外高卢的凯尔特人发动了一场战争（公元前 58—前 50）。作为一名军事天才，恺撒在他的《高卢战记》(*Commentaries on the Gallic War*) 中记录了他的残酷战术和胜利。今天，这部作品以其充满活力的拉丁语和对罗马征服高卢的如实记述而闻名，这次征服导致了约 100 万凯尔特的死亡或被奴役。在 8 年的时间里，恺撒征服了今天的法国、比利时和莱茵兰所在的地区，把这里变成了罗马的行省。他甚至还短暂地入侵了英国。他对凯尔特人的入侵导致他们最终罗马化。法语是从罗马征服者说的拉丁语发展而来的，其他的"罗曼语"，如西班牙语、意大利语、葡萄牙语和罗马尼亚语，也是如此。

与此同时，前三头中的克拉苏和庞培也在追求军事上的荣耀。富有的克拉苏未能征服波斯帝国的继承者帕提亚人。公元前 53 年，帕提亚人消灭了克拉苏在叙利亚的军队，杀死了克拉苏本人，并夺取了每一个军团自豪地将其带上战场的鹰旗。庞培成了西班牙总督，但依然留在罗马，由他的下属与西班牙的凯尔特人作战。

在罗马，一群元老院元老开始害怕恺撒的权力、野心和傲慢。他们向庞培求助，庞培带着忠实于他的军队来帮助元老院对抗恺撒。接着，元老院要求恺撒放弃在高卢的指挥权，返回罗马。恺撒知道，他如果答应了这个要求，一回到罗马就会被指控行为不当或腐败。面对必然

维钦托利向恺撒投降。公元前 52 年，高卢部落首领维钦托利（Vercingetorix）率领一支高卢部落军队对抗恺撒率领的罗马军团，被困在靠近第戎的阿莱西亚（Alesia）要塞。援军没能冲破包围，维钦托利被迫投降。五年后，他被公开斩首。这幅作品描绘的是维钦托利放下武器的场景，由 L. 罗耶（L. Royer）于 1899 年创作。

图片来源：Scala / White Images / Art Resource, NY

到来的判决，他拒绝返回受审。公元前 49 年，他离开高卢，率领忠诚的军队向南进军，对抗罗马元老院的军队。恺撒认识到他这次赌博的重要性，当他跨过高卢和在执政官直接控制下的罗马领土之间的法定边界卢比孔河时，他说了一句："骰子已经掷出去了！"（意为"开弓没有回头箭"。）他有意让罗马陷入内战。由于他在高卢的胜利和他对罗马人民的慷慨，恺撒摆出了人民斗士的姿态，同时也在为自己寻求绝对的权力。庞培被恺撒的军队和公众的支持吓住了，撤退到了希腊，但公元前 48 年，恺撒在法萨卢斯（Pharsalus）追上并击败了他。庞培逃到了埃及，但是托勒密朝廷的高级官员为了赢得恺撒的好感而杀害了他。

恺撒花了两年多的时间才战胜庞培的支持者，并于公元前45年回到意大利。恺撒宣布自己为终身独裁官，并完全控制了政府，公然无视共和国的传统。因为他没有活到完全实现他的计划，恺撒对罗马国家的长期目标我们不得而知，但他可能打算建立某种希腊化的君主制。

恺撒一旦掌权，就永久性地结束了元老院的自治。他把元老院的规模从苏拉时代的600人扩大到900人，然后把自己的支持者塞进去。他还在西班牙、北非和高卢建立了军事殖民地，为老兵提供土地，并确保这些地区的安全。他调整了混乱的共和日历，每四年增加一天，这样每年就有了365.25天。由此产生的"儒略历"在西欧一直沿用到16世纪。恺撒规范了金币和城市管理，并计划修建一座巨大的公共图书馆。在他被刺杀时，针对帕提亚的大规模作战方案正在制订中，这表明征服仍是他统治的一个基本特征。

恺撒认为，他可以通过对敌人的宽容和无视共和先例的行政改革来赢得他们的支持，这是一个严重的误判。这些改革引起保守派元老们对他的憎恨，他们没有意识到共和国已经灭亡。公元前44年3月15日，马库斯·尤尼乌斯·布鲁图（Marcus Junius Brutus，公元前85—前42）领导的一群充满怨恨和嫉妒的元老在一次元老院会议上刺杀了恺撒。刺杀者们声称他们想要恢复共和制，但他们只是发动了另一场内战。

马克·安东尼（Mark Antony）曾是恺撒的左膀右臂，他挺身而出反对阴谋者。不久，恺撒的甥孙和法定继承人盖乌斯·尤利乌斯·恺撒·屋大维（Gaius Julius Caesar Octavianus，公元前63年—公元14）也加入了他的行列。尽管屋大维只有19岁，但他控制了恺撒的一些军团，并迫使元老院任命他为执政官。公元前43年，恺撒的骑兵指挥官马库斯·雷必达（Marcus Lepidus）、马克·安东尼和屋大维组成了"后

罗马共和国晚期的硬币。这枚银币的正面描绘的是双面神雅努斯（Janus，英语中表示 1 月的"January"一词就源自他的名字），反面描绘的是一艘罗马划桨船。

图片来源：Andreas Pangerl / Romancoins.info

三头同盟"。三人迫使元老院授予他们合法统治罗马的权力，在没有执政官和元老院积极参与的情况下进行统治，罗马共和国名存实亡。

公元前 42 年，在马其顿的腓立比战役中，后三头同盟的军队消灭了布鲁图和刺杀恺撒的元老院元老的军队。但不久，安东尼、屋大维和雷必达之间就开始为争夺绝对权力而斗争。公元前 36 年，曾控制西班牙和北非的雷必达被剥夺军权，安东尼和屋大维同意划分势力范围。屋大维获得了意大利和罗马的西部行省，而安东尼获得了东部行省。

在埃及，安东尼与克娄巴特拉七世结盟，克娄巴特拉七世是最后一位统治埃及的托勒密王朝君主。双方都从这个联盟中获益：安东尼控制了埃及的资源，而克娄巴特拉七世获得了领土和影响力。针对这个联盟，屋大维发动了一场恶毒的宣传攻势，他假扮成罗马传统的保守的保护者，指责安东尼将罗马的价值观和领土拱手让给一个邪恶的外国勾引者。公元前 31 年，不可避免的战争发生了。在希腊的亚克兴战役中，屋大维的军队打败了安东尼和克娄巴特拉七世的陆军和海军。两人逃到了埃及的亚历山大，一年后在那里自杀。

正如我们在本书第 4 章中所看到的，公元前 30 年克娄巴特拉七世的死和埃及托勒密王朝的终结标志着希腊化时期的结束，这个时期开始于公元前 323 年亚历山大大帝死后建立的继业者王国。亚克兴战役和随后罗马对埃及的征服标志着罗马共和国的结束。公元前 27 年，屋大维被元老院授予"恺撒·奥古斯都"的称号。虽然他保留了共和国的形式，但他在罗马和罗马所控制的庞大帝国中获得了绝对的实权。罗马从共和国向帝国的过渡也提出了一个在西方历史上反复出现的问题，即共和政体是否能够与皇权相容？雅典和罗马的历史表明，答案是否定的。

结语：罗马共和国和西方

罗马共和国对后来被称为"西方"的地理和文化区域做出了四项重大贡献：第一，共和制度。尽管在 500 多年的历史中，罗马的政治制度发生了许多变化，但它仍将亚里士多德提出的、波里比阿所分析的三种政体——君主政体、贵族政体和民主政体——的特征混合在一起，成为西方的一种政府模式。在接下来的 2 000 年里，罗马共和国成为西方政治共同体的典范。在其影响下，最具代表性的是美利坚合众国，它在 18 世纪后期宣布脱离英国而独立，成为一个共和国。通过像罗马将行政权授予执政官那样将行政权授予总统而不是君主，通过将立法机构划分为参议院和众议院，新生的美利坚共和国从罗马共和国的历史中获得了灵感。这两个共和政体之间最重要的区别是，由贵族组成的罗马元老院在共和政体中所起的作用要比美国参议院大得多。虽然罗马元老院在理论上主要是一个没有什么正式权力的咨询机构，但它对执政官和其他行政官员的影响是相当大的。

第二，罗马共和国向西方传播了公民美德的理想，即共和国的成功取决于其公民拥有有助于实现公共利益的个人特征的信念。这些特征包括庄重（意味着尊严、严肃和责任）、虔诚和公正。亚里士多德强调了公民道德的重要性，他认为公民权在于政治义务而非政治权利。在希腊化君主政体中很少有关于公民美德的讨论，但这一概念在罗马共和国得到了复兴和发展。在共和国后期，道德哲学家和历史学家将罗马自由的丧失归咎于公民美德的丧失。以罗马共和国为蓝本的公民美德的思想深刻地影响了西方的历史，特别是15—16世纪的文艺复兴、18世纪的启蒙运动、18世纪末和19世纪的美国早期历史。

第三，罗马的法律制度。罗马法最初是建立在《十二铜表法》的基础之上，并在帝国晚期通过司法解释和最终的编纂逐渐发展起来，成为大多数西方法律制度的基础。只有英国普通法体系才能与西方的罗马法体系相媲美。然而，许多与英国法和罗马法相关的法律传统起源于罗马共和国，包括公民参与法律程序。

第四，也可以说是西方最重要的遗产是希腊-罗马文化。这种独特的罗马版本的希腊化代表了希腊文化和罗马文化的创造性融合。在艺术和哲学上，罗马文化很大程度上是希腊文化的衍生品，但在建筑和文学上，它代表了罗马人对所遇到的文化的创造性适应。希腊-罗马文化也保存了大量的希腊艺术和哲学，其中大部分是通过罗马的模仿和翻译被流传下来的。希腊-罗马文化的成功传承要归功于公元前31—公元180年的"罗马治下的和平"时期。我们下一章将开始探讨这个罗马称霸世界的时期，即罗马帝国。

一个港口城市。这幅公元 1 世纪的壁画是在庞贝附近的一座罗马人别墅中发现的，它让我们得以一窥当时活跃的航海贸易，正是这种贸易帮助维系了罗马帝国。

图片来源：Scala / Art Resource, NY

第 6 章

圈围西方：早期罗马帝国及其邻国

公元前 31—公元 235 年

公元155年，拥有罗马公民权的希腊贵族作家埃利乌斯·阿里斯提德斯（Aelius Aristides）来到了罗马，并在那里发表了一次演讲，向帝国首都致敬。他的话揭示了罗马帝国对一个来自罗马东部行省的受过教育的富人意味着什么。根据阿里斯提德斯的说法，罗马制度中"最值得考虑和钦佩的"特点是："你所在的任何地方都使那些更有成就、更高贵、更有权势的人成为公民。"[1]一个人可能住在离罗马城几千英里远的地方，然而，"无论是大海还是其间的大片土地，都无法阻止一个人成为公民……［罗马］从不拒绝任何人。正如大地养活了众人，罗马也接纳来自世界各地的人"[2]。阿里斯提德斯的演讲指出了罗马人成功的关键，那就是愿意将他们的臣服者融入罗马的政治和社会生活。他认为，通过将"非罗马人"转变为罗马人，罗马帝国的扩张给世界带来了文明。

阿里斯提德斯的赞美表明罗马成功地在其公民中创造了一种共同使命感。在帝国的前250年里，它给从大西洋到波斯湾的广大地区带来了文化的统一和政治稳定。此外，帝国政权给地中海世界带来了两个多世纪的和平。历史学家称这个时期为"罗马治下的和平"时期。但是对于奴隶和小农来说，罗马统治意味着压迫和贫困，而正是奴隶的劳动促进了经济的发展，正是来自小农的赋税支持着这个国家。

本章将把罗马帝国作为权力的三个同心圆来探讨，即帝国的中心、行省、边境地区和边界之外的地区。在帝国的中心，不仅有皇帝，还有罗马元老院、主要的法律和行政机构，以及罗马的生活方式的重要典范——罗马城。在第二圈，行省的人民努力应对罗马统治所带来的挑战，并在这个过程中帮助建立了一种新的帝国文化。帝国的最外圈包括它的边境地区和边界之外的地区，包括生活在帝国边界内的罗马人和生活在帝国之外的民族，他们通过贸易和战争与罗马人进行互动。本章通过探讨在这些圈子中作为一个罗马人分别意味着什么，试图回答这样一个关键问题：罗马人与被他们征服的民族之间的碰撞如何改变了地中海世界，并创造了罗马帝国的文化。

帝国的中心

内战摧毁了罗马共和国之后，一种新的政治制度出现了。罗马的政体从一个寡头政治集团成员争夺权力的共和国，转变为皇帝一人终身掌握绝对权力的帝国。此时的罗马文化由一个建立在武力基础之上的帝国制度巩固（见地图 6.1）。

皇权：奥古斯都及之后

正如我们在本书第 5 章中看到的，尤利乌斯·恺撒的继承人屋大维（公元前 63—公元 14）把国家从内战的旋涡中拉了出来，并声称是他恢复了共和国的正常生活。事实上，屋大维在假装维护共和体制的同时摧毁了它。在他自己和那些厌战的人眼中，屋大维是罗马共和政体的救星。然而，在恢复共和传统的表象下，屋大维创造了一个罗马版的希腊化君主制。屋大维消灭了他在罗马元老院中的政敌，击败了他的军事

地图 6.1 疆域最辽阔时的罗马帝国

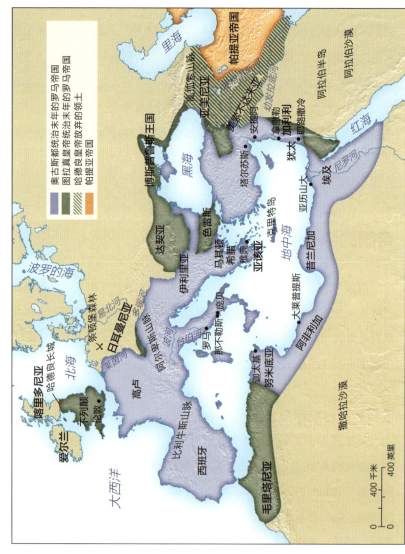

图? 又是什么力量迫使它收缩?

从不列颠北部一直延伸到幼发拉底河,罗马帝国将数百个不同的民族聚集在一起。罗马帝国什么时候达到它的最大版

对手，建立了对每一种权力机制的铁腕控制，他的成功之处正是尤利乌斯·恺撒和其他共和政治家所失败的地方。他完全控制了罗马的政治舞台，没有人能成功地挑战他的权威。

为了掩盖他的专制，屋大维从不戴皇冠，谦逊地称自己为"元首"或"第一公民"。他在罗马的地位是全能而又低调的。公元前27年，用他在自己的官方记录中吹嘘的话说，他"把共和国的权力移交给了元老院和罗马人民"。这次退位是假的，很少有人上当。在屋大维的指示下，元老院给了他很多荣誉，包括"奥古斯都"这个称号（我们在本章其余部分将这样称呼他）。这个词的意思是"受人崇敬的"，意味着一种崇高的、神一般的权威，因此成为后来所有皇帝的头衔。奥古斯都"接受"了元老院让他继续担任执政官的请求，并同意控制驻扎军队最多的边境省份，包括西班牙、高卢、日耳曼和叙利亚。元老们欢呼雀跃，称奥古斯都是"整个帝国唯一的救星"。

公元前23年，奥古斯都宣布放弃执政官职务，并被选为终身护民官。护民官的权力赋予奥古斯都在元老院处理事务和否决立法的权利，还可以让他免受拘捕和惩罚。他现在可以合法地干涉各行省的一切政治和军事事务。奥古斯都亲自控制了埃及这个最富裕的地区，作为法老的继承者，士兵们要宣誓效忠于他。其他将军带领军团投入战斗，但总是要以他的名义。名义上是其他行政官员负责管理国家，但任何官员的人选都要经过他的批准。

继承问题

像希腊化时期的君主一样，奥古斯都希望权力可以在他的家族代代相传。他死后，他的继子提比略（Tiberius，14—37年在位）在没有任何反对的情况下控制了帝国。罗马在名义上仍然是一个共和国，但实

统摄天下的奥古斯都。这尊奥古斯都雕像可以追溯到公元前 19 年，描绘的是他做出命令手势的样子。他的脸永葆青春，他盔甲上的雕刻是庆祝和平与繁荣，他的姿势平衡而有力。
图片来源：Scala / Art Resource, NY

际上，实行的已经是世袭君主制。在半个多世纪的时间里，每一位统治者都来自奥古斯都的大家庭，即尤利乌斯－克劳狄王朝。一些元老嘟囔着要恢复共和体制，但这不过是一个空洞而危险的梦想。军队和人民都不会支持元老院领导的恢复共和体制的叛乱。

世袭君主制可以避免伴随权力公开竞争而来的不稳定性。但是，在奥古斯都家族的最后一代皇帝尼禄（Nero）于公元 68 年面对叛乱而自杀后，这种公开的竞争和不稳定的局面又卷土重来。尼禄没有留下任何继承人，在接下来的一年里，罗马军队竞相推举他们的指挥官登上宝座，有四个人声称拥有权力。这个"四帝之年"表明罗马更多是军事独裁而不是世袭君主制，因为谁拥有军队的忠诚谁就控制了罗马，这一点在接下来的两个世纪的历史中得到了证明。

将军提图斯·弗拉维乌斯·维斯帕西亚努斯［Titus Flavius Vespasianus，史称韦斯帕芗（Vespasian），69—79 年在位］是"四帝之年"的胜利者。他建立的弗拉维王朝持续了 25 年，只延续到他的最后一个儿子图密善（Domitian，81—96 年在位）。尽管图密善是一位尽责而能干的君主，但他的统治风格是公开的专制。他在罗马精英阶层中实行恐怖统治，直到一群元老院元老将他谋杀。

为了避免另一场继承危机，元老院与军队联合起来，选出了一位新皇帝——年迈的元老院元老涅尔瓦（Nerva，96—98 年在位）。他们希望这个没有儿子的受人尊敬的人能确保政府有序，他做到了。在军队的压力下，涅尔瓦把将军图拉真（Trajan，98—117 年在位）收为义子和继承人。就这样，涅尔瓦开创了历史学家们所说的"安敦尼时代"。由于涅尔瓦收养合格继承人的做法得到了延续，在近一个世纪（96—180）的时间里，罗马一直享有有效的统治。图拉真收养了哈德良（Hadrian，117—138 年在位），哈德良又收养了安敦尼·庇护（Antoninus Pius，138—161 年在位），安敦尼收养了马可·奥勒留（Marcus Aurelius，161—180 年在位）。罗马历史学家塔西佗（Tacitus，约 55—120）赞扬这些皇帝建立了"难得的幸福时代，我们可以想我们所想，表达我们所想"[3]。

这段和平时期以另一场谋杀而告终。与他的前任们不同，马可·奥勒留有一个儿子。因此，他放弃了挑选合格继承人的传统，接替他的是他那无能、残忍、最终精神失常的儿子康茂德（Commodus，180—192 年在位）。192 年，皇宫里的阴谋家们设法将康茂德勒死，从而引发了又一场内战。

来自北非的元老院元老塞普提米乌斯·塞维鲁（Septimius Severus，193—211 年在位）在这场冲突中取得了胜利，登上了帝国的宝座。塞维鲁的例子表明了地方贵族是如何上升到帝国的最高层的。塞维鲁王朝的统治一直延续到 235 年。塞维鲁在军队中很受欢迎，因为他提高了军饷，100 多年来这还是第一次。但是，塞维鲁王朝的最后一位皇帝塞维鲁·亚历山大（222—235 年在位）试图贿赂日耳曼部落，而不是与他们作战，结果被他自己的士兵杀死，因为他们想把这笔钱据为己有。对皇帝的谋杀再次引发了内战。塞维鲁王朝结束后，长达 50 年的政治和经济危机接踵而至。我们将在本书第 7 章中看到，这次危机之后出现的帝国结构与奥古斯都模式有很大不同。

皇帝的角色：皇权的本质

在奥古斯都的帝制下，皇帝有四项主要职责：第一个职责，皇帝保护和扩张帝国的领土。只有皇帝能决定外交政策，与其他国家签订条约，发动战争，无论是防御性战争，还是侵略性战争。

第二个职责，皇帝主持正义，建立良好的政府。从理论上讲，所有公民都可以直接向他上诉，要求伸张正义。皇帝和他的顾问还要回答以皇帝的名义进行统治的总督和其他官员提出的有关法律和行政方面的问题。一旦遇到自然灾害，皇帝要提供紧急救济。此外，他还要负责维护帝国的道路和其他基础设施，并为许多行省城市的公共工程提供资金。在他漫长的统治期间，作为帝国中最富有的人，奥古斯都用他的个人财富来支付士兵军饷，建造公共建筑，赞助角斗士比赛等公共活动。

第三个职责源于他的宗教角色。作为大祭司，皇帝监督公众对罗马众神的崇拜，尤其是朱庇特。皇帝和臣民都相信，为了完成罗马统治世界的使命，他们需要定期祭祀神灵。

最后一个职责，皇帝成为帝国人民团结的象征。必然地，皇帝似乎比人类更伟大，甚至值得崇拜，因为他是罗马和平、繁荣和胜利的保障，比任何在世的人都更有权力。

对皇帝的崇拜始于奥古斯都。他不愿意称自己为神，因为罗马传统反对这样的观念，但他允许自己的灵魂被作为一种帝国大家庭的家长来崇拜。他还称自己是"神之子"，这里说的"神"是尤利乌斯·恺撒，因为恺撒已经被元老院宣布为神。在奥古斯都之后，皇帝崇拜变得更加明显，尽管很少有皇帝在自己在世时强调他们的神性，比如图密善。大多数皇帝满足于死后受到崇拜。韦斯帕芗临死前开玩笑说："我想我现在要变成神了。"

在罗马的东部行省，如埃及，几千年来人们一直认为他们的国王是神圣的，对皇帝的崇拜迅速蔓延。每个城市的官方日历都标明了皇帝即位的日子。很快，帝国各地的城市开始在特殊场合通过赛会、演讲、祭祀和公共宴会来崇拜皇帝。这种对皇帝的崇拜为帝国中不同民族的效忠提供了一个共同的焦点。虽然大多数人从未见过他们的统治者，但他们每天都为他祈祷。

皇帝也存在于人们的公共空间中。皇帝修建和修复道路、神庙、港口、渡槽和防御工事。这些公共工程表明了皇帝对公共福利的无比关心和支持。当地的贵族们也仿效他的慷慨，为他们自己城市里的建筑项目一掷千金。

其他物质文化的元素也使皇帝的臣民意识到其真实的存在。例如，硬币可以让人们瞥见皇帝的面容，上面还有一个短语让人们了解到他统治时期某个方面的特征。诸如"世界恢复者""与神和谐""意大利最好的统治者"之类的标语把统治者的信息带进了每个人的口袋。皇帝的雕像也有类似的作用。（在北非的迦太基，有一座雕像的头是可以拆卸的，因此当新的皇帝即位时，城镇的领袖们可以省下一笔钱，只需替换掉雕像的头，而不是换掉整座雕像。）

皇帝们也用军事上的胜利来庆祝他们的统治。在罗马共和国时期，征服给将军们带来了财富和荣耀。在新的帝国体制下，胜利只能归功于皇帝。帝国的宣传把皇帝描绘成永远的胜利者。

罗马城

罗马城是皇帝权威的丰碑。奥古斯都夸口说："我接手的是座砖造的罗马，留下的却是一座大理石的城市。"这一说法虽然有些夸张，但它揭示了皇帝对罗马城市建设的影响。每位皇帝都想在这座城市里留下自己的印记，以证明自己的慷慨和力量。随着罗马的发展，它成为整个帝国城市的典范。它的公共空间和建筑为帝国统治提供了舞台（见地图 6.2）。

罗马的政治和公共生活的中心是罗马广场，这是一个充满了宏伟建筑的地方，国库、档案室、法院和元老院议事厅都在其中。刻在闪闪发光的青铜饰板上、挂在这些建筑物外墙上的罗马法，展现了构成罗马国家框架的正义和秩序的原则。罗马人用来处理从金融到审判等公共事务的巴西利卡（basilicas）挤在广场的两侧。

因为公共生活和宗教生活是交织在一起的，广场里也有控制着罗马命运的众神的庙宇。胜利女神和和谐女神的雕像矗立在元老院前，而"最好和最宏伟的"罗马主神朱庇特的巨大大理石神殿从卡匹托尔山上俯瞰着广场。

广场突出了皇帝的权力。皇帝在那里建造凯旋门。在凯旋后，皇帝和他们的军队沿着圣道穿过广场，经过凯旋门，最后到达朱庇特神

地图6.2　约212年时的罗马城

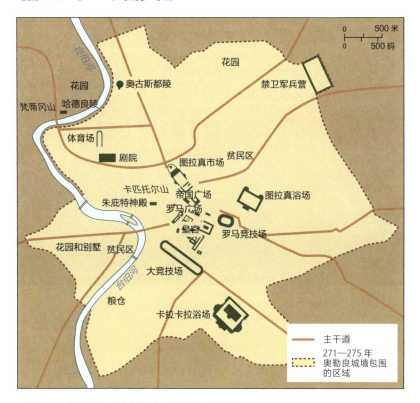

这张图显示了帝都的主要公共建筑。帝国其他地方的大多数城市也仿效了这种城市规划。
罗马的城市规划是如何彰显罗马帝国的权力现实的?

殿。兴高采烈的人们看着被击败的国王们戴着镣铐从他们身边走过，并
对堆积着战利品的彩车和奴隶们扛着的描绘战争的画板惊叹不已。

　　皇帝的伟大在全城各处都有展现。皇帝们在体育场馆和其他的广
场上花费巨资。罗马竞技场是由韦斯帕芗和他的儿子提图斯（Titus，
79—81年在位）建造的，位于城市中心，可以容纳5万名观众，人们
为人和动物的厮杀而欢呼。

图拉真广场（照片）。图拉真广场建于 107—112 年，包括收藏希腊语和拉丁语文献的图书馆、一座巴西利卡、一个多层的市场和一个 125 英尺（约 38 米）高的大理石纪功柱，柱子上雕刻着图拉真征服达契亚（现在的罗马尼亚）的故事。

图片来源：Forum of Trajan, Rome, Italy / Bildarchiv Steffens / Ralph Rainer Steffens / Bridgeman Images

　　皇帝还建造和维护豪华的公共浴池。11 条输水管道每天为罗马提供 3 亿加仑（1 美制加仑约等于 3.79 升，1 英制加仑约等于 4.55 升）的水用于洗澡，供应城市里的众多喷泉和那些装有室内供水系统的房子。

　　为了建造宏伟的建筑，罗马人发展了新的建筑技术。他们是最早广泛使用混凝土的人（可能是他们发明了混凝土），这让他们发展出了新的建筑方法，比如拱顶。126 年由哈德良建造的万神殿是现存最大的古代有顶建筑。它的圆顶直径为 142 英尺（约 43 米），却没有内部支撑。

　　皇帝们把宫殿建在可以俯瞰广场的帕拉蒂尼山上，而附近的山上则盖满了富贵人家的府邸。富有的公民过着西方国家几个世纪以来都无法匹敌的奢华生活。相比之下，大多数罗马居民生活在罗马七座小山丘之间的山谷里或台伯河沿岸肮脏的贫民窟里，挤在高达六层楼的公寓里。由于缺乏坚实的地基，公寓楼常常会倒塌，还存在火灾隐患。（因此，奥古斯都成立了西方历史上第一个专业消防队，也就不足为奇了。）

统治机构

皇帝居于帝国的中心，但帝国的中心还包括其他统治机构，其中最重要的是罗马元老院和军队。

罗马元老院：从自治机构到行政机构

帝国保留了大部分从共和国继承而来的政府基本机构，但是其运作要符合皇帝的意愿。现在控制着军事、财政和外交政策的不是元老院，而是皇帝。自由的政治辩论被禁止。因为奥古斯都想避免那种摧毁共和国的权力竞争，所以他消灭了他的对手，进入元老院的都是他的忠诚支持者。尽管如此，为了维持他拯救了而不是摧毁了共和体制的假象，还因为元老院元老是罗马最富有、最有影响力的人，所以奥古斯都尽力表现出对元老院的尊重。

由于被剥夺了自治权，元老院成为帝国统治的行政机构。元老院元老担任总督、军队指挥官、法官和财政官员。他们管理着罗马城的水和粮食供应，其中一些人在皇帝的顾问委员会任职。元老院元老学会了忠诚地为帝国服务，即使他们不喜欢皇帝本人。

皇帝经常从各行省引进能干的新人进入元老院。这种做法使地方精英与帝国利害攸关。到 3 世纪末，罗马 600 名左右的元老院元老中有一半以上来自意大利之外。

虽然皇帝与元老院的关系是最重要的，但其他社会阶层在帝国的管理中也很重要。许多骑士阶层的人在政府任职。皇帝还雇用当过奴隶的人甚至是奴隶来管理他们的行政事务，并从他们的忠诚和能力中获益。

罗马军队和皇帝的权力

罗马军队是帝国统治的另一个重要组成部分。军队可以造就或废黜皇帝，这是每位统治者都明白的。如果没有军队的支持，奥古斯都不可能成功地将共和政体变成他的帝国体系。

奥古斯都建立了一支高效的职业军队，作为帝国近 250 年的坚强堡垒。他的第一步是将军队从 60 个军团减少到 25 至 30 个，这样军团的总人数为 15 万人。为了稳固他们的忠诚，奥古斯都为退伍军人及其家属制定了固定的专门的服务条款，给他们提供丰厚的福利。

从非公民的被征服者中抽调出来的士兵组成辅助部队。在服役后，这些辅助士兵可以获得罗马公民权，对于征兵来说，这是一个重要激励。军团和辅助军加在一起，罗马军队的兵力达到了 30 万人。

军团士兵服役 20 年（另有 5 年为预备役），但只有大约一半的士兵幸存到退伍。幸存率如此之低的原因是预期寿命短暂，而不是阵亡，虽然定期的口粮和医疗护理可能有助于士兵比平民活得更长。有特殊技能的士兵（比如识字）可以在队伍中脱颖而出，成为一名军官。对于那些幸存下来的人，奥古斯都在意大利和各行省都建立了军事殖民地。他把土地奖励给了 10 万多名退伍军人。后来的皇帝延续了这种做法。

帝国军队是罗马帝国价值观的缩影。它保持着罗马人引以为傲的高度组织性、纪律性和训练。对罗马人来说，严格的军事纪律使他们的士兵有别于无组织的野蛮人。军事惩罚是残酷的。例如，如果一名士兵在站岗时睡着了，他的战友们就要将他打死。但是严格的纪律和高强度的训练造就了有效的战士。为了保持战斗状态，部队经常在武器装备、安营扎寨和作战阵形等方面进行操练。一名罗马士兵要在 4 个小时内行进 20 英里（约 32 千米），同时背着 40 磅（约 18 千克）重的背包游过沿途遇到的河流。

罗马行省的生活：同化、抵制和罗马化

在罗马城和帝国中心之外，是第二个同心圆，即罗马帝国的行省。在这些地区，一些人很容易被同化，而另一些人则抵制同化。与古典时期的希腊人不同，帝国时期的罗马人愿意将他们征服的民族同化到罗马的政治和文化生活中来。正式的罗马公民权赋予了许多人作为罗马人的合法权利和特权。

军队：罗马化的一种力量

军队在"罗马化"过程中发挥了重要作用，在这个过程中，被征服民族接受并适应了罗马人的文化和政治习俗。从行省招募的士兵在服役期间学会了罗马人的生活方式。拉丁语是发布命令和军队管理的语言，它为那些说不同母语的人提供了另一种共同的纽带，他们的母语反映了帝国种族的多样性。

每一个军团都有一支辅助部队，作为一支永久性的驻军驻扎在一个行省，那里有复杂的后勤设施来提供武器、食物和兵营。在整个帝国，营地建筑和防御工事，以及武器、盔甲和战术都遵循着同样的惯例，这就加强了军队作为罗马化力量的作用。将军和参谋人员在他们的职业生涯中经常在不同的行省工作，因此形成了一种共同体的感觉。

在罗马化的过程中，定居各行省的退役罗马士兵也发挥了重要作用。直到 2 世纪末，军人在服兵役期间不能合法结婚，但许多男人还是和当地的女子一起组成了家庭。这种结合所生的儿子经常跟随他们的父亲参军。退役后，大多数士兵待在他们曾经驻扎过的基地附近。许多由退役军人和他们的朋友、家人与小生意人组成的城镇涌现出来。这些城镇有助于把罗马文化和价值观传递给行省人民。

职业、管理和商业

罗马化的过程既不迅速，也不一帆风顺。在一个被征服民族刚失败后不久，反抗罗马权威的起义就会接踵而至，而自由仍是人们鲜活的记忆。然而，事实证明，罗马军队通常（但并非总是）具有压倒性的优势。

不列颠就发生过一次这样的起义。在公元 43 年被征服之后，几个不列颠王国向罗马军队提供士兵，以换取保护和自治权。但在公元 60 年，尼禄皇帝吞并了其中的爱西尼（Iceni）王国。罗马代理人被他们新获得的支配地位陶醉了，虐待布狄卡（Boudicca）女王，还强奸了她的几个女儿。女王随后带领爱西尼人公开叛乱。在憎恨罗马人的邻近部落的帮助下，布狄卡摧毁了一个军团，夷平了几座城市。然而，抵抗很快在 61 年结束，罗马军队击溃了布狄卡的军队，女王自杀身亡。像他们之前和之后的许多其他民族一样，不列颠人认识到抵抗罗马是徒劳的。

虽然罗马军队和行省居民之间的紧张关系从未完全消失，但被征服人口的上层逐渐被罗马化。他们适应了罗马的习俗，在某些情况下还进入了罗马的政治生活。罗马化使各行省从四分五裂、听命于外国主人的占领区转变为多种罗马文化繁荣发展的帝国领土，地方精英开始以罗马人自居。

被征服民族的罗马化与被征服领土被纳入罗马行省体系同步。每个行省都由一位总督负责管理，他和少数幕僚主持司法，监督税收，安排把货物运回罗马。这种政府结构创造了一个行政军事阶层，其成员来自元老院阶层和骑士阶层。在为皇帝服务的过程中，这些人通过在不同行省任职爬上了晋升阶梯。格涅乌斯·尤利乌斯·阿古利可拉（Gnaeus Julius Agricola，40—93）就是这样一个典型。他是历史学家塔西佗的岳父，有着辉煌的军事生涯。作为不列颠的总督，他把被击败的地方精英纳入罗马人的生活方式中（见本章"不同的声音"专题）。

交通和商业网络把各行省与罗马连接起来。士兵们在帝国纵横交错的用石头铺砌的长达 4 万英里（约 6.4 万千米）的道路上行军，但由于陆路运输货物仍然比水路运输昂贵，所以河流和地中海仍是主要的贸易通道。随着海盗被罗马舰队镇压，航运业蓬勃发展起来。港口和运河的改善进一步刺激了长距离贸易的发展。

城市

罗马人的生活方式在城市中表现得最为明显。行省的城市变成了一个个"小罗马"。这些城市为帝国服务，把财富从庞大的腹地输送到帝国的金库。作为税收和法庭的中心，城市是帝国行政官员与统治当地人的地方贵族进行交流的地方。最终 1 000 多座城市点缀着帝国的地图（见地图 6.3）。

在基本上没有城市传统的西方，罗马人创建了新的城市，如高卢的卢格杜努姆（Lugdunum，今天的里昂）和不列颠的伊布拉坎（Eburacum，今天的约克）。这些新的城市中心在整体布局和建筑风格上都模仿了罗马城。所有这些城市的中心都有一个广场，广场两侧是议事厅（仿照罗马元老院）、巴西利卡和神庙。这些城市提供了罗马城市生活的所有便

地图 6.3 罗马帝国的语言和农业

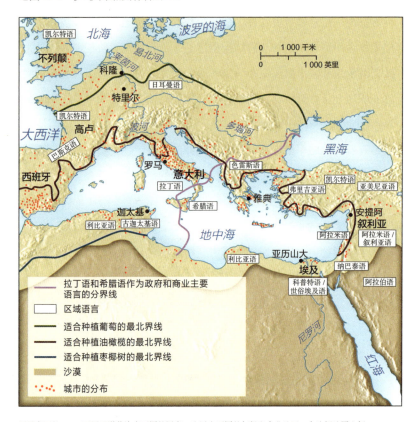

罗马帝国的 5 000 万居民说着许多不同的语言，生活在不同的气候和农业地区。在这幅地图上标出的哪个分区是最重要的，为什么？从城市的分布可以看出罗马权力的范围和局限吗？

利设施和必备元素，如澡堂、妓院、角斗场、狩猎场和奴隶市场。城市中的主要街道与罗马的道路系统相连通。

　　这些城市是罗马化的重要力量。当地的精英开始说拉丁语，把当地的神和罗马的神联系起来，采用罗马的建筑样式和艺术风格，享受罗马人的生活方式。这些精英通常也会得到罗马公民权的奖赏。有些人甚

不同的声音

罗马统治：是祸是福？

诗人维吉尔（Virgil，公元前 70—前 19）在他的史诗《埃涅阿斯纪》（*Aeneid*）中为罗马提供了一个建国神话，这个神话指出了罗马帝国骄傲的中心特征：

> 其他人更擅长铸造铜像……另一些人在法庭上更加雄辩……还会预言星宿的升降。而你们，罗马人，用你们至高无上的威权统治所有的人民。你们所擅长的，就是要在和平的框架内建立法律和秩序，要怜悯那些顺从的人，要在战争中粉碎那些傲慢的人。

正如这段引语所显示的，罗马文化认同的核心是相信罗马人有统治的天赋，因此，罗马统治的扩张不仅给罗马带来了无与伦比的好处，也给那些被罗马征服的人带来了无与伦比的好处。然而，善于思考的罗马人意识到，许多民族把罗马人的统治视为一种压迫。在接下来的选段中，我们看到了这样一个罗马人为承认"罗马治下的和平"的复杂含义所做的努力，他就是伟大的历史学家塔西佗（约 55—120）。除了撰写历史外，塔西佗还在政治上步步高升，成为皇帝涅尔瓦（96—98 年在位）的执政官。在 112 年前后，塔西佗还成了亚细亚行省的总督。尽管塔西佗在政治上取得了成功，但他是一个悲观主义者。他认为从共和国到帝国的转变削弱了罗马的道德品质。因此，他不仅能够把自己置于征服者的地位，而且还能从被征服者的角度来看问题，这也许并不奇怪。在下面的摘录中，他给我们提供了两者的声音。

第一部分：下面这段话选自他的《历史》（*Histories*），塔西佗描述了 70 年高卢起义失败的后果。刚刚镇压了叛乱的罗马将军向被击败的叛乱分子讲话：

> 暴政和战争在高卢一直存在，直到你们屈服于我们的权威。虽然我们曾多次受到挑衅，但我们凭着征服强加给你们的只有一个要求，那就

是你们必须负责维持这里的和平所需的支出。因为要想维护不同民族之间的和平，不能没有部队，要想维护部队，不能没有军饷，而要想提供军饷不能不征税。在其他方面，我们是平等的。你们经常指挥我们的军团，管理各个行省。你们在任何方面都没有被排斥或被拒之门外。虽然你们住的地方距离罗马很远，但你们享受的值得称赞的皇帝带来的好处和我们一样多。另一方面，残忍的皇帝往往对距离他们最近的人威胁最大。……或许你们以为图托儿（Tutor）和克拉希库斯（Classicus）（两人是这次失败叛乱的领导）掌权后你们会有一个更温和的政府。也许你们以为不需要像现在这样交给我们这么多的贡物，他们就可以装备军队来击退日耳曼人和不列颠人。但是，罗马人如果被驱逐出去——千万不要发生这样的情况——除了这些种族之间的战争，还有什么其他可能呢？我们帝国的结构已被 800 年的好运和严格组织所巩固，如果把它摧毁了，那些摧毁它的人一定会与它同归于尽。你们将冒最大的风险，因为你们有黄金和自然资源，而这些是战争的主要原因。因此，无论是作为征服者还是作为被征服者，我们都应该热爱并珍惜和平以及你我享有平等权利的罗马城。

第二部分：77 年，塔西佗娶了罗马将军兼行政长官格涅乌斯·尤利乌斯·阿古利可拉（40—93）的女儿为妻。78—85 年，阿古利可拉担任罗马不列颠行省的总督，巩固了罗马对英格兰北部和苏格兰南部的统治。罗马人称这一地区为喀里多尼亚。在塔西佗为其岳父所写的传记中，一位名叫卡尔加库斯（Calgacus）的部落首领试图团结不列颠人以对抗罗马人：

直到今天，我们这些生活在这最后一片狭长土地上和最后一个自由家园的人，一直因地处偏远而得到保护……在我们之外，没有部落，只有海浪和岩石，以及比这些更危险的罗马人，你们曾徒劳地试图通过服从和屈服来摆脱他们的压迫。他们是世界的掠夺者，现在已经没有领土可以被他们侵占了，他们的手已经把世界变成了废墟，他们正在海洋里搜寻。如果敌人富有，他们就会贪婪；如果敌人贫穷，他们就会渴望权力。东方和西方都无法满足他们。在所有人中，只有他们以同样的热情觊觎富裕国家和贫穷国家。他们抢劫、屠杀、掠夺——他们称之为"帝国"。在被他们变成了不毛之地的地方，他们称之为"和平"。

第三部分：在这一部分，塔西佗描述了阿古利可拉的占领政策。

　　因为，为了使分散的、野蛮的因而有战争倾向的民族习惯于通过奢华的魅力来实现休养生息，阿古利可拉私下里鼓励建造庙宇、法院和住宅，并提供公共援助，赞扬精力充沛的人，责备懒惰的人。因此，一场体面的竞争取代了强迫。他还为部落首领的儿子们提供了自由教育，并表现出对不列颠人的天资而不是对高卢人的勤奋的偏爱，以致那些以前鄙视罗马语言的人，现在却羡慕它的雄辩。因此，我们的服装风格和托加长袍也变得时髦起来。他们一步一步地被引到那些使人堕落的地方，如休息室、浴室和豪华的宴会。他们把这一切都叫作文明，而文明只不过是他们奴役的一部分。

资料来源：A. Tacitus, *Histories*, 4.74; quoted in Jo-Ann Shelton, *As the Romans Did: A Sourcebook in Roman Social History* (Oxford: Oxford University Press, 1998), p. 288. B. Tacitus, *A Biography of Agricola*, 29–31; quoted in Shelton, p. 287. C. Tacitus, *A Biography of Agricola*, 21; from the *Complete Works of Tacitus*, edited by Moses Hadas, translated by Alfred John Church and William Jackson Brodribb (New York: The Modern Library, 1942).

至进入了元老院。

　　整个帝国的城市生活都有共同的模式。妇女不能担任行政职务，也不能参与公共决策，尽管有钱的妇女有时作为女祭司主持公民的宗教仪式。每个城市的男性公民就当地事务进行投票，选举市政官员。一个以罗马元老院为模型的地方委员会管理着每个城市的事务。当地少数最富有的人在地方委员会里任职，或担任地方官员和祭司。地方委员会负责管理粮食供应，安排征兵，监督市场，在地方法院执行司法，最重要的是，为中央政府收税。仿照皇帝的做法，地方委员会的成员们自掏腰包来维修公共工程、水渠和浴场，资助宗教节日和公共娱乐活动。

小罗马。这座竞技场建于 3 世纪早期，位于突尼斯的埃尔－杰姆（El-Djem，即提斯德鲁斯古城），是帝国最大的竞技场之一。就像它模仿的罗马斗兽场一样，这个竞技场可以容纳成千上万的观众来观看角斗比赛和其他娱乐活动。

图片来源：Erich Lessing / Art Resource, NY

乡村

随着罗马文化逐渐在城市中心占据主导地位，城市和乡村之间的差距越来越大。行省里城市精英得益于高效有序的政府。相比之下，构成帝国大部分人口的乡村居民，则面临着经济剥削和生活方式的威胁。

尽管贸易有所增长，但罗马帝国依然是一个农业国家，农民从事农业劳动，推动了帝国经济的发展。有些农民租种地主的土地，并以农产品、货币或劳役的形式向地主支付租金。他们如果无法支付租金，就会受到惩罚或被奴役。有些农民拥有的小农场足以维持他们的家庭，也许还有季节性劳工或少数奴隶的帮助。这些拥有土地的农民面临着更强大的地主可能用武力夺取他们的土地的威胁。一旦发生这种情况，农民们收回土地的希望很渺茫。帝国制度偏袒富人，对乡村的穷人不利。在 240 年前后，生活在巴勒斯坦的拉比哈尼纳·本·哈马（Hanina ben Hama）直言不讳地说，帝国建立城市"是为了把强迫劳动、勒索和压迫强加给人民"。饥荒和自然灾害也构成了持续性的威胁。收成不好可能意味着农民不得不出售土地，甚至挨饿。

尽管生活艰辛，农民们还是生产了足够的粮食来维持帝国体系，尤其是军队。事实上，考虑到农田的低产量、运输的困难和费用以及原始的技术，这一时期的农业生产率是惊人的。一些历史学家估计，直到 17 世纪欧洲的农业生产率才再次达到这一时期的水平。

地中海地区的主要农产品包括橄榄、谷物、豆类和葡萄酒。当时意大利面还没有出现，西红柿还不为欧洲人所知，16 世纪时才从美洲传入。罗马人的主食是小麦，常用水煮成粥。只有有钱的人才能经常吃肉。大多数人依靠奶酪、豆类和卷心菜、大蒜、洋葱等蔬菜来补充他们的小麦口粮。罗马人没有糖，但大多数罗马人似乎喜欢吃甜食，他们吃大量的枣和蜂蜜。

地形、气候和当地的农业习俗决定了农业的类型。在西西里岛和南意大利部分地区，成群结队的奴隶在广阔的庄园上种植和收割庄稼。流动工人在西班牙和北非的橄榄林和麦田里劳作，而季节性的食草动物的迁徙则主要集中在意大利和巴尔干半岛的丘陵地区。

法律、公民身份和罗马化

在罗马帝国初期，罗马法使罗马人有别于大多数遵守自己法律的人。例如，犹太人遵守犹太法，雅典人遵守雅典法，他们向皇帝纳税，并且不制造麻烦。然而，如果一个犹太人或雅典人拥有罗马公民权，他除了是自己家乡的公民外，还可以享受罗马法的权利和好处。罗马公民拥有法律规定的权利，包括不受奴役的保障。男性公民有权在公共行政部门竞争任职，在议事会上投票，在军团服役，以及在刑事审判中提出上诉。不管他们住在哪里，罗马公民都以他们的法律传统和公民身份为荣。

在 212 年，皇帝卡拉卡拉（Caracalla，211—217 年在位）颁布了后来被称为《安东尼努斯敕令》的法令，该法令授予帝国内几乎所有自由的男人和女人公民权，这也许是为了增加税基。法律上的统一性进一步加强了行省居民对罗马的忠诚。

罗马法对西方法律实践做出了三大贡献：首先，罗马人创造了西方法律体系的一个标准特征，即民法和刑法的区分。在罗马，民法涉及家庭生活、财产和继承、奴隶制和公民权的所有方面。因此，它定义了罗马社会不同阶层之间的关系，并使法院能够审判公民之间的争端。刑法涉及盗窃、杀人、性犯罪、叛国罪和反政府罪。

其次，罗马法影响了西方法律编纂和解释的传统。到 2 世纪，专业法学家（法律专家）在皇帝的监督下指导帝国的法律事务。像乌尔比安（Ulpian，卒于 228 年）这样的法学家不仅仅是帝国的管理者，还是法律学者。他们收集和分析更早期的法律和法官的意见，撰写了数百条注疏，影响了几个世纪以来对罗马法的解释，这些注疏被传给中世纪欧洲的律师，至今仍影响着欧洲的法律传统。其中一个传统解释是，在罗马人所称的"公平"的原则下，法官应该考虑法律的精神或意图，而不仅仅是法律条文。乌尔比安说："法律是善良和公平的艺术。"[4] 在公平的基础上，罗马法学家认为原告负有举证责任，被告不需要证明他或她是无辜的。相反，他或她必须经过证明才能被判有罪。

最后，罗马的"自然法"观念影响了西方的正义观。这一观念部分源于斯多葛学派（见本书第4章）的所有事物都有潜在秩序的理念。从这一理念中产生了这样一种思想，即某些正义原则是自然本身的一部分，因此人类的法律应该符合自然法。基于这一罗马观念，后来的思想家认为，每一个人都拥有不可剥夺的权利，应该受到法律的平等对待。

　　然而，罗马在帝国时期并不存在法律面前人人平等的观念。罗马公民比非罗马公民享有更多的权利，但并不是所有罗马公民都享有同样的权利。在公元1世纪，法律开始反映出分化公民的财富差异。到了3世纪，法律，尤其是刑法，区分了富裕的上层阶级和贫穷的下层阶级，前者通常被称为"上等人"或"尊贵者"，后者被称为"下等人"或"卑贱者"。例如，对于上等人，不能用酷刑迫使他们提供证据，他们如果被判死刑，会被刀剑迅速处死，而下等人则会受到更可怕的惩罚，比如被活活烧死，或者被扔给斗兽场中的野兽。

　　正如上等人和下等人之间的法律区别所表明的那样，罗马法的变化反映了罗马帝国新的等级制度。在共和国时期，法律的控制权掌握在公民大会和行政官员手中，现在则掌握在皇帝手中。到了3世纪早期，皇帝的意志具有法律效力的观点已经被广泛接受。

边境地区和边界之外的地区

　　在维吉尔的《埃涅阿斯纪》中，朱庇特向罗马承诺了"无限制的帝国统治"。但在哈德良统治时期（117—138），帝国的边界已经很清楚了。罗马世界的第三个同心圆是由帝国最外围的边境地区和边界之外的

哈德良长城。哈德良的大规模防御工事是 2 世纪边境要塞军事观念的缩影。它横跨英格兰北部，将南部的罗马行省与北部的"蛮族人"分隔开来。

图片来源：Travel Pix / Robert Harding World Imagery

非罗马世界组成。对罗马人来说，罗马帝国和非罗马世界之间的差异象征着文明和野蛮之间的文化差别。罗马人用这种差别来定义他们在世界上的地位，并证明他们的征服是正当的。

　　像共和国的将军们和希腊化的国王们一样，奥古斯都开始征服尽可能多的土地，以赢得荣誉并展示他的权力。他巩固了罗马对高卢的控制，并将多瑙河流域的大部分地区并入帝国。他的继任者继续为帝国增加新的土地。不列颠于 43 年落入罗马人之手，到 117 年，图拉真已经吞并了今天的罗马尼亚、美索不达米亚和阿拉伯半岛的部分地区。此时，帝国的疆域达到了顶峰。

继图拉真之后，皇帝们的注意力从征服转向了巩固。图拉真的继任者哈德良放弃了美索不达米亚，用一系列的防御工事重整了罗马的边境，包括仍然横贯不列颠北部并以他的名字命名的长城。他的继任者继续加强帝国的边境防卫。在 3 世纪早期，帝国北部边境上散布着间隔均匀的军事基地和要塞，而帝国的舰队则在莱茵河和多瑙河上巡逻。在东部，另一条防线从黑海一直延伸到尼罗河。在北非，防御工事标示出沿撒哈拉沙漠一带可耕种土地的边界。

罗马与帕提亚帝国的碰撞

罗马最强大的对手之一是帕提亚（或波斯）帝国。帕提亚帝国从幼发拉底河延伸到巴基斯坦，在公元前 3 世纪中叶取代了亚历山大大帝的继业者王国（见本书第 4 章）。帕提亚帝国是一个强大的国家，它融合了波斯文化和希腊化文化的元素。它一直延续到 224 年，最后一位帕提亚国王被波斯帝国的另一个王朝萨珊王朝推翻。

罗马人知道帕提亚人是勇猛的战士。帕提亚特别培育的战马远到中国都闻名遐迩，这种战马使全副武装的帕提亚骑兵和弓箭手成为罗马军团的劲敌。对于罗马和帕提亚之间的关系，奥古斯都以及他之后的大多数罗马皇帝在战争和外交之间摇摆不定。115—116 年，图拉真对亚美尼亚和美索不达米亚地区帕提亚各行省的征服无法持续，因为这给罗马的资源造成了太大的压力。

然而，帕提亚和罗马之间的斗争并没有阻止商业和技术的交流。罗马人把帕提亚的冶炼技术和皮革视为珍宝，并学会了帕提亚的灌溉技术，而罗马的工程师和泥瓦匠为波斯修建了道路和水坝。从印度到罗马的商队路线就穿过帕提亚地区。最重要的是，罗马人从帕提亚人那里学会了运用全副武装的骑兵。到了4世纪，这些骑兵部队构成了罗马军事力量的核心。

罗马与日耳曼民族的碰撞

对罗马构成最大威胁的是那些居住在莱茵河和多瑙河以北的民族，而不是帕提亚人。虽然这些民族被罗马人称为"日耳曼人"，但他们自己从未使用过这个名字，也从未认为自己是一个群体。他们的人数以百万计，大多数人说他们自己的方言，而不懂其他部落的语言。在贵族武士的带领下，他们经常自相残杀。

在奥古斯都统治的早期，罗马军团征服了莱茵河和易北河之间的日耳曼尼亚的大部分地区。然而，公元9年的一场叛乱赶走了罗马人，罗马文明从未在莱茵河以东的北欧内陆扎根（见本章"碰撞与转型"专题）。莱茵河和多瑙河成为罗马与其北方敌人的分界线。大多数罗马军团驻扎在这条重要的分界线上。

北部边境的部落有时分裂成支持和反对罗马的派别，有时组成松散的联盟入侵罗马帝国。例如，在马可·奥勒留统治时期（161—180），马科曼尼人（Marcomanni，意思是"边境地区的人"）组成了这些敌对联盟之一。为了获得战利品，这个联盟动用十多万人对罗马帝国发起攻击。

在长期的和平时期，边界两边的人民通过军事服务和贸易相互交流。日耳曼贵族对地中海的奢侈品产生了兴趣，包括葡萄酒和珠宝。其中有些人模仿罗马贵族，也生活在乡间的私人庄园里。日耳曼人在罗马军队中充当辅助部队的士兵。在规定的25年服役期满后，他们中的许

碰撞与转型

条顿堡森林战役

在公元 9 年 9 月，罗马在日耳曼尼亚的指挥官普布利乌斯·昆克提利乌斯·瓦鲁斯（Publius Quinctilius Varus）收到了消息，说在离他的军营几英里远的地方发生叛乱。报信的是阿米尼乌斯（Arminius），他是最强大的日耳曼部落之一的首领。阿米尼乌斯作为一名辅助指挥官在罗马军队战斗多年。他在罗马的服役为他赢得了罗马公民权和骑士的头衔。因此，当他警告瓦鲁斯有人造反时，瓦鲁斯信以为真。

正在向冬营地进发的瓦鲁斯绕道进入陌生的地区去镇压这场叛乱。经过数小时的行军，这支 2 英里（约 3.2 千米）长的 1.8 万人队伍的先头部队发现，他们正行进在一座树木繁茂的小山和一片沼泽之间的一条狭窄小路上。在这里，埋伏在树林里的阿米尼乌斯及其人马开始发动攻击。罗马人被困住了。士兵们密密麻麻地挤在一起，甚至无法举起盾牌或投掷标枪，几乎无法自卫。在几个小时内，阿米尼乌斯和他的日耳曼军队歼灭了三个罗马军团以及六支辅助步兵部队和三支辅助骑兵部队。瓦鲁斯本人也自杀了。

瓦鲁斯的军团和阿米尼乌斯的追随者之间这场冲突史称"条顿堡森林战役"，它改变了罗马帝国的期望，并确定了罗马帝国在西欧的边界。自从公元前 51 年恺撒征服高卢以来，罗马军队就努力向北和向东扩张到日耳曼尼亚。此外，在这场重大战役之前的几十年里，罗马人认为他们的军队是不可战胜的，特别是在对抗日耳曼人等"野蛮人"的时候。瓦鲁斯的失败改变了这一切。在恐慌之中，罗马军队放弃了他们在莱茵河对岸建造的营地和堡垒，其中大部分后来再也没有重建。除了短暂的惩罚性远征，罗马士兵再也没有深入日耳曼尼亚。

公元 17 年，奥古斯都的继任者提比略（14—37 年在位）正式放弃了将帝国扩张到莱茵河对岸的任何努力。莱茵河成为罗马世界和日耳曼世界之间重要的文化和政治分界线。在这条线的西部和南部，罗马人的统治意味着人们喝葡萄酒，遵守罗马法，说拉丁语，最后是从拉丁语中衍生而来的"罗曼语"（源自"Roman"，意为"罗马的"）。然而，在莱茵河以东，饮用啤酒的日耳曼人有着不同的文化取向。

罗马百夫长马库斯·凯利乌斯（Marcus Caelius）的墓碑，他是在条顿堡森林战
役中牺牲的罗马士兵之一。

图片来源：Charlotte Erpenbeck / Shutterstock

　　然而，罗马影响了这一取向。在瓦鲁斯战败前的几十年里，日耳曼社会
因罗马人对高卢和莱茵兰的统治而发生了变化。部落间的交流和联盟增加
了，这使得这些部落能够配合起来对罗马的三个精锐军团发动突袭。日耳曼
社会也变得更加等级森严和军国主义化，骑在马上的武士获得了财富、权力
和地位。阿米尼乌斯的胜利突出了这些发展。因此，条顿堡森林战役不仅阻
止了罗马帝国在西欧的扩张，也加速了日耳曼社会在日耳曼人和罗马人以前
的碰撞过程中已经开始的转型。

罗马卡匹托利欧广场上马可·奥勒留的骑马雕像。在 161—180 年的统治期间，马可·奥勒留与试图渗透罗马北部边境的"蛮族人"进行了长期的斗争。

图片来源：Toryn / Fotolia

多人回到了自己的家乡，带着罗马人的钱，会说一些拉丁语，并且对罗马帝国的财富和权力有所了解。

　　到了 200 年，压在罗马北部边境上的各民族的力量开始瓦解帝国的防御。随着 235 年塞维鲁王朝的终结，罗马帝国进入了长达 50 年的灾难时期。来自莱茵河和多瑙河北部的入侵者向南推进到意大利中部，寻找战利品。罗马人最终击退了这些入侵者，恢复了帝国的安全，但正如我们在下一章将要看到的那样，恢复后的帝国与奥古斯都开创的体系有着根本的不同。

跨境经济交流

罗马帝国是几乎全球性的经济网络的一部分。公元 1 世纪，一位罗马人的游记《红海之旅》（*Voyage Around the Red Sea*，作者不详）描写了一个庞大的商业网络。贸易路线将地中海地区、东非海岸、波斯湾和红海沿岸与东南亚和中国连接起来。

罗马和中国的碰撞

根据公元 1 世纪的中国文献记载，中国派往罗马的使节最远到达了波斯湾，并且在 166 年，自称是马可·奥勒留皇帝使节的罗马商人到达了中国，但两个帝国之间从未建立正式的关系。

把罗马和中国连接在一起的是丝绸，而不是外交。丝绸在质地和印染方面优于羊毛和亚麻，是罗马社会最受欢迎的商品之一。中国人垄断了丝绸生产（这种垄断一直保持到 6 世纪，西方的僧侣终于成功地将蚕卵和桑树种子偷运出了中国）。

在罗马共和国时代，丝绸非常罕见，即使是最富有的罗马人也只能买得起小块丝绸，他们往往把这些丝绸当作胸饰佩戴。在奥古斯都时代，罗马人学会了利用季风，从埃及的红海沿岸的港口出发，跨越印度洋，到达印度西海岸，这一航程耗时约 40 天。在印度，商人们用玻璃、黄金、葡萄酒、铜和其他物品交换丝绸。到这一交易发生的时候，丝绸的价格已经翻了好几倍，因为在漫长的"丝绸之路"上，要给很多中间人付费。这条 5 000 英里（约 8 047 千米）长的"丝绸之路"从中国北部穿过酷热的沙漠、高耸的山脉和危险的中亚盐滩，一直延伸到今天的阿富汗，最后到达印度海岸。然而，丝绸是如此珍贵，一次成功的旅行就能保证一个罗马商人的利润是他最初投资的 100 倍。

罗马人对丝绸、香料（尤其是胡椒）和其他来自远东的奢侈品的需求造成了一种贸易不平衡。就像公元 1 世纪的罗马政治家和自然科学家老普林尼（Pliny the Elder，23—79）抱怨的那样："据最低限度的估计，印度、中国和阿拉伯半岛每年从我们的帝国拿走成千上万磅的黄金——这就是我们的奢侈品和妇女的花费。"[5] 许多历史学家认为，硬通货流向东方以购买奢侈品是罗马帝国经济的一个主要弱点。

罗马和非洲的碰撞

在非洲内陆发现的罗马硬币表明，罗马人可能与那里的人有商业往来。然而，对罗马人来说，"非洲"只是他们的一个与地中海接壤的行省阿非利加行省，即今天我们所知的北非地区，而不是位于撒哈拉沙漠以南的广袤大陆。只有到了欧洲中世纪，"非洲"这个名字才代表了整个非洲大陆。

罗马人对撒哈拉沙漠以南的非洲知之甚少。公元前 146 年，罗马将军西庇阿·埃米利亚努斯（Scipio Aemilianus）派历史学家波里比阿沿非洲西海岸探险，最远到达了塞内加尔和一个西庇阿称之为"鳄鱼河"（Crocodile River）的地方。到了公元 1 世纪，一支罗马远征军为了追击一些袭击者从北非的一个基地向南行进，他们可能已经到达了乍得。一百年后，一位名叫尤利乌斯·马塔努斯（Julius Maternus）的罗马军官勇敢地向南行进了四个月，到达了一个"犀牛聚集的地方"。他到了苏丹，在那里他发现了尼罗河，然后就踏上了归程。

罗马人用"埃塞俄比亚人"（Aethiopians，意为"把脸烤黑的人"）这个词来指代生活在撒哈拉沙漠以南的民族。他们对这些民族的了解大多来自埃及人，埃及人经常与生活在被他们称为努比亚（Nubia，在今天的苏丹境内）的民族进行象牙、黄金和奴隶贸易，在那里，复杂而强大的王国已经存在了几个世纪。

帝国时期的社会和文化

奥古斯都之后罗马政治的中心主题——共和政体延续的假象掩盖了根本性的变化——也是帝国社会和文化的特征。共和国的基本社会结构在向帝国转变的过程中留存下来，但是已经发生了重要的变化。当作家和诗人在赞美罗马的伟大时，他们也探讨了生活在稳定但专制的统治下的矛盾心理。许诺救赎的宗教的传播暗示着，在罗马统治下，许多人发现生活并不稳定，开始向政治领域之外寻求安全感。

上层阶级和下层阶级

在罗马帝国，贵族仍然处于社会金字塔的顶端，享有最大的财富、权力和声望。三个社会群体或者说社会等级拥有贵族地位。第一等级是罗马元老院元老，他们占据了社会金字塔的塔尖。元老院元老的职位不是世袭的，但奥古斯都鼓励元老的儿子们追随父辈的足迹，担任能使他们进入元老院的职务。他还向元老院元老提供经济上的鼓励，鼓励他们生儿育女，并延续他们的家族。尽管做出了这些努力，到公元 1 世纪末，大多数最古老的罗马元老院家族还是灭亡了，来自罗马和行省的新家族取而代之。所有的元老院元老及其三代子孙都有权力在他们的托加长袍上缀上一条宽大的紫边。

第二等级是人数更多的骑士阶层。许多骑士像共和国时期一样继续从事商业，但是帝国的扩张给他们提供了新的从事公共服务的机会。骑士阶层占据了外交、财政和军事部门的许多职位，有些还进入了元老院。

第三等级是城市议员，他们是地方精英的成员，在各行省的地方委员会中任职。和元老院元老和骑士阶层的人一样，他们也要是富有的，有着体面的出身和良好的道德品质。然而，也有许多富有的解放奴隶的儿子成了城市议员。

这三个贵族阶层只占帝国总人口的 1%。在他们之下是普通平民，即贫穷但自由的罗马下层公民。虽然被排除在政治生活之外，平民却也能从帝国统治中获益。在罗马城，成年男性公民每天可以得到免费的谷物、橄榄油和猪肉。普通的罗马人也得到了稳定的免费娱乐，如免费观看角斗场的角斗和大竞技场的战车比赛。讽刺诗作家尤维纳利斯（Juvenalis，约 60—140）把罗马的生活描述为"面包和马戏"，即免费的食物和免费的娱乐。

生活在城市里的普通罗马人需要面包和马戏来弥补他们失去的政治权力，弥补他们糟糕的生活条件。穷人挤在没有光线和四面透风的贫民窟里，过着悲惨的生活。疾病致使出生率和预期寿命保持在较低水平。可能超过四分之一的婴儿在出生后的头 5 年内死亡，而存活下来的婴儿中有三分之一在 10 岁前死亡。罗马男性的平均预期寿命为 45 岁，女性为 34 岁。其他每一个城市的穷人都生活在类似的恶劣条件下，但没有日常的粮食配给。罗马的乡村居民大多是农民，他们为罗马军队提供了大部分士兵。

奴隶和解放奴隶

奴隶制在每个古代社会都是生活的一部分。在奥古斯都统治时期，奴隶占意大利总人口的 35% 到 40%。在这个社会里，社会地位和法律地位意味着一切，而这数百万奴隶的社会地位是最低的。古代的奴隶制并不是以种族或肤色为基础的。大多数奴隶是战争中的俘虏，还有一些是因为母亲是奴隶，一出生就成了奴隶。

拥有奴隶的多少反映了一个人的地位。皇帝和富有的贵族拥有成千上万的奴隶，在他们遍布整个帝国的土地上劳动。而工匠、教师、店主和解放奴隶可能拥有一两名奴隶。因为奴隶可以赚钱，甚至有些奴隶也拥有奴隶。

被用于家庭服务或商业和手工业的奴隶是幸运的。许多男性奴隶在种植园或大庄园里工作。他们常常戴着铁链劳动，睡在地牢里。被派到矿场干活的奴隶（其中有些是罪犯）所处的环境更恶劣。女奴不用在田地和矿场里劳动，但她们的价值远远低于男奴。

暴力是奴隶制度的核心。奴隶主可以对奴隶进行人身或性虐待而不受惩罚。奴隶在法庭上的证词只有经过酷刑得到的才有效。面对这样的暴行，奴隶们别无选择。他们可能会试图逃跑，但如果被抓住，就会在额头上被烙上烙印。无论是在帝国时期，还是在共和时期，奴隶起义都没有成功过。

然而，奴隶可以通过解放获得自由。通过一个精心制定的法律程序，奴隶主授予奴隶自由，作为对其忠诚服务、良好行为的奖励，有时甚至是出于感情。当然，解放奴隶也符合奴隶主的最大利益，因为获得自由的希望使奴隶们唯命是从。此外，罗马法确立了对解放奴隶的限制。奴隶主死后，可以获得自由的奴隶不得超过 100 名，奴隶必须至少30 岁，奴隶主至少 25 岁。

解放奴隶只占罗马总人口的 5%，但他们的进取精神和野心使他们成了一个重要阶层。他们中许多人经商或成为熟练工人、教师和医生。解放奴隶只有部分公民权，但他或她的子女可以成为罗马公民，可以自由地与其他公民结婚。

直到中世纪早期，奴隶制一直是地中海经济和社会生活的一部分。然而，在 2 世纪，奴隶在经济中的作用下降了。由于皇帝专注于巩固而不是扩张帝国，来自战争的奴隶的供应减少了，而成本上升了。拥有奴隶在经济上可能变得不那么可行了。

罗马帝国的妇女

　　元老和骑士阶层出身的女性比古代世界其他女性拥有更多的自由，部分原因是婚姻习俗的逐渐改变。到 250 年，女性从父亲的控制下过渡到丈夫控制下的婚姻形式几乎已经消亡。相反，已婚妇女在法律上仍然受其父亲或监护人的控制。因为她们的丈夫不再控制她们的嫁妆，这一法律变化给了女性更多的自由。一些妇女利用这种自由进入公共领域，参加宴会，参加竞技场的角斗和大马戏团的比赛，并主持文学沙龙。妇女可以拥有财产，并进行投资，也可以成为公共事业的捐助者。许多地位高的妇女受过良好教育，过着有教养的生活。她们的肖像经常被刻在石头上或画在墙上，她们透露出一种有节制的优雅。皇帝的妻子和女儿的画像甚至出现在硬币上。

　　一些处于社会最高阶层的妇女拥有政治权力，尽管这些权力是在幕后表现出来的。利维娅（Livia，公元前58—公元29）嫁给奥古斯都，共同生活了 52 年，在丈夫和她的儿子提比略执政期间发挥了巨大的政治影响力。哈德良皇帝获得皇位的部分原因可能是受到他的远房亲戚图拉真的妻子普洛蒂娜（Plotina，卒于 121 年）的影响。在她的葬礼上，哈德良承认："她经常向我提出要求，我一次也没有拒绝过她。"

　　当然，大多数妇女并没有在石头或硬币上获得不朽，也没有政治权力。关于罗马帝国非贵族妇女的生活，我们掌握的证据资材很少。然而，我们确实听说过女性放债人、女性店主和女性投资者。有些妇女成了医生或艺术家，大多数妇女结婚后生育三四个孩子。

　　尽管文学上的证据表明，许多罗马贵族男子珍爱他们的女儿，但杀害女婴的现象仍然很普遍。预期的男女出生比例是 105∶100。然而，在 2 世纪的罗马，这个比例是 100∶131。不想要的婴儿不仅有女孩，还有生病的、畸形的孩子，甚至还有一些非婚生的孩子，都被遗弃在路

贵妇与美发师。这是一幅来自公元 1 世纪的庞贝古城的壁画，一个心灵手巧的奴隶在为三位贵妇做发型。

图片来源：Erich Lessing / Art Resource, NY

边，要么死掉，要么被陌生人捡走抚养。

文学与帝国

　　罗马帝国的繁荣和稳定促进了文学艺术的蓬勃发展。包括皇帝在内的富有的赞助人赞助出版作品，为新作品提供了读者。然而，帝国统治也限制了言论自由。罗马作家面临着生活在一个以自由换稳定的社会中的压力。

哲学家塞内加（Seneca，约公元前4—公元65）的一生说明了作家在帝国时期所面临的约束。塞内加希望他的著作能给统治者提供建议。受斯多葛学派的影响（见本书第4章），他承认过一种道德生活是多么困难。塞内加的正直和雄辩的才华为他赢得了一个不值得羡慕的任务，当尼禄还是个易受影响的12岁孩子时，他就成了尼禄的导师。他指导尼禄8年，在这8年里，帝国得到了很好的治理。然而，尼禄长大成人后，聘用了其他不靠谱的顾问。塞内加对尼禄堕落到腐败的地步感到震惊，结果他被指控密谋刺杀尼禄。为了避免死刑，他选择了自杀。

专制时代的历史书写

历史学家李维（Livy，公元前59—公元12）的著作阐释了作家在这个专制社会混迹的微妙路线。在他的历史著作中，李维把罗马崛起为世界霸主的过程作为一系列道德和爱国主义教育的素材。他描述了罗马的军事和道德力量是如何使它一跃而成为世界强国的。尽管李维对罗马的伟大感到自豪，但他认为权力带来的是堕落。他既没有掩饰奥古斯都发动内战时的残酷，也没有掩饰他对罗马道德和政治衰落的批评。李维的公开批评惹恼了奥古斯都，然而他并没有惩罚这位历史学家，也许是因为李维也表达了奥古斯都想恢复罗马荣耀的希望。

历史学家塔西佗（约55—120）属于此后的一代。李维经历了从共和国到帝国的动荡过渡，而塔西佗生活和写作的时代，帝国制度已牢固确立。虽然塔西佗本人的职业生涯在专制的图密善和公正的图拉真统治下都得到了很好的发展，但他痛恨政治压迫。他从未放弃对罗马理想的热爱。在给岳父写的传记《阿古利可拉传》中，塔西佗断言：即使是在像尼禄这样的坏统治者之下，好人也能为国家忠诚效力。因此，这部作品无意中揭示了奥古斯都帝国制度的一项重要成就，那就是它驯服了罗马的贵族，把他们变成了一个高效的统治阶级。

帝国的诗歌

诗人也必须适应专制统治下的生活。奥维德（Ovid，公元前43—公元17）的悲剧命运表明了冒犯皇帝的危险。奥维德的情诗使他成为罗马的宠儿，但是他对罗马人性生活的轻松描述，违反了奥古斯都试图恢复传统家庭价值观的努力。而他的《变形记》（*Metamorphoses*）以希腊和罗马神话中的变化无常为主题，间接地挑战了奥古斯都领导下的稳定国家的理想。在公元8年，奥维德因色情诗作《爱的艺术》（*The Art of Love*）以及涉及奥古斯都外孙女的性丑闻招致皇帝的敌意。奥古斯都把奥维德流放到黑海边上的一个村庄，奥维德在那里度过了余生。

贺拉斯（Horace，公元前65—公元8）是一个富有的解放奴隶的儿子，他通过避免卷入政治和性丑闻，并与奥古斯都保持密切的联系，逃脱了奥维德的不幸命运。他的公共主题诗歌赞扬皇帝给世界带来和平和道德生活的希望。在贺拉斯所有的作品中，他都敦促人们珍惜生命中短暂的快乐。在他最著名的诗歌中，他唱道：

> 聪明人啊，今朝有酒今朝醉，人生苦短别太贪。及时行乐
> 莫耽误，时光飞逝水过川。

维吉尔也赢得了奥古斯都的青睐。应奥古斯都的要求，维吉尔创作了史诗《埃涅阿斯纪》，歌颂奥古斯都的统治，并使其合法化。这部史诗讲述了特洛伊王子埃涅阿斯建立罗马城的故事。通过一系列的电影式"闪进"，维吉尔展示了罗马人民的全部历史，而奥古斯都统治时期是其巅峰。然而，维吉尔并不是《埃涅阿斯纪》结尾所展示的那种帝国

主义的宣传者。埃涅阿斯对迦太基女王狄多（Dido）的爱使他放弃了建立罗马的使命，但是他最终克服了自己的欲望，完成了自己的使命：他抛弃了狄多，狄多因此而自杀。在这首诗的结尾，主人公胜利了，但是他牺牲了一切。维吉尔让他的读者对公共服务的代价感到疑惑。

尤维纳利斯也揭露了帝国时期的弱点。他是罗马最著名的诗人之一，他的讽刺诗嘲讽了受教育程度过高的女性、狡诈成性的希腊人和乏味无聊的乡下人。然而，他最喜欢嘲讽的是罗马的日常生活。他对这个城市的噪声、气味、劣质的房屋、拥挤的街道和无处不在的犯罪行为的描述，强调了特权阶层和普通民众之间生活方式的巨大差异，从而突出了共和国理想的堕落。

罗马帝国的科学

在罗马人的统治下，希腊化的科学传统（见本书第 4 章）蓬勃发展。克劳狄乌斯·托勒密（Claudius Ptolemy，约 90—168）将希腊化时期太阳围绕地球公转的理论系统化。他利用的是苏美尔人发明、后来巴比伦人加以完善的将球体划分为 60 个单位的方法。西方天文学家使用托勒密的天象图将近 1 500 年，而他的《地理学》（*Geography*）直到 16 世纪一直是地图学的基础。

在长达 1 500 多年的时间里，罗马医学塑造了西方医学。医生盖伦（Galen，129—200）试图把医学变成一门科学。他坚持解剖对于理解人体的重要性，并强调实验大有必要。在盖伦职业生涯的大部分时间里，他都在罗马工作，但他在安纳托利亚的帕加马当了四年角斗士的医生，在那里他能够对创伤对人体的影响进行第一手的研究。

但是，盖伦对西方医学的影响主要是消极的。盖伦认为，人体四种体液（血液、黑胆汁、黄胆汁和黏液）的不平衡会导致疾病。例如，血液太多就意味着发烧。盖伦教导说，为了恢复这种平衡，医生应该使用水蛭或切开静脉，将病人"多余的"血液排出。通过使用导致呕吐或腹泻的强催吐剂或通便剂会排出"过多"的胆汁。直到19世纪早期，放血、通便或催吐以及它们基于体液的学说一直是西方医学实践的中心。不幸的是，这些治疗削弱了病人的体质，杀死了无数的病人。

宗教生活

由于帝国政权没有努力去规范宗教，整个帝国的人民自由地崇拜许多神，并保持他们的传统仪式。然而，这一时期见证了重大的宗教变化，包括犹太教的转变和基督教的出现。

帝国的多神论

宗教融合（将诸神等同起来并融合他们的宗教信仰）是帝国宗教生活的一个共同特征，有助于帝国的统一。罗马人经常把外来的神和他们自己的神联系在一起。罗马人不介意其他民族以不同的方式崇拜朱庇特、朱诺或其他罗马神，或赋予神不同的属性。

罗马帝国的每座城市都有自己的神，但有些宗教崇拜超越了它们的起源地。在帝国城市扩张的过程中，奴隶、解放奴隶和城市贫民非常迷惘，转而求助于提供归宿感和救赎的宗教。那些许诺战胜死亡或从日常生活的折磨和痛苦中解脱出来的宗教遍及帝国全境。

例如，起源于埃及的女神伊希斯就让她的许多追随者摆脱命运的束缚。她的故事围绕着她的丈夫奥西里斯〔Osiris，也叫塞拉皮斯（Serapis）〕的死亡和复活展开。她的崇拜者相信他们也会有死后的生活。此外，伊希斯经常被描绘成怀抱幼子荷鲁斯（Horus）的形象，这代表着博大的母爱，因此象征着慈悲。罗马作家阿普列乌斯（Apuleius，

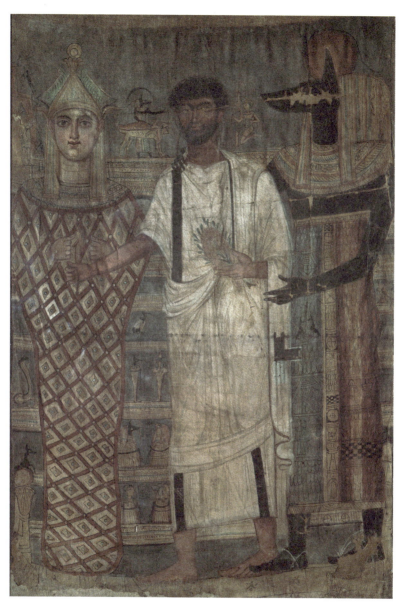

来自埃及的木乃伊裹尸布。这幅画来自一块 2 世纪裹在一具木乃伊身上的彩绘亚麻布，左边是埃及神奥西里斯，右边是长着胡狼头的阿努比斯神，他们中间是穿着罗马服装的死者，其肖像是精心绘制的。这幅画展示了罗马帝国统治时期古埃及宗教的延续。

图片来源：Erich Lessing / Art Resource, NY

约 125—170）在《金驴记》(*The Golden Ass*)一书中，描述了这位女神的保护力量。这个充满了色情和魔法的故事讲述了一个罗密欧式的年轻男子卢修斯（Lucius），因偷窥一位美丽的女巫败露而被变成了一头驴。卢修斯跌跌撞撞地经历了许多不幸，直到伊希斯把他恢复到人形。卢修斯感谢她"用慈祥的母爱来关心悲惨人类的苦难"，并成为她的祭司。

另一种承诺给崇拜者带来救赎的宗教是太阳神密特拉（Mithras）崇拜。根据其崇拜者的说法，密特拉在 12 月 21 日冬至那天被他的敌人杀死，并在 12 月 25 日复活。通过崇拜密特拉神，他的追随者相信他们也可以获得死后的生命。对密特拉的崇拜仅限于男性，其仪式是在地下室举行的，在那里，一小群人举行仪式性餐礼，唤起密特拉的记忆，背诵有关死后灵魂之旅的经文，并向神献祭。因为这种宗教强调勇气和责任，所以它对士兵特别有感召力。

对"无敌太阳神"的崇拜也遍及整个帝国。这位神起源于叙利亚，与希腊-罗马神话里的太阳神赫利俄斯-阿波罗（Helios-Apollo）和密特拉有关。当这位叙利亚太阳神埃喇伽巴（El-Gabal）的大祭司埃拉伽巴路斯（Elagabalus）成为罗马皇帝（218—222 年在位）时，他在罗马建了一座巨大的神庙献给他的神，并指定密特拉的诞生和复活日 12 月 25 日为崇拜这位神灵的特别日子。在 50 年内，这位无敌太阳神成为官方崇拜的主神。

拉比犹太教的起源

罗马统治重塑了犹太教和犹太人的历史。在公元前 37 年，罗马元老院任命来自巴勒斯坦南部的罗马盟友希律大帝（Herod the Great，公元前 37—公元 4 年在位）为"犹太人之王"。尽管拥有如此显赫的头衔，希律王还是听命于罗马人。大多数犹太人从不认为他是一个合法的国王。希

密特拉献祭公牛。这幅壁画来自罗马南部马里诺（Marino）的一座神庙，创作于 200 年，描绘的是密特拉神献祭公牛的神圣行为。密特拉崇拜只局限于男性，遍布整个帝国。学者们无法确定这幅画中狗、蝎子和蛇的象征意义。

图片来源：Scala / Art Resource, NY

律王死后，他的王国被分给三个儿子，但在公元 6 年，奥古斯都吞并了这些王国中最大、最重要的一个，即朱迪亚（Judea）。吞并朱迪亚意味着罗马人现在直接控制了犹太人精神生活的中心耶路撒冷城（见地图 6.4）。总督治理无方和沉重的赋税导致朱迪亚的经济衰退，饥荒和强盗变得很普遍，犹太人之间产生了分歧。地主精英从罗马统治中获益，而普通的犹太人却把他们的领导人看作不信神的政权的合作者。他们追随书吏和拉比（rabbi，希伯来语的意思是"我的主人"）。这些学者把他们的生命奉献给了抄写宗教经文和解释经文，对罗马的统治没什么兴趣。

　　长达 60 年的罗马弊政和犹太人的独立愿望导致了公元 66 年的朱迪亚起义。犹太人组建了自己的政府，任命了地方军事指挥官，废除了债务，并发行了自己的铸币。然而，内部分裂削弱了这次叛乱。帝国军队于公元 70 年占领了耶路撒冷，摧毁了圣殿，把大约 200 万人变成了奴隶。

　　虽然如此，犹太教和犹太人依然幸存了下来。一种新的宗教生活出现了。从公元前 6 世纪开始，很多犹太人社团生活在巴勒斯坦之外，但在罗马人洗劫朱迪亚之后，"大流散"（Diaspora，意为"散布的人口"）成为犹太人生活的特征。耶路撒冷不再是犹太教宗教仪式的中心，尽管它依然是犹太人的宗教思想和希望的中心。以寺庙为中心的动物祭祀消失了。拉比取代祭司成为宗教导师和社会指导者。拉比们接受过犹太律法的训练，解释并讲授《律法书》，解决争端。犹太教堂发展成为犹太人庆祝安息日和一起祈祷的中心。

　　《密西拿》（Mishnah）就是在这个时期出现的。它成书于 220 年前后，收集了各种观点、决定和训诫，既有口传的，也有为解释犹太律法而写的文本。《密西拿》共 63 卷，每一卷都涉及法律的一个特定方面，从仪式的纯洁到犯罪。在《密西拿》所强调的道德准则中，拯救生命是最重要的。为了拯救生命，任何人都可以违背任何犹太宗教律法，除了那些禁止偶像崇拜、通奸、乱伦或谋杀的律法之外。拯救一条生命象征着拯救人类。

基督教的出现

　　在《密西拿》编撰之前的一个多世纪，起源于犹太的新宗教基督教出现了。大约从公元 28 年开始，一个来自巴勒斯坦北部加利利的犹太拿撒勒人耶稣（约4—约30）和一群追随者穿过巴勒斯坦，敦促信徒在世界末日来临之前一起进入上帝的天国（见地图6.4）。耶稣的追随者认为他就是犹太先知作品中的重要人物弥赛亚。在犹太人的信仰中，弥赛亚的到来将开启一个祝福上帝子民的新时代。

在大约30—33年，耶稣进入耶路撒冷传道。罗马当局宣判他为革命者，并将他钉死在十字架上，这是罗马帝国对非公民常用的死刑方式（见本章的"历史上的正义"专题）。然而，耶稣的追随者坚持说他死而复活并升天，而他的灵魂留在了人世间，指引着他们的生活。这些信徒最终被称为"基督徒"（Christians，来自希腊语词"Christ"，即基督，意为"弥赛亚"或"受膏者"），他们期待耶稣很快回来，并开启一个新的正义时代。他们共同分享他们的财产，并且淡化了亲属关系——这严重违背了罗马人和犹太人对家庭生活的重视。几十年过去了，耶稣没有再临，然而，他们专注于建立他们的社区，维护他们独特的信仰。

但是，是什么定义了这种信仰呢？耶稣最初的追随者是犹太人，他们认为他是拉比、先知，最后是弥赛亚，所有这些都是犹太人的宗教理念。但是，随着基督教传播到非犹太人，当基督徒调整他们对耶稣再临的期望时，对耶稣的理解出现了分歧，而且常常是相互冲突的。

在这个宗教辩论和发展的过程中，塔尔苏斯的保罗（Paul of Tarsus，卒于65年）的工作和教导是至关重要的。作为一个受过教育的犹太人，保罗游历了安纳托利亚和希腊，建立和发展了基督教社区。更重要的是，他还写了书信在这些社区传阅。这些写于公元1世纪50年代的书信教导人们，耶稣不仅是犹太人的弥赛亚，也是上帝之子，他死在十字架上，这是上帝计划的一部分。在保罗的书信中，耶稣的惨死变成了爱的牺牲，即通过承受有罪的男男女女应得的惩罚，无罪的上帝之子在他的信徒在人世间死后让他们在天堂永生。

地图 6.4 罗马统治下的巴勒斯坦

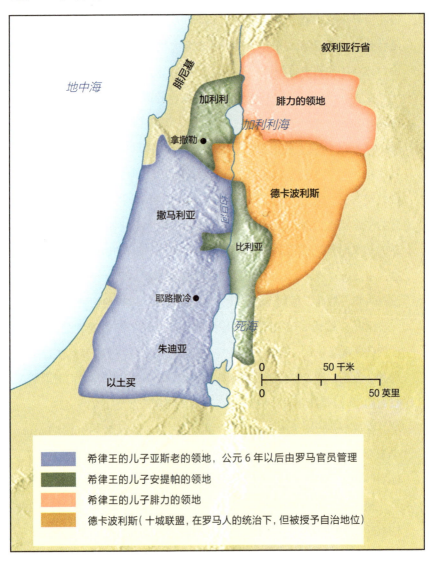

希律王的儿子亚斯老的领地，公元 6 年以后由罗马官员管理
希律王的儿子安提帕的领地
希律王的儿子腓力的领地
德卡波利斯（十城联盟，在罗马人的统治下，但被授予自治地位）

大希律王死后，他的王国分给了他的三个儿子。仅仅两年后，罗马人就废黜了继承了朱迪亚的儿子亚斯老，并直接统治了他的领土。从这幅地图上可以看出罗马管理庞大帝国的哪些行政措施？

保罗版本的耶稣教导成为正统基督教的基础。"正统"的意思是"正确的信仰"，从 3 世纪中叶开始，那些宣扬以与正统信仰不同的方式信仰耶稣的基督徒面临着异端分子的指控。"异端"的字面意思是"选择"。异教徒是指那些选择相信错误事情的人。但是在耶稣死后的 200 年里，正统基督教还不存在，《新约》（与《旧约》或《希伯来圣经》一起构成基督教《圣经》的文集）也不存在。因为耶稣本人什么也没有写，不同的团体有不同的想法，每个人都可以声称自己是耶稣真正的追随者。

例如，保罗教导说非犹太基督徒不需要行割礼（犹太人的一项重要的入教仪式），也不需要遵守犹太人的饮食限制，而耶稣的其他追随者则坚持认为所有的基督徒必须遵守所有的犹太律法。还有一些被称为"马西昂派"（Marcionists）的早期基督徒，他们不仅拒绝犹太人的律法和习俗，而且拒绝犹太教的《圣经》，甚至拒绝犹太教的上帝。在他们看来，耶稣并不是犹太人的弥赛亚，而是上帝所拣选的使者，他来到世上，是要把人从犹太人复仇的上帝手中拯救出来。

一个比基督徒与犹太教的关系更有争议的问题是耶稣的神性。信仰"嗣子说"（Adoptionist）的基督徒主张耶稣是完全的人，生于童贞女马利亚和圣灵，在受洗时由上帝领养，是为了完成上帝的使命，而信仰"幻影说"（Docetism）的基督徒则认为，耶稣只是表面上拥有一个物质的身体，实际上是神的存在，而不是人的存在，他的人形只是"幻影"。持第三种观点的基督徒相信耶稣既完全是神，也完全是人。325年（见本书第 7 章），第三种观点成为正统教义，但在 2 世纪初，基督徒对耶稣的理解还远远没有定型。

基督教与物质世界的关系这个问题在这几个世纪里仍然是开放的，正如诺斯替派（Gnostic）基督教的出现所表明的那样。诺斯替信仰变化很大（并不是所有的诺斯替派都信奉基督教），但总的来说，诺斯替

提图斯拱门。这幅提图斯拱门上的大理石浮雕描绘的是提图斯在 66—70 年镇压犹太人起义后，在罗马的凯旋式游行中展示的从耶路撒冷圣殿中获得的战利品。其中包括一个大烛台，这是犹太教最神圣的象征之一。

图片来源：Matt Ragen / Shutterstock

派认为男人和女人都是真正的精神存在，他们属于上帝的领域，属于善的世界，属于灵魂的世界。相比之下，物质世界（包括人的身体）不是上帝的创造，而是一个本质上邪恶的监狱，人类的灵魂被困在其中。诺斯替派认为，很少有人认识到或知道这些真理。"Gnostic"一词来自希腊语中表示"知识"的"gnosis"（因此诺斯替派又称灵知派）。诺斯替派教导说，只有少数的男人和女人拥有灵知，能让他们逃离这个世界的邪恶，回到他们应有的精神家园。因此，诺斯替派基督徒认为，作为一位宇宙拯救者，耶稣不是来拯救整个世界的，而是来拯救他所拣选的少数人的。诺斯替派倾向于促进脱离世俗事务，脱离物质需求和欲望。虽然 3 世纪正统观念的固化意味着诺斯替派基督徒被贴上了异端的标签，但即使在今天，基督徒对何为对待世俗事务和身体欲望的正确态度仍存在分歧。

罗马世界的基督教

基督教的第一批皈依者中的许多人来自城市"中产阶级"，即商人、工匠和企业主，但它也吸引了社会边缘群体，如妇女、非公民和奴隶。事实上，耶稣的教导是革命性的，因为它颠覆了阶级、性别和种族的界限。耶稣死后，保罗倡导耶稣的所有信徒过的是一种公共生活，在上帝面前一律平等。正如他写给安纳托利亚加拉太的一个基督教小社区的信中所说："并不分犹太人，希腊人，自主的，为奴的，或男或女。因为你们在基督耶稣里都成为一了。"[6]

基督教的许多核心概念，如关于个人救赎、男女在上帝面前平等、将人类从罪恶中拯救出来等，都将它与帝国的多神信仰区分开来。最引人注目的是，基督教坚决反对多神的存在，并试图让其他宗教的信徒相信他们是错误的。这种让他人改变信仰的"冲动"（即"归附"），加上基督徒从罗马文化的公共生活中退出，为他们招来了怀疑，有时甚至是死亡。

直到 3 世纪中叶，对基督徒的迫害往往都是由地方官员或总督的敌意引发的地方性事件。然而，公元 64 年，罗马帝国皇帝尼禄将一场吞噬罗马中心的大火嫁祸于基督徒（民间传说也同样错误地将大火归咎于尼禄），数百名基督徒在欢呼的人群面前死在了竞技场。

基督徒称那些宁死也不愿意放弃信仰的人为殉道者，或者说是信仰的证人。早期基督教领袖德尔图良（Tertullian，约 160—225）斥责

基督是好牧人。这座雕像创作于 2 世纪，把耶稣描绘成一个好牧人，这是早期基督教艺术中经常出现的主题。这一形象取自《希伯来圣经》和希腊神话中的阿波罗神形象，表明了基督教中希腊和希伯来思想的融合。

图片来源：Scala / Art Resource, NY

历史上的正义

从历史的角度看耶稣的审判

公元 30 年，耶路撒冷的帝国当局在罗马的朱迪亚行省审判并处决了一位被称为拿撒勒人耶稣的犹太教士。对耶稣的审判虽然在当时是一件微不足道的事情，但是对这一事件的解读对西方文明产生了深远的影响。

关于审判耶稣的信息来自《马太福音》《马可福音》《路加福音》《约翰福音》。这些被称为"福音书"的叙事是在耶稣死后 30 年到 60 年写成的。它们讲述了耶稣在加利利和朱迪亚三年的传道和行神迹期间，漠视犹太宗教律法的很多方面，招致了犹太宗教领袖的怨恨。根据《福音书》，当耶稣进入耶路撒冷的圣殿时，他通过谴责他们的虚伪和掀翻货币兑换商的桌子激怒了犹太精英。祭司们密谋要杀他。他们付钱给耶稣的一个追随者，让他说出耶稣的下落。在逾越节的前一夜，或就在逾越节的那天晚上，兵丁把耶稣拿住，带到犹太大祭司该亚法（Caiaphas）的家里。在那里，耶稣要么是在大祭司和该亚法的岳父面前（根据《约翰福音》），要么是在犹太公会（Sanhedrin，即最高法院）面前接受了审判。根据《马太福音》《马可福音》《路加福音》，犹太公会认定耶稣因自称是上帝之子弥赛亚而犯了亵渎罪。

由于在罗马统治下他们没有处死耶稣的权力，这些犹太宗教领袖把他带到罗马总督本丢·彼拉多（Pontius Pilate）面前，要求他处死耶稣。彼拉多很是犹豫，但祭司们坚持说耶稣声称自己是犹太人的王，这是在威胁皇帝的权威，从而说服了他。彼拉多的士兵将耶稣钉死在十字架上，但根据《福音书》，耶稣的死应归咎于要求处死他的犹太人。在所有四部福音书中，耶路撒冷的犹太人都对不情愿的彼拉多高喊："把他钉死在十字架上！"

《福音书》中对耶稣被捕、受审和受难的描述给历史学家带来了难题。这些叙述的部分内容与学者们对犹太当局和罗马管理者审判行为的理解相冲突。例如，我们所掌握的历史证据表明，犹太公会并不在夜间举行审判。他们不会在大祭司的家中集会，也不会在节期或节期的前一夜集会。

然而，比这些问题更重要的是亵渎罪的问题。在公元 1 世纪的犹太教中，弥赛亚被认为是一个国王的形象，但不是神。因此，如果耶稣确实认为自己是弥赛亚，他就不会犯亵渎罪。然而，一些学者指出，犹太宗教领袖们可能认为耶稣坐在上帝面前（从而分享上帝的统治）的要求是亵渎神明的。

耶稣是否渎神至今依然不清楚，但是对于耶稣在圣殿里与犹太精英对抗的重要性几乎没有争论。耶稣在耶路撒冷谴责祭司的行为是十分危险的。这些人（尤其是大祭司本人）把他们的权力归功于罗马领主，并负责维持秩序。圣殿里的许多犹太精英把耶稣看作威胁他们权威的煽动者。根据《马太福音》《马可福音》和《路加福音》的记载，逮捕了耶稣并把他带到犹太公会面前的是圣殿的守卫，而不是罗马士兵。这 71 名法庭成员都是罗马人任命的，其中包括其领导者该亚法。这些人知道，如果他们不能控制耶稣，罗马人就会取代他们。这个法庭不能处决耶稣，但可以把他送上罗马行政官的法庭，罗马人会以煽动叛乱的罪名起诉他。

耶稣在平民中的声望和圣殿附近的骚乱可能引起了罗马人的怀疑。此外，如果耶稣声称自己是弥赛亚，那么从罗马人的角度来看，他就是犯了叛乱罪，因为"弥赛亚"这个词有国王的含义，而没有皇帝的许可，帝国内的任何人都不能成为国王。罗马官员通常以钉死在十字架上来回应对政治秩序真实存在的或想象的威胁。在本丢·彼拉多这个谨慎的行政官看来，耶稣是对公共秩序的威胁，因此应该处死他。彼拉多没有理由不愿杀他。

那么，为什么《福音书》倾向于把耶稣之死的责任从彼拉多身上转移到犹太人身上呢？《福音书》是在犹太人和基督徒之间的敌意和怀疑与日俱增的背景下被记录下来的。此外，在 66—70 年的犹太人叛乱中，罗马军队摧毁了圣殿，基督徒想要和犹太人撇清关系。他们希望说服罗马当局不要认为他们是叛逆者，而是合法宗教的追随者。这种考虑可能导致了《福音书》的作者们强调犹太宗教领袖对耶稣之死的责任这一倾向。

《福音书》中还提到，在耶稣死前，他就预言了圣殿的毁灭。许多早期的基督徒相信，圣殿的倒塌和对犹太人叛乱的残酷镇压是对犹太人的神圣惩罚，因为是他们导致了耶稣的死亡。在 2 000 年的时间里，这种对耶稣的审判和处决以及对巴勒斯坦犹太社会被毁的解释损害了基督徒和犹太人的关系。从公元 1 世纪到 20 世纪，基督教社会的重要成员都将耶稣受难归咎于"犹太人"。

迫害他的罗马人说："我们越是遭到你们的屠杀，我们的人数就越是增加，殉道者的鲜血是教会的种子。"[7]但是在235年（本章内容结束的日期），基督教在罗马帝国内部仍然是小众信仰。

结语：罗马塑造了西方

罗马帝国的版图勾勒出了今天西方世界的中心地带。经由罗马，地中海社会中发展起来的文化和政治思想传播到欧洲。这片由不同土地和人民组成的"百衲被"主要是通过征服获得的。一个专制的政府把这些碎片拼凑在一起。虽然罗马当局不允许有异议，但他们允许行省人民成为罗马人。身为罗马人意味着一个人拥有公民权所特有的合法权利，而不是某一个种族或群体所特有的合法权利。就这样，除了征服帝国和巡逻其边界，罗马军队给被征服民族带来了某种罗马社会形态。通过模仿罗马的建筑风格和城市生活，城市也传播了罗马文明。此外，这些城市的精英们帮助把农村的资源汇聚到皇帝的金库里，从而维持了帝国的制度。

罗马文明，包括其法律制度、城市的发展以及文学和艺术遗产，成为西方文明的基础。罗马法学家建立的判例在欧洲大部分地区至今仍然有效。近2 000年来，早期罗马帝国的拉丁语文学和希腊语文学一直在为西方读者提供娱乐、思想指导和灵感。直到不太久之前，西方所有受过教育的人都能读拉丁文，许多人还能读希腊文。我们的许多公共建筑和纪念雕塑都沿用了罗马的模式。在近现代以前，对欧洲人来说，罗马帝国是最重要、最具影响力的帝国制度的范本。同样重要的是，一神论以及犹太教和基督教的伦理教义塑造了西方文化。

罗马的城墙。3世纪20年代，皇帝奥勒良在罗马周围建造了12英里（约19.3千米）长的城墙，以保护这座城市免受日耳曼人的侵袭。城墙高20英尺（约6.1米），厚12英尺（约3.7米），有18个主门。罗马竟然需要城墙保护，这在罗马帝国的初期是不可想象的。

图片来源：James Mcconnachie / DK Images

第 7 章

古典时代晚期：
新边界时代

250—600 年

410 年 8 月最后一周发生的事件震惊了罗马世界。一小队无地的勇士——几千人而已——在他们的国王阿拉里克（Alaric）的率领下，攻破罗马城，并进行了为期三天的掠夺。一年多来，阿拉里克一直在威胁这座城市，试图为他的手下勒索更多的黄金和土地。在勒索失败后，他直接对罗马城发起了攻击。因为阿拉里克的西哥特追随者都已经皈依基督教，他们并没有破坏罗马的教堂，也尽量不侵犯修女。但他们运走了大量的战利品，包括黄金、白银和丝绸，他们大肆掠夺异教皇帝的坟墓，包括奥古斯都的陵墓。

30 年前，这些战士和他们的家人从俄国南部的故土入侵了罗马帝国。对他们来说，掠夺地中海世界最富饶的城市，是他们为获得永久家园而进行的长期斗争中一个有利可图的中间环节。然而，对罗马人来说，对罗马的掠夺是一场浩劫。他们几乎不能相信，他们的首都——世界霸权的辉煌象征——已经落入他们眼中的野蛮暴徒之手。"罗马如果被洗劫，还有什么是安全的？"基督教神学家哲罗姆（Jerome）在遥远的耶路撒冷听到这个消息时发出了这样的哀叹。他的话代表了各地罗马公民的愤怒和惊讶，无论他们是基督徒还是非基督徒，他们都相信罗马帝国受到上帝的保护，并将永远延续下去。

西哥特人是怎么能够洗劫罗马的？这个问题的答案在于罗马帝国在古典时代晚期所发生的根本性的、令其国力衰弱的转变。古典时代晚期大约是指 250—600 年的这段时期，是连接古典世界和中世纪的桥梁。古典时代晚期可以分为三个阶段：第一个阶段包含了 235—284 年半个世纪的危机，其特征是几乎致命的内战、外敌入侵和经济危机。在第二个阶段，罗马经历了近 100 年的政治改革和经济复兴，并在 4 世纪稳定下来。然而在 5 世纪，也就是古典时代晚期的第三个阶段，地中海世界的政治统一结束了。西罗马帝国土崩瓦解，新的日耳曼王国在意大利、高卢、不列颠、西班牙和北非发展起来。东罗马帝国以其新首都君士坦丁堡（现在的伊斯坦布尔）为中心，不但幸存了下来，而且欣欣向荣。直到 1 000 年后的 1453 年东罗马帝国落入奥斯曼帝国之手之前，这里的居民一直认为自己是罗马人。在君士坦丁堡（那里仍然延续着罗马的政治管理模式）和西方的新王国（这里没有延续罗马的政治管理模式），罗马的文化遗产继续以希腊语和拉丁语以及罗马法的形式存在。

在古典时代晚期，基督教成为整个罗马帝国的主导宗教，并从那里传播到帝国边界之外，给北欧、北非和中东的人民带来了新的文明概念。从此以后，对大多数人来说，西方文明就是基督教文明，分隔各国人民的边界不仅像古代世界那样是政治上的，也是宗教上的。罗马帝国和基督教之间的碰撞提出了这样一个问题：它们的相互影响如何改变了帝国的文化和基督教的实践？

3 世纪的危机和复苏

从 235 年到 284 年，罗马帝国在政治和经济动荡中摇摇欲坠。曾经使罗马帝国成为地中海霸主的军队和皇帝似乎无力应对新的威胁。将军们争夺皇帝宝座，长期的内战动摇了帝国的根基，侵略者突破了防御薄弱的帝国边界，侵占土地，掠夺财物。然而，在 3 世纪末，戴克里先皇帝通过激烈的行政和社会改革阻止了帝国的崩溃。

帝国政府的崩溃

235 年，皇帝塞维鲁·亚历山大被暗杀之后，军事政变接连不断，野心勃勃的将军们为了争权夺利而展开了残酷的竞争。在 3 世纪后半叶，40 多位皇帝和准皇帝中没有一位是自然死亡的，大多数皇帝只掌权几个月。他们一心只想保住自己的帝位，却忽视了帝国的边界问题，使帝国很容易受到攻击。

这造成了十分严重的后果。入侵者袭击了东部和西部的行省。令罗马人深感耻辱的是，260 年，皇帝瓦勒良（Valerian）在一场战役中沦为波斯大王的俘虏。蛮族军团越过莱茵河，一路向南进入意大利半岛。270 年，皇帝奥勒良（Aurelian）被迫在罗马城周围修筑了一道坚固的城墙。帝国的其他城市也建造了类似的防御工事。由于罗马帝国的政治动乱，权力中心从罗马转移到了地方城市。与他们的前辈不同，这个时代的军人皇帝大多来自边疆行省，几乎没有时间去争取罗马元老院的支持。他们在战乱频仍的边境附近的城市主持朝政。远离罗马的城市长期以来一直被作为军事基地和供应分配中心，如不列颠的约克（York）和高卢的特里尔（Trier）。在这一时期，皇帝在哪里，哪里就成为帝国的首都。一些城市和行省利用被削弱的政府试图脱离罗马帝国的控制。

帝国政府的恢复

在 3 世纪末，皇帝戴克里先（Diocletian，284—305 年在位）力挽狂澜，将帝国从混乱中拯救出来。凭借卓越的组织才能，他发动了一系

罗马皇帝瓦勒良投降。波斯国王们在古城波斯波利斯（波斯帝国的行宫）以北 6 英里（约 9.7 千米）的悬崖上建造了他们的坟墓。在伊朗纳克什鲁斯塔姆（Naqish-i Rustam）有一浮雕，描绘了波斯大王沙普尔一世（Great King Shapur I，239—272 年在位）骑在马背上，抓着他的俘虏罗马皇帝瓦勒良的手臂。而前任罗马皇帝腓力（人称"阿拉伯人"）跪下来为其求情。

图片来源：Steve Estvanik / Shutterstock

列具有深远影响的军事、行政和经济改革。自三个世纪前奥古斯都统治以来，罗马帝国从未有过如此巨大的变化。

在独自执政两年后，戴克里先感到治理帝国的责任巨大，单独一位皇帝会不堪重负，因此他将帝国的管理分为两部分。在 286 年，他选择了马克西米安（Maximian）作为共治者，让他在罗马统治帝国的西半部，而他继续统治帝国的东半部。293 年，戴克里先和马克西米安通过任命两名副帝进一步细分帝国的管理。这四位皇帝都有自己的行政体

四帝共治。为了展现他们的团结和备战状态，罗马的四位共治皇帝被描绘成身着军装的士兵，他们一只手握剑，另一只手紧握搭档的肩膀。每一组都有一位正帝和副帝，正帝额头上的忧虑纹更多，表明他的责任更大。

图片来源：John Heseltine / DK Images

系和军队。

通过这种"四帝共治"的体系，戴克里先不仅希望提高帝国政府的效率，还希望结束帝国的血腥暗杀循环。虽然他通过谋杀他的前任而登上了宝座，但他知道帝国的生存依赖于可靠的继承策略。为了达到这个目的，戴克里先规定，在正帝退休后，副帝要取而代之。然后，这些新的正帝要挑选两个新的有才能并且可靠的人做副帝和他们的继承人。随着最高权力从一个精明强干的统治者传给另一个精明强干的统治者，持续不断的暗杀和内战的循环就会被打破。戴克里先进一步将帝国划分为近百个行省。戴克里先将行省总督的职责集中在更小的区域，促进了管理效率。他把这些行省分为更大的"辖区"（diocese），每个辖区由一位监督行省总督的"主事"（vicar）管理。基督教后来在罗马帝国合法化时，就借用了"主教辖区"（diocese）作为其主要管理单位。

为了恢复罗马的军事实力，戴克里先重组了整个帝国的罗马军队，将其规模扩大到40万人，增加了5万名士兵，使其成为当时庞大的军队。为了保护帝国免受侵略者的入侵，他将大部分军队驻扎在边境上，并修建了新的军事道路。这样，如果敌人突破了某处边界，全副武装的骑兵部队就可以迅速赶到那里。戴克里先还试图减少军队对政治事务的介入。虽然他本人军旅出身，但是他认识到，在过去的几十年里，军队一直在持续不断的内战中扮演着破坏性的角色。他创建了许多由指挥官领导的新军团，但缩小了每个军团的规模，以限制其指挥官的权力，并增加其机动性。利用这些军事改革，戴克里先得以确保帝国边境的安全，并镇压叛乱（见地图7.1）。

维持四帝共治时期扩大的文官和军事机构，尤其是在一个急剧通货膨胀的时代，给帝国带来了新的挑战。戴克里先不得不充分利用帝国

地图 7.1 古典时代晚期的罗马帝国

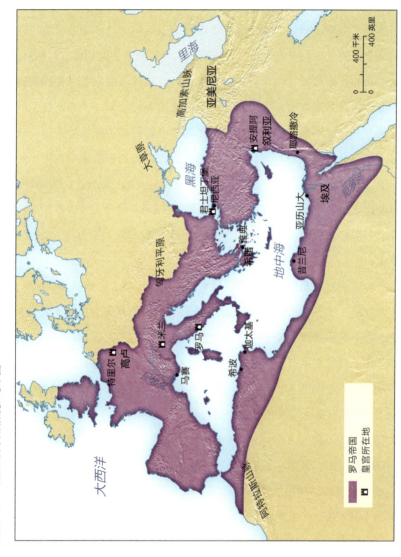

大西洋

特里尔

高卢

马赛

罗马

米兰

多瑙河

匈牙利平原

高加索山脉

里海

大草原

黑海

君士坦丁堡

尼西亚

雅典

希波

迦太基

地中海

安提阿

叙利亚

耶路撒冷

埃及

亚历山大

亚美尼亚

昔兰尼

尼罗河

阿特拉斯山脉

罗马帝国
皇宫所在地

0   400 千米
0   400 英里

在戴克里先的改革之后，罗马帝国享有了一个世纪的稳定，其边界与之前几个世纪相同。根据这幅地图，西方哪些地区受罗马文明影响最大，哪些地区受罗马文明影响最小？

的财政资源，推动经济改革。为了防止货币贬值，他试图通过法令稳定薪资和物价。他还增加了赋税，并建立了一个定期的也是最不受欢迎的人口普查制度，登记所有的纳税人，努力使赋税的征收更加有效。虽然元老院元老、军官和其他有影响力的公民继续享受减税或免税特权，但新的赋税制度产生了足够的收入来支撑庞大的政府机构。

最沉重的赋税负担落在那些最无力支付的农民身上。法律要求这些农民留在人口普查登记的地方，子承父业，代代相传。这种维持农业税基的尝试是成功的，但它减少了社会流动性，导致贫富差距继续扩大。许多贫苦农民向少数有钱有势的人寻求庇护，以保护自己不受残暴的帝国税吏的迫害。作为回报，这些农民将自己农田的所有权授予这些富有的庇护人。这样的农民被称为"隶农"，他们可以继续在土地上劳作，但为了安全放弃了自由。

戴克里先加强帝国统治的尝试导致了宗教迫害。他认为，人们不再崇拜传统的罗马诸神，因而激怒了众神，给帝国带来了苦难（见本章"历史上的正义"专题）。303年，他和副帝伽列里乌斯（Galerius）在他们统治下的帝国东部发起了一场针对基督徒的攻击。这一事件在今天被称为"大迫害"（Great Persecution），戴克里先和伽列里乌斯禁止基督徒集会做礼拜，并下令摧毁所有的教堂和圣书。数千名男女信徒因为拒绝合作而被处决。

走向基督教帝国

戴克里先让罗马帝国的东部行省在军事、行政和经济方面都比近一个世纪之前更加强大。然而，他试图根除基督教信仰的努力失败了。

到了 4 世纪，基督徒从受迫害的少数人发展成为帝国的主导力量。

君士坦丁：第一位基督教皇帝

305 年，戴克里先从皇位上退下来，并坚持要求他在西方的共治帝马克西米安也退位。仅仅一年后，驻扎在不列颠的军队宣布君士坦丁（306—337 年在位）为共治帝。这位 20 多岁的将军开始主张对整个罗马帝国实行统治。312 年，他在罗马台伯河上的米尔维安大桥战役中击溃了西部对手的军队。12 年后，他打败了帝国东部最后一位共治帝。君士坦丁把帝国的东西两部分重新统一起来，独揽朝纲。就这样，戴克里先实行的四帝共治和继承制都走到了尽头。

然而，在其他方面，君士坦丁延续了戴克里先的改革措施。在君士坦丁的统治下，罗马帝国东部和西部保留了各自的行政机构。他也保留了戴克里先对大规模野战军和重甲骑兵的重视。帝国官僚机构和军队依然很庞大，所以赋税也依然很高。在戴克里先时代，硬币一直在贬值，这导致了物价的急剧膨胀，穷人更加难以承受沉重的赋税负担。为了补救这种情况，君士坦丁改革了铸币制度。他意识到现存的硬币已经贬值到一文不值的地步，因此他又造了一种新的有固定黄金含量的金币苏勒德斯（solidus）。这一举措恢复了货币的价值，稳定了经济。这种新货币政策结束了导致 3 世纪政治和社会动荡的恶性通货膨胀。在长达800 年的时间里，苏勒德斯一直是地中海世界的标准货币。

与戴克里先不同，君士坦丁信奉基督教。大多数皇帝把自己与一位神圣的保护神联系在一起。事实上，君士坦丁最早选择了太阳神阿波罗作为他的保护神。但是在 312 年米尔维安大桥战役的前夜，君士坦丁得到了曾经钉死耶稣的十字架的启示。在这场战役中取得胜利后，他将这一启示解释为来自带给他胜利的基督教上帝的预兆。

君士坦丁的巨像。这些碎片是君士坦丁大帝巨大雕像的全部残存，这座雕像高 40 英尺（约 12 米），位于罗马广场马克森提乌斯大殿的后殿里。共治帝马克森提乌斯在 307 年开始建造这座大殿，用一个巨大的雕像来美化自己。312 年，君士坦丁在米尔维安大桥战役中击败马克森提乌斯后，将雕像头颅的面孔换成了自己的。一双大得不成比例的眼睛望向天堂，这也许象征着基督徒对短暂的生命之后到来的那个世界的重视。

图片来源：Ruggero Vanni / Vanni Archive / Encyclopedia / Corbis

因为一神论的基督教否定了敌对的神和其他形式的崇拜，君士坦丁的皈依导致了基督教在整个帝国的最终胜利。君士坦丁并没有命令他的臣民接受基督教或取缔多神崇拜，但是他确实鼓励人们广泛地、公开地实践他的新信仰。在君士坦丁之前，基督徒的礼拜通常是在私人家中秘密进行的，君士坦丁却耗费巨资修建教堂。他通过掠夺多神教神庙中保存了几个世纪的宝藏，获得了用来铸造苏勒德斯的黄金。在皇帝的提倡和鼓励下，基督教迅速发展壮大，有力地挑战了传统的宗教表达方式。

为了建立一个完全信奉基督教的新罗马，君士坦丁于 324 年在古希腊城市拜占庭的旧址上建立了第二个首都君士坦丁堡，即"君士坦丁之城"。君士坦丁对地点的选择显示了他精明的战略。这座城市位于连接欧洲和亚洲、控制着地中海和黑海之间交通的两条军事要道的交会处。从这个战略位置，皇帝监视着帝国东部行省的巨大资源。和戴克里先一样，君士坦丁也认识到帝国的财富和权力在东方。

君士坦丁的新首都成为一座固若金汤的城市。为了应对海盗攻击的威胁，413 年，皇帝狄奥多西二世（Theodosius II）在城市周围筑起了巨大的防御城墙。在未来的几个世纪里，这些防御工事将会多次保护这座城市——实际上，也是保护帝国——免遭灭顶之灾。君士坦丁堡以罗马城为模本建立了新的元老院，埃及的粮食源源不断地供应给首都的居民，还有大量的贸易机会，因此吸引了来自帝国各地的人们。这座城市的规模迅速扩大，到 6 世纪初，其居民人数已达数十万之多。

基督教的传播

在 4 世纪之前，基督教是通过传教士发展起来的，他们在帝国的大部分城市建立了教会。君士坦丁之后，历任皇帝都鼓励基督教的发展，通过主教的传播，基督教迅速在整个帝国传播开来，这些主教在当地享有很高的威望。在帝国的支持下，教会领袖们通过建造教堂和攻击多神教神庙，改变了城市的面貌。

主教的崛起

基督教的成功部分上要归因于其内部组织的复杂性。基督教在早期的几个世纪里，形成了平信徒和神父之别，神父领导礼拜，执行圣礼，担任平信徒的神父。模仿罗马的城市管理，基督徒形成了自己的行政等级制度。正如帝国官员在一群助手的帮助下指导每座城市的政治事务一样，每座城市的基督教社区也由一个叫作主教的首席神父来指导，而主教又有一群从属于他的下级神父和执事。就像行省总督控制着该省所有城市和农村地区的政治事务一样，行省主要城市的主教也控制着该行省的其他主教和神父。这个主要的或首席主教在东部被称为"都主教"（metropolitan，源自表示"大都市"的"metropolis"，因为他居住在行省的首府），在西部被称为"大主教"（archbishop）。这种由都主教或大主教、主教、神父和执事组成的等级结构把分散的信众联系在一起，形成了后来的基督教会。

有了这种管理结构，教会迅速成长，主教成为他们所在城市的重要权威。主教监督其主教辖区的宗教生活。主教辖区是一个建立在戴克里先的行政改革之上的单位，不仅包括城市本身，还包括周围的村庄和农业区。这种监督包括解释基督教的原则和讲解《圣经》。主教的职责很快就远远超出了宗教导师。随着君士坦丁等皇帝的大规模赠予，以及整个帝国善男信女或多或少的奉献，教会逐渐富裕起来，主教们利用这些资源来救苦济贫。主教关心孤儿、寡妇、病人、囚犯和旅行者的公益。例如，5世纪时，当饥荒袭击高卢南部时，里昂主教从他的教会领地运送了大量的食物，以致运送粮食的驳船塞满了罗讷河和索恩河，装满粮食的大车堵塞了通往南方的道路。

君士坦丁允许主教在民事诉讼中担任法官，因此他们成了帝国政府的代理人。这项政策很快使他们卷入世俗政务，因为诉讼人可以选择在主教而不是在民事法官面前受审。主教的裁决与民事法官的裁决具有同样的法律效力。运用他们在罗马学校学到的修辞技巧，主教们还可以在行省总督和朝廷面前为他们的城市辩护。他们在许多方面篡夺了传统城市贵族的角色。例如，当叙利亚安提阿的人民发生暴动砸毁皇帝的一尊雕像时，是当地的主教而不是贵族出面阻止了帝国军队屠杀这座城市的人民。

在帝国西部，罗马成为最重要的主教辖区。起初，罗马主教和其他所有的主教一样，被称为"pope"（源自希腊文，意指"父亲"，即他的教众的父亲）。但是在罗马主教这里，这个头衔被保留下来，最终成为其特指，即"教皇"。到5世纪中叶，皇帝正式承认教皇凌驾于其他主教之上的地位。两个因素解释了为什么罗马主教的职位演变成了教皇职位。第一，与耶路撒冷一起，罗马对基督徒来说是一个具有强大象征意义的地方，因为使徒彼得和塔尔苏斯的保罗都是在罗马殉道的，前者被认为是耶稣的第一个门徒，后者四处传教，在基督教从犹太起源并向外传播的过程中发挥了至关重要的作用。第二，早期的基督徒认为彼得是第一个把他的权威传给后来所有教皇的罗马主教，这就是众所周知的"圣彼得继承准则"。

罗马教皇声称自己是基督教世界的首席主教。他们坚持认为他们的宗教权威高于其他重要城市的主教，尤其是君士坦丁堡的。君士坦丁堡的牧首（patriarch）经常与教皇在信仰和政治问题上发生激烈的争吵。这些主教之间的紧张关系导致了帝国东部和西部之间的分裂，这种分裂一直持续到今天。

通过主教的权威，教会开始几乎作为政府的一个行政部门在运作，尽管它仍然有自己的内部组织。事实上，当西欧的罗马统治在5世纪崩溃时，教会的介入填补了公共领导的真空。

基督教和罗马城

基督教改变了罗马帝国城市的面貌。君士坦丁在教堂、医院和修道院的公共支出和私人支出方面树立了一个榜样，这些都符合基督教的价值观。君士坦丁在罗马建造的其中一座教堂被称为"城外圣保罗大教堂"。这座宏伟的建筑被认为是圣保罗的陵墓。君士坦丁还出资在被认为是圣彼得殉难和埋葬的地方建造了另一座大教堂。这座教堂建在罗马城墙外一个叫作"梵蒂冈山"的无名墓地里。圣彼得大教堂是一座雄伟的建筑，有五条通道，中间点缀着大理石柱。它的祭坛就安放在圣彼得的坟墓之上。今天的圣彼得大教堂就坐落在同样的地方，位于教皇国梵蒂冈的中心。这些教堂的建造标志着耶稣的使徒彼得和保罗已经取代了罗马传说中的创始人罗穆路斯（Romulus）和雷穆斯（Remus），成为这座城市的神圣保护者。随着基督教堂的建造，传统建筑如神庙、澡堂和马戏场之类的公共娱乐设施的开支和建设都在减少。在罗马主教们的推动下，其他公共建筑，例如用于公共事务（包括法律审判）的大型巴西利卡也被改造成了教堂。

随着罗马和其他城市新基督教堂的增多，新的宗教节日和仪式出现了，比如圣徒殉道纪念日。有时基督教节日（圣日）与非基督教节日相互竞争。例如，罗马的教会将12月25日定为基督的生日，以此来挑战同一天人们庆祝不灭的太阳神的传统。到6世纪初，教会已经在日历上填满了基督教的节日。圣诞节和复活节以及纪念特定殉道者的节日取

罗马城外圣保罗大教堂。城外圣保罗大教堂是由皇帝君士坦丁建造的，据说这里是塔尔苏斯的保罗墓地。像其他古典时代晚期的教堂一样，城外圣保罗大教堂遵循了罗马公共建筑的设计方案，即一个巴西利卡，但在一端的半圆形后殿里增加了一个祭坛。5世纪的凯旋门马赛克镶嵌画描绘了《启示录》中所描述的景象。中间是基督的形象，旁边是教会的24名长老。在拱门的左边是圣保罗，指向他的坟墓。

图片来源：Zvonimir Atletic / Shutterstock

代了罗马传统节日。这些节日改变了整个帝国城市社会的生活模式。然而，并不是所有的罗马传统节日都消失了。那些被基督徒认为无害的节日继续被视为公民假日。这些节日包括新年、皇帝登基日，以及庆祝罗马和君士坦丁堡建城的日子。

基督教对纪年的另一个发展是公元纪年（A. D.）的使用。"A. D."是拉丁语"anno domini"的缩写，意思是"吾主之年"，指的是耶稣诞生那一年。这个惯例始于531年，当时罗马的一位修士设立了一个简单的系统来确定每年复活节的日期。他的日历始于耶稣诞生的第一年（当时在欧洲还没有"0"这个概念），并从那时开始计算。虽然他确定的耶稣诞生的年份可能有几年的偏差，但他开创的系统到了 10 世纪已经逐渐被广为接受。在现代许多世俗社会中，对基督教的信仰并不普遍，因此指定年份的"A. D."已经被表示"公元"的"Common Era"的缩写"C. E."所取代。

受到攻击的古老神灵

在基督教成为罗马帝国的主导宗教之前，人们向各种各样的神祈祷。不同的神可以满足不同的需要，对一个神的崇拜并不妨碍对另一个神的崇拜。对基督徒来说，这种宗教表达的多样性是令人无法忍受的。他们把所有的多神崇拜都贴上了贬义的"异教"（pagan）的标签，这个词源自拉丁语中的"paganus"，意思是"乡巴佬"，反映了早期基督教的城市偏见，以及基督教在农村地区传播的失败。

君士坦丁在 312 年皈依基督教后下令结束对基督徒的迫害。尽管基督教在近一个世纪的时间里没有成为帝国的"官方"宗教，但对非基督教信仰和习俗的宽容开始减少。在 4 世纪，帝国法律禁止在古老神灵的神庙外的祭坛上献祭动物。国家对多神崇拜的资助逐渐停止。皇帝用纳税人的钱建造教堂，而不是建造神庙。主教和修士经常与地方官员勾结，领导对多神教的神殿和圣地的袭击。

因为多神崇拜不是一个单一的、有组织的宗教，它没能系统地反对政府支持的攻击，但有一些有影响力的人反对帝国的基督教化。与君士坦丁堡虔诚的基督教朝廷形成鲜明对比的是，罗马城保守的贵族们固守着古老的神灵。384 年，他们的代言人请求皇帝采取宽容政策。昆图斯·奥勒留·叙马库斯（Quintus Aurelius Symmachus）指出，罗马的

伟大源于对古老仪式的遵守。他的
请求没人理睬。皇帝狄奥多西一世
（Theodosius I，379—395 年 在 位）
和他的孙子狄奥多西二世（402—
450 年在位）禁止一切形式的多神
崇拜，非基督教的崇拜失去了法律
保护。到 5 世纪中叶，罗马城的贵
族阶层已经接受了基督教（见本章
"历史上的正义"专题）。

　　许多影响力较小的人也在努力
维持古老的崇拜形式，但在 5—6
世纪，皈依基督教的步伐加快了。
皇帝查士丁尼（Justinian，527—565
年在位）在安纳托利亚的农村实行
了强制皈依政策，在这里他的许多
臣民仍然遵循着古老的崇拜方式。
在罗马帝国根除多神教的意义远不
止于用一种宗教代替另一种宗教。
在前基督教世界，多神崇拜是每个
社区的核心，影响着社会生活的每
一项活动和每一种习惯。要想取代
对古老神灵的崇拜，就需要在社会
和精神生活方面进行一场真正的革
命，而完成这场革命成了新基督教
团体的挑战。

女祭司。这是一块 1 英尺（约 30.5 厘米）高的象牙嵌板，
描绘的是一位女祭司在向祭坛上一位无名的神灵献祭。
上方的 "Symmachorum" 意思是 "叙马库斯家族的"，这
是一个罗马贵族世家，其中一些成员在基督教面前捍卫
旧神。与古典时代晚期的多神崇拜不同，正统的基督徒
是不允许女性担任圣职的。

图片来源：V & A Images, London / Art Resource, NY

新的基督教团体和身份

基督教通过提供共同的信仰体系和参与宗教文化的新机会，巩固了对团体的忠诚。然而，基督教也产生了新的分歧和对教义的矛盾解释，从而引发了新的敌对情绪。因为基督徒说希腊语、拉丁语、科普特语、叙利亚语、亚美尼亚语和其他语言，不同的语言群体有时会有不同的宗教解释和仪式，从而形成了不同的共同体。

新共同体的建立

通过提供一套定义明确的信念和价值观，基督教促进了大规模信仰共同体的发展。这些基本的信念和价值观必须与日常生活和旧的思维方式相结合。因此，基督教要求信徒学习和解读《圣经》，还要求他们效忠于一个上帝和一套复杂的教义。

基督教教义和异端

尽管教会通过主教职位得以制度化，但从一开始就影响基督教发展的神学争议仍在继续，并且出现了新的争议。主教经常召开会议，试图解决教义上的分歧，并提出各方都能接受的信仰声明。

一个无法回避的问题是耶稣的身份问题。他是人，是上帝，还是两者兼而有之？和犹太人一样，耶稣的追随者相信只有一个上帝创造并统治着天地。如果耶稣只是一个人，就像本书第 6 章提到的耶稣是上帝嗣子的"嗣子说"所认为的那样，那么一神论就被保住了。如果耶稣是上帝所拣选的人，是上帝的爱子，是要完成上帝使命的人，那么，耶稣在本质上和其他人没有什么不同，也可能会犯罪或犯错误。然而，耶稣如果是上帝，只是看起来拥有一个人的身体，就像"幻影说"主张的那样，那么就会出现其他问题。例如，如果基督是完全神圣的，那么他向谁祈祷呢？这种对耶稣的神性的强调使得他在十字架上的死亡和他的复活变得无关紧要，因为上帝不可能遭受折磨和死亡。如果强调耶稣是完全"超验的"，或者是"不同的"，这完全超出了人类的理解和人类的局限性，也就切断了耶稣和他的人类追随者之间的联系。

一些神学家在 2—3 世纪形成了"三位一体"的教义，作为对这些关于耶稣本性的持久争论问题的答案。他们认为，唯一的上帝应该被理解为具有三个不同的"位格"，即圣父、圣子和圣灵，每个位格都是完满和绝对的上帝。然而，这一解决办法并没有完全解决争议。教会领袖们继续争论"三位一体"的三个位格的确切关系。圣子和圣灵是否具有与圣父相同的本质？他们都具有同样的神性吗？圣父先于圣子吗？

这些关于"三位一体"本质的问题以一种不同的形式继续着"嗣子说"与"幻影说"的争论，这场争论被称为阿里乌派和亚大纳西派之争。阿里乌派追随的是亚历山大的阿里乌（Arius of Alexandria，约250—336），一位浸淫于希腊哲学的神父。阿里乌断言，耶稣由上帝所造，而非上帝所生，所以耶稣不可能与圣父平等或与其具有相同的本质。阿里乌派认为，三位一体论主张耶稣既是完全意义上的神，又是完全意义上的人，这是不合逻辑的。亚大纳西派是亚历山大主教亚大纳西（Athanasius，约296—373）的追随者。他们被阿里乌派试图贬低耶稣神性的行为吓坏了。他们认为基督教的真理超越了人类的逻辑，耶稣是完全意义上的上帝，与圣父是平等的，有着同样的本质，但也是完全意义上的人类。

阿里乌派和亚大纳西派之争导致了尼西亚公会议的召开，这次公会议也许是在古典时代晚期举行的众多教会会议中最有影响力的一次。作为第一次公会议，尼西亚公会议标志着一个帝国范围的教会的开始。

325 年，皇帝君士坦丁把争吵不休的主教们召集到君士坦丁堡附近的尼西亚城，以决定三位一体中各位格之间的关系。主教们制定了《尼西亚信经》（*Nicene Creed*），这一信经至今仍在基督教礼拜中被诵读。《尼西亚信经》与亚大纳西派的教义一致，认为圣子（耶稣）与圣父是同质的。451 年召开的卡尔西顿公会议重申了《尼西亚信经》。与会的主教们一致认为，耶稣既是完全意义上的人，又是完全意义上的神，这两种本性虽然结合在一起，却完全不同。他们的观点成为东正教徒、天主教徒和新教徒至今所接受的解释。

信仰共同体和语言共同体

基督教团体之间的教义差异有助于巩固古典时代晚期不同的群体甚至是种族认同。基督徒的三个地理区域出现了对基督教教义的不同解释，每个区域都代表了基督教文化的显著多样性。

第一个区域是以君士坦丁堡为中心的核心区域，包括北非、巴尔干半岛和西欧大部分地区，那里生活着被称为卡尔西顿派（Chalcedonian）或东正教派（在讲拉丁语的西部行省，他们又被称为天主教徒）的基督徒。这些基督徒遵循卡尔西顿公会议的决定，该决定认为基督的神性和人性是同质的，但又是完全分开的。基督既是神又是人，但他的神性和人性并没有融合在一起。在古典时代晚期，君士坦丁堡的皇帝和罗马的教皇以及罗马帝国的大多数人是卡尔西顿派基督徒。

虽然这个区域的基督徒在教义的基本问题上达成了一致，但他们的文化各不相同，分别用自己的当地语言出版《圣经》、布道和举行宗教仪式，核心区域西部是拉丁语，东部主要是希腊语（但也有叙利亚语、亚美尼亚语和科普特语）。在大约 410 年，修士哲罗姆完成了《圣经》的拉丁文新译本，取代了早期的拉丁文版本。这个译本被称为《拉

维也纳创世记。在这幅画的顶部，用银墨水写的希腊文讲述了《圣经·创世纪》中的利百加和以利以谢的故事。亚伯拉罕派他的仆人以利以谢去为他的儿子以撒找一个合适的虔诚的新娘。以利以谢设计了一个"骆驼试验"，寻找一个愿意为他的骆驼和他本人提供水的女孩，以考验她是否慷慨。尽管插图讲述的是《圣经》中的故事，但一些细节揭示了古典时代晚期的情况，比如抵御蛮族人的防御工事，骆驼变得日益重要。左下角坐着的半裸女性是一名异教的河神，尽管基督教拒绝多神论，但她仍被保留在图画传统中。她的裸体与利百加端庄的衣服形成鲜明的对比。
图片来源：AKG Images

丁文通俗译本圣经》（*Latin Vulgate*），直到 16 世纪一直是欧洲教会的标准版本。

　　西方教会对拉丁语的使用为所有拉丁语文本进入基督教世界打开了大门。这确保了罗马法律、科学和文学传统的存续，即使是在罗马统治在西欧消亡之后。拉丁语也在帝国西部的不同政治群体之间建立了共同的纽带，虽然统治精英在日常生活中说着不同的语言，但拉丁语是他们的国际通用语。就这样，以教会为基础的拉丁语起到了强大的统一和稳定的作用。拉丁语与基督教相结合，促进了拉丁基督教世界的发展，西欧的许多民族和王国因其共同的宗教以及共同的崇拜和知识生活的语言而统一在一起。

在罗马帝国的东部行省，基督教有着不同的声音。在那里形成了一个以希腊语为基础的基督教派。希腊语是帝国统治的语言和该地区的共同文化语言，并且成为东方基督教会的语言。除了最初用希腊文写成的《新约》，东方的基督徒还使用一种《希伯来圣经》（《旧约》）的希腊文译本，这个版本被称为《七十子希腊文本圣经》，是公元前2世纪说希腊语的犹太人在埃及的亚历山大为他们自己的群体准备的。《七十子希腊文本圣经》与希腊文的《新约》一起成为罗马东部大部分行省的权威基督教《圣经》。

第二个区域是东地中海地区和更远的地方，这里的大多数基督徒是反卡尔西顿派教徒的，他们通常被称为"基督一性论派"，这是一个贬义词，字面意思为"一种本性"。他们不接受卡尔西顿公会议的教义，即在基督身上结合的神性与人性是"两种不同本性"。他们认为基督只有一种本性，在这种本性中人性进化为神性。在基督身上，人性"像一滴蜂蜜溶解在大海里"。他有人的身体和人的"生存原则"，但他的思想是神性的。到古代末期，已经出现了三个反卡尔西顿教义的群体：在亚美尼亚，生活在安纳托利亚东部高加索山区的人；在埃及，那些以埃及语为母语的科普特人；在叙利亚，那些说叙利亚语的居民。这些群体逐渐以各自的语言出版了大量的《圣经》诠释、讲道、评注和教会文件。

除了古典时代晚期的卡尔西顿派地区和反卡尔西顿派地区，第三个区域的基督徒主要是阿里乌派。如前所述，阿里乌派认为，耶稣并不能和圣父平起平坐，而是和圣父有不同的本质，因为耶稣是上帝创造的，而不是上帝生的。阿里乌派信徒认为自己比卡尔西顿派基督徒更信奉一神论，他们认为后者的三位一体说近乎多神教。大多数信奉阿里乌派基督教的人是哥特人和其他日耳曼移民，他们在 4 世纪皈依了基督教，当时他们还生活在多瑙河以北和俄国南部。5 世纪时，他们入侵罗马帝国，夺取了罗马西部行省的政治控制权。当哥特人还在多瑙河以北时，一位名叫乌尔菲拉（Ulfila）的传教士发明了一种哥特字母，并用它把《圣经》从希腊文翻译成哥特文，这是德语的一种早期版本。基督教哥特文化在西部地区蓬勃发展起来，虽然这是一种少数派文化。

在这三个区域，以不同语言表达的基督教信仰的变化形式成了各民族共同体的温床，其中一些至今仍然很繁荣，如亚美尼亚人、科普特人和讲希腊语的东正教基督徒。然而，基督教的传播削弱了其他当地民族群体。随着以语言为基础的基督教群体在帝国内外的扩散，许多方言和地方语言消失了。只有那些让基督教找到文本表达的语言幸存了下来。

修道运动

在 3 世纪末，一场新的基督教灵修运动在罗马帝国扎根。这个运动今天被称为"禁欲主义"运动，它要求基督徒压制自己的生理需求和世俗欲望，以寻求与上帝的灵性合一。禁欲主义不仅挑战了政治当局和基督教当局之间正在形成的联系，而且摒弃了教会日益增长的财富。

一位名叫安东尼的埃及基督徒的一生，为后来的苦行者树立了榜样。在大约 280 年，他卖掉了所有的财产，离开了他在尼罗河附近拥挤的村庄，走进了沙漠，寻找更高的灵性。几十年后，亚历山大的主教亚大纳西为其撰写了《安东尼传》（Life of Antony），讲述了他如何抵制魔鬼施加的各种诱惑，从性感的裸体女人到获得权力和名望的机会。亚大纳西的作品生动地描述了禁欲主义（"规训"）和日常生活的诱惑（"家庭"）

之间的斗争，成为西方文学中最具影响力的著作之一。它激发了成千上万的男女信徒通过摒弃与家庭和物质世界的联系来效仿安东尼。

禁欲主义吸引了那些想要摆脱政治和家庭生活的人，尤其是后者所带来的父母权威、婚姻、性和生育。这一切都会让人偏离对上帝的沉思。禁欲主义要求对身体进行严酷的、经常是暴力的对待。最早的禁欲主义者被称为"隐士"（anchorite 或 hermit，前者的意思是"遁世"，后者的意思是"荒漠中的人"），他们独自生活在能找到的最偏僻、最不舒服的地方，比如洞穴和地洞里或柱子上。他们除了在与魔鬼的斗争中不断祈祷，使自己摆脱人类的欲望，好让上帝进入他们的身体，他们还挨饿和鞭打自己，拒绝一切舒适的生活，包括他人的陪伴。

然而，随着时间的推移，许多埃及的禁欲主义者开始建立团体，从而产生了"修道运动"。因为这些被称为修道院的团体成员通常多达1 000 人或更多，他们需要组织与指导。领导者们为规范修道院生活提供明确的指示，并为其成员提供精神上的指导。修道院里的男性成员被称为修士，修道院的女性成员被称为修女。

努西亚的本笃（Benedict of Nursia，约 480—547）从那些早期用希腊文写的修道规章中汲取灵感，制定了一套拉丁文规章，这套规章后来成为西欧隐修生活方式的基础。529 年，本笃在那不勒斯附近的卡西诺山上建造了本笃会第一座修道院。虽然他强调自愿的贫穷和献身于祈祷的生活，但他更强调劳动。由于担心无所事事的修士会被魔鬼诱惑，本笃希望让他的修士们忙碌起来。因此，他命令所有的修士在每天睡觉或祈祷之外的时间从事体力劳动。

在罗马帝国西部，隐修的生活方式在保存古典文化方面发挥了至关重要的作用，从而使它在后来的几个世纪中融入了基督教文化。保存古典文化传统的功劳主要归功于本笃所建造的修道院。这些被称为本笃会修士的修士仿效本笃在卡西诺山上建的修道院，也在西欧各地修建了修道院。本笃本人对古典文化持谨慎态度，但他希望在他监督下的修士和修女能够阅读宗教书籍。至少在读写方面的基础教育必须成为隐修生活的一部分。本笃会对"体力劳动"的定义扩大到包括抄写古代手稿，这为修道院的图书馆提供了资料，并把拉丁文学保存了下来。

修道院制度与女性

修道运动为女性的灵修开辟了新的道路，并给她们提供了婚姻和生育之外的另一种选择。通过加入修道院，脱离日常生活的常规，女性可以逃避被男性统治的社会义务。随着基督教隐修生活方式的传播，禁欲主义的女性开始创建自己的团体。她们过着独身修女的生活，致力于精神追求和为上帝服务。

有钱有势家庭的妻子或女儿通常是女修道院的创始人。这些女性通过这种方式所获得的权威和影响力是她们通过其他方式无法获得的。例如，小梅拉尼娅（Melania the Younger，383—439）出身于一个富有的罗马元老院阶层的家族里，她决定出售大量地产，并把收益用于宗教活动。当罗马元老院反对小梅拉尼娅分割其家庭财产时，她向皇后提出申诉，皇后向司法当局求情，让小梅拉尼娅能够处置自己的财产。（小梅拉尼娅的奴隶也表示反对，因为他们不想被单独出售，为她的宗教项目筹集资金，但她没有理会。）小梅拉尼娅把她的财产都花在了在巴勒斯坦圣地修建修道院上。大多数女性无力做出如此令人瞩目的举动，但她们可以在力所能及的范围内以小梅拉尼娅为榜样。

尽管像小梅拉尼娅这样的女性很虔诚，但是古典时代晚期教会人士在其著作中对女性的描述越来越负面。基督教作家认为女性桀骜不驯、生性淫乱、天生有罪，并且天生不如男人。他们将《圣经·创世

不同的声音

基督教对性、避孕和堕胎的态度

教会人员对性行为怀有敌意，认为独身是基督徒的最佳生活方式。这种敌意有很多原因，但最重要的是基督徒都期待基督随时会再临，这使得除了净化灵魂之外的任何追求都显得无关紧要。此外，早期基督教的吸引力之一是从强制性的家庭关系中解脱，因为这种家庭纽带分散了信徒对上帝的更高义务的注意力。然而，随着时间的流逝，基督一直没有再临，教会人士开始认识到为了信仰的存续，基督徒有必要生儿育女。因此产生了一种双重伦理，既崇尚独身，又对已婚者赋予生育子女的特殊义务。下面两段摘录就说明了这种双重伦理。第一段文字被认为出自 5 世纪中叶的圣帕特里克（Saint Patrick）之手，讲的是一个爱尔兰女性决定过独身生活，而这使她受到非基督徒的迫害，他们认为她的义务是生儿育女。第二段摘录来自恺撒利乌斯（Caesarius）的布道，他在 502—542 年担任阿尔勒的主教。

圣帕特里克

我曾经为一位有福的女士施洗，她是土生土长的爱尔兰人，地位很高，长得很漂亮，并且已经长大成人。过了几天，她找了个理由来见我们，说她收到了上帝派来的天使的信息，天使劝她做基督的童女，侍奉上帝。感谢上帝……她值得赞赏地和热情地走上了上帝的所有童女所走的道路。这些童女并没有得到她们父亲的许可，她们受到了迫害和自己父母亲不公的批评，但是她们的人数越来越多……但受奴役的女性受苦尤甚，她们甚至不得不忍受不断的威胁和恐吓。

资料来源：*St. Patrick: His Writing and Muirchu's Life*, edited and translated by A. B. E. Hood, Arthurian Period Sources, vol. 9 (London: Phillimor, 1978), p. 50.

阿尔勒的恺撒利乌斯

女性不应该服药堕胎，也不应该杀害已怀上或已出生的子女。如果有人这样做，她应该知道，在基督的审判庭上，她必须在她所杀的人面前为自己辩护。此外，女性不应该为了避孕而服用可怕的药物。一个做这种事的女性应该意识到，她所犯下的谋杀罪和她本可以生下的孩子数量一样多。我很想知道，一个服用致命药物来阻止受孕的贵族女性，是否希望她的女仆或佃农这样做。就像每个女性都想要为她而生的奴隶为她服务一样，她自己也应该养育她所孕育的每一个孩子，或者把他们托付给别人抚养。否则，她可能会拒绝怀孕，更严重的是，她可能会杀死那些可能是好基督徒的灵魂。那么，当她本人拒绝生下可能成为基督徒的孩子时，她又有什么良心希望她的仆人为她生下奴隶呢？

资料来源：Saint Caesarius of Arles, *Sermons*, vol. 1 (sermons 1–80), translated by Sister Mary Mageleine Mueller, O. S. F. (New York: Fathers of the Church, Inc., 1956), pp. 221–22.

记》解释为女性背负着一种特殊的诅咒。他们的解读是，第一个女人夏娃引诱了第一个男人亚当。因此，古典时代晚期的基督徒把人类被逐出伊甸园和从此之后人类所承受的所有苦难都归咎于夏娃以及所有的女性。然而，基督徒也相信上帝不仅会拯救男人的灵魂，也会拯救女人的灵魂，他们崇拜圣母马利亚，因为她把耶稣带到了这个世界上，从而拯救了这个世界（见本章"不同的声音"专题）。

基督教世界的犹太人

在基督教成为罗马帝国的官方宗教之前，犹太人只是生活在罗马统治下的数百个宗教群体和种族群体中的一个。虽然信奉多神教的罗马人认为犹太人很古怪，因为他们只崇拜一个神，并且拒绝为他们的神塑像，但罗马人仍然尊重犹太人的信仰。在4世纪以前，犹太人享有完全的公民权，从事各种职业，归属于社会的各个阶层。

但是基督教慢慢地抹去了这一切。正如我们在本书第6章中看到

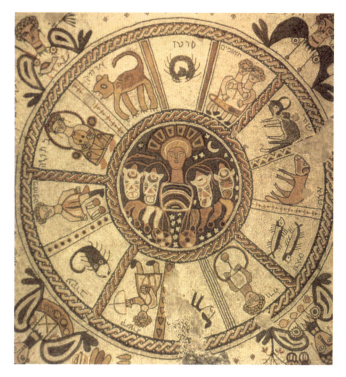

犹太教堂里的希腊黄道十二宫。在古典时代晚期，居住在巴勒斯坦的犹太人有时会用绘有黄道十二宫的马赛克镶嵌画来装饰他们的犹太教堂。虽然这些马赛克镶嵌画出现在犹太教堂里，通常包含希伯来文字，但是其场景和风格属于典型的希腊和罗马艺术。这种融合表明，犹太会众也参与了该行省的一般性非犹太文化。

图片来源：Art Resource, NY

的，公元 70 年的犹太人叛乱和耶路撒冷被罗马军队摧毁之后，基督徒和犹太人之间的关系变得更加敌对。基督教的神学思想反映了这种日益增长的敌意。基督徒认为"大流散"（耶路撒冷被毁后犹太人被驱散到世界各地）是上帝对犹太人的惩罚，因为他们不接受耶稣为自己的弥赛亚，并且钉死了耶稣基督。

从 4 世纪开始，罗马法律开始歧视犹太人，禁止他们与基督徒结婚，禁止他们拥有基督徒的奴隶，禁止人们皈依犹太教。在基督教帝国官员的支持下，教会领袖有时会强迫整个犹太人群体皈依基督教，否则就会被处死。虽然在分散的犹太人群体中组织抵抗是不可能的，但许多犹太人拒绝接受不断加强的压迫。他们的抵制行为包括从对改信基督教的犹太人的暴力行为到对罗马当局的武装反抗。

在拉比的领导下，每个犹太人群体都继续管理着自己的事务。拉比负责教授和解释犹太律法。我们在本书第 6 章中看到，到 3 世纪末，随着《密西拿》的问世，犹太人口传律法的最后编纂已经完成。拉比们将《密西拿》纳入了《塔木德》(*Talmud*)，其中包括对律法、道德和犹太历史的评论。影响深远的《耶路撒冷塔木德》(*Jerusalem Talmud*) 约成书于公元 400 年，一个世纪后，《巴比伦塔木德》(*Babylonian Talmud*) 问世。拉比和他们的法庭统治着犹太人社会。这些学者在罗马统治下的巴勒斯坦和波斯统治下的巴比伦建立了律法研究学院，他们的解释指导着犹太人的日常生活。

在拉比犹太教中，女性在家庭中继续扮演着重要的角色，特别是因为犹太教强调道德行为和宗教实践的重要性，而不是教条。因此，作为妻子和母亲，犹太女性在她们的宗教实践中比基督教的女性发挥了更积极的作用，因为基督教认为已婚男女在道德上不如禁欲的修女和修士。在古典时代晚期，一些犹太女性担任犹太教堂的领袖，但与私人生活不同，在公共生活中，拉比犹太教将女性置于从属地位。例如，犹太女性不能在犹太学院接受教育。犹太女性被排除在解释神圣经文的正式程序之外，无法获得被高度珍视的宗教知识。

就像其他宗教团体一样，犹太男性期望女性扮演服从的角色，如女儿、妻子和母亲。

神圣之路：基督徒的朝圣之旅

在古典时代晚期，基督徒开始进行宗教旅行，或者说是朝圣，去参观圣地，特别是那些存放神圣物品（所谓的圣物）的地方。基督徒相信这些圣物本身就是神圣的，因为圣物是与圣人、殉道者或耶稣本人有关的实物。最有价值的圣物是那些受人尊敬的人的遗骨。基督徒相信，仅仅通过触摸与神圣的人有关的物体，就可以分享其神圣性，而这可以治愈他们的疾病，提高他们的灵性境界，或帮助他们实现永生。

基督教殉道者的遗骨为朝圣者提供了第一批圣物。然而，在312年对基督徒的迫害结束后，信徒们开始崇拜伟大的主教、苦行僧和修女的遗骨。从4世纪开始，基督徒定期挖出圣徒的遗骨，把它们分解开来，发给各个教堂。圣人越重要，对于他或她的遗骨和其他物品的竞争就越激烈。最好的圣物都到了罗马、君士坦丁堡、亚历山大和耶路撒冷等帝国各大城市的教堂。君士坦丁堡的居民认为，他们如果托着收藏在城中教堂里的圣母马利亚的长袍在城垛上列队行进，就可以驱退来犯的敌人。

皇帝和重要的主教们得到了最伟大、威力最强的圣物，据说这些圣物都与耶稣本人有关，其中包括他殉难时所戴的荆冠，钉死他的那个十字架，还有把他钉在木头上的钉子。圣物提醒基督徒，他追随的人的殉难象征性地重复了耶稣本人的死亡。因此，他们建造了教堂祭坛，信徒们围绕殉道者的坟墓或遗物庆祝圣餐礼（面包和葡萄酒被作为耶稣的身体和血，以此纪念他的殉难）。

朝圣的主要动机是去触摸圣物。巴勒斯坦成为基督徒朝圣者经常去的地方，因为这里有与《圣经》中描述的事件（尤其是耶稣的生与死）相关的最神圣的地点和圣物。在4—7世纪，成千上万的虔诚基督徒朝圣者涌入巴勒斯坦，拜谒圣地，祈求神的帮助或宽恕。皇帝君士坦丁的母亲海伦娜（Helena）让朝圣成为一种时尚。4世纪初，她拜访了耶路撒冷，据说她在那里发现了耶稣受难的十字架的残余，并确定了许多与耶稣生平有关的地点。受其母亲朝圣之旅的启发，君士坦丁慷慨解囊，在这些地方修建大型的教堂和修道院，并为朝圣者修建招待所。几乎是一夜之间，巴勒斯坦从一个闭塞的地方变成了基督教世界的精神中心。无论富人和穷人，老人和年轻人，也无论是生病的还是健康的，善男信女纷纷涌向巴勒斯坦和耶路撒冷。

但是并不是所有的圣地都在巴勒斯坦。朝圣者的足迹遍及罗马世界的各个地方，只要那里有圣人生活或死亡，或者是有他们的遗物。朝圣在三个方面促进了基督教世界观的发展。首先，由于朝圣是一项神圣的事业，基督教社区为朝圣者提供了食宿。这在来自许多地方的人们之间培养了一种共同的基督教共同体意识。其次，基督徒设想了一个由重要的宗教圣地所主导的基督教"地图"。解释这种"神圣地理"的旅游指南在朝圣者中深受欢迎。最重要的是，那些返回家园的朝圣者的信仰得到了充实，他们的思想或精神也得到了矫正，也使他们的家乡受到鼓舞，因为他们知道了一个不断壮大的基督教世界与他们在教堂里听到的《圣经》中提到的地点直接相连。

基督教的知识生活

在耶稣死后的前三个世纪里，基督徒被边缘化，有时还遭到迫害，许多教会领袖批评古典文化。教会人士认为异教知识分子的学问是虚假的智慧，它分散了基督徒对真正重要的事情的注意力，那就是沉思耶稣和他所提供的永恒的救恩，因此它会腐蚀年轻的基督徒。例如，德尔图良主张应该将基督教世界与非基督教世界的学问和文化分离开来："雅典和耶路撒冷有什么关系？哲学家和基督徒之间有什么共同之处吗？"像德尔图良这样的基督徒不相信人类的理性，他们强调必须把注意力集中在基督教《圣经》的神圣启示上。

君士坦丁皈依基督教之后，教会中有影响力的人物开始回应这些问题。对他们来说，古典文化不再像以前那样具有威胁性。许多教会领袖来自帝国的城市精英阶层，他们在那里吸收了古典文化。基督徒官员不情愿地批准了世俗教育，因为他们认识到传统课程对管理教会和法律是有用的。包括修辞、语法和文学在内的训练成了上层基督徒生活不可或缺的一部分。到了 5 世纪，基督徒所接受的传统教育被认为虽然有风险但是很有用。正如卡帕多西亚（Cappadocia，今土耳其）的恺撒利亚的主教大巴西勒（Basil the Great，约 330—379）向即将开始学习的年轻人所解释的那样，古典文化既有好处也有危险。他建议说，虽然异教的学问有一些精神价值，但是文字的魅力有可能会毒害基督徒的心灵。

希波的奥古斯丁（Augustine of Hippo，354—430）完全接受了基督教对古典文化的挑战。通过从《圣经》的角度来思考最令人困惑的哲学和历史问题，奥古斯丁成为说拉丁语的基督徒中最有影响力的教会神父。教会神父们都是来自希腊语或拉丁语世界的作家，他们试图将基督教与古典文化调和起来。

奥古斯丁的父母家境一般，他年轻时就读于传统的罗马学校，这种教育使他熟谙古典文化，也为他在今后的公共生活中担任高级职务打好了基础。在皈依基督教后，奥古斯丁成为北非希波城很有影响力的主教。他在自己中年时写的自传《忏悔录》（Confessions，397）一书中讲述了自己的精神经历和皈依过程。奥古斯丁在《忏悔录》中借鉴了希腊哲学家柏拉图和基督教经典的思想，对生命的意义（尤其是罪恶和救赎）进行了沉思。奥古斯丁表明，仅凭智力是无法实现他所渴望的精神成长的，这需要上帝的介入。为了完成他的精神皈依，奥古斯丁认为，他必须净化自己的肉体欲望，这使他完全放弃了性行为。他以自己的主教职务为平台来反对多神教哲学家，为基督教辩护，并界定基督徒生活的各个方面，奥古斯丁对罗马文化和知识成就表现出真诚的尊重，尤其是在修辞和历史方面。但他始终认为基督教是至高无上的。在奥古斯丁看来，对于每一个真正的基督徒来说，最危险的敌人是"一切邪恶之母——古代"，因为古代是所有错误信念的根源。

奥古斯丁在他的《上帝之城》(The City of God，412—427) 一书中提出了一种新的历史解释。奥古斯丁的历史理论将基督教关于人类命运的观点与罗马帝国的命运分离开来。在他看来，罗马帝国只是耶稣再临之前出现的众多帝国之一。根据奥古斯丁的说法，人类应该视之为具有精神意义的唯一日期是耶稣在世的时间和未来某个时候的末日。只有上帝知道这两个时间之间所有事件的意义。

奥古斯丁的理论被证明恰逢其时。在他死后的几年里，汪达尔人 (Vandal) 占领了北非，罗马帝国失去了对西欧所有行省的控制。因此，奥古斯丁为罗马基督徒提供了一个看待这一损失的新视角：罗马为世界文明和基督教会的发展做出了贡献，但现在，没有了罗马皇帝的支持，基督教将会自行发展。

随着西罗马帝国的灭亡，基督教思想家所面临的挑战，与其说是调和基督教与古典文化之间的关系，不如说是保持古典文化的活力。在修道院之外，只有在城市能够支付得起教师工资的情况下，对古典文化的传统教育才能得以延续。由于日耳曼人的入侵，在帝国西部各行省的大多数城市，学校在 5 世纪时逐渐消失。在东部各行省，它们一直延续到 7 世纪，然后逐渐消失了。

新柏拉图主义和基督教

希腊和罗马哲学在古典时代晚期仍然很有影响力。这一传统的一

历史上的正义

两个殉道者：受审判的文化和宗教

从戴克里先（284—305 年在位）到查士丁尼（527—565 年在位），基督教从一个受到帝国政府迫害的少数派宗教，变成了在罗马政府支持下迫害非基督徒的多数派宗教。然而，这一时期有一件事没有改变：无论是多神论者还是基督徒，皇帝都会利用武力强迫臣民以规定的方式信仰和礼拜，希望让帝国得到神的眷顾。为了确保宗教的一致性，皇帝动用了罗马的司法系统。

303 年，一位名叫尤利乌斯（Julius）的基督徒士兵受到了审判。529 年和 545 年，君士坦丁堡的贵族佛卡斯（Phocas）被指控犯有信奉异教罪。我们对两者进行比较，可以看出罗马政府宗教迫害的目的和手段。303 年，官员们把老兵尤利乌斯带到地方长官马克西姆斯（Maximus）面前接受审判。以下摘自对该审判的笔录：

> "这是谁？"马克西姆斯问道。
>
> 一名工作人员回答说："这是一个不遵守法律的基督徒。"
>
> "你叫什么名字？"长官问道。
>
> "尤利乌斯。"他回答说。
>
> "那么，尤利乌斯，你有什么要说的？"长官问道，"这些指控是真的吗？"
>
> "是的，"尤利乌斯说，"我确实是一个基督徒。我不否认我的身份。"
>
> "你一定知道，"长官说，"皇帝关于供奉诸神的命令吧？"
>
> "我知道，"尤利乌斯回答说，"我确实是基督徒，不能做你想要我做的事，因为我不能无视我的真神。"……
>
> "你如果认为这是一种罪过，"马克西姆斯回答说，"那就让我来承担责任吧。是我逼你的，免得让人以为你是自愿的。然后你就可以平平安安地回家了，你会拿到你的十年的补贴，再也不会有人来打扰你了……如果你不遵守帝国的法令，供奉众神，我就要把你的头砍下来。"
>
> "这个计划不错，"尤利乌斯答道，"只是我请求……你执行的计划，对我宣判，使我的祷告得到答应……我现在是选择死亡，以便能够与圣

徒永远同住。"

长官马克西姆斯接着做出了如下判决："鉴于尤利乌斯拒绝服从帝国法令，他被判处死刑。"[1]

在君士坦丁于 312 年皈依基督教后，基督教官员开始在政府的支持下攻

查士丁尼。这块 6 世纪中期的象牙雕刻描绘了查士丁尼皇帝摆着罗马皇帝的标准姿势，传达的信息是，查士丁尼在上帝的认可和支持下统治世界。
图片来源：Bridgeman Art Library / SuperStock

击多神崇拜。查士丁尼皇帝对多神论者进行了三次大的迫害，528—529 年的第一次迫害发生在查士丁尼登基一年后，少数政府官员被指控崇拜异教神灵。

其中一位是贵族佛卡斯，他是一位贵族律师，在为皇帝服务方面功成名就。在 527 年毁灭性的地震之后，他被派到安提阿，负责这座城市的重建工作。他在第一次迫害中被捕。在 529 年被洗清了异教徒的罪名后，佛卡斯继续得到查士丁尼的信任，并得到进一步的提升。532 年，他担任了一年的禁卫军长官，这是皇帝身边权力最大的官员，负责管理帝国。佛卡斯为君士坦丁堡新的教堂圣索菲亚大教堂（亦称圣智大教堂）的建设筹集资金，并将个人资金用于支持小教堂的建设和赎回被拜占庭的敌人劫持的人质。查士丁尼接着任命他为法官，并派他去调查一名主教的谋杀案。查士丁尼对佛卡斯的信任部分来自他的博学和才能。佛卡斯和其他受害者对罗马传统文化情有独钟，但正是这一点导致了他们的毁灭。他们的"异教信仰"并不是偷偷摸摸地崇拜像宙斯或阿波罗那样的旧神。佛卡斯之所以被认为是异教徒，是因为他忠于古典哲学、文学和修辞，没有任何基督教的掩饰或解释。

然后，在 545—546 年的第二次迫害中，尽管佛卡斯对教会的支持得到了公众的认可，也对查士丁尼忠心耿耿，但他又一次被捕了，和许多医生、教师和政府官员一起被突然指控犯有信奉异教罪。君士坦丁堡经历了一段恐怖时期。被指控秘密崇拜旧神的官员被剥夺公职，他们的财产被皇帝没收，并被处决。在一片恐慌中，一些受到指控的人结束了自己的生命，佛卡斯就是其中之一。不愿意经受公开处决的羞辱，他选择了自杀。愤怒的皇帝下令将佛卡斯的尸体像动物一样埋在沟里，没有任何祷告或仪式。

因此，佛卡斯没赶上 562 年的第三次大迫害，当时帝国各地的多神论者被捕并被公开游行、监禁、审判或判刑。狂热的人群将数千本非基督教书籍付之一炬。

迫害像尤利乌斯这样的基督徒的官方理由相对简单，即基督徒拒绝向罗马诸神献祭是违法的。但是为什么基督教政府后来也用如此严厉的手段来迫害多神论者呢？像佛卡斯这样作为异教徒被迫害的人受过很好的希腊－罗马世界的传统教育。事实上，接受审判的正是这种学问。对于查士丁尼来说，这种古典文化在基督教帝国里是没有地位的。

个分支新柏拉图主义，与非基督教哲学家普罗提诺（Plotinus，205—270）有关。他的哲学思想极大地影响了基督教，这是古典文化和基督教思想在古典时代晚期如何交织在一起的一个例子。普罗提诺曾在罗马任教，他的思想根源主要来自柏拉图（约公元前427—前347）的著作。他还从亚里士多德（公元前384—前322）、斯多葛学派哲学家（公元前3世纪）和他们的追随者那里汲取智慧。

普罗提诺认为，无论是无形的思想还是有形的物质，世间万物都起源于一种叫作"太一"的力量。人类可以通过克服由身体控制的激情和身体欲望，让自己的灵魂与这个"太一"重新融为一体。许多新柏拉图主义者相信，通过神秘的仪式和研究神的启示来获得神的帮助，人类的灵魂可以重新与"太一"建立连接，并实现其最大的潜能。新柏拉图主义与诺斯替主义有许多相似之处（这在本书第6章中讨论过），也指导了一些早期的基督徒。然而，诺斯替派过于强调魔法，而普罗提诺等头脑冷静的新柏拉图主义者则认为只有"白痴"才会这样做。

新柏拉图主义吸引了许多基督徒。对他们来说，"太一"就是上帝，《圣经》提供了神的启示，可以导向人类灵魂的救赎及其与上帝的合一。在4世纪后期的众多神职人员中，只有东方希腊教会的尼斯的格列高利（Gregory of Nyssa，335—395）和西方拉丁教会的奥古斯丁把新柏拉图主义纳入他们自己的作品之中。在基督教和非基督教的新柏拉图主义者争论"太一"是否等同于基督教的上帝之后，查士丁尼皇帝于529年关闭了雅典的柏拉图学园，并禁止非基督徒教授哲学。

尽管如此，新柏拉图主义思想帮助形成了基督教关于人类灵魂不朽的教义，也强化了修士和修女的禁欲理想。可见，对物质、世俗和肉体的蔑视在基督教文化中根深蒂固。

罗马帝国的崩溃

在 5 世纪，罗马帝国分裂成两个部分：西部讲拉丁语的行省和东部主要讲希腊语和叙利亚语的行省。随着罗马政府失去对其西部地区的控制，这里出现了独立的日耳曼王国。东部各省仍然在罗马皇帝的控制之下，但其首都不是罗马，而是君士坦丁堡。罗马帝国的最终分裂标志着古典时代晚期的结束。在未来的几个世纪里，罗马帝国的遗产通过拉丁文化和拉丁基督教在西方流传下来。在东方，它作为一种政治现实延续了下来，直到 1 000 年后的 1453 年才最终崩溃。

罗马帝国西部行省的陷落

为什么罗马人的统治在东地中海地区依然十分强大，而在西欧却崩溃了？这是历史上最受争议的话题之一。当时的大多数基督徒把罗马统治的崩溃归咎于上帝对其顽固坚持多神崇拜的愤怒，而多神论者则指责基督徒破坏了过去曾经保护罗马的众神的神殿。在后来的几个世纪里，各种解释层出不穷。18 世纪的历史学家爱德华·吉本（Edward Gibbon）的大作《罗马帝国衰亡史》（*Decline and Fall of the Roman Empire*）影响了所有的罗马历史学家，至今仍是最广为阅读的历史著作之一。他批评天主教会将有能力的人从公共服务转向宗教生活。有的历史学家将罗马帝国西部行省的崩溃归咎于蛮族人的大规模入侵。然而，罗马人失去西部行省的原因比这些单一的解释更加复杂，也没有那么戏剧化。

西罗马帝国权力的丧失

罗马人在西欧统治的瓦解是偶然而渐进的，是不明智的决定、软弱的领导者和军事失败的累积结果。在公元 1 世纪，罗马人沿着莱茵河和多瑙河确立了帝国在欧洲的北部边界。从那时起，罗马将军和皇帝抵御了许多不同的北方部落的入侵，而这些入侵者的目的是掠夺财物和寻找新的土地。罗马军团通过外交和军事力量维持了相对稳定的北部边境。自奥古斯都时代起，罗马皇帝就允许新移民在罗马土地上定居。

在4世纪以前，帝国一直有能力吸收这些移民。到了4世纪，来自中亚的野蛮游牧民族匈人突然出现在俄国南部，引发了一系列事件，最终导致了罗马统治在西欧的瓦解。与欧洲的定居农民不同，匈人是游牧民族，他们在从俄国南部一直延伸到中亚的大草原上放牧。这些高度机动的匈人骑着他们雄壮的战马，能够迅速地穿越遥远的距离，横扫来自定居的农业社会的对手。这些匈人也以残暴著称，他们生活在饥饿的威胁之下，觊觎罗马帝国和波斯帝国城市里的巨大财富和安逸的生活方式。

376年，在俄国南部，一支匈人军队将一群西哥特人从他们的农田里赶走。这些西哥特难民获得了罗马皇帝瓦伦斯（Valens）的许可，越过多瑙河，在巴尔干半岛定居，作为回报，他们要向罗马军队提供士兵。在过去，罗马统治者经常做出这样的安排。然而，负责管理安置难民的罗马官员却剥削这些难民，向他们收取过高的食物和供应品费用。378年，西哥特人发动叛乱。在色雷斯的阿德里安堡战役中，他们杀死了瓦伦斯，并摧毁了整个罗马军队。

西哥特人的成功叛乱给罗马帝国造成了伤害，但并不致命。然而，罗马对这场灾难的反应为西罗马帝国权力的丧失埋下了种子。新皇帝狄奥多西大帝（Theodosius the Great）被迫允许西哥特士兵在自己的指挥官的指挥下在罗马军队中服役。但允许忠诚度不够的独立军事力量在帝国内部自由行动是一个可怕的错误决定。到了4世纪90年代中期，当西哥特人的新国王阿拉里克开始掠夺巴尔干半岛和希腊的罗马城市时，狄奥多西的决定的后果变得非常明显。正如本章开头所讨论的，在401年阿拉里克和他的军队对罗马进行了连续三天的洗劫。元老院元老和市民只能眼睁睁地看着西哥特人在他们的街道上横冲直撞。

西哥特人对罗马的洗劫不仅给帝国的居民带来了心理上的打击，还间接导致了罗马帝国西部许多行省的丧失。为了对抗阿拉里克，罗马军队从帝国的西北防线撤退，使得不列颠和莱茵河沿岸的边境变得不堪一击。407年，一位自称君士坦丁三世的野心勃勃的将军率领不列颠的最后一批军团横渡英吉利海峡，企图夺取皇帝宝座，但没有成功。此后，罗马完全放弃了对不列颠的控制，这使得不列颠毫无防守，很容易受到已经在这里定居的日耳曼部落撒克逊人的攻击。

在其他地方，混乱蔓延开来。尽管入侵的军队规模很小，但西罗马帝国政府已不再拥有调动军事资源和驱逐入侵者的行政能力。406年12月，莱茵河结冰，迁徙中的日耳曼部落能毫无阻碍地进入帝国境内。这些劫掠部落的一小部分人在高卢游荡，而汪达尔人和他们的同盟者在西班牙一路劫掠。429年，汪达尔人跨海来到北非，很快在那里建立了一个独立的王国。到450年，西哥特人也在高卢和西班牙建立了自己的王国。

事实上，入侵罗马帝国的蛮族部落人数并不多。例如，只有4万汪达尔人控制着拥有数百万罗马人的北非。尽管日耳曼人大肆掠夺，但如果没有罗马管理者的积极合作，他们就无法守住罗马帝国的土地，也无法在那里定居，而这些罗马管理者认为他们可以与这些部落讨价还价。然而，一旦他们扎下根来，这些日耳曼侵略者就巩固了他们的实力，确立了他们的统治，而此时的罗马帝国当局缺乏驱逐他们的组织和力量。

尽管到450年，大部分罗马帝国西部行省已经陷落，但罗马人对意

地图 7.2　匈人帝国

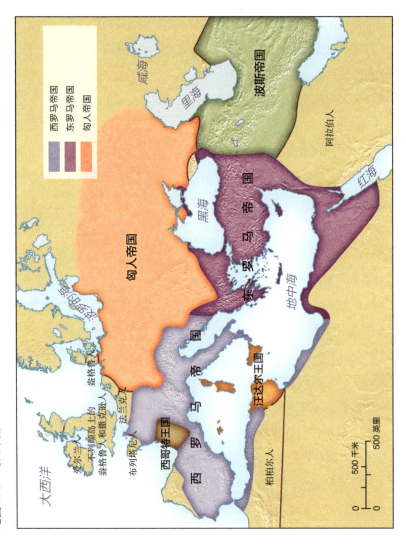

在古典时代晚期，匈人以匈牙利平原为中心建立了一个强大的帝国。这些凶猛的骑士让罗马世界的定居者闻风丧胆，但他们的帝国在一代之内就瓦解了。罗马帝国分为东、西两部分，这表明了它的强大还是软弱？为什么？

大利的控制又延续了一段时间。罗马城仍然是元老院的所在地，而西罗马帝国的皇帝则住在意大利东北海岸的拉文纳。然而，意大利的实权却掌握在军事将领手中，尽管他们在形式上隶属于皇帝。这些将领通常不是罗马人，但他们接受了罗马文化，为罗马而战。476 年，一位名叫奥多亚克（Odovacar）的日耳曼将军废黜了西罗马帝国的最后一位皇帝，即年幼的罗穆路斯·奥古斯都（Romulus Augustulus），自封为"意大利王"。对许多历史学家来说，476 年曾经被视为西罗马帝国灭亡的象征。然而，事实上，476 年并不具有特殊的意义，因为早在几十年前罗马人就已经丧失了对其西部行省的控制（见地图 7.2）。

罗马统治结束后的文化碰撞

到 5 世纪中叶，日耳曼入侵者和罗马人之间的大部分战斗已经结束，双方作为统治者和被统治者开始了激烈的交流和碰撞。在不列颠，日耳曼入侵者是多神论者，他们消灭了那里的基督徒。然而，传说故事暗示了对入侵者的激烈抵抗。自中世纪以来，有关亚瑟王（King Arthur）的故事就一直吸引着英语世界的人们，而这些故事就是基于对 5 世纪中叶勇敢抵抗撒克逊入侵者的记忆。

在高卢、北非、意大利和西班牙，这些新移民信奉的是阿里乌派基督教，而罗马居民信奉的是卡尔西顿派（天主教）基督教，因此他们把入侵者视为异教徒。虽然这种宗教上的差异造成了双方之间的摩擦，但对双方都有好处。罗马法律禁止与阿里乌派的基督徒通婚，因此征服者在他们的新领地仍然是与众不同的少数群体。这使得他们能够维持独立的阿里乌派神职人员和独立的教会。

在所有曾经的西罗马帝国的行省中，意大利在日耳曼人统治下最为繁荣，尤其是在东哥特人狄奥多里克（Theodoric，493—526 年在位）

的长期统治之下。为了夺取意大利的皇位，狄奥多里克把推翻了最后一位罗马皇帝的日耳曼将领奥多亚克谋杀了。在政治上，狄奥多里克试图通过维持两套独立的行政体系来维持东哥特人和罗马人之间的相互尊重，一套针对东哥特人，另一套针对罗马人，以便让双方都能在他的监督下管理自己的事务。他还将罗马贵族纳入他最亲密的顾问和最信任的管理者队伍。甚至在宗教政策方面，狄奥多里克也追求相互宽容。作为一个阿里乌派基督徒，他支持阿里乌派的神职人员，但是也与罗马基督徒的领袖教皇保持着良好的关系。狄奥多里克把高卢的西哥特王国与他在意大利的王国联合起来，最终在整个西欧发挥着重要的影响。意大利在狄奥多里克的统治下繁荣昌盛，东哥特人和罗马人友好地生活在一起。

虽然狄奥多里克名义上对君士坦丁堡的皇帝表示尊重，但在他统治期间，罗马帝国西部行省与东罗马帝国之间的联系开始削弱。包括狄奥多里克的东哥特人在内，大多数入侵者延续了向他们的部落首领宣誓效忠的传统。这一传统开始侵蚀他们对远在君士坦丁堡的罗马皇帝的忠诚。通过向日耳曼国王宣誓效忠，人们在新首领的"部落"中获得了一席之地。

罗马文化并没有随着罗马统治的终结戛然而止，在大多数地区，它仍然是一个重要的存在，但是在此时由日耳曼人首领统治的土地上呈现出不同的形式。在不列颠，罗马文化的命运可能是最糟糕的，几乎没有流传到后世。在那里，撒克逊人入侵者和他们的盟友盎格鲁人使用的日耳曼语站稳了脚跟，并发展成为今天所说的英语。在高卢、意大利和西班牙，日耳曼移民很快就学会了拉丁语。随着时间的推移，这些基于拉丁语的"罗曼语"逐渐演变成法语、意大利语、加泰罗尼亚语、西班牙语和葡萄牙语的早期版本。拉丁语继续作为官方通用语

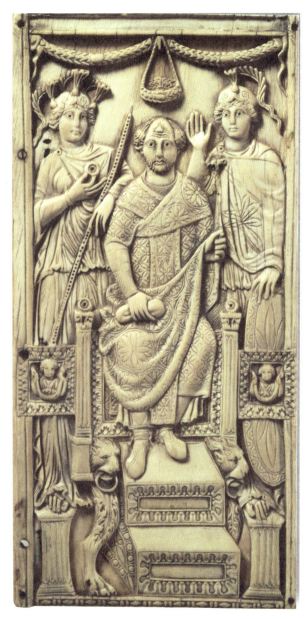

执政官的双连记事板。这块象牙雕刻板描绘的是 6 世纪君士坦丁堡的一位罗马
执政官。他的右手拿着一种象征他职位的仪式布（mappa）。在他身后是罗马
（左边）和君士坦丁堡（右边）的化身。这种雕刻板是执政官上任时作为礼物收
到的，表明罗马传统在拜占庭世界得以延续。

图片来源：Scala / Art Resource, NY

言，移民们大量借鉴了罗马的文学形式，他们模仿罗马历史学家，用拉丁文撰写部落王国的历史。受罗马法典的影响，他们也用拉丁文编撰自己的法典。

罗马帝国东部行省的延续

尽管基督教以及罗马帝国西部行省的丧失给罗马帝国带来了巨大的变化，但是罗马帝国在地中海东部的统治并没有中断。君士坦丁于324年建立的帝都君士坦丁堡成为融合了基督教和罗马特色的新型帝国的中心。历史学家称东罗马帝国为拜占庭帝国，因为君士坦丁堡原来的希腊语名称就是拜占庭。

基督教和查士丁尼时期的法律

基督教和罗马传统最重要的融合发生在查士丁尼皇帝统治时期（527—565）。出生于巴尔干半岛的查士丁尼是君士坦丁堡最后一位把拉丁语作为母语的皇帝。他集强大的智慧、不可动摇的基督教信仰和改革帝国的雄心壮志于一身。他藐视传统，娶了意志坚强的前女演员狄奥多拉（Theodora）为妻，并在他成为皇帝后让她参与帝国的决策。

查士丁尼进行了一些改革，突出了他作为基督徒皇帝的角色。首先，他用明确的基督教话语强调了皇帝处于社会中心的地位。他是第一个使用"基督亲爱的教友"这一名号的皇帝，并强化了皇帝在教会事务中的作用。查士丁尼认为，他作为皇帝有责任执行他所解释的卡尔西顿公会议的法令，在整个帝国强制推行统一的宗教信仰。在东方，这意味着消灭多神崇拜，并努力与反卡尔西顿派达成共识。查士丁尼夺回了帝国西部的一些领地后，他不得不对付那里的汪达尔人和东哥特人。在东部，查士丁尼镇压了多神崇拜，但他从未与叙利亚和埃及的反卡尔西顿派团体达成一致。在接下来的一个世纪里，伊斯兰军队征服了这些地区，基督教会也脱离了帝国的控制（见本书第8章）。在西部，北非和意大利的主教对查士丁尼试图决定教义表示不满。结果，地中海东部和西部的基督教会就主教在宗教事务上反抗皇权的权利产生了激烈分歧。

查士丁尼试图通过罗马法和军事实力来创建一个基督教社会。早期罗马帝国的统治者允许臣服民族保留自己的习惯法，但是查士丁尼在他的领土内压制地方法律。他设想他的所有臣民只服从他所定义的、上帝所认可的罗马法律。查士丁尼确信，上帝如果不认同他的立法改革，就不会让他继续当皇帝。

因此，为了履行他作为君主立法者的天赐使命，查士丁尼改革了罗马法律。为了简化民法这一庞大的体系，他命令他的律师团队将几个世纪以来积累的所有法律进行分类，并决定哪些法律应该继续被执行。

查士丁尼命人编纂的法律完成于534年，相关的法律文本现在被统称为《民法大全》。罗马法的主体主要通过这一汇编代代相传。11世纪末，意大利学者在教会的图书馆里发现了查士丁尼的法律著作手稿，人们重新燃起对罗马法的兴趣。就这样，《民法大全》成为讲拉丁语的欧洲文明的支柱。

收复西部行省

在重新整顿了帝国的法律体系之后，查士丁尼马上把注意力转向了罗马帝国失去的西部行省。他想要恢复帝国对这些此时由日耳曼国王统治的领土的控制。一旦帝国恢复往日的辉煌，查士丁尼就将他的正统基督教强加给西部地区的阿里乌派汪达尔人和东哥特人。他还会强迫他们生活在他的罗马法律和政府的管控之下。

533年，查士丁尼派遣了一支由1万名士兵和5 000名骑兵组成的舰队，在他的将军贝利萨留（Belisarius）的指挥下进攻北非的汪达尔王国。战争很快就结束了，不到一年，贝利萨留就在君士坦丁堡庆祝胜利。在这次轻松获胜的鼓舞下，查士丁尼将目光投向了意大利，而那里的东哥特统治家族正卷入一场政治混战。但这一次查士丁尼低估了他的对手。东哥特人赢得了意大利罗马人的支持，在537年对贝利萨留的入侵进行了顽强的抵抗。查士丁尼没有提供足够的资金和士兵来支援贝利萨留。激烈的战斗持续了20年之久。查士丁尼的军队最终将意大利重新置于帝国的控制之下，但长期的重新征服导致了灾难性的后果。多年的战争摧毁了意大利，战争的财政负担也耗尽了帝国的资源（见地图7.3）。

查士丁尼重新征服意大利之所以会耗时这么久，原因是542年一场致命的瘟疫袭击了罗马帝国，并迅速蔓延到意大利、北非和高卢。瘟疫的第一次来袭夺去了大约25万人的生命，占君士坦丁堡总人口的一半。据估计，三分之一的帝国居民死亡。由于人口锐减，查士丁尼的军队无法招募到需要在多条战线上作战的士兵。

瘟疫也削弱了经济。在许多行省，农田荒芜，城市人口锐减。东地中海地区和西地中海地区之间的商业贸易衰落了。在西部行省，经济变得更加"本地化"和自给自足。

与波斯的斗争

虽然查士丁尼最伟大的军事胜利是在西地中海，但他最危险的敌人是东边的波斯帝国（原来的帕提亚）。在萨珊王朝（约224—651）的统治之下，这个庞大的多民族帝国在古典时代晚期一直是罗马帝国的主要对手。这种紧张关系主要源于对亚美尼亚和叙利亚的争夺，前者拥有大量兵源，后者拥有巨额财富。虽然罗马人和波斯人之间的战争经常发生，但任何一方都不能永远战胜另一方。

地图 7.3 查士丁尼去世时的拜占庭帝国（565）

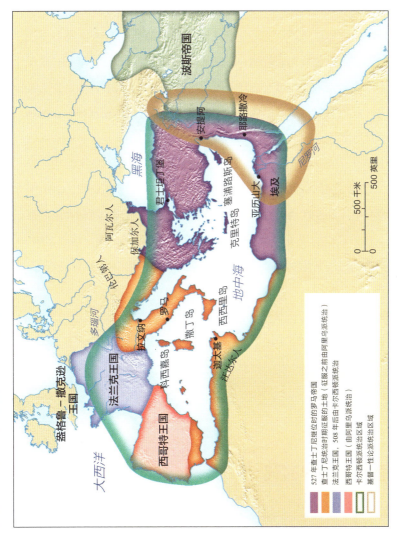

波斯帝国

黑海

阿瓦尔人

伦巴第人

保加尔人

君士坦丁堡

安提阿

耶路撒冷

克里特岛

塞浦路斯岛

埃及

尼罗河

地中海

盎格鲁—撒克逊王国

法兰克王国

科西嘉岛

拉文纳

罗马

撒丁岛

西西里岛

迦太基

柏柏尔人

西哥特王国

大西洋

多瑙河

527 年查士丁尼继位时的罗马帝国

查士丁尼统治时期征服的土地（征服之前由阿里乌派统治）

法兰克王国，508 年后由卡尔西顿派统治

西哥特王国（由阿里乌派统治）

卡尔西顿派统治区域

基督一性论派统治区域

0　　　　500 千米

0　　　　500 英里

565 年查士丁尼去世时，罗马帝国曾削恢复了对 5 世纪时丧失的部分地区的统治。在充满活力的萨珊王朝统治下，波斯帝国与罗马帝国进行了多次战争。这两个帝国没有一方占据优势，因为它们在面积、财力和人力资源等方面旗鼓相当。将这幅地图与地图 7.1 和地图 7.2 进行比较。从中能够看出罗马帝国的衰落吗？

查士丁尼同波斯进行了几次残酷的战争。他把这场斗争作为头等大事，派出了一半以上的军队，由最优秀的将领指挥。他还为东部的斗争提供了比西部的重新征服战争更多的财政资源。波斯大王库思老一世（Chosroes I，531—579 年在位）野心勃勃，和查士丁尼可以说是棋逢对手。他多次入侵拜占庭帝国，造成了巨大的破坏，比如 540 年，他洗劫了叙利亚最富有的城市安提阿。因为与波斯的战争耗费巨大，查士丁尼把数千磅的黄金送给库思老一世才换来了和平，但即使这样，也比每年继续战斗耗费要少。

到查士丁尼去世时，这两个帝国已经建立了一种不稳定的共存关系，但它们之间的仇恨仍然没有解决。在接下来的半个世纪里，查士丁尼的继任者断断续续地与波斯人交战。查士丁尼在帝国的西部和东部都进行了代价高昂的战争，这加速了东部行省之外罗马帝国统治的瓦解。帝国资源的过度紧张致使君士坦丁堡无法维持对西地中海地区的控制。

在 6 世纪晚期，当新的入侵者突然袭击意大利和巴尔干半岛时，罗马帝国没有足够的力量来抵抗他们。在 7 世纪，罗马帝国仅剩的北非、埃及和叙利亚的行省也丢掉了。然而，在剩下的罗马帝国领土上，查士丁尼成功地创建了一个基督教罗马社会，统一在一个上帝、一位皇帝和一套法律之下。

结语：新边界时代

在古典时代晚期，罗马世界经历了巨大的变化，出现了一种具有新边界的新政治格局，促进了西方新概念的形成。从此，西方与经过基督教过滤的罗马文明的遗产密切相关。这一时期最持久的发展来自罗马帝国文明和基督教之间的碰撞，而在 4 世纪以前，后者仅仅是受迫害的少数人的信仰。随着基督教成为整个罗马帝国的主导宗教，它本身也发生了变化，尤其是调和了基督教启示和古典文化的努力。基督教思想家吸收了古典文化的许多内容，在罗马皇帝的支持下，基督教成为官方宗教。在这个同化的过程中，基督徒在他们如何解释耶稣神性的问题上产生了分歧，这些分歧导致了基督教信仰的不同派别的出现。

罗马帝国被不可挽回地分裂为东西两部分，这成了两个不同的基督教文明的基础。罗马帝国在西方的统治崩溃之后，日耳曼统治者在以前的罗马行省建立了新的王国。这些国家中有些讲源自拉丁语的罗曼语，所有这些国家的宗教、法律和文化都使用拉丁语。在古典时代晚期，拉丁文明从罗马帝国的西部行省传播到从未属于罗马帝国版图的中欧、东欧和北欧的部分地区。在东地中海地区，罗马帝国作为拜占庭帝国幸存下来（将在本书第 8 章中展开讨论），并成为东正教的根据地。在拜占庭帝国，希腊语仍然是日常生活、文化和基督教礼拜的主要语言。

在古典时代晚期，随着伊斯兰教作为一个强大的宗教和政治实体的出现（我们将在本书第 8 章讨论），古典文化和罗马制度也影响了它的信徒。但是伊斯兰世界和基督教帝国成了敌人，这一趋势在曾经是罗马帝国公民的民族之间造成了最为持久的分裂。

圣索菲亚大教堂。537年,查士丁尼在进入他在君士坦丁堡新建的圣索菲亚大教堂时夸口说:"所罗门,我已经超越了你!"他的意思是,他修建的这座教堂比《圣经》中所罗门王建造的耶路撒冷圣殿更大、更壮观。在长达几个世纪的时间里,圣索菲亚大教堂一直是欧洲最大的建筑。1453年,该教堂变成了清真寺。巨大的圆形标牌上是《古兰经》的经文。

图片来源:Guido Cozzi / Ramble / Corbis

第 8 章

中世纪帝国和边境诸国：拜占庭帝国和伊斯兰教

860 年，凶猛的罗斯人（Rus）部落成员乘坐一支由造型优美的龙头船只组成的船队袭击了黑海沿岸的拜占庭帝国的村庄，然后，他们向君士坦丁堡的城门进发，准备大肆劫掠。恐慌笼罩着这座城市，居民惊慌失措。君士坦丁堡的牧首呼吁人们忏悔自己的罪行，以避免上帝发怒。当罗斯人出人意料地离开时，君士坦丁堡的人们将其解释为上帝的干预。

　　君士坦丁堡位于黑海与马尔马拉海之间的战略交会点上，是拜占庭帝国辉煌的首都，也是世界上最大、最富有的城市。当地讲希腊语的居民认为罗斯人是野蛮人，容易遭受他们最恶劣的暴力。罗斯人是生活在现在的乌克兰和俄罗斯的维京人（Viking），像许多其他蛮族人一样，他们不说希腊语，不是基督徒，也不承认拜占庭皇帝的权威，而希腊人认为拜占庭皇帝是上帝直接派来的。君士坦丁堡的领导者试图通过签署条约来控制这些蛮族人，规定进入君士坦丁堡的罗斯人一次不能超过 50 人，且必须在秋天前全部离开。作为对其文明行为的交换，罗斯人得到了免费的浴场、食物、一个月的给养和返回家园的装备。到 9 世纪，罗斯人已经形成了一个有规律的行为模式。每年春天，罗斯人在北方的河谷过完冬并从斯拉夫部落收集贡品之后，就乘着他们的小船出发了，冒着湍急的河流、第聂伯河上的瀑布和敌对部落的伏击等危险，到达黑海和举世闻名的君士坦丁堡，他们简单地称君士坦丁堡为"大城"。

他们已经习惯了冬天的长途跋涉、肮脏的村庄和随时可能发生的危险。看到这座拥有 50 万居民和 12 英里（约 19 千米）长的防御工事的大城市，他们眼花缭乱。教堂的镀金圆顶，贵族和皇帝的大理石宫殿，商人的巨大码头和仓库，所有这些都让他们惊叹不已。看到这些身披毛皮、风吹日晒的罗斯人，君士坦丁堡的人们也同样震惊，同时也感到害怕。

罗斯人来到君士坦丁堡的目的是进行贸易。君士坦丁堡的商人们用拜占庭和中国的丝绸、波斯的玻璃、阿拉伯的银币（被罗斯人高度珍视）和印度的香料来交换他们的蜂蜜、蜡、奴隶和来自斯堪的纳维亚地区与俄国北部的毛皮。尽管拜占庭人很有优越感，但他们需要蛮族人。在君士坦丁堡的货摊上，来自不同文化背景的商人相遇，讨价还价，并彼此了解。也许再没有比粗鲁的罗斯人和精明的拜占庭人之间差别这么大的了，但他们对利润的共同渴望使他们一直保持着一种互动（即使是试探性的）。这些不同民族之间反复互动，他们相互贸易、竞争和战斗，这为理解中世纪世界提供了线索。

"中世纪"指的是 5—15 世纪介于古代文明和近代文明之间的这段时期。中世纪文化建立在三大文明的基础之上，它们分别是拜占庭的希腊基督教帝国，中东、北非和西班牙讲阿拉伯语的伊斯兰哈里发国家，以及西欧和北欧的拉丁基督教王国。以宗教和语言为特征的这三大文明之间的互动是中世纪文化的核心。7—11 世纪，这三大文明中最具活力和创造力的是伊斯兰世界，它们的军队威胁着拜占庭帝国和拉丁基督教王国。在其创始人先知穆罕默德于 632 年去世后的一个世纪里，伊斯兰教的追随者像决堤的洪水一样从他们在阿拉伯半岛的故乡奔泻而出，征服了一个从西班牙一直延伸到中亚的庞大帝国。特别是在 10—11 世纪，这个伊斯兰世界产生了重要的哲学和科学成果，经济十分繁荣。

中世纪最显著的特征是，所有这些文明都建立在一神论的宗教基础之上，这些宗教都有关于上帝的基本信仰，都试图通过说服或武力来消除多神崇拜。然而，由于每一个中世纪文明都把自己定义为一个排外的信仰共同体，它们之间形成的文化界限至今仍然清晰可见。本章考察这些文明中的两个，即拜占庭帝国和伊斯兰世界。本书第9章将讨论拉丁基督教王国。本章探讨的这两大文明提出的一个最重要的问题是：这两种不同版本的一神论是如何支撑其帝国的？

拜占庭帝国：罗马帝国的幸存者

在古典时代晚期，君士坦丁堡和罗马象征着罗马帝国的两个部分。一旦被统一到共同的基督教文化，东方和西方的基督徒就逐渐分离，到了9世纪末，他们开始形成各自独立的文明，即拜占庭文明和拉丁文明。两者之间仍然有文化交流，因为商人、朝圣者和学者穿梭其间，但这两个文明已经无法再相互理解。他们对宗教问题持有不同的观点，如复活节的日期、礼拜仪式、圣像在崇拜中的作用，以及教皇的权威。他们使用的语言也不同。在东方，希腊语是大多数人的语言，而拉丁语在6世纪末已基本被遗忘。在西方，流行的是拉丁语或当地方言，除了在意大利南部和西西里岛，很少有人能懂希腊语。

东欧成为拜占庭帝国两侧一个不稳定的边境地区，那里居住着信奉多神教的农民和游牧民族。信奉希腊基督教和拉丁基督教的传教士相互竞争，争夺皈依者和盟友。希腊基督教传教士在使斯拉夫民族皈依东正教方面是最成功的，即便是在拜占庭帝国崩溃之后，这种信仰仍在斯拉夫人中延续下来。

一个群敌环伺的帝国

在查士丁尼皇帝（527—565 年在位）之后，拜占庭帝国逐渐沦为一个在众多敌人面前挣扎求存的区域性大国。在西方，拜占庭人面对的是伦巴第人（Lombard）的日耳曼王国，伦巴第人侵蚀了查士丁尼重新建立的帝国对意大利的统治。巴尔干半岛的威胁来自欧亚大草原的游牧部落，如阿瓦尔人（Avar）、斯拉夫人（Slav）和保加尔人（Bulgar），他们在帝国内部永久定居下来。这些民族成为该地区一些现有居民的祖先，如今天的保加利亚人、克罗地亚人和塞尔维亚人。在东方，拜占庭帝国与老对手波斯帝国对峙。在 603—629 年的一系列战争中，拜占庭帝国打败了波斯帝国，但是也付出了巨大的代价，以致无力抵抗来自阿拉伯半岛的伊斯兰军队的新威胁。这些不同的敌人和拜占庭帝国之间的接触通常是敌对的，他们对拜占庭帝国的包围迫使拜占庭帝国改变其政府和军事政策以适应这种新形势。

查士丁尼之后的拜占庭皇帝试图将北非和意大利重新组织为两个被称为"总督区"的新单位：一个是迦太基总督区，它也对西班牙南部进行管理；另一个是拉文纳总督区。由于离君士坦丁堡较远，以及它们所面临的当地问题的直接压力，这两个总督区在某种程度上独立于拜占庭帝国的其他地区。这两个总督区的总督在这些地区同时拥有民事权力和军事权力，这打破了罗马帝国将民事与军事分隔开来的惯例，但也表明了这些总督所面临的问题的严重性。

这种行政改革并没有挽救拜占庭帝国的西部领土。在 7 世纪 30 年代，西班牙南部落入西哥特人之手，伊斯兰军队于 698 年占领了迦太基。751 年，伦巴第人占领了拉文纳，终结了总督区的统治。然而，拜占庭帝国在意大利南部的统治一直持续到 11 世纪。

拜占庭帝国对东欧的控制也被证明是脆弱的。从 6 世纪末到 9 世纪，在巴尔干半岛的大部分地区，拜占庭帝国的衰弱造成了一种权力真空，使得定居在此的那些仍然认为自己是罗马帝国臣民的基督徒居民很容易受到多神崇拜者的入侵。像他们之前和之后的许多人一样，袭掠者和移民者从欧亚大草原［从现在欧洲的匈牙利和乌克兰一直延伸到 5 000 英里（约 8 047 千米）外中亚地区的一个宽广的草原地带］向外奔袭。游牧民族可以轻易地骑马穿越草原。与阿瓦尔人、斯拉夫人、保加尔人和罗斯人的交互影响导致了拜占庭领土和影响力的收缩。

来自黑海北部大草原的游牧民族阿瓦尔人在 6 世纪时突然出现在今天的匈牙利平原上，他们的残暴让人不寒而栗。他们从匈牙利袭击了中欧和巴尔干半岛。直到 9 世纪初，这些顽强的战士一直支配着这个地区，威胁着拜占庭帝国和在意大利、德国和法国形成的新王国。

阿瓦尔人强迫被征服的民族为他们战斗，从而建立了一个帝国。这些被征服的民族中包括斯拉夫人。在 400—600 年，斯拉夫人的社会由许多文化和民族融合而成。在波罗的海和巴尔干半岛之间的东欧发展起来的斯拉夫群体位于拜占庭帝国的边界之外。他们的阿瓦尔征服者用残暴的武力实行统治，大多数斯拉夫人无力重获独立。然而，一些斯拉夫群体设法推翻了阿瓦尔人的统治。6 世纪下半叶，斯拉夫人开始向南迁移，越过多瑙河进入巴尔干半岛。这些斯拉夫人与劫掠成性的阿瓦尔人合作，定居在人口稀少的今天的克罗地亚和塞尔维亚所在的边境地区。当斯拉夫人向南推进时，许多拜占庭人将他们的城市拱手让给了入侵者。到 600 年，斯拉夫人和阿瓦尔人已经占领了从多瑙河到希腊的大部分拜占庭土地。

到了 9 世纪，这些部落开始皈依一种或另一种形式的基督教，这种皈依模式产生了深远的影响。东欧的部落在政治上是分裂的，这反映了种族和语言群体的复杂分布。国家的建立尤其复杂，因为这里的大部分地区从未处于罗马统治之下，缺乏罗马的城市、制度和法律的遗产，而正是这些遗产使得拜占庭帝国的存续和西欧日耳曼王国的建立成为可能。皈依的模式加剧了东欧的分裂，因为信奉罗马天主教的人和信奉东正教的人之间的宗教分界线横贯这一地区。宗教像种族和语言一样，成为不团结的根源，而不是凝聚力之源。

紧跟着来自大草原的阿瓦尔人和斯拉夫人而来的是被称为保加尔人的游牧民族，到了8世纪，他们已经开始对巴尔干半岛上大部分斯拉夫居民实行统治。保加尔人摧毁了那里残存的罗马城市，驱逐了残余的基督徒，并袭击了拜占庭帝国。811年，在歼灭了一支拜占庭军队之后，保加尔人的可汗克鲁姆（Krum，803—814年在位）在被杀的拜占庭皇帝的头骨上涂上了一层银，将其作为酒具。由于这种亵渎性的象征行为，保加尔人赢得了"基督教和拜占庭之敌"的恶名。

然而，在865年，可汗鲍里斯一世（Boris I，852—889年在位）接受了他以前的敌人拜占庭帝国所信仰的东正教。他的皈依是那个时期政治形势的反映。在9世纪，基督教开始在多神崇拜的部落中产生强大的吸引力。他们对基督教的接受开启了与基督教国家建立外交关系和联盟的可能性。因此，对鲍里斯来说，皈依东正教是为了规避拜占庭帝国的敌意，实现和平。鲍里斯与罗马、君士坦丁堡和日耳曼的传教士谈判了四年，他们都试图说服保加尔人皈依基督教。最后，鲍里斯得到了他想要的，即一个保加尔人的正教会，它承认君士坦丁堡牧首的最终权威，但实际上拥有自主权。

在9世纪后期，通过采用斯拉夫礼拜仪式而不是拉丁基督教或希腊基督教礼拜仪式，这个教会的自主权得到进一步加强。这要归功于西里尔（Cyril，约826—869）和其哥哥美多迪乌（Methodius，815—885）在邻近的摩拉维亚所做的传教工作。他们创立了以希腊字母为基础的斯拉夫文字，将希腊教会的礼拜仪式翻译成斯拉夫语的版本，现在称之为"古教会斯拉夫语"。对斯拉夫礼拜仪式的接受逐渐使保加利亚那些种族和语言上混合的民族认同了斯拉夫文化和语言。从保加尔人建立的一系列修道院开始，古老的斯拉夫礼拜仪式在塞尔维亚人、罗马尼亚人，最终在俄国人中间传播开来，在这些一直延续至今的广泛颁的民族之间建立起文化联系。

正如我们在本章开头所看到的，拜占庭帝国也面临着来自北方罗斯人的攻击。罗斯人在第聂伯河上的基辅建立了首都，并扩大了对当地斯拉夫部落的控制。基辅大公的祖先就来自罗斯人中的商人战士，到10世纪末，他们通过一个松散的公国联盟统治着广阔的草原和森林。"Rus"一词后来演变成了"Russia"，被用来指代基辅的大公们统治的所有地区。

在弗拉基米尔大帝（Vladimir the Great，978—1015 年在位）和他的儿子"智者"雅罗斯拉夫（Iaroslav the Wise，1019—1054 年在位）统治期间，基辅罗斯发展到了巅峰。弗拉基米尔是一名无所畏惧的战士，他将基辅和诺夫哥罗德合并为一个国家，后者是一个靠毛皮贸易富裕起来的北方城市。弗拉基米尔生来就是一个多神崇拜者，他有七个妻子，还参加过活人祭祀。然而，987 年，他与拜占庭帝国缔结军事同盟时，抛弃了自己的妻子，与拜占庭帝国公主结婚，并皈依了东正教。然后，他强迫基辅和诺夫哥罗德的居民受洗，并把他们崇拜的偶像扔进河里。拜占庭教会在基辅任命了一位东正教大牧首，确立了对罗斯教会的行政控制。礼拜仪式使用的是古教会斯拉夫语，它提供了一种书面语言，刺激了作为俄国文化根基的文学、艺术和音乐的发展。雅罗斯拉夫雇用书吏将希腊文宗教书籍翻译成教会斯拉夫文，并在基辅全国建立了新的教堂和修道院（见地图 8.1）。罗斯和拜占庭之间的宗教和政治联

地图 8.1 拜占庭帝国 (约 600)

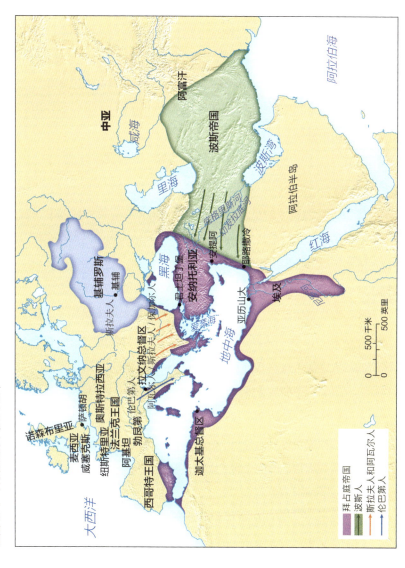

到 600 年，拜占庭帝国囊括了了安纳托利亚、希腊、巴尔干半岛的一部分、叙利亚、埃及、北非和西班牙的一些地区。在伊斯兰教兴起之前，波斯帝国一直是拜占庭帝国最大的敌人。地中海的哪些地区受拜占庭文明的影响最大？

系塑造了俄国的历史，限制了拉丁基督教（罗马天主教）的向东传播。

拜占庭文明

除了来自四面八方的攻击，拜占庭帝国还面临着内部的动荡。领土的丧失造成了经济上的困难，宗教上的争议有时使人们疏远了政府。然而，尽管损失惨重，拜占庭却支撑了下来。三大体系将帝国维系在一起，即负责制定政策、保障臣民福祉的皇帝，保卫边疆的军队，以及提供精神指导的东正教。

帝国的行政与经济

以君士坦丁堡为基地的皇帝是拜占庭社会的中心，他的权威遍及帝国的每一个角落。这位至高无上的统治者在他严格控制的庞大官僚机构的协助下实行统治。在这个等级森严的官僚机构中，复杂的头衔和服装表明了不同的等级。例如，只有皇帝及其家庭成员才可以穿紫色衣服，因为紫色是皇室的象征。达官贵人穿着颜色独特的丝绸服装，上面镶嵌着珠宝。官员的官位越高，被允许佩戴的宝石就越多。官僚和廷臣（皇帝的私人侍从）按照其重要性排成精心设计的队列行进，他们的重要性从其衣服和鞋子的颜色就可以被识别出来。通过这些仪式，皇帝把政府展示给臣民。这种队列不仅仅是政治宣传，还可以通过队列的等级秩序使帝国的构成变得显而易见。它们还显示了宫廷政治的运作，受宠的廷臣会排在队列中靠前的位置，而那些失宠的廷臣会退居靠后的位置，甚至完全从队列中消失。

那些有幸或有才能在朝廷中任职的人获得了财富和影响。出于这个原因，一些重要的外省家庭把他们的儿子送到君士坦丁堡，以便在官僚机构中谋得一官半职。通过这种吸纳方式，君士坦丁堡与帝国的边远地区保持着密切的联系。这一制度使各行省的大家族与帝国的成功有利害关系，也使各行省在首都有了发言权。然而，这也容易滋生腐败。许多人通过贿赂朝廷官员而获得职位。有些官员凭借其家庭的影响而不是才能获得职位。但即使是一个腐败的体制也可以成为一种有效的政府形式，因为官员的腐败使得效忠皇帝比反对皇帝回报更高。

皇帝处在这个复杂的等级制度的顶端，他还控制着拜占庭的经济。稳定的货币制度刺激了以现金为基础的经济繁荣。官方垄断了丝绸等特定商品的生产和销售。这些垄断通过抑制竞争来保护皇帝和他所宠幸的人的利益。只要保持垄断，政府就有税收来源。

然而，到 7 世纪末，随着埃及和叙利亚这些富庶省份和亚历山大、安提阿、迦太基和其他富有的城市落入阿拉伯人之手，拜占庭经济一蹶不振。成千上万的难民从被穆斯林征服的土地上涌入帝国，耗尽了帝国的资源。在被征服的拜占庭诸省，穆斯林统治者建立了自己的垄断，并禁止拜占庭商人参与长距离贸易。由于与外国市场隔绝，拜占庭帝国停止了出口商品的生产，不再修建新房屋和教堂。到了 750 年，除了君士坦丁堡，大多数拜占庭城市的生活水平都下降了。

军区制度

为了应对诸多外部威胁，拜占庭社会被重组，以便更好地为连年不断的战争服务。君士坦丁堡是正在收缩的拜占庭帝国的神经中枢，皇帝们依靠军队来保护君士坦丁堡，并保卫边境不受外人的侵犯。到 650 年前后，安纳托利亚地区成为帝国新兵的主要来源，皇帝们放弃了罗马晚期依靠行省总督来保卫边疆的制度。为了取代旧的行省，皇帝创建了四个"军区"。每个军区都有自己的军队和管理机构，由皇帝任命的将军指挥。这些军区的队伍形成了强烈的地方特色，将军们为自己的军事

大卫王银盘。630 年前后在君士坦丁堡制造了 9 个银盘，描绘的是《圣经》中大卫王一生的场景。这是最大的银盘（直径约 51 厘米），显示了大卫与巨人歌利亚的战斗。虽然主题来自《圣经》，表现服装、人体和空间关系的风格却直接来自古典传统。这个主题将拜占庭帝国与波斯的斗争和《圣经》中勇敢无畏的国王联系起来。

图片来源：The Metropolitan Museum of Art / Art Resource, NY

技能感到自豪，而这是拜占庭帝国从罗马军团继承下来的遗产。虽然在整个 7 世纪，伊斯兰军队给帝国造成了惨重的损失，但这些军队使帝国免于崩溃。

到了 750 年，这些军区从君士坦丁堡获得了相当大的自治权，构成了进一步重组农业经济和征兵程序的基础。士兵和水手过去是从皇帝的税收中得到现金酬劳，现在他们被授予土地来养活自己。战士们必须用他们作为农民的收入来配备武器。就这样，军区制度使帝国的各个地区可以在没有帝国财政直接支持的情况下运作，从而为帝国创造了防御上的灵活性。虽然它不能再发动大规模的进攻和征服行动，但至少可以尝试保卫自己的边境。

随着时间的推移，最初的四个军区被细分，其他地方有了新的军区，到 11 世纪末军区数量已经增加到 38 个。帝国的军事力量逐渐依赖于这一军区体系，在这个体系中，在一名军事指挥官同时也是行政长官的监督下，没有薪酬并且还要纳税的屯田兵生活在村庄里。这些屯田兵通常在自己的地区作战，这意味着他们在保卫自己的家园和家人。因此，他们提供了一道针对入侵者的强大防御。

拜占庭帝国边境尤其容易受到穆斯林的侵扰。然而，从 7 世纪伊斯兰军队第一次进攻拜占庭帝国的边境到 1453 年拜占庭帝国被奥斯曼土耳其人占领，君士坦丁堡顽强地坚持了下来。当波斯帝国在 7 世纪 30 年代被阿拉伯军队打败时，拜占庭帝国却幸免于难。这个事实也许是拜占庭帝国军事重组是否成功最重要的衡量标准。

这些冲突的持久文化成果之一是伟大英雄的传说。英雄传说一开始是用诗歌朗诵的故事，用来愉悦拜占庭贵族，因为他们的祖先曾与阿拉伯人作战。这些口头传说中的一些最终被改编成流行的史诗。其中，关于第格尼斯·阿克里塔斯（Digenes Akritas）的史诗讲述了 8 世纪晚期在帝国东部边境的英勇壮举，拜占庭人和阿拉伯人在那里既有战斗，也有合作。这首诗的主人公的父亲是一位阿拉伯指挥官，他诱拐了一位拜占庭将军的女儿，娶她为妻，并皈依了基督教。这个异族通婚的儿子是第格尼斯（Digenes，意为"两种血液"），一个有两个民族身份和信奉两种宗教的人，后来他成了一名"边境斗士"（Akritas，阿克里塔斯）。这位生活在两种文化之间的伟大的拜占庭英雄是拜占庭帝国和伊斯兰世界之间互动的诗意呈现。关于第格尼斯·阿克里塔斯的传说对希腊文学产生了深远的影响，后来的作家们一遍又一遍地讲述这一故事。

教会和宗教生活

君士坦丁堡拥有很多教堂和圣物，以至于到了 600 年，拜占庭人开始认为君士坦丁堡是一座受上帝保护和圣母马利亚特殊眷顾的圣城。教会人士教导说，君士坦丁堡是一个"新耶路撒冷"，在世界末日到来时，它将成为事件的中心。

在拜占庭帝国，东正教的制度支柱之一是神职人员。他们像帝国官僚机构一样按等级组织起来。君士坦丁堡的牧首或首席主教领导着首都几千名神职人员，并管理着整个帝国的教会事务。皇帝通常控制着牧首的任命，而且两者经常密切合作。牧首通过控制各地城市的主教网络，帮助在整个帝国实现宗教统一。每座城市的主教负责监督对当地教堂内圣物的敬奉。（拜占庭人相信，圣物可以保护他们，就像在基督教出现之前他们的信奉多神教的祖先相信各种保护神一样。）因为主教通常来自城市的精英阶层，他们是有影响力的地方领导人，负责执行许多公共政策，而不仅仅是宗教政策。

修道院在帝国的生活中扮演着重要的角色。男性和女性去不同的修道院过灵修生活，为自己和他人的救赎而祷告。需要帮助的人，如孤儿、老人、受虐待的妻子、寡妇、身体上和精神上有疾病的人，都可以去修道院寻求庇护。修士和修女们向穷人分发食物和衣服，捐赠者慷慨解囊，资助这些活动，许多修道院通过这些捐赠变得十分富有。

在 7—8 世纪，教会监督下的基督教教育取代了传统的罗马教育体系。虔诚的基督徒对古典文化产生了怀疑，因为它涉及教会所谴责的古代的神灵和习俗。会读书识字的拜占庭人为数不多，他们是通过《圣经》而不是古希腊的经典来学习的。由于学术的普遍衰落，教会垄断了文化和思想。除了在君士坦丁堡，古典文学、历史和科学等知识都消失了，即使在君士坦丁堡学术圈子也很小。

圣像与圣像破坏运动

东正教创造了信仰和文化的统一，但这种统一在 8 世纪被教会内部的争议打破。当外敌在帝国的边境肆虐时，拜占庭人想知道为什么上帝要惩罚他们。他们得到的答案是，上帝一定是被他们的某种行为激怒了。皇帝利奥三世（Leo III，717—741 年在位）相信，只有通过安抚上帝，他们才能得救，于是他开始采取行动。为了使拜占庭帝国成为一个纯粹的基督教帝国，他强迫犹太人皈依基督教。然而，他最重要的举动是拒绝使用圣像，圣像是在拜占庭崇拜中随处可见的基督或圣徒的形象。

几个世纪以前，第一批基督徒拒绝制作基督和其他圣人的形象，他们有两个理由：首先，《希伯来圣经》禁止创造上帝的形象，他们认为这条禁令对基督徒仍然有效。其次，他们认为基督徒可能会像多神崇拜者那样崇拜圣像。4 世纪的一位教会领袖写道："当画像被挂起时，剩下的事情就可以交给异教徒的习俗了。"[1]

尽管有这些警告，许多基督徒还是以一种审美的方式来对待城市里随处可见的多神雕像和画像。基督教雕刻家和画家开始创造一种独特的基督教艺术,将宗教形象与古典艺术风格和技巧结合起来。在君士坦丁结束了对基督徒的迫害后,这种新艺术繁荣起来。艺术家们经常在教堂里描绘基督和圣徒。在6—7世纪,拜占庭人比以往任何时候都更热衷于使用宗教形象。例如,在600年,皇帝在君士坦丁堡皇宫正门的青铜门上方放置了一尊巨大的耶稣像。较小的圣像在教堂、家庭和修道院里非常流行。

拜占庭神学家认为,圣像是信徒通向神圣存在的门径,使神圣的存在能够为信徒所感知。教会人士告诫说,上帝或圣人实际上并不存在于圣像中,因此信徒不应该崇拜圣像。他们应该把圣像视为通向精神世界的入口,让信徒们能够遇到神圣的存在。因此,拜占庭人对圣像崇敬有加。修士和修女特别热衷于圣像崇拜。

然而,到了8世纪,一些拜占庭神学家认为,偶像崇拜已经太过分了,他们试图恢复早期基督教对宗教形象的禁令。他们向皇帝利奥三世提议停止圣像崇拜,因为没有受过教育的信徒会把圣像的形象与它所代表的神圣存在相混淆,并像多神教徒崇拜偶像那样崇拜圣像。当一场火山喷发摧毁了爱琴海的圣托里尼岛时,利奥三世认为这些建议者是正确的,上帝果然被圣像崇拜激怒了。726年,利奥三世下令在帝国全境销毁圣像(耶稣受难像除外),但公众的反抗迫使他小心行事。例如,当他下令把耶稣像从皇宫的青铜门上取下时,君士坦丁堡的人民发起了暴动。四年后,利奥三世重新颁布了全面禁令。这场圣像破坏运动一直延续到842年,导致了拜占庭社会的分裂。

圣像崇拜是大众宗教生活中十分重要的一部分,利奥三世发现很难在君士坦丁堡以外的地方推行圣像破坏运动。当帝国信使试图破坏圣像时,希腊和意大利南部都爆发了叛乱。圣像破坏运动也影响了国际政治。教皇格列高利三世对皇帝禁止使用圣像感到愤怒,他认为这是异端

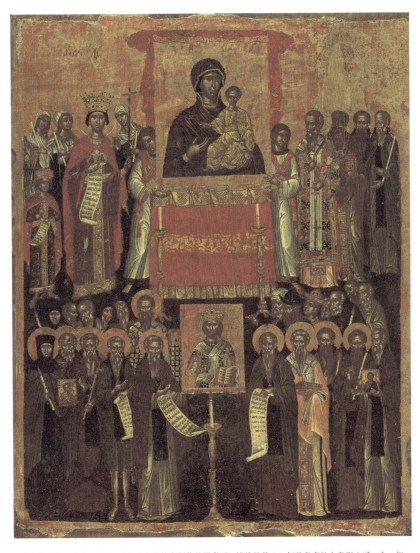

恢复圣像崇拜。这是一幅16世纪在克里特岛创作的蛋彩画，描绘的是843年狄奥多拉女皇引入了一个一年一度的宗教节日，以纪念圣像破坏运动的结束。顶部的圣母马利亚的形象是君士坦丁堡的守护者指路圣母像。

图片来源：Benaki Museum, Athens, Greece / Gift of Helen Stathatos / Bridgeman Images

邪说，于是将利奥三世逐出了教会。为了报复，利奥三世剥夺了教皇自4世纪以来一直在行使的对意大利南部、西西里岛和亚得里亚海巴尔干海岸的宗教权威。教皇们永远不会原谅他，因为随着宗教权威的丧失，教皇收入的主要来源也随之丧失。这场冲突加剧了希腊东正教和拉丁基督教之间的裂痕。在未来的岁月里，罗马教皇不再依赖拜占庭皇帝的军事保护，而是向北投靠法兰克人。圣像破坏运动产生了一个持久的转变，使罗马教皇与西欧诸国结盟。

经过数年动荡，两位拜占庭皇后受到修士的影响，并对臣民的宗教信仰表示同情，最终修复了教堂的圣像。在787年，伊琳娜女皇（Irene）召集了一次宗教会议，推翻了利奥三世对偶像崇拜的取缔。伊琳娜于802年被废黜后，圣像破坏运动死灰复燃。但在843年，狄奥多拉女皇引入了一个宗教节日来纪念圣像破坏运动的结束，时至今日东正教基督徒仍然每年庆祝。毁坏圣像运动可能扩大了希腊东正教和拉丁基督教之间的鸿沟，但运动的中止在拜占庭世界创造了更大的宗教团结。对那些生活在被伊斯兰统治者征服的前拜占庭帝国领土上的许多基督徒来说，共同的宗教文化也为他们提供了慰藉，以及与拜占庭帝国的精神联系。

马其顿文艺复兴

外敌给拜占庭帝国造成的损失在马其顿王朝统治时期（867—1056）得到了扭转。马其顿王朝是指来自巴尔干半岛的连续六代皇帝的统治。在马其顿王朝之前，拜占庭帝国体系很不稳定，因为当一位皇帝去世后，强大的家族之间会为谁将成为新皇帝而展开斗争。但是在第一个"马其顿人"巴西尔一世（Basil I，867—886年在位）*通过谋杀登

---

* 巴西尔一世生于拜占庭帝国的马其顿军区，因此他得到了"马其顿人"的绰号。——译者注

上皇位后，他的家族通过任命皇帝的儿子为共治帝并鼓励王朝继承的原则，把权力保留在自己家族之内。

在巴西尔一世的统治下，拜占庭军队和舰队在几条战线上与伊斯兰军队作战。在东部，拜占庭军队向叙利亚和巴勒斯坦推进，几乎攻到了耶路撒冷。美索不达米亚的大部分地区落入了他们手中。他们吞并了格鲁吉亚王国和亚美尼亚的一部分。在地中海，拜占庭军队夺回了克里特岛和塞浦路斯岛，并阻止穆斯林进入意大利南部，尽管他们没能阻止西西里岛被征服，这里后来成了伊斯兰文化的中心。

君士坦丁堡的经济繁荣起来，到10世纪时，其人口已经多达50多万人，成为一个巨大的市场，商人交换的商品有的来自遥远的中国和不列颠群岛。这里也是奢侈品生产的中心，尤其是行销整个欧洲、亚洲和北非的珍贵丝绸和织锦。贵族家庭、教堂和修道院变得非常富有，他们用宏伟的建筑、马赛克镶嵌画和圣像装点着这座城市，创造了所谓的马其顿文艺复兴。

马其顿王朝通过恢复被圣像破坏运动损害的宗教统一，释放了人们的创造力。最具原创性的作品是宗教方面的布道和神学研究，尤其是赞美诗。然而，由于皇帝的慷慨资助，君士坦丁堡也成了哲学研究和历史写作的中心，这是自7世纪以来的第一次。古希腊手稿的积累和研究在古代和中世纪之间创造了一个重要的文化纽带。

牧首佛提乌（Photius，约810—约893）是拜占庭历史上最杰出的学者之一。佛提乌拥有一座巨大的图书馆，成为研究古希腊文学的中心。他创作了一些重要作品，其中《群书摘要》（*Library*）是一本百科汇要，包含了古典作家和拜占庭专家的著作，这些著作有宗教的，也有世俗的。他对这些作家的总结和分析特别重要，因为书中收录的作品后来有许多散失了。佛提乌还深涉教会政治，两次因为君士坦丁堡的政治阴谋而被罢黜。他在 858 年被米歇尔三世（Michael III）选为牧首（因为当时他还是普通信徒），遭到罗马教皇的强烈反对。佛提乌猛烈抨击拉丁基督教，他和教皇互相将对方革除教籍，因此他经常被指控扩大了基督教两个主要分支之间的分歧。

在马其顿王朝统治下，繁复的宫廷仪式强化了皇帝近乎神圣的职权。身为历史学家的皇帝君士坦丁七世（Constantine VII，913—959 年在位）写作了《典仪论》（*Book of Ceremonies*），它后来成了从西班牙到俄国的宫廷仪式的典范。《典仪论》传播了拜占庭帝国的统治理念，主张皇帝和基督一样，有两种本性。其中一种本性是人性的，是会犯错误的，而另一种本性则来自上帝，上帝赋予了这位神圣的统治者神圣的权威来管理他的臣民。因此，拜占庭皇帝在类似于神父任命的仪式上被涂上圣油。皇帝或国王的涂油礼所代表的君主的神圣权威成为中世纪政治思想的核心特征。

即使在马其顿王朝统治时期，拜占庭帝国仍然受到外敌入侵的威胁。帝国之所以能够成功地应对这些威胁，取决于两个因素，即由马其顿王朝所保证的政治稳定，以及用来组织和招募士兵的军区制度。然而，在 11 世纪早期，王朝衰落，军队衰败。

当皇帝巴西尔二世（976—1025 年在位）去世时，拜占庭帝国的权威和繁荣达到顶峰，但他没有留下直接的男性继承人。他的侄女和她们的丈夫统治到 1056 年，这很大程度上是因为拜占庭人相信帝国的和平与繁荣取决于这个王朝。然而，巴西尔二世的继任者都不是强有力的领导者。帝国的行政制度是高度集权的，有着错综复杂的官僚机构，监管着从外交礼仪到工匠培训的一切事务。没有了强有力的领导，拜占庭帝国的官僚机构变得墨守成规，无法应对新的挑战。

马其顿王朝前几位皇帝在遏制侵略上的成功很大程度上归功于拜

拜占庭雕像。这个象牙牌匾描绘的是君士坦丁七世被基督加冕的情景。这可能是在 944 年制作的，以纪念他成为帝国的唯一统治者。皇帝的左手下方刻着 "罗马人的皇帝"。

图片来源：Pushkin Museum, Moscow, Russia / Bridgeman Images

占庭帝国优越的军事能力，并有对军区的系统组织和经济实力做保证。如前所述，这些军区的成功主要依赖于屯田兵，在这个系统中，屯田兵没有薪酬，而且还要纳税，并在他们所在的地区作战，保卫他们的家园和家人。然而，到了 11 世纪，不断恶化的经济状况威胁到了这些屯田兵的自由。每当作物歉收、干旱或饥荒来袭，军区中饥饿的屯田兵就被迫把他们的土地让渡给提供给他们食物的贵族，而在此过程中，他们也丧失了自己的自由。随着这些大地主获得更多的土地，作为军队中坚力量的小农开始消失或丧失自由。因为只有自由的土地拥有者才能服兵役，所以土地集中在少数人手中对军队来说是灾难性的。拥有土地并能够为自己配备武器的合格士兵越来越少。

马其顿王朝后期几位皇帝无意阻止这种趋势，军队越来越依赖外国雇佣兵。这些皇帝发现自己陷入了困境，他们的收入在很大程度上依赖于垄断工业和贸易，但这种控制对贵族来说意味着土地是唯一有利可图的投资方式。开放经济可能会损害他们自己的收入，因此皇帝没有采取必要的措施来保护帝国。当时的形势是严峻的，然而，在接下来的几个世纪里，敌人开始蚕食拜占庭帝国，这种情况一直持续到 1453 年帝国崩溃。

伊斯兰新世界

打败拜占庭帝国的伊斯兰军队创造了一种新的文明，改变了地中海世界，建立了一个从西班牙一直延伸到中亚的帝国（见地图 8.2）。今天，全世界的穆斯林超过了 10 亿人。这种日益强大的信仰不仅在西方而且在世界其他地方都留下了不可磨灭的印记。

伊斯兰教起源于7世纪早期的阿拉伯半岛。阿拉伯人是部落居民，他们中的许多人是游牧民，放牧骆驼、山羊和绵羊（见本章"碰撞与转型"专题）。阿拉伯半岛南部的阿拉伯人从事农耕，他们居住在城镇里，并建立了广泛的商业网络。每一个部落都有一个共同的男性祖先。部落首领依靠自己的威望进行领导，并得到部落成员一致认可。然而，阿拉伯部落履行了国家的许多职能，包括保护其成员的生命和财产。

伊斯兰教的兴起

伊斯兰教以《古兰经》和先知穆罕默德（约570—632）的语录为基础。穆罕默德的出生地是阿拉伯西部富裕的国际贸易城市麦加，他出身于古莱氏（Quraysh）部落强大的哈申（Hashimite）家族。麦加是天房克尔白的所在地，信奉多神教的阿拉伯人在这里敬拜许多神。穆罕默德年轻时娶富孀海蒂彻（Khadija）为妻，他做过商队商人，以擅长调解部落争端而闻名。

在大约40岁的时候，穆罕默德宣告说，在他独自冥想的时候，一位天使出现在他面前，对他说："穆罕默德，我是天使加百列，你是真主的先知。开始宣教吧！"根据穆罕默德的描述，天使给他传递了一个信息让他再传给麦加人。穆罕默德收到的信息是号召所有阿拉伯人崇拜唯一的真神（亚伯拉罕的神），并警告说，他们如果不响应这一号召，就会遭受地狱之火。穆罕默德终其一生都在宣读他的启示。这些启示被记录下来，成为伊斯兰教的圣书《古兰经》（意为"宣读"或"吟诵"）。尽管穆罕默德在朋友和家人中赢得了追随者，但麦加人最初拒绝接受他的一神论教义。

622年，穆罕默德和他的追随者从麦加向北迁往200英里（约322千米）处的麦地那，在那里，长期不和的部落邀请他去解决他们的争

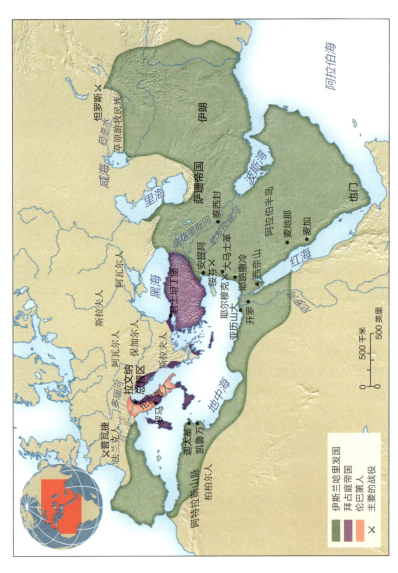

地图 8.2 伊斯兰教的扩张：倭马亚哈里发国（约 750）

到 750 年左右，倭马亚王朝的疆域已达到了其最大范围。它为从中亚到西班牙的广大领土提供了政治上的统一。伊斯兰教成为这个庞大帝国的主导宗教。将此地图与地图 8.1 进行比较。伊斯兰文化在哪些地方取代了拜占庭文化？

阿拉伯海

阿姆河

咸海

药杀水

恒罗斯 X

草原游牧民族

伊朗

萨珊帝国

黑海

波斯湾

也门

底格里斯河

幼发拉底河

泰西封

君士坦丁堡

芬芬

阿瓦尔人

斯拉夫人

安提阿

绥芬 X

大马士革功底亚

阿拉伯半岛

麦地那

麦加

红海

卡迪西亚

斯拉夫人

保加尔人

耶路撒冷

耶路撒冷

尼罗河

亚历山大

开罗

西奈山

也门

尼罗河

地中海

恩普里

民第

罗马

又曾瓦捷

法兰克人

多瑙河

拉文纳

迦太基

凯鲁万

阿特拉斯山脉

柏柏尔人

0   500 千米

0   500 英里

伊斯兰哈里发国

拜占庭帝国

伦巴第人

X 主要的战役

碰撞与转型

沙漠之舟：从摩洛哥到中亚的骆驼

当充满活力的新伊斯兰教的阿拉伯信徒遇到了卑微的骆驼时，一件了不起的事情发生了。在阿拉伯和近东地区，骆驼作为驮兽的历史至少有 2 000 年了。古代的贸易商队用骆驼驮着货物，让阿拉伯人接触到从西班牙到中国的广阔世界。在商队路线沿线的交流中，伊斯兰教的思想被广泛传播，阿拉伯商人使伊斯兰城市变得富裕起来。骆驼也帮助阿拉伯军队在战斗中强大起来，这意味着伊斯兰教通过征服得以迅速传播。

沙漠居民都知道，骆驼运输人和货物的效率很高，尤其是在干旱地区，因为骆驼的身体有保水的能力。骆驼一次能喝掉 28 加仑（约 106 升）的水，可以在没有水的情况下生存 9 天，长途跋涉。驼峰上的脂肪可以让它们在没

骆驼商队。在这张照片上，一支骆驼商队在沙漠中穿行，驮着沉重的货物，就像中世纪早期的骆驼商队一样。

图片来源：Tom Hollyman / Science Source

有食物的情况下存活更长时间。作为驮兽，骆驼比用牛或骡子拉的大车更高效，因为它们可以穿越没有道路的崎岖山地，渡过没有桥梁的河流。它们在旅途中需要的人手比轮式车辆要少。

阿拉伯人发明了一种"北阿拉伯驼鞍"，这种驼鞍可以让骑手一只手抓住骆驼的缰绳，另一只手拿着剑向下猛砍敌人。骑着骆驼的战士可以快速而猛烈地攻击步兵。饲养骆驼的阿拉伯部落凭借他们新的军事技术，控制了利润丰厚的香料贸易路线，并通过榨取和看护商队的财富，成了一支不可小觑的经济、军事和政治势力。

630 年，穆罕默德在麦加建立政权之后，伊斯兰教在驼背上"起飞"了。骑着骆驼的部落战士首先把伊斯兰教传播到整个阿拉伯和中东地区，然后传播到中亚，再经过北非传入西班牙。骆驼在不断扩张的伊斯兰经济中发挥了重要作用，因为骆驼使长距离贸易极为有利可图。骆驼带来的变化在著名的罗马御道曾是陆上贸易主要通道的一些地区最为明显。数千英里的道路连接着罗马帝国的各个行省，让军队能从一条战线轻松地转到另一条战线。然而，阿拉伯的骆驼改变了这一点。因为这些"沙漠之舟"不需要铺路，商队的路线也不必沿着罗马的道路网，商人们完全避开了这些道路。穿越沙漠和其他适合骆驼通行的恶劣地形的新贸易路线很快从摩洛哥发展到了中亚，铺设的道路开始消失。因为骆驼可以很容易地在狭窄的小路上行走，所以希腊和罗马的城市中适合二轮和四轮马车的大马路和宽阔的大市场也就不再被使用了，取而代之的是小集市和适合骆驼通行的狭窄、弯曲的小径。在这些地方，马车和其他有轮车辆几乎消失无踪。这也带来了文化上的影响，特别是商队交通将中国与中东联系得更加紧密，并将中国的商品和思想带到了西方。

端。穆罕默德移居麦地那这年被称为"希吉拉"（Hijra），是伊斯兰历法纪元元年。这一事件标志着伊斯兰教发展的一个转折点。穆罕默德和他的追随者第一次作为一个独立的团体生活在一起。他的门徒接受他为神的先知，他严格管理这个新社团的内部事务及其与外界的关系，创建了一个政教合一的社会。这个伊斯兰社会的中心是清真寺，他的追随者聚集在那里祈祷，听他吟诵《古兰经》。

麦加的克尔白。前伊斯兰时代，阿拉伯人就开始崇拜位于麦加中心的克尔白神殿内一块
巨大的黑色石头。629 年，穆罕默德在麦加创立了伊斯兰教，他摒弃了过去的多神论，把
这里变成了伊斯兰世界最神圣的地方，被尊为真主安拉的房屋。来自世界各地的穆斯林
都来麦加朝圣。这些朝圣之旅培养了他们共同的宗教认同，无论他们来自哪里。

图片来源：Rulhan Arikan / Science Source

　　起初，穆罕默德与控制麦地那市场的犹太人关系良好。他和他的追随者甚至遵循犹太教的仪式，如祈祷时朝向耶路撒冷。但是随着他在阿拉伯部落中影响力的增长，他与拒绝接受他为先知的犹太人发生争端。穆罕默德与犹太人疏离，把祈祷时的朝向转向了麦加，将一些犹太部落驱逐出麦地那。随着犹太人的反对势力被排除，穆罕默德获得了对麦地那的控制权，开始率领军队攻打麦加，后者于 630 年投降。

利用武力和谈判相结合的方式，穆罕默德吸引了许多阿拉伯部落加入他的新宗教共同体。他的权威既来自他作为一个突袭商队并击败敌对部落的军事领袖的能力，也来自他作为先知的声誉。到他去世时，他已经在伊斯兰教的旗帜下统一了阿拉伯半岛的大部分地区。

穆罕默德的教义

伊斯兰教教导人们，安拉（在阿拉伯语中是"神"的意思）向穆罕默德揭示了他的信息，穆罕默德是继亚伯拉罕、摩西和大卫之后最后一位先知，他前面的三位先知都是犹太《圣经》中的关键人物，向人类传递了神圣的指示。穆斯林也把耶稣基督尊为先知，但并不认为他是上帝之子。可见，伊斯兰教与犹太教和基督教有一些共同的信条。

穆罕默德教导他的追随者一些基本原则，这些原则最终被称为"伊斯兰教的五功"，包括念功、拜功、斋功、课功、朝功。"伊斯兰"（Islam）的意思是"顺服"，通过这些信仰行为，穆斯林（意为"那些顺服神的人"）表现出对神的意志的服从。第一，所有的穆斯林必须承认只有一个神，穆罕默德是他的先知。第二，他们必须每天五次在祷告中陈述这种信仰。在星期五，如果可能的话，中午的祷告应该在其他信徒的陪伴下进行。穆斯林可以在任何地方祈祷。第三，穆斯林必须在斋月（伊斯兰历的第九个月）的日出和日落之间禁食。第四，穆斯林必须捐钱和食物给有需要的人。伊斯兰教希望信徒们能够善待彼此，尤其是孤儿和寡妇，并为整个伊斯兰社会的利益而努力。第五，如果可能的话，穆斯林一生中至少要去麦加朝圣一次。作为祷告和朝圣的中心，麦加很快成了伊斯兰世界的中心。《古兰经》肯定了麦加在伊斯兰教中的特殊地位：

你应当在众人中宣告朝觐，他们就从远道或徒步或乘着瘦驼，到你这里来，以便他们见证他们所有的许多利益，并且在规定的若干日内，记念真主之名而屠宰他赐给他们的牲畜。你们可以吃那些牲畜的肉，并且应当用来款待困苦的和贫穷的人。[2]

随着伊斯兰教在7—8世纪传播到波斯以及亚洲和欧洲的部分地区，来自不同国家的穆斯林在麦加相遇，形成了共同的伊斯兰身份。

虽然《古兰经》中有很多穆斯林应该遵循的正确行为的例子，但穆斯林也以穆罕默德为榜样。穆罕默德教导他的追随者为伊斯兰共同体的利益而斗争，这场斗争被称为"圣战"（jihad）。伊斯兰教教导说，"圣战"的责任应该用心灵、舌头、手和剑来履行。心灵的"圣战"是通过与魔鬼斗争、抵制做坏事的诱惑而实现的精神净化，舌头的"圣战"要求信徒传播信仰，手的"圣战"要求纠正道德上的错误，剑的"圣战"是要对异教徒和伊斯兰教的敌人发动"圣战"。要想避免受到攻击，他们可以选择皈依伊斯兰教，或者是缴纳一种被称为"吉兹亚"（jizya）的人头税（见本章"不同的声音"专题）。今天大多数穆斯林学者把"圣战"理解为与人的内在自我进行的战争，即内心的"圣战"，但也有一些人恢复了"剑的圣战"的概念，用来支持军事斗争。

穆罕默德之后的继承危机：逊尼派和什叶派

穆罕默德在世时表现出了卓越的领导才能，但是他没有指定继任者。因此他在632年的离世引发了一场继任危机。伊斯兰社会能够在一个新领袖的领导下保持统一吗？经过多次商议，穆斯林长老选择穆罕默德的岳父艾布·伯克尔（Abu Bakr，632—634年在位）来领导他们。

艾布·伯克尔成为第一任"哈里发",也就是穆罕默德的继任者。在他的领导下发展起来的伊斯兰政府被称为"哈里发政权",集宗教和政治责任于一身。

大多数穆斯林支持艾布·伯克尔,但也有少数人反对他。一部分人声称穆罕默德的女婿兼堂弟阿里(Ali)应该成为第一任哈里发。也有的阿拉伯部落反对伊斯兰教本身,他们声称,只有穆罕默德在世时,他们作为伊斯兰社会成员的资格才有效。艾布·伯克尔在一场"叛教战争"(Wars of Apostasy,"apostasy"意为放弃以前的信仰)中击败了他们。到艾布·伯克尔于634年去世时,他已经将阿拉伯半岛的大部分地区重新置于他的控制之下,但他的追随者和阿里的追随者之间的争端导致了伊斯兰教内部的永久分裂,分裂后的一方是追随阿里的少数派什叶派,另一方是追随艾布·伯克尔的多数派逊尼派。什叶派和逊尼派都认为,哈里发政权是世袭的,只局限于穆罕默德所在的古莱氏部落的哈申家族。但是什叶派认为,只有穆罕默德通过他的女儿法蒂玛(Fatima)和女婿阿里的直系后裔才有资格统治伊斯兰社会。相比之下,逊尼派设计出了一个更灵活的继承理论,使他们以后甚至可以接受非阿拉伯人的哈里发。

在穆罕默德死后的伊斯兰战争中,艾布·伯克尔创建了一支训练有素、渴望传播伊斯兰教信仰的伊斯兰军队。在第二任哈里发欧麦尔(Umar,634—644年在位)的领导下,伊斯兰军队入侵了拜占庭帝国和波斯帝国的富饶领土。他们于636年占领了叙利亚。第二年,他们击溃了波斯军队的主力,通过长期战争削弱了拜占庭,并占领了波斯首都泰西封(Ctesiphon)。在不到十年的时间里,伊斯兰军队就征服了埃及和整个波斯,甚至远至印度。与此同时,由埃及人和叙利亚人充任水手的伊斯兰舰队占领了塞浦路斯,并在地中海东部四处劫掠。655年,当伊

不同的声音

基督徒和穆斯林对"圣战"的辩护

希波的奥古斯丁（354—430）可能是早期最有影响力的基督教神学家。早期的基督教思想具有强烈的和平主义色彩，正如《新约全书》明确规定的那样："只是我告诉你们，不要与恶人作对。有人打你的右脸，连左脸也转过来由他打。"（《路加福音》6：29）相比之下，奥古斯丁为基督教的暴力行为找到了正当的理由。虽然他引用了《圣经》中的例子，但他的论点源自古罗马关于正义战争的观念。这是早期基督教融合《圣经》和罗马思想的一个很好的例子。

希波的奥古斯丁谈正义战争

对摩西战争的叙述不会使人感到惊奇或憎恶，因为他是在上帝的命令下进行的战争，他表现出来的不是残暴，而是服从。神在发出命令时，不是出于残忍，而是出于公义的报应，叫一切应得的都得着，并且警戒那应当警戒的人。战争中什么是罪恶的？是那终究要死的人死了，让别人可以和平地顺服上帝吗？这只是一种怯懦的厌恶，而不是什么宗教的情感。战争中真正的罪恶是热衷暴力、残酷报复、激烈而难以平息的敌意、野蛮的抵抗和对权力的贪欲，诸如此类。当需要服从上帝或合法的权威使用武力进行惩罚时，这通常是为了惩罚这些罪恶，好人就会发动战争。他们发现自己处于人类事务的这种状态，正确的行为要求他们这样做，或者要求别人这样做。

资料来源：St. Augustine of Hippo, "Reply to Faustus the Manichaean," in *St. Augustin: Writings against the Manichaeans, and against the Donatists*, vol. IV, *A Select Library of the Nicene and Post-Nicene Fathers of the Christian Church*, ed. Philip Schaff (Buffalo, NY: The Christian Literature Company, 1887), 301.

伊斯兰教的圣书《古兰经》是先知穆罕默德对安拉启示的诵读。下面这些关于战争和穆斯林与其他信仰的关系的摘录在伊斯兰教中相当于安拉本人的教导。

《古兰经》论宗教战争

第 2 章

190. 你们当为主道而抵抗进攻你们的人，你们不要过分，因为真主必定不喜爱过分者。

191. 你们在那里发现他们，就在那里杀戮他们；并将他们逐出境外，犹如他们从前驱逐你们一样，迫害是比杀戮更残酷的。你们不要在禁寺附近和他们战斗，直到他们在那里进攻你们；如果他们进攻你们，你们就应当杀戮他们。不信道者的报酬是这样的。

第 3 章

113. 他们不是一律的。信奉天经的人中有一派正人，在夜间诵读真主的经典，且为真主而叩头。

第 5 章

13. 自称基督徒的人，我曾与他们缔约，但他们抛弃自己所受的一部分劝诫，故我使他们互相仇恨，至于复活日。那时，真主要把他们的行为告诉他们。

第 60 章

9. 他只禁止你们结交曾为你们的宗教而对你们作战，曾把你们从故乡驱逐出境，曾协助别人驱逐你们的人。谁与他们结交，谁就是不义者。

资料来源：《古兰经》，罗德威尔（J. M. Rodwell）英译（London：J. M. Dent & Sons，1909），358，397，487，466—467。序号已经被调整，以反映现行的标准。

斯兰军队正在北非战场上驰骋时，阿拉伯人爆发了内战，伊斯兰军队暂时停止了前进的步伐。

在这场持续六年的内战中，有两派在争夺哈里发之位。一派是穆罕默德的女婿阿里和他的支持者什叶派。阿里于656年成为哈里发。另一派是富有的倭马亚家族和其支持者逊尼派（见本章"历史上的正义"专题）。661年，倭马亚家族策划了暗杀阿里的行动，并控制了哈里发政权，建立了新的倭马亚王朝，这个王朝一直持续到750年。倭马亚王朝将叙利亚的大马士革作为新首都，将伊斯兰世界的权力中心从麦加转移到这里。什叶派继续反对倭马亚王朝，但除了在波斯和伊拉克之外，他们仍然是少数派。

倭马亚哈里发政权

倭马亚王朝产生了很多杰出的管理者和将军。内战结束时，这些有才能的领袖巩固了他们对被征服领土的控制，并在帝国内部建立了和平。然后他们又重新开始了征服战争。在不到一个世纪的时间里，他们建立了一个从西班牙一直延伸到中亚的庞大帝国。

"战争之地"

正如我们在本书第6章所看到的，罗马人将自己与尚未被罗马统治的未开化的"蛮族人"区分开来。以相似的方式，穆斯林认为，世界由两部分组成，即他们控制之下的"伊斯兰之地"和包括他们希望征服的所有非伊斯兰之地在内的"战争之地"。到700年，伊斯兰军队已经征服了直到大西洋的北非地区。

711年，倭马亚王朝入侵西班牙，轻而易举地推翻了信奉阿里乌派基督教的西哥特王国。他们从西班牙进攻法兰克，但在732年，绰号为

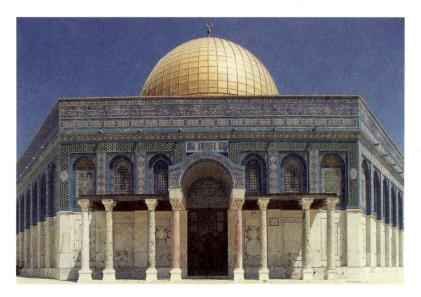

耶路撒冷的圆顶清真寺。这是一座有镀金圆顶的八面建筑，主导着耶路撒冷的天际线。这座建筑于 692 年建成，围绕着圣殿山（在 69 年被罗马人摧毁的犹太圣殿的所在地）上一块突出的岩石而建。在 16 世纪，有这样一个故事开始流传：当穆罕默德升天时，他的飞马从麦加跳到这块岩石上，然后腾空而起。

图片来源：Magnus Rew / DK Images

"铁锤"的查理·马特（Charles Martel）率领一支法兰克军队在普瓦捷战役中阻止了他们的前进。在这次失败后，倭马亚王朝的军队撤退到他们在西班牙的领土。

倭马亚王朝的哈里发还试图征服埃及南部信奉基督教的努比亚诸王国，以获得那里的黄金，并传播伊斯兰教。然而，努比亚人击退了倭马亚王朝军队的数次进攻，努比亚诸王国和倭马亚王朝的哈里发之间签订了和平条约。这项条约是史无前例的，因为努比亚属于"战争之地"。但是阿拉伯人通过征服没有实现的目标，却通过移民逐渐实现了。到了 14 世纪，穆斯林移民已经使努比亚伊斯兰化。在与努比亚人作战的同

历史上的正义

"审判只属于安拉"：绥芬的仲裁

657 年的一个春日，两支伊斯兰军队在美索不达米亚的幼发拉底河上的一个名叫绥芬（Siffin）的村庄展开对峙。领导他们的是长期的对手哈里发阿里 (656—661 年在位) 和叙利亚总督穆阿维叶（Muawiya）。他们之间的对抗是因为穆阿维叶拒绝接受阿里作为哈里发的权威。绥芬战役成为伊斯兰国家发展过程中一个决定性的时刻。伊斯兰教关于神的审判的基本观念受到了考验，引发了激烈的争论，争论的焦点是安拉如何让穆斯林知道他的判决。

阿里是在 656 年哈里发奥斯曼（Uthman，644—656 年在位）被谋杀后掌权的。这次谋杀并没有人受到惩罚，但许多人认为阿里要对此负责，因为他在成为哈里发之后任命了参与谋杀的人为官，而且他从未否认这一罪行。奥斯曼来自有权有势的倭马亚家族，他的支持者和家人感到有责任为他的死报仇。阿里的主要对手是领导这个家族的穆阿维叶，他拥有一支强大的军队，并且在叙利亚拥有强有力的支持。

两人之间的对立还涉及伊斯兰社会内部的紧张关系。最早皈依伊斯兰教的人以及他们的后代认为，他们与穆罕默德的联系使他们享有比许多新皈依伊斯兰教的非阿拉伯人更高的地位，后者中大多数支持阿里。

早期的皈依者支持穆阿维叶，反对哈里发日益增长的权威的部落首领也是如此。新皈依伊斯兰教的人也不满。在他们看来，所有的穆斯林都应该是平等的，但是包括倭马亚家族在内的最早的穆斯林在伊斯兰社会中享有特权地位，这是不公平的。

当阿里和穆阿维叶在绥芬对峙时，他们犹豫不决，因为他们的许多士兵认为穆斯林之间不应该兵戎相见。正如阿里的一个追随者所言：

> 兄弟阅墙，自相残杀，这是最严重的错误和最可怕的考验之一 …… 然而，如果我们不帮助我们的团体，并忠于我们的首领，那么我们就否定了我们的信仰。然而，如果我们这样做了，那么我们就放弃了自己的荣誉。[3]

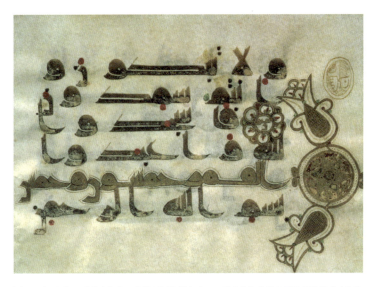

《古兰经》。伊斯兰艺术家们精心设计了阿拉伯文字，以美化他们信仰中最神圣的经书《古兰经》。这一页《古兰经》来自9世纪的突尼斯。

图片来源：Bibliotheque Nationale, Tunis, Tunisia / Bridgeman Images

因此，在三个月的时间里，双方军队只是小规模交火。最后，在657年7月，真正的战斗爆发了。阿里用这些话鼓励他的部下："你们要坚定！愿安拉的灵降在你们身上，让你们坚定信心，使那些被击败的人知道他得罪了安拉。……"[4]

当穆阿维叶一方的战士用他们的长矛挑起《古兰经》呼吁仲裁时，战斗戛然而止。阿里的士兵要求他们的首领通过仲裁和平解决他与穆阿维叶的分歧。阿拉伯部落经常借助第三方来调解他们之间的冲突。在获得伊斯兰教启示之前，穆罕默德本人就是一位老练的调解者。然而，阿里和穆阿维叶之间的仲裁失败了，两个人和他们的军队没有达成协议就分开了。在接下来的四年里，阿里继续以哈里发的身份实行统治，但他的权威在下降，因为许多阿拉伯人认为他愿意去仲裁是他心虚的表现。

而穆阿维叶的权力却与日俱增，他自称哈里发，并开始与部落首领达成协议。661年，倭马亚家族谋杀了阿里，穆阿维叶正式成为哈里发。

发生在绥芬的仲裁产生了深远的影响。阿里的追随者中少数很有权势者认为，安拉才是唯一真正的仲裁者。他们认为阿里应该拒绝仲裁，通过战斗接受安拉的判决。这些穆斯林想要与穆阿维叶战斗，以发现安拉的意愿。这个分裂的组织后来被称为哈瓦利吉派（Kharijite）或"分离派"，因为他们脱离了阿里的追随者。"审判只属于安拉"这句话表达了他们对正义的看法。

他们坚持认为，阿里接受人类仲裁不仅是错误的，而且他和他的支持者因此犯下了不可饶恕的罪行，不应再被认为是穆斯林。他们声称自己才是唯一真正的穆斯林。虽然人数不多，但他们在伊斯兰帝国内建立了独立的社团，直到 10 世纪从历史记录中消失。

其他不同意哈瓦利吉派观点的穆斯林宣称，不论是哈瓦利吉派还是其他任何人都无法知道在安拉眼中罪人是否仍然是穆斯林。在他们看来，信徒只有在末日来临的时候才会知道安拉对这些事情的判决，那时安拉将审判全人类。

时，倭马亚王朝的军队也袭击了拜占庭帝国，甚至一度攻到了君士坦丁堡，他们包围了君士坦丁堡，但始终未能攻克。

倭马亚王朝的军队以同样的速度向东推进，所向披靡。他们到达了今天的巴基斯坦和印度，占领了中亚的商旅城市撒马尔罕，这是通往中国的贸易路线上的一个枢纽。751 年，就在最后一位倭马亚王朝的哈里发被谋杀之后，伊斯兰军队在中亚的怛罗斯战役中击败了中国唐王朝的军队。阿拉伯人和中国人相遇的一个结果就是中国的造纸术被引入伊斯兰世界，并逐渐传播到基督教欧洲。

正如普瓦捷战役标志着倭马亚王朝向西欧扩张的极限一样，怛罗斯战役确定了穆斯林向中亚军事征服的极限。在接下来的四个世纪里，这些边界框定了伊斯兰世界。

治理伊斯兰帝国

倭马亚王朝建立了一个高度集权的政权，改变了伊斯兰社会的政治特征。倭马亚王朝第一位哈里发穆阿维叶（661—680年在位）建立了世袭君主制，以确保权力的有序继承。这是哈里发统治的一个重大变化。与前四任哈里发不同，他们依靠自己的威望（就像阿拉伯部落首领一样）来实行统治，更重要的是，他们得到了伊斯兰社会的支持，而倭马亚王朝把哈里发变成了一个专制君主。正因为如此，一些士兵抗议说，倭马亚王朝把"安拉的仆人变成了奴隶"，败坏了信仰，篡夺了安拉的事业。第二次内战（683—692）发生在这些抗议者和倭马亚王朝之间，但是最终倭马亚王朝取得了胜利。

为了控制他们庞大的帝国，倭马亚王朝的统治者不得不借鉴拜占庭帝国和波斯帝国的制度并取而代之，创建一个新的行政体系。倭马亚王朝设立了新的省份来取代旧的拜占庭帝国和波斯帝国的行政单位。他们还在大马士革建立了一个专门的官僚机构，以满足他们不断扩大的财政需求，并确保各省征收的税款上缴中央国库。大多数行政官员曾为拜占庭帝国或波斯帝国效力，他们不是穆斯林，尽管也有不少人皈依了伊斯兰教。这些官员在被征服的帝国和哈里发政权之间提供了行政上的延续性。

在倭马亚王朝将阿拉伯语作为帝国的官方语言之后，它逐渐取代了被征服民族的语言。只有在波斯（今天的伊朗），波斯语才被作为一种广泛使用的语言而流传下来，后来演变成现在的波斯语，但即使在这里，官方用语也是阿拉伯语。在倭马亚王朝统治时期，阿拉伯语和拉丁语在罗马帝国的作用是一样的，它为不同的附属民族提供了一种共同的语言。到800年，阿拉伯语已成为从西班牙到中亚的行政和国际贸易必不可少的语言。

伊斯兰教的迅速扩张给渴望巩固权力的倭马亚王朝统治者带来了问题。阿拉伯军队征服了大片领土，但是相对于数量庞大的非穆斯林人口，阿拉伯人在总人口中只占少数。倭马亚王朝建立了驻防城市来控制当地人口，就像公元前 4 世纪希腊殖民者追随亚历山大大帝的脚步一样。许多阿拉伯定居者从阿拉伯半岛移居到新征服的土地上。他们首先定居在政府官员所在的驻防城市，然后是主要城市，如亚历山大、耶路撒冷和安提阿。有些移民来自游牧部落，他们第一次采用了定居的生活方式。还有些是来自也门高地的农民，他们把复杂的灌溉系统和农业技术带到他们的新家。

阿拉伯人也建了新的城市。在埃及，他们建造了福斯塔特（Fustat），也就是后来的开罗。在北非，他们在突尼斯建立了凯鲁万（Kairouan）。在美索不达米亚，他们建立了波斯湾的重要港口城市巴士拉，并在幼发拉底河上建立了库法（Kufa）。尽管新建的城市规模小于罗马帝国和波斯帝国的主要城市，但大多数阿拉伯新城市借鉴了希腊化的城镇规划。这些城市是方形的，四边都有门，有塔楼，还有一个中心广场。在这些城市的中心，倭马亚王朝的哈里发建造了清真寺，以强调伊斯兰教在社会生活中的核心作用，并彰显其权威。在大马士革、耶路撒冷和其他城市，宏伟壮丽的清真寺力图从声望上超越宏大的基督教堂。

在穆斯林统治下，日常活动的模式也发生了变化。随着伊斯兰教在公共生活中占据主导地位，这些城市不再遵循希腊－罗马文化。由于阿拉伯人没有公开表演戏剧和喜剧的传统，剧场已经不再被使用。从古典时期幸存下来的运动场和体育建筑、图书馆、学校等也被废弃或改作他用。原本用于体育场馆和公共建筑的财政收入，现在都流向了当地的清真寺。这些伊斯兰城市的文化中心取代了罗马和希腊世界的广场和集市，成为男性的主要公共空间。清真寺学校为当地提供教育。穆斯林聚集在清真寺里庆祝公共节日，当然还有宗教崇拜。作为行政中心，清真寺为当地提供了法庭、礼堂和宝库。哈里发派来的法官、收税员、官僚和使者在清真寺处理他们的事务。

在倭马亚王朝的哈里发统治时期，大多数穆斯林是居住在繁荣村庄里的农民和工匠。许多这样的小社区坐落在富裕地主的大片土地上，这些地主控制着劳工们的劳动。哈里发还在叙利亚和美索不达米亚的沙漠边缘资助兴建了大规模的土地复垦工程。帝国政府的官员直接从这些新农田中涌现出来的村庄获得财政收入。

成为穆斯林

伊斯兰教鲜明地界定了穆斯林和非穆斯林臣民之间的差异。穆斯林征服者把自己理解为一个信仰共同体。只有皈依伊斯兰教的人才能完全加入这个伊斯兰共同体。他们的种族并不重要，《古兰经》说"不得强制皈依"，这意味着不能强迫一神论者（犹太人、基督徒和琐罗亚斯德教信徒）皈依伊斯兰教。这些一神论者被要求接受伊斯兰国家的政治权威，缴纳一种特殊的税，并接受其他的限制。但是，多神崇拜者是不能被容忍的，他们要么皈依伊斯兰教，要么被处死。

在倭马亚王朝统治下，哈里发帝国的总人口中有 10% 是穆斯林。最初的皈依者大多是虔诚地接受伊斯兰教的基督徒、犹太人和琐罗亚斯德教信徒。有些皈依者是穆斯林家庭的奴隶，他们是不是自愿皈依很难确定。还有一些皈依者是农民，他们移居到驻防城市，转而分享战利品，并逃避非穆斯林必须缴纳的特别税。他们急于皈依伊斯兰教的行为严重威胁到了当地的税基，以致一些穆斯林官员拒绝承认他们的皈依，并将他们送回自己的村庄。

随着伊斯兰军队在北非一路作战，皈依伊斯兰教的人数不断增加。在从埃及延伸到大西洋的广大地区，穆斯林征服了许多多神教的民族，这些民族被阿拉伯征服者统称为柏柏尔人（Berber）。面对要么皈依要么死亡的威胁，许多柏柏尔人加入了获胜的伊斯兰军队。伊斯兰教统一了柏柏尔人，并把他们纳入一个更加广阔的伊斯兰世界。在这些额外增加的部队的帮助下，伊斯兰教势力更迅速地蔓延到北非和西班牙。

圣书的子民

帝国如何统治臣民？臣民和他们的统治者有同样的特权和义务吗？他们能自由地进入征服者的社会吗？前几章讲述了埃及人、亚述人、波斯人、希腊人和罗马人是如何回答这些问题的。虽然他们解决问题的方法不同，但这些伟大的帝国在决定自己在社会中的地位时，都没有考虑其臣民的宗教。

倭马亚王朝的哈里发帝国采取了一种不同的方式来统治其臣民，那就是根据宗教而非种族来区别其臣民。犹太教、基督教和琐罗亚斯德教构成了被征服民族的主要宗教。伊斯兰法律称这些被征服民族为"圣书的子民"，因为这些宗教团体都有一本神圣的书，他们以"吉玛人"（dhimmis）的身份生活，即受伊斯兰国家保护的非穆斯林。他们的地位低于穆斯林，但他们可以自由信仰自己的宗教，然而，他们不能接受新的皈依者。伊斯兰法律禁止对他们进行迫害或强迫他们皈依。因此，大量的犹太人、基督徒和琐罗亚斯德教信徒在穆斯林的统治下和平地生活着。

若干因教义问题的旧争论而分离的基督教团体在伊斯兰帝国内共存，因为哈里发政权对他们遵循哪一种基督教教义漠不关心。卡尔西顿派正教会的追随者将祈祷的语言从希腊语改为叙利亚语，然后又改为阿拉伯语。虽然这些基督徒与君士坦丁堡没有直接的政治联系，但他们遵循拜占庭皇帝的卡尔西顿派正统教义（见本书第7章）。因此，他们的教会被称为"麦勒卡"（Melkite，意为"皇家的"）教会。它们至今仍是中东地区最大的基督教社区。反卡尔西顿派（基督一性论派）的基督徒在6世纪晚期建立了雅各派教会。雅各派教会的圣经和祈祷文是用叙利亚语写的。聂斯托利派（亦称景教）信徒强调耶稣的人性，而不是其人性和神性的结合，他们也在穆斯林统治下繁荣发展。聂斯托利派的传教士在印度、中亚和中国都建立了社团。在哈里发帝国，基督教团体的多样性比拜占庭帝国和拉丁基督教王国都大，在这些国家，法律强制遵循某一特定教会的教义，要么是东正教，要么是天主教。

犹太人的团体也在倭马亚王朝统治的地区蓬勃发展，尤其是在西班牙南部和美索不达米亚地区。犹太人发现他们在伊斯兰教下的从属的但受到保护的地位胜过他们在许多基督教王国所遭受的公开迫害。在伊斯兰教统治下的波斯，琐罗亚斯德教的团体所遭受的待遇没有这么好。随着他们逐渐被驱赶到偏远地区，其人数逐渐减少。在10世纪，许多琐罗亚斯德教信徒移居到印度，他们今天被称为"帕西人"（Parsi，意思是"波斯人"）。

商业交流

为了加强统治，倭马亚王朝改变了帝国的经济体制。从他们最早的征服开始，穆斯林统治者的收入主要来自战争中获取的大量黄金和白银、赋税，以及穆斯林为支持寡妇和孤儿而做的捐赠。为了增加收入，倭马亚王朝的统治者模仿拜占庭和波斯的赋税制度，向穆斯林地主征收土地税。即使是那些骄傲的阿拉伯部落的人也必须纳税，尽管比非穆斯林缴纳的要少，对他们来说纳税是一种耻辱，因为这意味着服从。有了土地税，倭马亚王朝才可以维持一支职业化的常备军。这进一步削弱了阿拉伯部落的战斗角色，使哈里发的权威更加巩固。

帝国所带来的和平使长距离贸易迅速增长。尽管商人们可以安全地从摩洛哥旅行到中亚，赚取丰厚的利润，但这样的旅程是昂贵的。《古兰经》认可商业贸易，伊斯兰法律准许使用信用证、贷款和其他金融工具进行远距离商业贸易，这比基督教欧洲拥有如此复杂的商业工具要早得多。

模仿波斯和拜占庭的货币，倭马亚王朝铸造了一种新的硬币，进一步刺激了国际贸易。它的迪拉姆（dirham）银币受到了波斯银币（drahm，源自希腊语中的"drachma"，即德拉克马银币）的启发，到 8 世纪 80 年代成为整个帝国的标准货币。甚至远至西欧、斯堪的纳维亚和俄国的穆斯林商人都用迪拉姆银币进行交易。他们还铸造了金币第纳尔（dinar，源自罗马的"denarius"，即第纳尔银币）。和迪拉姆一样，第纳尔也成了哈里发帝国和其他遥远国度的标准货币。商人们无论在哪里做生意都可以依靠这种货币的价值。

倭马亚王朝的哈里发也鼓励海上贸易。埃及的亚历山大成为阿拉伯商业航运的主要港口。他们维护着波斯湾和印度洋的和平。阿拉伯商人沿着波斯航海家建立的航线航行到印度和中国南方的城市广州。他们还沿着东非海岸航行，从内陆获取奴隶和自然资源，如象牙、黄金等。在后来的几个世纪里，穆斯林航海家到达了马来西亚、中南半岛、印度尼西亚和菲律宾等地。

阿拔斯哈里发政权

750 年，倭马亚王朝最后一位哈里发死于一场战斗，穆罕默德叔叔的后代阿拔斯家族夺取了哈里发之位，并试图消灭倭马亚家族。唯一的幸存者阿卜杜·拉赫曼一世（Abd al-Rahman I，756—788 年在位）逃到了西班牙，在那里建立了后来的科尔多瓦哈里发政权。

阿拔斯王朝的哈里发政权（750—945）迅速改变了伊斯兰世界的性质。762—763年，阿拔斯王朝在巴格达建立了一座新首都，在那里接触到了波斯的礼仪和行政传统，这开阔了哈里发、廷臣和官僚们的视野。

阿拔斯王朝加强了对社会的控制，但还远不是专制君主专制。哈里发首先是一位"埃米尔"（emir），即一支职业军队的指挥官；他还要负责国内安全，这意味着镇压叛乱，监督官员，并确保赋税得到如实征收。但他不干涉其他公共机构，如清真寺、医院和学校。主要的例外是市场督察办公室，哈里发通过它保证商业行为的公平。在对市场和贸易诚信的关注方面，伊斯兰国家的哈里发政权比拜占庭帝国和欧洲的拉丁国家都要先进，前者是特权垄断支配了经济，后者几乎不存在市场经济。

阿拔斯王朝的伟大盛世持续了大约一个世纪（754—861），其文学作品反映了其兼收并蓄的本质。著名的《一千零一夜》（*Arabian Nights*）讲述的是有关哈里发哈伦·赖世德（Harun al-Rashid，786—809年在位）的故事，它取材于希腊、犹太、印度和阿拉伯的传说。《一千零一夜》和阿拉伯诗歌内容丰富，经常讲述爱情受挫的故事，它们反过来又影响了西方基督教的浪漫爱情诗歌。哈伦·赖世德开始了一项伟大的工程，把古希腊文学，以及叙利亚、印度和波斯的文献翻译成阿拉伯语。

在哈里发阿尔－马蒙（al-Mamun，813—833年在位）的统治下，哲学和科学研究蓬勃发展起来。马蒙在巴格达建造了一座天文台，并对第一位杰出的伊斯兰哲学家阿尔－金迪（al-Kindi，约卒于870年）的研究赞赏有加。阿尔－金迪探讨了伊斯兰教特有的问题，也研究了亚里士多德的著作和占星术、医学、光学、算术、烹饪和冶金方面的问

科尔多瓦大清真寺。这座大清真寺是 10 世纪的世界奇迹之一。因为伊斯兰教禁止描绘人体,清真寺装饰着
几何图形和《古兰经》经文。多个拱券的叠用创造了一个复杂的图案,随着观众在空间中的移动而变化。

图片来源:Vittoriano Rastelli / Terra / Encyclopedia / Corbis

题。这使他在伊斯兰世界之外也很出名。9—10世纪，阿拉伯语翻译者的工作在古代世界和中世纪世界之间建立了重要的文化联系。穆斯林将古希腊文本和叙利亚文本的阿拉伯文译本提供给西班牙的下一代犹太人和基督徒，后者将这些文本翻译成拉丁文。这些古代哲学和科学的第二手和第三手拉丁文翻译在12世纪成为西欧大学课程的核心。

945年，一个来自波斯西北部的野蛮部落占领了巴格达，阿拔斯政权就此终结。阿拔斯王朝的哈里发作为宗教和仪式上的傀儡继续掌权，尽管偶尔有人试图重振哈里发政权，但是作为统治机构的历史已经结束了。然而，哈里发政权仍然是伊斯兰团结的重要象征，作为一个形式上的机构一直存续到1924年。

欧洲的伊斯兰文明

在8—9世纪，伊斯兰军队逐渐蚕食了欧洲的基督教领土。与中东和北非的穆斯林不同的是，欧洲的大多数穆斯林表现得更像侵略者，而不是征服者。他们大肆劫掠，但不会在一地长期停留，也没有试图让大批基督徒皈依伊斯兰教。然而，这些突袭使城市稳定的生活变得不可能，许多地中海城市几乎消失了。为了生存，人们逃到农村，在那里，人们以种地为生，并在建有城堡的当地领主那里得到保护。

西西里岛和西班牙的穆斯林是这种突袭模式的明显例外。828—965年，伊斯兰军队占领西西里岛。阿拉伯农民和商人从北非迁移到这里，伊斯兰教在普通民众中得到传播，尽管大多数西西里人仍然是基督徒。在西班牙，穆斯林在8世纪早期的征服使伊比利亚半岛除了最北部的基督教小国之外全部进入了伊斯兰教的轨道。

西西里岛和西班牙成为阿拉伯文化和科学渗透到天主教欧洲的主要边境地区。这些边境地区成了文化交流的活跃地带，在那里人们说着几种语言，基督徒和犹太人被允许保留各自的信仰。虽然面积不大，但伊斯兰世界的西西里岛和西班牙是 8 世纪到 11 世纪早期欧洲最有活力的地方。在规模和繁荣程度上，西欧的基督教城市都无法与伊斯兰国家西班牙的首都科尔多瓦相比。即使在伊斯兰世界，也只有巴格达能与之媲美。一位在 10 世纪访问科尔多瓦的德国修女认为，科尔多瓦这座城市体现了"世界的庄严和华美，是一座宏伟的都城，散发出所有尘世的美好和富足"[5]。

科尔多瓦成为西欧最重要的知识中心，以其穆斯林学者和犹太学者的学识而闻名于世。科尔多瓦的声望源自广泛的权威和宏伟的建筑工程，这要归功于哈里发阿卜杜·拉赫曼三世（912—961 年在位）和他的三个继任者。科尔多瓦有超过 10 万的多民族混居人口，约有 700 座清真寺、3 000 个公共浴场、5 000 台丝绸织机和 70 座图书馆。哈里发的图书馆藏书达 40 多万册。城市的街道被精心铺设，晚上有路灯照明（要知道，罗马在 1 000 年后才有路灯），最好的房子里有室内管道，富人在乡村有豪华别墅作为度假之地。除了大清真寺外（它是伊斯兰教最著名的有历史价值的宗教建筑之一），这座城市的标志性建筑还有阿尔扎赫拉皇宫，这是阿卜杜·拉赫曼三世为他最喜欢的妃子扎赫拉（Zahra）建造的一座宫殿，由 400 个房间组成，装饰着来自君士坦丁堡的大理石和半宝石。建造这座宫殿花了 20 年的时间，除了环伺哈里发的外交官和廷臣外，还有 1.3 万名仆人住在这里。

10 世纪科尔多瓦黄金时代的影响，从诗人、科学家、医生、天文学家和建筑师的遗产可见一斑，他们在哈里发的资助下蓬勃发展，尽管穆斯林和犹太人之间关系紧张，哈里发宫廷中的许多知识分子是阿拉伯化的犹太人。哈斯代·伊本·沙普鲁特（Hasdai ibn Shaprut，915—970）是为阿拉伯统治者服务的非穆斯林的典型代表，他可能是犹太人，因其医术而闻名，他尤其擅长解毒。在哈里发的宫廷里，对他的解毒药的需求很大，因为已经有几位王子沦为后宫阴谋的牺牲品，或者是被他们的情人毒死。凭借其精湛的医术，哈斯代深受哈里发的信任，甚至受命去处理敏感的海关和外交争端。穆斯林和基督徒统治者都认为像哈斯代这样的犹太人在政治上是中立的，这使他们成为备受重视的外交使节。犹太人撒母耳·伊本·纳格雷拉（Samuel ibn Nagrela，993—1055）成为邻近的伊斯兰王国格拉纳达的维齐尔。作为一名才华横溢的希伯来诗人、《圣经》评论家和哲学家，他还指挥着穆斯林军队，其职业生涯反映了穆斯林对学识和才能的重视。

在 11 世纪早期，继承权的纷争导致了几位哈里发的死亡，科尔多瓦的哈里发国分裂成了许多小国。伊斯兰国家西班牙的不团结为北方顽固的基督教小国提供了机会，它们向邻近的富裕的伊斯兰国家的边境发起进攻。桑乔三世（Sancho III，1004—1035 年在位）统治下的纳瓦拉王国是第一个在对抗穆斯林方面取得巨大成功的国家。他死后，他所征服的地区被分成了纳瓦拉王国、阿拉贡王国和卡斯蒂利亚王国。在阿方索六世（Alfonso VI，1065—1109 年在位）统治时期，卡斯蒂利亚王国成为西班牙的主要军事力量。阿方索六世迫使穆斯林进贡，并在渴望掠夺的法国骑士和热衷于吸引叛依者的法国修士的帮助下，发起了一场被称为"西班牙再征服运动"的战争，并于 1085 年占领了托莱多。在被穆斯林征服之前，托莱多曾是西班牙基督教的中心，它为阿方索提供了一个光荣奖，使他闻名于整个基督教欧洲（见地图 8.3）。

托莱多的陷落震惊了西班牙的伊斯兰国家，它们向北非英勇善战的阿尔摩拉维德人（Almoravid）寻求帮助。这个部落打败了阿方索六世，并在 1086 年暂时阻止了西班牙的再征服。但是在 1212 年的托洛萨会战中，基督教王国联合起来打败了穆斯林。在两代人的时间里，大多

地图8.3 基督徒对伊斯兰国家西班牙的再征服

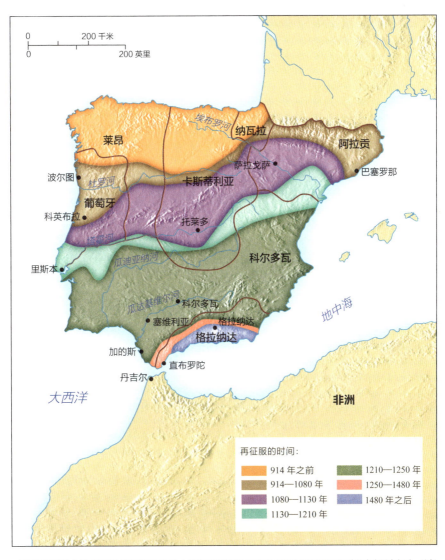

西班牙再征服指的是西班牙北部基督教王国为占领穆斯林控制的西班牙南部城市和王国而发动的多次军事行动。这场漫长而断断续续的斗争始于1085年对托莱多的占领，一直持续到伊斯兰国家格拉纳达在1492年被基督教军队占领。这一系列漫长的交战对西班牙基督徒的心理产生了什么影响？

数西班牙伊斯兰城市都落入了基督教军队的手中，包括在 1236 年被基督教军队攻占的科尔多瓦。但西班牙依然有一些伊斯兰势力的残余，一直存续到 1492 年。

结语：三个文化区域

拜占庭皇帝查士丁尼一世于 565 年去世，这是最后一次由一位帝王控制从西班牙到叙利亚的大部分领土。波斯帝国仍然威胁着拜占庭帝国的东部边境，除了意大利和西班牙的一些沿海地区外，日耳曼国王统治着西欧的大部分地区。在接下来的两个世纪里，西欧、地中海地区以及远至印度和中亚的中东地区在政治和文化上都进行了重组。这种重组的发生部分是因为新的民族从大草原边境迁移到了中欧和巴尔干地区。尽管这些新来者很有威胁性，但他们最终通过皈依基督教而融入了西方文明。到 750 年前后，三个新的文化区域进入了人们的视野：以拜占庭为中心的基督教拜占庭帝国；由穆罕默德的伊斯兰教拥护者建立的庞大的倭马亚哈里发帝国；本书第 9 章将要探讨的西欧的拉丁基督教国家，它们虽然在政治上四分五裂，文化上却因基督教而统一。这些区域中的每一个都构成了一个宗教信仰共同体，对其他信仰的容忍充其量是有限的。它们所建立的文化基础和它们之间出现的分歧仍然塑造着今天的西方世界。

西方的这三个文化区域都借鉴了古罗马的遗产，尤其是其城市网络，这些城市在拜占庭帝国与伊斯兰帝国时期的地中海地区和中东地区保存得最为完整。古代的宗教传统也影响了这三个文化区域，尤其是犹太教对一神论的强调。罗马的遗产在拜占庭仍然是最强大的。但是在

6—11 世纪，这三个文化区域开始被支配着知识和宗教生活的不同语言和一神论的不同形式区分开来。在拜占庭帝国，希腊语和有着复杂仪式的东正教定义了拜占庭文化。到 750 年倭马亚哈里发统治末期，阿拉伯语与许多伊斯兰教的信仰和习俗在广大地区成为标准。在西欧，人们说着许多种语言，但拉丁语成为教会和政府的通用语。

倭马亚哈里发的统治结束后，穆斯林在西欧和中亚的扩张达到了极限。从那以后，拜占庭帝国开始为生存而斗争。在本书第 9 章中，我们将会看到法兰克王国是如何阻止穆斯林入侵西欧的。然而，在 9—10 世纪，来自欧亚大草原和斯堪的纳维亚的更多入侵者和移民考验了许多西欧国家的生存。到 11 世纪末，拉丁基督教已经聚集了足够的凝聚力和军事力量，以十字军东征的形式对伊斯兰教发动了大规模的反击。

圣卜尼法斯砍伐多纳尔橡树。在这幅 20 世纪早期创作的彩色平版画中，约 740 年，卜尼法斯挥舞着他的斧头砍向异教徒的大橡树。右边的异教徒祭司正献祭一只公羊，见状惊讶地向后靠去。卜尼法斯是德意志人的主保圣人。

图片来源：SuperStock

中世纪帝国和边疆诸国：拉丁西方

Medieval
Empires and
Borderlands:
The Latin West

在 740 年的一个灰暗的日子，在德意志中部，一位名叫卜尼法斯（Boniface）的英国修士对着一棵巨大的橡树挥舞着斧头。这就是雷神托尔（Thor）的橡树，几个世纪以来，德国的男男女女都曾在这里向他们最强大的神之一雷神托尔祈祷。一些当地的基督徒为卜尼法斯欢呼鼓掌。但是一群愤怒的男男女女也聚集起来，诅咒卜尼法斯攻击他们的这棵神圣的橡树。后来发生了一件不同寻常的事情。尽管卜尼法斯只轻轻地砍了一下，整棵树却轰然倒地，整整齐齐地分成了四部分。卜尼法斯的传记作者是一位名叫威利鲍尔德（Willibald）的修士，他把这个神奇的事件解释为上帝对"异教"崇拜者的审判。在他对这一事件的描述中，这一奇迹让那些敌对的人深感震惊，他们立即皈依了基督教。随着消息的传播，越来越多的德意志人皈依了基督教，卜尼法斯的名声也越来越大。根据威利鲍尔德的说法："整个欧洲大部分地区听说过卜尼法斯的名字。从不列颠来了一大群修士，其中包括读者、作家和受过其他技能训练的人。"[1]

卜尼法斯在向北欧各国人民传播基督教方面发挥了主导作用。这些基督教传教士远赴地中海世界以外的地方，带去了拉丁文书籍，建立了修道院。通过传播基督教和文化知识，基督教修道院与那些接受罗马文化的日耳曼人建立了文化上的联系。历史学家将欧洲大陆和不列颠地区被基督教化的日耳曼王国称为"拉丁基督教世界"，因为它们用拉丁语举行基督教的礼拜仪式，并接受罗马教皇的权威。尽管今天的罗马天主教徒不再像中世纪那样用拉丁语举行礼拜仪式，但他们仍然尊重教皇和中世纪拉丁基督教的传统。

正如本书第8章所讨论的，拉丁基督教和东正教在中世纪逐渐分裂，这主要是由于神学上的分歧和谁在教会中拥有最高权威的争论。神父和主教主要关注这两个问题。然而，对于大多数普通基督徒来说，最关键的区别在于包括祈祷和唱圣歌在内的礼拜仪式和语言。在中世纪，基督教的礼拜仪式有很多不同的形式，并且使用了多种语言，但是罗马教会的信徒逐渐开始接受拉丁基督教礼拜仪式和拉丁语言。因此，中世纪西欧的不同民族开始被称为"拉丁民族"。

在中世纪，主导西欧的拉丁基督教文明和希腊东正教文明与阿拉伯伊斯兰教文明一起，构成了西方世界的三大支柱。从欧亚大草原和斯堪的纳维亚半岛来的一批又一批蛮族人不断越过希腊东正教文明和拉丁基督教文明的边界。威胁拜占庭帝国的阿瓦尔人、罗斯人、大部分斯拉夫人和保加尔人成了东正教徒。进入了罗马帝国西半部的突袭者和入侵者——日耳曼部落、马扎尔人、一些斯拉夫人和维京人——最终成了拉丁基督徒。他们的皈依是通过传教和军事远征完成的，这些远征迫使被征服的人皈依。到11世纪末，欧洲已经很少有多神崇拜者了。除了西班牙和西西里岛的穆斯林地区和犹太人的孤立群体之外，基督教已成为占主导地位的宗教。

在西方文明形成的关键时期（约350—1100），西欧的新政治形态使更大的政治凝聚力成为可能，这种凝聚力将不同种族和语言的人们聚集在一起，听命于皇帝或国王。就像在拜占庭帝国和伊斯兰哈里发国家一样，拉丁西方的帝国和王国推行或鼓励宗教的统一性，在统治精英中传播一种共同的语言，并制定了系统的统治原则。从800年延续到843

年的加洛林帝国控制了西欧的大部分地区，在 300 多年的时间里首次在西部重建了罗马帝国，并倡导重新学习借鉴罗马古代，此即"加洛林文艺复兴"。加洛林王朝的崩溃导致了一段时期的无政府状态，欧洲面临着敌对者的又一轮入侵。然而，在 11 世纪，拉丁西方戏剧性地复苏了。到 11 世纪末，各个拉丁王国已经强大到足以对伊斯兰教发起大规模反击，某种程度上意在保护拜占庭帝国的基督徒。这些反对伊斯兰教的远征，即"十字军东征"，在中东和北非引发了一系列战争，持续了整个中世纪。然而，十字军东征损害了基督徒与穆斯林之间的关系，其后果一直持续到现在，尽管真枪实弹的战斗已经结束很久了。这一时期的转型提出了这样一个问题：拉丁基督教是如何巩固拉丁西方的新王国，使其最终能够有效地对付蛮族入侵者和对手穆斯林的？

拉丁基督教国家的诞生

到 5 世纪西罗马帝国灭亡时，许多日耳曼部落已经在前帝国的土地上定居下来。这些部落变成了 750 年前后形成的新的拉丁基督教诸王国（见地图 9.1）的核心。

建立在罗马帝国基础上的日耳曼王国

拉丁基督教世界的新日耳曼诸王国创建了一种新的社会。它们在建立政府机构时借鉴了罗马法，但它们也依赖于自己的传统统治方法。有三个因素促成了这些王国的统一。首先，在日耳曼王国，把人们团结在一起的是个人忠诚，而不是法律权利。界定一个人在社会中的地位和他或她与统治者的关系的，是对一个特定的血亲氏族的亲属义务，而不

地图 9.1 750 年前后的欧洲

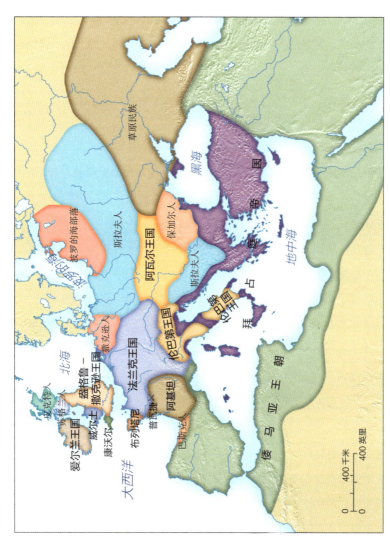

到大约 750 年，法兰克王国已经成为西欧的主导力量。伦巴第王国统治着意大利的大部分地区。拜占庭帝国统治着希腊和小亚细亚的核心地区。谁是西方的主导力量? 是西欧的大部分地区。拜占庭帝国的希腊基督徒，还是倭马亚哈里发国的穆斯林?

地图上标注:
- 草原民族
- 黑海
- 斯拉夫人
- 波罗的海沿岸部落
- 保加尔王国
- 阿瓦尔王国
- 斯拉夫人
- 庭 帝 国 (拜占)
- 地中海
- 倭马亚王朝
- 皮克特人
- 北海
- 盎格鲁-撒克逊王国
- 爱尔兰王国
- 威尔士
- 法兰克王国
- 撒克逊人
- 伦巴第王国
- 巴塔王国 (纳)
- 拜 占
- 大西洋
- 康沃尔
- 布列塔尼
- 普罗旺斯
- 阿基坦
- 巴斯克人

比例尺:
0   400 千米
0   400 英里

是像在罗马帝国那样的公民义务。其次，基督教成为各王国的主要宗教。共同的信仰把统治者和臣民联系在一起。最后，在这些王国里，拉丁语是礼拜、学习和外交的语言。在盎格鲁－撒克逊人的英格兰、法兰克人的高卢、西哥特人的西班牙和伦巴第人的意大利，都出现了建立在罗马帝国基础上的日耳曼王国。

盎格鲁－撒克逊人的英格兰

在5世纪，罗马文明在不列颠比在欧洲大陆崩溃得更彻底，这主要是由于不列颠距离罗马太远，而且只有少数罗马人在那里定居。400年前后，罗马在不列颠的经济和行政基础设施分崩离析，最后的罗马军团离开了该岛，前往欧洲大陆作战。来自北海沿岸的入侵者盎格鲁－撒克逊人趁这里防御薄弱发动了入侵。他们开始探索该岛的东南海岸，掠夺他们在那里发现的小村庄，并建立了自己的永久定居点。

盎格鲁－撒克逊人的定居者与罗马帝国的不列颠人经常发生争斗，他们各个小群体之间也争斗不已，因此，在入侵者统治的最初几个世纪里，这个岛屿在政治上仍然支离破碎。但是到了750年，三个交战的王国成功占领了足够多的土地，共同统治不列颠岛，它们是麦西亚（Mercia）、威塞克斯（Wessex）和诺森布里亚（Northumbria）。

法兰克人的高卢

从不列颠岛穿过英吉利海峡就是罗马帝国的高卢行省。3—7世纪，以高卢为中心的法兰克王国是西欧面积最大也是最强盛的国家。法兰克人的墨洛温家族逐渐获得了领导地位。一个名叫希尔德里克（Childeric）的狡猾的墨洛温军事首领从460年直到其去世的481年一直统领着一支强大的法兰克军队。在其忠诚的士兵的支持下，希尔德里克为墨洛温王朝奠定了基础。他精力充沛、冷酷无情的儿子克洛维（Clovis，481—511 年在位）把法兰克人变成旧罗马帝国西部行省的主要力量之一。克洛维通过征服北高卢和邻近地区，积极扩张他父亲的权力基础。他谋杀了许多他认为是对手的亲戚和其他法兰克人的首领。486 年，克洛维征服了罗马帝国在北高卢的最后一个据点。

到了 500 年前后，多神崇拜者克洛维皈依了拉丁基督教。作为其队伍核心的大约 3 000 名士兵也和他们的国王一起皈依了拉丁基督教。克洛维的皈依有一个现实的原因。他打算攻打南高卢的西哥特王国。西哥特人是阿里乌派基督徒，但他们统治的该地区的罗马居民都是拉丁基督徒。通过皈依拉丁基督教，克洛维赢得了许多西哥特臣民的支持。在他们的帮助下，他在 507 年打败了西哥特国王阿拉里克二世（Alaric II）。克洛维此时几乎控制了直到西班牙的整个高卢。

然而，到了 8 世纪，墨洛温王朝的国王变得软弱无能，实权旁落到了负责管理王室的人，即所谓的"宫相"手中。这些宫相之一、绰号为"铁锤"的查理·马特（719—741 年在位），通过收复脱离墨洛温王朝统治地区的控制权，以及于 732 年在普瓦捷战役中击败入侵的伊斯兰军队，确立了他的个人权力。马特的儿子矮子丕平（Pepin the Short，741—768 年在位）继承了父亲的宫相之位，但他废黜了墨洛温王朝的最后一位国王，并在 751 年自封为法兰克人的国王。丕平依靠教皇使他的政变合法化，而作为交换，法兰克人要保证教皇的安全。从此，法兰克国王和罗马教皇之间的重要联盟就开始了。

西哥特人的西班牙

不像在高卢，法兰克人从来没有能够征服西班牙，那里出现了一个西哥特王国。和其他所有的日耳曼王国一样，这里的宗教也是一种促进统一的力量。西哥特国王最初是阿里乌派信徒，在 6 世纪后期转向了拉丁基督教，就这样西哥特人的西班牙成了一个拉丁基督教王国。国王们开始模仿拜占庭帝国的皇帝，通过繁复的朝廷仪式和频繁的教会会议来执行他们的意志。因此，他们成功的关键是能够利用教会的宗教权威来加强国王的世俗权威。然而，西哥特国王的独裁倾向疏远了许多大土地所有者，他们很容易就被穆斯林入侵者的承诺诱惑，后者声称对他们会更加友善。

711 年，来自北非的伊斯兰军队推翻了西哥特的最后一位国王。结果，西班牙大部分地区成了倭马亚王朝哈里发政权的一部分。许多上层阶级的基督徒皈依了伊斯兰教，以保护他们的财产和职位。西哥特王国的一些幸存者继续生活在西班牙西北部，在那里他们设法使基督教幸存下来。

伦巴第人的意大利

在 568—774 年，一个被称为伦巴第人的日耳曼民族控制了意大利北部和中部的大部分地区。表示"伦巴第人"的"Lombard"一词源自"Langobardi"，意为"长胡子"。伦巴第国王阿尔博因（Alboin，约565—572 年在位）利用拜占庭帝国的衰弱，于 569 年入侵意大利。阿尔博因的军队由不同种族背景的士兵组成，由此导致的不团结使他无法建立一个强大的、持久的王国。

伦巴第国王还面临着两个强大的外敌——留在拉文纳总督区的拜占庭帝国的军队和法兰克人。751 年，伦巴第人的统治者打败了拜占庭帝国的军队，迫使拜占庭帝国放弃了拉文纳。然而，内部的政治纷争使他们无法利用他们对拜占庭帝国的胜利。仅仅 20 年后，法兰克国王查理曼就入侵了意大利，击溃了伦巴第人。

不同的王国，共同的传统

除了战胜罗马人的盎格鲁－撒克逊人的英格兰，新日耳曼王国的领导人面临着一个共同的问题：作为人口的少数，他们应该如何管理人口远超他们的臣民呢？这些统治者通过融合罗马传统和日耳曼传统解决了这个问题。例如，国王以罗马皇帝的方式担任行政官，颁布法律，管理官僚机构。在日耳曼传统中，他们也是战争的领导者，带领他们的士兵冲锋陷阵，追求荣耀和战利品。日耳曼国王在为自己确定新的角色时发现基督教可以将所有的臣民团结在一起，成为一个由全体信徒组成的共同体。罗马传统和日耳曼传统的融合也可以在法律中找到痕迹，而法律最终消弭了罗马人和日耳曼人之间的差异。女性拥有财产的权利也反映了这种融合，这一权利在罗马人中比在日耳曼人中普遍得多。

民事管理：罗马的遗产

模仿罗马的做法，拉丁基督教世界的君主们把自己指定为所有法律的制定者，相信他们的统治得到了上帝的认可。国王控制了行政、军事和宗教等机构所有官员的任命。在军队和行政助手的陪同下，他们还在全国各地巡游，主持司法、收税和维护王室权威。

法兰克人的高卢是一个很好的范例，说明了这些君主是如何沿用原有的罗马机构的。当克洛维征服了高卢的西哥特人之后，他几乎原封不动地继承了西罗马帝国崩溃之后幸存下来的基础设施和管理系统。墨洛温王朝的国王（以及西班牙的西哥特人统治者和意大利的伦巴第人统治者）发现保留现存的制度和管理这些制度的官员非常有用。例如，法兰克国王依靠每个地区的主教和伯爵来处理当地的问题。因为罗马贵族都受过教育，在管理方面也有经验，所以他们通常担任伯爵。这些官员以城市为基地，主持地方法院，筹集财政收入，并为国王的军队征募士兵。大多数主教也来自罗马贵族。除了履行他们的宗教职责外，主教们还帮助国王救济穷人，赎回被敌军俘虏的人质，并引起君主对社会和法律不公正的关注。最后，国王们用公爵（大部分是法兰克人）担任地方军事指挥官，因此他们成了当地社会的重要保护者。可见，民政和宗教管理往往仍然是罗马伯爵和主教的责任，但军事指挥权掌握在法兰克人公爵手中。

战争首领和赎罪赔偿金：日耳曼人的遗产

拉丁基督教世界各王国是由日耳曼部落首领领导的战团发展而来的。通过向勇敢的战士赏赐在战争中夺取的土地和战利品，以及从臣民那里攫取的收入，部落首领建立了由忠诚者及其家庭组成的政治团体，这种团体被称为"宗族团体"或"亲属团体"。尽管这些追随者有时来自不同的背景，但他们都要为宗族团体首领提供军事服务。由于首领之位在日耳曼社会是世袭的，在不同的世代，忠诚和亲属关系网络会不断扩大。不同的政治团体逐渐演变成由一位国王领导的独特的若干民族团体。这些民族（如伦巴第人和法兰克人）形成了共同的历史、亲属关系和文化意识。

以亲属关系为基础的宗族是日耳曼社会最基本的单位。宗族由忠于宗族首领的所有家庭成员和血亲组成，宗族首领要保护宗族的战士，还要在国王面前代表他们伸张正义。而宗族首领会向他们的国王宣誓效忠，并同意在与其他王国的战争中为他而战。宗族首领在日耳曼民族中形成了一个贵族阶层。就像他们之前的罗马精英一样，王室和以宗族为基础的贵族由控制巨大地产的富有男女组成。新的日耳曼贵族与先前作为罗马精英的富有土地所有者通婚，从而保持了对大部分土地的控制。这些人处于社会的顶层，通过赠送礼物和土地来赢得追随者的忠诚。在这个新的上层阶级的重压下，包括普通的农民和手工业者在内的大多数人陷入了严重的依附关系之中。大多数农民不能以自己的名义进行合法交易，而且他们几乎得不到法律上的保护和特权。即便如此，他们也比那些在社会底层辛苦劳作的奴隶过得好。这些男人、女人和孩子仅仅被视为财产，从法律的角度来看，他们几乎没有任何权利。

尽管这种社会等级制度与早期罗马时期的社会有一些相似之处，但这些新王国的各种社会群体被法律以一种完全不同的方式加以界定。不像罗马法以公民权利和义务来界定人民，新王国的法律以赎罪赔偿金的金额来界定人民。这是日耳曼人的一个概念，指的是当一个人受到另一个人伤害时，他或她的价值。如果有人伤害或谋杀了他人，赎罪赔偿金是过错方的家人必须付给受害者家人的赔偿金额。

在这种系统中，每个人都有一个价格，而这取决于其社会地位和对社会的价值。例如，在伦巴第人中，为国王服务可以增加一个自由人的价值，他的赎罪赔偿金比农民的要高。在法兰克王国，如果一个自由民出身的育龄女性被谋杀，凶手的家庭必须支付 600 枚金币作为赎罪赔偿金。贵族的赎罪赔偿金比农民高，而奴隶和过了生育年龄的女性的赎罪赔偿金则少得可怜。

通过法律和基督教而实现的统一

在拉丁基督教世界的王国中，统治者试图通过融合日耳曼和罗马的法律原则以及接受教会的影响来实现统一。各民族之间的宗教多样性曾经使得这种统一难以实现。如本书第 7 章所述，在 5 世纪，入侵罗马帝国的许多部落信奉阿里乌派基督教。他们用法律的力量使自己与拉丁基督徒隔离开来。例如，他们宣布阿里乌派基督徒和拉丁基督徒之间的婚姻是非法的。

随着日耳曼国王皈依其罗马臣民信奉的拉丁基督教，这些障碍开始瓦解。有些人是因为个人信仰而皈依拉丁基督教，有些人是因为他们的妻子是拉丁基督徒而皈依，还有的决定成为拉丁基督徒以获得更广泛的政治支持。例如，当克洛维在 500 年左右皈依基督教时，高卢地区反对阿里乌派基督徒与拉丁基督徒通婚的法律就失效了。越来越多的法兰克人和罗马人开始通婚，将两个原本分离的民族融合在了一起，加强了拉丁基督教会的力量。到 750 年，大多数西欧王国已经正式成为拉丁基督教国家，尽管大量的多神信仰被保留了下来，犹太人也被允许保留自己的信仰。

日耳曼国王接受了拉丁基督教，但他们无意放弃自己的日耳曼法律，而日耳曼法律在许多问题上与罗马法律不同，尤其是在家庭和财产方面。相反，他们为罗马臣民提供了在约束国王的日耳曼法律下生活的机会。克洛维于 508—511 年汇编的《撒利克法典》就表明了这种发展。这部法典既适用于法兰克人，也适用于在克洛维的领地内选择按照法兰克法律生活的任何其他非罗马人。居住在法兰克王国的罗马人严格来说仍然遵循拜占庭帝国的法律，因此克洛维不打算为他们制定法律。如果罗马人愿意，他们可以遵循自己的法律，或者遵循克洛维的法律，成为法兰克人。然而，到了 750 年，大多数罗马人已经选择放弃自己作为罗马人的法律身份，并根据法兰克法律生活，因此罗马人和法兰克人之间的区别失去了意义。类似的过程也发生在其他日耳曼王国。不同民族在同一法律下的统一没有遭到抗议，这标志着不同群体在政治、宗教和文化上的融合。

日耳曼女性和罗马女性

罗马法对拉丁基督教世界的影响不仅仅体现在地方行政管理方面，

它也促使日耳曼统治者重新考虑女性继承土地的权利问题。在罗马帝国，女性可以毫无困难地继承土地。事实上，整个帝国大约有 25% 的土地为女性所有。然而，在许多日耳曼社会中，男性对土地和财产的继承要比女性容易得多。随着日耳曼移民在旧的罗马行省定居，并开始与拥有财产的罗马女性结婚，人们对女性继承权的态度开始转变。然而，在日耳曼部落中，女性的地位有很大不同。伦巴第法律对女性的限制比法兰克法律要严格得多，在法兰克法律中，即使是奴隶也可以成为王后。

通过比较几个新王国的法典，历史学家发现了罗马习俗对日耳曼继承法的影响。到 8 世纪晚期，法兰克人的高卢的女性、西哥特人的西班牙的女性，甚至伦巴第人的意大利的女性，都可以继承土地，但通常都有这样的限制，即她们必须最终将土地传给儿子。尽管有这些限制，新的法律还是改变了女性的生活。一个继承了土地的女性可以更独立地生活，如果她的丈夫去世了，她可以养活自己，并对社区的决定有发言权。在墨洛温王朝的法兰克人中，女性得到特别高的尊重。她们参加公共集会，甚至作为诉讼代理人出现在法庭上。她们在社会上如此突出，以至于教会人士再三告诫她们要远离公共事务，因为这是不得体的。然而，女性在家务管理方面的作用，甚至在大的庄园和整个王国中的作用都是毫无疑问的。

但是，大多数女性和大多数男性一样，并没有大的庄园或地产。女性管理着家庭的内部经济，打理家务，包括用手推磨磨谷物、烹饪、烘焙、酿造，特别是纺织。许多手工业仍然是女性的专利，这从古英语中表示女性的后缀 "-ster" 就可以看出来。例如，"webster" 的意思是女织工，"brewster" 的意思是女酿酒师，"spinster" 一词在现在英语中仍然存在，意思是 "老处女"，而在中世纪早期它是指纺纱女。

拉丁基督教在西欧新王国的传播

随着拉丁基督教作为官方宗教在西欧新王国的传播，教会人士认为他们在道义上有责任让这些王国及其以外的所有人皈依。他们派出传教士向不信教的人讲解基督教，并挑战多神崇拜。

与此同时，城市里的主教们指导着人们的精神生活，通过在教堂里的布道灌输基督教的道德准则和社会习俗。像本章开头提到的卜尼法斯这样的修士从他们所在的爱尔兰、英格兰和高卢的修道院出发，把信仰传播到莱茵河以东的日耳曼部落。修道院成了知识生活的中心，修士取代城市贵族成为书籍和知识的守护者。

罗马教皇职权的扩大

在理论上，在这一动乱时期，拜占庭帝国皇帝仍然拥有对罗马及其周边地区的政治权力。然而，由于缺乏资金和兵力，这些遥远的统治者无法完成保卫城市免受内部或外部威胁的任务。在由此产生的权力真空中，教皇们插手地方事务，他们实际上成了统治意大利很大一部分地区的君主。

大格列高利（Gregory the Great，590—604年在位）是这些教皇中最强大的一位。务实的格列高利多次写信给君士坦丁堡，请求军事援助，但毫无结果，他不得不从别处寻求帮助。通过巧妙的外交手段和为友好国王的权威提供宗教支持，格列高利成功地获得了西欧基督教社会的好感。他与邻近的伦巴第人和法兰克人进行了睿智的谈判，以获得他们的支持，并确立罗马教会的权威。他鼓励基督教传教士在英格兰和德意志传播福音。此外，他还采取措施为后代培养受过教育的神职人员，以确保基督教在西欧的地位。

格列高利为教皇权力的急剧增大做好了准备。在接下来的几个世

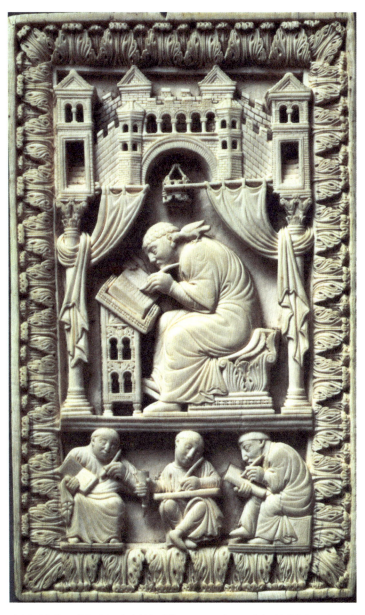

教皇格列高利和三名抄写员（象牙雕刻，创作于 850—875 年）。这块象牙雕刻来自 10 世纪一本
圣礼书的封面，描绘的是 6 世纪时位高权重的教皇格列高利，写作象征着他的权力和影响力。
在中世纪早期，正是教会才让西方文化传承下来。

图片来源：Kunsthistorisches Museum, Vienna, Austria / Bridgeman Images

纪里，随着他的继任者权力的扩大，罗马皇帝和拜占庭皇帝之间的关系慢慢恶化，特别是在本书第 8 章讨论的"圣像破坏运动"中。到 8 世纪初，教皇们放弃了他们仍然受制于拜占庭人的幻想，转而寻求法兰克国王的保护。

爱尔兰人的皈依

虽然罗马人在帝国时期征服了不列颠的大部分地区，但他们从未试图把爱尔兰纳入他们的帝国。因此，这个远离英国西南海岸的岛屿与基督教的接触非常少。很少有人知道基督教是如何来到爱尔兰的。可能有一些传教士和罗马帝国的商人一起来到这里，但可确定的最早日期是 431 年，帕拉第乌（Palladius）被派去管理那些已经皈依基督教的爱尔兰人。帕特里克（卒于 492 年或 493 年）的形象主导了爱尔兰后来的传教历史，主要是因为后来的传记作者认为他以一己之力让所有的爱尔兰人都皈依了基督教，而这其实是不可能的。9 世纪的一份文献记载了帕特里克在英国的一座罗马人别墅里被爱尔兰袭击者抓获，并被卖到爱尔兰当奴隶。他设法逃脱了，并回到了不列颠，在那里他被授予圣职，作为传教士他又被派回爱尔兰。关于帕特里克的生平，我们仍有很多疑惑。一些学者认为，关于帕特里克的这个传说实际上融合了帕拉第乌和帕特里克这两位传教士的经历。然而，到了 5 世纪末，基督教在爱尔兰站稳了脚跟。

但爱尔兰仍然是一个完全属于村野的地方。在西方的其他地方，基督教从城市传播到乡村，主教们从他们位于城市的主教座堂管理着当地的教堂。然而，爱尔兰缺少建造教堂和为主教提供住所的城市。居住在爱尔兰的人没有一个会拉丁语、希腊语或其他任何一种《圣经》被翻译成的语言。这里也不存在教会人士向新皈依者传授福音的学校。

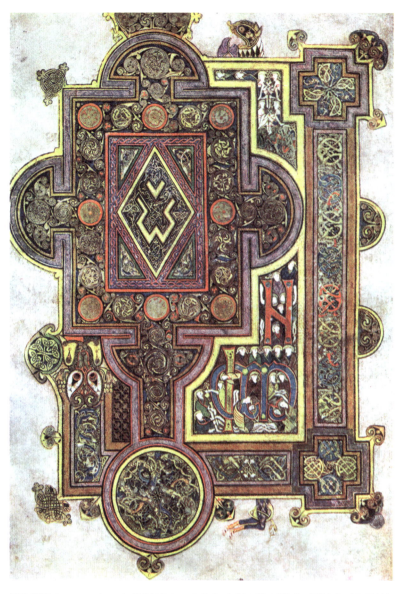

《凯尔斯书》(*The Book of Kells*)。该书问世于 800 年前后，由爱尔兰修士制作的一份附有华丽插图的抄本组成。这本书包含了拉丁文《新约》的四福音书，是中世纪早期的艺术杰作之一。这一页装饰华丽，上面是拉丁文版《路加福音》的第一个单词"Quoniam"的首字母"Q"。

图片来源：Photos.com / Getty Images Plus / Getty Images

爱尔兰神职人员在修道院找到了解决这些问题的办法，在那里神父可以接受培训，来自周围农庄和村庄的男男女女可以学习拉丁文，并吸收基督教教育的基本知识。由这些修道院培养出来的爱尔兰学者因其学识而在整个西欧获得了很高的声誉。他们在图书馆里制作了精美的插图手稿。这些书把爱尔兰艺术带到了爱尔兰传教士到达的所有地区。

盎格鲁－撒克逊人的皈依

爱尔兰传教士在英国和欧洲大陆建立了新的修道院。例如，科隆巴（Columba，521—597）就在苏格兰西部海岸外的约纳岛上 建立了一座修道院。传教士从这个繁荣的修道院把基督教带到了苏格兰。位于英格兰北部的林迪斯芳（Lindisfarne）修道院也成了一个充满活力的学术和传教活动的中心。7 世纪时，那里的传教士把基督教传播到了英格兰的其他许多地方。他们还开始让濒临北海的弗里西亚地区（Frisia，位于今天的荷兰）的人皈依基督教。

教皇大格列高利明白，建立新的基督教团体的第一步是让尽可能多的人皈依基督教，而对基督教的深入了解可以慢慢来。为此，他指示传教士允许在当地进行不同的礼拜活动，并接纳基督教出现前礼拜活动中那些无伤大雅的残留。他指示："不要拆毁他们的神庙，只要在屋顶上放一个十字架就可以了！"

遵循格列高利的实用主义指示，英格兰的传教士接受了源于多神崇拜的某些盎格鲁－撒克逊历法的惯例。例如，在盎格鲁－撒克逊历法中，工作日的名称来源于古代神灵：表示周二的"Tuesday"源自战神"提乌"（Tiw），表示周三的"Wednesday"源自众神之王"沃登"（Woden），表示周四的"Thursday"源自雷神"托尔"（Thor），表示周五的"Friday"源自农神"弗雷亚"（Freya）。盎格鲁－撒克逊人的神灵最终也进入了基督教历法。例如，春之女神伊奥斯特（Eostre）的节日是在 4 月，基督教节日复活节（Easter）就源自她的名字。

虽然在英格兰传教的爱尔兰修士和罗马修士对拉丁基督教有着共同的信仰，但他们在何为正确的基督教实践方面有着很大分歧。例如，他们在如何进行洗礼（通过施洗让某人加入基督教的仪式）问题上存在争议。他们争论修士应该如何剃光头顶来显示他们的宗教信仰，也为计算复活节日期的正确方法而争执。这些争论有可能在英格兰的基督徒中造成严重的分裂。664 年，整个冲突终于在盎格鲁－撒克逊王国的诺森布里亚得到解决，这里的修道生活非常繁荣。在由修士和王室顾问组成的"惠特比主教会议"（Synod of Whitby）上，诺森布里亚的国王下令他的王国采用罗马人而不是爱尔兰人的基督教。他的决定最终被整个英格兰接受。

修道院的知识生活

努西亚的本笃（约 480—547）在意大利的卡西诺山上建立了第一座本笃会修道院，修道运动从此兴盛起来，来自罗马的传教士就是这场运动的成员（见本书第 7 章）。这些修士遵循本笃会会规，此为一本管理修士生活和精神的指南。按照本笃会会规的规定，修士应该过有节制的生活，致力于精神沉思、集体祈祷和体力劳动。为了使他们的沉思不会偏离真理的道路，本笃鼓励修士们从《圣经》、著名神学家的著作和精神启示书中寻求指导。对本笃来说，沉思式的阅读构成了修道院生活的基本部分。因此，修士们必须懂得拉丁文。他们需要接受拉丁文古典文学的训练，而这是需要书籍的。

为了满足不断增长的图书需求，中世纪的修道院至少留出两个房间分别作为缮写室和图书室。在缮写室里，抄写员不辞辛苦地誊写拉丁文和希腊文手稿，以此作为一种宗教虔诚的行为。修道院的图书室与古典罗马的公共图书馆相比要小得多，但这些藏书受到了精心的保护。由于书籍非常珍贵，这些图书室对书籍的使用制定了严格的规定。一些图书管理员把书锁在桌子上以防偷窃，有的人则诅咒那些借书不还的人。然而，他们也慷慨地把书借给其他修道院去抄写。

修士们更喜欢阅读有关基督教的文本，因此这些书是最常被抄写的。然而，在许多修道院里，修士们也保存了非基督教文本。他们这样做，保留了拉丁文化和古典文化的火种。事实上，现存的许多古典时期作家的作品是由6—7世纪的修士抄写并传下来的。如果没有修道院和缮写室，今天人们对古典世界文学的了解会大大减少。

然而，修士们所做的远不止于抄写古代文献，有的还会从事创作。例如，英格兰贾罗（Jarrow）修道院的比德（Bede，卒于735年）成了8世纪欧洲最杰出的学者。他著书颇丰，其中包括《英吉利教会史》（*History of the English Church and People*）。这本书给后人提供了有关早期盎格鲁－撒克逊王国的宝贵信息。

当修士们开始传教之旅时，他们会随身携带书籍。他们还会在旅行中获得新书。例如，英格兰维尔茅斯（Wearmouth）修道院（674）和贾罗修道院（682）的创始人本笃·比斯科普（Benedict Biscop）曾六次前往意大利。每一次他都带回成箱的书籍，包括修士们感兴趣的古典作家的作品。在8世纪，其他的盎格鲁－撒克逊传教士把这种文学遗产带到他们在德意志国家建立的修道院。随着修士们贪婪地阅读、誊写、写作和传阅各种书籍，修道院的知识和文化繁荣起来。

修士与修道院之外的基督徒分享他们不断增长的知识。他们在修道院建立学校，教男孩（有些地方还有女孩）学习读写。在意大利，一些公立学校是从古代流传下来的，但在其他地方，550—750年，少数有文化的人大部分是在修道院学校接受教育的。在这些学校接受过教育的人在社会中扮演着重要的角色，如各级官僚。他们的读写技能是保存记录和书写商务与外交信函所必需的。

加洛林王朝

在本书第 7 章所讨论的西罗马帝国的后继王国中，在军事上最强大的是法兰克王国。然而，这个王国的墨洛温王朝深受派系斗争、王室暗杀和无能国王的困扰。宫相矮子丕平在 751 年废黜了最后一位墨洛温王朝的国王，自立为法兰克人的国王，建立了加洛林王朝。

无论是比较弱小的墨洛温王朝，还是比较强大的加洛林王朝，都证明了王位继承问题会动摇中世纪早期的君主政体。这个王国被认为是王室的私有财产，根据法兰克人的习俗，父亲有义务将他的产业分给他所有的合法继承人。结果，每当法兰克人的国王去世，王国就会被瓜分。丕平死于 768 年，王国被他的两个儿子查理曼和卡洛曼（Carloman）瓜分。当卡洛曼在 771 年突然去世时，查理曼无视卡洛曼儿子的继承权，甚至可能杀死了他们，使自己成为法兰克人的唯一统治者。

查理曼的统治

查理曼（768—814 年在位）对自己的侄子冷酷无情，体现了他的领导才能，使他成为西欧最强大的统治者，他也因此获得了"查理大帝"的称号。查理曼身材异常高大，令人印象深刻。他是一名田径高手和游泳健将，喜欢开玩笑，也喜欢过奢华的生活，同时也是一名虔诚的基督徒。他的一位宫廷诗人称他为"欧洲之父"。欧洲历史上还没有哪位君主在身后享有如此崇高的名望。

在其统治期间，查理曼几乎不断地与多神教的日耳曼部落作战，并在将其击败后，迫使他们接受基督教。他曾 18 次与撒克逊人交战，而强迫撒克逊人皈依基督教，为叛乱埋下了种子。三个因素说明了查理曼为何连年征战：他认为自己有义务传播基督教；他需要保护自己的边境不受敌对部落的入侵；然而，也许最重要的是，他需要满足他的追随者，尤其是贵族成员，为他们提供获得战利品和新土地的机会。经过多次战争，查理曼建立了一个向他进贡的附属王国网络（见地图 9.2）。

加洛林帝国的大幅扩张与西罗马帝国灭亡后那些管理松散的小王国形成了鲜明的对比。查理曼的帝国覆盖了除意大利南部、西班牙和不列颠群岛之外的整个西欧。他的军事野心使法兰克人与其他文化发生了直接对抗，其中包括多神教的日耳曼人、斯堪的纳维亚人和斯拉夫人，以及拜占庭的东正教基督徒、西班牙的穆斯林。这些对抗通常是敌对和暴力的，其特点是法兰克统治和拉丁基督教信仰的强制推行。

查理曼加冕称帝

800 年的圣诞节，罗马教皇利奥三世（Leo III，795—816 年在位）在圣彼得大教堂的一大群人面前主持了一场为查理曼加冕的仪式。历史学家们一直在争论当时到底发生了什么，但根据最广为人接受的说法，聚集在一起的人群高呼查理曼为皇帝，而教皇则当众向新皇帝下跪以示臣服。查理曼的传记作者艾因哈德（Einhard）后来说，这场加冕礼完全出乎查理曼的意料。当然，加冕称帝是有危险的，因为这肯定会招致拜占庭帝国的反抗，那里已经有一位罗马皇帝了。对于拜占庭人来说，查理曼不过是一个篡夺帝位的蛮族人。在他们看来，教皇无权为任何皇

地图 9.2 加洛林帝国

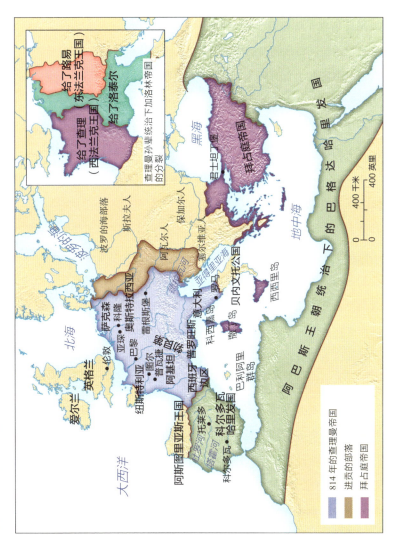

大西洋

爱尔兰

英格兰
●伦敦

北海

纽斯特里亚
阿斯图里亚斯王国
卢瓦河● 图尔莱多
塔霍河
科尔多瓦 哈里发国

罗纳河●
科尔多瓦

萨克森
亚琛● 科隆
巴黎
奥斯特拉西亚
雷根斯堡
勃艮第
普瓦捷
阿基坦
西班牙边区

波罗的海部落

射拉夫人

阿瓦尔人

塞尔维亚

易北河
多瑙河
亚得里亚海

保加尔人

君士坦丁堡

黑海

拜占庭帝国

罗曼意大利
贝内文托公国

科西嘉岛
撒丁岛
巴利阿里群岛

地中海

西西里岛

阿巴斯王朝统治下的巴格达哈里发国

0   400 千米
0   400 英里

进贡的部落
拜占庭帝国

给了路易
（东法兰克王国）

给了查理
（西法兰克王国）

给了洛泰尔

查理曼孙辈统治下加洛林国
的分裂

查理曼的征服是中世纪早期最伟大的军事成就。加洛林王朝的军队成功地统一了除意大利南部、西班牙和不列颠之外的所有西欧领土。然
而，由于法兰克人的继承法规定每一个合法的儿子都享有从父亲那里继承土地，这个帝国很脆弱。到了查理曼的孙辈，帝国开始分崩离析。
比较一下这幅地图与地图 9.1，可以看出哪些地区由于加洛林帝国的扩张而受到了拉丁基督教最大的影响。

帝加冕。查理曼的加冕非但没有使古罗马帝国的东西两部分重新统一，反而使它们进一步分离。尽管如此，查理曼还是成了自 5 世纪以来西部的第一位罗马皇帝。

加冕礼体现了加洛林王朝最显著的两个特点。首先是对古罗马帝国的有意识效仿，特别是对君士坦丁的基督教帝国的效仿。查理曼征服了前西罗马帝国的大部分领土，在他统治时期建造的教堂仿照的是 4—5 世纪的罗马大教堂。其次是法兰克国王有义务保护罗马教皇，这一义务始于查理曼的父亲丕平。作为对法兰克人保护的交换，教皇向加洛林王朝的君主们提供神圣的支持。

加洛林王朝的统治

即使在查理曼精明的统治之下，加洛林帝国也从未享有过将古罗马帝国统一了那么多个世纪的财富。加洛林王朝没有常备军和海军，没有专业的官僚队伍，也没有妥善维护的道路、有序的通信网络和货币经济，这与拜占庭帝国和穆斯林的哈里发政权形成了鲜明的对比。不仅如此，后两者还拥有君士坦丁堡、大马士革、巴格达和科尔多瓦等辉煌的首都。然而，查理曼在没有首都的情况下也能有效地治理国家，因为他在位的大部分时间是在马鞍上度过的。

这样的政府体制更多地依赖于个人而不是制度形式的统治。通过宣誓效忠来表达对加洛林王朝君主的个人忠诚是维系王国统一的最强有力的纽带，但背叛经常发生。加洛林王朝的体制要求君主像查理曼那样具有非凡的个人能力和永不衰竭的精力，而君主一旦软弱，就会导致整个帝国的崩溃。直到查理曼统治时期，朝廷的命令都是口头下达的，很少有书面记录记载所做的决定。随着查理曼的敕令逐渐被记录下来，政府程序变得更加制度化。此外，查理曼的首席顾问阿尔昆（Alcuin，约

732—804）坚持所有的官方通信都要用适当的拉丁文形式来表述，这将有助于防止伪造，因为只有查理曼朝廷的成员受过足够的教育，知道这些正确的形式。

此前的墨洛温王朝的缺陷之一是权力过于分散，地方公爵攫取了王室的资源和公共职能。为了克服这一缺陷，查理曼跟随其父亲的脚步，围绕着被称为"伯国"的领土单位重组政府，每个伯国都由一名伯爵管理。伯爵们从国王那里得到土地，并被派到与他们没有亲属关系的地区，集行省总督、法官、军事指挥官和国王的代表的职责于一身。巡查员定期检查伯爵的活动，并纠正滥用职权的行为。法兰克人在其辽阔疆域的边疆地区建立了被称为"边区"的特殊地区，由边区伯爵来统治，他们拥有充足的权力来保卫脆弱的边界。

然而，在许多方面，教会为加洛林王朝的统治体系提供了最重要的基础。如本书第 7 章所述，在古罗马帝国的最后几年，教会的管理是围绕着主教的职位而组织起来的。到了 7 世纪晚期，这个体系几乎完全崩溃，许多主教职位要么空缺，要么被王室宠臣和没有资格担任教会职务的亲戚所占据。因为加洛林王朝的君主认为自己对基督教的福祉负有责任，他们接管了主教的任命权，并将教会管理重组为严格的大主教等级制度，由大主教监督主教，再由主教监督教区神父。丕平和查理曼还复兴了修道院，并捐资修建了新的修道院，这为宫廷提供了训练有素的人员，如书吏、顾问和宗教方面的助手。当时的大多数普通信徒不识字，因此修士们为皇帝写诏书，保存政府档案，撰写历史，促进教育。所有这些都是加洛林王朝统治所必需的。

加洛林文艺复兴

除了组织有效的政治管理之外，查理曼还力图使王室成为知识生活的中心。他招揽了来自全国各地和其他国家的杰出学者。在查理曼的资助下，这些学者促成了被称为"加洛林文艺复兴"的文化繁荣。

加洛林文艺复兴是一系列对古希腊文学和拉丁文学重生兴趣的行为之一。查理曼明白，政府的效率和基督教信仰的传播都需要深入学习拉丁语，因为拉丁语是法律、学术和宗教的语言。日常使用的拉丁语已经和古代有了很大的不同。在查理曼时期，拉丁语已经被转化为西班牙语、意大利语、葡萄牙语和法语等罗曼语的早期版本。查理曼很苦恼，因为许多神职人员的拉丁语很差，这就意味着他们会曲解《圣经》。他命令所有未来的神父都要接受严格的教育，并建议学生如果功课进展太慢，就可以对其进行体罚。然而，由于缺乏受过良好教育的教师，加洛林时代的改革并没有深入下层神职人员，他们只是以死记硬背的方式向目不识丁的农民传授基督教的基本教义。

查理曼的支持对发生在修道院和宫廷里的加洛林文艺复兴至关重要。许多修道院缮写室的负责人创作了自己的文学作品，包括诗歌和神学。加洛林王朝的学者发明了一种漂亮的新书写方式，被称为"加洛林体"（古拉丁文小写体），每个字母都写得很仔细，很清晰。加洛林时代的图书馆馆员收集的文献为教会的法律（称为"教会法"）奠定了基础，并将礼拜仪式规范化，其中包括一年中每一天的祈祷、诵读经文和唱圣歌。

对加洛林文艺复兴贡献最大的是英国诗人和教士约克的阿尔昆。他被查理曼邀请到亚琛的宫廷学校担任校长。查理曼自己作为学生加入他的儿子们、朋友以及朋友的儿子们的行列，但是查理曼在他的课堂上表现得很糟糕。虽然经过多年的练习，他仍然没能学会写信。然而，在阿尔昆的指导下，查理曼的宫廷成为一个活跃的讨论和知识交流的中心。他们争论诸如地狱的存在、日食的意义，以及神圣三位一

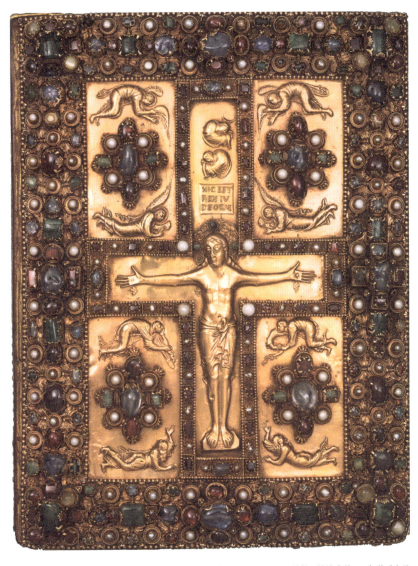

加洛林文艺复兴时期的艺术。这本精美的《林道福音书》(*Lindau Gospels*)的封面被认为是 870 年前后在圣丹尼斯皇家修道院制作的,当时是查理大帝的孙子"秃头"查理统治时期。这些图像反映了几种文化的影响,包括希腊、罗马、拜占庭、凯尔特和日耳曼。画面呈现的是耶稣受难的形象,遵循拜占庭的神学传统,我们从画面上看到的不是耶稣受难时的痛苦,而是安详、胜利和坚定。

图片来源:The Pierpont Morgan Library / Art Resource, NY

体的本质等问题。在宫廷待了 15 年后，阿尔昆成了图尔的圣马丁修道院的院长，在那里他扩大了图书馆，撰写了许多关于教育、神学和哲学的著作。

在宫廷学校学习的人中，有一位名叫艾因哈德（约 770—840）的年轻修士，他才华出众，很快就成为查理曼的可靠朋友和顾问。根据他为查理曼服务 23 年的经历和对皇家文献的研究，艾因哈德在 830—833 年撰写了《查理大帝传》(*Life of Charlemagne*)，书中描述了查理曼的家庭、外交政策、征伐、管理和个人特质。在艾因哈德生动的拉丁散文中，查理曼以一位伟大领袖的形象呈现在人们面前，他热爱打猎和战斗，不像他那些粗鲁的同伴，他对臣民的福祉和灵魂的救赎有着崇高的责任感。在艾因哈德的笔下，查理曼以理想主义者的身份出现，他认为自己的角色不仅仅是获取更多财富，还要为改善人类的命运服务，他是中世纪欧洲第一位有如此觉悟的君主。

查理曼的统治和声望对西欧有着深远的影响。在大约 776 年，一位盎格鲁－撒克逊人修士把广阔的新法兰克王国称为"欧洲王国"，恢复了罗马的地理术语"欧罗巴"。多亏了加洛林王朝，欧洲不再仅仅是一个地理上的表达，而是成了一个新的基督教文明的地理中心，取代了地中海地区的罗马文明，改变了西方的文化。

西欧的分裂

查理曼的继任者中没有一个人拥有他这样的个人才能，也没有一个永久的管理制度基础，帝国很容易陷入分裂和混乱。当查理曼于 814 年去世时，帝位传给了他唯一幸存的儿子"虔诚者"路易（Louis the Pious，814—840 年在位）。路易最严重的问题是根据法兰克人的继承法的要求将帝国分割给了他的三个儿子。甚至在路易去世之前，他的儿子们之间的纷争就导致了内战，战火纷飞之际，帝国的管理就被忽视了。

经过多年的战斗，"虔诚者"路易的三个儿子——"秃头"查理（Charles the Bald，卒于 877 年）、洛泰尔（Lothair，卒于 855 年）和"日耳曼人"路易（Louis the German，卒于 876 年）——经过谈判达成了《凡尔登条约》，将加洛林帝国一分为三。"秃头"查理得到了帝国领土的西部，即西法兰克王国。"日耳曼人"路易得到了帝国领土的东部，即东法兰克王国。洛泰尔获得了皇帝的头衔以及帝国领土的中部，即从罗马一直延伸到北海的"中部王国"（见地图 9.2）。在接下来的几代人中，继承法使这些王国进一步分裂，在 9—10 世纪，查理曼的后裔们要么绝嗣，要么失去了对其土地的控制权。到 987 年，一个也没有剩下。

加洛林王朝只持续了几代人，然而，其军事力量是十分强大的，在法兰克人的土地上提供了一段不同寻常的安全时期，有效地抵御了外敌，这从很少有定居点构筑防御工事这一事实就可以看出。但是在加洛林帝国崩溃后，西欧几乎每一个幸存下来的定居点都需要城堡和城墙等防御工事的保护。随着当地贵族填补加洛林王朝灭亡所造成的真空，后加洛林时代的欧洲变得支离破碎，而随着来自大草原和北方的新一批侵入者开始攻城略地，欧洲变得更加脆弱。

拉丁西方的被入侵和复苏

尽管有查理曼的征服和皈依运动，基督教在整个西欧的传播仍然是不平衡和不彻底的。到 900 年，拉丁基督教只局限于构成西欧核心的几个地区——法兰克人的领地、意大利、加洛林王朝统治下的德意志部分地区、不列颠群岛和西班牙的一个边缘地区。此外，由于在 9—10

世纪，西欧人口稠密的基督教核心地带很容易受到崇拜多神的敌对部落的侵袭（见地图 9.3）。尽管受到了这些攻击，基督教依然幸存下来，而那些崇拜多神的部落最终皈依了基督教。这种皈依并不总是基督徒在战争中获胜的结果，就像古典时代晚期和加洛林王朝时期经常发生的那样，而更多是修士和主教有组织的传教活动的结果。

拉丁西方的多神教入侵者

在 8—11 世纪，一些掠袭者从西方的基督徒聚居地掠夺了他们所能掠夺的东西，然后返回家园。还有的则夺取土地，并定居下来，建立新的君主国。在这一时期，最常利用拉丁西方弱点的两个群体是马扎尔人和维京人。

马扎尔人后来被称为匈牙利人，他们最初的家园位于中亚大草原。896 年，在其他游牧民族的逐渐驱赶下，马扎尔人来到了大草原的西部边缘，他们成群结队地来到多瑙河流域，占据了很容易被征服的人烟稀少的土地。马扎尔人的骑兵突袭队深入西欧内部。在 898—920 年，他们洗劫了意大利繁荣的波河流域的定居点，然后向加洛林王朝的残余王国进发。他们走到哪里就抢到哪里，不仅掠夺财物，还抢夺奴隶，以供家庭使用或出售。这些凶猛的入侵者势不可当，西欧和中欧的国王对他们束手无策。955 年，萨克森国王奥托一世（Otto I，936—973 年在位）消灭了一群正带着战利品回家的劫掠者，从此马扎尔人的袭击才有所收敛。

然而，马扎尔人入侵的终结，与其说是因为奥托一世的胜利，不如说是因为阿尔帕德王朝将匈牙利平原纳入了自己的王国。东正教和拉丁基督教的传教士竞相使马扎尔人皈依基督教，但由于西方的政治联盟，他们接受了拉丁基督教。公元 1000 年圣诞节，阿尔帕德国王斯蒂芬一世（Stephen I，997—1038 年在位）直接从教皇手中接过王权徽章，

地图9.3　7—11世纪对欧洲的入侵

加洛林帝国分裂后，不列颠和法兰西部沦其受到来自斯堪的纳维亚半岛的维京人入侵。维京人是维京人的一个部落。人侵了基辅罗斯和诺夫哥罗德的领土。马扎尔人从从东方入侵，并最终定居在广袤的匈牙利平原上。南方的各个伊斯兰国家持续发动袭击和征服。其中一些国家在欧洲建立了了释牌的伊斯兰文明（见本书第8章）。欧洲哪些地区受入侵影响最大？哪些地区受影响最小？

被加冕为国王。为了帮助他的子民皈依基督教，斯蒂芬一世设立了一系列主教辖区，并慷慨地捐赠修道院。

8—11世纪，在西欧定居点的入侵者中最具破坏性的是维京人，他们也被称为古代斯堪的纳维亚人（Norseman）或北方人（Northman）。在这一时期，丹麦、挪威和瑞典的维京人战士从他们位于斯堪的纳维亚的家乡出发，进行长距离的海上突袭。每年春天，维京人的龙头船都会起航，每艘载有50—100名渴望战利品的战士。借助一张方帆，在没有风或者风向不对的情况下则由桨手划动，维京人的船只适航性无人能及，定期驶入北大西洋的狂野海域。这些吃水浅的船只也可以在欧洲的流速缓慢的河流中划行，去掠夺遥远内陆的修道院和村庄。

历史学家们仍在争论维京人大举入侵的原因。北方年平均气温的升高可能刺激了人口的激增，从而导致了劫掠行为，并最终导致了移民。但最主要的动机似乎是对白银的贪得无厌，这被认为是斯堪的纳维亚社会区分地位高低的基本标准。因此，修道院和大教堂的银质礼器是维京海盗劫掠的重要物品。例如，在793年，维京人掠夺了位于英格兰的林迪斯芳修道院的银器，并在此过程中将其摧毁。

到了9世纪中叶，维京人开始在不列颠群岛和加洛林王国的海岸上修建过冬营地——这些地方使他们能够为规模越来越大的突袭队提供食宿。这些人很快就变成了入侵的军队，占领了土地，并定居其上。就这样，维京人从破坏性的掠夺变成了永久性的占领，而这给欧洲留下了永久性的印记。在加洛林帝国的废墟上，维京人在塞纳河上的定居点组成了诺曼底（Normandy，意为"北方人之地"）公国，在11世纪，诺曼底公国的士兵征服了英格兰、西西里和南意大利的大部分地区。

在斯堪的纳维亚半岛之外，维京人对不列颠群岛和北大西洋的影响最为深远。865年，一支强大的维京人军队征服了英格兰东北

维京人的海盗船。这是一艘重建的维京人海盗船，它可能是由单方帆推动或由桨手划动的。马和战士挤在船里。舵柄装在船尾的右舷上。安装在船尾的舵使舵手能更好地控制船的方向，在12世纪时逐渐被广泛使用。

图片来源：Christian Keller / iStock / Getty Images Plus / Getty Images

部的大部分地区，建立了一个组织松散的领土网络，被称为"丹法区"（Danelaw）。丹麦人和挪威人对不列颠群岛的征服在当地方言、地名、人名、社会结构和文学中留下了深厚的文化遗产。最经久不衰的例子是用古英语（英语口语和书面语的最早形式）写成的《贝奥武夫》（*Beowulf*）史诗，它讲述了斯堪的纳维亚伟大的冒险家贝奥武夫与怪兽格伦德尔（Grendel）及其母亲（一条口吐烈焰的龙）搏斗的英勇事迹。

在北大西洋，维京人进行长途航行，穿越冰冷的波涛汹涌的大海，到达未知的地方。大约从870年开始，大量移民涌入无人定居的冰岛。

他们以冰岛为基地，继续探索，在格陵兰建立了新的殖民地。在冰岛，这些维京勇士、探险家和定居者的冒险故事被写进了诗歌和传奇故事中，关于"红发"埃里克（Erik the Red）和格陵兰人的传奇故事讲述了他们到加拿大海岸的冒险航行。这些欧洲人比克里斯托弗·哥伦布（Christopher Columbus）早500年到达北美。930年，极其热爱独立的冰岛人建立了国家议会阿尔庭（althing），这是一个通过法律程序而不是战争来裁决争端的机构。直到今天，它依然是冰岛共和国的议会。

9世纪中叶以后，斯堪的纳维亚半岛（挪威、丹麦和瑞典）的国王们开始坚决控制作为维京人入侵先锋的海盗队伍。到10世纪末，维京人通过小群体进行掠夺的伟大时代结束了。斯堪的纳维亚半岛的国王们牢牢地控制住了定居的人口，并带着他们的臣民一起皈依了基督教。就这样，维京海盗的后代定居下来，成为爱好和平的农民和牧羊人。

拉丁西方的统治者

由于加洛林王朝的瓦解和随后的入侵，在9—10世纪，人们开始从当地的军阀那里寻求保护，他们承担了曾经属于王室的责任。这些军阀中的一些人成了拉丁西方王国的奠基人。在政府软弱或失败所导致的无政府时期，他们提供了保护和一些秩序。

领主与封臣

军阀社会源于日耳曼的军事传统，在这个社会中，一位伟大的首领吸引了跟随他作战的追随者。这种关系是自愿的、平等的。然而，到了8世纪，首领已经成为一个支配他人的领主，他的下属被称为封臣。

领主和封臣之间的忠诚关系是通过宣誓来确定的。在加洛林王朝时期，封臣通过宣誓效忠来表达对领主的忠诚。在这种仪式中，封臣跪倒在地，将他紧握的双手放在领主的双手上，并做一个口头的效忠声明。作为对封臣效忠的回报，领主也要宣誓保护封臣。这种宣誓确立了这样一种私人关系，即领主对封臣的忠诚和服从做出回报，并给予保护，在某些情况下还授予被称为"采邑"的封地。领主经常要求他们的封臣提供军事援助来抵抗侵略者或与其他领主作战。采邑可以为封臣提供收入，以支付盔甲、武器和饲养马匹的费用，所有这些都是成为一名有效骑兵（在 12 世纪被称为骑士）所必需的。历史学家称领主与封臣之间通过采邑而建立的这种关系为"封建采邑制"。领主和封臣的特权以及他们对封地的控制持续了好几个世纪，在欧洲的某些地方一直延续到 18 世纪。封建制度的长期存在是西方历史上最重要的主题之一。

9—10 世纪，在外族入侵和加洛林王朝瓦解而导致的公共权力崩溃之后，这些领主往往成为其所在地区唯一有效的统治者。领主行使国王的许多权力，比如裁决财产或继承纠纷，惩罚小偷和杀人犯（见本章"历史上的正义"专题）。

领主和封臣的个人义务、通过采邑转让的财产权和社会合法管辖权互相融合，使情况变得十分复杂。国王的封臣也是自己封臣的领主，而这些封臣又是下级封臣的领主，依此类推，直到普通骑士。从理论上讲，这样的体制创造了一种从国王向下延伸的权力等级制度，但现实从来没有这么简单。例如，在法兰克，许多大领主拥有和国王一样多的土地，这使得国王很难强迫他们执行他的意志。许多封臣从不同的领主那里得到不同的采邑，而这造成了忠诚的混乱，尤其是当同一个封臣的两个领主互相开战的时候。

女性可以继承采邑和拥有自己的财产，尽管她们不能提供军事服务。当男性缺席或死亡时，她们通常接管王室和贵族的财产，决定财产如何在继承人之间分配，并在接受男性封臣的效忠时发挥领主的作用。

女性如果出身于名门望族，又多才多艺，可以大大提高其丈夫的社会地位。如果女方比男方的家族更有声望，一些贵族家庭就会追溯他们的女方血统，并以女方杰出祖先的名字来命名他们的孩子。

领主与封臣的关系渗透到中世纪的许多社会制度和实践中。因为大多数封臣要为他们的领主提供军事服务，中世纪的军队至少有一部分是由作为封臣的骑士组成的，他们每年必须为领主战斗一定的天数（通常是40天）。封臣也被要求为他们的领主提供其他形式的支持。他们被召唤时，必须出现在领主的法庭上，提出建议，或者对与其同等地位的封臣进行审判。领主在外出旅行时，有时是带着一大群随行的家人和侍从，他的封臣有义务在其城堡里提供食宿。封臣必须在特殊的场合向领主支付一定的费用，比如领主女儿的婚礼。如果领主在战斗中被俘，他的封臣必须支付赎金。

加洛林王朝之后的西欧诸国

在那个时代，领主和封臣之间的忠诚和支持是抵御侵略者和掠夺者的唯一形式，领主制是一种比所有臣民对国王没有明确的义务更强大的社会制度。为了有效地统治，国王必须是一位强大的领主，实际上是成为所有其他领主的领主，而其他的领主负责管理属于他们的封臣。实现这个困难的目标需要几个步骤：第一步，国王必须牢牢控制自己的土地，即王室领地。有了领地提供的食物、物资和作战人员，国王可以尝试第二步，即确立对王室领地之外的领主的控制。为了控制这些有独立意识的领主，国王们有时使用武力，但更多的是通过将王室特权授予忠诚的领主，以作为丰厚的奖赏。这些特权包括收取法庭罚款、收税和履行其他政府职能。结果，一些中世纪的王国（如法兰西与英格兰）开始把领主的个人权威和国王的法律权威结合在同一个人手中，形成了封建

历史上的正义

揭示真相：誓言与神判

今天，任何诉讼或刑事审判的参与者都不会在没有一堆证明案件的文件的情况下进入法庭。在现代社会，我们相信书面证据而不相信口头证据，因为我们意识到我们的记忆很容易被扭曲。然而，在中世纪早期的法庭上，诉讼人通常只有自己的宣誓证词和个人声誉作为证据。在一个大多数人不识字的社会，声称要证明这样或那样的文件没有什么意义。大多数人不识字，而且意识到少数识字的人可能会欺骗他们，因此他们只相信自己亲眼所见、亲耳所闻的事情。哈姆的贝托尔德伯爵（Count Berthold of Hamm）的观点很有代表性。在收到反对他对一块土地的要求的文件后，他"对这些文件一笑置之，说既然任何人的笔都能想怎么写就怎么写，他就不应该失去对这块土地的权利"。

在解决争端时，中世纪的法庭更相信口供或目击者证词，而不是文件。1124 年，教皇卡利克斯特二世（Calixtus II）宣称："我们更相信活着的证人的口头证词，而不相信书面文字。"[2]

按照正常的审判程序，一个人要宣誓保证他所说的是真的。如果他是社会上有名望并受人尊敬的一员，他也会有一些"宣誓证人"为他的可靠性做证，尽管不是为他的证据的真伪做证。法庭还将听取案件证人的证词。当两个在当地很有名望的人发生争执时，这个系统运转得很好。但当审判涉及一个名声不好的人、一个众所周知的说谎者或者一个陌生人的时候，怎么办呢？在没有证人的情况下又该怎么办呢？

在这些情况下，中世纪的法庭有时会通过神判来解决问题。所谓神判，就是让被告接受痛苦的考验。正如 1220 年的德意志法典所宣称的那样，神判只是作为最后的手段："在任何情况下利用神判都是不对的，除非别无其他了解真相的方式。"使用神判的各种情况和接受神判的人数都清楚地表明，在中世纪法庭看来，神判只是在其他方式都不能揭示真相时的备用选择。

神判有几种类型，最常见的是火判。被告要把胳膊伸进装满沸水的大锅里去拿一枚硬币或一件珠宝，或者是赤手拿着一个烧红的铁块走九步。这种方法的一种变体是在灼热的煤块或犁头上行走。在被告经受这种考验之后，

神判。这幅 15 世纪的油画是由迪里克·博茨（Dieric Bouts，约 1415—1475）在 1468 年受鲁汶市委托进行的一项大型工程，主题是《最后的审判》。图片上，被谋杀的伯爵的遗孀左手拿着一块烧红的铁块，右手抱着她丈夫被砍下的头颅。皇帝奥托三世根据她是否愿意经受热铁的考验来判定她是否有罪。

图片来源：Scala / Art Resource, NY

他或她的手或脚将被包起来，三天后接受检查。如果伤口愈合"干净"，意思是没有感染，被告就被宣告无罪。否则，他或她将被判有罪。另一种常见的神判形式是水判，或者是在后来的几个世纪中因在女巫审判中使用而出名的"游泳"。被告将被扔进河里或湖里。如果水"拒绝"她，她漂浮起来，那么她就是有罪的。如果水"拥抱"了她，她沉了下去，那么她就是无辜的。这里一个明显的问题是，一个下沉的人，即使是无辜的，也可能会溺水而亡，但这似乎并没有阻止水判的使用。

在审判异端罪和通奸罪等罪行以及确定亲子关系时，这种神判尤其普遍。1218 年，瓦泰格的因加（Inga of Varteig）手拿火红的铁块来证明她的非婚生儿子是已故国王哈康三世（King Hakon III）的儿子，如果的确如此，这将改变挪威的王位继承顺序。神判也会被用来裁决更加普通的案件。1090 年，梅格涅的戈蒂埃（Gautier of Meigné）从昂热的圣欧邦（Saint Auban at Angers）修道院的修士那里得到了一块土地，声称这是他用一匹马换来的。他也是通过手拿烧红的铁块来证明自己的主张。

人们相信神判可以有效地揭示司法案件中的有罪或无罪，这是基于一种普遍的信念，即上帝不断地、积极地干预人间事务，他的判决可以马上显现。为了将上帝的注意力集中在一个特定的问题上，参与者以一种仪式的方式进行神判。通常会有神父在场，祈求上帝的力量，并祝圣那些神判工具。在一个典型的程序中，神父会请求上帝"祝圣这块烧红的铁，它将被用来公正地审查可疑的问题"。神父也会告知被告："如果你是无辜的……你可以放心地把这块烧红的铁拿在手里，作为公正的法官，耶和华必定会判你无罪。"神判的仪式因素强调上帝的判断高于人的判断。

在 11—12 世纪，神判的使用逐渐减少。罗马法的复苏、整个社会识字率的提高和书面文件的兴起，以及对法院解决争端的能力更有信心，所有这些都促使陪审团审判或刑讯逼供逐渐取代了神判。在不列颠，普通法开始将确定事实真相的任务委托给一个由同样社会阶层的人组成的陪审团，由他们来听取并评估所有的证词。陪审团制度更加重视社会成员的意见，而不是揭示上帝判决的神判。这些变化标志着中世纪社会的转变，人们越来越相信世俗社会有组织和管理自身的力量，而把神圣的正义留给来世。但最关键的转变来自教会内部，他们觉得神父如果参与监督神判，会对其精神使命产生不利的影响。1215 年，第四届拉特兰公会议禁止神父参与神判，他们的缺席使得神判无法作为正式的法律程序继续下去。

王权。

确立王权的最后一步是强调王权的神圣性。在神职人员的帮助下，国王们效仿罗马伟大的基督徒皇帝君士坦丁和查士丁尼。中世纪的国王变成了准神父，臣民都服从国王，因为平民相信国王代表了上帝在尘世的威严。这种神圣的王权制度给国王提供了另一种武器来说服贵族承认国王凌驾于他们之上。

在古罗马统治思想的影响下，一些国王开始把他们的王国想象成比私有财产更伟大的东西。正如日耳曼国王和后来的神圣罗马帝国皇帝康拉德二世（Conrad II，1024—1039 年在位）所说：“如果国王死了，王国会依然存在，就像舵手从船上掉下去了，但船会依然存在一样。”[3]这种想法开始慢慢地占据上风，即王国有一个独立于国王肉身的永恒存在，这个存在凌驾于其组成部分之上，即省份、部落、领地、家庭、主教辖区和城市。这一深刻的思想在许多世纪以后才得到最充分的理论表达。为了弘扬王权的神圣性和永恒性，君主们会资助那些能够表达这些思想的神父、修士、作家和艺术家。

东法兰克王国：德意志帝国

东法兰克王国和西法兰克王国是从加洛林帝国分裂出来的，这里出现了一些试图扩大君主政体的权力、强化王权概念的国王。东法兰克王国主要由日耳曼部落组成，每一个部落都由一位被称为公爵的法兰克官员管理。919 年后，萨克森公爵被选为东法兰克王国的国王，这为萨克森王朝奠定了基础。由于萨克森国王几乎没有自己的土地，他们通过获取其他公国的领地和控制高层教会职位的任命来维持自己的权力，这些职位被授予了家族成员或忠诚的追随者。萨克森王朝最伟大的国王奥托一世集虔诚的基督教信仰与强大的军事能力于一身。他比 10 世纪的其他任何一位国王都更支持在斯拉夫和斯堪的纳维亚多神教的土地上建立传教主教制度，从而将基督教的范围扩大到查理曼统治时期的范围以外。962 年，教皇为奥托一世加冕，就像查理曼当年所做的那样，从而复活了西部的罗马帝国。萨克森王朝的奥托一世和他的后继者试图统治一个比查理曼时期更加有限的西罗马帝国。到 11 世纪 30 年代，萨克森王朝已成为德意志帝国，包括大部分日耳曼公国、意大利中北部和勃艮第。在后来的几个世纪里，这些地区被统称为"神圣罗马帝国"。

就像查理曼统治时期一样，新德意志帝国的有效统治包括对有学识的人的资助，这些人提高了君主的声望。奥托一世和他能干的弟弟、科隆大主教布鲁诺（Bruno）发起了一场以帝国宫廷为中心的文化复兴，即"奥托文艺复兴"。来自爱尔兰和英格兰的博学的修士、来自拜占庭的希腊哲学家，以及意大利学者都在那里找到了工作。在众多受奥托一世资助的知识分子中，最著名的是克雷莫纳的柳特普兰德（Liutprand of Cremona，约 920—972），作为一位文笔生动的作家，他的不加掩饰的历史描述反映了动荡时代的激情。例如，他对于同时代欧洲历史的讲述丑化了他的敌人，他的历史著作被恰当地命名为《复仇》（Revenge）。

西法兰克王国：法兰西

和东法兰克王国一样，西法兰克王国包括许多具有不同民族和语言特征的群体，但西法兰克王国被基督教化的时间要长得多，因为它曾是罗马帝国的一部分。因此，西法兰克王国虽然高度分裂，但通过充分利用基督教来捍卫国王的权威，具有更大的团结潜力。

卡佩王朝接替了加洛林王朝的最后一位国王，加强君主制成为其关键目标。休·卡佩（Hugh Capet，987—996 年在位）在一次精心设计的加冕仪式上成为西法兰克王国的国王，兰斯大主教的祈祷为新王朝提供了神圣的支持。大主教的参与为法兰克君主政体确立了一个重要的先例。从此，君主政体和教会等级制度被紧密地联系在一起。从这种互惠互利的关系中，国王得到了基督教会和精神上的支持，而上层神职人员得到了皇室的保护和赞助。"法兰西"（France）一词最初只适用于卡佩的封建领地，即巴黎周围一个虽小但很富裕的地区，但在卡佩王朝的不懈努力之下，西法兰克王国被逐渐统一，"法兰西"这个表达开始指代整个王国。

在获得大领主们的忠诚和服务方面，卡佩王朝特别成功，虽然起初遇到了一些抵抗。为了将自己与其他领主区分开来，休·卡佩和他的后继者们强调他们与其他领主不同，国王是由上帝任命的。休·卡佩给自己加冕后不久，就让人给他的儿子加冕，这就确保了王位在卡佩家族的继承。休·卡佩的儿子，"虔诚者"罗贝尔二世（Robert II, the Pious, 996—1031 年在位）似乎是第一个表演"国王之触"（king's touch）的人。所谓"国王之触"，即国王用他的触摸之力治疗某些皮肤病。加冕仪式和"国王之触"确立了法兰西国王作为神迹创造者的声誉。

盎格鲁 - 撒克逊人的英格兰

盎格鲁 - 撒克逊人的英格兰从来都不是加洛林王朝的一部分，但因为它是基督教国家，英格兰与拉丁西方文化相通。英格兰在维京人的手中遭受了严重的破坏。在 878—879 年的冬天，英格兰几乎被丹麦人的入侵击溃，之后，随着春天的临近，阿尔弗雷德大帝（Alfred the Great，871—899 年在位）最终打败了丹麦人。作为威塞克斯的国王（不是整个英格兰的国王），阿尔弗雷德大帝巩固了自己的权威，颁布了一部新的法典。阿尔弗雷德的继任者与贵族的合作比东法兰克王国和西法兰克王国的君主都更为有效，并在地方政府部门建立了广泛的支持基础。盎格鲁－撒克逊人的君主政体也得到了教会的支持，教会为其提供了训练有素的服务者和宗教上的授权。

在9世纪末和10世纪，盎格鲁－撒克逊人的英格兰在王室的支持下出现了一次文化复兴。国王阿尔弗雷德宣称，维京人的入侵是上帝对忽视知识的惩罚，因为没有知识就不可能知道上帝的意志。因此，阿尔弗雷德促进了对拉丁语的学习。他还希望所有富有的人都能学会阅读英格兰人的语言文字。在阿尔弗雷德的统治下出现了一种非常高雅的古英语文学，这些文学作品包括诗歌、布道词、《圣经》注释和重要拉丁文作品的翻译。这个时代的杰作是一部被称为《盎格鲁－撒克逊编年史》（*Anglo-Saxon Chronicle*）的历史，它始于阿尔弗雷德统治时期，延续了几代人的时间。

在10世纪末和11世纪初，英格兰经历了维京人第二轮袭击和一连串软弱无能的国王。1066年，在法兰西北部定居的维京人的后裔诺曼底公爵威廉（William）击败了最后一位盎格鲁－撒克逊国王哈罗德（Harold），夺取了英格兰的王位。"征服者"威廉开启了一个新时代，英格兰的事务与诺曼底公国和法兰西王国的事务深深地交织在一起。

最后一批多神教崇拜者的皈依

在10—11世纪，随着拉丁西方的核心区在政治上变得更加强大，经济上变得更加繁荣，基督徒们齐心协力地试图使入侵者皈依基督教，尤其是北欧和东欧那些崇拜多神教的部落。通过这种皈依，拉丁基督教在直到基辅罗斯边界的北欧占据了主导地位，而过了边界，占据主导地位的是从拜占庭传入的东正教。

在斯堪的纳维亚半岛、波罗的海地区和东欧部分地区的多神教部落中，最早的皈依通常发生在国王或首领接受基督教的时候，因为他们

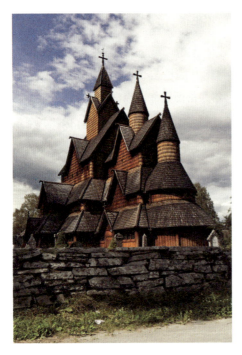

基督教堂模仿多神教的神殿。木板教堂是中世纪北欧建造的一种木质教堂。斯堪的纳维亚地区幸存下来的这种教堂通常被认为是模仿了多神教的神殿。挪威的这座海达尔木板教堂建于1250年前后。

图片来源：VitalyRomanovich / Shutterstock

的臣民会随之皈依。当然，教授基督教的原则和崇拜形式需要花费更多的时间和精力。传教士通常在国王皈依后到达，但这些传教士往往对礼拜仪式的变化持宽容态度。因为大多数基督徒彼此隔离，新皈依者倾向于实践自己的当地崇拜和信仰形式。传教士和基督徒君主们发现，对抗这种地方化趋势最有效的方法是建立新的主教辖区。特别是在北欧和东欧的前多神教部落中，主教辖区的建立创造了相当有威望的文化中心，吸引了上层阶级的成员。那些在新主教监督下接受教育的人成为统治家族的重要服务者，进一步提高了基督教文化的地位。

皈依基督教尤其使女性受益，因为在信奉多神教的民族中很盛行的一夫多妻制被放弃了。因此，贵族女性在帮助其人民皈依基督教方面发挥了重要作用。这一作用使她们在新皈依基督教的社会产生了持久的影响，她们既是女修道院的创始人和赞助人，也是宗教题材的作家。到14世纪末，有组织的多神崇拜已经在斯堪的纳维亚半岛消失了。

从10世纪中叶开始，一系列新建立的天主教主教辖区确保了波兰人、波希米亚人（捷克人）和马扎尔人（匈牙利人）将目光转向西方和教皇，寻求他们的文化模式和宗教领袖。波兰人尤其青睐拉丁基督教，这种联系帮助他们建立了与西欧政治和文化的强有力的联系。波兰人居住在一片森林覆盖的平原上，森林中间有小块空地可以耕种。初次接触到与圣美多迪乌有联系的传教士后，波兰开始抵制基督教，直到梅什科大公（Prince Mieszko，约960—992年在位）创建了一个最强大的斯拉夫国家，并于966年为了与基督徒君主建立政治联盟而接受了拉丁基督教。通过996年前后的波兰赠礼，梅什科大公使他的国家正式隶属于罗马教皇。由此开始了波兰与教皇之间长期而特殊的关系。在梅什科大公去世时，波兰的领土面积与今天大致相当。

在东方的西方人：十字军东征

1095年11月一个寒冷的日子，在克莱蒙（Clermont）郊外的一片空地上，面对聚集起来的法兰西神职人员和热切聆听教皇布道的普通信徒，教皇乌尔班二世（Urban II，1088—1099年在位）进行了一场具有里程碑意义的布道。乌尔班二世用激动人心的语言回忆说，东方的穆斯林在迫害基督徒兄弟，巴勒斯坦的圣地遭到洗劫。他号召骑士们"拿起十字架"，去保护那些水深火热之中的基督徒同胞。

乌尔班二世发动十字军东征的号召取得了惊人的成功。当他讲完时，人群齐声高喊："上帝旨意。"乌尔班二世号召向东方发动"圣战"的消息不胫而走。在整个法兰西和德意志帝国的西部，骑士们都摩拳擦掌，为前往圣地耶路撒冷的旅行做准备。出乎意料且可能与教皇的意图相反的是，穷人和无产者也对前往圣地的武装朝圣充满热情。热心的隐士彼得（Peter the Hermit，约1050—1115）在穷人和无家可归的人中间宣扬十字军东征，召集了一支庞大的无装备、无纪律的军队，赶在骑士之前向耶路撒冷进发。在到达君士坦丁堡前，他们中的大部分人被饿死或被奴役。拜占庭帝国的皇帝不愿意为少数到达的人提供食物，就将他们送到突厥人的领地，在那里突厥军队几乎将他们全部消灭。

乌尔班二世号召的十字军东征，给西方基督教军队反对伊斯兰教的军事远征提供了强大的宗教支持。从1095年到13世纪，不断发生大规模的讨伐行动，试图夺取、夺回并保护基督教的耶路撒冷（见地图9.4），而进行十字军东征的想法在13世纪后一直延续到现在。

"圣战"的起源

十字军东征的最初原因是伊斯兰军队对地中海东部的基督徒、朝圣者和圣地构成了威胁。到了11世纪中叶，皈依伊斯兰教的塞尔柱突厥人开始向拜占庭帝国施压。1071年，塞尔柱突厥人在曼齐刻尔特（Manzikert）战役中击败拜占庭军队后，整个小亚细亚都面临被穆斯林占领的危险。教皇乌尔班二世在1095年呼吁十字军东征，是为了响应拜占庭皇帝阿历克塞·科穆宁（Alexius Comnenus）的军事求援，后者可能认为他会得到另一帮西方雇佣兵的帮助，帮助他重新夺回被塞尔柱突厥人占领的拜占庭领土。相反，他得到了一样前所未有的东西——一支由大约6万名士兵组成的庞大的志愿军，他们更愿意从穆斯林和拜占庭人手中夺取东地中海地区尽可能多的领土，而不是与拜占庭的基督

地图 9.4 主要的几次十字军东征

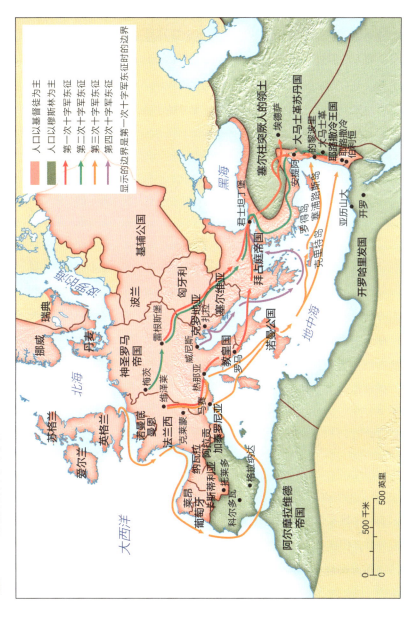

在最初的三次十字军东征期间，来自西欧的基督教军队和舰队袭击了中东的穆斯林据点和要塞，试图攻占并占领耶路撒冷。第四次十字军东征没有到达中东，转而剧攻君士坦丁堡。根据这幅地图，基督徒和穆斯林的人口在哪里？

图例内容：
人口以基督徒为主
人口以穆斯林为主
第一次十字军东征
第二次十字军东征
第三次十字军东征
第四次十字军东征
显示的边界是第一次十字军东征时的边界

徒兄弟合作。

乌尔班二世在他著名的克莱蒙布道中特别提出赦免所有参加十字军东征的人的罪过。此外，到耶路撒冷这样的圣地进行忏悔朝圣，会使犯罪者获得对谋杀等死罪的赦免。他的提议混淆了朝圣者和十字军之间的长期差异。在此之前，朝圣者总是手无寸铁，而十字军战士则会携带武器，不仅愿意保护其他朝圣者免受攻击，还会对那些他认为是异教徒的人发动攻击。十字军东征的创新之处就在于它创造了这样一种观念，即武装的朝圣者会得到教会的特殊奖赏。精神召唤和军事行动的结合在骑士团中最为强烈，其中包括圣殿骑士团（Templars）、医院骑士团（Hospitallers）和条顿骑士团（Teutonic Knights）。参加这些修会的人都是发誓要清贫、贞洁和听命的士兵。但是，他们并没有把自己隔绝在修道院里祈祷，而是手拿刀剑去为基督而征服。这些骑士团在欧洲具有相当大的政治影响力，积累了大量财富。

在十字军战士的头脑中，贪婪可能与狂热的虔诚相混合。不断增长的人口压力和长子继承制（将地产传给最年长的男性继承人）的普及，使得那些不是长子的人在家里几乎没有什么可以期待的，只能寄希望于在十字军东征中获得财富。然而，十字军战士通过参与"所有基督徒的共同事业"证明了他们所享有的共同体意识。沙特尔的富尔彻（Fulcher of Chartres）讲述了来自不同国家的十字军战士所展现出来的团结："谁听说过一支军队里会说这么多种语言……如果一个布列塔尼人或一个日耳曼人想问我什么事，我是完全答不上来的。虽然我们被语言分开，但在对上帝之爱上，我们就像兄弟和近邻一样，是同心合意的。"[4]在上帝之爱中体验到的令人振奋的兄弟情谊激励着许多十字军战士。

十字军战争

第一次十字军东征（1095—1099）取得了惊人的成功，但这既是基督教力量强大的结果，也是穆斯林力量薄弱的结果。两个因素削弱了阿拉伯穆斯林抵御十字军的能力。首先，控制着耶路撒冷的阿拉伯国家在与塞尔柱突厥人的战斗中已经被削弱。其次，穆斯林内部出现分裂。逊尼派和什叶派穆斯林在神学上的分歧导致伊斯兰哈里发政权不能联合起来反对基督徒。

1099 年，经过一个多月的围攻，十字军战士爬上了耶路撒冷的城墙，占领了这座对穆斯林和犹太人来说都很神圣且主要由他们所居住的城市（见本章"不同的声音"专题）。第一次十字军东征的胜利导致了拉丁公国的建立，这些公国致力于维持拉丁西方在圣地的立足点。这些拉丁公国包括今天的黎巴嫩、以色列和巴勒斯坦的所有领土。

后来的十字军东征再也没有取得像第一次这样的成功。1144 年，穆斯林占领了最北端的拉丁公国的埃德萨（Edessa）伯国——这是对西方人的一个警示：依赖于沿着狭长海岸线分布的零星堡垒的防御体系是多么脆弱。为了回应埃德萨的损失，基督徒发动了第二次十字军东征（1147—1149）。这一雄心勃勃的进攻在东部几条战线上都失败了，十字军在东线几乎没有取得什么进展。然而，在西线取得了巨大的成功，因为北欧十字军帮助葡萄牙国王从穆斯林手中夺回了里斯本。1187 年，埃及和叙利亚的苏丹萨拉丁（Saladin，1137—1193 年在位）为伊斯兰教夺回了耶路撒冷。为了应对这一令人沮丧的损失，第三次十字军东征（1189—1192）集结了有史以来最壮观的欧洲骑士军队，由欧洲最强大的三位国王领导：德意志帝国皇帝腓特烈·巴巴罗萨（Frederick Barbarossa）、法兰西国王腓力·奥古斯都（Philip Augustus）和英格兰的"狮心王"理查（Richard the Lion-Heart）。然而，第三次十字军东征

骑士城堡。这座十字军城堡位于叙利亚北部，这里曾是用来保卫圣地的埃德萨伯国。
图片来源：Expuesto Nicolas Randall / Alamy

的结果却一点也不壮观：腓特烈在渡河时被溺死，腓力率领队伍无功而返，"狮心王"理查与萨拉丁达成了休战协议。

1199 年，教皇英诺森三世（Innocent III）号召发动第四次十字军东征，目标是重新夺回耶路撒冷。然而，法兰西骑士和威尼斯舰队转向拜占庭，干预其帝位继承之争。基督教骑士不是与穆斯林作战，而是与其他基督徒作战。1204 年，他们包围并占领了君士坦丁堡。西方人随后瓜分了拜占庭帝国，建立了一个拉丁政权，一直持续到 1261 年，并忘掉了他们重新征服耶路撒冷的誓言。第四次十字军东征危险地削弱了拜占庭帝国，使其成为西方冒险家的战利品。随后的十字军东征都没有在中东取得持久的成功（见本章中"碰撞与转型"专题）。

十字军东征的意义

尽管耶路撒冷在第一次十字军东征期间被占领，但十字军无法维

不同的声音

基督徒和穆斯林对十字军在 1099 年耶路撒冷陷落期间犯下的暴行的描述

在十字军东征期间，基督徒和穆斯林都相信上帝站在自己一边。然而，双方领导人都必须找到一种方法，让人们相信他们的事业是正义的，有必要拿起武器。问题是要找到一种方法来说服人们冒着失去生命和财富的危险去为同宗教的人和"圣战"的抽象概念而战。一种方法是强调战争的暴行。1099 年耶路撒冷沦陷后，基督徒十字军对穆斯林的大屠杀对双方行动都具有象征意义。十字军还将在犹太教堂避难的犹太人活活烧死。尽管就连基督徒目击者也没有否认这些屠杀，但他们向基督徒表明的"上帝的旨意"与向穆斯林和犹太人表明的不同。

阿奎勒的雷蒙（Raymond of Aguilers）在十字军东征中担任神父，目睹了耶路撒冷被围困和沦陷的过程。阿布·勒－穆萨法·阿尔－阿比瓦迪（Abu L-Musaffar Al-Abiwardi）当时不在耶路撒冷，而是生活在巴格达。他的诗可能反映了居住在巴勒斯坦的穆斯林向巴格达的哈里发们发出的求助。

一位基督教神父对这些屠杀的描述和解释

（在耶路撒冷的城墙和塔楼被攻陷之后）我们的一些人砍掉了敌人的头（这是更仁慈的做法），有的用箭射他们，他们从塔楼上掉了下来，还有的把他们扔进火里，把他们折磨得更久。街道上堆尸如山，满眼都是成堆的头颅和手脚。要想通过，必须在人与马的尸体之间择路而行。但是，与在所罗门神殿（阿克萨清真寺）发生的情况相比，这些都不算什么。这里是通常举行宗教仪式的地方，这里发生了什么呢？我若告诉你真相，你将会难以置信。因此，我只说一点就够了，那就是在所罗门神殿和走廊中，血流成河，战士们骑在马上，鲜血一直流到他们的膝盖和马勒部位。事实上，这是上帝公正和辉煌的审判，这个地方应该充满非信徒的血，因为这里已经被他们亵渎得太久。城里到处都是尸体和鲜血……

现在，这座城市已经被占领了，看到朝圣者在圣墓前的虔诚，我们过去所有的努力和艰辛都是值得的。看他们何等欢喜快乐，向耶和华唱新的赞歌！他们用心祈祷，称谢上帝，充满了胜利的喜悦，这种喜悦之情是不能用言语来表达的。新的赞歌歌颂新的一天，新的欢乐，新的永恒的喜悦，以及我们的辛劳和奉献的圆满完成。我认为今天将永垂史册，因为它把我们的辛劳和悲伤变成了快乐和欢欣。今天标志着基督教的胜利，异教的耻辱，以及我们信仰的复兴。

一位穆斯林号召对十字军发动"圣战"的呼吁

我们的泪水中夹杂着鲜血。面对威胁我们的祸患，我们已经无处可逃。四处都是刀光剑影，战火燃烧，哭泣可不是好的武装！啊，伊斯兰教的孩子们，还有许多战斗要你们去参加，你们的头会滚到你们的脚下！当一个陷入沉睡的人也会被这种剧烈的震动惊醒的时候，你们又怎么能合眼入睡呢？你们在叙利亚的同胞只能在骆驼背上短暂休息，或直接成了秃鹫的腹中之物。罗马人［十字军］给他们蒙上耻辱，你们却让你们的衣服轻柔地扫过地面，就像一个没有什么可以畏惧的人。已经流了多少鲜血！有多少女性只剩下她们的双手来保护自己的魅力！长矛和刀剑的交锋是如此可怕，就连孩子们看了也会一夜白发。这场战争就是如此，那些为了安全而逃之夭夭的人，很快就会后悔得咬牙切齿。我仿佛看见睡在麦地那的那个人（穆罕默德）站起来，奋力高呼：什么？！当伊斯兰教的根基在他们的脚下崩溃时，我的人民不会手执长矛前去迎击？那么，阿拉伯人的首领们会屈服于这种邪恶吗？波斯的勇士们会屈服于这种堕落吗？如果他们不再为宗教热情而战斗，他们会为了拯救他们的邻居而发起抵抗吗？当危险召唤他们的时候，如果他们放弃天上的奖赏，那么他们至少会被战利品所吸引吧？

资料来源：*The First Crusade: The Accounts of Eyewitnesses and Participants*, ed. and trans. August Charles Krey (Princeton, NJ: Princeton University Press, 1921), pp. 257–262.

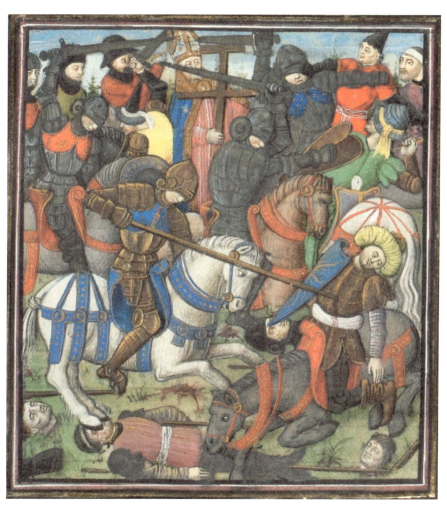

十字军战士和穆斯林之间的战斗。这幅图强调了战争的残酷性是如何得到宗教的认可的。注意，在战士中间有一位举着十字架的主教。

图片来源：Fine Art Images / SuperStock

持对这座城市的控制。在两个多世纪里，他们把巨大的精力浪费在后来被证明是徒劳的事业上。在中东建立的拉丁公国没有一个存续超过两个世纪的。居住在这些公国的十字军战士不得不学习如何与他们的穆斯林邻居一起生活和贸易，但他们中很少有人学习阿拉伯语或认真对待伊斯兰文化。对基督教欧洲影响最大的伊斯兰文化和思想来自西西里岛和西班牙，而不是那些返回欧洲的十字军战士。

十字军东征最重要的直接后果不是西方对圣地的脆弱占有，而是促进了贸易和经济联系的扩大。没有哪个城市能比意大利的城市从十字军东征中获得更多的好处的，因为这些城市为十字军提供了交通和物资。十字军东征帮助热那亚、比萨和威尼斯从地区的小港口转变为国际贸易中心。热那亚和威尼斯在地中海东部建立了自己的殖民地前哨，二者都想要垄断拜占庭帝国的商业。这些城市控制的新贸易包括奢侈品，如丝绸、波斯地毯、药物和香料——这些都是中东市场上具有异国情调的昂贵消费品。这种贸易带来的利润刺激了西欧的经济，促进了12—13世纪经济的蓬勃发展。

在欧洲人放弃十字军东征之后，十字军东征的理想仍然存在了很长一段时间。当哥伦布于1492年向西航行时，他把自己想象成是在参加一场宣扬基督教的十字军东征。即使到了20世纪，一些拉美国家仍在为十字军东征提供资金而征税。

结语：拉丁西方正在形成的统一

中世纪早期最持久的遗产是西欧和东欧之间的差别，这是由皈依基督教的不同宗派所确立的。东欧的斯拉夫人（如波兰人）皈依了拉丁

碰撞与转型

边疆传奇：罗兰和熙德

8—15 世纪，伊斯兰军队和拉丁基督教军队在伊比利亚半岛（现在的西班牙）两种文明的边疆地区互相争斗。然而，这些边疆地区不仅仅是冲突之地。在和平时期，基督徒和穆斯林相互通商，甚至通婚，在这个典型的忠诚混乱的时代，两种信仰的士兵和将领经常变换阵营。这些边境冲突产生了伟大英雄的传说，这些传说一度被改编成史诗，创造了穆斯林和基督徒的仇恨的永恒记忆。

《罗兰之歌》（*Song of Roland*）是一部古老的法国英雄史诗，可以追溯到 1100 年左右，讲述了发生在 779 年的龙塞斯瓦列斯山口战役（Battle of Roncesvalles）的故事。历史上真正发生的战役是查理曼的军队和一些根本不是穆斯林的西班牙当地居民之间的一场小规模战斗，但《罗兰之歌》将这一肮脏的插曲变成了基督徒与穆斯林冲突的伟大史诗。在这部史诗的高潮部分，基督教英雄罗兰为了彰显自己的英勇，拒绝了他的同伴奥利弗（Oliver）的建议，即吹响号角让查理曼知道伊斯兰军队的袭击。战斗毫无希望，当号角终于吹响时，拯救罗兰或奥利弗已经太迟了。罗兰的鲁莽使他成为勇敢的基督教骑士的典范。

在随后的西班牙边境战争中，最著名的勇士是罗德里戈·迪亚兹·德维瓦尔（Rodrigo Díaz de Vivar，约 1043—1099），史称"熙德"（El Cid，来自阿拉伯语中对男子的尊称）。在传说中，他是一名英勇的骑士，为基督教重新征服伊比利亚半岛而战斗，但事实上熙德是个非常自私的人。熙德曾多次转而效忠穆斯林。即使当穆斯林从北非大举入侵，威胁到信奉基督教的西班牙的生存时，熙德也没有出手相救，而是进行了一次私人冒险，在穆斯林巴伦西亚为自己开拓了一个王国。

尽管熙德对卡斯蒂利亚和基督教的忠诚变化无常，但他死后不久还是被拔高为伟大的基督教西班牙英雄。12 世纪史诗《熙德之歌》（*The Poem of My Cid*）的流行，将这个残忍、报复心强、极度自私的男人变成了基督教美德和自我牺牲的忠诚的典范。

中世纪的边疆地区创造了英雄主义的传说和战争史诗，而这些往往会偏离事实。边疆是蛮荒地带，跟美国的边疆没有什么不同，绝望的人逃到那

罗兰之死。在这里，垂死的罗兰握着他没能及时吹响呼救的号角。在基督教和伊斯兰教两种文明的边境地区，没有一个传说能比罗兰的传说对欧洲基督教社会的影响更大。

图片来源：BPK, Berlin / Art Resource, NY

里躲藏起来，或者为自己创造机会。然而，发生在这些边疆地区的暴力冲突的深刻意义不在于肮脏的事实，而是它们所产生的英雄模式。诗歌将现实转化为更高的真实，强调勇气和忠诚。因为这些诗歌是用古法语和卡斯蒂利亚语（现在的西班牙语）的方言记忆和诵读的，它们成为中世纪社会贵族价值观的典范，几个世纪以来一直是民族文学文化的源泉。这在某种程度上意味着，法国人或西班牙人摒弃了伊斯兰教，在西欧文化中造成了一种持久的反穆斯林情绪。

基督教，他们把罗马视为精神的源泉，最终认为自己是西方的一部分。那些皈依东正教的人（如保加利亚人和俄国人）无疑仍是欧洲人，但他们逐渐认识到自己在文化上与其他西方人截然不同。伊斯兰哈里发政权的存在界定了基督教欧洲的南部边界，尽管它们与基督教王国不断发生边境战争，但这一时期极大地提升了西方文化的活力。

然而，就在拜占庭帝国走向衰落、伊斯兰国家分裂为互相竞争的哈里发政权之际，西欧基督徒开始出现一种试探性的统一。这种短暂的统一诞生于对查理曼的英雄崇拜和以他在罗马的加冕礼为象征的罗马帝国在西方的复活。加洛林王朝的崩溃为欧洲的新王国奠定了基础，这些王国在随后 1 000 年的大部分时间里支配着欧洲的政治秩序。这些新王国各具特色，但它们都继承了古罗马和加洛林王朝的传统，强调法律的力量和王室与教会权威之间的亲密关系。西欧最显著的标志是拉丁基督教，这是一种独特的基督教形式，其特征是使用拉丁语和用拉丁语来举行礼拜仪式。

在加洛林王朝之后，一种与领主和封臣相联系的个人忠诚体系开始主导拉丁基督教世界的军事和政治生活。所有中世纪的国王都不得不将其权威建立在领主制的社会基础之上，这为缺乏官僚制度和足够数量的训练有素的官员的王国提供了凝聚力。除了领主和封臣之外，拉丁王国还依靠教会的支持来实现统一，并经常为地方政府提供服务。到 11世纪末，新兴的西欧已从许多破坏性侵略中充分恢复过来，并建立了新的政治和教会机构，使之能够在更广阔的舞台上立足。

圣方济各放弃了他的世俗财产。圣方济各在城市广场脱光了衣服，放弃了他所有的世俗之物，这是一种精神行为，表明他拒绝物质世界。中间偏左的那个人是方济各愤怒的父亲，他正要用紧握的拳头去打他的儿子，多亏有人拉住了他。与此同时，主教正在用宽大的斗篷遮盖圣方济各的裸体。

图片来源：Alinari / Art Resource, NY

第 10 章

中世纪文明：
西欧的崛起

Medieval
Civilization:
The Rise of
Western Europe

阿西西的方济各（Francis of Assisi，约 1182—1226）是意大利中部一个中等城市富商的儿子。20 岁时，方济各加入了阿西西的军队，与附近的佩鲁贾打了一仗。他被俘虏后被囚禁了将近一年。出狱后，他得了重病，这是折磨他一生的许多痛苦疾病中的第一种。在加入另一支军队的途中，他的许多启示中的第一个让他放弃了战斗，转而过一种精神生活，并为他人服务。起初，他四处探寻他该做的事情。他以乞丐的身份去罗马朝圣，尽管麻风病人让他感到厌恶，他还是给了他们施舍，并亲吻了他们的手，以示慈善和谦卑。根据他最早的传记作者所述，后来他在阿西西城门外破败的圣达米亚诺（San Damiano）教堂祈祷时，接到了圣坛上方十字架的直接命令："方济各，去修理我的教堂，正如你所看到的，它几乎成了一片废墟。"[1]

起初，方济各从表面上理解了这个命令，并开始修复大大小小的教堂。为了筹集资金，他从父亲的商店里拿出一些最好的布料，骑着马到附近的一个小镇上把布料和马都卖掉了。他的父亲被他偷卖布料的行为激怒了，向镇上的当局告发了他。方济各拒绝接受法庭的传唤，他的父亲让人把他带到阿西西主教那里接受审问。在他的父亲向主教解释情况之前，方济各"一句话也没说就脱下了衣服，甚至脱下了裤子，还给了他的父亲"。方济各一丝不挂地宣布，他要将自己从服从尘世的父亲转为服从天父。惊讶的主教用一件斗篷掩盖住他的裸体，但方济各放弃了所有的家庭关系和世俗之物，要过一种完全清贫的生活。从此以后，他似乎明白了"修理我的教堂"的命令是对整个教会的隐喻，他打算以一种新的方式服务于教会。

方济各衣衫褴褛，在城里四处乞讨，在街上宣扬忏悔，并照顾无家可归者和麻风病人。方济各没有接受过神职人员的训练，也没有获得过传教士的执照，起初他看起来像一个虔诚的怪人，甚至像一个危险的异教徒，但他对耶稣的严格效仿开始吸引志同道合的追随者。1210 年，方济各和他的 12 个衣衫褴褛的教友出现在教皇英诺森三世富丽堂皇的教廷里，请求批准建立一个新教团。他们如果没有遇到像英诺森三世那样目光敏锐的人，或许会被当成怪人赶出去，甚至还会被作为对现实社会的一种威胁投进监狱。但方济各的真诚和自愿听命教皇的态度给英诺森三世留下了深刻的印象。他对方济各的请求临时批准是一项明智的决定，因为它给教皇提供了一种方式来管理人们对灵修和纯洁生活的广泛热情。

方济各的一生和他所建立的教团方济各会（又称小兄弟会）集中体现了中世纪欧洲的实力和紧张局势。方济各会是欧洲新兴繁荣城镇的产物，在大约 1050 年后，这些城镇开始以前所未有的速度发展壮大。在像阿西西这样靠国际布匹贸易的利润而繁荣起来的城镇的街道上，极端的富裕和贫穷总能被一眼看出来。像方济各的父亲那样的富商过着舒适的生活，并为西方 1 000 多年来从未见过的城市建设热潮提供资金。这股建设热潮最持久的表现就是新建的大教堂，这是中世纪每座城市的骄傲。与此同时，那些一贫如洗的人（其中许多是从人口过剩的农村来的移民）饥肠辘辘，无家可归，列队排在大教堂门外，乞求施舍。方济各憎恶这种不道德的贫富悬殊。他的反应是拒绝一切形式的财富，放弃他所有的财产，视金钱为毒药。他和他的追随者献身于为穷人和被遗弃的人服务。他们变成了流浪街头的传教士，完全依靠别人的施舍来获得食物和住所。方济各对物质世界的排斥不仅仅是对他那个时代的唯物主义价值观的抗议，这完全是对自我的否定。用现在的话来说，这是对一切形式的自负和骄傲的摒弃，以及对平等的革命性追求。

11世纪末到13世纪，欧洲在其他方面很具有革命性。在十字军东征的骑士、欧洲商人和教会的伟大神学家的努力下，信奉天主教的西方开始在拜占庭帝国和伊斯兰世界维护自己在军事、经济和思想上的地位。因此，西欧与东正教世界和伊斯兰世界的区别变得更为明显。西方变得更加拉丁化和天主教化。

欧洲内部的发展使这种独特的西方身份的巩固和西方势力在欧洲以外的投射成为可能。始于11世纪的农业革命刺激了人口增长和城市化。在更多产的农场的支持下，不断扩张的城市开始生产工业产品，比如羊毛布料，这些产品可以销往国外，以换取中东和亚洲的奢侈品。一些精明强干的国王通过财政和司法官僚机构巩固了他们的权威，从而在西方实现了政治稳定。这些国王中最能干的运用了各种策略，迫使社会中最危险的群体（土地贵族）为王室的利益服务。与此同时，西方也经历了一段自古以来都没有过的创造性发酵时期。罗马天主教会在鼓励文化和艺术活动方面发挥了核心作用，但也出现了法语、德语和意大利语等方言的文学繁荣。所有这些发展都提出了这样一个问题：西欧文明在11—13世纪是如何成熟的？

两个世界：庄园和城市

在9—10世纪，马扎尔人和维京人破坏性的入侵结束后，西欧人口显著恢复。技术革新导致了中世纪的农业革命，增加了食物供应。有了更多的食物，人们比 500 多年前得到了更好的营养，人口开始增长。7 世纪时，整个欧洲人口只有 1 400 万。到了 1300 年，人口已经激增至 7 400 万。可见，从 7 世纪到 14 世纪，人口增长了很多倍，可能多达 5 倍。

中世纪的农业革命

在公元 1000 年，绝大多数人住在小村庄或偏僻的农场里。农民们在村庄周围的一小块空地上勉强维持生计，他们用的是一种几乎不翻土的轻型刨犁。农场主要生产粮食，粮食是面包、麦片粥、麦芽酒或啤酒的原材料。蔬菜、肉和鱼都很少见。在这个世纪的进程中，大量的技术创新被广泛使用，大大提高了土地的生产力。

技术创新

新的省力装置的发明促进了农业革命。农民使用水力和风车来碾磨谷物，但其他领域的人们逐渐将这种动力用于各个方面，包括带动锯子来切割木材。除了这些机械装置，畜力开始得到更有效的利用。金属马蹄铁（在此之前，马的蹄子都是用布包裹的）让马有了更好的立足点和牵引力。也许更重要的是引进了一种新型的马和牛的轭。以前的轭会压迫喉咙，往往会导致动物窒息，而这种新的轭把压力转移到牲畜的肩膀上。随着畜力的增强，农民们能更有效地开垦欧洲北部潮湿、黏重的土地。

农业革命的核心是一种重型犁的发明。它可以深入泥土，翻起土壤，让土壤透气，并将对植物生长至关重要的矿物质带到地表。但这种重型犁需要六匹或八匹马或牛才能拉动，而在 11 世纪，没有一个农民

重型犁。图的下方是一个双轮重型犁的图案，双轮中间是一根结实的犁杆，犁杆上装有犁头，犁铧朝前，深入泥土中。农业革命产生的盈余使得贵族能够建造巨大而昂贵的城堡，就像背景中的城堡一样。

图片来源：World History Archive / Alamy

家庭能养得起这么多牲畜。农民们必须把他们的牲畜集中起来，组建犁队，这种做法需要相互规划和合作。

三圃制的采用为农业革命提供了最后一块基石。在三圃制中，农民在秋天种植一块谷物，在春天种植一块大豆、豌豆或扁豆，第三块田地休耕。他们在夏天收获秋天和春天种植的作物，之后所有的田地都要轮换。三圃制有巨大的优势：耕地面积增加了；在春季轮作中种植的大豆使土壤恢复了氮；轮作与动物粪便相结合，减少了因过度种植而造成的地力耗竭。

农业革命对社会产生了重大影响。首先，村民们学会了合作——把役畜集中起来组成犁队，重新设计和延长他们的田地以适应新型的犁子，协调三圃制作物轮作，以及安排收割时间。为了完成这些合作，他们成立了村委会，并养成了集体决策的习惯，这对稳定的社区生活至关重要。其次，这个系统不仅生产了更多的食物，而且生产了更好的食物，因为春季种植的豆类和其他蔬菜富含蛋白质。

庄园和农民

中世纪的农业经济把地主和农民联合在一起，组成一个叫作"庄园"的管理单位。庄园领主通常拥有自己的大房子或石头城堡，并担任庄园法庭的首席法官。他的妻子作为庄园的女主人，是他的管理合伙人，当领主外出打仗时（常常如此），她负责管理庄园。

在庄园土地上劳作的农民可分为三类：农奴、自由农和佃农。领主并不拥有农奴，农奴不是奴隶，但领主把农奴束缚在庄园里，不能随便离开。农奴拥有某些奴隶无法享有的法律权利，比如获得部分产出的权利，但领主的意志就是法律。自由农以独立农民的身份完全拥有自己的土地，不需要对领主负责。在农村，农民社会的底层有无数贫困的佃农在挣扎，他们没有土地所有权，只能耕种面积不大、不太理想的土地，他们通常都是些贫民区的居民。

不管他们的官方地位如何，每个家庭都和所有的家庭成员一起在土地上劳作，完成适合他们的能力、力量和年龄的任务。中世纪农场劳动的严酷性不允许男女之间进行严格的劳动分工。妇女们通常不犁地，但她们干着其他体力活。在关键的收获季节，妇女和儿童从早到晚和男人一起工作。小女孩一般都作为拾穗者，捡起男性收割者落下的麦穗，大点的女孩则负责除草和清理田地。从农家女孩到庄园的家仆，几乎所有

12世纪，重型犁的使用让庄园得以产生。这是英格兰西威坪顿北部（West Whelpington North）庄园的航拍照片，在这里12世纪就有人居住，但其居民在14世纪的黑死病期间灭绝了。照片上中间偏左的位置可以看到每个家庭的菜园的轮廓。右下角是由于使用重型犁而拉长的田地的垄沟。

图片来源：University of Cambridge Geography Department

的女性都参与了从纺纱到织布、再到缝纫的各种服装制作工作。

大迁徙和对土地的渴望

11世纪以后，大多数农民家庭的生活比新技术创新之前的他们的祖先要好得多。由于农业革命，营养水平提高，饥荒减少，"婴儿潮"导致人口急剧增长。

生育高峰的影响意味着可供耕种的土地数量不足以养活不断增长

的庄园人口。随着越来越多的年轻人进入劳动力市场，他们要么在城市里寻找机会，要么寻找自己的土地。这两种选择都意味着许多年轻人或整个家庭不得不迁移。当时大规模移民的现象并不新鲜。

这些人都去了哪里呢？寻求开垦新的农田的移民向三个方向迁徙：德意志民族向东进入斯拉夫部落所在的地区，斯堪的纳维亚人到了遥远的北部和北大西洋岛屿，信奉基督教的西班牙人向南进入以前穆斯林在伊比利亚半岛的地区，慢慢形成了现在西班牙的轮廓。1100—1300 年，这些移民给欧洲带来的耕地比原有的耕地多 40%。本章其余部分讨论的充满活力的文明就是欧洲人口增长的直接结果。

城市的发展

在 12—13 世纪，欧洲各地的城市规模迅速扩大。确切的人口数字很难确定，而且按照我们自己的现代标准，这些城市中的大多数规模并不大，只有几万人，而不是几十万人，但有充分证据表明，城市的发展速度十分惊人。在 1160—1300 年，根特将城墙扩展了 5 倍，以容纳所有的居民。在 13 世纪，佛罗伦萨的人口增长了大约 640%。

自由城市的挑战

新兴的繁荣城市给领主、主教和国王带来了麻烦，他们对这些城市拥有合法的权力。随着人口的增长，像阿西西的方济各的父亲那样的城市商人变得越来越富有，他们所居住的城市在人口和金钱上享有的资源甚至比农村领主所拥有的资源还要多。在许多地方，新扩大的城镇的居民试图摆脱领主的控制，进行自治，或至少是城市的实质性自治。例如，在意大利中北部的城市里，市民们宣誓成立被称为"公社"（communes，源自"communis"，意为"共同的"）的防御性机

中世纪的一个小镇。法国南部的卡尔卡松（Carcassonne）仍然是中世纪设防城市的最佳典范之一。这些防御工事于11—13世纪建立在古罗马城市的地基之上，在19世纪被完全复原。与没有设防的罗马城市相比，中世纪的城镇需要如图所示的城墙、塔楼和护城河来抵御土匪、敌对城镇和诸侯的军队的攻击。这些防御工事象征着繁荣城镇的不安全。卡尔卡松是清洁派的据点，在阿尔比派十字军东征期间长期被包围。在清洁派战败后，城墙得以重建，这座城市被认为是坚不可摧的。

图片来源：Aispix / Shutterstock

构，公社很快成为城镇的有效政府。这些公社后来发展成为城邦，掌握了对周围乡村的控制权。1070年后，意大利中北部可能有100多个城市建立了公社。

意大利公社创造了自治的制度和文化。这些公社并不是完全民主的，尽管如此，公社里的许多人，包括手工业者在内的相当大比例的男性，可以投票选举公职人员，或自己担任公职，并且在重要的决策上有发言权，例如发动战争或增加新的赋税。公社还强调公民有责任保护社区中最弱势的成员，用公共建筑来美化城市，公民通过服兵役和纳税来保卫城市。这些城市创建了至关重要的社区机构，其中一些一直延续至今。十字军东征之后，意大利北部的几个公社成为具有国际意义的港口，尤其是威尼斯、热那亚和比萨。来自这些城市的水手将十字军骑士送到圣地巴勒斯坦、埃及、叙利亚和拜占庭。即使在十字军国家灭亡之后，这些城市仍然在地中海东部保留着立足点，其中一些后来发展成为殖民地。通过这些贸易城市，西欧融入了国际奢侈品贸易体系，它们的货船在地中海穿梭。

经济繁荣的年代

中世纪西方的城市在空前繁荣的经济基础之上蓬勃发展。是哪些因素使 12—13 世纪的经济繁荣成为可能的呢？四个相关的因素可以解释中世纪经济的繁荣。我们已经谈到了前两个方面，即 11 世纪的农业革命和城市的扩张，前者促进了人口增长，后者既促进了商业繁荣，也让城市居民成为商业繁荣的主要受益者。

另外两个因素也同样重要，即交通网络的发展和新商业技术的出现。粮食、羊毛织物和其他大宗货物的贸易依赖于使用相对廉价的水路运输。在那些既没有海港又没有适合通航河流的地方，人们就用驮队把货物运到全国各地，而这种运输的费用是非常昂贵的。在欧洲，没有陆上运输路线，也没有驮畜能与北非沙漠和亚洲大草原上的骆驼相比。为了解决这个问题，促进交通和贸易，政府和地方领主修建了新的道路和桥梁，并修复了被忽视了 1 000 年的古罗马道路。

最赚钱的是奢侈品的国际贸易。因为这些货物重量轻，价格高，它们可以承受陆路长途运输的费用。意大利商人几乎垄断了欧洲的奢侈品贸易。骆驼商队将来自中国和土耳其的生丝一路向西运输。商人们在黑海岸边和君士坦丁堡的贸易站将丝绸卖给意大利商人，意大利商人再将这些生丝运过地中海，将生丝织成丝绸布料，然后将这些闪闪发光的丝绸卖给欧洲的贵族，赚取巨额利润。丝绸贸易虽然规模不大，但对国际贸易很有价值，因为丝绸非常珍贵。伦敦市场上出售的 1 盎司（约28 克）中国优质黑丝绸，其价格相当于一位技艺高超的泥瓦匠一周的收入。即使是意大利人从东方带来的大宗商品，其价值也足以维持高昂的运输成本。这些商品被统称为"香料"，包括数百种外来品种：在烹饪方面，真正的香料如胡椒、糖、丁香、肉豆蔻、姜、藏红花、肉豆蔻干皮和肉桂，它们增加了原本清淡的菜肴的味道；在染料方面，蓝色来自靛青，红色来自茜草根；热那亚人进口明矾，用来固色；在止疼药方面，有包括鸦片在内的草药。来自香料贸易的利润为欧洲金融市场创造了大量资本。

长距离贸易需要创造新的商业技术。例如，贸易和开拓新市场需要货币经济。在中世纪早期，硬币在西方已经消失了近 400 年，那时大多数人靠庄园自给自足，用以物易物的方式来换取他们自己无法生产的东西。流通的少数硬币来自拜占庭帝国或伊斯兰哈里发国。到了 13 世纪，威尼斯和佛罗伦萨开始铸造自己的金币，这些金币成为欧洲大部分地区的交换媒介。

在这一时期，从事长距离贸易的商人发明了资本主义必不可少的商业工具：他们建立了商业伙伴关系，统一的会计实务，强制执行合同并解决纠纷的商人法庭，信用证（像现代银行家的支票一样使用），银行存款和贷款，以及保险单。意大利的城市建立了小学校来训练商人子弟，让他们能写作商业书信和记账——这是商业日益职业化的一个标

地图10.1 欧洲的集市和贸易路线

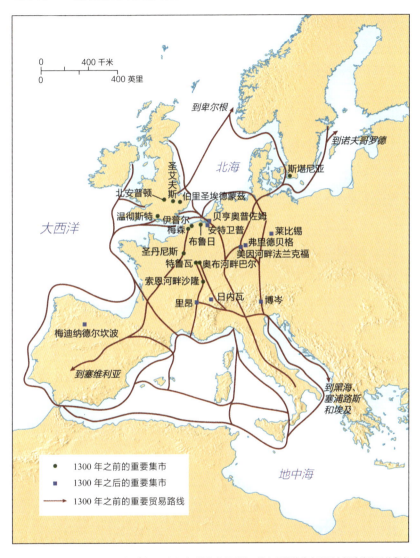

贸易路线贯穿地中海，环抱了大西洋、北海和波罗的海的海岸线。陆上贸易路线在法国中部香槟地区的集市交会。其他贸易路线通向德意志和佛兰德地区的大型城市市场。欧洲哪些地区从这种经济繁荣中受益最大？在这幅地图上，哪些地区被排除在外？

志。两个世纪前的国际商人还是流动的小商小贩，驾着货车在尘土飞扬或泥泞不堪的小路上驶向小村庄和城堡里的顾客。但是到了 13 世纪末，国际商人可以待在家里，坐在办公桌前，给生意伙伴和船长写信，在繁华都市熙熙攘攘的气氛中享受其劳动所得。

欧洲市场的中心是今天的法国香槟地区的集市，来自欧洲北部和南部的商人每年夏天在这里集会，并讨价还价（见地图 10.1）。意大利人用他们的丝绸和香料交换英国的生羊毛、荷兰的毛料、德意志的毛皮和亚麻以及西班牙的皮革。这种繁荣从香槟地区的集市蔓延到欧洲以前的蛮荒地区。德意志河流沿岸的城市和波罗的海沿岸的城市通过木材、铁、牲畜、咸鱼和兽皮等原材料的贸易而繁荣起来。德意志北部最著名的城市是吕贝克（Lübeck），它后来成为"汉萨同盟"（Hanseatic League）的中心，这是一个松散的贸易联盟，由德意志许多城市和波罗的海沿岸的城市组成。尽管从未达到统一政府的水平，但该联盟的成员相互提供了安全保障和贸易垄断——由于神圣罗马帝国君权不彰，这是必要的。

作为中世纪的主要成就之一，城市文明就是在经济繁荣的商业中蓬勃发展起来的。城市文明带来了其他成就。所有的城市都建造了新的大教堂来炫耀它们积累的财富，并祭献上帝。新的教育机构（尤其是大学）培养了大批城市商业精英的子弟。然而，掌控城市经济命脉的商人未必是社会的英雄。尽管他们以不可估量的方式增加了社会的财富，但广大民众对他们的看法充满了矛盾。教会人士担心盈利的道德问题。宗教会议对放高利贷的行为进行谴责，尽管教皇的财政依赖于此。神学家提出了"公平价格"的概念，即任何一种特定的商品都应该有一个固定的价格。那些遵循供求规律的精明商人对这种公平价格深恶痛绝。人们对贸易和商人的矛盾心理部分源于所有市场经济体制造成的不平等，正如圣方济各的抗议所表明的那样，市场的回报在社会和地理上的分布并不均衡。发家致富的商人象征着令人不安的社会变化，但他们也是中世纪鼎盛时期让知识和艺术得以繁荣的动力。

罗马天主教的巩固

11 世纪末到 13 世纪是罗马天主教历史上宗教最活跃的伟大时期之一。十字军东征（见本书第 9 章）、新教团的兴起、卓越的思想创造力，以及对北欧和东欧残余的多神教部落的最终胜利，这些都体现了罗马天主教的活力，而这种活力在很大程度上要归功于一系列精明强干的教皇的有效领导。他们让天主教会受益于欧洲最发达、最集权的政府。

天主教会的改革

由于天主教会的主教们接受了古代世界世俗当局所承担的许多行政责任，他们的宗教使命有时会受到影响。他们过度参与世俗事务。此外，几个世纪以来，富有而虔诚的人们向教堂捐赠了大量土地，使许多修道院变得富可敌国。这些财富诱使不那么虔诚的人走向堕落，而罗马教皇们也不太可能排除他们可以从中受益的诱惑。即使有的教皇想要在这片难以驾驭的罗马天主教土地上建立起必要的行政机制来强制执行自己的意愿，也行动迟缓。在很多方面，推动改革的动因是教会和修道院在物质上的成功所导致的腐败。11—13 世纪，教皇们在推行道德改革方面缓慢但坚定的进展，是中世纪教皇制度最显著的成就。然而，改革运动并不是从教皇开始的，而是始于修道院。修士们认为，要肃清教会的腐败现象，最好的办法就是提高个人的道德水平。如果每一位基督徒都有一种道德责任感，整个教会就会得到净化。修士和修女为教会的其他成员树立了榜样，也为整个社会的自我完善树立了榜样。最具改革思想的修道院是建于 910 年的勃艮第克吕尼修道院。克吕尼修道院通过遍布欧洲的 1 500 多所下属修道院支撑了这场改革运动。

克吕尼修道院从一开始就与众不同，原因如下：首先，修道院的贵族创始人将修道院作为礼物送给了教皇。结果，教皇在罗马指导克吕尼修道院的活动，并使其不受当地政治压力的影响，而这种政治压力常常导致腐败。与罗马的联系使克吕尼修道院能够帮助改革教皇制度。其次，多年来克吕尼修道院的各位院长一直密切协调该体系内各个修道院的改革活动。这些院长中有些有非凡的能力和学识，他们的道德地位在整个欧洲享有盛誉。最后，克吕尼修道院比其他修道院更严格地管理修士的生活，因此那里的修士是虔诚的典范。他们的道德纯洁要求完全放弃物质世界的利益，并致力于灵性的体验。优雅而简单的礼拜仪式象征着克吕尼修道院的修士的纯洁，他们自己吟诵弥撒经文和其他祈祷文。音乐的美增强了精神体验，仪式的简洁明了使文字的含义更清晰易懂，而不是使其更加模糊。由于这些吸引人的特点，克吕尼修道院的礼拜仪式被传到了欧洲遥远的角落。

克吕尼修道院和其他改革后的修道院的成功为改革思想的传播奠定了基础，使其从与世隔绝的修士世界传播到天主教会的其他角落。改革的第一批候选人是教区神父和主教。因为他们生活在世俗的世界里，所以被称为在俗神职人员（secular clergy；"secular" 一词源自拉丁语中的 "saeculum"，意思是"世俗的"），他们与那些生活在与世隔绝的在寺神职人员（regular clergy；"regular" 一词源自拉丁语中的 "regula"，指那些遵守"教规"的人）不同。许多在俗神职人员的生活与他们的平信徒邻居几乎没有什么不同（平信徒或普通信徒，是指那些没有宣誓成为神父、修士或修女的基督徒）。与那些独身并禁欲的修士不同，许多教士有情妇或已婚，并试图将教会财产遗赠给自己的孩子。与允许教士结婚的东正教相比，天主教会曾多次禁止教士结婚，但是直到克吕尼修道院改革强调教士性纯洁的理想之前，这些禁令一直是无效的。在 11世纪，主教、教会会议和改革派教皇开始坚持神职人员应该独身。

宗教改革运动也试图消除买卖圣职和神权俗授的腐败行为。买卖圣职是指买卖教会职位的行为。神权俗授是指贵族、国王或皇帝任命教会人员并赋予他们教职的象征的行为。通过这种做法，强大的领主控制了神职人员，从而篡夺了教会的财产。作为保护教会的交换条件，这些平信徒把教会的职务看作一种封臣身份，并期望任命自己的候选人为教士或主教。这些改革者认为，对教会的任何形式的世俗权威都是罪恶的——不管这种权威是属于地方领主，还是属于皇帝本人。这场争论的结果是，11 世纪最棘手的问题成了划清世俗权威和宗教权威之间界限的问题。

教皇成为君主

宗教改革需要教会内部的统一。实现统一最重要的一步是明确作为一名天主教徒意味着什么。在中世纪，罗马天主教徒以两种方式确定自己的身份。首先，教会坚持礼拜仪式的一致性。礼拜仪式由各种形式的公开崇拜构成，其中包括一些指定的祈祷文和圣歌，通常使用的拉丁语。统一的仪式意味着，从波兰到葡萄牙，从冰岛到克罗地亚，天主教徒可以在世界各地都可以听到基本上相同的弥撒仪式。一致的崇拜仪式创造了超越语言和种族差异的文化统一。当来自遥远地方的天主教徒相遇时，由于仪式的统一，他们分享了一些对他们都有意义的东西。其次，天主教徒对教皇的服从。仪式的一致性和对教皇的服从是密切相关的，因为仪式和教皇都是罗马的。基督教有许多主教，但正如一位修士所说："罗马是……世界的首脑。"

从11世纪后期开始，教皇们的任务就是将这种理论上的服从变成现实。简而言之，就是使教皇成为一个宗教君主。希尔得布兰德（Hildebrand，约1020—1085）是聚集在罗马的改革者之一，他是教会历史上最杰出的人物之一，被崇拜者奉为圣人，也被许多人视为野心勃勃、自私自利的自大狂。1055—1073年，在四位教皇任职期间，希尔得布兰德成为教皇背后的力量，帮助其实施了广泛的改革，加强了崇拜仪式的一致性，并为枢机主教团选举新教皇制定了规则。1073年，枢机主教选举希尔得布兰德为教皇，即格列高利七世（Gregory VII，1073—1085年在位）。

格列高利七世的伟大之处在于他领导了教会的内部改革。每年他都在罗马召开教会会议，颁布法令禁止买卖圣职，反对教士结婚。通过派遣教皇使节，即把教皇的命令传达给地方主教的代表，他将权力集中于教会。他声称教皇拥有至高无上、凌驾于所有其他权威之上的权力，试图以此使教会摆脱外界的影响。他的"教皇至尊"理论使他与德意志皇帝亨利四世（Henry IV，1056—1106年在位）发生了直接冲突。冲突的焦点是神权俗授。在8—9世纪，软弱的教皇们依靠加洛林王朝的国王或皇帝来任命合适的神职人员，以使他们不受地方贵族的控制。这样一来，受到影响的不仅是权力和权威，还有来自教会控制的大量地产的收入，当时皇帝对这些地产能够提供最好的保护。在11世纪，格列高利七世和其他具有改革思想的教皇试图重新控制这些土地。格列高利七世意识到，如果不能提名自己的主教候选人，他的整个教会改革运动将会失败。当他试图与亨利四世就米兰主教的任命进行谈判时，亨利四世在一封信中进行了抵制，并命令格列高利七世辞去教皇职位，这封信的称呼语臭名昭著："亨利，不是篡夺王位而是上帝任命的国王。致希尔得布兰德，不是教皇，而是假修士。"[2]

格列高利七世予以回击，引发了一场不断升级的对抗，这场对抗现在被称为"主教叙任权之争"。他废黜了亨利四世，并将他逐出教会。被逐出教会的人不能参加圣礼，也不能与周围的人有任何社会接触。一旦有人被发现与被逐出教会的人说话、写信，甚至是为其提供一杯水，他们自己也可能会被逐出教会。被逐出教会是一种社会死亡，一种可怕的惩罚，尤其是当被逐出教会的人是国王的时候。双方都援引《圣经》和历史为自己寻求支持，但教皇的这一命令很有效。亨利四世的朋友们开始抛弃他，德意志爆发了叛乱，最有权势的贵族们召开会议要选举一位新的皇帝。走投无路的亨利四世策划了一场巧妙的反击。

1077 年初冬，教皇格列高利七世翻越阿尔卑斯山，去与德意志贵族会面。然而，他到达阿尔卑斯山山口时得知亨利四世正在前往意大利的路上。由于担心国王会采取什么行动，格列高利七世撤退到卡诺萨城堡，他预料自己会在那里遭到攻击。然而，令格列高利七世吃惊的是，亨利四世并没有率领军队，而是以恳求者的身份请求教皇听取他的忏悔。作为一名神父，格列高利七世几乎无法拒绝听取悔罪者的忏悔，但他还是试图羞辱了亨利四世，让他跪在城堡外的雪地里等了三天。亨利四世以一个忏悔的罪人的形象出现，这让格列高利七世左右为难。德意志贵族们正等着格列高利七世以基督教会首席大法官的身份来审判亨利四世，但是亨利四世要求教皇以神父的身份赦免他的罪行。作为神父的格列高利战胜了作为法官的格列高利，他赦免了亨利四世。

甚至在格列高利七世和亨利四世死后，主教叙任权之争继续破坏教皇和皇帝之间的关系，直到 1122 年的《沃尔姆斯宗教协定》以正式条约的形式解决了这个问题。皇帝保留了任命高级教士的权利，然而，作为对教皇的让步，皇帝失去了代表着宗教权威的授职典礼的特权，而没有授职典礼，主教是不能执行职务的。这样一来，教皇们就可以拒绝授职于不合适的提名人选，从而拥有了最后的决定权。格列高利七世关于教皇至高无上、凌驾于所有国王和皇帝之上的观点延续了下来。

教皇是如何统治的

教皇们在12—13世纪最持久的成就，与其说是来自与皇帝的戏剧性冲突，不如说是来自单调的法律程序。从格列高利七世开始，教皇通过在一系列问题上宣示权威而成为天主教世界的最高法官。为了寻求理论支撑，格列高利七世和他的助手们对古老的法律和法律专著进行了大量的研究。这些被汇编成了一套法律文本，即教会法。

教会法涵盖了许多类型的案件，包括所有涉及神职人员、教会财产纠纷和教会捐赠的案件。教会法也涉及普通信徒的许多最重要的问题，包括宣布婚姻无效、私生子合法化、重婚起诉、保护寡妇和孤儿，以及解决遗产纠纷。大多数案件源自主教法庭，但是主教们的决定可以上诉到教皇和枢机主教会议那里。枢机主教会议能够以"特许"的形式允许法律条文所禁止的行为，这赋予它相当大的权力，使国王和贵族可以与表亲结婚，与妻子离婚，使私生子合法化，或废除遗嘱。到了12世纪中叶，罗马的司法事务变得十分繁忙。教会法庭的作用变得如此重要，以至于那些当选的教皇不再是修士，而是训练有素、精通世俗事务的教会法律师。

教皇还掌控着罗马教廷，即教会的管理机构。枢机主教担任管理教会的官员，并作为大使或使节访问外国的君主和城市。由于大量的收入流入教会的金库，教廷起到了银行的作用，而罗马成为西方的金融中心。

除了法律、行政和财政等权力外，教皇还使用两种强大的精神武器来对付桀骜不驯者。首先，任何拒绝为罪行忏悔的基督徒都可能像亨利四世那样被逐出教会。其次，如果一个地方的统治者胆敢违抗教皇的命令，教皇就会颁布禁罚令，中止那里的圣礼。在禁罚期间，教堂大门紧闭，在那些不能给他们的孩子施洗或埋葬他们的死者的信徒中制造恐慌。这种会引发公众强烈抗议的禁罚可以作为一种非常有效的武器，削弱任何与教皇发生冲突的君主的政治支持。

中世纪教皇的巅峰：教皇英诺森三世

中世纪最有能力的教皇是英诺森三世（1198—1216 年在位）。对他来说，教皇是整个世界的主宰。他承认国王有权统治世俗领域，但他认为预防和惩罚罪恶是他的责任，这一责任使他有很大的自由来干涉国王和诸侯的事务。

英诺森三世的首要任务是为教皇提供强大的领土基础，这样教皇就可以像国王和诸侯一样自由行事。历史学家认为英诺森三世是位于意大利中部的教皇国的创始人，这个独立的国家一直持续到 1870 年，今天仍然存在于梵蒂冈这个弹丸之地。

英诺森三世的第二个任务是维护十字军东征的理想。他号召发起了第四次十字军东征，但这次东征没有征服耶路撒冷，而是袭击了君士坦丁堡。他还扩展了十字军东征的定义，号召在基督教欧洲消除异端邪说。他非常担心新异端的传播，这些异端吸引了大量的皈依者，尤其是在欧洲南部不断发展的城市。通过讨伐基督教异端分子——清洁派（Cathars）和韦尔多派（Waldensians，见下文），英诺森三世授权使用军事手段来加强信仰的一致性。

英诺森三世的第三个任务是维护教皇对政治事务的权威。他组织了腓特烈二世的选举，还行使了否决帝国选举的权利。他将法兰西国王腓力二世逐出教会，强迫他让不受欢迎的妻子回家。他对英格兰实行禁罚，迫使约翰国王将他的王国割让给教皇，并将其作为采邑收回，这一交易使英格兰国王成为教皇的封臣。他运用一切必要的手段，使阿拉贡、保加利亚、丹麦、匈牙利、波兰、葡萄牙和塞尔维亚的统治者成为教皇的封臣。通过诉诸封臣制的封建法律，英诺森三世把教皇制度带到了最接近普世基督教君主政体的地步（见地图 10.2）。

英诺森三世第四个也是最大的成就是将礼拜仪式的礼仪法典化，并确定了基督教的信条。这是 1215 年在罗马举行的第四次拉特兰公会议的成果。400 多名主教、800 多名修道院院长和天主教欧洲君主的使节参加了这次会议。会议颁布法令，加强了作为基督教生活中心的圣礼活动，还制定了对神职人员进行教育、确定他们的资格以及管理主教选举的规定。这次会议谴责异端信仰，并呼吁再来一次十字军东征。这次会议为此后天主教实践的许多方面提供了指导，特别是在圣礼方面。它比其他任何一次宗教会议都更能实现天主教统一仪式的目标。

教皇君主制遗留下来的问题

英诺森三世精明强干，他一心一意追求他眼中的教会的更大利益。在一个混乱的时代，没有人比他更成功地维护了天主教世界的统一。然而，他的政策在能力较差的继任者手中就没那么成功了。他们的错误破坏了教皇的宗教使命。这些继任者越过了捍卫教皇国的界限，让整个意大利卷入了一系列血腥的内战，战争的一方是支持教皇的教皇党，另一方是反对教皇的皇帝党。在卜尼法斯八世（Boniface VIII，1294—1303年在位）的教皇任期内，由于种种愚蠢透顶的决定，教皇凌驾于其他君主之上的地位崩塌了。卜尼法斯八世对绝对权威的要求，加上他惊人的

地图 10.2　教皇英诺森三世的世界帝国

除了直接控制位于意大利中部的教皇国之外，教皇英诺森三世还让天主教欧洲许多国家的国王成为其封臣。这种封建关系为他宣称自己是基督教欧洲的最高权威提供了法律上的依据。根据这幅地图，中世纪哪个国家受教皇影响最大？

虚荣心和无能，使英诺森三世的成就付诸东流。

1302 年，卜尼法斯八世颁布了最极端的关于教皇凌驾于世俗统治者之上的理论主张。在被称为《神圣一体敕谕》(*Unam Sanctum*) 的教皇谕令中，他声称："每一个人都要服从罗马教皇，这对于得救是绝对必要的。"[3] 在这一声明的背后是他与法兰西国王腓力四世（Philip IV，1285—1314 年在位）的一场具体争端，后者试图以叛国罪审判一名法兰西主教。这场争论背后更大的问题类似于 11 世纪的主教叙任权之争，但这一次没有一个人在意教皇。教皇道德权威的丧失让其付出了代价。在激烈的对抗中，腓力四世指控教皇卜尼法斯八世犯有异端罪（而这实际上是他所没有犯过的为数不多的罪过之一），并派手下人将其抓捕。卜尼法斯八世不久就去世了，教皇君主制也随之消亡。

宗教上的弃儿：清洁派和韦尔多派

为了捍卫信仰，天主教会在 13 世纪上半叶开始授权主教和其他神职人员对异教徒或被认为是异教徒的具体事例进行审判。这些所谓的异教徒往往是虔诚的人，他们往往在宗教中追求个人清洁。在 13 世纪和 14 世纪早期，宗教审判和系统迫害的对象是清洁派和韦尔多派，他们最初与他们的天主教邻居和平相处，并与他们有许多共同的信仰。

"Cathar"一词源自希腊语中表示"清洁"的词。清洁派势力在意大利北部和法兰西南部尤其强大。由于他们主要集中在法兰西的阿尔比镇（Albi），所以他们也被称为"阿尔比派"（Albigensians）。他们背离了认为是上帝创造了世界的天主教教义，因为他们相信一种邪恶的力量创造了所有的物质。为了净化自己，少数被称为"完人"（perfects）的精英摒弃自己的身体，视其为腐败的物质，拒绝结婚和生育，在极端的情况下甚至让自己逐渐饿死。这些追求清洁的信徒与世俗的天主教神职人员形成了鲜明的对比。对许多人来说，清洁派成了一种反对教会财富和权力的抗议形式。到 12 世纪 50 年代，清洁派已经规划了自己的教堂，举行自己的仪式，甚至选举了自己的主教。他们在法兰西南部等地扎下根来，公开信仰他们的宗教，直到教皇英诺森三世授权对他们发动十字军运动。

韦尔多派是彼得·韦尔多（Peter Waldo，约卒于 1184 年）的追随者。他本来是里昂的一位商人，和阿西西的方济各一样抛弃了所有的财产，发誓要过清贫的生活。韦尔多派为了效法耶稣，过简单而纯洁的生活，宣讲《福音书》，并将其翻译成自己的语言，让那些不懂拉丁语的一般信徒也能理解。起初，韦尔多派似乎与方济各会很相似，但他们由于没有像方济各会那样获得传教许可，被教会当局说成是异教徒。作为回应，韦尔多派创建了一种属于自己的教会，在法兰西南部、德意志莱茵兰地区和意大利北部广为流传。

天主教当局因为经常成为清洁派和韦尔多派强烈批评的对象，所以对他们的敌意越来越大。主教们宣布，异教徒应受到与犯有叛国罪的人同样的法律惩罚，授权政治当局对他们采取行动。1208 年，教皇英诺森三世发起了针对阿尔比派的十字军运动，这是对法兰西南部异教徒发动的几次"圣战"中的第一次。法兰西国王非常乐意参加这场讨伐，因为他认为这是在他的权威薄弱的法兰西地区扩大王权的一种手段。为了消灭残余的清洁派和韦尔多派，几位国王和教皇发起了宗教审判运动。到 13 世纪中叶，除了山区的几个孤立地区之外，天主教当局已经要么迫使清洁派改变信仰，要么将其消灭。宗教审判运动几乎消灭了韦尔多派，但分散的群体得以幸存至今，他们大多撤退到相对安全的阿尔卑斯山地区，后来又到了美洲（见本章"历史上的正义"专题）。

在尘世发现上帝

甚至在第一次十字军东征之前，信奉天主教的欧洲就开始经历一场前所未有的精神觉醒。11 世纪，教皇发起了一场提高神职人员道德水平的运动，帮助神父们变得更受尊重，受教育程度也更高。受过良好教育的神职人员反过来又能更有效地教育普通信徒。大量的天主教徒开始内化教会的教义。最虔诚的人都被吸引过来，献身于宗教。例如，在英格兰，修士的数量比 11 世纪晚期增加了 10 倍，达到 1 200 人。新建的城市通过对主保圣人的崇拜建立忠诚，并鼓励和平的行为。宗教复兴最重要的标志是新教团的成功，这些教团满足了人们普遍渴望在尘世发现"上帝之手"的愿望。

主保圣人

圣徒是圣洁的人，完美的道德使他们与神圣的事物有一种特殊的关系。普通的基督徒崇拜圣徒，以接触到超自然的力量，获得保护，并让其帮忙祈求上帝。

基督徒和圣徒之间的关系是非常亲密的，与生活的许多方面交织在一起：父母用已成为特别保护者的圣徒的名字来给他们的孩子命名；每座教堂都被献给一位圣徒；每个城镇都有一个主保圣人，甚至整个民族都崇拜一位主保圣人。例如，爱尔兰人崇拜圣帕特里克，据说是他把基督教带到了这个岛上。

一个城市通过获得圣徒遗物而得到主保圣人的保护，其中包括遗体、遗骨，或一些与圣徒有关的物体。这些遗物被神迹所验证，成为天堂与尘世之间的联系。在繁荣的中世纪城市，对圣徒遗物神奇力量的信仰创造了对圣物的巨大需求。但殉道者和早期圣徒的遗骸遍布从耶路撒冷到罗马的中东地区和地中海地区，因此首先得有人去发现圣徒的遗

历史上的正义

审判异教徒：蒙塔尤的宗教审判

1208 年，教皇英诺森三世号召对清洁派（阿尔比派）发动一场十字军讨伐。西蒙·德·蒙福尔（Simon de Montfort）为法兰西国王腓力二世而战，在 1213 年的米雷（Muret）战役中，决定性地击败了法兰西西南部支持清洁派的贵族。剩下的清洁派信徒退居山中，通过秘密的信徒网络维持着这一信仰。要消灭这些顽强的残余分子，需要比发动十字军讨伐更巧妙的方法，这需要善于审讯和调查的审判官的技巧。

对清洁派的地下组织，宗教法庭通过告发、对证人和嫌犯的详尽审讯与供词等方式进行调查。因为审讯公开宣示的目的是根除教义上的错误，使异教徒与教会和解，所以招供是首选的方法。但是招供的异教徒只有在举报朋友或伙伴的情况下才能得到赦免。

最后一起也是记载最广泛的一起针对清洁派的宗教审判案件发生在蒙塔尤（Montaillou）。蒙塔尤是比利牛斯山脉中的一个村庄，靠近现代法国和西班牙的边界。蒙塔尤的宗教裁判开始于 1308 年，针对阿尔比派的十字军运动已经过去了一个世纪，清洁派的全盛时期也早已成为历史。

然而，蒙塔尤审判官的详细记录让我们得以一窥清洁派、对其进行的镇压以及宗教法庭所的程序。第一个调查蒙塔尤的是卡尔卡松的审判官杰弗里·达布利斯（Geoffrey d'Ablis）。1308 年，他逮捕并监禁了所有 12 岁以上的居民。经过调查，村民们为其清洁派信仰而受到了宗教法庭的各种惩罚，有的被判处终身监禁，有的被处以火刑。许多被允许返回蒙塔尤的人被迫在衣服外面缝上作为异教徒象征的黄色十字架。

对这些幸存者来说，不幸的是，那个时代最可怕的审判官雅克·富尼埃（Jacques Fournier）在 1318—1325 年再次对蒙塔尤展开调查。富尼埃就是后来的教皇本笃十二世，他是一个公认的高效而残酷的异端反对者。他迫使蒙塔尤的几乎每一个幸存的成年人出庭受审。当一丝不苟的富尼埃接手一件案子时，他的审讯是出了名的冗长和严酷。证人和被告都谈到了他在审讯过程中的坚韧、技巧和对细节的关注。富尼埃和他的助手们如果无法通过审讯和招供找到证据，就会毫不犹豫地从告发者和卧底那里获得必要的信息。当被

清洁派焚烧异端书籍［这幅画的作者是弗拉·安杰利科（Fra Angelico），原名圭多·迪彼得罗（Guido di Pietro，约 1387—1455）。在这幅 15 世纪的蛋彩画中，左边有光环的人物是圣多明我，他将一本天主教书籍送给一位身穿蓝色衣服的清洁派神父。清洁派试图烧毁这本书，书却奇迹般地在火焰上飘了起来。

图片来源：Louvre, Paris, France / Bridgeman Images

审判官搜寻多年的牧羊人皮埃尔·莫里（Pierre Maury）回到村里时，一位老朋友警告他说："能够再次见到你，我们既高兴又害怕。高兴，是因为我们很久没有见到你了。害怕，是因为我担心宗教法庭已经把你抓起来了，如果他们抓到你，他们会让你招供一切，然后再作为卧底来到我们中间，以便把我们都抓起来。"[4]

富尼埃在蒙塔尤的成功有赖于他通过鼓励一个集团的成员告发另一个集团的成员，在当地引发派系斗争。富尼埃的坚持甚至使家庭成员之间相互告发。对这种错综复杂的地方联盟、仇恨、家族关系、宗教信仰和个人利益的利用，最明显的例子就是蒙塔尤最富有的克莱格家族。

伯纳德·克莱格（Bernard Clergue）是伯爵在当地的代表，这使他成为这里的一名治安官。他的哥哥皮埃尔（Pierre）是教区神父。两人一起充当了蒙塔尤宗教法庭的民间和宗教武器。皮埃尔年轻时有清洁派倾向，据说他在家里放了一本异端的书或日历。然而，在 1308 年以前的某个时候，他和伯纳德把当地的清洁派出卖给了宗教法庭。在随后的审讯过程中，他们有权保护或揭发他们的邻居和家人。当他的一个亲戚被传唤前去受审时，伯纳德警告她说："你就说你是从自家的梯子上摔下来了，你假装摔断了骨头，否则你就要坐牢。"[5] 皮埃尔为了自己和家庭的利益，不懈地利用他的影响力。作为一个臭名昭著的好色之徒，他以告发相威胁，玩弄女性。他亲自指证的主要是当地其他大家族的成员，因为这些家族对克莱格家族的权力构成了挑战。一位居民心怀怨恨地做证说："神父自己让卡尔卡松的审判官传唤了许多蒙塔尤的居民。该是把神父家里的人像蒙塔尤的其他居民一样关进监狱的时候了。"[6]

尽管克莱格兄弟为了达到自己的目的而滥用调查手段，审判官富尼埃还是坚持按照他自己的证据标准进行审讯。1320 年，他终于以异教徒的罪名逮捕了皮埃尔·克莱格。这位狡诈的神父最终死在狱中。

物，然后再把它们转移到西欧和北欧新兴城市的教堂里。这些遗物可能是买来的，也可能是偷来的，而且很容易以假乱真来欺骗那些容易上当受骗的买家。十字军东征期间，由于骑士可以进入早期基督教圣徒和殉道者的坟墓，圣徒遗物的供应大大增加。

在 12—13 世纪，公众对圣徒的崇拜开始发生微妙的转变，从当地主保圣人转向更具普世性的人物，如耶稣和圣母马利亚。主保圣人的作用几乎像古代的家神一样，服务于个人和社区的特殊需要，但是教皇的君主政体鼓励整个天主教的统一性。

基督徒一直尊崇圣母马利亚，但从 12 世纪开始，她的广受崇拜为天主教徒提供了一个正面的女性形象，这与传统的与夏娃有关的厌女症和不信任相矛盾。长期以来，神职人员一直把女人描绘成伪诈和放荡的，引诱男人走向堕落。对圣母马利亚的崇拜提升了一位慈母的形象，她会在最后的审判时作为罪人的代言人出面干预她的儿子。神学家仍然认为夏娃把罪带到这个世界上，但是圣母马利亚帮助人们逃脱罪的后果。

到处都可以看到对圣母马利亚的崇拜。欧洲新兴城市的大部分新

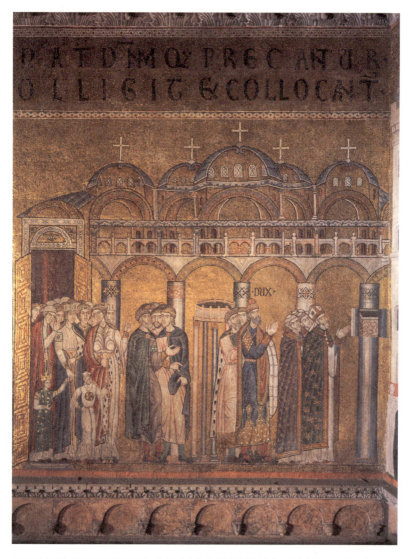

威尼斯圣马可大教堂的马赛克镶嵌画。通过装饰大教堂天花板和墙壁的华丽马赛克镶嵌画，朝圣者可以了解威尼斯与其赞助人圣马可的紧密联系。这一场景展示了圣马可的遗体在大教堂的一场火灾中失踪后发生的奇迹。如图左边的场景所示，威尼斯的领导者花了几天的时间祈祷。于是圣马可打开最右边柱子上的一扇门，露出了他的遗体隐藏的地方。在这两个场景之间，见证奇迹的人们惊讶地面面相觑。威尼斯的领导者从对圣马可的崇拜中获得了相当大的威望和政治权威。

图片来源：Cameraphoto Arte,Venice / Art Resource, NY

两个马利亚:一个是圣母,另一个是悔过的妓女。中世纪对女性的思考始于一种基本的二分法:夏娃是女性的象征,而圣母马利亚是所有女性努力追求的理想。夏娃不听上帝的话,把罪和性带到尘世,而圣母马利亚保持着她的身体不受侵犯。抹大拉的马利亚介于两者之间,她在 12 世纪被认为是悔过的妓女,尽管《圣经》上没有证据表明她是这样。与基督之母马利亚永远童贞的理想相反,作为妓女的抹大拉的马利亚为所有的女性提供了救赎的可能性。在这幅画中,中间的圣母马利亚给圣婴哺乳,而左边的抹大拉的马利亚正在献上她的虔诚。

图片来源:Scala / Art Resource, NY

教堂是为她建造的。她成为女性认同的典范，代表了女性气质的正面形象。在给圣婴哺乳的形象中，她成了慈善美德的完美化身，即自愿给予而不期望任何回报。早期基督教圣徒主要是殉道者和传教士，而在 12—13 世纪，圣徒的圣洁更多体现在对他人的照顾上，尤其是济贫治病。女性是与照顾他人的能力联系在一起的，在这一时期成为圣徒的女性比在基督教诞生后的第一个千年里成为圣徒的女性人数还要多。在 1100 年，只有不到 10% 的圣徒是女性。到了 1300 年，这一比例上升到 24%。在 15 世纪，大约 30% 的圣徒是女性。

新教团

到了 11 世纪，许多被吸引到宗教生活中的人发现传统的教团在纪律上太松懈、太世俗化。1098 年，一小群本笃会的修士来到了一片荒无人烟的荒原，创立了熙笃会（Cistercian Order）。熙笃会纪律严明，熙笃会修士吃的仅够维持生命，每一位修士只有一件袍子。不同于其他的修会，比如克吕尼修道院要求修士参加频繁而漫长的仪式，而熙笃会修士会花更多的时间在个人祈祷和体力劳动上。他们的教堂也没有任何装饰。在明谷的伯尔纳（Bernard of Clairvaux，1090—1153）的英明领导下，熙笃会发展迅速，因为许多对周围罪恶的物质社会大失所望的人加入了这个新教团。伯尔纳的苦行主义使他逃避世俗事务，但他也是一位宗教改革家和活动家，致力于处理他那个时代的重大问题。他甚至帮助解决了一场有争议的教皇选举，并呼吁发起一场十字军东征。

熙笃会修士在与世隔绝、无人居住的地方建立了新的修道院，他们在森林中清理出一片空地来耕种，这样他们就可以完全脱离俗务纷扰。他们的辛勤劳作带来了意料之外的结果。通过开垦新的土地和采用最新的技术创新，如水车，许多熙笃会修道院生产的产品超过了他们的需要，而销售多余的产品使熙笃会变得富裕起来。熙笃会在经济上的成功帮助他们更快地扩张，尤其是扩张到之前未受隐修生活方式影响的欧洲东北部地区。熙笃会在拉丁基督教欧洲快速发展，通过教育当地精英和吸引他们加入熙笃会，传播了基督教文化。通过招募普通基督徒，熙笃会修士与农民建立了重要的联系。

在法兰西的熙笃会成立一个多世纪之后，西班牙的多明我会和意大利的方济各会建立了一种新的由托钵修士组成的教团。从一开始，这些托钵修士就想把自己和其他修士区分开来。与那些通过在修道院劳动来养活自己的熙笃会修士不同，托钵修士从一个城市流浪到另一个城市，四处乞讨（"mendicare"意为"乞讨"，因此有了"mendicant friars"的表达，意为"托钵修士"）。与生活在修道院中的修士不同，托钵修士试图通过传教和济贫救病来帮助普通的基督徒。

西班牙人多明我（Dominic，1170—1221）建立了多明我会，目的是使穆斯林和犹太人皈依基督教，并打击基督徒中的异端邪说。他在法兰西南部旅行时开始传教，就是为了反对异端邪说。目光敏锐的教皇英诺森三世在多明我访问罗马期间发现了他的才能，并临时批准了他的新教团。多明我认为，可以通过说服和辩论来使异教徒皈依基督教。为了磨炼多明我会修士的说服能力，他们创造了第一个多年级的全面教育体系，把位于个别修道院的学校与提供语言、哲学，特别是神学专门训练的更先进的地方学校联系起来。大多数多明我会修士从未上过大学，却接受了高度成熟的教育，因此他们在欧洲文化生活中具有非凡的影响力。他们以高超的布道技巧而闻名，在劝化广大文盲群众和与机变百出的对手辩论方面，他们也很成功。方济各会也取得了类似的成功。

本章开头提到的阿西西的方济各（1182—1226）深深地影响了阿西西的克莱尔（Clare of Assisi，1194—1253），她建立了一个类似的女性修会，即贫苦克莱尔修女会。和方济各一样，她和她的追随者享有"完全贫困的特权"，甚至禁止教团拥有任何财产。

多明我会和方济各会都迅速传播开来。成功的熙笃会在其建立之后的第一个世纪里新建了500所修道院，而方济各会修士在第一个世纪里就新建了1 400多所修道院。托钵修士从修道院生活的义务中解放出来，教皇命令他们去哪里，他们就去哪里，这使他们成为教皇的有效代理人。他们宣扬十字军东征，安抚穷人，还通过鼓舞人心的布道活动使异教徒或非基督徒皈依基督教。比更早的熙笃会更有效的是，他们在西部的边境和更远的地方建立了天主教殖民地。他们成为传教士中的侦察兵，寻找传播基督教文化的机会。1254年，蒙古大汗发起了一场关于世界主要宗教的辩论。在那个离天主教的欧洲几千英里远的地方，有一名方济各会修士，与代表伊斯兰教、佛教和儒教的学者展开辩论。

宗教情感的勃发

在12—13世纪，广泛的宗教热情提升了精神创造力。宗教实践将基督教的虔诚推向了新的方向，这不仅包括那些统治教会和修道院的贵族男性，还包括社会各阶层的女性和俗人。

天主教的礼拜仪式主要集中在圣餐礼上，圣餐礼是弥撒中至关重要的仪式，旨在纪念耶稣与其使徒们的最后一餐。圣餐礼将面饼和葡萄酒祝圣为基督的圣体和圣血。祝圣仪式结束后，神父将象征圣体的面饼分发给会众。然而，享用圣餐杯里的葡萄酒是神父的特权。对从面饼到圣体、从葡萄酒到圣血的神奇变化的信仰，连同洗礼的圣礼，是基督徒区别于其他人的最典型标志。1215年的第四次拉特兰公会议规定所有基督徒每年至少要在复活节参加一次圣餐礼。

对圣餐奇迹的信仰虽然只是一个简单的仪式，却提出了一个棘手而复杂的神学问题，那就是，为什么象征圣体的面饼看上去、尝起来、闻起来都像普通面饼，而不像是肉体？为什么杯子里象征圣血的葡萄酒看起来还是酒，而不是血？在第四次拉特兰公会议之后，天主教徒用圣餐变体论解决了这个问题。这一教义建立在物体的外观（神学术语中的"偶性"）和物体的实质之间的区别之上，前者是五感所能感知的，后者则是五感不能感知的。当神父在弥撒中进行祝圣时，面饼和葡萄酒在本质上变成了基督的血肉（"变体"），但在外表上没有变。因此，圣餐的本质实际上变成了基督的圣体，但是味觉、嗅觉和视觉仍把它看作面饼和葡萄酒。

对圣餐的崇拜使信徒能够对基督产生认同，因为信徒认为祝圣后的圣饼就是基督本身。通过食用象征圣体的圣饼，他们实际上是与基督合一，使他的圣体成为他们身体的一部分。圣餐崇拜在 13 世纪变得非常流行，成为令人眼花缭乱的仪式表演的高潮。神父通过在祝圣的时刻双手高举圣饼来增强这个奇迹的效果。圣坛的屏风上有特殊的窥视孔，这样许多人可以瞻仰圣体升华的过程。信徒们会从一个圣坛跑到另一个圣坛，或从一座教堂跑到另一座教堂，见证圣体的升华。

许多基督徒被神秘主义吸引，试图实现自我与上帝的合一。对神秘主义者来说，对神性的完全领悟是精神上的，而不是智力上的，这种领悟最好是通过苦行主义（抛弃物质和肉体上的享受）来实现。男女信徒都变成了神秘主义者，但女性则专注于更为极端的苦行主义。例如，一些女性把自己关在黑暗的房间里，以实现彻底的与世隔绝，以避免从神秘的追求中分心。另一些人则接受鞭笞，或身穿让人十分痛苦的衣服，忍饥挨饿，或者声称仅靠圣餐作为食物维持生命。女性神秘主义者如诺维奇的朱利安（Juliana of Norwich，1342—约 1416）设想了一个神圣的家庭，在这个家庭里，父亲是全能的上帝，而母亲则充满智慧。一些女性神秘主义者相信基督有一个女性的身体，因为他是一个完美的养育者，她们苦思冥想要与他在精神上结合。

然而，神秘主义者都是很特殊的人。大多数基督徒满足于圣礼，尤其是洗礼、告解和圣餐礼，或许还会去圣地朝圣，最后一次对救赎的尝试是在弥留之际给教会献上一份虔诚的礼物。

西方中心的巩固

在 12—13 世纪，天主教西欧的王国实力超过了拜占庭帝国，成为基督教世界的最高政治和经济力量，这一成就使它们成为伊斯兰国家的强大对手。出现这种情况的原因之一是这里出现了更强有力的政治统一。这些王国奠定了现代民族国家的基础，至今民族国家仍是全球政府的主要形式。因此，12—13 世纪，在法兰西和英格兰发生的事情是西方对世界历史最重要和最持久的贡献之一。

西欧的君主政体

在中世纪盛期，法兰西和英格兰开始表现出统一王国的基本特征。稳定的边界、延续性的官僚机构、君权至上原则和法制是它们在 12—13 世纪成为欧洲最强大王国的基础（见地图 10.3）。

法兰西国王通过军事征服和精明的行政改革实现了统一。在动荡的中世纪，王朝的连续性是建立忠诚和避免混乱的关键因素。从腓力一世（1060—1108 年在位）到腓力四世（1285—1314 年在位），法兰西不仅有很多精明强干的国王，而且有一个连贯的政策，确保了国家的边界安全，建立了官僚机构，扩大了君权至上的概念，并实行了法制。通过

地图 10.3　12 世纪末的西欧诸王国

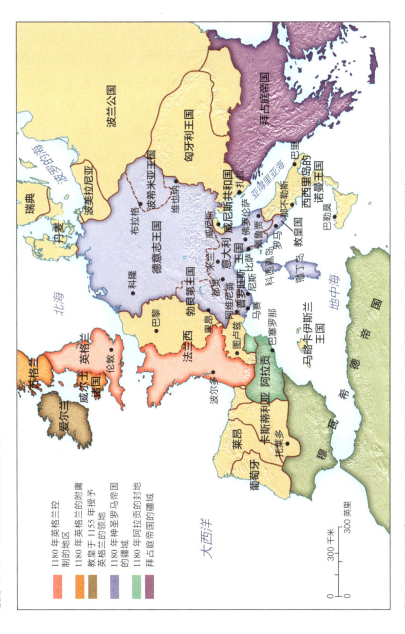

瑞典

丹麦

波罗的海

波兰公国

波美拉尼亚

匈牙利王国

拜占庭帝国

北海

布拉格

波希米亚王国

维也纳

科隆

德意志王国

威尼斯

尼斯共和国

巴里

西西里岛的

诺曼王国

巴勒莫

亚得里亚海

那不勒斯

佛罗伦萨

阿奎莱亚

勃艮第王国

巴黎

莱茵

梅兹

法兰西

王国

奥尔良

普罗旺斯

尼斯比萨

马赛

教皇国

科西嘉岛

撒丁岛

地中海

拜

占

庭

帝

国

苏格兰

爱尔兰

威尔士

诸国

英格兰

王国

伦敦

波瓦图

阿拉贡

巴塞罗那

乌略卡伊斯兰

王国

卡斯蒂利亚

托莱多

莱昂

葡萄牙

科尔多瓦

摩

尔

人

大西洋

1180 年英格兰控
制的地区

1180 年英格兰的附庸

教皇于 1155 年授予
英格兰的领地

1180 年神圣罗马帝国
的疆域

1180 年阿拉贡帝国的封地

拜占庭帝国的疆域

0　　　300 千米

0　　　300 英里

英格兰诸国王占领了爱尔兰和法兰西西部的大部分地区。法兰西在巴黎周围的法兰西岛被统一。德意志、波希米亚、
勃艮第和意大利等王国都由德皇垄断统治。根据这幅地图，哪些王国家有成为 12 世纪最强大国家的潜力？

确保对王室领地法兰西岛（Ile-de-France）完全的军事和司法控制，这些国王从该地区大量的农场和巴黎繁荣的贸易中获得了可靠的收入。法兰西王室为了管理自己的领地和新征服的土地，任命了新的王室官员"邑督"，他们是领取薪酬的专业人士，有些受过罗马法的训练。他们直接对国王负责，在其辖区内拥有完全的行政、司法和军事权力。邑督职位的设立为中央集权的法兰西政府奠定了基础。路易九世（1226—1270年在位）因其典范性的虔诚和公正于1297年被封为圣徒，他提出了一套司法上诉制度，扩大了王室的司法权，并对邑督是否诚实进行调查。"美男子"腓力四世（1285—1314年在位）极大地扩大了国王的权力，并将教会置于他的个人控制之下，使法兰西神职人员基本上不受教皇的监督。为了支撑频繁的战争，腓力四世剥夺了犹太人的土地和财产，然后又将他们驱逐出去，接着他将矛头转向富有的圣殿骑士团，这是一个十字军教团，作为教皇的银行家和腓力四世的债主，他们积累了大量的财富。腓力四世没收了圣殿骑士团的土地，并对他们施以酷刑，迫使他们承认各种罪行，以败坏他们的名声（见本章"不同的声音"专题）。在寻找增加赋税的新方法方面，腓力四世也许是最擅长的。在腓力四世的统治下，王室的收入比路易九世神圣统治时期增加了10倍。

英格兰甚至比法兰西更加统一。当诺曼底公爵、"征服者"威廉一世（1066—1087年在位）在1066年占领英格兰时，他夺去了英格兰的王位，并将所有的土地据为己有。这位新国王把大约五分之一的土地由他个人控制，其余的分给忠诚的贵族、修道院和教堂。这项政策意味着英格兰每一个土地所有者的土地都是直接或间接地来自国王的采邑。根据领主原则，所有的封臣都要对作为其领主的国王宣誓效忠。大约有180个来自诺曼底的贵族阶层的大领主直接从国王手中获得土地，而数百个小贵族则是这些大领主的封臣。威廉一世实现了其他国王梦寐以求

不同的声音

对圣殿骑士团的审判

圣殿骑士团曾是十字军东征中最成功的教团之一，但在十字军东征结束后，它的声望下降了。尽管如此，它仍然保留了大量的财产来资助十字军东征。法兰西国王腓力四世欠了圣殿骑士团很多钱，同时也需要资金来支持他与英格兰的战争，于是他利用有关圣殿骑士团入团仪式的谣言，为逮捕法兰西著名的圣殿骑士并没收他们的财产的行为辩护。一些圣殿骑士在严刑逼供下认罪，但后来又翻供了。以下摘录描述了圣殿骑士的秘密仪式，并总结了一些被捕的证词。这个臭名昭著的案件不仅表明了一个冷酷无情的国王是如何解决其财政问题的，还说明了未经证实的同性恋行为的谣言是如何被用来破坏个人声誉和这个教团的。国王在火刑柱上烧死了许多圣殿骑士，解散了他们的教团，没收了他们的财产。

国王逮捕圣殿骑士的命令（1307 年 9 月 14 日）

根据大量可靠证人的证词，圣殿骑士团的成员就像披着羊皮的狼，他们披着宗教的外衣，邪恶地践踏我们所信仰的宗教。

他们的行为相当于又把我们的主耶稣钉在十字架上，让他所受的伤害比他在十字架上所受的更为严重。因为在入团仪式上，他们对着基督的形象，三次拳脚相加，卑鄙地否认基督，又极残忍地向他脸上吐了三口唾沫。

然后他们脱光衣服，在接受他们入团的代表面前排成一队。然后他开始亲吻他们，首先是臀部，然后是肚脐，最后是嘴，这种亵渎行为是他们教团的入团仪式，但也是对人类尊严的践踏。他们不惧怕违背人类的法律，以入团誓言来约束自己，在被要求时无理由地从事那令人厌恶和可怕的性恶习。

资料来源：*Chronicles of the Crusades*: *Eyewitness Accounts of the Wars between Christianity and Islam*, trans. E. Hallam (London: Orion Publishing Co., 1989), p. 286.

教皇克雷芒五世镇压圣殿骑士团（1312 年 3 月 22 日）

许多被指控参与这种入团仪式的圣殿骑士，包括沙尔内的杰弗里（Geoffrey of Charney）和骑士团团长莫莱的詹姆斯（James of Molay）这些著名的骑士，都宣誓否认骑士中有任何同性恋行为。然而，教皇克雷芒五世决定判他们有罪。但从教皇诏书中明显可以看出，他们在那些不相信圣殿骑士团罪行的枢机主教中仍有支持者。

因此，有两种意见：一些人认为应该立即宣布判决，判处该教团被指控的罪行；另一些人则反对说，从目前的诉讼程序来看，对该教团判罪是不公正的。经过长时间的深思熟虑，考虑到上帝和圣地的利益，我们没有偏离正道，而是选择了通过法律条文和条例的方式行事。这样，丑闻就会被平息，危险就会被避免，财产就会被用于保护圣地。我们已考虑到上述对该教团的羞辱、怀疑、大肆报道和其他攻击，还考虑到其秘密的入团仪式，以及其许多成员与其他基督徒在一般行为、生活方式和道德上的差异。……此外，我们还注意到，上述情况已引起针对该教团的严重丑闻，只要这个教团继续存在，这种丑闻就不可能平息。我们也注意到他们对信仰和灵魂的危害，该教团众多成员的许多可怕恶行，以及许多其他正当的理由……

资料来源：*Decrees of the Ecumenical Councils*, trans. N. P. Tanner (Washington, D. C.: Georgetown University Press, 1990), Vol. 1, pp. 336–343.

的事情：他真的成了所有领主的领主。威廉一世的贵族等级制度改变了英格兰君主政体的本质，赋予诺曼底的国王比早期盎格鲁－撒克逊人的国王大得多的权力。

国王亨利二世（1154—1189 年在位）在征服的遗产的基础上改革了司法制度。他利用司法行政官"郡督"来执行王室的意志，由此产生了罗宾汉（Robin Hood）的传说。作为强盗，罗宾汉代表穷人反抗可恶的诺丁汉（Nottingham）郡督。但是在现实中，郡督们在保护弱者免受强者侵害方面可能是功大于过。为了削弱贵族的司法权，亨利二世使几乎任何人都能获得将案件移送至王室法庭的令状。亨利二世建立了巡回法庭制度，巡回法官每年四次到英格兰的每一个郡。当法官到达时，郡督会召集一群熟悉当地事务的人来报告自从上次法官来访以来所发生的重大犯罪案件。这种集会是大陪审团制度的起源。作为指控某人犯罪的手段，这一制度一直延续至今。为了解决土地所有权纠纷，郡督会召集12名当地男子，这些人宣誓并为诉讼双方做证，法官根据他们的证词做出判决。这种集会就是陪审团审判制度的起源。法官后来将陪审团的审理范围扩大到刑事案件，这在今天仍然是普通法系国家（包括英国、美国和加拿大）做出法律裁决的基础。

亨利二世还将被指控犯有罪行的神父置于王室法庭的管辖之下。国王想要将"普遍正义原则"应用于王国的每一个人，这一原则遭到坎特伯雷大主教托马斯·伯克特（Thomas Becket）的强烈反对。伯克特坚持认为教会必须不受世俗权威的干涉。四名认为自己是在按照国王的意愿行事的骑士在坎特伯雷大教堂的圣坛前谋杀了伯克特，这引起了公众的愤怒，并阻止了亨利二世将教会交由王室审判的计划。天主教会很快就追封伯克特为圣徒，他成了英格兰最著名的圣徒。

在约翰王（King John，1199—1216年在位）统治时期，亨利二世所建立的王室权威垮掉了，他把自"征服者"威廉以来一直是英格兰王权基础之一的诺曼底公国输给了法兰西国王腓力二世。英格兰的贵族们受够了约翰王要他们为失败的战争埋单的要求。1215年，英格兰贵族强迫约翰王签署了《大宪章》，国王承诺会尊重贵族、城镇和神职人员的传统封建特权。与人们普遍认为的相反，《大宪章》与维护平民自由或保障普世权利没有任何关系。它只涉及少数人的特权，而不是多数人的权利。然而，后来的国王发誓要维护它，从而接受了即使是国王也必须尊重法律这一基本原则。在《大宪章》之后，国王作为领主的领主变得有些名不副实了。国王爱德华一世（King Edward I，1272—1307 年在位）开始召集议会（Parliament，来自法语，意为"商议"），为他的对外战争筹集资金。英格兰议会不同于欧洲大陆的类似议会，因为其中通常包括由城镇居民和富裕的农民组成的"平民"代表，他们没有贵族头衔，但国王因为需要他们的钱而召集他们。因此，与大多数其他中世纪王国相比，英格兰的议会具有更广泛的代表性。

在东部，神圣罗马帝国的两个主要组成部分德意志王国和北意大利处于四分五裂的状态，这让它深受其苦。德意志王国本身就是一个界限模糊的区域，一方面是深厚的种族多样性，另一方面是势力强大的公爵们以强烈的独立精神统治着各自的领地。因此，神圣罗马帝国的皇帝不能直接统治德意志王国，而只能要求成为其封臣的公爵们效忠于他。这种封建纽带关系是法兰西和英格兰出现的那种君主制度的脆弱替代品。皇帝最重要的财富是他的人格力量和他不断展示武力以防止叛乱的意愿。在北意大利皇帝领地的另一部分，皇帝甚至不享有这些广泛的隶属关系，只能依靠皇帝头衔授予的模糊的合法权利和他在此地维持一支军队的能力。

从被称为"巴巴罗萨"或"红胡子"的腓特烈一世（1152—1190 年在位）当选皇帝到他的孙子腓特烈二世（1212—1250 年在位）去世，这一个世纪是神圣罗马帝国相对稳定的鼎盛时期，而此前和此后都处在灾难性的混乱和内战之中。就这两位皇帝而言，崇高的抱负与脆弱的支持基础和司法改革的失败形成了鲜明的反差，而这使他们无法建立像法兰西和英格兰那样的中央集权。腓特烈二世死后，他的继任者失去了对意大利和德意志的控制。

在 12—13 世纪，西班牙和波兰这两个后来成为欧洲主要强国的国家分裂成许多弱小的公国。

学术的复兴

中世纪的知识分子极大地扩大了西方文化的范围。当思想家阅读古代哲学家的著作，并面对那些不符合他们世界观的、具有挑战性的思想时，最重要的文化碰撞就发生了。中世纪最伟大的思想家试图通过创造新的哲学体系来调和古人的理性和基督徒的信仰。律师们开始求助于古罗马法，以寻求如何解决争端、判决罪行和建立政府机构的指导。穆斯林的影响刺激了基督徒对科学的理解。波斯爱情诗歌中的主题影响了基督教对于典雅爱情的理解。随着教育的普及、拉丁学术的发展和大学的诞生，西欧天主教国家经历了一场文化复兴。在文学、音乐、戏剧领域，尤其是在欧洲大教堂的罗马式和哥特式建筑中，西方独特的艺术形式得到了发展。

一组简单的统计数据揭示了中世纪西欧教育革命的规模。1050 年，在拉丁基督教欧洲，只有不到 1% 的人识字，而这些识字的人大多是神父，他们的拉丁语水平只够在礼拜仪式上诵读经文。400 年后，在城市生活的男性中，有 40% 的人识字。大部分欧洲人接受了教育。这是怎么发生的呢？

在 1050 年，只有修道院和大教堂的学校提供教育。课程设置非常基础，通常只有阅读和写作。修道院教育训练修士阅读图书馆里的书籍，以帮助他们思考来世的奥秘。相比之下，培训教会等级成员的大教堂学校强调理性分析的实用技能，因为这将帮助未来的神父、主教和王室顾问解决尘世的问题。

到了 1100 年，大教堂学校的数量显著增加，课程也扩大到包括对古罗马大师西塞罗和维吉尔的研究，他们的著作成了流畅的拉丁文写作的典范。这些学校满足了各个方面对训练有素的官员的需求，如繁荣的城市、不断增长的教会官僚机构，以及西方王国初创期的官僚机构。

经院主义：基督教哲学

在大教堂学校，对逻辑学训练的日益增长的需求促进了经院哲学的发展。"经院哲学"是指运用从亚里士多德那里学来的逻辑学来解释《圣经》和教会神父们的著作。这些教会神父在最初的几个世纪里创立了基督教神学。这些大教堂学校的主要教学方法是讲座。在教室里，讲师用拉丁语诵读一篇短文，介绍其他权威人士对这篇短文的看法，并得出自己的结论。然后，他接着讲另一篇短文，重复这个过程。除了听课之外，学生们还会参与辩论，对某一论题进行口头论证或反驳，这一过程被称为"辩证推理"。讲师会评估辩论者通过逻辑推理论证论题真实性的能力。辩论需要多种技巧——语言表达能力、当场旁征博引的能力，以及敏捷的思维能力。我们今天所知的"辩论"就起源于中世纪的这种辩论。讲座和辩论成为经院哲学家的核心活动，他们认为所有的学科，无论多么神圣，都可以接受理性的检验。

在这些经院哲学家教师中，最有影响力的是尖刻、机智、勇敢的彼得·阿伯拉尔（Peter Abelard，1079—1142）。欧洲各地的学生纷纷来到巴黎大教堂学校来听阿伯拉尔的讲座，他们很喜欢听阿伯拉尔对其他思想家的巧妙批评。在《是与否》（*Sic et Non*）中，阿伯拉尔大胆地考察了基督教真理的一些基础。他运用辩论的辩证推理，提出了教会神父们讨论的150个神学问题的正反两面。他并没有给出结论，以便让他的学生和读者进行进一步思考，但他的意图是，指出专家之间的明显分歧如何掩盖了对基督教真理更深层次的认同。

大学：学术活动的组织者

最早的大学是从大教堂学校发展而来的。巴黎大学就是从阿伯拉尔曾经任教过的大教堂学校演变而来的。最初，大学不过是一些由学生或教师为了保护他们的利益而组织起来的行会。作为一个行会的成员，学生们就像其他的商人一样，和他们的教授在学费和建立最低的教学标准方面讨价还价。1158 年，博洛尼亚法律学生协会获得许可，这可能使其成为第一所大学。早期的一些大学是职业学校，如萨勒诺的医学院。但由于它们的前身是大教堂学校，大多数强调的是神学而不是其他学科。

中世纪的大学确立了延续至今的基本教育实践。它们设立课程，考查学生，授予学位，并举行毕业典礼。学生们和老师们穿着与众不同的长袍，在今天的毕业典礼上，人们仍然会穿上这种长袍。教师是神职人员——也就是说，他们"公开表明"（profess）信教，因此大学老师被称为"professor"，即教授。在大学第一年里，学生们学习文科课程，包括"三艺"（trivium，语法、修辞学和逻辑学）和"四科"（quadrivium，指算术、几何、天文学和音乐）。现代大学的文理分科和均衡要求是中世纪文科课程的遗迹。

中世纪的大学不招收女性，因为天主教会禁止女性担任神职，而且大多数大学生将来会成为神父。直到 19 世纪，才有相当数量的女性上大学。少数接受高等教育的女性是从父母或家庭教师那里学习的，比如阿伯拉尔就曾为年幼的爱洛伊丝（Heloise）做过家庭教师。但是担任家庭教师也有其危险性。阿伯拉尔和爱洛伊丝发生恋情，导致她怀孕，而阿伯拉尔则被爱洛伊丝的亲戚阉割。

12 世纪文艺复兴

经院哲学家将希腊哲学与基督教神学结合起来，这是 12 世纪文艺复兴的一个重要方面。在重要性上，这次对古代兴趣的复兴可与 9 世纪的加洛林文艺复兴和 15 世纪的意大利文艺复兴相提并论。在 1140—1260 年，希腊经典的新拉丁文译本来自西西里岛和西班牙，在这些地方，基督徒与穆斯林和犹太人有着密切的联系。穆斯林哲学家将希腊哲学和科学的经典著作翻译成阿拉伯文，这些著作在中东和北非随处可见。通晓这两种语言的犹太学者将这些阿拉伯文译本翻译成拉丁文。后来，一些天主教学者来到拜占庭，在那里他们学习了足够多的希腊文，能够更好地从希腊原文进行翻译。

当他们遇到古代哲学时，伊斯兰教、犹太教和基督教的思想家面临着极其令人不安的问题。希腊著作中的哲学推理方法（尤其是亚里士多德的著作）很难与伊斯兰教的《古兰经》、犹太教和基督教的《圣经》中的信仰原则相协调。宗教思想家认识到希腊思想的优越性，并担心哲学推理的力量会破坏宗教真理。作为宗教信徒，他们挑战自己，证明哲学如果被正确理解，并不与宗教教义相抵触。他们中的一些人甚至更进一步用哲学推理来证明宗教真理。然而，他们总是在自己的宗教信仰内部面临反对，尤其是那些认为哲理是宗教信仰的障碍的人。

面对希腊哲学提出的问题，最有洞察力的穆斯林思想家是阿威罗伊（Averroës，1126—1198），他后来成为科尔多瓦的首席法官和哈里发的顾问。在《矛盾的矛盾》（*The Incoherence of the Incoherence*，1179—1180）中，阿威罗伊认为哲学的目的是解释宗教教义、启示真理的内在意义。然而，这种内在意义是不能透露给那些不识字的大众的，他们只能听经书中那些简单的、字面的故事和隐喻。尽管阿威罗伊对哲学的辩护生动且有说服力，但未能激发伊斯兰教内部更多的哲学思考。伊斯兰哲学和科学一度遥遥领先于拉丁基督教世界，但随着穆斯林思想家转向神秘主义和死记硬背，而不是理性辩论，伊斯兰哲学和科学衰落了。事实上，相比于穆斯林，阿威罗伊在犹太人和天主教徒中引起的反响更大。

在犹太教中，摩西·迈蒙尼德（Moses Maimonides，1135—1204）是最杰出的思想家，他与阿威罗伊同时代，也来自科尔多瓦。他在宗教哲学方面最重要的著作是《迷途指津》（*The Guide for the Perplexed*，约1191），把希腊哲学、科学和犹太教融为一体。这本书有阿拉伯文、希伯来文和拉丁文版本，被广为阅读，推动了犹太教和基督教哲学的发展。

对于中世纪的天主教哲学家来说，最困难的任务之一就是将《圣经》中的创世说与亚里士多德的宇宙永恒论协调起来。即使在科学与宗教的这种早期冲突中，创世说也是症结所在。托马斯·阿奎那（1225—1274）的哲学被称为"托马斯主义"，他最有效地解决了信仰和哲学之间表面上的冲突。阿奎那是一名多明我会修士，他的职业生涯的大部分时间是在为意大利的多明我会修士建立一套学校体系，但他也曾在巴黎大学教过两段时间的书。阿奎那回避了让人分心的争议和学术论争，专注于撰写两部人类知识大全性质的作品，即《反异教大全》（*Summary of the Catholic Faith Against the Gentiles*，1261）和《神学大全》（*Summary of Theology*，1265—1274）。在这两部经院哲学巨著中，理性充分证实了基督教的信仰。作为知识的百科全书，它们通过辩证推理严格地考察了每一个知识领域。

阿奎那以阿威罗伊的作品为基础，通过区分"自然真理"和"启示真理"，解决了调和哲学和宗教之间关系的问题。对于阿奎那来说，自然真理意味着任何人都可以运用理性来了解的事物。启示真理是指人们只能通过神启才能了解的事物，如关于"三位一体"和"基督道成肉身"的教义。阿奎那认为这两种真理不可能互相矛盾，因为它们都来自上帝。对更高真理的理解可以调和表面上的矛盾。例如，在创世说的问题上，阿奎那认为，亚里士多德对永恒宇宙的理解不如《圣经》中上帝在七天内创造了宇宙这一更高层次的真理。

作为最具影响力的经院思想家，阿奎那主张，要获得宗教真理，首先要有信仰，然后再运用理性得出结论。阿奎那是第一个以这样一种方式系统地思考神学的人。在此过程中，他遭到了那些害怕哲学思考的基督徒的反对。起初，大学里的神学院禁止教授阿奎那的著作，然而，他的方法至今仍对天主教神学至关重要。

正如经院神学家将古希腊哲学视为理性的向导一样，法学家也复兴了古罗马法，尤其是在意大利的博洛尼亚和帕维亚的大学。在法学院，学生们学习的是拜占庭帝国皇帝查士丁尼的法律著作《民法大全》文本及其评注。对于法官、律师、官僚以及国王和教皇的顾问来说，罗马法的系统化方法减少了法律制度的随意性。长期以来，法律一直是由相互矛盾的地方法规、日耳曼习俗和封建观念组成的大杂烩。根据罗马法，法官必须根据既定的证据和程序标准做出裁决。12 世纪罗马法的复兴使其至今仍然指导着欧洲大陆大部分地区的法律体系。

典雅爱情

除了哲学、神学和法律领域的发展之外，12 世纪的文艺复兴还产生了大量以各种方言写成的文学作品。游吟诗人为音乐而创作的爱情诗反映了一种对男女关系的全新认识。这场文学思潮被称为"典雅爱情文学"。游吟诗人用法兰西南部的普罗旺斯语进行创作，而法兰西南部诸侯的宫廷是他们最早的听众。这些高贵典雅的诗歌显然受到了阿拉伯爱情诗和伊斯兰神秘主义文学的影响。在这种神秘主义文学中，被描写成女性的灵魂寻找其男性上帝／情人。游吟诗人通过描述男女之间高尚的爱情，使宗教婚恋主题世俗化。在这一过程中，他们普及了浪漫爱情的概念，这是西方历史上最强大的理念之一，直到今天，这一理念仍然主导着流行文化。

在典雅爱情诗中，理想的男性形象是游侠骑士，一名四处游荡寻求冒险的勇士。他很贫穷，没有家庭的羁绊，过着完全自由的生活，但

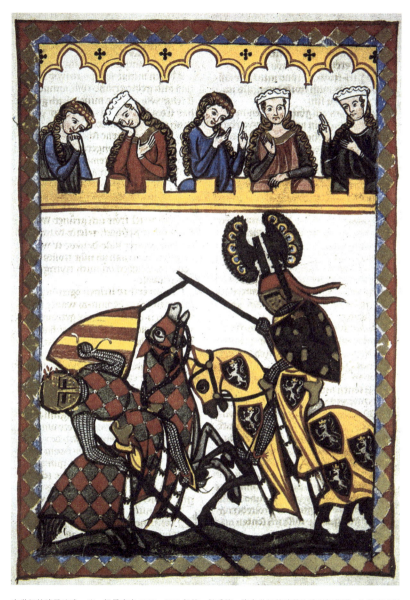

中世纪的骑马比武。这一场景来自 1300—1340 年的一份手稿，将中世纪的骑马比武理想化了，这是为了训练贵族们的战斗技能，并提供大众娱乐。

图片来源：Album / Art Resource, NY

他的美德引导他做正确的事情。骑士对女士宣誓，这表明骑士爱情的理想中有很多情欲的因素。除了自我克制，最持久的骑士幻想是这样一个主题：年轻的英雄从恶龙或叛乱的暴民手中解救了一名处女。

游吟诗人优美的情诗将女性理想化。男性游吟诗人，如克雷蒂安·德·特鲁亚（Chrétien de Troyes，1135—1183），将女性置于非常崇高的位置，把男性当作他们所爱慕女性的"爱的附庸"，要对她们忠诚，并为她们服务。女性游吟诗人如玛丽·德·弗朗斯（Marie de France，生卒日期不详）并没有把女性置于神坛之上，而是理想化了情感上的诚实和恋人之间的坦诚关系。典雅爱情文学从法兰西西南部传到了德意志和欧洲的其他地方。

中世纪文化的中心：大教堂

今天，当游客们游览欧洲城市时，他们通常会去参观大教堂。这些气势恢宏的建筑大多建于 1050—1300 年，象征着这些鲜为人知的建筑者的勃勃雄心和奇思妙想。在中世纪的建筑热潮中，这些城市不惜成本，建造了数百座新的大教堂和数千座其他教堂，体现了建筑工程和艺术时尚的最新发展。这些建筑成了融会各种艺术的中心，结合了建筑、雕塑、彩色玻璃和绘画等艺术，并为音乐和戏剧的表演提供场景。中世纪的这些大教堂的建造往往耗时几十年，有时甚至几百年，而且耗资巨大。

在 11 世纪和 12 世纪上半叶，罗马式大教堂的建筑风格在整个西欧传播开来，因为精通复杂石材建造技术的石匠大师从一个建筑工地转移到另一个建筑工地，形成了统一的建筑风格。罗马式建筑的主要创新之处在于拱形的石头屋顶，与它们所取代的平顶相比，拱形的石头屋顶更具美感，而且不容易着火。这些石头屋顶的圆拱被称为"桶形拱"，因为它看起来像一个桶的内部。罗马式教堂都有耳堂，从上帝的视角从上

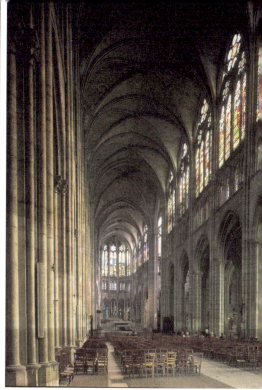

罗马式建筑（左，照片）。意大利托斯卡纳地区的一座罗马式修道院的内景。圆形的拱门、粗大的圆柱，天花板上的桶形拱和小窗户，这些都是罗马式建筑风格的特点。

哥特式拱顶（右，照片）。从法国圣丹尼斯大教堂（12 世纪改建）的中殿往东看的内景。圣丹尼斯大教堂精致的带肋拱顶和大面积的彩色玻璃让教堂显得宽敞明亮，相比之下左图的罗马式修道院则显得十分昏暗。

图片来源：（左）AJancso / Shutterstock；（右）Basilique Saint Denis, France / Bridgeman Images

往下看时，教堂会呈现出一个十字架的形状。罗马式教堂和大教堂高耸的石头穹顶需要巨大的石柱和厚重的墙体作为支撑。因此，这些教堂的窗户像城堡的窗户那样狭小。

在罗马式大教堂里做礼拜的宗教体验有一种亲切的甚至是家的感觉。在这样的建筑里，上帝成了一个同乡，一个伙伴，共同参与一项把城市变得更宜居、更舒适的伟大工程。

在 12 世纪末和 13 世纪，哥特式风格取代了罗马式风格。这种风格

沙特尔大教堂的飞扶壁。飞扶壁不仅仅支撑着哥特式教堂的薄壁，还在建筑外部创造了一种近乎蕾丝状的外观，强化了这种风格所唤起的神秘感。

图片来源：Dean Conger / Historical / Corbis

的创新之处在于它的尖券和尖拱取代了罗马式风格的圆拱。这些狭长的尖拱吸引了观者的眼睛向上看向上帝，并赋予建筑轻盈的外观，象征着基督徒向上到达天堂。罗马式风格的亲切与厚重感消失了，取而代之的是上帝高不可攀的超越与神性。哥特式风格的另一项创新是飞扶壁，这是一种建在墙外的拱形结构，重新分配了屋顶的重量。这一创新使墙壁可以比罗马式建筑更薄，窗户也可以更大。

哥特式风格的效果令人震撼。哥特式大教堂的石头结构成了支撑大量彩色玻璃的骨架，将内部空间变成了一个来自外部世界的神秘天堂。在一天中的不同时间，五彩缤纷的窗户将阳光转换成不断变化的色彩，暗示了上帝创造的神秘真理。穿过这些窗户的阳光象征着上帝之光。玻璃上描绘的场景是中世纪知识和传说的百科全书。除了《圣经》故事和圣人生平，这些窗户还描绘了各行各业的普通人、动物、植物和自然奇观。彩色玻璃窗不仅歌颂了救赎的承诺，也歌颂了上帝创造的所有奇迹。他们把崇拜者从他们生活和工作的繁忙城市吸引到上帝的完美国度。

在法兰西、德意志、意大利、西班牙和英格兰，在 13 世纪的经济繁荣时期，城市为建造新的哥特式教堂做出了巨大的经济牺牲。因为造价太高，许多大教堂一直未能完工，比如意大利锡耶纳的那一座，但即使是没有完工的大教堂，也成为当地的重要标志性建筑。

结语：西方文化的确立

在 12—13 世纪，西欧文化变得更加成熟、更加自信。即使在查理曼时代，西欧依然处于一种半野蛮的落后状态，但是它培养出的思维模式显示出了几乎无限的创造力和批判性自我反省的能力。这种能力首先在 12 世纪文艺复兴时期表现出来，特别是经院哲学，从此成为西方最突出的特征。这些批判方法不断引起一些信徒的恐慌。然而，这种质疑基本假设的倾向是西方文明最伟大的成就之一。与注重传授已知知识的其他文化不同，如拜占庭文化或伊斯兰文化，西欧的大学体系以批判性探究的教学方法为基础。正是这种独特的批判精神将古代、中世纪和近代西方的文化连接到了一起。

《死神的胜利》。这幅壁画来自比萨的坎波桑托（Camposanto），弗朗切斯科·特拉伊尼（Francesco Traini）创作于1350年前后，描绘了一群优雅的贵族骑在马上，惊恐地凝视着瘟疫受害者的尸体。

图片来源：Canali Photo Bank Milan / SuperStock

第 11 章

中世纪西方的危机

The Medieval
West in Crisis

14 世纪以一场严寒拉开序幕。1303 年和 1306—1307 年，波罗的海两度冰封。谁也没有听说过这种事，寒冷的天气预示着更大的灾难。严寒超出了正常的冬季，秋天还没结束，严寒就提前到来，并一直持续到来年夏天。然后就开始下雨，没完没了。里海海平面上升，淹没了沿岸的村庄。1314 年夏天，在全欧范围内，庄稼烂在了积水的田地里。随后而来的是粮食歉收，导致农产品价格猛涨，迫使英格兰国王爱德华二世实行价格管制，但是限制价格并不能增加粮食产量。

1315 年，情况变得更加糟糕。在英格兰，这一年小麦的价格上涨了 800%。神父把连绵不断的降雨比作《圣经》中的大洪水，洪水果然来了，淹没了荷兰和英格兰的堤坝，德意志的整个城镇被摧垮，法兰西的田地变成了湖泊。各地都出现了粮食歉收。

形势进一步恶化。1316 年，再降暴雨，粮食连续第三年歉收，造成了欧洲历史上最严重的饥荒。其影响在遥远的北方最为显著。斯堪的纳维亚的农业几乎消失了，冰岛的农民放弃了农业，改以捕鱼和放牧为生，而在格陵兰岛，欧洲移民活动开始逐渐消失。本来就营养不良的欧洲人很容易受到疾病和饥荒的影响。为了活命，走投无路的人们开始诉诸极端的求生手段。他们吃猫、老鼠、昆虫、爬行动物，甚至动物粪便和树叶。世上流传着许多吃自己孩子的故事。据说在波兰，挨饿的人会把绞刑架上的死刑犯分而食之。

到 14 世纪 40 年代，波兰以西的几乎整个欧洲都陷入了似乎永无休止的疾病和饥荒的恶性循环之中。然后是欧洲历史上最致命的瘟疫——黑死病，它造成了至少三分之一的人口死亡。经济崩溃，贸易消失，工业萎缩。绝望的农民和城市工人反抗他们的主人，要求救济他们的家庭，但无论是政府，还是教会，都无法提供这种救济。法兰西和英格兰这两个伟大的中世纪王国陷入了一场争斗，耗尽了两国王室的财富，浪费了两国贵族的生命，这一连串冲突被历史学家称为"百年战争"。教皇们离开了罗马的危险街道，前往法兰西的阿维尼翁，在那里他们不得不为了生存而勒索钱财。教皇返回罗马后，一群法兰西枢机主教拒绝前往，并选举了另一位教皇，这导致了欧洲因效忠于两位不同的教皇而出现分裂，史称教会"大分裂"。

在 12—13 世纪，西方为了维护自己的权威，通过十字军东征来反对伊斯兰教，并把天主教传播到欧洲的遥远角落。然而，在 14 世纪和 15 世纪早期，由于战争、瘟疫以及与蒙古和奥斯曼帝国的冲突，西方陷入了自我封闭的状态。更令人震惊的是，曾经是东正教堡垒的拜占庭帝国被奥斯曼帝国的伊斯兰军队攻陷。本章探讨的内容是与死亡和动荡的碰撞，并提出这样一个问题：14—15 世纪，欧洲人的死亡和动荡如何改变了西方的身份认同？

死亡的时代

从原始数据就可以明显看出欧洲人口危机的严重性。在 1300 年，欧洲人口大约是 7 400 万——大约是现在欧洲人口的 15%，是今天加利福尼亚人口的 2 倍。人口规模可以作为衡量一个经济体能否成功维持人民生活的基本尺度。按照这个标准，欧洲一直到 1300 年都非常成功。在过去的 300 年里，它的人口几乎翻了一番。然而，14 世纪 40 年代以后，欧洲丧失了维持其人口的能力，人口下降到只有 5 200 万人。14 世纪的人口危机是自古代瘟疫以来西方文明中最大的自然灾害。这是如何发生的呢？

大饥荒

由农业生产危机引起的大范围饥荒始于 1310—1320 年。11 世纪的农业革命使人们可以获得更多、更有营养的食物，刺激了中世纪人口的增长。在 12—13 世纪，大片的原始森林被开垦为农田，特别是在东欧。在所有好的洼地被开垦完毕后，农民们开始开垦山坡上更边缘的土地，这种行为造成了土壤侵蚀，导致了 14 世纪 10 年代的毁灭性洪水爆发。就这样，人类的行为助长了生态灾难。到了 14 世纪，已经没有更多的处女地可供开垦，这意味着仍在不断增长的人口要努力依靠固定大小的耕地生存。由于中世纪农业的局限性，农民生产粮食的能力无法跟上无限制的人口增长。发生饥荒的可能性在人口稠密的西欧尤为明显。在东欧，较少的人口数量和农业、畜牧业与渔业之间的更好的平衡意味着人们可以获得更好的营养，不那么容易受饥荒和疾病的影响。

与此同时，气候可能也发生了变化，这一变化被称为"小冰期"。年平均气温下降的幅度正好能让欧洲北部和阿尔卑斯山等海拔较高的地区的农作物无法生长。例如，在 14 世纪以前，英格兰可以种植葡萄来酿造葡萄酒，然而，随着气温的下降，葡萄园停产。直到 21 世纪全球变暖，在英格兰种植葡萄才再次成为可能。小冰期的后果体现在两个方面：首先，可供耕种的土地减少了，因为不可能在边缘地区种植作物。其次，严酷的气候缩短了作物的生长季节，这意味着即使在作物还能生长的地方，其产量也会减少。

食物生产和人口增长之间的不平衡引发了饥荒和疾病的可怕循环。食物不足导致营养不良或挨饿，而那些长期营养不良的人特别容易感染流行病，如伤寒、霍乱和痢疾。到 1300 年，穷人家的孩子在童年时期可能面临过一两次极度饥饿。在意大利的皮斯托亚（Pistoia），神父们保存的《死亡之书》（*Book of the Dead*）就记录了这样一种模式：1313年，饥荒；1328—1329 年，饥荒；1339—1340 年，饥荒和瘟疫导致四分之一的人口死亡；1346 年，饥荒；1347 年，饥荒和瘟疫；然后是1348 年的致命一击，即黑死病（见地图 11.1）。

黑死病

紧随大饥荒之后，黑死病于 1348 年春天凶猛地到达欧洲。在意大利美丽的山顶城市锡耶纳，所有的行业都停了下来。车夫拒绝从乡下运来农产品和食用油。1348 年 6 月 2 日，市议会和民事法庭的日志戛然而止，就好像市政府官员和法官都死了或者都慌忙逃回家中。当地的一位记录者阿尼奥洛·迪·图拉（Agnolo di Tura）写下了他对那些可怕日子的回忆：

> 父亲抛弃了孩子，妻子抛弃了丈夫，哥哥抛弃了弟弟，因为这种疾病似乎可以通过呼吸和视觉来传播。他们就这样死去。没有人为了金钱或友情而去埋葬死者。家庭成员尽其所能把死者埋到沟里，没有神父，没有仪式，也没有丧钟鸣响。锡耶纳的很多地方都挖了大坑，里面堆满了尸体。……我叫阿尼奥洛·迪·图拉，人送外号"胖子"，我亲手埋葬了我的五个孩子。还有一些尸体因为上面掩盖的泥土太少，被狗拖出来吃

地图 11.1　黑死病的蔓延

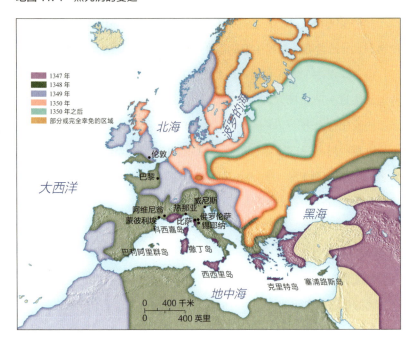

黑死病于 1347 年在意大利港口首次出现，然后无情地蔓延到欧洲大部分地区，仅在欧洲就造成了至少 2 000 万人死亡。这幅地图说明了黑死病传播的速度有多快？

掉了。这样的情况在整个城市都有发生。[1]

1348 年夏天，锡耶纳人口死亡过半。锡耶纳大教堂原计划是要建世界上最大的教堂，但由于缺乏工人，施工被迫停止，再也没有复工。事实上，作为曾经是欧洲最繁荣的城市之一，锡耶纳再也没能完全恢复元气，失去了其经济优势。

没有一种疾病比黑死病在人的身体上留下更独特、更令人不安的迹象了。当时一份相当典型的报道这样描述："所有从他们身上排出来的物质都散发出一种难闻的恶臭、汗液、排泄物、唾沫和呼吸，臭气熏天，让人无法忍受。他们的尿液很浑浊、黏稠，呈现出黑色或红色。……"[2] 在《十日谈》(*The Decameron*) 的序言中，乔瓦尼·薄伽丘 (Giovanni Boccaccio) 描述了他所目睹的症状：

> 在 1348 年，意大利最美丽、最繁华的城市佛罗伦萨发生了一场可怕的瘟疫。……染病的男女，最初在腹股沟或是在腋窝下出现肿块，到后来肿块越长越大，有苹果或鸡蛋那样大小。一般人管这肿块叫"肿瘤"，用不了多久，这些"肿瘤"就由这两个部位蔓延到全身。从这以后，病征又变了，病人的臂部、腿部以至身体的其他各部分都出现了黑色或紫色的斑点，有大有小。这些都跟初期的毒瘤一样，是死亡的预兆。[3]

对黑死病的恐惧和无法辨别其病因使当时的人们把注意力集中在病人身上。几乎任何皮肤变色或腺体肿大都可以被解释为黑死病的迹象。当然，内科医生和外科医生是解读身体疾病迹象的专家。然而，就像罹病者和他们心急如焚的家人很快发现的那样，医生们并不真正知道腺体肿大和皮肤变色意味着什么。薄伽丘提到："任你怎样请医问药，这病总是没救。也许这根本就是一种不治之症，也许是由于医生学识浅薄，找不出真正的病因，所以他们也就拿不出适当的治疗方案来。"[4]

政府官员别无选择，只好采取隔离措施来阻止疾病的传播。他们将被感染的家庭隔离 40 天，这对需要工作才能有饭吃的穷人来说尤其困难。为了保持隔离和埋葬死者，市议会设立了公共卫生机构，配备了专门的医生、掘墓人和警察。赋予公共卫生当局特别权力有助于以追求公共利益的名义扩大国家对其公民的权力。将现在的国家与中世纪的国家区分开来的政府机构的扩张，部分原因是需要对人进行监视和控制，而这种需要就始于黑死病。

长期以来，专家们对黑死病的病因一直存在争议，但 DNA 证据现已证实，尽管黑死病的流行病学特征在过去 700 年里发生了变异，但腺鼠疫是最有可能的罪魁祸首。腺鼠疫有两种形式：在第一种形式中，它通常是由叮咬感染了耶尔森氏鼠疫杆菌（Yersinia pestis）的啮齿动物（通常是老鼠）的跳蚤传染给人类。一旦携带病菌的跳蚤叮咬人，感染就会进入人的血液，引起腹股沟或腋窝的腺体发生被称为淋巴结炎的炎症性肿大、内出血和皮肤变色，这些症状与薄伽丘所描述的很相似。第二种形式的腺鼠疫是肺腺鼠疫，它感染肺部，通过咳嗽和打喷嚏传播。这两种形式的腺鼠疫都可能是致命的，但是腺鼠疫复杂的流行病学意味着第一种形式的腺鼠疫不能直接从一个人传染给另一个人。在被感染后，许多病人可能会出现作为次要症状的肺炎，然后迅速传播给其他人。正如当时一位医生所说，一个人似乎可以感染整个世界。有时医生也会染病，死在病人之前。

受过近代医学训练的医生对 19 世纪晚期和 20 世纪流行的腺鼠疫所做的观察，形成了黑死病与腺鼠疫联系起来的理论基础。1894 年，亚历山大·耶尔森（Alexandre Yersin）在中国香港发现了腺鼠疫杆菌（腺鼠疫耶尔森氏菌），并追踪了其在老鼠和跳蚤身上的传播。大多数历史学家和流行病学家认为，1348 年的黑死病肯定与此相类似，但是 14 世纪的瘟疫和 20 世纪的瘟疫之间存在着差异。黑死病在人与人之间传播的速度比近代流行的腺鼠疫要快得多。例如，老鼠不会很快跑很远，在近代的例子中，腺鼠疫每年传播的距离很少超过 12 英里（约 19 千米）。然而，在 1348 年，黑死病在一天内传播的距离相当于老鼠传播的腺鼠疫在一年内传播的距离。14 世纪报告的许多症状与近代腺鼠疫患者的

鞭笞者。在黑死病期间，许多人相信上帝是在因他们的罪孽惩罚他们。为了赎罪，一些年轻人仿效修士的做法，通过鞭笞自己进行忏悔。为了控制平信徒之间的这种做法，人们成立了团体，组织集体鞭笞。图中描绘的鞭笞者站成一队，一个人举着圣旗，一个人拿着十字架，还有一个人在鞭打另外两个人。

图片来源：Interfoto / History / Alamy

症状并不相符。此外，与腺鼠疫不同，黑死病似乎在最初症状出现之前有很长的潜伏期。由于潜伏期较长，那些感染病毒的人在知道自己患病之前就把病毒传染给了其他人，这有助于解释为什么这种疾病如此致命的原因，尽管人们试图隔离那些感染病毒的人。因此，腺鼠疫杆菌可能已经变异，改变了流行病学，或者是黑死病期间出现的腺鼠疫经常被与具有其他特征的流行病混为一谈。

在欧洲，大约有 2 000 万人死亡，这比今天美国六大城市（纽约、洛杉矶、芝加哥、休斯敦、费城和凤凰城）的人口总和还要多。整个欧洲的平均预期寿命从 1300 年的 43 岁下降到 1400 年的 24 岁。死亡通常集中在疾病首次在某一地区出现后的几周或几个月之内。然而，死亡比例因地而异，从 20% 到 90% 不等。南欧和西欧的死亡人数如此之多，以至于整个村庄的人全部死掉，村庄被遗弃。巴黎人口减少了一半，佛罗伦萨人口减少了五分之四，威尼斯人口减少了三分之二。在意大利的海港城市特拉帕尼（Trapani），似乎每个人都死了或离开了。生活在封闭空间的修士和修女受到的打击尤为严重。法国卡尔卡松和马赛的所有方济各会修士都死掉了。在法国的蒙彼利埃（Montpellier），140 名多明我会修士中只有 7 人幸存下来。在爱尔兰与世隔绝的基尔肯尼（Kilkenny），托钵修会的约翰·克林（John Clyn）发现除了自己之外，其他所有的托钵修士都死掉了，他开始写日记记录他所看到的一切，因为他担心自己可能是世界上最后一个幸存者。

黑死病不断卷土重来。在地中海地区，许多港口城市形成了一个传染网络，在 1348—1721 年，大约每 20 年疫情就会在一个港口或另一个港口重新出现。后来爆发的一些疫情与 1348 年的那一次一样致命。1400 年，佛罗伦萨人口减少了一半。威尼斯在 1575—1577 年失去了其人口的三分之一，1630—1631 年又失去了三分之一。与地中海地区相比，欧洲北部所受的影响要小得多。在这里，这种可怕疾病的最后一次爆发是在 1665—1666 年，伦敦大瘟疫。波兰大部分地区逃过一劫，没有出现任何疾病的迹象，而欧洲中东部地区受到的打击总体上也远没有西欧那么严重，这可能是因为这里的人口稀少，瘟疫传染扩散的可能性降低了。

来自东方的寒风

西方在遭受致命微生物侵袭的同时，它还面临着来自遥远的蒙古部落的骑兵的侵袭。蒙古部落不断征伐的脚步使他们从外蒙古横跨中亚到达欧洲。蒙古人和突厥人是来自中亚的游牧民族，这些民族有着密切的文化联系，但说着不同的语言，尽管人口不多，却对世界历史产生了非凡的影响。他们分布在从中国和朝鲜半岛之间的黄海到欧洲的波罗的海和多瑙河流域的广阔而平坦的草原地带。广袤的欧亚大草原几乎没有森林，只有几座容易翻越的山脉。从史前时代到中世纪的商队，再到当今横贯西伯利亚的铁路，这里一直是世界历史上的大迁徙之路。

当蒙古人和突厥人骑着快马从中亚向西冲锋时，他们对西方的王国施加了压力。蒙古军队牵制了基辅罗斯，突厥军队摧毁了拜占庭。其结果是，天主教西方在东方的潜在东正教盟友被削弱或消灭。皈依伊斯兰教后，奥斯曼人进入巴尔干半岛。与 12 世纪十字军东征的时代不同，面对强大的穆斯林敌人，天主教欧洲发现自己处于防御状态。

蒙古人的入侵

欧洲人之所以成为成功的水手，是因为他们拥有广阔的海岸线，而且离大海很近。而蒙古人之所以成为游牧民族，是因为他们需要每年迁徙几次，为他们的牲畜寻找草地和水源。他们也成了技艺高超的战士，因为他们不断地与其他部落争夺草场。

在 1206—1258 年，蒙古人从一个有着模糊种族亲缘关系的分裂部落的集合体发展成为世界历史上幅员最辽阔的大帝国。以前默默无闻的蒙古人史诗般地崛起了，这要归功于一位名叫铁木真（约 1162—1227）的蒙古首领，他成功地统一了各个争斗不休的部落，建立了一个世界强国。1206 年，铁木真被宣布为成吉思汗（意为"强大的王"），成为所有蒙古人的最高统治者。成吉思汗突破了中国长城，摧毁了中国北部的金朝，占领了中都（北京）。他的骑兵横扫亚洲，远至阿塞拜疆、格鲁吉亚、波斯北部和基辅罗斯。成吉思汗精心安排了身后事，在他死后，他的帝国将被分为四个公国或汗国，由他的子孙们继承。他们继续蒙古的扩张，最终，蒙古军队征服了从朝鲜到匈牙利、从北极到阿拉伯海的广大领土。

蒙古人的成功是依靠一个纪律严明的军事组织、极为机动的骑兵部队的战术，以及复杂的情报网络实现的。1223 年冬天，在与罗斯人的战役中，蒙古骑兵以迅雷不及掩耳之势跨过结冰的河流。尽管罗斯军队在数量上超过蒙古军队，且拥有精良的盔甲，但在与蒙古人的每一次交锋中都被击溃。

蒙古军队使用了聪明的战术。首先，他们用一阵箭雨把敌军吓得不知所措。然后他们佯装撤退，其实只是为了在蒙古骑兵发动致命的最后一击之前迷惑敌人。当时的欧洲编年史家试图解释他们在蒙古人手中屡战屡败的原因，他们称蒙古大军拥有压倒性的人数优势，但证据清楚地表明，他们的胜利不是人数上占优势的结果，而是因为其严明的军纪和发达的情报网络。蒙古人在实现了这些征服之后就控制了穿越亚洲的商队路线，也就是"丝绸之路"，从而创造了"蒙古治下的和平"（见本章"碰撞与转型"专题）。然而，"蒙古治下的和平"是以巨大的人命代价换来的。据估计，成吉思汗的军队造成 4 000 万人死亡，约占当时世界人口的 11.1%，死亡人数仅次于第二次世界大战（第二次世界大战造成 6 600 万人死亡）。

蒙古人的势力在 1260 年达到顶峰。这一年，蒙古人在叙利亚大败于埃及的马穆鲁克（Mamluk，即奴隶兵）统治者之手，由此结束了蒙古人不可战胜的神话。不同蒙古部落之间的冲突和汗位继承纠纷使蒙古帝国很容易受到敌对势力的攻击和不甘臣服的附庸的反抗。蒙古帝国并没有在一夜之间消失，但它的各个后继汗国再也没有重新实现成吉思汗

碰撞与转型

丝绸之路

没有什么比"丝绸之路"更能促进东西方交流的了。这实际上指的是一个连接中国与西亚和欧洲的商队路线网络，这条路线经过地球上最荒凉的沙漠之一塔克拉玛干沙漠。旅行者们别无选择，只能选择穿越中亚，从一个绿洲到另一个绿洲。在这片辽阔土地的东西两侧，中华文明和西方文明各自发展，而"丝绸之路"将它们联系起来。

除了丝绸，还有许多非常贵重的商品通过这些路线运输，包括象牙、黄金、珠宝、铁、毛皮和瓷器（因此，在英语里，"瓷器"和"中国"是同一个词语）。然而，这些商品中没有一种比丝绸更能引起西方人的想象了。从罗马时代开始，丝绸就从中国经由"丝绸之路"运到西方（见本书第 6 章）。"丝绸之路"的繁荣需要和平的政治条件，因为只有这样商队才不会遭到掠夺。也许"丝绸之路"最伟大的时代是在中国唐朝（618—907），它所提供的社会稳定让"丝绸之路"上的商业繁荣发展。唐朝灭亡后，这条路一直很不安全，直到 13 世纪蒙古人入侵。

蒙古人的入侵彻底改变了亚洲和东欧大部分地区在经济、政治和民族上的构成。蒙古人在征服了新领土之后，就通过重新开放横跨亚洲大草原的"丝绸之路"，建立了"蒙古治下的和平"，使横跨欧亚大陆的贸易变得可能，并保障了商人的安全。多亏了蒙古人，欧洲基督徒才开始穿越"丝绸之路"来到中国，直接接触东方文明。蒙古人容忍宗教的多样性，并欢迎第一批基督教传教士进入中国，1307 年，在北京建立了一个罗马天主教大主教辖区。

在"蒙古治下的和平"时期，穿越"丝绸之路"的众多商人中最著名的是来自波罗家族的威尼斯人，其中包括马可·波罗，他于 1275 年到达中国大可汗的朝廷。《马可·波罗游记》文笔生动，很有见地，讲述了"蒙古治下的和平"时期蒙古帝国的情况。它也比其他任何资料都更好地讲述了 13 世纪晚期基督教西方与蒙古东方的文化交流。虽然马可·波罗是一个商人，他旅行的目的是赚钱，但是他的游记中有大量的文化信息，有些是准确的，有些是离奇的，这些信息激发了西方人对东方的想象。也许最具有启发意义的是他对宗教的讨论。马可·波罗根据宗教信仰对人进行分类，并用西

"丝绸之路"上的商队驿站。在连接中国和欧洲的"丝绸之路"上，沿途建造了许多有防御工事的商队驿站，位于中亚吉尔吉斯斯坦吐尔尕特山口（Torugart Pass）的这个商队驿站就是其中之一。

图片来源：Michael Runkel / Robert Harding / Glow Images

欧天主教徒的眼光来评价宗教。他对穆斯林最严厉，但似乎对佛教徒和印度教徒这些"崇拜偶像者"更宽容，他觉得他们很有趣。他还讲述了巫术和奇迹。由于《马可·波罗游记》一书深受欢迎，直到 16 世纪，马可·波罗对亚洲的看法一直是西方了解东方的主要来源。

打造的强大统一。14 世纪时，"蒙古治下的和平"戛然而止。

　　在这些动乱之后，一位蒙古血统的战士帖木儿（1370—1405 年在位）创建了一支由蒙古人、突厥人和波斯人组成的军队，对这些蒙古汗国发起挑战。帖木儿的征服大业可与成吉思汗的相媲美，但结果截然不同。他的军队掠夺了支撑商队路线的富裕城市。就这样，虽然帖木儿试图垄断利润丰厚的跨欧亚贸易，但他基本上摧毁了这种贸易。"蒙古治下的和平"的崩溃撕裂了欧亚大陆的商业纽带，刺激了欧洲人寻找通往中国的其他路线，并最终导致了 1492 年克里斯托弗·哥伦布的航行。

蒙古骑兵［乾隆皇帝等人私藏，15—16 世纪的水墨画］。与 14 世纪欧洲对蒙古人的描绘不同，这幅中国画准确地描绘了骑在马上的蒙古弓箭手的外貌、服饰和装备。

图片来源：Victoria & Albert Museum, London, UK / Bridgeman Images

奥斯曼土耳其人的崛起

蒙古军队的规模从来就不庞大，因此蒙古人一直通过吸纳突厥部落的人员来扩充军队。结果是，在蒙古以外，突厥人逐渐吸收了蒙古人。突厥语取代蒙古语成为主要语言，突厥人控制了蒙古人通过征服拼凑起来的中亚帝国的政府。与蒙古人（其中许多人仍是佛教徒）不同，突厥人成了穆斯林，并创建了一个异常活跃的扩张性的社会（见地图 11.2）。

在突厥各民族中，最成功的国家缔造者是奥斯曼人。奥斯曼帝国以奥斯曼一世（Osman I，1281—1326 年在位）的名字命名，他使奥斯

地图 11.2 奥斯曼帝国

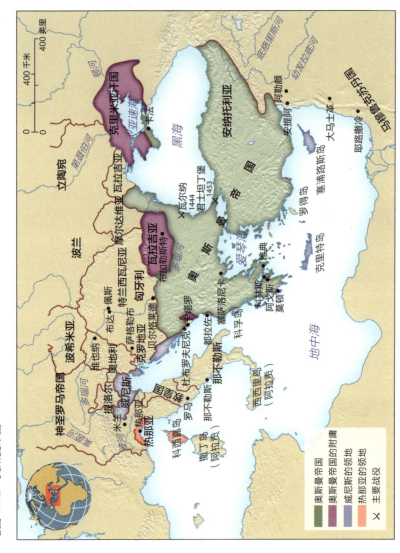

奥斯曼帝国由黑海以南的安纳托利亚的一个小公国扩张而来。奥斯曼人从那里向东扩张到库尔德斯坦和亚美尼亚。在西方，他们占领了整个希腊和巴尔干半岛的大部分地区。根据这幅地图，奥斯曼帝国的地理位置对其贸易和军事力量有何战略意义？

曼帝国显赫一时，奥斯曼王朝持续了 600 多年，直到 1924 年才结束。奥斯曼帝国的核心是安纳托利亚的一个小公国（今天土耳其的一部分），它在 14 世纪早期开始扩张，侵占了包括拜占庭帝国在内的实力较弱的邻国。奥斯曼帝国不是建立在民族、语言或种族统一的基础上的，而是建立在个人对奥斯曼帝国君主（苏丹）军事效忠的纯粹王朝网络上的。因此，帝国的活力依赖于苏丹个人的能力。奥斯曼人自认为是"加齐"（ghazis），即伊斯兰教的战士，致力于打败包括基督徒在内的多神崇拜者，因为在一些穆斯林看来，基督教三位一体的信仰和对众多圣徒的崇拜表明基督徒不是真正的一神教徒。在 14 世纪，奥斯曼帝国连续不断的游击行动逐渐削弱了拜占庭帝国的边境。

13 世纪中叶的拜占庭帝国摆脱了法兰克人骑士和威尼斯商人的统治，他们曾在 1204 年的第四次十字军东征中占领了君士坦丁堡。1261年，拜占庭帝国皇帝米歇尔八世巴列奥略（Michael VIII Palaeologus，1260—1282 年在位）重新夺回了这座伟大的城市。然而，复活的拜占庭帝国已经无法恢复当年的荣光。走投无路的巴列奥略王朝的皇帝向西欧寻求军事援助，以保卫自己不受奥斯曼人的侵犯。只能依靠雇佣军，又为内战所分裂，拜占庭人根本就不是所向披靡的奥斯曼人的对手。

奥斯曼人从他们在安纳托利亚的基地向四面八方发动袭击，派海盗舰队进入爱琴海，并在 1308 年进入欧洲后逐渐包围了君士坦丁堡。到 1402 年，奥斯曼帝国的领土已经扩大到一个世纪前的 40 倍。在这一个世纪的征战中，基督教和伊斯兰教的边界发生了变化。拜占庭帝国在巴尔干半岛的臣民落入奥斯曼帝国之手。作为东正教在巴尔干半岛的堡垒，脆弱的塞尔维亚在奥斯曼帝国的重压之下崩溃了。塞尔维亚第一次实现统一是在 12 世纪后期，并建立了独立于拜占庭帝国的政权和自治的塞尔维亚教会。虽然塞尔维亚人已经控制了一些前拜占庭帝国的行省，但他们在 1389 年的科索沃战役中败给了战无不胜的奥斯曼人。至今，对科索沃战争的哀叹仍是塞尔维亚民族认同的基石。

在奥斯曼帝国的压力之下，塞尔维亚的西部邻国波斯尼亚王国和黑塞哥维那王国在 15 世纪晚期走向衰落。在塞尔维亚，大多数人仍然信守塞尔维亚东正教，而在波斯尼亚和黑塞哥维那，讲塞尔维亚语的地主阶层为了保护他们的财产而改信伊斯兰教。同样被征服的农民也讲塞尔维亚语，他们仍然是东正教徒，把他们收成的三分之一交给穆斯林领主，这造成了相当大的怨恨和宗教紧张。奥斯曼人允许波斯尼亚人保留他们的领土身份和名称，这在奥斯曼帝国征服的省份中是独一无二的。

当"征服者"穆罕默德二世（Mehmed II, "The Conqueror", 1451—1481 年在位）成为奥斯曼帝国苏丹时，他开始消灭拜占庭帝国最后的残余。在 1451—1452 年的冬天，苏丹下令包围君士坦丁堡，这个曾经是世界上最大的城市人口从 100 万锐减到当时的不足 5 万。奥斯曼帝国的攻城战略是每天用巨型大炮轰击君士坦丁堡，使其屈服。最大的一门大炮有 29 英尺（约 8.8 米）长，能发射 1 200 磅（约 544 千克）重的石弹。它需要 200 名士兵和 60 头牛才能操控。每次发射都会产生大量热量，需要数小时才能冷却下来，然后才能再次发射。攻城是一项艰巨的任务，因为经过了 1 000 多年的建造、修缮和改善，君士坦丁堡的城墙非常坚固。然而，火药大炮这种新式武器使城墙显得不合时宜。火药是蒙古人从中国带来的，它逐渐使战争发生了革命性的变化。只要能把重炮拖到指定位置，攻破城墙只是时间问题。基督徒之间的不和也阻碍了君士坦丁堡城墙的防御。到最后，拜占庭皇帝被迫熔化教会的珍宝"以铸造硬币，分发给士兵、工兵和建筑工人，他们只关注私利，对公共福利漠不关心，除非先得到报酬，否则拒绝工作"[5]。

最后的攻击发生在 1453 年 5 月，战斗持续了不到一天。君士坦丁

奥斯曼帝国苏丹。1478 年，威尼斯画家真蒂利·贝利尼（Gentile Bellini）前往君士坦丁堡为征服了拜占庭帝国的苏丹穆罕默德二世画像。从此，基督教欧洲与奥斯曼帝国之间的碰撞成为西方历史上最重要的主题之一。虽然伊斯兰教禁止描绘人的形象，苏丹显然不反对一个基督徒为他画像。

图片来源：National Gallery, London / Art Resource, NY

堡沦陷后，奥斯曼帝国的军队一整天都在掠夺、强奸和奴役平民。在众多死者中并没有发现最后一位拜占庭皇帝君士坦丁十一世（Constantine XI）。君士坦丁堡的陷落标志着作为古罗马帝国残余的基督教拜占庭帝国的终结，但是罗马的理念并没有那么容易被抹杀。第一批居住在君士坦丁堡的奥斯曼帝国苏丹继续被称为"罗马皇帝"。

尽管西欧的君主在拯救拜占庭帝国方面几乎无所作为，但拜占庭帝国的灭亡还是让他们感到震惊。现在他们也很容易受到奥斯曼帝国的攻击。在接下来的 200 年里，奥斯曼人把君士坦丁堡当作基地来威胁基督教欧洲。匈牙利和东地中海的威尼斯帝国仍然是西方的最后一道防线，在接下来的几个世纪里，奥斯曼帝国多次对欧洲发动远征，包括两次对维也纳的围困（1529、1683）和几次对意大利的入侵。

蒙古帝国和奥斯曼帝国几百年的进攻重新绘制了西方的地图。欧洲发生的事件没有也不可能脱离东方的压力和影响。蒙古人的征服消灭了基辅罗斯。虽然蒙古人在 1238 年冬天烧毁了莫斯科，并在 1293 年洗劫了它，但是其偏远而又被森林覆盖的地方提供了一些安全保障，使其免受进一步的攻击和占领。结果，莫斯科和诺夫哥罗德共和国（完全逃脱了蒙古人的进攻）取代基辅成为后来的俄国的权力中心。奥斯曼帝国的征服也使穆斯林在欧洲境内，特别是在波斯尼亚和阿尔巴尼亚，长期存在下来。在接下来的几个世纪里，信奉基督教的欧洲和信奉伊斯兰教的奥斯曼帝国陷入一场致命的竞争之中，但它们也都受益于无数的文化交流和正常的贸易。双方之间的战争时有发生，但并非不可避免，其间也曾有长期的和平接触。事实上，西欧的基督教王国之间的战争要比它们与奥斯曼帝国之间的战争频繁得多。

经济萧条和社会动荡

14 世纪的经济大萧条给这个饥荒、瘟疫和征服的年代雪上加霜。到了这个世纪，11 世纪的农业革命和欧洲城市的复兴推动的经济繁荣和 12、13 世纪的商业繁荣都逐渐消失了。这场经济灾难的原因很复杂，但后果是显而易见的，企业破产，银行倒闭，行会陷入混乱，工人造反。

与此同时，经济大萧条的影响并不均衡。没有完全融入国际经济的东欧比西欧的情况要好些。许多农民的经济状况实际上得到了改善，因为农村人口减少而出现了劳动力短缺。地主被迫提高了农民的劳动和庄稼的价格，他们自己的财富减少了。城市工人发现自己无法承受上涨的食品价格，他们遭受的损失可能最大，因为他们的工资跟不上生活成本的增加。

国际贸易和银行业的崩溃

在蒙古帝国解体和帖木儿的征服之后，欧洲和亚洲之间的贸易减少了。中世纪欧洲的整个金融基础设施都与这种奢侈品的国际贸易联系在一起。主导奢侈品贸易、具有创业精神的意大利成功商人将巨额利润存入意大利银行。意大利银行家借钱给北欧的贵族和王室，为他们购买异国奢侈品和打仗提供资金。整个体系是相互促进的，但是也非常脆弱。随着奢侈品供应来源的中断，欧洲的金融网络崩溃了，导致了 14 世纪的经济大萧条。到 1346 年，欧洲银行业中心佛罗伦萨的所有银行都倒闭了。

从亚洲到欧洲带来异国物品的奢侈品贸易只占这种经济活动的一半，另一半是欧洲人用来交换的原材料和制成品，主要是羊毛布料。羊毛布料的生产依赖于一套复杂的经济体系，该体系将英格兰、荷兰和西班牙的牧民与城市里的羊毛布料制造商联系在一起。布料和其他商品的生产是由行会组织的，这是一种同业公会，致力于保护特定行业的特殊利益，垄断产品的生产和贸易。行会的兴起标志着一种转变，即从中世纪早期常见的由女性从事的家庭生产转向主要由男性在车间从事的工业生产。随着时间的推移，许多行会试图限制女性会员的加入。

行会有两种类型：第一类是商人行会，试图垄断当地某一特定商品的市场，其中包括香料行会、水果蔬菜行会和药剂师行会等。第二类是手工业行会，对木工、砖瓦工、毛料制造商、玻璃吹制工、油漆工等工匠的生产工艺进行规范。这些行会都是由自己经营店铺的行东主导的。在这些店铺里打工的是帮工，他们有手艺，但还开不起属于自己的店铺。在行东和帮工之下的是学徒，他们通常在没有报酬的情况下工作一定年限，学习一门技艺。

在许多城市，行会的职能远远超出了对贸易和制造业的经济管制，成为城市的社会和政治支柱。行东是城市精英的一部分，而作为行会成员的身份通常是担任公职的先决条件。市政府的职责之一就是保护行会成员的利益，而行会成员又通过在市政厅的影响力来帮助稳定经济。行会经常组织节日活动和体育比赛，向教堂捐赠，为其成员提供葬礼保险，并为受伤的成员和行东的寡妇提供福利。

在 14 世纪经济衰退时，城市行会加剧了社会紧张局势。行会垄断造成了相当大的冲突，在那些被阻止加入行会的人、低工资的帮工和那些因为经济大萧条而失业的人中间激起了愤怒。这些紧张局势演变成危险的叛乱。

工人起义

在意大利、荷兰和法兰西的城市中心地区的毛纺织工人中，经济上的压力引发了剧烈的反抗。最著名的是意大利佛罗伦萨毛纺织业的梳毛工起义，这里的行会是市政府中最强大的势力。那些从事最繁重的工作（如搬运）和最有害的工作（如染色）的梳毛工一直没有被允许建立属于自己的行会，因此他们被剥夺了行会成员才能享有的政治和经济权利。

到了 14 世纪中叶，佛罗伦萨的毛纺织品产量下降了三分之二，许多工人失业，这更加剧了梳毛工的不满。1378 年，绝望的梳毛工发动起义。人群高喊着"人民万岁，自由万岁"，冲进当地要人的住宅，释放了城市监狱里的政治犯，洗劫了富有的女修道院，因为那里住着有钱人娇生惯养的女儿们。在几个月的时间里，起义者强行进入了市议会，在那里他们要求实行赋税和经济改革，并要求获得建立属于自己行会的权利。梳毛工起义是工人要求政治权利的最早案例之一。被剥夺权利的工人们并不想消除行会对政治权力的垄断，他们只是想成立一个属于自己的行会，以便加入这个政权。然而，这是不可能的。在几周的成功之后，他们就被分化并镇压了。

在佛罗伦萨的梳毛工起义平息后不久，佛兰德的根特和布鲁日、法兰西的巴黎和鲁昂的毛纺织中心也爆发了起义。然而，在这些地方，叛乱不仅限于毛纺织工人，而且还涉及更为普遍的城市工人。在根特和布鲁日，织工们试图从主宰政治和经济的当地领导人手中夺取对城市的控制权。在 1380 年的巴黎和鲁昂，社会动荡源于对高税收的抵制和穷人对富人的攻击。

和城市工人一样，在动荡不安的 14 世纪，许多农村的农民也揭竿而起。1358 年，法兰西爆发了扎克雷农民起义。农民对贵族充满了仇恨，但农民只沉溺于掠夺、谋杀、强奸，而没有提出建立一种可替代的社会制度的方案，甚至没有提出自己要参与政治秩序的方案，因此他们的起义并没有产生持久的影响，他们很快就被贵族势力镇压了。

与法兰西的扎克雷农民起义不同，1381 年在英格兰参加起义的农民对建立一种可替代社会有一个清晰的政治愿景。这些起义者要求废除新税，降低租金，提高工资，结束农奴制。除此之外，他们还提出了一种基于等级的反对贵族的论据。这些起义者深受神父的影响，因为神父告诉他们，在伊甸园里从来就没有过贵族，因此英格兰的起义者想象了一个没有等级或等级制度的平等社会。然而，这场英国中世纪历史上最伟大的农民起义因没有兑现承诺无果而终。

14世纪的工人和农民起义没有一次获得持久的成功。尽管如此，这些起义第一次反映了西方下层阶级质疑和抗议现有的社会和经济秩序的呼声。在随后的几个世纪里，工人抗议的传统变得更加普遍。

战争的时代

在14世纪，英格兰和法兰西这两个最大、此前也最稳定的王国之间的长期战争进一步削弱了西欧。百年战争（1337—1453）是一场围绕英格兰王室在法兰西的领土主权而发生的战争。这场战争耗尽了英格兰和法兰西贵族的资源，加深并延长了经济大萧条。

君主政体的脆弱性

中世纪君主政体的稳定取决于国王。尽管英格兰和法兰西在12—13世纪进行了令人瞩目的法律改革，建立了君主政体的中央集权（见本书第10章），但在14世纪，软弱无能的国王还是很常见的。软弱无能的国王造成了一个危险的局面，而王位继承权的争夺使局势变得更加糟糕。英格兰的爱德华二世（Edward II，1307—1327年在位）的统治生涯就表明了这种危险性。爱德华二世无法控制王权的重要司法和财政机制。他延续了父亲爱德华一世的政策，引入了地方治安法官，取代了不完善的由巡回法官从一个村庄到另一个村庄审理案件的巡回法官制度。从理论上讲，这些治安法官本应阻止贵族对其管辖区的司法权滥用，然而，虽然他们是对国王负责的王室官员，但大多数被任命的治安法官是当地的地主，提交到他们的案件与他们有很深的牵连。结果，英格兰司法腐败变得臭名昭著，成为社会不满的原因。爱德华二世在应对腐败司法的后果方面极其无能，结果引发了一场内战。在这场战争中，他的王后站到了他的敌人贵族一方，一起将他推翻了。

法兰西的君主也好不到哪里去。事实上，法兰西国王的法律地位甚至还不如英格兰国王。在法兰西，国王只对一小部分领土拥有有效的管辖权。法兰西的许多公国和伯国是准独立的封国，对国王只有名义上的效忠，完全可以忽视国王的意志而不受任何惩罚。在这些地区，司法、税收和征兵都掌握在地方长官手中。为了解释为什么他需要增加赋税，"美男子"腓力四世（1285—1314年在位）于1302年第一次召开代表大会，即三级会议。即便如此，他仍然需要与每个地区和城镇单独谈判来征收税款。考虑到增加税款的困难，法兰西国王采取了一些损害经济的权宜之计，比如没收易受攻击的犹太人和意大利商人的财产，降低硬币的成色。这种体系使法兰西的财政尤其不稳定，因为国王缺乏可靠的收入渠道。

百年战争

百年战争揭示了中世纪君主政体的脆弱性。战争的最初起因是关于阿基坦（Aquitaine）公爵领地的争端。英格兰国王继承了阿基坦公爵的名号，而阿基坦公爵是法兰西国王的封臣，这意味着英格兰国王在理论上应该向法兰西国王提供军事援助，无论他们何时提出要求。多位英格兰国王都很不情愿地以阿基坦公爵的身份向法兰西国王表示效忠，但英格兰国王所拥有的公爵领地的特殊地位一直是争论的焦点。

战争的第二个起因是关于法兰西王位继承权的争夺。当国王查理四世于 1328 年去世时，与他血缘关系最近的亲属正是法兰西的大敌、英格兰国王爱德华三世（1327—1377 年在位）。对于法兰西的贵族来说，爱德华三世继承法兰西王位的可能性是不可想象的，他们把他排除在外，因为他和法兰西王室的联系是通过他的母亲。于是，他们选择了来自瓦卢瓦（Valois）家族的腓力六世（1328—1350 年在位）来继承王位。起初，爱德华三世勉为其难地接受了这个决定。然而，当腓力六世开始听取来自阿基坦公国的司法上诉时，爱德华三世改变了主意。爱德华自称为法兰西国王，引发了一个多世纪的战争（见地图 11.3）。

百年战争并不是一场持续不断的正式战争，而是一系列偶发的对阵战，其间穿插着长期的休战，漫长的战争也令双方精疲力竭。19 世纪的历史学家发明了"百年战争"一词来描述两国之间长期的纷争。法兰西要比英格兰富裕得多，人口数量是英格兰的三倍，因此法兰西比人口稀少的英格兰更有优势，但英格兰人通常会取得胜利，因为他们军纪严明，而且他们的长弓能粉碎敌军骑兵的冲锋。一般来说，英格兰人会避免正面交锋，而是更喜欢偷袭和围困孤立的城堡，以及为了赎金而俘获法兰西骑士。对许多英格兰人来说，在法兰西打仗的目的是通过抢劫来发财。因为所有的战斗都发生在法兰西的土地上，法兰西在英格兰的多次袭击中遭受了广泛的破坏和大量的平民伤亡。

从英格兰的胜利到法兰西的救赎

在战争初期，英格兰人取得了一系列惊人的胜利。在 1340 年的斯鲁伊斯海战（Battle of Sluys）中，一支由 150 艘船组成的英格兰小舰队冲进了由 200 多艘船组成的法兰西封锁线。在这场激烈的肉搏战中，英格兰人俘获了 166 艘法兰西船只，杀死了大约 2 万法兰西人，人数之多，以至于后来有人说："如果鱼会说话，它们一定会说法语。"在

1415 年的阿金库尔战役（Battle of Agincourt）中，英格兰国王亨利五世（1413—1422 年在位）和英格兰饱受疾病折磨的 6 000 人军队被大约 2 万人的法兰西军队切断后路。然而，在随后的战斗中，英格兰弓箭手击退了法兰西骑兵仓促的冲锋，受惊而逃的战马把正在前进的法兰西骑士踩伤或踩死。结果，英军只损失了几百人，而法军却损失了近万人。在阿金库尔战役之后，法兰西人再也不敢与亨利五世率领的军队发生正面交锋，被迫承认他是法兰西王位的继承人。

英格兰似乎取得了彻底胜利，但是亨利五世于 1422 年去世，出现了两位争夺法兰西王位者。英格兰人主张英王亨利五世的尚未成年的儿子亨利六世的权利，而大多数法兰西人认为应该由已故法兰西国王查理六世的唯一在世的儿子"王太子"（Dauphin，王位继承人的头衔）查理继承王位。分别支持这两个对手的法兰西贵族卷入一系列的血腥战斗，百年战争进入了一个新的阶段，战争现在既是王国之间的战争，也是内战。

到了 1429 年，英格兰再次接近最终的胜利。英军占领了巴黎和兰斯，包围了奥尔良。"王太子"查理身无分文，彷徨无计。甚至他自己的母亲也否认他作为未来国王的合法性。在此关键时刻，一位目不识丁的勃艮第农家少女贞德（Joan of Arc，约 1412—1431）在"上帝的声音"的引导下，来到奥尔良领导法军。在她的鼓舞下，解了奥尔良之围，法军开始打败英军，收复了大部分被英格兰占领的领土，"王太子"查理在兰斯大教堂被加冕为查理七世（1429—1461 年在位）。然而，在贞德重新夺取巴黎的尝试失败后，她的成功走到了尽头（见本章"历史上的正义"专题）。法军的最终胜利源于国王查理七世的领导和英军的普遍疲惫。

查理七世重组了法兰西军队，逐渐削弱英格兰在法兰西的势力，最终在 1453 年夺取了阿基坦。英格兰失去了除加来（Calais）以外在法兰西的所有领地，而加来最终也于 1558 年被法兰西收回。战争的结局

地图 11.3　百年战争

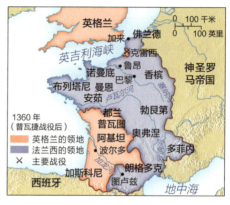
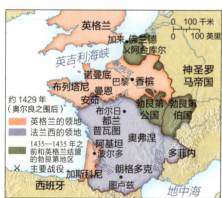
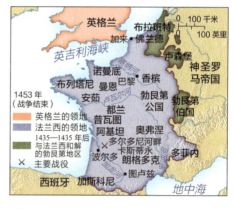

这组地图描绘了百年战争的四个阶段。在第一个阶段（1337），英格兰在法兰西西南部保持了一个小据点。在第二个阶段（1360），英格兰大幅扩张了阿基坦周围的领土，并在法兰西西北部获得了一个至关重要的基地。在第三个阶段（约1429），英格兰占领了法兰西西北部的大部分地区，英格兰的盟友勃艮第确立了脱离法兰西统治的独立地位。在战争的最后一个阶段（1453），除了加来以外，英格兰已经被赶出法兰西领土，勃艮第仍然控制着大部分分散的领土。法兰西统治地位的频繁变化可能带来了什么影响？

并没有订立和平条约，只是在法兰西进行的战争逐渐消歇，尤其是在英格兰陷入内战即"玫瑰战争"（War of the Roses，1455—1485）之后。

正确看待百年战争

百年战争产生了广泛影响。第一，西方两个最强大的王国之间几乎持续不断的战争也加剧了其他冲突。苏格兰、德意志的诸侯、阿拉贡、卡斯蒂利亚，最重要的是勃艮第，都卷入了这场冲突，让英法战争在某些阶段成为一场欧洲范围的战争。法兰西和英格兰之间的争端也让解决同一时期的教会"大分裂"（Great Schism）变得更加困难。第二，战争重创了法兰西，它虽然最终重新控制了大部分领土，但仍然遭受了最大的打击。在长达一个世纪的战争中，由于战争、掠夺和瘟疫的蹂躏，人口减少了一半。第三，这么多贵族的死亡和他们的财富的毁灭影响了国际奢侈品贸易。远在意大利的商人和银行都破产了。此外，战争破坏了佛兰德的毛纺织业，造成进一步的经济损失。最后，战争使英格兰更加英格兰化了。战前，英格兰的金雀花王朝与其说是英格兰的，不如说是法兰西的。金雀花王朝在法兰西拥有大片领土，并且卷入法兰西事务之中。英格兰贵族同样在法兰西拥有产业，他们说法语，并与其法兰西的远亲联姻。1450 年以后，英格兰人割舍了自 1066 年"征服者"威廉从诺曼底航行到英格兰以来横跨英吉利海峡的许多联系。从此以后，英格兰上层社会培育的是英语和英国文化而不是法语和法国文化。

军事革命

"军事革命"最初在百年战争期间开始显现出来，一直持续到 17 世纪。它所指代的是战争中的变革，标志着从中世纪晚期到近代早期国家的转变。步兵逐渐取代自加洛林时代起就支配着欧洲战争和社会的重装骑兵，成为战场上最有效的作战单位。步兵部队由纪律严明的步兵组成，这使得他们能够通过集中火力进行致命扫射来粉碎骑兵的冲锋。和需要平坦的地面和战马活动空间的骑兵相比，步兵可以在更多样的地形上战斗。步兵的战斗力使战争变得更加残酷，但也更有决定性，这就是各国政府更加青睐步兵的原因。然而，步兵对招募他们的政府提出了新的要求。军队现在需要大量训练有素、可以在战场上整齐行进的步兵。士兵的招募和训练使军队的组织比以前复杂得多，军官需要具备广泛的管理技能。政府面临着额外的开支，因为政府需要安排后勤支持，并为此支付必要的费用，以养活和调动这么多的人。高度集权的近代国家的产生部分上是由于必须维持一支庞大的军队，其中步兵发挥了关键作用。

步兵使用各种武器。在百年战争期间，英格兰的长弓手展示了他们的威力。阿金库尔战役中的英格兰长弓手比法兰西弩手的射速快得多，他们躲在仓促立起来的尖木桩后面，向法兰西骑兵射出致命的箭雨，瓦解了其冲锋。在这个夹在两片森林中间的狭窄战场上，法兰西骑兵没有足够的机动空间。当他们中的一些人下马以创造更多的空间时，他们厚重的盔甲使他们很容易摔倒，也很容易被敌人从盔甲腋下接缝处刺穿。一些英格兰步兵部队采取了长矛阵的队形，他们用矛头形成了一道无法穿透的长矛墙。

14—15世纪的军事革命也将火药引入欧洲战争。随着蒙古人的入侵，火药从中国传入西方，首先被用于火炮。从14世纪20年代开始，围攻的军队用巨大的熟铁加农炮向防御工事发射石弹或铁弹。到16世纪早期，青铜前膛大炮被用于战场。15世纪末出现了手枪和火绳枪（步枪的前身），加上训练有素、纪律严明的步兵，可以构成毁灭性的火力。火绳枪射击能够穿透盔甲，而弓箭射上去却会被弹开。然而，这些大炮的发射速度较低，需要精心设计作战策略。在1500年前后，西班牙采用了

历史上的正义

审判圣女贞德

在鼓舞法军士气的第 16 个月，贞德就落入了英军的手中。1431 年，英军以巫术罪将她带到鲁昂受审。英军需要举行一场审判表演，向他们士气低落的军队证明，贞德的非凡胜利是巫术的结果，而不是军事优势的结果。在英格兰人对她的审判中，贞德做证说，她只是在回应自己所听到的让她女扮男装的神圣的声音。基于她的异装行为，教会法庭宣布她为女巫和故态复萌的异教徒，并判处她火刑。

从贞德出现在政治舞台上开始，她所听到的声音就指导着她的每一步行动。她声称自己听到了圣凯瑟琳（St. Catherine）、圣玛格丽特（St. Margaret）和大天使米迦勒（Archangel Michael）的声音。对贞德来说，这些声音带有神圣命令的权威。英格兰审判官面临的问题是要证明她听到的声音是来自恶魔而不是上帝。如果能够证明这一点，那么他们就有了判她巫术罪的证据。他们知道，根据标准的宗教审判指南，来自上帝的真实信息总是会符合教会的教义。任何对官方教义的背离都将构成受到了恶魔影响的证据。因此，在对贞德的审判中，审判官要求她做出对她来说十分陌生的宗教区分。当他们问到这些声音是来自天使还是来自圣徒的时候，贞德显得很困惑，回答说："这个声音来自上帝……比起回答你，我更害怕说出那些令他们不悦的话会让他们失望。"[6]审判官不断地追问圣徒或天使是否有头、眼睛和头发。贞德被激怒了，她干脆回答道："我已经告诉过你很多次了，你如果愿意的话就相信我。"

审判官们重新表述了贞德的话，以反映他们自己严格的宗教分类，并得出结论说，她"对圣徒的崇拜似乎有偶像崇拜的因素，并且源自她与恶魔的契约。这些与其说是上帝的启示，不如说是她编造的谎言，或者在幻觉中魔鬼向她暗示或展示的谎言，目的是嘲弄她在对超出自己的能力和理解力的事情进行干预时的想象力"。[7]换句话说，贞德太天真，没受过教育，不可能真正受到上帝的启示。但英格兰审判官的立场很危险，因为在过去的 50 年里，出现了许多著名的女性神秘主义者，包括锡耶纳的圣凯瑟琳和瑞典的圣布里吉特（St. Bridget），教皇已经承认她们的启示是真实的。英格兰人不能冒这样的风险，即他们处死了一位真正的圣徒，于是他们改变了策略。

圣女贞德。1428 年 3 月 6 日，圣女贞德到希农城堡（Château de Chinon）。
图片来源：Classic Image / Alamy

　　他们如果无法因为错误的信仰而定她的罪，就需要寻找她从事迷信活动的证据。为了做到这一点，他们罗列了 70 项对贞德指控。这些指控中有很多是关于施魔法的，比如念咒语、夜间拜访魔法树以及召唤恶魔。他们试图通过暗示一个年轻人因为她不道德的生活而拒绝和她结婚来证明她的不良行为。他们断言她的教母是一个教过她巫术的臭名昭著的女巫。然而，这些策略都没有奏效，因为贞德一直否认这些指控。然而，她承认了一项指控，即她女扮男装。

　　对她的一些指控和许多审判官的问题涉及她的穿着：

　　　　传说她脱掉并完全抛弃了女装，像年轻男子一样把头发剪得又短又圆，她身穿衬衫、马裤、紧身上衣和长筒袜，长筒袜和紧身上衣扣在一起，外面系着长绑腿，身披一件长及膝盖的披风，头戴一顶窄边帽，穿着紧筒的靴子或短靴，佩着长长的马刺、剑、匕首、胸甲、长矛和其他骑士的武器。[8]

　　审判官们向她解释说，根据教规和《圣经》，女扮男装的女性或男扮女装的男性"是上帝所憎恶的"[9]。她简单而坚定地回答说："我所做的每一件事，都是听从上帝的声音而做的。"身穿男装"是为了法兰西的利益"。[10] 当他们要求她穿上女人的衣服去参加星期天的圣餐礼时，她拒绝了，说圣餐的奇迹并不取决于她穿的是男人的衣服还是女人的衣服。在许多场合，她都被要求穿上女人的衣服，但她都拒绝了。"她说，至于女性的职责，已经有足够多的其他女性来做了。"[11]

经过长期的监禁和审判官的心理压力，贞德承认了巫术的指控，签署了一份放弃异端邪说的声明，并同意穿上女装。她被判终身监禁，只能靠面包和水为食。她为什么会认罪？一些历史学家认为，她是被欺骗才认罪的，因为宗教裁判官真正想要的是处死她，但除非她是一个再犯的异教徒，否则不能这样做。要成为再犯的异教徒，她必须先认罪，然后继续从事异教徒行为。如果这就是审判官的意图，贞德很快就满足了他们。在监狱里待了几天后，贞德脱掉了给她的女装，又开始穿上了男装。

贞德宁愿被绑在火刑柱上烧死，也不愿违抗她所听到的声音。这是为什么呢？历史学家们永远也不会知道确切的答案，但是为了履行她作为军事领袖的职责，她穿得像个男人可能是必要的。在其军旅生涯中，贞德具有骑士精神的男性特质：勇敢、坚定、忠诚，愿意接受痛苦和死亡。她通过装扮成骑士，可以让自己显得更加可信。对贞德的定罪不仅仅是男人试图控制女人的又一个例子。贞德越轨的性别身份威胁着整个基督教神学所依赖的清晰的等级划分体系。对于神学家来说，上帝创造的一切都有其自身的适当位置，任何人改变他或她在社会中神授的位置都是对上帝的直接侮辱。

混合步兵编队以实现"冲击"和"射击"战术。西班牙的长矛兵提供了冲击，紧接着是射击。这种技术和战术的结合使得西班牙步兵即使在没有防御工事的情况下也能在开阔的战场上击败骑兵，这是一项史无前例的壮举。到15世纪末，每一支军队都有受过训练的步兵。

军事革命促进了欧洲社会的重大转变。最成功的是那些建立了必要的财政基础和官僚机构的国家，因为只有这样才能将由步兵部队和炮兵部队组成的专业军队投入战场。优良的陆军需要有能力的军官去担任炮兵军官，他们既能训练步兵，又理解战争科学。

英格兰长弓手。在 1346 年的克雷西战役（Battle of Crecy）中，英格兰弓箭手使用了长弓。在图中，右边的英格兰长弓手正在射杀左边的法兰西弩手。由于在两次射击之间要转动曲轴才能将弓弦收回来，弩的射击频率比长弓要慢得多。
图片来源：Everett Historical / Shutterstock

混乱的教会和对宗教慰藉的需求

14 世纪，面对苦难和大规模的死亡，许多人转向宗教寻求精神上的慰藉，并试图解释问题出在哪里。但在这一时期，教会的精神权威被严重削弱，无法满足民众对慰藉的渴求。在 11—13 世纪，道德领导力使教皇成为强大的改革力量，但是到了 14 世纪，这种领导力消失了。许多普通信徒找到了自己的宗教表达方式，因此中世纪后期成为基督教历史上最具宗教创造性的时代之一。

教会的"巴比伦之囚"和"大分裂"

由于罗马当地贵族之间持续不断的争斗，罗马城一片混乱，一连七任教皇选择驻在相对安宁的阿维尼翁。这段教皇自愿流亡的时期被称为教会的"巴比伦之囚"（1305—1378），暗示了《圣经》中提到的犹大人的"巴比伦之囚"（公元前586—前538）。在这一时期，教皇们听命于法兰西国王，危险地将教皇的权力政治化，破坏了教皇超脱于欧洲君主之间的纷争并成为所有人的精神权威的能力。这些驻在法兰西的教皇虽然从来没有对法兰西国王唯命是从，但法兰西国王的敌人并不信任他们。由于丧失了来自意大利土地的收入，几位教皇开始诉诸一些不正当的生财之道，包括接受被任命教职者的酬金，在司法裁决中收受贿赂，出售允许忏悔者赎罪并缩短其在炼狱中受惩罚时间的赎罪券。

当教皇乌尔班六世（1378—1389年在位）宣布有意回驻罗马时，一群心怀不满的法兰西枢机主教回到阿维尼翁，选举了一位与之对立的法兰西教皇。从此，教会分裂成拥护意大利的教皇的一方和拥护法兰西教皇的一方，这个时期被称为教会"大分裂"时期（1378—1417）。在这一时期接近尾声时，实际上有三位教皇相互竞争。在教会"大分裂"时期，欧洲的国王、诸侯和城市分别效忠于不同的教皇。导致教会分裂的是相互竞争的政治联盟，而不是教义上的分歧。

大公会议运动（Conciliar Movement）试图创造一种机制，以结束这种分裂。然而，这次运动也试图限制教皇在理论上和实践上的权威。他们争论说教会的主教大会或者大公会议的权威凌驾于教皇之上。国王可以召集这样的大公会议来进行改革，对在位的教皇进行审判，或者召开枢机主教会议来选举一位新的教皇。在15世纪早期，为了解决教会分裂和实行改革，教会召开了几次大公会议，但政治事务和教会事务的交织使得解决方案难以实现。康斯坦茨公会议（Council of Constance,

1414—1417）最终成功地恢复了教会的统一，并正式确立了大公会议的权威高于教皇并要经常召开大公会议的原则。巴塞尔会议（Council of Basel，1431—1449）批准了一系列必要的改革，但反对大公会议运动的教皇尤金四世（Eugene IV，1431—1447 年在位）从未实施这些改革。即使是巴塞尔会议的这种温和改革也失败了，这为 16 世纪的新教改革中对教皇权威更激进的反抗铺平了道路。

寻找可替代的宗教信仰

教皇们在教会的"巴比伦之囚"和"大分裂"期间道德权威的沦丧为各种各样的改革者、神秘主义者和布道者开辟了道路。这些运动在教义上大多是传统的，但也有一些是异端的。被削弱的教皇无法像在 13 世纪对阿尔比派发动十字军运动那样控制他们。

反对教皇的抗议：新异端

在 14 世纪，对大多数天主教徒来说，宗教生活包括见证或参与七项圣礼，即通常在教堂里由神父主持的正规仪式。除了每一个婴儿都要接受的洗礼之外，成人最常见的圣礼是告解礼和圣餐礼。这两种圣礼都强调了神职人员对普通信众的权威，因此可能会引发怨恨。告解礼要求普通信徒向神父忏悔自己的罪过，神父会为其指定一些惩罚来赎罪。在圣餐礼上，人们相信神父把一种被称为"圣饼"的没有发酵的面饼圣化成了基督的圣体，把一杯葡萄酒圣化成了基督的圣血，这是一个被称为"圣餐变体论"的神奇过程（见本书第 10 章）。神父和领受圣餐的俗人都可以吃圣饼，但圣酒只留给神父享用，这一点最为明显地象征了神职人员的特权。由于中世纪的天主教主要是一种圣礼宗教，改革者和异教徒倾向于把他们的批评聚焦在圣礼仪式上。

对教皇权威和其他神职人员的特权与圣礼效力最严重的不满出现在英格兰和波希米亚（今天捷克共和国的一个地区）。牛津大学教授约翰·威克里夫（John Wycliffe，1330—1384）批评了神职人员的权力，反对教会拥有财产，淡化了圣礼在鼓励道德行为方面的价值，而推崇布道的好处，因为这可以促进个人的责任感。在教会"大分裂"时期，威克里夫拒绝了两位敌对教皇的权威，相反，他主张《圣经》的绝对权威，他想用英语让普通信众接触到《圣经》，因为他们中的大部分人不懂拉丁语。

在英格兰之外，威克里夫的思想在波希米亚的布拉格大学的一群改革派教授中找到了最富有同情心的拥护者。扬·胡斯（Jan Hus，1369—1415）经常在那里向大批民众布道。胡斯最具革命性的举动是将圣餐酒分给普通信众，饼酒同领，此举象征性地削弱了神职人员的特殊地位。胡斯还布道反对赎罪券，他说这把告解礼变成了一种现金交易，结果教皇约翰二十三世把他逐出了教会。胡斯参加了康斯坦茨公会议，为自己的观点辩护。尽管神圣罗马帝国的皇帝（其管辖范围包括波希米亚和康斯坦茨）承诺会保证他的安全，这本来应该使他免于被逮捕，但胡斯还是被关入监牢，他的作品受到谴责，他被作为异教徒活活烧死。

威克里夫和胡斯发起的一些运动在他们死后延续下来。在英格兰，威克里夫的追随者是罗拉德派（Lollards），而在波希米亚，胡斯派信徒继承了胡斯的改革思想。这两个教派最终都被16世纪的新教改革吸收。

效法基督：近代虔诚运动

在14—15世纪宗教动荡的氛围中，许多基督徒寻求比制度化的教会所能提供的更深层次的精神慰藉。通过强调个人虔诚、道德行为和高度的宗教教育，一场建立在原有的灵修传统上的"近代虔诚运动"产生了很大的影响。在荷兰建立的教团"共同生活弟兄会"（Brothers of the Common Life）的推动下，近代虔诚运动在整个北欧特别盛行。在这个教团里，神职人员和普通信徒生活在一起，不需要立修道誓言，共同分担家务，定期参加祈祷，并从事宗教研究。女性也建立了一个与此类似的组织。共同生活弟兄会的世俗信徒继续从事他们在外界的活动，他们通过虔诚的榜样作用影响他们的邻居。这个教团建立了学校，男孩们通过持续的祷告和严格的拉丁语训练，为将来的教会生涯做准备。16 世纪新教改革的很多领军人物曾就读于共同生活弟兄会开办的学校。

15 世纪晚期的畅销书《效法基督》（Imitation of Christ）也扩大了近代虔诚运动的影响。这本书大约写于 1441 年，作者是共同生活弟兄会的一个普通成员，可能是托马斯·厄·肯培（Thomas à Kempis）。《效法基督》是一本灵修指南，强调频繁的个人祈祷和道德反省，引导俗众走上精神重生之路，而传统上这条道路是为修士和修女预备的。这本书并没有多少改革的因素，而是强调了需要定期忏悔和参加圣餐礼。然而，它的流行彻底打破了修道院的高墙，产生了大量的俗世信徒，他们致力于成为邻居道德纯洁的活生生的榜样，从而为教会的广泛改革铺平了道路。

死亡文化

在 14 世纪和 15 世纪早期，无所不在的暴力和死亡引起了广泛的焦虑。这种焦虑有许多表现形式。一些人踏上了漫长的前往圣地或圣徒墓地的悔罪朝圣之路。在 14 世纪，朝圣旅途中的磨难成为人生旅途本身的一个隐喻，激发了具有创造性的文学创作。还有一些人试图把灾难

不同的声音

教皇君主制之争

　　中世纪最极端的教皇权威主张来自教皇卜尼法斯八世（1294—1303年在位）。在1296年颁布的教谕《教俗敕谕》（Clericis Laicos）中，他声称，无论是皇帝和国王，还是城镇的低级官员，任何不经教皇允许而向教会征税或没收教会财产的世俗统治者都将会被逐出教会。1302年，在与法兰西国王的激烈冲突中，卜尼法斯八世在《神圣一体敕谕》中大胆地拒绝了世俗君主对教会的任何管辖权。

摘自卜尼法斯八世的《神圣一体敕谕》

　　福音训示我们：教会的权威有两把剑，一把是属灵的，一把是属世的……而属灵的与属世的这两把剑都在教会的权威之下。前者该由教会应用，后者该为教会而应用；前者是属于神父的，而后者是属于君王和军队的，但是应该按神父的意愿与默许而应用。但一把应该隶属于另一把，即属世的权威应该隶属于属灵的权威……因此，我们宣布，我们主张，我们断言：对于每一个人的救赎来说，服从罗马教皇是完全必要的。

资料来源：*The Middle Ages*, ed. Brian Tierney. 3rd ed. (New York: Alfred A.Knopf, 1978), vol. 1, pp. 321-22.

　　卜尼法斯八世的激进主张在中世纪的君主中并不受欢迎，在今天的政府中也不会受欢迎。法兰西国王腓力四世不仅派兵到卜尼法斯八世在阿纳尼（Anagni）的藏身之处，试图迫使他退位，而且在卜尼法斯八世去世后没过几年，教皇的教座就搬到了法兰西。在14世纪，一些神学家和政治思想家试图反驳卜尼法斯八世，并主张自治的世俗国家的权威。在下面这段话中，奥卡姆的威廉（William of Ockham，1299—1350）为皇帝不受教皇干涉的自由辩护，甚至质疑异端的或不道德的教皇对教会本身的权威。

摘自奥卡姆的威廉的《论辩集》(*Dialogus*)

每一个可以在不经他人同意或授权的情况下为自己制定法律的民族、社区和个人，都可以在不经他人授权的情况下选举某些人代表整个社区或团体……此外，如果这样选出的人在同一时间聚集在一起，他们就构成了一个大公会议，因为大公会议就是代表整个基督教世界的某些人的集会。因此，在没有任何非天主教徒和非信徒授权的情况下，可以召开大公会议，因此，在没有异端教皇授权的情况下，也可以召开一次全体会议。

资料来源：*The Middle Ages*, ed. Brian Tierney. 3rd ed. (New York: Alfred A. Knopf, 1978), vol. 1, pp. 321–22.

归咎于某人。寻找替罪羊的矛头主要指向少数群体，尤其是犹太人和穆斯林。

死亡提醒

在西方文明的其他任何时期，死亡的观念都没有像在 14—15 世纪的流行文化中那样普遍。在宗教书籍、文学作品和视觉艺术中，"死亡提醒"成为一个主题。当时一本道德指南建议读者："当你上床睡觉时，你不应该认为你是自己上床睡觉，而应该想象成是别人在把你放进坟墓里。"[12] 对死亡的提醒成了神父讲道的日常主题，流行的版画以简单却令人不安的图像来表现死亡。这种死亡提醒告诉人们，每个人的未来既不是功名利禄，也不是爱情或快乐，而只有死亡后的腐烂，以此来鼓励人们此生的道德行为。

最著名的死亡提醒是"死亡之舞"，它最早出现在 1376 年的一首诗中，后来演变成一出街头戏剧，通过表演来阐明呼吁忏悔的布道。"死亡之舞"也出现在教堂壁画中，描绘了一个由骷髅领导的游行队伍，其中包括社会各个阶层的代表，从儿童和农民到教皇和皇帝。所有的人都

死亡之舞。这幅 15 世纪晚期的版画说明了当时人们对死亡的迷恋。骷髅在跳舞和演奏乐
器。右边的尸体托着他自己的内脏。

图片来源：Sheila Terry / Science Source

跳起舞来迎接不可避免的死亡。在巴黎的圣洁无辜者公墓，描绘死亡之
舞的壁画上的题词是这样的：

　　　前进吧，在我们身上看到你们自己，死亡，赤裸，腐烂，
发臭。你也会的……生活中若不考虑这一点有下地狱的危
险……权力，荣誉，财富，什么都不是，死的时候只有善行才
有价值……每个人每天至少应该想一次自己那令人厌恶的结

局，以逃脱那无法形容的无尽地狱可怕的痛苦。[13]

在更早的几个世纪里，坟墓壁画上把死者描绘得很安详：墓碑顶端放着逝者的塑像，穿着最好的衣服，双手虔诚地交叉放在胸前，眼睛睁开，目光中充满对永生的期盼。相比之下，到了 14 世纪，坟墓壁画开始描绘腐烂的尸体或赤裸的骷髅，这些象征着人类地位和成就的徒劳。这些坟墓以一种令人不安的生动方式提醒着人们死亡。同样，诗歌中也提到恶臭的腐尸、铁青色的瘟疫受害者和冰冷的死尸。

中世纪晚期的社会对死亡的不愉快过程是完全坦率的，不像近代社会那样把死亡的人藏在医院里，把哀悼会和殡仪馆分开。死亡是一个公共事件，几乎是一场戏剧表演。天主教会的临终仪式和"死亡艺术"有助于帮助灵魂在上帝面前接受最后的考验，并使死者与他们的亲人分离。根据在众多的劝告书和插图中描绘的"死亡艺术"，病人或伤者应该死在床上，周围全是人，包括孩子。基督徒相信，垂死之人会看到一个只有他或她能够看到的超自然景象，即天国军将与撒旦和他的魔鬼仆从为争夺其灵魂而战。"死亡艺术"将临终之争比作一场可怕的棋局，在这场棋局中，魔鬼尽其所能，在临终的一刹那将一个垂死的人将死。在最好的情况下，一位神父及时赶到，听取其忏悔，说一些安慰的话，鼓励垂死的人原谅自己的敌人，纠正错误，并进行临终圣事。

朝圣之旅

在中世纪，朝圣是一种宗教认可的逃避无处不在的痛苦和危险的方法。虔诚的基督徒可以去朝圣，他们会去圣地耶路撒冷、罗马，或者圣徒的墓地，如西班牙的圣地亚哥－德孔波斯特拉（Santiago de

《七罪宗和最终四事》[木板油画，68744 局部，耶罗尼米斯·博斯（Hieronymus Bosch，约 1450—1516）]。在这个死亡场景中，临终者从神父那里接受临终涂油礼（临终仪式）。一名修士拿着一个十字架让他凝视。在他的头顶上，恶魔和天使正在争夺他的灵魂，而在他身后，死神正在等候时机。

图片来源：Prado, Madrid, Spain / Bridgeman Images

Compostela）、英格兰的坎特伯雷或波兰的琴斯托霍瓦（Częstochowa）。朝圣的动机通常是履行对上帝的誓言或承诺，或获得赎罪券，这可以减少朝圣者死后在炼狱中受惩罚的时间。朝圣成了精神解放和摆脱困境的方法。因此，朝圣成了创造性文学的一个令人瞩目的主题，尤其是在 14 世纪。并非所有这些伟大的文学作品都是虚构的朝圣之旅，但很多作品唤起了朝圣者的一种冲动，即在日常生活的困难中寻求庇护，或在未来美好生活的承诺中寻求慰藉。

但丁和《神曲》

在《神曲》（*The Divine Comedy*）中，来自佛罗伦萨的意大利诗人但丁·阿利基耶里（Dante Alighieri，1265—1321）想象了一次有史以来最奇幻的朝圣之旅，一次穿越地狱、炼狱和天堂的旅行。《神曲》是一部独创性惊人的作品，至今仍是中世纪文学中最伟大的杰作。关于但丁的早年生活，我们所知甚少，只知道他获得了希腊哲学、经院哲学神学（把逻辑学运用于理解基督教，在本书第 10 章中讨论过）、拉丁文学和当时新流行的法兰西南部普罗旺斯语诗歌等方面的知识。但丁卷入了危险的佛罗伦萨政治旋涡中，导致了他被放逐，他如果回来就会被处死。但丁在放逐中流浪多年，饱尝失去家园的痛苦："吃人家的面包时，心里是多么辛酸……走在人家的楼梯上，内心是多么艰难。"（《神曲·天堂》，第 17 歌）在流放中，他写下了人类命运和上帝救赎计划的伟大诗篇，以此来支撑自己。

在这首诗中但丁走进了基督教设想的来世。但丁的旅程最初由代表古代智慧的拉丁诗人维吉尔引领，从地狱开始。当但丁来到严酷的地狱深处时，一群罪恶之人居住在这个被诅咒的世界，他们警告但丁注意这个世界有害的价值观。在炼狱中，他的向导变成了但丁已故的情人贝雅特丽齐（Beatrice），她代表了基督教的美德。在诗的这一部分，他开始了痛苦而漫长的灵魂救赎之旅，在此过程中，他接受了基督教将人生视为一场朝圣之旅的观念。在天堂里，他通过与过去那些与死亡抗争的人物交谈来达到精神上的完满。尽管这首长诗有浓厚的基督教色彩，但它也展现了许多非基督教的影响。如穿越地狱的内容就出自一首再现穆罕默德"登霄"（miraj，即通往耶路撒冷和天堂的夜行之旅）的穆斯林长诗。

这首诗又长又艰涩，却有着持久的魅力，这实在是一个奇迹。《神曲》的吸引力在于它的乐观精神，这种精神表达了但丁对令人沮丧的流放境遇的自我慰藉。但丁诗歌的力量确立了近代意大利语言的形式。即使被翻译成其他语言，其中的形象和故事依然很迷人。

杰弗里·乔叟和《坎特伯雷故事集》

杰弗里·乔叟（Geoffrey Chaucer，约1340—1400）是威廉·莎士比亚之前最杰出的英国诗人。作为一名廷臣和外交官，乔叟曾是深受三任英格兰国王信赖的顾问，但他最为人所知的是他的文学成就，包括《坎特伯雷故事集》(The Canterbury Tales)。

在《坎特伯雷故事集》中，由30名朝圣者组成的队伍在骑马前往坎特伯雷圣地的途中轮流讲故事。乔叟把朝圣之旅作为讲故事的框架，这让他把不同社会阶层的人聚集在了一起，包括家庭主妇、赎罪券兜售者、磨坊主、镇法官、书记官、地主、律师、商人、骑士、女修道院院长和修士等。讲故事的形形色色的人物使乔叟得以尝试各种各样的文学形式，从骑士传奇到布道文。这次朝圣将宗教道德的考量与春假的乐趣结合起来。许多朝圣者更关心现世的欢乐，而不是为来世做准备，这是他们公开宣称的朝圣目的。在这种世俗故事和宗教故事的交织中，乔叟把基督教道德的抽象原则降低到一个常人可以理解的程度。

克里斯蒂娜·德·皮桑及其对女性美德的辩护

诗人克里斯蒂娜·德·皮桑（Christine de Pisan，1364—1430）的作品不像但丁或乔叟的作品那样是一次精神朝圣，而是对她那个时代动荡问题的深思熟虑和充满激情的评论。15岁时，皮桑嫁给了法兰西国王查理五世的一位公证人，但25岁时，她就成为寡妇，并且还有三个年幼的孩子。为了养家糊口，她开始写作，依靠法兰西、勃艮第、德意志和英格兰的王室和富有贵族的资助。

皮桑在男性主导的社会中支持女性事业。她追随那个时代的潮流，创立了一个新的骑士团，即"玫瑰骑士团"，其成员发誓捍卫女性的荣誉。她为男性读者写了一本为女性辩护的书和一本寓言式的自传。但她最出名的是为女性读者写的两本书，《妇女城》（*The Book of the City of Ladies*）和《淑女的美德》（*The Book of Three Virtues*），都成书于1407年左右。在这些著作中，她讲述了女性的勇敢和美德，并为处于不同社会角色的女性提供了道德指引。1415年，她隐退到一所女修道院里，在那里她在生命的最后一年写了一篇充满激情的抒情诗杰作，歌颂圣女贞德的早期胜利。这一作品将殉道的贞德变成了法国的女英雄。

界定文化边界

在中世纪后期，欧洲对某些种族和宗教团体的系统化歧视明显增加。欧洲社会对宗教统一的要求越来越高，不宽容现象在欧洲外围种族混杂的社会中蔓延开来。这种现象在以下三个地区尤其明显：第一个是有着伊斯兰教、犹太教和基督教混合文化的西班牙；第二个是欧洲中东部的德意志边境地区，在那里德意志人和斯拉夫人混居在一起；第三个是爱尔兰和威尔士，在那里凯尔特人受英格兰人的统治。在欧洲的中心地带，还有其他文化冲突的地区，例如瑞士，在那里居住在与世隔绝的山区的农民和牧民的民间文化与城市里强烈的宗教信仰发生了碰撞。

不同宗教团体之间的紧张关系

伊比利亚半岛是穆斯林、犹太人和基督徒的家园。自11世纪以来，好战的北方基督教王国卡斯蒂利亚王国和阿拉贡王国对这里的伊斯兰政权进行了一场旷日持久的"再征服运动"。到1248年，再征服的任务基本完成，只有格拉纳达的一小块伊斯兰飞地一直坚持到 1492 年。西班牙人的再征服使以前的敌人彼此靠得很近。基督徒和穆斯林之间的敌对状态从激烈的战争到紧张的僵局，而犹太人则充当这两大团体之间的文化中介。

在 12—13 世纪，被称为穆迪扎尔人（Mudejar）的穆斯林向征服他们的基督徒投降并得到了承诺，他们可以继续实践自己的宗教信仰和法律。然而，在 14 世纪，信奉基督教的国王们逐渐背弃了这些承诺。1301 年，卡斯蒂利亚国王颁布法令，任何两个基督徒证人的证词都可以判定犹太人或穆斯林有罪，尽管之前他们被赋予在自己的法庭接受审判的特权。在西班牙，阿拉伯语开始消失，因为穆迪扎尔人的语言在很多方面受到歧视。到了 16 世纪，伊斯兰教变得非法，西班牙政府采取了一项系统性的政策，通过禁止穆斯林服饰、传统和婚姻习俗来摧毁穆迪扎尔人的文化。

犹太人也开始感受到有组织的官方歧视的痛苦。基督教神父指控犹太人下毒、偷盗基督徒的婴儿和同类相食。当黑死病在 1348 年到来时，阿拉贡的犹太人被指控在水井里下毒，尽管当时犹太人和基督徒一样正在死去。从 1378 年开始，塞维利亚的一位天主教高级教士费伦·马丁内斯（Ferrant Martínez）发起了一场反犹太布道运动，他呼吁摧毁该市所有 23 座犹太教堂，将犹太人限制在一个犹太人区，把所有担任公职的犹太人革职，禁止基督徒和犹太人之间的任何社会接触。他发起的这场运动导致了 1391 年对塞维利亚犹太人的袭击。暴力事件蔓延到整个半岛和附近巴利阿里群岛（Balearic Islands）的其他城市。犹太人面临着一个艰难的选择，要么皈依基督教，要么死亡。经过一年的暴民暴力活动，约有 10 万犹太人被杀害，另有同等数量的人躲藏起来，或逃往更宽容的伊斯兰国家。1391 年的大屠杀导致了西班牙针对犹太人的第一次大规模强迫皈依。到了一个世纪之后的 1492 年，就在基督教再征服的最后胜利之后，所有留在西班牙的犹太人要么被迫离开，要么皈依基督教。

在许多地方，针对宗教少数群体的暴力事件时有发生，但除了西班牙之外，最系统化的迫害发生在讲德语的地区。在 1348 年 11 月到 1350 年 8 月，德意志地区 80 多个城镇发生了针对犹太人的暴力事件。就像在阿拉贡的指控一样，甚至在瘟疫还没有到达这里之前，对犹太人在水井里下毒的恐惧就导致了对他们的大屠杀。在礼拜日或节日频繁发生暴力事件表明，神父有意无意地鼓励了暴民。

犹太人于 1290 年被逐出英格兰，1306 年被逐出法兰西。在意大利，犹太人的处境要好一些，因为意大利的犹太人很少，他们与当地城镇签订了保护犹太人的契约。然而，在波兰，不同种族群体之间的这种摩擦基本上是不存在的，国王卡齐米日三世（Casimir III，1333—1370 年在位）给予犹太人特权，并欢迎犹太移民，其中许多人为了逃离其他地方的迫害而来到这里。

不同种族群体之间的紧张关系

其他人口多元化的地区也出现了歧视及其残酷后果。在 12—13 世纪的人口繁荣时期，讲德语的移民已经在波罗的海建立了殖民城镇，并向东渗透，在波希米亚、波兰和匈牙利形成了德意志文化的孤立地带。在 14—15 世纪，当地居民和殖民的德意志人之间的敌意不断上升，特别是在波希米亚。一位捷克君主曾悬赏 100 银马克给任何能够给他带来 100 个德意志人鼻子的人。条顿骑士团曾是德意志人在波罗的海移民的先锋，他们开始要求其成员必须有德意志人血统。在中欧东部被殖民的讲德语的边境地区的城镇，市议会和行会开始将种族作为担任某些职务或加入行会的资格限制。最著名的例子是行会章程中有关于要求入会者证明其德意志人血统的条文。正如一个面包师行会的章程所规定的那样："任何想要成为会员的人必须向议会或行会的成员出示证据，证明他是合法、正直的德意志人。"另一些则要求成员具有"德意志人血统且会讲德语"，仿佛语言也是一种生物遗传。[14] 德意志的行会成员也被禁止与非德意志人结婚。

在不列颠群岛的凯尔特周边地区，在 14 世纪歧视也变得更加明显。在爱尔兰，居于统治地位的英格兰人颁布法律，试图保护英格兰殖民者的文化身份。英格兰人禁止本地爱尔兰人成为市议会或行会的成员。1366 年的《基尔肯尼法案》(Statutes of Kilkenny) 试图通过立法来保证种族的纯粹性：禁止英格兰人和爱尔兰人通婚，并要求英格兰殖民者说英语，使用英语名字，穿英格兰人的服装，以英格兰人的方式骑马。他们还禁止英格兰人玩爱尔兰游戏或听爱尔兰音乐。威尔士也出现了类似的情况，由于英格兰人试图阻止威尔士人融入主流文化，威尔士人社区和英格兰人社区之间的界线变得更加泾渭分明。

结语：自省

与 13 世纪更有活力、更外向的人不同，14 世纪和 15 世纪早期的欧洲人把注意力转向了自己所在的社会和自己的问题。欧洲面临着一场又一场灾难，每一场危机都加剧了人们的痛苦。在这一时期，西方身份认同的变化过程可以从两个方面看出来。

首先，由于西方与蒙古帝国和奥斯曼帝国的碰撞，西方的政治和宗教边界发生了变化。这两个帝国终结了信奉基督教的拜占庭帝国，重画了西方世界的地图。随着蒙古人的入侵，基督教向东到亚洲的传播结束了。奥斯曼帝国的征服在欧洲内部留下了持久的伊斯兰教的影响，尤其是在波斯尼亚和阿尔巴尼亚。在200多年的时间里，奥斯曼帝国一直敌视基督教西方，并与之频繁交战。

其次，大多数欧洲人加强了自己作为基督徒的身份，对自己所生活的国家有了更强的认同感。基督教文明在巴尔干半岛部分地区逐渐衰落的同时，在伊比利亚半岛却出现了复兴，那里的穆斯林人口（曾经是西方穆斯林人口最多的地区）遭受歧视和战败。例如，西班牙北部的王国开始将其臣民统一在一种激进的基督教周围，这种基督教公然敌视穆斯林和犹太人。在西方许多地方，对少数群体的宗教和种族的歧视都有所增加。由于百年战争的影响，法兰西人和英格兰人对自己国家的认同感更强。

除了非常明显的蒙古人和奥斯曼人的军事征服外，14世纪大多数灾难的原因是看不见的或未知的。没有人认识到气候变化的原因，也没有人了解人口危机的成因，更没有人知道瘟疫的病因。只有少数商人了解蒙古帝国在世界经济中所扮演的角色，以及银行和贸易崩溃的原因。欧洲人无法理解这些因素是如何改变他们生活的，他们只看到了其后果。面对这些灾难，欧洲文化变得念念不忘死亡，沉迷于寻找替罪羊，把无法用其他方式解释的事件归咎于他们。然而，灾难也孕育了创造力。"为什么这会发生在我们身上？"为了寻找这个问题的答案，产生了一种新的精神情感和丰富的文学作品。此外，在经历了14世纪的阵痛之后，15世纪又出现了一种新的、更为乐观的文化运动，即文艺复兴。悲观失望并不是对困难的唯一反应。我们将在下一章看到，在文艺复兴时期，一些人开始以一种新的方式来寻找人类问题的新答案，而这将彻底改变西方世界。

新思历史
Book

探索世界 ｜ 发现自己

转型与碰撞

THE WEST
Encounters and Transformations

VOL.
II

Brian Levack
[美] 布赖恩·莱瓦克

Edward Muir
[美] 爱德华·缪尔

Meredith Veldman
[美] 梅雷迪斯·维德曼
著

陈恒 马百亮 徐英华
译

中信出版集团 | 北京

分目录

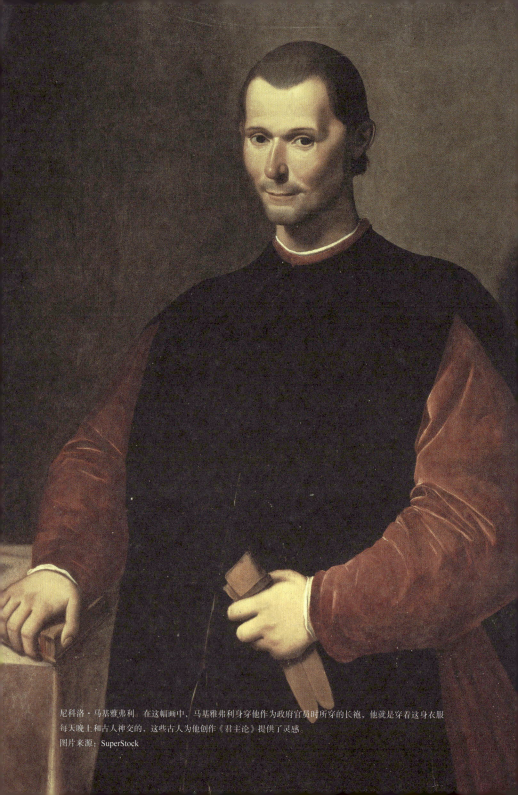

尼科洛·马基雅弗利。在这幅画中，马基雅弗利身穿他作为政府官员时所穿的长袍，他就是穿着这身衣服
每天晚上和古人神交的。这些古人为他创作《君主论》提供了灵感。
图片来源：SuperStock

第 12 章

意大利文艺复兴及其延伸：文化政治

尼科洛·马基雅弗利（Niccolò Machiavelli，1469—1527）最广为人知的身份是近代政治思想之父。他的小书《君主论》（1513）之所以成为经典，是因为它揭露了政治生活的现实。15年来，马基雅弗利一直在家乡佛罗伦萨的政治中心担任外交官和政治顾问。但是，在1512年，政权发生了变化。新统治者不信任他，并怀疑他参与了暗杀阴谋，于是把他监禁起来，严刑拷打，然后把他放逐到其郊区的农场。马基雅弗利穷困潦倒，生活悲苦，靠把木材卖给他以前的同僚为生，而他的同僚却欺诈他。为了养家糊口，他甚至去捕鸟。为了娱乐，他和当地的旅店老板、一位屠夫、一位磨坊主和两位面包师打牌。就像他所说的那样："我混迹在这些下等人中间，我这样（靠打牌）防止自己的头脑发霉，并排遣我那被命运捉弄的感触。"[1]

然而，到了晚上，马基雅弗利完全变成了另外一个人。他穿上了作为政府官员时穿的优雅长袍。然后，他"穿着更得体的衣服，进入古人的殿堂，受到他们的亲切欢迎"。马基雅弗利读的是古希腊和古罗马的历史学家的著作，但他将其描述为一种对话：他向古人询问他们行为的原因，并在他们的书中找到了答案。马基雅弗利把他们的回答记录在《君主论》里。在阅读的四个小时里，"我不再感到厌倦，不再苦恼，不再惧怕贫穷，也不再一想到死亡就发抖，我完全成了他们中的一员"。

"文艺复兴"（Renaissance）的意思是"再生"，历史学家用这个词来描述一场试图模仿和理解古代文化的运动。马基雅弗利晚上与古人的对话完美地体现了意大利文艺复兴时期的精神。这个百无聊赖、郁郁寡欢、看破红尘的人在古人身上找到了他在现实生活中找不到的良师益友。对他来说，古老的过去比现在更有活力。在这个意义上，马基雅弗利是一个不折不扣的文艺复兴式的人物，因为把自己当作古代的一部分正是文艺复兴的意义所在。古人的领导方法被认为是解决动荡时期弊病的良方。

正如我们在本书第 11 章中所讨论的，在 14—15 世纪，许多欧洲人产生了一种失落感，一种对死亡的关注，以及对人类行善能力的悲观。然而，在同一时期的佛罗伦萨，一场我们称之为"文艺复兴"的文化运动开始表达一种更为乐观的人生观。文艺复兴强调人类有责任通过社会福利改善社会、美化城市，并致力于公民义务。马基雅弗利是文艺复兴时期的思想家之一，尽管他晚年的境遇惨淡，但他认为通过协调一致的政治行动可以使世界走上正轨。像中世纪的思想家一样，他对人性持悲观态度，但他相信强有力的领导和公正的法律可以抵消人类的弱点。在这方面，他与中世纪的作家不同，中世纪的作家认为修士的沉思生活是一个人所能渴望的最高使命。

文艺复兴之所以在意大利兴起，是因为其城邦的政治结构促进了文化实践。有人认为，社会可以按照让古希腊和古罗马变得伟大的原则来重建，这种观点最早出现在 15 世纪初的意大利。但是到了 1500 年，文艺复兴已经传播到西欧的大部分地区。

意大利文艺复兴并不是西方世界第一次经历古代学术和思想的复兴。9 世纪时，查理大帝朝廷的成员已经复兴了拉丁语教育（见本书第 9 章）。在 12 世纪，一场遍及欧洲的思想运动导致了大学的建立、罗马法的重新引入以及经院哲学和神学的传播（见本书第 10 章）。但与早期对古典学术的重新发现不同，意大利文艺复兴帮助重塑了西方文明的概念。5—14世纪，西方主要是通过信奉拉丁基督教或罗马天主教来确定自己的身份的，这意味着用拉丁语来举行统一的宗教仪式，并服从教皇的权威。文艺复兴为这种身份认同增添了一种新的元素。虽然文艺复兴时期的思想家绝不是反基督教的，但他们开始认为自己是前基督教文化的继承者，前基督教文化包括希伯来文化、希腊文化和罗马文化。他们开始想象不独为基督教所认同的西方文明。西方文明成为一种可以追溯到古代的共同文化的历史。通过阅读久逝的古人的文本和欣赏他们的艺术作品，意大利文艺复兴时期的人们获得了对自己所处世界的历史视角和洞察力，培养了一种对过去和对自己文化的批判态度。那么，文艺复兴时期与古代世界哲学、文学和艺术的碰撞是如何改变欧洲人的思维方式的呢？

文艺复兴的摇篮：意大利的城邦

与欧洲其他地方和世界其他文明相比，文艺复兴时期的意大利有许多政治上自治的城邦。尼德兰地区和莱茵河流域的部分地区也完全实现了城市化，但只有在意大利，城市才有如此大的政治权力。

在意大利，城邦的演变经历了两个截然不同的阶段。第一阶段建立了自治制度、共和主义理论和官员选举程序。在11—12世纪，大约100个意大利城市成为独立的共和国，它们也被称为"公社"，因为它们实行的是一种"公社"政体。它们制定了自治的法律和制度。这些小共和国的男性公民定期聚集在城市广场上讨论重要问题。为了处理政府的日常事务，他们从自己中间选举城市官员。

这些城邦的政府实践产生了共和主义的政治理论，这种理论描述了一个由人民或部分人民选举政府官员的国家。共和主义的理论最早是在中世纪由帕多瓦的马西略（Marsilius of Padua，1270—1342）在《和平的保卫者》（*The Defender of the Peace*）一书中阐述的，这本书是以古罗马共和国建立的先例为基础的。马西略确认了两种政府形式，一种是君主制，一种是共和制。君主制基于这样一种理念，即政治权威直接来自上帝，上帝的意志通过国王或君主向下渗透到所有人。根据这一"下传"原则，政府的工作是执行上帝的律法。然而，马西略认为，法律不是来自上帝，而是来自人民的意志，人民可以自由选择自己的政府形式，并且可以改变它。在马西略的理论中，公民经常通过投票来表达他们的意志。

城邦演变的第二阶段发生在 14 世纪，在这一阶段，大多数城邦放弃或失去了它们的共和制度，开始由君主统治。这种转变与国际经济崩溃和黑死病（见本书第 11 章）造成的经济和人口动荡有关。然而，两个最大的共和国佛罗伦萨和威尼斯幸存了下来，它们的自由没有被君主夺去。文艺复兴就始于这两个城邦（见地图 12.1）。它们作为共和国的存在，有助于解释文艺复兴的起因，因为至少在一开始，文艺复兴的文化需要一个城市共和国的自由。

文艺复兴时期的共和国：佛罗伦萨和威尼斯

在一个专制君主的时代，佛罗伦萨和威尼斯敏锐地意识到它们与大多数其他城市有很大不同，它们担心如果不捍卫它们的共和制度和自由，它们可能会遭受与它们的邻国同样的命运。在保持共和自治传统的过程中，这两个城市创造了一个竞争和自由的环境，激发了创造性的发展。尽管这两个城市都不是民主政体，也没有遵循平等主义原则，但它

地图 12. 1 15 世纪中期的北意大利

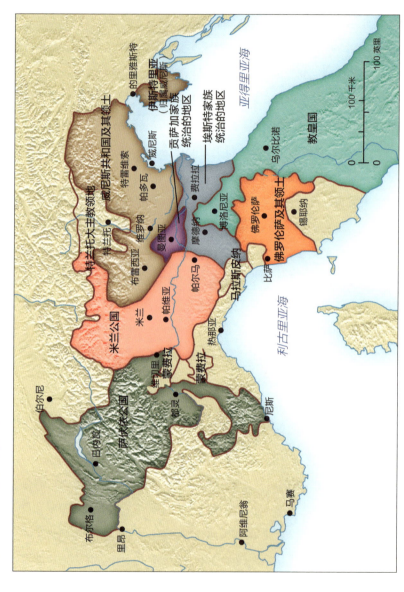

在文艺复兴时期，像米兰、威尼斯和佛罗伦萨这样的大型城邦控制了周边的乡村和较小的城市，建立了区域性的领土国家。在这些大型城邦中，只有威尼斯和佛罗伦萨仍然是共和国。米兰和萨伏依是由公爵统治。贡萨加家族统治着曼图亚，埃斯特家族统治着摩德纳和费拉拉。教皇在罗马统治着教皇国。这种小城邦制度的优势和劣势是什么？

们肯定比君主统治的城市更能接受新思想。无论是在佛罗伦萨还是在威尼斯，市民们都热衷于讨论和辩论，这是商业和政治成功所必需的技能。相反，在君主制国家，所有的文化活动都倾向于围绕和表现统治者的品味，因为他们垄断了大部分的财富。在佛罗伦萨和威尼斯，一些被称为"贵族"的大家族控制了大部分财产，但这些贵族为了获得认可和名望而竞相资助伟大的艺术家和学者，这种赞助使文艺复兴成为可能。因为这些贵族的品味决定了作家和艺术家可以做什么，因此了解了这些贵族也就可以更好地理解文艺复兴时期的文化。

美第奇家族统治下的佛罗伦萨

文艺复兴早期最伟大的赞助人是富可敌国的佛罗伦萨银行家科西莫·德·美第奇（Cosimo de' Medici，1389—1464）。凭借自己雄厚的财力，科西莫于 1434 年实际控制了佛罗伦萨共和国，在这座城市里开创了一段前所未有的和平时期，并带来了艺术上的辉煌，这段时期被称为"美第奇时代"（1434—1494）。科西莫的统治风格很精明，他没有使自己成为佛罗伦萨大多数市民肯定会反对的君主，而是在幕后指导着共和国的政策。他很少担任公职，但他通过精明的谈判，悄悄地操纵选举，慷慨地广施贿赂、礼物和工作职位，使自己成为佛罗伦萨事务的中心人物。科西莫的幕后统治说明了文艺复兴文化的一个基本价值，那就是对形象的重视。虽然自由的实质已经受到破坏，但是共和的形象被保住了。

科西莫对知识分子和艺术家的资助反映了他维护自己形象的渴望。这使他看起来像古罗马共和国时期的伟大政治家，如演说家和元老院元老西塞罗。科西莫对自己所发现的一切智慧和美德都表示赞赏。他经常参加著名学者的讨论，其中一些人还成了他的朋友。他资助了对古代拉丁文学、古代希腊文学和哲学抄本的搜集和购买。作为对他资金支持的回报，许多佛罗伦萨学者把他们的作品献给了科西莫。科西莫的艺术赞助帮助他在佛罗伦萨树立了一个慷慨和仁慈的教父的形象。因为他没有被选来统治佛罗伦萨，所以他需要找到一种方法来创造一个合适的形象，让自己的权力合法化。为了做到这一点，他在自己的宫殿中的私人小教堂里装饰了壁画，上面描绘了他陪伴东方三博士的情景，根据《圣经》，这些智者或国王给圣婴耶稣带来礼物。这样，科西莫使自己看起来与那些第一次认识到基督神性的古代国王相似。这种伟大的智慧和宗教虔诚的形象帮助科西莫证明他控制选举和制定政策的行为的正当性。

科西莫的孙子"高贵者"洛伦佐（Lorenzo the Magnificent，1469—1492 年在位）作为"无冕之王"扩大了美第奇家族在佛罗伦萨政治中的统治地位。虽然洛伦佐从未获得过君主之名，但他表现得像个君主，公开干涉国家事务。与科西莫热心赞助公共事业不同，洛伦佐对艺术的兴趣集中在建造别墅、收集珍宝、委托制作小型青铜雕像上，这些带给他的是个人的乐趣而不是公共声誉。尽管洛伦佐是一位优秀的诗人，也是他那个时代最著名的学者的智友，但他以其君王式的统治方式忽视了佛罗伦萨人的共和主义情操，并削弱了公众对美第奇家族的支持。

世界性共和国威尼斯

威尼斯在政治上比佛罗伦萨稳定。威尼斯位于一个巨大的潟湖中间，其主要街道由宽阔的水道组成，巨大的商船停泊在这些水道中，运河里挤满了用于当地运输的私人船只。为了保护他们脆弱的城市免受洪水侵袭，威尼斯人认识到他们必须相互合作。就这样，生存的紧迫感促进了一个稳定的、富有生态意识的模范共和国的诞生。例如，威尼斯人创建了世界上第一个环境管理机构，负责水文项目，如修建堤坝和疏浚运河，还负责森林管理，以防止水土流失和随之而来的潟湖淤塞。

威尼斯是最早拥有海外殖民地的欧洲强国之一。为了确保其商船能够到达地中海东部和君士坦丁堡，威尼斯征服了亚得里亚海沿岸和希腊的一连串港口。它的国际贸易和遥远的殖民地使威尼斯不同寻常地国际化了。许多威尼斯商人在国外生活多年，有些人在殖民地定居下来。此外，来自欧洲各地的人们——日耳曼人、奥斯曼土耳其人、亚美尼亚人、阿尔巴尼亚人、希腊人、斯拉夫人和犹太人等——纷纷涌向威尼斯，每个民族都建立了自己的社区和机构。威尼斯人还拥有俄国人、亚洲人、奥斯曼土耳其人和非洲人的奴隶，这些奴隶为威尼斯的多样性做出了贡献。

威尼斯最有影响力的外来团体是希腊人。威尼斯长期以来一直与希腊世界保持着密切的商业和文化联系。威尼斯的许多教堂就是仿照君士坦丁堡的大型巴西利卡建造的，许多威尼斯商人说希腊语。1453 年拜占庭帝国被奥斯曼土耳其人征服后，希腊基督徒难民在威尼斯和其他意大利城市安家落户，其中包括一些学者，他们把希腊哲学和文学重新介绍给热切的意大利读者。其中一位学者是拜占庭大主教约翰·比萨林（John Bessarion，1403—1472），他建造了一座收藏希腊抄本的图书馆，并把它留给了威尼斯共和国。威尼斯也成为西欧主要的希腊书籍出版中心。

威尼斯政府最显著的特点是社会稳定和自由，这些特点使威尼斯成为意大利其他城市和欧洲共和思想改革家羡慕的对象，特别是在英格兰、尼德兰和波兰。佛罗伦萨共和国是出了名地不稳定，容易被美第奇家族颠覆，而威尼斯共和国的政体从 1297 年一直持续到 1797 年，成了历史上延续时间最长的共和国。然而，它是一个排外的共和国。在将近 15 万总人口中，只有 2 500 名贵族中的政治精英才有选举权或担任要职。资助文艺复兴时期的思想家和艺术家的就是威尼斯的这些精英和许多富有的宗教机构。

在威尼斯社会的顶层是总督，一位当选后终身担任此职的贵族成员。文艺复兴时期最著名的总督是安德烈·古利提（Andrea Gritti，1523—1538年在位）。古利提有时会让法律对他有利，但他从未像一个世纪前的科西莫·德·美第奇那样完全操纵选举或管理威尼斯的事务。然而，就像美第奇家族一样，古利提也利用自己的财力和个人影响力把他的城市变成了文艺复兴时期的文化中心。

古利提延请了一些最杰出的欧洲艺术家、音乐家和诗人来威尼斯，其中包括建筑师和雕塑家雅各布·圣索维诺（Jacopo Sansovino，1486—1570）。作为威尼斯的官方建筑师，圣索维诺用他模仿古典希腊和罗马风格的雕塑、宫殿和教堂改变了城市的外观。他最著名的建筑之一是始建于1537年的马尔恰纳图书馆（Marciana Library），里面存放着比萨林收藏的希腊抄本。

君主和廷臣

虽然文艺复兴从相对自由的共和国开始，如佛罗伦萨，但它很快就被传播到意大利的君主国。与共和国对艺术和学术的多种支持来源不同，君主国的赞助更受限制，仅限于统治者和宫廷成员。"Prince"（君主）一词指的是那些拥有正式贵族头衔的统治者，如曼图亚侯爵、米兰公爵或那不勒斯国王。文艺复兴时期的大多数君主来自当地的权威家族，他们通过武力控制了政府。然而，也有一些人是雇佣兵，他们把一座城市作为战利品，甚至推翻了曾经雇用他们保卫这座城市的政府。不管君主最初是如何获得权力的，其目标是建立一个王朝，也就是说，确保他的后代继续统治这座城市的权力。有些王朝地位稳固，广受欢迎，

马尔恰纳图书馆。该图书馆由建筑师雅各布·圣索维诺建造，用来存放流亡的希腊大主教约翰·比萨林收藏的送给威尼斯共和国的希腊抄本。马尔恰纳图书馆是世界上最古老的公共图书馆之一，现在依然存在，并对学者和大学生开放。

图片来源：Scala / Art Resource, NY

如 1240—1597 年统治费拉拉的埃斯特家族。

理想的男君主

乌尔比诺公爵费德里科二世达·蒙特费尔特罗（Federico II da Monte-feltro，1422—1482）获得了许多君主所渴望的荣誉。尽管他是私生子，他的父亲还是把他送到意大利最好的学校学习，并让他在一位有名的雇佣兵上尉手下当学徒。在文艺复兴时期的意大利，私生子是不能继承父亲的财产的。因此，他们通常有两种职业选择，他们要么成为教士，靠教堂维持生计，要么成为雇佣兵，在战争中碰运气。费德里科成了一名雇佣兵。他从乌尔比诺的农民中招募了一支军队，雇给出价最高的人。这支军队赢得了多场胜利，因此名震欧洲。他用雇佣兵合同和掠夺所得的收入使这块领地富裕起来。他同父异母的兄弟在 1444 年被暗杀后，费德里科成为乌尔比诺的统治者。到 1474 年，他从教皇那里获得了公爵的头衔。费德里科是理想的文艺复兴时期君主的缩影，他是臣民的慈父，精明的外交家，杰出的士兵，慷慨的赞助人，狂热的收藏家和博学之士。

费德里科的统治严厉但有家长作风。他亲自听取臣民的怨言，裁决他们的争端。他的征服使公国的面积增加至三倍，征服带来的收入支撑了他的巨大建筑工程和对拉丁抄本的收藏。费德里科的私人图书馆超过了当时欧洲任何一所大学的图书馆，他广泛的阅读表明了他对学术最新发展的开放态度。然而，他最大的成就是建造了一座巨大的宫殿，这是文艺复兴时期建筑理念的最佳典范。正是因为有了费德里科，乌尔比诺这个多山的小公国获得了一种远超其规模（共有 1.8 万居民）的文化重要性。

理想的女君主

曼图亚侯爵夫人伊莎贝拉·德·埃斯特（Isabella d'Este，1474—1539）是文艺复兴时期理想的女君主，在世时被称为"世界第一夫人"。她在费拉拉的宫廷里长大，受到了对于 15 世纪的女性来说非常难得的教育，周围环绕着画家和诗人，并和各国使节与当时顶尖的思想家建立了朋友关系。但她的影响远不止于这些。当她的丈夫外出时以及在丈夫死后，她独自统治曼图亚，赢得了谈判专家和外交专家的声誉。作为一

理想的女君主。伊莎贝拉·德·埃斯特是 16 世纪早期最著名的女性，她开创了整个欧洲的时尚。但最重要的是，在她丈夫不在的时候，她成了一位杰出的谈判专家和统治者。

图片来源：Erich Lessing / Art Resource, NY

个热心的读者和收藏家，她几乎认识她那个时代所有伟大的艺术家和作家。

理想的廷臣

文艺复兴时期的共和国形成了一套理想公民的行为准则，鼓励公民把时间和精力投到公共服务中去，担任公职，诚实纳税，通过赞助艺术来美化城市。

文艺复兴时期的君主国也形成了理想廷臣的行为规范。廷臣是指那些住在宫里或经常出入君主宫廷的人。廷臣们为君主提供各种各样的服务，如整理君主的衣柜，管理仆人，教育孩子，提供娱乐，管理账务，打理庄园，执行外交任务和打仗，等等。为了更好地为君主服务，廷臣需要培养多种技能。男廷臣要接受马术、剑术和体育训练，以保持良好的备战状态。女廷臣要学会画画、跳舞、演奏乐器，以及参与机智的交谈。无论男女都要学会说多国语言，以便与来访者和外交官交谈。男廷臣还要学习拉丁语和希腊语，这是正规教育的基础。有的女廷臣也要学习这些古代语言。

廷臣在君主国家中履行了许多民选官员在共和国所履行的基本职能。为了维护国家和平，君主们需要防止廷臣之间的冲突。巴尔达萨雷·卡斯蒂廖内（Baldassare Castiglione，1478—1529）的《廷臣论》（*The Book of the Courtier*）是最有影响力的宫廷礼仪指南。他认为所有的宫廷礼仪都应遵循两个基本原则——淡定和从容：

> 我发现了一个十分普遍的规律……它在一切人类事务中似乎都是最有效的，无论是在言语上还是在行动上，也就是说，要尽一切可能避免矫揉造作，仿佛这是某种非常粗糙和

侍奉君主家族的廷臣。在这幅壁画的右侧，男廷臣们正在曼图亚贡萨加的宫廷里候命。这些仪态优雅的绅士表现出了巴尔达萨雷·卡斯蒂廖内的《廷臣论》中所描绘的理想化的从容和淡定。在左侧，他们所侍奉的君主收到了信使的一封信。其他的廷臣围绕着君主及其家人。

图片来源：M. Carrieri / Dea / De Agostini Picture Library / Getty Images

危险的暗礁……要在所有的事情上都表现出一定的淡定，从而掩盖所有技巧的痕迹，使所做的或所说的一切显得毫不费力，游刃有余……

因此，我们可以称那些似乎不是艺术的艺术为真正的艺术。一定要小心谨慎地把技巧隐藏起来，因为一旦被发现，就会使一个人失去所有的名誉，使其受到轻视。[2]

换句话说，卡斯蒂廖内赞扬了在做需要训练和努力才能做好的事情时表现出来的云淡风轻、游刃有余的能力。就像我们在科西莫·德·美第奇对佛罗伦萨不动声色的统治中所看到的那样，这种维护形象的需要成了意大利文艺复兴文化的一个显著特征。《廷臣论》将文艺复兴文化中所推崇的彬彬有礼的理想转化为对人类行为的规划。通过使用宫廷礼仪，人类根据一个几乎是数学上的理想比例来控制身体的运动。

通过研究《廷臣论》以及它的许多模仿之作（这些著作被翻译成了拉丁文、英文、法文和西班牙文），任何有才华、有抱负、有文化的年轻男女都可以渴求贵族那样的言谈举止。书中许多关于宫廷理想的准则被编入了学校的课程。

教皇君主

文艺复兴时期的教皇集教士和君主的角色于一身。他们是教会领袖，同时也对意大利中部的教皇国拥有管辖权。教皇国本应向教皇提供管理教会的收入，但是在教皇们于 1305—1378 年居住在法国的阿维尼翁时，以及在 1378—1417 年的教会"大分裂"期间，他们失去了对教皇国的控制。为了重新获得控制权，教皇们不得不迫使反叛的贵族和城市臣服。教皇尤里乌二世（Julius II，1503—1513 年在位）非常认真地扮演了他的君主角色，他穿上盔甲，亲自指挥军队作战。教皇们还与那些利用教皇统治衰弱而趁火打劫的意大利邻国作战。

这些军事冒险削弱了教皇提供精神指导的能力。此外，教皇亚历山大六世（Pope Alexander VI，1492—1503 年在位）无视神职人员的独身誓言，与他最喜欢的情妇生了四个孩子。他资助他的儿子切萨雷·鲍尔吉亚（Cesare Borgia）在意大利为自己开拓了一个君主国。他还把他的女儿卢克雷齐娅·鲍尔吉亚（Lucrezia Borgia）先后嫁给多位意大利君主，因为他们在实现教皇军事野心的过程中是有用的盟友。鲍尔吉亚家族的敌人指控他们做了各种各样的坏事，包括毒死卢克雷齐娅的丈夫、乱伦，以及在梵蒂冈举办狂欢会。这些指控中有许多是虚假的或夸大的，但教皇的声誉因此受到了损害。

尽管他们胡乱地参与政治，但几位文艺复兴时期的教皇作为建造者和艺术的赞助者而获得了持久的声誉。他们对罗马城的肮脏感到尴尬，因为这座城市已成为一片无人问津的废墟。他们试图建造一个他们认为适合作为基督教世界首都的城市。在"高贵者"洛伦佐之子利奥十世（Leo X，1513—1521 年在位）担任教皇期间，罗马成为文艺复兴的文化中心。利奥十世对这座城市的雄心壮志可以从他重建圣彼得大教堂并使其成为世界上最大的教堂的计划中得到体现。他拆毁了 1 000 多年来一直是主要朝圣目的地的旧教堂，并规划了今天仍然雄视罗马城的大教堂。

贵族家庭的矛盾

在某种程度上，君主甚至是教皇都以"男人应该统治"为原则来证明他们的权威的。政府是建立在丈夫和父亲支配妇女和儿童的父权制家庭理论基础之上的（见本章"历史上的正义"专题）。在有关家庭管理的建议书中，如莱昂·巴蒂斯塔·阿尔贝蒂（Leon Battista Alberti，1404—1472）的《家庭四书》（Four Books on the Family，写于 15 世纪30 年代），男性家长是整个社会秩序和纪律的来源。虽然母亲或媒人可能会安排婚姻，但法律规定，这种安排必须获得父亲或男性监护人的同意。他们寻求与其他家庭建立有利的经济和政治联盟，这给了年长男性在婚姻市场上的优势，因为他们通常比年轻男性更加富有。结果，丈夫的年龄往往比妻子大很多。例如，在 1427 年的佛罗伦萨，第一次婚姻往往发生在一个 30 岁的男性和一个 18 岁的女性之间。丈夫们被鼓励以一种和善但疏远的家长式作风来对待他们的配偶。所有的女性都应该受到男性严格的监管。对一个未婚女子来说唯一值得尊敬的角色是修女。

然而，现实往往与父权制理论相矛盾。首先，流行病（尤其是黑死病）造成的死亡，以及婚姻纠纷导致的分居（尽管离婚是不可能的），都会使家庭生活变得不稳定。其次，巨大的年龄差距意味着丈夫很可能比妻子早死。因此，许多妇女在相对年轻的时候就成了寡妇，还有孩子要抚养。最后，许多男性要长时间离开他们的家庭，特别是国际商人和流动劳力。因此，尽管父权制理论认为，父亲应该掌控一切，但实际上他们经常缺席。那些被认为谦恭、顺从丈夫、足不出户的母亲，不仅要独自抚养孩子，而且往往还要管理去世或外出的丈夫的生意和政治事务。出于需要，许多适应力强、身体强壮、积极主动的妇女参与到世俗事务中来，母亲对孩子的影响比父亲更直接。尽管有父权制的理论，文艺复兴时期意大利的家庭仍然是由母亲统治的母系社会。

家庭生活的矛盾和许多家庭所面临的生存困境促使人们去研究意大利文艺复兴时期的家庭生活。取笑阳痿的老男人娶了无法得到满足的年轻妻子成了喜剧的一个重要主题。由于黑死病对人口的破坏，教士们对照顾儿童表现出特别的关注。在许多文艺复兴时期的画作中，那些似乎是从天上掉下来的胖乎乎的小天使展现了人们对健康儿童的普遍渴望。

古代文化的影响

文艺复兴时期的意大利需要为公民、廷臣和家庭成员的行为提供有效的榜样，这激发了对古代文化的重新审视。古希腊和古罗马的文明一直吸引着西方知识阶层。在意大利，大多数城市是建在古代废墟之上的，古代文化尤其具有诱惑力。在14—15世纪，意大利的思想家和艺术家试图促进古代文化的复兴。起初，他们只是试图模仿古罗马最优秀作家的拉丁文体。后来，与来自拜占庭的讲希腊语的难民接触后，学者们也开始效仿古希腊的伟大作家。艺术家们长途跋涉到罗马去勾画古代遗迹、雕塑或圆雕饰的草图。富有的收藏家们搜集古代哲学的抄本，并建造图书馆来收藏它们，购买能找到的每一件古代雕塑，挖掘废墟以寻找更多的古代文物来装饰他们的宅邸。赞助人要求艺术家模仿古人的风格，并对展现自然形态表现出类似的关注。他们特别珍视栩栩如生的人体形象。

文艺复兴时期的赞助人、艺术家和学者也开始理解自己与古人之间在文化上存在的巨大差距，这使他们对自己在历史上的地位有了一种认识。重新审视古代文化的领军人物是研究古希腊文本和拉丁文本的人文学者，史称"人文主义者"。人文主义者发展了文学分析的技巧，以确定文本是何时写成的，并将真正的原始文本与在抄写过程中出现错讹的文本区分开来。人文主义者致力于语法、修辞学、历史、诗歌和伦理学。近代大学里的人文学科就是文艺复兴时期人文主义者的派生物。

人文主义者

弗朗切斯科·彼特拉克（Francesco Petrarca，1304—1374）是文艺复兴时期第一位人文主义者。彼特拉克和他的追随者洛伦佐·瓦拉（Lorenzo Valla，1407—1457）发明了一种批判的方法，他们将不同版本的古典文本进行比较，力求准确地还原最初的文本，这是一种不同于中世纪抄写员的方法，因为抄写员常常会按自己的想法修改文本。彼特拉克的方法被称为"文献学"，即研究词语在特定历史语境中的含义。自罗马帝国灭亡以来，许多拉丁单词的词义发生了变化，彼特拉克试图追溯这种变化。他努力要还原词语的本义，因为他想确切地理解古代作者的意思。这种对寻找原始文本和文字意义的关注，使彼特拉克和他的追随者们对生活在许多世纪以前的作家的个性有了深刻的认识。

对词语意义的兴趣促使彼特拉克学习修辞学，这是一种具有说服力或感情色彩的演讲和写作艺术。他认为，修辞学在哲学之上，因为他更喜欢好人，而不是智者。修辞学提供了值得效仿的例子，而不是有待商榷的抽象原则。彼特拉克希望人们行为合乎道德。他认为，要想激发读者做正确的事情，最有效的方法就是写出感人的辞藻（见本章"碰撞与转型"专题）。

文艺复兴时期的人文主义者试图复活一种已经消亡了 1 000 多年的拉丁语，它与教会、法院和大学正在使用的拉丁语截然不同，他们认为后者不如古拉丁语。在这一努力中，人文主义者获得了一种不易掌握但实用的技能，这为他们打开了许多就业机会，并赋予他们巨大的公众影响力。他们可以担任教师、秘书、官员、官方历史学家和使节等职。许多人文主义者很富有，他们不需要工作，却同样对修辞学着迷，因为这可以用来说服别人做自己想让他们做的事情。

因为人文主义者几乎在当时所有的重要问题上都有不同的观点，所以他们工作的意义不在于他们说了什么，而在于他们是怎么说的。他们所探讨的话题几乎无所不包：绘画、建筑设计、种植庄稼、排干沼泽、养育孩子、管理家务和教育妇女等等。他们讨论了人类自由的本质、名人的美德、恶人的罪恶、埃及象形文字的意义以及宇宙学。

人文主义者对拉丁词语和语法的使用对以上这些主题的理解产生了什么影响呢？每一种语言都根据使用这种语言的人的需要来整理经

碰撞与转型

与古代世界的碰撞：彼特拉克写给西塞罗鬼魂的一封信

彼特拉克以他的诗歌而闻名，这些诗歌既有意大利本土语言的，也有拉丁语的。为了改进他的拉丁文体，他始终留意罗马演说家西塞罗（公元前106—前43）的作品。1345 年，彼特拉克发现了西塞罗写给朋友阿提库斯（Atticus）的一系列书信，此前这些信件一直未为人所知。

然而，当彼特拉克阅读这些信件时，他感到十分震惊。西塞罗被誉为罗马最伟大的贤者，是拉丁文体、哲学玄思和道德标准的典范，但是彼特拉克在这些信中没有找到圣贤之士的道德建议，而是只有流言蜚语和粗俗的政治算计。西塞罗看起来像一个诡计多端的政客，一个野心勃勃的人，而不是一个具有伟大哲学智慧的人。虽然彼特拉克永远不能原谅西塞罗辜负了他的哲学理想，但他发现了一个作为常人的西塞罗，他可以想象着与西塞罗进行交谈。

而对话正是彼特拉克想要的。然而西塞罗已经死了 1 388 年，于是彼特拉克给他的鬼魂写了一封信。彼特拉克借用西塞罗优美的拉丁文体，抨击这位罗马人，说他违背了他给别人的道德忠告。彼特拉克以其人之道还治其人之身，质问西塞罗怎么可以这么虚伪："我早就知道您对他人的指导是多么出色，现在我终于知道您给自己什么样的指导了……现在该您做聆听者了。"[3]

彼特拉克斥责西塞罗的腐败和道德败坏。给一个死去的人写信，一方面是为了练习优美的拉丁文体，另一方面也是为了比较西塞罗在其哲学著作中所宣扬的理想和他真正的生活方式。比较是一项基本的批判技能，它成为彼特拉克分析方法的典型特征。他的书信使古人看起来更像会犯错误和说谎的普通人。古代世界不再是永恒真理的宝库，而是一个特定的时间和地点。彼特拉克给西塞罗写了信之后，又给其他杰出的古人写了信，在信中他揭示了他们作为人的品质和缺点。

彼特拉克与古人的相遇改变了他对过去和人性的理解。古人是名副其实的历史，他们早就死了。但他们也是人，能够勇敢地行动，也容易受到诱惑，就像彼特拉克和他的同代人一样。

验，每一种语言都有随意性的区分，把世界划分成不同的知识范畴。当学外语的人意识到有些表达永远不能被准确地翻译出来时，他们就是遇到了这些随意性的区分。在人文主义者阅读古典拉丁文本时，他们会遇到不熟悉的词语、句型和修辞模式，这些是古代经验和文化在语言中遗留下来的。人文主义者对所谓"拉丁观点"的复原往往会改变自己的看法，并以微妙的方式塑造自己的文化经验。

例如，当一位 15 世纪的人文学者研究古罗马人的关于绘画的著作时，他会遇到"ars et ingenium"这个表达，"ars"是指可以通过遵循既定的规则和模仿最优秀的画家来掌握的技艺。因此，画家能够画出一条直线，能够正确地调色，能够用正确的标志来标识一位圣徒，这些都是艺术或我们所说的技艺的例子。但是，"ingenium"的意义更加难以确定，它指的是画家的独创性。人文主义者发现，古人已经把画家的技艺和独创性区别开来。因此，当人文主义者和他们的学生观赏绘画作品时，他们开始做出同样的区分，并开始欣赏那些其作品表现出独创性和技艺的艺术家的天赋。独创性指的是画家能以新颖的方式安排人物，运用不同寻常的色彩，或按主题要求激发相应的情感效果，传达虔诚、悲伤或欢乐的情感。人文主义者的影响是如此广泛，以至于最具独创性的艺术家会要价更高，并成为最受追捧的艺术家。通过这种方式，艺术中的独创性受到了激发，但这一切的开端非常简单，那就是将新的词语引入购买画作的人的拉丁语词库中。与此相类似的确立新知识范畴的过程改变了人文主义者所触及的每一个主题。

人文主义运动在 15 世纪迅速传播开来。曾任佛罗伦萨执政官的莱奥纳多·布鲁尼（Leonardo Bruni，约 1370—1444）提出了"公民人文主义"的概念，以捍卫佛罗伦萨的共和制度和价值观。通过阅读古代作家的作品，布鲁尼重新发现了公共服务的道德。公民人文主义者认为，有道德的人应该积极地为他的城市服务，而不是躲在书斋里或修道院中进行沉思。

洛伦佐·瓦拉利用人文主义学术来削弱教皇对世俗统治者的权威。教皇的理论权威依赖于一份所谓的《君士坦丁赠礼》（Donation of Constantine）的文件，根据这份文件，罗马皇帝君士坦丁在 4 世纪将他在意大利的帝国权威移交给了教皇。利用文献学的方法，瓦拉证明了这份文件中的许多拉丁词语在 8 世纪之前是不可能写出来的。例如，这份文件中使用了"satrap"（总督）一词，瓦拉坚信君士坦丁时期的罗马人是不可能知道这个词的。就这样，他证明了这份著名的文件是伪造的。瓦拉对《君士坦丁赠礼》的分析是文献学和文献历史分析服务于政治事业的最早应用之一。因此，许多统治者（尤其是教皇）认为有必要聘请一位人文主义者来捍卫自己的利益。

人文主义者的求知欲使他们掌握了许多领域的知识。这种广博的成就促成了"文艺复兴者"的理想，即一个人在他或她做的每件事上都追求卓越。没有人能比莱昂·巴蒂斯塔·阿尔贝蒂更接近这个理想了。年轻时，阿尔贝蒂借鉴古希腊和罗马模式创作了拉丁喜剧和讽刺作品，但随着年龄的增长，他开始处理更严肃的题材。他是个单身汉，因此对婚姻没有任何第一手的经验，但他借鉴了古代作家的思想，写出了文艺复兴时期最有影响力的关于家庭生活的著作，其中包括关于夫妻关系、抚养子女和财产管理的章节。他创作了意大利语的第一部语法书。他还涉猎数学。他写作的内容涉及绘画、法律、主教的职责、爱情、骑术、狗、农业和苍蝇。他绘制了罗马城的地图，并撰写了 15 世纪最重要的关于建筑理论和实践的著作。此外，他对建筑的兴趣不仅仅限于理论。在生命的最后几十年里，阿尔贝蒂把他的大部分空余时间用在了建筑工程上，包括修复罗马的一座古代教堂，为中世纪的教堂设计文艺复兴式的外墙，还为他的一位最重要的赞助人建造了一座宫殿。他最后的成就之一是创作了西方第一部重要的关于密码编制和破译的作品。

人文主义者通过他们在教育上的改革保证了他们的持久影响。人文主义教育并不寻求培养专家或专业人士，如神学家、律师和医生。相反，人文主义者的目标是培养全面发展的男人（人文主义学校通常不接受女性），他们是能够处理生活中出现的任何问题的批判性思考者。课程的重点是学习希腊语和拉丁语，以及使用这些古代语言的最好的作家。掌握良好的语法、有效的写作和口语能力、历史知识以及对道德行为的欣赏是人文主义教育的目标。这门课程非常适合公民领袖、廷臣、君主和教会人士等活跃于社会中的人。人文主义课程的影响仍然体现在近代美国大学的通识教育要求中，即要求学生（现在男女学生都有）在专门接受狭窄的专业训练之前要获得广博的知识。

历史学家已经发现了一些文艺复兴时期的女性人文主义者。因为她们是如此不同寻常，博学的女性人文主义者经常被嘲笑。妒忌的男人污蔑人文主义者伊索塔·诺加罗拉（Isotta Nogarola，1418—1466）滥交和乱伦，而其他女性则当众侮辱她。一位著名的男教师说，伊索塔的写作过于女性化，应该学会找到"女性身上的男性特质"[4]。劳拉·切蕾塔（Laura Cereta，1475—1506）既懂希腊语又懂拉丁语，还擅长数学，她用一种修辞学上的侮辱口吻来回应一位男性批评者的挖苦：

> 相信我，你那野蛮的宿怨如果只针对我一个人的话，我是会保持沉默的……但我不能容忍你攻击所有的女性。因此，我饥渴的灵魂在寻求报复，我沉睡的笔被唤醒去投入文学斗争，愤怒激起了久为沉默所束缚的情绪。出于正当理由，我向大家表明，女性天赋异禀，在每个时代都给人们带来了知

识和荣耀，在学识和美德方面赢得了极高的声誉。对我们来说，她们的这种学识和美德已经成为一笔宝贵的遗产，从久远的过去流传至今，为我们所拥有，这一点毋庸置疑，理所当然。[5]

这些为数不多的女性人文主义者是最早的女权主义者。她们提倡男女平等和女性教育，也敦促女性掌控自己的生活。切蕾塔坚持认为，女性如果像重视自己的外表一样重视学习，她们就能实现平等。但是，尽管有女性人文主义者的努力，但女性教育的进展仍很缓慢。直到 19 世纪后期，大学才对女性开放。世界上第一个获得博士学位的女性是在 1678 年，又过了 200 年，才有许多人效仿她的做法（见本章"不同的声音"专题）。

人文主义者教育了一代又一代富有的年轻绅士，出于对古物的欣赏，他们收集了古代文学、哲学和科学的抄本。这些赞助人还鼓励艺术家们模仿古人。这一切一开始只是一场范围有限的文学运动，后来却激发了人们用全新的眼光来看待人类社会和自然。一些人文主义者（特别是北欧的人文主义者）把人文主义学术的方法应用到对《圣经》和基督教史料的研究中，取得了革命性的成果。

理解自然：超越古人的科学

人文主义者最初关心的是模仿古人的语言。他们中的大多数人宁愿花时间阅读，也不愿去观察世界。事实上，他们的方法不适合用来理解自然。当他们想要解释一些自然现象——如血液在身体里的流动或行星和恒星的似动——时，他们向古代权威而不是向自然本身寻求答案。文艺复兴时期的科学家们寻找关于自然界的古代文献，然后争论哪位古代作者是正确的。人文主义者对科学最突出的贡献是他们采纳了穆斯林科学作家的思想，并复原了古典希腊文献。他们传播阿拉伯书籍的拉丁文译本，自己也将古希腊科学家的著作翻译成更广为人知的拉丁文。文艺复兴时期的方法与今天的科学方法形成了鲜明的对比，今天的科学方法是科学家们先提出一个假设，然后通过尽可能直接的实验和观察自然界来确定这个假设是否正确。

尽管如此，在文艺复兴时期被重新发现和翻译的文献扩大了对 16 世纪晚期和 17 世纪科学革命至关重要的两个学科的讨论，即天文学和解剖学。1543 年，波兰人文主义者尼古拉·哥白尼（1473—1543）解决了 2 世纪天文学家托勒密体系中的复杂问题。托勒密的著作把地球置于宇宙的中心，而哥白尼则引用了其他古代作家，他们把太阳置于宇宙的中心。可见，理论天文学的第一次突破性进展并不是通过新的观测取得的，而是通过比较古代文献取得的。然而，在 1610 年伽利略·伽利雷（Galileo Galilei，1564—1642）将他新发明的望远镜对准天空，通过自己的眼睛而不是通过古老的文献来观察星星（见本书第 17 章）之前，这一切都没有得到证实。

安德烈·维萨里（Andreas Vesalius，1514—1564）在最近出版的古希腊解剖学研究的基础上，撰写了《人体结构》（*On the Fabric of the Human Body*，1543），这本书鼓励解剖尸体和解剖观察。有了维萨里，解剖学不再完全依赖古籍的权威，而是鼓励医科学生和医生用自己的眼睛来观察人体。基于维萨里的研究成果，加布里埃莱·法洛皮奥（Gabriele Falloppio，约 1523—1562）对肌肉、神经、肾脏和骨骼进行了许多原创性的观察。他首次描述了女性生殖系统中从卵巢通往子宫的输卵管，因此在英语中输卵管的名称"fallopian tube"就来自他的名字。

不同的声音

两性之争

西方文学中充斥着对女性的侮辱。然而，在文艺复兴时期，"女性问题"引出了教育能否改善女性命运的问题。在文艺复兴时期，这场辩论的特别之处在于女性在捍卫自身利益方面所发挥的积极作用。

尽管他们生活在 17 世纪，但费兰特·帕拉维奇诺（Ferrante Pallavicino，1618—1644）和阿卡安吉拉·塔拉伯蒂（Arcangela Tarabotti，1604—1652）代表了意大利文艺复兴时期关于女性的辩论的高潮。帕拉维奇诺拿出了反对女性的陈词滥调，而塔拉伯蒂对他提出的每一点都做出了针锋相对的回应。

费兰特·帕拉维奇诺：写给"忘恩负义的女人"的信

我知道你是怎样嘲笑我的轻蔑的：一个女人只有在泣血时才真正悲伤，而她平常的眼泪只不过是液体的欺骗，是一种障眼法……

你的忘恩负义已经到了极其失礼的地步。它教我认识到，女人除了她的脸之外，没有任何人性的东西。即使在她沉默的时候，这张脸也会说谎。这张脸警告我，对于一个一见面就骗人的人，除了虚伪之外，不要指望别的。她和男人属于同一种动物，然而，她却独占了所有的兽性品质。与男人不同，她根本就没有任何理性可言。因此，她的行为像野兽一样……

那些没有男人的支持来弥补自己弱点的女人是不幸的！如果没有男人，她们就会像瞎子和疯子一样，随时被扔进千百个深渊。鞑靼（蒙古和土耳其）的女性深知这一点：按照那里的习俗，她们只能戴人脚形的头饰，意思是说对于愚蠢无知的女人来说，最大的荣耀就是服从于男人。通过把自己展现为被踩在脚下的样子，她们在向自己身上最高贵的部分致敬。她们不像其他地方的女人那样愚蠢，后者用从坟墓里抢来的珍宝来装饰自己的头，或者用缀着宝石的链子来加重自己的负担。

阿卡安吉拉·塔拉伯蒂："那些明示或隐晦地表现出厌恶女性的人都应该受到谴责"

神圣全能的上帝想要让女性对男性表现出至高无上的权威，因为男性只配得到监禁和鞭挞。因此，男人像支撑葡萄藤的柱子一样支持女人，让她不至于软绵绵地倒在地上，这样的说法是不正确的。恰恰相反，他接近她，通过无数的计谋诱使她倒下，然后再依靠他来支撑。

一个聪明的头脑如果希望以阴险的方式行事，很容易就能够编造妄想，扭曲事物的真实本质，并从一些晦涩难懂的知识中挖掘出最奇怪的含义。于是，我们最精明的作者错误地解释了鞑靼妇女的习俗，她们头上戴着一个人脚形头饰，作为她们最珍贵的装饰品。正确的含义是，女性行动迅速，随时准备从事高尚的事业，他们用许多脚踏上美德之路，同时保持一个脚与她们的思想合一，这样她们就可以安全地行走在道路上，不会跌倒。她们需要额外的帮助，以免落入被诅咒的男性"天才"无休止地为她们天真的本性设置的圈套和陷阱之中，他们总是反对做好事。

因此，他的解释是，对于一个女人，一个没有头脑、没有感觉的生物来说，没有比屈服于男性更大的荣耀了，这显然是错误的。事实恰恰相反：她最大的折磨和痛苦是发现自己受制于男人的暴政和不人道的突发奇想。

资料来源：Arcangela Tarabotti, *Paternal Tyranny*, edited and translated by Letizia Panizza (Copyright © 2004 by The University of Chicago. Reprinted by permission of the University of Chicago Press), 146–149, 158–162.

除了恢复古代的科学文献，文艺复兴时期对科学最重要的贡献还间接来自视觉艺术和技术的发展。15世纪早期的佛罗伦萨艺术家把从阿拉伯文献中得来的数学和视觉理论应用到绘画上。其目的是通过在二维的矩形表面上创造三维深度的视错觉，使绘画更准确地表现现实，这种技术被称为"线性透视法"（见下一小节"艺术中的复古与自然"）。这些艺术家对眼睛如何感知物体有了更精确的理解，这引发了对玻璃镜片的实验。更透彻的光学知识使望远镜和显微镜的发明成为可能。

西方的活字印刷术发明于 15 世纪 50 年代的德意志，印刷术与廉价纸张的普及相结合，引发了一场印刷革命，迅速提高了书籍的普及率和人们的购买力。在中国和朝鲜半岛，用活字印刷的书籍已经有几个世纪的历史了，但由于需要大量的汉字活字，印刷书籍从来就不太常见。然而，在欧洲，字母表中字母的数量有限，因此印刷术更加可行。科学书籍只占第一批印刷书籍的 10% 左右，但活字印刷术对科学的重要性比销售数字所显示的要大得多。活字印刷术的发明意味着新发现和新思想可以传播给更广泛的受众，避免了科学研究的重复，图表被标准化，科学家们可以在彼此的研究基础上进行研究。随着活字印刷术的发明，科学研究与出版紧密地交织在一起，出版的科学著作促进了科学的发展，而没有发表的科学研究成果在很大程度上被忽视了。文艺复兴时期最伟大的自然观察家列奥纳多·达·芬奇（1452—1519）对科学没有任何贡献，因为他没有发表自己的发现。他把他画的飞行器藏在一个秘密笔记本里，因此他对航空旅行的发展没能产生任何影响。现代科学的基本原则实际上也是所有现代学术的基本原则，即必须通过出版使每个人都能看到研究成果。

艺术中的复古与自然

在西方历史上，意大利文艺复兴与视觉艺术的联系比其他任何时期都要紧密。在 15—16 世纪，活跃在意大利少数几个城市的杰出艺术家群星灿烂，前所未有，这让文艺复兴文化的其他贡献有点黯然失色。

在人文主义者的影响下，文艺复兴时期的艺术家开始模仿古希腊和古罗马艺术家的雕塑、建筑和绘画。起初，他们只是想试图模仿古代

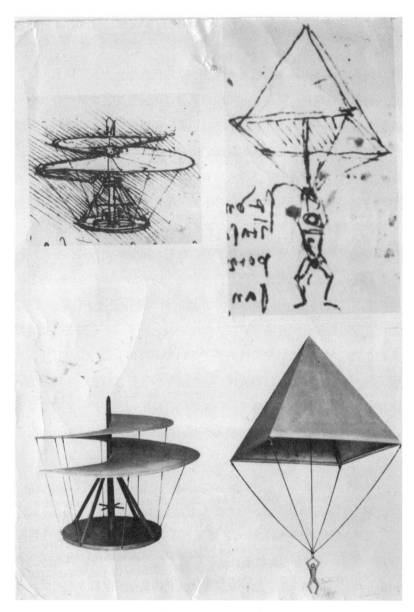

达·芬奇发明的飞行器和降落伞。达·芬奇的笔记本里有很多前所未有的发明。这幅图的上边是他设计的一个类似于现代直升机的飞行器和一个降落伞。下边是根据他的图纸设计的现代模型。他把自己的发明藏在他的秘密笔记本里，这意味着当时没人能跟进他的想法。

图片来源：Snark / Art Resource, NY

的风格和姿势。就像人文主义者通过收集、翻译和分析古典作家的作品来再现古代一样，文艺复兴时期的艺术家们画了古典时期的圆雕饰、雕塑和建筑的素描。因为艺术家们相信古典艺术比自己的艺术更优越，所以这些素描就成为其他艺术家学习的有价值的典范。佛罗伦萨最有影响力的两位艺术家是建筑师菲利波·布鲁内莱斯基（Filippo Brunelleschi，1377—1446）和雕塑家多纳泰罗（Donatello，1386—1466），他们年轻时可能一起去过罗马，描绘那里的古代遗迹。

然而，文艺复兴时期的艺术家们不仅想模仿古代的风格，还想了解古人是如何使他们的人物栩栩如生的。这促使他们更加直接地观察自然本身，尤其是人体结构。因此，文艺复兴时期的艺术是由艺术家和他们的赞助人对模仿古代作品和自然的强烈欲望促成的。这两个愿望在他们的作品中产生了一种创造性的张力，因为古人的艺术作品经常描绘男女神灵，他们把自己在自然界中所观察到的事物加以理想化和改进。文艺复兴时期的艺术家试图想同时描绘理想和现实——一个不可能实现的目标，但能激发出惊人的创造力。

在文艺复兴早期，佛罗伦萨最重要的画家马萨乔（Masaccio，1401—约1428）的作品就体现了这种理想化与自然的结合。在他为布兰卡齐礼拜堂（Brancacci Chapel）创作的壁画中，马萨乔用包括他本人在内的真实人物的画像描绘了佛罗伦萨的街景。这些都是自然主义的典范。在名为《纳税银》（The Tribute Money）的壁画场景中，他把从古代神像上复制下来的头像放在了耶稣、圣彼得和圣约翰的身上。这些都是理想化的美的典范，特别适合描绘圣徒。这些写实的人物形象让观赏者能够认出他们实际上认识的人，以此帮助他们与画面的主题产生共鸣，而这些理想化的人物代表了圣徒，他们高尚的道德品质使他们看起来不同于普通人。

《纳税银》：自然主义与理想化的结合。在这幅描绘基督及其门徒的壁画中，马萨乔将自然主义和理想化的美融为一体。右边的人物背对着观众，是一名税务官，他被描绘成一个普通人。在他左边的第四个人物是一位使徒，他的头是从一尊代表古代美的理想化的古代雕像上复制的。画面的最右边的是马萨乔本人和他的合作者马索利诺（Masolino）。

图片来源：Scala / Art Resource, NY

　　文艺复兴风格在 15 世纪早期形成于马萨乔的家乡佛罗伦萨。1401年，24 岁的布鲁内莱斯基参加了一场比赛，要为佛罗伦萨大教堂的洗礼堂设计铜门浮雕，描绘的是《圣经》中亚伯拉罕献祭他的儿子以撒的场景。但是他输给了洛伦佐·吉贝尔蒂（Lorenzo Ghiberti，1378—1455）。请看所配的两幅对照图。右图所示的吉贝尔蒂的设计揭示了

献祭以撒。这两块浮雕是佛罗伦萨大教堂的洗礼堂北侧铜门设计比赛的入围作品。每一块浮雕都展示了一个大胆的新设计，试图捕捉那一时刻的情感张力。天使拉住亚伯拉罕的胳膊，阻止他将他的儿子以撒献祭（《创世记》22：1—12）。这两位艺术家后来都与文艺复兴的新风格密切相关。左边浮雕出自菲利波·布鲁内莱斯基之手，最终夺冠的是右边的洛伦佐·吉贝尔蒂的作品。吉贝尔蒂的设计通过将亚伯拉罕抬起的手臂的肘部向外突出，更好地传达了场景的戏剧性，因为这样一来，观众的视线就可以沿着手臂和刀的方向直接看向以撒的喉咙。

图片来源：（左）Scala / Art Resource, NY；（右）Erich Lessing / Art Resource, NY

线性透视法。在这幅浮雕中，吉贝尔蒂探索了新发现的线性透视原理的全部潜力。注意他是如何创造出圆形柱廊的错觉的。

图片来源：Pietro Basilico / Shutterstock

文艺复兴早期风格的两个典型元素，即理想化和自然主义。以撒的头仿照的是罗马的一尊古典雕塑，左边的人物和马都是尽可能逼真地被描绘出来的。在这些元素中，吉贝尔蒂既模仿了古代典范，又模仿了自然。

洗礼堂北门的浮雕花了吉贝尔蒂 21 年的时间，让他声名鹊起，也让他马上得到了另一项委托，那就是去完成洗礼堂东门的浮雕。从 1425 年开始，这些大门的浮雕一共耗时 27 年。在东门，吉贝尔蒂用一个简单的方形框架代替北门的哥特式框架，从而使其构图更加自由。这幅浮雕描绘了《圣经》中雅各和以扫兄弟的故事，圆形拱门和古典立柱的背景建筑营造出一种纵深错觉。这种错觉是通过线性透视法来实现的，也就是说，利用几何原理在一个二维平面上描绘出三维空间。这种模仿自然在人眼中呈现方式的方法是佛罗伦萨文艺复兴的一项伟大成就，在古代和伊斯兰世界都从未出现过，它为佛罗伦萨人提供了使创新成为可能的视觉理论。在东门浮雕上，吉贝尔蒂提供了文艺复兴时期对由几何学产生的古代和谐法则的权威性解读。米开朗琪罗·博纳罗蒂（Michelangelo Buonarroti，1475—1564）称赞说，这些门是当之无愧的"天堂之门"。

大多数人文主义绘画的理论家把艺术创造力与男子汉气概联系起来。然而，到了 16 世纪，这些理论家被证明是错误的，因为女性画家开始崭露头角，其中最著名的是索福尼斯巴·安圭索拉（Sofonisba Anguissola，约 1532—1625）。她出身于贵族家庭，和她的五个兄弟姐妹一起接受了人文主义教育。作为女性，她被禁止学习解剖学或画男模特儿。因此她专门画肖像，通常是家庭成员的肖像，还有自画像。她形成了一种独特的风格，描绘的面孔十分生动，就像这里的配图所展示的她的姐妹们下棋的画像一样。她的名气如此之大，以至于西班牙国王腓

文艺复兴时期的肖像画。索福尼斯巴·安圭索拉擅长肖像画，在这幅她的三个姐妹和保姆的集体画像中，她没有描绘与女性有关的传统道具，如宠物或针线，而是描绘了她们正在玩具有挑战性的智力游戏——下象棋。她以这种方式颠覆了人们对女性的刻板印象。

图片来源：Erich Lessing / Art Resource, NY

力二世聘请她为宫廷御用画家。在当时，她起到了榜样作用，鼓舞了其他贵族女性从事绘画工作。

文艺复兴时期的艺术赞助者

文艺复兴时期所有的艺术作品都体现了赞助人的影响，赞助人通常是那些控制着城邦并在人文主义学校接受过教育的富人。直到 16 世纪末，所有的画家、雕塑家甚至诗人都为赞助人工作。赞助人可以是个人，也可以是团体，如宗教团体或政府。他们委托艺术家创作艺术品，如祭坛画、胸像、雕像或宫殿壁画。赞助人和艺术家会达成一份合同，可能会具体规定艺术家要做什么：他（几乎所有文艺复兴时期的艺术家都是男性）将使用什么样的材料，材料要花多少钱，他能在多大程度上依赖助手，他自己要做多少工作，甚至他如何安排作品中的人物。米开朗琪罗为了履行一份在佛罗伦萨政府委员会会议上讨论过的合同而雕刻了《大卫》，这尊雕像成了文艺复兴时期最著名的艺术作品。无论他们的才能多么出众，艺术家的创作永远不能任性而为。他们必须服务于他们的赞助人——艺术品的消费者——的需求。文艺复兴时期的社会还不像现代西方社会这样是一个消费社会；尽管如此，富有的上层阶级的欲望导致了对艺术品日益增长的需求。

有些赞助人长期支持艺术家的事业。君主们尤其喜欢聘请艺术家，给他一份固定的薪水，甚至还会给他一个正式的头衔，作为交换，艺术家要根据其要求进行创作。因此，洛多维科·斯福尔扎公爵（Duke Lodovico Sforza，1451—1508）把列奥纳多·达·芬奇请到了米兰，在那里他为公爵的情妇画了一幅肖像，为公爵的父亲设计了一尊巨大的骑马雕像，还设计了舞台布景和狂欢节的露天表演，绘制了城堡的内部装饰，并做了一些工程工作。

大多数赞助人支持艺术，以提高自己的声望和权力。有些人对艺术家有着特殊的影响，例如教皇尤里乌二世甚至说服以雕刻家自居的米开朗琪罗为西斯廷教堂的天花板作画。

文艺复兴的传播

当其他地方的欧洲人开始接触意大利文化时，文艺复兴得以传播。在意大利学习或作战的君主和贵族是第一批向国外输出意大利艺术和艺术家的人。西班牙国王腓力二世只是 16 世纪众多将意大利艺术家吸引

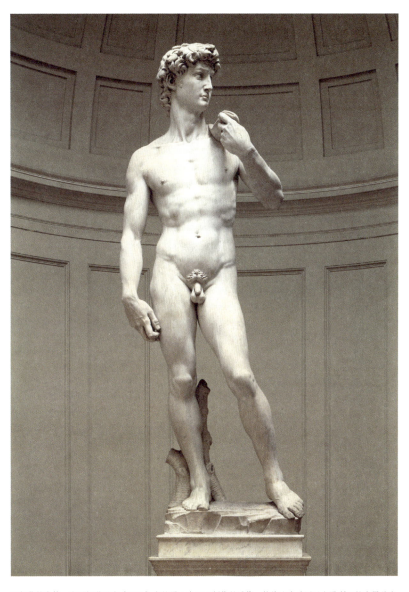

理想化的身体。米开朗琪罗为《圣经》中的勇士大卫王创作的雕像，他将这个杀死巨人歌利亚的小男孩变成了一个超人，他的身材比任何正常人都要高大。米开朗琪罗想通过改变人体的自然比例来改善自然，使他的头和手比正常人要大得多。

图片来源：Scala / Art Resource, NY

到宫廷的君主之一。也许没有哪个国家比波兰更迷恋意大利的文艺复兴了。在那里，许多曾在意大利学习过的贵族模仿文艺复兴的理想典范建造了宫殿，规划了整个城镇。甚至连位于莫斯科的克里姆林宫也是由意大利建筑师设计的。

随着意大利城邦在意大利战争（1494—1530）中的崩溃，日益强大的西欧君主国促进了文艺复兴文化在意大利以外传播。正如我们接下来要讨论的，法国人在15世纪末入侵意大利半岛，在意大利引发了多年的战争。然而，国王弗朗西斯一世（Francis I，1515—1547年在位）对他所看到的一切深表赞叹。他在法国建造了第一座文艺复兴风格的城堡，并聘请了包括达·芬奇在内的意大利艺术家，给他的王国带来了文艺复兴文化。达·芬奇生命中的最后几年就住在弗朗西斯一世送给他的大城堡里。

近代早期欧洲的国家制度

使意大利文艺复兴成为可能的那种城市独立在意大利战争期间受到了挑战，当时法国、西班牙和神圣罗马帝国试图瓜分这个半岛。战争始于1494年，法国国王试图占领那不勒斯王国。他对意大利的入侵吸引了来自西班牙和神圣罗马帝国的敌对君主，他们无法容忍法国对富裕的意大利的控制，并使意大利各城邦为了免受外国征服而互相争斗。对意大利来说，这些战争是一场灾难。在近40年的时间里，一批又一批外国军队翻越阿尔卑斯山脉，把意大利变成了战场。最糟糕的是1527年的"罗马之劫"，日耳曼雇佣兵洗劫了这座城市，摧毁了艺术品，囚禁了来自美第奇家族的教皇。到1530年，西班牙国王击败了他的对手法国，夺取了意大利的控制权。除威尼斯外，所有的意大利大城市都受西班牙统治。

意大利富裕城邦的陷落是欧洲国家体系转变的第一个标志。只有西欧的大君主国（如法国、西班牙和英国）才能聚集必要的物力和人力，在战场上部署并保持一支庞大的军队。意大利战争揭示了近代早期欧洲国家体系的轮廓，这一体系建立在由国王统治的大国的强大之上。这些国王攫取了前所未有的资源，不仅摧毁了意大利，还使欧洲通过在美洲、亚洲和非洲的殖民地统治了全球大部分地区（见本书第 13 章）。

近代历史和政治思想的起源

西欧君主制的复兴和意大利城邦独立性的丧失迫使人们重新思考政治。和其他许多领域一样，佛罗伦萨人再次一马当先。为了了解自己城邦的问题，他们通过比较一种政府和另一种政府并观察当前的事件来分析政治。

1494 年爆发的意大利战争引发了人们对意大利衰落原因的探索，并催生了一种超越中世纪编年史的新型历史写作。在中世纪也有一些重要的批判性历史著作，比如让·傅华萨（Jean Froissart）对百年战争时期法国的讲述和若望·德鲁考兹（Jan Dlugosz）写作的波兰国王的历史。然而，新的文艺复兴历史为批判证据设定了新的标准，并借用了人文主义的修辞理论来进行论证。第一个成功地以这种新形式书写历史的人是弗朗切斯科·圭恰迪尼（Francesco Guicciardini，1483—1540）。他出身于一个显赫的佛罗伦萨家庭，在一所人文主义学校接受教育。作为一名外交官、总督和美第奇家族的顾问，他集文学技巧和实际的政治经验于一身。除了收集有关当时事件的信息外，他还记录了自己的思想和价值观是如何随着所观察到的事件而演变的。他的作品的一个特点是，当他分析别人的动机时，他会进行自我审查和自我批评。他的代表作《意大利史》（*History of Italy*，1536—1540）是第一部记述整个意大利半岛上所发生事件的著作。圭恰迪尼看到的是历史事件的人为原因，而不是隐藏在背后的上帝之手。例如，他提出，情感比理性的算计更重要，并指出没有什么事情会像预期的那样发生。

正如圭恰迪尼研究了历史变化的原因一样，尼科洛·马基雅弗利则探索了有效统治的方法。在《君主论》中，马基雅弗利鼓励统治者理解政治权力的基本原则，这些原则不同于人们对非统治者所期望的那种个人道德。马基雅弗利指出，君主表面上必须是一个有道德的人，但是为了保护国家，成功的君主有时可能不得不做不道德的事情。君主怎么知道什么时候会出现这种情况呢？

马基雅弗利的回答是，"必要性"迫使政治决策凌驾于正常道德之上。君主"必须考虑最终的结果"，这意味着君主的最高义务是维护被托付给他的国家的存在，并为所有公民提供安全保障。这种义务甚至凌驾于他的宗教义务之上。

随着圭恰迪尼对人类动机的分析和马基雅弗利对使某些行为成为必要的因素的探索，历史和政治思想开始朝着一个新的方向发展。理解历史和政治的关键在于人类事件的细节。对圭恰迪尼来说，这些细节为了解领导者的心理提供了线索。在马基雅弗利看来，它们揭示了偶然和计划的隐藏机制，这些机制不仅支配着政治决策，还支配着所有的人类事件。

君主政体：国家制度的基础

欧洲的国家制度是文艺复兴最持久的成就之一。历史学家用"国家制度"这个词来指代一系列相互关联的发展变化的总和。第一个发

历史上的正义

作为"私性正义"的血亲复仇

在 14—15 世纪，通过血亲复仇而进行的私性正义与法院所提供的官方正义形成竞争。私性正义是建立在复仇基础之上的。当有人被谋杀或被攻击时，受害者最亲密的男性亲属有义务通过对施暴者或他的一个亲属施加类似的伤害来实施报复。儿子有义务为父亲的死报仇，兄弟有义务为兄弟的受伤报仇。生活在软弱的政府之下，唯一有效的正义通常是私性正义，或者是意大利人所说的"血亲复仇"。作为文艺复兴时期社会不安的最主要根源，血亲复仇是每一个政府都在努力消除的一种行为。

罪犯会努力隐藏行踪，而复仇者却会公开实施他们的行动，甚至会大肆宣扬。复仇行动是公开进行的，因此会有目击者，而且通常是以一种极具象征性的方式着辱被报复者。私性正义总是试图传递一个信息。

文艺复兴前夕，欧洲最先进的城市发生了一起复仇事件，展示了私性正义的残忍，尤其是公开杀人以向世人炫耀的需要。1342 年，在经历了一段混乱时期后，佛罗伦萨人将非凡的司法权授予了一个人称"雅典公爵"、名叫布里耶纳的沃尔特（Walter of Brienne）的雇佣兵。但是，沃尔特逮捕并处决了一些显赫家族的成员，这得罪了许多佛罗伦萨人。同年 9 月，在这些家族的带领下，一群人包围了佛罗伦萨的政府，并抓住了公爵手下最令他们痛恨的"监督官"和他的儿子。一位目击者讲述了接下来发生的事情：

> 监督官的儿子被推到前面，他们把他砍倒在地，并将其碎尸万段。然后，他们推出了监督官本人，以同样的方法解决了他。有些人用长矛或剑挑着他的一块尸体招摇过市，他们如此残忍，愤怒和仇恨让他们变得像野兽一样，竟然生食其肉。[6]

近 200 年后的另一段记述讲的是安东尼奥·萨沃尔尼安（Antonio Savorgnan）的故事，他是一位贵族，杀死了许多敌人。凶手们并没有试图逮捕安东尼奥，而是通过私性正义为死去的亲人报仇。一位目击者称，安东尼奥在离开教堂时遭到袭击，"他离奇地受伤了，他的头裂开了，倒在地上，一

私性正义。在提香的画作《刺客》(*The Bravo*,约 1515 / 1520)中,一个身穿胸甲、将出鞘的剑藏在背后的人抓住敌人的衣领,准备发起攻击。为了公正地实施报复,攻击者不能从背后捅敌人一刀,而必须在公平的决斗中给他一个机会。

图片来源:Erich Lessing / Art Resource, NY

句话也说不出。但是还没等他咽气,一条体型巨大的狗跑了过来,把他的脑袋吃光了。谁也无法否认,他的脑袋就是被狗吃了。"[7]这次是一条狗替复仇者完成了任务。

在这两篇记述中,作者都希望读者相信受害者被吃掉了,无论是被人吃掉,还是被狗吃掉。这表明复仇者们是在进行一种私性正义行为,一种对杀害近亲者的合法报复行为。为了传达这一信息,复仇者们必须在光天化日之下、在目击者面前干掉他们的敌人。至少要装一装公平决斗的样子。为了彰显他们的复仇，谋杀者把尸体当作猎物来屠宰，把尸体喂给猎狗吃，甚至自己吃掉。

无论是小城邦还是大君主制国家的政府，都试图用官方正义取代私性正义，但暴力传统依然很强大。在文艺复兴时期，暴力犯罪率极高。据估计，谋杀率是今天美国中心城区的 10 倍。随着政府试图控制暴力和"克制"价值观的传播，一种不同的私性正义出现了，那就是决斗。传统上，决斗是骑士们解决争端的一种方式。然而，在 16 世纪，决斗变得越来越普遍，甚至会发生在从未当过兵的人之间。决斗者必须遵守详细的规则：决斗必须有合法的理由，决斗者必须相互尊重，决斗要在经过大量准备之后才能开始，必须有作为荣誉专家的裁判充当证人。另外，决斗者必须宣誓接受决斗结果，以后不再互相纠缠。

决斗实际上将私性正义文明化了。决斗规则的复杂性限制了暴力性，也就意味着发生的打斗更少了。虽然决斗总是有悖于法律，但君主们往往对其睁一只眼闭一只眼，因为决斗可以让廷臣之间的冲突保持在可以控制的范围之内。但是，政府对其他形式的私性正义（尤其是对下层阶级中间的私性正义）越来越不能容忍了。他们试图废止世仇和血亲复仇，并坚持所有争端都应该交由法庭解决。

展，政府建立了常备军。由于军事革命，大量的步兵进入战场，火药大炮被用来围攻城市和城堡，政府不得不使军队现代化，否则就会失败。自 9 世纪以来，国王一直依靠封建征召，即士兵被招募来履行他们个人对领主的义务，但到了 15 世纪后期，政府开始组织常备军。然而，这些军队耗费巨大，因为必须定期支付薪饷，并且新的大炮也很昂贵。此外，防御工事必须加强，以承受炮火的打击。结果，国王们非常渴望开辟新的财源。

广开财源的需求导致了第二个发展，即赋税的增长。每个欧洲国家都在与赋税问题做斗争。高效收税的需要催生了一个由估税员和收税员组成的官僚机构。人们抵制新税，导致了与君主关系的紧张。

这种紧张关系导致了第三个发展。君主们试图通过废除地方的赋税豁免政策，并撇开本应负责批准新税的地方议会，以此削弱对赋税的反抗。在 12—13 世纪，有效的政府是地方政府，国王很少能干涉城镇和地区的事务。然而，在 15 世纪，为了提高赋税，将自己的意志强加于整个国家，各地的国王都试图消除或削弱城镇和地方议会的独立性。

第四个发展，君主试图削弱贵族和教会的独立性。在西欧诸国，对国王权力的最大威胁来自贵族。国王们努力拉拢这些贵族，或强迫他们屈服。大多数君主还试图迫使教士成为政府政策的执行者。在法国、英国和西班牙，君主在削弱贵族和教会的势力方面最为成功。在东欧，尽管国王们也试图取得同样的效果，但贵族们仍然控制着局势。在波兰、波希米亚和匈牙利，贵族们选举国王，以控制王室的权力。

在文艺复兴时期的欧洲国家制度演变中，第五个发展是实施驻外使节制度。意大利战争期间，欧洲各国国王开始互派驻外国首都的使节，负责向他们通报所驻国的情况，并代表统治者在国外的利益。驻外使节成了一个复杂的信息网络的中坚力量，提供关于其他国王、君主和城市的意图和能力的情报。这些使节通常接受过人文主义教育，这有助于他们适应陌生和不可预测的情况。他们通晓多种外语，可以有效地谈判，更有说服力地发言。使节们养成了彬彬有礼的举止，这能缓和个人矛盾。对于这种新的国家制度来说，收集可靠的信息变得与维持军队和收税一样重要。尽管这些发展中有许多是意大利城邦最早做出的，但它们很快就被西方更大的君主国超越。

法国拥有西欧最大的领土和超过 1 600 万的人口，有潜力成为欧洲最强大的国家。在国王查理七世（Charles VII，1422—1461 年在位）的统治下，法国建立了第一支职业化的军队。同样重要的是，1438 年颁布的《布尔日国事诏书》（Pragmatic Sanction of Bourges）保证了法国教会不受教皇控制的事实上的自治，使法国国王能够干涉宗教事务，并利用教会收入为政府服务。法国君主政体发展的第三个重要武器是"人头税"，一种每年征收一次的直接税。在 1453 年结束的百年战争的最后几年里，三级会议（法国国民议会）授予国王征收人头税的权利。百年战争结束后，路易十一（Louis XI，1461—1483 年在位）将其变成了自己的和他的继任者的永久收入来源。有了人头税所提供的财力支持，路易十一和他的继任者扩大了法国君主制的影响范围。

与法国相比，中世纪的西班牙王国从未在欧洲事务中扮演重要角色。伊比利亚半岛上有几个小王国，它们是葡萄牙、卡斯蒂利亚、纳瓦拉和阿拉贡，这些都是基督教王国，还有一个格拉纳达，它是伊斯兰王国。每个王国都有自己的法律、政治制度、习俗和语言。与法国不同的是，这些基督教王国很穷，并且人口稀少，一心只想着要把富裕的穆斯林赶出半岛。没有理由认为这个地区会成为欧洲最强大的势力之一，成为法国的对手，而文艺复兴却使这成为可能。

这场崛起是从一场婚姻开始的。1469 年，后来成为卡斯蒂利亚女王的伊莎贝拉（Isabella，1474—1504 年在位）嫁给了后来成为阿拉贡国王的斐迪南二世（Ferdinand II，1479—1516 年在位）。这场包办婚姻的目的是要巩固两个王国之间的联盟，而不是将它们合并。但是，在1479 年，卡斯蒂利亚王国和阿拉贡王国合并成为西班牙王国。在这两个王国中，卡斯蒂利亚的人口更多，大约有 600 万人，也更富裕。虽然仍统治着各自的王国，伊莎贝拉和斐迪南二世同心协力，至少在一定程度上降伏了桀骜不驯的贵族阶层，并建立了一个由受过良好教育的中产阶级律师和教士组成的官僚机构来管理政府。

伊比利亚半岛上信奉基督教的国王们早就想让整个半岛都信奉基

督教。1492 年，伊莎贝拉和斐迪南二世的军队打败了伊比利亚半岛上最后一个伊斯兰王国格拉纳达。在庆祝战胜伊斯兰教的胜利时，君主们做出了两个重要的决定：第一个决定是将犹太人和穆斯林从西班牙驱逐出去。伊莎贝拉和斐迪南二世下令，六个月内所有犹太人要么皈依基督教，要么离开。为了让那些没有离开的犹太人真正皈依基督教，斐迪南二世和伊莎贝拉授权建立了一个教会法庭来调查这些人的诚意，这个法庭就是西班牙宗教裁判所。第二个决定是伊莎贝拉一个人做出的。她资助来自热那亚的船长克里斯托弗·哥伦布向西航行穿过大西洋，试图到达印度和中国。伊莎贝拉似乎想要包抄中东的伊斯兰王国，并在亚洲找到盟友。我们将会在下一章中看到，哥伦布的航行产生了比伊莎贝拉的意图更为深远的影响，给卡斯蒂利亚女王带来了美洲的广阔领土。

尽管他们的王国情势各不相同，但伊莎贝拉和斐迪南二世使西班牙成为一个强国，并为欧洲国家在未来一个半世纪的外交关系建立了一个框架（见地图 12.2）。他们与英格兰、葡萄牙、勃艮第和神圣罗马帝国的王室通婚，建立了一个孤立法国的联盟网络。通过这些联姻，他们的外孙查理五世继承了勃艮第哈布斯堡王朝的土地，继承了西班牙的王位，并被选为包括整个德意志在内的神圣罗马帝国的皇帝，还统治着西班牙在意大利征服的土地。同时，查理五世还是包括西属中美洲、南美洲和菲律宾群岛在内的东印度群岛的皇帝。这是自 9 世纪查理大帝以来欧洲统治者所统治的最大规模的领土。

与西班牙不同，英格兰是中世纪最强大的国家之一。然而，在 1453 年百年战争结束时，英格兰的国王被打败了，英格兰国力空虚。成千上万名被遣散的雇佣兵涌入英格兰，加入了贵族之间的争斗。雇佣兵们把他们在与法国的战争中所使用的暴力用到英格兰身上。在战败和叛乱造成的紧张局势下，王室分裂成兰开斯特和约克两个敌对阵营，展开了一

地图 12. 2　围绕法国的王朝婚姻

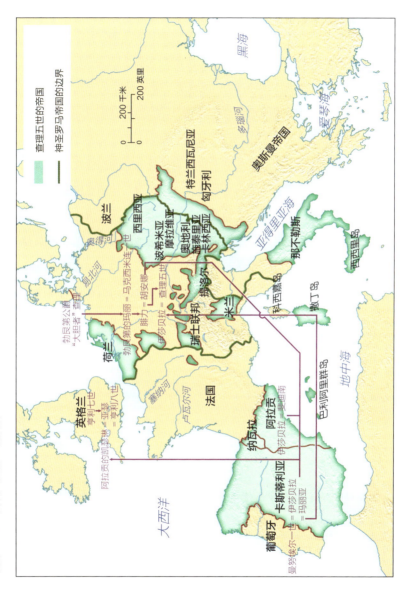

通过巧妙地安排儿女们的婚姻，阿拉贡的斐迪南和卡斯蒂利亚的伊莎贝尔成功地用联盟网络包围了敌对的法兰西王国。这幅地图揭示了王室婚姻在早期近代国家体系中的什么作用？

场残酷的内战，史称"玫瑰战争"（1455—1485），这得名于用来识别作战双方成员的红玫瑰和白玫瑰。

当亨利·都铎（Henry Tudor）最终结束内战、成为国王亨利七世（King Henry VII，1485—1509 年在位）时，人们几乎没有理由相信英格兰会再次成为欧洲事务的主要力量。亨利七世花了几年时间才坐稳了王位。他恢复了作为国王意志的工具的星室法院（Court of Star Chamber），去惩罚不守规矩的贵族，这些贵族长期以来通过贿赂和恐吓来摆脱王室的管控。因为是亨利七世亲自挑选的顾问担任法官，所以亨利七世可以保证法庭制度变得更加公正，更加服从他的意愿。他没收了反叛贵族的土地，从而增加了自己的收入，他禁止所有贵族拥有私人军队，除了那些为他服务的军队。通过有效管理他的政府，消除不必要的开支，远离战争，亨利七世统治期间无须召集议会以增加赋税。

英格兰仍然是一个落后的国家，人口不足 300 万。但通过与刚刚统一的西班牙结盟，亨利七世将英格兰重新带回了欧洲事务中。当他的儿子亨利八世继承王位时，都铎王朝比以往任何一个王朝都要稳固，英格兰也比以往任何时候都要稳定。

结语：文化政治

文艺复兴始于对古代最优秀的拉丁作家和演说家风格的模仿。然而，在一代人的时间里，人文主义者和艺术家们把这个狭隘的文学项目推向了一个全面的尝试，试图在古代文化的模式下重塑人类社会。阅读关于古人的书，欣赏古人的艺术作品，会让人把古代社会与当时文艺复兴时期的社会进行比较，其结果是对分析古今的批判方法的发展。这种批判方法培育了一种更强的历史情操，这种情操将西方的观念从一种主要由基督教的宗教认同所定义的观念，转变为一种由共同的历史经验所锻造的观念。

16 世纪，西欧人吸收了文艺复兴时期的批判－历史方法，并将其转向新的方向。在北欧，学者们使用人文主义者的批判－历史方法来更好地理解基督教的历史来源，尤其是《圣经》。随着这一发展，基督教开始有了新的含义，许多基督徒试图使教会的惯例更符合《圣经》的要求。人文主义者处理宗教问题的方法导致了基督教不同阵营对经文的解释产生了永久性的分歧。我们将在本书第 14 章中看到，16 世纪的宗教改革粉碎了天主教西方来之不易的统一。

正如下一章所示，在宗教改革之前的一个世纪里，西班牙和葡萄牙的水手接触了以前不为人知的美洲文化和只有模糊了解的非洲文化和亚洲文化。因为在文艺复兴时期，那些思考和描写这些奇怪的新文化的人都只是从古代作品中得到启发的。

克里斯托弗·哥伦布。这幅近现代的肖像画把哥伦布描绘成文艺复兴时期的一位穿着得体的绅士。

图片来源：GL Archive / Alamy

第 13 章

西方与世界：
全球碰撞的重要性

1450—1650 年

1492 年 10 月的一个炎热的日子，克里斯托弗·哥伦布和他的船员们穿着厚重的盔甲，叮叮当当地登上巴哈马群岛中一个岛屿的海滩。船长和他的船员们已经从加那利群岛向西航行了五个星期，他们认为风会把他们直接吹到亚洲。当哥伦布指挥的船只在加勒比海的岛屿间徒劳地寻找亚洲的富饶港口时，哥伦布认为他一定是到了印度，因此他称遇到的原住民为"印度人"（即印第安人）。他还曾一度认为自己遇到的人可能是中亚的蒙古人，他在日记中把他们描述为"大可汗的人民"。哥伦布关于他的位置的两种猜测都是错误的，但留下了一份发人深思的语言学遗产："印第安人"被用来指代美洲原住民，"食人族"和"加勒比人"都源自哥伦布对"可汗"（Khan）的错误拼写。哥伦布认为，他所称的食人族或加勒比人吃人肉，但这样的信息是从他们的敌人那里得到的，并且也是错误的。源自哥伦布第一次航行的最持久的误解之一由此产生。历史学家对美洲原住民对外国游客到来的最初想法了解甚少，这主要是因为在几代人的时间里，加勒比人几乎完全灭绝了。当有人对此感兴趣时，已经没有人可以把他们的故事流传下去了。

　　15 世纪末的西方文明似乎很难在全球范围内建立前哨基地和殖民地。那里的王国几乎没有足够的自我防卫能力，更不用说从事世界探索和海外征服了。奥斯曼帝国的威胁是如此之大，以至于整个南欧和东欧都处于守势。奥斯曼土耳其人和基督徒之间的敌对阻碍了曾经刺激欧洲中世纪经济扩张的、通往亚洲的传统贸易路线。与奥斯曼帝国或中国的明朝相比，欧洲弱小、贫穷的国家似乎更倾向于它们之间的争斗，而不是去开拓更广阔的视野。

尽管如此，到了 1500 年，欧洲人已经在非洲、美洲和亚洲从事战争和贸易。大约又过了 50 年，欧洲人就已经摧毁了美洲两个最伟大的文明，开始通过奴隶贸易强迫非洲人迁移到美洲，并在整个南亚和东亚建立了贸易站。

在 1492 年以前，以其语言、宗教、农业技术、文学、民间传说、音乐、艺术和可追溯到古代基督教的共同知识传统为标志的西方，主要局限于欧洲和中东。哥伦布航海不到一个世纪之后，西方文化在许多遥远的地方都能找到，西欧的语言和各种形式的基督教被其他民族采用或被强加给这些民族。此时的西方更多的是一种理念，而不再只是一个地方概念，是一种在许多不同环境中蓬勃发展的特定文化。西欧人受到了他们所到之处的遥远民族的影响，与此同时，他们自己也发生了变化，因为他们开始发现文化相对性的原则，并学会了包容人类之间的差异性。欧洲人的航行导致了生物和经济的全球一体化。曾经被隔绝的微生物、动物和植物现在传播到了世界各地。由于欧洲人拥有用于运输的船只和用于胁迫的武器，他们成了国际贸易的主导者，甚至在距离欧洲本土数千英里的地方也是如此。欧洲全球碰撞第一阶段提出的问题是：西方和世界其他地区是如何转型的？

在非洲的欧洲人

中世纪的欧洲人已经积累了大量关于北非的知识，但除了埃塞俄比亚之外，他们对撒哈拉沙漠以南的地区几乎一无所知。到了 15 世纪，穆斯林与撒哈拉沙漠以南非洲的接触清楚地表明，该地区是黄金和奴隶的来源地。为了寻求黄金和奴隶，欧洲人（尤其是葡萄牙人）开始沿着非洲西海岸航行。

欧洲人到达之前的撒哈拉沙漠以南的非洲

几个世纪以来，高度发达、繁荣的王国统治着撒哈拉沙漠以南非洲的内陆。然而，在 15—16 世纪，当欧洲与撒哈拉沙漠以南地区的联系急剧扩大时，曾经强大的王国不是衰落了，就是在与区域竞争对手进行了旷日持久的斗争。欧洲人来到非洲时，正好能够利用这种内部冲突造成的虚弱。

马里是一个位于塞内加尔北部和尼日尔河之间的内陆帝国，长期以来，马里的伊斯兰王国一直垄断着黄金商队，这些商队将人们觊觎的黄金从传奇城市廷巴克图（Timbuktu）起运，穿过撒哈拉沙漠，运到对黄金贪得无厌的地中海地区。在欧洲中世纪，马里是撒哈拉沙漠以南非洲地区最大的帝国，但到了 1400 年，这个帝国开始衰落。内部的权力斗争分裂了这个曾经庞大的帝国。1482 年，葡萄牙人在埃尔米纳（Elmina）建立了一个黄金交易站，他们发现马里的统治者比 100 年前要虚弱得多（见地图 13.1 上的贸易路线和城市）。

受马里的影响，几内亚出现了几个建立在繁荣的城市社会和广泛的贸易网络之上的森林王国。欧洲旅行者将贝宁这个伟大的城市与当时欧洲的主要城市进行了比较，认为有过之而无不及。几内亚的城镇定期举办集市，与欧洲的定期集市相类似，并且做了精心安排，以免彼此冲突。这一地区长途贸易路线的主要商品是高价值的奢侈品，尤其是进口的布料、可乐果（一种在伊斯兰国家很受欢迎的温和兴奋剂）、金属制

地图 13.1　14 世纪的马格里布和西非

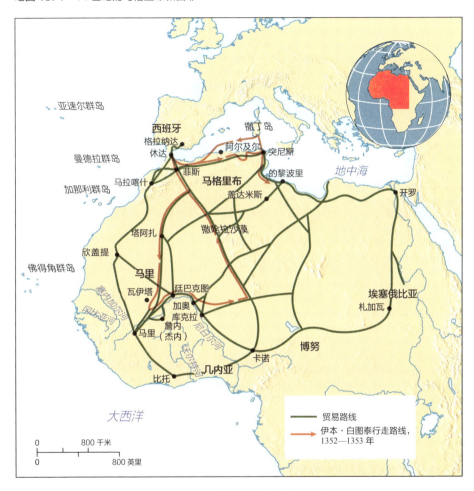

在葡萄牙人通过海路到达之前，早在 14 世纪，骆驼商队就在撒哈拉沙漠上纵横驰骋，把马里的黄金产地与马格里布（非洲西北部的海岸）和地中海的海港连接起来。中世纪最伟大的阿拉伯旅行家伊本·白图泰（Ibn Battuta, 1304—1368/1369）曾穿越撒哈拉沙漠，在马里待了一年多。他留下了对中世纪西非最详尽的描述。从这些贸易路线的存在，我们可以对葡萄牙人航行之前非洲和欧洲之间的联系有什么了解？

品（如弯刀）和象牙，当然还有黄金。然而，在 16 世纪，内战削弱了这些王国，为欧洲更大的影响力开辟了道路。

不像撒哈拉沙漠以南的西部王国，那里的居民往往是穆斯林，多山的埃塞俄比亚的人口主要是基督徒。事实上，欧洲人把埃塞俄比亚人视为反对伊斯兰教的潜在盟友。罗马和埃塞俄比亚之间的外交联系在 1439 年佛罗伦萨大公会议期间得以加强，该会议试图联合所有的基督徒来抵抗奥斯曼土耳其人。博学的埃塞俄比亚教士在西欧很出名，他们给人留下了这样的印象：埃塞俄比亚是一片富饶的土地，其上生活着虔诚的基督徒。埃塞俄比亚皇帝出行的壮观场面给葡萄牙旅行者留下了深刻的印象，皇帝出行时有 2 000 名随从和 5 万头骡子一起运送食物和帐篷。然而到了 16 世纪早期，埃塞俄比亚帝国已经扩张过度了。在 16 世纪 20—30 年代，穆斯林袭击了埃塞俄比亚的中心地带，袭击并烧毁了富有的埃塞俄比亚修道院。这些袭击严重削弱了皇帝的力量。埃塞俄比亚虽然幸存了下来，但是相互竞争的基督教军阀削弱了中央权威。

欧洲人沿非洲海岸的航行

黄金把欧洲人吸引到了撒哈拉沙漠以南的非洲。欧洲商人在马格里布（Maghreb）用欧洲的白银交换非洲的黄金。马格里布是现在的摩洛哥、阿尔及利亚和突尼斯地区的总称。这里是来自马里的黄金商队的北方终点。欧洲商人从黄金贸易中获得了可观的利润，但他们认识到，如果能摆脱马格里布的中间商，他们就可以获得更大的利润。然而，由于穆斯林对外国闯入者（尤其是基督徒）的敌意，欧洲人几乎对使用穿越撒哈拉沙漠的骆驼商队路线不抱任何希望。

欧洲人的另一个选择是通过海路迂回绕过穆斯林。早在 13 世纪，欧洲航海家就冒险沿非洲西海岸航行到未知水域，但这样的航行很快就遇到了麻烦。欧洲的单层甲板帆船可以适应地中海的平静海水，但不适合在大西洋波涛汹涌的海面上航行。这种船很容易沉没，并且还需要大量的桨手。此外，西非漫长的海岸线缺乏避风港。要想直接获得马里的黄金资源，欧洲人需要开发新型船舶。

新的航海技术

15世纪时，航海技术的发展克服了单层甲板帆船的缺点。伊比利亚半岛（今天葡萄牙和西班牙所在的地方）的地理位置使建造一种融合了地中海船只和大西洋船只优点的新型船只成为可能。

这种新型船只就是轻快帆船。伊比利亚人改进了旧的齿轮设计，额外增加了的桅杆，创造了一种新的索具，把大西洋船只的方帆和地中海单层甲板帆船的三角帆组合起来，方帆使船适合顺风航行，三角帆使船适合逆风航行。其结果是，这种新型船只可以在各种风中航行，可以运输大宗货物，只需要少数船员驾驶，并由安装在船楼上的大炮提供保护。这种混合的三桅轻快帆船第一次出现是在1450年左右。在接下来的200年里，欧洲人驾驶着基于同样设计的船只进行了远洋航行，到达地球的尽头。

中世纪晚期的其他发明也帮助了欧洲航海家。指南针最初来自中国，它可以提供大致的方向指示。从穆斯林水手那里学到的星盘和肉眼天文导航使纬度的判断成为可能。被称为"航海图"（portolano）的航海指南中有港口图表，并标记了未来航行中需要注意的危险浅滩和安全港口的位置，其中很多改编自伊斯兰教的文献。

然而，技术本身并不能解释为什么欧洲人在这个时代开始环球航行。以前也曾有过远洋航行的尝试。几个世纪以来，波利尼西亚人成功地乘坐独木舟在太平洋上航行。10—14世纪，北欧海盗经常穿越北大

1450 年前后在伊比利亚半岛发明的混合三桅轻快帆船，把方帆和三角帆组合起来使用。这种船只可以在各种风中航行，可以运输大宗货物，只需要少数船员驾驶，并由安装在船楼上的大炮提供保护。

图片来源：DeAgostini / SuperStock

西洋，而在 15 世纪早期，中国人在印度洋上进行了广泛的探险航行。欧洲人渴望从扩大的贸易网络中获利，并迂回绕过那些封锁了东部贸易路线的穆斯林，在 15、16 世纪，正是这样的动机推动了欧洲人的航行。

新殖民主义

对更大利润的追求产生了新的殖民地。在 12—13 世纪十字军东征期间建立的地中海殖民地依赖于对当地居民的剥削而生存。这些殖民地要么是贵族殖民地，由少数勇士占领城堡以统治当地居民，要么是商业殖民地，围绕着外国商人的贸易站而建。

15 世纪，卡斯蒂利亚和葡萄牙在加那利群岛、马德拉群岛、亚速尔群岛和佛得角群岛建立了殖民地。这些岛屿的气候与地中海地区的相似，很适合种植地中海类型的作物，如谷物和甘蔗。但无论是贵族殖民地，还是商业殖民地，这些岛屿都缺乏本地劳动力。当欧洲人到达时，加那利群岛居民很少，其他岛屿也无人居住。为了应对劳动力短缺，出现了两种新型殖民地，这两种殖民地后来都被引入美洲。

第一种新型殖民地是拓荒殖民地。拓荒殖民地起源于中世纪的封建统治模式，在这种模式下，一个人可以从国王那里获得占领一个岛屿或岛屿一部分的许可证。国王为探险队提供财政支持和法律权威。作为回报，移民者承诺在殖民成功后承认国王是他的领主，并偶尔向国王进贡。卡斯蒂利亚国王和葡萄牙国王颁发了许多拓殖大西洋岛屿的许可证。拓殖这些岛屿的探险队都是私人组织的，来自欧洲各地的冒险家们竞相向任何愿意颁发给他们许可证的国王申请许可证。例如，加那利群岛的第一个欧洲殖民地是由一个诺曼人骑士建立的，他无法从法国国王那里得到足够的支持，因此转而效忠于卡斯蒂利亚国王。

在欧洲人到来之后，被称为关契斯人（Guanches）的加那利群岛原住民要么被杀，要么死于欧洲人带来的疾病，这就需要欧洲的移民家庭来耕种土地，并维护卡斯蒂利亚人对这些岛屿的主权。这些欧洲农民和手工业者也带来了自己的文化，包括传统的家庭结构、习俗、语言、宗教、种子、牲畜和耕作方式。无论是在大西洋岛屿，还是在新大陆，拓荒殖民地建立在什么地方，他们都会按照旧大陆的样子对其加以改造。

第二种新型殖民地是种植园殖民地。在 15 世纪 60 年代佛得角群岛被占领之前，大西洋岛屿上的殖民地一直依赖欧洲殖民者提供劳动力。然而，佛得角吸引来的移民很少，而这些岛屿似乎特别适合种植利润丰厚的甘蔗作物。那里为数不多的定居的欧洲殖民者往往是被流放的罪犯，他们不愿意工作。在佛得角没有原住民可以剥削，于是欧洲人开始到其他地方寻找劳动力。他们航行到非洲海岸，在那里购买被非洲奴隶贩子从内陆村庄捕获的奴隶。这些奴隶在佛得角的甘蔗地里当农业工人。

就这样，在佛得角非洲奴隶制和欧洲对糖的需求之间开始了悲剧性的结合。这种结合创造了一种新型的欧洲殖民主义。随着蔗糖开始取代蜂蜜成为欧洲人首选的甜味剂，种植园殖民地的奴隶首先在大西洋岛屿、后来在西印度群岛和美洲大陆生产的蔗糖满足了欧洲人贪得无厌的需求。在接下来的 300 年里，这种种植园殖民地的模式被用于其他有价值的农产品生产，如靛蓝染料、咖啡和棉花等，这些农产品都是销往欧洲市场的。全球贸易链的第一环最终形成了。

在非洲的葡萄牙人

欧洲人最早沿着非洲海岸的航行是 15 世纪时由葡萄牙人完成的。这些航行的发起人是航海家亨利王子（Prince Henry，1394—1460）。作为葡萄牙最南端的阿尔加维省（Algarve）的总督，亨利王子资助了多次探险航行。尽管亨利王子的水手们的航行并没有实现他的征服和获得巨大财富的梦想，但他们在塞内加尔河和冈比亚河附近发现了用于马里黄金贸易的基地。他和他的其他家庭成员也为对马德拉群岛和亚速尔群岛的殖民提供了帮助。作为蔗糖的产地，马德拉群岛成了有价值的殖民地（见地图 13.1 和地图 13.2）。

亨利王子死后，葡萄牙人加快了对非洲海岸的探险进程。仅用了 6 年时间，里斯本的一位商人资助的航行就使葡萄牙人已知的海岸线增

地图 13.2　世界范围内的欧洲人（15—16世纪）

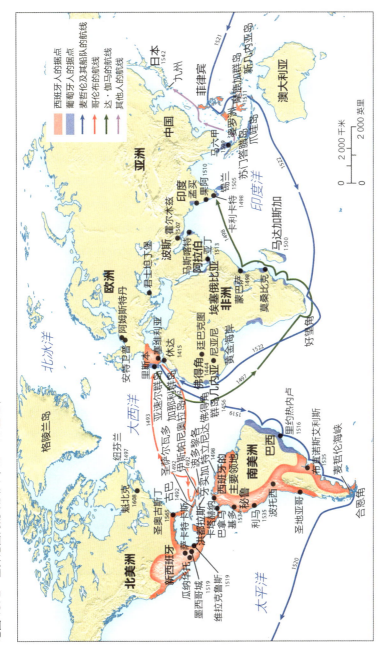

在15—16世纪，欧洲航海家开辟了跨越大西洋、太平洋和印度洋的海上贸易航线（图中年代表明欧洲人第一次到达的时间）。注意这些路线的相对距离。这些海上新航线将世界上哪些地方与欧洲连接到了一起？

加了 2 000 英里（约 3 219 千米）。1482 年，葡萄牙王室控制了与非洲的贸易，并将私人承包经营下的原本松散而随意的产业变成了王室的财源。王室要求所有的航行都要经过授权，所有的货物都要登记。为了保护贸易，葡萄牙人在非洲西部加纳的沃尔特河河口附近的埃尔米纳建立了永久的要塞。非洲海岸的葡萄牙人没有建立新的拓荒殖民地或种植园殖民地，而是依靠提供黄金、象牙、胡椒和奴隶的贸易站。

在美洲的欧洲人

第一批前往美洲的欧洲航海者也觊觎黄金，并试图寻找一条通往印度和中国的替代路线。欧洲人依赖亚洲的药品、香料和各种奢侈品获利，而这些东西在其他地方是买不到的。在从这种贸易中获利的欲望驱使之下，他们冒着巨大的风险寻找一条绕过奥斯曼帝国通往东亚之路。从短期来看，美洲被证明是达成目标的一个障碍，因为这两个大陆挡住了通往亚洲的道路。但是从长远来看，欧洲人到美洲的航行所带来的影响，超乎了那些第一次从欧洲向西航行的人的想象。

征服者到来之前的美洲大陆

在与欧洲人接触之前，美洲各个民族表现出显著的文化多样性。游牧部落分布在亚寒带地区、北美西部和亚马孙丛林，而在南美洲和北美东部的大部分地区则以农耕为主。其中一些北美文化，如阿纳萨齐人（Anasazi）和易洛魁人（Iroquoi）发展了高度复杂的政治组织形式，但没有一个能比得上南部的中美洲和安第斯山脉中部的先进文明。在欧洲人到来的前夕，墨西哥中部的阿兹特克文明和秘鲁高地的印加文明建立了庞大的帝国，统治着它们的邻国。

墨西哥的阿兹特克帝国

中美洲（今天的墨西哥和中美洲地区）曾是一连串高度城市化、政治集权文化的发源地：玛雅人文化（300—900）、托尔特克人文化（900—1325），最后是阿兹特克人文化（从1325年起，到1522年被西班牙人征服为止）。阿兹特克人通过与特斯科科湖（Lake Texcoco）中一个岛屿上的邻近部落不断打仗来获得安全感，他们在这里建立了特诺奇蒂特兰（Tenochtitlán），即今天的墨西哥城。从特诺奇蒂特兰的基地出发，阿兹特克人采取了一种非常成功的分而治之、各个击破的政策，首先与强大的部落联合起来攻击弱小的部落，然后再把矛头指向以前的盟友。利用征服带来的财富，阿兹特克人把特诺奇蒂特兰从一个满是灰尘的泥屋小镇，变成了一座用石头建造的伟大帝国的首都，这里还有一个展示来自各种气候的奇花异草的大植物园。

阿兹特克人是在墨西哥长期战争中崛起的，因此，他们认为战争具有很高的宗教价值。他们经常发动一种"荣冠战争"，这是一场事先安排好时间和地点的战斗，战斗的唯一目的就是获得神庙祭祀用的俘虏。维持神对人牲的渴求成为阿兹特克宗教最臭名昭著的特征。阿兹特克人将他们的军事胜利归功于他们的部落战神威齐洛波契特里（Huitzilopochtli），认为他赐予了光和生活所需的一切。然而，这位大神只能用人的鲜血来供养，这就导致了阿兹特克信徒对俘虏的需求。

祭祀仪式渗透到了阿兹特克社会的方方面面。据估计，每年有1万人被献祭，而在被西班牙人征服前夕，这个数字上升到了5万人。从第一次接触开始，阿兹特克文化的悖论就让欧洲人深感不解。尽管阿兹特克人有活人祭的习俗，但他们表现出优雅的举止、对美的敏感和高度发达的宗教。不管欧洲人对新大陆的这些"野蛮人"有什么偏见，阿兹特克人显然创造了伟大的文明。

横跨安第斯山脉的印加帝国

大约在阿兹特克人在墨西哥蓬勃发展的同时，印加人也在秘鲁扩张他们的帝国。阿兹特克人创建了一个依靠朝贡的松散帝国，而印加人则采用了另一种更直接的统治形式。在1438年前后，第一位印加皇帝将他的统治扩展到库斯科（Cuzco）山谷之外。到15世纪末，印加人已经开始武力整合各个被征服地区的独特文化。通过这种方式，他们建立了一个200英里（约322千米）宽、2 000英里（约3 219千米）长的山地帝国，从现在的智利一直延伸到厄瓜多尔，人口约为1 000万人。在它的首都库斯科，印加皇帝过着奢华的生活，建立了一个精心设计的等级政治结构。他的权力通过贵族层层传递，一直到每个村庄中的十户长。这些家庭为帝国提供食物和贡品，修路架桥，在军队服役。国家粮库保障农民免于饥饿，并为病人和老人提供食物。优良的道路和桥梁网络覆盖了超过1.8万英里（约2.9万千米）的路程，确保信使能够以接力的形式每天行进140英里（约225千米）。军队也可以通过这些道路被迅速派往任何动乱的地区。

尽管帝国系统组织良好，但印加帝国变得过于集权，因为决策只能由皇帝一人做出。皇帝瓦伊纳·卡帕克（Huayna Capac，1493—1525年在位）在更远的南方建立了第二个首都基多（Quito），试图分散管理过度扩张的王国，但在他死后，由他的儿子们分别领导的帝国南北两部分之间爆发了激烈的内战。在西班牙征服前夕，这场战争削弱了印加人的团结。

阿兹特克人的活人祭仪式。一名披着斗篷的阿兹特克祭司准备将一名被献祭者的心脏挖出来，几名助手帮忙将他按住。

图片来源：Michel Zabe / DK Images

欧洲航海者的使命

欧洲人到达美洲是克里斯托弗·哥伦布重大误判的结果。哥伦布出身于一个工匠家庭，他和他的众多同胞一样成了一名水手。据他后来说："我从很小的时候就出来航海了。"[1] 在 40 多年的时间里，他的足迹遍及水手们所到之处。哥伦布当然有丰富的航海经验，但要理解他的错误，更重要的是他的宗教信仰。哥伦布相信他是命中注定要实现《圣经》预言的。他如果能到达中国，就能包抄奥斯曼土耳其人，从 1187 年以来一直占领耶路撒冷的穆斯林手中夺回圣城耶路撒冷。哥伦布相信夺回圣城将会迎来基督的第二次降临。哥伦布后来承认，为了说服卡斯蒂利亚女王伊莎贝拉资助他向西航行到中国，他忽略了航海资料的数据，而是"完全依赖神圣的《圣经》和某些圣人根据神圣的启示所做的有关预言"[2]。

欧洲人早就认识到，从理论上讲，向西航行到达中国是有可能的。大多数受过教育的人，当然也包括所有受文艺复兴人文主义者影响的人，都认为地球是圆的。水手们也知道地球是圆的，因为他们能看到船体比船桅更早消失在海平面上。这里的问题不是关于地球形状的理论问题，而是关于如何环绕地球的实践问题。在哥伦布在世时，古希腊地理学家托勒密是在地球周长方面最被广泛接受的权威。他曾估计，从欧洲横跨大西洋到亚洲的距离超过 1 万英里（约 1.6 万千米）。在哥伦布时代，没有任何一艘船能够在航行过程中不靠岸补给或维修的情况下航行那么远。事实上，托勒密将地球的大小低估了四分之一。

然而，哥伦布却认为托勒密高估了这个距离。他还声称，富裕的日本岛屿位于比它实际所在的亚洲大陆更靠东的位置，从而进一步缩短了航程。当哥伦布第一次提出向西航行到亚洲时，葡萄牙国王约翰二世咨询了一个专家委员会，他们非常正确地指出了哥伦布的错误，这似乎更多的是由于他的愿望和宗教狂热，而不是他的地理知识。

约翰二世的拒绝资助使哥伦布只好到别处寻求支持。哥伦布向当时刚刚统一的西班牙的伊莎贝拉女王提出了申请，她的顾问们一开始也反对这次航行，其理由和葡萄牙专家们的是一样的。然而，当西班牙人在 1492 年击败了格拉纳达伊斯兰王国，完成了基督教对伊比利亚半岛的重新征服时，伊莎贝拉女王屈服于当时的宗教狂热，态度软化了。她向哥伦布提供了这次航行的资助，希望以此确保基督教最终战胜伊斯兰教。

1492 年 8 月 3 日，哥伦布带着三艘小船——"尼娜号"（Niña）、"平塔号"（Pinta）和"圣马利亚号"（Santa Maria）——以及 90 名船员起航了。在加那利群岛整修后，这支规模不大的船队在哥伦布寻找中国的信念的指引下进入了未知海域。事实上，中国比哥伦布想象的还要向西几千英里。10 月 12 日深夜两点，在一个月光皎洁的夜晚，一名瞭望员看到了一块陆地，可能是巴哈马的华特林岛（Watling Island）。

哥伦布一共进行了四次横渡大西洋的航行（1492、1493、1498、1502），探索了加勒比群岛、中美洲海岸和南美洲的部分海岸。他从未放弃他已经到达亚洲的信念。他的四次航行充满了冒险。在第三次航行中，他被西班牙新任命的伊斯帕尼奥拉岛（Hispaniola）总督以莫须有的罪名逮捕，并被戴上镣铐准备回国受审。在第四次航行中，他在牙买加被困了将近一年，因为他的船被虫蛀坏了。他在航行中积累了相当多的黄金财富，但他从未得到伊莎贝拉女王在他第一次航行前答应给他的头衔和职位（见本章"历史上的正义"专题）。

哥伦布第一次航行返回西班牙后不久，资助他的西班牙君主们就试图垄断西大西洋的探险。他们向教皇亚历山大六世求助，因为教皇本人就是西班牙人，于是教皇就答应了他们的请求。教皇下令在亚速尔群岛和佛得角群岛以西 100 里格（约 300 英里，即约 483 千米）处划出一条南北向分界线。西班牙获得了这条线以西的所有土地，而葡萄牙则获得了分界线以东的土地。这条分界线似乎把葡萄牙人限制在了非洲，这使他们很担心，并导致葡萄牙人和西班牙人之间的直接谈判。谈判的结果是 1494 年的《托德西里亚斯条约》（Treaty of Tordesillas）的签订，将分界线移至佛得角群岛以西 370 里格（约 1 110 英里，即约 1 786 千米）处，这一决定将非洲、印度和巴西全部纳入了葡萄牙的领地。

尽管哥伦布坚持认为他已经找到了通往东印度群岛的航线，但其他航海家甚至在他去世之前就开始怀疑他根本没有发现亚洲，必须探索其他航线。另一位意大利人、佛罗伦萨的亚美利哥·韦斯普奇（Amerigo Vespucci，1454—1512）曾帮助哥伦布准备第三次航行，后来他自己至少两次横渡大西洋。通过航行，韦斯普奇认识到了南美大陆的广袤，他是第一个使用"新大陆"（New World）这个词的人。因为韦斯普奇创造了这个称呼，而且他的航行记录的出版早于哥伦布，所以用来命名这块新大陆的是他的名字"Amerigo"（America，美洲），而不是哥伦布的名字。到了 16 世纪 20 年代，欧洲人已经对美洲进行了足够广泛的探索，认识到这个新大陆与印度或中国相距遥远。

探险家们采用了两条通往东亚的路线。第一条是葡萄牙人沿着非洲南部和东部的路线。1487—1488 年，巴托罗缪·迪亚士（Bartholomew Dias，约 1450—1500）到达了非洲大陆最南端的好望角。这一发现清楚地表明，向南航行，绕过非洲南端，穿过印度洋，就可以到达印度。然而，葡萄牙的政治和财政问题却使迪亚士航行的后续行动推迟了 10 年。在 1497—1499 年，瓦斯科·达·伽马（Vasco da Gama，约 1460—1524）终于完成了从里斯本绕过好望角到达印度的航行。由于达·伽马开辟了贸易路线，所以葡萄牙人是第一批在亚洲设立贸易站的欧洲人。

历史上的正义

对克里斯托弗·哥伦布的审判

1998 年 10 月 12 日，位于洪都拉斯首都特古西加尔巴的一个法院让克里斯托弗·哥伦布接受了审判。包括两名天主教神父在内的洪都拉斯陪审团判定哥伦布犯有 10 项罪行，包括绑架、强奸、奴役、入侵和平地区、谋杀、拷打和对美洲原住民的种族灭绝等。这位戴着手铐的探险家的真人大小的画像代替了这位已经去世近 500 年的被告。旁观审判的有大约 2 000 人，其中许多是当地的伦卡人（Lenca）。根据陪审团中两名神父的说法，最初的审判计划是认定哥伦布有罪，然后囚禁他，直到西班牙政府支付赔款。然而，当陪审团开始商议时，人群开始高喊，要求判处他死刑。按照人们的要求，两名伦卡人勇士向画像射出十几支箭，象征性地处决了哥伦布。

洪都拉斯的这次审判并不是近年来唯一质疑哥伦布声誉的事件。在美国，小学老师会组织他们的班级对这位著名的探险家进行模拟审判。在纽约市，一个四年级的班级指控哥伦布盗窃土地、奴役、拷打和谋杀。在一次生动的模拟审判后，全班一致判处哥伦布入狱，并要求他接受心理治疗。作为回应，几家意大利裔美国人协会发起了一场运动，以保护这位意大利探险家的英雄形象。哥伦布的形象仍然是欧洲人与美洲原住民之间碰撞的有力象征，这些碰撞经常是暴力的、致命的。

甚至在他在世时，哥伦布就是一个备受争议的人物。事实上，1500 年，他在伊斯帕尼奥拉岛上被一名王室法官逮捕并审判。哥伦布是位勇敢的探险家，但他也承认自己是个差劲的管理者。他在伊斯帕尼奥拉岛建立了一个西班牙殖民地（今天的海地和多米尼加共和国），但在他担任总督的 6 年后，该岛反复发生叛乱，这些叛乱不仅来自印第安人，还来自殖民者。部分原因是哥伦布对殖民者的承诺远远超出了他的能力。他把这个岛描绘成遍地黄金，俯拾皆是，并且有俯首帖耳的印第安人为他们服务。结果，殖民地吸引了许多游手好闲的人和有前科的人，他们很快发现这个岛的环境很恶劣，岛上居住着一些自力更生的印第安人，他们根本就不愿意成为西班牙人的奴隶。当哥伦布在 1498 年第三次航行回到伊斯帕尼奥拉岛时，他发现印第安人普遍受到虐待，岛上南部的居民公然反抗他的统治。哥伦布和他的兄弟们的专横统

Ex *Ferdinandus intellectis discordijs quæ obortæ inter Columbum & Rolâ.*

博瓦迪利亚逮捕哥伦布。这幅版画描绘了哥伦布传奇生涯中最著名的事件之一。在画面中间偏左，博瓦迪利亚挥舞着象征王权的权杖。中间偏右是哥伦布，脚镣正被套在他的脚踝上，他沮丧地打着手势。在博瓦迪利亚的身后，叛乱者对博瓦迪利亚的到来表示欢迎。在最右边，士兵们把哥伦布装上一艘小船，拖到停泊在海上的帆船上，准备把他运回西班牙。

图片来源：Bridgeman Giraudon / Art Resource, NY

治激怒了这些反叛者。叛乱者要求获得向王室申诉的权利，这一要求引发了一个根本的问题，即一个离西班牙如此遥远的殖民地如何在法律的约束下进行统治。哥伦布自己也认识到，他既不适合当行政官员，也没有受过适当的教育来当法官。他请求西班牙政府派人来帮忙平息叛乱，给该岛带来正义。

斐迪南和伊莎贝拉任命贵族律师弗朗西斯科·德·博瓦迪利亚（Francisco de Bobadilla）去平息叛乱，并调查针对哥伦布的诸多指控。通过在西班牙与许多从新大陆回来的人交流，博瓦迪利亚对哥伦布的印象很差。他如果认为存在针对哥伦布的合法诉讼，他就有权接管伊斯帕尼奥拉岛的统治权。哥伦布的儿子斐迪南报告了接下来发生的事情：

> 一到那里就迫切希望上任的博瓦迪利亚既没有举行听证会，也没有拿出任何证据。相反，在 1500 年 10 月初，他把海军上将（哥伦布）和他的兄弟迭戈用铁链锁在船上，由一个强壮的警卫看守。他禁止任何人公开提及他们，否则将受到非常严厉的惩罚。然后，他举行了一场滑稽的审讯，从他们公开的敌人即反叛者那里搜集证据，对所有想说两人坏话的人表示公开的好感，甚至怂恿他们说两人的坏话。从这些人说的邪恶而无耻的话中，只有盲目的人才看不出他们是被偏见而不是被真理所引导的。[3]

哥伦布认为自己是殉道者。在船上，船长提出要把铁链取下来，但哥伦布拒绝了，他想把铁链保留着，这样当他到达国王和王后面前时，就可以让他们难堪。在船上，他写了一系列的信，在信中他反思了他的耻辱及其原因。他承认自己武断地绞死了被指控叛乱的殖民者，从而越过了他的权限。但他辩解说，他是在试图给野蛮人居住的边疆带来秩序。虽然在第一次航行之后，他把印第安人描绘成爱好和平、天性善良的人，现在他改变了看法。他说，印第安人好战而野蛮，无法适应文明社会。他们是魔鬼的子民。他对他们的指责甚至超过了导致他下台的西班牙叛乱分子。斐迪南和伊莎贝把哥伦布从枷锁和对他的指控中解救了出来，但他再也没有完全恢复伊斯帕尼奥拉岛总督的权威。

对哥伦布的审判标志着欧洲人在新大陆经历了一个转变的时刻。甚至连哥伦布也不得不承认，他发现的并不是一个天堂，而是一块贫瘠的土地，那里的居民连饭都吃不饱，更不用说养活那些不愿干活的侵略者了。他本人对当地居民的态度也转变了，以便与其他对印第安人不屑一顾的定居者的偏执相一致。摇摇欲坠的西班牙法律体系表明，它根本没有准备好为一个遥远的殖民地伸张正义。在西班牙征服美洲的过程中，1499—1500 年在伊斯帕尼奥拉岛所发生的情况一再重现。西班牙社会中最残暴的人找到了无视权威、虐待原住民、颠覆司法的方法，这在很大程度上是因为没有人能阻止他们。哥伦布在脑海中创造的人间天堂的幻想世界开始崩塌。

西班牙征服者在新大陆的一个岛上登陆。全副武装的西班牙人遇到了赤身裸体的原住民，后者向他们送上珠宝和黄金。西班牙人的第一件事就是竖立一个十字架，象征着基督教征服了新大陆。

图片来源：Library of Congress Prints and Photographs Division Washington [LC USZ62 43536]

他们在 1498 年到达了印度的马拉巴尔海岸，很快就到达了香料群岛和中国。到 16 世纪中叶，葡萄牙人已经从非洲东海岸的索法拉到日本的长崎建起了 50 多个贸易站和要塞。

第二条到达亚洲的西行路线是哥伦布提出的，西班牙人试图沿着他的路线航行。那些打着西班牙国旗航行的人面临的问题是如何绕过美洲大陆形成的屏障。一位名叫斐迪南·麦哲伦（Ferdinand Magellan，约 1480—1521）的葡萄牙水手说服了西班牙国王，赞助他向西绕过南美洲前往亚洲的航行。这次航行从 1519 年一直持续到 1522 年，在麦哲伦的领导下，水手们穿过南美洲最南端的以麦哲伦的名字命名的海峡，在一次极其艰难的航行中横渡太平洋。他的水手又渴又饿，有的死于坏血病。麦哲伦本人也在菲律宾群岛被当地人杀死。经过 3 年的海上航行，麦哲伦最初由 240 人组成的船队只有 18 名幸存者返回了西班牙的塞维利亚，但他们所完成的是人类历史上第一次环球航行。同时代的人立刻意识到麦哲伦的航程具有史诗般的意义，但麦哲伦开辟的航线太长、太艰苦，西班牙人很难用它来替代葡萄牙人环绕非洲的航线。

在三个世纪的时间里（约 1480—1780），欧洲航海家们把以前孤立的海上贸易路线连接起来，打开了世界上所有的海洋进行贸易，并遇到了世界上的许多文化和民族。在印度洋和西太平洋，欧洲人面临着来自阿拉伯商船和中国商船的激烈竞争。但在最初的 100 年左右的时间里，葡萄牙人和西班牙人实际上保持着对返回欧洲的全球贸易路线的垄断。渐渐地，英国、荷兰和法国等国的水手也开始环游世界。哥伦布无意中发现的美洲被欧洲人知道后，西班牙人立即开始向那里移民定居，并试图征服当地的原住民。

阿兹特克帝国和印加帝国的灭亡

紧随哥伦布和麦哲伦等航海家之后的是征服者，他们实际上征服了这片新发现的土地。他们是西班牙的冒险家，通常来自贫穷的小贵族家庭，试图通过探险和征服获得财富和王室的认可。西班牙是一个贫穷的国家，几乎没有发展的机会，这种黯淡的形势使新大陆的土地对许多追求财富的人产生了强大的吸引力。由于卷入了欧洲几乎持续不断的战争，西班牙王室也常年国库空虚，这意味着西班牙国王非常积极地鼓励有利可图的海外征服。许多征服者在几乎没有法律授权的情况下发起了自己的远征，希望获得足够的财富来打动国王，批准他们进行更多的征服。那些从西班牙国王那里获得合法权利的人获得了以国王的名义征服新土地的特权，并可以拥有这些土地的一部分。作为回报，他们必须把他们获得的一切有价值的东西的五分之一——"王室伍一税"——交给国王，王室会派一个公证人跟随征服者，他的职责就是登记征服者发现的贵重物品。征服者们还扩大了西班牙对新土地的主权，为传教士们开辟了道路，至少在名义上把数百万人带进了基督教的怀抱。

在向原住民发动战争之前，国王要求所有的征服者向他们宣读一份名叫《占领声明》的文件。这个西班牙基督教文件源于穆斯林的"圣战"宣言，它简要地解释了基督教的原则，并命令原住民立即接受这些原则以及教皇的权威和西班牙国王的主权。原住民如果拒绝，征服者会警告他们说，他们会在战争中被迫"服从教会和王室，否则我们将把你、你的妻子和孩子都带走，把你们当作奴隶，或者把你们卖掉，听凭王室处置。我们将夺走你的财产，对你们施以一切伤害"[4]。这份文件揭示了西班牙征服背后的矛盾动机。一方面，西班牙人真心想让原住民皈依基督教；另一方面，征服者们试图暗示原住民之所以会受到攻击，是因为他们拒绝服从西班牙国王，从而为征服者们自己的行为辩护。

埃尔南·科尔特斯及其对墨西哥的征服

埃尔南·科尔特斯（Hernán Cortés，1485—1547）是最早和最成功的征服者之一。科尔特斯于 1519 年 2 月到达现在的墨西哥的尤卡坦半岛，开始了一场征服活动，最终导致了阿兹特克帝国的崩溃和西班牙对墨西哥的殖民。科尔特斯对原住民采取了分而治之的策略，与痛恨阿兹特克人统治的民族结盟，然后利用这些民族的勇士冲锋陷阵，他们承受了战斗的大部分伤亡。如果在宣读了《占领声明》后，原住民的首领没有立即投降，科尔特斯的人就会袭击他们，骑马冲破他们的防线，而原住民以前从未见过马这种动物。

科尔特斯最大的成就是征服了阿兹特克的首都。经过几场血战，他率领450名西班牙士兵、15匹战马和4000名原住民盟友，占领了特诺奇蒂特兰这座拥有至少30万人口、由数千名士兵守卫的城市。当科尔特斯接近时，蒙特祖玛二世（Montezuma II）迟迟没有组织起强大的防御，因为他怀疑科尔特斯可能就是预言中所说的将来某天会从东方降临的羽蛇神魁扎尔科亚特尔（Quetzalcóatl）。对阿兹特克人来说结果是灾难性的。蒙特祖玛二世知道自己的统治是注定要失败的，除非他能得到其他神的帮助，赶走羽蛇神。因此，这位国王的防御不是进行一场激烈的战役，而是以活人祭的形式来取悦众神。当特诺奇蒂特兰最终陷落时，西班牙人第一次从周围的山上看到的那颗闪闪发光的"宝石"时，它给他们留下了深刻的印象，现在它已经变成了一堆还在冒烟的废墟。

到1522年，科尔特斯控制了比西班牙本土还要大的新西班牙（被重新命名的墨西哥）。随着方济各会修士来到幸存者中间布道，阿兹特克文化及其活人祭的宗教消失了。

弗朗西斯科·皮萨罗及其对秘鲁的征服

一小队西班牙征服者也成功征服了秘鲁广阔的印加帝国。1531年，弗朗西斯科·皮萨罗（Francisco Pizarro，约1478—1541）带领一支由180人和30匹马组成的小型探险队离开巴拿马。他航行到秘鲁北部，并派出间谍，他们发现印加帝国的皇帝阿塔瓦尔帕（Atahuallpa）正在高原城市卡哈马卡（Cajamarca）。当皮萨罗和他的部队到达那里时，中心广场上空无一人，但阿塔瓦尔帕率领一支庞大的军队就驻扎在附近。皮萨罗邀请阿塔瓦尔帕前来谈判，却背信弃义地将其俘虏。皇帝被俘的消息使高度集权的印加帝国陷入危机之中，因为没有皇帝的命令，没有人敢采取行动。为了满足西班牙人对财富的渴望并赢得阿塔瓦尔帕的自由，阿塔瓦尔帕为征服者们准备了一个装满金银的房间，但这些财宝只是激发了西班牙征服者对更多财富的欲望。1533 年 7 月，皮萨罗杀害了这位皇帝，次年 11 月，他占领了士气低落的印加首都库斯科。

征服秘鲁使西班牙人获得了多得数不清的财宝。通过征收"王室伍一税"，黄金白银流入了西班牙王室的金库。1545 年，人们在波托西（Potosí，位于今天的玻利维亚南部）发现了蕴藏极为丰富的银矿，与此同时，汞齐化法的引入将白银从矿石中分离出来。这种方法使西班牙人能够开凿隧道挖掘矿石来代替搜集地表上的矿石，这一方法大大提高了白银的产量。在一个世纪的时间里，秘鲁的银矿使本来贫穷的西班牙一跃成为欧洲最强大的王国。

西属美洲：欧洲文化的移植

随着阿兹特克帝国和印加帝国的失败，将西班牙社会移植到美洲的进程正式开始了。欧洲人的到来对大多数原住民来说是一场灾难，他们中的一些人——在加勒比海地区、阿根廷北部和智利中部的人——在征服、劫掠和疾病的蹂躏下消失了。西班牙语成为政府和教育的语言，拉丁语成为宗教的语言。尽管如此，许多本土的语言和文化传统依然幸存了下来。西属美洲不仅是西方文明在欧洲之外的第一个前哨，而且是新的文化和种族混合的家园。

在西属美洲，经济和社会组织的基本形式是"赐封制度"，这是一种剥削当地劳动力的工具。赐封是指王室授予征服者和他们的继承者在指定地区从印第安人那里征收贡品的特权，以作为对其军事胜利或其他服务的奖赏。作为回报，受封者（encomendero，王室的奖励和当地居民的贡品接收者）在理论上有义务保护原住民，并向他们传授基督教信仰的基本知识。因为每一块封地的面积都非常广大，只有为数不多的西班牙殖民者是受封者。在包括现在的秘鲁、厄瓜多尔和玻利维亚在内的大秘鲁，受封者的数量从来没有超过 500 人。到了 17 世纪，这些封地已经发展成为大庄园。

只有少数受封者获得了成功，但那些在新大陆白手起家、发家致富的故事是如此引人注目，仅在 16 世纪就有 20 多万西班牙人移民到这里。他们来自伊比利亚半岛的各个地方，出身于除了农民以外的各个阶层，他们从事各种各样的行业，其中有贵族、公证人、律师、教士、医生、商人、工匠和水手，还有容易犯罪和叛乱的流浪汉。实际上，这些移民在新大陆复制了西班牙的天主教社会，包括其阶级分化和紧张关系，只不过原住民或来自非洲的奴隶代替了农民成为社会的最下层。移民中还有数量不详的犹太人，他们隐藏自己的信仰，为了逃避西班牙宗教裁判所的严厉审判而逃往美洲，在这里他们不太可能遭受迫害。

西班牙移民中只有十分之一是女性，而且在很长一段时间里，殖民地都面临着西班牙女性短缺的问题。尽管美洲印第安人通常被排斥在西班牙社会之外，但许多作为西班牙人的情妇或妻子的原住民女性在一定程度上被欧洲文化同化了，并将其传递给自己的后代。这些女性通晓两种语言，这使她们成为重要的翻译人员；她们熟悉两种文化，这使她们能够向西班牙人解释当地的风俗习惯。西班牙男人和印第安女人的后代构成了梅斯蒂索人（Mestizo），或称"混血儿"。

西班牙国王在美洲的代表是两位总督，他们是殖民地的最高官员。其中一位在墨西哥城，管辖着西印度群岛、巴拿马北部的大陆、委内瑞拉和菲律宾群岛。另一位在秘鲁的利马，管辖着除委内瑞拉以外的整个西属南美洲。然而，西属美洲面积广袤，文化多样，无论是西班牙政

科尔特斯会见蒙特祖玛二世 [彩色石版画，1892 年，出自《向克里斯托弗·哥伦布致敬》(*Homenaje a Cristóbal Colón*)，阿尔弗雷多·查维罗 (Alfredo Chavero) 著，墨西哥派，19 世纪]。右边的人物是原住民妇女马林切 (La Malinche)，她是科尔特斯的情妇兼翻译，这个职位通常由原住民妇女担任，充当原住民文化和西班牙文化之间的调解人。1519 年 11 月，在科尔特斯与蒙特祖玛二世（坐在左边的人）在特诺奇蒂特兰的会面中，马林切担任科尔特斯（蓄胡须者）的翻译。

图片来源：British Library, London, UK / © British Library Board. All Rights Reserved / Bridgeman Images

府，还是这两位总督，都无法对其进行严格的集中控制。

在西属美洲，教会是比国家更有效的存在。在与哥伦布同样的宗教狂热的驱使下，天主教传教士长途跋涉来到西属美洲最遥远的地方，鼓动当地居民皈依基督教，他们取得了比在非洲和亚洲更大的成功。贪婪驱使着征服者，但是传播基督教福音的强烈愿望激发了传教士。最热心的传教士是修会的成员——方济各会修士、多明我会修士和耶稣会修士——他们与教区教士的区别在于他们的自主性和为从事传教工作进行了特殊训练。

教会官员通常认为，向一个稳定的基督教社会过渡需要 10 年时间，这一政策意味着基督教分两个阶段来到美洲。第一个阶段，某个修会的成员先学习当地的语言，然后再用当地的语言讲道和教学来传播福音，介绍天主教圣礼的仪式。一旦教堂建成，基督教就被当地精英接受了，这就到了第二个阶段，传教士会被教区教士取代，后者要在一个地方待一辈子。在边境地区，福音的传播从未停止过，修会的成员一直留在那里，直到殖民时代结束（见本章"碰撞与转型"专题）。

葡属巴西：贫瘠的殖民地

1500 年，佩德罗·卡布拉尔（Pedro Cabral）发现了巴西海岸，根据《托德西里亚斯条约》，他声称这里属于葡萄牙。当西班牙人忙于征服墨西哥和秘鲁时，葡萄牙人在很大程度上忽视了巴西，因为此时的巴西没有任何明显的黄金资源或诱人的文明值得去征服。葡萄牙人集中精力在亚洲发展他们的利润丰厚的帝国。

进一步殖民巴西的驱动力源自欧洲人对蔗糖需求的不断增长。巴西的气候非常适合种植甘蔗。在 1575—1600 年，巴西成为西方世界主要的蔗糖生产国，吸引了成千上万来自葡萄牙和亚速尔群岛的贫穷年轻男子，他们娶当地女性为妻，繁衍出独特的混血儿。甘蔗的生产需要辛苦而危险的劳动，要清理土地，铲除杂草，尤其是砍甘蔗。为了帮助开垦广阔的沿海种植园，葡萄牙人曾试图奴役图比-瓜拉尼（Tupí-Guaraní）原住民，但欧洲人带来的疾病很快将他们灭绝了。

葡萄牙人越来越指望非洲人来做自己不愿做的苦工。结果，巴西对奴隶的需求增强了葡萄牙人在西非的存在，同时也增强了非洲人在巴西的存在。为了获得更多的奴隶，葡萄牙的奴隶买家把他们在非洲南部的活动范围扩大到了安哥拉，1575年他们在那里建立了一个贸易站。这个贸易站成为奴隶贩子的登船地点，他们直接航行到巴西，用奴隶交换巴西的劣质烟草，他们在返回安哥拉之后，再用这些烟草交换更多的奴隶。

就像在西属美洲一样，葡萄牙政府认为有责任使原住民皈依基督教。在巴西，耶稣会修士在16世纪后半叶率先在今天的圣保罗市建立了一所传教士培训学校。在这些原住民皈依基督教之后，葡萄牙人就把他们重新安置在被称为"阿尔德亚"（aldeias）的村社里，这种村社和西班牙的布道团相类似。耶稣会修士试图保护当地居民不受那些想奴役他们的白人殖民者的侵害，这在耶稣会神父和当地地主之间制造了一场持久的冲突。耶稣会修士和殖民者请求国王解决他们的争端。最后，国王让耶稣会修士全权负责所有被安置在村社里的印第安人，但他允许殖民者奴役那些没有皈依或在战争中被俘的印第安人。葡萄牙人将基督教的皈依与在村社的定居联系起来，这意味着任何未定居的原住民从定义上来说都是异教徒。然而，这些对奴役印第安人的限制造成了明显的劳动力短缺，并进一步刺激了对非洲奴隶的需求。

巴西比西属美洲更农村化，更非洲化，在其殖民历史上，巴西一直保持一种大种植园经济，非洲奴隶的数量远远超过少数占统治地位的欧洲白人地主。在某些地区，种族混合的人口创造了充满活力的混合文

三种文化的相遇。在这个 1650 年前后问世的印加风格的木质酒器上，描绘着一个非洲鼓手带领着一个游行队伍，后面跟着一名西班牙号手和一名印加官员。西班牙人和葡萄牙人到来后，多种文化的融合使美洲不同于其他文明。

图片来源：Werner Forman Archive / Bridgeman Images

化，融合了原住民、非洲和欧洲的元素，特别是在兼收并蓄的宗教生活中，融合了天主教和多神崇拜的形式。尽管巴西几乎占据了南美洲大陆的一半，但直到 20 世纪，大部分广袤的内陆地区还没有被欧洲人探索过，除了为数不多的原住民之外，也没有其他人居住过。

北美洲：缺少利润的大地

与中美洲和南美洲相比，在 16 世纪，除了墨西哥之外的北美洲对

多明我会修士对印第安人的第一次洗礼。这幅画显示了法国人在北美洲的支配地位，一名法国多明我会修士正在为来自法属领地新法兰西的美洲印第安人洗礼。新法兰西在 1712 年面积最大时横跨了北美大部分地区。
图片来源：The Art Gallery Collection / Alamy

欧洲人没有什么吸引力。在伊丽莎白女王（Queen Elizabeth，1558—1603 年在位）统治时期，英国人最终开始在美洲建立殖民地。两位杰出的廷臣汉弗莱·吉尔伯特（Humphrey Gilbert）和他的同母异父的弟弟沃尔特·雷利（Walter Raleigh）赞助了一系列航行，建立了一个名为"弗吉尼亚"的英国殖民地，这个名字是为了纪念"童贞女王"伊丽莎白的。伊丽莎白成功地加强了君主制，建立了舰队，并鼓励在新大陆

碰撞与转型

在印第安人和基督徒之间：在墨西哥创造混合宗教

16 世纪，随着征服变成了殖民，基督教传教士开始对印第安人的道德和宗教习俗产生巨大的影响。然而，印第安人在接受基督教时，对其进行了调整，以满足他们的需要，并适应他们的文化。结果，印第安人创造了一种新的混合宗教，结合了基督教和印第安人的元素，就像印第安人对十字架和自我鞭笞的接受所表明的那样。

在科尔特斯的军队来到墨西哥之后，他用基督教的十字架代替了当地的偶像。后来，传教士在教堂里放置十字架，鼓励人们在礼拜仪式上画十字，并把佩戴微型十字架作为一种个人护身符，以保护人们远离疾病和邪恶的影响。玛雅人欣然接受了基督教的十字架，因为他们已经有了一个与此类似的象征符号。然而，玛雅人一开始误解了传教士关于十字架的意思，把基督的例子太当真了。一些玛雅人竟然真的把人（通常是儿童）钉死在十字架上，他们的手被钉在十字架上或绑在十字架上，他们的心脏被挖出来，这是前基督教做法的遗迹。也有被用作祭品的猪和狗被钉在十字架上的报道。尽管玛雅人没能真正理解基督独特的牺牲的意义，但他们明白了这个基督教象征背后的力量，西班牙人在征服玛雅人的过程中使用了这种力量，他们希望自己也能拥有这种力量。

当方济各会修士于 1524 年抵达墨西哥城时，他们引入了自我鞭笞的做法，这是模仿基督在罗马士兵手中所受的鞭打，以作为赎罪的一种方式。修士们用自我鞭笞作为给原住民留下深刻印象的手段。弗莱·安东尼奥·德罗亚（Fray Antonio de Roa）通过戏剧性的自我鞭笞行为鼓励皈依，在皈依基督教的印第安人模仿他进行集体自我鞭笞后，他光着上身，脖子上挂着一根绳子，没有穿鞋，走出了教堂。他走在灼热的煤块上，然后布道说地狱的痛苦比灼热的煤块要大得多。布道结束后，他把自己全身上下泼上开水。

16 世纪时，印第安人开始实行自我鞭笞，尤其是在圣周（复活节前一周）的游行中。原住民对此如此狂热，修士们不得不出面阻止，以免他们严重伤害自己。在殖民时期的许多场合，印第安人用自我鞭笞来唤醒他们的同胞，以反抗西班牙人的统治。自我鞭笞变得不仅是一种赎罪的方式，而且成

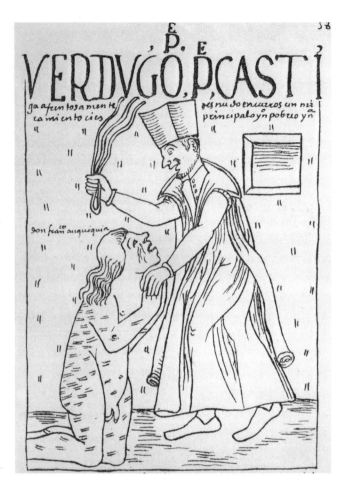

混合的宗教。一名神父在鞭笞一个赤裸的印加人。在被基督教传教士引入之后，鞭笞成
为新皈依的印第安人的宗教实践中较为极端的形式之一。

图片来源：Snark / Art Resource, NY

为一种唤起观众激情的手段，这种激情可以用来团结墨西哥人反抗西班牙人。即使是现在，自我鞭笞仍然是墨西哥激情剧最鲜明的特征。通过将欧洲人的基督教仪式用于基督教传教士意图之外的目的，当地人创造了一种新的、具有明显墨西哥特色的混合宗教文化。

殖民地的投资，这使英国人对殖民产生了兴趣。1585年，第一批来到美洲的英国殖民者在北卡罗来纳海岸外的罗阿诺克岛（Roanoke Island）登陆，但由于准备不足，他们的这次尝试和1587年的第二次尝试都失败了。缺乏经验、天真幼稚的英国定居者甚至没有做好要种植庄稼的准备。

一代人之后，成功的英国殖民地才出现。弗吉尼亚的詹姆斯敦殖民者从过去的错误中吸取了教训，他们在1607年登陆，带来了播种的种子，建造了防御工事，建立了成功的自治形式。从这些平淡无奇的行动开端，英国人逐渐在弗吉尼亚的河边建立了大片的种植园。他们在那里种植烟草，以满足欧洲人刚从美洲原住民那里学来的吸烟习惯。1620年，来自英国的宗教难民在马萨诸塞湾定居。然而，与中美洲和南美洲相比，到1650年，北美洲对欧洲人的影响仍然很小，在欧洲的经济利益中所起的作用也很小。

在亚洲的欧洲人

印度、马来半岛、印度尼西亚、香料群岛和中国是15—16世纪欧洲航海者的最终目的地。后来，殊途同归，葡萄牙人绕过非洲，西班牙人绕过南美洲，俄国人长途跋涉穿越广袤的西伯利亚，他们都到达了自己的目的地。

欧洲帝国之前的亚洲

对于寻求进入亚洲贸易的欧洲人来说，最大的潜在竞争对手是中国的明朝（1368—1644），这里的文明高度发达，航海技术和组织能力远远高于同时代的欧洲。甚至在葡萄牙人开始沿着非洲西海岸缓慢航行之前，中国人就已经组织了一系列远至非洲东海岸的印度洋大型海上探险活动。1405—1433 年，中国与印度和非洲的几十个国家建立了外交关系，并与这些国家开展朝贡贸易。这些船队的规模和雄心远远超过了当时从欧洲出航的任何船队，在多达 27 500 人的庞大队伍（与哥伦布的 90 人形成巨大的反差）中，有负责与外国国王交流的学者，也有负责维修船只的熟练技术人员。中国舰队将丝绸、茶叶、瓷器等作为交易物品，并带回珍禽异兽、作为人质的国王和可能的贸易物品。经过近 30 年对印度洋港口的探寻，明朝皇帝得出结论：中国已经拥有了所有可以在国外得到的东西；中国确实是文明的中心；已经没有必要在远洋探险上进一步投资。

15 世纪欧洲的航海和中国的航海在目标和动机上大相径庭。欧洲人大多是寻求个人利益的私掠船船主，或者是得到政府支持的船长，政府希望能够分到一杯羹。欧洲人航海背后的经济动机使他们能够自我维持，因为欧洲人只航行到他们能赚钱的地方。相比之下，中国的探险只是部分出于对经济利益的渴求。中国航海的官方目的是了解世界，而一旦找到自己想要的东西，就停止官方的航行。然而，中国商人继续依靠自己的力量在海上航行。当欧洲人到达东亚时，他们只需要挤进这个已经很发达的、由中国主导的贸易网络。

与在非洲和美洲的贸易相比，欧洲人未能垄断亚洲的贸易。欧洲人只是众多贸易集团中的一个，有的受到了政府的资助，如葡萄牙商人，而另一些则自力更生，如中国商人。

贸易站帝国

在亚洲设立第一个贸易站后的 300 年里，相对于美洲，欧洲人在这里的影响力微乎其微。1497—1499 年，瓦斯科·达·伽马为葡萄牙人开辟了一条最有前途的路线，让他们绕过非洲到达南亚和东亚。但是航程太长，限制了可以被运送到亚洲的人数。与美洲的帝国不同的是，亚洲的帝国可以很好地抵御欧洲的征服。由于欧洲人缺乏美洲殖民地制度所提供的支持，很少有欧洲人在亚洲定居，甚至传教工作也比在美洲困难得多。

葡萄牙人在巴西建立了殖民地种植园，而在亚洲，他们在印度、中国和香料群岛的海岸建立贸易站。当葡萄牙人初次到达一个安全的、容易前往腹地的港口，他们就建立要塞，通过强迫、贿赂或欺骗等手段，让当地的政治权威（通常是酋长）把贸易站周围的土地割让给葡萄牙。派往亚洲进行贸易的代理人被称为 "factor"，他们的贸易站被称为 "factory"。虽然这个词在今天的意思是 "工厂"，但当时它所指代的并不是现在意义上的工厂，而是商人们交易和储存商品的安全场所。这些代理人和其他几个葡萄牙商人、一小支部队以及从当地招募的仆人一起住在这个贸易站里。葡萄牙的权威从未深入腹地。当地酋长的传统政治结构依然存在，当地的精英们通常会支持这种安排，因为他们通过出售欧洲的商品获利，比如布料、枪支、刀具和许多廉价的小玩意儿。这些代理人会采购丝绸、黄金、白银、原棉、胡椒、香料和药品等。葡萄牙帝国的这些前哨基地有的一直存在到 20 世纪后期，但它们的根基仍然非常浅。即使在东帝汶（印度尼西亚的一个岛屿）和中国南部的沿海城市澳门等葡萄牙人驻扎了四个多世纪的地方，也只有少数本土精英学会了葡萄牙语，或适应了欧洲文化。

事实证明，欧洲在亚洲的贸易站非常有利可图。想一想对香料肉豆蔻的寻求就知道了。在 1510 年出版的一本旅游指南中，意大利旅行家卢多维科·德·瓦尔泰马（Ludovico di Varthema）描述了这种以前不为人知的肉豆蔻树，他发现这种树生长在爪哇岛以东约 1 000 英里（约 1 609 千米）处的班达群岛上。这里是世界上唯一生产肉豆蔻的地方。除了给食物增加风味外，肉豆蔻还被认为具有治愈各种疾病和引起幻觉的功效。肉豆蔻的需求量非常大，而供应又非常有限，因此出口肉豆蔻利润丰厚。肉豆蔻曾一度是世界上仅次于黄金和白银的最有价值的商品。17 世纪早期，从班达群岛运至欧洲的肉豆蔻价格要翻 600 倍。难怪欧洲商人愿意冒着生命危险远航去获取肉豆蔻和其他香料。

除了购入肉豆蔻等原材料之外，欧洲商人通常会出售制成品，并尽一切努力确保其他欧洲强国被排除在亚洲肉豆蔻贸易的竞争之外。维护这一系统的关键是要建立一个贸易站网络和强大的海军，主要用于对付其他欧洲人和偶尔闯入的穆斯林。通过这些贸易站帝国，欧洲国家之间的商业竞争延伸到了亚洲。围绕这些贸易站所展开的竞争预示着由欧洲人主导的全球经济的开端。它还显示了欧洲人将欧洲战争转变为世界大战的倾向。

除了贸易之外，葡萄牙和其他欧洲强国还试图传播基督教。为了实现当地人皈依，传教士们诉诸劝导，因为没有像在美洲那样的全面征服的支持，诉诸武力通常是不可行的。传教士经常引起当地统治者的愤怒，他们认为皈依者是叛国者，这种情况导致了对一些新基督徒的迫害。为了完成他们的使命，基督教传教士必须学习当地的语言和一些当地的文化和宗教。在这方面，耶稣会修士表现得特别突出。他们把自己的教团成员送到中国朝廷，在那里隐姓埋名生活了几十年，但他们吸引的皈依者并不多。耶稣会修士也前往日本，在长崎建立了基督教的前哨基地。除了西属菲律宾在 1600 年名义上改信天主教外，基督教传教士在亚洲的传教远不如在美洲成功。在这段时间里，除了菲律宾以外，大约有 100 万亚洲人皈依了天主教，但其中许多人的皈依并没有持续多久。基督教传教士在吸引佛教徒皈依方面最为成功，而在穆斯林中效果最差，因为他们几乎永远不会放弃自己的信仰。

到了 16 世纪末，葡萄牙人和西班牙人在亚洲海域的航运经常受到英国人、法国人和荷兰人的骚扰。荷兰人把葡萄牙人赶出了他们在锡兰、印度和香料群岛的领地，除了东帝汶。但在将欧洲文化强加给亚洲方面，这些 16 世纪的欧洲帝国没有一个能像在美洲那样成功。例如，在西属菲律宾，很少有当地人说西班牙语，直到 1850 年，那里的西班牙居民还不到 5 000 人。欧洲国家之间为贸易而展开竞争，并试图实施垄断，但欧洲人在亚洲文化中一直处于边缘地位，直到 18 世纪末和 19 世纪初，英国人扩大了他们在印度的势力，殖民了澳大利亚和新西兰。

俄罗斯帝国在亚洲的扩张不是靠海军力量，而是靠陆上探险。俄罗斯帝国的中心是以莫斯科为中心的莫斯科公国，但帝国最终还是从波罗的海扩张到了太平洋。1552 年后，俄国人开始越过乌拉尔山脉进入西伯利亚。吸引他们的是那里的毛皮贸易。这种衣服既保暖又时尚，在北欧上层社会非常受欢迎。俄国人对毛皮的追求与西班牙人对黄金的追求是一样的。就像金子一样，毛皮吸引了冒险者和穷途末路的人。探险队沿着可航行的河流，沿途修建战略要塞，在当地收集毛皮，然后深入西伯利亚的冰封荒野。俄国的几个贵族大家族从西伯利亚毛皮贸易中获得了巨额财富，这种贸易利润丰厚，以至于俄国猎人不断向东推进。为了追求毛皮，探险队于 1649 年到达太平洋海岸，那时俄国已经在整个北亚地区建立了一个贸易站网络。

欧洲贸易站帝国的重要性与其说是基于欧洲对亚洲的影响，不如说是基于亚洲对欧洲的影响。从香料、鸦片到丝绸、东方地毯，在欧洲中上层阶级家庭中，这些亚洲产品十分普遍。欧洲的收藏家迷上了中国的瓷器、漆器和屏风画。与此同时，亚洲游客开始到欧洲去参观旅游。1586 年，四名皈依基督教的日本人抵达里斯本，开始了著名的欧洲之旅。

全球体系的开端

欧洲人在 15—16 世纪的航海大发展，沿着洲际贸易路线建立了一个文化、生物和经济联系的网络。数千年来，欧洲、北非和亚洲的人们一直相互联系，但在 16 世纪形成的这个体系覆盖了地球的大部分地区，包括撒哈拉沙漠以南的非洲和美洲。与早期连接欧洲和亚洲的国际贸易体系不同，新的全球体系由欧洲人主导。今天以移动电话、互联网、航空运输和自由贸易为基础的全球经济，只不过是最早出现在 16 世纪的全球系统的延伸和完善。通过把以前分离和孤立的区域文化、生物系统和地方经济联系到一起，这个系统彻底改变了人类社会。

最显著的变化最初是由新旧大陆之间人种、植物、动物、微生物和思想观念的交换产生的，这个过程被称为"哥伦布大交换"。对印第安人来说，欧洲人、非洲人和微生物的输入导致了毁灭性的后果——威胁到了原住民的宗教，使原住民的技术变得无关紧要，扰乱了他们的社会生活秩序，毁灭了数百万人的生命。对欧洲人来说，先前不为人知的文明的发现极大地影响了他们对人文地理和历史的理解。无论是古代哲学家的著作，还是《圣经》（被认为是一部准确的自创世以来的人类历史），都没有提供关于美洲人民的只言片语。

奴隶贸易

奴隶制和奴隶贸易早在欧洲人扩大这一做法之前就已经存在。所有的古代文明都曾是奴隶社会，有多达三分之一的人口受奴役。中世纪时，少数奴隶在地中海的基督教城市里做家仆或小妾，在伊斯兰国家的后宫里也有大量的奴隶，他们被用作劳工，甚至被当作士兵。在16—17世纪，地中海的柏柏里（Barbary）海盗在海上袭掠中捕获了大约85万欧洲白人，迫使他们成为北非穆斯林的奴隶。大规模地贩卖非洲黑人的运输始于9—10世纪，穆斯林商人从非洲东海岸的桑给巴尔岛把数万人带到了下伊拉克，让他们在那里从事排干沼泽和收割甘蔗的繁重劳动。奴隶制在伊斯兰教的西非也很盛行。马里严重依赖奴隶劳动，在伊斯兰国家加纳，奴隶约占总人口的三分之一。因此，当欧洲人到来时，非洲人对非洲人的奴役就已经牢牢确立。

奴隶贸易只有在有利可图的时候、在有利可图的地方才会兴旺发达。盈利的必要条件包括对劳动密集型农产品的强劲需求、当地劳动力的明显短缺、可以提供在其他地方被捕获的人，以及允许奴隶制存在的道德和法律环境。在15世纪晚期和16世纪，这些情况都出现了。欧洲人对蔗糖、烟草、咖啡和靛蓝染料等舶来品产生了浓厚的兴趣。为了满足对这些物品的需求，欧洲殖民者需要农业工人，先是为了供应大西洋岛屿上的殖民地，然后是美洲的种植园，在那里，欧洲的疾病毁灭了原住民人口，造成了劳动力短缺。欧洲人也发现很难奴役这些原住民，因为他们熟悉这片领土，可以很容易地逃跑。

对劳动力的旺盛需求是由非洲人来满足的。一旦有欧洲人开始在沿海的贸易站购买奴隶，雄心勃勃的非洲酋长们就开始派出捕获奴隶的远征队。结果，几内亚海岸的奴隶贸易国家以牺牲邻国为代价获得了奴隶贸易的权力，并将奴隶贸易的网络深入非洲内陆。奴隶猎人把俘虏卖给欧洲人，欧洲人再把奴隶运到大西洋对岸。继葡萄牙人之后，荷兰人、英国人、法国人和丹麦人也加入了奴隶贸易，他们最终建立了自己的贸易站来获取奴隶。

除了经济激励外，基督教和伊斯兰教还为奴隶制提供了道德上的正当性和法律上的保护。奴役被认为是对异教徒的合法惩罚。在所有的西方宗教中，只有犹太教始终对奴隶贸易表现出道德上的抵制，因为犹太人的身份在很大程度上依赖于《圣经》中对古希伯来人在埃及被奴役经历的讲述。显而易见的例外是苏里南的少数犹太种植园主，他们确实使用奴隶劳工。基督徒奴隶主和穆斯林奴隶主的问题是，一个奴隶如果皈依了基督教或伊斯兰教，奴役的借口就消失了。为了解决这个问题，基督徒把奴隶制和种族联系起来，创造了一种新的合理化。随着17—18世纪非洲奴隶贸易的扩大，欧洲人开始将奴隶制与黑人身份联系起来，认为黑人劣于白人。在穆斯林中，为奴役开脱的理由仍然是宗教上的，一个奴隶如果皈依了伊斯兰教，他或她至少在理论上应该被解放。

由于奴隶制的存在，美洲的大部分地区变成了撒哈拉沙漠以南非洲文化的前哨。黑人的数量超过了美洲原住民，在加勒比海地区和中美洲沿海的大部分地区、委内瑞拉、圭亚那和巴西，黑人构成了殖民地人口的主体。安哥拉的许多男性人口被直接运往巴西，这是一种被迫的移民，在安哥拉人口锐减的地区，导致女性人口大大超过男性人口。在300多年的欧洲奴隶贸易期间（约1519—1867），大约1 100万非洲人被运往美洲。

在臭名昭著的大西洋中间航道上航行的运奴船条件非常恶劣，非洲人"像堆在书架上的书一样码在一起"，以至于很多人在途中死亡。奴隶制给受害者带来的生理上和心理上的伤害是难以想象的，这在很大程度上是因为很少有奴隶被允许学习读写，因此直接记录他们经历的资料很少。然而，船上医生、监工和奴隶主的记录表明，奴隶们饱受不健康的生活条件、繁重的工作和情绪低落的折磨。尽管困难重重，甚至在白人种植园主的严厉限制下，黑人奴隶依然创造了自己的制度、家庭结构和文化。

生物大交换

几千个欧洲人怎么能如此轻易地征服拥有百万人口的美洲文明？毕竟，阿兹特克人、印加人以及其他一些民族对征服者进行了顽强的抵抗，然而欧洲人却一次又一次地取得了胜利。问题的答案是：流行病。除了火药武器之外，征服者们最有效的盟友是那些来自旧大陆的看不见的疾病微生物，比如天花病毒。一位尤卡坦半岛的原住民这样回忆被征服前的美好时光：

> 那时没有疾病，没有疼痛的骨头，也没有发高烧，没有天花，也没有胸痛，没有肚子疼，也没有肺病和头痛。那时，人类的发展是有序的。外国人的到来改变了这一切。[5]

当地人在与欧洲人初次接触后不久就染上了这种流行病，其损失之大几乎使每一位记录新大陆征服的编年史家都感到震惊。1520—1600年，墨西哥发生了14次重大疫情，秘鲁发生了17次。到16世纪80年代，加勒比群岛、安的列斯群岛、墨西哥和秘鲁低地等地区的人口几乎全部灭绝。据历史学家估计，死亡人数达数千万。据估计，征服前的墨西哥人口约为1900万，在80年里下降到250万。甚至在现在的加拿大海岸，欧洲渔民和毛皮商人与原住民之间罕见的接触也导致了人口的迅速减少。

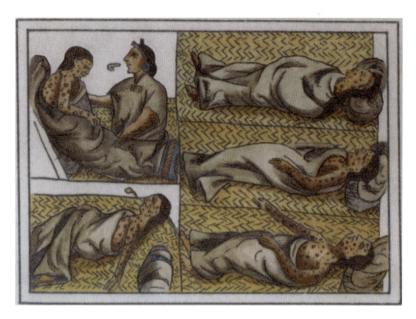

生物大交换。在墨西哥天花流行期间，一名医生正在治疗即将死去的阿兹特克人。

图片来源：Everett Historical / Shutterstock

　　最致命的罪魁祸首是天花，但麻疹、斑疹伤寒、猩红热和水痘对人体也造成了严重破坏。所有这些对欧洲人和非洲人来说都是危险的，甚至是威胁生命的。然而，由于接触病毒，旧大陆的人要么英年早逝，要么在疾病中幸存下来，并且对疾病产生了抵抗力。相比之下，印第安人从未接触过这些疾病，作为一个群体，他们完全缺乏对这些疾病的免疫力。结果，一个受感染的人从旧大陆来到新大陆，就杀死了新大陆的数百万人。当科尔特斯的人第一次被赶出特诺奇蒂特兰之后，多明我会修士报告说，有了一个新的盟友出现了："当基督徒被战争弄得筋疲力尽时，上帝认为让印第安人染上天花是合适的，于是城市里发生了一场大瘟疫。"[6] 西班牙人对杀死那么多印第安人的这种疾病的免疫力，强化了这样一种印象，即欧洲人是众神偏爱的代理人，甚至他们本身就是神。

作为交换，新大陆把梅毒传染给了旧大陆，至少当时的欧洲人是这么认为的。历史学家和流行病学家一直在争论他们所谓的关于梅毒起源的"哥伦布问题"。有些人认为梅毒或一种可能被归为其祖先的性病是由哥伦布的水手从新大陆带回去的，但另一些人则断言梅毒在 1492 年之前很久就在旧大陆广泛传播了。学者们仍然不知道"哥伦布问题"的答案，但确实在 1492 年之后出现了性传播疾病的流行性爆发，导致许多人认为这种疾病源自美洲。

其他生命形式的交换并没有导致那么明显的灾难性后果。随着欧洲殖民者的到来，欧洲的动物和植物如潮水般涌来。征服者们带来了猪、牛、山羊、绵羊、驴和马——此前所有这些在新大陆都不为人知。从第一艘西班牙船上逃到佛罗里达上岸的猪是美国南部到处可见的尖背野猪的祖先。墨西哥和秘鲁的大片地区人口减少，取而代之的是大量的羊群。今天阿根廷高乔人（Gaucho）放牧的牛来自伊比利亚牛的血统。拉丁美洲的毛驴和马一样，都来自欧洲，后来北美洲的大草原上的印第安人非常珍视它们。特别是羊、牛和马，这彻底改变了美洲原住民的生活方式。

从欧洲传来了利润丰厚的甘蔗、棉花、大米和靛蓝等农作物，这些农作物需要大量的田间劳动力。欧洲品种的小麦、葡萄和橄榄很快成为墨西哥和其他地方的主要作物。作为交换，美洲向旧大陆提供了许多新作物，如烟草、可可、红辣椒、美国棉花、南瓜、黄豆、西红柿、玉米和马铃薯。欧洲农民发现玉米和马铃薯是一种很有吸引力的小麦替代品。在许多地方，马铃薯取代了小麦成为穷人的主食。每英亩马铃薯比小麦或其他几乎任何传统的作物都能产生更多的热量，因此马铃薯在有限的土地上养活更多的人成为可能。随着作为食物来源的马铃薯的广泛种植，欧洲人口开始迅速增长，这一趋势给欧洲造成了人口压力，这反过来又刺激了更多的欧洲人来到美洲。

文化多样性的问题

在哥伦布向西航行之前，欧洲人拥有两套似乎能解释一切的思想体系——亚里士多德体系和基督教体系。古希腊哲学家亚里士多德和他的评论家根据他们对世界的认识，对地理学和宇宙学进行了系统的解释。他们给大陆命名，并描述这些大陆上的民族，估计了地球的大小。特别是在欧洲的大学里，亚里士多德思想仍然被认为是几乎没有错误的，是人类所有知识的主要来源。但亚里士多德甚至没有想象过美洲，这一事实也增加了他在其他问题上也有错误的可能性。他对美洲驼、马铃薯、梅毒一无所知，而对即便是最无知的征服者来说，这些也是常识。亚里士多德认为赤道地带的温度非常高，没人能在那里生活，但西班牙人在赤道上发现了繁荣昌盛的伟大文明。1570 年，约瑟夫·德·阿科斯塔（Joseph de Acosta）在去美洲的途中，在热带地区感到一阵寒意，他说："我除了嘲笑亚里士多德的气象学和他的哲学，还能做什么呢？"[7] 去新大陆的旅行者开始意识到，古人对世界的了解还不到一半。

对于犹太人和基督徒来说，《圣经》仍然是关于整个世界起源问题的权威，不容置疑，但是新大陆给《圣经》的解释带来了许多问题。《创世记》讲述了创世和大洪水的故事，那场洪水毁灭了所有的人和所有的动物，除了那些在挪亚方舟上得救的人。新大陆让人们对基督教的单一创世说和毁灭性大洪水的说法产生了怀疑，因为它无法解释为什么美洲的动植物会如此不同。地球上所有的动物如果都是那些被挪亚保存下来的动物后代，那么为什么在地球两端的动物是如此不同的呢？关于新大陆，一位法国作家曾问过这样一个问题："从挪亚这一个祖先那里传下来的世界各民族，在肉体和精神上为什么会有这么大的差异呢？"[8]思想家们要么认为肯定有不止一次造物，要么认为大洪水肯定没有席卷整个地球。然而，这些解决方案心照不宣地承认，对《圣经》的字面解读并不能对世界历史做出令人满意的解释。

基督教欧洲面临的最大的观念上的挑战是新大陆人民本身。这些人如果不是上帝创造的孩子，那么他们是如何到达那里的呢？他们如果是上帝的孩子，那么为什么他们与欧洲人如此不同呢？用 16 世纪思想家的话来说，有三种可能的方式来回答这些问题：第一种是认为美洲原住民是亚人类，是一种恶魔或某种奇怪的动物生命形式。对于那些想剥削原住民的人来说，这是最实用的回答。这些欧洲人通常没有什么根据就认为这些原住民崇拜魔鬼、乱伦、滥交、一夫多妻、鸡奸和食人——所有这些都是他们的恶魔本性的表现。在这种极端的欧洲信仰中，原住民甚至没有人类的灵魂，因此不具备皈依基督教的能力，也不值得拥有人权。

为什么新大陆的人民如此不同，第二个答案来自这样一个信念：原住民是天真无邪的。原住民生活在一种类似人间天堂的地方，没有受到欧洲社会腐败的不良影响。弗吉尼亚的一些早期英国探险者发现当地人"非常温和、慈爱和忠诚，没有任何欺骗和背叛行为"。一位传教士发现，他们"因为缺乏领悟能力和技巧，反而更是神的孩子"。[9]少数非传统的神学思想家假设，美洲原住民是在《圣经》中记载的希伯来人之前被创造出来的，因此，还没有受到人类堕落思想的影响，仍然生活在人间的天堂。

16 世纪主张原住民是天真无邪的最具影响力的发言人是人权的有力倡导者巴托洛梅·德·拉斯·卡萨斯（Bartolomé de Las Casas，1474—

处决印第安人。这幅铜图选自巴托洛梅·德·拉斯·卡萨斯的谴责西班牙人在美洲政策的书，在一名神父的帮助下，征服者将古巴的一名印第安酋长活活烧死。背景是骑着马的士兵在追捕古巴原住民。

图片来源：BPK, Berlin / Art Resource, NY

不同的声音

关于印第安人所受待遇的辩论

1550 年，巴托洛梅·德·拉斯·卡萨斯和胡安·希内斯·德·塞普尔维达（Juan Ginés de Sepúlveda）在西班牙的巴利亚多利德（Valladolid）就西班牙征服美洲的合法性展开了一场著名的辩论。查理五世皇帝组织了这场辩论，以确定印第安人是否可以自治。拉斯·卡萨斯曾在墨西哥担任主教，在新大陆有切身体验。由于缺乏在美洲的个人经历，塞普尔维达只能依靠别人的讲述。拉斯·卡萨斯对原住民遭受的残酷待遇感到震惊，认为印第安人需要保护。拉斯·卡萨斯主张奴役非洲人，而不是奴役印第安人，这一观点让他后来感到后悔。相反，塞普尔维达认为印第安人是"天生的奴隶"。

巴托洛梅·德·拉斯·卡萨斯致查理五世（1550）

最强大，最崇高的领主和国王，我是西印度群岛最年长的移民之一，我在那里生活了很多年，目睹了那些爱好和平、性情温和的人们所遭受的残酷对待，比有记录的任何未开化的野蛮人都更残暴、更有违自然。除了国人对黄金的贪婪和渴望，没有其他的原因可以解释这种残暴行为。这些残暴的做法有两种：第一种是邪恶的、非正义的战争。在这些战争中，无数的印第安人遭到屠杀，而他们只不过是在自己的家里过着和睦的生活，没有骚扰任何人。他们的国家曾经人口众多，有数不清的村落，现在却一片荒凉。第二种是奴役。在消灭了当地的首领或统治者之后，再把平民百姓分掉，然后把他们扔进矿井，在那里，他们被难以置信的劳动压垮，全部死亡……

新大陆的众多人民不仅能够理解基督教，而且通过理性和说服，他们也能践行良好的道德和最高的美德。他们生而自由，有自己的国王或统治者来调节他们的政治生活。达里安（Darien）的主教（胡安·希内斯·德·塞普尔维达）告诉您，说他们是天生的奴隶，因为哲学家亚里士多德说过……但是，即使主教正确地理解了他的意思，这位哲学家也是一名异教徒，现在正在地狱里燃烧。他的学说只有那些与我们的基督教道德和基督教信仰不矛盾的我们才能遵守。我们神圣的宗教也同样使自己适应世界上所有的民族，它拥抱所有的民族，而不会像主教要让您相信的那样，以他们天生是奴隶为借口或掩饰去剥夺任何人天生的自由。因此，陛下，在您刚开始统治之时，您应该驱逐这个在上帝和人类看来都很可怕的残暴制度，因为它会给大多数人带来毁灭。这样做也是为了让我们的上帝保佑陛下的统治江山永固，国泰民安。毕竟，他就是为了这些受苦受难的人而死的。

资料来源: Bartolomé de Las Casas, qtd. in Louis Anthony Dutto, *The Life of Bartolomé de Las Casas and the First Leaves of American History* (St. Louis, MO: B. Herder, 1902), 274–78.

胡安·希内斯·德·塞普尔维达论对印第安人发动战争的正义性（1547）

男人统治着女人，成年人统治着未成年人，父亲统治着子女。也就是说最强大、最完美的统治着最弱小、最不完美的。人与人之间也是这种关系，有人天生是主人，有人天生是奴隶。那些在审慎和智力方面（虽然不是在体力方面）超越别人的人，天生就是主人。而那些愚笨的、思想懒惰的人，尽管他们的身体足够强壮，可以完成所有必要的任务，但他们天生就是奴隶。这样做是公正而有益的。我们甚至可以看到它在神的律法中得到认可，《箴言》中写道："愚昧人必作慧心人的仆人。"野蛮和不人道的民族（印第安人）也一样，他们没有文明的生活和和平的习俗。让这些人服从于更文明、更仁慈的君主和国家的统治，这永远是公正的，也是符合自然法则的。由于他们的美德和他们的法律的实践智慧，后者可以摧毁野蛮状态，教导这些（劣等）人过一种更人道和有道德的生活。他们如果拒绝这样的统治，就可以通过武力强加于他们。这样的战争是合乎自然法则的……

你必须意识到，在基督徒到来之前，他们并没有生活在诗人所想象的和平的黄金时代，相反，他们不断地、激烈地互相征伐，他们的怒气是如此之大，以至于他们如果不以敌人的血肉来满足自己畸形的渴望，胜利就毫无意义……这些印第安人胆小怕事，一看到我们的士兵，他们简直无法抗拒。面对人数不到一百人的西班牙人，成千上万的印第安人分散开来，像女人一样逃之夭夭……

　　　　到目前为止，我们还没有提到他们的不虔诚的宗教和他们可憎的祭祀，他们把魔鬼当作上帝来崇拜，他们认为人的心脏是献给魔鬼的最好的礼物。……他们以一种无知和野蛮的方式来解释他们的宗教，他们通过取出活人的心脏来献祭。他们把这些心脏放在可憎的祭坛上。通过这种仪式，他们相信他们已经安抚了他们的神。他们也会吃掉被献祭的人的肉……

　　　　对这些野蛮人的战争不仅是基于他们的异教信仰，更是因为他们可怕的淫乱，他们的人祭和可怕的人肉宴，他们对无辜者的极端伤害，以及他们不虔诚的偶像崇拜。

资料来源：Frederick B. Pike (ed.), *Latin American History: Select Problems*, 1/e. Cengage Learning, Inc., 1969.

1566）。在拉斯·卡萨斯的一生中，他强烈反对对美洲原住民的奴役和虐待，他在其最重要的作品《西印度毁灭述略》（*A Short Account of the Destruction of the Indies*，1542）中记录了这一点。他认为，原住民是天真无邪的，他们需要引导，而不是被迫接受基督教，不应该被奴役（见本章"不同的声音"专题）。

　　对于如何解释这种差异的问题，人们的第三个回答既没有否定原住民的人性，也没有假定他们是天真无邪的，而是简单地承认这种差异是人类多样性的自然结果。这一立场的倡导者提倡宽容。判断一个特定的民族是好是坏涉及判断标准的问题，而这些问题引出了"文化相对主义"原则。文化相对主义者认识到，许多（但不全是必要的）判断标准是某一文化所特有的，而不是自然法或神的律法所确立的固定事实。文化相对主义者试图理解为什么其他人会以他们的方式思考和行动。这种方法可以追溯到16世纪试图理解这些新发现的少数欧洲思想家。皮特·马特·德安吉拉（Peter Martyr D'Anghiera，1457—1526）是一位虔诚的神父，也是最敏锐的、研究西班牙探险的历史学家，他对自己观察到的新大陆文化多样性感到困惑。他指出，不同的民族根据不同的标准做出判断："埃塞俄比亚人认为黑人比白人更好看，白人则不这么认为。有胡子的人认为他比没有胡子的人更英俊。因此，当欲望主导而不是理性劝说时，人们就会陷入这些虚妄之中，每个领域都被他自己的感觉所支配。……"[10] 别人认为是基本的道德真理，德安吉拉却认为是表面文化差异的表现。欧洲人在新大陆发现非基督徒可以过有道德的生活，爱他们的家庭，行为谦卑和慈善，并从高度发达的宗教机构中受益，这动摇了欧洲人自鸣得意的优越感。

结语：全球碰撞的重要性

1450—1650 年的欧洲航海永远地改变了世界。这些碰撞的意义并不在于欧洲人在地理上的发现，而在于这些航行使世界上以前与世隔绝的人民之间的长期接触成为可能。15—16 世纪的欧洲航海创立了全球资本主义制度。

由于欧洲人在非洲西部和中部海岸的奴隶贸易，数百万非洲人被迫离开家园，在锁链之下被运到陌生的土地上，被迫在种植园的恶劣条件下劳作。在那里，他们为日益富裕的欧洲消费者种植农作物，产生的利润通常被用来在非洲购买更多的奴隶，而在这个过程中，非洲部分地区人口数量大幅减少。直到 19 世纪，每一杯咖啡、每一支烟、每一颗糖、每一件靛蓝染的衣服几乎都来自黑人奴隶的汗水。

许多印第安人因为与欧洲人的相遇而失去了自己的土地和生活方式，甚至失去了生命。在美洲，旧大陆微生物的入侵给原住民造成的破坏甚至超过了来自旧大陆的征服者的侵入。阿兹特克帝国和印加帝国的毁灭无疑是最引人注目的，但各地的原住民都在努力适应来自外国的入侵。

与欧洲人的接触对亚洲的影响要小得多。欧洲人在亚洲最彻底的征服是俄国人对西伯利亚的征服，而这里是整个大陆上人口最少的地区。欧洲文明仍然处于亚洲的文化边缘。全球经济已成为欧洲资本主义的首批果实之一。在不断扩张的全球经济中，欧洲人对亚洲奢侈品的获得仍是一个关键组成部分。

适应世界文化的多样性成为西方文明中一个持久而吸引人的问题。大多数欧洲人对他们的文明固有的优越性保持着自信，但是世界的现实开始削弱这种自信，在此意义上，经济全球化深刻地改变了西方文明本身。西方人开始面对理解"他者"文化的问题，并在此过程中改变了自己。西方开始变得不再是欧洲的一个地方，而是一种通过皈依基督教、学习西方语言、接受西方技术而传播到世界各地的文化。

1500

AD

Albertus Durerus Noricus
ipſum me propriis ſic effin
gebam coloribus aetatis
anno XXVIII

效法基督。在阿尔布雷希特·丢勒28岁时的自画像中，他把自己画成了基督的样子。左上角的
AD 两个字母非常清晰，这既是他名字的首字母，也代表耶稣纪元。
图片来源：BPK, Berlin / Art Resource, NY

第 14 章

宗教改革

根据一个很能唤起人们记忆的故事，宗教改革始于 1517 年 10 月 31 日的万圣节，这个故事可能是真的，也可能是假的。在德意志的维滕贝格，一位名不见经传的修士出身的大学教授将一份包含"九十五条论纲"（95 Theses）或辩论命题的公告张贴在大教堂的门上。马丁·路德丝毫没有料到这一简单行为所引发的影响，因为这在当时很常见，和现在在大学公告栏上张贴讲座或音乐会的海报一样。但是马丁·路德看似无害的行为却引发了一场革命。不管他是否把这些论纲张贴在大教堂的门上，他确实印了一些。几周内，马丁·路德对教皇的大胆攻击让整个德语世界都沸腾了。短短几年内，维滕贝格成为欧洲教会改革运动的中心。当教皇和高级神职人员抵制马丁·路德的改革呼吁时，德意志的大部分地区以及北欧和英国的大部分地区最终脱离了天主教会。1517—1560 年，新教改革主导了欧洲事务。

　　马丁·路德之所以能够成功，是因为他通过印刷品表达了许多人的心声——教会没有尽到帮助基督徒获得救赎的最基本义务。而许多天主教徒认为新教徒是危险的异教徒，他们的错误使救赎成为不可能。此外，对于许多早就认识到改革教会的必要性并一直在为实现改革而努力的天主教徒来说，过激的马丁·路德只会让情况变得更糟。

　　新教徒和天主教徒的分裂使西方分裂成两种不同的宗教文化。其结果是，西方来之不易的统一不复存在了，这种统一是在中世纪通过基督教向欧洲大陆最偏远的角落扩张和教皇的领导来实现的。天主教徒和新教徒继续共享大量的基督教传统，但一些重大的问题开始将他们分开，其中包括对救赎的理解，圣礼在促进虔诚行为方面的作用，是否用拉丁语举行礼拜仪式，以及是否服从教皇，等等。

宗教改革期间的根本冲突是关于宗教的，但宗教不可能完全脱离政治或社会。王国之间的竞争以及中欧和北欧城市内部的社会紧张关系加剧了宗教争端。宗教改革提出了这样一个问题：在西方，天主教徒和新教徒之间的碰撞如何将西方的宗教统一转变为永久的宗教分裂？

宗教改革的起因

新教改革是教会内部近 200 年动乱的高潮。在 14—15 世纪，教会的神圣使命和它在这个世界上的责任之间的矛盾妨碍了它的道德影响力。一方面，教会教导说，它的使命是超脱尘俗的，是精神慰藉的源泉，是永恒救赎的向导。另一方面，教会完全是属于尘世的。它拥有大量的财产，维持着一个影响深远的司法机构来执行教会法，并由教皇领导，而教皇同时也是位于意大利中部的教皇国的君主。11—13 世纪，教皇一直是教会道德改革和精神复兴的源泉，但是到了 15 世纪，教皇们成了教会问题的一部分。问题不在于他们变得多么腐败，而在于他们无法有效地响应普通人的要求，这些普通人越来越关心自己的救赎和社会的有效管理。

主要有三个方面的发展促进了对宗教改革的需求：对个人宗教表达自由的追求；印刷革命；北欧文艺复兴对《圣经》和其他基督教知识来源的兴趣。

对自由的追求

正如我们在本书第 11 章中所看到的，14 世纪发生的一系列事件削弱了教皇的权威，导致信徒们向别处寻求精神上的引导和慰藉。1305—1378 年，七任教皇连续放弃了罗马，选择在相对平静的法国阿维尼翁定居。这一时期被称为教会的"巴比伦之囚"，这是一个贬义词，反映了法国以外的人们的普遍观点，即教皇们屈从于法国的国王，并且在财政方面非常腐败。在教会"大分裂"时期（1378—1417），对立的意大利教皇和法国教皇分裂了教会，进一步削弱了教皇的权威。

随着教皇道德权威的衰落，平信徒被新的崇拜形式所吸引。尤其有影响的是 1441 年成书的《效法基督》所鼓励的近代虔敬派（Modern Devotion）。近代虔敬派通过强调频繁的个人祈祷和道德反省，引导信徒们超越这个充满邪恶和痛苦的世界的愿望。《效法基督》是一本灵修指南，帮助平信徒按照传统上为修士和修女准备的同样的途径来获得灵魂救赎。这样做的目的是要彻底地效法基督，使基督进入信徒的灵魂。阿尔布雷希特·丢勒（Albrecht Dürer，1471—1528）深受近代虔敬派的影响，如本章的开篇插图所示，他的自画像酷似基督本人。

这种宗教狂热吸引了许多基督徒接受如此深刻的宗教表达形式，这进一步疏远了许多人与教皇的关系。他们开始将教皇视为一个惯于偷窃的外国人，勒索本可以花在本地的钱。特别是德意志人，他们反对教皇和高级神职人员的财政要求和各种不正当行为。有些主教忽视了他们对教众的精神指导，还有些主教从未在其教区生活过，对人民的问题一无所知，只关心如何保住他们的收入和奢侈的生活。这些高级神职人员生活在罗马的欢愉之中，根本没有资格去约束教区教士，后者中有些人无视自己的道德责任，公开与姘头同居，甚至出售圣餐。虽然这种不道德行为可能并不普遍，但有几个臭名昭著的例子就足以引起广大平信徒的怨恨。

为了在自己的社区中维护对教会的控制，被称为地方执法官的市政府官员试图阻止资金流失，结束神职人员的不端行为。他们限制了教会机构所能拥有的财产的数量，试图向神职人员征税，让教士服从城镇的法庭，并取消了教会人员免除繁重义务的特权，比如让他们在城镇民兵中服役，或为公共工程提供劳动力。在宗教改革的前夕，特别是在德意志和尼德兰的城市，地方官员已经开始主张地方对教会的管控，这一趋势为新教徒的努力发展铺平了道路。对许多平信徒来说，最主要的愿望是脱离教会的等级制度，获得更大的精神自由和财政自由。

印刷革命

直到 15 世纪中叶，在西方要想复制文本，无论是简短的商业记录，还是冗长的哲学著作，唯一的方法就是费力地抄写。然而，当中世纪的抄写员在羊皮上抄写时，他们经常会犯错误，或者是根据自己的意思对原始文本加以"改进"。这样一来，同一文本的两个不同副本可能会出现差异。羊皮书也很昂贵，一本像《圣经》一样长的书可能需要 300 只羊的羊皮和数百小时的抄写才能完成。高成本意味着书籍只对神职人员和非常富有的人开放。很少有基督徒真正读过《圣经》，因为《圣经》像所有的书一样非常罕见。

15 世纪的两项发明彻底改变了这种状况。先是在 1450 年开始使用金属活字，此后印刷书籍开始出现。也许最早的一本印刷书籍是约翰内斯·古腾堡（Johannes Gutenberg，约 1398—1468）在德意志美因茨印刷的《圣经》。同样重要的是，廉价的人造纸代替了昂贵的羊皮。这两项技术的发展使书籍的成本降到了即使是中等收入的工匠也能买得起的程度。

对廉价印刷书籍的需求令人震惊。在印刷术出现之后的 40 年里，书的产量比抄写员在此前 1 000 年抄写的数量还要多。到 1500 年，200 多个城市的印刷厂已经印刷了 600 万册图书。一半的书籍是关于宗教主题的，因为出版业（当时和现在一样）只生产人们想买的书籍，所以宗教的主导地位揭示了当时读者的思想状态。

印刷书籍的购买者当然包括传统上受过教育的大学生、教会人士、专家和贵族知识分子。然而，引人注目的是，普通人对书籍的需求也非常大，对他们来说，书籍曾是一种不可想象的奢侈品。在 14—15 世纪，尽管欧洲各地的识字率差异很大，但识字率是稳步上升的。然而，书本上的知识却广泛地传播到少数识字的人之外，因为在 15—16 世纪，读书对大多数人来说是一种口头的、公共的活动。在教区的教堂、酒馆和私人住宅里，有文化的人大声读书给别人听，供他们娱乐和启迪心智。

这一时期大学体系的扩张也创造了对更多书籍的需求。从 1300 年到 1500 年，欧洲大学的数量从 20 所增加到 70 所。这些大学还形成了一种新的阅读方式。15 世纪时，巴黎的索邦大学和牛津大学规定，图书馆应该是安静的地方，这表明默读在受教育程度最高的阶层中得到了普及。与传统的大声朗读相比，默读更快、更私密。默读者学得更快，也能独立判断所读内容的含义。一旦许多廉价的书籍在受教育程度最高的人群中被默读者阅读，对文本的解读（尤其是众所周知的难懂的《圣经》文本）就不那么容易被规范了。

如果没有印刷革命，宗教改革的成功是难以想象的。印刷文化从根本上改变了信息的传播方式，并为人们解释自己的经历提供了新的方式。1517—1520 年，马丁·路德写了大约 30 篇文章，大部分是用脍炙人口的德语口语写成的。这些文章在整个欧洲被印刷和销售了 30 万份，没有其他作家的思想能够传播得如此之快，如此之广。

北欧文艺复兴和基督教人文主义者

正如本书第 12 章所讨论的，人文主义者致力于重新发现古代散失的作品，并模仿古代世界最好的希腊语作家和拉丁语作家的风格。当人文主义者研究这些古代文献时，他们发展了文献学的研究，即研究词语的意义是如何随着时间的变化而变化的。这些努力激发了一种研究基督教来源的新方法。例如，人文主义者洛伦佐·瓦拉（约 1407—1457）就质疑被教会接受的《圣经》拉丁文译本的准确性。

专门从事《圣经》起源研究的人文主义者被称为"基督教人文主义者"。在研究基督教的起源时，他们的目的不是批评基督教或教会，而是理解其创始文本的确切含义，尤其是《圣经》和教会神父们的著作，这些神父在基督教早期用希腊文和拉丁文写作，并对《圣经》发表评论。基督教人文主义者首先试图纠正他们所认为的对基督教教义解读的错误。他们的第二个目标是提高个人的道德水平。他们认为，通向个人道德和教会改革的道路在于效仿"原始教会"，这意味着耶稣和使徒时代基督教的实践。大多数基督教人文主义者来自北欧，他们是建立在意大利文艺复兴基础上的北欧文艺复兴运动中最具影响力的一支。通过他们的努力，基督教人文主义者在 16 世纪早期把基督教的基础置于严密的审视之下。

尼德兰人德西德里乌斯·伊拉斯谟（Desiderius Erasmus，约 1469—1536）利用新兴印刷业的潜力，成为最有影响力和最鼓舞人心的基督教人文主义者。战争时期，伊拉斯谟雄辩地呼吁和平。他还出版了一本帮助儿童培养道德感的实用手册，在《基督教骑士手册》（*Handbook for the Militant Christian*）中为精神重建制订了易于遵循的指导方针。艺术

骑士、死亡和魔鬼。这幅问世于 1513 年的版画是阿尔布雷希特·丢勒为伊拉斯谟的《基督教骑士手册》一书所创作的插图，描绘的是一位骑士坚定地穿过一片可怕的风景。死亡之神手持沙漏，表明骑士在地球上的时间是有限的。一个魔鬼在他身后虎视眈眈。他那勇敢的马和忠诚的狗代表了一个虔诚的基督徒必须具备的美德。

图片来源：Library of Congress Prints and Photographs Division [LC USZ62 17351]

家阿尔布雷希特·丢勒在他的版画《骑士、死亡和魔鬼》中把这本书的主题变成了一个视觉寓言。伊拉斯谟对道德批判的嗜好在他的杰作《愚人颂》（*The Praise of Folly*，1514）中达到了讽刺的巅峰。在书中，他抨击神学家们被一些愚蠢的问题困扰，比如复活是否可以在夜间进行。他讽刺腐败的教士在为垂死的人做临终祈祷时索要报酬，嘲笑那些购买假文物作为旅游纪念品的轻信的朝圣者。他还嘲弄修士们的虚荣心，他们认为自己长袍的颜色比帮助穷人更重要。伊拉斯谟还把希腊文的《新约》翻译成了一个新的拉丁文版本。他的批判性研究是许多希伯来文和希腊文《圣经》被翻译成当地语言的基础，包括流行的英文译本，即《钦定版圣经》。

伊拉斯谟的朋友、英国人托马斯·莫尔（Thomas More，1478—1535），因其著作《乌托邦》（*Utopia*，1516）而广为人知。莫尔的这本小书开创了描绘想象的理想化世界的乌托邦小说的体裁。它描绘了在新大陆发现的一个想象中的岛屿"乌托邦"，"乌托邦"在希腊语中是双关语，兼有"无处"和"好地方"之意。乌托邦人是一神论者，虽然不是基督徒，但他们凭直觉理解纯粹的宗教，过着高度规范化的生活。乌托邦代表了莫尔对于一个效仿原始教会的社会的理解。他以《圣经》中的一段话为基础，宣扬共产主义：信奉基督的人"都是一心一意的，没有一人说，他的东西有一样是自己的，都是大家公用"（《使徒行传》4：32）。[1]在关于《圣经》批判研究和更纯粹的教会方面，莫尔和伊拉斯谟的观点一致，但与伊拉斯谟不同的是，莫尔不是和平主义者。

伊拉斯谟和莫尔都是虔诚的天主教徒。作为英国政府的大臣，莫尔残酷地迫害新教徒。然而，这两个人的工作帮助推广了一些后来与新教改革者有关的思想。对他们来说，对任何宗教活动合法性的检验都是双重的：首先，它能在《圣经》中找到吗？其次，它是否提升了人的道德行为？通过关注基督教的起源，基督教人文主义者强调了他们所感知到的《新约》中的基督教和他们所处时代的基督教之间的巨大差异。

马丁·路德的宗教改革

新教改革始于马丁·路德对教皇和某些教会行为的反对。像伊拉斯谟和更多的人一样，马丁·路德用《圣经》作为教会应该做什么的试金石。马丁·路德认为，一种行为如果不能在《圣经》中找到，那么它就不是基督徒应该做的。但与伊拉斯谟等人不同的是，他还引入了神学上的创新，使得与教皇的妥协成为不可能。

然而，如果没有那些对教皇和虔诚的天主教信仰捍卫者神圣罗马帝国皇帝心怀不满的地方权威的支持，马丁·路德和他的追随者们是不会成功的。在德意志地方权威和诸侯的帮助与鼓励下，马丁·路德的宗教改革运动首先在这里得到传播。在各地诸侯的支持下，马丁·路德的改革思想从德意志传播到斯堪的纳维亚半岛。

马丁·路德和罗马的决裂

马丁·路德（1483—1546）的童年很悲惨，他和父亲的关系也很紧张。他的父亲是一名矿工，希望他的儿子能成为一名律师。在爱尔福特大学（University of Erfurt）学习法律期间的假期里，马丁·路德在一次暴风雨中从马上摔了下来，差点丧命。这次可怕的经历促使他成了一名修士，这一决定激怒了他的父亲，因为这意味着年轻的马丁·路德放弃了一个很有前途的职业生涯。通过成为一名修士，马丁·路德摆脱了父亲的控制，转而服从他在奥古斯丁修会的上级。他们把他送回爱尔福特大学进修神学，然后把他从可爱的花园城市爱尔福特派遣到萨克森的维滕贝格，一个用马丁·路德的话来说就是"在边缘地带"的破旧小镇。在维滕贝格，马丁·路德开始在一所不知名的大学任教，远离了学术活动。马丁·路德没有哀叹他的与世隔绝，而是把他的世界带到他的大学，使其成为宗教改革运动的中心。

作为一名修士，马丁·路德一直深受缺乏自我价值的困扰，他说：

在修道院里，我不去想女色、金钱和财物，但我的心在颤抖，我怀疑上帝是否会仁慈地对待我。于是我偏离了信仰，自己以为已经招致了上帝的震怒，我必须以我的善行与上帝达成和解。[2]

马丁·路德一直担心，再多的善行、祈祷或宗教仪式也无法抵消上帝对他的蔑视，因此他饱受焦虑的折磨，陷入了长期的抑郁。和每位修士一样，他认为自己精神上的混乱和信仰上的动摇是魔鬼的诱惑，而对马丁·路德来说魔鬼是一个非常强大的角色。

多年来，在准备和修改他在大学里关于圣保罗的讲稿时，马丁·路德通过重新审视苦修的神学逐渐找到了解决自己精神危机的方法。"补赎圣礼"提供了一种忏悔和获得宽恕的方式。例如，一个忏悔者如果撒了谎，可以通过因说谎感到歉疚、向神父忏悔、接受惩罚（通常是一定数量的祈祷）来寻求原谅。忏悔只关注教会对有罪之人所能施加的惩罚。上帝对有罪之人的惩罚将发生在炼狱（死者的灵魂暂时受苦的地方）和最后的审判中。但天主教神学教导说，此世的忏悔会减少来世的惩罚。在苦思冥想"忏悔"这一概念的过程中，马丁·路德花很长时间思考圣保罗的《罗马书》中很难懂的一句话（1：17）："义人必因信得生。"[3] 马丁·路德对这句话的理解是，永恒的救赎不是靠赎罪的善行，而是靠信仰，这是上帝的礼物。这份礼物被称为"恩惠"，是完全无功而受的。马丁·路德称这个仅凭信仰就可以得到上帝恩惠的过程为"因信称义"，因为信仰基督的能力是一个人能否接受上帝恩惠的标志。

马丁·路德强调"因信称义"，这否定了人类的自由意志在获得救赎的过程中的作用，因为马丁·路德相信信仰只能来自上帝的恩惠。这并不是说上帝控制了人类的每一个行为，但这的确意味着人类不能凭自由意志去做善行，而是需要上帝的帮助。那些蒙上帝恩惠的人自然会行善。这种思考上帝恩惠的方式可以追溯到早期的教会领袖圣奥古斯丁，他的作品深刻地影响了马丁·路德的思想。事实上，许多天主教思想家也持有类似的观点，但他们对自由意志的结论与马丁·路德不同。马丁·路德对圣奥古斯丁关于自由意志的解释将路德宗与天主教神学区分开来。马丁·路德以他对自由意志的摒弃为基础，谴责除了圣餐礼和洗礼这两种圣礼以外的所有教会圣礼都是徒劳无功的，它们诱使人们认为可以通过执行圣礼来获得救赎。他保留了圣餐礼和洗礼，因为这两种圣礼是《圣经》明确认可的，但对这两种圣礼含义的争论，在新教改革运动内部产生了分歧。此外，马丁·路德和其他新教徒改变了圣餐礼，允许平信徒分享葡萄酒，而在天主教中，只有教士才能享用。老卢卡斯·克拉纳赫（Lucas Cranach the Elder）的木刻画描绘了路德宗的圣餐礼。

对马丁·路德来说，这种看似无望的否定人类行善意愿的学说是一种解脱，因为这使他摆脱了一直以来对天谴的恐惧。他不用再担心自己是否做得足够讨上帝的喜欢，或者是否有足够的精力来与魔鬼战斗。他所要做的就是相信上帝的恩惠。在有了这一思想突破之后，马丁·路德报告说："我觉得自己获得了重生，从敞开的大门进入了天堂。从此，

两种圣餐礼。在老卢卡斯·克拉纳赫创作的这幅木刻画中，左边的马丁·路德和右边的扬·胡斯分别向平信徒送上圣餐礼用的酒和面包。天主教徒把酒留给教士，这使他们与平信徒不同。圣餐礼仪式的改变是区分天主教和新教的最具争议的问题之一。

图片来源：BPK, Berlin / Kupferstichkabinett, Staatliche Museen, Berlin, Germany / Joerg P. Anders / Art Resource, NY

《圣经》的面貌完全改变了。"[4]

"九十五条论纲"

1517 年，马丁·路德卷入一场纷争，导致他和他的追随者与罗马天主教会分离。为了在罗马建造一座新的圣彼得大教堂筹集资金，教皇利奥十世颁布了一种特别的新"赎罪券"，这是一种特殊的赎罪方式，有罪之人可以通过在人间行善来免除死后的多年炼狱惩罚。例如，去罗马或耶路撒冷的朝圣者常常会得到赎罪券，这是对他们赎罪价值的具体衡量。赎罪券是教会和平信徒之间最密切的纽带之一，因为它提供了一种宽恕特定罪行的方式。

14 世纪，急需现金的主教们开始出售赎罪券。但是教皇利奥十世的新赎罪券远远超出了早期赎罪券的承诺，因为新赎罪券可以提供一次性逃脱炼狱中所有惩罚的机会。此外，这种赎罪券不仅适用于购买者，也适用于已经在炼狱中的死者。新的赎罪券立刻使所有其他的赎罪券变得毫无价值，因为它免除了所有的惩罚，而其他的赎罪券只能免除一部分惩罚。

"智者"腓特烈（Frederick the Wise）是萨克森选帝侯（Elector of Saxony，选帝侯是一种高贵的头衔，表明他是选举神圣罗马帝国皇帝的人之一），同时也是马丁·路德所在大学的赞助人，他禁止在萨克森出售教皇利奥十世的赎罪券。但是在距离维滕贝格几英里远的地方，在美因茨的阿尔布雷希特大主教（Archbishop Albrecht of Mainz）的领地上，赎罪券被出售。阿尔布雷希特需要出售赎罪券带来的收入，因为他负债累累。他曾借了大量的钱贿赂教皇利奥十世，让他同时担任三份圣职，而这是违反教会法的。为了帮助阿尔布雷希特偿还债务，教皇允许他保留在其领地上出售赎罪券收入的一半。维滕贝格人开始长途跋涉，

反天主教的宣传。这幅木刻版画名为"我是教皇",为了讽刺教皇,将教皇亚历山大六世描绘成一个怪物。亚历山大六世因涉嫌在梵蒂冈纵欲而臭名昭著。这种视觉宣传可以有效削弱对教皇的支持。

图片来源:AKG Images

越过边界，来到阿尔布雷希特的辖区，聆听多明我会修士约翰·台彻尔（John Tetzel，1470—1519）无耻地兜售赎罪券。台彻尔上演了一出教会版的狂欢节拉客表演，他向人群大谈特谈他们死去的父母，只要他们牺牲几个硬币，就可以让他们的父母立即从炼狱的火焰中被释放出来。据说他以这样臭名昭著的打油诗结束他的布道：

> 硬币入柜响叮当，
> 灵魂马上升天堂。[5]

一群听过台彻尔布道的维滕贝格人向马丁·路德询问关于购买这种赎罪券的建议。马丁·路德的回应与其说是作为一位牧师向他的教众提供安慰性的建议，不如说是作为一位热衷于辩论的大学教授。他用拉丁文起草了关于赎罪券的"九十五条论纲"或者说是论点，他宣称愿意在学术辩论中为之辩护。正如我们在本章开头所看到的，马丁·路德翻印了几份，可能在维滕贝格大教堂的门上贴了一份。"九十五条论纲"本身并没有什么革命性。他的这些论点很简单，即救赎不能被买卖，这是天主教神学的一个合理命题。这些论纲明确接受了教皇的权威，尽管它们对教皇的权威设置了限制。在这一点上，马丁·路德遵循了15世纪教会会议的规定。马丁·路德的语气是温和的，他只是暗示说，教皇利奥十世在发布新赎罪券时可能被误导了。没有人来参加马丁·路德的辩论，但是有人把"九十五条论纲"翻译成了德文并印刷出来。几周之内，这位来自一所不知名大学的不知名教授就成了整个德语世界的焦点。

多明我会开始发起反击。台彻尔自己起草了反对的论点，这激起了公众的喧闹，而这正是马丁·路德试图避免的。1519年，马丁·路德

被恶魔折磨的圣安东尼。马丁·施恩告尔（Martin Schongauer）的这幅版画是根据 3 世纪虔诚的基督徒圣安东尼的故事创作的。圣安东尼试图想在埃及沙漠中过一种与世隔绝的冥想生活，却遭到各种恶魔的袭击。圣安东尼面对袭击时的平静表情代表了基督教信仰战胜逆境和诱惑的力量。

图片来源：Library of Congress Prints and Photographs Division [LC USZC4 6763]

在莱比锡当着一群大学生的面，终于与因戈尔施塔特大学（University of Ingolstadt）的教授约翰·艾克（Johann Eck）就这些论点和其他问题进行了辩论。当艾克聪明地把马丁·路德逼到一个逻辑的角落时，马丁·路德拒绝让步。马丁·路德坚持认为《圣经》是人类良知的唯一指南，当教皇和宗教会议背离《圣经》时，他对他们的权威提出了质疑。这样的观点正是早期异教徒被绑在火刑柱上烧死的原因。此时的马丁·路德别无选择，只能放弃对他奉献一生的教会的忠诚。此时，马丁·路德在维滕贝格内外已经有了大批追随者。这群自称"福音派"的核心成员包括大学生、年轻的人文主义者，以及受过良好教育、有改革思想的神父和修士。

通向沃尔姆斯之路

莱比锡辩论之后，马丁·路德放弃了他的温和论调，发起了一场煽动性的小册子运动。所有这些都可以在马丁·路德用词辛辣的德文散文中找到，这让读者很高兴。马丁·路德在《基督徒的自由》（*Freedom of a Christian*，1520）中认为，教会对善行的强调将基督徒的注意力从救赎的唯一来源——上帝的恩惠——转移开来，而这种恩惠体现在基督徒的信仰中。它主张"信徒皆可为祭司"的革命性教义，认为那些信仰纯粹的人凭借信仰就可以与上帝直接沟通，不需要神职人员做中介，这一教义削弱了天主教神职人员对平信徒的权威。马丁·路德的最鼓舞人心的小册子《致德意志基督教贵族公开信》（*To the Christian Nobility of the German Nation*，1520）号召德意志诸侯改革教会，保护德意志不受罗马教会中腐败的意大利人的剥削。当教皇利奥十世下令焚烧马丁·路德的书，并要求马丁·路德收回他的作品时，马丁·路德以挑衅性的示威作为回应，他和他的学生焚烧教皇的通谕和大学图书馆里所有的教会法书籍。木已成舟。

　　教皇要求逮捕马丁·路德，但马丁·路德的保护人选帝侯腓特烈为他辩护。腓特烈拒绝在原定于1521年在沃尔姆斯城召开的帝国议会为马丁·路德举行听证会之前逮捕马丁·路德。在沃尔姆斯会议上，有高傲自大的诸侯、神情严肃的主教和踌躇满志、第一次主持帝国议会的年轻皇帝查理五世（1519—1558年在位）。皇帝命令马丁·路德收回他的著作，但马丁·路德拒绝这样做。几天来，帝国议会里一片混乱，路德宗的支持者和反对者把议会分成了两派。就在马丁·路德要被皇帝判罪之前，他却失踪了，谣传他已经被暗杀。好久没人知道真相。事实是，"智者"腓特烈为了马丁·路德的安全而"绑架"了他，把他藏在瓦尔特堡（Wartburg）的城堡里。在近一年的隐居期间，马丁·路德埋头苦干，把伊拉斯谟的《新约》译本译成德文（见本章"历史上的正义"专题）。

马丁·路德学说的吸引力

　　在宗教改革的早期，改革思想在城市知识分子阶层中传播得最快。在16世纪，德意志65座帝国城市有50座在不同时期正式接受了新教改革。在德意志200个人口超过1 000人的小城镇中，大多数也经历了某种形式的新教运动。在16世纪20—30年代，这些城镇的地方长官（市长和其他官员）通过控制地方教会进而控制了新教改革运动。他们实施了马丁·路德的改革思想，约束神职人员，并阻止收入流失到不负责任的主教和遥远的教皇那里。

　　神圣罗马帝国的德意志诸侯们有自己的理由憎恨教会的势力。他们想任命自己提名的神职人员，并削减神职人员的法律特权。尽管查理五世是坚定的天主教徒，但他无法拒绝他们的要求。在他统治的大部分时间里，查理五世面临着反对法国和反对奥斯曼帝国两个方面的战争。他迫切需要德意志诸侯的军事援助。1526 年，在施派尔（Speyer）的第一次帝国议会上，查理五世允许诸侯们自行决定是否要对马丁·路德和他的追随者执行沃尔姆斯会议法令。为了保护帝国不受外部敌人的侵犯，皇帝被迫同意帝国内部在宗教问题上的分裂。

马丁·路德的学说对女性尤其具有吸引力，他推动了一场"性革命"，这场革命真正改变了人们对婚姻的态度。在这场运动的早期，许多女性认为马丁·路德对"信徒皆可为祭司"的描述也包括她们。她们认为，马丁·路德的"基督徒的自由"可以把她们从传统上使她们保持沉静和待在家里的限制性角色中解放出来。此外，马丁·路德和其他主要的改革者认为妻子和母亲的角色具有积极的宗教价值。马丁·路德摒弃了天主教会认为禁欲的修士和修女在道德上优于已婚人士的观点，宣布婚姻是神圣的，并以身示范，娶当过修女的卡塔琳娜·冯·博拉（Katherina von Bora）为妻。在无数流行的照片中，马丁和卡塔琳娜都是以模范夫妻的形象出现。马丁·路德鼓励其他神职人员和修女结婚，因为他认为独身是撒旦骗人的把戏。改革者的妻子经常成为改革的伙伴，在组织慈善活动和帮助穷人方面承担特殊的责任。

在宗教改革的早期，女性就宗教问题进行宣传和出版书籍。这些女性努力让自己的声音在教堂里被听到，并发表鼓舞人心的布道。参与宗教改革事业的前法国女修道院院长玛丽·登蒂埃（Marie Dentière）问道："我们是有两本《福音书》吗？一本是给男人看的，另一本是给女人看的？……因为我们女性和男性一样，不应该把上帝向我们揭示的东西埋在地里。"[6]大多数女性很快就失望了，因为她们的说教和写作威胁到了男性的权威。在一些地方还通过了禁止女性讨论宗教问题的法律。在英国，女性甚至被禁止向别人朗读《圣经》。能够公开发言和公

历史上的正义

"这就是我的立场"：沃尔姆斯会议上的马丁·路德

选帝侯、"智者"腓特烈选择为马丁·路德辩护，使他免于被捕和可能的处决。然而，腓特烈可能并不完全同意马丁·路德的观点。他声称自己与马丁·路德的交流从来没有超过 20 个字。对腓特烈来说，这个问题关于法律和他个人的权威，而不是宗教，尽管他是个虔诚的人。作为马丁·路德的领主和维滕贝格大学的赞助人，腓特烈觉得有义务保护自己的臣民不受外来干扰，尤其是来自遥远的罗马的干扰。

马丁·路德的案子已经在罗马教皇法庭上败诉，教皇发布了对马丁·路德的正式禁令，但腓特烈看到了一些希望，他向新皇帝查理五世上诉，后者将主持在沃尔姆斯城举行的帝国议会。皇帝在加冕典礼上的誓言使他必须严格遵守法律条文。帝国宪法中为查理五世加冕而修改的两项条款也适用于马丁·路德案。其中一项保证德意志人在德意志境外不会被审判。另一项规定是，没有正当理由和正式的听证会，任何人都不能被判罪。不管皇帝的个人观点如何，作为一位立宪君主，他既不能把马丁·路德五花大绑送到罗马，也不能拒绝对他的指控进行复审。

此外，皇帝和教皇之间的管辖权冲突可以追溯到 11 世纪的主教叙任权之争（见本书第 10 章），这使得查理五世不愿意接受教皇在该案中的权威。出于同样的原因，由教皇特使阿莱安德（Aleander）领导的教皇一方拒绝了马丁·路德应该在沃尔姆斯的帝国议会面前接受司法听证的想法。阿莱安德主张，查理五世应该直接执行教会的决定，判处这位任性的教授有罪。这位缺乏经验的年轻皇帝面对着来自支持马丁·路德的人和反对马丁·路德的人激烈冲突的建议一时没有了主意，但是经过深思熟虑后，他接受了腓特烈的观点，应该给马丁·路德举行听证会。马丁·路德动身前往沃尔姆斯，知道此行凶多吉少。

马丁·路德坐着两轮马车和几个同伴来到沃尔姆斯时，受到了 2 000 多名拥护者的欢迎，这些人陪着他穿过街道。沃尔姆斯城一片紧张，到处都张贴

1521 年，在沃尔姆斯会议上，马丁·路德面对神圣罗马帝国皇帝。马丁·路德在帝国议会上的勇敢立场成为马丁·路德的故事中最具戏剧性的一幕。年轻的皇帝查理五世坐在左边的宝座上，两侧是选帝侯和枢机主教。在他面前有一张桌子，上面堆满了马丁·路德的书。这张图片描绘的是马丁·路德被追问他是否愿意收回他的书。

图片来源：Foto Marburg / Art Resource, NY

着为马丁·路德辩护的海报，外表粗野的西班牙士兵招摇着恐吓马丁·路德的追随者。在马丁·路德到达沃尔姆斯的第二天，帝国典礼官把他带到各位选帝侯、国会议员和皇帝面前，皇帝宣布："这个家伙不会把我变成异教徒的。"[7] 皇帝面前的桌子上堆满了马丁·路德的书。一位名叫艾克（Eck，不是莱比锡辩论中的约翰·艾克）的官员进行了审讯。他问马丁·路德这些书是不是他的。马丁·路德说"是的"，还说他写的不只是这些。艾克问："你是打算为所有这些作品辩护，还是想收回其中一部分？"令大家惊讶的是，这位好斗的神学教授要求更多的时间来考虑。

第二天下午晚些时候，马丁·路德回来了，艾克又问了他这个问题。这一次，艾克得到了一个回答："最慈祥的皇帝，最杰出的诸侯，最仁慈的领主，你们中有些人的称呼我如果叫错了，我请求你们原谅我。我不是廷臣，而是修士。你们昨天问我这些书是不是我写的，问我是否愿意收回。对于第一个问题，我的回答是它们都是我写的，但是对于第二个问题，我的回答是它并不是同一类的。"

　　马丁·路德做了一个聪明的区分，这给了他一个发表演讲的机会，而不是简单地回答"是"或"不是"。首先，他指出有些书引用了《圣经》，并涉及基督教的基本真理。他不能弃绝所有基督徒公认的真理，因为这会让自己招致天谴。第二类书谴责"教皇们邪恶的生活和教义造成了基督教世界一片悲凉"。对于这种挑衅的说法，皇帝脱口而出："不！"马丁·路德继续谴责教皇对德意志的"令人难以置信的暴政"。这种对德意志民族主义情绪的呼吁，唤醒了议会中许多人对他的支持，尽管他们在教义问题上与他意见相左。第三类书攻击的是个人，尽管马丁·路德承认他的攻击可能已经超越了大学教授的界限，但是他坚持认为，他也不能收回这些著作，因为这样做是鼓励未来的暴君。最后，他宣布，如果能够从《圣经》的角度来证明他的错误，他将是第一个把自己的书付之一炬的人。然而，艾克并不满意，他要求一个简单明了的回答："你是要还是不要收回你的书和其中所包含的错误？"

　　马丁·路德的回答成了宗教自由史上最伟大的时刻之一："既然陛下和各位大人想要一个简单的回答，我就回答了……我不接受教皇和宗教会议的权威，因为众所周知，两者经常相互矛盾，除非用《圣经》的明证或清晰的理智来说服我，因为我的良心为上帝的话语所左右，我不能并且也不愿意撤销任何东西，因为违背良心既不安全，也不恰当。愿上帝帮助我，阿门！"首次出版的马丁·路德演讲增加了最后一句话："这就是我的立场，我别无选择。"不管他有没有说过这句话，"这就是我的立场"已经成为马丁·路德宗教友挑战教皇和帝国权威的口号。[8]

　　沃尔姆斯帝国议会颁布了一项法令，谴责马丁·路德和他的著作，使未来的妥协成为不可能。然而，马丁·路德本人却成功地点燃了德意志人的民族热情，正是他们让马丁·路德活了下来，让他发起的运动得以延续。

开行动的少数女性不是王后就是著名改革家的妻子。大多数女性把她们的参与限制在家庭范围内，在家里她们教导孩子，安静地阅读《圣经》，并领导祈祷团。

新教的吸引力之一是它允许离婚，而这是天主教法律所禁止的。然而，改革的领导者们却不愿意赋予女性和她们的丈夫一样的离婚权利。在宗教改革的早期，有许多这样的婚姻，其中一方遵循旧的信仰，另一方遵循新的信仰。但是，这位女性如果改信了新教，而她的丈夫没有，新教改革者建议她应该顺从她的丈夫，即使他强迫她违背上帝的意愿。她可以为他的皈依祈祷，但不能离开他，也不能和他离婚。大多数女性被迫维持婚姻，不管她们的感情如何。少数杰出的女性还是离开了她们的丈夫，继续向世界宣示她们的宗教信仰。来自英国的安妮·艾斯丘（Anne Askew）就是其中之一，她因为自己的信仰而被折磨和处决。

德意志农民起义

宗教改革也吸引了许多农民，因为它给他们提供了一个简化了的宗教，最重要的是，当地人掌控了教会。文德尔施泰因（Wendelstein）是德意志南部一个典型的村庄，那里的农民抱怨教士的行为已经有一段时间了。1523 年，他们聘请了一名"基督教老师"，并毫不含糊地告诉他："我们不认你为领主，只认你做会众的仆人。我们将命令你，而不是你命令我们。我们命令你纯粹、清晰、真实、忠实、认真地传福音，讲上帝的道，不要掺杂人类的道。"[9] 这些村民认为宗教改革意味着他们可以控制当地的教堂，并要求他们雇用的老师具有责任心。然而，有些农民更为激进，他们认为宗教改革意味着对社会改革的认可，而马丁·路德本人从来没有支持过这一点。他们对马丁·路德思想的热情带有强烈的天启色彩。马丁·路德自己认为《圣经》中所说的"天启"就在眼前，《圣经》中的描述解释了他那个时代所发生的事情。马丁·路德强烈的天启意识鼓励他的农民追随者抓住基督第二次降临之前的那一刻，通过反抗他们在日常生活中所面临的不公正来净化这个世界的邪恶。

1524 年 6 月，一件看似无关紧要的小事引发了德意志很多地方的农民起义。一位贵族夫人要求她村庄里的农民放弃他们的作物收成去为她采集蜗牛，农民们发起反抗，并放火烧了她的城堡。在接下来的两年里，起义以星火燎原之势蔓延开来，农民起来反抗他们的封建领主，要求对教会进行路德式改革，减少封建特权，废除农奴制，并要求实行自治。他们的反抗是空前的。这是德意志历史上规模最大、组织最完善的农民运动，体现了新教改革思想的强大影响力。与宗教改革一样，这也是长期不满的结果，然而，与宗教改革不同的是，这场起义以其悲剧性的失败告终。

这些农民所做的，正是马丁·路德在《基督徒的自由》一书中所倡导的。他们把他的话解释为完全的社会自由和宗教自由。然而，马丁·路德并没有这层意思。对他来说，基督徒的自由指的是内在的、精神上的自由，而不是摆脱经济或政治束缚的解放。马丁·路德和几乎所有其他的改革家非但没有支持以他的名义发起的叛乱，反而支持封建领主，毫不妥协地谴责农民起义军的暴力。在 1525 年的小册子《反对农民的集体抢劫与屠杀》(*Against the Thieving, Murderous Hordes of Peasants*) 中，马丁·路德表达了自己对下层阶级的恐惧，并透露说，尽管他对教皇进行了言辞尖刻的攻击，但他从根本上是一位遵守法律和秩序的保守派思想家。他极力主张像对待疯狗一样追捕和杀害那些起义的农民，而这也正是他们所遭受的命运。7 万到 10 万名农民死于非命，这一屠杀远远超过了罗马人对早期基督徒的迫害。对农民来说，马丁·路德在社会和经济问题上的保守立场就像一场背叛，但这为马丁·路德改革保住了诸侯们的支持，而这种支持对其成功至关重要。

马丁·路德改革的成功

农民起义被镇压后不久，马丁·路德宗教改革运动就面临着来自天主教反对者的新的威胁。1530 年，皇帝查理五世直截了当地命令所有路德宗信徒回归天主教信仰，否则将面临被逮捕。愤怒的路德宗信徒拒绝服从。第二年，信奉新教的诸侯们组成了一个反对皇帝的军事联盟，即施马尔卡尔登同盟（Schmalkaldic League），与法国和奥斯曼帝国之间的麻烦死灰复燃，这使得施马尔卡尔登同盟和皇帝之间的军事对抗消停了 15 年之久，这给了路德宗信徒足够的喘息时间，通过训练神职人员和对平信徒进行新宗教的教育，德意志的宗教改革有了更坚实的基础。与此同时，路德宗从德意志蔓延到斯堪的纳维亚半岛，在那里，它像在德意志北部的诸侯中一样，得到了丹麦国王和瑞典国王的支持。

查理五世将自己从外国战争中解脱出来之后，开始将矛头转向新教徒。然而，1552 年新教军队打败了他，查理五世被迫做出让步。1555 年，《奥格斯堡宗教和约》确立了"教随国定"的原则，意思是一个地方的宗教由其统治者来决定。新教诸侯被允许保留 1552 年之前没收的所有教会土地，并在其领地之上强制推行新教，而天主教诸侯也被允许在其领地之上强制推行天主教。那些不同意统治者宗教信仰的人是不会被容忍的。他们有两个选择，要么改变宗教信仰，要么移居他处。随着《奥格斯堡宗教和约》的签订，神圣罗马帝国的宗教分裂被固定下来。

第二年，皇帝查理五世在无休止的战争中疲惫不堪，他为了统一他的疆土而焦虑不安，为了消灭新教努力了近 40 年，他退位隐居到修道院，于 1558 年辞世。

新教的多样性

"新教徒"（Protestant，源自表示"抗议"的"protest"）一词最初只适用于马丁·路德的追随者，因为他们抗议 1529 年第二次施派尔帝国议会试图迫使他们回归天主教信仰的决定。然而，随着时间的推移，这个词不再仅仅指代这一小群人，而是包含了数不清的教会和教派，它们都拒绝接受教皇的权威。它们中许多在宗教改革中幸存下来，也有一些在 16 世纪的暴力冲突中消失了，而另一些则是在这之后出现的，特别是在新教繁荣发展的北美地区。

新教的变体可以分为两种：第一种是宪制宗教改革（Magisterial Reformation）的产物，指的是得到官方政府认可的教会。其中包括路德宗教会（德意志和斯堪的纳维亚地区）、改革宗和加尔文宗教会（瑞士、苏格兰、尼德兰和德意志的一些地方）、圣公会（英格兰、威尔士、爱尔兰部分地区以及后来的英国殖民地）。第二种是激进宗教改革（Radical Reformation）的产物，包括那些没有得到官方承认的运动，往好了说是被宽容的，往坏了说是被迫害的。在东欧地区，这种严格的划分被打破了，因为那里的国家并不强制宗教一致性（见地图 14.1）。

瑞士的宗教改革

瑞士从神圣罗马帝国独立出来意味着从宗教改革之初开始，地方当局就可以与改革者合作而不受皇帝的反对。瑞士联邦把 13 个被称为

地图 14.1　1555 年西方基督教的分裂

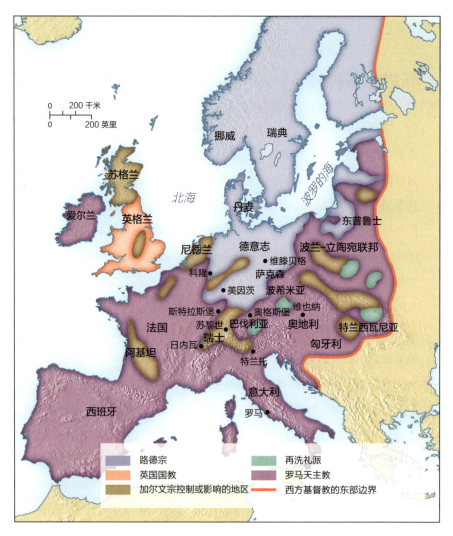

被基督教文化统一了 1 000 多年的西方在 16 世纪时发生了分裂。这些宗教分裂的状态一直持续到今天。在欧洲的哪些地区，新教改革彻底地改变了人口的宗教构成？

州的地区联合在了一起。除了苏黎世、巴塞尔和日内瓦等主要城市外，瑞士仍然是贫困的农村，贫瘠的山地让农民们无法完全自给自足。为了补贴微薄的收入，年轻的瑞士男子在外国军队中充当雇佣兵，通常是教皇的雇佣兵。每年春天，雇佣兵上尉都会从山村招募体格健壮的瑞士人。瑞士男人把女人留在家里照顾牲畜和农场。到了夏天，村子里只剩下老弱病残。每年秋天，在战斗季节结束时，幸存者步履蹒跚地回到家中，他们总是会带来不幸的消息，而村中总是会又多出一批寡妇。雇佣兵生活带来的压力激发了瑞士进行全面改革的愿望。

茨温利的苏黎世

乌尔里希·茨温利（Ulrich Zwingli，1484—1531）曾在罗马教皇手下的瑞士雇佣军中担任牧师。1520 年，在被任命为苏黎世人民牧师后，茨温利指责他的上级主教招募当地年轻人为教皇军队送死。同年，他开始呼吁改革教会，主张废除罗马天主教的弥撒，让教士结婚，关闭修道院。茨温利改革的一个新特点是，在教会礼拜仪式中严格强调《圣经》的话语，这与传统天主教礼拜仪式中强调仪式不同。茨温利下令从教堂移走所有的绘画和雕像，因为它们妨碍了教区居民专注于讲道。茨温利的改革独立于马丁·路德的改革，并建立了一个独立的改革中心，改革思想从这里传播到了整个瑞士、德意志南部和英国。

茨温利的改革与马丁·路德的改革有两点不同。一是茨温利希望改革后的牧师参与政府决策。在路德宗的德意志，教会和政府互相支持，但它们在法律上仍然是分开的，只有诸侯有权决定当地的宗教。在苏黎世，有道德的基督徒和好公民是一体的，茨温利与市议会的官员们一起工作，他们一步步地使宗教改革合法化，并通过治安力量强制人们服从。

二是马丁·路德和茨温利对圣餐的本质也有不同的理解，圣餐礼再现了耶稣和他的使徒们最后的晚餐。马丁·路德相信圣餐面包里有耶稣真实的、属灵的身体。用他的话说："你相信自己可以领受什么就可以领受什么。"[10]这种对信徒内在精神状态的强调是马丁·路德内省式虔诚的典型特征。与马丁·路德不同的是，茨温利不能接受全能的上帝就在一块简陋的面包里的想法。对茨温利来说，圣餐面包只是基督身体的一个象征。对圣餐的象征性解释的问题在于，在圣餐象征意义的问题上，各类改革者与茨温利有不同的看法。早在 1524 年，很明显，每个改革者都有不同的解释，这些不同的解释成为不同新教教会的基础。

加尔文的日内瓦

在接下来的一代，宗教改革的重心转移到了约翰·加尔文（John Calvin，1509—1564）领导下的日内瓦。加尔文接受过律师训练，1533 年因其改革观点被流放。他离开法国，花了几年的时间四处游荡，想要寻找一个安静的去处，并与其他改革者合作。1536 年在日内瓦定居后，加尔文用他的余生把这个城市变成了一座上帝之城。日内瓦改革的关键是市议会地方官员和神职人员在加强公民道德纪律方面的密切合作。

加尔文的神学思想将马丁·路德和茨温利的见解扩展到他们的逻辑推理，这在加尔文对"因信称义"的理解上最为明显。马丁·路德认为基督徒不能通过善行获得救赎，信仰只能来自上帝。加尔文认为，一个无所不知、无所不能的上帝如果事先知道一切并导致一切发生，那么任何个人的救赎都是预先注定的，或者用加尔文的话说，是"先定的"。加尔文的"先定论"并不新鲜。事实上，基督教神学家一直在讨论这个问题。但对加尔文来说，有两个因素使它至关重要。首先，加尔文确信上帝不受人类的影响。正如加尔文所说："上帝的最高权威"是其他一

1566 年 4 月的加尔文宗圣像破坏运动［版画，弗朗茨·霍根伯格（Franz Hogenberg，1535—1590），宗教战争，法国，16 世纪］。新教徒有时通过破坏圣像的行为来破坏教堂，从而发起改革，他们移除、破坏或污损宗教雕像、绘画和诸如十字架之类的象征物。在这幅版画中，教堂左边的人正在拉倒雕像。注意，一尊雕像已经躺在地上。在教堂的右边，人们正在用棍棒打破彩色玻璃窗。改革者认为破坏圣像的行为是合理的，因为购买圣像的钱可以更好地用于帮助穷人，而且他们认为绘画和雕像分散了教区居民聆听布道时的注意力。

图片来源：De Agostini Picture Library / G. Dagli Orti / Bridgeman Images

切事物遵循的原则。其次，加尔文和其他布道者注意到，在参加布道的会众中，只有少数人注意布道的内容，而绝大多数人似乎无法或不愿理解布道的内容。造成这种差异的原因似乎是，就像《圣经》所规定的那样，只有上帝的选民才能真正遵守上帝之道。承蒙拣选的人是那些承蒙了上帝的恩惠将要得到救赎的人。只有上帝知道谁被选中，但加尔文的神学鼓励皈依者去感知救赎的保证，并接受上帝的"呼唤"，在世间执行上帝的意志。上帝的呼唤给了加尔文主义者一种强烈的个人方向感，使他们投身于一种道德的生活，无论是当牧师、做人妻，还是做鞋匠。

加尔文写了一部优雅的神学著作，即《基督教要义》（*Institutes of the Christian Religion*），1535 年首次出版时共 6 章，但后来不断修改和扩充，到 1559 年最终版时，已经多达 80 章。接受过律师训练的加尔文在写作每一篇论证严密、理由充分的作品时，就像一名辩护律师在准备一桩案子。在加尔文的神学中，各部分就像一个巨大而复杂的拼图一样整齐地组合在一起。这部著作的目标是要成为一部综合性的改革神学专著，通过理性的思考使人信服。它成为第一部系统阐述新教教义的作品。马丁·路德在一系列经常会引起论战的小册子中阐述了他时常矛盾的观点，而加尔文则致力于完善他的新教神学（见本章"不同的声音"专题）。

加尔文宗强调建立一个神圣的团体，它帮助把核心家庭转变成一个训练和管教孩子的社会单元。因为女性负责教育儿童，所以她们必须学会识字。加尔文宗的男女都是严明和自由的——严明是指要避免肉体上和物质上的享乐，自由是指从要做善行的必要性中解放出来，但是在上帝恩惠的指引下，无论如何都要去做善行。加尔文宗远远超出了瑞士本土，成为法国、尼德兰、苏格兰和新英格兰新教的主要形式。

不列颠的宗教改革

今天人们所知道的大不列颠，在 16 世纪并不存在。都铎王朝始于 1485 年亨利七世（见本书第 12 章），他统治着英格兰、威尔士和爱尔兰，但苏格兰仍然是一个独立的王国，有自己的君主和教会机构。这些国家有独特的政治传统、文化和语言，因此，改革的历程有很大的不同。都铎王朝将宗教改革作为王室政策的一部分来实施，在英格兰和威尔士取得了很大成功。但他们对爱尔兰的宗教文化几乎没有产生影响，

不同的声音

天主教枢机主教挑战约翰·加尔文

1539 年，枢机主教雅各布·萨多莱托（Jacopo Sadoleto）给日内瓦的地方官员和市民写了一封信，邀请他们回归天主教会。几个月后，改革家约翰·加尔文给萨多莱托写了回信。尽管这两封信的语气都是争辩式的，但它们将两种信仰之间的显著差异区分开来。在这两封信的节选中，萨多莱托和加尔文展示了天主教徒和新教徒对"教会"的理解有多么不同。

萨多莱托写给日内瓦人的信（1539 年 3 月 18 日）

争论的焦点是，哪一个对你的救恩更有利，更讨上帝喜悦，是相信和遵循全世界天主教会 1 500 年来或 1 300 多年来（我们如果要求提供明确和确凿的历史记录）一致同意的事，还是相信和遵循最近 25 年内由那些狡猾的、自认为聪明的人引入的创新。可以肯定，他们并不是天主教徒。因为，简单地说，教会乃全世界古往今来所有在基督身上合而为一、随时随地受基督圣灵引导的人的集合。在这个教会里，不存在任何纷争，因为它所有部分都彼此相连，同呼吸，共命运。但若起了纷争，教会的大体会依然如故，不过是像长了一个脓疮，由于一些腐败的肉被撕下来，与赋予身体生命的精神分离，而它在本质上不再属于教会的身体。在这里我不打算讨论具体的细节，也不会用长篇大论来充斥你的耳朵。……[然后他就这样做了起来。]对于敬拜基督最真实身体的圣餐礼，我就不提了……我也不提向神父告解罪过的事情了，告解是我们的安全最坚实的基础，而这种安全就是真正的基督徒的谦卑，这已被《圣经》所证明，也被教会所确立和规定。这些人虚妄地逃避这种谦卑，狂妄地丢掉这种谦卑。我也不提圣徒为我们向上帝祈祷，以及我们为逝者祈祷，尽管我很想知道，当这些人鄙视和嘲笑祈祷的时候，他们究竟在想什么。难道他们以为灵魂会和肉体一起消亡吗？他们显然是在暗示这一点，而且当他们努力为自己争取不受一切教会法律约束的行为自由并放纵私欲的时候，他们就更加公开地表达了这一点。

加尔文给萨多莱托的回信（1539 年 9 月 1 日）

你错了，以为我们想要引导人们远离天主教会一贯奉行的崇拜上帝的方法。你要么对"教会"这个词产生了错误的认识，要么，至少是有意地对其加以曲解。我将立即证明后一种情况是正确的，尽管也有可能是你有些错误。首先，在定义这个术语时，你忽略了本来可以在很大程度上帮助你正确理解它的东西。你说教会乃全世界古往今来所有在基督身上合而为一、随时随地受基督圣灵引导的人的集合。那么，我们应该如何对待主的道呢？这是教会最清楚的标记（《圣经》）。因为主看到人夸口有圣灵而没有主的道是何等危险，所以他说教会本来就受圣灵治理，但为了使这种治理不至于是模糊的、不稳的，上帝就将治理与道相结合。所以基督说，从神来的人，必听神的道。"我的羊听我的声音"（《约翰福音》10：27），而不听其他任何陌生的声音，为此，圣灵借保罗的口说，这教会是建立在"使徒和先知的根基上"（《以弗所书》2：20），还"要用水借着道，把教会洗净，成为圣洁"（《以弗所书》5：26）。总之，为什么福音的宣扬常被称为上帝的国度，却只是因为福音是天上的王用来统治他的子民的权杖吗？

资料来源：*A Reformation Debate: John Calvin and Jacopo Sadoleto*, Ed. by John C. Olin (New York: Fordham University Press, 2000), Copyright © 2000, Fordham University Press. 经许可转载。

因为相对于与统治者的宗教信仰相一致的欧洲模式，爱尔兰的宗教文化是一个显著的例外。在那里，绝大多数人仍然是天主教徒。苏格兰也是一个例外，这里的人违背天主教女王和大多数神职人员的意愿，全心全意地接受新教改革。

都铎王朝和英国宗教改革

1527 年，矮胖、自私但狡猾的国王亨利八世（1509—1547 年在位）宣布他得出了一个虔诚的结论，他娶了他哥哥的遗孀、阿拉贡的凯瑟琳

（Catherine of Aragon）为妻，这是一种严重的罪过。此时这对夫妇已经结婚 18 年了，他们唯一在世的孩子是玛丽公主，而时年 42 岁的凯瑟琳不太可能再生育孩子了。亨利八世让大家知道，他想要一个儿子来确保都铎王朝的延续。他还看中了宫廷里最迷人的女孩安妮·博林（Anne Boleyn），她的年龄还不到凯瑟琳的一半。在过去，当一个强大的国王需要宣布婚姻无效时，教皇通常会配合，但教皇克雷芒七世（Clement VII，1523—1534 年在位）无法满足亨利八世的要求。当初，罗马教皇的教廷专门颁布了一项豁免令，允许亨利八世娶他哥哥的遗孀为妻，而这在《圣经》中是被禁止的。实际上，这相当于亨利八世是在要求教皇承认自己犯了一个错误。另外，当亨利八世要求离婚的时候，克雷芒七世正在凯瑟琳的侄子、皇帝查理五世的控制之下，查理五世的军队刚刚占领并洗劫了罗马城。1531 年，亨利八世放弃了获得教皇批准的努力，但还是和凯瑟琳离婚了。18 个月后，他秘密地娶了安妮·博林。顺从的英格兰大主教托马斯·克兰默（Thomas Cranmer，1489—1556）宣布亨利八世与凯瑟琳的婚姻无效，与安妮的婚姻有效。但是亨利八世和安妮的婚姻并没有持续多久。由于她未能生育出一个男性继承人，亨利八世将她逮捕，指控她与兄弟乱伦，还与其他男人私通。她被判有罪并被斩首。

1534 年，英国议会通过《至尊法案》和《继承法案》，脱离了罗马天主教会。这种分离通常被认为是亨利八世反复无常的私欲和他英明的大臣托马斯·克伦威尔（Thomas Cromwell，约 1485—1540）的阴谋的副产品。毫无疑问，亨利八世想摆脱凯瑟琳的欲望导致他拒绝教皇的权威，并确立了自己作为英国教会领袖的地位。同样可以肯定的是，亨利八世是一个见异思迁的丈夫，在他的六个妻子中，两个被离婚，两个被砍头。然而，历史学家并不把英国的宗教改革简单地解释为国王一时的心血来潮或某个大臣的阴谋诡计。

英国的宗教改革一开始是宣布英国王室独立于教皇的监督，而不是试图改革教会的做法。在亨利八世统治下，英国的宗教改革可以被描绘成是没有教皇的天主教。起初，新教教义在英国的宗教改革中几乎没有起到什么作用，亨利八世本人也曾在一篇很可能是由托马斯·莫尔代写的论文中对马丁·路德进行了尖锐的批评。至高无上的王权通过授予国王对礼拜仪式和宗教教义的监督权来巩固对教会的控制。托马斯·克伦威尔制定了议会立法的具体细节，他本人就是名新教徒，毫无疑问，他的宗教观点使他敢于拒绝教皇的权威。但王权至上的主要理论家是天主教徒托马斯·斯塔基（Thomas Starkey，约1499—1538）。在意大利逗留期间，斯塔基熟悉了意大利文艺复兴时期的政治理论，而这一理论强调公民自由的概念。事实上，许多英国天主教徒认为，只要王权至上意味着放弃对远在罗马的教皇的臣服，这一理论就可以接受。然而，那些反对切断与罗马的联系的人却因自己的立场而遭到迫害。约翰·费舍尔（John Fisher，约1469—1535）主教和《乌托邦》的作者、人文主义者、曾经的大法官托马斯·莫尔爵士都因为拒绝接受国王的决定而被处死。

通过展示专制权力，亨利八世控制了英国教会，然后关闭并没收了修道院的土地。他将这些土地重新分配给贵族，以获得他们的支持，并为王室创收。亨利八世的官员们曾短暂地尝试过一些新教改革，但在很大程度上避免了神学上的创新。在地方层面上，许多人接受宗教改革是出于自己的原因，往往是因为宗教改革让他们对自己所在社区的事务有了一种掌控感。另一些人只是因为国王的权力太大而无法抗拒。

亨利八世的六位妻子共有三个孩子幸存下来。每个孩子继承王位后，英国的国教就会发生剧烈的摇摆。因为他最小的孩子爱德华是男性，亨利八世指定他为王位继承人。只有在爱德华死后没有继承人的情况下，他的两个女儿玛丽和伊丽莎白才能继承王位，而事实就是如此。国王爱德华六世（Edward VI，1547—1553 年在位）继承王位时只有 10 岁，因此他成为他的新教监护人手中的棋子，其中一些人推动英国进行了比亨利八世所支持的更彻底的新教改革。爱德华六世英年早逝后，他的同父异母的姐姐、亨利八世和阿拉贡的凯瑟琳的女儿玛丽一世（1553—1558 年在位）试图使英国重新服从教皇。她与西班牙腓力二世（Philip II）的婚姻很不受英国人的欢迎，加上她未能获得作为都铎王朝基础的贵族的支持，这些都破坏了英国的天主教事业。

玛丽一世的继承者和同父异母的妹妹、亨利八世和安妮·博林的女儿伊丽莎白·都铎（Elizabeth Tudor）与其前任完全不同。女王伊丽莎白一世（1558—1603 年在位）作为一个新教徒被抚养长大，她凭借其个人魅力和敏锐的政治判断力让她的敌人毫无还手之力，并牢牢控制着她爱争吵的臣民。伊丽莎白一世成为世界上最成功的君主之一。如果没有伊丽莎白一世的非凡才能，英国很可能会陷入宗教内战，就像神圣罗马帝国和法国所发生的那样，而在她死后 40 年，英国也陷入了这样的内战。

1559—1563 年，伊丽莎白一世废除了玛丽一世的天主教法令，颁布了自己的新教法令，这些被统称为"伊丽莎白的宗教和解政策"，这些政策建立了被称为"圣公会"（美国也叫圣公会）的英国国教会。她的主要顾问威廉·塞西尔（William Cecil，1520—1598）通过合理的辩论和妥协，而不是坚持教条的纯粹性和僵化的一致性，实施了改革的细则。伊丽莎白一世的宗教和解政策的试金石是《三十九条信纲》（最终在 1571 年由议会批准），这些信纲阐述了一个温和的新教版本。它保留了主教等级制度，并将天主教礼拜仪式英国化。

伊丽莎白一世统治下的英国国教允许信仰的广泛自由，但它不容忍那些因为原则问题而拒绝参加英国国教礼拜的人。这些人大部分是天主教徒，他们建立了一个秘密的神职人员网络来满足他们的圣礼需要，政府认为他们是外国势力的危险代理人。还有许多人是激进的新教徒，他们认为伊丽莎白一世的和解政策在宗教改革方面做得不够。新教徒持不同政见者中呼声最高、最有影响力的是清教徒，他们信奉加尔文宗，要求从教会中净化他们认为是罗马天主教残余的东西。

苏格兰：加尔文宗的堡垒

就在英格兰摸索着走向温和的新教时，其邻国苏格兰成为欧洲最彻底的加尔文宗国家之一。1560年，苏格兰议会违背苏格兰女王玛丽·斯图亚特（Mary Stuart，1542—1587）的意愿，推翻了罗马天主教。作为法国国王的妻子，玛丽在关键的宗教改革初期身在法国，直到1561年她的丈夫去世后才回到苏格兰。尽管玛丽是天主教徒，但她对新教徒的态度还是相当温和的，她把王室的资金交给改革后的苏格兰教会使用。但是苏格兰的加尔文宗信徒从不相信她，他们发起反叛，迫使她逃亡英格兰。在那里，伊丽莎白女王囚禁了她，并最终将她处死，因为她仍然是英格兰和苏格兰天主教徒的危险象征。

1560年由六名改革者组成的小组写的《苏格兰信纲》建立了一个新的教会。约翰·诺克斯（John Knox，约1514—1572）通过许多争论性著作和1564年所写的关于礼拜仪式的《公用仪式书》（*Book of Common Order*），给这个教会带来了强烈的加尔文宗色彩。诺克斯强调，信仰和基督徒的个人良知高于教会的权威。英格兰的圣公会赋予主教们管理教义和教规的权力，而苏格兰教会则建立了长老会这种组织形式，把组织的权力交给教会的牧师和长老，他们的地位都是平等的。因此，长老会是独立于任何中央权威的。

激进的宗教改革

德意志、瑞士、英格兰和苏格兰的宪制改革家们成功地为他们的宗教改革获得了官方的批准，而代价往往是与政府当局达成一些妥协。这些妥协的结果是，他们自己的追随者中的激进分子向宪制改革者发起挑战，要求进行更快、更彻底的改革。在大多数地方，激进分子只代表了一小部分人，也许其人数从来没有超过新教徒总人数的 2%。但是他们的重要性远远超过了他们的人数，部分原因是他们迫使宪制改革者对他们的观点做出回应，还有部分原因是他们的敌人试图通过极端暴力来消灭他们。

激进派分为三类：一是再洗礼派（Anabaptists），他们试图建立一个基于《圣经》字面解读的神圣团体；二是灵修派（Spirituals），他们抛弃了一切形式的有组织的宗教，让个人追随内心的圣道；三是一位论派（Unitarians），他们提倡一种理性的宗教，强调道德行为而不是仪式。

再洗礼派：神圣的团体

对于再洗礼派信徒来说，《圣经》不仅是教会改革的蓝图，也是整个社会改革的蓝图。因为《圣经》上说耶稣受洗的时候已经是成人了，所以再洗礼派拒绝婴儿的洗礼，接受成人的洗礼。（所谓再洗礼就是成年后再一次进行洗礼，这样才能真正净化自身灵魂，救赎原罪。）他们相信，成年人可以接受作为一种信仰行为的洗礼，而不像一无所知的婴儿那样。再洗礼派认为洗礼和圣餐礼是信仰的象征，除非接受者已经是一个有信仰的人，否则没有任何目的或意义。为上帝的选民保留的成人洗礼可以建立一个纯粹的教会，远离世界的罪恶。

因为他们不希望上帝的选民被迫向有罪的人妥协，再洗礼派信徒主张将教会和国家完全分离。再洗礼派信徒追求的是对上帝的顺从，他们完全拒绝了所有已确立的宗教和政治权威。他们要求信徒拒绝在政府部门服务，拒绝宣誓，拒绝纳税或服兵役。再洗礼派信徒寻求生活在纪律严明的"神圣团体"中，他们将偏离正道的成员逐出教会，并根据对《圣经》的解读举行简单的仪式。因为再洗礼派团体主要由未受教育的农民、工匠和矿工组成，所以早期再洗礼派运动带有功利激进主义的色彩。例如，一些再洗礼派激进分子主张消灭所有的私有财产，实现财富共享。然而，在女性地位的问题上，再洗礼派信徒是坚定的保守派，他们否认女性在宗教事务中的公共角色，并坚持她们应该处于父亲和丈夫的严格控制之下。通过将女性置于从属地位，他们认为自己在遵循《圣经》的教导，但他们的信奉平等主义的对手也是这样认为的。可见，对《圣经》的字面解读是不可靠的。

因为再洗礼派信徒要按照《圣经》对社会进行彻底重组，他们引起了激烈的反应。苏黎世市议会颁布法令，对所有的再洗礼派信徒来说，最合适的惩罚就是将他们溺死在他们进行再洗礼的河里。到了1529年，在神圣罗马帝国，接受再洗礼就构成了死罪。在16世纪，大约有5 000名再洗礼派信徒因此被处死，这种迫害使再洗礼派信徒分裂成孤立的、秘密的农村团体。

在1534—1535年的短暂时间里，一个极端激进的再洗礼派组织成功地控制了德意志北部城市明斯特。来自荷兰莱顿的移民裁缝约翰在明斯特建立了一个专制政权，对任何罪行都处以死刑，甚至包括说闲话和发牢骚。莱顿的约翰引入了一夫多妻制和财产的集体所有制。他做出表率，娶了 16 位妻子，其中一位因为顶嘴而被斩首，然后，在其他大惊失色的妻子面前，他大肆践踏她的尸体。当围城的军队逼近时，约翰强迫他的追随者为他加冕，崇拜他。约翰被捕后遭受了各种折磨。作为对其他人的警告，他的尸体被悬挂在一个铁笼子里多年。

幸存的再洗礼派信徒放弃了明斯特团体的激进主义，转而支持和平主义和非暴力抵抗。然而，即使这些和平主义者也遭受了迫害。新教改革家海因里希·布林格（Heinrich Bullinger）说："明斯特的叛乱让政府睁开了眼睛，从此以后，就连那些声称自己无辜的再洗礼派信徒也没有人相信了。"[11] 一位名叫门诺·西门斯（Menno Simons，1496—1561）的尼德兰人不知疲倦地周游荷兰和德意志，为明斯特灾难中孤独的幸存者提供安慰和指导。他的追随者门诺派信徒保留了再洗礼派传统中最高贵的特点，那就是默默地抵抗迫害。北美的门诺派（Mennonites）和阿曼派（Amish）都是 16—17 世纪再洗礼派的直系后裔。在门诺派的影响下，托马斯·海尔维斯（Thomas Helwys）于 1612 年在英国建立了第一座浸信会教堂。作为英国浸信会的领袖，海尔维斯写了一篇前所未有的文章，呼吁宗教的绝对自由。在这篇文章中，他捍卫了犹太人、穆斯林甚至无神论者以及各种基督徒的宗教权利。他因为这种观点而身陷囹圄，并死于狱中。

灵修派：神圣的个人

再洗礼派把瑞士宗教改革对建立敬虔团体的强调激进化了，而灵修派则把马丁·路德对个人内省的主张激进化了。也许最伟大的灵修者是贵族出身的卡斯帕·施文克斐尔德（Caspar Schwenckfeld，1490—1561），他曾是马丁·路德的朋友，后来与马丁·路德决裂，因为他认为路德宗的精神性过于薄弱。施文克斐尔德认为，堕落的人类无法摆脱罪恶的束缚，而只有上帝的超自然行为才能做到。一次强烈的皈依经历揭示了这种与罪恶的分离，并给予信徒精神上的启示。他把这种启示称为"内心的圣道"，将其理解为上帝之手直接书写在信徒灵魂上的活生生的《圣经》。他也珍视"外在的圣道"，也就是《圣经》，但他发现内心的圣道的情感体验比阅读《圣经》的理性体验更加强大。灵修派平静的外表、不焦虑和对身体欲望的掌控彰显了他们内心的宁静，施文克斐尔德将这种状态称为"堡垒中的宁静"。

英语世界灵修倾向最突出的例子是贵格会信徒，他们在马丁·路德宗教改革后一个世纪首次出现在英格兰。贵格会（或称公谊会）将"信徒皆可为祭司"解释为，上帝的灵，即他们所称的"基督之光"，平等地赐给所有的男人和女人。这种信仰使他们放弃了专门任命的牧师，取而代之的是有组织的敬拜，在敬拜中，任何男人、女人或孩子都可以在圣灵的感召下讲话、阅读《圣经》、祈祷或唱歌。贵格会信徒相信所有人都是神圣的，这也使他们倾向于和平主义和平等主义。在其他任何宗教传统中，女性都没有在如此长的时间里发挥如此突出的作用。从运动一开始，女性教友就在传播贵格会福音方面表现突出。在贵格会信徒的婚姻中，妻子与丈夫完全平等——至少在宗教事务上是这样。

一位论派：理性主义的路径

在 16 世纪中期，许多摒弃基督神性的教派作为激进改革的一部分出现。他们被称为阿里乌派、索齐尼派（Socinians）、反三位一体派（Anti-Trinitarians）或一位论派，因为他们反对基督教的三位一体教义。自从 325 年尼西亚公会议确立三位一体为正统的基督教教义以来，基督徒已经接受了上帝有三重身份，即圣父、圣子和圣灵。三位一体的教义使基督徒能够相信，在历史上的某个特定时刻，圣子成为基督这个人。

尼西亚神父们信奉三位一体教义，以回应那些阿里乌派信徒，后者承认耶稣是一位宗教领袖，但他们否认耶稣的神性，也否认耶稣与圣父"永远共存"。在宗教改革运动导致的思想骚动中，激进派复兴了各种形式的阿里乌派教义。意大利的弗斯都·索齐尼（Faustus Socinus，1539—1604）讲授了一种对《圣经》的理性解释，认为耶稣是受上帝启示的人，而不是上帝变成的人。索齐尼出生于意大利的锡耶纳，他拒绝接受三位一体的教义，这使他在意大利的处境变得非常危险，于是逃到了波兰，在那里他找到了发表自己观点的自由。索齐尼的思想仍然是一位论派的核心观点，并构成了波兰弟兄会的核心神学。

天主教徒和宪制的新教徒都对一位论者怀有极大的敌意，他们往往是受过良好教育的人文主义者和文人。一位论观点在意大利北部和东欧的高级知识分子圈子里非常盛行，但对三位一体教义最著名的批评者是才华横溢但有点古怪的西班牙人米歇尔·塞尔维特（Michael Servetus，1511—1553）。作为一名训练有素的医生，塞尔维特广泛涉猎神秘主义作品。他出版了很有影响力的反对三位一体的著作，并大胆地把充满挑衅性的作品发送给主要的新教改革者。根据来自日内瓦加尔文宗信徒的消息，法国里昂的天主教宗教裁判长逮捕了塞尔维特，但他在审判期间逃了出来。在经过日内瓦前往意大利避难的途中，他在参加教堂礼拜时被认出，随后再次入狱。尽管日内瓦没有执行死刑的法律，但塞尔维特被判犯有异端罪，并被活活烧死。

东欧的自由世界

因为东欧提供了一定程度的宗教自由和宽容，而这在 16 世纪的欧洲其他地方是不存在的，所以这里吸引了大批逃离西欧诸侯压迫的流亡者。这些诸侯都无法容忍在自己的领地上出现一种以上的宗教。东欧的宗教宽容之所以成为可能，是因为波希米亚、匈牙利、特兰西瓦尼亚和波兰－立陶宛等国的君主相对软弱，而在这些地方，拥有大片土地的贵族们对他们的国家行使着近乎完全的自治。宗教改革使许多控制议会的贵族变得激进起来，使新教徒即使在违背君主意愿的情况下也能掌权。

在波希米亚（今天的捷克共和国），14世纪的胡斯运动早在新教改革之前很久就拒绝了教皇的权威和教士在圣礼方面的一些权威。在路德宗和加尔文宗吸引了波希米亚的追随者之后，少数幸存的胡斯派和新的新教徒于1575年结成联盟，共同对抗天主教徒。除了这个正式的联盟之外，大量的再洗礼派信徒在波希米亚找到了躲避迫害的避难所，他们完全自由地生活在宽容的地主的庄园里，因为这些地主迫切需要定居者来耕种他们的土地。

以当时的标准来衡量，匈牙利的宗教多样性也是惊人的。到16世纪末，大部分匈牙利人已经接受了某种形式的新教。在讲德语的城市的居民和匈牙利西部的匈牙利农民中，路德宗很盛行，而在匈牙利东部，加尔文宗占主导地位。

没有其他国家能够像特兰西瓦尼亚（现在的罗马尼亚）那样对宗教多样性如此宽容，这在很大程度上是因为君权衰弱，无法强制实行宗教统一，即使国王想要这样做。在特兰西瓦尼亚，一位论比在其他任何地方都更加根深蒂固。1572年，宽容的统治者伊什特万·巴陶里（István Báthory，1571—1586年在位）授予一位论者完全平等的法律地位，允许他们与天主教徒、路德宗信徒和加尔文宗信徒一起建立自己的教会，因此，这里成为欧洲唯一实现宗教平等的地方。特兰西瓦尼亚也是犹太人、亚美尼亚基督徒和东正教徒的重要聚居地。

16世纪是欧洲领土最大的国家波兰－立陶宛联邦的黄金时代。从讲德语的路德宗城市向北到大波兰广袤的平原，宗教界限常常按照种族或阶级划分：加尔文宗在思想独立的贵族中盛行，而绝大多数的农民仍然忠诚于东正教或天主教。尽管如此，波兰－立陶宛联邦还是逃脱了困扰神圣罗马帝国的宗教战争。国王西吉斯蒙德·奥古斯特（Sigismund August，1548—1572年在位）向波兰议会的代表们宣称"我不是你们的良知之王"[12]，并开始对新教教会实行广泛的宽容。为了逃避其他国家的迫害，各种再洗礼派信徒和一位论派信徒来到波兰避难。16世纪，犹太人也开始涌向波兰，在那里他们最终形成了欧洲最大的犹太人集聚地。

天主教改革

天主教改革又被称为"反宗教改革"，它大大促进了天主教会的振兴。天主教改革是一系列净化教会的努力。这不仅仅是对新教改革的回应，还是从中世纪后期对灵性的关注发展而来的，由许多刺激了新教徒的相同冲动所驱动。

天主教改革中的教团

16世纪，新的天主教教团显示出一种与新教威胁无关的宗教活力。事实上，没有一个新教团是在靠近新教中心的地方创立的，比如德意志。意大利地区仍然坚定地信仰天主教，这里产生的新教团数量最多，其次是西班牙和法国。

耶稣会士：上帝的战士

耶稣会于1540年正式成立，推选依纳爵·罗耀拉（Ignatius of

Loyola，1491—1556）为第一任会长。罗耀拉的人格魅力和宗教热情让这个新教团致力于这个世界上的道德行动。罗耀拉一开始是阿拉贡国王斐迪南的侍臣，也是一名士兵。耶稣会保留了他作为廷臣和士兵所获得的一些价值观：社会交往中的文雅、对权威的忠诚、强烈的责任感和高尚的骑士精神。

罗耀拉对宗教文学的个人贡献是《神操》（*Spiritual Exercises*，1548），它成为耶稣会实践的基础。这本书以数百种语言出版 5 000 多个版本。该书规定了为期一个月的静修，并进行一系列的冥想，让参与者在精神上体验属灵的生命、肉体的死亡和基督的奇迹般复活。"神操"的力量在很大程度上来自对五种感觉的系统运用，从而产生一种明确的情感、精神甚至身体上的反应。"神操"的参与者似乎听到了士兵们在耶稣被钉死在十字架上时亵渎神明的叫喊，感受到了耶稣在十字架上受难时的可怕痛苦，体验到了耶稣从死亡中复活的耀眼光芒。那些参加"神操"的人认为这是一种改变人生的经历，通常会坚定地致力于为教会服务。因此，耶稣会发展十分迅速。在罗耀拉于 1556 年去世时，约有 1 000 名耶稣会士，但到了 1700 年，其人数已接近 2 万，许多希望加入的年轻人被拒之门外，因为没有足够的资金对他们进行培训。

像方济各会修士和多明我会修士一样，耶稣会士也通过帮助他人而使自己有别于其他宗教团体。他们不穿神职人员的衣服，在外国传教时，他们致力于学习传教对象的语言和文化。耶稣会士因其对教宗的忠诚而闻名，除了誓守传统的"三愿"（神贫愿、贞洁愿和听命愿），有些会士还会守第四愿，即服从教宗。许多耶稣会士以传教士的身份长途跋涉到遥远的地方，如中国和日本。在欧洲和美洲，耶稣会士建立了一个庞大的学院网络。这些学院不收学费，向穷人开放，并将语言、人文和科学的全面教育与宗教教导和道德指导结合起来。它们之所以特别受欢迎，是因为与知名大学的教授相比，耶稣会的神父们更有可能给予学生个人的关注。在欧洲，耶稣会的学院体系改变了天主教精英的文化。这些学院吸引了贵族和富人的子弟，他们从耶稣会的导师那里吸收了文艺复兴时期人文主义和天主教改革的价值观。

女性教团："仿佛她们已经死了"

对女性教团来说，要在世界上创建一个活跃的事工，比耶稣会或其他的男性教团都要困难得多。寻求复兴旧教团或建立新教团的女性面临着来自教会和市政当局的敌意，他们认为女性必须得到丈夫或修道院围墙的保护。修道院里的女性被认为应该完全与世隔绝，"仿佛她们已经死了"。

修道院改革最著名的典范是阿维拉的德肋撒（Teresa of Avila，1515—1582），她为加尔默罗会（Carmelites）制定了一项严格的新会规，要求肉体的禁欲和完全的遁世。德肋撒在她的自传（1611）和《灵心城堡》（*Interior Castle*，1588）中描述了她自己的神秘体验，这是神秘主义文学中了不起的杰作。德肋撒提倡一种非常谨慎的神秘主义，这种神秘主义通过定期的忏悔和对自我牺牲的极端行为的怀疑而得到遏制。例如，她认识到一位修女在大斋后似乎进入了一种狂喜状态，但这可能只是因为饥饿过度而产生的幻觉。

许多自愿选择宗教生活的女性在一个女性群体中如鱼得水，因为她们从生儿育女的负担和男性的直接监督中解放了出来。她们可以致力于培养音乐或文学才能，而这在外部世界几乎是不可能的。修女们创造了自己独特的女性文化，造就了一批有学识的女性和社会改革家，她们在艺术、教育和诸如护理等慈善工作中产生了很大的影响。

圣德肋撒的狂喜。德肋撒修女雄辩地表达了身体和精神体验之间的密切联系，而这是天主教神秘主义的共同特征。德肋撒经常被身体的剧烈疼痛所折磨，她描述了这样一种幻觉：天使将一支头带有火焰的长矛刺进了她的心脏，这种幻觉成为吉安洛伦佐·贝尔尼尼（Gianlorenzo Bernini）为罗马维多利亚圣母堂创作的著名雕塑的主题，体现了天主教改革运动通过身体感受来理解精神状态的敏感性。在德肋撒的例子中，她身体上的极度困乏、无力和强烈的疼痛决定了她如何体验自己本性的精神方面。可能许多人看到了这个幻觉的性爱色彩，但是这个幻觉最好地展示了一种深刻的心理意识，即身体和精神的感觉无法明确区分。

图片来源：David Sutherland / DK Images

保罗三世：第一位天主教改革教皇

尽管早期有许多改革的尝试和新教的威胁，但由于主教和枢机主教的抵制，天主教会迟迟没有开始自己的改革。1521 年，马丁·路德在沃尔姆斯会议上的反抗已经过去了 20 多年，教皇保罗三世（1534—1549 年在位）终于发起了一次系统性的反击。作为长期把教会的职务当作私人财产的法尔内塞家族的一员，保罗三世似乎不太可能成为一个改革者。但与其他所有的教皇相比，保罗三世更了解应对新教的必要性。例如，正是教皇保罗三世正式接受了耶稣会士，并开始雇用他们作为教会的传教士。为了对抗新教，教皇保罗三世还使用了其他三种工具，即罗马宗教裁判所、《禁书目录》(*Index of Forbidden Books*)，以及最重要的特兰托公会议。

1542 年，在一个极端保守的枢机主教派系的建议下，保罗三世重组了被称为"宗教法庭"的罗马宗教裁判所。宗教裁判所的作用是调查所有天主教徒的信仰，主要是发现异教徒（如新教徒）的迹象。犹太人不受宗教法庭的管辖，而那些已经皈依或被迫皈依基督教的犹太人确实要受其管辖。还有其他的宗教裁判所，但大多数是地方的或国家的。例如，西班牙宗教法庭由西班牙君主控制。教皇和枢机主教直接管理着罗马的宗教法庭，并将其称为"普世罗马宗教裁判所"。它的有效权威并没有超出意大利北部和中部，但它为整个天主教改革定下了基调。宗教法庭对被告进行漫长的审讯和严厉的惩罚，其中包括监禁，有时甚至是死刑。

第二次阻止新教思想传播的努力导致了《禁书目录》的出现，它于 1549 年在意大利出版业的中心威尼斯首次问世。《禁书目录》审查或封杀了许多被教会认为对信仰和对教会的权威有害的书籍。受这些限制影响最大的是关于神学和哲学的书籍，但审查机构也禁止或销

宗教法庭批判一件艺术作品。这幅画现在被称为《利未家的宴会》，本来描绘的是基督向门徒们介绍弥撒的"最后的晚餐"。因为其中有许多在《圣经》中没有提到的人物，而且晚餐看起来就像一场文艺复兴时期的宴会，宗教裁判所要求艺术家保罗·维罗内塞（Paolo Veronese）回答有关他创作意图的问题，并命令他把那些亵渎性的人物删除，为了避免神学上的争议，维罗内塞索性把这幅画的名称改成了《利未家的宴会》。

图片来源：Scala / Art Resource, NY

毁道德指引类书籍，如伊拉斯谟的作品，以及经典文学作品，如乔瓦尼·薄伽丘（Giovanni Boccaccio）的《十日谈》（*The Decameron*）。1559 年，教皇官方的《禁书目录》禁止将《圣经》翻译成当地语言，如意大利语，因为平信徒需要一个训练有素的中间人以神父的身份来解释《圣经》。天主教对《圣经》解释权的保护态度，清楚地将天主教与鼓励广泛阅读《圣经》的新教区分开来。人们仍然可以私下买到某些异端的神学书籍，但宗教裁判所的人员如果进行突然搜查，拥有这些书籍可能就很危险。

特兰托公会议

教皇保罗三世对天主教改革最重要的贡献是他呼吁召开大公会议，会议于 1545 年在意大利和德意志交界的特兰托召开。这次会议确立了指导天主教会今后 400 年发展的原则。

从 1545 年至 1563 年，特兰托公会议分为三个独立的会期，分别由三位不同教皇主持，不同会期之间的间隔长达 10 年。这些会议的目的是找到一种方式来回应新教对教会的批评，重新确立教皇的权威，并启动改革，以确保神职人员是受过良好教育的、诚实的人。

特兰托公会议的法令对整个教会具有法律效力，拒绝在教会的传统教义问题上对新教徒做出让步。这些法令确认了所有七项传统圣礼的功效、炼狱的现实性，以及赎罪券的精神价值。为了更好地监管教会，主教们被命令住在各自的教区。特兰托公会议颁布法令，要求每个教区都要有一所神学院来培训神职人员，这为神职人员无知的问题提供了一个切实可行的解决方案。

特兰托公会议象征着对教皇、主教和其他神职人员权威的极大彰显。然而，它在吸引新教徒回到天主教阵营方面毫无效果。

结语：对相互冲突的理解

宗教改革把西方永久地分成了新教和天主教两种无法调和的宗教文化。西方在中世纪实现的宗教统一，是传教士、修士、教皇和十字军骑士几个世纪不懈努力的结果。一边是希望控制自己事务的改革者、市政官员、诸侯和国王，另一边是抓住中世纪教皇君主制概念不放的教皇，他们之间的冲突使这种统一灰飞烟灭。在西方，基督徒不再认为自

《圣母之死》(布面油画，3678局部，米开朗琪罗·梅里西·达·卡拉瓦乔创作于1605—1606年)。特兰托公会议要求艺术家们用他们的艺术来传导正确的教义，并让信徒们变得更加虔诚。宗教艺术必须以让不识字的观众能够理解的方式，简单、直接地传达一种信息。最好的天主教艺术在光线和人物安排上采用戏剧性的效果来表现深刻的情感和精神性体验。意大利画家卡拉瓦乔(1571—1610)最彻底地表达了特兰托公会议希望实现的戏剧性和精神性的理想。在这幅描绘圣母马利亚之死的绘画中，悬垂的帷幔和光线效果让人想起舞台的幕布。使徒和抹大拉的马利亚的动作都是演员的动作。然而，这一幕的写实主义色彩太浓重了，让卡拉瓦乔陷入了麻烦。死去的圣母身上穿的是红色的衣服，这是妓女才会穿的颜色，而不是她平常的蓝色。事实上，卡拉瓦乔在创作这幅画时，用的模特儿是一个死于台伯河的妓女。此外，尸体的写实主义冒犯了许多人。

图片来源：Louvre, Paris, France / Bridgeman

己像所有其他基督徒一样崇拜上帝。相反，天主教徒和新教徒强调的是他们之间的不同。

这两种文化之间的差异在如下这些方面产生了深远的影响：人们应该如何理解和接受教会的权威和国家的权威，如何处理家庭生活，如何形成自己作为个体和社会成员的身份。下一章将探讨所有这些问题。

这种分裂还导致了悲剧性的后果。从16世纪晚期到17世纪晚期，欧洲国家倾向于根据这种意识形态和宗教分歧建立外交联盟，让关于教义的争论来阻止和解，并发动战争，仿佛战争是上帝计划的实现。即使在宗教战争结束后，新教文化和天主教文化的影响仍然在生活的各个方面根深蒂固，不仅影响着政府的政策，也影响着绘画、音乐、文学和教育。这种分裂将西方重塑为一个宗教和意识形态激烈冲突的地方，到了18世纪，这使许多有思想的人完全拒绝了基督教的传统形式，提倡宗教宽容和政教分离，而这种思想在16世纪是难以想象的。

De Moorde des Prinsen van Oranje, tot Delft, in den Jaare 1584

奥兰治亲王"沉默者"威廉被刺杀。威廉是低地国家新教徒的领袖。暗杀他的天主教徒花了数年时间假扮成新教徒以获得威廉的信任，并进入他的私人房间。

图片来源：Pantheon / SuperStock

第 15 章

教派分裂的时代

1584 年 7 月 10 日，天主教极端分子巴尔塔扎尔·热拉尔（Balthasar Gérard）将两把手枪藏在披风里，在奥兰治亲王"沉默者"威廉（William the Silent）离开宫殿餐厅时突然拔枪近距离将其射杀。威廉是尼德兰新教贵族的领袖，此时他们正在反抗信奉天主教的西班牙国王。为了获得接近威廉的机会，热拉尔假扮新教徒长达 7 年之久。在实施暗杀之前，他咨询了 3 位天主教神父，他们确认了其刺杀计划的宗教价值。西班牙驻尼德兰的代表帕尔马公爵（Duke of Parma）悬赏 2.5 万克朗给任何杀死威廉的人。在暗杀事件发生的那一刻，另外 4 名刺客正潜伏在代尔夫特（Delft），伺机接近奥兰治亲王。

　　"沉默者"威廉之死是西方文明中一个不祥的事件，即带有宗教动机的刺杀。在 16 世纪晚期之前，已经发生了很多暗杀事件，但这些暗杀者往往是为了获得政治权力，或者是为了报复个人或家庭所受的伤害。宗教很少成为刺杀事件的动因。然而，在宗教改革之后，杀害信仰敌对教派的政治领袖来为上帝的计划服务变得司空见惯。威廉的遇刺说明了暴力模式已经成为政治刺客的惯用手法：利用欺骗手段接近受害者，即希望与公众打成一片的脆弱的领导人；容易隐藏的手枪（当时是一种新武器）的致命潜力；巨额资金对政治的腐蚀；宗教狂热者对他们眼中敌人的偏执的敌意。在 16 世纪晚期和 17 世纪早期，不同基督教教派之间的相互敌视创造了一种宗教极端主义的氛围。极端分子使宗教宽容几乎成为不可能。

宗教极端主义只是当时欧洲社会普遍存在的一种焦虑的表现形式——对控制人类活动的隐秘力量的恐惧。为了抑制这种焦虑，欧洲的君主们将他们的政治思想体系建立在信仰告白或宗教教义声明的基础之上，这种告白或声明是天主教或新教各个教派所特有的。在这个宗教分裂的时代，欧洲国家围绕不同的宗教信仰形成对立，政府迫害少数派宗教的信徒，认为他们是对公共安全的威胁。欧洲各地的信徒万分焦虑，一心想着如何取悦愤怒的上帝。然而，当许多基督徒试图在自己身上寻找上帝时，他们似乎只看到了别人身上的魔鬼。

宗教分裂时代的宗教争端重新定义了西方。在中世纪，西方逐渐被等同于罗马天主教的基督教实践。在这种等同的基础之上，文艺复兴时期又加上了对可以追溯到古希腊和古罗马的前基督教历史的欣赏。16世纪早期的宗教改革将西方划分为天主教阵营和新教阵营，从而破坏了欧洲基督教的统一。这种分裂在西欧尤为明显，但在东欧则不那么明显，因为东欧的弱小王国没能建立起教派国家。在16世纪晚期和17世纪，各国政府加强了宗教分裂，试图围绕一套共同的信仰把国民团结起来。教派和政府之间的碰撞是如何将欧洲转变成宗教驱动的不同阵营的呢？

近代早期欧洲的民族

在10世纪，一个罗斯人如果想看看巴黎的风景（他如果听说过巴黎的话），他会从基辅出发来到法国，一路都会被树荫遮盖，因为北欧的森林面积十分辽阔，而人类定居点却十分稀少。然而，到了13

世纪末，这个来自基辅的旅行者恐怕就需要一顶帽子来遮挡旅途上的烈日了。此时，森林已经成为由村庄和农场组成的海洋中的岛屿，而不再像过去那样，人类定居点构成广袤森林海洋里的小岛。眼力好的旅行者几乎可以从任何一座教堂的塔楼上看到其他教堂的塔楼，而每一座塔楼都标示着附近的村庄或农场的存在。在13世纪末，欧洲大陆被充满活力的、不断增长的人口完全挤占，这些人口把森林开垦为农田。

到了14世纪，这一切都变了。周期性的饥荒、灾难性的黑死病和普遍的经济崩溃，经过这一连串的危机，虽然欧洲的村庄和城镇完好无损，但三分之一甚至更多的人口消失了。在那个荒凉的年代，许多村庄看起来就像废弃的电影布景，城市里没有足够的人口来填补中央广场和城墙之间的空白。13世纪时为了给饥饿的孩子们提供食物而被开垦的土地荒芜了，长满了荆棘。在15世纪，欧洲普遍的经济萧条和经常性的瘟疫使人口增长停滞不前。

到了16世纪，随着欧洲农业从自给自足的农业转向商业化农业，人口开始反弹。人口数量的突然增加导致了戏剧性的和不稳定的后果，造成了普遍的焦虑。

人口的复苏

在被历史人口学家称为"漫长的16世纪"期间（约1480—1640），欧洲人口自13世纪以来首次开始稳步增长。如表15.1所示，在黑死病爆发之前的1340年，欧洲约有7 400万居民，占世界总人口的17%。到1400年，整个欧洲的人口下降到5 200万，占世界总人口的14%。在漫长的16世纪，欧洲人口增长到7 790万，勉强超过黑死病之前的水平。

表15.1 欧洲人口（单位：百万）

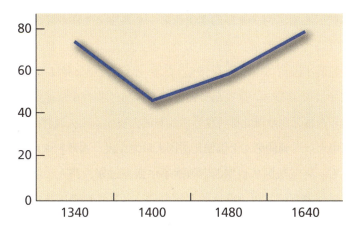

表15.2 1500—1600年的欧洲人口（单位：百万）

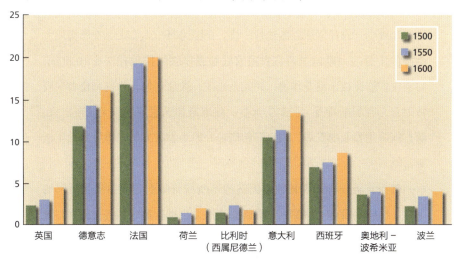

资料来源：Jan de Vries, "Population," In *Handbook of European History 1400–1600: Late Middle Ages, Renaissance and Reformation*, Vol. 1: *Structures and Assertions* (eds.), Thomas A. Brady, Jr., Heiko A. Oberman, and James D. Tracy (1994), Table 1, 13. Copyright © 1994 by Brill Academic Publishers. Reproduced with permission of Brill Academic Publishers via Copyright Clearance Center.

表 15.2 显示了 16 世纪较大的欧洲国家一些有代表性的人口数据。这些数据表明了两个重要的事实：第一个事实是北欧的经济增长率要比南欧高得多。英格兰增长了 83%，波兰增长了 76%，甚至连饱受战争蹂躏的小国荷兰也增长了 58%。在同一时期，意大利仅增长了 25%，西班牙增长了 19%。这些趋势标志着人口和经济力量从地中海国家意大利和西班牙向欧洲北部特别是西北部的大规模、永久性转移。从这些数据中可以看到的第二个事实是法国人口之庞大，占欧洲人口的四分之一左右。一旦法国从长期的宗教战争中恢复过来，其人口优势就会压倒其他国家，使其成为欧洲的主导力量，永久性地超过其主要对手西班牙。

如何解释这种人口增长呢？在很大程度上，欧洲某些地区从自给农业向商业化农业的转变使之成为可能。从事自给农业的农民要消耗掉其产量的 80%，剩下的几乎全部以地租和"什一税"的形式分别给了地主和教会。农民之所以缴纳什一税，是因为每个人有义务把所得或所生产的十分之一献给上帝。农民家庭勉强能够维持生存。在 16 世纪，自给农作物让位于商业作物，尤其是小麦，被运到城镇市场和伦敦、安特卫普、阿姆斯特丹、巴黎、米兰、威尼斯和巴塞罗那等大城市出售。随着商业化农业的发展，人口开始增长，因为农村人口吃得更好，生活更富裕。

然而，可耕种的土地数量无法为不断增长的农业人口提供足够的工作。结果，没有土地的人只好四处流浪，自觅生路。这些被称为"流浪汉"的人反映了新商业带来的财富分配不均所导致的社会问题。因为除了从西班牙来的移民以外，大规模的美洲移民还没有开始，所以没有土地的人除了在城市里寻找机会之外几乎别无选择。

商业化农业的兴起。在 16 世纪，商业化农业开始为城市不断增长的人口创造了大量的盈余。画面上的场景描绘了一架用来磨谷物的风车和一列马车，这些马车把农产品从乡下运到城里去销售。

图片来源：BPK, Berlin / Alte Pinakothek, Bayerische Staatsgemaeldesammlungen, Munich, G/ Art Resource, NY

繁荣的城市

到 15 世纪 80 年代，城市开始发展起来，但发展并不均衡，北欧的城市发展最为显著，特别是伦敦、安特卫普和阿姆斯特丹。在 16 世纪，农村过剩的农产品和人口都流入了城市。即使与相对繁荣的农村相比，城市也显得无比富裕。堆满食物的商店让那些饥肠辘辘的流浪汉惊叹不已，这里有白面包、花式馅饼、水果、成桶的葡萄酒、烤肉等。他们艳羡不已地走过满是醉醺醺、笑嘻嘻的市民的酒馆，然后到富丽堂皇的大理石装饰的教堂前乞求施舍。

城市的每个方面都显示出富人和穷人之间的巨大反差，他们住在同一条街道上，往往生活在同一座建筑的不同区域。1580年前后，基督教传教士将一位印第安人酋长带到了法国城市鲁昂。通过翻译，他被问及欧洲城市最令他印象深刻的是什么，毕竟，这些城市与北美的乡村截然不同。他回答说，最令他吃惊的是，街道上的男男女女衣衫褴褛、骨瘦如柴，他们却没有去掐住那些大腹便便、衣冠楚楚的富人的脖子。

城市官员意识到了贫富差距造成的社会问题，于是在每个城市都设有自己的粮仓，并规定了面包的价格和大小，以便让穷人能够果腹。向穷人提供食物的冲动与其说是出于人道主义，不如说是出于对饥饿暴民的恐惧。城市严防叛乱和犯罪，即使是轻微的犯罪，惩罚也是迅速的、有效的和可怕的。例如，有一个乞丐因为从面包师的车上偷了一条面包，结果他的手在市场广场的砧板上被砍断；有一个衣衫褴褛的女孩因为抢夺了一位女士闪闪发光的首饰，结果鼻子被割掉，这样就永远不会再有男人看上她；还有一个入室盗窃者在受尽各种折磨后被拉出去肢解，砍下的头颅被穿在镇门口的一根大铁钉上，以儆效尤。

无论多么有才华，多么有进取心，初到城市的人的机会都非常有限。他们几乎不能自主创业，因为所有的生产都由行会严格控制，而这些行会是商人或工匠为保护其利益而组织起来的。行会严格规定其会员资格，并要求会员必须完成多年的学徒期。行会也禁止会员进行技术创新，保证一定的工艺标准，不允许涉足新的行业。由于新来乍到者机会有限，移民男女只能在街上乞讨或接受政府救济。男人会干他们能找到的任何重体力活。无论男女都会选择去做仆人，这份工作薪水很低，但至少一日三餐能有保障。

新教改革和天主教改革的重要社会成就之一是努力解决城市贫民的问题，即使在最好的时期，这些贫民也至少占人口的四分之一。在信奉天主教的国家，如意大利、西班牙、德意志南部地区和法国，信用银行大量扩张，这些银行由慈善捐款提供资金，以便向穷人提供小额贷款。天主教城市为有可能沦为妓女的贫穷年轻女性和厌倦了娼妓生涯的女性设立了修道院。天主教城市和新教城市都建立了孤儿院、医院、临终关怀院和公共住房，并且都试图区分"诚实的"穷人和"不诚实的"穷人；前者是指那些有残疾、真正值得帮助的人，而后者被认为是装病的人。有些新教城市建立了贫民院，将穷人隔离起来，使他们受到监狱般的规训，并强迫身体健全的人劳动。

城市中生活较为舒适的阶层住着宽敞的宫殿，享受着奢华的生活。他们雇用成群的仆人，享用着美酒佳肴，购买来自东方的丝绸、香料等外来商品。在地中海城市，他们还购买来自东欧、中东或非洲的奴隶。富商们通过与自己阶层内的人通婚、垄断政府职务、让自己的孩子上时髦的人文主义学校来维护自己的地位。城市的富人是社会稳定的基础，他们拥有金融资源和经济技术，可以保护自己免受经济不稳定的最坏后果的威胁，特别是 1540 年后冲击西方的破坏性通货膨胀的浪潮。

价格革命

在 16 世纪后半叶，通货膨胀变得十分普遍，导致了一种广泛的恐惧，即对一种隐秘的力量控制人类事件的恐惧。在 14 世纪的价格长期下跌或稳定之后，从 1540 年左右开始，欧洲经历了持续的价格上涨，历史学家称之为"价格革命"。这次通货膨胀持续了一个世纪，迫使西方社会发生了重大的经济和社会变革，这些变革永久性地改变了西方社会的面貌。在此期间，整个欧洲的物价上涨了五六倍。

是什么导致了这场通货膨胀呢？基本原理很简单。商品和服务的价格基本上是供求关系的结果。如果需要养育的儿童数量的增长快于粮食供应，面包的价格就会上涨。这只是因为有支付能力的母亲愿意接受更高的价格来使自己的孩子免于饥饿。大丰收使粮食供应的增长速度如果超过对面包的需求，那么价格就会下降。影响价格的还有另外两个因素：一个因素是流通中的货币数量。可用来制造硬币的金银数量如果增加了，流通中的货币就会增多。当有更多的货币流通时，人们可以购买更多的物品，这就产生了与需求增长相同的效果，即价格上涨。另一个因素叫作"货币流通速度"，指的是货币转手购买物品的次数。当人们更频繁地购买商品时，其效果与增加流通中的货币数量或增加需求是一样的，也会导致价格上涨。

这些因素究竟是如何结合在一起导致了 16 世纪的巨大价格革命的，长期以来这一直是一个有很大争议的问题。大多数历史学家现在会同意这一点，即通货膨胀的主要原因是人口增长，而这增加了对各种基本商品的需求，比如面包和做衣服所需的羊毛布料。随着欧洲人口最终开始复苏，这意味着更多的人需要和渴望购买更多的商品。这种现象对于人们赖以生存的商品来说最为明显，比如用来做面包的粮食。这些商品具有经济学家所说的"非弹性需求"，也就是说，消费者在购买这些商品时不会过多考虑就会买，因为人人都要吃饭。那些价格太高、人们可以不买照样不影响生存的商品就被称为"弹性需求"，比如舞鞋和花边领子。在英格兰，从 1540 年到 1640 年，总体物价上涨了 490%。然而，更能说明问题的是，粮食（非弹性需求）的价格惊人地上涨了 670%，而奢侈品（弹性需求）的价格涨幅要小得多，只有 204%。因此，通货膨胀对穷人的伤害比对富人的伤害更大，因为穷人需要养活自己的孩子，而富人的欲望更有弹性。

货币因素也导致了通货膨胀。葡萄牙人从非洲获得了大量的黄金，而在中欧新开采的银矿使白银的数量早在16世纪20年代就增加了5倍。1545年，人们在波托西发现了储量惊人的银矿，给欧洲带来了源源不断的白银，西班牙用这些白银来资助其代价高昂的战争。随着通货膨胀开始蚕食王室收入，财政拮据的西欧君主们纷纷降低本国货币的成色，因为他们错误地认为，铸造更多含银量更少的硬币可以买到更多的东西。事实上，铸造更多的硬币意味着每一枚硬币的价值更低，其购买力也更小。比如在英格兰，降低货币成色是导致16世纪40—50年代通货膨胀的主要原因。

价格革命严重削弱了政府实力。大多数君主的收入来自自己的私有土地和财产税。事实证明，随着通货膨胀的加剧，财产税不足以支付王室开支，这是非常危险的。即使是节俭的君主，如英格兰的伊丽莎白一世（1558—1603年在位），也被迫采取非常措施，出售王室的土地。那些挥霍无度的君主面临着灾难。16世纪，西班牙卷入了一场代价高昂、几乎连续不断的战争。为了支付战争费用，查理五世采取了一种赤字融资的方式，他通过发行债券来借钱，这为出借人提供了一种"年金"，其收益率为本金的3%至7%。然而，到了16世纪50年代，这种年金支出占王室收入的一半。查理五世的儿子腓力二世继承了这样一个烂摊子，在1557年，也就是腓力二世继承王位的第二年，他被迫宣布破产。腓力二世继续打昂贵的战争，疯狂地借钱，因此未能使他的财务状况恢复正常。他分别于1575年和1596年再次宣布破产。腓力二世挥霍了西班牙的财富，沉重的赋税使本国人民陷入贫困，而借款利率过高和降低货币成色加剧了通货膨胀。尽管西班牙是16世纪最强大的军事力量，但它是靠借来的钱打仗，这也为其衰落播下了种子。

也许价格革命最严重的后果是通货膨胀的潜在威力给人们造成了

广泛而深重的苦难。在 16 世纪晚期和 17 世纪早期，人们感到生命受到了威胁，但他们不知道威胁来自何方，因此他们想象着有各种神秘力量在发挥作用，尤其是超自然力量。宗教改革带来的对宗教差异的怀疑为问题的症结提供了方便的解释，虽然这些解释是完全错误的。天主教徒怀疑新教徒，新教徒怀疑天主教徒，但他们都怀疑犹太教徒，也都对女巫忧心忡忡。当局试图缓解这种普遍的焦虑，但是他们采取了错误的方法，即规训民众，搜捕女巫，与来自对立教派的敌人作战。

不同的教派

第一代新教和天主教改革者致力于教义上的争论，以及是拒绝还是捍卫教皇的权威。此后几代改革者面临着建立稳固的新教或天主教宗教文化体系的艰巨任务。所有的宗派领袖，无论是路德宗的、加尔文宗的、天主教的，还是英国圣公会的，都试图通过规训非信徒、加强道德约束和攻击流行文化来重振基督教共同体。规训需要教会和世俗当局之间的合作，但这并不完全是自上而下强加的。许多人全心全意地配合这种道德矫正，甚至鼓励改革者更进一步。还有些人则愤愤不平地进行顽强抵制。

确立教派的身份

1560—1650 年，宗教派别重塑了欧洲文化。一个教派由信奉某一特定宗教教义的人组成，这些教义包括路德宗的《奥格斯堡信纲》、加尔文宗的《瑞士信纲》、圣公会的《三十九条信纲》和天主教的特兰托公会议的决议。

确立教派身份的过程并不是一夜之间发生的。在 16 世纪下半叶，路德宗信徒从在敌对的神圣罗马帝国内部为了生存而斗争，转向在当地诸侯选择的宗教中建立路德宗。他们必须招募神职人员，并为每位牧师提供大学教育，而这一切都要靠帝国内部的路德宗诸侯提供的奖学金才能实现。一旦确立下来，路德宗神职人员就成为官僚机构的一个分支，接受政府的津贴，并执行诸侯的意志。加尔文宗国家经历了类似的过程。然而，在加尔文宗信徒属于少数派的地方，比如在法国，加尔文宗信徒不得不自力更生，而政府往往歧视他们。在这些地方，教派身份是在与政府和占主导地位的教派做斗争的过程中得以确立的。天主教徒也做出了积极应对，他们培训新的神职人员，教育平信徒，加强教会和政府之间的联系。就像路德宗的诸侯们一样，神圣罗马帝国的天主教诸侯把信奉天主教和对自己的忠诚联系在一起，使宗教成为国家的一个支柱。

在西欧的每一个地方（除了爱尔兰、尼德兰、神圣罗马帝国的几个地方和一定时期的法国），唯一被公开信奉的宗教是国家的宗教。东欧国家波兰、波希米亚、匈牙利和特兰西瓦尼亚提供了更多的宗教自由。

修身齐家

加尔文宗信徒、路德宗信徒和天主教徒都认同的一点是，社会的基础应该是父亲对家庭的权威。正如本书第 12 章所讨论的，这种父权制的原则是一种传统的"理想"。然而，在 15—16 世纪，疾病导致的高死亡率这一"现实"扰乱了家庭生活。不稳定的家庭通常缺少父亲和年长的男性，这使得在日常生活中维持父权制变得十分困难，甚至不可能。宗教改革中出现的教派试图通过加强父权制来对抗这一趋势。

据 1586 年在信奉加尔文宗的拿骚出版的一部匿名论著称，基督教社会的三大支柱是教会、国家和家庭。这一主张使父亲的权威与神职人员和国王的权威相提并论。为了加强父权制，教会和世俗权威规范了性和儿童的行为。当局的目标似乎是要鼓励自律和对长者的尊重。自律渗透到生活的方方面面，从性行为到餐桌礼仪（见本章"碰撞与转型"专题）。

尽管父权制理论几乎被普遍接受，但在现实中父亲的权威和丈夫的权威有很大的不同。从中世纪早期起，在欧洲西北部的英国、斯堪的纳维亚半岛、尼德兰地区、法国北部和德意志西部，男女往往要等到二十五六岁才结婚，远远超过了性成熟的年龄。夫妻在结婚前必须能够经济独立，这意味着两人都必须有积蓄，或者丈夫在结婚前必须继承已故父亲的遗产。他们在最终结婚时就建立了独立于双方父母的、属于自己的家庭。丈夫通常只比妻子大两三岁，这种年龄上的接近使得这种关系比父权制理论所规定的有更多的合作，更少的男性权威。相比之下，在南欧，男性会在二十八九岁或三十多岁的时候与十几岁的女性结婚，因为年龄差距较大，男人可以对妻子行使权威。在东欧，夫妻双方都在十几岁时结婚，并在一方父母的家庭居住多年，这使得夫妻双方在很长一段时间内都处于其中一方父亲的权威之下。

在西北欧的婚姻模式中，年轻男女在经济上自给自足之前，都需要长期的性约束。除了个人自我控制之外，性约束还需要由教会和世俗当局进行社会控制。这些努力似乎总体上取得了成功。例如，在 16 世纪的日内瓦，那里的长者对性犯罪特别警惕，那里的非婚生率非常低。长者特别重视对女性的规训，使她们服从。1584 年，在瑞士的一个小镇，加尔文宗的长者将夏洛特·阿巴莱斯特（Charlotte Arbaleste）和她全家逐出教会，因为长者认为她的鬈发太诱人了。

碰撞与转型

餐叉的引入：西方文明的新标志

在 16 世纪，西欧人发明了一种用餐新工具，即餐叉，它在西方社会引发了一场深刻而持久的革命。在餐叉出现之前，人们的用餐方式在我们现代人看来是令人作呕的。上层阶级的成员以大量吃肉来放纵自己。整只的兔子、羊羔和猪被放在叉子上烤，然后放在用餐者面前。四分之一的小牛或鹿，甚至是带着头的整个烤牛，都有可能被抬到餐桌上。用餐者用刀切下一块肉，然后用手拿着吃，任由汤汁顺着胳膊流下来。他们用衬衣的长袖来擦嘴巴上和脸上的肉汁、汗水和口水。这些宴会的特点是动物尸体和用餐者之间的直接身体接触，他们接触、触摸、咀嚼和吞咽动物的尸体。

餐叉的使用。在 16 世纪晚期，上层社会讲究的礼仪集中表现在用餐上。餐叉的普及是最具有革命性的创新。图为女王伊丽莎白一世旅行时使用的餐具，其中包括两把餐叉。

图片来源：Erich Lessing / Art Resource, NY

在 16 世纪，清教徒改革家试图废除流行文化中粗俗的一面，同时也推广了新的餐桌礼仪。用餐新工具确保用餐者在把食物放进嘴里之前身体不会直接接触到食物。除了餐巾被广泛用来代替衬衫袖子擦拭嘴巴之外，餐叉也出现在上流社会的餐桌上。把食物从公共的上菜盘直接送到嘴里被认为是不礼貌的。首先要把食物放在自己的盘子里，然后切成小块，再送到嘴里。一部 1672 年的法国论著警告说："绝对不能用手接触到肉……吃饭的时候也不要。"[1]

这项禁令与清洁没有任何关系，因为细菌直到 19 世纪末才被发现。餐叉的使用更多的是出于礼貌，而不是出于卫生。有些食物过去和现在都是用手拿着吃的，如面包和樱桃之类的许多水果。在决定什么时候使用餐叉时，重要的不是清洁，而是食物的种类。肉的质地和汁液让 16 世纪的用餐者想起动物的血肉，这让他们越来越感到不适，而餐叉的使用避免了这种不适感。

因此，餐叉的使用使有教养的人能够远离他们所吃的动物尸体。更普遍地说，餐叉的广泛使用是一系列变化的一部分，这些变化与人们对人性中更原始方面的反感有关，比如繁殖，或者捕杀和食用动物。正如 16 世纪教会当局试图规范性行为一样，餐桌礼仪也规范了食肉行为。

矛盾的是，餐叉的使用所带来的文明既造成了社会分化，也削弱了社会分化。对于那些处于社会上层的人来说，用餐叉吃肉成了他们与下层"未开化"群众区分开来的又一种方式。然而，不管出身如何，每个人都可以学会如何使用餐叉。一位职员或家庭女教师可以通过学习如何正确用餐来掩饰自己卑微的出身。渐渐地，行为取代了出身成为"良好教养"的标志。最终，西方社会因为餐桌上的餐叉而发生的转变是如此潜移默化，以至于我们中那些每天使用餐叉的人甚至很少意识到它的深远意义。这种转变就是它模糊了阶级差别，创造了一套普遍的礼仪规范。

西北欧的家庭规模往往较小，因为已婚夫妇开始通过节育或计划生育来拉大不同子女之间的间隔。这些自我克制的夫妇会采用中断性交法、安全期避孕法或者禁欲。当妇女不再依赖奶妈而是长期自己为婴儿喂奶时，她们怀孕的概率也会降低。因此，限制家庭规模成了西北欧的社会常规，特别是在受过教育的城市中产阶级中间。新教家庭往往比天主教家庭生孩子更少，但该地区的天主教徒也实行某种形式的节育，尽

《削苹果的妇女》［布面油画，彼得·德·霍赫（Pieter de Hooch，1629—1684）约创作于 1663 年］。在 16 世纪晚期和 17 世纪，对理想化的和谐家庭生活的描绘变得非常流行，尤其是在荷兰。彼得·德·霍赫的这幅画是简单的家庭生活乐趣的最好例子。在温暖的壁炉旁，一个小女孩正在帮妈妈削苹果。

图片来源：© Wallace Collection, London, UK / Bridgeman Images

管教会法律禁止除禁欲以外的所有节育形式。

在近代早期，婚姻的道德地位也表现出地域性差异。新教徒不再认为丈夫和妻子在道德上不如独身的修士和修女，而且在新教社会，牧师的妻子肯定拥有一个受人尊敬的社会角色，而这一角色从来没有被授予天主教神父的小妾。但新教徒对婚姻的良好态度并不一定会转化为对女性的积极态度。在德意志，有许多被称为"家长文学"的劝告书，鼓励家庭把仆人、孩子和母亲的个人利益置于父亲的控制之下，父亲被劝告要公平，但必须始终被服从。即使妻子被丈夫残忍地对待，她既不能从当局寻求帮助，也不能指望离婚。

规训在养育孩子方面也发挥了很大的作用。《幼儿精神状况研究》（*Disquisition on the Spiritual Condition of Infants*，1618）一书指出，由于原罪的存在，幼儿天生就是邪恶的。父亲的神圣责任就是要打破他邪恶后代的意志，驯服他们，使他们能从邪恶转向美德。1591 年加尔文宗的一部论著的标题就揭示了这种幼儿邪恶说的力量：《关于管教孩子：在这焦虑的末世，怎样改善那些不顺服的、邪恶的、堕落的少年》（*On Disciplining Children: How the Disobedient, Evil, and Corrupted Youth of These Anxious Last Days Can Be Bettered*）。这部论著建议，母亲的角色应该限制在她生孩子的生理功能上。为了打破幼儿的意志，母亲们被鼓励早早地让他们断奶，把他们交给父亲严加管教。此书指导父亲要保持警惕，以免他们的妻子会败坏孩子，因为女性"容易受迷信的影响，可能会在日常生活中从事一些不寻常的巫术行为"[2]。

猎巫运动

16 世纪晚期和 17 世纪的普遍焦虑最具灾难性的表现是大规模的"猎巫运动"。16 世纪中期，在教会法庭或世俗法庭中针对女巫的司法起诉案件急剧增加，这种情况一直持续到 17 世纪末，巫术审判的数量才迅速减少，并最终在欧洲大部分地区完全停止。

在这一时期，人们认为存在两种魔法：第一种是自然魔法，如炼金术或占星术，涉及对被认为存在于自然界的神秘力量的操纵。自然魔法的基本假设是自然界的一切都是有生命的。训练有素的魔法师可以强迫自然界的神秘力量听命于他。在文艺复兴时期，许多人文主义者和科学思想家被自然魔法吸引，因为它预示着驾驭自然的力量。事实上，自然魔法有一些实际用途，例如，炼金术士致力于发现他们所谓的"哲人石"，即把贱金属变成黄金的秘密。在实践中，这意味着他们学会了如何模仿黄金的外观，这是一项非常有用的技能，可以伪造硬币或减少法币中贵金属的含量。自然魔法并不意味着与恶魔魔法有联系。大多数自然魔法的实践者希望将其用于正道，许多人认为这是治疗医学的最高形式。

16—17 世纪的许多人还相信第二种魔法，即恶魔魔法。这种魔法的实践者通常是女巫，但并不都是如此，她们会通过召唤邪灵来获得力量。恶魔魔法通常被理解为一种通过仪式手段来造成伤害的方式。对有害魔法的信仰在《圣经》中就可以找到，并且已经流传了好几个世纪。但直到 15 世纪，教会和世俗当局才开始大规模起诉她们，因为教会和世俗当局确信有大量的人参与了这种异端行为。到 16 世纪，新教徒对《圣经》的字面解读和宗教改革导致的混乱冲突加剧了对女巫的恐惧。

从瑞士山区的牧羊人到苏格兰低地的加尔文宗牧师，不同地方的人们都认为他们在人类和自然事件中察觉到了女巫的作用。所谓的巫术行为有两种形式：一种是"邪罪"，即利用魔法进行伤害；另一种是"魔鬼崇拜"。邪罪的形式各种各样，包括：将干月经血洒在不情愿的爱人的食物上，以此来胁迫他就范；诅咒一头猪让它生病；在牲口棚上做魔法标记，然后烧掉它；念咒语使孩子腹泻；用刀捅敌对之人的蜡像来将其杀死；等等。

助产士和专门从事治疗的女性尤其容易受到巫术指控。她们所做的某一特定行为背后的意图往往是模糊的，这使得人们很难区分魔法的目的是要带来有益的结果，比如治愈一个孩子，还是要带来有害的结果。在16—17世纪，婴儿死亡率很高，为一个生病的婴儿举行魔法仪式是非常危险的。巫术信仰的逻辑暗示说，坏的结果一定是由坏的意图引起的。

虽然有些人确实试图实行邪罪，但与恶魔魔法有关的第二种也是更为严重的恶魔崇拜肯定从未发生过。恶魔崇拜背后的理论是，所谓的女巫与恶魔订立契约，通过这个契约，她获得了魔力，但是要崇拜恶魔。

作为最具影响力的巫术论著《女巫之锤》（*The Hammer of Witches*，1486），详细讨论了达成这一契约的仪式。在一个潜在的女巫宣布她愿意为他效劳之后，撒旦就会出现在她面前，通常是一个英俊迷人的小伙子，向她提供奖赏，包括一个被称为"淫妖"的恶魔情人。为了得到这些诱惑，女巫必须放弃她对基督的忠诚，而这通常是通过践踏十字架来表达的。然后魔鬼给女巫重新施洗，确保她的灵魂属于他。为了表示她是他的一员，魔鬼会在她身体的隐秘部位做标记，而这个标记很容易与胎记或斑点混为一谈。对宗教审判官或法官来说，皮肤上如果有一个斑点，用针去扎，不会流血，也不会感到疼痛，这通常就可以用来证实她是女巫的怀疑。

据说在订立契约之后，女巫们会在夜间聚集起来崇拜魔鬼。据说魔鬼会赋予她们飞行的本领，让她们飞去参加这些集会。在这些集会上，女巫会杀死并吃掉婴儿，裸体跳舞，与其他女巫和恶魔滥交。司法

焚烧女巫（黑白版画，法国派，16世纪）。1571年，阿姆斯特丹当局烧死了安妮·亨德里克斯（Anne Hendricks），她被指控犯有巫术罪。

图片来源：Private Collection / Bridgeman Images

当局通过严刑逼供来迫使所谓的女巫承认参加了女巫集会，这就解释了为什么对女巫的迫害造成了许多人丧生。1450—1750年，欧洲大约有10万人因巫术而受审，其中5万人被处决。大约一半的审判是在神圣罗马帝国的德语地区进行的，在那里，中央司法当局对地方法官的定罪权几乎没有加以控制。在瑞士、法国、苏格兰、波兰、匈牙利和特兰西瓦尼亚也有很多这方面的审判。在西班牙、葡萄牙、意大利、斯堪的纳维亚地区、尼德兰、英格兰和爱尔兰，被处死的女巫相对较少。

天主教徒和新教徒坚决惩罚各种离经叛道者，并对魔鬼发动战争，这加剧了对女巫的追捕。大多数审判发生在 1560—1650 年，这一时期宗教关系非常紧张，经济形势十分严峻。相对于对其他罪行的审判，这种审判的发生很没有规律。在许多情况下，对一个女巫的刑讯逼供会导致她指认出许多所谓的同谋，这些人随后也会受到审判。这将导致女巫恐慌，成百上千的女巫将被审判和处死。80% 被指控的巫师是女性，尤其是那些未婚或丧偶的女性，但是男性甚至是小孩子也有可能被指控使用巫术。当司法机关认识到没有人是安全的，尤其是在女巫恐慌的时候，当司法机关意识到针对女巫的法律证据不足以定罪时，猎巫运动就结束了。1608 年，荷兰共和国成为第一个禁止女巫审判的国家（见本章"不同的声音"专题）。

教派国家

1555 年《奥格斯堡宗教和约》为宗教改革造成的宗教分裂提供了解决方案。根据"教随国定"（意即统治者决定国家的宗教信仰）的原则，神圣罗马帝国的每位君主都决定了臣民信奉的宗教，那些不同信仰的人被迫改变信仰或移居国外。当然，对那些移民者来说，被迫流亡在经济和个人层面都是痛苦的，但是它维护了几乎被普遍认为是成功统治的基本原则，即一位国王，一种信仰，一套法律。换句话说，每个国家应该只有一个教派。除了东欧国家和神圣罗马帝国的几个小公国，很少有国家认为在同一个国家允许存在一个以上的教派是可取的。除了极少数知识分子之外，在几乎所有人看来，宗教宽容似乎是不可想象的。

不同的声音

真的有女巫吗？

即使在猎巫运动的高潮时期，女巫是否存在的问题也是很有争议的。大多数当权者认为有恶魔在人间作恶，因此追捕女巫是保护基督徒的有效手段。这些当权者利用教会法庭和世俗法庭审讯被指控的女巫，有时辅以酷刑，以获得供词和其他女巫同伙的身份。这些当权者认为，猎杀女巫是他们保护公众免受伤害的职责之一。还有些人接受了巫术的现实，但怀疑法官判定谁是女巫的能力。一些人甚至怀疑巫术是否真的存在。

让·博丹（Jean Bodin，1530—1596）是 16 世纪最伟大的法律哲学家之一。虽然他曾经怀疑过巫术的真实性，但在目睹了几个女性自愿承认在撒旦的引导下实施邪恶行为的案例后，他改变了看法。他认为巫术是对社会的威胁，并谴责那些给予所谓的女巫任何宽大处理的人。1581—1599 年，在德意志特里尔大主教辖区，教士约翰内斯·林登（Johannes Linden）目睹了可能是欧洲历史上最大规模的女巫审判。仅特里尔市就有 368 人被处决，而在农村则更多。林登认为引发女巫审判的是贪婪和无知。

让·博丹《论女巫应受的惩罚》（*On the Punishments Deserved by Witches*，1580）

现在，如果有什么办法可以平息上帝的愤怒，可以得到上帝的保佑，可以通过对别人的惩罚使一些人心生敬畏，可以保护一些人不被其他人影响，可以减少作恶者的数量，可以保护那些善良人的生命，可以惩罚人类所能想到的最可憎的罪行，那么君主们就要对女巫实行最严厉的惩罚……现在，君主无权赦免上帝以死刑惩罚的罪行，比如女巫的罪行。此外，君主们如果宽恕对上帝直接犯下的如此可怕的罪行，也就严重地侮辱了上帝，因为如果有人胆敢侮辱自己，即使是最无足轻重的君主也会以死刑作为报复。那些让女巫逃跑的人，或者那些不以最严厉的方式惩罚她们的人一定会被上帝抛弃，任由女巫们摆布。容忍这一切的国家将遭受瘟疫、饥荒和战争的蹂躏，而那些向女巫复仇的人将会平息上帝的愤怒，并得到他的保佑。因此，被指控为女巫的人永远不应该被无罪释放，除非原告的诽谤昭然若揭，因为这种罪行的证据是如此模糊和困难，如果按照常规进行审判，一百万女巫中也不会有一个受到指控或惩罚。

资料来源: Jean Bodin, *De la Démonomanie des Sorciers* (Paris: 1580), book IV, ch. 5, qtd. in "The Witch Persecution," *Translations and Reprints from the Original Sources of European History* 3, no. 4 (1912), 5–6.

教士约翰内斯·林登《论特里尔的迫害》(*On the Persecutions in Trier*，1581—1599)

连续多年，作物歉收，人类和动物都出现了不孕不育，人们普遍认为这是女巫和魔鬼勾结造成的，所以全国都起来消灭女巫。这一运动得到了许多官员的助推，他们希望利用这场迫害发财。因此，在整个教区的城镇和村庄里，专门的原告、审判官、公证人、陪审员、法官、治安官从一个法庭穿梭到另一个法庭，把男男女女拖去审判，严刑拷打，很多人被烧死。几乎没有一个被告能够逃脱惩罚。特里尔城的头面人物也无一幸免。在这场灾难中，市议员和副法官、各个教堂的执事、教区牧师、乡村牧师等无一幸免，全部被扫荡一空。到目前为止，民众的疯狂和法院的贪婪让这种疯狂达到了无以复加的程度，以至于几乎没有人不被怀疑与这一罪行有牵连。

与此同时，公证员、抄写员和客栈老板却发了财。刽子手像宫廷贵族一样，穿金戴银，骑着纯种良马。他的妻子也衣着华丽，与贵妇们争奇斗艳。那些被定罪和被惩罚的人的子女被流放，他们的财物被没收，农夫和酿酒者都破产了，因此才出现了不育现象。毫无限制的审判和迫害已经给特里尔造成了严重的破坏，为害之甚，即使与可怕的瘟疫或残忍的侵略者相比也有过之而无不及。究竟有多少人真正有罪，这是很值得怀疑的。这种迫害持续了好几年。有些主持司法工作的人，为自己在火刑柱上烧死的人数量之多而引以为豪。

资料来源: Johannes Linden, *Gesta Trevirorum*, qtd. in "The Witch Persecution," *Translations and Reprints from the Original Sources of European History* 3, no. 4 (1912), 13–14.

对于宗教统一这一政治理论来说，宗教改革造成的宗教分裂的现实是一个问题。在一些地区，除了再洗礼派和犹太社区等少数教派之外，还有多达三种活跃的教派，即天主教、路德宗和加尔文宗。宗教统一的另一种选择是宗教宽容，但几乎没有任何当权者愿意提倡这一点。约翰·加尔文驱逐了宗教宽容的倡导者，马丁·路德对那些在看似次要的神学问题上与他意见相左的人充满敌意。1542年之后，随着罗马宗教裁判所的建立，天主教会致力于揭露和惩罚任何宣称信仰不同宗教的人，只有意大利的犹太人除外，因为他们受到教皇的保护。日内瓦和罗马成了互相竞争的传教中心，每个地方都产生了大量的论辩小册子和受过专门训练的传教士，他们愿意冒着生命危险到敌后去安慰他们的同道，并吸引皈依者。

宗教激情如此高涨，以至于在16世纪末出现了一个新词来描述一种虽然可能不是全新的但肯定更常见的人格类型，即"宗教狂热分子"。这个词最初是指被魔鬼附体的人，被用来指代对宗教事务表现出过度热情的人，一个追求所谓的神圣使命但是经常以暴力告终的人。来自不同教派的狂热分子发动了一轮又一轮的政治暗杀，屠杀他们的对手。在很多方面，本章开头提到的杀害"沉默者"威廉的凶手巴尔塔扎尔·热拉尔就是这些狂热分子的代表，因为他对受害者不懈追杀，并为此愿意多年伪装身份。在16—17世纪，每个宗教团体都有其狂热分子。他们既为教皇服务，也为新教的各个教派服务。

只要一个国家内部存在大量的宗教少数派，人们所能期望的最好的情况也只能是充满焦虑的紧张关系、无所不在的怀疑和周期性的歇斯底里（见地图15.1）。最坏的情况则可能是内战，宗教派别和政治对立以复杂的方式交织在一起，特别难以找到和平解决的办法。1560—1648年爆发了几场宗教内战，包括法国宗教战争、尼德兰人反抗西班牙的起

地图 15.1　1600 年前后欧洲的宗教分裂

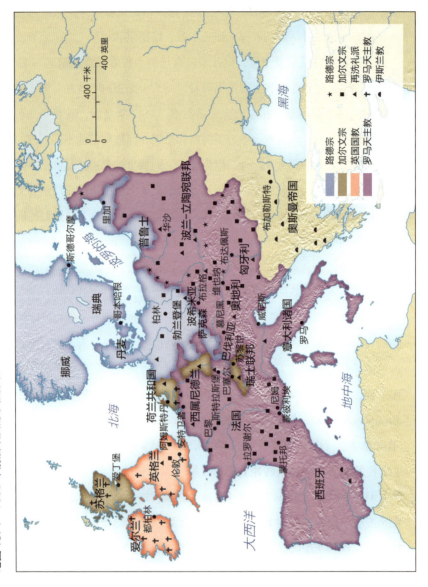

1555 年之后，欧洲的宗教边界相对固定下来，直到今天也只是发生了微小的变化。从宗教少数派的分布情况可以看出
何种可能的宗教差异？由于宗教差异，哪些国家最可能发生暴力冲突？

义、德意志三十年战争和英国内战（后两者将在本书第 16 章中讨论）。

法国宗教战争

法国国王亨利二世（1547—1559 年在位）因一场决斗意外死亡，他留下了他的遗孀凯瑟琳·德·美第奇（Catherine de' Medici，1519—1589）和一群年幼的孩子，其中包括他的继承人弗朗西斯二世（Francis II，1559—1560 年在位），时年只有 15 岁。亨利二世是一位和平维护者，凯瑟琳和她的孩子（包括先后登上王位的三个儿子）完全无法维持和平。在大约 40 年的时间里，一系列令人绝望的内战使法国四分五裂。

胡格诺派：法国的加尔文宗

到 1560 年，加尔文宗在以天主教为主的法国取得了重大发展。从日内瓦派来的牧师在较大的省城尤其成功，他们传播的福音吸引了有进取心的商人、专业人士和有技能的工匠。十分之一的法国人成了加尔文宗信徒或胡格诺派（Huguenot，对法国新教徒的称呼）信徒。胡格诺派信徒的政治力量比他们的人数要大得多，因为三分之一到一半的下层贵族信奉加尔文宗。加尔文宗之所以能够在法国贵族中流行，有两个原因：第一个原因是对上层阶级的模仿。每一位贵族的经济利益都依赖于他的庇护人，即一位有机会接触国王并能将工作和土地分配给其追随者的高级贵族。当一位高级贵族改信新教时，其贵族追随者往往也会改信新教，这些贵族追随者之所以这样做，一方面是因为他们对庇护人的忠诚，另一方面是因为庇护人有能力说服那些在经济上依附于他的人追随他的信仰。法国西南部一些贵族改宗的结果是，加尔文宗通过"一个名副其实的宗教网络"[3] 传播开来。

加尔文宗快速传播的第二个原因是贵族妇女的影响。法国国王弗朗西斯一世（1515—1547年在位）的妹妹昂古莱姆的玛格丽特（Marguerite of Angoulême，1492—1549）嫁给了纳瓦拉（一个位于法国和西班牙之间的独立王国）的国王，在纳瓦拉为胡格诺派传教士和神学家创造了一个避难所。她的榜样力量吸引了其他贵族女士加入胡格诺派的事业，法国宗教战争期间的许多胡格诺派领袖就是这些早期女性皈依者的儿子或孙子。玛格丽特的女儿让娜·达尔布雷（Jeanne d'Albret）在1560年公开宣布皈依加尔文宗之前，曾为加尔文宗的牧师提供了几年的赞助。在法国宗教战争期间，她的儿子亨利·波旁（Henry Bourbon，即纳瓦拉的亨利）成为胡格诺派的主要领袖，并最终结束了这场战争。

宗教战争的起源

和所有的内战一样，法国的宗教战争呈现出一种充满阴谋、出卖和背叛的令人困惑的模式。三个不同的派系构成了主要的参与者。第一个派系是王室，包括凯瑟琳·德·美第奇王后和她与亨利二世生的四个儿子，即国王弗朗西斯二世（1559—1560年在位）、国王查理九世（1560—1574年在位）、国王亨利三世（1574—1589年在位）、阿朗松公爵弗朗西斯（Duke Francis of Alençon，1554—1584），还有她的女儿玛格丽特·瓦卢瓦（Marguerite Valois，1553—1615）。王室仍然信奉天主教，但有时也与胡格诺派的人和解，玛格丽特就嫁给了一位胡格诺派的信徒。第二个派系是由统治纳瓦拉的波旁家族所领导的胡格诺派贵族。第三个派系是由吉斯家族领导的强硬的天主教徒。在凯瑟琳·德·美第奇的三个儿子先后执政期间，这三个派系一直在争夺控制权。

在体弱多病且不成熟的弗朗西斯二世统治期间，信奉天主教的吉斯家族控制了政府，并将对胡格诺派信徒的迫害提升到一个新的水平。为了应对这种迫害，一群胡格诺派贵族在1560年密谋要消灭吉斯家族。吉斯家族得到了风声，当阴谋者们三五成群地抵达位于昂布瓦斯（Amboise）的王室城堡时，他们中了早有防备的吉斯家族的埋伏，有的被淹死在卢瓦尔河里，有的被吊死在城堡庭院的阳台上。紧张的两年过后，即1562年，吉斯公爵经过瓦西（Vassy）镇时，此时一大群胡格诺派信徒正在谷仓里做礼拜。公爵的手下袭击了这些礼拜者，杀死了740人，打伤了数百人。

瓦西大屠杀之后，内战正式爆发了。在近40年的时间里，宗教战争削弱了法国的实力。大多数战斗是无决定性的，这意味着双方的军事优势都不会持续太久。双方都依靠各自的支持者，胡格诺派的势力主要在西南部地区，天主教徒的势力主要在巴黎和北部地区。除了军事行动之外，法国的宗教战争还引发了政治暗杀和屠杀。

圣巴托罗缪惨案

经过十年血腥而无结果的战争，王室家族试图通过与新教徒和解来解决冲突，亨利二世和凯瑟琳·德·美第奇的女儿玛格丽特·瓦卢瓦与纳瓦拉胡格诺派国王的儿子亨利·波旁的订婚表明了这种政策的转变。时年19岁的玛格丽特（也就是人们所熟知的玛戈王后）早已以其聪明才智和放荡不羁而闻名于世。让情况更加复杂的是，就在婚礼前夕，玛格丽特和另一个亨利、年轻的吉斯公爵发生恋情，而他是顽固的天主教派领袖。玛格丽特和纳瓦拉的亨利于1572年8月在巴黎举行了婚礼，所有胡格诺派领袖多年来第一次来到这个全副武装的天主教首都。对于吉斯家族来说，他们所有的敌人都聚集在了一个地方，这个诱惑太大了，于是他们策划了一个暗杀胡格诺派领袖的阴谋。也许是因为嫉妒胡格诺派信徒对她儿子查理九世国王的影响，凯瑟琳突然改变了立场，卷入阴谋。

她说服了意志软弱的国王下令屠杀聚集在巴黎的胡格诺派贵族。1572 年 8 月 14 日，即"圣巴托罗缪节"，巴黎人开始了大屠杀。在巴黎有 3 000—4 000 名胡格诺派信徒被屠杀，在法国其他地方有超过 2 万人被杀。纳瓦拉的亨利假装皈依天主教保住了性命，而他的大多数同伴被杀掉了。

凯瑟琳试图一举解决胡格诺派问题的做法失败了。纳瓦拉的亨利从王室的软禁中逃脱出来，把玛格丽特安置在一个偏僻的城堡里，然后回到了纳瓦拉，也回归了胡格诺派信仰，并再次加强了胡格诺派的抵抗。

宗教战争一直持续到已故查理九世的弟弟国王亨利三世被暗杀。查理九世和亨利三世都没有孩子，这使得纳瓦拉的亨利·波旁成为合法的王位继承人，尽管他是胡格诺派信徒。亨利·波旁成为国王亨利四世（1589—1610 年在位）。他认识到以天主教为主的法国永远不会接受一位胡格诺派的国王，因此，在 1593 年，亨利·波旁皈依了天主教，用他著名的俏皮话来说，就是："为了巴黎，接受天主教弥撒还是值得的。"大多数天主教徒对他的反对随之瓦解。亨利·波旁一成为天主教徒，就设法让教皇取消了他与玛格丽特的无子女婚姻，这样他就可以迎娶玛丽·德·美第奇（Marie de' Medici），并得到她丰厚的嫁妆。这位"亨利大帝"和蔼可亲，机智风趣，慷慨大方，极其宽容，成为法国历史上最受欢迎的国王，他通过非常强硬的统治重新统一了这个饱受战争蹂躏的国家。1598 年，他颁布了《南特敕令》，允许胡格诺派信徒在法国建立一个"准国家"，允许他们在自己的城墙内拥有自己的军队、教会组织和政治自主权，但禁止他们进入宫廷和巴黎。《南特敕令》是一种非常有限的宗教宽容行为，但在 16 世纪晚期的教派冲突中，它可能已经达到了政治所能允许的极限。

圣巴托罗缪惨案。新教画家弗朗索瓦·迪布瓦（François Dubois）描绘了 1572 年在巴黎街头对新教徒男女和儿童的无情屠杀。这次大屠杀是法国宗教战争中最血腥、最臭名昭著的一次，给人们留下了暴行的永久记忆。

图片来源：Dea / G. Dagli Orti / De Agostini Picture Library / Getty Images

尽管享尽盛名，亨利·波旁最终也沦为宗教狂热分子的牺牲品。1610 年，国王在经历了 18 次暗杀之后，被一名天主教狂热分子刺杀，这名狂热分子利用国王的马车意外地停在一辆装载干草的手推车后面的机会。天主教徒和新教徒都为亨利·波旁的死感到悲痛，谴责这次暗杀是一次疯狂行为。亨利·波旁的温和天性和宗教战争的惨烈让公众的态度变得缓和了一些。

最坚定的天主教国王腓力二世

　　法国最大的对手是哈布斯堡家族，哈布斯堡家族在神圣罗马帝国拥有广阔的领土，控制着皇帝的选举，并掌握着西班牙的王位。在 16 世纪晚期，哈布斯堡王朝的西班牙利用法国的弱势成为欧洲的主导力量。当皇帝查理五世（他曾是神圣罗马帝国的皇帝和西班牙国王）在 1556 年退位时，哈布斯堡家族在神圣罗马帝国的财产和皇位都给了他的弟弟斐迪南一世，其余的土地归他的儿子腓力二世（1556—1598 年在位）所有。腓力二世获得的遗产包括西班牙、米兰、那不勒斯、西西里、尼德兰、分散在非洲北部海岸的前哨、加勒比海地区的殖民地、中美洲、墨西哥、秘鲁和菲律宾。1580 年，他又继承了葡萄牙及其辽阔的海外帝国，包括从西非到香料群岛的一连串贸易站，以及广袤的未开发的巴西殖民地。

　　这个严肃、多疑、刻板的人以天主教事业的伟大保护者自居，他要让西班牙永远敌视穆斯林和新教徒。他首先将矛头指向西班牙穆斯林的后裔摩里斯科人（Morisco）。摩里斯科人接受基督教洗礼，但被怀疑秘密信奉伊斯兰教。1568 年，腓力二世颁布了一项法令，禁止一切形式的伊斯兰文化，并命令摩里斯科人将他们的孩子交给基督教神父进行教育。剩余的摩里斯科人最终在 1609 年被驱逐出境。

历史上的正义

信仰行动：忏悔的力量

16—18 世纪发生在西班牙和葡萄牙的信仰行动（auto-da-fé，中世纪西班牙异端裁判所的公判仪式）融合了国家的司法程序和天主教会的圣礼仪式。这种审判发生在由教会的审判官进行的司法调查结束时，在被告被判有罪之后。"信仰行动"目的是说服或强迫一个被判有罪的人忏悔。通过教会和世俗权威的合作，信仰行动将各种罪人、罪犯和异教徒聚集在一起，举行一场盛大的公共仪式，将告解圣礼的基本要素戏剧化，其中包括"痛悔"，即罪人承认自己的罪过，并为自己的罪过感到难过；"告明"，要求罪人向神父承认自己的罪行；"补赎"，即神父宽恕这个罪人，并施加某种惩罚。信仰行动将告解圣礼（尤其是"告明"和"补赎"）转变为对信仰的公开肯定和上帝正义的体现。

信仰行动象征性地预演了末日审判。通过此生承受肉体痛苦，灵魂可以减轻来世更严重的惩罚。宗教裁判所的官员强迫那些现在被认为是悔罪者的罪人、罪犯和异教徒组成游行队伍，穿过城市的街道，从大教堂走到市政厅或惩罚场所。这些游行队伍通常包括 30 名到 40 名忏悔者，但在危机时期，人数可能会更多。托莱多在 1486 年举行了三次信仰行动，其中一次的游行队伍由 750 名忏悔者组成，另外两次各有大约 900 名忏悔者。

1655 年在科尔多瓦举行的一次信仰行动表明了这种仪式的象征性特征。士兵们拿着用来点燃火刑柴堆的火把。紧随其后的是三个犯重婚罪的人，他们头上都戴着绘有他们罪孽的圆锥形帽子；四个同样戴着尖帽子的女巫，她们的帽子上描绘的是魔鬼；三个脖子上套着挽具，以显示他们是囚徒。罪人手持未点燃的蜡烛，表示他们缺乏信仰。在游行队伍中还有一些逃脱逮捕的罪犯的模拟画像。对于那些还没有来得及受惩罚就死去的人，他们的模拟画像会被装在棺材里游行。游行队伍中的罪人出现在他们的邻居和同乡面前，他们脱去了平常象征身份的标志，只穿着象征他们罪行的衣服。他们中间还会有这样几个人：他们穿着臭名昭著的"悔罪服"，这是一种背部有黄色条纹的束腰外衣或背心，头上戴着一顶绘有火焰的圆锥形帽子。这些人都是死不悔改或旧态复萌的罪人。

里斯本的信仰行动。"信仰行动"是一种戏剧性的忏悔形式，包括处决和有时烧死"旧态复萌"的异教徒，即那些至少曾经被判犯有异端邪说罪的人。

图片来源：AKG Images

　　游行队伍在市镇广场上的一个平台上结束，忏悔者在这个平台上公开忏悔，就像是在戏院的舞台上表演一样。忏悔者被迫双膝跪地，神父要求忏悔者忏悔并请求重新进入教会的怀抱。对于那些确实悔罪的人，传令官会宣布这样的判决，即他们将从炼狱的痛苦和信仰行动的火焰中被解救出来。该判决要求他们参加一定数量的周五忏悔游行，在公共场合进行自我鞭笞，或者在规定的时间内佩戴象征耻辱的徽章。那些没有悔罪的人将面临立即判决。

　　等待那些死不悔改者或旧态复萌的人是最可怕的折磨。被告如果在判决宣读之前认罪，那么这场信仰行动就成功了，基督教信仰战胜了它的敌人。因此，神父们会想尽一切办法让被告认罪，包括激情的演讲、羞辱和折磨，直到他们倔强的意志崩溃。被告如果在传令官宣读判决后认罪，那么刽子手就会在执行火刑之前先把他们勒死，但他们如果坚持到最后也不认罪，刽子手就会把他们活活烧死。在教会看来，拒绝忏悔对整个教会来说是一场灾难，因为火刑堆打开了通往地狱的窗户。他们当然更愿意看到教会的权威通过忏悔被承认，而不是看到撒旦的力量以一种如此公开的方式显现出来。

根据目击者的说法，人们在深深的恐惧中默默观看着信仰行动的暴力，他们与其说是害怕宗教审判官，不如说是害怕末日审判不可避免地到来。信仰行动的核心设想是肉体的痛苦可以拯救灵魂免于地狱的惩罚。正如一位当时的目击者所言，审判官"通过外部仪式来消除（罪人的）内心之罪"。教会当局认为，告解圣礼的公开仪式将对那些目睹信仰行动的人产生有益的影响，鼓励他们在面对上帝的审判之前忏悔自己的罪过。

腓力二世曾说过，他宁可失去所有的财产，宁可死一百次，也不愿做异教徒的国王（见本章"历史上的正义"专题）。他对新教徒的态度表明他是认真的。通过与英格兰的玛丽一世女王（1553—1558 年在位）结婚，腓力二世鼓励她迫害新教徒，但后来新教徒得到了复仇的机会。玛丽一世死后，她的同父异母的妹妹伊丽莎白一世拒绝了腓力二世的求婚，并于 1577 年签署了一项条约，同意帮助尼德兰的新教省份，而这些省份此时正在反抗西班牙。更糟糕的是，英格兰私掠船船长弗朗西斯·德雷克爵士（Sir Francis Drake，约 1540—1596）对信奉天主教的西班牙发动了一场个人战争，他袭击了从新大陆运输白银的西班牙船队。1587 年，德雷克对西班牙港口城市加的斯发动了一次大胆的突袭，这是他成功的巅峰时刻。他摧毁了抛锚的西班牙舰队和成千上万吨的重要补给，用他的话说，就是："烧焦了西班牙国王的胡子。"

作为报复，腓力二世组建了一支由 132 艘船和 3 165 门大炮组成的庞大舰队。1588 年，这支舰队从葡萄牙起航，与驻扎在尼德兰的西班牙军队会合，开始入侵英格兰。当这支所谓的"无敌舰队"穿过英吉利海峡时，遇到了一支由商船改装而成的小得多的英格兰舰队。由于无法像英格兰人那样在英吉利海峡的风中灵活机动，"无敌舰队"遭到了快速开火的英格兰大炮的猛烈攻击，损失惨重，被迫撤退到北部，结果在苏格兰和爱尔兰海岸的风暴中再次遭受损失。最后只有不到一半的舰队零星回国。这次失败严重动摇了腓力二世"天下无敌"的信念。

腓力二世的统治比任何时期都更能诠释那个时代的矛盾和紧张。没有哪位君主能像他那样掌握如此之多的资源和领土，但捍卫这些资源和领土的代价极其高昂。西班牙摇摇欲坠的政府机构给像腓力二世这样尽职尽责的国王带来了沉重的负担，即使是像他这样精力充沛、励精图治的国王也无法防止军事上的失败和财政上的破产。历史学家对腓力二世统治的记忆是一连串的国家破产以及尼德兰的荷兰省份——西班牙王冠上最珍贵的宝石——的丧失。

尼德兰革命

尼德兰拥有一些欧洲最富裕的城市，坐落在由湖泊、河流、海峡、河口和潮汐盆地组成的巨大网络之中，周期性的洪水带来了格外肥沃的土壤。尼德兰由 17 个省组成，每个省都有自己独特的身份、传统、甚至语言。南部省份主要讲法语，那些住在北方的人说着各种各样的弗拉芒语和尼德兰方言。在腓力二世成为西班牙国王时，他也继承整个尼德兰。凭借其特有的官僚主义思想，腓力二世将尼德兰事务视为管理问题，而非政治痛点，这种态度使尼德兰服从于西班牙的利益。外国的统治激怒了尼德兰人，他们长期享有包括自主征税和征兵在内的古老特权。

腓力二世对新教徒的严厉态度打破了这里天主教、路德宗、加尔文宗和再洗礼派团体之间的微妙平衡，而法国宗教战争导致的胡格诺派难民的到来也是如此。1566年，加尔文宗狂热分子占领了许多天主教堂，并毁坏了里面的绘画和雕像。

作为回应，腓力二世颁布了反对异端的法令，并强化了西班牙宗教裁判所的权威。在西班牙，宗教裁判所是君主政体的一个分支，负责确保宗教的一致性，但它被引入尼德兰之后，就变成了一个调查机构，致力于发现、审讯新教徒，必要时还会加以惩罚。

腓力二世还派遣了2万名西班牙士兵，由阿尔瓦公爵（Duke of Alba，1508—1582）指挥。阿尔瓦公爵曾经在北非参加过针对奥斯曼土耳其人的战争，曾击败神圣罗马帝国路德宗的诸侯。阿尔瓦公爵直接对新教徒发动攻击。他亲自主持了名为"除暴委员会"的军事法庭，这个法庭的残暴性臭名昭著，人们称其为"血腥委员会"。为了以儆效尤，阿尔瓦公爵有计划地将发生亵渎天主教形象的事件的几个小村庄夷为平地，并屠杀了所有的居民。他自己吹嘘说，在对抗叛军的战役中，他处决了1.8万人，这还不算那些死于战斗或被士兵屠杀的人。6万难民流亡国外，约占总人口的2%。

奥兰治亲王、"沉默者"威廉（1533—1584）组织尼德兰革命，反抗阿尔瓦公爵。在短短几年的时间里，"沉默者"威廉就长久地控制了荷兰和西兰两省，随后来自南部各省的加尔文宗难民蜂拥而至。

由于他的政策失败，阿尔瓦公爵于1573年被召回西班牙。阿尔瓦公爵离开后，没人能控制那些没有薪水的西班牙士兵，他们把愤怒的矛头转向忠诚于西班牙的城市，包括布鲁塞尔、根特，尤其是富裕的贸易中心安特卫普。安特卫普在这场"西班牙人的狂怒"中损失了7 000名居民和三分之一的房屋，这永久性地摧毁了安特卫普的繁荣。

阿尔瓦公爵的继任者、精明的政治家和将军帕尔马公爵（1578—

1592 年在位），最终征服了南部省份，那里仍然是西班牙的殖民地。然而，7 个北部省份在 1579 年统一，1581 年宣布从西班牙独立，1588 年正式成立共和国（见地图 15.2）。"沉默者"威廉成为新联合省的总督。1584 年他被暗杀后，他的 17 岁的儿子拿骚的莫里斯（Maurice of Nassau）继任总督一职。

尼德兰独立斗争使联合省的人口从信仰各种宗教转变为坚定的加尔文宗信徒。与英国的联盟获得了急需的财政和道义支持，加强了尼德兰人的新教身份，而西班牙"无敌舰队"未能让帕尔马公爵的军队登陆英国，这使独立的尼德兰得以延续。尼德兰人对西班牙进行了一系列零星的、没有结果的战争，直到 1648 年三十年战争结束，国际社会承认了尼德兰联省共和国的独立，即荷兰共和国。

教派分裂时期的文学

各地的教会和君主都强烈要求在言行上要遵奉宗教，这似乎会扼杀人们的创造力。然而，16 世纪晚期和 17 世纪早期却是创造性文学史上最突出的时期之一。一些文学家的作品确实被禁止了，还有一些与他们的君主有政治或个人方面的矛盾。但当时的争议似乎激发了伟大的作家，而不是抑制了他们的创造性。政治和宗教的动荡使他们超越了同时代许多人所关注的琐碎的宗教争论，提出了尖锐的关于人生意义的问题。重要的是，他们是用自己的母语这样做的。在这一时期，西欧的本土语言或方言成了文学语言，取代了拉丁语作为主要的表达形式，甚至对受过教育的精英也是如此。

宗教动荡时期的法国文学

法国王室于 1520 年和 1539 年分别颁布法令，让法语代替了拉丁

在 16 世纪晚期，北部的联合省从西属尼德兰分离出来。直到 1648 年，其他欧洲列强才承认联合省的独立。说法语和弗拉芒语的人之间的分界线并不对应于政治上的划分，这会产生什么样的影响呢？

语成为官方法律用语和政府文件用语。一个世纪后，随着法兰西文学院的成立，促进、保护和完善法语成为政府的政策。在这一关键时期，最伟大的法国散文大师是弗朗索瓦·拉伯雷（François Rabelais，1494—1553）和米歇尔·德·蒙田（Michel de Montaigne，1533—1592）。

拉伯雷接受的是律师方面的训练，后来成了一名修士和神父，但是由于被人怀疑信仰异端邪说而离开了教会，成为一名医生。拉伯雷的讽刺杰作是多传本长篇小说《巨人传》（*Gargantua and Pantagruel*），讲述了高康大和庞大固埃这两个巨人怪诞离奇的冒险故事。他结合了百科全书式的人文主义思想和惊人的语言创造，直到今天仍对幽默作家产生巨大影响。拉伯雷对人性的乐观看法，与他那个时代的宗教之争所引发的日益增长的焦虑形成了惊人的对比。拉伯雷有争议的作品被禁止，他被迫短暂流亡。

蒙田能够成为法语散文大师，这是颇具讽刺意味的。他的母亲是西班牙-犹太血统的天主教徒，小蒙田在他生命的前6年只说拉丁语，因为他的德语导师不懂法语。在一段不太成功的律师生涯后，蒙田隐退到家族庄园，通过写散文来发现自我，因为散文是一种非常适合反思自省的文学形式。在这些散文中，蒙田与因密友死于痢疾而产生的长期悲伤做斗争，他反思了自己经历的强烈病痛，并分析了法国宗教战争的荒谬原因。蒙田的散文是对生死意义的一系列深刻思考，在一个暴力而狂热的时代，这是一种平静而理性的声音。例如，在一篇散文中，他揭露了人类的傲慢："在所有生物中，最脆弱的是人类，而最自大的也是人类。"蒙田认为，人类自视为上帝最青睐的生物，这实在太自以为是了。他们怎么知道自己比其他动物优越呢？"当我和猫一起玩耍时，谁知道是猫戏我还是我戏猫？"[4]他本人对宗教的怀疑使他远离了那个时代狂暴的激情。在散文《论食人族》（*On the Cannibals*）中，他指出了基督徒的虚伪，他们谴责所谓的食人族印第安人，却为自己因为一些神学上的小争论而折磨和谋杀其他基督徒辩护。蒙田认为，一个真正有道德、真正信奉基督的人会理解和包容文化和宗教差异，而不是墨守《圣经》律法。

伊比利亚半岛黄金时代的萌芽

伊比利亚半岛的文学传统以多种语言兴盛起来，其中包括巴斯克语（Basque）、加利西亚语（Galician）、葡萄牙语、卡斯蒂利亚语和加泰罗尼亚语。这里最伟大的抒情诗人路易斯·瓦兹·德·卡蒙斯（Luís Vaz de Camões，1524—1580）在战斗中失去了一只眼睛，后来因为在一次街头斗殴中杀死了一名王室官员而被送往葡萄牙人控制的东印度群岛。几年后，他回到葡萄牙，完成了史诗《卢济塔尼亚人之歌》（*The Lusiads*，1572），歌颂瓦斯科·达·伽马发现通往印度的海上航线，这部史诗后来成为葡萄牙的民族诗篇。卡蒙斯以古代史诗为蓝本，尤其是古罗马最伟大的拉丁史诗《埃涅阿斯纪》，甚至让奥林匹斯众神来点评当时的人类事件。通过将葡萄牙与古代帝国的辉煌直接联系起来，卡蒙斯将他的葡萄牙同胞在亚洲的冒险提升为世界历史上的一个重要时刻。

西班牙在欧洲占据主导地位的时期也是西班牙文学的黄金时代。因为西班牙是在卡斯蒂利亚王室的领导下统一起来的，所以卡斯蒂利亚语就成为我们现在所说的西班牙语。最伟大的西班牙语文学家是米格尔·德·塞万提斯·萨维德拉（Miguel de Cervantes Saavedra，1547—1616），他是一名贫穷医生的儿子，没有受过多少正规教育。和卡蒙斯一样，塞万提斯也在许多冒险中幸存下来。他在勒班陀海战中失去了左手，在被阿尔及利亚海盗抓获后在奥斯曼帝国监狱中度过了五年的煎熬。这位残疾的老兵为马德里剧院写过剧本，还当过税吏，但仍因债务而多次入狱。为了拼命赚钱，塞万提斯在 1605 年和 1615 年分两部分出版了一部小说，这就是西班牙文学中最伟大的作品《堂吉诃德》（*Don Quixote*）。

作为现代小说的原型，《堂吉诃德》讽刺了骑士文学。塞万提斯呈现了两个层面的真实：一个是作为主人和梦想家的堂吉诃德的"诗意的真实"，另一个是他的侍从、现实主义者桑丘·潘沙（Sancho Panza）的"历史的真实"。堂吉诃德总是想入非非，他把风车当作恶龙，并向其发起攻击，而只有桑丘·潘沙指出了平凡的事实。塞万提斯探讨了这两种不协调的真实观之间的互动，以此作为对存在的一种哲学评论。对于塞万提斯来说，没有单一的客观真实，只有通过人物之间的互动所揭示的心理真实，这一思想与当时盛行的教条主义宗教真理形成鲜明对比。

伊丽莎白文艺复兴

在伊丽莎白一世（1558—1603 年在位）统治期间，文艺复兴传播到了英国。作为亨利八世和安妮·博林的女儿，少女时期的伊丽莎白危险重重，如履薄冰。她的父亲将她的母亲斩首，她被宣布为私生女，同父异母的姐姐玛丽以叛国罪将她囚禁在伦敦塔里。然而，在 1558 年登上王位后，她成为一位卓越的领导人。伊丽莎白确立了一种温和的新教作为官方宗教，避免了法国所爆发的那种宗教内战。在她的统治下，英国开始崛起为欧洲大国。也许最引人注目的是，她成为英国最伟大文学时代的赞助人和灵感来源。

"伊丽莎白文艺复兴时期"的主要代表人物是专业剧作家威廉·莎士比亚（1564—1616）。在包括伦敦泰晤士河南岸著名的环球剧院在内

英格兰女王伊丽莎白一世游行画像［布面油画，罗伯特·皮克（Robert Peake）创作于
1601 年前后，私人收藏］。廷臣们用轿子抬着女王伊丽莎白一世参加游行，她主导了英国
文学最辉煌的时代。
图片来源：Bridgeman Images

的一系列剧院里，莎士比亚创作、制作并出演了喜剧、悲剧和历史剧。
莎士比亚创作了大量的戏剧作品，其中一些作品含蓄地暗示了伊丽莎白
宫廷的政治，他不仅成了他那个时代最受欢迎的剧作家，而且成了英语
世界中最伟大的文学巨匠。他的作品的魅力来自他对人物心理的微妙理
解和对语言惊人的掌控力。和蒙田一样，对莎士比亚来说，真正知识的
来源是自知之明，而这是大多数人所缺乏的。骄傲和权力阻碍了人们认
识自我：

可是骄傲的人类，

一旦掌握了短暂的权力，

就会忘掉自己本质上是多么脆弱，

像一只愤怒的猿猴，

做出种种异想天开的伎俩，

让天使也会为他们的愚痴而哭泣。

——《一报还一报》（*Measure for Measure*）

第二幕第二场，第 117 行

与大多数同时代作家不同的是，莎士比亚的作品面向的是花钱前去看戏的广大观众，其中既有普通工人，也有受过高等教育的伊丽莎白宫廷的成员。这种吸引可以提供及时反馈的大量观众的需求帮助他磨炼了他作为剧作家的技能。

东欧的国家和教派

东欧的宗教多样性与西欧国家的宗教一致性形成了鲜明对比。在西欧，宗教争论激发了作家对人性的深入探究，但也使他们对表达不一致的宗教观点持谨慎态度。而在东欧，这一时期的作家和有创造性的人能够在相对宽容的氛围中探索各种思想。特别是在波希米亚和波兰，宗教多样性是在其他地方闻所未闻的。然而，在 16 世纪最后几十年和 17 世纪的前几十年，王朝自身的问题损害了东欧国家的相对开放性，使它们陷入了越来越具有宗教色彩的冲突之中。在神圣罗马帝国，皇帝"疯子"鲁道夫（Rudolf）的软弱使得宗教冲突不断恶化，为灾难性的三十年战争（1618—1648）埋下了祸根，在这场战争中，天主教和新教的诸侯们互相争斗。

在波罗的海周围，信奉路德宗的瑞典、信奉天主教的波兰－立陶宛和信奉东正教的俄国之间的敌对，在三个截然不同的政治和宗教国家之间的紧张对峙中形成了一种近乎永久性的战争状态。庞大的波兰－立陶宛联邦是整个欧洲权力最分散、宗教最多样化的国家。到了17世纪末，它在政治上权力仍然很分散，但已经成为天主教改革的一个活跃舞台，王朝政策坚定地支持罗马教会。在沙皇的威权主义统治下，俄国开始加强自身实力，成为一个主要的欧洲强国。

鲁道夫皇帝的梦想世界

在以16世纪的德意志为背景的歌德的《浮士德》（*Faust*）中，酒馆里的酒徒们唱道：

> 古老的神圣罗马帝国，
> 是怎么结合到一起的？[5]

这是一个很好的问题。就像后来伏尔泰所说的那样，神圣罗马帝国既不神圣，也不罗马，也不是帝国。作为一个权力特别分散的国家，它是如何结合到一起的呢？16世纪晚期，帝国只有1位皇帝，7位选帝侯，50位主教和大主教，21位公爵、侯爵和伯爵，88位独立的修道院院长和各种各样的高级教士，178位主权领主，大约80座自由帝国城市，还有成百上千名自由的皇家骑士。皇帝掌管一切，有帝国议会，但神圣罗马帝国实际上是一个非常松散的邦联，由半独立的、主要讲德语的国家组成。对于不适合自己的皇帝敕令，许多国家会选择置之不理。16 世纪上半叶，神圣罗马帝国面临诸多挑战，包括路德宗在帝国内部造成的动荡，法国在西部边境的无休止敌意，以及奥斯曼帝国在东部边境的持续威胁。只有查理五世的远见卓识和铁腕政策才使帝国得以维系。在后来的几代皇帝中，这种远见卓识和铁腕政策消失了，取而代之的是琐碎的王朝争端和软弱无能。

帝国体系的致命弱点在鲁道夫二世（1576—1612 年在位）统治期间变得最为明显。哈布斯堡家族有精神错乱的基因，这可以追溯到查理五世（1519—1558 年在位）和斐迪南一世（1558—1564 年在位）的母亲、"疯女"胡安娜（Joanna "The Mad"），而这两位碰巧是鲁道夫二世的外祖父和祖父，于是他身上有了双倍的哈布斯堡家族基因。在他当选皇帝后不久，鲁道夫二世就把他的宫廷从喧闹的维也纳搬到了波希米亚的美丽宁静的布拉格。鲁道夫二世害怕喧闹的人群和不耐烦的廷臣，对向他提出为难要求的外国大使态度冷淡，对诡计多端的亲戚多疑，在情绪上很容易反复无常，一会儿极度抑郁，一会儿狂躁万分，这些都使得鲁道夫二世很难胜任皇帝之职。事实上，许多同时代的人认为他疯得无可救药，当然，他们或许有自己的理由贬低他。鲁道夫二世肯定会有极度忧郁和非理性恐惧的时候，这可能是由基因或官能性原因造成的，但他很可能是被作为皇帝的难题搞得精神错乱的，这个职位把他困在了普世帝国的光荣理想和无道德原则的亲属们钩心斗角的卑劣现实之间。

由于无法治理国家，鲁道夫二世就把普世帝国的理想变成了一个奇怪的梦想世界。在布拉格，他的宫廷里聚集了一群才华横溢的人文主义者、音乐家、画家、医生、天文学家、占星家、炼金术士和魔法师，其中包括各种各样的重要思想家，如伟大的天文学家第谷·布拉赫（Tycho Brahe）和约翰内斯·开普勒（Johannes Kepler，1571—1630），还有声名狼藉的神秘哲学家乔尔丹诺·布鲁诺（Giordano Bruno）、理论数学家和占星家约翰·迪伊（John Dee），以及杰出的超现实主义绘画的创始人朱塞佩·阿钦博尔多（Giuseppe Arcimboldo）。其中许多人成了科学革命的核心人物，但鲁道夫二世也会上那些巧舌如簧、口若悬河的江湖骗子的当，其中包括声称发明了永动机的科涅利乌斯·德雷贝尔（Cornelius Drebbel）。然而，这个古怪的宫廷，与其说是皇帝令人绝望的痴呆的奇怪结果，不如说是表现了他对普世帝国的追求。鲁道夫二世试图维护帝国的文化和政治统一，消除宗教分歧，实现国内和平。在 16 世纪晚期，鲁道夫二世在布拉格的宫廷可能是唯一可以让新教徒、天主教徒、犹太人，甚至像布鲁诺这样的激进异教徒聚集在一起共同探究的地方。他们的目的是发现支配自然的普遍原则，这些原则将为建立统一的宗教和纠正社会弊病提供基础。这是一个崇高的梦想，虽然它完全不可能实现。

就在鲁道夫二世和他最喜欢的廷臣们沉浸在他们与世隔绝的梦想世界时，帝国内部的宗教冲突达到了沸点。由于没有一个强有力的皇帝，教派之争让帝国议会陷入瘫痪状态。1607 年，信奉天主教的巴伐利亚公爵吞并了路德宗信徒占多数的城市多瑙沃特（Donauworth）。尽管这位公爵的行为是非法的，鲁道夫二世还是被动地默许了，这引起了德意志新教徒的恐惧，他们担心 1555 年《奥格斯堡宗教和约》的原则有可能会被忽视。根据这一和约，诸侯和像多瑙沃特这样的帝国自由城市可以决定自己的宗教。巴伐利亚公爵侵犯了多瑙沃特作为自由城市的地位，这不仅危害了公民自由，也危害了宗教自由。在接下来的 10 年里，发生了 200 多起宗教叛乱或骚乱。1609 年，精神错乱的于利希－克莱沃公爵约翰·威廉（John William of Jülich-Cleves）死时没有留下直接继承人，而这个天主教公国最合适的继承者是两位路德宗的诸侯。

鲁道夫二世。在鲁道夫皇帝的宫廷里有许多富有创造力的人，其中有意大利超现实主义画家朱塞佩·阿钦博尔多，他专门用水果、蔬菜、鲜花和动物创作图像。这是他为鲁道夫二世创作的肖像。

图片来源：Erich Lessing / Art Resource, NY

如果让路德宗诸侯继承这个天主教公国，这将会严重破坏德意志天主教徒和新教徒之间的平衡。宗教局势越来越紧张。正如本书第16章将要描述的，此后不到十年，帝国就开始在三十年战争中逐渐瓦解。

波兰－立陶宛的文艺复兴

作为东欧的主要大国，波兰－立陶宛与瑞典为争夺东波罗的海的控制权展开了拉锯战，与俄国的扩张野心也展开了几乎持续不断的战争（见地图15.3）。然而，在16世纪晚期和17世纪早期，波兰－立陶宛经历了一场非凡的文化和政治复兴。这场复兴受到了意大利文艺复兴的影响，因为波兰－立陶宛与威尼斯共和国有牢固的商业和外交关系，还有与帕多瓦大学之间在知识上的联系。但在这一充满纷争的时期，波兰－立陶宛最显著的成就也许是其无与伦比的宗教宽容和议会统治。

1385年，波兰王国和立陶宛大公国松散地结合在一起。1569年，两国正式合并为波兰－立陶宛联邦。意大利文艺复兴时期的共和思想直接影响了波兰－立陶宛联邦的政治结构和价值观。波兰法学家在帕多瓦大学和博洛尼亚大学学习法律，在那里他们学会了将意大利的公民价值观应用到波兰。在这些影响下，波兰宪法保证，不经过色姆（Sejm，议会）的同意，就不能修改法律，不能征收新税，也不能限制人们的自由。这个联邦的新奇之处在于，被称为"施拉赤塔"（szlachta）的贵族通过控制地方议会把权力掌握在自己手中，而地方议会则控制着联邦议会。这些贵族占总人口的6.6%到8%，占波兰人口的近25%，而在除了西班牙之外的欧洲其他地方，贵族只占总人口的1%到3%。因此，波兰－立陶宛人口中享有政治权利的比例比欧洲其他任何国家都高得多。1573年，联邦议会在波兰实行了高度限制的君主政体。国王由议会选举产生，充其量是把他当作雇用来的经理来对待。当欧洲其他国家

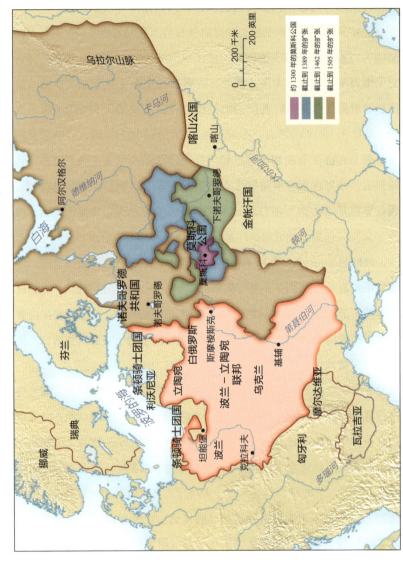

地图 15. 3 波兰－立陶宛和俄国

这些是欧洲领土面积较大的国家，但是与西欧国家相比，人口相对不足。俄国的扩张对波兰－立陶宛的长期影响是什么？

乌拉山脉

喀山公国

喀山

阿尔汉格尔

德维纳河

卡马河

下诺夫哥罗德

白海

莫斯科公国

莫斯科

金帐汗国

顿河

诺夫哥罗德共和国

芬兰

诺夫哥罗德

条顿骑士团国

利沃尼亚

白俄罗斯

斯摩棱斯克

第聂伯河

挪威

瑞典

波罗的海

条顿骑士团国

坦能堡

立陶宛

波兰－立陶宛联邦

基辅

波兰

克拉科夫

乌克兰

匈牙利

摩尔达维亚

瓦拉吉亚

多瑙河

约 1300 年的莫斯科公国

截止到 1389 年的扩张

截止到 1462 年的扩张

截止到 1505 年的扩张

0　　200 千米

0　　200 英里

走向更加威权主义的君主政体时，波兰却反其道而行之，走向更广泛的政治参与。

1573 年的华沙联盟禁止宗教迫害，使波兰－立陶宛联邦成为欧洲最安全、最宽容的地方。这里的宗教多样性是无与伦比的，包括罗马天主教、路德宗、加尔文宗、俄国东正教、再洗礼派、一位论派、亚美尼亚派和犹太教。然而，这些宗教团体是按照地理界线和社会界线严格划分的。路德宗信徒主要在一些德语城镇，波兰的农民仍然是天主教徒，立陶宛的农民是东正教徒，而许多贵族被加尔文宗吸引。

然而，在 16 世纪后期，波兰的许多新教徒回归或改信了罗马天主教。这一转变的关键是波兰贵族的态度发生了转变，他们本来提倡宗教多样性，因为他们相信宗教自由是政治自由的基石。天主教的复兴很大程度上要归功于斯坦尼斯劳斯·霍休斯（Stanislaus Hosius，1504—1579），他曾在意大利学习，后来回到波兰，先后担任外交官、主教和枢机主教。怀着意大利天主教改革的热情，霍休斯邀请耶稣会士来到波兰，并与教廷大使（教皇的外交代表）密切合作，组织了一场反对各种形式新教的运动。1565—1586 年，有 44 位波兰贵族在罗马的耶稣会学院学习。回国后，他们在波兰最重要的教会和政府机构任职。在许多波兰城镇，耶稣会学院如雨后春笋般涌现，吸引了贵族子弟和城市中产阶级的精英子弟。波兰国王和耶稣会之间的密切配合提高了天主教的社会威望。

与意大利有关的一切都充满了文化吸引力，这也吸引了许多波兰贵族回归天主教。随着精英教育的普及，天主教在很大程度上是通过劝说而非强迫回归波兰的，但这种转变并非没有产生暴力后果。路德宗、加尔文宗和波希米亚弟兄会的教堂被烧毁。在克拉科夫（Cracow），新教和天主教的激进分子之间的武装冲突导致了人员伤亡。1596 年，波兰国王和天主教狂热分子强迫联邦东部的东正教徒改信天主教。虽然允许保留他们的崇拜仪式，东正教徒不得不接受教皇的权威。尽管宗教敌意日益加剧，但波兰并没有像法国和尼德兰那样，在宗教问题上陷入内战。

并不是所有的波兰人和立陶宛人都把意大利的影响解释为肯定天主教的改革。扬·扎莫伊斯基（Jan Zamoyski，1542—1605）伯爵建立了"扎莫希奇"（Zamość），这是一个按照意大利模式设计的理想的文艺复兴时期风格的城市。扎莫伊斯基曾在帕多瓦学习，回到波兰后决定建造自己的"帕多瓦"。他邀请亚美尼亚人和犹太人以公民身份居住在这座新的城市里。他大力倡导公民自由和宗教宽容，反对王权，修建了一座罗马天主教堂、一座加尔文宗教堂、一座亚美尼亚东正教堂和两座犹太教堂。在扎莫伊斯基规划的城市里，西方世界的各种宗教每天都在相互对话，而这是波兰文艺复兴最吸引人的特点之一。

也许最引人注目的是犹太人在波兰的地位。在近代早期，波兰－立陶宛成为欧洲犹太文化的中心。犹太人把维尔纽斯（Vilnius）称为"新耶路撒冷"。犹太人有自己的议会，并派无选举权的代表参加联邦议会，这是一种不平等的公民身份，但保证了某些权利，这在欧洲其他地方是没有的。与欧洲其他地区不同，波兰－立陶宛的犹太人没有被强迫同化或四处躲藏，而是被允许建立自己独特的社区。

伊凡雷帝的棘手遗产

波兰尝试了由贵族主导的分权邦联制度，这严重限制了国王的权力，而俄国的做法正好相反。在15世纪晚期和16世纪，莫斯科大公成为俄国的沙皇，逐渐加强他们对"波雅尔"（boyars，主导俄国社会的上层贵族）的控制，挑战莫斯科公国的邻邦波兰－立陶宛和诺夫哥罗

扎莫希奇。位于波兰东部的扎莫希奇是文艺复兴时期风格的规划城市中最好的范例之一，它模仿了意大利帕多瓦的拱廊。

图片来源：Jtb Photo Communicati / AGE Fotostock

德共和国。

虽然已经很好地融入了欧洲外交共同体，并与西方邻国进行贸易，300 多年来，俄国一直处于"鞑靼铁轭"（指的是蒙古部落对这个国家的掠夺和杀戮）之下。伊凡三世（Ivan III，"The Great"，"伊凡大帝"，1462—1505 年在位）拒绝继续向蒙古人进贡，逐渐摆脱了"鞑靼铁轭"。

伊凡三世与拜占庭帝国末代皇帝的侄女佐伊（Zoë）结婚，这为他宣称俄国统治者是拜占庭帝国的继承者和东正教的唯一保护者提供了依据。东正教是俄国的国教。依照拜占庭帝国的传统，伊凡三世实行拜占庭帝国的宫廷仪式，他的顾问提出了"三个罗马"的理论。这一理论主

克里姆林宫。在 1712 年之前，莫斯科的克里姆林宫一直是俄国沙皇的政府所在地。克里姆林宫最初建于 1156 年，现在的围墙可以追溯到 16 世纪，反映了意大利建筑设计师对莫斯科的影响以及传统的拜占庭风格。这幅图展示了圣米迦勒大天使大教堂和伊凡大帝的钟楼。

图片来源：Wojtek Buss / AGE Fotostock

张，古罗马帝国的权力首先转移到拜占庭帝国，上帝通过奥斯曼土耳其人的征服惩罚了这个帝国；然后转移到莫斯科，因此莫斯科成为第三个也是最后一个"罗马"。伊凡三世以沙皇（"恺撒"）的名义来赞美这一理论。在其妻子的帮助下，他雇用了意大利建筑师来重建宫殿，即克里姆林宫。

在夺取诺夫哥罗德共和国的北部领土后，伊凡三世将俄国的疆域向北扩张至白海，向东扩张至乌拉尔山脉。1478 年，伊凡三世派军队到诺夫哥罗德，屠杀民众，废除议会，烧毁档案，终结了俄国北部丰富的共和传统。伊凡三世对立陶宛部分地区的入侵使俄国卷入了与波兰长达一个多世纪的冲突中。和西欧的其他君主一样,伊凡三世开始通过将贵族纳入国家官僚体系来控制他们。

伊凡三世的孙子伊凡四世（1533—1584 年在位）史称"伊凡雷帝",3 岁就继承了父亲的沙皇之位,夹在母亲、叔伯和波雅尔之间无数阴谋、未遂的政变和权力斗争之间。童年的创伤性经历和痛苦的脊椎疾病使他异常多疑,有很强的暴力行为倾向。在他 17 岁加冕之后,伊凡四世开始削弱公爵和波雅尔的权力,强迫他们放弃他们的世袭庄园。作为回报,他将土地重新分配给他们,让他们承担在战争中为沙皇服务的法定义务。通过削弱波雅尔的势力,伊凡四世在普通民众中获得了相当大的支持,甚至在流行歌曲中被称为"人民的沙皇"。起初,他是一位伟大的改革家,引入了法典和教会委员会。他把一半领土作为自己的领地,为军队建立了强大的财政基础,从而在与波兰－立陶宛和瑞典的长期战争中取得了军事胜利。

然而,伊凡四世不信任任何人,他与波雅尔的斗争导致他颠覆了自己的改革。他经常以叛国罪逮捕那些出国旅行的人。为了对波雅尔中的敌人进行残酷的报复,他开始实行恐怖统治,并犯下了可怕的暴行。他在 1570 年屠杀了诺夫哥罗德幸存的居民,他怀疑这些居民窝藏对波兰的同情分子,这使他有了"血腥暴君"的恶名。在他统治期间,波兰的威胁和波雅尔对他统治的反对暴露了俄国统一的脆弱性。

然后,在 1604—1613 年的"混乱时期",俄国陷入混乱状态。波雅尔家族为争权夺利而相互争斗,来自南方的哥萨克人（Cossack）发动了起义,波兰人和瑞典人公开干涉俄国事务。1613 年,国民议会选举了米哈伊尔·罗曼诺夫（Michael Romanov）为沙皇,这一"混乱时期"终于结束了,他的后代统治俄国直到 1917 年。17 世纪,罗曼诺夫王朝逐渐恢复了俄国的秩序,削弱了地方政府的独立性,并实行农奴制,把农民束缚在土地上。到 17 世纪末,俄国已经强大到足以作为一个大国重新进入欧洲事务。

结语:西方的分裂

在 16 世纪晚期和 17 世纪早期,隐藏的人口压力和经济压力侵蚀了许多欧洲人的信心和安全感,造成了普遍的不安全感。大多数人像迷茫的士兵一样撤退到某一个教派的堡垒后面,因为这里能为他们提供在其他地方无法得到的慰藉。为了弥补日常生活中可预测的缺失,各地的社会都实行了严格的规训,这种规训的对象涵盖了妇女、儿童、穷人、罪犯和所谓的女巫。对社会规训的狂热将对那些无法控制的事情(比如物价上涨)的恐惧转移到了最容易控制的人身上,特别是弱者、隶属者和那些被认为在某些方面与众不同的人。

在教派国家,宗教权威和政治权威联合起来,以法律或军事胁迫的方式来支持官方的宗教信仰。当一个国家存在多个教派时,例如在法国和尼德兰,其结果就是骚乱、暗杀和内战。因为宗教方面的差异,西方世界存在两种分裂:第一种分裂发生在存在多种教派的国家内部,在这里,不同的宗教团体为争夺政治权力和影响力而竞争。在这些国家,宗教成为爱国或反叛、对君主忠诚与否的判断依据。第二种分裂发生在国与国之间。在这种情况下,宗教成为划分敌友的依据。教派国家结成联盟,制定外交政策,发动战争。在随后的几个世纪里,宗教差异演变成意识形态差异,但是国家间的联盟应该通过一套共同的信念联系在一起这种观念从 16 世纪一直延续到今天。

在 17 世纪中期到 18 世纪，宗教认同和对宗教动荡的恐惧导致整个欧洲的君主建立绝对主义政权，试图通过建立强大的中央集权的国家来维护稳定。宗教宽容和政教分离的原则依然还很遥远，但是它们之所以成为可能，正是因为 16 世纪晚期和 17 世纪历史动荡的惨痛教训。

1651 年在伦敦出版的托马斯·霍布斯的《利维坦》卷首插画。统治者被描绘成融合了他所有臣民的身体，因为他们共同授权他来统治。

图片来源：Dea Picture Library / De Agostini / Getty Images

第 16 章

绝对主义与国家建构

1618—1715 年

1651 年，流亡法国的英国哲学家托马斯·霍布斯（Thomas Hobbes）确信西方已经陷入混乱。他环顾四周，看到的只有政治动荡、叛乱和内战。混乱开始于 16 世纪晚期，当时宗教改革引发了本书上一章所讲述的宗教战争。1618 年，局势恶化，又一轮政治冲突和战争爆发了。三十年战争（1618—1648）起初只是神圣罗马帝国的一场宗教和政治争端，但很快就演变成一场国际冲突，西班牙、法国、瑞典、英格兰和德意志的许多邦国卷入其中。这场战争给德意志经济和社会造成了严重破坏，大量人员死亡，迫使欧洲各国政府集结大批军队，并向国民征税以支付战争费用。整个欧洲的经济都受到了影响。

　　在 17 世纪 40 年代，部分上由于这场毁灭性的冲突，欧洲的政治秩序崩溃了。在英格兰，一系列血腥的内战导致了君主政体的毁灭和共和政体的建立。在法国，宪政问题引发的内战将王室赶出了巴黎。在西班牙，国王在他的四个领地面临叛乱。而在乌克兰，哥萨克人上演了一场针对波兰 - 立陶宛联邦的军事暴动，造成 100 多万人死亡。

　　霍布斯对这一多方面的危机提出了解决方案。霍布斯在《利维坦》（Leviathan，1651）这部论述政治权力起源的理论著作中认为，如果没有一个强大的政府，社会就会陷入持续的战争状态。在这个危险的世界里，生活很快就会变得"孤独、贫穷、肮脏、野蛮和短暂"（霍布斯名言）[1]。人们寻求政治稳定的唯一途径是与他们的同胞达成一致，将他们的独立权力移交给一个能制定法律、执行司法和维持秩序的统治者来组建一个政治社会。在这个社会里，统治者不与他人分享权力。他的臣民们既然同意赋予他如此广泛的权力，因而不可能抵抗他或推翻他。用来描述霍布斯所建议的政府类型的术语是"绝对主义"（absolutism）。从最一般的意义上来说，绝对主义是指这样一种政治安排：统治者拥有绝对的、至高无上的权力。

在 17 世纪和 18 世纪早期，许多欧洲君主试图实行绝对主义，以增加他们所统治的国家的财富和实力，但是这些努力总是会遭到抵制。大多数情况下，统治者和大臣们最终获胜，欧洲进入了"绝对主义时代"，直到 1789 年法国大革命爆发才结束。本章讨论的主要问题是：为什么有些欧洲统治者在实现这些政治目标方面比其他人更成功？

绝对主义的本质

17 世纪的绝对主义既有理论层面的内容，也有实践层面的内容。理论绝对主义者包括霍布斯这样的作家，霍布斯描述了国家权力的本质，解释了权力的获得和延续的条件。实践绝对主义者是指那些采取具体的政治措施来控制国家内部所有其他政治权力的统治者。

绝对主义的理论

当 17 世纪的政治作家谈到君主的绝对权力时，他们通常是指君主不与代议制议会分享制定法律的权力。例如，霍布斯把绝对统治者称为"唯一的立法者"，而绝对主义理论最早的倡导者之一、法国政治思想家让·博丹（1530—1596）在《国家六论》（*Six Books of a Commonwealth*,

1576）中指出，绝对统治者最重要的权力是自己制定法律的权利。

绝对统治者还声称自己凌驾于法律之上。这意味着，当君主出于国家利益行事时，也就是为了整个王国的利益，他们不必遵守国家的法律。他们也不用为自己的行为承担法律责任，因为没有更高的法律权威来评判他们。然而，凌驾于法律之上并不意味着君主可以专横、非法或专制地行事，尽管他们中的一些人有时会这样做。绝对主义理论家声称，在君主不是出于国家利益行事时，他们有义务尊重臣民的财产权利。在任何情况下，君主都应该遵守上帝的律法。

一些绝对主义理论家（不包括霍布斯）声称统治者的权力直接来自上帝。理论家们声称，这种"君权神授"的理论支持王权绝对主义，因为上帝只会赋予他所指定的统治者和他自己一样的权力。"君权神授"理论也支持这样一种绝对主义观点，即在任何情况下臣民都不能反抗他们的君主。

绝对主义的实践

欧洲君主们在追求绝对权力时采用了三种策略：第一种策略，他们试图废除或削弱国家立法议会。法国被历史学家认为是 17 世纪欧洲最具绝对主义色彩的国家，1614 年，国王停止了召集国家立法机构三级会议。在西班牙，君主们试图削弱各王国立法议会的权力，在德意志，许多诸侯不再咨询他们所在邦国的议会。

第二种策略，把贵族置于国王的控制之下，使他们依赖于国王的宠信。那些渴望在王国中拥有无可匹敌的权力的君主采取措施来让贵族听命于他们，他们镇压那些对其权威进行挑战的贵族，任命不同社会群体的人作为他们的首席大臣。但国王不能疏远这些富人和高官，因为他仍然要靠这些人来管理政府和维持地方秩序。因此，绝对君主会给贵族很多特权，如免税权、国王政府的职位，以及自由地剥削佃农，以换取贵族对国王绝对权威的承认。通过这种方式，贵族成为帮助绝对君主管理国家的伙伴。

第三种策略，绝对君主控制国家的行政机器，并利用它在整个王国执行国王的政策。绝对君主本质上是国家的建立者。他们建立了中央集权的官僚机构，将政府的权力延伸到最小的单位——城镇和村庄，以及王国最偏远的地区。这些由中央控制的官僚机构的职责包括收税、征募士兵和主持司法。有些绝对君主利用国家权力来推行和维持宗教上的一致性。随着 17 世纪的发展，他们也使用同样的权力来调节粮食价格，刺激工业的发展，缓解穷人的困境。可见，绝对主义政策影响着每一位臣民的生活，而不仅仅影响贵族和王室议员。

战争和绝对主义国家

17 世纪欧洲国家的发展与战争密切相关。从 1600 年到 1721 年，欧洲列强几乎战争不断。为了满足战争的需要，统治者开始建立常备军。到 17 世纪中叶，三十年战争结束后，大多数欧洲国家有了这样的常备军。这些军队不仅在对外战争中为统治者服务，而且帮助统治者维持国内秩序和执行王室的政策。常备军成为王室绝对主义的主要支柱之一。

欧洲军队的规模也在扩大，在很多情况下扩大了 2 倍。16 世纪 90 年代，西班牙的腓力二世以 4 万人的军队雄霸欧洲。相比之下，到了 17 世纪晚期，法国的路易十四需要一支 40 万人的军队才能称霸欧洲大陆。这些军队规模的扩大部分源于 15—16 世纪火药的引进并被广泛使用。火药导致了滑膛枪的广泛使用，这是一种由步兵携带的重型肩扛步枪。使用滑膛枪需要招募和装备大量步兵，他们排成方阵行进，手持长矛以保护滑膛枪手免受敌人的攻击。随着步兵部队规模的增大，在中世纪战争中占主导地位的骑兵的地位随之下降。

军事技术和战术的变化也要求加强军事训练。在中世纪，骑在马上的骑士战术精湛，但他们不需要和其他士兵配合（见本书第 11 章的"军事革命"一节）。然而，17 世纪的步兵必须学会列队行进，协调行动，并在不伤害战友的情况下开火。因此，他们需要军训。训练活动在和平时期和战争时期都在进行。国家开始给成千上万的士兵提供统一的军服，这给训练有素的战斗部队带来进一步的团结和凝聚力。

招募、训练和装备这些庞大军队的费用是惊人的。在中世纪，领主们通常有足够的资金来组建自己的私人军队。到 17 世纪初，只有国家才有能力装备一支新军队上战场。同样的情形也发生在海军身上，此时的海军由全副武装的大帆船组成，每艘船上载有多达 400 名水手。为了组建这些庞大的陆军和海军，以及支付不断增加的发动战争的成本（从 1530 年到 1630 年增加了 500%），政府必须找到提高税率和征收税款的新方法。在战争时期，高达 80% 的国家收入用于军事目的。

军队的装备和训练，以及为补贴军费所需的财政收入的征收和分配，刺激了国家官僚机构的扩充和完善。政府雇用了数千名新官员来监督新税的征收。为了提高税收体系的效率，政府经常采用全新的行政体系。有些国家完全重组了它们的官僚机构，以应付战争的需要。它们设立了新的部门来监督士兵的招募、装备和制服的制造，以及舰队的建设和部队的战时供应。

法国和西班牙的绝对主义政权

最早成为绝对主义国家的两个欧洲君主国是法国和西班牙。然而，这两个国家政治发展的道路是截然不同的。法兰西王国成为绝对主义国家建构的典范，并逐渐成为欧洲最强大的国家。相比之下，西班牙君主国是在国家整体经济状况恶化、军事力量遭受一系列失败的情况下努力推行绝对主义的。

法国绝对主义的基础

法国最早试图确立绝对主义是在路易十三统治时期（1610—1643年）。在路易十三8岁时，一个天主教刺客杀害了他的父亲亨利四世（1589—1610年在位）。在路易年少时，由母亲玛丽·德·美第奇摄政。在这段摄政时期，贵族各派系钩心斗角，争权夺利，暴露了君主政体的主要弱点，即王国内部贵族世家之间相互争斗。最直接地解决这个问题的政治家是路易十三的主要顾问，枢机主教阿尔芒·让·迪·普莱西·德·黎塞留（Armand Jean du Plessis de Richelieu，1585—1642），他于1628年成为国王的首席大臣。黎塞留致力于将法国的权力集中在国王一人身上。

黎塞留最迫切的任务是要使独立的贵族服从国王，使他们的地方权力服从于国家权力。他粉碎了几起由贵族领导的阴谋和叛乱，限制了省级议会和八家国家地方高等法院（法国的最高法院）的独立权力。黎塞留的伟大行政成就是加强了监督官制度。这些从专业阶层和较低等级的贵族中招募的受薪王室官员，成为法国地方行政的主要代理人。他们只对王室枢密院负责，职责包括征税、监督地方行政和为军队招募士兵。

对黎塞留来说，最具挑战性的任务是增加政府的赋税收入，这个任务在战争时期变得更加迫切。向法国人征税一直是一个微妙的事情，因为国家的需要会与各种社会群体的特权发生冲突，比如享有免税权的贵族，以及像布列塔尼这样声称有权自行向百姓征税的省份。黎塞留运

枢机主教黎塞留［布面油画，菲利普·德·尚佩涅（Philippe de Champaigne，1602—1674）创作于 1642 年］。黎塞留奠定了法国绝对主义的基础。

图片来源：National Gallery, London, UK / The Bridgeman Art Library

用了多种策略，使土地税的收入在 1635 年到 1648 年增加了三倍。为了增加赋税，他还向公职人员征税。即便如此，赋税仍不足以满足战争的巨大需求。

黎塞留的门生和继任者儒勒·马萨林（Jules Mazarin，1602—1661）延续了前任的政策，但他未能阻止 1648 年爆发的内战。这场对法国政府的挑战被称为"投石党运动"（对巴黎一种游戏的蔑称，在这种游戏中，孩子们向过往的马车扔泥巴）。这场运动可以分为两个阶段：第一个阶段为 1648—1649 年的高等法院投石党运动，这一阶段始于所有省级高等法院中最重要的巴黎高等法院的法官拒绝登记一条要停发他们四年薪水的国王敕令。这一抵抗行为导致要求国王签署一份限制王权的文件。叛乱者在巴黎的街道上设置了路障，迫使王室成员逃离了这座城市。第二个阶段为更为激烈的亲王投石党运动，从 1650 年一直延续到 1653 年。在此期间，孔代亲王（Prince de Condè）和他的贵族盟友向政府发动战争，甚至与法国的敌人西班牙结盟。直到孔代的军队战败之后，整个叛乱才被平息。

投石党运动是 17 世纪法国政权的重大危机。它显示了国王及其大臣们不得不与之抗衡的地方势力、贵族势力和法律力量的强大。但是，从长远来看，这些势力和力量并没有摧毁黎塞留和马萨林的成就。到 17 世纪 50 年代后期，破坏得到了修复，国家经济恢复了增长。

路易十四统治时期的绝对主义

在接下来的 50 年里，主持法国国家发展的是国王路易十四（1643—1715 年在位）。在马萨林于 1661 年去世后，路易十四直接控制了政府。在绝对君主制的时代，路易十四傲视群雄。作为 17 世纪最强大的统治者，他的名声不仅源于他所奉行的政策，也源于他所塑造的形象。艺术家、建筑师、剧作家和他的随行人员帮助国王树立了至高无上的威严和权威的形象。国王的肖像画和雕塑描绘了他穿着华丽的衣服，手持权杖，表现出几近傲慢的帝王优越感。在距离巴黎大约 10 英里（约 16 千米）的凡尔赛，路易十四建造了一座装饰华丽的宫殿，后来这里成了他的主要住所和宫廷中心。宫殿的建筑风格是巴洛克风格，强调了建筑的规模和宏伟，同时也传达了不同部分之间的统一和平衡感。巴洛克风格的建筑的立面赋予这些建筑一种动感，很容易引起观众的情感反应。巴洛克风格因其繁复和浮华而受到同时代人的诟病，但是它对那些绝对君

1682 年后作为路易十四宫廷中心的凡尔赛宫。这座宫殿建于 1669—1686 年。它的巨大、宏伟和它强加在景观上的秩序感使它成为王权绝对主义的象征。
图片来源：Erich Lessing / Art Resource, NY

主很有吸引力，因为他们想要强调自己在社会中无可匹敌的地位，以及要给他们的王国带来秩序和稳定的决心。

　　凡尔赛宫的宫廷生活完全以国王为中心。宫廷演出把自称"太阳王"的路易十四描绘成太阳神阿波罗。凡尔赛宫气势恢宏的镜厅里的绘画记录了国王的军事胜利，提醒着人们他无与伦比的成就。路易十四接见客人的例行公事使他和廷臣之间产生了适当的距离，也使他的臣民处于一种期望得到国王恩宠的恭顺状态。

　　路易十四最伟大的政治成就是获得了古老贵族世家的完全忠诚和

依赖。为了实现这一目的，他首先要求这些古老家族的成员每年都要来凡尔赛宫待一段时间，住在王宫的寓所里。在凡尔赛宫，路易十四让他们参与到宫廷生活精致的文化活动以及强调他们要对国王臣服的仪式中。他还禁止这些贵族在政府中担任要职，这一策略旨在防止他们在官僚机构中建立独立的权力基础。相反，他从商人和专业阶层中招募人手来管理他的政府。这种驯服贵族并剥夺他们中央行政权力的政策只有在他们得到回报的情况下才能奏效。像西欧所有的绝对君主一样，路易十四利用他所掌握的资源，授予贵族财富和特权，以换取他们对国王的忠诚。在这种情况下，君主和贵族为彼此的利益服务。

在实际的政府运作中，路易十四继承并完善了黎塞留和马萨林的中央集权政策。1661 年马萨林去世后，时年 23 岁的路易十四成为自己的首席大臣，亲自主持负责监督政府工作的枢密院。政府最高层的一系列议事会制定政策，然后由各部门的大臣来实施。各省的监督官变得比在黎塞留和马萨林时期更为重要，特别是为王室军队提供食物、武器和装备等方面。监督官得到了当地法官、市议会和教区神父的配合以及当地居民的服从。必要时，他们可以借助王室军队来执行国王的政策，但多数情况下，他们更倾向于与地方官员进行更有效的谈判和妥协。这个系统如果正常运行，就能让国王做出直接影响到 2 000 万臣民生活和信仰的决定。

在 17 世纪晚期，法国政府也参与到国家的经济和金融生活之中。对政府权力的增加负有主要责任的大臣是让 - 巴蒂斯特·科尔贝（Jean-Baptiste Colbert，1619—1683），他是马萨林的门生，在 1661 年成为财政大臣。科尔贝出身于一个商人家庭，被旧贵族所鄙视，他是路易十四招募的那种政府官员的缩影。科尔贝受委托监督整个国家的赋税系统，通过削减收税人员的份额增加了王室的收入。

更重要的是，科尔贝为了政府的利益而开发了国家的经济资源。这套政策背后的理论是重商主义，即国家的财富取决于其出口商品超出进口商品的能力，其目标是确保世界货币供应的最大份额。科尔贝扩大了法国商船队的规模，建立了海外贸易公司，并对法国的商业对手征收高额关税。为了使法国经济自给自足，他鼓励法国纺织业的发展，改善了道路状况，在整个王国修建了运河，并降低了一些严重阻碍国内贸易的通行费。

路易十四统治期间，他最具干涉性地行使国家权力就是决定实行宗教统一。1598 年，《南特敕令》赋予法国的加尔文宗信徒（胡格诺派信徒）信仰自己宗教的自由。路易十四认为，在他的王国内这个胡格诺少数派的存在是对其秩序感的公然冒犯。因此，1685 年，他撤销了该敕令，从而剥夺了约 100 万臣民的宗教信仰自由。军队强迫公众皈依天主教，并关闭了新教教堂。大量的胡格诺派信徒移民到了荷兰、英国、德意志和北美。为了实现路易十四"一位国王，一部法律，一套信仰"的理想，绝对权力的行使给普通民众的生活造成了极大的破坏，这在17 世纪的其他国家是很少见的。

路易十四和绝对主义文化

路易十四成功地影响和改变了法国文化，这进一步体现了法国绝对主义政府的权力。国王经常充当艺术赞助人，为艺术家、作家和音乐家提供收入，并资助文化和教育机构。路易十四把这种王室赞助提升到了一个新的高度，因此他控制了思想的传播和文化生产。在路易十四统治期间，来自宫廷的王室赞助将国王的影响扩展到了整个文化领域。凡尔赛宫的建筑师、创作那些悬挂在走廊和画廊里的关于历史场面的绘画的画家、写作剧院里表演的戏剧和歌剧的作曲家、制作用来装饰房间的国王半身像的雕塑家、颂扬国王成就的历史学家和小册子作者，所有这些人都受益于路易十四的直接财政支持。

路易十四的大部分资助流向了文化机构。1661 年，他接管了美术学院，1669 年创立了音乐学院，1680 年特许成立了一家剧院，即法兰西喜剧院（Comèdie Française）。17 世纪晚期的两位伟大的法国剧作家，让－巴普蒂斯特·莫里哀（Jean-Baptiste Molière，1622—1673）和让·拉辛（Jean Racine，1639—1699）都受益于他的资助，前者是法国高雅喜剧的创始人，后者以古典风格创作悲剧。路易十四甚至还资助创办了一份新期刊《学者报》（*Journal des savants*），作者们可以在这里发表自己的观点。1666 年，路易十四将他的资助扩展到科学领域，建立了法兰西皇家科学院（Académie des Sciences），这一机构有两大目标：一是推广科学知识，二是颂扬国王。法兰西皇家科学院还改进了船舶设计和航海技术，从而使国家受益。

在所有受益于路易十四资助的文化机构中，法兰西学术院（Académie Française）对法国文化的影响最为深远。这个由文学学者组成的学术机构成立于 1635 年，旨在规范法语并保持其完整性。1694 年，在路易十四成为法兰西学术院赞助人 22 年后，第一本官方法语词典出版了。每个单词都有了明确的拼写和定义，这种统一语言的成就反映了路易十四文化影响的普遍性，以及成为他统治时期典型特征的对秩序的追求。

路易十四的战争（1667—1714）

科尔贝的财政和经济政策，加上卢瓦侯爵（Marquis de Louvois）的军事改革，为法国创建强大的军事机器奠定了基础。1667 年，路易十四开始释放其全部潜能，他的军队规模是 1494 年入侵意大利时的法军的 20 倍，在 1667—1714 年，他与欧洲列强进行了四场战争。他发动这些战争的目的都是为了获得领土（见地图 16.1）。在 17 世纪 60 年代，路易十四把他的目光主要放在他的王国东部边境德意志和西班牙在莱茵兰地区的领土上。然而，当时的人认为，他的想法比传统的法国王朝更加具有野心。17 世纪 60 年代后期，国王的宣传者声称路易十四心怀建立"世界君主国"或"绝对帝国"的梦想，这让人想起古罗马帝国、9 世纪的查理曼帝国和 16 世纪的查理五世的帝国。

路易十四终究未能实现他的帝国梦想。1688 年，在他对莱茵河沿岸的德意志城镇发起进攻后，英国、荷兰共和国、西班牙和奥地利组成了一个反法同盟。最终，面对这些盟国的军事力量的联合，法国被迫在多个不同战线（包括北美）作战，而且无法筹集足够的税款来支持战争，法国被迫于 1697 年议和。《里斯维克和约》标志着法国扩张的一个转折点，为下个世纪势力均衡的建立奠定了基础，即各国结成同盟以防止某一国家支配其他国家。

然而，《里斯维克和约》并不标志着法国扩张野心的结束。1701 年，路易十四再次发动战争，这一次是为了让法国波旁王朝的候选人、他的孙子安茹公爵腓力（Duke Philip of Anjou）登上西班牙王位。西班牙国王查理二世（1665—1700 年在位）智力低下，性无能，长期疾病缠身，行将就木却没有继承人，这造成了一场继承危机。1698 年，欧洲列强达成协议，将西班牙土地分给路易十四和神圣罗马帝国皇帝，他们都是查理二世的姐夫。然而，根据他的遗嘱，查理二世将西班牙王位和所有海外领地都留给了腓力。法国得到的这笔遗产比根据《里斯维克和约》得到的要多。这份遗嘱若得到执行，比利牛斯山脉将不再构成法国和西班牙之间的政治屏障，而是法国作为两个王国中较强的一个将会控制欧洲和美洲前所未有的广阔领土。

再次梦想建立世界君主国的路易十四拒绝了 1698 年达成的协议，

地图16.1　1679—1714年法国获得的领土

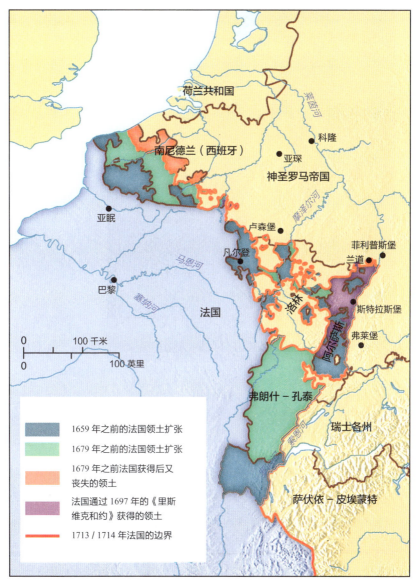

路易十四认为莱茵河是法国东部的天然边界，1659年和1697年获得的领土让法国的疆域达到了这一边界。为什么法国奉行向莱茵河扩张的政策？

路易十四身穿戎装的肖像。他左侧的桌子上放着他用羽毛装饰的头盔和王冠。
这幅肖像是在法国战争期间画的，背景是一艘法国帆船。
图片来源：Erich Lessing / Art Resource, NY

转而支持查理二世的遗嘱。英国、荷兰和奥地利组成了一个大联盟来对抗法国和西班牙。经过一场漫长而代价高昂的战争，即众所周知的西班牙王位继承战争（1701—1713），这个联盟的成员主导了《乌得勒支条约》（1713）的制定。腓力患有间歇性躁狂抑郁症，数日不穿衣服，也不出门，以腓力五世（1700—1746 年在位）的身份继续做西班牙的国王，但前提是法国和西班牙永远不能统一。西班牙将其在尼德兰和意大利的领土割让给奥地利的哈布斯堡王朝，并将其位于地中海入海口的战略性港口直布罗陀割让给英国。英国还获得了法属加拿大的大部分地区，包括纽芬兰和新斯科舍（Nova Scotia）。该条约粉碎了路易十四建立世界君主国的梦想，确立了欧洲新的势力均衡。

法国在北美领土的丧失、战争的财政需求给赋税制度带来的压力，以及这场战争对法国商业实力的削弱，使得 1715 年路易十四死时的法国比 17 世纪 80 年代还要衰弱。尽管如此，一个世纪以来法国国家建构的主要成果仍然存在，包括一个使政府可以对臣民行使前所未有的控制的、庞大而整合良好的官僚机构，以及一支欧洲最强大、装备最精良的军队。

西班牙的绝对主义和国家建构

西班牙 17 世纪的历史几乎总是以失败为前提，因为这个国家从 16 世纪晚期开始经历了一段漫长的经济衰退。随着人口的急剧减少，在一系列无能国王的统治下，君主政体逐渐衰弱。雪上加霜的是，这个国家遭受了一系列的军事失败，其中大部分是败给了法国人。结果，西班牙失去了其欧洲主要强国的地位（见地图 16.2）。到 18 世纪早期，西班牙已经大不如前，其文化也反映了不确定性、悲观情绪和对昔日帝国荣光的怀念。然而，所有这些失败都不能掩盖这样一个事实：西班牙和法国一样，在 17 世纪经历了一段时期的国家构建，它的政府也和法国一样，倾向于绝对主义。

1600 年，西班牙君主统治的领土比法国的还要多，但它的许多公国和小王国拥有的独立性甚至比法国最偏远的边缘省份拥有的独立性都要大得多。这个君主政权的中心是卡斯蒂利亚王国，其首都在马德里。这个王国是伊比利亚半岛上最大也最富裕的国家。1479 年，当卡斯蒂利亚女王伊莎贝拉（1474—1504 年在位）的丈夫阿拉贡国王斐迪南二世

地图 16.2　西班牙在欧洲势力的衰落（1640—1714）

苏格兰

爱尔兰

北海

丹

荷兰共和国
(1648)

阿姆斯特丹

布雷达 ● 明斯特

英格兰

安特卫普 ● 科隆

布鲁塞尔 列日 ● 美因茨

伦敦

阿图瓦 佛兰德

科尔比 卢森堡

大西洋 罗克鲁瓦

巴黎

弗朗什 - 孔泰

瑞士

里昂 日内瓦

法国 萨伏依公国 米兰

波尔多 都灵 米兰公国

比斯卡亚 马赛 热那亚
(1631—1632)

富恩特拉比亚 鲁西永 尼斯

阿拉贡 佩皮尼昂 科西嘉岛
(1648)

葡萄牙 马德里 加泰罗尼亚
(1640) (1640—1652)

巴塞罗那 撒丁岛

里斯本 托尔托萨

托莱多 梅诺卡岛
（1713 年之后归英格兰）

巴伦西亚

塞维利亚 巴伦西亚 马略卡岛
(1641)

安达卢西亚 格拉纳达 地中海
(1641)

加的斯 阿尔及尔

丹吉尔 直布罗陀 突尼斯
（1713 年后归英格兰）

阿尔及利亚

尼德兰联省共和国和葡萄牙的独立是西班牙最惨重的领土损失。1659 年对法国和 1714 年对奥地利
的军事失败导致了其他大部分领土的损失。为什么西班牙在这一时期的军事成就不如法国？

施特拉尔松德

马格德堡

萨克森

德累斯顿

布拉格

巴伐利亚

维也纳

奥地利

因斯布鲁克

施蒂里亚

卡林西亚

匈牙利王国

的里雅斯特

威尼斯

曼图亚

黑海

教皇国

拉古萨

罗马

那不勒斯

那不勒斯王国

(1647)

巴勒莫

西西里岛

（1647、1674）

（1714年后归萨伏依公国）

奥

斯

曼

帝

国

0   300 千米

0   300 英里

（1479—1516年在位）登基时，卡斯蒂利亚王国就与阿拉贡王国合并了。然而，这两个王国在合并之后继续作为独立的国家存在，每个国家都有自己的代议机构和管理系统。此外，它们都包含了较小的、半自治的王国和省份，而这些王国和省份都保留了各自独特的政治制度。在伊比利亚半岛之外，西班牙君主统治着位于尼德兰、意大利和新大陆上的领土。

在17世纪，除了君主政体之外，唯一为所有这些西班牙领土提供统一行政管理的机构是西班牙宗教裁判所，这是一个高度集权的教会法庭，在马德里有一个最高委员会，在西班牙、意大利和美洲的不同地区有21个地方法庭。

17世纪，西班牙君主政体面临的巨大挑战是如何将西班牙的各个王国和公国整合成一个高度中央集权的国家，并使国家机构更加高效，更加成功。为实现这些目标而做出最持久努力的政治家是精力充沛的威权主义者奥利瓦雷斯伯爵－公爵（Count-Duke of Olivares，1587—1645），他任职于西班牙国王腓力四世（1621—1665年在位）统治时期，与黎塞留是同时代人。奥利瓦雷斯面临着一项艰巨的任务。由于几十年的战争，17世纪20年代的西班牙王室一文不名，卡斯蒂利亚王国已经破产，整个国家进入了长期的经济衰退期。

为了解决这些深层次的结构性问题，奥利瓦雷斯提出了对整个金融体系的改革，建立国家银行，并对卡斯蒂利亚的城镇和村庄征收新税以取代消费税。他还试图让西班牙的所有王国和公国按比例为国防做出贡献。他的目标是将整个半岛统一成一个像法国那样有凝聚力的西班牙民族国家。这一政策意味着要压制各个王国和公国的历史特权，并将每个地区直接隶属于国王。换句话说，这是一项建立在王权绝对主义原则之上的政策。

在国家建构的成就方面，奥利瓦雷斯无法与法国的黎塞留相比。

三个因素解释了他的失败：第一，赋税政策遭到卡斯蒂利亚内部的反对，特别是各大城市议会的反对。第二，西班牙在整个 17 世纪一直面临的问题是军事上的失败。西班牙在三十年战争的最后阶段败给法国，这加剧了西班牙的金融危机，也使君主无法利用通常由军事胜利带来的威望。第三个也是最严重的因素是将西班牙的边远地区隶属于卡斯蒂利亚王国的政策遭到反对。周边的王国和省份坚决维护各自的法律和自由，特别是维护它们自己议会的权力。在西班牙被法国和荷兰打败后，奥利瓦雷斯对这些边远的王国和省份施加了更大的压力，要求它们为战争做出贡献，这使得问题变得更加严重。在奥利瓦雷斯任职期间，西班牙在葡萄牙、加泰罗尼亚、西西里和那不勒斯都面临分裂主义叛乱。除了在 1640 年恢复主权的葡萄牙之外，西班牙王室设法保住了自己的省份和意大利领土，但未能将这些地区置于中央政府的控制之下。

到了 17 世纪晚期，即路易十四统治时代，西班牙君主制的相对衰弱变得尤为明显。在两个重要方面，西班牙政府的成就无法与法国相提并论：首先，西班牙永远无法摆脱旧贵族世家对中央行政的控制。贵族们不愿从社会上的商业群体和专业群体（在西班牙，这些群体本来就很弱小）中招募大臣和官员，这不利于提高官僚体系的效率，也使得创新几乎不可能。其次，与科尔贝任职期间的法国政府不同，西班牙政府未能鼓励经济增长。贵族统治阶级对商业事务的敌意，再加上西班牙传统上不愿效仿外国人（尤其是当外国人是新教徒时），使得西班牙无法遏制本国的经济衰退，也无法解决所面临的严峻的财政问题。更糟糕的是，西班牙政府未能提高税收体系的效率。

17 世纪在卡斯蒂利亚上层社会盛行的不良情绪反映了政府和整个国家的失败。腓力二世（1555—1598 年在位）统治时期君主的辉煌成就与 17 世纪晚期的阴郁现实形成鲜明的反差，导致统治阶级的大多数

迭戈·德·委拉斯开兹为西班牙王位继承人巴尔塔萨·卡洛斯（Baltasar Carlos）王子创作的画像。这幅画描绘了 6 岁的王子骑在一匹前蹄凌空而起的骏马之上，意在暗示西班牙王室正在失去军事和政治权力。1646 年，卡洛斯王子还没来得及继承王位就去世了。

图片来源 Erich Lessing / Art Resource, NY

成员退回到过去，而这种怀旧情绪只会进一步助长经济和政治停滞。17世纪西班牙最伟大的作家塞万提斯的作品就反映了西班牙民族情绪的这种变化。在 1605 年和 1615 年，塞万提斯分两部分出版了《堂吉诃德》，该书讲述了一个充满理想主义色彩的流浪贵族追求难以捉摸的军事荣耀的故事。正如我们在本书第 15 章所看到的，这部作品探索了幻觉和现实之间的关系，是对已经丧失自信心的贵族的一种阐释。

矛盾的是，在国家开始失去经济、政治和军事活力的时候，西班牙的绘画却进入了黄金时代。在伟大的西班牙艺术家迭戈·德·委拉斯开兹（Diego de Velázquez，1599—1660）的画作中，很难看到当时影响西班牙及其贵族的萎靡情绪。委拉斯开兹的绘画风格是巴洛克风格，这种风格在欧洲宫廷中很受欢迎。他赋予被描绘对象英勇的姿态和王室或贵族的尊严。他的一幅历史画作《布列达的投降》（*The Surrender of Breda*，1634）描绘的是 1625 年西班牙对荷兰的一次罕见的军事胜利，以及西班牙胜利者对其俘虏的宽宏大量。所有这一切都是为了加强君主政体、王室和西班牙自身的威望，而此时昔日的帝国荣光已不复存在。委拉斯开兹的绘画反映了绝对主义的理想，但忽略了西班牙政治和军事生活的现实。

中欧和东欧的绝对主义与国家建构

驱动法国和西班牙确立绝对主义和国家建构的力量也对中欧和东欧产生了影响。在德意志，三十年战争导致了两个专制国家的建立，即普鲁士和哈布斯堡王朝统治下的奥地利。继续向东，奥斯曼帝国和俄罗斯帝国形成了与西欧和中欧的国家有许多相同特征的政治体系。这些特征挑战了传统的欧洲观念，即这两个帝国完全属于东方的亚洲世界。

德意志与三十年战争（1618—1648）

1648 年以前，德意志这个地理区域内的主要政治势力是神圣罗马帝国。这个庞大的政治组织是由王国、亲王领地、公爵领地、教会领地和城市组成的松散联盟，它们各自都有自己的法律和政治机构。皇帝是由一群德意志诸侯选出来的，他只对自己的王朝领地和帝国的城市行使直接管辖权。他还负责召集被称为"帝国议会"的立法会议，但是对其影响很有限。皇帝没有庞大的行政或司法官僚机构在各地执行他的法令。这个帝国在任何意义上都不是一个主权国家，尽管它长期以来一直是欧洲外交的主要力量。它依靠帝国城市和哈布斯堡王朝皇帝直接控制的国土所提供的军事和财政捐赠，获得并保持了这种国际地位。

三十年战争永久性地改变了这种复杂的政治结构的性质。这场战争开始于信奉新教的德意志诸侯和信奉天主教的皇帝之间围绕宗教和宪法问题的冲突。其导火索是 1618 年发生的"布拉格掷出窗外事件"。在这一事件中，以新教徒为主的波希米亚议会成员将两名帝国官员扔出城堡窗外，以抗议他们最近选出的国王、未来的皇帝斐迪南二世的宗教政策。议会随后罢免了信奉天主教的斐迪南二世，选举信奉新教的普法尔茨选帝侯腓特烈五世（Frederick V of the Palatinate）取而代之。随着丹麦人、瑞典人和法国人相继加入对抗皇帝和他的西班牙哈布斯堡家族的战斗，战争很快扩大为一场欧洲范围的争夺德意志和西班牙领土的斗争。17 世纪 20 年代后期，英国也短期卷入了与西班牙的冲突。这场战争主要在德意志领土上进行，对这个国家造成了毁灭性的影响。100 多万士兵在德意志境内穿梭，他们洗劫城镇，掠夺当地资源。德意志失去了多达三分之一的人口，而财产的破坏让这个国家的经济发展落后了超过 50 年。

1618 年 5 月 23 日，布拉格掷出窗外事件。波希米亚议会的新教贵族将两名帝国官员扔出布拉格城堡的窗外，引发了三十年战争。

图片来源：BPK, Berlin / Kunstbibliothek, Staatliche Museen, Berlin, Germany / Knud Petersen / Art Resource, NY

　　这场战争在政治上造成的影响也同样严重。1648 年，结束战争的《威斯特伐利亚和约》的签订，永久性地削弱了神圣罗马帝国，尽管它一直苟延残喘到 1806 年（见地图 16.3）。与战前相比，神圣罗马帝国的各个领地获得了更多的自主权。它们成为主权国家，拥有自己的军队、外交政策和中央官僚机构。其中两个德意志国家成为欧洲的主要强国，并形成了自己与众不同的绝对主义。第一个国家是勃兰登堡 – 普鲁士，即德意志北部的多个领地在 18 世纪初组成的普鲁士王国。第二

神圣罗马帝国不再包括现在独立于西班牙的荷兰共和国。奥地利哈布斯堡王朝和勃兰登堡－普鲁士的一些土地位于神圣罗马帝国的边界之外。意大利被分割成北部的几个小国，而西班牙则统治着那不勒斯、西西里岛和撒丁岛。在三十年战争中，哪个欧洲大国遭受的领土损失最大？

瑞典

俄国

波罗的海

波兰

勃兰登堡

华沙

西里西亚

艾希米亚

摩拉维亚

维也纳

匈牙利

奥地利

布达佩斯

多瑙河

黑海

奥斯曼帝国

君士坦丁堡

那不勒斯

巴勒莫

西西里岛

雅典

地中海

克里特岛
（威尼斯）

0　　　　　　400 千米

0　　　　　　400 英里

个国家是哈布斯堡王朝统治下的奥地利，在 18 世纪通常被简称为奥地利。哈布斯堡家族长期统治着神圣罗马帝国，并在《威斯特伐利亚和约》之后，哈布斯堡家族的成员继续当选为皇帝。然而，在 17 世纪晚期，奥地利哈布斯堡君主制获得了自己不同于神圣罗马帝国的制度认同。它囊括了哈布斯堡王朝在帝国东南部直接控制的土地和其他领土，包括位于帝国领土边界之外的匈牙利王国。

普鲁士国家的发展

1648 年三十年战争结束时，普鲁士几乎不能宣称自己是一个独立的国家，更别说是一个绝对君主政体了。普鲁士的核心是勃兰登堡，勃兰登堡是一个选帝侯国，因为其统治者可以参与选举神圣罗马帝国皇帝的投票。控制这个国家的霍亨索伦（Hohenzollern）家族拥有分散在德意志北部和东欧的领地。其中最大的领地是普鲁士，这是神圣罗马帝国边界之外的波罗的海地区的领土。作为这些完全不同且不相连的土地的统治者，勃兰登堡选帝侯几乎没有官僚机构，税收也很少，只指挥着一支规模很小的军队。此外，他的大部分领土在三十年战争期间被瑞典军队和神圣罗马帝国的军队在不同时期摧毁了，1648 年已经沦为一片废墟。

大选帝侯腓特烈·威廉（Great Elector Frederick William，1640—1688 年在位）开始了将这个摇摇欲坠的国家转变为一个强大而有凝聚力的德意志的漫长过程（见地图 16.4）。他的儿子国王腓特烈一世（1688—1713 年在位）和孙子腓特烈·威廉一世（Frederick William I，1713—1740 年在位）完成了这一转变。就像东欧所有有抱负的绝对君主一样，他们成功的关键是确保传统贵族的服从。在普鲁士，这些贵族被称为"容克"。为了达到这一目的，大选帝侯腓特烈·威廉给予容克各种特权，包括免除其进口关税和消费税。最有价值的让步是从法律上

地图 16.4 勃兰登堡－普鲁士的崛起（1618—1786）

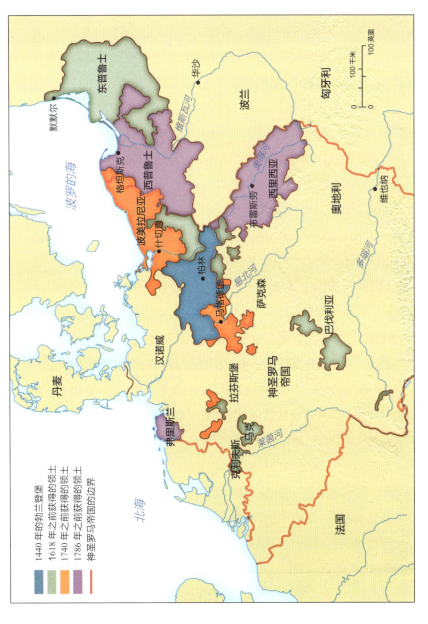

1440 年的勃兰登堡

1618 年之前获得的领土

1740 年之前获得的领土

1786 年之前获得的领土

神圣罗马帝国的边界

东普鲁士

默默尔

波罗的海

华沙

波兰

匈牙利

维斯瓦河

格但斯克

西普鲁士

波美拉尼亚

奥得河

西里西亚

什切青

布雷斯劳

柏林

马格德堡

易北河

萨克森

奥地利

维也纳

巴伐利亚

圣埃河

神圣罗马帝国

拉芬斯堡

汉诺威

丹麦

北海

弗里斯兰

克利夫斯

乌克

莱茵河

法国

通过占领德意志北部的土地，普鲁士成了欧洲的主要强国。这个过程始于 17 世纪早期，但一直持续到 18 世纪。普鲁士军队是 18 世纪欧洲最训练有素的战斗力量，极大地促进了普鲁士的发展。普鲁士政府在治理这个国家时面临哪些挑战？

确认了他们对农奴的权利。在过去的150年里，普鲁士的农民失去了自由，永久地依附于其领主的领地，完全受制于容克专横的地方司法。容克在延续这种压迫性的农奴制方面有着深厚的既得利益，而立法者腓特烈能够为他们提供所需的法律保障。

借助容克家族的忠诚，大选帝侯腓特烈·威廉开始建立一个强大的普鲁士国家，拥有一支常备军和一个负责管理军事和财政事务的庞大官僚机构。军队迅速壮大，1690年增至3万人，1740年增至8万人，由精心招募的志愿兵、外国雇佣兵以及1713年后从普通民众中征召的士兵组成。其中最著名的是所谓的"蓝色普鲁士人兵团"或"波茨坦巨人兵团"，由1200名身高6英尺（约1.83米）以上的士兵组成。这支军队由贵族出身的军官指挥，并由欧洲第一个后备军系统提供增援，迅速成为欧洲最训练有素的战斗力量。普鲁士成为一个模范军事国家，在腓特烈·威廉一世统治期间，他将王室花园改为军事训练场地。

随着这个军事国家的规模越来越大，越来越复杂，其统治者具有了许多绝对统治的特征。最意味深长的是，他们成为国家唯一的立法者。作为这个选帝侯国家的代表大会，勃兰登堡议会最后一次集会是在1652年。然而，大选帝侯腓特烈·威廉和他的继任者们仍然会与小规模的地方议会协商，特别是在赋税问题上。1701年，腓特烈一世被加冕为普鲁士国王，标志着王权的进一步巩固。他儿子的统治方式（包括对做出令他不满的判决的法官进行体罚）表明普鲁士君主不仅获得了绝对权力，而且偶尔会滥用这种权力。

奥地利哈布斯堡王朝

在建立一个中央集权的、统一的绝对主义政府方面，奥地利哈布斯堡王朝远不如霍亨索伦王朝那么成功。在17世纪晚期，奥地利哈布斯堡王朝的领地比普鲁士的领地更大，也更多样化。地图 16.3 显示，除了组成今天奥地利的诸多公国之外，奥地利哈布斯堡王朝还支配着两个附属王国：一个是位于北方的波希米亚王国，包括摩拉维亚和西里西亚，已经与哈布斯堡王朝的控制斗争了近一个世纪；另一个是位于东南部的匈牙利王国，包括半自治的特兰西瓦尼亚公国。哈布斯堡家族在 1664—1718 年分阶段从奥斯曼帝国手中夺回了匈牙利。1713 年，哈布斯堡家族还获得了以前属于西班牙的尼德兰以及意大利的米兰和那不勒斯。

17 世纪和 18 世纪早期的奥地利哈布斯堡王朝，从未成功地将这些不同民族、不同宗教和不同政治形态的地区整合成一个像法国那样统一的、有凝聚力的国家。主要的障碍是缺乏统一的官僚机构。在这个由多个王国组成的混合体中，唯一的中央集权管理机构是掌管整个国家赋税的审计院，以及包括所有哈布斯堡王朝军队在内的奥地利军队，但就连这些中央集权的机构也难以顺利运行。出于各种实际目的，哈布斯堡家族不得不分别统治各个王国。

然而，在管理奥地利和波希米亚的过程中，这种分散管理的哈布斯堡君主制仍然获得了一些绝对统治的特征。在三十年战争期间，皇帝斐迪南二世（1619—1637 年在位）在 1620 年的白山战役中击败了波希米亚人之后，不仅加强了他在波希米亚的权威，而且加强了他直接控制的所有领土的权威。在惩罚了叛乱者并驱逐了许多新教贵族之后，他经过深思熟虑，扩大了自己的立法权和司法权，并确保对所有行政官员的直接控制。

皇帝权力增大的同时，实行了严厉的宗教镇压政策。斐迪南二世认为，新教教会成为新教徒叛乱的借口，因此他认为这种新教是不能被容忍的。他要求其领地上的所有新教徒宣誓改信天主教，并禁止新教教育。

在 17 世纪晚期和 18 世纪，哈布斯堡王朝并没能成功地在匈牙利推行绝对主义。匈牙利人拥有历史悠久的有限宪政传统，由国家议会像英国的议会那样行使立法权和征税权。哈布斯堡王朝的皇帝们对这些传统进行了一些有限的突破，但他们从未能够完全推翻这些传统。他们也没能实现他们强加给其他领土的同样程度的宗教统一。在匈牙利，哈布斯堡王朝的绝对王权受到了限制。

介于东西方之间的奥斯曼帝国

在 17 世纪和 18 世纪早期，哈布斯堡王朝的东南边界将匈牙利王国与奥斯曼帝国分开。这种军事化的边界不仅是两个帝国之间的政治边界，也是东西方之间更深层次的文化边界。

正如我们在本书前几章中所看到的，"西方"不仅仅是一个地理区域，它也是一个文化区域，居住在这片土地上的人们有许多相同的宗教、政治、法律和哲学传统。在大多数欧洲人看来，对哈布斯堡王朝构成经常性军事威胁的奥斯曼土耳其人并不属于这个西方世界。因为奥斯曼土耳其人是穆斯林，欧洲人认为他们是基督教的敌人，是一心想毁灭基督教世界的异教徒。据说，被称为"苏丹"的奥斯曼帝国皇帝是把其臣民当作奴隶来统治的暴君。西方文学也把苏丹描绘成残忍的暴君，与理想的基督教君主相反。在 1612 年的一出法国戏剧中，苏丹"征服者"穆罕默德（Mehmed the Conqueror，1451—1481 年在位）的母亲喝人血。

对奥斯曼土耳其人的这些刻板印象给欧洲人一种自我西方认同感。奥斯曼土耳其人成了欧洲人可以拿来与自己比较的反面参照群体。然而，现实中奥斯曼帝国的政治和文化与其在欧洲文学中的表现是截然不同的。欧洲人把奥斯曼帝国的政府体系称为"奥斯曼土耳其专制主义"，但它只是理论上的存在。自 14 世纪以来，奥斯曼帝国的作家们就声称苏丹拥有非凡的权力，包括随意夺取其臣民土地的权力。然而，实际上，苏丹从未行使过无限的权力。伊斯兰法律的精神限制了苏丹的特权，他与他的首席大臣大维齐尔分享权力。到了 17 世纪 60 年代，当大多数欧洲国家进入绝对主义时代时，苏丹的权力已经在很大程度上是有名无实了。此外，奥斯曼帝国宽容非穆斯林的做法使得苏丹并不像 17 世纪的欧洲君主那么专制（见本章"不同的声音"专题）。

奥斯曼帝国即使是在行政上高度集权，这种中央集权也没有扩展到它所统治的所有领土。特别是在 17 世纪，它的许多省份享有相当程度的自治权，尤其是巴尔干半岛的那些地区。巴尔干半岛在地理上是欧洲的一部分，从未完全被土耳其直接统治过。与西欧和中欧的大多数君主国一样，奥斯曼帝国的统治模式很复杂，是中央帝国行政当局和地方官员之间的一种协商管理。在欧洲，奥斯曼帝国与西班牙的君主政体最为相似，因为后者也统治着许多遥远的领土。和西班牙一样，奥斯曼帝国的势力在 17 世纪开始衰落，失去了对一些边远地区的有效控制。

奥斯曼土耳其人和欧洲人之间经常发生战争，但他们与西方的互动并不总是充满敌意的。从 15 世纪开始，奥斯曼土耳其人就卷入了欧洲的战争，他们还多次与法国结成外交同盟，对抗奥地利的哈布斯堡王朝。欧洲人和奥斯曼土耳其人经常从对方那里获得军事技术和管理技术。欧洲国家和奥斯曼帝国之间的贸易在这一时期一直十分活跃。欧洲向奥斯曼土耳其人提供设备和纺织品，而奥斯曼土耳其人则向欧洲港口运送咖啡、烟草和郁金香。在很多欧洲城市里有奥斯曼土耳其人社区和其他穆斯林社区，也有许多欧洲商人居住在奥斯曼帝国控制的领土上。

奥斯曼土耳其人和欧洲人之间的这些碰撞表明，哈布斯堡王朝和奥斯曼帝国之间的军事化边界并没有其防御工事所显示的那么严密。军事冲突和西方对奥斯曼土耳其人的蔑视掩盖了两种文明之间复杂的政治和文化互动。欧洲人倾向于认为奥斯曼帝国属于"东方",但更准确的说法是,它是一个介于东方和西方之间的区域。

俄国与西方

另一个标志东西方边界的强国是幅员辽阔的俄罗斯帝国,它西起波兰－立陶宛边界,东至太平洋。直到 17 世纪末,至少在欧洲人看来,莫斯科大公国及其附属的土地都是亚洲世界的一部分。俄国受基督教的分支东正教支配,很少借鉴与西欧有关的文化传统。与说斯拉夫语的邻国波兰不同,俄国没有大量吸收德意志文化。在欧洲人看来,它也是"东方专制主义"的另一个典型,在这种国家里,被称为"沙皇"("tsar",在俄语中意为"恺撒")的统治者可以"不受任何法律或习俗的约束",随意统治其臣民。

在沙皇彼得大帝(1682—1725 年在位)统治期间,俄罗斯帝国经历了一个西化的过程,使其更接近欧洲国家的文化,并成为欧洲的主要强国。这一政策始于彼得大帝在 1697 年和 1698 年访问英国、荷兰共和国、德意志北部地区和奥地利之后。他一回国就指示他的官员和俄国社会上层成员采用西方的穿着打扮,包括男人剪掉胡子(为了这个目的,还专门把剪刀放在海关)。胡子象征着落后的东正教文化,彼得大帝希望俄国摆脱这种文化的束缚。俄国男孩早早就被送到国外接受教育。女性开始公开参与城市的社会和文化生活,而这是违背东正教习俗的。尽管教会坚持认为《圣经》反对吸烟,但这种行为还是获得了允许。彼得大帝对日历进行了改革,并要求以近代俄文字体印刷书籍。彼得大帝引进西方艺术,模仿西方建筑风格。这些举措形成了对强制文化变革政策的补充。

俄罗斯帝国的西方化还包括军事改革和政治改革,而这些改革改

不同的声音

西方作家眼中的奥斯曼土耳其人

西方评论家对 17 世纪的奥斯曼土耳其人表现出矛盾的情感。一方面，西方人对苏丹的权力、奥斯曼帝国的规模、士兵的纪律以及臣民对君主的政治服从印象深刻。另一方面，西方人又认为奥斯曼土耳其人太野蛮。理查德·诺尔斯（Richard Knolles，1550—1610）所著的关于奥斯曼土耳其人的历史的序言部分就反映了这种矛盾心理。他首先分析了奥斯曼土耳其人的伟大之处，然后谴责这个野蛮的民族违反国际法和自然法。牛津大学的教士托马斯·史密斯（Thomas Smith）同意诺尔斯的观点，认为奥斯曼土耳其人是一个野蛮的民族，但他把这种特点归因于他们对教育缺乏兴趣和对其他宗教的不宽容。

一位英国作家批评奥斯曼土耳其人违反法律

要想探究奥斯曼土耳其人伟大的原因⋯⋯首先，应该注意的是一种强烈的、无限的权力欲望，他们早就发誓要征服整个世界，这种狂妄的计划为他们提供了巨大的驱动力。其次，在他们之间，在他们的宗教（如果可以这样称呼的话）方面，以及在他们的国家事务（特别是在为扩大其帝国领土而必须着手进行的一切事业上）方面，都表现出一种罕见的统一和一致。因此，他们自称"伊斯拉米"（Islami），意思是说他们思想一致，彼此和睦。因此，他们自己变得越来越强大，而对别人来说却很可怕，这不足为奇。他们非常勇敢，这种勇敢源自他们永久的幸运所带来的巨大成功；在利用一切机会扩大其权力时，他们表现出高度的警惕；在饮食和生活的其他方面，他们表现出高度的节俭和节制；他们严格遵守古老的军事纪律；他们对苏丹的欣然服从简直令人难以置信，在这一点上，世界上没有一个民族能够与他们相比。所有这些因素都解释了为什么他们的帝国会变得如此强大，并延续了如此之久⋯⋯

然而，他们并不满足于这些值得赞扬的合法手段，依然要继续扩张他们的帝国。他们坚持邪恶的政策，违反或侵犯国际法和自然法。

虽然他们的联盟是以国际法为基础的，但无论是多么认真的投降，多么庄严的宣誓，为了自己的利益，他们都可以将其打破。这些无非是为别的君王设下的罗网，让他们挑选出自己想要吞灭的人。其余的人被誓约牢牢束缚，袖手旁观，仿佛这样的命运永远不会降临到自己头上。然而，跟他们亲眼看到的被消灭的那个人一样，他们的联盟同样无法保证他们的安全。至于仁慈的自然法则，父亲的双手沾满儿女的鲜血，兄弟之间互相残杀，这在奥斯曼帝国的皇帝中是司空见惯的事，这是极不自然的，还有什么比这更违背常理的呢？他们以最可恨、最不人道的谋杀来摆脱对所有竞争对手的恐惧（对于强大者来说，这是最大的折磨），然后以国家的安全来为自己辩护。他们通过维护其帝国的完整，使其完整地属于自己，就这样他们亲手将帝国从一个人交付给另一个人，丝毫不被肢解或损坏。通过这些以及诸如此类的手段，这个几乎一无所有的野蛮帝国获得了至高无上的威严和权力，得以睥睨群雄，因为无论是论伟大，还是论实力，它都不逊于有史以来除了罗马帝国之外的任何一个国家。

资料来源：Richard Knolles, *The General History of the Turks from the First Beginnings of That Nation to the Rising of the Ottoman Family*, 1603.

一位英国教士评论奥斯曼土耳其人的文化和宗教不宽容

奥斯曼土耳其人被理所当然地打上了野蛮民族的烙印，这种指责与他们惩罚人的残忍和严厉无关，与缺乏纪律无关，也与他们中间缺少文明行为无关……而是与他们对自己之外的整个世界所表现出来的令人无法容忍的傲慢和轻蔑态度有关。

他们的禀性和天赋，以及政府的结构和教育原则，这些都使他们倾向于好战，在战场上勇敢和军功必定会得到鼓励和应有的奖赏。他们既没有闲暇也没有兴趣去研究文化或艺术，这些东西可以消除大自然的粗野和野性，使人们在谈话时更加愉快。他们在看到一台数学仪器，一幅奇怪的绘画、地图或海图，或打开任何一本书时，不得不称赞和钦佩西方基督徒的聪明才智，然而，他们把这一切看作奇技淫巧，不仅要避免，而且应该小心避免，拒之门外，以免它们软化人们的思想，使他们不适合战斗。对他们来说，人生最崇高、最真实的目标就是扩大他们的权力和征服。

但是，他们之所以对陌生人如此固执和粗鲁，倒不是因为他们缺乏真正的知识，而是因为他们对所有其他不同宗教的人怀有根深蒂固的偏见和仇视。在这一原则盛行并被视为一种宗教和责任的地方，人们自然不会有任何的仁慈和人道，除非他们受到贿赂，希望得到奖赏和利益，或因国家的需要而被迫如此，或因更强大的力量而被迫如此，因为这违背了他们的意愿。他们厌恶别人给予的恩惠或好意，而这种情况有时也会发生在一些性情较好、为人宽厚的人身上。

资料来源：Thomas Smith, *Remarks Upon the Manners, Religion and Government of the Turks*, 1678.

变了俄罗斯帝国的国家性质。彼得大帝统治的前 25 年里，他发现自己无法在军事上持久地战胜他的两个大敌，即南边的奥斯曼土耳其人和西边的瑞典人。在与瑞典的大北方战争期间（1700—1721），彼得大帝进行了一系列军事改革，最终扭转了局势。在学习了英国和荷兰的海军技术后，他组建了一支庞大的海军。他还推行了征兵政策，建立了一支超过 20 万人的常备军。1711 年成立的参政院不仅负责管理财政，还负责征募士兵和军队供给。

这个新的军事国家还获得了西欧君主政体的许多中央集权和绝对主义特征。俄国推行绝对主义的努力始于阿列克谢一世（Alexis I，1645—1676 年在位）和费多尔（Fedor，1676—1682 年在位）的统治时期，他们加强了中央集权，并残酷镇压了农民起义。彼得大帝在其前任的成就上多有建树，他创建了一个管理帝国的新架构，任命了 12 位总督来监督俄国的 43 个独立省份。他把东正教教会置于政府控制之下。通过在军队、行政体系和宫廷建立一个精细的等级制度，彼得大帝不仅提高了行政效率，也使非贵族出身的人有可能获得与旧式土地贵族同样的特权地位。他通过支持农奴制和推行长子继承制（长子继承全部财产）赢得了所有地主的支持，这种继承制避免了土地瓜分。在处理臣民的问题上，彼得大帝主张比欧洲任何一位专制君主都更大的权力。莫斯科人经常告诉外国游客，沙皇对待他们像对待奴隶一样，随意惩罚他们，未经正当程序就处决他们。[2] 在 1718 年审判自己的儿子萨雷维奇·阿列克谢（Tsarevich Alexis）叛国罪时，彼得大帝告诉神职人员："我们有足够的和绝对的权力，根据我们自己的意愿来审判我们的儿子的罪行。"[3]

彼得大帝的西化政策最明显的标志就是在芬兰湾建造港口城市圣彼得堡。彼得大帝在位期间，俄国外交政策的主要目标之一就是确保通往波罗的海的通道畅通，使俄国能够与欧洲开展海上贸易，成为西方的海上强国。通过抽干涅瓦河河口的沼泽，彼得大帝为圣彼得堡的建设奠定了基础，这座城市后来成为他的帝国的新首都。圣彼得堡的建设开始于 1703 年，在 20 年内，它的人口就达到了 4 万人。有了这座面向西方的新首都，再加上效仿普鲁士和法国对军队和中央政府所进行的改革，彼得大帝能够以一个西方绝对君主的身份，登上欧洲的外交和军事舞台（见本章"碰撞与转型"专题）。

绝对主义在英国和荷兰共和国遭到抵制

王权绝对主义并不是在所有欧洲国家都取得了成功。例如，在波兰 - 立陶宛和匈牙利，贵族行使相当大的政治权力，立法议会在整个 17 世纪和 18 世纪继续开会。这两个国家都有长期的宪政传统，波兰人选举他们的国王。在西欧，英格兰王国和尼德兰北部省份也抵制实行王权绝对主义。在英国，这种对绝对主义的抵制导致了 17 世纪中期君主制的暂时瓦解和 1688 年后对王权的永久限制。在尼德兰北部也出现了对绝

碰撞与转型

圣彼得堡与西方

新首都圣彼得堡的建立象征着彼得大帝统治时期俄国与西方的碰撞。俄瑞北方战争期间，彼得大帝从瑞典手中夺取了该城所在的涅瓦河沼泽三角洲。彼得大帝先是把圣彼得堡作为要塞，然后作为海军基地，他为了这座城市的建设付出了巨大的财富和生命代价。利用他统治早期显著增强的王权，彼得大帝命令全国 1 万多名（也可能是这个数据的 2 倍）工人来实现这个雄心勃勃的冒险项目。恶劣的天气条件、疟疾和其他疾病的肆虐以及偏远地区粮食的长期短缺，导致数千名工人死亡。从 1710 年开始，彼得大帝下令将中央政府、商业和军事职能转移到新城。这座城市成为彼得大帝冬宫的所在地、俄国外国大使的住所，以及俄国东正教教会的总部。美术学院和科学院在那之后不久就建成了。到了 18 世纪 30 年代，俄国第一个交易所的建立证实了一位英国观察家在 1710 年的预言，即这座拥有运河网络的城市"可能有一天会成为第二个阿姆斯特丹或威尼斯"。因此，圣彼得堡体现了彼得大帝现代化和西化的所有成就。

这座新城的位置和建筑都反映了俄国与西方的碰撞。它毗邻波罗的海，常被称为"面向西方的窗口"，面向俄国欧洲港口和欧洲列强，对前者，俄国加强了商业上的联系，对后者，俄国有军事和外交上的联系。彼得大帝聘请了来自法国、意大利、德意志和荷兰共和国的建筑师、石匠和室内装饰师，他们按照当时欧洲的风格建造了这些城市。这座城市的总体规划是由一位法国建筑师绘制的，其特色是笔直的、铺有石板的街道，即现在人们所说的人行道。就这样，圣彼得堡成为西方文化进入俄国的门户。相比之下，位于俄国中心的莫斯科则体现了彼得大帝努力使之现代化的旧俄罗斯帝国的精神，两者之间的反差极为明显。

在俄国从欧洲非主流的中世纪王国转变为近代西方强国的过程中，圣彼得堡的建设发挥了核心作用。然而，它并没有消除俄国内部的冲突，一部分人将西方视为俄国应当效仿的文化标准，另一部分人则颂扬俄国文化优于西方文化。这场始于 18 世纪的冲突一直延续到今天。在 20 世纪苏联时期，圣彼得堡被改名为列宁格勒，莫斯科再次成为该国的政治首都，强调俄罗斯东

涅瓦河、港口和圣彼得堡交易所景观［套色版画，这是《圣彼得堡的一年》（*A Year in St. Petersburg*）一书中关于6月份的插图，约翰·H.克拉克（John H. Clark）蚀刻，M.迪堡（M. Dubourg）染色，由爱德华·奥姆（Edward Orme）于1815年出版，私人收藏］。这是从冬宫前的码头上看到的圣彼得堡，展现了这个城市的西方特色。包括交易所在内，涅瓦河对面的建筑都是由欧洲建筑师设计的。前景中停靠在码头上的贡多拉提升了圣彼得堡"北方威尼斯"的声誉。

图片来源：The Stapleton Collection / Bridgeman Images

方取向的传统占了上风。1991年，苏联解体，俄罗斯重新开始强调与西方的联系，这并非巧合。1991年圣彼得堡恢复原来的名字，2003年庆祝其建城300周年，这些都是进一步将俄罗斯更充分地融入西方的尝试。

对主义更为强烈的反对。在从绝对主义的西班牙手中赢得独立后，荷兰人建立了一个分权的共和国，这种政府形式持续了整个17世纪和18世纪。

英国的君主制

在17世纪的不同时期，英国君主试图实行王权绝对主义，但英国的政治传统阻碍了他们的计划。这些传统中最重要的是，未经议会同意，国王不得制定法律或向臣民征税，而议会由上院（贵族和主教）和下院组成，下院成员是选举产生的，成员包括下层贵族、律师和市民。

在 17 世纪早期，一些下院议员担心议会政府的传统可能会结束。早在 1604 年斯图亚特王朝的第一位国王詹姆斯一世（1603—1625 年在位）第一次召集议会时就引起了这些担忧。詹姆斯一世认为自己是绝对的君主，他在很多演讲和出版的作品中强调自己的独立王权，这在英格兰被称为"特权"。詹姆斯一世的儿子查理一世（1625—1649 年在位）在与西班牙的战争（1625—1629）中强迫臣民借钱给政府，监禁那些拒绝借钱给政府的人，他还未经议会批准就征收出口关税，这些都加剧了人们对绝对主义的恐惧。下院议员抗议这些政策，1629 年，查理一世解散议会，决定独断朝纲。

这种被称为"个人统治"的无议会政府一直持续到 1640 年。在此期间，查理一世无法通过议会的授权来征税，于是他利用他的特权来获得新的赋税，特别是通过要求所有臣民支付"造船费"来装备船只，以抵御敌人的攻击。在其个人统治期间，国王的宗教政策由威廉·劳德（William Laud）控制，他在 1633 年被任命为坎特伯雷大主教。劳德决心恢复许多与罗马天主教有关的仪式，这疏远了大量狂热的新教徒，也就是清教徒，人们越来越认为国王的政府成员在密谋破坏英格兰古老的宪法和新教。

查理一世如果没有再次面临战争的财政需求，他的个人统治可能会一直持续下去。1636 年，国王试图在苏格兰北部引入一种新的礼拜仪式，一些坚定的苏格兰加尔文宗信徒认为，这种礼拜仪式带有罗马天主教的特征。新的礼拜仪式激怒了爱丁堡的一群妇女，当主教引入这一仪式时，她们把自己的椅子扔向主教。为了应对这种对他们宗教的冒犯，愤怒的苏格兰人签署了《民族圣约》（National Covenant，1638），致力于捍卫苏格兰教会的完整性，废除主教制（主教管理教会），建立长老会制度，并组建了一支大军。为了获得镇压苏格兰的资金，查理一世被迫召集英格兰议会，个人统治时期就此结束。

英国内战和革命

重新召集的英国议会和查理一世之间的紧张关系导致了近代的第一次革命。1640年11月召集的"长期议会"弹劾了国王的许多大臣和法官，解散了延续11年的个人统治期间的司法机构，包括积极起诉清教徒的法院。议会宣布国王不经议会同意就征税是非法的，并颁布了一项法律，规定议会每隔三年就得召集一次。

这项立法并没有使议会中对国王持批评态度的人满意。他们怀疑国王在密谋反对他们，要求所有的王室任命都要经过他们批准，这制造了一种恶劣的政治氛围，双方互不信任。1642年8月，议会派和保王派之间爆发了内战。议会派又被称为"圆颅党"，因为支持他们的很多工匠都留着短发，而保王派又被称为"骑士党"，通常长发披肩。1646年，在苏格兰军队和一支训练有素、战斗力强的"新模范军"的支持下，议会派赢得了这场战争，并俘虏了查理一世。查理一世随后与最初反抗他的苏格兰人和英格兰长老会进行谈判，而这导致了1648年的第二次内战。在这场只持续了几个月的战争中，新模范军又一次打败了保王派。

国王军队的失败导致了一场革命。按照军队的意愿，议会成立了法庭，并于1649年1月处决了国王查理一世（见本章"历史上的正义"专题）。此后不久，下院废除了君主制，宣布英格兰成为共和国。然而，英国政府形式的这种革命性变化并没有导致一个民主政体的建立。成年男性人口中有很大比例可以投票的民主政权是平等派的目标，平等派是一个起源于新模范军并在伦敦获得大量支持的政党。平等派要求每年都要召集议会，政府的行政部门和立法部门分权，并实行男性普选制。然而，军官们拒绝了这些要求，在一次不成功的军队叛变后，平等派失败了。平等派的失败确保了这个共和国的政治权力仍掌握在那些占据英国社会上层的人手中，特别是那些拥有土地的人。

1649 年建立的共和政府并没有持续多久。军队和议会之间的紧张关系，加上人们认为政府并没有创造一个神圣的社会，1653 年军队解散了长期议会，选出了由军队提名的狂热清教徒组成的小型议会。当年晚些时候，这个所谓的"圣徒议会"解体，军队总司令、1649 年后共和政府最重要的成员奥利弗·克伦威尔（Oliver Cromwell，1599—1658）被封为"护国公"。克伦威尔与议会共享立法权的护国政府代表了回归传统政府形式的努力。然而，克伦威尔主要依靠军队来维护自己的权力，因此疏远了很多地主阶级的成员。1658 年克伦威尔去世后，军队和议会之间的紧张局势再次升级，导致了一段时期的政治混乱。1660 年，军队和议会决定通过邀请查理一世的儿子查理二世结束流放，回国来恢复君主制。查理二世回国后，不仅恢复了君主制，还恢复了上院和英国国教，这标志着英国革命正式结束了。

斯图亚特王朝晚期的绝对主义和光荣革命

查理二世（1660—1685 年在位）和他的弟弟詹姆斯二世（1685—1688 年在位）都是绝对主义者，他们都很羡慕其表兄法国国王路易十四的政治成就。但他们意识到，他们再也不能回到其父亲的政策上去了，更不用说采纳路易十四的政策了。他们都没有像查理一世那样尝试在没有议会的情况下实行无限期的统治。相反，他们试图通过让自己的支持者进入议会来破坏议会的独立性，并利用特权来削弱他们所反对的议会法规的效力。

查理二世统治时期的主要政治危机是一群以沙夫茨伯里伯爵（Earl of Shaftesbury，1621—1683）为首的议会成员，他们被对手称为"辉格党"，试图阻挠查理二世的弟弟詹姆斯继承王位，理由是他是天主教徒。查理二世反对这一策划，因为它违背了"君权神授""王位世袭"的理论，根据该理论上帝允许国王最亲近的后代继承他的王位。那些在这一问题上支持查理二世的议员被称为"托利党"，他们在1679—1681年连续三次挫败辉格党的计划。

1685年詹姆士二世继位后，一场更严重的政治危机爆发了。詹姆斯二世开始特赦天主教徒免受针对他们的法律惩罚，其中包括禁止天主教徒自由礼拜的法律和1673年剥夺了天主教徒担任公职的权利的《宣誓条例》。他任命天主教徒在军队、中央政府和地方政府担任职务。这些给予天主教徒宽容和政治权力的努力重新激发了英国人由来已久的对绝对主义和"教皇主义"的恐惧。不仅仅是辉格党，以圣公会信徒为主的托利党也开始对国王的政策感到担忧。1688年6月，詹姆斯二世的第二任妻子、意大利公主摩德纳的玛丽（Mary of Modena）给他生了一个信奉天主教的儿子，这让人们担心国王的宗教政策可能会无限期延续下去。包括伦敦主教在内的七名辉格党和托利党成员起草邀请函，邀请詹姆斯二世的外甥、荷兰共和国军队司令奥兰治的威廉三世（William III of Orange）来到英格兰，捍卫他们的新教和宪法。威廉三世娶了詹姆斯二世的长女、信奉新教的玛丽公主，并且作为国王的外甥，他本人也有权继承王位。

威廉三世率领由1.2万人组成的多国联合军队来到英国，得到了英国民众的热烈欢迎。詹姆斯二世的军队纷纷倒戈，他被迫逃到法国，没有与威廉三世的军队交战。1689年，威廉三世召集的特别议会把王冠

历史上的正义

对查理一世的审判

1649年1月，新模范军在英格兰第二次内战中击败了保王派军队，清除了议会中的长老会成员，下院仅剩的几位议员以微弱优势投票建立高等法院，以审判国王查理一世。这次审判导致查理一世被判死刑，这标志着欧洲历史上唯一一次君主在还担任国王的情况下被审判和处决。

审判国王的决定是一个深思熟虑的政治策略的一部分。策划这一过程的人知道，宣布作为民选代表的下院拥有全国最高权力，这意味着他们正在走上革命的道路。他们也知道，他们正在建立的共和政体并没有得到广大民众的支持。通过在法庭上公开审判国王，并确保审判在每天的报纸上被报道（这样的审判在历史上是第一次），他们希望以此证明自己事业的合法性，并赢得民众对新政权的支持。

将国王绳之以法的决定带来了两个法律问题：第一个问题是确定一项将作为审判依据的罪行。多年来，议会成员坚持认为国王违反了王国的古老法律。指控称，他"居心叵测地妄图无限制扩大自己的残暴权力"，并发动了两次针对其臣民的内战。检察官声称这些行动构成了叛国罪。问题是，在英国，叛国罪是臣民对国王犯下的罪行，而不是国王对臣民犯下的罪行。为了对国王进行审判，检察官必须建立一个新的叛国理论，即国王攻击了自己的政治实体，他们认为这个实体就是王国或政府。

第二个问题是使法院本身成为一个合法的法庭。根据英国宪法，国王拥有国家最高的法律权力。他任命法官，而法庭代表的是他的权威。议会可以投票设立一个特别法庭，但只有经国王同意，授权法案才能成为法律。下院已经根据自己的权力建立了法院，任命了135人担任法官，其中大多数是军官。这个法庭的革命性质是难以掩饰的，查理一世把它的非法性作为其辩护的基础。当被问及他将如何为自己辩护时，他拒绝了，并要求被告知是依据什么权力把他带上法庭的。

查理一世和审判长约翰·布拉德肖（John Bradshawe）关于法院合法性的争论反映了17世纪英国主要的宪政冲突。冲突的一方是"君权神授"的绝对主义理论，根据这种理论，国王的权威来自上帝。因此，他只对上帝负责，

1649 年 1 月 4 日，查理一世在威斯敏斯特宫受审（版画，英国派，雕刻于 17 世纪，私人收藏）。国王坐在前面的被告席里，面对着高等法院的法官们。他拒绝申辩，这意味着无法进行全面审判。

图片来源：The Stapleton Collection / Bridgeman Images

而不对臣民负责。他的臣民既不能在法庭上审判他，也不能在战场上与他为敌。查理一世说："国王不应该受到世界上任何司法机构的审判。"[4]另一方是认为政治权力来自人民的"主权在民"学说。正如布拉德肖在回答查理一世的反驳时所言："大人，既然法律凌驾于您之上，那么确实，大人，有什么东西凌驾于法律之上，那就是法律之父或制定者，即英国人民。"[5]因此，这次审判不仅是查理一世和他的革命法官之间的对抗，而且是两种互不相容的政治意识形态之间的交锋。

1649 年，"主权在民"学说的拥护者战胜了"君权神授"论者。查理一世被判为"暴君、叛徒、谋杀犯和国家善良人民的公敌"[6]。尽管最初被任命为法官的 135 人中只有 67 人投票判国王有罪，59 人签署了死刑令，但对判决结果他们从未有过疑问。审判的成功只是因为它促成了新政体的建立。随着查理一世的被处死，革命者就可以继续推进废除君主制、建立共和国的事业了。但戏剧性的是，这次审判彻底失败了。查理一世身材矮小，性格腼腆，因紧张而结巴，本来应该给人留下不好的印象，但是当他拒绝申辩时，他口若悬河，赢得了旁听席上观众的支持。在这场 17 世纪最大的审判秀中，作为被告的国王查理一世抢尽了风头。

1660 年，查理一世的儿子查理二世复辟后，保王派对法庭的法官进行了报复。那些还活着的人被绞死、剖腹或肢解。对于那些已经死去的人则是另外一种惩罚。1661 年，保王派挖出布拉德肖、亨利·艾尔顿（Henry Ireton）和奥利弗·克伦威尔严重腐烂的尸体，因为这三人对处死国王负有最大责任。三具尸体被吊起来，然后被斩首，头颅被挂在威斯敏斯特宫塔尖上。保王派用这种可怕的仪式来抹黑对这次非法的革命审判的法官的记忆，惩戒他们处决受膏的国王这一不可饶恕的罪行。

交给了威廉三世和玛丽，正式接受他们为英王，但条件是他们必须接受《权利宣言》，该文件后来成为被称为《权利法案》的议会法规。该法案被英国人视为英国宪法的基石，纠正了詹姆斯二世和查理二世对王权的滥用，特别是豁免个人受议会法律惩罚的做法。通过宣布威廉三世为国王并禁止天主教徒继承王位，《权利法案》摧毁了"君权神授"和"王位世袭"的理论。

1688—1689 年发生的一系列事件被称为"光荣革命",它对彻底击败斯图亚特王朝君主的绝对主义筹划、保证议会在英国政府中占据永久性和固定性的地位具有决定性作用。光荣革命还促成了一本政治宣言的出版,即约翰·洛克(John Locke)的《政府论》(*Two Treatises of Government*,1690)。洛克是一位激进的辉格党人,他在 17 世纪 80 年代早期就创作了这部作品,作为对查理二世绝对主义政策的抗议。但只有在詹姆斯二世退位和逃亡之后,他才能安全地出版他的手稿。和霍布斯一样,洛克认为,人们离开自然状态,并同意建立一个政治社会,主要是为了保护他们的财产。然而,与霍布斯不同的是,洛克断言,人民永远不会放弃自己的主权,并可以取代一个违背对其信任的政府。洛克的论述构成了对绝对王权制度毫不妥协的攻击,他把这一制度等同于奴隶制。

我们看到,欧洲大陆国家绝对主义的胜利导致了政府权力的扩大。矛盾的是,英国绝对主义的失败也促进了英国政府的发展。只要议会对斯图亚特王朝的国王心存疑虑,它就不愿促进政府的发展,直到 1688 年,政府一直处于王室的直接控制之下。一旦光荣革命永久性地限制了国王的权力,议会成为国家的最高权力机关,议员就不再害怕政府的行政部门了。1689 年,英法之间爆发了一场旷日持久的战争,这就要求发展庞大的陆军和海军,扩大官僚机构和空前规模的政府借贷,以及增加赋税。到了 1720 年,通过 1707 年英格兰议会和苏格兰议会合并而建立的大不列颠王国在军事实力、财富和外交威望方面都可以与法国相抗衡。

荷兰共和国

在许多方面,尼德兰联省共和国(荷兰共和国)成了 17 世纪欧洲国家建构模式的最引人注目的例外。荷兰共和国于 1588 年在反抗西班牙统治期间正式成立,是唯一一个在整个 17 世纪都保持着共和政体的欧洲大国。作为一个国家,它也未能遵循中央集权和整合的模式,而这种模式在几乎所有欧洲君主政体中表现得都很明显。在成功地抵制了多民族的西班牙君主政体的中央集权政策之后,荷兰共和国一直没有建立起自己的中央集权的官僚机构。这些省所组成的政体只是主权共和国的松散联盟。每个省都派代表参加议会,在征收税款、宣战和批准条约等重大问题上,它们必须达成一致。

荷兰共和国的政治权力主要掌握在富有的商人和银行家手中,他们在城市议会中担任议员。这些资产阶级精英并不像成功的英国商人那样寻求跻身地主阶级社会。他们也没有像法国贵族那样被引诱成为奢华宫廷的一员。他们沉浸在商业世界中,始终是商业社会的一部分,并利用他们的政治权力来保证荷兰政府为贸易利益服务。

荷兰商人的政治地位体现了荷兰经济的商业特征。1609 年与西班牙休战后不久,荷兰的城市就开始主宰欧洲贸易和世界贸易,特别是港口城市阿姆斯特丹。荷兰人充当了欧洲其他国家的中间商和运输商,把波罗的海地区的粮食、英国的纺织品、斯堪的纳维亚的木材、德意志的葡萄酒、巴西和锡兰的糖、波斯和中国的丝绸、日本的瓷器运输到世界各地的市场。荷兰人甚至为他们的死敌西班牙充当中间商,为西班牙在新大陆的殖民地提供食物和制成品,以换取秘鲁和墨西哥矿山的白银。作为这一过程的一部分,以荷兰东印度公司为代表的荷兰贸易公司开始在印度、印度尼西亚、北美、加勒比海地区、南美和南非建立永久性的前哨。就这样,一个人口只有法国十分之一的小国成为一个殖民大国。

为了支持充满活力的商业经济,荷兰的城市发展了有利于贸易的金融机构和技术。垄断外汇交易的阿姆斯特丹汇兑银行大大方便了国际

1668 年阿姆斯特丹证券交易所。这座多用途建筑是在世界各地进行交易的商人的聚集地。这里
的主要活动是在每天持续两个小时的交易时段内买卖交易公司的股票。
图片来源：Mary Evans Picture Library / Alamy

交易。同样位于阿姆斯特丹的证券交易所也为商业企业股票的买卖提
供了便利。荷兰商人发明了合理而有效的记账方法。甚至律师也为荷
兰商业的成功做出了贡献。在《海洋自由论》（*The Freedom of the Sea*,
1609）一书中，伟大的法学家和政治哲学家雨果·格劳秀斯（Hugo
Grotius，1583—1645）为商人利用公海进行贸易和捕鱼的自由辩护，从
而挑战了那些希望将外国人排除在其国家周边水域之外的欧洲君主的
主张。格劳秀斯还著有《战争与和平法》（*The Law of War and Peace*，

1625），被誉为近代国际法的奠基人。

17世纪荷兰共和国和法兰西王国最鲜明的对比在于宗教政策。在法兰西王国，《南特敕令》的废除标志着推行宗教统一和镇压新教的政策的高潮，而以加尔文宗为主导的荷兰共和国则因宗教宽容而闻名。荷兰归正会（Reformed Church）并不总是配得上这样的声誉，但世俗当局对不同的宗教团体表现出了极大的宽容，尤其是在城市里。阿姆斯特丹在其快速发展时期吸引了众多移民，其中有大量的犹太人，包括哲学家巴鲁赫·斯宾诺莎（Baruch Spinoza，1632—1677）。荷兰成为宗教流亡者和持不同政见者的集中地，接纳了1685年《南特敕令》被废除后逃离法国的胡格诺派信徒，以及在17世纪80年代被保守党政府追捕的英国辉格党人，其中包括沙夫茨伯里伯爵和约翰·洛克。

这个宽容的资产阶级共和国也为17世纪的欧洲文化做出了显著的贡献，因此这一时期被称为荷兰的"黄金时代"。荷兰的文化成就在视觉艺术领域最为突出，伦勃朗·凡·莱因（Rembrandt van Rijn，1606—1669）、弗朗茨·哈尔斯（Franz Hals，约1580—1666）和扬·斯蒂恩（Jan Steen，1626—1679）分别来自阿姆斯特丹、哈勒姆（Haarlem）和莱顿这些惊人的艺术天才集中地。荷兰绘画反映了这个时代的宗教、社会和政治氛围。新教改革结束了中世纪盛行的虔诚的宗教绘画传统，巴洛克宫廷文化的缺失减少了对王室成员和贵族肖像以及古典英雄画、神话和历史场景的绘画的需求。相反，黄金时代的荷兰艺术家创作了极其写实的商人和金融家肖像，比如伦勃朗著名的《呢绒工会的理事们》（1662）。现实主义成为荷兰绘画的主要特征之一，在荷兰画家所画的众多街景、静物画和风景画中表现得尤为明显，荷兰画家把这些画主要卖给资产阶级客户。

在18世纪早期，荷兰共和国失去了其经济优势地位，被英国和法

《呢绒工会的理事们》（伦勃朗创作于 1662 年）。伦勃朗的写实主义肖像画描绘了富有的荷兰资产阶级，他们在荷兰共和国拥有强大的政治和经济实力。

图片来源：BPK, Berlin / Rijksmuseum, Amsterdam, The Netherlands / Hermann Buresch / Art Resource, NY

国取代。英国和法国拓展出更大的商业帝国，并开始主宰世界商业。与法国的长期战争结束于 1713 年，耗费了荷兰大量的人力和财力，由于其面积较小，权力不够集中，荷兰更难恢复它在欧洲外交和战争中的地位。作为一个国家，它再也不能与远远强于自己的对手相抗衡。在 19 世纪和 20 世纪分别受到了法国和德意志的进攻。但在 17 世纪，这个高度城市化和商业化的国家证明，一个分权的小共和国能够与法国和西班牙这样的绝对主义政权以及英国的议会君主政体相抗衡。

结语：绝对主义时代的西方国家

在 1600—1715 年，三个根本性的政治变化重新定义了西方。第一个变化是国家实力戏剧性的、前所未有的增长。在这几年里，所有西方国家的面积和实力都增加了。随着它们将王国的边远地区更牢固地置于中央政府的控制之下，它们变得更加团结，国家的行政机构也变得更加复杂和有效。军队可以在任何时候被召集起来，对国内叛乱分子和外国敌人采取行动。随着王室官员征收更高的赋税，国家收入也增加了，政府开始参与促进贸易和工业的发展以及调控经济。到 18 世纪初，西方文明最显著的特征之一就是这些强大的官僚国家的盛行，而这在非西方世界是没有的。

第二个变化是绝对主义传入这些西方国家。除了波兰和匈牙利这两个明显的例外，统治者们渴望拥有绝对的、至高无上的权力。这些努力取得了不同程度的成功，而英国和荷兰共和国在这方面以失败告终。然而，在 17—18 世纪，绝对主义国家成为西方政府的主要形式。因此，历史学家把 17 世纪开始的西方历史时期称为"绝对主义时代"。

第三个变化是西方绝对主义国家发动的新型战争。西方世界成了由国家提供资金、装备和训练的大规模军队进行长期、昂贵和血腥战争的竞技场。如此大规模的战争有可能耗尽国家的财政资源，破坏其经济，并造成大量平民和军人死亡，但是西方列强并没有意识到这种战争的危险。国际法的发展和在欧洲列强之间实现权力平衡的努力代表了对 17 世纪战争加以限制的努力。然而，这些努力并没有完全成功，在 18—19 世纪，在科学和工业革命所产生的技术革新的帮助下，西方世界的战争进入了一个新的、更加危险的阶段。我们将在下一章探讨其中第一个伟大的变革——科学革命。

望远镜。望远镜是促进发现的最重要的新的科学仪器。这幅版画描绘了 1647 年一位使用望远镜的
天文学家。

图片来源：SuperStock

第 17 章

科学革命

1609 年，意大利帕多瓦大学的数学家伽利略将一种新的科学仪器——望远镜——指向天空。伽利略听说一位荷兰工匠把两个透镜叠放在一起，可以放大远处的物体，于是他也制作了一个这样的装置。任何用望远镜观察过物体的人都能体会到他当时的兴奋。肉眼所能看到的东西，在用他所谓的新"窥镜"放大后就完全不同了。月球表面长期以来被认为是平滑、均匀、完美的球体，现在看来却布满了山脉和陨石坑。通过伽利略的望远镜观察，太阳也不完美，表面上似乎有活动的斑点。这些现象对传统科学提出了挑战，因为传统科学认为，作为上帝宝座的"诸天"是完美的，永远不会改变。伽利略在几个月的观测中发现，金星似乎改变了它的形状，就像月相变化一样，这下传统科学受到了更大的冲击。这一发现为另一种新理论提供了证据，即包括地球在内的行星是围绕着太阳转的，而不是太阳和行星围绕着地球转。

　　伽利略不仅与他的科学家同行们分享了他的发现，而且与社会上其他受过教育的人分享了他的发现。他还多次公开演示他的新天文仪器，第一次是 1611 年在罗马的一个城门顶上。为了说服那些怀疑他们所看到的景象真实性的人，伽利略把望远镜转向城市中熟悉的地标。人们对这种新的科学仪器的兴趣十分高涨，许多业余天文爱好者也买了属于自己的望远镜。

　　伽利略的发现是历史学家所说的"科学革命"的一部分。这一进展改变了欧洲人看待自然世界、超自然领域以及自己的方式。它引发了宗教、哲学和政治上的争议，也导致了军事技术、航海和商业方面的变化。它也将西方与中东文明、亚洲文明、非洲文明区分开来，为西方人宣称自己优于这些地区的民族提供了基础。

17世纪末在西方出现的科学文化是一系列文化碰撞的产物。这是学者之间复杂互动的结果，他们对自然界如何运作提出了不同的观点，其中一些想法起源于希腊哲学，也有一些来自基督教，还有一些想法来自中世纪晚期受中东伊斯兰学者影响的科学传统。

本章试图回答的主要问题是：16—17世纪的欧洲科学家是如何改变西方人看待自然界的方式的？

科学革命的发现和成就

不同于政治革命，如本书上一章所讨论的17世纪40年代的英国革命，科学革命是经过很长一段时间逐渐发展起来的。它始于16世纪中期，一直延续到18世纪。尽管它花了相对较长的时间，但是从改变人类思想的意义上来说，这是一场革命，就像从根本上改变了政府体制的政治革命一样。17世纪科学界最重要的变化出现在天文学、物理学、化学和生物学领域。

天文学：宇宙的新模型

天文学领域最重大的变化是人们接受了日心说，不再认为地球是宇宙的中心。直到16世纪中期，大多数的自然哲学家（也就是当时的科学家）接受的都是古希腊天文学家克劳狄乌斯·托勒密（约90—

168）的观点。托勒密的观测和计算支持了希腊哲学家亚里士多德（公元前 384—前 322）的宇宙论。根据托勒密和亚里士多德的理论，宇宙的中心是静止的地球，月亮、太阳和其他行星都沿着圆形轨道绕着地球旋转。在行星之外，有一个巨大的天球承载着星星，它们彼此之间的关系是固定的，每 24 小时从东到西围绕地球转一周，这样就解释了星星的起落。土、水、气和火这四种已知的元素在宇宙中都有一个自然的位置，重元素土和水被拉向地心，而轻元素气和火则盘旋在地球上方。包括太阳和行星在内的所有天体都是由第五种元素组成的，这种元素就是"以太"。与地球上的物质不同，以太被认为是永恒的，无生无灭，不增不减。

这种传统的宇宙观有很多可取之处，直到 18 世纪，一些受过教育的人一直是这样认为的。《圣经》中有几段提到太阳的运行，这也强化了亚里士多德的权威。人类的观察似乎也证实了太阳的运动。毕竟，我们每天都能看到太阳"升起"和"落下"，因此地球高速自转并围绕太阳旋转的观点与我们的感官体验相矛盾。然而，以地球为中心的宇宙模型无法解释天文学家在天空中观察到的许多模式，尤其是行星的运行轨迹。每当古代或中世纪的天文学家因为他们的观察而遇到新的问题时，他们就会努力使观察结果符合托勒密的模型。到了 16 世纪，这个模型已经被修改或调整了很多次，逐渐变成了一堆运行方式不同的行星和恒星的集合。

面对这种情况，波兰的神职人员尼古拉·哥白尼（1473—1543）试图寻求一种更简单、更可信的宇宙模型。在哥白尼死后不久出版的《天球运行论》（*On the Revolutions of the Heavenly Spheres*）一书中，他提出宇宙的中心不是地球，而是太阳。这本书广为流传，但它并没有为日心说赢得多少支持。只有最博学的天文学家才能理解哥白尼的数学论证，但即使是他们也不准备采纳他的中心论点。在 16 世纪晚期，伟大的丹

托勒密或前哥白尼宇宙的两种观点。（上）在这幅16世纪的版画中，地球位于宇宙的中心，水、气和火在地球上方按升序排列。黑色阴影部分是天穹或恒星天。顶部基督和圣徒的出现反映了天堂在天穹之外的观点。（下）一位代表阿特拉斯的中世纪国王举着托勒密的宇宙。托勒密的宇宙通常被认为是一个双球的宇宙：地球位于中心，而囊括了整个宇宙的外球围绕地球旋转。

图片来源：（上）Library of Congress Prints and Photographs Division [LC USZ62 44642]；
（下）Library of Congress Prints and Photographs Division [LC-USZ62-95157]

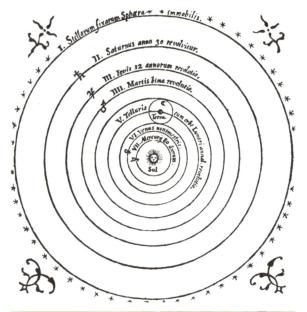

近代早期的两种日心说。（上）哥白尼对宇宙的描绘。请注意，所有的轨道都是圆形的，而不是像开普勒所展示的那样是椭圆形的。最外层的是恒星。

（下）哥白尼体系的星盘［约 1543 年，手工着色雕刻；选自《星图，或和谐大宇宙》(The Celestial Atlas, or The Harmony of the Universe，1660)］。这是 17 世纪晚期安德烈烈亚斯·塞拉里乌斯（Andreas Cellarius，约 1596—1665）对宇宙的描绘。行星沿椭圆轨道运行。它展示了地球绕太阳运行时的四个不同位置。

图片来源：（上）Bettmann / Corbis；（下）British Library, London, UK / © British Library Board. All Rights Reserved / The Bridgeman Art Library

麦天文学家第谷·布拉赫（Tycho Brahe，1546—1601）接受了哥白尼关于行星围绕太阳旋转的观点，但他依然坚持太阳是绕着地球转的。

科学家们对哥白尼宇宙模型的大力支持直到 17 世纪才开始出现。1609 年，德意志天文学家约翰内斯·开普勒（1571—1630）利用布拉赫收集的数据，确认了太阳在宇宙中的中心位置。在《新天文学》（*New Astronomy*，1609）中，开普勒也证明了包括地球在内的行星都是沿着椭圆轨道而不是圆形轨道运行的，并且它们的运行是遵循物理规律的。然而，读过开普勒著作的人并不多，直到几十年后，他的成就才得到充分的认可。

在为日心说模型获得支持方面，伽利略（1564—1642）更为成功。伽利略有一种能够为广大读者写作的文学技巧，这是开普勒所缺乏的。伽利略利用望远镜观察所得的证据，并以两种相互对立的世界观的拥护者之间的对话的形式来展示他的观点，证明了哥白尼理论的合理性和优越性。

1632 年出版的伽利略的著作《关于托勒密和哥白尼两大世界体系的对话》（*Dialogue Concerning the Two Chief World Systems—Ptolemaic and Copernican*）为日心说赢得了许多支持者，但是也让伽利略失去了资助者之一、教皇乌尔班八世的支持。在这部作品中为托勒密体系辩护的人物名叫"辛普利西奥"（Simplicio，意思是头脑简单或愚蠢的人）。乌尔班八世错误地以为伽利略在嘲讽他。1633 年，伽利略在罗马宗教裁判所受审，这是一个旨在维护神学正统的教会法庭。对他的指控是，他挑战了《圣经》的权威，因此构成了否认罗马天主教会神学真理的异端罪（见本章"历史上的正义"专题）。

这次审判的结果是，伽利略被迫放弃了他对哥白尼宇宙模型的支持，《关于托勒密和哥白尼两大世界体系的对话》也被列入了《禁书目录》（*Index of Prohibited Books*）——由教皇编纂的包含异端思想的所有印刷作品的清单。尽管如此，到了 1700 年，哥白尼学说还是得到了科学家和受过教育的公众的广泛支持。然而，伽利略的这部作品直到 1822 年才被从《禁书目录》中删除。

物理学：运动定律和万有引力

伽利略对物理学领域的科学革命做出了最重要的贡献。在 17 世纪，物理学的主要分支是研究运动及其原因的力学和研究光的光学。伽利略阐述了一套控制物体运动的定律，挑战了公认的亚里士多德关于运动的理论，奠定了近代物理学的基础。

亚里士多德的观点主导着中世纪晚期的科学，根据他的观点，除了向地球中心坠落的自然运动之外，每一个物体的运动都需要另一个物体推动它。推动它的物体如果停止了，它就会掉到地上或者停止运动。但这一理论无法解释为什么铁饼或标枪等抛物体在被人投掷后还能继续运动。伽利略对这个问题的回答是"惯性"，这成为一种新的运动理论的基础。根据伽利略的观点，一个物体一直处于运动或静止状态，直到外力介入改变其运动状态。因此，运动既不是一个物体固有的属性，也不是它从另一个物体获得的力，而只是物体所处的一种状态。

伽利略还发现，一个物体的运动只是相对于那些不运动的物体而言的。例如，船在水中移动，但是相对于移动的船来说，船上装载的货物并没有移动。这个洞见向哥白尼的批评者解释了为什么虽然我们没有感觉到地球运动，但地球依然可能在运动。伽利略对力学最重要的贡献是他提出了运动的数学定律，根据这一定律，物体下落的速度和加速度取决于它在相等的时间间隔内移动的距离。

在物理学领域，科学革命最伟大的成就属于英国科学家艾萨克·牛

艾萨克·牛顿。这幅肖像画是戈弗雷·内勒（Godfrey Kneller）爵士于1689年画的，即《自然哲学的数学原理》出版两年后。

图片来源：Bridgeman Giraudon / Art Resource, NY

顿爵士（1643—1727）。他的研究改变了后人探察世界的方式。在小时候，牛顿在他的小村子里格格不入，他在母亲的农场里干活，还在那里上学。由于对机械设备很着迷，他花了很多时间制造风车和其他机器的木质模型。当他和朋友玩的时候，他总是找到方法来锻炼他的头脑，例如，计算他如何借助风赢得跳高比赛。所有认识牛顿的人都清楚，他应该去上大学。1661年，他进入剑桥大学，27岁时就成为剑桥大学的数学教授。

牛顿提出一套数学定律来解释整个物理世界的运行。1687年，他在《自然哲学的数学原理》（*Mathematical Principles of Natural Philosophy*）一书中发表了他的理论。这一不朽作品的核心是"万有引力定律"，它证明了将物体固定在地球上的力同样也能将行星固定在其轨道上。这个定律综合了其他科学家的研究成果，包括开普勒对行星运动的研究和伽利略对惯性的研究。牛顿对这些人的工作表达了敬意，他说："如果说我比别人看得更远，那是因为我站在巨人的肩膀上。"[1]但牛顿比他们中的任何一个都更进一步，他证明了万有引力的存在，并给出了精确的数学表达式。他的书揭示了整个物理世界的统一和秩序，从而提供了一个科学模型来取代亚里士多德的模型。

化学：自然元素的发现

今天被称为"化学"的科学起源于对炼金术的研究和实践，这是一种试图将贱金属变成金或银并找出可用于医学实践的天然物质的奇技。炼金术经常被嘲笑为一种与近代科学相对立的魔法，但炼金术士们进行的实验促进了对自然界实证研究的发展。瑞士医生兼炼金术士帕拉塞尔苏斯（Paracelsus，1493—1541）摒弃了通过改变体液（如血液和胆汁）平衡来治病的传统方法，他在早期化学史上占有重要地位。为了找到他

以其发明的气泵为背景的罗伯特·波义耳肖像（1664）。波义耳发明的气泵成为伦敦皇家学会进行的一系列实验的中心。

图片来源：Interfoto / Personalities / Alamy

所谓的万灵药，即治疗所有疾病的药，帕拉塞尔苏斯用汞和硫黄等化学物质为病人治病。就这样，化学成了公认的医学科学的一部分。

在 17 世纪，化学作为科学研究的一个正当领域得到了进一步的承认，这在很大程度上是罗伯特·波义耳（Robert Boyle，1627—1691）的功劳。波义耳对炼金术也很感兴趣，他推翻了物质的所有基本成分都具有相同结构的普遍观点。他认为，物质组成部分的排列方式决定了它们的特性，他将这些组成部分定义为微粒或原子。他还对气体的体积、压力、密度和空气弹性进行了实验。波义耳最著名的实验是用气泵证明了真空的存在。在很大程度上，由于波义耳的发现，化学家们得以成为科学家群体的一员。

生物学：血液循环

英国医生威廉·哈维（William Harvey，1578—1657）于 1628 年证明了血液在人体的循环，这是 17 世纪医学上最伟大的发现之一。传统科学认为，血液源于肝脏，然后通过静脉向外流动。一定量的血液从肝脏流入心脏，从一个心室流到另一个心室，然后通过动脉到达身体的不同部位。在此过程中，动脉的血液被一种特殊的"元气"或"精气"充盈，这种"元气"是维持生命所必需的。当这种血液流经大脑时，它就成了身体的"精神灵魂"，影响着人的行为。

通过在人类尸体和活的动物身上做实验，哈维称了心脏每小时泵出的血液的重量，证明心脏不是在吸血，而是通过挤压收缩把血液泵入动脉。他的理论唯一的缺陷是没有解释血液是如何从动脉末端流到静脉末端的问题。这个问题在 1661 年得到了解答，当时科学家们使用一种叫作显微镜的新仪器，可以看到连接动脉和静脉的毛细血管。哈维为未来的生物学研究设立了标杆。

解剖课。1632 年，荷兰外科医生尼古拉斯·蒂尔普（Nicolaes Tulp）在上解剖课。随着医学在 16、17 世纪的发展，解剖尸体成为欧洲大学和医学院的标准做法。关于人体结构和组成的知识对生理学的发展至关重要，要想获得这方面的知识，最好的办法是剖开尸体，露出人体的器官、肌肉和骨骼。这种做法表明科学家在进行科学研究时强调观察和实验。
图片来源：The Art Gallery Collection / Alamy

对科学知识的探索

做出这些科学发现的自然哲学家来自不同的学科，他们每个人都遵循自己发现科学真理的程序。在 16—17 世纪还没有所谓的"科学方法"。然而，许多自然哲学家对自然如何运作以及获得这方面知识的方式有着相似的观点。在寻找科学知识的过程中，这些科学家进行大量观察和实验，使用演绎推理，用数学公式来表达他们的理论，并认为大自然像机器一样运作。科学研究的这些特点最终形成了一种西方特有的解决科学问题的方法。

观察和实验

在 16—17 世纪，欧洲的科学研究最显著的特点是对自然的观察，加上通过严格的实验来检验假设。这主要是一个归纳的过程，只有在数据的积累和分析之后，才能确立理论。这个归纳过程假定愿意放弃先入之见，将科学结论建立在经验和观察的基础之上。这种方法也被描述为经验主义的，而经验主义要求所有的科学理论都要通过基于对自然界的观察的实验来检验。

在《新工具》（*New Organon*，1620）一书中，英国哲学家弗朗西斯·培根（Francis Bacon，1561—1626）提倡这种经验主义的科学研究方法。培根埋怨说，以前所有的科学研究都很少依靠实验，尤其是古希腊哲学家。相比之下，他的方法涉及对自然进行彻底而系统的调查。作为一名律师和法官，培根把这个过程比作对犯罪嫌疑人的问讯。对培根来说，科学实验就是"向自然发问"，这就像通过拷问囚犯来确定案件的事实一样。

演绎推理

16—17 世纪的科学研究的第二个特点是使用演绎推理来确立基本的科学真理或原理。从这些原理中可以合乎逻辑地推断出其他的思想或定律。正如归纳与经验主义相联系一样，演绎与理性主义相联系。经验主义认为，我们是通过感官所能体验到的东西来了解真理；而理性主义认为，心智包含独立于感官观察的理性范畴。

归纳法在英国拥有最热情的实践者，而演绎法在欧洲大陆拥有最热情的拥护者。法国哲学家和数学家勒内·笛卡儿（René Descartes，1596—1650）是这种方法论的首要倡导者。在《方法论》（*Discourse on the Method*，1637）一书中，笛卡儿建议，要解决任何知识问题，应该首先确立基本的原理或真理，然后从这些观点出发得出具体的结论。

数学提供了演绎推理的模型，因为在数学中，人们也是通过方程式根据某些前提合乎逻辑地得出结论。虽然理性演绎被证明是科学方法论的一个基本特征，但是当笛卡儿和他的追随者从物体只有实际接触才能相互影响的原理中推导出引力理论时，仅仅使用演绎方法进行研究的局限性变得很明显。这一理论以及它所依据的原则缺乏经验主义的基础，最终不得不被抛弃。

数学和自然

16—17世纪的科学研究的第三个特点是数学被应用于对物理世界的研究。利用归纳和演绎这两种传统方法从事研究的科学家都会使用数学。笛卡儿和伽利略都相信大自然有一个几何结构，因此可以通过数学来理解。笛卡儿声称物质的物理维度是它唯一的属性，当然可以用数学来表达。伽利略声称数学是哲学据以书写"宇宙之书"所使用的语言。

艾萨克·牛顿的研究为数学在科学问题上的应用提供了最好的例证。牛顿用观察和实验来证实他的万有引力理论，但他用数学的语言写作了《自然哲学的数学原理》。他利用实验和演绎式的数学推理来发现自然规律，这种解决科学问题的方法成为未来研究方法的典范。

机械论哲学

17世纪的许多科学实验和演绎法假设，自然界的运作就好像是一部人类制造的机器。这种自然的机械论哲学在笛卡儿的著作中表现得最为清晰。中世纪的哲学家们认为，自然物体天生就有变化的倾向，而那些由人类制造的物体却不会。笛卡儿、开普勒、伽利略和培根都否认了这一假设。机械论者认为自然界就像一部机器，以机械的方式运作。唯一的区别是，自然机制的运行结构不能像机器的结构那样容易被观察到。

机械论者认为人体本身就是一部机器。例如，哈维将心脏描述为"一部机器，其中一个轮子带动另一个轮子，但所有的轮子似乎都在同时运动"[2]。身体和其他机器的唯一区别是，大脑可以驱动身体，尽管关于它是如何做到的还存在争议。根据笛卡儿的理论，思想与身体以及物质世界的其他物体是完全不同的。与身体不同，思想是一种非物质实体，它不能在空间中延展、分割，也不能像记录身体的尺寸那样用数学方法来测量。由于笛卡儿在思想和身体之间做出了这种明确的区分，我们将他的哲学描述为"二元论"。

笛卡儿和其他机械论者认为，物质是完全惰性的或死亡的，没有灵魂，也没有任何先天的目的。它唯一的属性是"延展性"，即长度、宽度和深度的物理维度。没有灵魂或任何其他内在力量来指导它的行动，物质只是对与其接触的其他物体的力量做出反应。根据笛卡儿的理论，所有的物理现象都可以用物质的维度和粒子的运动来解释。他曾经这样说过："给我延展性和运动，我就能构建宇宙。"[3]

把自然看作一部机器的观点意味着它按照自然不变的规律以一种有规律的、可预测的方式运作。科学家可以利用理性来发现这些规律，从而了解自然在各种情况下是如何运作的。伽利略和开普勒的科学研究都是基于这些假设，而笛卡儿则将这些假设明确地表达出来。自然法则的不变性意味着整个宇宙在结构上是均匀的，这是牛顿运动定律和万有引力理论的基础假设。

科学革命的原因

为什么科学革命发生在这个特定的时间？为什么它起源于西欧国家？对这些问题的回答并没有那么简单。然而，我们可以找出哪些方面的发展激发了这些科学发现。其中一些发展源于中世纪晚期、文艺复兴时期和16世纪自然哲学家进行的早期科学调查，另一些则来自近代早期欧洲的宗教、政治、社会和经济生活。

科学领域内部的发展

科学革命的三个内因是：14世纪自然哲学家对运动的研究、文艺复兴时期的人文主义者进行的科学调查，以及几个世纪以来主导科学探究的概念框架或范式的崩溃。

中世纪晚期的科学

近代科学可以追溯到14世纪对亚里士多德科学理论的第一次重大修正。这些修正中最重要的是动力理论。亚里士多德曾说过，一个物体一旦与推动它的物体失去接触，它就会停止运动。中世纪晚期的科学家声称，运动中的物体在与推动它的物体失去接触后会获得一种持久的力。这种动力理论对亚里士多德的权威提出了质疑，并影响了伽利略早期的关于运动的一些思想。

14世纪的自然哲学家们也开始推荐用直接的经验观察来代替传统的偏好，即接受关于自然运作的先入之见。这种解答科学问题的方法并没有产生培根在三个世纪后要求的那种严格实验，但它确实鼓励了科学家将他们的理论建立在对自然进行实证研究的事实基础之上。

中世纪晚期的科学对科学革命的贡献不应被夸大。14世纪的哲学家继续接受托勒密的宇宙论和希腊医生盖伦（129—200）的解剖学和医学理论。在中世纪晚期的大学里，神学作为主导学科的地位无可置疑，新的科学思想如果挑战了基督教教义就不会被重视。

文艺复兴时期的科学

文艺复兴时期的自然哲学家对近代科学的兴起所做的贡献超过了他们中世纪晚期的前辈。16世纪晚期和17世纪的许多科学发现是从文艺复兴时期重新发现的希腊科学著作中获得灵感的。例如，哥白尼的日心说源自公元前3世纪的希腊天文学家萨摩斯的阿里斯塔克，而他的著作在中世纪无人知晓。同样，古希腊哲学家德谟克利特（约公元前460—前370）在公元前5世纪晚期的作品中提出的观点，即物质可以被分成被称为原子的小粒子，被波义耳等人在17世纪进一步发展。阿基米德（约公元前287—前212）的在中世纪几乎无人知晓的作品激发了人们对力学的兴趣。之前不为人知的文本的发现和翻译也让科学家们意识到，希腊科学家们并不总是意见一致，这就促使人们以独立的观察和实验来解决意见分歧的问题。

文艺复兴时期新柏拉图主义哲学（见本书第7章）的复兴对近代科学的诞生做出了更直接的贡献。大多数中世纪的自然哲学家依赖于亚里士多德的思想，而新柏拉图主义者借鉴了普罗提诺（205—270）和其他古希腊哲学家的著作以及波斯的宗教传统。普罗提诺是古代最后一位伟大的哲学家，他对柏拉图的作品进行了综合。新柏拉图主义者强调自然世界和精神世界的统一。物质是"活的"，与掌管整个宇宙的神圣灵魂相连。为了揭开这个生命世界的神秘面纱，新柏拉图主义者诉诸数学，因为他们相信上帝以几何和谐的方式来表达自己。他们还求助于炼金术，因为他们试图揭示连接万物的共同本质。他们还认为太阳作为神圣灵魂的象征按照逻辑位于宇宙的中心。

新柏拉图主义的思想影响了 17 世纪的科学家，例如，哥白尼从新柏拉图主义中吸取了太阳位于宇宙中心的观点："太阳在宝座上统治着它的孩子，即环绕它的诸多行星。"通过阅读新柏拉图主义的文献，开普勒获得了这样的认识，即宇宙是根据几何原理构建的。牛顿对炼金术很感兴趣，他的万有引力理论的最初灵感可能来自他在剑桥时的新柏拉图主义教授，这位教授坚信精神力量在物质世界的存在。近代科学是机械论哲学和新柏拉图主义碰撞的结果，前者认为物质是惰性的，而后者则认为自然界是有活力的。

科学探究范式的崩溃

科学革命的第三个内因是自古代以来统治科学研究的知识框架的崩溃。在所有的历史时期，科学家都是在一个已经确立的概念框架内工作，而不是另起炉灶，这个框架就是学者托马斯·库恩（Thomas Kuhn）所说的"范式"。然而，长期以来主导科学研究的范式常常无法解释许多不同的可观察现象。当旧的范式崩溃、新的范式取而代之时，科学革命就发生了。

我们上文探讨的天文学领域和生物学领域的革命性进展在一定程度上就是旧范式崩溃的结果。在天文学领域，统治古代和中世纪科学探究的范式是托勒密的模型，在这个模型中太阳和行星围绕地球旋转。然而，到了 16 世纪，新的观察结果使这个模型变得十分混乱和复杂，对于像哥白尼这样的人来说，地心说已经不能继续为物质宇宙提供令人满意的解释。哥白尼寻找一个更简单、更可信的宇宙模型。他的日心说理论成为开普勒、伽利略和牛顿所使用的新范式。[4]

在生物学领域也发生了类似的现象，由盖伦构建的旧范式也崩溃了，因为它无法解释医学学者的发现。根据这个范式，血液源于肝脏并通过静脉和动脉流动。哈维提出了一种新的范式，即血液在全身循环。和在天文学领域一样，哈维的新范式为后来的生物学研究提供了框架，并影响了科学革命。

科学领域之外的发展

科学领域之外的发展也促进了新的科学思想的发展，并被人接受。这些发展包括新教的传播、对科学研究的赞助、印刷术的发明，以及军事变革和经济变革。

新教的传播

新教在激发科学革命方面产生了有限的作用。在宗教改革初期，新教徒和天主教徒一样敌视新科学。路德把哥白尼称为"一个反对《圣经》的傻瓜"，这反映了新教徒相信《圣经》里的文字是真实可靠的。然后，在整个16、17世纪，天主教徒和新教徒都从事科学研究。事实上，包括伽利略和笛卡儿在内的一些最杰出的欧洲自然哲学家是虔诚的天主教徒。尽管如此，新教在三个方面促进了近代科学的出现。

第一，随着科学革命在17世纪的发展，新教政府比天主教政府更愿意允许新科学思想的出版和传播。例如，新教政府并没有像教皇编纂《禁书目录》时所做的那样，以异端为理由禁止出版宣扬新奇科学思想的书籍。以英格兰和荷兰共和国为代表的新教政府更愿意容忍新科学思想的表达，这就解释了为什么在17世纪下半叶科学调查的主要地理区域从天主教的地中海地区转移到新教的北大西洋地区（见本章"不同的声音"专题）。

第二，17世纪的新教作家强调，上帝不仅在《圣经》中还在自然界中揭示了他的旨意。因此，他们声称，要想知晓上帝的旨意，每个人都

不同的声音

哥白尼与教皇

哥白尼在将其著作《天球运行论》（1543）献给教皇保罗三世（1534—1549 年在位）时解释说，他的灵感来自那些想象地球会运动的古代哲学家。预见到自己将会遭到那些将天文学理论建立在《圣经》之上的人的谴责，他向教皇请求保护，同时对其反对者的理论表示蔑视。保罗三世既没有赞同也没有谴责哥白尼的著作。但到了 1616 年，教皇保罗五世才暂停了该书的出版，因为它的观点与《圣经》的相矛盾。

哥白尼论日心说和《圣经》

哲学家们不能对造物主为我们创造的美好而有序的宇宙提出一致认可的理论，对此我感到很气愤 …… 因此，我不辞辛劳地重读了所有我能找到的哲学家的著作，看看他们中是否有人提出过与数学学派不同的天球运行观点。我先是在西塞罗的作品中发现，希塞塔斯（Hicetas）已经意识到地球在运动。后来，我又在普鲁塔克的著作里发现，有别的人也持同样的看法 ……

我从这些阅读中获得启发，也开始思考地球是否会运动。虽然这个观点似乎很荒唐，但现在我知道在我之前的其他人可以随意想象各种圆周运动来解释星体现象，我认为我也可以假设地球有某种运动，看能否找到更加合理的对天球运行的解释。

于是，通过假定地球具有我在该书中所赋予的那些运动，经过长期而频繁的观察，我最终发现，如果把其他行星的运动与地球的运行联系起来，并按每个行星的运行圆周来计算 …… 所有星体和天球的秩序和大小是如此紧密地结合在一起，其中任何一部分偏离其运行轨道都会引起所有其他部分和整个宇宙的混乱 ……

那些对数学一窍不通的闲言碎语者可能会为了一己之私而歪曲《圣经》中的某些段落，以此对我的著作妄加指责。对于这样的吹毛求疵，我会置之不理。我认为他们的判断是冒失的，对其只有鄙视。

资料来源：Nicolaus Copernicus, *De Revolutionibus Orbium Coelestium* (1543), trans. by John F. Dobson and Selig Brodetsky in *Occasional Notes of the Royal Astronomical Society*, 2 (10), 1947.

教皇针对日心说的法令（1616）

受教皇保罗五世陛下和罗马教廷宗座专门委托，最杰出的枢机主教会议特颁布此目录，事关整个基督教世界书籍的批准、禁止、修正和出版……

本会议了解到有人在传播和接受完全与《圣经》的观点背道而驰的毕达哥拉斯伪说，这种学说认为地球是运动的，而太阳是静止的。尼古拉·哥白尼的《天球运行论》和迭戈·德·祖尼加（Diego de Zuñiga）的《论约伯》（*On Job*）也持同样的看法。加尔默罗会的某位会士发表了《保罗·安东尼奥·福斯卡里尼（Paolo Antonio Foscarini）神父关于毕达哥拉斯和哥白尼的地球运动和太阳静止的观点以及新的毕达哥拉斯世界体系的信》……在这封信中，这位神父试图证明上述关于太阳在宇宙中心静止和地球运动的学说与真理是一致的，并不与《圣经》相抵触。因此，为了不让这一谬见进一步影响到天主教真理，本会议决定如下：将上述尼古拉·哥白尼和迭戈·德·祖尼加的著作暂停出版，直到其做出修正为止，而保罗·安东尼奥·福斯卡里尼神父的著作将遭到彻底禁止和谴责。所有其他传播同样谬见的书也将依据本法令被禁止、谴责或暂停出版。本法令已由圣则济利亚（St. Cecilia, Bishop of Albano）枢机主教大人亲笔签名并加盖印章，以资证明。阿尔巴诺主教，1616 年 3 月 5 日。

资料来源：*The Galileo Affair: A Documentary History*, ed. and trans. By Maurice A. Finocchiaro, copyright © 1989 by The Regents of the University of California, is reprinted by permission of the University of California Press.

有义务去研究自然，就像他们有义务去阅读《圣经》一样。开普勒声称，天文学家是"上帝传达自然之书的牧师"，这反映了一种新教的观点。

第三，许多 17 世纪的新教科学家相信，耶稣再来统治世界的千禧年即将开始。他们相信在这个时期知识会增长，社会会进步，人类会支配自然。包括波义耳和牛顿在内的新教徒科学家在进行科学研究和实验时，相信他们的工作将有助于改善基督再临后人类的生活。

对科学研究的赞助

若没有财政和机构的支持，科学家不可能取得成功。只有组织机构才能赋予科学永久的地位，让科学作为一门学科发展起来，并赋予其成员专业身份。如今支持科学研究的大学，在 17 世纪并不是支持科学研究的主要机构，而仍然主要是神职机构，维护基督教神学和亚里士多德科学在中世纪融合而成的体系符合它们的既得利益。科学家依赖的不是大学，而是有影响力的个别富人的资助，尤其是统治欧洲国家的国王、诸侯和大贵族，其中还包括教皇国的统治者乌尔班八世。

然而，赞助很容易被收回。科学家在进行自己的研究时必须考虑如何继续获得赞助人的好感。伽利略将他通过望远镜观察到的木星的新卫星称为"美第奇星"，以此来奉承统治佛罗伦萨的美第奇家族。激励他发表著作的，不仅是他对太阳中心论的信仰，还有他对科西莫二世大公（Grand Duke Cosimo II）的赞颂。

科学家们可以在其中交流思想和工作的学院和学会是赞助的第二个重要来源。这些机构中最早的一个是罗马的猞猁学社（Academy of the Lynx-Eyed），这个名称源于猞猁的敏锐视觉，象征着新科学所需要的观察能力。该学社由切西大公（Prince Cesi）于 1603 年创立，出版了伽利略的许多著作。1657 年，科西莫二世在佛罗伦萨建立了一个类似的机构，即实验学院（Academy of Experiment）。这些研究院给科学家提供的赞助比科学家从宫廷里获得的赞助更加规律，但这些研究院仍然要颂扬创办人，并且它们的存续也依赖于赞助人。然而，17 世纪 60 年代建立的皇家研究院实际上成了公共机构，尤其是法兰西皇家科学院

让－巴普蒂斯特·科尔贝向路易十四介绍法兰西皇家科学院的成员［布面油画，亨利·泰斯特林（Henri Testelin，1616—1695）约创作于 1667 年］。和英国皇家学会一样，法兰西皇家科学院也依赖于王室成员的资助。在这幅画中，路易十四坐在中间，他借此机会夸耀自己是科学和艺术的赞助人。这幅画还纪念了背景中显示的巴黎天文台的建立。

图片来源：Château de Versailles, France / Bridgeman Images

（1666）和英国皇家学会（1662），它们的运作几乎不受君主的干涉，并使持续不断的研究成为可能。

英国皇家学会的使命是通过实验促进科学知识的进步。它还把科学研究的成果应用于为国家服务。例如，英国皇家学会的成员就从事船舶建造和军事技术方面的研究。这些利用科学技术来强化国家实力的尝试，显示了近代国家的发展与近代科学的出现之间是如何相互联系的。

印刷术的发明

印刷术使科学家能够更容易地与其他人分享他们的发现。在中世纪，书籍都是手写的。在文本抄写的过程中很容易出现错误。手稿可以复制的数量限制了科学知识的传播。印刷术的普及使科学成果能够被更准确地保存下来，并呈现给更广泛的受众。印刷副本的增加也使其他科学家更容易更正或补充作者提供的数据。插图、表格和其他有助于传达作者发现的示意图也可以被印刷出来。整个科学知识体系就这样累积起来了。印刷术还使非科学界的成员了解到物理学和天文学的最新进展，从而使科学成为有教养的欧洲人文化中不可或缺的一部分。

军事变革和经济变革

科学革命几乎与战争和欧洲经济的戏剧性变革同时发生。随着领土国家扩增其军队和武库的规模，它们需要射程更远、更精密的武器。17 世纪物理学家所做的一些研究本意就是为了改进武器。例如，英国皇家学会的成员对炮弹的弹道和速度进行了广泛的科学研究，弗朗西斯·培根也建议科学家们用自己的研究为国家服务。

新兴资本主义经济的需要也影响了科学研究。例如，力学研究带来了矿井通风和采矿的新技术，从而使采矿更加有利可图。在英国皇家学会会议上讨论的一些问题表明，该学会的成员从事科学研究以提高资本主义企业的生产率和利润。这些研究并不总是产生立竿见影的效果，但最终提高了经济利润，促进了 18 世纪英国经济的发展。

科学革命的思想影响

科学革命深刻地影响了受过教育的欧洲人的思想生活。哥白尼、开普勒、伽利略和牛顿的发现，以及他们的研究所依据的假设，影响了西方知识分子的研究内容、思考问题的方法，以及他们对超自然领域的看法。

教育

在 17 世纪和 18 世纪早期，特别是在 1680—1720 年，科学和与之相关的新哲学成为大学教育的重要组成部分。在学术圈之外，学术团体、公开讲座、咖啡馆讨论以及通俗的科学出版物在知识分子阶层中传播科学知识。就这样，科学在西方文化中获得了永久的立足点。

科学的传播并非没有受到挑战。它遇到的学术对手不仅投身于传统的亚里士多德主义，还投身于文艺复兴时期的人文主义。在 17 世纪晚期，"古人"和"现代人"之间爆发了一场冲突，前者推崇古典作家的智慧，后者强调新的科学文化的优越性。这种冲突最具体的表现就是"书籍之战"，这是一场围绕哪一群思想家对人类知识贡献更大的问题展开的学术辩论。这场战争并没有明显的胜利者，古人与现代人之间的冲突也没有完全解决。人文学科和科学虽然在许多大学里包含在同一门课程中，但仍然经常被认为代表着不同的文化传统。

怀疑主义和独立推理

科学革命鼓励人们养成怀疑主义的习惯，倾向于怀疑那些别人教给我们和期望我们相信的看法。这种怀疑主义成了 17 世纪科学家解决哲学问题的方法的一部分。正如我们所见，笛卡儿、培根、伽利略和开普勒都拒绝承认古典文本或中世纪文本的权威。他们更愿意依靠他们通过观察自然和运用自己的理性能力而获得的知识。

在《方法论》一书中，笛卡儿展示了这种怀疑主义的极端。笛卡儿怀疑自己的感觉，甚至怀疑自己的存在，直到他意识到，怀疑这一

历史上的正义

对伽利略的审判

导致 1633 年对伽利略异端审判的事件开始于 1616 年。当时一个由神学家组成的委员会向罗马宗教裁判所报告说哥白尼的日心说是异端邪说。那些接受这个理论的人被宣布为异教徒，不仅因为他们质疑《圣经》本身，而且因为他们否认天主教会解释《圣经》的独家权威。报告提交的第二天，教皇保罗五世（1605—1621 年在位）指示一位与伽利略关系良好的神学家、枢机主教罗伯特·贝拉明（Robert Bellarmine，1542—1621）警告他放弃他的哥白尼观点。伽利略写了大量的文章来支持日心说，特别是在他的《关于太阳黑子的书信》（*Letters on Sunspots*，1613）和他《致克里斯蒂娜大公夫人的信》（*Letter to the Grand Duchess Christina*，1615）中，尽管他从未承认这个理论得到了决定性的证明。然后他被告知不要坚持、教导或以任何方式捍卫太阳是稳定不动的或地球是运动的这种观点。他如果无视这个警告，就会被指控为异教徒。

在接下来的 16 年里，伽利略出版了两部书。第一部是《试金者》（*The Assayer*，1623），抨击了一位意大利哲学家关于彗星的观点。这部书为伽利略赢得了支持，特别是新教皇乌尔班八世（1623—1644 年在位）的支持，因为这位教皇渴望与最新的思想潮流联系在一起。他把伽利略置于自己的庇护之下，使他成为自己宫廷中的明星知识分子。他甚至宣称支持哥白尼学说是轻率的，但并非异教徒。

教皇的庇护可能使伽利略在写他这一时期的第二部书《关于托勒密和哥白尼两大世界体系的对话》（1632）时不那么谨慎了。表面上，这部书公正地展示了托勒密和哥白尼的宇宙论，但它不动声色地推广了哥白尼学说。伽利略向教会当局申请正式许可出版这部书，但没等罗马官方批准他就在佛罗伦萨出版了。

这部书的出版使伽利略失去了教皇的支持。乌尔班八世被指控对异教徒过于宽大，于是在 1632 年夏天下令停止发行传播此书，并任命了一个委员会来调查伽利略的活动。在收到他们的报告后，乌尔班八世把这件事交给了罗马宗教裁判所，后者指控伽利略为异教徒。

审判伽利略（1633）。在这幅画中，伽利略正在宗教裁判所为自己辩护。他声称他的著作《关于托勒密和哥白尼两大世界体系的对话》并不支持哥白尼的宇宙模型。

图片来源：Peter Willi / SuperStock / Getty Images

罗马宗教裁判所成立于 1542 年，旨在维护天主教信仰和起诉异教徒。和西班牙宗教裁判所一样，这个裁判所也以严厉专横、实施酷刑、秘密审讯和剥夺被告在审判前知道被控罪名的权利而闻名。这些批评是有一定道理的，尽管罗马宗教裁判所没有拷打伽利略，也没有剥夺他为自己辩护的机会。这一程序以及一般的纠问式诉讼最不公平的地方是，对被告提出指控并进行审讯的法官也对案件做出裁决。这意味着，在像对伽利略这样有政治动机的审判中，判决结果已经预先确定。接受伽利略的辩护将是教皇软弱的表现，是对教皇的否定。

虽然审判的根本问题是伽利略是否因否认太阳运动和地球不动而犯有异端罪，但法律上更关注的问题是，他出版的《关于托勒密和哥白尼两大世界体系的对话》是否违反了 1616 年禁令。伽利略在为自己辩护时声称，他的这部书只是为了呈现"双方对物理学和天文学的思考"。他否认自己认为哥白尼的观点是正确的。

最后宗教裁判所裁定，伽利略发表《关于托勒密和哥白尼两大世界体系的对话》违反了 1616 年禁令，他散布了"关于地球运动和太阳稳定不动的错误观点"，并且"为已经被谴责的观点辩护"。甚至连伽利略努力"给人留下一种悬而未决、该观点仅仅是一种可能性的印象"也是一个严重的错误，因为"被宣布并被认定为与《圣经》相悖的观点是不可能正确的"。宗教裁判所还宣布，伽利略虽然获得了在佛罗伦萨出版这部书的许可，但他没有告知佛罗伦萨当局自己处于 1616 年禁令约束下。

在整个审判过程中，宗教裁判所尽一切努力让教皇和他以前的保护对象撇清关系。裁判所担心，因为教皇是伽利略的庇护人，允许伽利略形成自己的思想，教皇本人也会被牵涉进伽利略的异端邪说中。在审判期间，有关教皇早期支持伽利略的信息不能有丝毫泄露。例如，裁判所确保没有来自佛罗伦萨托斯卡纳大公宫廷的人为伽利略做证，因为大公帮助伽利略在帕多瓦大学获得了教职，并在整个危机中为他辩护。从这个审判中，我们既看到了天主教会对新科学的敌意，也看到了乌尔班八世为挽回颜面所做的努力。

宗教裁判所要求伽利略放弃他的观点，避免进一步为哥白尼学说辩护。在向裁判所做出这一屈辱性的让步后，他被送到锡耶纳，同年晚些时候被允许回到他在佛罗伦萨附近的别墅，他一直被软禁在那里，直到 1642 年去世。

行为本身就证明了他是一个思想的存在。他的一句名言是："我思故我在。"[5] 在此基础上，笛卡儿证明了上帝和物质世界的存在，从而克服了他开始探究时所持的怀疑主义。然而，在这个过程中，他形成了一种思考问题的方法，要求人们质疑权威，并清晰、系统地独立思考。这种思考问题的方法的影响在 17 世纪晚期变得越发明显，怀疑主义者援引笛卡儿的方法论来挑战正统犹太教和基督教。其中一些最激进的观点来自巴鲁赫·斯宾诺莎（1632—1677），他在阿姆斯特丹的一个犹太人社区长大，那里的犹太人都是逃离宗教法庭的西班牙人或葡萄牙人。斯宾诺莎虽然受过正统犹太人的教育，但他也学习了拉丁语，并阅读笛卡儿和其他基督教作家的著作。从笛卡儿那里，斯宾诺莎学会了"任何事物

巴鲁赫·斯宾诺莎（布面油画，荷兰派，创作于17世纪）。斯宾诺莎是17世纪最激进的思想家之一。他把上帝等同于自然，这使他容易被指责为无神论者。他在荷兰共和国的追随者被称为自由思想家，为18世纪的启蒙运动奠定了基础。

图片来源：Herzog August Bibliothek, Wolfenbuttel, Germany / Bridgeman Images

都不应该被理所当然地视为真实存在的，除非被充足和可靠的理由所证明"[6]。这种怀疑主义和独立思想导致他在 24 岁时被逐出犹太人社区。

斯宾诺莎用笛卡儿的怀疑论来挑战笛卡儿本人。他反对笛卡儿对思想和肉体的分离，反对他对精神和物质的严格区分。在斯宾诺莎看来，宇宙中只有一种物质，他把这种物质等同于上帝与自然。上帝和自然是同一现实存在，只是叫法不同，这样的主张不仅挑战了笛卡儿的思想，也挑战了基督教的基本教义，包括对人格化的上帝的信仰——这个上帝设计并创造了自然世界，并继续统治着它。在《神学政治论》（*A Treatise on Religion and Political Philosophy*，1670）一书中，斯宾诺莎描述了"一个只受自然法则的因果关系统治的宇宙，没有目的或设计"。

斯宾诺莎解决哲学问题和科学问题的怀疑主义方法揭示了这门新科学意义深远的思想潜力。斯宾诺莎主张的思想自由，以及自然界遵循不变的规律、可以用数学公式来理解的信念，是科学革命和 18 世纪启蒙运动之间的重要纽带。我们将在本书第 19 章中更详细地讨论这些联系。

科学与宗教

新科学对传统的基督教信仰提出了两个挑战：第一个挑战是，日心说的宇宙理论和《圣经》中提到的太阳的移动之间存在明显的矛盾。因为《圣经》被认为是上帝启示的话语录，所以教会把它的一切都视为真理，包括任何有关物质世界运行的段落。《圣经》中关于太阳在天空中移动的说法是 1616 年教皇谴责日心说和 1633 年起诉伽利略的基础。

第二个挑战是，宇宙如果在不变的自然法则的基础上像一部机器一样运行，这就意味着上帝在其运行中几乎没有扮演任何角色。上帝就像一位工程师，他设计了完美的机器，因此没有必要去干涉它的运行。

这种被 17 世纪末和 18 世纪所谓的自然神论者所持的观点否定了基督教认为上帝在世界的运作中一直起作用的观点。更直接地说，它否定了奇迹发生的可能性。17 世纪的伟大科学家本人都不是自然神论者，但他们对机械论哲学的接受使他们容易受到否认基督教教义的指责。

尽管新科学和 17 世纪的基督教似乎发生了碰撞，但一些科学家和神学家坚持认为两者之间没有冲突。他们认为宗教和科学有着不同的关注对象。宗教处理的是人与神的关系，而科学解释了自然是如何运作的。正如伽利略在 1615 年所言："圣灵的目的是教导我们如何进入天堂，而不是告诉我们天堂如何运作。"[7]《圣经》并不是要解释自然现象，而是要传达人类理性无法理解的宗教真理。

另一个关于科学和宗教相容的论点是，机械论哲学并没有把上帝降格为一位功成身退的工程师，而是显示了上帝无限的力量。在一个机械论的宇宙中，上帝仍然是物质世界和自然运行法则的创造者。他仍然是全能的，无处不在。此外，根据波义耳和牛顿的理论，上帝在支配宇宙的过程中扮演着极其活跃的角色。他不仅创造了宇宙，而且用波义耳的话说，他还让所有的物质保持运动状态。这个理论的目的是重新定义上帝的力量，而不以任何方式削弱它。牛顿在寻找能使引力起作用的无形动因时，也得出了类似的结论。他提出，他相信是"永恒存在、无处不在"的上帝让物体按照引力定律运动。在 18 世纪早期，牛顿自然哲学的这一特征成为上帝积极参与宇宙运行的有力论据。

随着新科学被广泛接受，许多神学家使科学知识适应他们的宗教信仰，特别是新教的神学家。一些新教徒欢迎科学发现，认为这是一个净化基督教的机会，因为这些发现可以打破迷信、魔法和无知，而他们声称天主教会一直在宣扬这些。神职人员认为，上帝是通过自然过程运作的，科学探究可以导向对上帝的认识。宗教和科学可以相互启发。

神学家和哲学家也开始扩大理性在宗教中的作用。英国哲学家约翰·洛克（1632—1704）认为，理性应该是超自然存在和《圣经》真正含义的最终裁判者。这种对宗教中理性作用的新的强调，与对在宗教改革和宗教战争中盛行的宗教狂热的摒弃是同时发生的。政治当局和教会当局越来越多地谴责宗教狂热是危险和非理性的。

这种对宗教合理性的新的强调以及宗教狂热的减退通常被视为欧洲生活世俗化趋势的证据，在这个过程中，宗教让位于更加世俗的关切。从某种意义上说，这种世俗化趋势是不可否认的。到1700年，神学在大学中失去了主导地位，宗教在政治、外交和经济活动中也失去了很大的影响力。

然而，宗教并没有失去它的重要性。在大多数欧洲人的生活中，它仍然是一种重要的力量。许多接受新科学的人继续相信上帝和基督的神性。此外，以法国科学家和哲学家布莱兹·帕斯卡（Blaise Pascal，1623—1662）为首的一小群有影响力的知识分子认为，宗教信仰占据了理性和科学无法渗透的更高层次的知识领域。帕斯卡是计算器的发明者，也是巴黎公共马车服务系统的发起人，还是新科学的倡导者。他赞同哥白尼的宇宙模型，反对对伽利略的谴责。他引入了一种新的关于流体的科学理论，后来它被称为帕斯卡定律。但帕斯卡宣称，对上帝的认识来自内心而不是大脑，这就挑战了洛克和斯宾诺莎关于理性是宗教真理最终裁判者的观点。

人类与自然界

科学知识的传播不仅重新定义了知识分子对超自然现象的看法，

也使他们重新思考自己与自然的关系。这一过程涉及三个不同但相互关联的探究：一是确定人类在以太阳为中心的宇宙中的地位；二是研究科学技术如何赋予人类对自然更大的控制权；三是根据有关人类身心的新科学知识重新思考男女之间的关系。

人类在宇宙中的地位

哥白尼、开普勒和伽利略的天文学发现为人类在宇宙中的地位提供了一种新的观点。中世纪支配科学思想的托勒密地心说也是以人类为中心的。人类居住在宇宙最中心的星球上，在这颗星球上他们享有特权。毕竟，根据基督教的信仰，人类是上帝按照自己的形象创造出来的。

人类对以太阳为中心的宇宙模型的接受开始改变这些看法。一旦地球不再是宇宙的中心这一事实变得显而易见，人类就开始失去他们在大自然中的特权地位。哥白尼的宇宙既不是以地球为中心的，也不是以人为中心的。笛卡儿等科学家继续声称人类是自然界最伟大的创造物，但人类居住在一个围绕太阳运转的小行星上，这一事实不可避免地降低了人类的重要性。此外，随着天文学家开始认识到宇宙不可思议的大小，宇宙中存在其他宜居世界的可能性出现了，这进一步引发了对人类独特地位的质疑。

在16世纪晚期和17世纪，许多文学作品探索了其他有人居住的世界和其他生命形式存在的可能性。开普勒的《梦，或月球天文学》（*Somnium, or Lunar Astronomy*，1634）是一本科幻小说，描述了各种月球居民，其中一些人是有理性的，比人类还要优越。这些关于外星生命的书中最具雄心的是贝尔纳·德·丰特奈尔（Bernard de Fontenelle）的《关于多重世界的对话》（*Conversations on the Plurality of Worlds*，1686）。这部小说作品出自一位精通科学知识的剧作家和诗人之手，在整个欧洲广受欢迎。在使普通读者对人类在创造物中的中心地位提出疑问方面，这部小说比任何纯粹的科学成就贡献都要大。

人类对自然的控制

科学革命增强了人类对控制自然的能力的信心。通过揭示宇宙运行的规律，新科学给人类提供了所需的工具，使自然比过去更有效地为人类服务。例如，弗朗西斯·培根相信，对自然规律的认识可以恢复人类在伊甸园中失去的对自然的支配。培根认为，大自然的存在是为了供人类为了自己的利益而控制和开发。他的名言"知识就是力量"传达了他对科学让人类实现这种控制的信心。这种关于人类控制自然的乐观主义在一种信仰中找到了支持：上帝首先通过创造一个有序和统一的宇宙，然后通过赋予人类理解自然规律所需的理性，允许了人类获得这种掌控。

就像今天的科学家一样，许多17世纪的科学家也强调其研究的实际应用性。笛卡儿利用他的光学知识来改进镜片的研磨，他还考虑如何利用科学知识来给沼泽排水、提高子弹的速度，以及用钟声让云降雨。在法兰西皇家科学院1699年的庆典上，丰特奈尔说："科学被应用于自然的范围和强度将不断扩大，我们将从一个奇迹走向另一个奇迹。人只要装上翅膀，就能在空中翱翔，这一天终将到来。……直到有一天我们能够飞到月球上去。"[8]

17世纪的科学家希望通过技术手段改善人类生活，在很大程度上这直到18世纪才实现。只有到那时，科学革命的技术承诺才开始被实现，尤其是在工业革命之前或伴随工业革命而来的技术创新（见本书第21章）。到18世纪中期，科学将改善人类生活的信念成为西方文化不可或缺的一部分。对人类进步的信念也成了启蒙运动的主题之一，这将在本书第 19 章中进行讨论。

女人、男人和自然

新的科学思想和哲学思想挑战了古代和中世纪关于女性在体力和智力上不如男性的观念，但没有挑战其他关于性别角色的传统观念。

直到 17 世纪，女性的性器官都被认为是男性的不完美版本，这种想法使女性成为男性的劣等版本，在某些方面她们甚至是大自然的怪胎。在 16—17 世纪，科学文献提出了新的观点，即女性的性器官是完美的，在生殖方面有独特的功能。亚里士多德认为男性在生育方面比女性更重要的观点也受到了抨击。长期以来，精液被认为包含了肉体和灵魂的形式，而女性只提供精液作用其上的无形物质。然而，到了 1700 年，大多数学者认为两性在生殖过程中的贡献是相等的。

17 世纪一些自然哲学家也质疑古代和中世纪关于女性智力低于男性的观点。举例来说，笛卡儿在对思想和肉体进行彻底分离时，发现男人和女人的思想没有区别。正如他的一位追随者在 1673 年所言："思想是没有性别的。"[9] 少数上层社会的妇女提供了有力的证据来支持这一女性智力平等的革命性主张。例如，波希米亚的伊丽莎白公主在 17 世纪 40 年代与笛卡儿长期保持通信，对他关于肉体和灵魂关系的许多观点提出了质疑。英国贵妇玛格丽特·卡文迪什（Margaret Cavendish，1623—1673）撰写科学著作和哲学著作，并与当时最杰出的哲学家交流。在 18 世纪早期的法国，上流社会的男女聚集在贵族沙龙或私人客厅里讨论哲学思想和科学思想。在德意志，妇女帮助她们的丈夫管理天文台。

虽然 17 世纪的科学为两性平等的理论奠定了基础，但它并没有挑战其他将女性与男性进行不利比较的传统观念。大多数受过良好教育的人继续将女性的特质停留在体液说上，声称因为女性是寒湿体质，而不

17世纪德意志的天文学家。伊丽莎白和丈夫约翰内斯·赫维留（Johannes Hevelius）在一个德意志天文台操作六分仪。在德意志，超过14%的天文学家是女性，她们大多数人在工作上与丈夫合作。

图片来源：Bettmann / Corbis

像男性那样是干热体质，她们自然比男性更具有欺骗性，更不稳定，也更忧郁。他们还继续把女性等同于自然本身，而自然一直被描绘为女性。培根使用男性化的隐喻来描述科学，并提及"人类对自然的主宰"，因此这似乎强化了男性主宰女性的传统观念。他的表达也强化了男性在理性方面更优越的传统观念。[10] 1664 年，将女性排除在外的英国皇家学会的秘书宣布，该机构的使命是建立一种"男性哲学"。[11]

在许多男性对女性的"没有条理的"和"非理性的"行为表示担忧的时代，新科学因此强化了男性控制女性的理论基础。在一个充斥着女巫、反叛者和其他拒绝遵守传统标准的女性行为的世界里，采用男性哲学与重申父权制的权威是联系在一起的。

结语：科学与西方文化

与西方历史上的许多文化发展不同，科学革命几乎没有受到东方的影响。在中世纪，中东的伊斯兰文明产生了丰富的科学知识，影响了中世纪科学在欧洲的发展，但到科学革命的时代，中东的科学不再占据科学研究的前沿位置。欧洲的自然哲学家在为科学革命做出贡献时，中东的自然哲学家几乎没有什么可以提供给他们的欧洲同行的。

中国和印度在古代和中世纪也积累了大量的科学知识。耶稣会士在 16—17 世纪开始向中国人传授西方科学和数学时，了解到中国早期技术的进步，包括指南针、火药和印刷术的发明。他们还了解到中国古代天文学家是最早观测日食和彗星的人。然而，当耶稣会士来到中国时，这里的科学已经进入衰退期。这些传教士回国后，向欧洲人介绍了中国文化的许多方面，但很少有欧洲自然哲学家认为有用的科学思想。

这些东方文明没有发生一场像 16 世纪晚期和 17 世纪西方发生的那种科学革命。对中国来说，原因可能在于当时的中国相对稳定，没有促进科学研究的军事和政治动机。在中东，更有可能的解释是伊斯兰教在这些年没有把重点放在对自然世界的研究上。在伊斯兰教中，自然界要么是完全世俗的，因此不值得就其本身进行研究，要么是被灌注了太多的宗教价值，因而不能对其进行理性的分析。然而，在欧洲，宗教和文化传统允许科学家把自然看作超自然力量的产物，也可以看作独立于超自然的东西。因此，自然可以被客观地研究而不会丧失其宗教意义。只有当自然既被视为上帝的创造物，又被视为独立于上帝之外时，它才能通过数学分析，置于人类的控制之下。

科学技术知识成为西方文化的重要组成部分，在 18 世纪，西方科学给许多受过教育的欧洲人一个新的身份认同来源。这些人认为他们的科学知识，加上他们的基督教、古典文化和政治制度，使他们不同于生活在东方的人，甚至更优越。

西方科学技术的兴起在欧洲支配非洲、亚洲和美洲的过程中发挥了重要作用。科学给西方国家提供了军事和航海技术，帮助它们控制外国的土地。植物学和农业知识帮助西方列强开发其殖民地区的资源，并利用这些资源改善自己的社会。一些欧洲人甚至求助于科学来为自己在定居和控制的土地上的统治地位辩护。下文我们将探讨西方帝国主义扩张的过程。

《惩罚黑人奴隶》（1835）。这个发生在巴西的鞭打黑人奴隶的画面揭露了大西洋奴隶制的残酷。法国画家让－巴普蒂斯特·德布雷（Jean-Baptiste Debret，1768—1848）将这幅彩色石版画收录在他的三卷本专题研究作品《巴西风景和历史之旅》（*A Picturesque and Historic Voyage to Brazil*，1834—1839）中。

图片来源：Biblioteca Nacional, Rio de Janeiro, Brazil / Bridgeman Images

第 18 章

西方与世界：
帝国、贸易与战争

1650—1815 年

1789 年，一位生活在英国的解放奴隶奥拉达·伊奎亚诺（Olaudah Equiano）写下了他被奴役的经历。伊奎亚诺讲述了他在非洲的冈比亚地区被俘获，然后被一艘运奴船运送到加勒比海地区的英属殖民地巴巴多斯（Barbados）的经历。他描述了船上的非洲人所遭受的无情鞭打、饥饿的煎熬以及船舱里让人无法忍受的高温和各种难闻的气味。他目睹了那些为了避免遭受进一步痛苦的人投海自杀。他害怕白人会吃掉他，希望自己死的时候能够少受痛苦。

船一到达目的地，非洲人就被赶到围栏里，由白人种植园主检查、购买并给他们打上烙印。在伊奎亚诺的讲述中，最让人揪心的是当一家人被卖给不同主人时所发出的痛不欲生的哭喊。他写道："你们这些徒有虚名的基督徒，我们非洲人倒要问问你们，这就是你们从你们的上帝那里学到的东西吗？我们被迫离开故土和亲友，为满足你们的奢华生活和贪欲而累死累活，难道这还不够吗？为了你们的贪婪，非要把我们所有的感情全部剥夺吗？"[1]

在 1650—1815 年，数百万非洲男女遭受了与伊奎亚诺类似的命运。非洲黑人被迫离开自己的祖国，被卖给白人地主，受到非人的待遇，这些都是西方文明中无法容忍的恐怖事件。要理解这些恐怖事件是如何发生的，尤其是那些宣称致力于人类自由的人制造的恐怖事件，我们必须研究欧洲帝国在这几个世纪的发展情况。

在 16—17 世纪，随着欧洲国家在领土规模、财富和军事实力上的扩增，其中最强大的国家在海外建立了庞大的帝国。17 世纪末，英国、法国和荷兰加入了葡萄牙和西班牙的行列，建立了海外帝国。正如我们在本书第 13 章所讨论的，帝国扩张的第一阶段从 1500 年持续到 1650年。帝国扩张有许多不同的动机，其中包括对黄金和白银的追求、将原住民基督教化的使命、一些殖民者逃避宗教迫害的渴望、掠夺财富的冲动、君主扩张领土的努力，还有从国际贸易中获利的愿望，等等。1625年，英国政府承认了其中的许多动机，宣布建立弗吉尼亚殖民地的目的是"传播基督教、发展贸易和扩张帝国"[2]。

在帝国扩张的第二阶段（约 1650—1815），获取海外领地的经济动机占主导地位。在世界经济体系中获利的渴望比其他任何东西都更有力地决定了这些帝国的政策。在西欧政府看来，所有殖民地都是经济企业，它们能为宗主国提供农产品、原材料和矿物。此外，海外殖民地也为宗主国生产的产品提供市场。

本章要讨论的主要问题是：这些帝国的发展以及欧洲人和非西方民族的碰撞如何改变了西方的政治、经济和文化历史的？

在美洲和亚洲的欧洲帝国

在这段漫长的历史时期，欧洲的主要政治单位通常被称为"国家"。国家是一个统一的领土区域，它有自己的政治机构，不承认更高的权力。因此，我们把法国、英格兰（1707 年与苏格兰合并后称为"大不列颠"）、普鲁士、荷兰共和国和葡萄牙称为"国家"。正如我们在本书第 16 章所讨论的，这些国家在 16—17 世纪获得了规模更大的军队和行政官僚机构，主要是为了满足战争的需要。因此，它们的政治结构变得更加一体化，更有凝聚力。

许多欧洲国家形成了被称为"帝国"的更大的政治形态的中心或核心。在17—18世纪，帝国的主要特征是它们包含许多不同的王国或领地。宗主国控制着这些帝国的领地，但并没有将它们完全纳入自己的行政结构之中。这些帝国的一部分领地位于欧洲。以奥地利哈布斯堡王朝为例，它管辖着中欧和东欧的许多独立王国和公国，包括匈牙利和波希米亚。西班牙王室控制着伊比利亚半岛的许多王国和省份，以及意大利南部和尼德兰的领土。在欧洲的东部和东南部外围，还有另外两个帝国，即俄罗斯帝国和奥斯曼帝国，它们不仅控制着东欧，而且还控制着亚洲的大片土地。和前几个世纪一样，俄罗斯帝国和奥斯曼帝国标志着东西方之间不断变化的边界。

从15世纪开始，由于跨洋探险和海外殖民地的建立，西欧国家获得或控制了美洲、非洲和亚洲的领土，并将其作为定居地。它们获得对新大陆土地掌控权的速度要比在亚洲快得多。当欧洲人来到北美和南美时，他们遇到的原住民都是些英勇善战的战士，但是欧洲人带来的疾病使原住民的人口数量急剧减少。欧洲殖民者拥有更先进的军事技术，能够在战斗中占得上风，他们从原住民手中夺取或购买土地，并迫使那些幸存下来的人撤退到人烟稀少的地区。

然而，当欧洲人开始在亚洲发展广泛的贸易路线时，亚洲大陆已经在政治和军事上高度发达。奥斯曼帝国、萨法维王朝（波斯）和莫卧儿王朝（印度）这三个伊斯兰帝国以及邻近的中国占据了从巴尔干半岛到太平洋的广袤土地。只有当这些亚洲帝国开始崩溃，其领土内较小的附属国获得更大的自治权时，欧洲人才能利用这种情况，与亚洲的地方统治者达成有利的贸易协议，并最终控制亚洲的一些领土。

大英帝国的崛起

在此期间，新的欧洲海外帝国增长最快的是英国。英国在 12 世纪末征服了邻近的爱尔兰岛，开始了其海外帝国的创建，但直到 17 世纪才开始在新大陆和亚洲获取土地。到 1700 年，大英帝国在美洲的领土包括北美东海岸的殖民地、加拿大北部的一大片领土，以及加勒比海的一群岛屿，其中最著名的有巴巴多斯、牙买加和巴哈马群岛。

加勒比海地区的或西印度群岛的这些殖民地发展了使用奴隶劳动力的经济，因此从非洲带来的黑人奴隶数量很快就大大超过了欧洲人。然而，在北美大陆的殖民地，大多数殖民者是白人，甚至在南方殖民地也是如此，黑人奴隶占总人口不到一半。

许多英国移民来到美洲是为了可以更加自由地从事自己的宗教信仰，特别是在北方的殖民地。在 17 世纪 30 年代，被称为清教徒的英国新教徒团体在新英格兰定居。他们反对主教对英国教会的控制，特别是在 1633—1641 年，即威廉·劳德担任坎特伯雷大主教期间。他们的主要不满是劳德批准的礼拜仪式太像罗马天主教了。在同一时间，一些被剥夺了宗教自由的英国天主教徒来到了马里兰避难。在 17 世纪晚期，一个被称为"贵格会"["贵格"一词源自英语里表示"发抖"的动词"quake"，因为他们的创始人乔治·福克斯（George Fox）让他们听到上帝的话就"发抖"]的非国教新教教派信徒，苦于法律剥夺他们的宗教自由和政治权力而移民到宾夕法尼亚。

在 17 世纪，英国人还沿着印度海岸建立了贸易站。他们于 1612 年在苏拉特定居，1639 年在马德拉斯定居，1661 年在孟买定居，1690 年在加尔各答定居。这些贸易中心明显不同于加勒比海地区的和北美大陆的殖民地。在印度定居的英国人大多是垄断英国与印度之间贸易的东印度公司的成员，他们人数很少，并没有建立大型种植园。因此，他们没

《泰晤士码头》（塞缪尔·斯科特创作于 18 世纪 50 年代）。在 18 世纪，英国商人与亚洲和美洲进行活跃的贸易。

图片来源：V & A Images, London / Art Resource, NY

有引进奴隶劳动。

如地图 18.1 所示，英国的势力也扩张到了从东南亚一直延伸到南太平洋地区，并最终控制了这里。在 17 世纪晚期，英国开始挑战荷兰和葡萄牙对印度尼西亚贸易的控制。18 世纪后半叶，英国商人与马来半岛各国建立了繁荣的贸易关系。18 世纪晚期，英国人也开始探索南太平洋，这是欧洲人还没有踏足的人类世界的最后一部分（见本章"历史上的正义"专题）。1770 年，英国海军军官和探险家詹姆斯·库克（James Cook，1728—1779）船长宣称将整个澳大利亚东海岸归英国所有。1788 年，英国在澳大利亚大陆东南角的植物湾（Botany Bay）建立了一个罪犯流放地。

破碎的法兰西帝国

　　法国在北美和印度的殖民活动与英国有很多相似之处，但从未获得像英国那样的成功。当英国人在西印度群岛和北美大陆建立立足点时，法国人在加勒比海获得了自己的岛屿，并宣称对加拿大的大片地区以及俄亥俄和密西西比河流域（在今天的美国境内）拥有主权。在西印度群岛，法国人首先从签订了三年契约的仆人那里获得劳动力供给，但在 18 世纪，他们开始效仿英国和西班牙的模式，引入奴隶为甘蔗种植园提供劳动力。在北美，法国殖民者不需要大量的劳动力，因为他们的主要经济活动是毛皮贸易和捕鱼，所以他们没有引入奴隶到那些地区。

　　法国和英国一样，它们的海外扩张都延伸到了印度。18 世纪早期，法国东印度公司在本地治里、金德讷格尔等地建立了贸易站。与英国的对抗使法国人与印度的地方长官联合起来，以协助法国于 1744—1815 年与英国的一系列军事冲突。在这场斗争中，英国人最终占了上风，到 19 世纪早期，法国人在印度的存在只剩下几个孤零零的贸易站。

　　法国在印度的势力逐渐减弱，与此同时，在新大陆也失去了一系列的领土。在七年战争（1756—1763）中，法国战败，法属加拿大和密西西比河以东的领土落到英国人手中。在这次冲突中，法国还将位于密西西比和落基山脉之间的路易斯安那的广大地区割让给了西班牙。法国在 1801 年收复了路易斯安那，但在 1803 年迅速将整个地区卖给了美国。第二年，法国在加勒比海地区的殖民地圣多曼格独立，尽管法国保

地图18.1 1763年的欧洲帝国

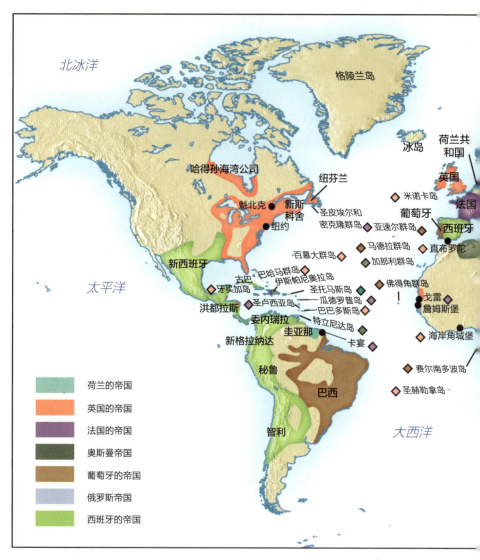

北冰洋

格陵兰岛

冰岛

荷兰共和国

英国

米诺卡岛

法国

葡萄牙

西班牙

直布罗陀

哈得孙海湾公司

纽芬兰

魁北克 新斯科舍

纽约

圣皮埃尔和密克隆群岛

亚速尔群岛

马德拉群岛

加那利群岛

新西班牙

百慕大群岛

太平洋

巴哈马群岛

古巴

牙买加

伊斯帕尼奥拉岛

圣托马斯岛

瓜德罗普岛

佛得角群岛

戈雷

詹姆斯堡

圣卢西亚岛

巴巴多斯岛

洪都拉斯

圣赫勒拿岛

委内瑞拉

特立尼达岛

海岸角城堡

新格拉纳达

圭亚那

卡宴

费尔南多波岛

秘鲁

巴西

大西洋

智利

荷兰的帝国
英国的帝国
法国的帝国
奥斯曼帝国
葡萄牙的帝国
俄罗斯帝国
西班牙的帝国

这张地图显示了英国、法国、荷兰共和国、西班牙和葡萄牙的海外属地。俄国向北美的海外扩张还没有开始。你会如何比较这些帝国的实力？它们的地理面积和实力之间有关联吗？

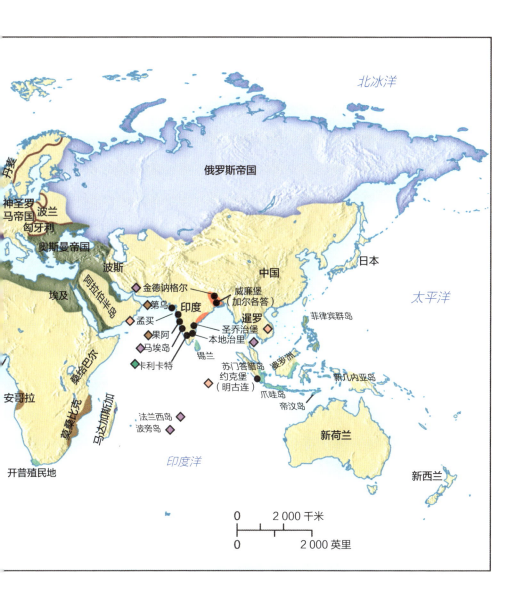

北冰洋

俄罗斯帝国

丹麦

神圣罗
马帝国
匈牙利
波兰

奥斯曼帝国

波斯

中国

日本

太平洋

埃及

阿拉伯半岛

金德讷格尔

第乌

印度

威廉堡
（加尔各答）

暹罗

菲律宾群岛

孟买

果阿

圣乔治堡

本地治里

马埃岛

锡兰

卡利卡特

婆罗洲

苏门答腊岛
约克堡
（明古连）

新几内亚岛

爪哇岛

安哥拉

桑给巴尔

莫桑比克

马达加斯加

法兰西岛

波旁岛

帝汶岛

新荷兰

印度洋

开普殖民地

新西兰

0　　　　2 000 千米

0　　　　　　2 000 英里

留了其他西印度群岛的殖民地。

荷兰的商业帝国

　　小小的荷兰共和国几乎所有的海外领地都是在 17 世纪上半叶获得的，而与此同时，英国和法国在亚洲和新大陆建立了它们的第一批殖民地。荷兰帝国是伴随着 17 世纪荷兰经济的爆炸性增长而建立起来的。当时，荷兰共和国成为全球经济中心，其在新大陆、亚洲和非洲的海外殖民地帮助荷兰共和国维持其商业霸权。荷兰的海外定居点就像宗主国荷兰的港口城市一样，几乎完全是为贸易服务的。

　　与其他欧洲强国相比，荷兰人更渴望利用军事力量或海军力量来获

荷兰位于印度尼西亚巴达维亚的贸易站（约 1665）。在 17 世纪，荷兰共和国支配着亚洲贸易。巴达维亚（现在的雅加达）是其在东南亚最重要的定居点。荷兰人移植他们的文化的努力在这种荷兰风格的建筑中体现得很明显。

图片来源：Interfoto / History / Alamy

历史上的正义

对"邦蒂号"哗变者的审判

　　1787 年 12 月，在船长威廉·布莱（William Bligh）的率领下，一艘名为"邦蒂号"的英国舰船离开英国的朴次茅斯，踏上了前往塔希提岛的重要旅程。塔希提岛位于南太平洋，詹姆斯·库克船长于 1769 年首次来到这里。"邦蒂号"航行的目的既不是为了探险，也不是为了殖民扩张，而是为了带回库克在 1773 年第二次来到该岛时发现的面包树。人们希望将这些树引入西印度群岛，作为奴隶的食物来源，从而维持种植园经济的生存。因此，这次航行是欧洲帝国扩张所促成的新全球经济运作的一部分。船员总数为 46 人，他们都是志愿加入的。大副弗莱彻·克里斯蒂安（Fletcher Christian）是这次哗变的主要领导人。

　　这艘船在塔希提岛停留了几个月，装载了 1 000 多株面包树，开始返航，哗变就发生于返航途中。哗变的主要原因是布莱船长辱骂和羞辱船员。与许多其他维持船上秩序和命令船员服从的船长不同，布莱并没有鞭打他的手下。在这方面，布莱的行为是温和的。但是，他大发雷霆，辱骂他们，贬损他们，称他们为无赖。就在哗变之前，布莱骂弗莱彻·克里斯蒂安是一个懦弱的流氓，并诬告他偷了自己的东西。1788 年 4 月 28 日早晨，克里斯蒂安以刺刀相威胁，将布莱的双手绑在背后，并威胁他说，他如果敢说一句话，就立即处死他。克里斯蒂安和他的同伴们声称"这都是布莱船长咎由自取"，他们把布莱和其他 18 名船员驱赶到一艘小艇上，然后丢入大海，最终他们靠自己的力量到达附近的一个岛屿。

　　哗变者们前往土布艾岛（Tubuai Island），在那里短暂停留后兵分两路。其中 9 人以克里斯蒂安为首，与 6 名塔希提人男子和 12 名塔希提女子一起，在皮特凯恩岛（Pitcairn Island）建立了定居点，他们的后代至今仍居住在那里。其余 16 名哗变者返回塔希提岛。1791 年，除了两人外，他们全部被"潘多拉号"轮船的爱德华兹（Edwards）船长逮捕。这艘船到塔希提岛去的目的就是要逮捕他们，然后把他们送回英国受审。在返航之初，这艘船遭遇了海难，4 名囚犯被淹死。其余的人在 1792 年乘坐另一艘船到达英国。他们很快被海军军事法庭以抢夺船只和擅离职守的罪名起诉，根据 1766 年的《海军纪

罗伯特·多德（Robert Dodd）的这幅 1790 年的版画描绘了哗变者将布莱船长赶到一艘小艇上的情景。这是弗莱彻·克里斯蒂安领导的叛乱的中心行动。布莱船长穿着睡衣站在小艇里。大船的甲板上有一些在塔希提岛装到船上的面包树。

图片来源：Erich Lessing / Art Resource, NY

律条令》，这两项都是死罪。

1792 年 9 月，审判在朴次茅斯港的英国军舰"杜克号"上进行。这一诉讼具有国家审判的所有特征，即由政府发起的针对那些冒犯王室的罪行而进行的诉讼。哗变和擅离职守是对国家本身的挑战。在帝国扩张的第二阶段，海军成为国家权力的主要工具。即使在船只被用于探险而非海战时，它们也是在为国家利益服务。在海上，船长代表着君主的权力。由于在这种情况下很难维持秩序，船长被授予了绝对的权力。为了维持秩序，他可以使用任何必要的手段，包括体罚。不服从或挑战船长都被视为叛乱行为。

审判基于这场哗变是非法的和具有煽动性的这一假设。唯一的问题是个人参与哗变行为本身的程度。参与的程度是通过一个人与克里斯蒂安合作的证据或他对布莱的忠诚来衡量的。对一些人来说，仅仅和克里斯蒂安一起留在"邦蒂号"上并不能证明他们支持哗变。几乎找不到其中 4 人主动与克里斯蒂安合作的证据，最终他们被判无罪。布莱船长声称那 4 名船员是被迫把他驱赶到小艇上的，这是确保他们无罪的决定性因素。

其余 6 人被定罪并被处以绞刑，其中 3 人最终被赦免。彼得·海伍德（Peter Heywood）和詹姆斯·莫里森（James Morrison）与海军要人和政府要人关系密切，并得到了王室的赦免。威廉·马斯普拉特（William Muspratt）是 3 个哗变者中唯一雇用律师的，他对法庭的程序提出抗议。与普通法的刑事审判不同，在军事法庭上，囚犯不能传唤证人为自己辩护。在被定罪时，马斯普拉特提出了抗议，说自己"被禁止传唤证人，因为我有理由相信，这些证人的证据会证明我的清白"。他声称，两种刑事司法体系之间的差异"对当事人来说是可怕的，对我来说是致命的"。[3] 马斯普拉特因此得到了缓刑。

另外 3 个人公开认罪并被处决。通过确保对他们定罪并以广为宣传的绞刑将其戏剧化，政府维护了自己的权威，从而强化了君主的权力。

取并守护贸易站。1637 年，他们从葡萄牙人手中夺取了西非海岸的两个贸易站。1641 年，他们又从葡萄牙人手中夺取了非洲的圣多美岛和普林西比岛。1654 年，他们夺取了西印度群岛的两个小岛和南美洲圭亚那海岸的殖民地（主要在今天的苏里南）。荷兰人利用在非洲的和加勒比海地区的这些殖民地与西班牙、葡萄牙、法国和英国等国的殖民地进行贸易，并通过这些港口将 50 多万奴隶运送到巴西、西班牙殖民地、法属和英属西印度群岛。

除了在非洲和加勒比海地区的领地外，荷兰人还在世界其他三个区域建立了据点。第一个区域在北美大陆的哈得孙河流域，17 世纪早期，他们在这里建立了一个殖民地，并将这个殖民地命名为新尼德兰，将其河口的主要港口命名为"新阿姆斯特丹"。1664 年，荷兰人将这个殖民地割让给了英国人，英国人将其重新命名为"纽约"。

第二个区域在亚洲，荷兰东印度公司在巴达维亚（今印度尼西亚的雅加达）建立了要塞，并在印度、中国和日本建立了贸易站。这些要塞和贸易站使荷兰人得以在整个亚洲从事贸易。然而，在18世纪，英国人开始控制荷兰的贸易路线。

第三个区域在非洲的南端，1652年，荷兰人在好望角建立了一个殖民地，主要是为与东印度群岛进行商业往来的船只提供支持。在这个殖民地上，大约有1 700名荷兰移民，其中大部分是被称为"布尔人"（Boer）的农民，他们利用奴隶劳动建立了种植园经济。18世纪末，这个殖民地被英国人夺走，这反映了荷兰军事实力和帝国力量的全面衰落。

庞大的西班牙帝国

在五个西欧海外帝国中，西班牙王室控制的土地最多。1650年，西班牙帝国处于鼎盛时期，囊括了北美西部从加利福尼亚到墨西哥，从墨西哥向下穿过中美洲的广大地区。它还包括佛罗里达和加勒比群岛的古巴、伊斯帕尼奥拉岛和波多黎各岛。它几乎囊括了除巴西以外的整个南美，而巴西当时处于葡萄牙人的控制之下。在亚洲，西班牙的主要领地是菲律宾群岛，这是西班牙与亚洲其他国家进行贸易的主要基地。

西班牙的海外领地形成了一个比英国更专制的帝国体系。像所有的重商主义企业一样，西班牙殖民帝国也为贸易服务。直到18世纪，位于塞维利亚的一个被称为"贸易协会"的委员会负责殖民地的所有商业活动。商船从西班牙西南部的加的斯港驶向西属美洲东部海岸的选定港口，然后再从那里驶向其他港口，最后满载着在墨西哥和秘鲁开采的金银返回西班牙。

1700年掌权的西班牙波旁王朝推行了政治改革，旨在扩大殖民贸易，防止威胁殖民贸易的走私活动。一方面，波旁王朝向更多的西班牙港口和美洲港口开放殖民地贸易，并允许殖民地内部进行更多贸易。另一方面，波旁王朝，特别是查理三世（1759—1788 年在位），将海外领地置于西班牙王室官员的直接控制之下，并提高了税收体系的效率。波旁王朝的这些改革使帝国更易于管理，更有利可图，但它们也造成了在西班牙出生的官僚和克里奥耳人（Creole，出生在殖民地的西班牙后裔）之间的关系紧张。这种紧张关系最终导致了 19 世纪早期一系列脱离西班牙的独立战争，对此我们将在后面的章节中讨论。

衰落的葡萄牙帝国

葡萄牙是最早进行海外探险和殖民的欧洲国家。早在 15 世纪晚期和 16 世纪，葡萄牙已经在亚洲、南美洲和非洲建立了殖民地（见本书第 13 章）。然而，到 18 世纪初，葡萄牙帝国的规模和财力相对于其对手已经有所下降。葡萄牙人继续控制着印度的几个港口，最著名的是小小的果阿岛。他们还在中国东南沿海的澳门保留了一个贸易站。在新大陆，葡萄牙的主要殖民地是巴西，它占据了南美洲几乎一半的土地，向欧洲提供糖、可可（制作巧克力的原料）和其他农产品。与巴西紧密相连的是沿着西非海岸以及西非海岸以外的葡萄牙殖民地。这些领地都与跨大西洋贸易密切相关，尤其是奴隶贸易。葡萄牙人在包括莫桑比克在内的非洲东南海岸也有一连串的贸易站和小殖民地。

作为一个相对弱小的欧洲国家，葡萄牙在为争夺南美洲和亚洲殖民地贸易控制权而发生的激烈军事冲突中表现不佳。葡萄牙主要的军事和经济竞争对手是荷兰，荷兰占领了葡萄牙在亚洲、非洲和南美洲的许多殖民地，从而获得了葡萄牙的许多贸易路线。这些损失大多发生在1600—1670 年的亚洲。1661 年，葡萄牙公主布拉干萨的凯瑟琳（Catherine of Braganza）嫁给了英国国王查理二世，国王把孟买和北非港口丹吉尔

（Tangier）作为嫁妆让给英国，葡萄牙帝国遭受了进一步的削弱。

在 17 世纪晚期和 18 世纪，巴西一直是葡萄牙最重要的领地。这个殖民地蒙受了与葡萄牙贸易的逆差，但在此期间，其人口和财富都有所增加，特别是在发现黄金和钻石之后，内陆地区开始大规模开采。奴隶贸易数量的增加为矿山和甘蔗种植园提供了额外劳动力。在 19 世纪前 25 年，随着英国奴隶贸易的衰落和结束，葡萄牙船只将 871 600 名奴隶运往巴西。在 1826—1850 年，这个数据增长到惊人的 1 247 700 人。由于非洲人的大量涌入，奴隶约占 19 世纪巴西总人口的 40%。

和大多数其他欧洲国家一样，葡萄牙在 18 世纪后半叶加强了对帝国领地的控制。1755—1777 年，即首席大臣蓬巴尔侯爵（Marquis of Pombal）独揽大权期间，葡萄牙政府加强了对殖民地生活各个方面的控制。就像波旁王朝在西属美洲的改革一样，这项立法在克里奥耳人中引起了相当大的不满。与西属美洲的情况一样，这些紧张局势导致了 19 世纪巴西对自治的要求。

太平洋地区的俄罗斯帝国

18 世纪唯一在海外建立帝国的东欧国家是俄罗斯帝国。从 15 世纪到 18 世纪早期，俄国逐渐成为一个巨大的陆地帝国，从西部的圣彼得堡，跨越寒冷而广阔的西伯利亚一直到太平洋。俄国扩张的主要动力是寻求在俄国和北欧寒冷地区需求量很大的毛皮。在叶卡捷琳娜大帝（Catherine the Great，1762—1796 年在位）统治时期，俄国进入了进一步扩张领土的时期。在其西部边境，1772—1795 年，它参与了对波兰的连续瓜分。而在南面，它在 1783—1792 年控制着奥斯曼帝国的克里米亚地区。

在 18 世纪末和 19 世纪初，俄罗斯帝国将领土扩张到海外。俄国商人和探险家进行了多次远征，到达了夏威夷和太平洋上的其他岛屿，最远南下到了墨西哥。然而，他们并没有在这些地区建立殖民地。进一步的探险使俄国的领地扩张到了北太平洋地区，在那里他们占领了阿拉斯加当地阿留申人（Aleut）的狩猎场。1789 年成立的俄美公司沿着太平洋海岸从阿拉斯加到加利福尼亚北部的罗斯堡（Fort Ross）建立了贸易站。这导致了与西班牙旷日持久的领土争端，西班牙在加利福尼亚海岸向北远至旧金山建立了一连串的传教点和定居点。就这样，俄国和西班牙这两个欧洲大帝国从相反的方向推进，并在北美西海岸相互对峙。俄国向阿拉斯加和加利福尼亚的领土扩张也导致了与美国的领土争端，因为美国在 19 世纪也参与了向西太平洋地区的领土扩张。

欧洲、北美洲和亚洲的战争

直到 17 世纪中叶，欧洲国家之间的战争几乎都是在欧洲大陆上进行的。它们的军队最远到达了近东，与奥斯曼土耳其人作战，或者到爱尔兰去征服当地的凯尔特人。海外帝国的建立以及欧洲列强之间爆发的争夺全球贸易控制权的冲突，将这些欧洲的冲突带到了新的、遥远的战场。在欧洲开始的战争很容易向美洲和亚洲两个方向蔓延。参加这些帝国战争的军队不仅有宗主国的军队，也有殖民地的军队。这些殖民地的军队通常从当地人口中征募士兵作为补充，例如，法国招募美洲原住民与自己一起在北美对抗英国人。这种从原住民中招募士兵的模式始于 18 世纪，在 19 世纪和 20 世纪早期帝国建设的第三个也是最后一个阶段成为常态。

海外战争使海军力量更加受到重视。无论是在欧洲还是在海外，地面部队仍然很重要，但事实证明，海军力量日益成为关键因素。所有西方帝国主义列强都拥有或都获得了大型海军。英国和荷兰共和国都是依靠其海上力量上升到世界强国的，而法国在路易十四统治期间大大加强了海军力量。荷兰人主要依靠其海军力量对付葡萄牙人和英国人，而英国人则依靠他们的海军力量对付法国人、西班牙人和荷兰人。英国在这些冲突中取得了压倒性的胜利，建立了自己的海上霸权和帝国霸权。

商业战争

在 17 世纪晚期和 18 世纪，这些国家参战的一个越来越重要的动机是保护和扩大贸易。支撑和激发这些帝国主义战争的理论是重商主义。正如本书第 16 章所讨论的，重商主义者认为，一个国家的财富取决于其进口商品少于出口商品从而获得世界货币供应最大份额的能力。重商主义者鼓励国内工业，并对进口商品征收高额关税。因此，重商主义是一种保护国内工业不受外国竞争影响的保护主义政策。重商主义者还寻求扩大国家商业船队的规模，建立殖民地以促进贸易，并从殖民地进口原材料以促进国内工业的发展。17—18 世纪的帝国主义战争是为了争夺殖民地和贸易路线的控制权，因此成了重商主义政策的一部分。

最早的商业战争是在 17 世纪第三个 25 年内（1652—1654、1664—1667、1672—1675）崛起的商业强国英国和荷兰共和国之间发生的。荷兰人对英国通过的《航海条例》表示不满，因为这些条例禁止荷兰人与英国殖民地进行贸易。荷兰人还主张有权在英国水域捕鱼，而这种权利被英国人剥夺了。毫不奇怪，英荷战争中的许多交战发生在海上或殖民地。这些冲突最重要的结果是荷兰人失去了港口城市新阿姆斯特丹，即今天的纽约。

在第一次英荷战争后不久，英国就与西班牙开战（1655—1657）。虽然这场战争是新教徒和天主教势力之间的斗争，但两国斗争的焦点主要是经济问题。通过这场战争，英国在1655年获得了其加勒比海地区最重要的殖民地之一牙买加。当英国试图将超越《乌得勒支条约》（1713）所允许的将货物走私到位于巴拿马地峡的西班牙贸易站波托韦洛（Portobelo）时，西班牙当局的人员以割下英国船长罗伯特·詹金斯（Robert Jenkins）的耳朵作为报复。这一事件导致了1739年的"詹金斯的耳朵战争"。1762年，在另一场与西班牙（以及法国）的战争中，英国和北美殖民地的武装力量夺取了古巴的哈瓦那港，英国将其归还给西班牙，以换取佛罗里达。英国人获得了佛罗里达，从而控制了整个北美东部沿海地区。

英法之间的军事对抗

与18世纪英法之间激烈的商业对抗相比，英西冲突就相形见绌了。英法冲突是18世纪欧洲战争中为数不多的持续性战争之一。它持续了很长时间，经历了很多不同的阶段，因此被称为"第二次百年战争"，是14世纪中期到15世纪中期英法之间那场残酷战争的重演。

西班牙和奥地利的王位继承战争（1701—1748）

18世纪英法对抗的根源是西班牙王位继承战争（1701—1713）。这场战争的起因是法国要将路易十四的孙子腓力推上西班牙王位（见本书第16章）。通过统一法国和西班牙的领土，这一继承安排将不仅在欧洲而且在西半球创造一个庞大的法国－西班牙帝国。法国和西班牙领土与军事力量的结合将威胁到北美沿岸的英国殖民地，并从英国商人手中夺取大部分宝贵贸易。

随后在北美爆发的这场战争在英国殖民地被称为"安妮女王战争"。1713 年,《乌得勒支条约》以有利于英国的方式结束了这场战争。腓力五世(1700—1746 年在位)被允许继续担任西班牙的国王,但是法国和西班牙在欧洲和美洲的领地不能合并。更重要的是,法国把自己在加拿大的纽芬兰和新斯科舍割让给了英国。该条约还赋予了英国向西班牙殖民地运送奴隶长达 30 年的合同,标志着英国成为欧洲占主导地位的殖民强国和海上强国。

英法战争的下一阶段"奥地利王位继承战争"(1740—1748)是欧洲冲突的一部分,除了英国和法国,奥地利、普鲁士、西班牙三国的军队也参与其中。在这场冲突中,欧洲王朝的斗争再次与对海外殖民优势的争夺交织在一起。这场战争的表面原因是普鲁士的新国王、绝对主义者腓特烈二世草率的决定,在玛丽亚·特蕾莎(Maria Theresa,1740—1780 年在位)继承哈布斯堡王朝的世袭领地之后,他要从奥地利手中夺取讲德语的西里西亚大省(见地图 18.2)。腓特烈二世的进攻具有毁灭性,根据结束战争的条约条款,他获得了该省的大部分地区。

腓特烈二世的侵略吸引了其他欧洲列强加入这场冲突。法国和西班牙也急于获得哈布斯堡王朝在欧洲不同地区的领土,都向奥地利宣战。英国随后加入了对法国的战争,主要是为了阻止法国获得奥地利在尼德兰的领地。

这场战争的殖民阶段在英属北美被称为"乔治国王战争",它始于1744 年,当时法国支持西班牙,而西班牙自 1739 年以来就因加勒比海地区贸易问题对英国发动了战争。就在同一年,法国和英国在印度的贸易公司也开始发生冲突。这场战争的主要军事行动是,4 000 名新英格兰殖民军队和一支庞大的英国舰队夺取了位于加拿大布雷顿角岛上的法国港口和要塞路易斯堡。然而,在战争结束时,英国将路易斯堡归还给

地图 18.2 奥地利王位继承战争（1740—1748）

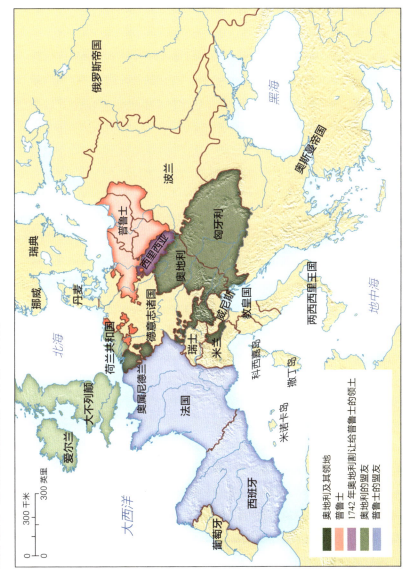

大西洋

北海

爱尔兰

大不列颠

挪威

瑞典

丹麦

俄罗斯帝国

波兰

普鲁士

西里西亚

奥地利

匈牙利

黑海

奥斯曼帝国

地中海

荷兰共和国

德意志诸国

奥属尼德兰

法国

瑞士

米兰

威尼斯

教皇国

两西西里王国

科西嘉岛

撒丁岛

米诺卡岛

西班牙

葡萄牙

0 300 千米
0 300 英里

奥地利及其领地
普鲁士
1742 年奥地利割让给普鲁士的领土
奥地利的盟友
普鲁士的盟友

在 1742 年奥地利王位继承战争中，西里西亚被普鲁士占领。在七年战争中，玛丽亚·特蕾莎试图夺回该省，但没有成功。为什么腓特烈二世急于获得并占有西里西亚？

法国，以交换法国在战争期间占领的印度的马德拉斯。

七年战争（1756—1763）

在下一轮的英法战争中，欧洲和殖民地之间的对抗变得更加纠缠不清，这场战争在欧洲被称为"七年战争"，在北美被称为"法国与印第安人战争"（1754—1763）。在欧洲，导致这场冲突的是玛丽亚·特蕾莎要夺回西里西亚的企图。她的努力失败了。然而，在这次战争中，看到英国与普鲁士签订了防御联盟条约，她也与以前的敌人法国和俄国联合起来。1756年的这场"外交革命"改变了欧洲大国之间的所有传统联盟，但它并没有影响英法对殖民地的角逐，这种争夺有增无减。

发生在北美的战斗特别残酷，造成了大量人员伤亡。在争夺东部港口城市和内陆土地的斗争中，英法两国与不同的印第安部落结成了联盟。在许多受害者中有一些法国的盟友印第安人染上了天花，因为英国殖民者故意向他们出售被天花病毒污染的毛毯，这应该是西方历史上首次使用细菌战。

这场殖民战争还有一个亚洲战场，法国和英国的军事力量大多来自各自国家的贸易公司，它们争夺商业影响力和印度洋沿岸的贸易站。这场冲突直接导致英国在1765年获得了孟加拉地区的管辖权。

1763年的《巴黎和约》结束了这一轮欧洲和殖民地之间的战争。在欧洲，尽管普鲁士军队伤亡惨重，经济遭受重创，普鲁士还是设法保住了西里西亚。在北美，密西西比河以东的法属加拿大，包括以法国人口和法国民法体系为主的魁北克省都落入了英国手中（见地图18.3）。更重要的是，该和约确保了英国在大西洋、加勒比海地区和印度洋地区的海军和商业优势。由于战胜了法国，英国获得了世界商业的最大份额。这种商业优势对英国的经济发展有着深远的影响。英国之所以能够

地图 18.3　1763 年《巴黎和约》签订后，英国在北美和加勒比海地区的属地

英国对法国领地的占领标志着大英帝国扩张的决定性时刻。英国在北美大陆的殖民地和
在加勒比海地区的殖民地有什么不同?

成为第一个发生工业革命的国家，部分原因是它能够从殖民地获得原材
料，并将其产品销往世界各地。

美国革命战争和法国革命战争（1775—1815）

尽管英国在 1763 年战胜了法国，但两国之间的长期冲突一直持续
到 19 世纪早期。在美国独立战争期间（1775—1783），北美殖民者获得

了法国的军事援助，一支英国舰队袭击了法国殖民地马提尼克岛，法国人派遣了一支远征队对抗萨瓦纳的英国人，这支远征队包括数以百计来自西印度群岛的非洲人和黑白混血儿。在印度，法英两国发生了进一步的冲突，主要发生在1781—1783年。这些在世界各地同时发生的军事行动，使英法冲突演变成了第一次真正意义上的全球战争。

1792—1815年，也就是法国大革命时期（见本书第20章），英法之间的竞争进入了一个新阶段。英国得以保持其军事优势和海上优势，尽管这再次需要与许多欧洲强国结盟，并建立新的力量平衡来对抗法国。甚至在法英对抗的后期，英国还在追求帝国主义的目标。在理查德·韦尔斯利（Richard Wellesley，1760—1842）担任总督期间，法英在印度进行帝国扩张，巩固领地。1795年，在与法国的战争中，英国还获得了好望角的荷兰殖民地，这给英国提供了一个基地，好让英国在19世纪获取更多的非洲领土。

大西洋世界

到18世纪初，欧洲五个海洋强国的领土扩张使西方的地理中心从欧洲大陆转移到了大西洋海域。大西洋非但没有把地理上的大块陆地分开，而且还赋予其一种新的统一。这个新的西方世界的边界是环绕大西洋的四个大洲：欧洲、非洲、北美洲和南美洲，而连接它们的主要通道是横跨大西洋和沿大西洋海岸的海上通道。直到18世纪末，四大洲之间商业和文化的交流地点都是沿海地区和沿海港口。在这个大西洋世界内部出现了新的贸易和经济活动模式、种族和民族群体以及新的政治制度之间的新互动。大西洋世界也成了政治和宗教思想跨越大洋传播并在新环境中转变的舞台。

大西洋经济

欧洲西海岸、非洲海岸和南北美洲港口之间的商品交换和奴隶贸易创造了一个重要的经济体系（见地图 18.4）。将奴隶从非洲运到美洲的船队利用奴隶交易所得的利润为欧洲市场购买贵重金属和农产品，然后返回西欧的大西洋港口，在那里出售货物。

不断增长的欧洲人口对农产品的需求推动了大西洋经济的发展，这些农产品在欧洲无法获得，而且从亚洲运输农产品成本更高。糖是这些商品中最重要的，但烟草、棉花、大米、可可和咖啡也成为跨大西洋贸易的主要商品（见本章"碰撞与转型"专题）。而南北美洲的殖民者则创造了对制成品的稳定需求，特别是欧洲生产的餐具和金属工具。

从殖民地进口的烟草和咖啡因其对人体的有害影响而受到批评。有这样一句朗朗上口的流行语："烟草外来本毒草，破坏精子和大脑。"[4] 批评者还声称它有致幻效果。咖啡是一种最初来自中东、后来来自海地和巴西的兴奋剂，被认为会助长政治激进主义，这可能是因为咖啡馆是政治异见人士聚集的地方。当时的人还发现咖啡会使人易怒和抑郁。

大西洋经济有自己的节奏，但也是全球经济的一部分。随着欧洲人扩大从美国的进口，这些市场完全融入了这个世界体系。这个体系是资本主义的，因为个人可以系统地生产和销售商品以获取利润。欧洲政府对这种资本主义经济很感兴趣，因为作为重商主义者，他们希望自己的国家在世界贸易中获得尽可能大的份额，但是他们并没有控制市场的实际运作。他们的作用主要是授权个人或贸易公司在特定的地理区域进行贸易。

针对咖啡和烟草的讽刺画（木刻画，私人收藏，英国派，17世纪）。这幅讽刺画选自反对吸烟的小册子，描绘了两个抽烟喝咖啡的欧洲妇女。右边的人物代表土耳其，在17世纪，土耳其是咖啡的主要产地。在左边，一位非洲仆人正在倒咖啡。烟草来自美洲。

图片来源：Bridgeman Images

碰撞与转型

新大陆和旧大陆的巧克力

17 世纪时西班牙人和新大陆的原住民相碰撞的产物之一是巧克力在西欧的被广泛消费。在 16 世纪被西班牙人征服很久之前，阿兹特克人和玛雅人就用南美本土的可可树的种子生产巧克力。他们主要是把巧克力当作饮品，并像烟草（另一种美国本土植物）一样用于宗教和政治仪式以及医疗。西班牙殖民者从印第安人那里收到了作为礼物的巧克力，并很快开始享受这种商品带来的愉悦的生理效应，因为其中含有的化学成分可以起到兴奋剂安非他命的作用。

17 世纪初，巧克力被从美洲殖民地跨过大西洋传到了西班牙。此后不久，巧克力就被传到了欧洲其他国家。它的广泛使用为 17 世纪下半叶来自中东和亚洲的另外两种兴奋剂的引进铺平了道路，即咖啡和茶的引进。

因为巧克力生长在非基督教的土地上，西班牙人认为那里住着恶魔，又因为巧克力与性快感联系在一起，所以它遭到了强烈的反对。神职人员谴责巧克力和烟草，认为它们是邪恶的诱因，是撒旦的杰作。然而，巧克力逐渐被视为一种纯粹的世俗商品，没有任何宗教含义。欧洲人对巧克力的需求促成了西方生活的三大转变。第一，它促进了大西洋贸易和全球经济的发展。在从美洲运往欧洲换取奴隶和制成品的产品中，可可的数量仅次于糖。在被征服之前的美洲，可可经常被当作交换货币。此时，它在世界市场上被赋予了特定的价值。随着巧克力价格的上升，西班牙建立了对巧克力贸易的垄断，从而将其纳入重商主义体系。

第二，巧克力进入欧洲，改变了西方人的饮食方式。在巧克力传入欧洲之前，欧洲人的饮食中没有任何东西像它一样，因此随着它的引入，出现了新的饮水方式。带把手的杯子就是专门为喝这种热饮而设计的，同样的杯子后来也被用来喝咖啡和茶。欧洲人采用了阿兹特克人的习俗，将泡沫从巧克力饮料的表面舀起来。欧洲人想要使巧克力、咖啡和茶变甜，这刺激了对糖的需求，而这反过来又刺激了西印度群岛甘蔗种植园奴隶制的发展。甜味巧克力最终被当作一种糖果来食用。到了 19 世纪，巧克力糖果成为这种商品的主要消费形式。

咖啡馆（1787）。在伦敦伊斯灵顿（Islington）的一家名为"White Conduit House"的咖啡馆里，人们在饮用巧克力、茶和咖啡，其中有男有女。

图片来源：HIP / Art Resource, NY

最后，巧克力成为 18 世纪法国和英国新兴的资产阶级性文化的一部分。就像在被征服之前的西属美洲一样，它开始在性诱惑仪式中发挥作用。难怪一盒盒的巧克力是情人节最受欢迎的礼物，而在美国最著名的巧克力糖果品牌"戈黛娃"（Godiva）的商标上，就是 1140 年裸体骑马穿过考文垂街道的这位英国贵妇。就这样，新大陆和旧大陆之间这种美味商品的持续交换促进了西方文化的转型。

大西洋奴隶贸易

奴隶贸易成为大西洋经济的关键，英国、法国、荷兰共和国、西班牙和葡萄牙这五个西欧帝国都参与其中。这种奴隶贸易的兴起是为了满足新大陆种植园主对农业劳动力的需求。在 17 世纪，当疾病在原住民印第安人之间肆虐时，当为寻求更安全的未来而从欧洲移民到美国的契约白人获得自由时，这种需求变得紧迫起来。奴隶比自由劳动力有相

商品和非洲奴隶在北美洲、南美洲、欧洲和非洲四大洲之间进行交易。奴隶贸易在这种全球经济中扮演了什么角色?

当大的优势，种植园主可以更容易地管教奴隶，强迫他们工作更长的时间。奴隶成为种植经济的重要组成部分，在种植园经济中，作为权威的种植园主指导种植、收割以及糖和农产品的加工。奴隶劳动的使用也使得欧洲国家特别是英国的经济得以发展。那些投资殖民地贸易的人从他们的投资中获得了诱人的回报，而从奴隶种植的作物中获得的农业利润促进了国内制造业的发展。

在始于欧洲船只航行到非洲西海岸港口的三角形贸易航线中，奴隶贸易形成了关键环节。在那里，欧洲奴隶贩子用包括枪支在内的欧洲货物交换非洲商人在非洲内陆俘获的奴隶。在这些港口，欧洲奴隶贩子给奴隶烙上其归属国家名字的首字母，然后把他们装进船里，穿过大西洋运到南美洲海岸，运到加勒比海地区，或者运到远至北部的马里兰。这就是臭名昭著的"中间航道"，这是三角形贸易航线的第二段。当船只满载着美洲的种植园产品返回出发地时，这个三角形贸易航线就结束了。奴隶一到达美洲，就被卖给加勒比海地区和南大西洋热带地区以及北美大陆气候较为温和地区的种植园主。

欧洲人进行的非洲奴隶贸易与世界历史上的其他奴隶制有三个不同之处。第一个显著特点是其规模，这是世界历史上规模最大的非自愿的跨洋人口运输。在1500—1867年，有超过1 250万的奴隶被从非洲运送到新大陆（见表18.1）。因一些奴隶在海上运输中死亡，真正到达美洲的奴隶数量减少到1 100万。这些奴隶中有十分之九被送往巴西或加勒比海地区，包括南美洲的北部海岸。

美洲非洲奴隶制的第二个显著特点是它的种族特征。在这方面，它不同于古希腊、古罗马和中世纪欧洲存在的对不同种族和民族的人的奴役，它也不同于伊斯兰奴隶制，后者奴役的对象既有非洲黑人，也有欧洲白人基督徒。随着奴隶贸易将数以百万计的非洲黑人带到美洲，奴隶被等同于黑人，欧洲人用奴隶的肤色来证明他们不如白人。

表 18.1　1500—1867 年跨大西洋非洲奴隶贸易量

年份	数量
1501—1525	13 600
1526—1550	50 300
1551—1575	60 500
1576—1600	152 000
1601—1625	352 770
1626—1650	315 500
1651—1675	489 000
1676—1700	719 000
1701—1725	1 088 000
1726—1750	1 471 200
1751—1775	1 925 300
1776—1800	2 009 000
1801—1825	1 877 000
1826—1850	1 771 200
1851—1867	225 800
总计	12 520 170

资料来源：David Eltis and David Richardson, *Atlas of the Transatlantic Slave Trade*, 2010, p. 89.

　　大西洋奴隶贸易的第三个显著特点是其商业性质。它的唯一功能是为奴隶贩子提供利润，为奴隶主提供廉价劳动力。欧洲人捍卫奴隶主拥有奴隶和其他财产的权利。大西洋的奴隶贸易把非洲奴隶变成了商品，对待他们的方式剥夺了他们作为人的所有尊严。为了证明这种对待是合理的，奴隶主坚持认为他们"是禽兽，和禽兽一样没有灵魂"[5]。

　　在英国奴隶船"桑格号"上发生的一件悲惨事件揭示了金钱上的考虑是如何决定奴隶命运的。这艘船于 1781 年从非洲起航，船上载有442 名非洲奴隶。当奴隶们开始生病并死于营养不良和疾病时，船长卢

《运奴船》(透纳绘于 1840 年)。英国画家透纳捕捉到了发生在"桑格号"运奴船上的恐怖事件,1781 年,船上的船员将 132 名奴隶扔下了船。

图片来源:Heritage Image Partnership / Fine Art Images / Alamy

克·科林伍德(Luke Collingwood)担心船东会遭受经济损失。然而,如果以船员的安全受到威胁为借口把奴隶扔到海里,那些为航行投保的人将承担损失。于是科林伍德把 132 名奴隶两个两个地绑在一起,扔进了大海。当船东们去法庭索要保险时,他们争辩说,奴隶和马没有区别,他们完全有权利把奴隶扔到船外以保护船的安全。

奴隶贸易变成了激烈竞争的目标,因为每个国家都试图建立对某些贸易路线的垄断。在 17 世纪,英国人成功地进军法国的奴隶贸易,最终他们也超越了葡萄牙人和荷兰人。到 1700 年,运往美洲的所有奴隶中超过 50% 是英国船只运输的。英国在奴隶贸易中确立的主导地位加强了其

不同的声音

废除奴隶贸易

1787 年，曾经是奴隶身份的库奥布那·奥拓巴·古瓜诺（Quobna Ottobah Cugoano，1757—1791）出版了一部作品，呼吁废除非洲奴隶贸易。和本章开头提到的奥拉达·伊奎亚诺的叙述一样，古瓜诺的作品描述了他亲身经历的非洲奴隶贸易的恐怖。在下面的节录中，古瓜诺谴责了奴隶贸易对他的非洲家园的影响。英国政治家和慈善家威廉·威尔伯福斯（William Wilberforce，1759—1833）在 18 世纪末和 19 世纪初率先发起了废除奴隶贸易的运动。1789 年，在英国结束奴隶贸易的 18 年前，他在第一次就这个问题向国会发表演讲时，他的声音是孤独的。威尔伯福斯也讨论了奴隶贸易对非洲的有害影响。

一名曾经的奴隶揭露奴隶贸易对非洲的影响

非洲海岸的葡萄牙人最早开始了这种绑架和劫掠的罪恶交易，当他们发现这种交易有利于自己的邪恶目的时，他们很快就开始进一步的掠夺。西班牙人效仿了他们臭名昭著的榜样，非洲的奴隶贸易被认为是对他们最有利的，使他们能够通过残酷的征服和奴役他人而过上舒适和富裕的生活。法国人、英国人和欧洲其他一些民族在西印度群岛或美洲建立殖民地之后，也以同样的方式，与葡萄牙人和西班牙人一起对非洲大肆劫掠，使这个大陆沦为一个荒凉之地。但是欧洲掠夺者和海盗不仅掠夺非洲人民，还通过鼓动，在自己的人民中间滋生了一批最卑鄙的、欺诈性的、背信弃义的恶棍。他们把要塞和贸易站作为盗贼和亡命之徒的巢穴，在那里他们可以诱捕或捕获非洲人。因此，非洲的居民被劫走了，其自由出生的儿女被偷走了，被掳走了，被粗暴地带走了，被囚禁起来，陷入残酷的奴役之中。欧洲的劫掠者至今仍在从事这种可怕的交易，可以说，非洲所遭受的苦难比世界上任何其他地方都要多。

资料来源：Quobna Ottobah Cugoano, *Thoughts and Sentiments on the Evil and Wicked Traffic of the Slavery and Commerce of the Human Species* (London, 1787).

1789 年，一位英国政治家发起了一场终止奴隶贸易的运动

我们应该设想一下：我们与非洲进行奴隶贸易会产生什么样的必然后果呢？这个大陆幅员辽阔，并非完全野蛮，但文明程度很低吗？有人认为奴隶贸易会有助于他们的文明吗？他们肯定会为此遭受苦难，这难道还不清楚吗？……他们野蛮的举止必定会变得更加野蛮，那里的百万居民的幸福必定会因为他们与英国的碰撞而受到损害，这难道还不清楚吗？难道人们没有意识到，在非洲海岸周围进行的奴隶贸易必将把暴力和荒凉带到这个大陆的心脏地带吗？在一个刚刚脱离野蛮的大陆，如果建立了人口贸易，如果这里的人都沦为可以交易的商品，那么他们必然会像货物一样遭到破坏。在他们文明的这一阶段，他们唯一的财产就是自己的身体，但是没有其他文明国家那样的保护财产权的立法。……在非洲，他们的国王贪得无厌，荒淫无度……非洲所有的君主都有这两大恶习，而我们为了维护奴隶贸易，却要依赖于这些恶习。……

我必须谈谈奴隶在西印度群岛的过境问题。我必须承认，在我看来，这是整个问题中最不幸的部分。在这么小的空间里浓缩了这么多的苦难，这是人类以前想象不到的……任何人都可以想象一下，六七百个这样可怜的人，两两捆锁起来，被各种令人作呕的、恶心的、病态的东西包围着，在各种痛苦中挣扎。我们怎么能忍受这样的场面呢？人们会认为，这是要把各种肉体上的痛苦都加在他们身上，以便使心灵的感受变得迟钝……除去那些在起航前死亡的人，不少于 12.5% 的人在途中死亡。除此之外，从牙买加的报告可以了解到，不少于 4.5% 的人在被卖的前一天死在了岸上，也就是从登陆时间开始的一两个星期。三分之一的人死于水土不服，而有人却证明说这里和他们自己的国家完全一样，因此他们可以健康快乐地活下来……但总的来说，死亡率约为 50%，并且这种情况是发生在那些原本身体很健康的黑人身上的。他们除非四肢健全（就像买卖牲口那样），否则是不会有人买的。

资料来源：*Cobbett's Parliamentary History* 28, pp. 41–43.

不断增长的海上实力和商业实力。凭借一支庞大的商船队和一支能够为其提供支持的海军，英国人主导了奴隶贸易，就像他们主导了整个世界经济一样。两者都揭示了商业资本主义在英国及其海外领地取得的胜利。

然而，在18世纪晚期，一场旨在结束奴隶贸易和奴隶制的运动在所有欧洲国家兴起（见本章"不同的声音"专题）。这场运动的灵感大部分是由宗教狂热激发出来的，尤其要归功于英国的福音派新教徒与西班牙和葡萄牙的耶稣会士。这场运动逐渐获得了广泛的支持。在英国，超过30万人通过拒绝购买糖来支持废除奴隶制的事业，这是有史以来世界上最大的消费者抵制活动。英国资本家也得出结论，奴隶制不再具有经济优势。自由劳动力生产的商品，尤其是借助机器生产的商品，使得奴隶制的成本效益比过去有所下降。

到了19世纪的第一个十年，反对奴隶制的运动开始取得一定的成功。1807年，英国议会立法终止了大英帝国内部的奴隶贸易。第二年，美国拒绝允许其任何港口接受奴隶船。荷兰人在1814年结束了奴隶贸易。法国人是在1815年结束奴隶贸易的，西班牙人是在1838年。葡萄牙人继续向巴西输送奴隶，直到1850年。

奴隶的解放大体上来得晚些。英国在1834—1838年废除了奴隶制。在法属加勒比海地区，奴隶制一直持续到1848年。奴隶制在美国南部持续到1865年，在古巴持续到1886年，在巴西持续到1888年。

大西洋世界的种族多样性

欧洲国家一直具有一定的种族多样性，但随着人们从欧洲和非洲的许多不同地区移居到美洲，以及随之而来的异族通婚，社会的种族构成变得更加复杂。即使是殖民地的欧洲白人社区，其种族构成也比宗主国更加多样。例如，英国殖民地不仅吸引了英格兰、苏格兰和爱尔兰的移民，也吸引了德意志、法国和瑞士的移民。

拉丁美洲的殖民地人口的种族比北美洲更加多样化。在这里，非洲黑奴的比例更高，不同族群之间的通婚更加频繁，许多黑人和黑白混血儿获得了自由，这些都创造了高度等级分化的社会。在这些殖民地中，不仅新近抵达的欧洲人和克里奥耳人之间出现了分化，被欧洲人认为社会地位低下的各种群体之间也出现了分化。

新大陆最复杂的社会结构出现在巴西。葡萄牙官僚处于巴西社会等级的顶端，其社会地位稍微高于规模庞大而富有的克里奥耳人种植园主群体。这两个精英群体控制着社会等级下层的梅斯蒂索人（白人和印第安人的混血儿）、原住民、黑白混血儿、自由黑人和奴隶。

欧洲人和亚洲人之间的碰撞

在亚洲，欧洲列强最初并没有像在美洲那样试图获得并统治大片领土，征服其人民。欧洲人来到亚洲最初是为了贸易，而不是为了征服或建立大型殖民地。与他们在新大陆所做的相比，他们没有与亚洲人进行长期的战争，没有采取措施减少亚洲的人口，也没有强迫他们迁移。然而，在1650—1815年，欧洲列强建立或大大扩张了它们在亚洲的帝国。

欧洲人在亚洲使用武力时，几乎总是针对欧洲的敌对势力，而不是当地居民。当欧洲国家最终开始对亚洲人使用武力时，它们发现取得胜利比在新大陆要困难得多。的确，亚洲人民已经拥有或正在获得足够的军事实力来对付欧洲的军事力量。在中国和日本，这种军事实力使欧洲人直到19世纪才开始考虑对其进行征服或剥削。因此，欧洲在亚洲确立霸权比在美洲需要更长的时间，过程也更加缓慢。

欧洲人对印度的政治控制

尽管初衷并非如此，欧洲人最终还是获得了对亚洲大片地理区域的政治控制，并将亚洲置于欧洲人的支配之下。这一过程的第一个决定性步骤发生在 18 世纪后半叶的印度。在此之前，在印度的英国人大多是英国东印度公司的成员，他们一直局限于沿着印度海岸建立的贸易站。我们前面已经看到，建立这些贸易站的主要目的不仅从事与欧洲的贸易，而且还从事与亚洲其他地区的贸易。在进行这种贸易时，英国人必须与当地的印度商人打交道，并与建立了自己贸易站的法国人、葡萄牙人和荷兰人竞争。他们还发现与控制着印度内陆地区、被称为"纳瓦布"（nawab）的各省总督联合起来很有好处。每个欧洲大国都有自己的候选人来竞争纳瓦布之职，希望他上台后能为其欧洲赞助人提供帮助，这已成为惯例。

军事冲突和领土获取（1756—1856）

1756 年，这种贸易和谈判模式导致了东北部孟加拉邦加尔各答的军事冲突。1690 年，英国人在加尔各答建立了一个贸易站，并继续在那里与印度商人进行广泛的贸易，其中许多人是印度教徒。孟加拉邦的纳瓦布是穆斯林西拉杰－乌德－道拉（Siraj-ud-Daulah），他蔑视所有欧洲人，尤其是英国人，他决定不受制于英国人。1756 年 6 月，他派遣一支由 5 万名穆斯林组成的军队攻打加尔各答，掠夺并烧毁这座城市，包围了东印度公司的威廉堡，该公司的 515 名士兵驻守在这里。这座城市的所有英国人以及 2 000 多名印度教徒都在这座要塞里避难。经过长时间的战斗，数百名印度人死亡，要塞被纳瓦布的军队占领，一些英国官员和包括加尔各答总督在内的地方官员从海上逃跑。

在这次围攻中，一名孟加拉卫兵被枪杀，这引发了一件大事，而这一事件在英国人民正在形成的帝国意识中留下了永久性的印记。作为对枪击事件的回应，纳瓦布的军官们将剩下的 146 名男女英军士兵全部塞进了要塞的地牢，也就是众所周知的"加尔各答黑洞"。这个地牢长 18 英尺（约 5.5 米）、宽 14 英尺（约 4.3 米），它原本只能关押三四名囚犯。由于地牢臭气熏天，许多人吐在挤在旁边的人身上。令人难以忍受的高温，又缺乏水和空气，令人窒息。到第二天早上纳瓦布释放他们时，只有 22 个男人和 1 个女人活了下来，其余的不是被踩死，就是窒息而死。

加尔各答黑洞事件导致了英国人对纳瓦布的迅速而残酷的报复。1757 年，在英国军官罗伯特·克莱武（Robert Clive）的指挥下，一支由 800 名英军士兵和 2 000 名印度土兵组成的部队重新占领了加尔各答，并在普拉西战役中击溃了西拉杰－乌德－道拉的军队。英国人处决了西拉杰－乌德－道拉，用一位更符合他们利益的纳瓦布取代了他。8 年后，英国东印度公司获得了收税的权利，从而在政治上控制了整个孟加拉邦。这些赋税带来的巨额收入使公司得以组建一支主要由印度土兵组成的庞大军队。到 1782 年，这支军队增加到 11.5 万人。19 世纪初，英国人利用这支装备了西方军事技术的军队，控制了印度的其他邦，并在随后的交战中击败了对手法国。

对印度领土的进一步控制最终导致了英国在整个南亚次大陆的统治地位的确立。在 19 世纪早期，更多的印度领土被置于英国的控制之下。在达尔豪西勋爵（Lord Dalhousie）于 1848—1856 年担任印度总督期间，英国吞并了印度 8 个邦，包括 1856 年吞并的伊斯兰大邦奥德。英国控制权的扩张与西方技术、文学、英语语言和英国刑事诉讼程序的引进齐头并进。1857 年，英国政府镇压了印度土兵反抗英国统治的叛乱，随后废除了东印度公司，直接控制了整个南亚大陆。

欧洲人对亚洲文化态度的改变

欧洲帝国主义在亚洲的扩张对西方身份的形成起了至关重要的作用。直到 17 世纪，欧洲人认为"东方"主要是指近东，一个大部分被奥斯曼帝国统治的地区。由南亚（印度）、东亚（中国、日本）和东南亚（缅甸、暹罗、印度尼西亚）组成的远东地区一般不属于欧洲人眼中的"东方"。欧洲人与这一地区几乎没有接触，他们所知道的关于这一地区的许多情况笼罩在神秘之中。在这一时期，欧洲人主要把远东看作一个充满异国情调的地方，盛产香料、丝绸和其他奢侈品。

随着西方传教士和商人与亚洲社会的接触越来越频繁，欧洲人对这些遥远的国度和民族产生了更深刻的印象。其中一些印象是负面的，特别是涉及亚洲统治者的政治权力时，但也有许多对东方的其他方面的描述是正面的。对印度文化和中国文化的兴趣与钦佩在 18 世纪中期最为广泛。越来越多的欧洲学者致力于对亚洲语言特别是汉语和梵语的系统研究。欧洲作家和思想家以亚洲为参照，通过对比来加强他们对西方的批评。例如，法国作家伏尔泰（Voltaire，1694—1778）就认为亚洲文化在许多方面优于欧洲文化。伏尔泰还发现，东方没有受到他所厌恶的迷信和宗教狂热的影响，而这种迷信和宗教狂热是西方基督教的特征。在他看来，中国主要的哲学传统儒家思想体现了严格的道德准则，是一个更有吸引力的选择。东方宗教，特别是印度教，也因其道德内容和对单一神的潜在信仰而赢得赞誉。

18 世纪中期这种对亚洲文化的崇拜甚至延伸到了中国和印度的政治机构。伏尔泰将当时专制的中国转变为开明的君主政体，而法国耶稣会士纪尧姆·托马斯·雷纳尔（Guillaume Thomas Raynal，1713—1796）则将古代印度政治制度的"纯粹和公平"理想化。相比之下，欧洲政府的腐败使得亚洲本土的政治体系看起来还不错。在英国，人们对在印度大发横财的东印度公司的成员，也就是所谓的"纳伯布"（nabob，意为"大富翁"），比对当地印度官员更不尊重。

这种对亚洲哲学和政治思想体系的尊重与亚洲对西方艺术、建筑和设计的广泛影响是同时发生的。东方主题开始影响英国的建筑风格，比如约翰·纳什（John Nash）设计的布赖顿行宫（Brighton Pavilion）。被称为"bungalow"（意为"平房"）的独栋别墅的设计灵感就来自印度。法国建筑师为他们的客户建造了宝塔式的建筑，即每一层的屋顶都向上翘起。与欧洲古典园林不同，不是按照几何布局的中式园林在英国和法国流行开来。

一种结合了中国和欧洲主题的新装饰艺术形式在法国被称为"中国风"，变得非常流行。富有的法国人用中式墙纸和手绘屏风装饰他们的家。人们对中国瓷器（英文直接用"china"一词来指代）的需求是无法满足的。这种瓷器在技术和审美上都优于德国和英国，因此被大量运往西欧的港口。

亚洲风格也影响了服装风格和娱乐形式。印度和中国的丝绸需求量很大。欧洲人更喜欢印度生产的棉花而不是新大陆生产的棉花。一种被称为"pajama"的印度睡衣在英国流行起来。一项起源于印度的新体育运动马球在这一时期也进入了欧洲上层社会。

在18世纪末和19世纪初，许多欧洲人对亚洲文化的高度尊重开始减弱。随着在亚洲的欧洲人日益增多，英国人开始对印度实行更多的控制，商人开始垄断亚洲贸易，西方对东方的印象变得更加负面。此时的欧洲人不再把中国哲学看作古老道德智慧的宝库，而把它与西方哲学进行比较，认为它是不理性的。儒家学说不再受青睐，东方宗教普遍被认为不如基督教。欧洲思想家将亚洲的政治制度排在更"先进"的欧洲国家之后。英国作家声称，中国人的勤劳、独创性和技术

布赖顿行宫（水彩画，创作于 19 世纪，私人收藏，英国派）。这座建筑由约翰·纳什设计，反映了东方建筑风格与英国建筑风格的融合，灵感来自塞缪尔·泰勒·柯勒律治（Samuel Taylor Coleridge）的诗《忽必烈汗》（*Kubla Khan*，1816）对忽必烈宫殿的描述。图片来源：Bridgeman Images

创新的声望名不副实。

　　西方的种族差异观念强化了欧洲人对自己优于亚洲人的信念。欧洲人认为，肤色和面部特征的差异表明他们比中国人、黑皮肤的南亚人和波利尼西亚人更优越。18 世纪晚期在欧洲出现的种族理论，主要针对非洲黑人，但也为这些假设提供了所谓的经验和科学基础。西方人根据南亚人的肤色来判断一个人在印度种姓制度中的地位，将他们定义为"有色人种"。中国人以前在西方被描述为白种人，现在被认为是非白种人，即黄种人。

帝国危机和大西洋革命

1780—1825 年，欧洲帝国经历了一场危机，而这场危机标志着欧洲海外扩张第二阶段的结束。由于这场危机，英国、法国和西班牙的政府失去了它们在美洲的大片领土。新的国家从庞大的旧帝国中分离出来。

这场危机在某种程度上是管理上的危机。欧洲国家在海外获得了大片领土后，面临着远距离管理这些领土的挑战。它们不仅要统治非欧洲民族（印第安人和非洲奴隶）居住的大片地区，而且还要面对维持在殖民地出生的欧洲人后裔的忠诚的困难。这些克里奥耳人成为斗争的主角，正是这些斗争导致了北美殖民地在 1776 年从英国独立出来，以及在一代人之后南美殖民地从西班牙独立出来。

在法国的殖民地圣多曼格和英国的欧洲殖民地爱尔兰，革命出现了不同的结果。圣多曼格是加勒比海地区唯一革命取得成功的地方，领导革命的不是白种人克里奥耳人，而是有色人种，包括种植园里的奴隶。在英国的欧洲殖民地爱尔兰，1798 年发生了一场反对英国统治的革命，但没有成功。英国后裔的定居者和当地的爱尔兰人都强烈要求独立。

美国独立战争（1775—1783）

大西洋世界第一次革命始于 1775 年北美 13 个殖民地反抗英国统治。1783 年它们摆脱了英国统治，获得独立。在 18 世纪后半叶，英国政府和大西洋对岸的殖民地之间关系紧张起来。英国的这些海外殖民地形成了自治的传统，但对英国议会负责的各种政府机构继续对它们的活动进行控制。这些殖民地有自己的民兵组织，但在与法国发生冲突时，它们也受到英国军队的保护。

导致美国独立战争的危机根源于法印战争结束时的局势。为了维持1763 年的和平，英国政府在殖民地的边境地区驻扎军队，并认为，由于军队是在保护殖民者，所以他们应该为自己的防御提供财政支持。为此，英国政府开始向殖民者征收新税。1765 年，英国议会通过了《印花税法案》，要求北美殖民地的一切印刷品都要使用伦敦特制的带有浮雕印花税票的印花纸，进而上缴印花税。这项立法提出了一个核心的宪法问题，即议会是否有权为那些没有选举议会成员的土地上的英国臣民立法。"没有代表权的征税就是暴政"成为殖民者的主要战斗口号。殖民者对《印花税法案》的反对十分强烈，议会在第二年废除了该法案，但后来又通过了一项法令，宣布议会有权按自己的意愿向殖民地居民征税。

1773 年，当政府对从英国进口的茶叶征收新税时，装扮成印第安人的殖民者将茶叶倒进了波士顿湾。作为对"波士顿倾茶事件"的回应，政府于 1774 年通过了一系列在殖民地被称为《不可容忍法案》的法令。其中一项法令规定，在殖民者对被倾倒的茶叶做出赔偿之前，波士顿港将被关闭。《不可容忍法案》导致了对英国统治有组织的抵抗。第二年，在马萨诸塞的列克星敦和康科德爆发了军事冲突。1776 年 7月 4 日，北美大陆上从新罕布什尔到佐治亚的 13 个殖民地通过了脱离英国的《独立宣言》。这是一场漫长的革命战争，殖民者在 1778 年得到法国的援助，这场战争以 1781 年英国军队在约克镇战败和 1783 年《巴黎条约》承认美利坚合众国而告终。

美国殖民者从英国独立出来的理由有四个不同的来源：首先是约翰·洛克的政治理论，他曾为光荣革命时期对斯图亚特王朝的抵抗进行辩护，主张限制立法权和行政权，这一理论成为《独立宣言》的主要灵感来源。其次，这场革命在英国普通法所体现的习俗和传统中找到了支

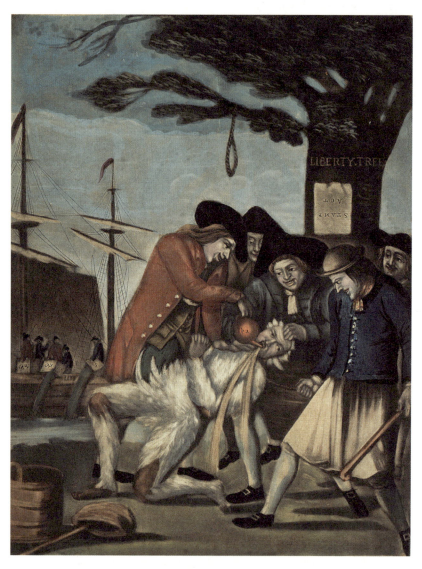

波士顿人往英国税吏身上涂柏油贴羽毛［彩色手刻版画，菲利普·戴维（Philip Dawe，约 1750—1785）创作于 1774 年］。这幅带有讽刺意味的亲英版画反映了殖民地的美国人对未经他们同意而向他们征税的仇恨。背景描绘的是波士顿倾茶事件。殖民者强迫税吏喝他想要征税的茶。

图片来源：Gilder Lehrman Collection, New York, USA / Bridgeman Images

持，特别是政府不得侵犯财产权的原则。再次，源自古希腊和古罗马并在文艺复兴时期得到复兴的共和思想为殖民者提供了一个典范，即一群品德高尚的人共同致力于国家治理。最后，所有人都有生存、自由和追求幸福的自然权利，这一信念为殖民者的事业提供了哲学灵感（见本书第19章）。

海地革命（1789—1804）

大西洋世界第二次成功的革命发生在法国的加勒比海地区的殖民地圣多曼格，也就是后来的"海地"，它占据着伊斯帕尼奥拉岛的西部。这场革命导致了该殖民地的独立，但与其说是反对法国人的统治，不如说是反对岛上的白人种植园主。就像西班牙和英国的加勒比海地区的殖民地的种植园主一样，海地的这些种植园主几乎没有民族独立的愿望。他们希望继续受到法国政府的保护。由于他们在殖民地总人口中占明显的少数，所以他们并不认为自己是一个独立的民族群体。此外，要想成功地反抗帝国统治，就需要他们武装自己的奴隶，而这就会威胁到他们对黑人的控制。

海地革命始于1789年。在法律上被定义为自由有色人种的人（其中大多数是黑白混血儿）要求派代表参加法国革命时期的国民大会和圣多曼格的地方议会，却遭到了白人种植园主的拒绝（这些白人种植园主是克里奥耳人），于是他们发起了抗议。这次叛乱直接导致了1791年的大规模奴隶起义。当时奴隶人口约占总人口的90%。这次起义发生在法国国民大会投票废除法国的奴隶制之后，但不包括法国殖民地。在这场叛乱中，1.2万名非洲奴隶手持砍刀摧毁了上千座种植园，杀害了数百名白人，以报复奴隶主对他们的残忍对待。他们的手段包括把白人农场主砍成两半，强奸他们的妻子和女儿，杀害他们的孩子，而农场主也以暴制暴，他们对黑人施以酷刑，并将他们吊死在大街上。

西班牙和英国的军队害怕奴隶起义会蔓延到他们的殖民地，于是占领了圣多曼格，并屠杀了数千名奴隶，其中许多人是在投降后被屠杀的。然而，在1795年，西班牙人从圣多曼格撤退，并把他们在伊斯帕尼奥拉岛的属地割让给法国。同样，英国人也在1798年被迫离开这个殖民地，此时他们已经损失了多达4万名士兵，其中大多数人死于疾病。领导这次奴隶起义的是解放奴隶弗朗索瓦－多明我·杜桑·卢维杜尔（Francois-Dominique Toussaint L'ouverture）。1801年，他征服了整个岛屿，废除了奴隶制，并宣布自己为自治省的总督。

1801年，一支2万人的法国军队占领了圣多曼格。目的是使这块殖民地成为复辟后的法兰西帝国的中心，这个帝国包括佛罗里达、路易斯安那、法属圭亚那和法属西印度群岛。法国人镇压了杜桑·卢维杜尔领导的起义，杜桑·卢维杜尔投降。但当得知法国人计划重新实行奴隶制时，法国人征募的用来镇压黑人起义的两名黑人将军——让－雅克·德萨林（Jean-Jacques Dessalines）和亨利·克里斯托夫（Henri Christophe）——联合起来反抗法军。1803年，这支联合军队把法国人赶出了这个殖民地，1804年，他们建立了独立的海地国家。

这个新的国家与美国大不相同，因为它完全由有色人种统治，并禁止奴隶制。它通过将所有海地人定义为黑人来宣布种族平等。海地新政府摧毁了种植园制度，将土地重新分配给自由的黑人，并禁止外国人持有地产。然而，决定政府形式需要时间，因为国家的新统治者分为两派：一派希望建立君主政体，另一派希望建立共和政体。这些分歧导致了1807—1822年漫长的内战，最终交战的北方和南方合并为一个共和国。

海地革命是18世纪末和19世纪初大西洋地区革命中最激进和最平等的革命。它毫无保留地宣扬人类平等和废除奴隶制，在整个19世纪，

海地人民反抗法国殖民者。1794 年，海地奴隶成功发动了反抗法国殖民者的起义。弗朗
索瓦－多明我·杜桑·卢维杜尔、让·雅克·德萨林等领导了这场起义，他们利用游击
战技术战胜了法国人。

图片来源：Pantheon / SuperStock

它激励了包括美国在内的其他国家的废奴运动。然而，种植园制度的破
坏改变了这个国家的经济。作为法国人的领地，圣多曼格很可能是世界
上最富有的殖民地，生产了世界上五分之二的糖和一半的咖啡。在革命
之后，随着经济与法国的分离，海地再也没能在大西洋经济竞争中获得
成功。

爱尔兰叛乱（1798—1799）

美国独立战争的成功直接激发了爱尔兰王国的革命。与北美 13 个

殖民地的居民不同，爱尔兰的盖尔人（Gaelic）长期以来一直认为自己是一个独立的国家。然而，英国人在 12 世纪就开始征服这个爱尔兰民族，并在接下来的 500 年里想方设法对其实行有效统治。他们的方法之一是将英国地主安置在爱尔兰的土地上。在中世纪，他们通过把大块的土地分给英国的封建领主来达到这一目的，但是那些古老的盎格鲁 - 爱尔兰家族已经逐渐开始把自己视为爱尔兰人。宗教改革之后，他们仍然是天主教徒，而大多数英国人变成了新教徒。

在 16 世纪，英国政府开始在爱尔兰各地的种植园里安置英国新教徒的殖民地。这一政策的目的是加强对国家的控制，并提高爱尔兰地主对英国政府的忠诚度。17 世纪早期，苏格兰的詹姆斯六世（他在 1603 年成为英格兰的詹姆斯一世）在北爱尔兰的阿尔斯特省安置了苏格兰长老会信徒（后来被称为苏格兰爱尔兰人）和英国圣公会信徒。这些苏格兰和英格兰血统的新教徒成为爱尔兰统治机构的核心，特别是在 1641—1649 年和 1689—1690 年的两次天主教徒叛乱失败之后。

在 18 世纪，这些爱尔兰新教徒开始怨恨他们与英国政府的屈从关系。就像英属美洲的殖民者一样，他们认识到爱尔兰经济服务于英国的利益而不是爱尔兰自己的利益，他们憎恨英国对爱尔兰议会的控制。在新教徒沃尔夫·托恩（Wolfe Tone）的领导下，一个名为"爱尔兰人联合会"的改革协会成功地在新教徒和天主教徒之间达成了共识。他们要求废除禁止天主教徒在爱尔兰议会任职的法律。

爱尔兰人联合会的理念有许多不同的来源。长老会共和激进主义的悠久传统在美国独立战争的理念中得到强化。爱尔兰人反对向英国国教会缴纳什一税，此外，像 18 世纪 60 年代的美洲殖民者一样，他们也讨厌在 18 世纪 90 年代为支持英国对法国的战争而纳税。

1798 年，爱尔兰人联合会与被称为"护教派"的天主教佃农建立了统一战线，发起针对英国统治的叛乱，其目的是建立一个爱尔兰共和国。和美洲殖民者一样，爱尔兰革命者寻求法国的援助，但法国所提供的援助太少，也太迟，结果叛乱以失败告终。战斗非常残酷，导致了3万人死亡。

英国政府承认，它对民族主义共和运动的发源地爱尔兰的统治安排已不再有效。因此，它决定将大不列颠和爱尔兰完全统一起来。根据1801年生效的协议条款，爱尔兰议会停止开会，爱尔兰人选举了数量有限的代表进入英国议会。就这样，爱尔兰成为1707年英格兰和苏格兰合并后成立的联合王国的一部分。爱尔兰距离不列颠很近，这使得爱尔兰独立的前景更加危险，这是英国决定坚守这个"内部殖民地"的主要因素。然而，爱尔兰民族主义的力量无法被遏制，19世纪出现了新的爱尔兰独立运动。

西属美洲的民族革命（1810—1824）

最后一轮反对欧洲帝国主义的革命于1810—1824年在六个西属美洲殖民地兴起。就像美国独立战争一样，这些革命把殖民地变成了州，然后建立了新的国家。这一轮革命始于1810年的墨西哥，随后委内瑞拉、阿根廷、哥伦比亚、智利和秘鲁等也爆发了革命。在这些革命中，克里奥耳人发挥了主导作用，就像在美国独立战争中一样。克里奥耳人不满的主要来源是波旁王朝的改革。具有讽刺意味的是，这些改革本来是要提高西班牙帝国的效率，从而维护这个帝国。然而，为了实现这一目标，改革以牺牲传统贵族的利益为代价来支持商业利益，从而威胁到了许多克里奥耳人精英的地位。克里奥耳人还面临着日益沉重的赋税，因为西班牙政府试图让他们承担殖民管理的开支。

在18世纪晚期，西班牙克里奥耳人的不满已经具体化为要求更大的自治权，这类似于英属美洲殖民者的目标。南美的克里奥耳人开始认为自己是西班牙裔美洲人，有时甚至认为自己就是美洲人。和英属美洲的殖民者一样，他们也阅读法国政治哲学家的著作，并从中获得灵感。然而，西班牙克里奥耳人反对帝国统治的斗争直到北美殖民地赢得独立大约 30 年后才开始。革命行动发展缓慢的一个原因是，西属美洲的克里奥耳人仍然指望西班牙政府为他们提供军事支持，以抵御下层阶级反叛的威胁。面对这种甚至在独立后仍然困扰着他们的威胁，克里奥耳人不愿放弃宗主国提供的军事和警察支持。

1808 年法国军队入侵西班牙（见本书第 20 章），西班牙君主政体崩溃，最终触发了这些争取民族独立的战争。这使得一直比大英帝国更加集权的西班牙帝国处于弱势地位。为了重建殖民地的政治秩序，克里奥耳人寻求获得更大的自治权。一旦君主制被恢复，这种对自治的要求很快会导致武装抵抗。这种抵抗开始于墨西哥，但很快蔓延到整个西属美洲，并迅速获得了民众的支持。

带头反抗西班牙统治的是委内瑞拉贵族西蒙·玻利瓦尔（Simón Bolívar, 1783—1830）。玻利瓦尔于 1811 年和 1814 年在他的家乡领导起义，并于 1819 年打败了那里的西班牙人。不同于大多数克里奥耳人，玻利瓦尔不怕招募自由的有色人种和黑人加入他的军队。他对欧洲殖民统治者恨之入骨。据说他曾命令士兵射杀看到的任何一个欧洲人。他发誓只要西属美洲还不自由，他就永远不会休息。玻利瓦尔发起了解放秘鲁的斗争。秘鲁于 1824 年独立，并于 1825 年建立了玻利维亚国家。在西属美洲摆脱西班牙统治的解放斗争中，谁也没有玻利瓦尔的贡献大。阿根廷、智利、哥伦比亚和墨西哥分别于 1816 年、1818 年、1819 年和 1821 年成为独立的国家。此时，在 16 世纪曾拥有世界上最大帝国的西班牙人只控制着西半球的两个殖民地：波多黎各和古巴。

结语：西方的崛起和重塑

在欧洲帝国扩张的第二阶段，西方世界不仅在地理上进行了扩张，而且获得了世界上很大一部分资源。通过控制世界的运输业，以及开发美洲的农业资源和矿产资源，西方国家获得了对世界经济的控制权。虽然很残酷，但奴隶贸易是这种经济的重要组成部分，也是西方财富的主要来源之一。

西方的经济实力为西方的政治控制奠定了基础。在亚洲，欧洲国家对领土的政治控制是缓慢而吃力的，正如英国在印度逐渐地、零星地获得领土的过程所揭示的那样。在美洲，欧洲列强相对轻松地获得了领土，欧洲在新大陆的属地很快成为西方世界的一部分。到1700年，西方的地理中心区域变成了大西洋地区。

至少在某种程度上，在欧洲政治控制下的美洲领土也在文化上成为西方的一部分。定居美洲的欧洲殖民者保留了他们所来自的欧洲国家的语言、宗教和许多文化传统。当英国和西班牙在美洲的殖民地于18世纪末和19世纪初反抗欧洲列强时，领导反抗运动的殖民者的身份基本上仍然主要是西方的。甚至那些激发各国反抗欧洲列强的政治思想也起源于欧洲。

西方在世界上的政治和经济权力主张培养了一种西方优越感。认为欧洲人无论其国籍如何都比来自世界其他地方的人优越，这样的观念产生于欧洲人与非洲奴隶和美洲原住民之间的碰撞。在18世纪晚期，另一种观念也逐渐形成，尽管它发展得很缓慢，那就是西方在文化上要优于亚洲诸文明。当西方国家的经济开始经历比亚洲国家更快的增长时，这种西方优越感变得更加明显。这种新的西方经济实力的主要来源是工业革命，而这将是本书第21章要讨论的内容。

1755年若弗兰夫人沙龙的第一场讲座。演讲者正在向一群主要是贵族的男女听众诵读伏尔泰的《中国孤儿》。

第 19 章

18 世纪的社会与文化

1745 年，托马斯·布朗（Thomas Brown）和其他 11 个生活在英国贵族阿克斯布里奇伯爵（Earl of Uxbridge）庄园里的男人因在伯爵的土地上射杀鹿和兔子而被判入狱一年。这 12 名被告都很穷。托马斯·布朗在伯爵的矿上当矿工，勉强糊口，他从伯爵那里租了一间小屋和 5 英亩（约 2 公顷）土地。和许多村民一样，托马斯·布朗时不时地在步行穿过伯爵的大庄园去上班的路上打一些猎物来补充家庭的伙食。这种偷猎行为违反了英国议会制定的一套名为《狩猎法》的法规，它规定只有富有的地主才有资格猎杀或诱捕野生动物。

　　伯爵和其他贵族捍卫《狩猎法》，理由是这对于保护他们的财产是必要的。然而，这些法规还有一个更重要的作用，那就是维持地主和平民之间的社会差别。地主阶级认为，只有他们才有权捕获猎物，有权与和他们社会地位相当的人一起在奢侈的宴席上享用鹿、野鸡和野兔。在一份法庭文件中，托马斯·布朗被描述为"一个粗鲁而不守规矩的人，一个最臭名昭著的偷猎者"。对于这样一个穷人来说，享用这种美味佳肴是对社会秩序的挑战。

　　18 世纪中期，阿克斯布里奇伯爵和他的佃户之间的这种冲突，反映了 18 世纪欧洲社会平静的表面下潜伏着的紧张关系。这种紧张关系产生于人数不多但十分富有的统治精英贵族阶层与占人口绝大多数的佃户和劳工大众之间。在 18 世纪的社会和政治中，贵族阶层占据着主导地位。他们控制了国家财富的绝大部分，其中大部分财富是土地。几乎所有欧洲国家的政府官僚机构、立法议会、军官团和司法机构都由他们组成。

到了 1800 年，贵族阶层的社会和政治支配地位开始衰落。他们作为特权精英阶层的合法性日益受到质疑。在一些国家中，政治权力开始从他们手中转移到其他社会群体手中。这一变化始于 1750—1789 年法国大革命爆发前的这段政治稳定时期。

贵族阶层的衰落是一系列文化冲突的结果。第一种冲突是贵族地主与农民和农业工人之间的冲突，后者憎恨上层阶级的压迫性统治。第二种冲突是，越来越多有文化、在政治上十分活跃的人占据社会中层，如商人和技术工人，他们指责贵族阶层，要求政治改革。第三种冲突是被称为"启蒙运动"的文化和思想运动。尽管启蒙运动时期许多最杰出的思想家出身于贵族阶层，但他们提出的一系列政治、社会、经济和法律思想，激发了创立一个更加平等的社会的灵感。本章将探讨以下问题：这些社会冲突和文化冲突如何改变西方的政治和思想文化的？

贵族阶层

在 18 世纪，一个相对较小的富有的群体支配着欧洲的社会和政治。这些社会精英和统治精英通常被称为"贵族阶层"（aristocracy），这个词来源于希腊语，意思是最适合统治的人。在 18—19 世纪，"贵族阶层"也指社会上最富有的人，特别是那些拥有土地的人。

在贵族阶层内部，那些得到官方承认其世袭地位（包括他们的爵位和法律特权）的人是狭义上的"贵族"（nobility）。在中世纪，贵族阶层主要由勇士组成，他们以自己的勇气和军事技能而自豪。尽管许多贵族继续在军队中担任军官，尤其是中欧和东欧的贵族阶层，许多世纪以来，这些军事职能也变得不那么重要了。

贵族阶层大多生活在乡下的庄园里，但也有的生活在城市里，很多人拥有别墅甚至宫殿。在国家的中心城市，如马德里和柏林，贵族是王室法庭的重要成员，他们中的许多人担任王室法官。因此，贵族阶层在城市社会中占据着显要的地位。

到了 18 世纪，欧洲贵族阶层包括数量相对较少的有爵位的贵族（如公爵和伯爵），他们拥有巨大的财富和政治影响力，还包括规模更大的一群小贵族，他们有时被称为"绅士阶层"，不一定有世袭爵位。在西班牙，一条鸿沟将几百名有爵位的贵族（titulos）和数千名穷困潦倒的下层贵族（hidalgos）分隔开来。在英国，几百个有爵位的贵族凌驾于大约 5 万个绅士家族之上。在波兰，被称为"施拉赤塔"的贵族被分为两部分：一小部分势力强大的大贵族和约 70 万名收入较低的贵族，其中后者占总人口的 10% 以上。

贵族阶层并没有完全对外封闭，平民也可以通过获得的财富或行政职务而跻身其中，特别是等级较低的贵族。律师、富商或有成就的国家公务员可能会在他们的职业生涯中积累财富，用这些财富购买土地，然后获得贵族爵位。在 18 世纪早期，许多获得贵族爵位的俄国人最初都是平民。在 18 世纪的法国，许多属于"穿袍贵族"的王室官员其贵族身份向上追溯不超过两代人。

非贵族出身的女性偶尔会通过婚姻进入贵族社会。这种情况通常发生在一个欠了很多债的贵族身上，他为了从新娘的父亲那里得到嫁妆而安排他的儿子娶一位富商的女儿。在此意义上，嫁妆成了富商的女儿进入贵族社会的入场券。

与贵族联姻。威廉·贺加斯（William Hogarth）的系列油画《时髦婚姻》（*Marriage à la Mode*）之一《订婚》，描绘了英国伯爵和伦敦富商之间的婚约谈判。坐在右边的伯爵指着家谱正在和坐在桌子对面的商人谈判。婚姻的一方是伯爵虚荣的儿子（最左边），另一方是商人的心不在焉的女儿。两个即将结婚的人互相之间毫无兴趣。伯爵因建造身后的大宅邸而欠下巨额债务，他打算用嫁妆来改善家中的经济状况。通过这种交易，商人的女儿也将进入贵族社会。

图片来源：National Gallery, London / Art Resource, NY

在 16—17 世纪，由于经济繁荣和国家官僚机构的扩大，贵族阶层人数的增长速度超过了普通人口。在 18 世纪，贵族阶层的规模稳定下来，但在许多国家还有所下降，因为贵族阶层采取措施限制来自下层等级的新加入者的数量。贵族阶层从来就不是一个规模很大的社会群体。有爵位的贵族的数量几乎总是不到总人口的 1%，即使算上小贵族或绅士，他们的总人数也不超过 4%。只有波兰和匈牙利的这一比例上升到了 10% 以上（见表 19.1）。

表 19.1　18 世纪欧洲各国贵族的规模

国家	时间	贵族人数	占比（%）
澳大利亚	1800	90 000	1.15
法国	1775	400 000	1.60
大不列颠和爱尔兰	1783	50 000	3.25
匈牙利	1800	400 000	11.25
波兰	1800	700 000	11.66
俄国	1800	600 000	1.66
西班牙	1797	402 000	3.80
瑞典	1757	10 000	0.50
威尼斯	1797	1 090	0.80

资料来源：A. Corvisier, *Armies and Society in Europe, 1494–1789* (1976), 113, 115; J. Meyer, *Noblesses et pouvoirs dans l'Europe d'Ancien Régime* (1973); M. Reinard and A. Armenguard, *Histoire Générale de la Population Modiale* (1961); J. Dewald, *The European Nobility* (1996), 22–27.

由于这个社会群体的规模很小，许多贵族阶层成员彼此认识，特别是那些在同一政治议事会中占有席位或一起为宫廷服务的人。事实上，在 19 世纪早期之前，贵族阶层是欧洲社会中唯一真正的"阶级"，因为他们形成了一个具有凝聚力的社会群体，有着相似的经济和政治利益，并下定决心要保护这些利益。

贵族阶层的财富

贵族阶层是所有欧洲国家中最富有的社会群体，在 18 世纪，许多贵族成员变得更加富有。最富裕的贵族家庭过着极其奢侈的生活。他们在自己的乡间庄园上建造了豪华的住宅，周围是精心修剪的花园。在城市里，他们需要花更多的时间为宫廷服务，他们建造了宽敞的宫殿，奢华地招待客人，购买从昂贵的衣服到艺术珍品的一切东西。这种炫耀财富的行为是为了显示他们的社会重要性和地位。

支撑贵族阶层这种奢华生活方式的大部分收入直接或间接地来自土地。在所有欧洲国家，贵族阶层至少拥有全部土地的三分之一，在一些国家，如英国和丹麦，他们拥有超过全部土地的五分之四。在意大利城邦，甚至许多贵族出身的商人家族也控制着大量的庄园。贵族阶层向生活在其庄园之上的佃农或劳动者收取地租或其他封建赋税。由于贵族自己不从事体力劳动，一些社会批评家后来谴责他们是不劳而获的寄生虫。

在 18 世纪上半叶，欧洲贵族阶层的集体财富达到了新的高度。在东欧，新增财富主要来自人口规模的急剧增长。土地贵族控制的农奴越多，他们从这些穷人的劳动和租税中获得的财富就越多。在西欧，尤其是在英国和法国，贵族阶层越来越多地参与其他形式的经济活动。他们经营诸如采矿和林业等农村产业，还通过借钱给政府进入金融界。他们还参与城市建设项目和海外殖民地的经济发展。一些古老贵族世家的成员认为，这种商业活动有失他们的身份，但通过远距离投资，贵族阶层会给人一种他们实际上并没有参与肮脏的市场交易的印象。

虽然有些历史学家认为，18 世纪的贵族阶层是社会和经济上的保守派，他们不能或不愿以企业家的方式行事，但贵族阶层对金融和商业活动的参与暗示了一个不同的观点。甚至在他们的农庄里，许多贵族阶层成员（无论是有爵位的还是没有爵位的）采用了资本主义技术来提高其土地的生产力。在英国，贵族查尔斯·汤曾德（Charles Townshend）引进了一种包括不起眼的萝卜在内的轮作作物，因此他以"萝卜"汤曾德的名号而广为人知。通过诸如此类的农业创新，许多贵族积累了大量的财富。

贵族阶层的政治权力

18 世纪中期也标志着欧洲贵族阶层的政治权力达到了顶峰。贵族阶层从 17 世纪中期的经济和政治动荡中恢复过来，当时他们经历了权力的暂时丧失，他们采取了各种策略来增加或保持他们在地方和国家政治权力中的分量。在英国，贵族阶层通过"光荣革命"限制了王权，获得了政治上的支配地位。一小群贵族当上了上院议员，而绅士构成了下院的大多数。1689 年后，若没有议会两院的合作，英王就无法统治。君主试图通过在两院中建立支持王室的政党来控制议会的进程。因为这些政党由国王的大臣们控制，而大臣们本身就是贵族，所以这个制度让贵族阶层占据支配地位。

在绝对君主政体中，贵族阶层通过支配君主行使权力的机构来行使其政治权力。正如我们在本书第 16 章中看到的，君主们让贵族控制地方政府，并招募他们担任中央官僚机构的职位来安抚他们。例如，在法国，由大约 2 000 名官员组成的特权团体"穿袍贵族"控制着国家官僚机构。在俄国，沙皇授予贵族特权以确保他们协助自己管理地方政府。

贵族阶层也通过司法来行使政治权力。贵族阶层成员经常担任他们王国法庭的法官。在英国，几乎所有普通法庭的法官都是由贵族和绅士担任的，他们负责审理政府中心（威斯敏斯特）和各地的案件。在法国，贵族担任 9 个地方高等法院的法官，这些法院负责登记王室法令，并充当刑事案件的上诉法庭。贵族也控制着德意志各个王国和公国的中央法庭。在地方层面，贵族要么对生活在他们土地上的佃农行使个人管辖权，要么以治安官的身份行使官方管辖权，比如英国各郡的治安官。

贵族阶层的文化世界

在 18 世纪，西欧国家的贵族阶层采取了一种突出其学识、教养和审美的生活方式。事情并非一直如此。直到 15 世纪，贵族阶层对学问的冷漠甚至敌视一直是出了名的，他们的行为即使不算粗野，也常常是粗鲁的。在东欧，贵族阶层不识字的传统一直持续到 18 世纪。然而，在西欧和中欧，这种情况在 16 世纪开始改变，贵族阶层开始为他们的孩子提供大学或私立学院的教育。更重要的是，贵族家庭开始习得在宫廷中才能接受的礼仪和社交风度。到了 18 世纪，贵族，尤其是上层贵族，成为当时所谓的"上流社会"的支柱。

贵族阶层也学会了欣赏高雅文化。他们家收藏了大量艺术品，这些甚至能与同时代欧洲君主的收藏相媲美。他们是欧洲城市文化生活的主要参与者，尤其像巴黎、伦敦、罗马、维也纳和柏林这样的城市。他们是音乐会、戏剧和歌剧的主要观众，并且经常光顾欧洲各国首都的艺术画廊。他们也成了音乐家、作家和艺术家的赞助人。

18 世纪贵族阶层的住宅反映了他们对古典主义的偏爱，古典主义是一种在艺术、建筑、音乐和文学等领域的表现风格，强调比例，坚持传统形式，摒弃情感和热情。18 世纪的古典主义标志着与 17 世纪盛极一时的更具活力、更加壮观的巴洛克风格的背离。古典主义颂扬古希腊和古罗马的文化。这种文化在 18 世纪的艺术和建筑上的复兴通常被称为"新古典主义"。18 世纪贵族阶层的古典风格的住宅比例完美，精致端庄，没有过度装饰。希腊式圆柱、整齐的花园、成排的古典人物雕像，这些都象征着他们的文化遗产。18 世纪的古典建筑反映了贵族们恬静的自信，即他们像他们的希腊和罗马祖先一样，在社会中占有重要地位。

18 世纪的音乐风格同样被认为是"古典主义的"，反映出对整齐的

这张照片是奇斯威克宫（Chiswick House）的东侧外景。1725—1729 年，伯灵顿勋爵在伦敦附近的庄园里建造了这座房子，作为图书馆和接待厅。对称、平衡、克制，这座建筑体现了古典主义风格的许多特征。它是仿照意大利建筑师安德烈亚·帕拉第奥（Andrea Palladio，1518—1580）的建筑风格建造的，而帕拉第奥是从古罗马的建筑风格中汲取灵感的。

图片来源：John Bethell / Bridgeman Images

设计、均衡的比例和简洁旋律的关注。18 世纪最伟大的两位作曲家是弗朗茨·约瑟夫·海顿（Franz Joseph Haydn，1732—1809）和沃尔夫冈·阿玛多伊斯·莫扎特（Wolfgang Amadeus Mozart，1756—1791），他们主要是在贵族观众面前演奏他们的音乐，他们成为这一传统中最著名的作曲家。与 17 世纪的巴洛克风格的音乐和 19 世纪的浪漫主义风格的音乐相比，古典主义风格的音乐更少诉诸情感。18 世纪古典主义风格在音乐和建筑上的主导地位反映了欧洲知识界更广泛的文化潮流，即科学和哲学把一切物质和人类生活的合理性和秩序视为最高价值。

对贵族阶层主导权的挑战

从 18 世纪中期开始，贵族阶层的权力受到了越来越激烈的挑战，他们的价值观和生活方式也越来越受到批评。他们逐渐失去了社会下层阶级对他们的尊重。到 18 世纪末，许多欧洲贵族丧失了政治权力，特权也被削弱。贵族权力开始被视为虚荣心的象征，而不是实行统治的自然权利。18 世纪最后十年发生在法国的革命，以及随之而来的 19 世纪早期在欧洲兴起的改革运动结束了贵族时代。后来贵族们设法夺回了他们在法国大革命中失去的一些权利，并且显示出了适应新秩序的智谋，但他们再也没有恢复 18 世纪时的支配地位。

与乡村农民的冲突

在贵族庄园里生活和工作的农民和农奴对贵族阶层发起了一系列挑战。这一社会群体处于贵族最直接的控制之下。在农奴制持续存在的中欧和东欧，贵族对民众的控制最具压迫性。庄园主不仅决定了农奴的居住地点和结婚时间，还向农奴征收沉重的租税。18 世纪晚期，王室颁布了一些废除农奴税费的敕令，但只是部分地缓解了农村大众的困境。

在西欧，农奴制在很大程度上已被佃农制和租赁制取代，农村人口的状况只比普鲁士、奥地利和俄国好一点点。1720 年后，西欧的饥荒不再像 17 世纪晚期那样普遍，这使得农民可以勉强维持生计。但是，其他经济压力继续沉重地压在他们身上，包括公共放牧权的废除和税负的增加。在 18 世纪，拥有小块土地的农民数量下降，他们被迫把自己的土地卖给大地主。因此，为了工资而工作的无地劳工数量增加了。到 1789 年，几乎一半的法国农民没有土地。

在这种情况下，农民与贵族地主的关系不断恶化。市场关系的现实逐渐侵蚀了贵族传统上对农奴和佃农福利的家长式关注。随着地主与农民的关系变得以经济关系为主，领主与农民之间的接触逐渐减少。地主们在远离村庄的地方建造豪宅，他们用几英亩的公园或花园把自己的家围起来，以避开在地里干活的农民。地主与下层社会成员最直接的联系就是与家里的仆人之间的联系。

随着经济压力的增加，农民和地主之间的冲突也加剧了。在一些国家，尤其是在法国，农民将他们的不满提交到村委会。这些民主机构常常可以成功地维护农民的要求，特别是当各省的王室官员站在农民一边反对贵族时，因为这些官员也希望向农民征收赋税。

农民的另一种选择是起诉领主，他们通常是在王室的协助之下。在勃艮第，许多村庄雇用律师将他们的庄园主或领主告上法庭，以阻止他们征收新的租税，或把村庄的共有土地据为己有。这些诉讼在 18 世纪后半叶变得非常普遍，农民们不仅反对贵族的征税，而且挑战贵族特权。1765 年，一位代表农民的律师辩称，地主所主张的权利"源自庄园主的暴力"，一直都"令人憎恶"。[1] 这些诉讼中使用的语言启发了法国大革命（见本书第 20 章）时期废除封建特权时使用的话语。

农民有时对地主采取更直接的反抗行动。18 世纪末，法国东部农民针对庄园主财产的暴力事件有所增加，因为庄园主试图征收新的租税。在爱尔兰，一个名为"白衣会"的组织因为地主拒绝佃户拥有公共放牧权而伤害牲畜，拆除围栏。农民其他形式的反抗行动包括在地主的土地上偷猎（地主声称只有他们才能在其土地上狩猎或诱捕猎物）等。本章开头讨论的阿克斯布里奇伯爵的佃户的狩猎活动就是下层阶级反抗贵族特权的一个例子。

在东欧，农民日益恶化的经济状况导致了大规模的农民叛乱。在

18 世纪 80 年代，奥地利哈布斯堡王朝疆域内的波希米亚、匈牙利和克罗地亚都发生了大规模的农民叛乱。最血腥的叛乱发生在 1784 年的特兰西瓦尼亚省，3 万名农民屠杀了数以百计的贵族地主，因为后者将租税提高了 10 倍。

1773—1774 年，俄国发生了东欧最大规模的农民叛乱。哥萨克人叶梅利扬·普加乔夫（Emelian Pugachev，1742—1775）自称是被谋杀的沙皇彼得三世（卒于 1762 年），开始摧毁叶卡捷琳娜大帝的俄国政府，并杀死为其服务的贵族。普加乔夫召集了一支 8 000 人的军队，对乌拉尔南部的政府中心发动了突然袭击。这次叛乱最严重的阶段是这些军队进入该国的农业地区，鼓动多达 300 万农奴揭竿而起。普加乔夫向人们承诺废除农奴制，取消赋税，并消灭小贵族。这次叛乱造成了惨重的伤亡，农奴和起义军杀害了大约 3 000 名贵族和官员。俄国上层阶级担心起义会蔓延并破坏整个社会秩序，政府军队进行了残酷镇压，阻止了这种情况的发生。他们把普加乔夫锁在铁笼子里，带到莫斯科，在那里他被绞死，然后将其肢解并焚烧。

无论是普加乔夫，还是那些加入他的起义的农奴，他们都没有设想过要建立一种新的社会秩序。他们仍然很保守，仅仅是要恢复已经丧失的自由。但这场大规模的起义和其他类似的起义一样，反映了在 18 世纪表面上很稳定的社会中，地主和农民之间、贵族和农奴之间的紧张关系。这种紧张关系是 18 世纪社会历史上最引人注目、最不祥的主题之一。

资产阶级的社会地位

在城市里，对贵族阶层的统治地位最严峻的挑战不是来自偶尔对城市当局构成威胁的城市大众，而是来自资产阶级。这个社会群体比贵族阶层更加多样化，由生活在城市里没有爵位的有产者组成。富裕的商人和金融家构成了资产阶级的上层，而法律行业和医疗行业的成员、二级政府官员和新兴的实业家占据了仅次于他们的社会地位。资产阶级还包括一些技术熟练的工匠和店主，他们比大量的城市劳动者要富裕得多。在18世纪，甚至在工业化到来之前，资产阶级的规模就已经随着欧洲城市人口的增长而增大。在法国、荷兰共和国和英国这些北大西洋国家，这个社会群体的规模要比在中欧和东欧国家大很多。1800年，英国资产阶级约占总人口的15%，而在俄国，资产阶级占比不到3%。

由于部分资产阶级成员有可能实现向上的社会流动，并加入贵族阶层，富裕的城里人与较低层的贵族阶层之间的社会和经济界限往往会变得很模糊。在法国的城镇里，往往很难区分富有的金融家和贵族官僚。尽管这两个群体的收入来源不同，但他们都属于富有的、有财产的精英阶层。然而，资产阶级的中下层逐渐作为一个社会群体出现，有了不同于贵族阶层的社会、政治和文化身份。

资产阶级身份认同起源于城市，这里有自己的政治制度和社会等级制度。资产阶级也拥有相互有效的沟通手段，从而能够形成共同的政治目标。他们的高识字率使其成为18世纪新出现的政治舆论的核心力量。资产阶级是出版的成千上万份报纸和书籍的主要读者。有政治觉悟的市民参与的"公共活动领域"成为资产阶级社会的一个特色。在18世纪和19世纪早期，资产阶级成为政治变革运动的领导者。他们组织起来，成为抗议、示威、请愿活动和努力推翻现有政权的主要参与者。

资产阶级对贵族阶层的批判

资产阶级身份认同的核心是一套与贵族阶层尤其是聚集在宫廷里的贵族（包括贵妇）的价值观形成鲜明对比的价值观。并不是所有的资

里士满公爵夫人玛丽的画像［布面油画，约书亚·雷诺兹（Joshua Reynolds，1723—1792）绘于 1764—1767 年，私人收藏］。当大多数欧洲贵族女性因奢华和虚荣心而受到批判时，这位著名的英国公爵夫人却在从事简单的刺绣。有些贵族阶层的成员能够采用资产阶级的习惯来转移对他们生活方式的批判。

图片来源：Bridgeman Images

产阶级成员都认同这些价值观，也不是所有的贵族阶层成员都体现了那些被归于他们的价值观。中产阶级对贵族阶层的批判主要是在中小资产阶级而不是大商人和金融家中盛行，这种批判促进了资产阶级身份的形成，也有助于削弱对传统贵族阶层的尊重。

资产阶级对贵族阶层的批判包括三个相关的主张：第一，资产阶级声称贵族阶层过着奢侈、享乐、懒散的生活，这与节俭、冷静、勤奋的资产阶级的价值观形成鲜明对比。与贵族阶层不同，资产阶级不炫耀他们的财富。第二，资产阶级指责宫廷贵族两性关系混乱，并把他们的妻子描绘成虚荣放荡之人。这种指责是有一些根据的，特别是由于贵族阶层内部以包办婚姻为主，这导致许多贵族夫妇在婚姻之外寻找性伴侣。第三，资产阶级认为，贵族阶层是颓废的国际文化的参与者，他们往往忽视或贬低资产阶级有益的、爱国的价值观。

资产阶级对贵族阶层的这种批判具有深刻的政治含义，它促进了资产阶级要求充分参与政治进程的权利。这些要求不是来自那些有机会跻身贵族阶层行列的富有的金融家、商人和资本家，而是来自那些收入较低的人，其中包括低层政府官员、店主，甚至是熟练的工匠。对贵族价值观的批判和扩大公民权的要求得到了知识分子的支持，他们通常被认为是启蒙运动的代表。并非所有这些思想家和作家都来自社会中层。事实上，他们中的很多人是贵族，或者是贵族赞助的受益者。然而，他们的目标是进行社会改革，这不可避免地导致了对贵族价值观和行为的批判。

启蒙运动

启蒙运动被定义为 18 世纪的思想和文化运动。当时的人用"启蒙"一词来形容自己的思想观点和成就。对德意志著名哲学家、《纯粹理性批判》（*Critique of Pure Reason*，1781）的作者伊曼纽尔·康德（Immanuel Kant，1724—1804）来说，启蒙运动是思想成熟的表现，不受教条、迷信或他人意见的影响，仅凭自己的理性来获得理解。对康德来说，启蒙运动既是独立思考的过程，也是通过独立思考而获得的对人类社会和人性的认识。他的著名劝诫"勇于探索！"[2]可以作为整个启蒙运动的口号。

启蒙运动通常被认为是一场法国启蒙运动，事实上，这些被称为"启蒙哲人"的最著名的欧洲启蒙运动的作家和思想家都是法国人。但是法国的启蒙运动的思想家们从17世纪的英国作品中获得了灵感，尤其是艾萨克·牛顿（1643—1727）和约翰·洛克（1632—1704）的作品，而德意志、苏格兰、荷兰、瑞士和意大利的作家对启蒙运动思想也做出了各自独特的贡献。启蒙运动的思想也传到了美洲，并激发了那里的政治改革和民族独立运动。启蒙运动的男男女女与其说是法国人、英国人或荷兰人，不如说是一个"国际文人共和国"的成员，这与在古罗马帝国和文艺复兴时期兴起的国际学术共同体没有什么不同。这个世界性的文人共和国不分地域，对来自世界各地的思想都接受（见地图19.1）。然而，它的文学成就带有明显的西方印记，其成员所提倡的思想也成为西方文明的重要组成部分。

启蒙运动思想的主题

由于启蒙运动跨越了整个欧洲大陆，持续了一个多世纪，我们很难确定所有参与者的共同特征。正如康德所言，启蒙运动更多的是一种思维方式，一种获取知识的途径，而不是一套有明确定义的信念。然而，启蒙运动的作家们强调了几个思想主题，使得整个运动在一定程度上具有统一性和连贯性。

理性与自然法则

启蒙运动思想家强调的第一个主题是人类理性的提升，认为理性

地图19.1 欧洲启蒙运动

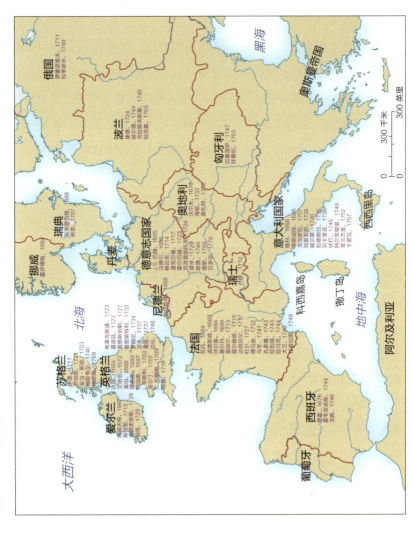

这张地图显示了启蒙运动时期思想家和作家的出生国家和作家的出生国家和时间。人数最多的是法国和英国，但几乎所有欧洲国家都有代表。这幅地图没有在欧洲各国的领土边界上画出明显的界线，因为启蒙运动时期的人们认为自己属于一个没有政治边界的"国际人文共和国"。这些思想家和作家的共同价值观是什么？

具有至高无上的哲学地位。他们对人类理解世界如何运作的能力充满了无限的信心。在以前，哲学家从来没有忽视人类理性的地位，但他们也对理性加以限制，尤其是当理性与宗教信仰发生冲突时。然而在18世纪，启蒙运动思想家更强调理性本身，他们认为理性高于宗教信仰，是一切哲学和神学争论的最终裁判者。

对人类理性的信心是启蒙运动思想家努力发现科学规律的基础，这些规律不仅支配着自然世界的运行，也支配着人类社会的运行。相信科学规律支配着人类行为是启蒙运动思想最新奇的特点。例如，苏格兰哲学家大卫·休谟（David Hume，1711—1776）在他的《人性论》（*Treatise of Human Nature*，1739—1740）中提出了一门关于人类思想的科学，在《政治论》（*Political Discourses*，1752）中提出了政治科学。苏格兰经济学家亚当·斯密（Adam Smith，1723—1790）在《国富论》（*Wealth of Nations*，1776）中描述了经济生活的运作，他认为，经济活动遵循着不可侵犯的法则，就像那些支配天体运行的法则一样。就这样，启蒙运动孕育了近代社会科学。经济学、政治学、社会学、人类学和心理学这些学科都可以溯源到这个时代。它们都建立在一个前提之上，即理性能发现人性的规律或原则。

18世纪的作家之所以会对非欧洲文化产生前所未有的兴趣，一个原因就是他们要探索支配人类生活的自然法则。在启蒙运动时期，欧洲作家对世界各国人民进行了详细的描述、分类和分析。关于印度文化、中国文化和阿拉伯文化的第一次全面的学术研究在18世纪中后期出版。自16世纪以来就与西方隔绝的埃及成了大量文学作品的主题，尤其是在1798年法国占领这个国家之后。关于欧洲人第一次遇到的社会的书籍也在巴黎和伦敦的书店里随处可见，这些社会包括加拿大西北部、澳大利亚和塔希提岛的原住民（见本章"碰撞与转型"专题）。

宗教与道德

18 世纪科学知识的传播使启蒙运动的思想家们对上帝及其与人类的关系有了新的认识。中世纪和宗教改革时期的基督教上帝是一个无所不知的、有人格的上帝，经常干预人类的生活。他可能是严厉的，也可能是温和而仁慈的，但他总是参与人类的事务，通过天意来管理人类。人们逐渐认识到，宇宙的大小深不可测，它按照自然法则运行，这使上帝显得更加遥不可及。大多数启蒙运动思想家相信，上帝仍然是宇宙和支配宇宙运行的自然法则的创造者，但他们不再相信上帝仍然积极参与宇宙的运行。这种相信上帝创造了宇宙，并给了它运行法则，然后允许它以机械的方式运行的信仰被称为"自然神论"。传统的基督教信仰认为，上帝道成肉身是为了把人类从原罪中拯救出来，而自然神论并不这样认为。

启蒙运动思想家（尤其是自然神论者）相信人类可以利用理性来发现上帝在创世之时制定的自然法则。这一探究包括了道德原则的发现，而这些原则不再以《圣经》为基础。现在，遵守上帝的律法，与其说是指遵守上帝的诫命，还不如说是指发现什么是自然的，并遵照而行。从某种意义上说，上帝是按照人类的形象被重塑的，是与人类的自然本能相一致的。宗教已经被等同于对人类幸福的追求。

因为启蒙运动思想家相信，上帝为全人类建立了自然法则，不同宗教之间的教义差异变得不那么重要了。在启蒙运动思想中，所有的宗教在某种程度上都是有效的，只要它们能够促进对自然法则的理解。既然不再承认有一种真正的宗教的存在，这就需要对所有的宗教持宽容态度，包括非西方民族的宗教。

启蒙运动思想家对当时的基督教特别是罗马天主教的迷信和教条主义进行了批判。法国的启蒙运动思想家厌恶神父，在他们的书信和小

碰撞与转型

启蒙运动、太平洋岛民和高贵的野蛮人

当欧洲探险者在 18 世纪晚期第一次访问太平洋岛屿时，他们遇到了以前从未与西方接触过的民族。启蒙运动的思想家们热衷于研究不同于自己的文化，他们抓住对这些民族的描述，尤其是塔希提岛的当地人，将其作为文明出现之前人类真实本性的证据。从这种描述中浮现出一幅高贵的野蛮人的画面，他们被认为比同时代的欧洲人更接近自然。对太平洋岛民原始文化最积极的评价出现在丹尼斯·狄德罗（Denis Diderot，1713—1784）写于 1772 年、出版于 1796 年的《布干维尔游记补遗》（*Supplement to the Voyages of Bougainville*）中。关于塔希提人，狄德罗写道：

> 野蛮人的生活是如此简单，而我们的社会是一部如此复杂的机器！塔希提人离世界的起源很近，而欧洲人离世界的老年更近…… 他们对我们的礼仪和法律一无所知，他们肯定会在他们身上看到用一百种不同的方式伪装起来的枷锁。对于这些生性热爱自由的人来说，这些枷锁只能激起愤慨和蔑视。[3]

狄德罗钦佩这些岛民的自然宗教，他们没有性压抑，以及他们优越的道德感和正义感。他对塔希提社会的描绘为让－雅克·卢梭在《论人类不平等的起源》（*Discourse on Inequality*，1754）中的观点提供了支持，即文明对人类社会有着深刻的负面影响。

西方人在太平洋"新大陆"与高贵的野蛮人的相遇，对西方主导的关于人类自然状态的观点提出了前所未有的挑战。托马斯·莫尔将欧洲社会的罪恶与《乌托邦》（1516）中虚构的岛屿社会的美德进行了对比，西班牙神父巴托洛梅·德·拉斯·卡萨斯谴责了欧洲征服者野蛮对待美洲原住民，两人都没有将处于一种自然的、未开化状态的人加以理想化。基督教认为，所有人都生在原罪的状态中，这阻止了他们采取这一立场。就连约翰·洛克也提到了这种状态下的"人类的邪恶"，他在《政府论》（*Two Treatises of Government*，1690）中描述了一种和平的自然状态，并认为自然状态的种种

丹尼斯·狄德罗。狄德罗与达朗贝尔编纂的《百科全书》是对启蒙运动思想范围和主题的经典陈述。狄德罗在《布干维尔游记补遗》中提出了他对宗教和性道德的激进观点。

图片来源：Erich Lessing / Art Resource, NY

不便导致了政府的组建。[4] 只有当强调自然法、敌视传统基督教的启蒙运动思想家们遇到未受西方文明影响的太平洋岛民时，高贵的野蛮人的形象才得以充分显现。人们对这些未开化的人的兴趣是如此之大，以至于塔希提人被送到巴黎和伦敦，在那里他们成为有文化的社会的宠儿。

　　启蒙运动思想家对原始太平洋岛民的理想化为西方人提供了一个更清晰的自我身份认同的标准。如我们在本书第 16 章中看到的，西方的边界在 18 世纪早期变得模糊起来，因为奥斯曼帝国和俄国与欧洲的联系更加密切。18 世纪的对习俗与西方大相径庭的、"未开化"的太平洋岛民的描述，使西方人可以通过观察他们来认清自我。对于那些认为这些岛民是高贵的野蛮人的启蒙运动思想家来说，这种自我评价是不太有利的。它把以前的改革呼吁，例如莫尔和拉斯·卡萨斯所敦促的呼吁，转变为对社会进行根本改革的要求。

轻信、迷信和狂热（版画，威廉·贺加斯创作于1762年）。贺加斯是一位道德家，他体现了启蒙运动的理性主义和人道主义。在这幅版画中，他揭露了狂热宗教、巫术和迷信的影响。布道使教众都陷入了高度情绪化的状态。前景中的女子是玛丽·托夫茨（Mary Tofts），据说她生了一群兔子。她旁边的男孩叫威廉·佩里（William Perry），据说被魔鬼附身，会吐出钉子。新教传教士的假发掉了下来，露出了一个罗马天主教修士的光头。一个心平气和的土耳其人从窗外观察着这一幕。

图片来源 The Israel Museum, Jerusalem, Israel / Vera & Arturo Schwarz Collection of Dada and Surrealist Art / Bridgeman Images

册子里，对神父进行了毫不留情的痛斥。他们把宗教信仰对人类生活的重要性降到了最低，用理性取代了宗教价值观。他们不太重视神学。出生在德国的巴黎作家霍尔巴赫男爵（Baron d'Holbach，1723—1789）是启蒙运动思想家中为数不多的无神论者（否认上帝的存在）之一，他将神学斥为"伪科学"。他声称，神学的原则"完全是危险的假设，由无知所臆想，由狂热或欺诈所传播，由胆小的轻信所采纳，由从不推理的习俗所保留，仅仅因为不被理解而被尊崇"[5]。

在《人类理解研究》（*An Enquiry Concerning Human Understanding*，1748）中，大卫·休谟概括了启蒙运动的新宗教观。他挑战了17世纪理性主义哲学家笛卡儿的主张，即上帝在我们的头脑中植入了清晰明了的思想，从这些思想中我们能够推断出其他的真理。相反，休谟认为我们的理解来自感官感知，而不是先天观念。更重要的是，他否认有任何确定的知识，从而引起了对上帝启示的真理和宗教教义的权威的质疑。

休谟关于宗教的著作反映了他的怀疑主义。虽然他在长老会家庭长大，但他拒绝接受基督教的真理，理由是这些真理没有理性的基础。"天意"的概念与他的哲学立场格格不入。作为一名不可知论者，他对有组织的宗教表示蔑视，尤其是法国的天主教和英国的国教。休谟认为，有组织的宗教"使人变得驯服和顺从，被地方长官所接受，对人民来说似乎无害；直到最后，神父在他的权威稳固之后，成了人类社会的暴君和扰乱者"[6]。

社会进步与改革

关于人类发展阶段的理论，加上启蒙运动思想家对社会进步和最终变革的承诺，促成了启蒙运动对文明进步的信念（见本章"不同的声音"专题）。直到18世纪，即使是对于受过高等教育的欧洲人来说，文

不同的声音

启蒙运动关于社会进步的辩论

启蒙运动产生了关于人类发展过程的两种截然不同的观点。法国数学家和政治改革家孔多塞侯爵（Marquis de Condorcet，1743—1794）最清楚地表达了较为乐观的观点，他认为人类会逐渐走向完美。而以瑞士出生的哲学家和政治理论家让－雅克·卢梭为代表的较为悲观的观点认为，文明在本质上是堕落腐化的。卢梭在其对社会经济不平等原因的历史分析中形成了这种悲观的观点。他对"自然状态"的描述为启蒙运动关于"高贵的野蛮人"的理想在哲学上提供了依据（见本章"碰撞与转型"专题）。

孔多塞侯爵颂扬人类思想的进步

所有这些改善人类物种的因素，所有这些确保其发生的手段，都会通过他们的本性持续发挥作用，并获得持续增长的动力……因此，我们已经可以得出这样的结论：人类的可完善性是无限的，尽管到目前为止，我们只是假定人类具有同样的天赋和组织能力。我们如果能够相信这些天赋和组织能力也可以得到改善，我们的希望又有多大呢？这是我们要研究的最后一个问题。

动植物物种的可完善性或退化可以被看作自然界的普遍法则之一，这一法则也适用于人类。当然，没有人会怀疑，医学在保护[生命]方面的进步，在使用更健康的食物和住房方面的进步，以及一种可以通过锻炼增强体力而不会因过度消耗而削弱体力的生活方式。此外，两个最容易导致退化的因素被消除，一个是贫困，另一个是过多的财富。所有这些都可以延长寿命，并保证人们获得更持久的健康和更强健的体格。我们认为，预防医学的进步由于理性和社会秩序的进步而变得更加有效，最终将消除传染性疾病和那些源于气候、食物和劳作的一般性疾病。不难证明，这一希望应扩展到几乎所有其他疾病，其更深层的病因将最终得到确认。现在人们如果认为，人类的进步应该被认为是无限的，这会是荒谬的吗？现在人们如果认为，总有一天死亡只会由意外的事故或者生命力的日渐衰弱而造成，这会是荒谬的吗？现在人们如果认为，从出生到死亡的平均间隔时间没有任何特定的限制，这会是荒谬的吗？毫无疑问，人不会长生不老，但是从他出生的那一刻起到他在没有疾病也没有意外发生的情况下，他意外地发现生活成为一种负担时，他的寿命不能不断地增加吗？

资料来源：Marie Jean Antoine Nicolas Caritat, Marquis de Condorcet, *Esquisse d'un tableau historique des progrès de l'esprit humain* (Paris: Masson et Fils, 1822), pp. 279–285, 293–294, 303–305.

卢梭论人类的退化（1754）

许多作家匆忙得出结论，认为，人天生残忍，需要文明制度的驯化。事实上，再没有比处于原始状态中的人更加温和的了。这个状态下的人被自然安排得距离野兽的愚钝和文明人不幸的智慧都一样远。他一方面受到本能和理性的限制，保护自己不受灾难的威胁，同时也为自然的怜悯心所制约，不会主动地加害于人，即使受到别人的侵害也不会那样去做……我们所发现的野蛮人几乎都处在这种状态。他们似乎可以证实：人类生来就是要一直停留在这样的状态的。这种状态是人类真正的青春，后来的一切进步表面上是个人的完善，而实际上它们却只会导致人类的堕落……

在代表财富的符号被发明之前，土地和牲畜就是人类所能拥有的真正财富的全部，几乎不可能有其他形式的财富。但是，当不动产在数量和范围上增加到足以占据整个土地，并相互毗邻的时候，一个人只能通过掠夺邻人的土地来扩大自己的土地……这样，因为最强大者或最贫弱者把他们的强大或贫弱视为一种对他人财产的权利，并且在他们看来，这种权利等同于所有权，平等就会被打破，随之而来的就是最可怕的混乱。这样一来，富人的豪夺、穷人的抢劫以及一切人毫无节制的欲望就会扼杀自然的怜悯之心和微弱的正义之音，使人变得悭吝、贪婪和邪恶。在最强者的权利和先占者的权利之间就会发生无穷无尽的冲突，这种冲突只能以战斗和残杀而终结。新生的社会状态就这样变成了可怕的战争状态。这样受折磨和堕落的人再也不能回头，再也不能放弃他们已经取得的致命的成果，而是通过滥用他们引以为荣的能力，使自己陷入混乱，将自己推向毁灭的边缘。

资料来源：Jean-Jacques Rousseau, *Discourse on Inequality* (1754).

明社会进步的概念也是陌生的。改革方案几乎总是与恢复一个优越的黄金时代有关，而不是实现某个新的计划。即使承认运动的发生，它也是循环式的，而不是渐进式的。然而在18世纪，改进的可能性开始主导哲学和政治讨论。启蒙运动在很大程度上促成了这种进步信念（尤其是在实现社会正义方面），这是近代西方文化的一个显著特征。

启蒙运动进步信念的另一个来源是对腐败的制度可以被改革的信念。国家官僚机构、教会以及君主制度都成了启蒙运动改革者的目标。政府的司法机构特别容易受到这种改革热情的影响。为了废除司法上的酷刑和死刑，启蒙运动思想家开展了各种改革运动。他们希望这些改革能带来一个更人性化、更文明的社会。

意大利法学家切萨雷·贝卡里亚（Cesare Beccaria，1738—1794）为法律改革运动提供了灵感。他在《论犯罪与刑罚》（*Essay on Crimes and Punishments*，1764）中认为，刑罚不应该用于对犯罪行为的惩罚，而应该是改造罪犯，并为社会利益服务。他说："为了使刑罚不致成为一个人或许多人对另一个人的暴力行为，它应该首先是公开的、迅速的和必要的，在给定的情况下尽可能地减轻刑罚，应与罪行相称，并由法律来确定。"[7]贝卡里亚呼吁废除死刑，主张将已定罪的重刑犯监禁起来。在18世纪之前，监狱仅仅是一个收容所或拘留所，此时已经成为社会进步的象征。

伏尔泰和启蒙运动的精神

抓住了启蒙运动所有主题和精神的启蒙运动思想家是作家、哲学家弗朗索瓦·马利·阿鲁埃（François Marie Arouet，1694—1778），他的笔名"伏尔泰"更为人所知。伏尔泰出身于法国资产阶级家庭，是18世纪最杰出、最多产的作家之一。尽管他的读者相当广泛（主要是资产阶级），尽管他谴责贵族社会的不公正，但他在贵族家庭和欧洲君主的宫廷中如鱼得水。伏尔泰的主要职业是作家，他涉猎甚广，著有戏剧、小说、诗歌、书信、散文和历史。这些著作显示了他对科学理性的追求，对教会的蔑视，以及对自由和正义的不懈追求。

像许多启蒙运动思想家一样，伏尔泰对科学产生了浓厚的兴趣。他的许多科学知识都是从一位学识渊博的贵妇夏特莱－洛蒙侯爵夫人（Madame du Châtelet-Lomont，1706—1749）那里得来的。她是一位科学家和数学家，曾把牛顿的著作翻译成法语。夏特莱－洛蒙侯爵夫人成为伏尔泰的情人，两人与她宽容的丈夫一起生活在他们在法国东部的乡间庄园里。他们所享有的性自由是许多启蒙运动人物的特征，他们摒弃了基督教对婚外性行为的谴责，并根据自然法则和对幸福的追求为自己的行为辩护。从夏特莱－洛蒙侯爵夫人那里，伏尔泰不仅了解了牛顿的科学定律，而且致力于妇女的教育和平等。伏尔泰和她一直生活在一起，直到 1749 年她因分娩离世，但她生下的这个孩子不是伏尔泰的，也不是她丈夫的。

伏尔泰相信牛顿的宇宙是由万有引力定律支配的，这为他的自然神论和他对当时基督教的攻击奠定了基础。他在《哲学词典》（*Philosophical Dictionary*，1764）中猛烈抨击了教会和神职人员，无论是新教，还是天主教。在给另一位启蒙运动思想家的信中，他抨击了宗教迷信，他解释说："无论你做什么，都要摧毁这个臭名昭著的东西。"[8] 在伏尔泰看来，基督教不仅是不合理的，而且是庸俗和野蛮的。他谴责天主教会，因为他们在美洲屠杀了几百万原住民，理由是这些原住民没有接受洗礼；他们还在欧洲处决了成千上万的犹太人和异教徒。所有这些人都是"野蛮和宗教狂热"的受害者。[9]

在对教会的暴行进行控诉的同时，伏尔泰还对法国政府的一系列

夏特莱－洛蒙侯爵夫人［布面油画，莫里斯·昆汀·德·拉图尔（Maurice Quentin de la Tour，1704—1788），私人收藏］。在她的《物理学研究》（*Institutions de physique*，1740）一书中，这位法国贵妇做出了一项独创的、令人印象深刻的尝试，那就是要为牛顿物理学奠定哲学基础。她是伏尔泰的情妇，伏尔泰的科学知识主要来源于她。
图片来源：Bridgeman Images

不公正行为提出了严厉的批评，包括他自己在内，也因侮辱法国摄政王而被监禁。在英国生活的三年里，伏尔泰成了英国法律制度的崇拜者，他认为英国的法律制度比法国的更人道、更公正。他孜孜不倦地倡导个人自由，并经常为不公正行为的受害者辩护。例如，他曾经为图卢兹的店主让·卡拉斯（Jean Calas）辩护，据说这位新教徒店主杀害了自己的儿子，因为他的儿子曾表示希望皈依天主教。为此，他遭到了酷刑和处决。而事实上，他的儿子是自杀的。

伏尔泰致力于将他的知识用于人道主义事业。在他最著名的小说《老实人》（Candide，1759）中，名为老实人的主人公挑战了家庭教师潘格罗斯博士（Dr. Pangloss）自以为是的自信，后者一再声称他们生活的世界是"所有可能世界中最好的一个"。在小说的结尾，老实人对这句话的回应是："我们必须照料自己的花园。"[10] 伏尔泰不满足于人类目前的状况，而是要求我们积极努力改善社会。

启蒙运动的政治理论

启蒙运动思想家以其政治理论而闻名，尤其是那些支持自由和改革事业的理论。他们没有共同的政治意识形态，也没有就最理想的政治社会类型达成一致，但他们都相信政治是一门有自己的自然规律的科学。他们还都认为国家是世俗的，而不是宗教的。启蒙运动思想中没有"君权神授"的位置，在政府中也没有教会的位置。然而，在其他问题上他们没有达成共识。有三位思想家十分突出地阐明了启蒙运动时期的政治思想，他们是孟德斯鸠、卢梭和潘恩。

孟德斯鸠男爵：三权分立

启蒙运动最具影响力的政治作家是法国启蒙运动思想家夏尔－

德·塞孔达（Charles-Louis de Secondat），即孟德斯鸠男爵（Baron de Montesquieu，1689—1755）。孟德斯鸠是来自波尔多的贵族子弟，他接受过法律教育，并对科学、历史和人类学产生了浓厚的兴趣。在《论法的精神》（*Spirit of the Laws*，1748）中，孟德斯鸠认为政府有三种形式：共和政体、君主政体和专制政体，每一种政体都有一种驱动力。在共和政体中，这种驱动力是公民美德，在君主政体中，驱动力是荣誉，而在专制政体中，驱动力是恐惧。每一种政府形式都存在着政体退化的危险，共和政体的公民美德可能会丧失，君主政体可能会变得腐败，专制政体可能会导致镇压。保持克制和防止文明社会退化的关键是每个国家的法律。

孟德斯鸠在英国生活了两年，他利用自己对英国政治制度的第一手知识，论证了良好治理国家的关键是行政权、立法权和司法权的分立。他特别关心司法的独立性。孟德斯鸠并不知道，在 18 世纪的英国，立法权和行政权实际上是重叠的，但他对三权分立重要性的强调成为他最持久的思想，这一思想对 1787 年美利坚合众国宪法的起草产生了深刻的影响。

卢梭：公意

瑞士哲学家让－雅克·卢梭（1712—1778）也是一位有影响力的政治理论家，他年轻时从日内瓦移居到巴黎，成为一个著名的知识分子圈子的一员。卢梭不遵守典型的启蒙运动思想家的模式。他对人类理性的不信任和他的情感主义使他与休谟、伏尔泰和狄德罗分隔开来。这种不信任为 19 世纪早期反对启蒙运动的浪漫主义奠定了基础（见本书第 22 章）。卢梭对文明的成就持否定态度，而不是颂扬社会在向更高形式发展的过程中所取得的进步。他理想化了人在原始的自然状态下的未被

哲学家之间的差异。这幅讽刺版画展示了卢梭（左）和伏尔泰之间的激烈辩论。两人都是启蒙运动的重要人物，但他们的性格和哲学政治观点大相径庭。卢梭是一个非常叛逆的人，与伏尔泰不同的是，他不信任理性，并明确表达了高度平等主义的政治原则。

图片来源：Lebrecht Music and Arts Photo Library / Alamy

腐蚀的状态，支持"高贵的野蛮人"理论。人是不可能回到原始的自然状态的，但卢梭希望重新创造一个理想化的黄金时代，在这样的时代，人还没有与自身和环境疏离。

卢梭的政治理论并非传统的，但它们吸引了部分读者。在《论人类不平等的起源》（1755）和《社会契约论》（*The Social Contract*，1762）中，他挑战了现存的政治和社会秩序，毫不妥协地攻击贵族阶层和君主政体。他把绝对君主制（也就是他所说的专制）和宫廷联系在一起，特别是和那些虚荣的、娇生惯养的、自负的、妖冶的贵妇联系在一起，这些妇女通过国王和沙龙对政治施加影响。卢梭主张用"主权在民"来取代贵族、君主和女性对社会的支配。法律必须是"公意"的体现，公意体现了社会全体成员的真实利益，公意不等同于众意。

卢梭的著作使他与法国大革命时期非常盛行的激进的共和思想和民主思想联系在一起。这种激进主义的一个迹象显示，《社会契约论》一书不仅在绝对主义的法国被禁，而且在荷兰共和国和瑞士共和国也被禁。卢梭也因为专制统治辩护而受到批评。他认为，公意限制公民的个人自由，这一观点鼓励了专制领导人声称他们的专制统治体现了这种公意，比如法国大革命时期激进分子马克西米连·罗伯斯庇尔（Maximilien Robespierre）。

托马斯·潘恩：人权

在启蒙运动的所有政治理论家中，英国的政治活动家、宣传家托马斯·潘恩（Thomas Paine，1737—1809）可以说是最激进的。潘恩受到卢梭、狄德罗和伏尔泰的影响，但他的激进主义主要是由于他对美国革命的政治世界的强烈参与而发展起来的。在《常识》（*Common Sense*，1776）中，潘恩提出了美国脱离英国而独立的理由，其中包括一份关于人类自由、平等和理性的激情宣言，还有对世袭君主制的尖锐攻击和对法律主权的雄辩声明。在法国大革命期间，潘恩继续呼吁在法国和他的祖国建立共和政体。在他最广为流传的著作《人权论》(The Rights of Man，1791)中，他将君主制度与贵族制度联系在一起，他称贵族阶层为"一窝雄蜂，既不采蜜，也不营巢，活着只是为了过骄奢淫逸的生活"[11]。

《人权论》强调了一种在许多启蒙运动的著作中反复出现的思想。与洛克、狄德罗和卢梭一样，潘恩强调自然权利。在启蒙运动之前，权利被认为是通过王室特许或继承获得的法律特权。例如，一个人有权获得某块土地，或有权从自己的郡或镇选举代表。在某些情况下，这些权利可以放弃，比如当一个人出售土地时。然而，对自然法的新的强调导致了这样一种信念，即仅仅作为一个人就可以获得永远不能被剥夺的自然权利。1776 年，由托马斯·杰斐逊起草的《美国独立宣言》雄辩地阐述了这些上帝赋予的不可剥夺的权利，其中包括"生命、自由和追求幸福的权利"[12]。

女性与启蒙运动

启蒙运动思想家对自然法的强调导致了关于女性在社会中的地位的两种截然不同的观点。包括狄德罗和卢梭在内的许多启蒙运动思想家认为，因为女人在本质上不同于男人，所以她们应该只扮演一个家庭角色，即作为妻子和母亲。卢梭还坚持对女孩进行单独教育。这种父权论支持了新兴的男女"社会空间分野观"，即男人和女人应该在不同的社会和政治环境中生活。将女性与私人家庭领域等同起来，这为女性的家庭角色的意识形态奠定了基础，并在 19 世纪的资产阶级社会流行开来。这种理想剥夺了 18 世纪法国贵族妇女所获得的自由，尤其是上流社会

历史上的正义

启蒙运动时期的一桩杀婴案

18世纪中期，一名年轻的法国女性被控杀害了自己刚出生的孩子，这一审判为我们打开了一扇窗，让我们得以了解处于法国社会底层的女性的生活，而不是那些经常出入宫廷、在沙龙聚会的女性。这次审判还提出了一个更大的问题，即对杀婴的刑罚是否与罪行相称，这个问题在启蒙运动时期曾引起争论。

1742年8月，来自法国布里（Brie）的一个小村庄的21岁未婚女子玛丽-珍妮·巴托尼特（Marie-Jeanne Bartonnet）来到巴黎，与她小时候认识的克劳德·勒克（Claude le Queux）和克劳德的妹妹住在一起。此时，巴托尼特已经怀孕7个月了。10月22日半夜，巴托尼特上厕所时突然一阵疼痛袭来，她开始大声呻吟并大量出血。她的邻居发现了她，怀疑她流产了，于是叫来了接生婆。当接生婆赶到时，分娩已经完成，婴儿已经从厕所掉到五层楼下面的污水池里。公寓老板的妻子怀疑是巴托尼特杀死了婴儿，于是向附近的司法官员报告了她的情况。第二天，司法人员来到这里，在污水池中发现了婴儿的尸体。尸检显示婴儿颅骨凹陷，不是钝器造成的，就是掉下来时造成的。在对巴托尼特进行体检后，发现她刚刚分娩过，于是她就被以杀婴罪逮捕并监禁。

巴托尼特差点被处决，但法国严格的司法程序使她免于为明显的罪行付出最坏代价。在17—18世纪，法国的刑事司法已经建立了明确的标准来确定一个被指控犯罪的人是否有罪。这些程序包括对被告进行系统的审讯（只有在少数情况下动用酷刑），证人的证词、物证的评估，以及被告与指证她的证人对质。此外，还必须由法国北部的最高法院巴黎高等法院对该案进行强制性审查，并进一步审讯被告。

对巴托尼特的进一步审讯并没有给她的法官提供足够的证据来为她定罪。当被问及她在布里住过的村庄的名字时，她告诉审讯者："这不关你的事。"她甚至否认自己知道自己怀孕了，拒绝说出与她发生性关系的男人的名字，并声称自己把产前阵痛错当成了腹部绞痛或腹泻。她否认在分娩后把孩子从厕所地板上捡起来扔进污水池。当她看到婴儿的尸体时，她声称自己不认识。

莎拉·马尔科姆在纽盖特监狱（彩色手刻版画，威廉·贺加斯创作于 1733 年）。在 18 世纪，除了杀婴罪——玛丽－珍妮·巴托尼特的罪名——很少有女性被判死刑。一个例外是 22 岁的英国女子莎拉·马尔科姆（Sarah Malcolm），她因在伦敦割断一位富婆的喉咙而被处决。

图片来源：The Stapleton Collection / Bridgeman Images

　　审讯结束后，巴托尼特有机会对在分娩当晚见过她的证人的证词提出疑问。最具有决定性的证词来自公寓老板的妻子帕丽斯夫人（Madame Pâris），是她在厕所里发现了巴托尼特，因此可以证实暗中分娩的情况。巴托尼特无法推翻帕丽斯夫人的证词，这直接导致了她最初的定罪。在审查了整个证据档案后，国王的检察官建议对她隐瞒怀孕、隐瞒分娩以及杀死孩子的行为定罪。法国刑事诉讼程序将有罪或无罪的决定交给法官本人，11 月 27 日，他们投票决定对巴托尼特处以绞刑。

　　然而，巴托尼特的命运并没有就此注定。当她的案子被申诉到巴黎高等法院时，巴托尼特重复了她的陈述，说她去了厕所，但不知道是否生了孩子。尽管1557年的法律规定了杀婴罪要被处以死刑，但法官们投票决定将其死刑改为公开鞭刑，将她驱逐出巴黎高等法院的辖区，并没收她的财产。这一决定的依据似乎是没有任何证据表明她故意杀死了自己的孩子。事实上，婴儿所受的伤害可能是在从排水管落入污水池时造成的。此外，被告一直拒绝认罪。她可能一直在撒谎，但同样可能的是，她一生完孩子（这个过程发生得很快），就说服自己相信这一切根本就没有发生过。

对巴托尼特杀婴案的审判结束了长期以来对本罪的严厉起诉。随着城市为被遗弃的婴儿建立育婴堂，以及对非婚生育行为的道德批评从孕妇转向了孩子的父亲，此类审判逐渐减少。此外，启蒙运动时期提倡的新的法律价值观，使得任何男人或女人都不太可能因为这种或其他罪行而被处决。

的妇女，并且继续剥夺她们的公民权利。18世纪的女性不能投票，不能提起诉讼。她们不是公民社会的正式成员。

启蒙运动的思想家中，有一小部分人反对男女社会空间分野观，要求男女完全平等。第一个发出呼吁的是孔多塞侯爵，他在1789年发表了《关于承认女性公民权》（On the Admission of Women to the Rights of Citizenship）一文。在这本小册子中，孔多塞提议给予所有拥有财产的妇女选举权。他后来呼吁所有男人和女人都享有普选权，因为他们有共同的人性。

与孔多塞同时代的英国人玛丽·沃斯通克拉夫特（Mary Wollstone-craft，1759—1797）也强烈呼吁扩大妇女的公民权利和政治权利。在1792年发表的《女权辩护》（A Vindication of the Rights of Woman）中，沃斯通克拉夫特主张，女孩应该接受和男孩一样的教育，学会如何养活自己。只有这样，女性才能支配自己的生活，在社会和政治上与男性平等。可见，沃斯通克拉夫特挑战了卢梭和其他男性启蒙运动思想家的信念，即男女之间的文化和社会差异是"天然的"。

启蒙运动和性

启蒙运动思想对女性在社会中的地位有深刻影响的一个方面是，要求更大的性放任。包括伏尔泰、狄德罗和霍尔巴赫在内的许多启蒙运动思想家公开批评基督教会推行的严格的性道德标准。他们的基本论点是，性活动不应该受到限制，因为它是愉悦的，是快乐的来源。教会强加的武断禁令与人性相抵触。启蒙运动思想家们以欧洲人接触到的南太平洋地区的当地异教徒为例来强化这一论点，因为据说这些当地人享受着极大的性自由。狄德罗在对基督教性道德进行批判时，诉诸塔希提人的性准则。

包括伏尔泰在内的许多启蒙运动思想家亲身践行他们的主张，公开与已婚妇女生活在一起。富裕社会的其他成员采取了一种更加放荡的生活方式。威尼斯的冒险家和作家贾科莫·卡萨诺瓦（Giacomo Casanova，1725—1798）因不道德行为被神学院开除，他因赌博、间谍活动和引诱数百名妇女而出名。一位年轻的西班牙女子拒绝他的求爱以保护自己的贞操，他对她说："你必须毫无反抗地投入我的激情中，你可以放心，我会尊重你的纯真。""卡萨诺瓦"的名字很快被当成"好色之徒"的代名词。

从萨德侯爵（Marquis de Sade，1740—1814）职业生涯中，我们可以看到18世纪这种放纵的性行为所导致的极端暴力。他写了一些荒淫放荡的故事，包括他自己的回忆录和情色小说《茱斯蒂娜》（*Justine*，1793）。他描述了在性行为中使用暴力的情况，因此从他的名字中衍生出了"施虐狂"（sadism）这个词，用来描述为了快感而施加疼痛的行为。他因各种各样的性犯罪在监狱中度过了27年。

卡萨诺瓦和萨德这样的贵族接受启蒙运动思想家的放荡价值观是有道理的。更值得注意的是，在所有社会群体中，包括一本正经的资产阶级和穷忙族，公众对性的放纵有所增加。像约翰·克莱兰（John Cleland）的《欢场女子回忆录》（*Memoirs of a Woman of Pleasure*，1749）这样的情色文学和色情印刷品在日益商业化的社会中深受欢迎，卖淫变得更加开放和普遍。伏尔泰和狄德罗可能不赞成这种文学或这种做法，但这些启蒙运动的思想家放荡不羁的、反基督教和唯物主义的观点为人们接受这些作品和行为奠定了基础。

启蒙运动的影响

启蒙运动的思想传遍了欧洲和美洲的每一个国家，并激发了改革计划和激进的政治运动。然而，启蒙运动的思想并没有被所有人接受。它主要对受过教育和相对富裕的人有吸引力，未能渗透到社会底层。

启蒙运动思想的传播

启蒙运动的思想主要借助出版在有文化的社会成员中迅速传播。在 18 世纪，出版物成为正式交流的主要媒介。印刷术使出版规模不断扩大，这在一个世纪前是未曾有的。小册子、报纸和书籍不仅在大城市发行，在地方城镇也有发行。整个西欧的识字率急剧上升。到 1750 年，法国和英国超过一半的男性人口能够阅读基本文本。西欧所有主要城市都有了公共图书馆，因此人们更容易接触到出版物。许多书店设有阅览室，希望读者最终能购买他们翻阅的图书。

启蒙运动时期流传最广的出版物之一是由丹尼斯·狄德罗和数学家让·勒朗·达朗贝尔（Jean le Rond d'Alembert）编纂的《百科全书》。这部多达 17 卷的巨著于 1751—1765 年出版，包含了数千篇关于科学、宗教、政治和经济的文章。《百科全书》的条目不仅是为了增进知识，也是为了促进启蒙运动思想的传播。例如，其中有两个关于自然法的条目，将其描述为"永恒不变的"。有的文章赞扬了科学技术的成就，并特别关注了工业工艺和贸易。支持这一事业的是这样一种信念，即知识是有用的，它可以促进人类生活的改善。在这些方面，《百科全书》成为启蒙运动世界观的典型陈述，它的出版是整个启蒙运动的最高成就。

《百科全书》、小册子、报纸和小说等出版物并不是启蒙运动思想传播的唯一途径。在西欧主要城市中涌现的文学协会和读书俱乐部鼓励公众阅读和讨论最新的出版物。科学协会组织了关于物理、化学和博物学发展的讲座。这些讲座中最著名的一个就是通过用静电给一个吊着的小男孩充电来展示电的力量。这个"带电男孩"把放在他下面的凳子上的一些东西吸了起来，并且在这个过程中他完好无损。像这样的讲座吸引了很多人。

在传播启蒙运动的科学和文化理念方面，博物馆同样发挥了重要作用。越来越好奇、受教育程度越来越高的公众可以在这里观看科学和文化产品，其中许多来自世界各地。博物馆经常举办展览和讲座。18世纪80年代，巴黎就拥有了许多这样的博物馆。到18世纪末，这些博物馆已经遍布欧洲的主要城市。

启蒙运动思想也在欧洲城市中如雨后春笋般涌现出来的咖啡馆中传播，尽管这种传播方式没有那么正式。这些商业场所向所有付得起费用的人开放，因此，它们在促进启蒙运动的思想在资产阶级内部传播方面取得了巨大的成功。人们经常在咖啡馆里大声朗读报纸，也经常在那里进行政治辩论。

另一种促进启蒙运动思想传播的机构是被称为"共济会"的秘密

组织，其成员有男有女。共济会奉行自由和平等的原则，致力于创建一个基于理性和美德的社会。共济会最早于17世纪出现在英格兰和苏格兰，18世纪传到法国、荷兰共和国、德意志、波兰和俄国。启蒙运动时期的一些著名人物是共济会的成员，其中包括伏尔泰。18世纪70年代，仅在巴黎就有1万多名共济会成员。在共济会的会所，启蒙运动的思想家与商人、律师和政府领导人进行交流。教皇在1738年谴责共济会，许多民事当局认为他们的思想是颠覆性的。

启蒙运动时期最著名的非正式文化机构是沙龙，即贵妇的私人会客厅，她们在那里讨论哲学、科学、文学和政治。巴黎的若弗兰夫人（Madame Geoffrin）和杜德芳侯爵夫人（Madame du Deffand）的沙龙赢得了国际声誉。主持这些集会的妇女邀请与会者，款待他们，并使用她们的对话技巧来指导和促进对话。她们还利用自己的影响力，争取贵族对她们培养的年轻男性作家和科学家的赞助。大多数法国启蒙运动的杰出男性人物参加过这种集会，至少在他们职业生涯的早期是这样。

沙龙之所以成为当时批评的对象，是因为它们允许女性在公共生活中占有一席之地，也因为它们是贵族文化的缩影。然而，在那些沙龙里，最重要的不是性别或社会地位，而是机智敏捷、谈话技巧和知识魅力。因此，沙龙为建立一个基于能力而不是单纯基于出身的社会做出了贡献。

启蒙运动的局限性

启蒙运动的思想在欧洲迅速传播，但其影响是有限的。伏尔泰和卢梭等启蒙运动思想家的著作市场很小。到1789年，狄德罗和达朗贝尔编纂的《百科全书》卖出了2.5万套，这是很了不起的，但这是一个例外，这套书很多被图书馆买去了。潘恩的《人权论》也获得了相当广泛的读者，主要是因为它的写作风格简洁明了，而且其价格被故意压低了。大多数关于社会和政治理论的书以及关于科学的学术著作卖得不好。例如，卢梭的《社会契约论》在商业上是失败的。

其他主题的书销量要好得多。宗教文学仍然非常受欢迎，这表明了启蒙运动世俗主义的局限性。作为一种相对较新的虚构作品，小说对资产阶级很有吸引力，几乎同样获得了成功。卢梭和伏尔泰都用小说来宣扬他们激进的社会观。在法国，那些因为色情内容或对君主、神职人员或大臣的讽刺攻击而被禁的书，在庞大的法国地下图书市场上却成了畅销书。

伪科学通俗文学也暴露出启蒙运动的有限影响。读者对真正的科学书籍不感兴趣，但他们确实购买了数千份关于热气球等技术发展的出版物，在18世纪80年代，热气球蔚然成风。同样受欢迎的还有关于据说是在遥远的地方看到的怪物的书籍。他们还会购买有关催眠疗法的书籍。催眠疗法得名于维也纳物理学家和内科医生弗朗茨·安东·梅斯梅尔（Franz Anton Mesmer，1734—1815），他于1778年移居巴黎，声称他发现了一种渗透并包围着所有物体的液体，它是热、光、电和磁性的来源。疾病是这种液体在人体内流动受阻而引起的。为了恢复这种流动，病人被按摩和催眠，目的是产生癫狂，以恢复健康。后来这种疗法发展成为一种通灵术，病人能够通灵，通灵术从业者会涉足神秘学。这种被法兰西皇家科学院斥责为骗局的伪科学成了众多小册子和报纸文章的主题，吸引了广大读者。

那些阅读关于催眠术书籍的人与启蒙运动的学术世界只有微弱的联系。在那些目不识丁或几乎不识字的人当中，启蒙运动思想的影响更小。比如，在整个18世纪，没有受过教育的村民继续相信魔法和巫术，偶尔还会用私刑处死被怀疑通过这种方式造成不幸的邻居。启蒙运动的思想家认为，相信魔法和巫术是迷信和无知的，但他们无法改变大众的心理。

流行文化的其他外在表现包括斗鸡和诱捕牛、熊、獾，把它们绑起来让狗攻击它们。这些血腥的运动可以一次吸引成千上万的观众，导致动物严重受伤或死亡。启蒙运动的思想家和其他许多人谴责这种行为的残忍和野蛮，并认为就像对罪犯的酷刑和处决一样，这些消遣在上流社会中没有立足之地。然而，大众消遣是不可能轻易被根除的。直到19世纪，它们才开始消失，这通常是神职人员发起的运动的结果。

启蒙运动的政治遗产

当我们转向开明的政治思想时，我们面临着一项更加困难的任务，即确定它们的影响到底有多大。启蒙运动的主要人物是知识分子，这些文人并没有身居高位，也没有在将理论付诸实践这一具有挑战性的任务上花太多心思。统治者经常以怀疑的态度对待启蒙运动的思想家，哪怕只是因为他们批评现有的权威。然而，启蒙运动的思想确实以两种截然不同的方式对18世纪的政治产生了影响。

开明的绝对主义

启蒙运动的思想对18世纪的政治产生影响的第一种方式是通过被称为"开明的专制君主"的统治者实施的改革。"专制君主"（despot）一词具有误导性，因为这些开明的统治者很少是专制的，也就是说，他们很少残酷和任意地行使权力。更精确地说，这些君主应该被称为"开明的绝对主义者"，他们利用王权实施启蒙运动思想家提出的改革。启蒙运动和绝对王权之间的联系并不像看起来那样难以置信。的确，启蒙运动的思想家往往会对旧制度（指18世纪由绝对君主与特权贵族和神职人员所支配的政治秩序）持批判态度。但他们中的许多人（包括伏尔泰）并不支持民主政体，认为民主政体就是非理性的暴民统治。启蒙运动的思想家更倾向于让绝对君主来执行他们所主张的改革。

中欧和东欧国家的统治者特别愿意接受启蒙运动的思想。这些君主广泛阅读了启蒙运动的作品，并将西欧的知识分子请到了他们的宫廷里。最著名的开明绝对主义者是被称为腓特烈大帝（1740—1786 年在位）的普鲁士国王腓特烈二世。他是一位自然神论者，还会写诗，吹笛子，并且痴迷于所有的法国事物。当法国哲学家达朗贝尔造访他的宫廷时，国王举办了一场宴会，宴会上他只说法语，让许多普鲁士客人在震惊的沉默中小口喝着汤。国王还与伏尔泰进行了大量通信，并邀请他住在他位于波茨坦的法国风格的宫殿"无忧宫"（Sans Souci）里。然而，国王和哲学家之间的关系经常是暴风雨般的，当腓特烈二世公开烧毁一本伏尔泰讽刺一位王室宠儿的作品时，伏尔泰离开了波茨坦。

伏尔泰的离去并没有动摇腓特烈二世执行反映启蒙运动理想的政策的决心。其中最值得注意的是在他的路德宗王国中实行了宗教宽容政策。所有教派的新教徒和天主教徒（不包括犹太人）都受到法律的保护，甚至受益于王室的庇护。他还实行了法律改革，旨在实现使法律既理性又人道的启蒙运动的理想。他授权编纂普鲁士法律（在他1794 年去世后完成），废除了司法上的酷刑，并废除了死刑。为了培养未来的公职人员，他开始在全国实行义务教育。像大多数开明的统治者一样，腓特烈二世不仅从未放弃他的绝对统治，而且通过赢得贵族阶层的支持加强了这种统治。他还延续了其父腓特烈·威廉一世的军国主义和扩张主义政策。对他来说，他的统治风格和他对启蒙运动理想的拥护之间并不矛盾。

在邻国奥地利，两位哈布斯堡王朝的统治者玛丽亚·特蕾莎（1740—1780 年在位）和她的儿子约瑟夫二世（Joseph II，1780—1790年在位）推行了改革政策，获得了"开明君主"的美誉。玛丽亚·特蕾莎的大多数改革是行政方面的。1740 年，普鲁士入侵并占领了哈布斯堡王朝的西里西亚，这让玛丽亚·特蕾莎警醒，于是她开始通过完全控制赋税、重组军事和民事官僚机构来加强哈布斯堡王朝的统治。她还采取措施提高农奴的生产力，主要是通过限制农奴在领主土地上的劳动，取消农奴所要缴纳的封建税费。

这些努力赢得了启蒙运动思想家的赞同，但是玛丽亚·特蕾莎带有最明显的启蒙运动印记的政策是她的法律改革。受到贝卡里亚和孟德斯鸠的启发，她成立了一个委员会来改革整个奥地利的法律体系。1769 年，她颁布了新的刑法；七年后，她颁布敕令，废除司法过程中的酷刑。约瑟夫二世延续了她的改革，重组了整个中央法院系统，废除了死刑。启蒙运动思想的影响还体现在他的宗教宽容政策上，先是在 1781 年对新教徒和东正教徒实行宗教宽容政策，然后在 1782 年对犹太人实行宗教宽容政策。在社会问题上，他完成了母亲玛丽亚·特蕾莎彻底废除农奴制的工作。

俄国叶卡捷琳娜二世（1762—1796 年在位）推行启蒙运动思想的方式与玛丽亚·特蕾莎和约瑟夫二世不同。作为一位德意志公主，叶卡捷琳娜二世接受了基于传统课程的历史、地理和路德神学的教育。1745 年，她嫁给了远房表亲彼得，而他即将从他的姑姑、没有孩子的伊丽莎白女王（1741—1762 年在位）那里继承俄国王位。抵达圣彼得堡后，叶卡捷琳娜二世不仅学习了俄国语言、文学和宗教，还广泛阅读了西欧的资料，包括启蒙运动思想家的著作。后来，她与伏尔泰和达朗贝尔通信，并在她的宫廷里雇用了著名的沙龙女主人若弗兰夫人。在叶卡捷琳娜二世的邀请下，狄德罗在圣彼得堡逗留了六个月。

在叶卡捷琳娜二世统治早期，她开始了一项与其他开明绝对主义者相似的改革计划。1767 年，她委派了一个委员会，根据西欧的原则

叶卡捷琳娜大帝的骑马肖像［布面油画，维吉利乌斯·埃里克森（Vigilius Erichsen，1722—1782）］。1762 年，俄国的叶卡捷琳娜二世在彼得霍夫成功地从她的丈夫彼得三世手中夺取了王位。她鄙视她的丈夫，在其丈夫登基后就参与了反对他的阴谋。和彼得三世一样，叶卡捷琳娜也有几个情人，她的两个孩子（包括未来的沙皇保罗）据说都是贵族之后。

图片来源：Musee des Beaux Arts, Chartres, France / Bridgeman Images

编纂俄国法律。她向委员会提出的建议包括废除酷刑和不人道的惩罚，以及确立宗教宽容政策。她最终被迫解散了这个委员会，因为委员会成员无法就新的法典达成一致，但她后来凭借自己的权力废除了酷刑和死刑。和玛丽亚·特蕾莎一样，她也推行了行政和教育改革，包括在各省实行小学教育。叶卡捷琳娜二世后来被称为"叶卡捷琳娜大帝"，她还试图为女孩提供教育，但没有成功。

叶卡捷琳娜二世以"开明的欧洲君主"而闻名，但她从未完全接受启蒙运动的理想。她承认，赞同这些理想比将其付诸实施要容易得多。在大多数启蒙运动思想家希望废除农奴制的问题上，她寸步不让。她不仅维护了这种制度以保证俄国贵族的忠诚，还在俄国将乌克兰和波兰部分地区并入帝国后，将农奴制扩展到这里。虽然有启蒙运动思想家主张解散庞大的帝国结构，但叶卡捷琳娜二世通过在东欧、东亚和阿拉斯加获取大片领土来扩张俄罗斯帝国。

最终，叶卡捷琳娜二世完全抛弃了启蒙运动的理想。在 1774 年镇压普加乔夫叛乱之后，她开始质疑社会改革的可取性。18 世纪 90 年代法国大革命（见本书第 20 章）的经历使她放弃了启蒙运动的改革主义。

启蒙运动与革命

启蒙运动思想在导致开明的绝对主义的同时，也走向了相反的方向。启蒙运动思想对 18 世纪的政治产生影响的第二个标志是它对西欧和美洲的改革和革命运动的启发。启蒙运动思想家对个人自由、天赋权利和政治改革的强调迫使君主和传统贵族阶层要么做出让步，要么完全放弃权力。启蒙运动思想家本人很少是革命者，但他们的思想促成了一种新政治秩序的建立。

在 1789 年法国大革命期间，伏尔泰声名显赫，革命结束后，保守派将他的尸骨挖出并焚毁。可见这位哲学家对旧政权的强烈批判以及对人类自由的呼吁在 18 世纪 90 年代的革命发展中发挥了重要作用。思想激进的卢梭也是如此，他关于"公意"的概念是革命意识形态的基础。卢梭的民主共和思想被用来为革命期间发生的一些最重要的变化辩护。当时的人要么称赞他，要么抨击他，这取决于他们的政治哲学，因为法国大革命是他引起的。一本名为《论被认为是法国大革命先驱的让 - 雅克·卢梭》（*On Jean-Jacques Rousseau Considered as One of the First Authors of the Revolution*）的书在 1791 年出版。

然而，启蒙运动的思想在政治上的另一种应用发生在美洲。那些主张殖民地应该从宗主国独立出来的人深受启蒙运动中自然法、自然权利、自由和主权在民等观念的影响，如弗吉尼亚的托马斯·杰斐逊、委内瑞拉和哥伦比亚的西蒙·玻利瓦尔。杰斐逊起草的《独立宣言》指出，所有人都有不可剥夺的权利，这些权利的基础是"自然法则和上帝的意旨"，从中都可以看到启蒙运动思想的影响。正如本书第 18 章所讨论的，美国革命不能仅仅用这些启蒙运动的思想来解释。殖民者从许多不同的来源找到了灵感，包括英国普通法。但美国殖民者确实像许多启蒙运动的思想家那样，希望建立一个全新的世界秩序。他们还采纳了启蒙运动中一些最激进的政治观点，这些观点认为人民是政治权力的来源。

结语：启蒙运动与西方身份认同

启蒙运动是一种典型的西方现象，它在西欧国家兴起，然后传播到中欧、东欧和美洲。今天被认为是"西方价值观"的许多传统，不是起源于启蒙运动，就是在启蒙运动中得到最有力的表达。特别是对个人自由、公民权利、宽容和理性决策的信念，都是在这一时期形成的。

但是如果将启蒙运动的思想与西方知识分子的传统思想简单地等同起来，这也是一种误导。启蒙运动的理想从未被西方社会完全接受。自启蒙运动的思想形成以来，保守派就以这些思想会破坏宗教和社会秩序为理由，对它们提出了质疑。在法国大革命时期和19世纪早期，这些保守派的批评最为猛烈。

尽管启蒙运动的价值观从未得到普遍认可，但它们让许多欧洲人清楚地意识到自己不同于世界其他地方的身份。那些以接受启蒙运动思想而自豪的受过教育的欧洲人知道，亚洲人、非洲人、美国原住民或南太平洋地区的岛民并没有他们的科学、理性的世界观。启蒙运动的思想家对其他文化的看法是积极的（如伏尔泰或卢梭）还是消极的（如孟德斯鸠）都无关紧要，重要的是他们有着相似的世界观和对个人自由、正义和文明进步的信念。对他们每一个人而言，宗教信仰无论是作为道德的仲裁者还是作为权威的来源，都不如在其他文化中那么重要。他们都把自己国家的法律看作自然法的反映，是公民自由的保障。他们的作品让他们的欧洲和殖民地的读者认为自己比过去更不同于非西方人。

攻占巴士底狱（1789 年 7 月 14 日）（布面油画，法国派，创作于 18 世纪）。巴黎市民攻击巴士底狱，不是因为它是旧政权的象征，而是因为里面有武器，他们需要保护自己免受保王派军队的攻击。

图片来源：Chateau de Versailles, France / Bridgeman Images

第 20 章

法国大革命时期

1789—1815 年

1789 年 7 月 12 日，在巴黎王宫（Palais-Royal）外，法国记者卡米尔·德穆兰（Camille Desmoulins）向聚集在那里的焦虑的巴黎市民发表讲话。德穆兰利用两个月来不断增加的恐惧情绪，声称路易十六政府正准备屠杀巴黎人。"拿起武器！拿起武器！"德穆兰大声呼喊，并号召市民奋起自卫。那天晚上，巴黎人响应他的号召，侵入了巴黎的军火库，因为他们预料到暴力即将降临到他们身上。第二天，他们继续夺取武器，并宣布自己是国民自卫军的成员，这是一种由有产市民组成的志愿民兵组织。

　　7 月 14 日早晨，巴黎市民成群结队地向一个叫作"巴士底"的古堡进发，那里驻扎着王室的军队。巴黎市民担心巴士底的军队会对他们采取暴力行动，他们还想夺取储存在这座建筑内的弹药，这里既是军火库又是监狱。与巴士底狱管理者的谈判被打断了，因为一些民兵冲进了堡垒的院子，要求军队投降。双方都开了枪，这次交火导致了国民自卫军对巴士底狱的大规模攻击。

　　经过 3 个小时的战斗，83 人死亡，巴士底狱管理者投降了。逮捕他的人拿着缴获的武器，要把他带到市政府官员面前接受指控。然而，人群呼喊着要向压迫者报仇，他们攻击士兵，并将一些士兵踩在脚下。那位巴士底狱管理者被捅了数百刀，砍成了碎片，并被斩首。这座城市的行政长官也因为不愿向市民发放武器而遭受同样的下场。然后，这两人的头颅被穿在长矛上绕城示众。

攻占巴士底狱是法国大革命期间发生的一系列暴力事件中的第一起。这场革命给欧洲政治生活带来了自罗马统治结束以来最根本的变化。它预示着由专制君主、特权贵族和神职人员统治的 18 世纪旧政权的瓦解。它导致了天主教会服从于国家控制。从 1792 年开始，法国大革命进入更加激进的阶段，最终导致了法国君主制的瓦解和共和国的成立。它还导致了 1793—1794 年国家支持的恐怖主义，在此期间，一群革命者发起了一场残酷的运动，以消除他们真正的和想象中的敌人。

革命的极端行为导致了保守的反应，1799—1815 年，在拿破仑·波拿巴的长期统治下，法国恢复了君主制，而这标志着革命时期的结束。然而，在接下来的 200 年里，法国大革命的思想继续主导着西方的政治，尤其是它对民主共和主义的承诺和民族观念。本章将讨论这个问题：法国大革命是如何永久地改变西方的政治文化的？

第一次法国革命（1789—1791）

法国大革命由两次截然不同的革命组成。第一次始于 1789 年，导致了绝对王权的瓦解和宪法的起草。第二次更为激进的革命始于 1792 年，废除了君主制，成立了法兰西共和国。

革命的开始

这场革命的直接原因是一场财政危机，它使君主制瓦解，并丧失了其权威。路易十六（1774—1792 年在位）继承了大量债务，而这是与英国长期战争的结果。1778 年，法国支持美国，参与美国独立战争，这使政府进一步陷入债务危机，也拖累了整个法国经济，法国革命也进入了一个新的阶段。随着危机的加剧，国王提议对所有土地所有者征收直接税。然而，贵族们反对这个计划，因为它将使国王政府的绝对主义政策永久化。

政府财政状况的恶化最终迫使国王屈服。1788年夏季，由于农业歉收，国库枯竭，政府再也无法偿还债权人的债务。为了挽救自己的政权，路易十六宣布要召开自1614年以来再没召开过的三级会议。

会议定于1789年5月召开。在大会开幕前的几个月里，围绕代表们应该如何投票的问题引发了公开辩论。三级会议由组成法国社会的三个等级或社会群体的代表组成，即神职人员、贵族和第三等级。严格意义上讲，第三等级包括王国的所有平民（约占总人口的96%），从最富有的商人到最贫穷的农民。第三等级选出的代表是有产的非贵族出身的世俗社会成员，包括许多律师和军官。

在会议召开之前，代表们围绕这三个等级的投票方式产生了争议。如果按照等级投票，前两个等级将主导会议；如果按人头投票，第三等级代表的人数将和其他两个等级旗鼓相当。双方都声称自己是"国家"的最佳代表，而这里的"国家"一词指的是全体法国人民。

在国王表示支持神职人员和贵族之后，第三等级迈出了巨大的一步，宣布自己要组建国民大会，并要求其他两个等级的成员和他们一起投票。当国王在没有任何解释的情况下将第三等级的代表锁在会场外时，愤怒的第三等级的代表来到附近的一个室内网球场，庄严宣誓（这就是所说的"网球场宣誓"），在国家制定宪法之前他们不会解散。一周后，国王命令贵族和神职人员加入国民大会。

当这场政治危机即将达到高潮时，一场由面包价格高涨引发的重大社会危机导致了公共秩序的崩溃。多年来，法国农业一直难以满足不断

网球场宣誓［布面油画，雅克－路易·大卫（Jacques Louis David，1748—1825）］。第三等级的成员宣誓在宪法出台之前他们不会解散，从而导致了国民大会的创建和废除王室专制主义和封建主义的立法。

图片来源：Musee de la Ville de Paris, Musee Carnavalet, Paris, France / Bridgeman Images

增长的人口的需求。1788 年大范围的农业歉收进一步减少了粮食供应。随着面包价格的飙升，对手工制成品的需求减少，导致工匠普遍失业。在政府的财政危机加深的同时，越来越多的面包暴动、农民起义和城市罢工助长了恐慌情绪。1789 年 6 月，巴黎局势到了危急关头。

就在此时，这位几乎没有政治头脑的国王做出了一个不明智的决定，派遣 1.7 万名王室士兵前往巴黎恢复秩序。部队的到来给人造成一种印象，即政府正计划对巴黎市民发起攻击。正是在这种风声鹤唳的氛围下，巴黎市民组成了国民自卫军，攻占了巴士底狱。

巴士底狱的陷落使国王心慌意乱。他问一位大臣："这是一场叛乱吗？"大臣回答："不，陛下，这是一场革命。"革命才刚刚开始。两周后，当国民大会对各省爆发的社会动荡做出反应时，革命进一步升级。农村粮食的短缺引发了这样一种谣言，即贵族们正在密谋破坏庄稼，制造饥荒，迫使人们屈服。农民们武装起来，准备击退贵族雇用的人马。一种被称为"大恐慌"的广泛恐慌笼罩着这个国家的许多地方。城镇居民和农民大量聚集起来保卫自己和收成。这种恐慌在 7 月最后两周达到顶峰，为了应对这种恐慌，国民大会通过立法，摧毁旧政权，建立新的政治秩序。

一个新的政治社会的建立

1789 年 8 月至 1790 年 9 月，国民大会采取了三个革命性步骤。第一步，它废除了贵族和神职人员的特权。1789 年 8 月，国民大会废除了农民支付给领主的封建税、贵族的私人司法管辖权、神职人员征收的什一税以及贵族在他们的土地上打猎的专享权。10 个月后，贵族们失去了他们的爵位。法国将不再是一个被分成不同等级的社会，且每个等级都有自己的特权，而是只有公民，并在法律面前人人平等。社会差别将基于功绩而不是出身。

第二步，在 1789 年 8 月 26 日颁布了《人权宣言》。这份文件揭示了启蒙运动对革命的主要影响。它宣布，不只是法国人，所有人都有自由、财产、法律面前平等、不受压迫和宗教宽容的自然权利。"法律是公意的表达"这一表述体现了卢梭《社会契约论》（1762）的影响，而"每个公民都有权亲自或通过代表参与法律的制定"这一表述体现了民主的基本原则（见本章"不同的声音"专题）。[1]

第三步，对教会的彻底重组。为了解决国家债务问题，国民大会

不同的声音

男性权利和女性权利

法国大革命引起了对承认和执行男性权利的正式要求，但它也导致了对女性平等权利的一些最早的呼吁。下面这两份文件一份是国民大会颁布的《人权宣言》，另一份是一名女作家的类似声明，她呼吁彻底改变男女之间的关系。

1789 年 8 月 26 日，国民大会通过了《人权宣言》，这是法国大革命中最早也是影响最深远的法案之一。这是一份非常简洁而有力的文件，经过数周的辩论才被敲定下来。它对自然权利和法律面前人人平等的关注反映了启蒙运动思想的影响。

但是对于奥兰普·德古热（Olympe de Gouges）来说，《人权宣言》没有保证女性享有与男性同样的权利，也没有解决既有的两性不平等。在名为《女权和女公民权利宣言》（*Declaration of the Rights of Women and the Female Citizen*，又称《女权宣言》，1791）的小册子中，德古热提出了一套与国民大会要求普遍人权所主张的权利相一致的原则。今天，这本小册子已经成为现代女权主义的奠基文献。

《人权宣言》（1789）

第一条　人生来就是而且始终是自由的，在权利方面一律平等。社会差别只能建立在公益基础之上。

第二条　一切政治结合均旨在维护人类自然的和不受时效约束的权利。这些权利包括自由的权利、财产的权利、安全的权利与反抗压迫的权利。

第三条　一切权力的本原根本上存在于国民。任何团体或个人皆不得行使国民未明确授予的权力。

第四条　自由是指能从事一切无害于他人的行为；因此，每一个人行使其自然权利时，只以保证社会上其他成员能享有同样的权利为限制。此等限制只能由法律来决定。

……

第六条　法律是公意的表达。每一个公民皆有权亲自或由其代表去参与法律的制定。法律对所有人都必须是一样的，无论是保护还是惩罚。在法律面前，每一位公民都是平等的，都能按照其能力平等地担任所有官职、公共职位与职务，除德行和才能上的差别外不能有其他任何差别。

第七条　除非在法律所确定的情况下并按照法律所规定的程序，任何人均不受控告、逮捕与拘留。

……

第十条　任何人不应为其观点甚至其宗教观点而遭到干涉，只要它们的表达没有扰乱法律所建立的公共秩序。

第十一条　自由交流思想与意见乃人类最为宝贵的权利之一。因此，每一个公民都可以自由地言论、著作与出版，但应在法律规定的情况下对此项自由的滥用承担责任。

……

第十七条　财产是不可侵犯与神圣的权利，除非合法认定的公共需要对它明确地提出要求，同时基于公正和预先补偿的条件，任何人的财产皆不可被剥夺。

资料来源：P. -J. -B. Buchez and P. -C. Roux, *Histoire parlementaire de la Révolution française* (Paris, 1834).

《女权宣言》（奥兰普·德古热，1791）

第一条　女性生而自由，在权利上与男性平等。社会差别只能建立在共同效用的基础之上。

第二条　一切政治结合均旨在维护男性和女性的自然的和不受时效约束的权利。这些权利包括自由的权利、财产的权利、安全的权利，尤其是反抗压迫的权利。

第三条　一切权力的本原根本上存在于国民，而国民不过是所有男性和女性的集合。任何团体或个人皆不得行使国民未明确授予的权力。

第四条　自由和正义在于恢复属于他人的一切，因此，对女性行使自然权利的唯一限制是长期的男性暴政，这些限制应以自然法则和理性加以革除。

……

第六条　法律是公意的表达。每一个男女公民皆有权亲自或由其代表去参与法律的制定。法律对每一位公民都必须是一样的。在法律面前，每一位男女公民都是平等的，都能按照其能力平等地获得一切荣誉、职位与公共职务，除他们的德行和才能差别以外不能有其他任何区别对待。

第七条　除非在法律所确定情况下并按照法律所规定的程序，任何女性均不受控告、逮捕与拘留。女性和男性一样，都要遵守这条严格的法律。

……

第十条　任何人不应为其观点而遭到干涉，女性有权登上绞刑台；她们必须享有平等的权利登上讲台，只要她的演讲不违反法定的公共秩序。

第十一条　思想和意见的自由交流是妇女最宝贵的权利之一，因为这种自由保证了孩子得到其父亲的承认。因此，任何一个女性公民都可以自由地说，"我是你孩子的母亲"，而不会因一种野蛮的偏见而被迫隐瞒真相。只要她对任何滥用这一自由的行为（通过在孩子的父亲身份上撒谎）承担法定的责任。

……

第十七条　无论是结合还是分开，财产都归两性所有，因为这是一项神圣不可侵犯的权利。除非合法认定的公共需要对它明确地提出要求，同时基于公平的预先补偿的条件，任何人的财产都不可被剥夺，因为它属于自然的真正遗产，任何人的财产皆不可被剥夺。

资料来源：Olympe de Gouges, *Les Droits de la femme* (Paris, 1791).

将教会拥有的土地（约占法国领土的 10%）用于国家服务。1790 年 7 月颁布的《神职人员民事组织法案》实际上使教会成为国家的一个部门，政府直接支付神职人员的薪酬。为了保住职位，神职人员必须宣誓效忠国家。

1791 年，新选出的立法议会取代了国民大会，巩固并扩大了这些改革中的许多内容。同年 10 月生效的宪法正式宣告了绝对王权的终结。国王成为立宪君主，只保留中止立法、指导外交政策和指挥军队的权力。

新宪法正式废除了世袭的法律特权，从而使所有公民在法律面前人人平等。后来的法律赋予犹太人和新教徒完全的公民权和宽容；废除长子继承制（长子继承全部财产），赋予所有继承人平等的继承权；确立了婚姻仅为民事契约和通过离婚结束婚姻的权利，支持夫妻作为自由缔约个体的观念。

这一套立法摧毁了旧制度，并促进了这样一种革命观点，即法国是一个由拥有自然权利的平等公民组成的国家。当时的人认识到了这些变化的重要性。葡萄牙驻法国大使目睹了1789年的这些事件，他向葡萄牙政府报告说："在世界所有的编年史上，都没有提到过这样的革命。"[2]

法兰西共和国（1792—1799）

从1792年开始，法国经历了第二次革命，这次革命比第一次更为激进。在这次革命中，法国从君主立宪政体变成了共和国。政府宣称拥有比1789年更大的权力，并利用这一权力对法国社会进行彻底的改革。

共和国的建立（1792）

在革命的前两年里，似乎要在君主立宪制的框架内建立一个新的法国。立法议会的成员中支持废除君主制的人很少，更不用说普通民众了。立法议会中唯一坚定的共和派——那些支持建立共和国的人——属于一个被称为"雅各宾派"的组织，他们在巴黎和法国其他地方的政治俱乐部中获得了支持。1792年夏末，这群激进分子得到了被称为"无套裤汉"（字面意思为没有贵族穿的那种套裤，指普通民众）的巴黎激进公民的支持，成功地发起第二次更为激进的革命。

路易十六本人对君主制的瓦解负有部分责任。君主立宪制的成功取决于他是否愿意扮演赋予他的新角色。1789年10月，在巨大的压力

无畏的无套裤汉。在这幅讽刺漫画中，一名无套裤汉正在杀死一位贵族。漫画既表现了无套裤汉的战斗精神，也表达了他们独特的服装，他们是支持共和国的巴黎武装激进分子。男性无套裤汉穿的是裤子，而不是法国贵族中流行的那种马裤（套裤）。

图片来源：Snark / Art Resource, NY

之下，路易十六同意将他的官邸从凡尔赛搬到巴黎，国民大会也已经搬到了这里。压力主要来自妇女，她们在从巴黎到凡尔赛游行的 1 万名示威者中占绝大多数，要求降低面包的价格。国王答应了她们的要求，来到了巴黎。当他在手持枪矛的士兵、修士和妇女的陪同下进入巴黎时，他不情愿地戴上了象征他接受革命的自由帽，帽子上贴着三色帽徽。然而路易十六却无法掩饰他对革命的反对，尤其是对 1789 年有关教会的法律的反对。他的反对使许多人怀疑他是在鼓动欧洲势力入侵法国，以

三色帽徽。1792 年 10 月 20 日，路易十六戴上了红色自由帽，帽子上贴着三色帽徽。他不怕王宫外 2 万名群众的恐吓，戴上自由帽，宣布忠于宪法。
图片来源：Snark / Art Resource, NY

恢复旧制度。

　　路易十六没有使用个人手段来赢得百姓信任。他不像他的祖父路易十五那样聪明，也不具备消除国民对他日益增长的不信任所必需的技能。他和他的奥地利妻子玛丽·安托瓦内特（Marie Antoinette）都没有赢得人民的尊重。多年来，这对夫妇一直是无情的、有时是色情的讽刺对象。据谣传，路易十六性无能，王后和国王的弟弟有染，并且还有很多同性伴侣。1791年6月，当国王和王后试图逃离法国时，巴黎市民对这对夫妇所保留的任何信任都消失了。国民自卫军在靠近法国东部边境的瓦雷讷抓获了他们，强迫他们返回巴黎，将他们关在杜伊勒里宫。

　　立法议会决定发动战争，这加速了君主制的瓦解，并促成了共和政体的建立。在王室成员逃往瓦雷讷并被抓获之后，普鲁士的腓特烈·威廉二世和玛丽·安托瓦内特的哥哥奥地利皇帝利奥波德二世（Leopold II）签署了联盟协议，呼吁其他欧洲君主"恢复法国国王的完全自由，并巩固君主政体的基础"[3]。为了应对这一威胁，以雄辩家雅克-皮埃尔·布里索（Jacques-Pierre Brissot，1754—1793）为首的一小群共和主义者成功地让立法议会相信，反对革命的国际阴谋将以对法国的入侵而告终。布里索和他的支持者们还认为，法国可能会被引诱进入一场外国战争，国王和王后将成为叛徒，君主制也会被摧毁。布里索和他的盟友利用仇外情绪和革命热情，声称一支公民军队的力量可以迅速取得一场决定性的胜利，赢得了整个立法议会的支持。他们还诉诸革命的国际目标，声称法国军队所到之处都将激发反对"欧洲暴君"的革命。

　　立法议会于1792年4月对奥地利宣战。然而，这场战争非但没有取得辉煌的胜利，反而在奥地利及其盟友普鲁士那里遭到一系列灾难性的失败。在法国，尤其是在巴黎，这次军事失败导致了一种偏执的情绪。人们担心，入侵军队会与法国的贵族联合起来，破坏革命，摧毁立法议会。7月，立法议会正式宣布国家处于危险之中，呼吁所有公民团结起来反对国内外的自由之敌。妇女们请求获得携带武器的权利。奥地利和普鲁士威胁说，如果有人敢动王室一根指头，它们就会放火烧毁整个巴黎，屠杀巴黎市民。巴黎市民立即要求废黜国王。

8月10日，一个激进的共和党委员会推翻了1789年成立的巴黎公社，成立了一个新的革命公社。一支约2万人的军队（包括来自王国各地的志愿军）冲入了杜伊勒里宫，那里由大约900名瑞士卫兵守卫。当这些卫兵逃跑时，巴黎的人群追上他们，剥去他们的红色制服，用刀、矛和斧头杀死了600人。对杜伊勒里宫的攻击迫使国王躲进了附近的立法议会。议会迅速废除了君主制，并将王室成员移交给新的巴黎公社，公社将他们囚禁在位于城市东北部的中世纪堡垒圣殿塔里。立法议会随后下令自行解散，并要求选举一个新的立法机构来起草新宪法。

君主制的垮台并没有缓解这座城市长期被围困所遭受的精神折磨，尤其是在1792年9月初普鲁士取得进一步胜利之后，人们对普鲁士入侵的担忧进一步升级。但外国入侵从未成为现实。9月20日，一支纪律严明、训练有素的法国公民军队在瓦尔米（Valmy）击退普鲁士军队。这场胜利挽救了革命。由男性普选产生的新的国民公会的代表们已经抵达巴黎，准备起草新宪法。9月22日，国民公会宣布正式废除君主制，法国成为共和国。法国此时已经经历了第二次革命，它比第一次更为激进。这次革命致力于自由、平等、博爱的原则，而这些很快成为革命的口号。

雅各宾派与革命

到宣布成立共和国时，雅各宾派已经成为立法议会的主要党派。然而不久，雅各宾派内部开始出现派系分歧。主要的分歧发生在被称为"吉伦特派"（Girondins）的布里索的追随者和被称为"山岳派"

（Montagnards）的激进派之间。后者之所以得名，是因为他们在国民公会会议厅的座位位置最高。吉伦特派占据了会议厅中较低的位置，而被称为"平原派"的未表态的议员们占据了会议厅的中部。

山岳派和吉伦特派都声称要推进革命的目标，但是在采取何种策略的问题上，他们存在很大分歧。山岳派认为只要内外敌人威胁到国家，政府就需要将权力集中在首都。山岳派自认为是平民的代表，尤其是巴黎的无套裤汉的代表。实际上，他们的许多领导人是巴黎市民，其中包括乔治-雅克·丹东（Georges-Jacques Danton，1759—1794）、让-保罗·马拉（Jean-Paul Marat，1743—1793）和马克西米连·罗伯斯庇尔（1758—1794）。他们的使命是使革命的平等主义更进一步，建立一个以公民自豪感和爱国主义为特征的共和国，即罗伯斯庇尔所说的"美德共和国"。

吉伦特派之所以得此名，是因为他们的许多领导人来自吉伦特省的西南部地区。在这些问题上，他们的立场比山岳派更为保守。他们倾向于支持商人和制造业者所希望的经济自由和地方自治，不愿支持国家权力的进一步集中。他们相信革命已经取得了足够的进步，不应该变得更加激进。他们还担心革命的平等主义如果不加以控制，将会导致法国社会的平均化和无政府状态。

在如何处理被废黜的国王这个问题上，吉伦特派和山岳派之间的冲突变得很明显。路易十六被怀疑与革命的敌人密谋，在他与奥地利政府的通信被发现后，他被判叛国罪。吉伦特派最初表示不愿对他进行审判，而宁愿把他关进监狱。审判开始后，吉伦特派参加了整个国民公会的投票，决定判他有罪，但他们反对处决他。这一立场导致山岳派指责吉伦特派与国王秘密勾结。国民公会以微弱优势通过处死国王的决定。1793 年 1 月 21 日，路易十六在革命广场（原名路易十五广场）被处决

（见本章"历史上的正义"专题）。

执行死刑的工具是 1792 年 4 月首次投入使用的断头台，这是一种高效而仁慈的斩首机器，尽管如此它还是很可怕。它得名于约瑟夫 - 伊尼亚斯·吉约坦（Joseph-Ignace Guillotin）医生，因为是他最早提出了这一装置的创意，尽管不是他发明的。断头台的灵感来自这样一种信念，即不仅仅是贵族血统的罪犯，所有的罪犯都应该以快速、无痛的方式被处决。在接下来的 18 个月里，这个新装置将被广泛使用，许多吉伦特派的成员成为受害者。

随着共和政权越来越多地遭到国内外敌人的反对，山岳派和吉伦特派之间的分裂变得更加突出。1793 年年初，英国和荷兰共和国与普鲁士和奥地利结成第一个反法同盟，在不到一个月的时间里，西班牙和意大利的撒丁王国和那不勒斯王国也加入其行列。同年 3 月，这些同盟国的军队在奥属尼德兰击败了法国军队，入侵似乎又迫在眉睫。与此同时，反对革命政权的国内叛乱也在各个边远省份发生，特别是在法国西部的旺代地区。贵族和神职人员领导了这些叛乱，但他们也得到了广泛的支持，特别是得到佃农的支持，这些佃农对新革命政府增加赋税不满。

在罗伯斯庇尔和他的同僚看来，吉伦特派与这些省份的叛乱分子有联系，他们称这些叛乱分子为"联邦派"，因为他们反对政府的中央集权，从而威胁到法国的统一。1793 年 6 月，29 名吉伦特派的成员因支持囤积粮食的地方官员而被逐出国民公会。这次清洗活动清楚地表明，任何反对山岳派的政治人物，即使是那些坚定地拥护共和政体的人，现在都可以被认定为革命的敌人。

恐怖统治（1793—1794）

为了对付国内的敌人，法国共和政府声称拥有的权力远远超过了

历史上的正义

对路易十六的审判

在 1792 年 9 月废除君主制、宣布法兰西共和国成立后，国民公会讨论了被废黜的国王的命运。人们普遍认为，路易十六犯有叛国罪，他应该为自己的罪行负责，但他该如何负责成了激烈争论的话题。国民公会分裂为吉伦特派和山岳派，吉伦特派更倾向于遵循正当的程序，而山岳派则认为自己扮演着革命法庭的角色，没有义务遵守既有的法国法律。因此，国民公会变成了一个论坛，在这里路易十六的指控者们表达了对革命正义的不同看法。

是否应该进行审判，这是最具争议性的问题，也最能说明问题。山岳派最初的立场是，因为人们在 1792 年 8 月 10 日就已经对国王进行了审判，当时君主制已经瓦解，国王也被俘虏了，所以没有必要进行第二次审判。他们认为应该立即执行死刑。罗伯斯庇尔认为，再次审判将是反革命，因为这意味着要让革命本身在法庭上得到审判。然而，占大多数的中间派决定，国王必须在法庭上以特定的罪名被起诉，并通过正当程序认定有罪，然后才能被判刑。

与第一个问题密切相关的第二个问题是一个技术性的法律问题，即是否能够对路易十六提起诉讼。即使是在君主立宪制下，如 1789 年建立的君主立宪制，政府的立法机构也不能对国王行使权力。然而，国民公会审判路易十六的决定基于这样一条革命原则，即他犯下了危害国家的罪行，而革命者声称国家的权力凌驾于国王之上。此外，路易十六已经不再是国王，而是一个公民，因此，他要像其他人一样服从法律。

第三个问题是在起诉书中对路易十六具体指控的罪行。这些罪行包括拒绝召集三级会议、派军队攻打巴黎市民、和法国的敌人暗通款曲。记者、国民公会的代表让－保罗·马拉补充说："他掠夺公民的金钱来补贴敌人"，"让自己的手下人囤积居奇，制造饥荒，使丰饶的资源枯竭，让人民死于苦难和饥饿"。[4] 国王亲自聆听了起诉书，然后对指控做出回应，他的辩护依据的是他被认为犯罪时有效的法律。因此，他为自己向巴黎派兵辩护，理由是在 1789 年 6 月和 7 月，他可以命令军队到任何他希望去的地方。同样的道理，他说他动用武力只是为了应对非法的恐吓。然而，这些法律条文只会使国民公会的成员更加蔑视国王。他的辩护连一位代表也没有说服，

处决路易十六（1793 年 1 月 21 日）（彩色版画）。尽管国王被一致宣判为叛国罪，但处决他的决议仅以 27 票的微弱多数通过。

图片来源：Bibliotheque Nationale, Paris, France / Bridgeman Images

他以 693 票对 0 票被判叛国罪。

　　对国王的一致定罪并没有结束不同派系关于国王命运的争论。吉伦特派知道国王在全国各地拥有广泛支持，因此要求向人民上诉。他们认为，由山岳派主导、在巴黎的民兵支持下的国民公会篡夺了人民的主权。一项把裁决提交给人民来批准的动议以 424 票对 283 票被否决。

　　最后一次投票也是结果最接近的一次，决定了对国王的判决。最初，大多数人似乎会投票赞成不要处死国王。例如，孔多塞侯爵认为，尽管根据叛国罪，国王应该被处死，但他原则上不能投票赞成死刑。罗伯斯庇尔对这一论点做出了激进的回应，他依据"自然原则"，提出在"对公民或公众的安全至关重要"[5]的情况下应该采用死刑。罗伯斯庇尔慷慨激昂的演说占了上风。国王以 361 票对 334 票被判处"24 小时内执行死刑"，而不是在战争结束后将其流放然后再监禁起来。第二天，即 1793 年 1 月 21 日，路易十六就被送上了断头台。

所有的公开审判都是戏剧性的事件，特别是对政治罪行的审判，因为各方都在发挥特定的作用，并设法向其听众传达某些信息。投票让路易十六接受审判的人想要创造一种富有教育意义的场面，这位已经被废黜的国王将被剥夺他在人民中的威望。路易十六将像其他叛国者一样受到审判，他将遭受同样的命运，即被送上断头台。在他死后，剥夺他所有特权和地位的企图仍在继续。他的尸体被装在一个木箱子里，头被放在两膝之间，被埋在一个万人坑里。革命者下定决心，要保证国王即使死后也要和他以前最卑微的臣民享有同样的地位。

绝对主义时代的君主政体。国民公会通过了一些法律，设立了特别法庭来起诉反对政府的人，并批准了剥夺被控者合法权利的程序。这些法律为旨在消灭国家内部敌人的恐怖统治铺平了道路。公共安全委员会负责管理这一过程，该委员会由 12 名被赋予国家行政权力的人员组成。公共安全委员会虽然在名义上隶属于国民公会，但实际上成了一个革命的独裁机构。公共安全委员会的主要人物是马克西米连·罗伯斯庇尔。

年轻时，罗伯斯庇尔是一名才华横溢的学生。一次，他在等待向国王发表演说时，被王室马车溅了一身泥水，这让他非常恼火。他是一个没有幽默感的人，却满腔热情地追求正义。作为一名为穷人辩护的律师，罗伯斯庇尔在 1789 年被选为第三等级的代表，深受无套裤汉的拥戴，他们称他为"不可腐蚀者"。他也许确实如此，但他也容易受到诱惑，为了党派政治的目的而滥用权力。像他所崇拜的卢梭一样，他也愿意为了公意而牺牲个人自由。他推断说，因为公意是不可分割的，它不能容纳不同意见。从 1793 年秋开始，罗伯斯庇尔通过制订国家镇压计划，把革命推向了新的极端。

恐怖统治于 1793 年 10 月到 1794 年 6 月最为严重，但一直持续到 1794 年 8 月。到那时，革命法庭已经处决了 1.7 万人，50 万人被监禁。

另有 2 万人或死于狱中，或在未经任何审判的情况下被处死。恐怖统治的受害者中有大量的神职人员和贵族，但绝大多数是工匠和农民。巴黎的一个马夫因为说了一句"去他娘的共和国"而被送上了断头台，而一位来自阿尔萨斯的面包师因预言"共和国将和它所有的支持者一起下地狱"[6]而丢了性命。许多受害者来自法国的边远地区，特别是东北部和西部，因为在东北部，外国的军队正威胁着共和国，而在西部，法国军队与天主教徒和保王派之间的残酷内战正如火如荼。特别监视委员会负责确定政权在各地的敌人，革命法庭负责对他们进行审判。断头台绝不是唯一的处决方法。1793 年 11 月和 12 月，大约 1 800 名在旺代叛乱中被俘的叛乱分子被绑在一起，放到下沉的船上，溺死在卢瓦尔河冰冷的河水中。

启蒙运动中一些最著名的人物就是这种偏执狂的受害者，其中包括孔多塞侯爵，他坚信所有公民，包括妇女，都有平等的权利。就在被执行死刑之前，曾经致力于反对死刑的孔多塞侯爵在巴黎的一所监狱里自杀了。在同一时期，另一位致力于改善法国的社会和经济状况的启蒙运动人物、著名的化学家安东尼·拉瓦锡（Antoine Lavoisier，1743—1794）也被处死。曾为妇女争取平等权利的女权主义者奥兰普·德古热也是同样的命运。包括罗伯斯庇尔在内的许多法国革命者利用启蒙运动的政治理念来为自己的行动辩护，但恐怖统治打倒了启蒙运动中一些最杰出的人物。在此意义上，恐怖统治标志着法国启蒙运动的结束。

公共安全委员会随后把矛头指向丹东和其他所谓的"宽容派"，因为他们认为恐怖统治太过分了。对丹东的处决让所有人（尤其是温和的雅各宾派）都在想：在这种完全失控的情况下，谁会成为下一个受害者？ 1794 年 6 月，恐怖统治达到了顶峰，1 300 人死亡。为了阻止这一进程，国民公会中的一群雅各宾派成员策划了一场反对罗伯斯庇尔的阴谋。他们称他为暴君，逮捕了他和他的 100 多名追随者，并在 1794 年 7 月底将他们送上了断头台。在各省，"白色恐怖"（得名于他们打着波旁王朝的白色旗帜）的成员处决了当地革命法庭的领导人。随着这些报复的进行，法国大革命最暴力和最激进的阶段结束了。

恐怖统治已经结束，但人们对它的记忆永远不会消失。它的恐怖不断警告着人们要小心革命运动固有的危险性。就像法国大革命的著名口号"自由、平等、博爱"一样，断头台这个不正常的、不分青红皂白的国家恐怖主义的工具成了法国大革命的代名词。两者分别象征着革命的不同阶段，两者之间的对比有助于解释 19 世纪的保守主义者和自由主义者是如何利用这场革命来支持他们之间对立的意识形态的。

督政府（1795—1799）

结束恐怖统治暴力的愿望，使国民公会中的温和派重新控制了国家机构，在罗伯斯庇尔和他的盟友手中，这些机构曾造成了毁灭性的影响。他们解散了巴黎公社，剥夺了公共安全委员会的大部分权力。1794 年 11 月，他们关闭了遍布全国的雅各宾俱乐部，这些俱乐部曾经为恐怖统治提供支持。现在控制着政府的温和派仍然希望维护革命的成果，同时让国家回归更熟悉的权力形式。1795 年的新宪法将行政权赋予了 5 名督政官，由两个议院组成的议会负责提出所有的立法和对其进行投票，这两院分别是元老院和五百人院。选举权仅限于有产者，在 700 万成年男性中，只有 200 万人有选举权。一种间接选举制度（即人们投票选出选举人，选举人再选出代表）保证了只有最富有的人才能进入两院。

巴黎一些富人和企业家欢迎这个新政权，但反对的声音很快就出现了，主要来自雅各宾派和无套裤汉。当政府放松了在雅各宾派统治下实施的严格的价格控制后，面包和其他商品的价格的飙升在民众中引起了广泛的不满。对外国的无休止的战争使局势雪上加霜。法国军队所到之处，对食物和其他物资的持续需求导致这些物资严重短缺。

到 1798 年年底，情况变得更加糟糕。通货膨胀已经到了失控的地步。赋税时断时续。1791 年政府首次发行了以没收的教堂土地为抵押的被称为"指券"的纸币，现在已经几乎一文不值了。1797 年年末，被称为督政府的新政权不得不废除一半以上的国债，这进一步疏远了借钱给政府的富有公民。1798 年和 1799 年军事上的挫败使局势到了危急关头。1799 年，包括英国、奥地利、俄国、那不勒斯和奥斯曼土耳其在内的欧洲国家组成了第二个反法同盟，对法国的势力构成了巨大的挑战，这也意味着战争不会很快结束。这些军事事件造成了政治上的左倾，并引发了另一场对雅各宾政变的恐慌。

面对这种不稳定局势，两年前被选为督政官之一的伊曼纽尔－约瑟夫·西哀士（Emmanuel-Joseph Sieyès）决定推翻政府。在早期的革命与后来的督政府之间，西哀士提供了某种延续性，因为在革命时期，他站在第三等级的一方。与其他许多杰出的政治人物不同，当革命变得更加激进时，他成功地避免了被起诉的命运。当被问及在恐怖统治时期都做了些什么时，西哀士回答说："我活了下来。"此时，他希望为这个国家提供一个强大的政府，这是这个国家在政治、经济和社会动荡时期最需要的。西哀士选择的合作伙伴是拿破仑·波拿巴（1769—1821），后者很快掌握了这次政变的领导权。当时的拿破仑是一位 30 岁的将军，在 1795 年用"一阵葡萄弹"迅速镇压了巴黎的保王派叛乱。

作为一名军事领袖，拿破仑已经立下了显赫的战功。在 1796 年和 1797 年，他在意大利取得了重大胜利，并于 1797 年与奥地利签订了《坎波福尔米奥条约》。这些胜利和他在埃及金字塔战役中的短暂胜利使他在巴黎广受拥戴。1799 年，他在就任巴黎武装部队的指挥官时受到了英雄般的欢迎（见本章"碰撞与转型"专题）。他的声望、他展示的军事领导能力，以及他对大量武装力量的控制，使得这位"军事强人"似乎最有可能取代衰弱的督政府。

1799 年 11 月 9 日，拿破仑在两院发表讲话。他报告说他发现了另一场雅各宾阴谋，并呼吁制定新宪法，赋予政府的行政部门更多权力。拿破仑遭到了五百人院中一些成员的抵制，他们宣称拿破仑是非法之徒。此时，五百人院的主席、拿破仑的弟弟吕西安（Lucien）介入，召集军队将反对拿破仑的议员驱逐出去。第二天，法国成立了被称为"执政府"的新政府。

新政府的行政权被授予三位执政官。然而，很快就清楚了，拿破仑是三位执政官中的主导人物。在 1799 年 12 月的新宪法中，全民投票选举拿破仑为第一执政官。这一任命使他成为法国最有权势的人，而且实际上他是一个军事独裁者。1802 年，拿破仑被任命为终身执政官，这种独裁变得更加明显。

大革命期间法国文化的变化

法国大革命主要是一场政治革命，但它也给法国文化带来了深刻的变化。它摧毁了旧制度的文化体制，创造了一种新的革命文化。

文化机构的转型

1791—1794 年，旧制度的许多文化机构要么被摧毁，要么被彻底改造，取而代之的是政府控制下的新机构。

研究院

路易十四在巴黎建立的多个科学和艺术研究院（见本书第 16 章），垄断了科学知识和视觉艺术知识的推广和传播。这些研究院是特权的象征，控制着自己的成员选拔，决定奖品的获得者，垄断自己的特定知识领域。这些也是贵族机构，其成员中有四分之三是贵族或神职人员。

在大革命期间，这些研究院被废除，作为对法人团体的全面攻击的一部分，各种政府委员会取而代之。例如，曾是法兰西皇家科学院一部分的度量衡委员会变成了一个独立的委员会，其任务是为整个王国提供统一的度量衡标准。1795 年，它确立了测量距离的标准单位"米"，长度为从北极点到赤道距离的一千万分之一。和同时引入的十进制一样，米制后来被所有欧洲国家采用，作为一种通用标准。

皇家艺术院被共和国民众艺术学会取代。这个向社会各阶层的艺术家开放的新学会的灵感来自同时代最伟大的画家雅克 - 路易·大卫（Jacques-Louis David，1748—1825）。他曾经受雇于路易十六的宫廷，在革命时期，他对皇家艺术院直言不讳地提出了批评。他描绘了革命中一些最令人难忘的场景，包括 1789 年国民大会成员在网球场上的宣誓。在共和国时期，大卫描绘了革命中的英雄，比如让 - 保罗·马拉，他后来被任命为拿破仑的首席画师。大卫主导了法国绘画中古典主义的复兴，他使用希腊和罗马主题，在他的作品中看不到什么情感因素，表现出了高度的理性主义。

图书馆

革命开始后不久，来自修道院、王室城堡、贵族住宅和各个研究院图书馆的成千上万的书籍和手稿被收归国有。其中许多图书馆成为皇家图书馆的一部分，而王室图书馆也被恰当地重新命名为国家图书馆。

碰撞与转型

法国人与埃及人的碰撞（1798—1801）

1798 年，拿破仑远征埃及，这是法国大革命期间为数不多的几次与非西方民族直接碰撞的一次。这次远征导致了对埃及长达三年的军事占领，并为埃及人和欧洲人自 16 世纪奥斯曼帝国征服埃及以来的首次广泛碰撞奠定了基础。那时的埃及已经成为奥斯曼帝国的一个半自治省，与西方几乎没有联系。埃及与西方隔绝，这意味着它很少接触到西欧在过去 300 年里的科技发明。

除了 3.8 万名士兵，拿破仑还带来了一个由 165 名学者组成的科学和艺术委员会。这些人几乎来自各个领域，包括测量师、制图师、土木工程师、

1799 年 2 月 2 日，法国军队在上埃及的尼罗河岸边的赛伊尼停下来［布面油画，让－夏尔·塔迪厄（Jean-Charles Tardieu，1765—1830）创作于 1812 年］。这幅画描绘了在 1798—1799 年埃及战役期间，法军士兵和埃及人在赛伊尼（今天的阿斯旺）的文化碰撞。士兵们在古埃及的废墟上乱涂乱画，这表明他们对埃及文化缺乏尊重。

图片来源：Château de Versailles, France / Bridgeman Images

建筑师、植物学家、医生、化学家和矿物学家等。该委员会还包括艺术家、考古学家、作家和音乐家。他们的目的是向拿破仑提供关于这个国家的人民和资源的信息，这样他就可以更容易地将这个国家置于法国的统治之下。这些学者中的一小部分人成立了一个埃及研究院，其使命是宣传启蒙运动，并对埃及的历史、人民和经济进行研究，其中包括对埃及古文物的学术研究，包括金字塔。

研究院的这项工作开启了一个漫长的时期，在这个时期，许多埃及古代文物被从埃及运到欧洲的博物馆和宫殿。研究院的成员鼓励这种文化掠夺，认为这些被收入卢浮宫的埃及藏品可以增添法国的荣耀。这种洗劫埃及本土文物的行为代表了一种文化帝国主义，到 19 世纪这种文化帝国主义有增无减。

埃及研究院的成员多明我－维旺·德侬（Dominique-Vivant Denon）写了一部介绍埃及的作品，即《上下埃及游记》（*Travels in Upper and Lower Egypt*，1802），该书反映了一种不同的法国文化帝国主义。在这部两卷本的作品中，维旺·德侬描述了他在港口城市罗塞塔所遇到的不同的埃及“种族”。他将最古老的埃及人科普特人描述为“皮肤黝黑的努比亚人”，他们有着扁平的额头，高高的颧骨，短而宽的鼻子，并且“无知、酗酒、诡计多端”。他用更吸引人的语言描述了阿拉伯人和土耳其人的身体和人格特征，但他们也经常会“堕落到动物的状态”。

法国文化优越感的表达也渗透到当时其他有关拿破仑远征的讲述中。一部多卷本著作《埃及见闻》（*The Description of Egypt*）声称，拿破仑想为埃及人获得“完美文明的所有优势”，称赞他将近代知识带到一个“陷入黑暗”的国家。这种态度为 19 世纪由法国和英国先后对埃及进行的经济剥削提供了借口。

政府还打算对全国图书馆收藏的所有图书进行编目。创建法国总书目的尝试未能完成，在进行编目时，政府决定把那些涉及“神学、神秘主义、封建主义和君主主义”的书送到国外去。这一决定引发了一场图书销售狂潮，而这些图书大多落到了私人收藏者手中。在这些年中，或丢失或出售的图书达 500 万册。

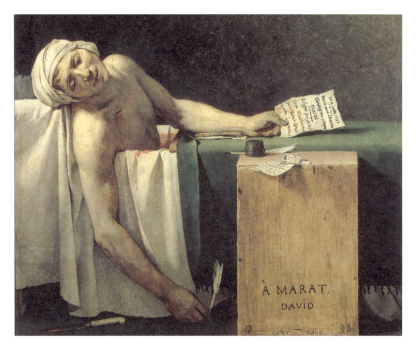

《马拉之死》（雅克－路易·大卫创作于1793年）。1793年7月，雅各宾派记者让－保罗·马拉在浴缸里被贵族少女夏洛特·科戴（Charlotte Corday）刺死。马拉手里拿着凶手给他的信，正是这封信让她进入了马拉的住所。在这幅画中，被刺杀的马拉和米开朗琪罗的作品《哀悼基督》中的基督是同样的姿势。因此，这幅画表明，革命的新世俗文化融合了革命开始之前盛行的基督教文化的许多元素。

图片来源：Bridgeman-Giraudon / Art Resource, NY

博物馆

废除君主制的第二天，立法议会成立了博物馆委员会，负责从王室住宅、教堂和移民家中"收集绘画、雕像和其他珍贵物品"。博物馆设在卢浮宫，这是一座王宫，同时也是一座美术馆。1793年8月卢浮宫对外开放时，里面收藏的大部分画作内容是有关宗教主题的。这些宗教艺术作品仍在收藏之列，尽管它们与共和派对基督教的排斥近乎格格不入。革命者认为这个决定是合理的，因为这家博物馆仅仅与历史有关，和当时的文化没有任何关系。

革命者对他们以前的国王的遗体就没这么尊重了。在 1793 年 8 月 10 日，即路易十六被废黜一周年纪念日，国民公会下令摧毁所有法国过去国王的陵墓。坟墓被一个接一个地打开，用铅做防腐处理的尸体被移走。金属和贵重物品被熔化以供战争之用。尸体要么被暴露在空气中任其腐烂，要么被草草地拖到墓地，然后扔进万人坑里。路易十四的遗体压在亨利四世的遗体之上。这种对法国前国王遗体的不敬是为了抹去君主制的记忆。

创造一种新的政治文化

当政府接管和调整旧制度的文化机构时，革命者还从事了一项大胆而新颖的事业，那就是要创造一种新的革命政治文化。它的唯一目的是赞美新政权，使其合法化。这种文化几乎完全是政治性的，所有形式的文化表现都服从于一个紧迫的政治议程的实现。

法国大革命的主要政治信条是"主权在民"，即宣称人民是国家的最高政治权力。新的政治文化也很流行，因为它不仅为文化精英所接受，还为全体民众所接受。最热情地接受这种新文化的是那些无套裤汉，即巴黎激进的店主、工匠和劳工。这些人的衣着影响了社会富裕阶层的时尚变化。简单的夹克取代了上流社会成员穿的有花边的大衣，天然的头发取代了精致的假发，长裤代替了短的马裤。他们还戴上了红色的自由帽，上面贴着三色帽徽。象征巴黎的红色和蓝色与象征波旁王朝的白色相结合的三色旗，成为革命拥护者的标志。

革命的标志随处可见。革命的商业化使三色旗、革命人物的肖像和巴士底狱的图像出现在日常用品上，不断提醒人们公众对革命的支持。1792 年的一项政府令要求所有男人都佩戴三色帽徽。最初是农民为了反抗地主而种植的自由树，后来成了革命精神的象征。到同年5月，全国上下已种了6万多棵自由树。

媒体不再受到政府和印刷行会的严格控制，成为革命宣传的重要代理人和新文化的生产者。宣传册、报纸、小册子和海报都在宣传一种独特的革命话语，这成为革命的永久遗产之一。政治领袖在他们的政治演说中使用了同样的话语。无套裤汉们唱着讽刺性的歌曲和民谣，其中很多是旧制度的著名曲调。革命时期最流行的歌曲是《马赛曲》，最初是由准备与奥地利人作战的士兵演唱的，但很快就被平民接受，并在政治集会上演唱。

这种新的政治文化大多源于这样一种信念，即"主权在民"原则应该在日常生活中得到实践。为了实现这一目标，无套裤汉参加了国民公会中不同派系组织的政治俱乐部，称他人为公民，并在所有对话中使用更熟悉的人称代词"你"而不是"您"。他们还通过公开宣誓参加革命。在巴士底狱陷落一周年之际，多达35万人聚集在巴黎郊外的王室阅兵场，"对国家、对法律、对国王"宣誓，其中许多人是国民自卫军联合会的成员。在一个有着2 700万人口的社会，直接民主是不可能的，但这些文化实践使人们相信他们正在积极参与政治进程。

这种新的革命文化是非常世俗的，在其最极端的形式下，甚至公然反对基督教。1793年9月，激进的雅各宾派和前教士约瑟夫·富歇（Joseph Fouché）发起了一场去基督教化的运动。在他的领导下，激进的雅各宾派关闭了教堂，并移除了墓地和公共场所的十字架等宗教标志。为了建立纯粹的公民宗教，他们禁止公共宗教活动，并将教会改名为"理性神殿"。在他们的公开声明中，去基督教化运动的领导者避免提及基督教时期的法国历史，而这涵盖了法国的整个过去。

这种去基督教化运动成为巴黎公社和国民公会的官方政策。然而，

宣誓［布面油画，夏尔·戴维宁（Charles Thevenin，1764—1838）］。1790 年 7 月 14 日，攻占巴士底狱一周年纪念日，多达 35 万人聚集在巴黎郊外的王室阅兵场，宣誓效忠新的法国政府。这一事件被称为"联盟节"，因为大多数宣誓者是国民自卫军联合会的成员。这次宣誓是由国王亲自主持的，具有宗教集会的许多特征，标志着革命最乐观的时期。

图片来源：Musee de la Ville de Paris, Musee Carnavalet, Paris, France / Bridgeman Images

这个计划并没有得到广泛的支持，甚至一些雅各宾派人士也声称，在摒弃基督教的过程中，它破坏了人们对上帝和来世的信仰。1794 年，罗伯斯庇尔试图通过发起"至上崇拜"来修正过度的去基督教化。他推出了一系列节日，承认一神的存在和灵魂的不朽。这种新的崇拜只是口头上支持传统宗教信仰，但仍然是为世俗目的服务的。这一崇拜旨在将法国人民的精神渴望引导到爱国事业中，并促进共和美德。

为了摧毁旧制度的所有遗留，政府还在 1793 年 10 月制定了一个新的历法。历法上的日期从 1792 年 9 月 22 日开始，这一天是共和国成立的日子。这一天成为元年的第一天，而每周也由 7 天变成了 10 天。新的月份命名与不同的季节联系起来，比如雾月代表冬季的第一个月，芽月代表种植的季节，热月代表夏季最炎热的月份。持敌对态度的英国同时代人对这些名称有自己戏谑的称呼，把雪月翻译成"冷飕飕月"，把花月翻译成"花艳艳月"，把热月翻译成"热乎乎月"，诸如此类。新历法旨在使革命成为人们日常意识的一部分，被一直沿用到 1805 年的最后一天。

新的革命文化被广泛传播，但也总是受到挑战。保王派践踏了三色帽徽，拒绝采用新式服饰，还拔掉了自由树。在督政府时期，社会上许多富有的人衣着华丽，试图恢复首都上流社会的生活方式。来自反革命力量的抵制意味着，当革命被逆转时，大部分新的政治文化也将会消失。在 19 世纪的头 10 年，拿破仑几乎没有采取什么行动来延续这种政治文化，复辟的君主制政权也对其持公开敌视态度。然而，就像政治革命一样，革命文化的某些元素是永远不能被压制的，如三色旗和革命新闻中的话语。这些文化创新不仅激励了未来 100 年的革命者，而且也成了西方文明主流的一部分。

拿破仑时代（1799—1815）

1799 年 11 月 9 日的雾月十八日（按照革命历法）政变是法国政治史的一个转折点。执政府开创了一段威权主义统治时期。为了维护秩序，自由受到了限制，共和主义让位于独裁统治。法国大革命显然已经结束了。但 1799—1815 年的这段时期依然是一个相当重要的创新时期，尤其是在政治和外交领域。这些创新主要出自拿破仑·波拿巴一人之手，在此后的 15 年里，他控制着法国的政府。

拿破仑的崛起

拿破仑·波拿巴出生于地中海的科西嘉岛。他的父亲卡洛·马里亚·迪·波拿巴（Carlo Maria di Buonaparte）是一名律师，曾支持科西嘉脱离意大利热那亚独立。他的母亲莱蒂齐娅（Letizia）出身于意大利北部伦巴第地区的一个古老的贵族家庭。1769 年，新的法国政府获得了对该岛的控制，1770 年承认波拿巴家族为贵族。1779 年，母语是科西嘉语的年轻的拿破仑被选派到一所法国军事学校学习。他经受住了学业上的艰苦和同学们的嘲笑，他们嘲笑他的口音和贫穷。他表现出了在军事科学方面的天赋，在巴黎的国家军事学院炮兵部获得了一个职位。

法国大革命使拿破仑的军事地位和政治权力迅速上升成为可能。当革命爆发时，拿破仑回到科西嘉，在那里他组织了国民自卫军，并请求政府给予科西嘉人充分的公民权。加入雅各宾派之后，他奉命攻击法国南部的联邦派和保王派。与雅各宾派的许多同僚不同，他得到了督政府的青睐。1796 年，拿破仑被任命为意大利军队的指挥官，此时他放弃了自己名字的意大利语拼写方式。他对奥地利的决定性胜利和他在巴黎所受的欢迎引起了西哀士和其他人的注意，因为他们希望给这个国家物色一位强大而有魅力的领导人。

拿破仑的性格非常适合获得并维护政治权力。他是一个有着无与伦比的抱负的人，对其能力的高度评价驱使着他不断前进。在一次军事胜利后，他写道："我意识到自己是一个优秀的人，萌生了要成就一番大事业的雄心。"[7] 为了追求自己的命运，他具有坚定而倔强的意志和不竭的精力。暂时的挫折似乎从未妨碍他一心一意地追求荣耀。他对自己的军事和政治事业倾注了巨大的精力。他一生写了 8 万多封信，其中许多是给他的军官和大臣们下达命令的。他天生就是一个威权主义者，用恐吓和家长式作风来培养下属的忠诚。和许多威权主义领导人一样，他不愿意向下授权，而这削弱了他的政权。最后，在一个被崇高事业主导的时代，他对意识形态和卢梭等启蒙运动思想家的教条主义言论表现出本能的不信任。拿破仑受到的军事训练使他在政治上采取务实严明的道路，他总是寻求最有效的方法来实现预期的目的。

拿破仑对权力的攫取老谋深算。利用国家需求一位强势领导人，并利用军队作为其主要政治工具，1799 年，他成功地担任了第一执政官。1802 年，他成为终身执政官。两年后，他被加冕为法国皇帝，他的妻子约瑟芬被加冕为皇后。皇帝的头衔在传统上象征着君主权力的巅峰。

拿破仑在继续追捕和处决保王派的同时，却接受了皇帝的头衔，并使自己的地位像法国的王权一样成为世袭的，这实在颇具讽刺意味。称帝之举让他不仅背叛了自己的共和原则，还赋予了法国君主比旧制度之下更大的权力。正如一位保王派人士在 1804 年所宣称的那样："我们得到的比我们希望的还要多。我们本来想给法国一位国王，现在我们却有了一位皇帝。"[8] 拿破仑的加冕也给法国以外的国家留下了负面的印象。伟大的德意志作曲家路德维希·范·贝多芬本来把他的《第三交响曲》（1803）献给了拿破仑，因为他推翻了法国的暴政，在第二年拿破仑称帝之后，贝多芬又把他的名字被从献词中删去了。

拿破仑和法国大革命

拿破仑的统治和法国大革命之间有什么关系？他是巩固了革命成果，还是破坏了革命成果？在 1799 年之后，他是否简单地将对自由、平等和博爱的革命承诺转向了更严格的表达渠道？他是否逆转了从 1789 年到 1799 年盛行的政治趋势，粉碎了各种形式的自由，建立了一

1804年，拿破仑皇帝在巴黎圣母院大教堂为他的妻子、法国皇后约瑟芬加冕。雅克－路易·大卫的这幅画描绘了聚集在拿破仑周围的世俗和宗教人物，他们不是特权阶层的成员，而是国家的代表。当拿破仑将王冠戴在约瑟芬头上时，教皇庇护七世仍然坐在那里。拿破仑已经为自己加冕。

图片来源：Art Resource

个无情的威权主义独裁政权？

　　拿破仑一直认为自己是革命的继承人，而不是其葬送者。他用革命的激进话语来描述他的国内计划和军事行动。他让自己看上去是平民的盟友，与他们一起反对根深蒂固的贵族特权。他宣称热爱法国人民，并拥护"主权在民"原则。他经常把其他欧洲国家的统治者称为暴君，并把自己描绘成暴君的臣民的解放者。

　　然而，拿破仑对自由的承诺几乎完全是口头上的。在高喊革命口号的背后隐藏着一种比18世纪的任何绝对君主都要强大的专制意志。拿破仑用自由和民主的语言来掩饰其彻头彻尾的威权主义，正如他用共和主义的话语来使自己的独裁政权合法化一样。他精心策划和控制了选举，让人们觉得他的统治反映了人民的意愿。帝国建立时，他告诉他的军队，他们有投票支持或反对这个新政府的自由，但他们如果投票反对，就会被枪毙。

我们可以为拿破仑的平等主义提出更有力的说服力。他致力于提供平等的为国家服务的机会，支持所有法国男人（但不包括法国女人）在法律面前的平等。这种平等主义为他得到农民、士兵和工人的支持奠定了基础。他以政治自由为代价，给法国带来了平等和政治稳定。他把革命的平等主义和旧政权的威权主义结合起来。

在另外两个方面拿破仑也是法国大革命的继承人。首先，他延续了始于 1789 年的中央集权和政府权力的增长以及行政组织的合理化。1789—1815 年的每一个政权（甚至包括督政府）都对这种国家建构模式做出了贡献，而拿破仑的贡献是极其巨大的。其次，他继续并扩大了法国向欧洲邻国输出革命的军事使命。这两个成就是相互关联的，因为战争的努力需要政府权力的进一步增长和集中。

拿破仑和法国政府

拿破仑刚一获得对法国的有效控制，就开始试图使法国变得更加高效，更有组织，更强大。拿破仑不仅将政府变成了事实上的独裁政府，还解决了教会与国家之间的长期斗争，制定了新的法律，将法律统一强加于整个国家，使官僚机构更加集中和统一。他这样做是为了使政府成为一个社会和政治控制的有效工具。

与教皇签订政教协约

拿破仑对法国国家发展的第一个贡献是解决了教会和国家之间的

激烈斗争。作为一个坚定的世俗主义者，拿破仑决定将教会置于国家的直接控制之下。这是 1790 年的《神职人员民事组织法案》的主要目的。然而，拿破仑也意识到，这一法案把神职人员分成了两派，一派向国家宣誓，另一派拒绝宣誓。教会独立也成了保王派反对新政权的主要口号，从而威胁到国家的稳定。

教皇庇护六世（Pius VI，1775—1799 年在位）是革命的死敌，他的死给拿破仑提供了解决这个问题的机会。新教皇庇护七世（Pius VII，1800—1823 年在位）更同情自由主义事业，渴望与法国政府达成协议。1801 年，拿破仑和教皇庇护七世签订了政教协约，这对双方都有好处，尽管拿破仑的收获多于他所做出的让步。教皇同意让所有拒绝宣誓效忠国家的神职人员辞职，从而结束了过去 12 年的严重分裂。教皇将任命新的主教，但必须事先得到拿破仑的批准。政府将支付所有神职人员的工资，教会将放弃对在革命开始时被国家夺去的教会土地的要求。

这些条款是对国家权力的巨大让步，许多法国主教认为协约的条款对教会太不利了。但教皇确实设法得到了一份声明，即罗马天主教是大多数公民的宗教，拿破仑同意废除 1793 年引入的世俗历法，从而恢复了礼拜日和圣日。到教堂做礼拜的人数在共和国时期达到了历史最低点，现在开始上升。教会重新获得了尊重和在法国社会中发挥作用的自由，更多的年轻人加入了神职人员的行列。拿破仑并没有对教会做出太多让步，但这些让步意义重大，足以疏远一群自由派哲学家和理论家，他们反对他们眼中的"僧侣式迷信"的回归。

在一定程度上安抚了教皇之后，拿破仑单方面采取行动来规范法国教会的管理。通过在 1802 年的宗教协定中加入一套被称为《组织条款》的规定，法国的教会成为政府的一个部门，就像其他官僚部门一样。教皇的公告需要事先得到政府的批准，神职人员有义务在讲坛上宣读政府的法令。政府还控制了新教会众，给予他们礼拜的自由，他们的牧师也由国家支付工资。犹太人得到国家的保护，但政府不向拉比支付薪酬。

《民法典》

拿破仑在国家构建方面影响最深远的成就是颁布了一部新的法典，即 1804 年的《民法典》。法典是对某一特定国家法律的权威性和综合性陈述。欧洲现代法典的模型是罗马帝国的《民法大全》，这是查士丁尼于 529—534 年在君士坦丁堡颁布的。这部法典取代了罗马共和国和帝国时期生效的成千上万的章程、习俗和司法裁决。拿破仑刚刚宣布自己为法国皇帝，在编纂新的法典时，他仿效的是查士丁尼的法律成就。

这部《民法典》还满足了一系列长期存在的要求，即要改革混乱而不规范的法国法律体系。自中世纪以来，法国一直由多种法律所管理。在南部省份，也就是离意大利最近的地方，法律受到了罗马法的影响。在北部，法律建立在当地的习俗之上。法国需要一部适用于全体人民的普通法。在革命期间，为全国各地制定权威的成文法典的努力已经开始，但拿破仑完成了这项工程，并公布了法典。

这部由 2 000 多条条款组成的《民法典》反映了拿破仑时代法国的价值观。有关保障私有财产权、法律面前人人平等和宗教自由的条款反映了关键性的革命思想。然而，这部法典提倡的价值观念并不包括性别平等，它允许男人控制所有的家庭财产。未经丈夫同意，妻子不得买卖财产。所有的男性继承人都有权平等地继承一份家庭财产，但女性被排除在外。

《民法典》只涉及个人的权利和关系，是拿破仑颁布的六部法典中的第一部，也是最重要的一部。其他几部则涉及民事诉讼（1806）、商业（1807）和刑法（1811）。1806 年，《民法典》更名为《拿破仑法典》，对法国以外几个国家的法律也产生了影响，成为瑞士、意大利北部、波兰和荷兰编纂法典的依据。在拿破仑统治时期，它也成为法国统治下的许多德意志诸侯国法典的模本。《拿破仑法典》还影响了北美法语区的法律，包括路易斯安那州的民法，其影响至今可见。

行政集权

拿破仑奠定了近代法国行政管理的基础，使其具备了组织合理、统一与集权化的特点。一切权力都来自巴黎以拿破仑为首的国务会议。这个机构由拿破仑的主要大臣组成，他们负责处理所有的财政、内政和战争事务，并监督由领薪水、受过训练的官员组成的庞大官僚机构。中央政府还对各省实行直接管理。在1790年建立的行政区划单位省，由中央政府任命的省长执行来自巴黎的命令（见地图20.1）。这些省长每年有2万法郎的可观薪水，他们负责维持公共秩序，还要负责征兵、收税，监督当地的公共工程，如道路的建设和改善。

在法兰西帝国政府任职的人属于两个机构之一：文职官僚机构和军官团。这两者是密切相关的，因为前者的主要目的是为战争服务的。这两个机构都等级森严，在其中担任职务的人都接受过训练并能够领取薪水。任命和晋升主要是基于才能而不是出身。

拿破仑所说的"职业向所有人才开放"的理念与贵族特权的传统背道而驰。这是拿破仑在帝国时期延续的革命成果之一。这种新制度并不等同于晋升完全取决于能力和表现的精英治国，因为在这种制度下，拿破仑本人根据友谊或亲属关系做出或影响了许多任命。然而，这一制度确实让资产阶级分子实现了向上的社会流动。为了承认他们的新地位，拿破仑创建了一个新的非世袭的贵族等级，被称为"帝国贵族"。这些人的地位不是继承而来的，而是通过为政府服务而获得的。在其统

地图 20.1　大革命时期的法国各省

1790 年，法国被划分为 83 个人口大致相等的省。对统一的执着是启蒙运动的产物，成为法国革命文化的一个主要特征。旺代省是 1793 年反革命的主要中心，温和的吉伦特派则得名于吉伦特省。启蒙运动在其他哪些方面影响了法国人革命？

治期间，拿破仑共册封了超过 3 500 位帝国贵族，从而鼓励人们为政府服务，并忠诚于政府。

拿破仑、帝国和欧洲

与拿破仑建立法国的努力紧密相关的是他建立了一个庞大的欧洲帝国。这个帝国是 1797—1809 年对奥地利、普鲁士、俄国和西班牙的一系列军事胜利的结果。这些胜利所依靠的是拿破仑集结的大军，其人数超过 100 万，是欧洲历史上由一人掌控的最大规模的军队。

拿破仑在 1797 年和 1800 年战胜奥地利，从而赢得了意大利的领土，并控制了尼德兰南部，即现在的比利时。1802 年与英国的暂时和平使拿破仑可以放开手脚重组法国东部和东南部边境的国家。在意大利，他自称新成立的阿尔卑斯山南共和国的总统，将瑞士各州组建成赫尔维蒂共和国。1806 年，他在耶拿和奥尔施塔特击败普鲁士军队，这使他有机会在莱茵兰的普鲁士领土上建立一个新的威斯特伐利亚王国，并任命他的兄弟杰罗姆（Jerome）为国王。在东部，拿破仑在从普鲁士和奥地利手中夺取的波兰土地上建立了华沙公国。1806 年，他正式解散了神圣罗马帝国，代之以一个松散的由 16 个德意志诸侯国组成的莱茵邦联（见地图 20.2）。

拿破仑称霸欧洲的最后一步是入侵和占领西班牙。这次战争一开始是为了镇压英国的盟友葡萄牙。1808 年 5 月，当法国军队穿过西班牙前往葡萄牙首都里斯本时，马德里发生了一场反对西班牙统治的民众起义。这场自发的起义导致了国王查理四世退位，其子斐迪南七世（Ferdinand VII）继位，这是导致西班牙在美洲的帝国崩溃的众多事件中的第一个。在欧洲，它导致了西班牙被法兰西帝国吞并。拿破仑意识到他可以轻易地在他的征服名单上再添一块领土，于是他迫使斐迪南七

地图 20.2　1812 年的拿破仑帝国

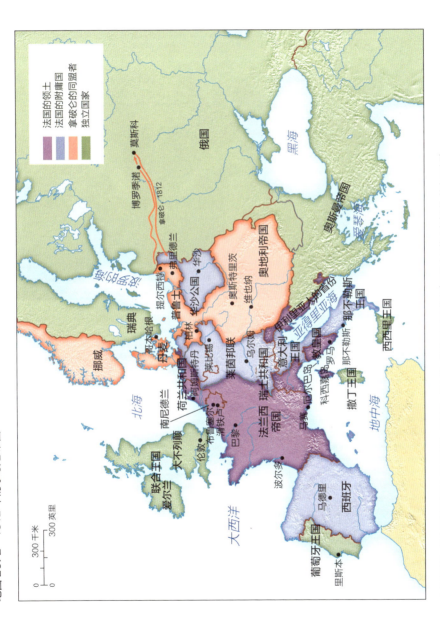

在鼎盛时期，法兰西帝国拥有 4 400 万居民。西班牙、意大利、德意志和波兰等附庸国的人口使"大帝国"的人口达到了 8 000 万。为什么拿破仑未能把俄国纳入他的大帝国？

《1808年5月2日的马德里起义》[布面油画, 华金·索罗拉·亚巴斯蒂达（Joaquín Sorolla y Bastida, 1863—1923）绘于1884年]。这幅画描绘了1808年5月2日在马德里反抗拿破仑军队的西班牙人民起义的失败。第二天, 一支法国部队处决了数百名起义者。

图片来源: Museo Balaguer, Vilanova and Geltru, Spain / Bridgeman Images

世退位, 并让他的兄长约瑟夫·波拿巴（Joseph Bonaparte）成为西班牙的国王。

约瑟夫在西班牙进行了一些改革, 废除了西班牙宗教裁判所, 关闭了三分之二的女修道院, 这引发了西班牙神职人员和普通民众本能的反抗。地方游击队为教会和国王而战, 时断时续地对法国军队造成有效的破坏。在亚瑟·韦尔斯利（Arthur Wellesley, 即后来的惠灵顿公爵, 1769—1852）的指挥下, 英国军队发动入侵, 加强了西班牙和葡萄牙的抵抗, 这就是著名的半岛战争（1808—1814）。

拿破仑的垮台

1810 年，拿破仑个人及其帝国的命运出现了转折。1809 年年底，他与约瑟芬离婚，因为她没有给他生下继承人。拿破仑随后娶了奥地利公主、哈布斯堡家族的玛丽－路易丝（Marie-Louise）。这桩外交联姻在第二年就产生了一位男性王位继承人，这本应使法兰西帝国更加稳固，但结果适得其反。在其统治期间，拿破仑第一次面临来自左翼和右翼的反对，部分原因是他与奥地利哈布斯堡王朝的谈判。尽管有严格的审查制度，保王派和雅各宾派的作品还是源源不断地被印刷出来。逃兵和逃避征兵的人数增加了。当拿破仑吞并教皇国时，他与教皇的关系走到了破裂的地步，曾在 1801 年与他签署政教协约的教皇庇护七世将他逐出教会。

国内的不同政见促使这位自大的皇帝去追求更多的荣耀和进一步的征服。在这种心境下，拿破仑做出了入侵俄国的错误决定。参与这一过于雄心勃勃的军事行动的动机并非完全不合理。法国如果战胜俄国，将获得对黑海的控制权，而这反过来又可能最终导致对君士坦丁堡和整个中东的控制。更直接的是，打败俄国将会加强法国对英国货物的封锁，这是俄国拒绝支持的。

入侵俄国导致拿破仑的补给线拉得太长，物资供应不上。甚至在入侵之前，他集结的庞大军队就越来越难以获得食物、装备和训练。1812 年，从波兰越境进入俄国的大军，已经不是拿破仑在帝国初期指挥的高效军队了。他手下许多最优秀的士兵正在参加西班牙的游击战。伤亡和逃兵迫使拿破仑征召没有受过适当训练的新兵。此外，一半的军队士兵是从被征服的国家征募来的，他们对拿破仑的忠诚难以确定。

俄国人的战术也导致了拿破仑入侵的失败。俄国军队没有与拿破仑的大军进行战斗，而是不断撤退，拖着拿破仑继续向东前往莫斯科。

9月7日，两军在博罗季诺交战，伤亡人数多达7.7万。俄国军队随后继续向东撤退。当拿破仑到达莫斯科时，他发现这里已经被遗弃，莫斯科人故意放火烧毁了这座城市的三分之二以上。面对可怕的俄国冬季的来临和物资的迅速减少，拿破仑开始了向法国的漫长撤退。一路上，法军和俄军发生了不少遭遇战，加上严寒和饥饿，他的军队伤亡惨重，仅仅在横渡别列津那河的过程中就损失了2.5万人。在整个战役期间，他的军队因死亡、被俘或开小差共损失了38万人。在如此可怕的情况下，拿破仑对他的军队所忍受的痛苦全然不知，他向巴黎报告说："皇帝的健康状况从未如此好过。"9

拿破仑并没有气馁，不久就开始为进一步的征服做准备。他的敌人再一次组成了反对他的联盟，承诺要恢复那些已经沦为他的卫星国或附庸国的国家的独立。1813年夏末，拿破仑取得了一些胜利。但是同年10月在莱比锡的民族大会战中，拿破仑遭到了毁灭性的打击。奥地利军队在意大利北部又一次打击了法国人，英国人最终将他们赶出了西班牙。拿破仑的军队被赶回法国。反法同盟的大军开进巴黎并占领了这座城市。经过大量的政治运作，包括元老院投票决定将其废黜，拿破仑于1814年4月6日退位。反法同盟立即将他流放到地中海的厄尔巴岛。当他前往海边时，人群包围了他的马车，大喊："打倒暴君！"而一些村民则以吊死他的画像的形式象征着将他本人吊死。

这一系列事件导致了波旁王朝的复辟。根据1814年5月签订的第一个《巴黎条约》，反法同盟将路易十六的弟弟普罗旺斯伯爵扶上法国的王位，他就是路易十八（1814—1824年在位）。作为革命的死敌，路易十八竭力破坏革命的成就。波旁王朝的白色旗取代了革命的三色旗。天主教再次被承认为国教。流亡的保王派回到了他们在军队中的高级职位。尽管如此，路易十八还是接受了一份宪章，其中包含了1789年到

1791 年的许多修改。选举权相对有限的代议制政府取代了旧制度的绝对主义。宪章重申了法律面前人人平等、宗教自由和言论自由等原则。更重要的是，由国民公会和督政府所扩大、拿破仑所加强的政府权力得以维持。法国的省级行政区划被延续下来，《拿破仑法典》也被沿用下来。法国在 1814 年经历了一场反革命，但它并没有简单地将政治时钟拨回到 1788 年。过去 25 年的一些政治成就得以保留。

尽管拿破仑声名狼藉并被流放，但他的军队和大部分人民依然忠诚于他。在位期间，他利用强烈的爱国主义情绪构建了一个传奇。法国各地的支持者继续推动他的事业，就像保王派自 1792 年以来一直坚持拥护波旁君主制一样。1815 年 3 月，拿破仑逃离厄尔巴岛，在法国南部登陆，拿破仑传奇的力量开始显现。他答应把返回法国的保王派流亡者赶走，从而挽救革命事业，他赢得了农民、工人和士兵的支持。在他向巴黎进军的过程中，一个团接一个团地与他会合。当他到达巴黎时，路易十八已经再次被流放，拿破仑重新掌权。

但这种情况并没有持续多久。欧洲各国再次联合起来，结成又一个反法同盟。由于担心反法同盟会对法国发动大规模入侵，拿破仑决定先发制人。他率领 20 万大军进入奥属尼德兰，而反法同盟则集结了 70 万大军。在布鲁塞尔以南的小村庄滑铁卢附近，拿破仑与威灵顿公爵的英国军队相遇。在之前的半岛战争中，威灵顿公爵扭转了局势，使拿破仑处于不利地位。在普鲁士军队的增援下，威灵顿公爵给予法军毁灭性的打击，法军损失 2.8 万人，全面撤退。拿破仑再次退位，被流放到遥远的南大西洋岛屿圣赫勒拿岛，他想从那里逃跑是不可能的。他于 1821 年死在那里。

甚至在滑铁卢战役之前，欧洲的主要强国就已经聚集在维也纳，重新划定欧洲国家的边界。在过去的 52 年中，这些国家被创建、分裂

地图 20.3　维也纳会议之后的欧洲（1815）

法国
奥地利帝国
俄罗斯帝国
德意志诸国
普鲁士
皮埃蒙特－撒丁尼亚
德意志邦联的边界

北海

联合王国
曼彻斯特
爱尔兰
都柏林
英国
伦敦
前奥属尼德兰

前荷兰
共和国
荷兰
布鲁塞尔

丹麦
石勒苏益格
荷尔斯泰因
汉诺威

巴伐利亚

大西洋

巴黎

法国

瑞士
萨伏依
皮埃蒙特
尼斯
马赛

伦巴第
摩德纳
帕尔玛
托斯卡纳

波尔多

葡萄牙
西班牙
安道尔

皮埃蒙特－
撒丁王国

里斯本
马德里
巴塞罗那

巴利阿里群岛
撒丁岛

柏柏里诸国

摩洛哥

0　　　300 千米
0　　　　　　300 英里

阿尔及利亚
（奥斯曼帝国，到 1830 年）

突尼斯
（土耳其）

这次会议将法国的领土缩小到了其 1790 年时的水平，把意大利西部和东北部的领土割让给了奥地利，建立了尼德兰王国、一个新的德意志邦联和一个由俄国统治的新的波兰王国。波兰西部被割让给了普鲁士。哪些国家从欧洲地图的重新绘制中受益最大？

那威和瑞典
1814

芬兰
俄国，1809

圣彼得堡

斯德哥尔摩

波罗的海

莫斯科

立陶宛

俄罗斯帝国

但泽

柏林

华沙

波兰王国

沃里尼亚

基辅

乌克兰

波希米亚
摩拉维亚

匈牙利

维也纳

布达佩斯

奥地利

奥地利帝国

特兰西瓦尼亚

摩尔达维亚

提洛尔

威尼西亚

克罗地亚

贝尔格莱德

瓦拉几亚

布加勒斯特

克里米亚

黑海

罗马教皇
统治下的
领地

萨拉热窝

蒙特内格罗

索非亚

亚得里亚海

罗马

意大利

那不勒斯

君士坦丁堡

奥斯曼帝国

两西西
里王国

雅典

西西里岛

罗得岛

塞浦路斯岛

地中海

克里特岛

或改变（见地图 20.3）。在奥地利外交大臣克莱门斯·冯·梅特涅亲王（Prince Klemens von Metternich, 1773—1859）的领导下，这个被称为"维也纳会议"的会议达成了一项解决方案，旨在维持欧洲的势力均衡，同时维护王朝合法性的原则。根据一份单独的《巴黎条约》（两年内的第二个）的条款，法国的边界被缩小到 1790 年法国开始扩张战争之前的水平。为了在法国北部边境建立一个缓冲国，维也纳会议将奥属尼德兰并入荷兰共和国。当时是荷兰王国，国王是奥兰治亲王威廉一世。《巴黎条约》将莱茵兰地区的领土割让给普鲁士，而奥地利（此时的奥地利帝国）获得了在意大利的领土。维也纳会议建立了一个新的德意志邦联，取代已经不复存在的神圣罗马帝国。这个松散的联盟由 39 个独立的领土组成，有一个弱小的立法议会。1807 年建立的华沙公国在 1812 年更名为波兰王国，被普鲁士和俄国瓜分。绘制这幅新欧洲地图的五大国——英国、奥地利、普鲁士、俄国和法国——同意每年举行会议，以阻止任何一个国家在欧洲大陆取得军事上的主导地位，尤其是法国和俄国。

法国大革命的遗产

随着维也纳会议的结束，欧洲和西方历史上一段动荡的时期终于结束了。不仅法国经历了一场革命，欧洲和美洲的每个国家都感受到了它的影响。远在波兰和秘鲁的政府都被推翻了。除了这种动荡之外，还有持续不断的战争。在共和国和帝国时期，法国有 20 多年都处于战争状态，几乎所有的欧洲大国都卷入了这场战争。由于军队经常需要给养和供应，加上高赋税、失控的通货膨胀以及粮食短缺，这些给欧洲很大一部分人造成了经济困难。

就生命而言，所有这些动荡和战争的代价是惊人的。在一代人的时间里，大约有 200 万欧洲士兵或战死，或病死，或饿死，或冻死。在法国，仅在 1792—1802 年的革命战争中就有近 50 万人丧生，在帝国战争期间，又有 91.6 万人丧生。内部政治动乱夺走了来自社会各阶层的数十万平民的生命，不仅在法国，而且整个欧洲都是如此。对内部和外部颠覆活动的空前恐惧，助长了各等级的暴力行为。政府官员、通敌者、反革命分子和假想敌都被处决。这一连串的暴力和死亡——大部分是以自由的名义——几乎全部是由政府或其敌人一手造成的。

付出了如此高昂的代价又换来了什么呢？1815 年的法国与 1788 年的法国有何不同呢？总的来说，发生了什么变化呢？历史学家曾经争论说，革命的结果是由商人、制造商和其他拥有大量财富的平民组成的中产阶级取代了贵族，成为法国社会和政治的主导阶层。这种论点已经站不住脚了。1789 年，贵族们失去了许多特权，其中许多人在革命期间流亡，但他们在 1815 年法国社会中的地位与旧政权时期并没有太大差别。在这两个时期，贵族和中产阶级之间的区别都相当模糊。革命时期也没有出现新的工业企业家阶层。从长远来看，唯一肯定从革命中获益的群体是有产者，而不管他们属于哪个社会类别或"等级"。富人在督政府时期大获全胜，在拿破仑时期受到青睐，在君主制复辟后成为政治社会最重要的成员。

很难说有哪个社会阶层的女性从革命中受益。在革命早期，女性积极参与公共生活。她们参与了巴黎的许多示威活动，包括攻占巴士底狱和向凡尔赛进军。但是，女性从来没有达到孔多塞侯爵和奥兰普·德古热所希望的与男子平等的地位。激进的雅各宾派使这一目标遭遇重大挫折，他们取缔了所有的妇女俱乐部和社团，理由是女性参与公共生活将损害家庭制度。这一行动结束了从 18 世纪的沙龙开始的女性对政治生活的广泛参与。在 19 世纪，法国女性在家庭的私人领域发挥影响，但在政治的公共领域并没有。

要确定这场革命带来的永久性经济变化就更加困难了。封建主义残余的消除可能使法国的资本主义程度略高于大革命之前，但农业和商业资本主义在法国社会中早已根深蒂固。从 1806 年开始，法国开始对从欧洲所有港口发出的英国货物实施经济封锁政策，但这也没有让法国的工业赶上英国。在国家的保护下取得的任何经济收益都被 22 年几乎连续不断的战争的不利经济影响抵消。从长远来看，革命时期推迟了 18 世纪 80 年代已经在法国进入初级阶段的工业化进程，并在 19 世纪剩余的时间里阻碍了法国经济的增长。

法国大革命的永久性遗产在于政治领域。首先，1789—1815 年的这段时间引发了政府能力和权力的巨大增长。这种趋势在革命前就开始了，但是革命者为了革命而改变人类生活各方面的愿望，加上在战争中动用国家所有资源的必要性，使得政府比以往任何时候都更能控制公民的日常生活。拿破仑为期 15 年的统治加剧了这一趋势，1815 年后，政府将许多这样的权力保留下来。

法国大革命的第二个永久性政治成就是"主权在民"学说的推广。人民是国家最高政治权威的信念在革命期间变得如此根深蒂固，无论在法国还是在欧洲其他国家都不可能再被完全压制。当拿破仑要求人民批准他已经通过自己的权威做出的政治变革时，他其实是承认了这种权威。君主制复辟之后，主权在民学说主要是由媒体宣传的，他们继续使用新的革命言论，以维护革命的崇高理想和抱负。这一学说还促成了两种 19 世纪意识形态的形成，即自由主义和民族主义，这将在本书第 22 章中进行探讨。

结语：法国大革命与西方文明

法国大革命是西方历史上的一个中心事件。它最初是法国的内部事务，反映了旧制度之下的社会和政治紧张局势，但很快就成为欧洲和西方历史的转折点。对人类自然权利的宣扬使革命的理想具有广泛的吸引力，一段漫长的战争成功地将这些理想传播到法国境外。

在法国大革命意识形态输出的背后是这样一种信念，即法国已成为西方文明的旗手。法国人认为他们是一个伟大的民族，达到了政治和社会组织的最高水平。他们不相信自己是通过继承而获得这一崇高地位的。与17世纪的英国革命者不同，法国人没有宣称他们是中世纪宪法的继承者。18世纪90年代的法国共和派没有把他们国家的卓越地位归功于君主制，而是采取了激进的措施来抹去对君主制的记忆。他们认为法国大革命期间出现的世俗政治文化是全新的。

共和时期和帝国时期法国大革命政治文化的输出导致了既定秩序的广泛变化。政权被推翻，法国傀儡获得政治权力，国家边界被重新划定，传统权威受到挑战。自由主义改革得以实施，新宪法得以起草，新法典得以颁布。1815年的欧洲不可能被误认为是1789年的欧洲。

法国大革命的思想就像激发它的启蒙运动思想一样，并不是没有受到挑战。从革命的早期开始，这些思想就遭到法国国内外的坚决反对。随着革命在法国失去吸引力，保守主义和反动势力积聚了力量。拿破仑时代末期，维也纳会议采取措施恢复欧洲国家的合法统治者，并防止革命再次发生。革命似乎被彻底颠覆，但事实并非如此。19世纪，产生于法国大革命的思想继续激发欧洲政治改革的要求，而这些要求就像18世纪90年代的要求一样，遭到了强烈的抵制。

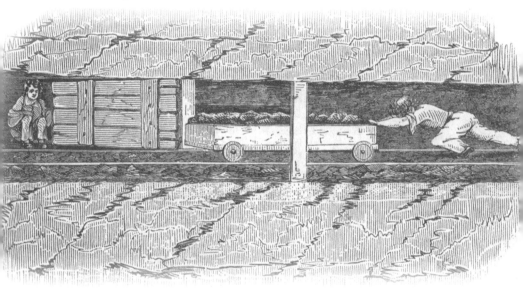

矿井里的童工。一个童工正在矿井中推动运煤车。

图片来源：Library of Congress Prints and Photographs Division [LC USZ62 51309]

第 21 章

工业革命

1842 年，17 岁的女孩佩兴丝·克肖（Patience Kershaw）在英国议会委员会成员面前就该国矿井雇用儿童和女工的行径做证。这个女孩一露面，委员会的成员们就发现她"无知，肮脏，衣衫褴褛，相貌凄惨，就连草原上未开化的原住民看到她也会感到震惊"[1]。克肖从来没有上过学，也不会读写，她告诉委员会她是 10 个孩子中的一个，他们都曾经在煤矿工作过，尽管她的三个姐妹现在在一家纺织厂工作。她每天早上 5 点进入矿井，晚上 5 点出来。她在矿井里的工作是运煤，也就是说，他拖着运煤车在矿井狭窄的隧道里穿行。每辆车重 300 磅（约 136 千克），她每天都要把 11 辆运煤车拖 1 英里（约 1.6 千米）。他用链子和皮带把运煤车套在自己的头和肩膀上，时间久了，她的头上秃了一块。克肖连续 12 个小时忙着运煤，在吃中午饭的时候也不会停下来，而是一边干活一边吃饭。在她干活的时候，那些负责挖煤、装煤的男人和男孩经常殴打她，还对她进行性侵犯。克肖告诉委员会："那里大约有 20 个男孩和 15 个男人，而我是唯一的女孩。他们都赤身裸体。我宁愿在磨坊工作也不愿在矿井工作。"[2]

　　克肖是被历史学家称为"工业革命"发展过程中的牺牲品之一。这个在商品生产中广泛使用机器的过程从根本上改变了人类的生活。大部分机器是由蒸汽机驱动的，而蒸汽机需要煤来产生蒸汽。煤矿开采本身成了一个主要产业，煤矿的所有者和运营者试图以尽可能低的工资雇用工人，其中许多是童工。这种追求利润最大化的欲望导致了对像克肖这样的女孩被雇用，以及随之而来的辛劳和受虐待。

工业革命带来的不仅仅是痛苦的劳动条件，还导致了消费者可获得的产品数量和品类的惊人增长，从机制服装到家庭用具。工业革命使经济史无前例地持续增长成为可能。工业革命促进了旅客和货物被长距离快速地运输，主要是通过每个工业化国家建造的铁路。工业革命使人们对工人在经济体系中的地位有了新的认识，并释放出旨在改善这些工人命运的强大政治力量。

因此，工业革命在重新定义和重塑西方的过程中发挥了至关重要的作用。直到19世纪晚期，工业化只发生在西方国家。在这个世纪，"西方"逐渐被认为是拥有工业经济的国家。一些非西方国家在20世纪主要通过效仿西方引进了机械化工业时，西方的地理边界发生了变化。本章将讨论以下问题：工业革命是如何改变西方文明的？

工业革命的本质

18世纪末19世纪初在英国发生了工业革命，1815年后在其他欧洲国家和美国也发生了工业革命。工业革命由四个密切相关的发展组成，分别是新工业技术的采用、矿物能源的利用、劳动力在工厂的集中，以及新运输方式的发展。

新工业技术的采用

工业革命开启了机器的时代，时至今日，机器仍然是近代工业经济最显著的特征。在18世纪晚期，工业机器还是新奇的玩意儿，但在

19 世纪早期，其数量急剧增加。例如，1787 年英国发明了用于织布的动力织布机，但直到 19 世纪 20 年代动力织布机才开始被广泛使用。到 1836 年，英国仅一个郡就有 6 万多台动力织布机。

机器在英国变得如此普遍，以至于机器制造本身成了一个主要产业，为其他制造商而不是个人消费者提供产品。机器被引入纺织、钢铁、印刷、造纸和工程等工业领域，并被用于生产的每个阶段。机器把矿物开采出来用作原料或能源，并把这些原料运到工厂，这在实际生产商品时节省了时间和劳力，然后再把制成品运到市场。最后，机器被用于农业，促进了土地的耕作和作物的收获。

在这些新机器中，最重要的是纺织设备和蒸汽机，蒸汽机最先被用于采矿和冶铁工业。这些机器几乎成了工业革命的代名词，它们在 18 世纪 60 年代被发明出来标志着工业革命的开始。

纺织机械

直到 18 世纪晚期，欧洲人还完全用手工生产纺织品。他们用手摇纺车纺纱，在手工织机上织布。毛纺织品一直是欧洲生产的主要纺织品，这种情况一直持续到 18 世纪早期，棉花这种新的材料变得非常流行，因为棉纺织品更加舒适。对棉纱的需求大于纺纱商所能提供的数量。为了满足这一需求，英国发明家詹姆斯·哈格里夫斯（James Hargreaves）在 1767 年发明了一台新机器——珍妮纺纱机，极大地提高了棉纱的纺纱量，从而为织造的发展提供了条件。最初的珍妮纺纱机是纺纱工家中使用的一种手摇纺纱机，只有 8 个纺锤，但后来经过改进可容纳多达 120 个纺锤。

用这种纺纱机纺纱需要更结实的经纱，即在织布机上纵向运行的纱线。1769 年，理发师和假发制造者理查德·阿克莱特（Richard

1851 年在伦敦的水晶宫博览会上展出的机械（彩色石版画，英国派，19 世纪）。在工业革命期间，重型机械的制造本身成了一种工业。

图片来源：London Metropolitan Archives, City of London / Bridgeman Images

Arkwright）发明了水力纺纱机，使这种更结实的经纱的生产成为可能。1779 年，塞缪尔·克朗普顿（Samuel Crompton）利用他在当地一家剧院当小提琴手挣来的钱买了一些工具，将珍妮纺纱机和水力纺纱机的优点结合起来，发明了一台被称为"骡机"的机器。为了保密，克朗普顿只在晚上才试验他的机器，而从他的工作室传出的奇怪的噪声让他的邻居认为他的房子闹鬼了。这种纺纱机可以纺出相当于一架纺车 300 倍的纱线，成为早期工业革命的主要纺纱机。水力纺纱机和骡机都需要动力，这一需求导致纺织业大都集中在大型乡村磨坊，这些磨坊坐落在河边，这样水轮就可以驱动机器。

最终骡机获得了巨大成功，它所生产出的纱线数量超过了织布工的手工织机所能处理的数量。埃德蒙·卡特赖特（Edmund Cartwright）是一位牛津大学毕业的传教士，他得到了身为女继承人的妻子的资助，于 1787 年发明了水力织布机，解决了手工织机生产能力不足的问题。同年，他将他的新发明应用于他在唐卡斯特（Doncaster）镇附近建造的一家织布厂。与珍妮纺纱机、水力纺纱机和骡机一样，水力织布机满足了这个产业的特定需求。它还通过节省时间、降低劳动力成本、增加产量，赋予生产者竞争优势。例如，在同样的时间里，一个 15 岁男孩操作运行的 2 台水力织布机，其生产能力是使用老式手工织机飞梭的熟练织布工的 3 倍多。所有这些机器的总体效果是，1850 年生产的棉布是 1780 年的 200 多倍。到了 1800 年，棉花种植成为英国最大的产业，英国生产了世界上 20% 以上的布料，到了 1850 年，这一比例上升到 50% 以上。事实上，到了 20 世纪中叶，棉花占英国所有出口商品的价值的 70%。

蒸汽机

蒸汽机甚至比新型纺织机械更重要，因为它被用于生产过程的几乎每一个环节，包括纺织机械本身的运作。苏格兰工程师詹姆士·瓦特（James Watt）在 1763 年发明了蒸汽机。瓦特改进了托马斯·纽科门（Thomas Newcomen）在 1709 年发明的蒸汽机，后者主要被用来排干深矿井中的水。纽科门的发动机的问题在于，由煤加热的汽缸中产生的蒸汽必须冷却后才能使活塞返回，而且对活塞的每一冲程都要重复这个加热和冷却的过程。因此，这款发动机效率低，运行成本高。瓦特设计了一个单独的冷凝空间，在那里蒸汽可以凝结而不影响汽缸的加热。结果是，一台更加高效、成本效益更高的机器才能提供更多的能量。瓦特对自己的苏格兰国籍的自豪感与他对自己发明的自豪感不相上下。在获得这项新发明的专利后，他自豪地说："这是一个苏格兰人发明的。"

在发明了蒸汽机后，瓦特与伯明翰的金属制造商马修·博尔顿（Matthew Boulton）合作，进行大规模的生产。博尔顿提供了启动资金，雇用熟练工人组装机器。他还雄心勃勃地计划在全世界推广这项新发明。博尔顿说："只为三个国家生产机器是不值得的，但是为整个世界生产还是最值得的。"[3]

蒸汽机很快成为工业革命的动力之源，不仅被用于排干矿井中的水，还被用来从这些矿井中开采铁矿石等矿物。它能提供巨大的热能，使生铁重新被熔炼成铸铁，而铸铁又被用于制造工业机械、建筑、桥梁、机车和轮船。一旦发动机配备了旋转装置，它就开始驱动纺织厂的机器，并最终驱动将工业产品运往市场的铁路机车。

矿物能源的利用

直到 18 世纪晚期，大多数经济活动的动力来自人力或畜力。人们要么用铁锹自己翻土，要么给牛套上轭拉犁耕地。对于材料和货物，他们要么肩拉背扛，要么用马来运输。无论是哪一种情况，这些任务所需的能量最终都来自有机能源，即农场主或他们的动物所需要的食物。工人如果需要热量，他们必须燃烧有机的木材或木炭。因此，能源的产量受到特定地理区域生产木材、木炭或食物的能力的限制。

有机能源当然是可再生的，因为农作物和森林都可以重复种植，但是，这些过程需要很长时间，再加上 1 英亩（约 0.4 公顷）土地所能产生的有机物质数量有限，维持经济增长十分困难。在 18 世纪以前，有机能源唯一可行的替代品是那些利用自然力量的能源，如荷兰主要的排水设备风车，还有由河流、瀑布或调节水流的人造水渠产生的水压驱动的水车。然而，风能和水能很难被利用，而且受地理区域的局限。此

《夜间的布鲁克代尔》[布面油画，菲利普·詹姆斯·德·劳瑟博格（Philip James de Loutherbourg，1740—1812）绘于1801年]。这幅画描绘了用来熔炼铁的煤产生的巨大热能。布鲁克代尔（Coalbrookdale）是英国塞弗恩谷（Severn Valley）旁的一个城镇，是19世纪初工业活动的主要中心之一。

图片来源：Science Museum, London, UK / Bridgeman Images

外，这些天然能源不能直接产生热能。

在为工业目的利用能源方面，决定性的变化是对矿物作为生产和运输货物的主要能源的成功利用，最初是原煤，但在20世纪还有石油和铀。这些矿物并非取之不尽、用之不竭，但它们的供应可以持续几个世纪，而且与从有机材料中产生的任何形式的能源（包括木炭和泥炭）相比，它们都要高效得多。煤产生的高燃烧温度是炼铁所必需的，而且煤不像木炭那样受一个地区森林面积的限制。因此，煤成为19世纪英国钢铁工业扩张的关键。它也成了新型蒸汽机的唯一热源。

随着工业革命的发展，对作为主要燃料的煤的依赖越来越大。在很大程度上由于采矿、纺织和金属等工业的需求，采煤本身成了一个需要大量劳动力的重要产业。到 1850 年，英国的矿山雇用了全国 5% 的劳动力。在英国工业化过程中，这些矿工和纺织工人一样发挥了重要作用。

工厂的发展

在工业革命时期，机械化工厂逐渐取代了进行工业生产的两种主要工作场所，即乡村的家庭作坊和城市的大型手工工场。

从 16 世纪晚期开始，资本主义企业家开始雇用农村家庭来纺纱、织布、生产钉子和餐具。在这种制度中，企业家向工人提供原材料，然后为每一件成品支付固定的工资。工人们在他们位于农村的作坊里劳动。这种家庭生产制度的一个特点是，包括儿童在内的所有家庭成员都参与这种工业生产，主要是在他们农闲的时候。

19 世纪早期，乡村家庭手工业作坊逐渐让位于大型工厂。工厂生产相对于农村家庭作坊生产的最大优势是机械化，在核心工业场所，机械化可以获得更高的成本效益。此外，在工厂里，企业家可以降低劳动力成本和运输成本，还可以更严格地控制商品质量，并通过把工人集中在一个地方来提高生产率。暂时的劳动力短缺有时使得从农村工业向工厂生产的转变势在必行。

工厂取代的第二类工作场所是大型手工作坊。这些作坊通常位于城镇，而不是农村，它们雇用了数量相对较少的具有不同技能的人，共同从事陶器和弹药等各种物品的生产。作坊老板提供原材料，支付工人工资，并从产品销售中获利。

大型手工作坊使劳动分工成为可能，即把某个生产环节分给一个

走锭纺纱（版画，英国派，19 世纪）。1835 年前后英格兰北部的一个大型机械化纺纱厂。工人们操作机器不需要什么高超的技术。

图片来源：Private Collection / Bridgeman Images

或一群工人来完成。甚至在纽扣和大头针等简单产品的生产中，劳动分工对生产率的影响也很明显。在《国富论》一书中，经济学家亚当·斯密以伦敦一个别针工厂为例，说明了劳动分工是如何将人均生产率从每天不超过 20 个别针提高到每天 4 800 个的。

像农村的家庭手工作坊一样，大型手工作坊最终被机械化工厂取代。作坊和工厂的主要区别在于工厂不需要大量熟练技工。工厂工人的工作就是照管机器，他们需要的唯一技能就是能够灵活操作机器。只有那些制造工业机器的工人仍然是传统意义上的工匠或熟练技工。

随着机械化的出现，工厂主对整个生产过程的控制更加严格了。事实上，他们开始对工人实行一种前所未有的管制，工人们不得不适应重复性的工作和由机器设定的时间表所带来的无聊。习惯于按照自己的节奏工作的工匠们现在不得不适应一种全新的、更加苛刻的时间表。一位同时代的批评者指出："只要发动机运转，人们就必须工作。男人、女人和孩子都被钢铁和蒸汽束缚。能够感受到各种痛苦和折磨的人类被牢牢地拴在永远不知道痛苦和疲倦的钢铁机器之上。"[4]

新运输方式的发展

随着工业的发展和商品产量的增加，道路、桥梁、运河和铁路等这些交通设施在数量和质量上都有所提高。工业生产率的提高需要依靠将原料高效地运到生产地点，然后再将成品运到市场。在工业革命早期的英国，水运满足了这些需求的大部分。一个由可通航河流和运河组成的庞大运输网络，总长超过 4 000 英里（约 6 437 千米），可以从远离海岸的地区运输货物。在无法进行水运的地区，最常见的运输方式是在新建的公路或收费道路上使用马车拉货，这些道路许多是用石头筑成的，在下雨天也能通行。

19 世纪交通运输领域最重要的革新是铁路的建设。随着工业革命的迅猛发展，铁路为煤炭和铁等重型物资提供了一种快速、廉价的长途运输方式。它在 19 世纪 20 年代出现在英国，在随后的几十年里被整个欧洲和美国采用，这标志着基于有机能源的经济向依赖矿物能源的经济的转变。在燃煤蒸汽机车的驱动下，铁路把交通从对畜力的依赖中解放出来，特别是对马匹的依赖，因为马匹曾被用来在公路上拉四轮马车，或沿着运河牵引驳船，还被用来在矿井的轨道上拖拉煤车。铁路迅速成为工业经济的大动脉，把以前不容易到达的城镇和地区连接起来。铁路还改变了欧洲人的旅行习惯。同样的距离，火车所需的时间仅仅是四轮马车的五分之一。

铁路的建设和运营成了一个重要的新兴产业，雇用了成千上万的

斯托克顿—达灵顿铁路［英国派，20世纪］。1825年，乔治·斯蒂芬森（George Stephenson）
发明的火车机车首次在斯托克顿—达灵顿铁路上成功运行，这是英国的第一条铁路。这条铁路
的主要功能是在英格兰北部各郡的产铁城镇之间运送物资。

图片来源：Private Collection / Look and Learn / Bridgeman Images

熟练和非熟练工人，并提供了投资和盈利的机会。这个产业创造了对
铁和其他材料的前所未有的需求，这些材料被用于建造和装备机车、
轨道、货车、客车和信号灯，从而极大地促进了钢铁产业、金属加工
业和工程行业的发展。到19世纪40年代，铁路已经成为整个西欧和
美国经济增长的主要刺激因素。工业化经济体的运输继续频繁革新。
例如，在20世纪，汽车、飞机和高速铁路等这些新的交通方式使每一

个工业化国家的经济持续增长。而就像铁路一样，它们本身已经成为重要产业。

工业发展的有利条件

工业革命首先发生在英国，因为一系列的社会和经济发展刺激了产业机械化。促进英国工业化发展的主要原因是人口的稳定增长、农业生产率的提高、资本的大量积累，以及对工业制成品的巨大需求。

人口的稳定增长

工业化需要足够多的人口来为新产业的工厂和车间提供劳动力。工业革命首先在英国发生的一个主要原因是，在 18 世纪，英国的人口增长速度比欧洲大陆的任何国家都要快（见表 21.1）。从 1680 年到 1820 年，英格兰的人口增长了一倍多，而法国的人口增长不到这个数据的三分之一，而荷兰共和国的人口几乎没有增长。

英国人口增长的原因之一是近代早期周期性发生的饥荒在 18 世纪变得不那么频繁了。英国上一次大饥荒发生在 1740 年，离工业革命开始只有一代人的时间。流行性疾病（特别是斑疹伤寒、流感和天花）导致人口的死亡率也有所下降。自 14 世纪以来，鼠疫曾周期性地导致欧洲人口大量死亡，最后一次袭击英格兰的是 1665 年的伦敦大瘟疫。它最后一次在欧洲出现是在 1720 年的马赛，但并没有蔓延到法国南部以外的地区。

英国人口增长的第二个甚至是更重要的因素是生育率的提高。结婚的人越来越多，结婚的年龄越来越小，这就增加了出生率。农村工业

表 21.1　1680—1820 年欧洲人口的增长（单位：百万）

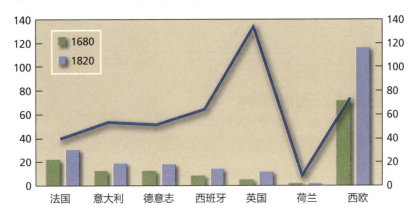

资料来源：E. A. Wrigley, "The Growth of Population in Eighteenth-Century England: A Conundrum Resolved," *Past and Present* 98 (1983), 122. Oxford University Press, 1983.

的普及刺激了这种早婚模式。挣工资的纺织工人往往比农民结婚早，这可能是因为工薪族不必像农民那样，用推迟结婚来继承土地，或成为个体经营者。

　　人口的增长促进了工业化的发展，因为国内对制成品的需求增加了，在工厂和矿场工作的人数也增加了。然而，英国人口的增长幅度并没有大到阻碍工业化的地步。人口增长过快，就可能导致收入下降，对农业造成压力，使其无法养活更多的人，并阻止财富的积累。最重要的是，人口过剩会阻碍工厂主引进昂贵的机器。劳动力如果充足且廉价，工人手工生产同样数量的商品的成本就会降低。因此，工业化需要显著但不过快的人口增长，而这正是 18 世纪英国所发生的情况。

农业生产率的提高

　　和人口增长一样，农业产量的提高也促进了英国的工业革命。从 1700 年至 1800 年，英国农业经历了一场革命，致使生产率大幅提高。

这种增长的一个主要原因是每个佃户所耕种的土地都被合并成紧凑的田地。在中世纪和近代早期的大部分时期，庄园佃户租种的土地都很狭小，并且散布在庄园各处。关于种植和收割的决定是由领地法庭集体做出的。从 16 世纪开始，这些庄园的一些富有佃户同意与邻居交换土地，以将土地合并为大片紧凑的土地，用树篱、灌木丛或围墙划定地界。这种圈地过程允许个体农民完全控制对自己土地的使用。在 18—19 世纪，当大多数成员是地主的英国议会通过立法授权圈地时，圈地的数量急剧增加。

通过控制自己的土地，农民可以提高产量。最有利可图的变化是引入新的作物轮作制，通常是黑麦或大麦等作物与萝卜等块根作物或三叶草等草类作物的轮作。这些新的作物可以恢复土壤的养分，因此没有必要让土地每三年休耕一次。农民还引进了各种新的肥料和土壤添加剂来提高收成。养羊的农民则利用有关科学育种的发现提高了羊群的质量。

更高产的农田意味着只需要较少的农业工人就可以生产足够多的粮食。这使得更多的人可以离开农场到工厂和矿山工作。此外，由于产业工人的劳动力储备足够大，工厂主不必支付工人高工资，否则，工业化前景将失去很多吸引力。工厂和矿场还会雇用妇女和儿童，从而保证了劳动力的供应，降低了劳动成本。

资本的形成与积累

促进英国工业化发展的第三个因素是资本的积累。"资本"一词是指用于生产的所有资产，其中包括生产其他商品所需的工厂和机器（固定资本），以及原材料和最终进入市场的制成品（流动资本）。其他形式的资本包括将原材料和成品分别运到生产地点和市场的铁路和驳船。机械化工业涉及广泛而密集地利用资本来完成以前分配给人类的工作。因此，工业经济需要大量的资本，特别是固定资本。

资本通常是指购买有形资产所必需的货币。这种资本可以来自个人，比如富有的地主、商人或实业家，他们将自己积累的利润投资于工业机械或设备。在许多情况下，来自工业生产的利润会被再投资于公司本身。或者，资本可以通过贷款的形式从金融机构获得。有的人会购买工业公司的股份，从而使自己的财富为这些公司所用。当然，这是当今大多数资本积累的主要方式。在拉美和东南亚那些最近才开始工业化的国家，资本往往来自政府等公共部门，或者来自国际货币基金组织等国际机构。

在英国，实现工业化所需的资本几乎全部来自私人。其中一部分是通过向社会中上层出售股份筹集的，但更多的是来自从事国内和国际贸易的商人、从农产品生产中获利的地主（包括那些在美国拥有种植园的人），以及拥有矿山、钢铁厂和许多工厂的工业企业家。在英国，这三个群体都比欧洲其他地区更成功，从这些来源获得的资本数量是可观的。这些人可以直接投资于工业机械和矿山，或者，更常见的是，他们把自己的金融资产存放在银行，将自己的财富以银行贷款的形式间接地提供给他人使用。

银行为工业化提供了大量必要的资金。在英国，这种资本的可能性在18世纪晚期达到了最大化。当时，金融机构以低利率提供贷款，国家银行系统的发展使这些资金在全国范围内随时可用，特别是在新兴工业城市，如利兹、谢菲尔德和曼彻斯特。英国银行的数量从1750年的区区12家增加到1800年的300多家。许多银行家与实业家有着密切的联系，从而促进了资本从金融部门流向工业部门。

消费者的需求和生产者的需求

到目前为止我们所讨论的工业化的有利条件都与供应有关，即支持工业化过程所必需的资本、劳动力、食物和技术。经济平衡的另一端是需求，即消费者购买工业产品的欲望，以及生产者购买原材料和机器的欲望。工业革命的非凡生产力在很大程度上源于对工业产品的需求。初期的许多技术革新也源于对更多商品需求的回应。例如，对棉织品需求的增加，刺激了珍妮纺纱机、水力纺纱机和骡机的发明。同样，工业和家庭对煤炭的需求导致了一种高效的蒸汽机的发明，这种蒸汽机可以用来抽干矿井里的水，然后再进行采矿。

在英国工业化的早期，工业产品的主要需求来自国内市场，这种需求在资产阶级中间尤其强烈。18 世纪发生了一场"消费革命"，资产阶级个人和家庭努力获得各种商品，特别是服装和家居用品，如陶器、餐具、家具和窗帘。资产阶级模仿贵族消费习惯的欲望刺激了这场消费革命，而包括报纸广告、货栈陈列、产品展示和样品分发在内的各种商业运作也助长了这场革命。一种全新的消费文化出现了，其中女性发挥了主导作用。宣传最新女性时尚、家庭用品和儿童玩具的广告比针对成年男性消费者的广告更为普遍。1777 年，英国当地报纸上刊登了一则广告，利用老鼠在晚上钻进女士头发里的报道，来推销用银丝制成的睡帽："银丝很结实，再强壮的老鼠也咬不破。"因此，广告创造了对新产品的需求，并增加了对已上市产品的需求。

这场消费革命如果仅限于社会的中层，那么它对工业革命的影响将是有限的。资产阶级最多只占 18 世纪英国总人口的 20%，除了乔赛亚·韦奇伍德（Josiah Wedgwood）工厂生产的陶器（至今仍在生产）之外，他们所渴望的大部分物品是奢侈品，而不是那种可以轻易批量生产的产品。只有当工人购买诸如针织长袜和帽子、棉质衬衫、陶器、咖啡壶、钉子、烛台、手表、花边和缎带等消费品时，才能形成对制成品的强劲需求。对这些产品的需求来自小农户、劳工以及中产阶级，他们对男女长裤的需求尤其强烈。1831 年，一位研究机械对英国社会影响的作者宣称："两个世纪前，一千个人中没有一个人穿袜子；一个世纪前，五百个人中没有一个人穿袜子；现在，一千个人中没有一个人不穿袜子。"[5]

下层阶级对制成品的需求显然受到了工薪族用于购买非必需品的钱的限制，而在 18 世纪实际工资即使有所增长，也并没有增长太多。然而，在农村工业的全盛时期和工业化早期，妻子、孩子和父亲为工资而工作的家庭收入确实有了显著增长。在很多情况下，家庭成员工作的时间更长，工作更努力，只是为了能够买得起即将上市的新产品。随着人口的增长，下层社会的需求也在增长，这有助于维持以工业生产为基础的经济。

工业化的传播

工业革命并不是在所有欧洲国家同时发生的。正如我们所看到的，它始于 18 世纪 60 年代的英国，在 40 多年的时间里，它只局限于这个国家（见地图 21.1）。它最终传播到了欧洲和北美的其他国家，那里的许多工业创新是模仿英国的。到 19 世纪中期，比利时、法国、德国、瑞士、奥地利、瑞典和美国都经历了各自的工业革命。直到 19 世纪晚期，西方传统疆界以外的国家（主要是俄国和日本）才开始工业化。到 20 世纪中期，工业化已成为一个真正的全球进程，改变了一些亚洲国家和拉美国家的经济。

地图 21.1　英国工业的集中（1750—1820）

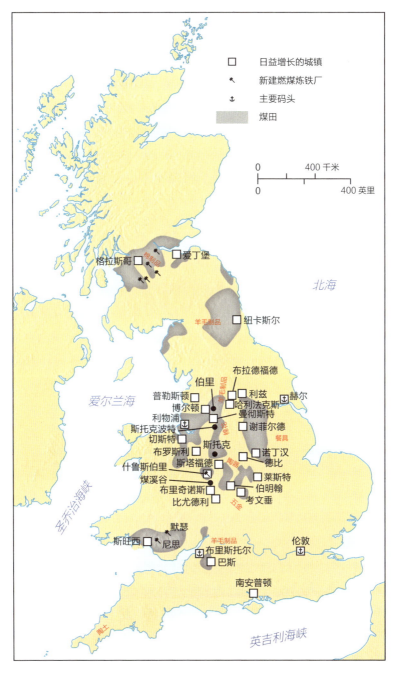

□	日益增长的城镇
⚒	新建燃煤炼铁厂
⚓	主要码头
▨	煤田

北海

格拉斯哥　爱丁堡

纽卡斯尔

爱尔兰海

布拉德福德
伯里　利兹　赫尔
普勒斯顿　哈利法克斯
博尔顿　曼彻斯特
利物浦　谢菲尔德
斯托克波特
切斯特
布罗斯利　斯托克　诺丁汉
斯塔福德　德比
什鲁斯伯里
煤溪谷　莱斯特
布里奇诺斯　伯明翰
比尤德利　考文垂

圣乔治海峡

默瑟
斯旺西　尼思
羊毛制品
布里斯托尔
巴斯

伦敦

南安普顿

陶土

英吉利海峡

英格兰北部是工业化程度最高的地区。曼彻斯特、利物浦和谢菲尔德等城市的人口迅速增长。为什么英格兰北部比南部工业化程度高？

英国和欧洲大陆国家

欧洲大陆国家的工业化比英国晚得多。直到 1815 年以后，比利时和法国才开始大规模工业化。直到 1840 年，德意志、瑞士和奥地利才出现了工业增长的显著迹象。其他欧洲国家，如意大利、西班牙和俄国，直到 19 世纪末才开始认真地朝着这个方向努力。欧洲大陆国家花了更长的时间才赶上英国的经济实力。19 世纪末，德国成为英国的主要竞争对手，但直到 20 世纪，它的工业产出才赶上英国。

四个因素可以解释欧洲大陆国家工业化发展较慢的原因。第一个因素与这些国家的政治局势有关。直到 19 世纪，大多数欧洲大陆国家依然有许多内部政治障碍，阻碍了原材料和货物从一个地区到另一个地区的运输。例如，在直到 1871 年才实现政治统一的德国，每当货物被运过国界时，就会有几十个主权领土小单位征收关税，直到 1834 年关税同盟的形成才消除了其中一些壁垒。在波兰，直到 1851 年才取消了关税壁垒。欧洲大陆的道路相对较差，许多海港无法与生产地点连通，因此这种政治局势更加恶化。

相比之下，英国在 18 世纪早期就实现了经济上的统一。1707 年，苏格兰与英格兰合并，两国实现了内部贸易自由，大不列颠联合王国成为欧洲最大的自由贸易区。因此，原材料和制成品在英国可以被从一个地方运到另一个地方，甚至可以运到 800 英里（约 1 287 千米）外的地方，而不需要支付任何国内关税。到 1780 年，内河航道系统完成，全国各地都可以通达海港。

削弱许多欧洲大陆国家工业潜力的第二个因素是对从其他国家进口的商品征收保护性关税。这种重商主义政策的目的是促进国家自给自足，保持贸易顺差，但它也有束缚经济增长的负面影响。例如，在荷兰共和国（1815 年后成为荷兰王国），保护既有工业的长期传统使该国无法进口发展新工业所需的原材料和机器。由于保护主义会招致贸易伙伴的报复，它还往往会缩小潜在海外市场的规模。19 世纪 40 年代，英国采取了自由贸易政策，并向其他欧洲国家施压，要求它们采取同样的政策。

欧洲大陆国家实现工业化的第三个障碍是贵族对工业发展的敌意，或者至少是漠不关心。英国的地主本身也经常参与资本主义企业，他们对工业和贸易不像法国和西班牙的地主那样充满怀疑。许多英国贵族成员，比如企业家"萝卜"汤曾德（见本书第 19 章），是农业资本家，他们提高了自己领地的生产力。其他人则参与了采矿业。德文郡公爵（Duke of Devonshire）鼓励开采其领地上的铜矿。而 1759 年，布里奇沃特公爵（Duke of Bridgewater）雇用工程师詹姆斯·布林德利（James Brindley）修建了一条运河，从公爵位于沃斯利的煤矿一直通往工业城市曼彻斯特。英国贵族支持经济增长的一个原因是，其许多成员（尤其是乡绅）是从其他社会和经济群体中爬上来的，这些人往往对商业社会和工业社会的价值观持同情态度。法国大革命之前的贵族对待商业和工业的态度并非如此，更不用说德意志的容克了。这些群体与工商业社会几乎没有联系，他们对工商业社会的价值观也很不看重。因此，他们很少投资工业。

欧洲大陆国家工业化发展缓慢的最后一个因素是，它们缺乏构成工业经济基础的丰富的原材料。英国拥有丰富的煤炭和铁矿储量，这两项资源对工业化来说都是必不可少的，这使英国比其他欧洲国家更具有优势。法国和德意志有一些煤矿，但开采难度较大，而且距离海港比较遥远。大陆国家也无法获得其他原材料，尤其是棉花，而英国可以从海外殖民地进口。英国拥有一个地跨四大洲的庞大帝国和世界上最大的商船队，因此可以比其大陆竞争对手以更低的价格和更大的数量进口这些原材料。

欧洲大陆国家工业化的特征

19世纪上半叶，特别是1830年后，比利时、法国、瑞士、德意志和奥地利将机器引入工业生产过程，在生产中使用蒸汽动力，将劳动力集中在大型工厂，并修建了铁路。这种欧洲大陆版的工业革命经常被描述为一种模仿过程，企业家或政府官员只是试图通过效仿英国来复制英国经济成功的模式，但这种描述是不正确的。虽然欧洲大陆国家确实在某种程度上依赖于英国的工业技术，但每个欧洲国家根据其自身独特的政治、经济和社会条件，遵循自己的工业化进程。然而，这些不同的工业化路径具有以下三个共同特点。

欧洲大陆国家工业化的第一个特点是，比利时和德意志等国家一旦开始工业化，它们的政府就在鼓励和协助工业化过程中发挥更为积极的作用。英国政府允许私营企业在几乎没有经济控制的情况下运作。相比之下，欧洲大陆各国政府在工业发展过程中成了积极的合作伙伴。它们为许多经济投资提供资金，尤其是在修建铁路和公路方面。在普鲁士，许多制造企业和采矿企业掌握在政府手中。欧洲大陆许多国家的政府还实施了保护性关税，以防止廉价的英国商品大量涌入，对本国新兴产业造成不利影响。在少数情况下，欧洲大陆各国的政府甚至为投资者提供财政支持，以鼓励资本的形成（见地图21.2）。

欧洲大陆国家工业化的第二个主要特点是，银行在工业发展方面发挥了积极作用，特别是在德意志和比利时。利用中小投资者和大投资者的资源，这些股份制银行实际上变成了实业银行，除了为各种工业投资提供资金外，还自己建设铁路和工厂。

欧洲大陆国家工业化的第三个显著特点是，铁路实际上促进了工业发展的开始。在英国，铁路是在工业化开始后60年左右出现的，因此有助于维持持续的经济发展进程。相比之下，欧洲大陆的铁路为其新

地图 21.2　欧洲大陆的关税同盟

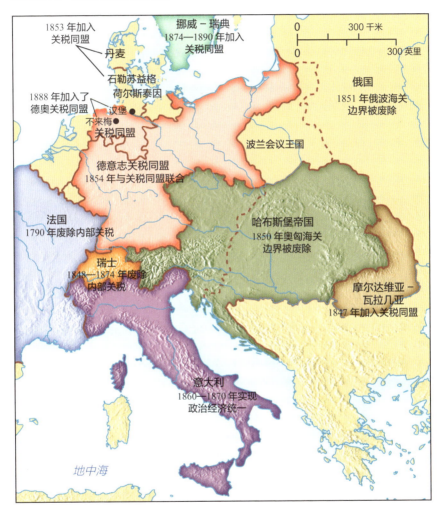

欧洲大陆国家工业化进程相对缓慢的原因之一是内部关税壁垒的存在。这张地图显示了关税同盟（如 1834 年德意志邦联的关税同盟）成立或关税壁垒被废除的日期。相比之下，早在一个多世纪前，即英格兰和苏格兰于 1707 年合并时，大不列颠境内的所有关税就已经被取消。为什么欧洲大陆国家比英国更难废除内部关税壁垒？

经济提供了基础设施，并成为其他行业发展的主要刺激因素。铁路也使欧洲大陆各国政府在战争时期能够迅速运输军队，这有助于解释为什么各国政府如此热情地支持铁路建设。在比利时这个第一个工业化的欧洲大陆国家，新政府在19世纪三四十年代建立了国家铁路系统，这不仅是为了刺激工业，也是为了统一这个新独立的国家。

美国的工业化

美国的工业化开始于19世纪20年代，就在比利时和法国开始自己的工业革命之后不久。工业革命首先出现在新英格兰的纺织业领域，那里的工厂使用水力发电生产的产品主要面向农村市场。新英格兰也开始为同一市场生产两种国内产品——钟表和枪支。19世纪40年代，纽约开始生产铁制品。1850—1870年，匹兹堡和克利夫兰之间的区域开始成为第二个工业化地区。这个地区专门从事重工业，特别是炼钢工业和大型机械制造工业，它们依靠煤炭作为燃料。铁路把这个工业化地区与东北地区连接起来。

美国的工业化具有英国和欧洲大陆国家两种工业化模式的特点。和英法两国一样，美国家庭手工业的发展先于工业化。和大多数欧洲大陆国家一样，铁路在美国的工业化早期发挥了至关重要的作用。19世纪美国的大部分工业机器是仿照英国进口的。1900年之前，美国最重要的技术创新是缝纫机，伊莱亚斯·豪（Elias Howe）在1846年申请了专利，艾萨克·辛格（Isaac Singer）在19世纪50年代进行了改进。这种新机器随后被欧洲引进，用于成衣的生产。

美国以在所有工业中使用机器和高效地组织工厂劳动力而闻名。在20世纪初，美国制造商引进了装配线，从而简化了生产过程。在这种劳动分工中，产品从一个操作转移到另一个操作，直到完全组装完毕。装配线要求生产可互换的部件，这是美国的另一项创新，最初用于为美国政府制造步枪。

和英国一样，美国拥有包括煤炭在内的大量自然资源。它也像英国一样，政府没有介入工业化进程。两国工业化的主要区别在于，在19世纪，美国的劳动力相对短缺。这使工人在与雇主打交道时处于更有利的地位，并防止了英国工业化早期的一些恐怖事件在大西洋彼岸重演。只是随着19世纪晚期欧洲移民的涌入，美国工人的状况才开始恶化，变得与19世纪早期的英国模式相似。

工业化的区域性

虽然我们讨论了整个国家的工业化，但这一进程通常发生在较小的地理区域内。农业一直有区域专门化，有些地区种植庄稼，有些地区饲养牲畜。然而，在工业革命期间，经济具有明显的区域性。区域经济是在家庭工业体制时期开始形成的，当时商人在某些地理区域雇用家庭生产纺织品，如英格兰的兰开夏。在纺织和织造地区的附近，也会出现一些相关产业，如染色业。

随着工业化传播到英国之外，这种区域性变得更加明显。在法国，纺织工业的中心位于靠近比利时的东北部边境和法国中东部的里昂周边地区。在引进纺织机械之前，这两个地区都吸引了农村家庭工业。德国的钢铁工业集中在鲁尔地区，该国大部分的煤是从这里开采的。在鲁尔河河畔的埃森市，实业家阿尔弗雷德·克虏伯（Alfred Krupp，1812—1887）建立了一个庞大的钢铁制造厂，为普鲁士军队生产工业机械、铁路设备和枪炮。在哈布斯堡帝国，大部分工业位于波希米亚（现在的捷克共和国）的部分地区。

区域经济的发展并不意味着市场也是区域性的。一个地区生产的

1875 年，德国埃森的克虏伯钢铁厂。德国工业中心鲁尔地区的这家钢铁厂浓烟滚滚。

图片来源：AKG / Science Source

商品几乎总是满足该地区以外的人们的需求。大多数工业产品的市场既是国内的，又是国际的，甚至生活在小型农业村庄的人们也产生了对工业品的需求。例如，法国的钢铁工业集中在该国的东部，但它迎合了本国和其他欧洲国家富裕阶层的需求，而德国鲁尔地区的钢铁工业和英格兰北部的纺织工业也是如此。

　　在那些已经高度工业化的地区和那些至少保留了许多前工业化生活迹象的地区之间，存在显著的对比，这种情况一直持续到 20 世纪，而工业发展的区域性有助于解释这一点。在所有工业化国家中，有些地区仍然仅是农业区，而另一些地区则继续着农村工业的传统。这一格局在法国特别明显，机械化工业集中在该国东北部有限的几个中心。1870年，超过三分之二的法国人口仍然生活在农村地区。然而，随着经济和工业的持续发展，农业区最终开始失去其传统特征。即使工业化没有到来，更大范围的工业经济也留下了印记。农业实现了机械化，铁路和其他形式的机械化运输将这些地区整合到国民经济之中。

工业革命的影响

工业革命几乎对人类生活的各个方面都产生了深远的影响。它所带来的变化起初在英国表现得最为明显，但随着时间的推移，包括美国在内的每个工业化国家都发生了巨大的变化。工业化刺激了人口和经济的增长，影响了人民的生活条件，改变了家庭生活，在社会内部造成了新的划分，并改变了传统的农村面貌。

人口和经济的增长

这些变化中最显著的是人口和经济的持续增长。正如我们所看到的，18世纪人口的显著增长使英国工业革命成为可能。这种增长创造了相对廉价的劳动力的充足供应，这反过来又增加了工业产出。随着工业的发展，人口的增长也保持着同步，两者相互促进。

18世纪末，大多数评论家不相信这种人口和经济的增长能够持续下去。这些评论家中最悲观的是英国传教士托马斯·马尔萨斯（Thomas Malthus，1766—1834），他在1798年出版了《人口原理》（*An Essay on the Principle of Population*）一书。马尔萨斯认为，人口有一种自然趋势，即增长速度快于食物供应增长的速度。因此，除非夫妻实行晚婚和少生孩子进行人口控制，否则人口的增长最终会超过维持生计所需的资源供应，导致营养不良、饥荒和疾病。这些对人口增长的"积极控制"（有时会因战争而加剧）将推动人口回到可维持的水平。这些对人口增长的控制也结束了通常伴随人口增长而来的经济扩张时期。按照这种人口和经济模式，18世纪英国人口和经济的显著增长将在马尔萨斯创作时期达到极限。

但是，人口和经济的这种周期性收缩并没有发生。欧洲在其历史上第一次成功地逃脱了马尔萨斯人口陷阱。1800年以后，人口非但没有急剧减少，反而继续以更快的速度增长。在1800—1850年，英国的人口数量翻了一番，与此同时，英国的经济并没有萎缩或崩溃，而是继续增长和多样化。

工业的发展可以解释欧洲能够逃脱马尔萨斯人口陷阱的原因。长期积累的资本如此巨大，以至于工业可以雇用大量工人，即使在欧洲处于战争状态的18世纪90年代和19世纪头10年也是如此。因为有工资收入，工人们愿意更早结婚，生更多的孩子。由于农业生产率的提高，食品价格降低，他们也有能力维持更健康的饮食，购买更多的制成品。因此，工业革命以及随之而来的农业革命都证明马尔萨斯人口论是错误的。

虽然所有工业化社会的人口增长是无可争议的，但经济持续增长的记录并不那么清楚。工业化国家的经济增长并不总是迅速的或持续的。例如，在英国工业化的前60年里，经济增长速度实际上相当缓慢，主要是因为大量资本被用于对法国的长期战争（1792—1802，1804—1815）。如果说工业革命带来了经济的持续增长，那么我们就必须从宏观上看，从经济发展的总体格局上看，而忽略周期性的经济衰退和萧条。更重要的是，工业化国家还没有经历马尔萨斯所预言的那种经济收缩或崩溃。出于这个原因，我们可以说，工业革命导致了西方经济的持续增长。

工业革命对生活水平的影响

从工业革命初期开始，关于工业化对劳动人民生活水平和生活质量的影响的辩论就一直在激烈进行。在这个问题上有两种主要的思想流派，通常被称为乐观主义者和悲观主义者。乐观主义者强调机械化进程和革命期间兴起的工业资本主义体系的积极影响。他们着重于工业化国家在摆脱马尔萨斯人口陷阱和经历持续经济增长方面所取得的成功。他们认为，工业革命导致了个人收入的空前增长，使一个国家的大多数人口能够在人类历史上第一次摆脱贫困。

乐观主义者用来衡量生活水平提高的主要尺度是人均实际收入，也就是说，根据实际购买力来衡量的收入。英国的实际收入从1770年到1850年增长了大约50%，在整个19世纪增长了一倍多。这种收入的增加使工人们能够改善饮食，购买更多的衣服和其他基本商品。然而，这些增长只是平均水平，掩盖了不同技能水平的工人之间的差异。只有在19世纪末和20世纪，工业化才显示其优势，提高了所有工人的实际收入。

实际收入的长期增长幅度还没有大到足以让悲观主义者相信工业化总的来说是一件好事，至少对工人阶级来说是这样。悲观主义者总是强调工业发展对社会底层人民的负面影响。他们认为，工业化是一场彻头彻尾的灾难。在他们看来，这场灾难的原因不是机械化本身，而是工业资本主义制度。这种资本主义形式的特点是工厂的私有制和对工资劳工的雇用，以及为了降低成本使利润最大化而做的系统化努力。在追求这一目标的过程中，雇主试图尽可能地压低劳工的工资，并通过引进节省劳动力的技术来扩大生产，从而阻止工人改善自己的命运。

悲观主义者通常声称他们的观点是建立在道德之上的。在这方面，他们遵循的是诗人威廉·布莱克（1757—1827）和社会主义者弗里德里希·恩格斯（1820—1895）所开创的传统，布莱克把新工厂称为"魔鬼工厂"，恩格斯在 1845 年出版的《英国工人阶级状况》（*The Condition of the Working Class in England in 1844*）一书中指控英国工厂主从事的是大规模谋杀和抢劫。

社会评论家用来支持悲观主义立场的大部分证据来自英国工业革命早期，那时工人的实际工资要么停滞不前，要么下降，工厂和城镇的条件令人非常震惊。工人阶级的住房是临时搭建的，拥挤不堪，几乎没有卫生设施。于是人们就创造了一个新词"贫民窟"，用来指代这些贫困的工人社区。糟糕的排水系统和未经处理的污水造成了许多新的卫生问题，特别是斑疹伤寒和霍乱的爆发。1831—1866 年，英国暴发了 4 次霍乱，导致至少 14 万人死亡，其中大多数人生活在贫困地区。

工业化和城市化对环境的影响同样令人痛心。煤炭的燃烧和工业化学品的使用污染了城市大气。伦敦著名的大雾实际上是由工业污染物引起的烟雾，在整个 19 世纪造成了严重的公共健康问题，直到 20 世纪 50 年代引入严格的煤炭燃烧法规大雾才开始消散。

城市里的生活灰暗而不健康，而工厂里的工作条件单调而又有损人格。工人被迫服从由机器操作控制的制度，他们失去了独立性，也失去了对他们劳动产品的任何控制。他们被要求长时间工作，通常每天工作 14 个小时，每周 6 天，中间很少休息。工厂老板在上班时间锁上大门，对诸如在无法忍受的温度下开窗、工作时吹口哨、纺纱时弄脏双手等违规行为处以罚款。矿井里的工作不那么单调，但对体力的要求更高，而且危险得多（见本章"不同的声音"专题）。

不同的声音

工业化对社会和文化的影响

工业革命是改善了还是恶化了工人阶级的境遇，这是同时代人和历史学家争论不休的问题。以下两种对 19 世纪上半叶英国工人阶级生活的描述为支持争论双方提供了证据。英国记者理查德·盖斯特（Richard Guest）在其介绍棉花产业历史的著作中，着重描述了工人接受教育的机会的改善，主要是在主日学校。德国社会哲学家弗里德里希·恩格斯与卡尔·马克思（1818—1883）合著了《共产党宣言》（1848），他强调了对下层阶级的剥削和残酷对待，因为他们变成了为工资而劳动的无产阶级。恩格斯的第一本书《英国工人阶级状况》是他在曼彻斯特一家工厂担任经理期间写的，灵感来自他的工作经历。恩格斯把重点放在了产业工人恶劣的生活条件上。

一名记者歌颂产业工人生活的改善

棉花生产的发展使人们的生活方式和习惯发生了巨大变化。大量工人聚集在一起，通过不断的交流，他们的才智得到磨炼和提高。他们会谈论以前从来没有讨论过的话题，例如战争与和平的问题，他们对此非常感兴趣，因为这会影响到他们的工资。这使他们进入了政治的广阔领域，并促使他们对政府的性质和组成政府的人展开探讨。他们对本国军队的胜利和失败更感兴趣，他们的智力曾经只比他们的牲口高几度，他们现在成了政治公民。

对于这些变化，主日学校的建立发挥了很大的作用，它们是推动这一奇妙变化的重要力量。在主日学校出现之前，下层社会人士都是文盲，识字的少之又少，会写字的就更少了。一个人如果学会了读写和算账，他就会因此而高人一等。他的文书技能使他免于体力劳动，可以担任店员、簿记员或镇上的官员，或许还能成为地位更高的教区书记员或小学校长。这样一来，他的地位就比原来高了一等……

织工可以非常容易地更换雇主，他们不断地努力去追求其劳动的最大报酬，更高的工资激励着他们发挥自己的创造性，使技艺变得更加精湛。他们相信他们主要依靠自己的努力，这使他们产生了一种非常宝贵的情感，一种自由和独立的精神，而这种精神足以保证良好的行为和举止的改进，以及一种对品格价值和自身重要性的意识。

资料来源：Richard Guest, *A Compendious History of the Cotton Manufacture* (1823).

弗里德里希·恩格斯哀叹产业工人的生活条件

因为这个社会战争中的武器是资本，即生活资料和生产资料的直接或间接的占有，所以很显然，这个战争中的一切不利条件都落在穷人这一方面了。穷人是没有人关心的；他一旦被投入这个陷人的漩涡，就只好尽自己的能力往外挣扎。如果他侥幸找到工作，就是说，如果资产阶级发了慈悲，愿意利用他来发财，那末等待着他的是勉强够维持灵魂不离开躯体的工资；如果他找不到工作，那末他只有去做贼（如果不怕警察的话），或者饿死，而警察所关心的只是他悄悄地死去，不要打扰了资产阶级。……

每一个大城市都有一个或几个挤满了工人阶级的贫民窟。……英国一切城市中的这些贫民窟大体上都是一样的；这是城市中最糟糕的地区的最糟糕的房屋，最常见的是一排排的两层或一层的砖房，几乎总是排列得乱七八糟的，其中的许多还有住人的地下室。……这里的街道通常是没有铺砌过的，肮脏的，坑坑洼洼的，到处是垃圾，没有排水沟，也没有污水沟，有的只是臭气薰天的死水洼。城市中这些地区的不合理的杂乱无章的建筑形式妨碍了空气的流通，由于很多人住在这一个不大的空间里，所以这些工人区的空气如何，是容易想像的。……

在利物浦，尽管它的商业发达，很繁华，很富足，可是工人们还是生活在同样野蛮的条件下。全市人口中足有五分之一，即45 000多人，住在狭窄、阴暗、潮湿而空气不流通的地下室里，这种地下室全城共有7 862个。此外，还有2 270个大杂院，即这样一个不大的空间，它的四面都盖上了房子，只有一个狭窄的、通常是上面有遮盖的入口，因而空气就完全不能流通，大部分都很肮脏，住在里面的几乎全是无产者。……诺定昂总共有11 000幢房子，其中有7 000－8 000幢盖得后墙一堵挨一堵，因而空气就无法流通；此外，大部分是几幢房子只有一个厕所。……

资料来源：《英国工人阶级状况》（1845）（中译文出自《马克思恩格斯全集》第二卷，人民出版社1957年版。文中的"诺定昂"即今天的"诺丁汉"。——译者注）。

妇女、儿童与工业

在英国工业革命早期，工业劳动力包括大量的儿童和妇女，特别是在纺织业和采矿业。例如，在英格兰西部的毛纺织工业中，女工和童工加起来占劳动力总数的 75%。13 岁以下的儿童占纺织厂劳动力的 13%，18 岁以下的占 51%。这种雇用模式反映了实业家的需求，他们重视儿童所拥有的手工技能和灵巧性，同时也重视儿童和妇女对工厂劳动纪律的更大适应性。18 世纪晚期纺织工业引入的一些机器是专门为妇女和儿童设计的。

女工和童工既多又便宜。儿童的工资只有成年男子的六分之一到三分之一，而妇女通常只能拿到成年男子收入的三分之一到二分之一。然而，妇女和儿童却在寻求这些低收入的工作。在一个依赖工资的家庭中，每个人都需要工作，即使是在因庞大的劳动力储备而压低工资的情况下也是如此。

妇女和儿童参与劳动并不是什么新鲜事儿。在农业经济中，家庭的所有成员都要参加劳动，父母和子女，无论老少，都被分配了特定的角色。农村工业也涉及家庭所有成员的劳动。然而，当人们开始在工厂工作时，他们就要离开家庭，因此工人不可能把家务劳动和职业劳动结合起来。

随着工作场所与家庭的分离，家庭生活发生了根本的变化，尽管这一变化并不是立即发生的。在工业革命的早期，许多家庭成员一起在工厂和矿场找到了工作。工厂主也试图在新的工业环境中延续家庭生活的许多方面，将整个工厂定义为一个大家庭，工厂主在其中扮演家长角色。然而，渐渐地，母亲们发现自己无法一边工作一边照顾自己的幼崽，于是大多数母亲放弃了全职工作。1833 年颁布的《工厂法》对童工的限制强化了这一趋势，并导致了一种相当普遍的情况，即挣工资的男性在外工作，而他的妻子待在家里照顾孩子。1842 年，一名在矿区工作的年轻女孩在议会委员会调查童工时做证说："母亲要照顾孩子。"（见本章"历史上的正义"专题）。

工业革命对提高妇女地位没有任何帮助。这些妇女得到的报酬和她们从事的工作都没有给予她们财务自主权或社会威望。女性的平均工资只有男性的三分之一到一半时，女性成为一个独立挣钱的人就没有什么意义了。分配给女性的工作通常是那些技能要求不高的工种，如操作纺织机等。当男人和女人在同一家工厂工作时，女工总是要服从于男性工人或领班的权威，从而延续了前工业化社会盛行的家长制模式。即使她们被排除在某些职业之外，比如 1842 年议会通过法案禁止女性从事采矿业，也只会让性别劳动分工比前工业化社会更加严格。

阶级与阶级意识

随着欧洲越来越工业化和城市化，工业资本主义体系变得更加牢固，作家们开始使用一个新的术语来描述这种社会结构。他们不再声称社会是由一个等级森严的等级体系组成，每个人都因其职业或法律地位而归属于其中，他们根据拥有的财产类型和获得财产的方式将社会分为三个阶级。在这种新的社会等级制度的顶端是贵族阶级，包括那些拥有土地并以地租的形式获得收入的人；仅次于贵族阶级的是中产阶级或资产阶级，包括拥有资本并从利润中获得收入的新工厂主；而工人阶级除了自己的劳动外一无所有，从工资中获得收入。

对于 19 世纪的人在多大程度上真正意识到自己属于这些阶级，历史学家和社会科学家存在分歧。一些历史学家声称，雇佣劳动的增长、工人阶级的剥削、资本和劳动之间的冲突，都促使工人不再把自己看作在社会等级制度中占有一席之地的个体，而是作为工人阶级的一员，他

历史上的正义

萨德勒童工委员会

在工业革命初期的几十年里，英国工厂和矿山普遍使用童工，因此一些社会改革家和议员努力改善童工的工作条件。议会在 1819 年和 1829 年通过了立法，限制儿童在纺织厂的工作时间，但这两项立法都没有得到有效的执行，也没有适用于所有行业。关于不人道待遇、道德堕落和剥削童工的投诉继续出现。1831 年，英国议会的保守党成员迈克尔·托马斯·萨德勒（Michael Thomas Sadler，1780—1835）在议会上提出了一项法案，将所有儿童每天的工作时间限制在 10 个小时以内。和许多社会改革家一样，萨德勒认为自己作为基督徒有义务保护这些儿童。

萨德勒担任议会委员会主席，他的法案被提交给该委员会。为了争取对法案的支持，萨德勒举行了听证会，让童工自己到委员会报告他们的生活和工作条件。谁也无法保证他的法案一定能够获得通过。许多议员坚定奉行自由放任政策，根据这一政策，政府不应干预经济运行，而应将其视为一台自我调节的机器。萨德勒必须说服他的同事，在儿童问题上，他们应该修改这项政策，理由是，当父母无法为儿童提供福利时，国家有义务提供。他还需要让议会成员和公众意识到儿童工作环境的残酷。

这些听证会并不是严格意义上的审判，但它们具有司法调查的许多特征，与美国刑事案件的大陪审团的司法调查没有什么不同。萨德勒希望委员会的诉讼程序能够揭露、谴责并最终纠正工厂主的不当行为。在程序上，委员会成员比法院有更大的自由。这种议会委员会的目的是收集信息，而不是将罪犯绳之以法，因此不需要遵守任何既定的司法准则。没有对证人进行盘问，工厂主也无法为自己辩护。在这次调查中选择的证人是因为萨德勒知道他们会揭露工厂系统的罪恶。

提交给萨德勒委员会的证词提供了大量关于剥削童工和虐待童工的证据。1832 年 7 月 1 日，委员会从 17 岁男孩约瑟夫·赫伯格姆（Joseph Hebergam）那里得到了一些最令人痛心的证词。赫伯格姆透露，他 7 岁就开始了精梳毛纺的工作，在工厂从早上 5 点工作到晚上 8 点，中午只有 30 分钟的吃饭时间，剩下两顿饭他只能站着边工作边吃。工厂里有 3 名监工（主管），其中一名负

纺织业的童工。19世纪的英格兰北部，孩子们走着去一家纺织厂上班。

图片来源：SSPL / The Image Works

责给机器上油，另一名负责监督工人。后者手里拿着鞭子，不停地在工厂里转来转去。

当被问及他的哥哥约翰在哪里工作时，约瑟夫回答说他已经在三年前去世了，那时他只有 16 岁。萨德勒接着询问了他哥哥的死因。小男孩回答说："他死于长时间工作，而这是工厂造成的。他们必须用膝盖挡住飞梭，因为飞梭跑得太快了，用手根本无法接住。他的小腿被纺锤板擦伤了，一直伤到裂开的程度。医生给他治好了，他又去工作了，又工作了大约两个月后，他的脊椎受到了影响，接着就死掉了。"[6] 这位证人接着说，高强度的劳动使他的膝盖和脚踝严重受损，以致走路时都感到十分疼痛。他的弟弟和妹妹会帮忙送他到工厂，但他们如果迟到了，哪怕只差五分钟，监工就把他们三个人都打得"青一块紫一块"。[7] 在委员会的要求下，约瑟夫站起来展示他四肢的状况。他还报告了另一个男孩的死亡，那个男孩被他所操作的机器的轴杆打到，身受重伤。约瑟夫在结束证词时透露，工厂主威胁他和他的弟弟们，他们如果在委员会面前做证，就会失去他们的工作。

　　萨德勒委员会的听证会虽然广为宣传，但未能实现其最初的目的。该法案最终被议会通过，即 1833 年的《工厂条例法案》，禁止在所有工厂雇用 9 岁以下儿童。9 岁到 13 岁的男孩和女孩每天最多可以工作 9 个小时，13 岁到 18 岁的男孩和女孩每天最多可以工作 12 个小时。然而，这一立法的长期影响是在西方工业化国家确立了这样一项原则，即儿童时期是一生中专门用于教育而不是工作的一段时期。

们与生产方式有着同样的关系。这些历史学家指出，工会的发展、争取男性普选权的政治运动，以及其他形式的工人阶级组织和交流，都是阶级意识觉醒的证据。

　　还有些历史学家认为，人们并没有如此清晰的阶级意识。的确，在 19 世纪早期的某些时期，一些工人认为自己属于与工厂主和金融家有利益冲突的阶级。然而，更常见的是，他们认为自己主要属于具有某一特定技艺的从业者，是当地社区的成员，或作为一个独特的少数民族的一部分，如英国的爱尔兰人。当工人们要求获得选举权时，他们的要求是基于他们历史性的宪法权利，而不是所有工薪阶层的利益。当他们进行示威支持每天 10 小时工作制时，他们这样做是为了改善他们的工作条件，而不是为了推进所有工人反对资产阶级的斗争。劳动者的工作经历太多样化了，难以维持一种广泛的意识，即他们属于一个同质的群体。因此，要求工人阶级团结一致的呼吁在很大程度上被置若罔闻。

　　确实，在某些情况下，工人对他们的雇主采取了暴力行动。1812 年，在高度工业化的英国米德兰地区，一群手工织布机织工决心要摧毁新型动力织布机，他们指责这种织布机造成了失业率上升和工资降低。这些"卢德分子"（Luddites，这个名字取自他们的传奇领袖内德·卢

劳资双方。这幅漫画由插画家古斯塔夫·多雷（Gustave Doré）绘制，描绘了富有的实业家用绑在一起的工人作为赌博的筹码。

图片来源：Henry Guttmann / Hulton Archive / Getty Images

德，Ned Ludd）经常乔装打扮在夜间行动，捣毁工厂老板引进的新型纺织机。即使在今天，那些反对引进新技术的人依然被称为"卢德分子"。这些人对其他英国工人并没有认同感，尤其是那些在工厂里照看纺织机的工人。

然而，工人与资产阶级之间的冲突确实加深了人们对英国社会阶级划分的认识。1819 年 8 月，6 万名工人聚集在曼彻斯特的圣彼得广场，要求获得选举权和更好的工作条件。这座城市的资产阶级志愿骑兵被示威的规模吓坏了，他们反对工人的要求，袭击了人群，造成 11 人死亡，另有 400 人受伤。这场被称为"彼得卢惨案"的暴力对抗并没有导致革命或持续的阶级斗争，但它确实使越来越多的人认识到，英国社会是根据人们在社会中的经济地位划分成大群体的。

彼得卢惨案（1819 年 8 月 16 日）[彩色蚀刻版画，乔治·克鲁克香克（George Cruikshank，1792—1878）创作于 1819 年 10 月 1 日]。在这幅画中，曼彻斯特的军警和骑兵挥舞着宝剑，袭击聚集起来聆听改革者演讲的示威者。

图片来源：Manchester Art Gallery, UK / Bridgeman Images

工业化图景

随着工业在整个欧洲的传播，城市和农村地区都发生了巨大的变化。最引人注目的变化发生在新的工业城市，其中一些城市在工厂建成之前与乡村城镇相差无几。例如，曼彻斯特在 1773 年人口只有 2.3 万人，到 1820 年，它已经发展成为一个拥有 10.5 万人的繁华都市。拥有大烟囱和仓库的大工厂，以及一排排为容纳大批新产业工人而建造的房屋，使这些城市呈现出一种全新的、在很大程度上阴森可怕的面貌。

城市在外观上发生了最明显的变化，但农村也开始呈现出新的面貌，这主要是由于交通革命的结果。为铁路而建造的隧道、桥梁和高架桥，为了改善内陆的水路运输所修建的运河，这些都给农村留下了不可

《雨、蒸汽和速度：西部大铁路》（约瑟夫·M. W. 透纳绘于 1844 年）。这是最早以铁路机车为主题的油画之一。

图片来源：National Gallery, London / Art Resource, NY

磨灭的印记。在许多方面，这种景观的改变表明了科学革命时期以来人类征服自然的努力所取得的成就。工业革命最终实现了科学革命的技术承诺，其影响之一就是物质世界的实际变化。

近代工业的到来也改变了人们对自然景观的态度。为了追求经济发展，自然美景遭到破坏，这激发了人们对自然的欣赏，这在中世纪和近代早期并不普遍。在工业革命之前，乡村的许多特征（尤其是山区）被视为人类旅行或居住的障碍，而不是审美欣赏的对象。城市化和工业化改变了这些观念，引发了一种怀旧的反应，这成为浪漫主义运动的来源之一，对此我们将在下一章更详细地讨论。

工业并不总是破坏风景或美感。一些新的工业建筑是近代工程和建筑的杰作，特别是那些穿越山谷的高架桥和高架渠。苏格兰浪漫主义小说家沃尔特·司各特爵士（Sir Walter Scott，1771—1832）曾宣称，位于威尔士的庞特基西斯特（Pontcysyllte）高架水道桥（铸铁的）是他所见过的最美丽的艺术品。这条高架水道桥把喀里多尼亚运河（Caledonian Canal）的水运送到迪河（River Dee）上方127英尺（约39米）高的地方。铁路也有激发艺术想象力的能力，例如约瑟夫·M. W. 透纳（Joseph M. W. Turner，1775—1851）的浪漫主义画作《雨、蒸汽和速度：西部大铁路》就捕捉到了铁路的速度和美丽。

工业、贸易和帝国

19世纪中叶，英国在工业产量、国际贸易和帝国规模方面都遥遥领先于其他所有国家。在工业生产方面，它轻而易举地超越了所有竞争对手，生产了世界上三分之二的煤、大约一半的棉布、一半的钢铁，以及40%的五金制品。难怪英国被称为"世界工厂"。英国控制了大约三分之一的世界贸易，伦敦成为无可争议的全球经济金融中心。英国的海外帝国包括在加拿大、加勒比海地区、南美洲、印度、东南亚和澳大利亚的殖民地，使其他所有欧洲列强黯然失色，并在19世纪下半叶继续发展壮大。

英国的工业、贸易和帝国这三大力量是紧密相连的。英国在亚洲和美洲的殖民地都充当了贸易站的角色，而贸易的发展直接帮助大英帝国获得新的殖民地。即使在英国没有正式获得殖民地的地方，它也经常与那些国家建立排他的贸易关系，从而建立一个非正式的"贸易帝国"。

贸易和帝国反过来服务于工业。工业生产中使用的许多原材料是来自大英帝国的领地，尤其是棉花。这些殖民地还为英国批量生产的制成品提供市场。当法国在拿破仑战争期间封锁其港口、切断英国与整个欧洲大陆的贸易时，这样的帝国市场被证明是非常有价值的。

19世纪英国的工厂主面临的最大挑战是为他们的工业产品找到新市场。国内需求在工业革命初期是强劲的，但到19世纪40年代，英国工人已没有足够的钱财来购买作坊以及工厂生产的越来越多的五金制品和纺织品。英国不得不向海外寻找销售其大部分工业产品的市场。一种可能是，将它们销售到其他欧洲国家，如法国和德意志，这些国家对制成品的需求很大。然而，这些国家正处于自己的工业革命之时期，它们的政府经常通过立法对英国商品征收高额的保护性关税，以刺激本国工业的发展。因此，英国工厂主把他们的产品销往世界上经济欠发达的地区，包括英国殖民地。此外，在所有这些地区，英国的军事力量和外交影响力促进了工业、贸易和帝国的利益发展。

东亚：鸦片战争（1840—1842）

英国与中国之间的冲突是最好的例证，说明了英国促进贸易的愿望导致了新殖民地的获得。三个世纪以来，中国人严格控制着与欧洲各国的贸易往来。然而，到了1842年，在英国政府的支持下，英国商人成功地打破了这些障碍，使英国在中国有了立足点，从而得以开拓东亚市场。

冲突起因于鸦片贸易。鸦片是一种由罂粟制成的麻醉品，在印度大量生产。这种药物可以麻木疼痛，但也有致幻作用，可能会导致深度的倦怠。它在欧洲被广泛使用，在亚洲有更大的市场。在18世纪中期，中国人吸食鸦片已经成瘾。到19世纪初，当英国商人增加从印度非法输入中国的鸦片数量时，情况变得更加糟糕。中国政府开始禁止使用鸦片，决定停止鸦片贸易。

中国阻止英国商人向中国输入鸦片的努力加剧了中国和英国之间的紧张关系。1839年，中国在英国船只的货舱里缴获了2万箱鸦片，并将其倾入大海，这一事件成为鸦片战争爆发的导火索。英国以此为借口，对中国的港口发起攻击。在第一次鸦片战争（1840—1842）中，英国拥有海军技术优势，而这本身就是工业革命的产物。在战斗中使用的第一艘铁甲蒸汽炮艇"复仇者号"摧毁了中国沿海的炮台，75艘英国舰船对镇江发动攻击，迫使清政府做出妥协。在1842年签订的条约中，中国把香港岛割让给英国人，赔偿英国商人被销毁的鸦片，并开放5个中国港口进行国际贸易。作为条约的一部分，每一个港口都由英国领事管辖，不受中国法律的约束。通过这种方式，英国扩大了它的帝国，使它在世界贸易中已占很大的份额进一步增加，并为英国的制成品在东亚找到了新的市场。

印度：兼并与贸易

工业、贸易和帝国之间的相互关系在印度表现得更加明显。印度被称为大英帝国皇冠上的一颗宝石。正如我们在本书第18章中所看到的，英国在18世纪控制了印度的孟加拉邦，随后又获得了印度其他几个邦。1857年印度土兵叛乱被镇压后，英国政府直接控制了整个印度。

19世纪对印度的政治控制在两个方面服务于英国的贸易利益。首先，它让英国商人控制了印度与其他亚洲国家之间的贸易。其次，英国对印度实现了贸易顺差，对印度的出口商品多于进口商品。印度人向英国政府缴纳的税款和向英国的贷款支付的利息增加了加尔各答向伦敦的资本流动。在第一次世界大战之前，英国与其他国家享有良好的国际收支平衡，这在很大程度上要归功于印度资本的流入。英国从这些来源以及在与中国的贸易中获得的资本被注入英国经济，或投资于英国在世界各地的企业。

对印度的控制还为英国工业提供了原材料，同时让英国人进入他们需要的外国市场以获取利润。英国工业的发展是以牺牲印度当地经济为代价的。在印度种植的棉花被运到英国纺织厂，然后再以成品布的形式运回印度，这种做法即使没有摧毁印度原有的纺织业，也肯定会阻碍其发展。19世纪后期，对印度经济剥削的愤恨成为印度民族主义发展的主要原因之一。

拉丁美洲：一个贸易帝国

英国在拉丁美洲的政策与在中国和印度的不同，但它同样为英国商品打开了新市场。英国是1810—1824年在南美爆发的独立运动的一贯支持者（见本书第18章）。英国支持这些运动不仅仅是因为它希望削弱西班牙和葡萄牙的帝国，还因为它需要为自己的工业产品开拓新市场。在这里，英国不需要像在中国那样使用军事力量来打开市场。这些国家一独立就吸引了英国大量的出口商品。1840年，英国棉纺织业将其35%的出口货物运往拉美国家，特别是阿根廷、巴西、乌拉圭、墨西哥和智利。英国金融家也通过在这些拉美国家的经济中投资巨额资金，向这些国家输出了大量资本。就这样，英国在拉丁美洲建立了一个非正式的"贸易帝国"。英国并没有统治这些国家，但这些国家与大英帝国的经济关系和英国的殖民地一样。

英国的投资和贸易把新独立的拉美国家带进了工业世界经济体系中。然而，这些国家在经济中处于从属地位，与印度大约在同一时期的地位没有什么不同。这种从属地位的影响之一是改变了在中美洲和南美洲伴随大型种植园发展起来的自给自足的小村庄经济。这些村庄不再自己生产商品然后在当地市场上销售，而是成了英国工业原材料的供应地。这种转变使拉丁美洲的人口更加依赖于英国的制成品，阻碍或摧毁了拉丁美洲本土的工业，并在19世纪中期给拉美国家造成了巨大的贸易逆差。

爱尔兰：内部殖民地

在与英国进行贸易的所有帝国属地中，爱尔兰的地位是最不正常的。尽管爱尔兰靠近英国，但它一直被视为英国的殖民地。在1798年爱尔兰起义（见本书第18章）失败后，英国政府于1801年将爱尔兰并入联合王国，并废除了爱尔兰议会。有一小部分爱尔兰人选举他们的代表进入英国议会。尽管爱尔兰因此成为英国的一部分，但英国仍然继续把爱尔兰视为帝国的属地。

在整个19世纪，爱尔兰几乎完全是一个农业地区。工业化只发生在北部的阿尔斯特省，那里生产女士的内衣和男士的衬衫。爱尔兰广阔的农业庄园为英国提供了大量的粮食进口，而这些庄园的许多为不在爱尔兰的英国地主所有。由于英国贸易保护主义立法人为地抬高了粮食价格，爱尔兰人负担不起，也没有机会在工厂找到工作，他们只能勉强维持生计，几乎全部以马铃薯为食。1845年，一场枯萎病摧毁了马铃薯作物，这里发生了毁灭性的饥荒，导致超过100万人死亡。从1845年至1848年，有100万人被迫移民，其中许多人去了美国和加拿大。尽管爱尔兰的土地生产的粮食足够养活所有的人，但饥荒还是发生了。正如都柏林市长在1845年所抱怨的那样，英国的商业政策给爱尔兰人带来了"可悲的痛苦，粮食被拿走去喂别人，自己却被轻蔑地留在那里挨饿"[8]。可见，即使是在这个内部殖民地，英国政府为追求自己的经济利益，在从其帝国领地进口资源、同时促进国内工业发展的政策，也以牺牲其控制下的国家为代价。

结语：工业化与西方

到 1850 年，工业革命已经引发了有史以来人类生活中一些最具戏剧性的变化。自从人们开始在村庄定居、种植作物并驯养动物的新石器时代以来，社会组织、工作模式和自然景观从未发生过如此深刻的变化。在许多方面，工业革命是旧生活方式与新生活方式之间的分水岭。它赋予人类对自然前所未有的技术控制，使在家工作成为例外而不是常态，并将产业工人置于一种过去从未有过的生活制度之下。它改变了家庭生活，赋予城市一个全新的面貌，释放了新的、强大的政治力量，包括我们将在下一章讨论的自由主义和社会主义的意识形态。

工业化改变了西方的定义。在中世纪，基督教塑造了西方国家主要的文化价值观，而在 18 世纪，启蒙运动时期的理性、科学文化成为西方观念的核心。到了 19 世纪，工业化以及它所催生的工业资本主义体系逐渐定义了西方。1856 年，一位英国外交官在讨论奥斯曼帝国工业化的前景时说："欧洲的科学、劳动力和资本就在眼前。"但是《古兰经》和土耳其传统文化的其他元素"阻碍了西方意义上的进步"。[9] 就这样，工业革命在西方世界和非西方世界之间创造了新的分界线。

直到 19 世纪晚期，工业化只发生在传统上曾是西方一部分的国家。然而，从 19 世纪 90 年代开始，位于西方之外或边缘的国家开始引进工业技术和方法。1890—1910 年，俄国和日本经历了一段快速工业化时期。在 20 世纪下半叶，许多亚洲、中东地区和拉丁美洲国家也纷纷效仿。这种工业化和经济发展的过程通常被描述为西方化的过程，它通常导致这些国家内部西方价值观和非西方价值观之间的冲突。那些已经工业化的国家是否应该被视为西方国家还不清楚。欧洲和美国以外的工业化再次表明，西方的构成时常发生变化，其边界往往难以界定。

新思历史
Book

转型与碰撞

THE
WEST
Encounters and Transformations

VOL.
III

Brian Levack
[美] 布赖恩·莱瓦克

Edward Muir
[美] 爱德华·缪尔

Meredith Veldman
[美] 梅雷迪斯·维德曼
著

陈恒 马百亮 徐英华
译

中信出版集团 | 北京

分目录

《攻占讷伊桥和库尔布瓦》（石版画，法国派，19 世纪）。1871 年 4 月 2 日，巴黎公社抵御法国政府军的进攻。

图片来源：Musee de l'Ile de France, Sceaux, France / Bridgeman Images

第 22 章

意识形态的碰撞
与民族统一

1815—1871 年

1871 年 3 月 18 日，法国总统阿道夫·梯也尔（Adolphe Thiers）派了一小支部队到巴黎，企图夺取几个月前普鲁士围攻巴黎时用来对抗普鲁士军队的大炮。这些大炮掌握在由巴黎的民兵组成的国民自卫军手中。国民自卫军的成员们觉得，梯也尔政府已经抛弃了他们，因为梯也尔最近同仍驻扎在城外的普鲁士人达成了停战协议。他们还认为，梯也尔下定决心要控制巴黎，因为他们拒绝服从政府的命令。军队到达巴黎时遇到了一群充满敌意的巴黎市民，其中很多人带着武器。民众把两位带兵的将军团团围住，把他们逼到一堵墙前，然后将他们处死。

这一行动导致了法国政府军对巴黎的全面围攻。在巴黎城内，一群忠诚的激进分子成立了新的市政府——巴黎公社，这是 1792 年法国大革命期间建立的公社的复兴。公社采取措施抵制政府部队，并实施了几项社会改革。公社成员建立了一个中心就业局，为工作的母亲设立了托儿所，并承认了妇女工会。在几十年里，这个公社一直是工人阶级政体的典范。

然而，巴黎公社只持续了几个星期。1871 年 5 月 21 日，临时政府的军队涌入城门，在随后的"流血周"中，他们占领了城市的每条街道，拆除路障，处决公社成员。作为报复，巴黎公社处决了一些人质，其中包括巴黎大主教。他们还烧毁了杜伊勒里宫、司法厅和市政厅。在这一星期内，至少有 2.5 万名公社成员被杀害。

巴黎公社短暂的历史标志着欧洲历史上一个动荡时期的高潮。1815—1871 年，欧洲经历了多次改革运动和周期性的革命。参与这些重大事件的人们在很大程度上是受到意识形态的启发，而所谓意识形态，就是作为政治纲领基础的社会和政府理论。这一时期发展起来的意识形态——自由主义、保守主义、社会主义和民族主义——赋予了西方独特的政治文化。本章将讨论以下问题：1815—1871 年，这四种意识形态如何影响了西方的政治历史和社会历史？

19 世纪早期的新意识形态

前面两章讨论的西方的转型（法国革命和工业革命）影响了 19 世纪早期四种新意识形态的形成。

自由主义：对个人自由的保护

自由主义植根于这样一种信念，即政府的主要职能是促进政治、社会和经济自由。19 世纪自由主义者的主要目标是建立和保护个人权利，如新闻自由、宗教信仰自由、免于被任意逮捕与拘禁的自由。自由主义者试图在成文宪法中寻求保障这些权利。他们反对贵族特权，支持法律面前人人平等的原则。他们还倾向于反对教权，这导致了他们和罗马天主教会之间的紧张关系。作为个人自由的捍卫者，他们经常为结束奴隶制和农奴制而努力抗争。

自由主义者的第二个目标是将选举权扩大到所有财产所有者，特别是中产阶级。自由主义者通常反对给工人阶级选举权，理由是穷人没有自己的财产，因此不能让他们去选举保护财产权利的代表。自由主义者也反对给予女性选举权或任何其他形式的政治权力。他们认为家庭才是适合女性活动的场所，女性天生就应该待在家里。因此，自由主义者赞同"男女社会空间分野观"，即女性与男性在本质上是不同的，只有拥有财产的男性才应被允许参与公共事务。

自由主义者的第三个目标是促进与其他国家的自由贸易，抵制政府对国内经济的管制。自由主义思想的这种经济维度通常被称为"自由放任经济"，意为"让他做（他想做的）"。主张自由放任政策的人认为，政府对经济的干预只是为了维护公共秩序和保护产权。作为商人和制造商，自由主义者喜欢自由放任政策，因为这给了他们自由，让他们可以追求自己的利益而不受政府干预，从而实现更大的利润。

自由主义经济理论最具影响力的支持者之一是大卫·李嘉图（David Ricardo，1772—1823），他是一位英国经济学家和股票经纪人，认为政府调控工资和价格的努力会减缓经济增长。李嘉图在《政治经济学及赋税原理》（*Principles of Political Economy and Taxation*，1819）一书中指出，如果工资由供求规律来决定，那么工资将会下降到接近维持生活所需的水平，这将促使工人限制家庭规模。更低的工资和更少的消费者反过来会使价格保持在低水平。实业家们发现李嘉图的自由放任理论很有吸引力，但更难让工人相信这条"工资铁律"会让他们受益。

城市中产阶级构成了自由主义的最大力量。这些人组成了一个群体，在 18 世纪和 19 世纪早期，他们对自己被排除在政治生活之外感到愤愤不平，并且渴望政府能保护他们的财产。

保守主义：维护既有秩序

19 世纪早期，启蒙运动的理想和法国大革命带来的剧烈变化导致了保守主义这种新意识形态的形成，这套思想旨在防止 18 世纪 90 年代的革命性变革重演。1815 年以后，保守派的主要目标是反对自由主义运动，保护欧洲的君主和贵族。

现代保守主义意识形态的奠基人是爱尔兰出生的议会演说家埃德蒙·伯克（Edmund Burke，1729—1797）。他在《法国大革命反思录》（*Reflections on the Revolution in France*，1790）一书中坚持认为，权利并不像启蒙运动思想家所坚持的那样源自人性，而是世代相传的特权，只有通过世袭的君主政体才能被保留下来。伯克还认为，在法国大革命时期，大声宣扬的平等是一个危险的神话，会破坏社会秩序。对伯克来说，社会秩序是生者、死者和未出生者之间的一种伙伴关系。通过引入革命性的变革，法国大革命打破了这种伙伴关系。

19 世纪早期的保守派以宗教和历史为基础，为君主制度辩护。法国作家路易·德·博纳尔德（Louis de Bonald，1754—1840）认为，基督教君主制是宗教社会和政治社会发展的最终产物。只有这样的君主政体才能维持公共秩序，防止社会堕落成法国大革命时期那样野蛮和残忍。与法国作家约瑟夫·德·迈斯特（Joseph de Maistre，1754—1821）一样，博纳尔德反对"自然权利"这一概念，重申了传统的神权学说，即"君权神授"。

社会主义：要求平等

社会主义是 19 世纪早期的第三种新意识形态，它是在反对工业资本主义发展、反对为工业资本主义辩护的自由主义思想的过程中兴起的。社会主义要求生产资料（如工厂、机器和铁路）公有，目的是减少收入、财富、机会和经济实力等方面的不平等。在小社会团体中，这种所有权可以是真正的集体所有制。在大国中，实行社会主义唯一可行的办法，就是把财产所有权交给代表人民的国家。

社会主义的主要吸引力在于它可以弥补工业革命所造成的可悲的社会和经济影响。正如我们在本书第 21 章中看到的，工业化造成的短期影响包括恶劣的工作条件、低工资、对劳动力的严格控制和不断下降的生活水平。社会主义者并不反对工业机械化。像自由主义者一样，他们希望社会尽可能地提高生产力。然而，他们确实反对伴随工业化而来的工业资本主义制度，以及为之辩护的自由主义经济理论（见本章"不同的声音"专题）。

最早的社会主义者被称为"乌托邦社会主义者"，他们设想建立一个理想的社会，人与人之间互相合作，和谐而完美。英国实业家和慈善家罗伯特·欧文（Robert Owen，1771—1858）就是这样一位乌托邦社会主义者，他将他在苏格兰新拉纳克（New Lanark）的工厂变成了一个模范社会主义社区，在这里安置工人，并教育他们的孩子。1825 年，他在印第安纳州的新哈莫尼（New Harmony）建立了一个类似的社区。乌托邦社会主义者并不特别关注给予工人政治权利，也不鼓励提高阶级意识或阶级矛盾。

第二代社会主义者更加关注利用国家权力来改善他们的命运。这些社会主义者中最有影响力的是法国民主派人士路易·勃朗（Louis Blanc，1811—1882），他提出在经济萧条时期国家要保障工人的工资和就业。他还希望政府支持创建工厂，工人在那里可以直接销售自己的劳动产品，而不需要中间人。路易·勃朗关于社会秩序概念的基本原则是"各尽所能，按需分配"。他所倡导的社会主义开启了一个长期的传统，工人们试图通过影响政府来改善他们的环境。这与男性普选权这一激进的民主目标密切相关，后者成为 1840 年后许多社会主义者的主要目标之一。[1]

不同的声音

自由主义者和社会主义者对中产阶级的不同看法

19 世纪的自由主义者强调个人权利和自由贸易，他们颂扬中产阶级的美德，认为他们是社会中最进步、最富有生产力的成员。然而，社会主义者认为，中产阶级或资产阶级是压迫和剥削工人阶级的资本家。在第一份文件摘录中，支持给予中产阶级在英国议会更多代表权的英国自由主义经济学家和政治哲学家詹姆斯·密尔（James Mill，1773—1836）主张，工人阶级应该听从中产阶级的建议，并以他们为榜样。卡尔·马克思和弗里德里希·恩格斯是共产主义的主要哲学家，对他们来说，共产主义是社会主义的一种形式，强调阶级斗争，呼吁无产阶级专政。在第二份文件摘录中，马克思和恩格斯谴责了资产阶级对无产阶级的压迫和剥削。

詹姆斯·密尔称赞中产阶级的智慧和领导力

需要指出的是，在每一个社会，最明智、最高尚的那部分人并非来自贵族阶层，而是来自社会的中间阶层。同样不容置疑的是，在英国，这个阶层人数众多，在全体人民中占很大比例。我们还可以提出另一个命题，相信所有那些认真研究过舆论的形成或者研究过一般人性原则的人都会一致同意，那就是，中间阶层以下的那些人的意见和思想就是由那些明智而高尚的中间阶层来指导的，因为中间阶层与他们最直接接触，与他们保持紧密联系。面对无数的困难，这些人会向中间阶层寻求建议和帮助，无论是健康时还是生病时，无论是幼年还是老年，他们时刻都对中间阶层深感依赖。他们的子女都以中间阶层为仿效的榜样，每天学习中间阶层的观点，并以采纳这些观点为荣。毫无疑问，中间阶层对科学、艺术和法律都做出了最杰出的贡献，提升了人类的境界，陶冶了人类的情操。如果现在把代表的基础扩大到一定程度，那么他们的观点将最终发挥决定性的作用。他们之下的绝大多数人肯定会听从他们的建议，并以他们为榜样。

资料来源：詹姆斯·密尔，《论政府》（1820）。

马克思和恩格斯抨击资产阶级对工人的剥削

从封建社会的灭亡中产生出来的现代资产阶级社会并没有消灭阶级对立。它只是用新的阶级、新的压迫条件、新的斗争形式代替了旧的。

但是，我们的时代，资产阶级时代，却有一个特点：它使阶级对立简单化了。整个社会日益分裂为两大敌对的阵营，分裂为两大相互直接对立的阶级：资产阶级和无产阶级……

资产阶级在它已经取得了统治的地方把一切封建的、宗法的和田园诗般的关系都破坏了。它无情地斩断了把人们束缚于天然尊长的形形色色的封建羁绊，它使人和人之间除了赤裸裸的利害关系，除了冷酷无情的"现金交易"，就再也没有任何别的联系了。它把宗教虔诚、骑士热忱、小市民伤感这些情感的神圣发作，淹没在利己主义打算的冰水之中。它把人的尊严变成了交换价值，用一种没有良心的贸易自由代替了无数特许的和自力挣得的自由。总而言之，它用公开的、无耻的、直接的、露骨的剥削代替了由宗教幻想和政治幻想掩盖着的剥削……

资产阶级，由于开拓了世界市场，使一切国家的生产和消费都成为世界性的了。使反动派大为惋惜的是，资产阶级挖掉了工业脚下的民族基础。古老的民族工业被消灭了，并且每天都还在被消灭。它们被新的工业排挤掉了，新的工业的建立已经成为一切文明民族的生命攸关的问题；这些工业所加工的，已经不是本地的原料，而是来自极其遥远的地区的原料；它们的产品不仅供本国消费，而且同时供世界各地消费。旧的、靠本国产品来满足的需要，被新的、要靠极其遥远的国家和地带的产品来满足的需要所代替了。过去那种地方的和民族的自给自足和闭关自守状态，被各民族的各方面的互相往来和各方面的互相依赖所代替了……

资产阶级，由于一切生产工具的迅速改进，由于交通的极其便利，把一切民族甚至最野蛮的民族都卷到文明中来了。它的商品的低廉价格，是它用来摧毁一切万里长城、征服野蛮人最顽强的仇外心理的重炮。它迫使一切民族——如果它们不想灭亡的话——采用资产阶级的生产方式；它迫使它们在自己那里推行所谓的文明，即变成资产者。一句话，它按照自己的面貌为自己创造出一个世界。

资料来源：卡尔·马克思和弗里德里希·恩格斯，《共产党宣言》（1848）（中译文出自《共产党宣言》，人民出版社 2018 年版。——译者注）。

罗伯特·欧文为位于印第安纳州新哈莫尼的社会主义乌托邦社区所做的设计。城市设计
的对称性让人想起关于井井有条的生活的经典概念。
图片来源：Mary Evans Picture Library / Alamy

    德国社会哲学家卡尔·马克思（1818—1883）提出了 19 世纪最激
进的一种社会主义形式。马克思比其他社会主义者更关注工人阶级的集
体身份和政治活动。在阅读了关于 19 世纪 40 年代早期法国工人工作状
况的著作之后，他确信工业社会的工人是人类异化和堕落的极端例子。
马克思和他的合作者弗里德里希·恩格斯认为，工人是资本主义制度的
组成部分，在这个制度中，工人除了自己的劳动之外一无所有，他们出
卖劳动力给资本家以获得工资。

    马克思和恩格斯把这些思想融入他们对历史变迁的总体论述之中。
根据这一论述，社会从一个阶段向另一个阶段不断进步。他们把历史前
进的过程称为"辩证的"过程。马克思从德国哲学家黑格尔（1770—

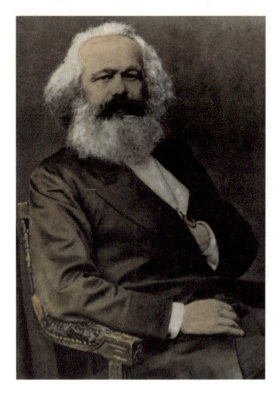

卡尔·马克思。马克思提出了共产主义这一革命社会主义学说。

图片来源：AKG Images / Newscom

1831）那里获得了辩证法的概念。黑格尔认为，历史的发展是一种思想和另一种思想冲突的结果。马克思与黑格尔在历史变迁的根源问题上存在分歧，认为决定历史进程的不是观念，而是物质或经济因素。因此，马克思的社会主义哲学被称为"辩证唯物主义"。

马克思和恩格斯认为，在英国革命和法国革命期间，从资本中获得收入的资产阶级（从土地中获得收入）手中夺取了政权，这就是辩证运动的第一阶段。他们预言，辩证运动的下一个阶段将是资产阶级与工人阶级（其收入来自工资的无产阶级）之间的冲突。按照马克思和恩格斯的说法，这种冲突以工人阶级的胜利告终。在一群坚定的革命者的领导下，无产阶级将控制国家，建立无产阶级专政，这样他们就可以顺利实施他们的计划，并开创一个没有阶级的社会。

马克思、恩格斯在《共产党宣言》（1848）中发出了这一行动号召，最后呼吁："全世界无产者，联合起来！"马克思所倡导的社会主义名为"共产主义"，这个名称就源自这本书。共产主义是一种革命思想，主张推翻资产阶级和资本主义制度，并将政治权力移交给无产阶级。共产主义不同于其他形式的社会主义，它要求革命，强调阶级冲突，坚持完全的经济平等。共产主义属于一种发端于法国大革命鼎盛时期民主运动的思想。其中一名倡导者弗朗索瓦－诺埃尔·巴贝夫（François-Noël Babeuf，1760—1797）要求经济和政治平等，主张土地公有，并倡导阶级斗争。马克思的成就是在他的三卷本巨著《资本论》（1867—1894）中将巴贝夫的思想置于辩证唯物主义的框架之中。

民族主义：民族的统一

民族主义是19世纪初的第四种新意识形态，也是在法国大革命期间和之后形成的。在19世纪，"民族"一词的意义是指一个大的群体，他们相信他们有一个共同的家园，拥有相似的文化。民族主义思想是这样一种信念，即组成这个民族的人应该有自己的政治机构，应该不惜一切代价捍卫和促进民族的利益。

然而，民族的地理边界往往和国家的地理边界并不完全重合，而后者是政治组织的行政和法律单位。例如，在19世纪早期，德意志人经常把所有说德语的人都纳入他们的民族。当时有十几个德意志国家，包括普鲁士、巴伐利亚和巴登，还有许多讲德语的人生活在非德意志地区，比如波希米亚。民族主义者的首要目标是创建一个民族国家，一个单一的政治实体，来统治一个特定民族的所有成员。支撑这一目标的理论是民族自决原则，即认为自己是一个民族的任何群体都有权只由其本民族的成员统治，并将该民族的所有成员包括在这个国家之内。

民族主义意识形态起源于法国大革命。18世纪90年代，法国采取的大部分革命措施是以统一的法兰西民族的名义进行的。《人权宣言》（1789）第三条宣称："一切权力的本原根本上存在于国民。"法兰西共和国是法兰西民族的化身。它给了法国人民一个统一的行政单位，并鼓励他们认为自己拥有共同的文化纽带。法国不再仅仅是多个区域的集合，而是成为"祖国"。

民族主义者强调民族的古老性，认为一直都有不同的德意志人、法国人、英国人、瑞士人或意大利人生活在他们各自的祖国。这种主张存在一定程度的虚构，因为在过去，生活在这些土地上的人们几乎没有在文化或语言上形成统一。例如，在19世纪的民族主义者所认定的德意志人、法国人或意大利人中，人们所讲的语言几乎没有一致性。在18世纪，大多数受过教育的德意志人是用法语写作，而不是用德语。只有一小部分意大利人说意大利语（托斯卡纳地区的语言），19世纪许多意大利民族主义者的主要语言是法语。即使在民族国家形成之后，这些国家内部在语言、宗教和种族上仍然存在多样性，使得真正的文化统一成为不可能。因此，民族国家的概念就像是一个神话——一个想象出来的共同体，而不是一个客观的存在。

事实证明，民族国家的理想几乎不可能实现。民族和国家的边界从来没有完全重合过。人类定居模式过于多变，无法阻止某一特定文化群体的一些成员以少数民族的身份在邻国生活。例如，有些波兰人一直生活在德意志地区。同样，也有一些西班牙人一直生活在葡萄牙，一些意大利人一直生活在瑞士。大革命时期的法国可能最接近单一民族国家的理想，宣称对大多数法国人拥有管辖权。然而，由于存在不同的文化认同，如法国西南部的巴斯克人（Basque）和最东北部的弗拉芒人都说自己的语言，直到19世纪末或20世纪初，法国各地才出现强大的民族认同感。

在英国，民族国家的建立是一个复杂的过程。民族意识是一种人们认为自己属于一个民族的信念，这种意识在英国的发展比在欧洲其他任何国家都要早。在16世纪，几乎所有的英国人都说同样的语言，他们也受同样的普通法的制约。然而，在1536年，威尔士公国被并入英格兰王国，此时的英国包括两个民族，即英格兰人和威尔士人。1707年，英格兰和苏格兰合并成一个新的国家，即大不列颠联合王国。1801年，爱尔兰也被纳入联合王国。因此，19世纪的联合王国包括四个民族：英格兰人、威尔士人、苏格兰人和爱尔兰人。在这个多民族国家，要想建立一个不同于英格兰民族或苏格兰民族的英吉利民族，需要很长的时间。时至今日，英国人更习惯于认为自己是英格兰人、威尔士人或苏格兰人，而不是英国人。

在构建民族国家方面，其他民族面临着更可怕的障碍。许多民族被并入大帝国，比如奥地利帝国的匈牙利人和克罗地亚人，奥斯曼帝国的希腊人和塞尔维亚人。在这些帝国中，民族主义运动往往会采取分裂主义叛乱或独立战争的形式，民族主义群体试图分裂出去，并创建属于自己的民族国家。在德意志和意大利则是一种完全不同的情形，在那里，拥有相同语言和文化传统的人们生活在许多不同国家的控制之下。在这些情况下，民族主义运动试图将较小的国家联合成一个较大的民族国家。

民族主义最大的矛盾之一是，海外殖民地的获得往往强化了国内的民族主义情绪。对这些土地的军事征服让宗主国的人民非常自豪，也让他们产生了一种文化优越感。英国人民族自豪感的主要来源是18—19世纪英国迅速控制了世界上四分之一的土地。民族主义还可以促使一个民族凌驾于其他民族之上。19世纪初，法国革命者征服了欧洲大陆的大部分地区，他们认为自己比其他民族更优越，因而自己的扩张是合理的。1848年，一位狂热的德意志民族主义者宣称，他支持"德意志民族比大多数斯拉夫民族更优越"的观点。意大利民族领袖朱塞佩·马志尼（Giuseppe Mazzini，1805—1872）更愿意被人称为爱国者而不是民族主义者，因为民族主义者是寻求侵犯其他民族权利的帝国主义者。

在19世纪初，民族主义常与自由主义联系在一起，当时两场运动都支持通过革命来实现民族自决的目标。自由主义者认为代议制政府和有限的选举权扩大将为民族国家的建立提供坚实的基础。然而，这两种思想的侧重点不同。自由主义强调个人自由，而民族主义更关注政治统一。有时这些不同的思想之间会发生冲突。例如，自由贸易的自由主义原则就与鼓励保护民族产业的经济民族主义原则发生冲突。

在19世纪早期，民族主义和自由主义一样能被用来为保守主义背书。由于民族主义者认为其民族深深扎根于遥远的过去，他们中的一些人美化了中世纪盛行的君主制度和等级制度。1848年，保守的普鲁士地主为"上帝、国王和祖国"的事业而团结起来。19世纪后期，当下层中产阶级开始更喜欢在战争或帝国主义追求中实现国家荣耀而不是建立个人自由时，民族主义几乎完全等同于保守主义。

文化和意识形态

19世纪早期的四种新意识形态受到两种强大的文化传统的影响：科学理性主义和浪漫主义。这两种文化传统代表了现代西方文化截然不同的两面。

科学理性主义

科学理性主义起源于科学革命，在启蒙运动中得到了充分的发展。自 18 世纪晚期以来，这一传统一直是西方身份认同的主要来源。它强调人类理性的力量，认为科学优于所有其他形式的知识。科学理性主义本质上是一种世俗传统，因为它不依靠神学或基督教的启示来获得其合法性。作为启蒙运动思想核心的建立人性科学的努力就属于这一传统，而涉及科学知识在生产中的应用的工业革命是其产物之一。

在 19 世纪，科学理性主义继续影响西方的思想和行为。随着科学知识的发展，以及越来越多的人接受科学教育，科学和理性的价值被更加大胆地宣扬。科学知识和对经验数据（可以测试的）重要性的强调成为许多社会思想的重要组成部分。科学是知识的最高形式，将不可避免地促进人类进步，这一最明确的声明就是世俗的实证主义哲学。

法国哲学家奥古斯特·孔德（Auguste Comte，1798—1857）阐述了实证主义的主要元素。就像启蒙运动传统中的许多思想家一样，孔德认为，人类社会经历了一系列的历史阶段，每个阶段都通向一个更高的层次。它已经经过了两个阶段，神学的和形而上学的，现在又进入了第三个阶段，即实证的或者说是科学的阶段。在这里，"实证"一词指的是实体的或具体实存的东西，而不是抽象的或思辨的东西。孔德预言，在历史的最后实证阶段，事实或科学知识的积累将使我们现在称之为"社会学家"的思想家发现人类行为的规律，从而使社会的进步成为可能。这种对人类进步的预言以及孔德对知识从神学桎梏中解放出来的颂扬，对自由主义者有着特别的吸引力，尤其是对那些对罗马天主教怀有敌意的人。

科学的价值观念和科学必然发展的信念也影响了马克思的社会思想。恩格斯把马克思的共产主义思想称为"科学社会主义"，因为它也提供了一种完全由实证的（在这里是物质的或经济的）发展所决定的历史观。马克思主义摒弃了黑格尔的形而上学、唯心主义世界观和所有基督教神学，因此与实证主义和早期启蒙运动的思想属于同一科学传统。

浪漫主义

对科学理性主义构成最大挑战的文化传统是浪漫主义。这一传统发端于18世纪晚期的一场艺术和文学运动，但它很快发展成为一种更普遍的世界观。浪漫主义艺术家和作家认识到人类理性在理解现实时的局限性。与科学理性主义者不同的是，他们利用直觉和想象来洞察更深层次的存在，并理解整个宇宙。因此，浪漫主义的艺术、音乐和文学诉诸的是情感而不是理智。

浪漫主义者并不像实证主义者那样认为现实仅仅是物质的。对他们来说，现实也是精神和情感上的，作为作家和艺术家，他们的目的是向人们展示现实的非经验维度。浪漫主义者对人与自然的关系也有不同的看法。他们不是站在自然之外，以科学家分析实验数据的方式客观地观察自然，而是认为自己是自然的一部分，强调自然的美丽和力量。

作为一种艺术形式，浪漫主义是对古典主义，特别是盛行于18世纪晚期的古典主义的一种反抗。正如我们在本书第19章中所讨论的，在古典主义的世界观中，秩序和理性的原则占上风。古典主义是一种严格的风格，它要求遵守规范文学、艺术、建筑和音乐的结构和内容的正式规则。相比之下，浪漫主义给了艺术家更多的自由。在文学中，浪漫主义对古典主义的反抗导致了一种新的诗歌风格的产生，包括对意象、象征和神话的使用。这种风格的一个例子是英国诗人塞缪尔·泰勒·柯

《云海漫游者》[布面油画，卡斯帕·大卫·弗里德里希（Caspar David Friedrich，1774—1840）绘于 1818 年]。这幅 19 世纪早期的画作描绘了一个人在观察被浓雾笼罩的风景，传达了大自然的神秘和威严，这是浪漫主义艺术的一个主题。然而，尚不清楚这个背对着观众的男子是被他所观察到的景象所震撼，还是在思考人类征服自然的艰巨任务。

图片来源：Hamburger Kunsthalle, Hamburg, Germany / The Bridgeman Art Library

勒律治（Samuel Taylor Coleridge，1772—1834）的《古舟子咏》（*Rime of the Ancient Mariner*，1798）。这首诗用太阳和月亮作为强有力的象征来描述一场噩梦般的海上航行。

许多浪漫主义文学作品以中世纪为背景，比如苏格兰作家沃尔特·司各特爵士（Sir Walter Scott，1771—1832）的小说，在这些作家眼中，中世纪并不是迷信的黑暗时代，而是孕育精神追求和艺术追求的时代。为了强调科学理性主义的局限性，有些浪漫主义者探索了人性中怪异、神秘甚至是邪恶的元素。玛丽·雪莱（Mary Shelley）的反思性小说《弗兰肯斯坦》（*Frankenstein*，1818）是早期科幻小说的一个例子，它融入了许多这样的主题。这部小说讲述了理想主义者瑞士科学家维克多·弗兰肯斯坦创造一只又大又丑的怪物的故事，揭示了浪漫主义文学对异国情调和神秘事物的迷恋。弗兰肯斯坦对怪物的遗弃促使怪物杀死了科学家的兄弟、朋友和妻子。后来，弗兰肯斯坦本人也被怪物杀了。这个现代科学的产物，内心充满了自我厌恶，最终自焚而死。

在视觉艺术领域，浪漫主义也标志着对主导了18世纪文化的古典主义的反叛。古典主义强调艺术中的形式和对称性，它颂扬的是理想的希腊和罗马文化。相比之下，浪漫主义画家所描绘的风景唤起了一种情绪或情感，而不是对周围环境的客观描述。浪漫主义绘画试图唤起一种感觉，而不是帮助观赏者获得理智的理解。他们的一些作品传达了大自然的力量，而另一些作品则描绘了大自然的雄伟壮观。

浪漫主义音乐也诉诸人们的情感，这标志着音乐也采取一种类似的方式逐渐脱离古典主义的风格。路德维希·范·贝多芬（1770—1827）是一位来自波恩的德意志宫廷音乐家的儿子，他的鼓舞人心的音乐标志着从古典主义形式向浪漫主义形式的转变。贝多芬早期的作品遵循的是古典音乐的传统，但他后期的一些作品违背了传统的古典和声，意在唤起人们的情感共鸣。他的著名的《欢乐颂》出自他最后一部交响曲——《第九交响曲》，仍然具有无与伦比的激发情感的能力。另一位早期浪漫主义作曲家弗朗茨·舒伯特（Franz Schubert，1797—1828）出生在维也纳，他将匈牙利的和吉卜赛的民间音乐融入他的作品中，将古典主义形式与浪漫主义主题融为一体。德国作曲家理查德·瓦格纳（Richard Wagner，1813—1883）的激动人心的歌剧多是以德国神话般的过去为背景，标志着浪漫主义音乐运动的巅峰。这种风格在 19 世纪后半叶最为流行，在德国有约翰内斯·勃拉姆斯（Johannes Brahms，1833—1897）的抒情交响曲和协奏曲，而在俄国有彼得·柴可夫斯基（Peter Tchaikovsky，1840—1893）的交响曲、芭蕾舞剧和歌剧。

就像其所摒弃的理性和科学文化一样，浪漫主义也具有强大的政治含义，在现代世界的意识形态上留下了自己的印记。在 19 世纪早期，浪漫主义吸引了许多自由主义者，因为它包含了对既定秩序的抗议和对个人自由的强调。法国浪漫主义作家维克多·雨果（Victor Hugo，1802—1885）的史诗小说《巴黎圣母院》（*The Hunchback of Notre Dame*，1831）和《悲惨世界》（*Les Misérables*，1862），以极大的同情心描绘了人类的苦难，他将浪漫主义称为“文学上的自由主义”。对雨果来说，艺术上的自由与社会上的自由之间存在着一种联系。然而，浪漫主义可以通过理想化中世纪的传统社会和政治秩序以及宗教在社会中的核心作用来为保守主义背书。

在所有的意识形态中，浪漫主义与民族主义之间的联系最为密切。在最普遍的意义上，浪漫主义赋予“国家”神秘的色彩，从而激发了人们对它的热爱。浪漫主义者对民族身份认同的文化、文学和历史根源也有着浓厚的兴趣。例如，德意志哲学家、文学批评家约翰·戈特弗里德·冯·赫尔德（Johann Gottfried von Herder，1744—1803）推动了对德意志语言、文学和历史的研究，其明确的目的就是要让德意志人民产生一种民族团结感。

在欧洲其他地方，特别是在波兰和巴尔干地区，浪漫主义作家和艺术家为民族主义者提供了必要的工具，以构建他们民族的共同文化和历史。1831 年移居巴黎的波兰浪漫主义作曲家弗雷德里克·肖邦

（Frédéric Chopin，1810—1849）在他的钢琴曲中借鉴了波兰本土的舞蹈，从而激励了波兰民族主义者。与此同时，另一位流亡巴黎的波兰人、浪漫主义诗人亚当·密茨凯维奇（Adam Mickiewicz，1798—1855）创作了《波兰民族之书》（*The Books of the Polish Nation*，1832），称赞他的国家是自由的化身，并预言通过长期的磨难，波兰最终将解放全人类。

不同意识形态在欧洲的碰撞（1815—1848）

19 世纪的四种新意识形态——自由主义、保守主义、社会主义和民族主义——以各种方式相互作用，有时相互加强，有时导致直接的政治暴力冲突。1815—1831 年，主要的意识形态碰撞发生在自由主义（有时带有民族主义色彩）和保守主义之间。1815 年，在维也纳会议上，保守主义似乎即将胜出。欧洲主要列强决心压制任何革命活动的迹象，这使得自由主义和民族主义的未来显得暗淡无光。然而，新意识形态的力量无法被遏制。自由主义和民族主义的反抗发生在三个不同的时期：19 世纪 20 年代初、1830 年和 1848 年。在后两个时期，工人的要求（有时用社会主义的术语来表达）增加了新的意识形态。在所有这些碰撞中，保守派都有自己的发言权，而且多数情况下，他们取得了胜利。

自由主义者和民族主义者起义（1820—1825）

1820—1825 年，欧洲一连串的起义揭示了自由主义和民族主义爆炸性的潜力，以及保守派要粉碎这些意识形态的决心。这些起义也反映了民族自决运动的力量。三次最重要的起义分别发生在西班牙、希腊和俄国。

1820 年西班牙和葡萄牙的自由主义者起义

自由主义和保守主义之间最早的冲突发生在西班牙，那里的自由主义者遇到了他们的国王斐迪南七世（1808—1833 年在位）的坚决反对。1808 年，斐迪南七世被迫退位，1814 年又重新掌权。1812 年，在约瑟夫·波拿巴（Joseph Bonaparte）统治期间，西班牙议会（王国的代表议会）批准了一部自由宪法。这部宪法为有限的君主政体和保护西班牙公民自由奠定了基础。为了与法国大革命的思想保持一致，它还宣布拥有主权的是西班牙民族，而不是国王。当斐迪南七世宣布他不承认这部宪法时，关系开始变得紧张起来。对灰心丧气的自由主义者来说，更糟糕的是斐迪南七世决定重建西班牙宗教法庭，邀请流亡的耶稣会士回国，并拒绝召集议会。1820 年，西班牙帝国在新大陆已经开始瓦解（见本书第 18 章），马德里的自由主义者与一些军官联合起来，夺取了政权。

这次自由主义者起义被证明是对欧洲协调机制的一次考验。维也纳会议建立了这一协调机制，以维持欧洲的均势，防止任何地方可能发生的进一步革命。奥地利外交大臣克莱门斯·冯·梅特涅曾提议各大国进行这种合作，他敦促对西班牙进行干预。英国拒绝干预，因为它想保护自己与西班牙殖民地的贸易利益，但奥地利、普鲁士和俄国答应了。这些保守势力恢复了斐迪南七世的王位，他再次宣布放弃 1812 年的自由宪法。自由主义者不仅在这场斗争中失败了，而且还遭到了政府的严厉报复，政府拷打并处决了他们的领导人。1833 年，斐迪南七世去世，他年轻的女儿伊莎贝拉二世（1833—1868 年在位）的自由主义大臣们起草了另一部宪法，情况才略有好转。她的统治充斥着内战、不稳定和派系斗争，在这些斗争中，自由主义者几乎没有获得实质性的利益。

在 1820 年西班牙革命后不久，一场基于自由主义思想的类似革命在葡萄牙爆发了。拿破仑战争期间，王室成员逃往巴西，留下葡萄牙由摄政王统治。后来一群军官推翻了摄政王，建立了一个自由主义政府，这个政府禁止了葡萄牙宗教裁判所的活动，没收了教会土地，并邀请国王若昂六世（João VI，1816—1826 年在位）作为立宪君主回到他的祖国。1822 年国王回归后，他对自由主义政府的热情减退了。他的孙女玛丽亚二世（Maria II，1826—1853 年在位）依靠葡萄牙传统盟友英国的支持，维持了自由主义事业，但她与保守主义势力的斗争只取得了有限的成功。

1821 年希腊的民族主义者起义

与 1820 年西班牙和葡萄牙的革命相比，1821 年希腊的革命更多地受到民族主义而非自由主义的激励，也取得了更大的成功。这次革命之所以成功，是因为欧洲协调机制的其他成员也给予了支持，而不仅仅是英国。长期以来，希腊一直是庞大的奥斯曼帝国的一个省，但亚历山大·伊普希兰狄斯（Alexander Ypsilantis，1792—1828）组织的一场民族主义运动，创造了鲜明的希腊民族身份，激发了希腊人对独立的要求。1821 年，希腊大陆和周边岛屿发生了一系列反抗奥斯曼帝国统治的起义。这些起义得到了欧洲知识分子和宗教人士的广泛支持，前者认为希腊是西方文明的摇篮，而后者认为这是基督教反对伊斯兰教的斗争。数百名欧洲志愿者加入了希腊起义军。因此，这场起义不仅是一场自由主义者和民族主义者的起义，而且是东西方之间更加广泛的文化碰撞。英国浪漫主义诗人乔治·戈登·拜伦（George Gordon Byron，1788—1824）

《希俄斯岛的屠杀》（布面油画，欧仁·德拉克洛瓦绘于 1824 年）。1821 年，爱琴海岛屿上的希腊人反叛了他们的统治者奥斯曼帝国。1822 年 4 月，奥斯曼土耳其人的报复达到了顶峰，他们屠杀了希俄斯岛上的居民。浪漫主义绘画的目的是唤起情感，而这幅画的目的是要唤起由奥斯曼土耳其人对希腊反叛者的种族屠杀而引发的恐怖感。这幅画揭示了浪漫主义艺术与自由主义和民族主义事业之间的密切联系。

图片来源：Louvre, Paris, France / Bridgeman Images

和珀西·比希·雪莱（Percy Bysshe Shelley，1792—1822）成为希腊独立的积极而热情的拥护者，而浪漫主义画家欧仁·德拉克洛瓦（Eugène Delacroix，1798—1863）则描绘了1822年奥斯曼土耳其人对希腊希俄斯岛全体居民的大屠杀。民族主义和浪漫主义之间的联系再清楚不过了。

希腊人的起义使欧洲协调机制的各大国左右为难。一方面，它们致力于维护既有秩序而进行干预，以粉碎任何民族主义者或自由主义者起义。基于这些理由，它们在起义刚一爆发时就进行谴责。另一方面，它们是西方统治者，认为奥斯曼土耳其人与基督教文明格格不入。此外，俄国想利用这个机会肢解其宿敌奥斯曼帝国。欧洲各国最终站在了希腊起义者一边。1827年，英国、法国和俄国威胁奥斯曼土耳其，如果它不同意停战协议，不允许希腊独立，它们就会对其进行军事干预。由于奥斯曼土耳其的拒绝，这三个国家的联合海军在希腊海岸附近的纳瓦里诺（Navarino）摧毁了奥斯曼土耳其的主要盟友埃及的舰队。这次海战扭转了局势，希腊人最终在1833年赢得了独立，巴伐利亚王子奥托一世（1833—1862）成为希腊的国王。就这样，希腊独立战争实际上结束了欧洲协调机制。这个协调机制最初的目的是镇压民族主义者和自由主义者起义，但这次则帮助一场起义获得了成功。

1825年俄国的十二月党人起义

早期自由主义者起义最不成功的一次发生在俄国。拿破仑战争期间，一些在西欧服役的军官受到自由主义思想的影响，在沙皇尼古拉一世（1825—1855年在位）登基的第一天，发动了一场反对沙皇的起义。军官们和其他贵族已经在政治俱乐部里聚会了近十年，比如在圣彼得堡的祖国忠诚子弟协会（Society of True and Faithful Sons of the Fatherland，后改组为幸福协会）。在这些协会中，他们明确提出了建立君主立宪制和解放农奴的目标。

因为革命发生的时间是在 12 月，所以这些革命者被称为"十二月党人"。他们无法就希望建立的政府的确切形式达成一致，这种分歧，加上在关键时刻不愿采取行动，最终导致他们的失败。当沙皇亚历山大一世在 1825 年突然去世时，十二月党人希望劝说他的兄弟君士坦丁继位，并建立一个代议制的政府。当君士坦丁拒绝干预王位继承并接受其兄弟尼古拉一世的统治时，他们的希望破灭了。反动的尼古拉一世毫不费力地镇压了这场起义，处决了其领导人。在 19 世纪剩余时间里，俄国的自由主义者一直在与警察的镇压做斗争。

1830 年自由主义者和民族主义者起义

在 1830 年，19 世纪早期的第二轮自由主义者和民族主义者起义取得了比 19 世纪 20 年代初的起义更大的成功。这些起义分别发生在法国、尼德兰王国和波兰王国。

法国革命：自由主义的胜利

19 世纪早期，自由主义在欧洲最引人注目的胜利发生在法国。拿破仑在滑铁卢惨败 15 年后，法国爆发了一场革命。这次胜利来之不易。在君主制复辟的头几年里，和在欧洲其他地方一样，保守派占据支配地位。1814 年，路易十八批准了《自由宪章》，但他不愿接受任何进一步的自由主义改革。1815—1828 年，极端保王派控制了法国政局。这些反动派发起了一场针对自由主义者和新教徒的"白色恐怖"（之所以这么称呼，是因为他们打着波旁王室的白旗）。两个绰号分别是"三段手"和"四段手"的人是这场恐怖活动的主要煽动者，而他们之所以会有这样的绰号，是因为他们会把他们的敌人新教徒砍成三段或四段。

《自由引导人民》（欧仁·德拉克洛瓦绘于 1831 年）。在 1830 年巴黎革命期间，一位年轻女性高举着法国三色旗（象征着自由女神）的浪漫主义形象传达了武装起义意识形态的灵感和激情。
图片来源：Oleg Golovnev / Shutterstock

　　1824 年，保守派查理十世（1824—1830 年在位）登上王位，他采取措施加强教会和贵族的地位，自由主义事业似乎已毫无希望。然而，自由主义者对君主制的反抗得到了商人和制造商的支持，也得到了仍然保留着对拿破仑的记忆的士兵的支持。由于担心查理十世会攫取绝对权力，再加上 1829 年一场严重的经济危机，自由主义者在法国立法机构众议院中获得了多数席位。

　　查理十世铤而走险，他颁布了后来所称的《七月敕令》，有效地破坏了 1814 年《自由宪章》的原则。这些法令解散了新议会，命令在严格限制的情况下进行新的选举，并取缔出版自由。公众对这一举动的反应令国王大吃一惊。数千名学生和工人、自由主义者和共和主义者走上巴黎街头示威。由于无法恢复秩序，国王把王位让给了他的孙子，但自由主义者把王位交给了奥尔良公爵，他被加冕为路易－菲利普一世（Louis-Philippe I，1830—1848 年在位）。

路易－菲利普一世接受了 1814 年《自由宪章》的修订版，将选举权扩大了一倍，给予中产阶级商人和实业家选举权。他还通过鼓励经济增长和限制贵族特权来迎合这些资产阶级选民。他的统治通常被称为"资产阶级君主制"，这也实现了一定程度的世俗化，因为众议院宣布罗马天主教不再是国教。然而，为了与自由主义理想保持一致，他没有采取任何鼓励共和主义或激进民主主义的措施，更不用说社会主义了。把路易－菲利普一世描绘成法国大革命的继承人的努力并没有说服大多数人。当政府将拿破仑的骨灰从圣赫勒拿岛运到巴黎时，成千上万的法国男女涌上街头向这位前皇帝致敬。令路易－菲利普一世非常失望的是，他从此举中没有获得什么政治利益。法国虽然建立了一个自由的君主政体，但它的根基并不稳固。

比利时革命：民族主义的胜利

1830 年法国革命在邻国比利时引发了一场自由主义和民族主义革命。在 1815 年的维也纳会议上，奥属尼德兰和荷兰共和国联合，组成了新的尼德兰王国。低地国家的这次联合并不怎么成功。在新王国成立后不久，比利时人就开始要求作为一个国家而独立。国王是荷兰人威廉一世，政府所在地也设在荷兰，并且荷兰人在政府占支配地位，这种情况引起了比利时人的强烈不满。此外，大多数比利时人是天主教徒，而大多数荷兰人是新教徒。由于有着自己的历史和文化，比利时人认为自己是一个独立的民族。他们也比他们的荷兰邻居更倾向于自由主义，提倡自由贸易和促进工业发展，同时憎恨荷兰政府征收的高关税。

比利时的自由主义者和天主教徒联合起来实现了民族独立。当巴黎革命的消息传到布鲁塞尔时，工人和政府军之间爆发了战斗。比利时召开国民大会，起草了一部新宪法。当荷兰人试图通过炮轰比利时城市安特卫普来挫败革命时，英国召集了欧洲列强会议来寻找一个解决方案。它们同意承认比利时的独立，并安排德意志的一位亲王萨克森 - 科堡的利奥波德（Leopold of Saxe-Coburg）成为国王，他是后来的英国女王维多利亚的舅舅。然而，荷兰人拒绝承认新政府，他们重新开始了对比利时的军事进攻。直到 1839 年，各方才接受了新的政治安排。

波兰革命：民族主义的失败

1830 年的法国革命在波兰王国引发了第二次革命，但这次革命失败了（见地图 22.1）。18 世纪，波兰曾多次被欧洲列强瓜分，1815 年维也纳会议重新界定了它的边界。这次会议建立了一个独立的波兰王国，被称为"波兰会议王国"，首都设在华沙，国王是俄国沙皇亚历山大一世（1815—1825 年在位）。波兰西部的波兹南公国并入普鲁士王国，克拉科夫成为自由市。

由于是由俄国沙皇统治，波兰其实并未真正独立，但亚历山大一世在 1815 年批准了自由主义的波兰宪法。他开始后悔这个决定，而他作为波兰国王的统治也逐渐疏远了波兰立法机构议会中的波兰自由主义者。1825 年尼古拉的即位加剧了这种紧张关系。尼古拉是一个毫不妥协的保守派，他指责波兰反对派与俄国十二月党人叛乱者串通一气。他计划派遣波兰军队和俄国军队去镇压 1830 年的法国革命，阻止比利时

地图 22.1　1820—1848 年欧洲起义和革命中心

所有这些政治运动都是由意识形态引起的。为什么英国在这些年中没有经历叛乱或革命？

人获得独立，这把他们带到了叛乱的边缘。

华沙的军官学校的学员们对波兰总督康斯坦丁大公（Grand Duke Constantine）的府邸发动攻击，革命爆发了，他们迅速获得了整个军队和城市民众的支持。这次革命对自由主义者和民族主义者都很有吸引力，并从一群歌颂波兰过去成就的浪漫主义诗人那里得到了启发。革命者在华沙建立了一个临时波兰政府，但是议会中的自由派不愿征召农民参与这场冲突，担心他们会反抗波兰的地主而不是俄国人。西欧列强拒绝为这一自由事业进行干预，尼古拉镇压了叛乱，废除议会，并剥夺了波兰王国的自治地位。尼古拉对革命领导人进行了可怕的报复，没收了那些移民出去的人的土地，并关闭了华沙大学。他的残酷镇压使波兰的自由主义和民族主义事业倒退了两代人。

英国的自由主义改革（1815—1848）

自由主义者在英国所面临的挑战与他们在其他大多数欧洲国家所面临的挑战有些不同。英国的保守主义带有埃德蒙·伯克的意识形态的印记，它在法国大革命时期一直得以维持，此时势力依然十分强大。然而，与此同时，英国人已经享有欧洲大陆的自由主义者所要求的许多权利，比如出版自由和免受被任意拘禁的权利。英国君主的权力比几乎任何其他欧洲国家都要有限。自由主义的意识形态深深植根于英国的政治哲学和社会哲学，它解释清楚了许多辉格党人的政治信条。1815 年后，辉格党成为执政的保守党或者说是托利党的主要反对党。

在这种相对有利的政治气候下，英国的自由主义者追求三个主要目标，这相当于一套改革方案，而不是革命方案。第一个目标是废除剥夺天主教徒和不参加英国国教礼拜仪式的"非国教"新教徒的政治权力的法律。自由主义者在原则上反对宗教歧视，他们中的许多人不信奉英国国教。托利党首相、在滑铁卢打败拿破仑的威灵顿公爵最终同意了自由主义者的要求。不信英国国教的新教徒在 1828 年获得解放，一年后天主教徒获得解放。

第二个目标是扩大选举权。1830 年掌权的辉格党于 1832 年通过了《大改革法案》，从而实现了这一目标。这项立法将选举权扩大到大部分城市的中产阶级，在工业发展导致人口增加的地区，成立了许多新的选区，并在全国建立了统一的选举权标准。然而，遵循自由主义的原则，该法案将选举权限制在拥有一定财产的人的范围内。它拒绝了激进派对男性普选权的要求，也拒绝了所有女性的选举权。

第三个目标是自由贸易。其目的是对数百种商品的进出口征收一系列保护性关税，其中包括生产中使用的原材料。最令人痛恨的保护性关税是对粮食征收的关税，这使得基本食品的价格保持在高位，以保护地主和农民的利益。1837 年，一群实业家和激进改革者组成了"反谷物法联盟"，目的是废除 1815 年的《谷物法》，该法极大地限制了外国粮食进口到英国。这场反对保护主义的运动直到 1845 年才取得成功。当时，保守党首相罗伯特·皮尔爵士（Sir Robert Peel）通过争取党内部分议员的选票，并将他们与支持自由贸易的辉格党议员联合起来，废除了这项法律。皮尔是在爱尔兰发生马铃薯饥荒（见本书第 21 章）之后才采取这一行动的，因为饥荒已经开始造成大范围的死亡。

与自由主义者不同，19 世纪上半叶，社会主义者和激进民主主义者在英国几乎没有取得成功。1837 年，工人和中产阶级激进分子起草了《人民宪章》，要求男性普选权、每年召开议会、无记名投票、选区平等、取消议员的财产资格限制，并为议员支付薪水。这些人被称为"宪章派"，在经济状况恶化时，他们获得了广泛的民众支持，但英国工人几乎没有表现出上街抗议的意愿。政府在 19 世纪 40 年代减少间接税，

THE MEETING ON KENNINGTON-COMMON.—FROM A DAGUERREOTYPE.

1848 年 4 月 10 日，英国肯宁顿公地宪章运动集会（版画，英国派，19 世纪）。政府采取了预防措施，包括任命特别警察来对付人群，再加上下雨，伦敦的示威者人数低于预期。政府命令运动领袖费格斯·奥康纳（Feargus O'Connor）停止向议会行进的计划。

图片来源：The Illustrated London News Picture Library, London, UK / Bridgeman Images

加上对治安力量的有效使用和对刑法的严格执行，使英国在 1848 年没有爆发革命，而其代价是英国在接下来的 20 年里没有进行进一步的自由主义改革，比如将特别经营权扩大到工人。

1848 年革命

与英国不同，在 1848 年，欧洲大陆上几乎每个国家都爆发了革命。革命发生在对经济普遍不满的时期。欧洲国家在 1845 年和 1846 年遭遇粮食歉收，在 1847 年遭遇经济衰退，导致工农业工人的生活水平下降。不满情绪以大规模抗议和示威的形式表现出来，增加了暴力对抗的可能性。1848 年的革命比 19 世纪 20 年代和 1830 年的革命更为广泛，参与的人数也更多。这些革命更加关注民族主义和社会主义问题。

法国的 1848 年革命

1848 年的第一场革命发生在法国，路易－菲利普的自由主义政府面临着越来越多的批评。经济状况的恶化导致巴黎发生了一系列示威活动，示威者要求国家国家赋予工人选举权，要求国家对他们的产业提供援助。巴黎国民警卫队向示威者开枪，杀死了 40 人，路障再次出现在巴黎街道上，革命者占领了政府大楼。法国经历了 60 年来的第三次革命。为了挽救自己的政权，路易－菲利普把王位让给了他的孙子，但革命者废除了君主制，宣布成立法兰西第二共和国。

众议院选出了一个包括共和主义者、自由主义者和激进民主主义者在内的临时政府，其中还有两个社会主义者——路易·勃朗和一个喜欢被称呼单名阿尔贝（Albert）的工人。法国的 1848 年革命为社会主义者提供了实现民主社会主义共和国目标的第一次机会。当时在巴黎成立的 200 个俱乐部中，有许多是共和主义或社会主义性质的，其中一些俱乐部完全由女性组成。社会主义者的目标不仅包括男性普选权（这一点政府马上就答应了），还包括积极救助失业工人。路易·勃朗推动建立了让失业者到公共工程中工作的国家工厂。政府颁布法令，将城市的工作日的劳动时间缩短为 10 小时，农村地区缩短为 12 小时。

这些大胆的社会主义举措没有持续多久。到了夏天，革命的喜悦烟消云散，工人们的愿望破灭了。为了组成新的国民议会并起草新宪法，1848 年 4 月举行了选举，当选的绝大多数人是保守的君主主义者，只有少数共和主义者和社会主义者。对临时政府援助城市工人的不满，以及对为政府项目而征收附加税的愤怒，都表明激进的政治目标缺乏广泛的民众支持。在政府关闭工厂，并将巴黎工人送往军队或流放到外省后，新保守议会和左派势力之间的紧张关系加剧。

这些新政策导致了 1848 年 6 月巴黎工人阶级的暴力升级。当被称为"屠夫"的路易斯·卡芬雅克（Louis Cavaignac）将军受命恢复秩序时，正规军杀死了至少 1 500 名革命者，并将另外 4 000 人流放到法国殖民地。在卡尔·马克思看来，这些对抗构成了阶级斗争，是他预言的未来无产阶级革命的前奏。路易·勃朗与这些革命有牵连，他逃到了英国，而马克思本人也很快来到这里，并在此度过余生。

1848 年 12 月，拿破仑的侄子路易－拿破仑·波拿巴（1808—1873）被选为法兰西第二共和国的总统，革命宣告结束。作为总统，路易－拿破仑得到了保守主义者、自由主义者和温和的共和主义者的支持。他还受益于他的伯父创造的传奇和它所激发的民族主义情绪。因为第一个拿破仑成了皇帝，即使是那些更喜欢帝国而不喜欢共和国的人也可以投票给他的侄子。小拿破仑追随他伯父的脚步，在 1851 年 12 月解散国民议会，并在一年后宣布自己为法国皇帝。这一举动结束了法兰西第二共和国，建立了法兰西第二帝国。这位新皇帝自称为拿破仑三世，以纪念死于 1823 年的拿破仑一世之子、没有加冕的拿破仑二世。

德意志、奥地利、匈牙利和波希米亚的 1848 年革命

1848 年以前，自由主义和民族主义在德意志几乎没有取得什么胜利。在 19 世纪早期，德意志大学生受到"荣誉、自由、祖国"口号的鼓舞，举行了许多大型集会，但保守主义的力量压制着他们。1819 年旨在镇压大学激进主义的《卡尔斯巴德决议》（Carlsbad Decrees）在整

个德意志开启了一段严厉镇压的时期。在 1848 年之前，德意志自由主义者和民族主义者取得的唯一胜利是 1834 年建立的关税同盟——一个由德意志各国组成的关税同盟。即使是这个促进德意志领地内自由贸易的计划，也没有得到所有自由主义者的支持。

1848 年法国二月革命之后，德意志的自由主义事业迎来了一个重大机遇。然而，就像在法国一样，民主主义者和社会主义者对普选权（包括妇女平等权利）的激进要求，与更为温和的自由主义目标产生了冲突。德意志的激进派还要求政府援助因工业化而陷入经济困难的工匠和工人。在普鲁士首都柏林，这些不满情绪导致激进分子封锁了街道。在军队向人群开枪，造成大约 250 人死亡后，抗议活动升级。暴力蔓延到农村，农民要求地主放弃特权，允许农民自由使用土地。面对这些压力，国王腓特烈·威廉四世召集由男性普选产生的议会，起草新的普鲁士宪法。其他德意志国家也屈服于自由主义者的压力，建立了自由主义政府。

随着这些事件的发展，革命蔓延到了构成奥地利帝国核心的另一个德意志大国奥地利。巴黎革命的消息引发了维也纳学生和工人的示威游行。奥地利自由派贵族、中产阶级专业人士和不满的工人要求结束保守派领袖克莱门斯·冯·梅特涅的长期统治。为了回应这些团体的要求，皇帝斐迪南一世（1835—1848 年在位）召集制宪会议，建立了一个温和的政府。一个保守的普鲁士观察者担心这些让步会破坏"对抗革命浪潮最安全的大坝"。

1848 年奥地利革命和德意志其他领土上的革命的主要区别在于，维也纳事件唤起了匈牙利人和捷克人对帝国内部民族自治的要求。在匈牙利，民族主义领导人拉约什·科苏特（Lajos Kossuth，1802—1894）推出了一项自由改革和民族自治的方案。这一方案使马扎尔人与匈牙利王国内的各少数民族之间的关系变得更加紧张。类似的问题也出现在波希米亚，布拉格的一场革命导致捷克人要求在奥地利帝国内自治。1848年6月，捷克反叛者在布拉格召开了一场"泛斯拉夫大会"，以推进一项民族主义方案，实现全体斯拉夫人民的统一。这个理想主义的方案不可能实现，因为有许多不同的斯拉夫民族，每个民族都希望建立自己的自治。此外，在波希米亚有大量讲德语的人口，他们认同的是邦联中的其他德意志领土。

1848年5月的法兰克福议会会议是中欧革命中最具理想主义和雄心的行动。来自德意志各国的大约800名中产阶级自由主义者（其中大多数是律师、官员和大学教授）正在为统一的德意志起草宪法。议会代表发表了有力的演说，支持自由主义和民族主义的理想，并于1848年12月颁布了《德意志人民基本权利宣言》。该文件承认所有德意志人民在法律面前一律平等；享有言论、集会和宗教自由，拥有私有财产所有权（见本章"历史上的正义"专题）。然而，与许多自由主义议会一样，法兰克福议会未能满足工人和农民的需求。代表们反对男性普选权，认为这是一项"危险的实验"，并拒绝为因工业化而失业的工匠提供保护。因此，议会未能赢得广泛的民众支持。

1849年4月，法兰克福议会为统一的德意志起草了一部新宪法，德意志将拥有世袭的"德意志人皇帝"和两院制议会，其中一个将由男性普选产生。然而，奥地利投票反对这一新方案。没有奥地利的支持，新宪法几乎没有成功的希望。对德意志自由主义者的希望来说，最后的打击是普鲁士国王腓特烈·威廉拒绝接受法兰克福议会授予他的皇冠，他说这顶皇冠来自阴沟，"散发着革命的恶臭"。就在这时，法兰克福议会解散了，德意志自由主义者统一国家、制定新宪法的努力也以不光彩的结局而白费。

历史上的正义

德意志的卖淫、体罚和自由主义

1822 年 3 月，德意志北部城市不来梅的市政当局逮捕了格舍·鲁道夫（Gesche Rudolph），一名没有受过教育的 25 岁贫穷女子，原因是她没有向警方登记就从事卖淫活动。自从 5 个不同的欧洲国家的军队占领了她所生活的地区之后，鲁道夫就把性服务作为她唯一的谋生手段。被捕后，她没有受到正式审判，但被立即驱逐出该市，并被禁止再回来。她住到城外的一个村子里，无法通过卖淫来谋生，加上哥哥对她进行了身体上的虐待，于是她回到了不来梅，在那里她再次因卖淫而被捕。这一次，她被判处 50 下杖击和 6 个星期的监禁，之后她再次被驱逐出这座城市。再次回到不来梅后，她在一家妓院里因醉酒昏迷不醒而被捕，在再次被驱逐之前，她被判 3 个月监禁和 150 下杖击。在接下来的 20 年里，这种逮捕、惩罚、驱逐和返回的模式反复发生，杖击的次数上升到 275 下，监禁的期限长达 6 年。在服刑期间，她只能得到面包和水维持生命。

1845 年，鲁道夫在 6 年的监禁结束后被捕，随后被驱逐并再次返回不来梅，为此当局任命了一位自由主义律师格奥尔格·威廉·格罗宁（Georg Wilhelm Gröning）作为她的代理律师。格罗宁回顾了她的案件，计算出她总共被鞭打了 893 下并被监禁了 18 年，格罗宁向不来梅参议院提出上诉，理由是对她的惩罚不仅是徒劳的，而且是不道德的。他的上诉所涉及的问题远远超出了这一特定案件，甚至超出了对卖淫罪的起诉。这次上诉引发了关于体罚的合法性和价值的争议，在这个问题上，自由主义者和保守主义者之间存在分歧，因为他们对正义有不同的看法。

直到 18 世纪，欧洲的刑罚体系规定了对大多数罪行公开实施的体罚。这些惩罚包括针对轻微犯罪的鞭刑和枷刑，还有针对重罪的损毁肢体、绞刑和斩首。实施这些惩罚的主要理由是它们给犯罪提供了惩罚，并震慑罪犯和那些目睹惩罚的人以后不要犯罪。惩罚和震慑这两种主要功能与目前人们声称的死刑的功能是一样的。体罚也是为了羞辱罪犯，侵犯其身体的完整性，使囚犯受到嘲弄，有时还受到群众的虐待。对嫌疑犯施加酷刑以获取证据的做法也起到了这些作用，尽管司法上的酷刑是在审判期间发生的，而不是作为

19 世纪的体罚。1872 年，一名男子正在遭受 30 下鞭刑中的第六下。

图片来源：Mary Evans Picture Library / The Image Works

判决的一部分。

在 18 世纪，整个体罚和酷刑制度遭到了批判。普鲁士在 1754 年废除了酷刑，1794 年的《普鲁士民法典》也废除了多种形式的体罚。这部法典反映了启蒙运动思想家的关切，即所有此类对身体的攻击都是非人道的，并剥夺了个人的道德尊严。因为受体罚的大部分是穷人，这个制度也违反了法律面前人人平等的自由主义原则。

尽管有这些改革的努力，但在普鲁士和其他德意志国家，公共当局和私人依然继续非法实施体罚。保守主义者对正义的看法与自由主义者不同，他们为这些判决辩护。对他们来说，任何关于自然权利和人的尊严的说法都不过是"从人道主义思辨中衍生出来的抽象原则"。普鲁士警长尤利乌斯·巴龙·冯·米努托利（Julius Baron von Minutoli）男爵表达了对这个问题的保守立场，声称在预防犯罪方面，体罚比监禁更有效，因为只有体罚才能使罪犯心生畏惧。

　　显然，在格舍·鲁道夫这里，893 下杖击并没有让她心生畏惧，也没能阻止她犯罪。参议院让格罗宁担任这名年轻女子的监护人，并对她执行缓刑。格罗宁安排鲁道夫住在乡下，由一个有能力的乡下人严格监管。这个折中的解决方案至少打破了以前那种未能让她改过自新的被驱逐、返回和被惩罚的循环。我们不知道她最终是否放弃了卖淫的生活。

　　在格罗宁成为她的监护人后不久，德意志的反对体罚的自由主义者迎来了一场胜利。普鲁士国王腓特烈·威廉四世于 1848 年 5 月正式废除了这一做法。此后不久，法兰克福议会在其《德意志人民的基本权利宣言》中把免于体罚这一条纳入其中。包括不来梅在内的大多数德意志国家和城市在 1849 年将这项权利写入法律。然而，法兰克福议会的失败，以及 1849 年后自由主义在德国的普遍失败，导致了 19 世纪 50 年代一场保守主义者要求恢复体罚的强大运动，但是他们只是成功地在家庭内部、庄园和监狱中恢复了体罚。自由主义并没有成功地完全确立它的司法标准，但它确实结束了公开羞辱罪犯的惩罚。

　　到 1849 年中期，保守势力在德意志国家和奥地利帝国取得了胜利。在普鲁士，新选举产生的议会限制贵族特权的努力引发了被称为"容克"的保守派贵族的反对。腓特烈·威廉罢免了他任命的自由主义者，派遣军队到柏林，解散了议会。类似的命运也降临到其他德意志国家，如萨克森、巴登和汉诺威，这些国家都在革命的最初几个月建立了自由政府。1849 年 6 月，在奥地利，阿尔弗雷德·温迪施格雷茨亲王（Prince Alfred Windischgrätz）镇压了捷克起义，他又在 10 月镇压了维也纳革命。1849 年 4 月，当匈牙利宣布脱离奥地利帝国独立时，奥地利和俄国军队向该国进军，镇压了这场革命。

意大利的 1848 年革命

1848 年革命也蔓延到奥地利在意大利北部伦巴第和威尼西亚的领

地。在伦巴第的主要城市米兰，革命的发展遵循了与巴黎、柏林和维也纳相同的模式。当设置路障时，一些米兰革命军用从歌剧院偷来的中世纪的长矛击退了奥地利军队。他们的成功引发了伦巴第、威尼斯和南部两西西里王国的叛乱。在两西西里王国，西班牙波旁王朝的国王斐迪南二世（1830—1859 年在位）在 1 月份镇压了一场共和主义者叛乱后，被迫批准了一部自由主义宪法。这些起义的蔓延激发了将所有意大利人民统一为一个民族国家的愿望。

这个意大利民族主义的梦想来自 19 世纪上半叶的一些自由主义者和共和主义者。其最有力的倡导者是来自热那亚的革命者朱塞佩·马志尼，他希望通过直接的人民行动建立一个统一的意大利共和国。1831 年，马志尼创立了意大利第一个有组织的政党——青年意大利党，该党承诺要实现民族统一、民主和更大程度的社会平等。马志尼把对自由主义、共和主义和民族主义理想的充满激情的承诺结合到了一起。

然而，在 1848 年迈出了意大利统一第一步的是一位意大利国王，而不是马志尼或青年意大利党。国王查尔斯·阿尔伯特（Charles Albert）统治着意大利经济最发达的地区——皮埃蒙特 - 撒丁王国。1848 年，他的军队（包括来自意大利各地的志愿军）进军伦巴第，击败了奥地利军队。然而，查尔斯·阿尔伯特没有攻打奥地利，而是决定巩固他的战果，希望将伦巴第并入自己的王国。这个决定疏远了伦巴第和意大利其他地区的共和主义者。意大利其他国家的统治者担心，查尔斯·阿尔伯特的主要目的是要以牺牲他们为代价来扩大自己王国的疆域。到 1848 年 8 月，军事形势已经发生了逆转。奥地利军队在米兰城外击败了意大利民族主义者。这座城市的人们转而反对查尔斯·阿尔伯特，迫使他返回自己的首都都灵。1848 年的意大利革命彻底失败了。

1848 年革命的失败

1848 年法国、德国、奥地利帝国和意大利等国的革命导致了保守主义者的胜利，而自由主义者、民族主义者和社会主义者却失败了。革命初期通过的所有自由主义宪法最终都被废除或被撤销了。德国、意大利和匈牙利对民族统一的渴望破灭了。那些为了改善工作条件而建造路障的工人，他们的努力没有换来任何收获。

革命之所以会失败，是因为开始革命的不同团体之间存在分歧，特别是制定革命最初目标的自由主义者与走上街头的下层民众之间的分歧。自由主义者利用群众的支持来推翻他们所反对的政府，但他们在意识形态上对广泛政治运动的反对以及对进一步混乱的恐惧，削弱了他们的革命热情。自由主义者和民族主义者之间也出现了分歧，他们的民族自决目标需要与支持个人自由的自由主义者不同的策略。

欧洲国家和美国的民族统一（1848—1871）

在 1848 年之前，民族主义的力量几乎没有表现出来，尤其是当民族主义和自由主义的力量结合在一起的时候。除了 1821 年的希腊革命（其成功很大程度上得益于国际社会对奥斯曼土耳其的反对）之外，欧洲唯一成功的民族主义革命发生在比利时。这两场民族主义运动都是分离主义的，因为它们涉及将小国从大帝国中分离出来。1848 年，通过合并较小的国家和领土（如意大利和德意志），或通过联合所有斯拉夫人民（像泛斯拉夫大会上提议的那样），来建立国家的努力都失败了。然而，从 1848 年到 1871 年，意大利、德意志和美国的民族统一运动以各自不同的方式取得了成功。在广袤的奥地利帝国实现了一种不同类型的统一，但这对促进民族主义事业几乎没有什么帮助。

意大利的统一：建立一个不稳定的民族国家

意大利民族主义者统一意大利的伟大工程面临着巨大的障碍。奥地利军队控制着意大利北部的领土，并且挫败了 1848 年的民族主义运动，这意味着意大利的民族统一不会和平实现。繁荣富庶的北方与更加贫穷的南方之间的巨大经济差距，对任何经济一体化方案都构成了挑战。在王国、邦国或公国中，地方自治的悠久传统使得臣服于强大中央政府的前景毫无吸引力。教皇地位特殊，他控制着自己的领地，并影响许多其他国家的决定，构成了另一个挑战。然而，尽管有这些障碍，复兴意大利力量和再现古罗马辉煌成就的梦想依然有很大的情感吸引力。对控制意大利领土的外国人的仇恨可以追溯到 15 世纪，这进一步推动了民族主义运动。

1848 年革命失败后，意大利民族主义事业面临的主要问题是谁能有效地领导这场运动。毫无疑问，意大利最强大、最繁荣的皮埃蒙特 – 撒丁王国将是这项事业的中流砥柱。遗憾的是，国王维托里奥·埃马努埃莱二世（Victor Emmanuel II，1849—1861 年在位）是以他的狩猎、狂欢和与一个十几岁的情妇的私情而出名，而不是他的治国才能。但是，他任命了一位有自由主义倾向的贵族卡米洛·迪·加富尔伯爵（Count Camillo di Cavour，1810—1861）担任首相。加富尔表现出 19 世纪自由主义者的许多特征。他支持君主立宪制，主张限制神职人员的特权和影响，发展资本主义和工业经济。他致力于意大利半岛的统一，但必须是在皮埃蒙特的领导下，并且最好是作为国家之间的联盟。在很多方面，加富尔堪称意大利统一过程中的核心人物、共和主义者马志尼的对立面。马志尼的理想主义和浪漫主义思想使他认为民族统一是一种道德力

地图 22.2　意大利的统一（1859—1870）

意大利统一的主要步骤发生在1860年，当时皮埃蒙特－撒丁王国获得了托斯卡纳、帕尔马、摩德纳和罗马涅，加里波第以皮埃蒙特－撒丁国王维托里奥·埃马努埃莱二世的名义夺取了两西西里王国的控制权。谁为意大利的统一做出了最大的贡献？

量，将导致一个民主共和国的建立，然后进行广泛的社会改革。马志尼经常穿黑色衣服，声称他是在为未实现的统一而哀悼。

马志尼的民族统一策略包括一系列的起义和入侵。然而，加富尔采取的是外交途径，目的是获得法国的军事援助，以对抗奥地利。1859 年，法国和皮埃蒙特军队在马真塔（Magenta）和索尔费里诺（Solferino）击败了奥地利军队，并把他们赶出了伦巴第。一年后，拿破仑三世与加富尔签订了《都灵条约》，允许皮埃蒙特 – 撒丁王国兼并托斯卡纳、帕尔马、摩德纳和罗马涅，同时将意大利的萨伏依和尼斯割让给法国。这个条约促成意大利北部和中部的统一，除了东北部的威尼西亚和位于半岛中心的教皇国之外（见地图 22.2）。

实现统一的主要焦点现在转向了南部的两西西里王国。1860 年，那里爆发了一场反对波旁王朝君主弗朗西斯二世的起义，人们抗议新税和高价面包。此时，意大利统一故事中的第三位人物——激进的共和派冒险家朱塞佩·加里波第（Giuseppe Garibaldi，1807—1882）以决定性的力量加入其中。加里波第出生在尼斯，他的主要语言是法语，而不是意大利语。他和加富尔与马志尼一样，坚决要将所有的外国人赶出意大利，并实现意大利的统一。最初，加里波第是马志尼共和目标的支持者，在 19 世纪 60 年代，他转而支持意大利在君主政体框架内的统一。作为一位有魅力的军事领袖，加里波第组织了一支志愿军队伍，由于他们的临时制服的颜色非常鲜艳，所以他们被称为"红衫军"。1860 年，他率领 1 000 人在西西里岛登陆，占领了西西里的主要城市巴勒莫，并代表国王维托里奥·埃马努埃莱二世建立了独裁政权。随后，他登陆大陆并占领了那不勒斯。此后不久，那不勒斯、西西里和大多数教皇国的人民投票支持与皮埃蒙特 – 撒丁王国联合。1861 年 3 月，撒丁王国的国王获得了"意大利国王维托里奥·埃马努埃莱"（1861—1878 年在

朱塞佩·加里波第。加里波第穿的制服是他在乌拉圭内战时期（1842—1846）作为游击队员参加战斗时穿的。加里波第还在美国接受了两年的庇护。

图片来源：Hulton-Deutsch Collection / Historical / Corbis

位）的称号。1866 年，奥地利将威尼西亚割让给意大利，1870 年一直分担保护教皇国责任的法国军队从罗马撤出，意大利实现了完全统一。

意大利的统一并没有完全实现民族主义者建立一个文化统一的民族或一个强大的中央国家的崇高目标。统一后，意大利北部和南部的经济差异比以前更大了。绝大多数人继续使用自己的方言，甚至是法语，而不是意大利语。地方自治的传统和对北部财富集中的不满，阻碍了对新意大利国家忠诚的发展，在 19 世纪 70—80 年代，在昔日的两西西里王国引发了一系列血腥的叛乱。

南部广泛存在的盗匪行径加剧了这种不稳定性。这些盗匪都是农民出身，他们为了保护一个似乎要消失的世界，横扫城镇，打开监狱，洗劫富人的房子，抢劫其财物。与盗匪活动密切相关的是西西里岛上黑手党的壮大，这些武装组织控制了当地的政治和经济。黑手党起源于 19 世纪 60 年代的民族统一斗争，民族统一后，他们在西西里岛的地位得到巩固。黑手党势力、猖獗的盗匪活动以及意大利人对当地社会持久的忠诚，这些都使新生的意大利国家难以繁荣发展。民族统一运动把法国人和奥地利人赶出了意大利半岛，但是没能建立一个模范的民族国家。

德意志的统一：保守国家的建立

和意大利一样，在经历了 1848 年的挫折之后，德意志经历了一次成功的民族统一运动。德意志的统一同意大利一样，受益于精明政治家的行为和其他国家的决策。然而，与意大利不同的是，德意志是在高度保守而非自由主义势力的指导下实现统一的。

普鲁士王国拥有大量讲德语的人口、巨大的财富和强大的军队，成为这场民族主义运动的领导者。这一过程中的关键人物是奥

1871 年 1 月 21 日，在凡尔赛宫的镜厅里，德意志帝国宣告成立。普鲁士国王威廉一世被加冕为德意志帝国的皇帝。图中央穿着白色制服的是德意志统一大业的最大功臣奥托·冯·俾斯麦。

图片来源：BPK, Berlin / Bismarck Museum / Art Resource, NY

托·冯·俾斯麦（Otto von Bismarck，1815—1898）伯爵，他是一名律师和官僚，出身于一个古老的容克贵族世家，1862 年普鲁士国王威廉一世任命他为首相。无论是出身，还是天性和后来所接受的教育，俾斯麦都是一个顽固的保守主义者，决心维护和加强普鲁士的贵族制和君主制，使普鲁士国家更加强大。为了实现他的目标，俾斯麦毫不犹豫地与任何政党结盟，包括自由主义者。这种将政治手段服务于政治目的，以及俾斯麦愿意不顾任何道德考虑使用任何必要的策略的做法，使他成为"现实政治"的支持者，即完全依据成功的现实可能性来采取政治策略。

俾斯麦通过行使赤裸裸的军事和政治权力来追求民族统一的目标。他在 1862 年曾经说过："当今的重大问题，不是用说空话或多数派决议

（这是1848年和1849年的错误）所能解决的，而必须用铁和血来解决。"俾斯麦不像其他德意志民族主义者那样，对祖国充满浪漫主义的热爱，也不像他们那样希望建立一个体现德意志民族精神的国家。他实现德意志民族统一的决心与他加强普鲁士国家实力的目标成为同义词。这种追求普鲁士在统一的德意志内部至高无上地位的决心，就是为什么在民族统一方案中他会坚决排斥另一个德意志大国奥地利。

俾斯麦主要通过普鲁士在三次战争中的胜利实现了德意志的统一（见地图22.3）。第一次是1864年对丹麦的战争，使普鲁士和奥地利共同控制了石勒苏益格和荷尔斯泰因这两个丹麦公国，这里有大量讲德语的人口。第二次是1866年的普奥战争，最后导致22个德意志国家组成了一个新联盟，即北德意志邦联。这个新的政治结构取代了1815年建立的德意志邦联，这个松散的联盟由39个国家组成，其中包括奥地利。北德意志邦联有一个中央立法机构，即北德议会。普鲁士国王担任邦联主席，俾斯麦任首相。最重要的是，奥地利被排除在外。

第三次是1870—1871年的普法战争，这场战争完成了德意志的统一。这场冲突始于法国皇帝拿破仑三世对普鲁士试图将一位普鲁士王室成员推上西班牙空缺王位的努力提出挑战。俾斯麦抓住了这个机会来对付法国，因为法国控制着东部边境讲德语的地区，并与德意志南部各个国家建立了联盟。俾斯麦打出了漂亮的外交牌，首先保证俄国、奥地利和英国不会支持法国。然后，他利用现代化的军队入侵法国，占领了梅茨和色当两个城市。在这次军事进攻中，拿破仑三世的被俘加速了法兰西第二帝国的灭亡，促成了1870年9月法兰西第三共和国的建立。

由于战胜了法国，普鲁士吞并了以讲德语为主的阿尔萨斯和洛林地区。更重要的是，这场战争促成了德意志帝国的诞生，普鲁士的威廉

地图 22.3 德意志的统一（1866—1871）

普鲁士统一了除奥地利以外的所有领土。普鲁士促成了1866年北德意志邦联和1871年德意志帝国的形成。为什么奥地利没有被纳入统一的德国？

一世成为皇帝。德意志帝国包括很多德意志国家，名义上是一个联邦，就像之前的北德意志邦联一样。但在实践中，这个政治结构是由普鲁士主导的，和普鲁士政府一样，新生的德意志帝国政府是高度专制的。政府通过采取支持自由贸易的政策赢得了中产阶级的支持，但帝国政府提倡的意识形态是保守主义和民族主义，鼓励人们献身于"上帝、国王和祖国"。

美国的统一：建立一个多民族的国家

就在意大利和德意志通过将不同的王国和领地拼凑在一起来实现民族统一的同时，美利坚合众国也在进行领土扩张，将通过购买或征服获得的土地以州的形式纳入联邦。这个统一的过程是以一种零零碎碎的方式进行的，比 19 世纪 60 年代意大利和德意志的统一花费的时间要长得多。其中包括在 1819 年吞并佛罗里达，并在 1845 年允许得克萨斯作为一个已经独立 9 年的共和国加入联邦。加利福尼亚在 1846 年从墨西哥独立出来，于 1850 年加入联邦。这个逐渐统一的过程一直持续到 1912 年新墨西哥和亚利桑那加入联邦。

19 世纪 60 年代，美国的统一受到了一次重大考验，11 个南方州为了保留奴隶制的经济制度，并将奴隶制扩展到联邦政府获得的新领土，脱离联邦，组成了它们自己的联邦。奴隶制问题加剧了南北方的对立，造成了深刻的文化和意识形态的分歧，使得民族统一的目标显得遥不可及。内战背后的宪法问题是维护联邦。1861 年就任总统的亚伯拉罕·林肯在 1858 年发表的一篇著名演讲中宣称："一个分裂的国家无法屹立不倒……这个政府不能永远容忍一半是奴隶一半是自由人的状态。"当战争结束、奴隶制被废除时，联邦不仅得到了维护，而且得到了加强。美国宪法修正案规定所有公民依法享有平等保护权。拥有自己的区域经济的南方融入了日益商业化和工业化的北方。渐渐地，美国人民开始认为自己是一个团结的民族，来自世界上许多不同的国家。因此美国成了一个多民族国家。

东欧的民族主义：维护多民族帝国

发生在德意志和意大利的民族统一形成了西欧模式的一部分，在这一模式中，主要的政治组织单位成为民族国家。在这些国家的边界内永远会有少数民族，但这些国家将鼓励其所有公民提高民族意识。19世纪初，法国、英国和西班牙实现了民族统一，国家在这一过程中发挥了核心作用。这些西欧大国的少数民族偶尔威胁要建立独立的民族政治单位。然而，除了爱尔兰这个明显的例外，它的南部地区在20世纪从英国独立出来，"西欧"大国一直保持着它们的统一，并通过增进民族主义情绪来维持这种统一。

"东欧"实行的是一种非常不同的模式，尤其是在奥地利帝国和俄罗斯帝国。这两个帝国并没有成为统一的民族国家，而是保持了庞大的多民族政治形态，包括许多不同的民族。这种模式在幅员辽阔的奥地利帝国最为明显，其中有至少20个不同的民族，每个民族都认为自己是一个国家（见地图22.4）。这些民族中人口最多的是奥地利的德意志人，以及匈牙利的波希米亚人和马扎尔人，但捷克人、斯洛伐克人、波兰人、斯洛文尼亚人、克罗地亚人、罗马尼亚人、乌克兰人和意大利人（1866年以前）都是数量可观的少数民族。从地图22.4可以看出这种多样性。帝国内部的各个民族除了对捍卫天主教信仰和贵族特权的奥地利皇帝的忠诚外，并没有其他的共同之处。帝国的民族统一比加富尔和俾斯麦面临的任务艰巨得多。

民族主义意识形态有分裂这个不稳定的统一帝国的危险。它唤起

地图 22.4 奥地利帝国境内的民族

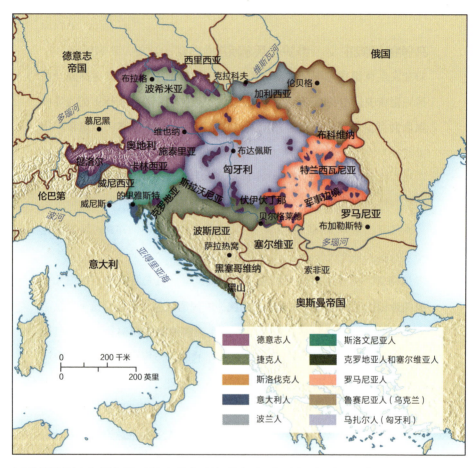

奥地利帝国内部有大量不同的民族，因此不可能满足所有民族建立自己的国家的要求。奥地利皇帝弗朗西斯·约瑟夫对民族主义意识形态的态度与俾斯麦有何不同？

了匈牙利、捷克和其他国家对民族自治的要求，也引发了一场所有斯拉夫人的民族统一运动。皇帝弗朗西斯·约瑟夫（Francis Joseph，1848—1916年在位）认识到了民族主义意识形态的危险。他还担心，常常与民族主义联系在一起的自由主义会削弱他在1848年革命失败后重新主张的权威。因此，他处处压制民族主义者的抱负。这一政策对欧洲未来的历史产生了灾难性的后果，因为直到今天，斯拉夫民族主义和分离主义仍然是东南欧政治不稳定的根源。

在这个动荡时期，弗朗西斯·约瑟夫在其庞大帝国的民族主义情绪面前只做出了一次重大让步。1867年，他同意建立奥匈帝国的"二元君主制"，他将同时成为匈牙利的国王和奥地利的皇帝。每个君主制国家都将有自己的议会和官僚机构，尽管外交政策和财政事务将在维也纳被处理。这就是历史上的《奥匈协议》，这个协议是对马扎尔人的让步，马扎尔人是匈牙利的主要民族，也是帝国的第二大民族。然而，奥地利和匈牙利这两个国家的所有其他民族却没有得到什么好处。《奥匈协议》正式承认在二元君主制下所有民族都是平等的，允许用当地语言进行教育，但只允许奥地利的德意志人和匈牙利的马扎尔人拥有自己的政治身份。皇帝现在统治着两个多民族的君主国，而不是一个统一的民族国家。

国际冲突和国内政治（1853—1871）

1853—1871年，欧洲列强之间发生了两场战争，一场在西部边境，另一场在中部，这两场战争对国内政治产生了重大影响。1853—1856年的克里米亚战争导致俄国不情愿地实行了自由主义改革，而1870—

1871 年的普法战争则阻碍了法国在 19 世纪剩余的时间里自由主义和社会主义的发展。

俄国和克里米亚战争（1853—1856）

克里米亚战争是俄罗斯帝国扩张的直接结果。它的起因是俄国占领了奥斯曼帝国的摩尔达维亚公国和瓦拉几亚公国（现在的罗马尼亚），以获得进入君士坦丁堡海峡的通道。俄国人声称他们是为了保护巴尔干地区的东正教徒免受奥斯曼土耳其穆斯林的压迫。他们还声称，他们正在促进在俄国主持下的所有斯拉夫人民的民族统一。实际上，这种俄国版的泛斯拉夫主义是俄国帝国主义的一种极端形式，旨在抑制斯拉夫少数民族的民族主义抱负。

随着俄国占领摩尔达维亚和瓦拉几亚，奥斯曼土耳其人向俄国宣战。英国在这场冲突中站在了奥斯曼土耳其人一边，表面上是为了保持欧洲的均势，但实际上也是为了防止俄国入侵英国最重要的殖民地印度。法国和英国联合起来，派出大量军队开始围攻黑海的塞瓦斯托波尔（Sebastopol）港。

训练不足的英国军队由那些购买了军职的军官指挥，他们对军事战术没有充分的了解，因此英军遭受了惨重的伤亡，其中更多的是死于疾病而不是战争。战争中最愚蠢的一幕发生在英军轻骑旅，他们冲进了巴拉克拉瓦（Balaklava）附近的深谷，结果遭遇了盘踞在周围山丘上的俄军的炮击。

然而，英国、法国、奥斯曼帝国以及 1855 年参战的皮埃蒙特－撒丁王国取得了胜利，俄国遭受了 19 世纪最屈辱的失败。这一失败引起了一场危机，导致了在沙皇亚历山大二世（Tsar Alexander II, 1855—1881 年在位）统治期间的一系列自由主义改革。优柔寡断的亚历山大二世在克里米亚战争期间继承了王位，他算不上是一个自由主义者（他曾称法国的政府体系是"卑鄙的"），但他确实屈服于不断增长的自由主义压力，在1861年解放了5 000万农奴。亚历山大二世还建立了民选的地方议会，40%的农民有选举权，实施了新的司法制度，并推行了教育改革。

法国和普法战争（1870—1871）

法国在1870—1871年的普法战争中战败，这对法国的自由主义和社会主义的命运都产生了负面影响。拿破仑三世在1852年建立法兰西第二帝国时，试图通过保留男性普选权的传统和将他的统治提交给民众批准来掩盖他篡权的事实。19世纪60年代，他的政府被称为"自由帝国"，是保守主义、自由主义和民族主义的奇怪混合体。"小拿破仑"逐渐实行了表面上的议会制，放松了对出版的审查，并鼓励工业发展。他唤起了对他的伯父拿破仑一世的记忆，在这一混合体中增加了强烈的民族主义情绪。

然而，军事失败摧毁了拿破仑三世的政权。皇帝本人在色当战役中被俘，这是他个人和国家的耻辱。法兰西第二帝国崩溃了。1870年9月，法兰西第三共和国的建立导致了法国政治意识形态的重大转变。次年1月，法国资深政治家阿道夫·梯也尔（1797—1877）希望建立一个保守的共和政体，如果可能的话，就恢复君主制，他与俾斯麦达成了停战协议。在新的一次国民议会选举中，君主主义者获得了多数席位，这一可能性进一步增大。国民议会随后选举梯也尔为临时政府的总统。

临时政府决心对整个法国宣示它的权威。特别是，它想要遏制巴黎的独立。然而，巴黎人决心继续与普鲁士进行斗争，并保持1792年和1848年在这座城市蓬勃发展的法国激进主义传统。新巴黎公社的社

1871 年 5 月，巴黎公社社员被处决。在这场革命中，法国临时政府的军队杀死了至少 2.5 万名巴黎人。

图片来源：BPK, Berlin / Art Resource, NY

会主义和共和主义理想，加上它维护巴黎独立的决心，在本章开头所描述的流血事件中达到了高潮。巴黎公社被镇压标志着法国社会主义和激进主义的惨痛失败。法兰西第三共和国延续了下来，但其思想基础是保守的民族主义，而非自由主义或社会主义。

结语：西方意识形态的转变

1815—1871 年发生的意识形态冲突导致了西方政治文化的重大变化。随着 19 世纪早期自由主义、保守主义、社会主义和民族主义的意识形态在政治运动和革命中发挥作用，支持这些意识形态的人经常重新定义他们的政治目标。例如，英国和法国的许多社会主义者认识到自由主义者援助的必要性，放弃了创建一个无阶级社会的呼吁，转而寻求增加工资和改善下层阶级的工作条件。社会主义者要求更大程度的经济平等，这迫使自由主义者接受国家对经济进行更多干预的必要性。保守政治的现实导致德意志和意大利的自由民族主义者接受了新成立的民族国家，虽然这些国家比他们最初希望建立的更加专制。意识到他们所反对的意识形态的力量，保守的统治者如皇帝拿破仑三世和沙皇亚历山大二世这样的人同意实行自由主义改革。在 1870 年开始的大众政治时期，自由主义者、保守主义者、社会主义者和民族主义者将继续修正和调整他们的政治和意识形态立场，这将是本书下一章的主题。

经历了这一调整和修正过程，西方意识形态对世界历史产生了广泛的影响。在 20 世纪，本章讨论的四种意识形态中的三种已经在西方地理和文化边界之外的世界部分地区引发了政治变革。自由主义为印度、日本和一些非洲国家寻求建立基本公民自由意识的运动提供了表达方式。在俄国，这个在许多世纪里横跨东西方边界的国家，社会主义以共产主义形式引发了革命。在印度尼西亚、泰国和刚果共和国等不同国家，民族主义展现了其爆炸性的潜力。自 19 世纪以来，西方意识形态就表现出了一种塑造和适应各种政治与社会环境的能力。

民意党成员被处决。1881 年 4 月 15 日，革命恐怖组织民意党的成员因参与暗杀沙皇亚历山大二世而被处以绞刑。

图片来源：The Granger Collection

第 23 章

大众政治的到来

1870—1914 年

1881 年春，在俄罗斯帝国的首都圣彼得堡发生了一件令人痛心的事。28 岁的索菲亚·佩罗夫斯卡娅（Sofia Perovskaia）马上就要因参与暗杀沙皇亚历山大二世而被处决。虽然佩罗夫斯卡娅出身富贵，但她参加了社会主义革命运动。她成了民意党的领导人，这是一个旨在通过破坏和暗杀来推翻沙皇政权的小型革命组织。1881 年 3 月 1 日，6 名民意党成员驻守在圣彼得堡的街道上。得到佩罗夫斯卡娅的暗示之后，他们引爆了炸弹，暗杀了欧洲最有权势的人之一。

暗杀者很快就被逮捕并被判处死刑。在执行死刑那天，佩罗夫斯卡娅平静地登上了绞刑台，但是当绞索套在她脖子上时，她用脚趾紧紧抓住了下面的平台。两个壮汉努力把她的脚撬开，以便于她被绞死。

佩罗夫斯卡娅光着脚站在绞刑台上，两位行刑者竭力将她推至死地。19 世纪末欧洲政治斗争的激烈程度由此可见一斑。正如我们在本书第 22 章中所讨论的，自由主义者、保守主义者和社会主义者之间的思想冲突塑造了 19 世纪西方的政治文化。1870 年后，这些冲突加剧并扩大了。工业革命带来的经济和社会变革创造了大众政治。这是一种新的政治文化，其特点是上层和中产阶级以外的男性（但还不包括女性）参与到政治事务中来。随着工业化在整个欧洲的扩展，传统上被排斥在权力之外的个人和团体开始争取在国家政治事务中的发言权。但是，就像索菲亚·佩罗夫斯卡娅的行刑者一样，统治阶级常常会竭尽全力将这种新生的政治力量从政治权力的平台上推下去，而且他们往往能成功做到。对这种冲突的考察可以回答一个重要问题：20世纪初，新的大众政治如何重塑西方的定义？

经济转型

1870—1914年，有三种经济发展帮助塑造了西方的行为和态度：1873年开始的经济大萧条、工业革命的扩大和转型，以及城市化和移民的加速发展。这些发展导致的社会暴力冲突改变了西方的政治结构和意识形态。

经济大萧条和工业扩张

19世纪70年代，欧洲经济开始下滑，价格、利率和利润都下降了，许多地区直到19世纪90年代中期经济发展都保持在低位。欧洲的农业受到的打击最大，到19世纪90年代，小麦的价格只有60年代的三分之一，农民难以为继。工业和商业的情况比农业好些，但制成品价格的下降经常高达50%，这挤压了商业利润率。

是什么导致了这次大萧条呢？具有讽刺意味的是，答案竟然是工业革命的成功。正如我们在本书第21章看到的，在1760—1860年，经济生产发生了巨大的变化，首先是在英国，然后是在西欧的部分地区。1860年后，工业革命席卷了整个欧洲大陆。铁路日益将欧洲不同的地区连接成一个单一的经济网络。这为来自美国中西部和乌克兰的廉价粮食打开了欧洲市场，也因此使欧洲的农业部门陷入了经济危机。

工业革命的扩展也与经济大萧条有更广泛的联系：随着地区和国

前工业化的连续性。在这张照片中，一个法国农民家庭正在劳动间歇吃饭，这凸显了工业化的不彻底性，即使在西欧也是如此。直到 19 世纪 80—90 年代，许多农村地区才被纳入现代工业经济的怀抱。

图片来源：Roger Viollet / Getty Images

家的工业化，它们生产了更多的商品；然而，许多产业工人、农业劳动者和拥有土地的农民几乎没有钱去购买这些工业产品。换句话说，到 19 世纪 70 年代，大众消费社会还没有到来，无法与工业化带来的大规模生产相匹配。产品生产超过消费，因此导致了长期的农业和工业大萧条。

工业的变化

欧洲和美国的工业化发展恰逢工业革命的新阶段，一些历史学家甚至称之为"第二次工业革命"。这个工业革命时代与以往不同的原因有三：一是重大科技创新带来的重要新兴产业的出现；二是产业组织更加复杂化；三是工业产品营销方式的重要转变。

第一次工业革命以纺织和煤炭为主导，而第二次工业革命则依靠化学、钢铁和电力。合成染料和石油精炼新技术的发展，使化学和石油工业在 1870 年后的几十年里成为西方经济的重要产业。同样，一系列新技术使制造商能够廉价地生产大量钢铁，这反过来又促进了铁路和造船工业的发展。

新的钢铁工业也改变了建筑业。与机械起重机和切石机的发明相结合，新的钢铁技术使建筑商们把楼建得越来越高。随着这些新建筑的拔地而起，城市景观发生了变化。例如，古斯塔夫·埃菲尔（Gustave Eiffel，1832—1923）的工程公司为庆祝 1889 年举办巴黎世界博览会而建造了埃菲尔铁塔，它是以铁路高架桥的结构支撑为原型的，曾被批评者嘲笑为"真正的悲剧路灯"和"烂尾的工厂烟囱"，但它很快成为巴黎和工业现代化新时代的象征。

电力的发展也是第二次工业革命的成果之一。1866 年，英国科学家迈克尔·法拉第（1791—1867）设计了第一台电磁发电机。1879 年，美国人托马斯·爱迪生（1847—1931）发明了灯泡。这些发明造就了一个巨大的能源生产工业，还加快了其他工业产品的生产和流通，因为工厂、商店以及为它们提供服务的火车和电车线路与城市电网相连接。

工业的组织形式也发生了很大变化。企业规模变得越来越大，组织结构越来越复杂。为了在利润下降时期控制生产成本，企业主发明了新的组织形式，包括纵向整合和横向整合，前者例如收购提供原材料和

波尔多自行车比赛的原创服装（彩色版画，戈德弗鲁瓦·杜兰德（Godefroy Durand，1832—1920）创作于1868年，私人收藏）。自行车是大规模工业生产使日常生活发生革命性变化的例证。因为太穷而买不起马或汽车的普通人，他们第一次可以购买自己的私人交通工具。骑车到达他们想去的地方只需步行所同的四分之一。正如这幅版画所显示的，自行车也促进了女性开阔视野。

图片来源：Bridgeman Images

生产成品的公司，后者是指与同一行业的公司联合（通常被称为"托拉斯"或"卡特尔"），以确定价格，控制竞争，并确保稳定的利润。标准石油公司是这两种趋势的例证。这家公司于 1870 年由约翰·D. 洛克菲勒（John D. Rockefeller，1839—1937）创立，到 19 世纪 90 年代，该公司已经垄断了美国 75% 的石油业务，并控制了铁矿、木材、制造业和运输业。

在这些巨大的、通常是跨国的新型公司中，组织变得更加复杂和非人性化。所有者经营的小型家族企业变得越来越稀少，因为在工人和企业主之间有大量的管理人员和文员。甚至连确定谁是"企业主"也变得困难起来。对资本的需求推动这些大型企业向众多股东出售公司股份，这样一来，每个股东都拥有公司的所有权。

商品的营销方式也发生了变化。在这几十年里，零售业领域发生了一场革命，出现了一种针对中产阶级顾客的新型商业形式，即百货公司。在传统的商店中，零售商（通常也是生产商）以相当高的价格提供数量有限的少量产品供选择。相比之下，在这些新开的百货商店里，琳琅满目的商品被摆在消费者的面前，如巴黎的乐蓬马歇（Le Bon Marché）百货公司、纽约的梅西（Macy）百货公司和伦敦的怀特利（Whiteley）百货公司。这种百货公司靠大量低价产品的快速周转而获利。为了刺激销售，它们设法使购物成为一种愉快的体验，在宽敞明亮的卖场里摆满了有吸引力的商品，由彬彬有礼、训练有素的店员销售。店内的阅读室和餐厅让购物者们尽享尊崇。另一项创新是商品邮购，它将商店购物的乐趣提供给远方的顾客。广告成为一个至关重要的行业，因为商业试图说服潜在的顾客产生新的需求和购物愿望。

在路上：移民与城市化

经济大萧条和工业革命的扩张与转型加速了城市化和移民的模式。经济大萧条对农业地区的打击尤其严重，而此时人口增长对土地和就业造成了更大的压力。此外，工业扩张破坏了农村手工业生产。因此，来自传统农村的男女只好到欧洲、美洲和澳洲的工业化城市寻求新的经济机会。

1870年后，欧洲的城市急剧增多。1800年，人口超过10万的欧洲城市只有23个，到了1900年，这样大的城市多达135个。整个欧洲的人口在这一时期继续增长，但城市的增长速度要快得多。例如，在1800年，乌克兰的敖德萨只有6 000名居民，到了1914年，增加到了48万人。

为了寻找机会，工业不发达地区的居民迁移到经济较发达的地区。意大利人涌向法国和瑞士，而爱尔兰人则越过爱尔兰海涌入利物浦和格拉斯哥。一些移民不是前往最近的城市，而是前往另一个大陆。在1860—1914年，超过5 200万欧洲人为了追求更好的生活横渡大洋。在这些越洋移民中，超过70%的人去了北美，21%的人去了南美，其余的人去了澳大利亚、新西兰或亚洲和非洲的殖民地。[1]来自东欧的移民在前往美国的移民中所占比例越来越大。19世纪80年代，一共有10万波兰人移居美国。然而，到了20世纪初，每年有13万—17.5万波兰人前往美国。

日益严重的社会动乱

经济的快速变化和城市化与移民的加速发展加剧了社会紧张局势，破坏了政治结构的稳定性。经济大萧条导致的价格直线下降破坏了资本主义的利润率。作为回应，商人们努力减少雇员的数量，提高劳动生产率。这让工人非常愤怒。降价确实意味着就业工人的生活水平提高了，但失业和未充分就业的人数也同样提高了。因此，这几十年的特点是阶级敌对加剧。

在西班牙和爱尔兰等农村地区，农产品价格暴跌引发了社会和经济危机。农业工人和农民诉诸暴力，要求更公平地分配土地。工业化在南欧和东欧的扩展造成了动乱，因为手工业生产者和独立手工业者为维持他们的传统生计而斗争。

大批移民涌入欧洲城市，加剧了社会紧张局势。城市往往无法应对人口的急剧增长。新来者会和原有居民竞争工作机会和住房。事实证明，民族和种族的混合尤其具有爆炸性。

定义民族

上一节详述的经济和社会变革促成了大众政治的形成。由于工业扩张破坏了地方和区域的文化、忠诚和思维模式，它为新的民族政治认同和利益的发展扫清了道路。铁路、电报和电话打破了距离的障碍，而新的印刷技术使报纸变得便宜，普通人也能买得起。由于能够获得信息，他们现在可以形成意见，并以前所未有的方式参与对国内和国际问题的辩论。城市的急剧扩张也为大规模政治运动的发展创造了环境。

面对这种新型政治文化的挑战，政治领导人设法平息社会不满，并确保其人民的忠诚。这一切是在意大利和德意志的国家统一和奥斯曼帝国的持续衰落（见本书第 22 章）所造成的动荡的国际背景下发生的。随着欧洲均势的变化，各国政府竞相加强国内外实力。

民族建构

1870 年后，除了最具有威权主义色彩的欧洲领导人之外，所有的欧洲领导人都认识到"民族建构"的重要性，即创造一种民族认同感，以解决分裂其公民或臣民的地区、社会和政治的忠诚的冲突。但是，欧洲的政治精英们在努力让普通人感受到他们是政治生活一部分的同时，也在努力保持自己在社会和政治上的主导地位。随着社会主义对自由主义和保守主义政权的挑战，当权者必须想办法维持现状。

选举权的扩大

正如英国的例子所证明的那样，维护权力的一个方法就是分享权力。19 世纪上半叶，英国的地主精英在不放弃自己的统治地位的情况下，满足了中产阶级扩大其影响力的要求。地主贵族和绅士在两大政党——自由党和保守党（又称托利党）——中都扮演着重要角色，但两党都鼓励工业发展和有利于中产阶级的政策。在 19 世纪的最后三分之一时间内，选举权扩大到男性工人阶级。1867 年，许多城市工人获得了选举权。1884 年，这项权利又扩大到农村男性劳动者。虽然英国直到第一次世界大战后才实现男性普选权，但选举权的逐渐扩大使许多英国男性工人阶级相信没有必要进行革命。

这一时期整个欧洲都出现了类似的模式，贵族和中产阶级的政客们将选举权扩大到下层阶级的男性。这些政治领袖认为，选举权改革是避免社会主义革命的一种方式，可以将潜在的革命者吸收到体制内。

社会改革

然而，新选民必须被争取，必须说服他们按照领导人希望的方式投票。各政党因此转向社会福利立法。自由主义和保守主义的政客们都利用社会福利改革来说服工人阶级选民，让他们相信他们既有的政治体系与他们利益攸关，从而降低了社会主义革命的吸引力。

例如，在 19 世纪 80 年代，德意志帝国首相奥托·冯·俾斯麦推出了一些欧洲至此时为止最彻底的社会福利措施。作为一个极端保守的贵族，俾斯麦试图确保德意志帝国的稳定和民族统一。由于对社会主义政党德国社会民主党所受的欢迎感到惊慌，俾斯麦于 1878 年宣布其为非法政党，然后颁布法律吸引工人阶级选民。他在 1883 年开始提供疾病津贴，在 1884 年开始提供工业事故保险，在 1889 年开始提供养老金和残疾保险。

与他们的对手保守主义者一样，自由主义者政界人士也把社会改革视为保持权力和创造民族统一的一种方式。1906 年，英国工会成员和社会主义者组成了工党。出于对社会主义者威胁的警惕，英国自由党政府颁布了一系列福利措施，包括国家资助的学童午餐、老年人的养老金，以及一些工人的疾病和失业津贴。意大利也发生了类似的情况。由于害怕革命社会党日益增长的吸引力，自由党领袖乔瓦尼·乔利蒂（Giovanni Giolitti，1842—1928）努力改善工人的生活，并让他们相信真正的变革并不需要革命。乔利蒂使工会合法化，设立了公共健康和人寿保险项目，打击雇用童工，实行每周 6 天工作制。

学校教育

与社会福利方案一样，创建公立小学也是建立内部统一（因而具有外部竞争力）的民族国家的重要工具。19 世纪晚期，西欧和中欧的大多数国家建立了免费的公共基础教育体系。这样的学校有助于培养对国家和领导人的忠诚。例如，在 19 世纪 80 年代，法国的教师被告知"他们的首要职责是让学生热爱和理解祖国"[2]。

大众教育（《儿童班》，布面油画）。1889年，为了庆祝法国大革命100周年，亨利·儒勒·让·若弗鲁瓦（Henri Jules Jean Geoffroy，1853—1924）在世界博览会上展示了自己创作的这幅画。在法国，共和国的支持者将公立学校系统视为法国大革命的核心成就之一，并将公立学校教师视为共和（与宗教或君主制相反）理想的化身。为了与这些革命和共和的理想保持一致，在若弗鲁瓦的教室里既有中产阶级的男孩（穿着白领衣服），也有下层阶级的同龄人。

图片来源：Ministere de L'Education Nationale, Paris, France / Archives Charmet / Bridgeman Images

　　学校教育从三个方面帮助建立了民族认同感。首先，学校确保了民族语言的胜利。孩子们被要求放弃他们的方言（如果不放弃，有时会受到严厉的惩罚），学习用民族语言阅读和书写。其次，历史和地理课程教给孩子们关于过去的故事，这增强了他们属于一个优等民族的归属感，而且往往服务于特定的政治目标。例如，法国的教室里挂着的法国地图就把阿尔萨斯和洛林这两个省包括在内，虽然德意志在1871年

德意志帝国皇帝威廉二世和他的随从。威廉二世在公共场合露面时喜欢穿军服。通过这种方式，威廉二世本人象征着德意志帝国国家与军事力量之间的联系。

图片来源：Library of Congress Prints and Photographs Division [LC DIG ggbain 16918]

普法战争后占领了这两个地区。最后，学校充分参与了民族主义仪式，包括唱爱国主义歌曲，如《德意志高于一切》（*Deutschland Über Alles*）或《统治吧，不列颠尼亚》（*Rule，Britannia*），并纪念军事胜利或民族英雄的特殊日子。

发明传统

民族主义的仪式并不局限于教室。民族建构通常意味着发明传统，以赢得广大选民的忠诚。例如，德国的政策制定者发明了"色当日"。

这个新的全国性节日是庆祝在普法战争中战胜法国，并促进了新的德意志帝国的建立。每逢这个节日，人们会游行、升旗并举行特别的仪式，以培养德国公民的民族主义意识。

围绕君主制发明一系列传统，使王室成为国家的中心，这也是民族建构的有效工具。当德意志在 1871 年统一时，普鲁士国王威廉一世成为德意志帝国的新皇帝。然而，威廉一世更倾向于认为自己是普鲁士人，而不是德意志人。他的孙子威廉二世（1888—1918 年在位）利用个人形象和军国主义的盛典，使王室成为这个新民族象征性的中心。在英国，维多利亚女王登基纪念日（1887 年的"银禧年"和 1897 年的"钻石禧年"）被精心策划和组织，目的是让普通英国人感到与女王很亲近，因而是一个强大的统一国家的一部分。大规模印刷和生产纪念品为这种新的民族大众政治提供了支持。在女王登基纪念日庆典上，参加者可以购买配有插图的纪念小册子、刻有女王剪影的盘子，以及维多利亚头形的茶壶，甚至还有在使用者坐下时自动播放《上帝保佑女王》（*God Save the Queen*）的音乐盒。

民族建构：以法国、俄罗斯帝国和爱尔兰为例

到 19 世纪末和 20 世纪初，政治领袖们认识到，在公民或臣民中培养民族认同感，既可以削弱社会主义的吸引力，又可以在与竞争对手的战争中强化民族国家（见地图 23.1）。然而，法国、俄罗斯帝国和爱尔兰的例子表明了民族建构的复杂性。

法国：合法性危机

在上一章的结尾我们看到，1870—1871 年普法战争的失败导致法国回到了建立在男性普选权基础上的共和政体。这个"第三共和国"

地图 23.1　19 世纪末的欧洲

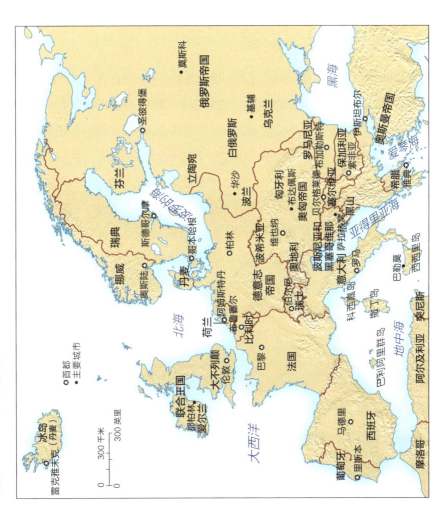

将这张地图与地图 20.3［"维也纳会议之后的欧洲（1815）"］进行比较。从中可以看到现代民族主义对欧洲政治地理有哪些影响？政治边界发生了什么变化？为什么？

面临着合法性危机。许多法国人认为，这个共和国是军事失败的产物，因此不值得他们对之忠诚或给予支持。这些反对第三共和国的人包括想要一个国王的君主主义者、渴望建立拿破仑帝国的拿破仑党人、对共和主义者限制教会政治权力的努力心怀不满的天主教徒，以及反对民主的贵族。

要理解 1871 年后法国对第三共和国的反抗，有必要记住一点，即法国的"共和主义"不仅仅意味着"没有国王，没有皇帝"。共和主义根植于 1792 年激进的雅各宾共和国（见本书第 20 章），其愿景是建立一个理想的法国，男性（小店主和独立的手工业者）平等，受理性而非宗教支配。这样的愿景与君主主义者、拿破仑党人和天主教徒的利益和理想相冲突。这些对立思想之间的冲突造成了法国政治的混乱。

"德雷福斯事件"就是这种思想冲突的例证，也表明对法国政治身份缺乏共识（见本章"历史上的正义"专题）。1894 年，法国军事法庭误判阿尔弗雷德·德雷福斯上尉（Captain Alfred Dreyfus，1859—1935）从事间谍活动。法国的知识分子接手了德雷福斯的案子，德雷福斯的支持者和反对者在街头和立法机构展开了斗争。对身为犹太人的德雷福斯的支持被等同于对共和国世俗理想的支持。与此相反，反德雷福斯派则将此事视为共和国一切问题的征兆。他们认为真正的法国民族主义应该以天主教和对军队的尊重为中心。

在某些方面，德雷福斯的支持者——也就是共和国的支持者——赢了。1906 年，德雷福斯被宣布"无罪"，政府将军队置于文官控制之下，并剥夺了天主教会的特权地位。通过这些措施，政客们旨在将公民身份与宗教信仰分开，并在一个世俗共和国的理想下将国家统一起来。1914 年，第一次世界大战爆发前夕，法兰西第三共和国比 20 年前更强大。

历史上的正义

德雷福斯事件：法国民族身份认同的界定

1894 年 9 月 27 日，法国反间谍官员审查了一份令人不安的文件——一份未署名、未注明日期的信件，其中包含了有关法国军事装备和训练的信息。他们断定这封信是写给驻巴黎的德国陆军武官的，法国军官中有人向德国出卖军事机密。

经过简短的调查，法国调查人员得出结论，叛国者是总参谋部军官阿尔弗雷德·德雷福斯上尉。德雷福斯不大可能是叛徒，他在军事生涯中积累了良好的口碑，人人都说他是一个坚定的爱国者。而且，因为他的妻子很富有，他不需要为了钱而出卖自己的国家。然而，他是一个冷漠而傲慢的人，大多数同僚不喜欢他。此外，他还是一个犹太人。

德雷福斯被判叛国罪，并于 1895 年被流放到魔鬼岛，这是加勒比海法属圭亚那海岸 12 英里（约 19 千米）外的一个前麻风病人流放地。许多人认为对他的处罚太轻了。公众和媒体强烈要求处决他。

这个案子似乎到此画上了句号。但几个月后，新上任的情报局局长玛丽 – 乔治·皮卡尔（Marie-Georges Picquart）中校发现，还有人继续向德国人传递军事机密。皮卡尔认为此人是德雷福斯的帮凶，于是着手对他设下陷阱。然而，他发现的证据使他相信德雷福斯是无辜的。

这一发现造成了一场全国性的危机。1898 年 1 月 13 日，法国最著名的作家之一埃米尔·左拉（Emile Zola）在巴黎一家报纸上声称，法国军方参与了掩盖真相的行动。在一篇题为"我控诉！"（J'accuse!）的文章中，左拉指控总参谋部故意判一个无辜的人有罪。在接下来的 6 个星期里，法国各城市爆发了骚乱。

1899 年，军事法庭再次对德雷福斯进行了审判，并再次判定他有罪。在随后的巴黎骚乱中，100 人受伤，200 人入狱。10 天后，法国总统赦免了德雷福斯，以弥合这场审判造成的分歧。

德雷福斯事件引起了国际关注，使法国政治两极分化，巴黎社会分崩离析。它引发了暴力抗议、决斗与对攻击和诽谤的审判。"你是支持还是反对德雷福斯？"这一问题导致家庭分裂，友谊破碎。例如，在争论最激烈的时候，

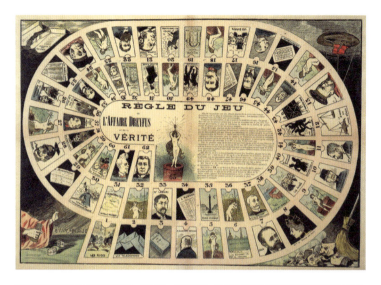

德雷福斯事件游戏（彩色平版画，法国派，19 世纪）。这个棋盘游戏包括德雷福斯事件的主要参与者的肖像，说明了该事件在 19 世纪晚期法国文化中的主导作用。

图片来源：Alliance Israelite Universelle, Paris, France / Archives Charmet / Bridgeman Images

画家埃德加·德加（Edgar Degas）嘲笑卡米尔·毕沙罗（Camille Pisarro）的画作。当被提醒他曾经赞美过这些作品时，德加说："是的，但那是在德雷福斯事件发生之前。"[3] 这是因为德加强烈反对德雷福斯，而毕沙罗却是德雷福斯的支持者。

为什么德雷福斯事件会改变一位画家对另一位画家作品的看法？为什么这次审判不只是一个简单的案件，而是一个事件，一个公开和私下讨论的问题，以及一场政治动荡？

要想理解德雷福斯事件，我们必须明白，它与其说是关于阿尔弗雷德·德雷福斯上尉，不如说是关于 1871 年在普法战争失败和拿破仑三世的帝国崩溃之后建立的法兰西第三共和国。支持德雷福斯的知识分子和政治家是在捍卫这个共和国。他们试图限制军队对法国政治生活的介入，维护这个国家的世俗定义，即对天主教徒与新教徒、犹太人或无神论者一视同仁。

相反，德雷福斯的反对者则认为法兰西第三共和国背叛了真正的法国。他们想要一个等级森严、信奉天主教和帝国主义的国家，一个浸透于军事传统的国家。通过捍卫德雷福斯的判决，他们支持的是军队和已经被共和国抛弃的威权主义传统。因此，德雷福斯事件是法国不同民族身份认同之间的碰撞。

但是，要想理解"法国是什么？"这一问题，必须首先思考另外一个问题，即"谁属于法国？"，或者更加具体地说，"犹太人属于法国吗？"法国为数不多的犹太人群体（不到总人口的 1%）自 1791 年起就享有完全公民权，历史比欧洲大多数国家都要长得多。然而，德雷福斯事件表明，即使在法国，犹太人在这个国家的地位仍然不确定。尽管反犹主义在对德雷福斯的最初指控中没有起到什么作用，但它很快成了这一件事的一个主要特征。对许多反对德雷福斯的人来说，德雷福斯的犹太血统解释了一切。小说家和政治理论家莫里斯·巴雷斯（Maurice Barrès）坚持认为："我不需要知道为什么德雷福斯犯了叛国罪……从德雷福斯的种族来看，我断定他会叛国。"[4]巴雷斯等反犹分子认为，犹太血统是一种遗传性疾病，使他们不适合成为法国公民。对反犹民族主义者来说，"犹太人"是一个没有国家的人，与法兰西民族没有种族或宗教上的联系，是爱国主义者的对立面。

1906 年，法国高等法院宣布德雷福斯无罪。然而，直到 1995 年，法国军方才承认他的清白。德雷福斯幸存下来了，并在第一次世界大战中出色地为国家服务。

和德雷福斯一样，法兰西第三共和国也在德雷福斯事件中幸存下来。因对军队掩盖真相的愤怒，共和派领导人限制了军队的权力，从而降低了军事政变的可能性。然而，直到 20 世纪，反犹主义仍然在法国的政治和文化生活中无处不在。

然而，它还没有得到法国整个社会的认可。保王派和天主教的反对势力依然强大。与此同时，工人阶级的不满情绪与日俱增。代表小店主和独立手工业者（而不是工业工人）利益的激进派主导着政治生活，并获得了农村和小城镇选区的支持。激进派反对实行社会福利方案所必需的高赋税，并在社会立法方面迟迟没有进展，如 10 小时工作日制（直到 1904 年才通过）和养老金制度（直到 1910 年才实行）。结果，法国工厂的工人越来越多地诉诸暴力。

俄国：革命和回应

在幅员辽阔、多民族聚居的俄罗斯帝国，民族建构的任务十分艰巨，但在 1914 年就已经开始了。正如我们在本书第 22 章看到的，在 19 世纪 60 年代，沙皇亚历山大二世实行了"伟大的改革"，其中包括解放 5 000 万农奴，建立一个新的司法制度，以及将地方政府权力授予选举出来的议会（40% 的农民能够投票）。这些改革给俄国的地方文化和媒体文化注入了活力，也给地方政治注入了活力。当律师、职员、店主、会计师、记者等人的新机会出现时，中产阶级队伍开始壮大。

这些中产阶级中的许多人拥护自由主义的政治理想，谋求改革沙皇的独裁政权，扩大政治代表权。其他人则认为只有暴力革命才能带来有意义的政治变革。正如我们在本章开头所看到的，像民意党这样的恐怖组织，将暗杀作为一种政治武器。

新的俄国工人阶级也变得越来越政治化。在 19 世纪 90 年代，俄罗斯帝国的西部地区经历了戏剧性的工业化。到 1900 年，俄国生产的钢铁仅次于英国、德国和美国，工业世界 50% 的石油来自俄国。煤矿和钢铁厂遍布乌克兰，莫斯科和圣彼得堡到处都是大型国有工厂。工业化造就了规模虽小但意义重大的城市工人阶级。由于识字率接近 70%，这些工人可以接触到自由主义和社会主义的政治思想。

然而，这些思想与沙皇政权的专制信念发生了冲突。亚历山大三世（1881—1894 年在位）和尼古拉二世（1894—1917 年在位）坚信是上帝指派他们实行统治，坚持绝对主义。为了追赶西方，沙皇政权采取了西方的工业化，但无意接受西方的代议制政府。

然而，这并不能完全阻止这些思想流入俄罗斯帝国，也无法消除经济变革造成的社会动荡。国家强制的快速工业化使城市充满了不满。工厂工人每天在恶劣的条件下工作 11 个小时，但罢工和工会都是非法的。在农村，沉重的赋税和人口快速增长加剧了对土地的争夺，也加深了农民的不满。

事实证明，沙皇政权进行"民族建构"的努力造成了更大的分裂。在亚历山大三世和尼古拉二世的统治下，"俄国化"成为整个帝国的官方政策。俄国化最初是为了限制波兰在帝国西部边境的影响，后来要求学校和政府机构使用俄语，传统的当地法律和社会习俗也要与中央政府强加的相一致。俄国化也意味着日益强调俄罗斯东正教，将其视为"俄罗斯性"的一个因素。不符合俄罗斯东正教官方惯例的东正教信徒，以及罗马天主教徒和路德宗信徒，面临着越来越多的迫害，包括佛教徒、穆斯林尤其是犹太人在内的非基督徒也是如此。

虽然俄国化确实增强了沙皇那些讲俄语、信奉东正教的臣民的民族认同感，但它甚至在那些以前忠诚的人民中间也引起了敌意。例如，1809 年在俄罗斯帝国统治下的芬兰人普遍认为沙皇政权远比他们以前的瑞典统治者要好。沙皇对芬兰进行俄国化的努力始于 19 世纪 90 年代，但很快就打破了芬兰人对沙皇政权的积极看法。在波兰、立陶宛和乌克兰等地，俄国化也加剧了民族主义者对俄罗斯帝国统治的不满。

1905 年，民众和民族主义者的不满情绪引发了革命。这一年，日本在一场因争夺亚洲领土而引发的战争中打败了俄罗斯帝国。这场军事灾难让沙皇政权显得软弱无能，并为政治改革者和民族主义团体提供了机会。1905 年 1 月 22 日，10 万名工人和他们的家人试图向沙皇递交一份请愿书，要求提高工资、改善工作条件和政治权利。军队向手无寸铁的人群开枪，至少 70 人死亡，240 多人受伤，史称这一事件为"血腥星期天"。这场大屠杀加强了革命的呼声。整个帝国的工人都在罢工，

电影中的 1905 年革命的场景。在 1905 年 1 月 22 日的"血腥星期天"，俄国军队向聚集在圣彼得堡向沙皇请愿的 10 万多名公民开火。屠杀非但没有平息叛乱，反而引发了一场革命。这张照片是 20 世纪最常见的照片之一，据说是在沙皇的军队开始向示威者开枪的那一刻拍摄的，但实际上它并不是一个文献记录，而是 1925 年苏联电影《一月九日》(The Ninth of January) 的剧照。

图片来源：World History Archive / Alamy

要求获得经济和政治权利。同年 6 月，部分海军发动兵变。非俄罗斯民族主义团体抓住了这个机会，要求建立自治国家。

随着帝国陷入混乱，沙皇尼古拉二世屈服于选举国家立法议会杜马的要求。然而，革命仍在继续。到了 12 月，一场军事叛变在莫斯科引发了一场革命。随着建筑物被烧毁，巷战愈演愈烈，革命社会主义者控制了城市的部分地区。

然而，到 1906 年 4 月第一届杜马会议召开时，沙皇军队已经重新发起攻势，并恐吓了大部分反对派。由于大部分军队依然对沙皇保持忠诚，沙皇政权镇压了莫斯科革命，接着又镇压了帝国各地的革命力量。但同样重要的是，莫斯科出现的暴力和激进主义行动吓坏了中产阶级自由主义者，他们现在拒绝与革命团体或社会主义团体合作。尼古拉二世成功地限制了杜马的立法角色，到 1907 年，他重获了许多独裁权力。

因此，1905 年革命并没有推翻沙皇政权，也没有将其变成一个有限的或自由的君主政体。然而，这并不意味着它彻底失败了。工会、罢工和政党现在都是合法的了。杜马确实存在，并帮助将仍然繁荣的地方和城市的政治文化与中央政府联系起来。然而，革命最重要的成功是审查制度放松了。已经有影响力的当地媒体进一步壮大，各种出版物的数量也随之增加。公众舆论现在成为俄罗斯帝国政治的重要力量。尼古拉二世坚决致力于独裁统治和俄国化，致使俄罗斯帝国的政治依然不稳定。

爱尔兰人的身份冲突

本书第 21 章称爱尔兰为英国的"内部殖民地"，自 1801 年起就正式成为英国的一部分。但英国对爱尔兰的统治是为英国的经济利益服务，而不是为爱尔兰的经济利益服务。在这个内部殖民地，爱尔兰民族主义的发展给英国带来了政治不稳定和内战的威胁。

英国由两个岛屿（不列颠和爱尔兰）和四个民族（英格兰人、威尔士人、苏格兰人和爱尔兰人）组成。到 19 世纪 70 年代，在前三个以新教和工业化为主的民族与以罗马天主教和农民文化为主的爱尔兰人之间出现了巨大的鸿沟。经济上的不满与爱尔兰天主教徒根深蒂固的政治和宗教压迫感融合在一起，使许多人相信有必要从英国独立出来。然而，并非所有的爱尔兰民族主义者都是罗马天主教徒。许多爱尔兰新教徒也拥护爱尔兰独立的理想。

爱尔兰民族主义有两种形式：少数爱尔兰民族主义者是革命派和共和派。这些人被称为"芬尼亚人"（Fenian，源自古爱尔兰语，意为"战士"），他们想要建立一个与英国君主政体或大英帝国毫无关系的爱尔兰共和国。他们坚信建立共和国的唯一途径是武装斗争，因此，自19 世纪 60 年代起，他们在爱尔兰和英国发动了多次恐怖袭击。规模更大、更温和的爱尔兰民族主义者团体的目标不是建立一个独立的共和国，而是要实现"地方自治"这一更为有限的理想，即在都柏林建立一个爱尔兰议会来管理爱尔兰的内部事务。

面对日益高涨的民族主义情绪，英国政府一再诉诸戒严法，并试图通过土地改革来解决农民不满的问题。这些改革措施总是力度太小，或者为时已晚。后来在 19 世纪 80 年代，自由党领袖威廉·格拉德斯通（William Gladstone）将爱尔兰地方自治视为实现和平的唯一途径。爱尔兰的地方自治问题分裂了自由党，并在 19 世纪余下的时间里震动了英国的议会政治。

更重要的是，地方自治的前景吓坏了许多爱尔兰新教徒，他们害怕在天主教统治的国家中成为少数派。他们说，"地方自治"等同于"罗马的统治"。这些新教徒是英格兰和苏格兰殖民者的后裔，在爱尔兰

地图23.2　1910年的大不列颠及爱尔兰联合王国

到1910年，是什么因素削弱了大不列颠与爱尔兰之间的联合？联合主义者运动的出现在哪些方面进一步破坏了政治现状？

总人口中占少数，但在最北部的阿尔斯特省占多数。这些北爱尔兰人（或联合主义者）将他们的民族身份定义为"英国人"而不是"爱尔兰人"，并明确表示，他们将为击败地方自治和维护爱尔兰与英国的联合而战斗。

到1914年，这样一场战争看起来是不可避免的。重新上台的自由党坚决要实现爱尔兰地方自治，而保守党则同样坚决反对，为此保守党甚至支持军事叛乱。在爱尔兰，民族主义者和联合主义者组成了准军事组织，准备战斗。只不过欧洲战争的爆发推迟了爱尔兰的内战（见地图23.2）。

新型大众政治

我们已经看到，通过扩大选举权，通过社会福利立法，发明民族主义传统，自由主义的和保守主义的政治领导人谋求赢得下层阶级的忠诚。然而，对社会主义和种族主义－民族主义政党的广泛支持，挑战了传统政治领袖和政党的权力。

工人阶级的政治

工人阶级社会主义政党的崛起和更为激进的工会主义的出现，反映了阶级敌对情绪的升级。工人们常常拒绝老板和地主的政治权威，以自己的方式谋求权力。

工人的城市

农业危机和工业扩张的影响在迅速发展的工业城市中创建了庞大

的工人阶级社区。与此同时，随着电气化有轨电车等技术的发展和铁路系统的扩大，富裕的欧洲人能够从拥挤、肮脏、疾病肆虐的市中心撤离到新的郊区。产业工人越来越与中上阶层隔绝，形成了社会学家所说的"城中村"，这是一个紧密联系的社区，每个家庭都有一个明确的、公认的位置。

明确界定的性别角色对这个世界的秩序发挥了重要作用。家庭成了女性的领地（尽管许多工人阶级女性也在家庭之外工作）。妻子通常控制着家庭收入，并做出大部分家庭生活的决定。男人建立了自己的文化和休闲机构——街角酒吧、音乐厅、足球俱乐部和铜管乐队。这些机构不仅提供了一个逃离工作和家庭束缚的地方，也巩固了男性的工人阶级身份。这种身份建立在"我们"——普通男人、工人、邻居——和"他们"——老板、业主、地主以及拥有特权和权力的人——之间的明显区别之上。

工人阶级社会主义和革命问题

工人阶级社会主义政党的出现体现了这种阶级身份。到 1914 年，20 个欧洲国家成立了社会主义政党。

为什么是社会主义呢？正如我们在本书第 22 章看到的，到 1870 年卡尔·马克思已经出版了他的革命社会主义的经济和政治理论。没有多少工人有时间、文化水平或精力来学习马克思复杂的思想。但是，社会主义活动家和组织者向工人们介绍了马克思的基本观点，引起了许多工人的共鸣。很简单，这些工人已经认定他们的老板是敌人，且马克思向他们保证他们是对的。他认为，阶级冲突是工业体系固有的，这与工人自身经历的社会隔离和经济剥削是一致的。19 世纪 70 年代经济大萧条的开始似乎也证实了马克思的预言，即资本主义会产生经济危机，直到它最终崩溃。

社会主义最引人注目的成功发生在德国。在 1912 年的选举中，社会民主党赢得了全国 35% 的选票，成为德国国会的第一大党。然而，德国的社会主义不仅仅是政党政治。社会民主党为德国工人提供了一个替代社区，他们可以把孩子送到社会主义的日托中心，把父母埋在社会主义的公墓里。他们可以在社会主义的自行车俱乐部和国际象棋队度过空闲时间。他们可以读社会主义的报纸，唱社会主义的歌曲，在社会主义的银行存钱，在社会主义的合作社购物。

到了 19 世纪 90 年代，欧洲各地社会主义政党的迅速发展使许多积极分子相信，工人阶级革命指日可待。1885 年，社会民主党领导人奥古斯特·倍倍尔（August Bebel，1840—1913）宣称："每天晚上睡觉时，我都想着资产阶级社会的最后一个小时即将到来。"[5]

然而，倍倍尔错了。具有讽刺意味的是，长期看来，社会主义政党的迅速成功使他们未能煽动工人阶级革命。为了继续吸引选民，社会主义政党需要通过对工人有吸引力的立法。但最低工资法、养老金权利等改善了非社会主义制度下工人的生活，因而使社会主义革命更加遥不可及。当参与议会政治可以得到回报时，为什么要诉诸暴力革命呢？当工人能够从中受益时，为什么非要推翻资本主义呢？

在德国，对这些问题的探讨导致了社会主义修正主义的产生，这是一套与爱德华·伯恩斯坦（Eduard Bernstein，1850—1932）关系最为密切的政治思想。伯恩斯坦拒绝接受马克思主义关于不可避免的暴力革命的信念，而主张通过议会政治和平地、循序渐进地过渡到社会主义。他呼吁德国社会主义者与中产阶级自由主义者结成联盟，实施社会和经济改革。

1899 年，社会民主党谴责了伯恩斯坦的修正主义，重申了对资本主义崩溃和工人阶级暴力革命不可避免的信念。伯恩斯坦输掉了这场战役，但他赢得了这场战争。因为，如果不是理论上的，至少在实践中，社会民主党的行为和其他议会党派没什么两样。社会民主党专注于通过立法改革来改善其选民的命运。结果，德国的政治体系对工人的需求更加敏感，工人的革命意识也减弱了。

整个欧洲的社会主义政党倾向于遵循社会民主党的模式，他们一边打着革命的旗号，一边努力通过议会政治来实现渐进式的变革。尽管有许多欧洲中上层阶级近乎歇斯底里的恐惧，但社会主义政党的成功加强了议会政治，而不是激起了革命。

激进的工会主义和无政府主义的威胁

社会主义议会政党的大部分支持来自工会运动。正如我们前面提到的，19世纪70年代经济大萧条的爆发粉碎了中产阶级的信心，降低了资本家的利润率。为了降低成本，企业家们试图减少劳动力数量，增加产量，降低工资。为了保护工人免受冲击，工会变得更加激进。首先，虽然19世纪50—60年代的工会往往是由熟练的技术工人组成的基于手艺的小团体，但是新的工会旨在组织整个行业的所有男性工人，例如，所有男性纺织工人不仅仅是熟练的织工。其次，这些新工会也更愿意诉诸罢工和暴力。理发店里的工会工人甚至被鼓励"给资本家客户造成非致命的伤口"[6]。

工团主义的意识形态使工会运动更加激进。工团主义者试图利用工人阶级的经济影响力来推翻资本主义，创建一个由工人控制的平等社会。工团主义者认为，如果一个国家的每个工人都去罢工，即总罢工，由此导致的资本主义经济的瓦解将引发工人阶级革命。法国工团主义者乔治·索雷尔（Georges Sorel，1847—1922）实际上并不认为会发生这

无政府主义和暗杀。1898 年，无政府主义者路易吉·卢凯尼（Luigi Lucheni）暗杀了奥匈帝国皇后伊丽莎白。卢凯尼之所以会对皇后下手，不是因为她做过什么，而是因为她的身份。他在日记中写道："我很想杀一个人，但必须是重要人物，这样才能上报纸。"

图片来源：De Agostini / De Agostini Picture Library / Getty Images

样的总罢工，但他辩称，总罢工的想法可以作为一个必要的神话，一个鼓舞人心的想法，会给予工人发动革命的动力和自信。

在拒绝议会政治、愿意使用暴力来实现他们的革命目标方面，工团主义者受到了无政府主义的影响。无政府主义者回避政治，选择直接采取行动，如巷战和暗杀。马克思主义者寻求工人阶级对国家的控制，而无政府主义者的目标是彻底摧毁国家。俄国无政府主义者米哈伊尔·巴枯宁（Mikhail Bakunin，1814—1876）坚持认为，建立公正平等社会的最大障碍是国家本身，而不是资本主义或工业中产阶级。

1914 年以前，工团主义和无政府主义的共同影响给欧洲大部分地区造成了社会和政治动荡。19 世纪 90 年代，无政府主义者在巴黎实施了一场恐怖主义运动，这场运动始于一系列爆炸事件，并以总统萨迪·卡诺（Sadi Carnot）遇刺达到高潮。无政府主义的其他受害者还包括 1898 年遇刺的奥匈帝国皇后伊丽莎白、1900 年遇刺的意大利国王翁贝托一世（Umberto I）和 1901 年遇刺的美国总统威廉·麦金莱。

种族和民族政治

正如"大众"并不局限于城市工厂里的工人，同样，大众政治也不局限于社会主义、工团主义和无政府主义。例如，下层中产阶级（或小资产阶级）的成员很少参加社会主义政党或工会。为了保护自己的中产阶级地位，这些店员和小商店老板把工人阶级统治的社会主义愿景视为一场噩梦。在刚刚开始工业化的地区，比如东欧的大部分地区，社会主义也没有什么吸引力，那里仍然有许多独立的工匠和农民，他们受到了社会主义所代表的现代化的威胁。这些社会团体中的许多人转向基于种族认同或种族主义而不是阶级的政党。

民族主义－种族主义政治的吸引力部分上在于其激进的风格。由于只接受过基础教育，大多数新获得选举权的公民几乎没有时间阅读或从事持续性的智力活动。他们工作时间很长，需要娱乐。他们需要一种新的政治风格——一种更多地基于视觉意象和象征而不是文字的政治风格。民族主义政治完全符合这一要求。不同于那些相信教育和理性说服的社会主义者，民族主义－种族主义政客们诉诸情感。他们挥舞着旗帜，穿着某历史时期的服装或军装游行，唱着民谣，利用强大的个人和社群记忆来说服选民认同他们的共同身份，这种共同身份不是基于共同的经济利益，而是基于种族、宗教或语言的联系，以及对那些没有这些联系的人的不信任。

奥斯曼帝国和奥匈帝国的民族主义：政治分歧

在多民族、工业欠发达的奥斯曼帝国和奥匈帝国，民族主义大众政治被证明是十分强大的。这些地区拥有各种不同的种族、语言和宗教团体。民族主义思想教会这些群体将自己视为民族，并要求建立独立的国家。

正如我们在本书第 22 章中看到的，到 19 世纪 70 年代，民族主义已经削弱了奥斯曼帝国对其欧洲领土的统治。为了保住自己的帝国，奥斯曼帝国苏丹在 1875 年和 1876 年残暴地镇压了波黑和保加利亚的民族主义革命。但这种镇压给俄国提供了一个借口，它代表巴尔干半岛的斯拉夫"小兄弟"对奥斯曼帝国宣战。由于这场俄土战争（1877—1878），奥斯曼帝国失去了剩余的大部分欧洲领土。如地图 23.3 所示，黑山、塞尔维亚和罗马尼亚成为独立的国家，而奥匈帝国占领了波斯尼亚－黑塞哥维那。保加利亚获得了自治权，并在 1908 年完全独立。对奥斯曼帝国来说，20 世纪早期的一系列巴尔干战争意味着更多的损失。

奥斯曼帝国的软弱似乎使奥匈帝国更加强大。然而，这种强大的

地图 23.3　奥斯曼帝国的解体

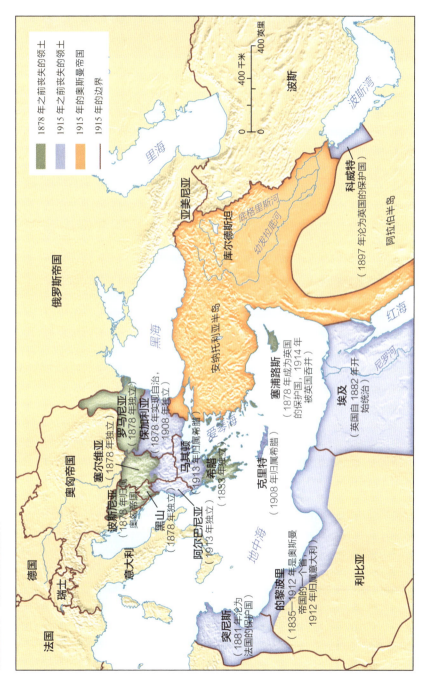

图例：
- 1878 年之前丧失的领土
- 1915 年之前丧失的领土
- 1915 年的奥斯曼帝国
- 1915 年的边界

0　400 千米　400 英里

波斯

波斯湾

俄罗斯帝国

里海

亚美尼亚

库尔德斯坦

底格里斯河

幼发拉底河

科威特
（1897 年沦为英国的保护国）

阿拉伯半岛

黑海

安纳托利亚半岛

红海

塞浦路斯
（1878 年成为英国
的保护国，1914 年
被英国吞并）

埃及
（英国自 1882 年开
始统治）

尼罗河

德国

瑞士

法国

奥匈帝国

意大利

波斯尼亚
（1878年归属
奥匈帝国）

塞尔维亚
（1878年独立）

罗马尼亚
（1878年独立）

保加利亚
（1878年实现自治，
1908年独立）

黑山
（1878年独立）

阿尔巴尼亚
（1913年独立）

土耳其
（1913年归属希腊）

希腊
（1833年独立）

克里特
（1908年归属希腊）

地中海

利比亚

突尼斯
（1881 年沦为
法国的保护国）

的黎波里
（1835—1912 年是奥斯曼
帝国的一个省，
1912年归属意大利）

在 19 世纪，由于民族主义独立运动和与之竞争的欧洲列强。奥斯曼帝国失去了领土，也失去了对其一度强大的帝国大部分地区的政治控制。从 19 世纪 70 年代开始，大众民族主义加速了奥斯曼帝国的解体。到 1880 年，奥斯曼帝国失去了哪些领土？在 1880—1915年，奥斯曼帝国又失去了哪些领土？奥斯曼帝国的解体如何改变了欧洲的均势？

外表是具有欺骗性的。在后期工业化的压力下，奥匈帝国众多的种族和语言群体为权力和特权而展开竞争（见本书第 22 章地图 22.4）。在大众政治时代，这些分歧塑造了政治生活。

语言成了这场政治竞争的重要战场。在一个多语言的帝国，哪种语言将被在学校里教授或用于官方交流和职业发展呢？政客们鼓动把自己的母语放在首位，并争取确保这一地位所需的权力。例如，在奥匈帝国的匈牙利地区，处于统治地位的、说马扎尔语的匈牙利地主重新划定了选区边界，以便让说马扎尔语的人在议会中发挥最大的影响力，并削弱其他民族的权力。政府机关和学校的"马扎尔化"在非匈牙利人中间滋生了怨恨。他们成立了自己的政党，并开始梦想政治独立。同样，在奥匈帝国的奥地利领土上，德意志人和捷克人在语言规则上的斗争非常激烈，以致没有一个政党能够在议会中占据多数席位。1900 年，皇帝弗朗茨·约瑟夫（Franz Joseph，1848—1916 年在位）通过颁布法令做出裁决。

大众政治中的反犹主义

反犹主义在新的民族主义大众政治中发挥了核心作用。在整个欧洲，反犹主义政党出现了，而老牌保守党则采用反犹主义的措辞来吸引选民。其原因有三：

反犹主义在 1870 年后变得更加强大，首先是因为民族身份认同的种族化趋势越来越明显。民族主义提出了这样一个问题："谁不属于这个民族？"对许多欧洲人和美国人来说，"种族"提供了答案。诸如"英吉利民族"或法国人的"种族遗产"这样的概念没有科学依据，但对民族种族根源的认识是很强大的。随着"民族"被从种族的角度来定义，"犹太人"也是如此。对犹太人的定义从宗教到种族的转变强化了

反犹主义的后果。在塞缪尔·赫森伯格（Samuel Hirszenberg）于 1905 年创作的这幅画作中，在俄国统治下的波兰，犹太人在埋葬一名大屠杀受害者。赫森伯格将他的画作命名为《黑旗》（*The Black Banner*），既暗示了"黑色百人团"，即从属于反犹主义的"俄罗斯人民同盟"的武装暴徒，也暗示了俄罗斯人民同盟的报纸《俄罗斯旗帜》（*The Russian Banner*），它部分上受到沙皇的资助。

图片来源：The Jewish Museum, New York / Art Resource, NY

反犹主义。如果说民族认同源于种族根源，那么对许多人来说，犹太人是外来生物，是威胁民族统一的外来者。

其次，19 世纪 80—90 年代，在欧洲和美国的大部分地区，不断增加的犹太移民人口加强了犹太人作为外来者的形象。俄罗斯帝国发生的事件可以解释犹太移民人数的激增。我们在本章一开始就提到，1881年，一群恐怖分子暗杀了沙皇亚历山大二世。沙皇亚历山大三世认为，他父亲的遇刺是犹太人的阴谋所为，于是在 1882 年颁布了针对犹太人的《五月法案》。这项法案重新限制了俄罗斯帝国内犹太人的经济和社会生活，而此时的俄罗斯帝国囊括了欧洲犹太人的中心地带波兰的大部分地区。对犹太人家庭和企业的大规模迫坏不断升级，有时是由当地官员组织的。为了逃离迫害，犹太人移居到巴黎、伦敦、维也纳和其他欧洲城市。

这些犹太移民群体与他们的东道主之间的接触常常充满敌意。这些移民极其贫穷，他们往往使用意第绪语（Yiddish），而不是新的居住地的语言，穿着独特的服装，他们有时奉行一种狂热的犹太教，许多西欧人认为这与现代社会格格不入。随着欧洲城市犹太人数量的不断增加，当绝望的人们试图为失业、疾病、犯罪和其他困难寻求简单的原因时，这些显然与众不同的移民很容易成为替罪羊。

与此同时，欧洲（以及美国）的许多犹太人在经济上非常成功，并充分融入政治和社会生活，这是相互联系的"解放"和"同化"过程的结果。解放不仅意味着西欧犹太人获得了公民权利和政治权利，也意味着他们可以承担新的经济角色。作为新居民，他们通常在工业经济的新兴领域占据一席之地，例如成为百货公司老板或报纸编辑，而不是农民或小手艺人。在这一时期，许多获得解放的犹太人也选择了融入非犹太社会。他们放弃了独特的服饰风格，不再说意第绪语，抛弃了犹太教或使其现代化。然而，同化意味着犹太人实际上在他们的社会中变得"更加"显眼：随着许多犹太人将传统的犹太人对《律法书》的重视世俗化为对教育和文化艺术的重视，他们成为欧洲经济和文化生活的重要参与者。例如，在1900年的布达佩斯，犹太人占总人口的25%，但该市45%的律师、40%以上的记者和60%以上的医生都是犹太人。在德国，犹太人拥有几乎所有的大型百货商店。在法兰克福、柏林和汉堡等德国城市，所有的大型日报都掌握在犹太人手中。

一位历史学家称这种现象为"犹太人的崛起"，然而不可思议的是，这成为导致反犹主义政治盛行的第三个因素。尽管大多数犹太人仍然非常贫穷，但犹太人在新兴工业经济领域的明显成功，意味着许多欧洲人将犹太人身份与工业化和城市化联系在一起。犹太人成了他们所惧怕的现代性的象征。

犹太复国主义：犹太人的大众政治

19世纪晚期日益加剧的反犹主义使一些犹太人相信，只有当他们建立了自己的国家，欧洲的犹太人群体才会是安全的。犹太民族主义思想被称为"犹太复国主义"（又称"锡安主义"），因为许多犹太民族主义者呼吁在"锡安"（Zion，《圣经》中的巴勒斯坦）建立一个犹太国家。

在奥地利的犹太人记者西奥多·赫茨尔（Theodor Herzl，1860—1904）的指导下，犹太复国运动成为一场群众运动。在他刚成年的时候，赫茨尔是被同化的犹太人的一个缩影。他是一个骄傲的德国人，不信奉犹太教，拒绝让他的儿子接受割礼。然而，在19世纪90年代，赫茨尔目睹了维也纳市市长卡尔·卢埃格尔（Karl Lueger）的崛起。卢埃格尔所在的基督教社会党以明确的反犹纲领吸引选民。赫茨尔得出结论：犹太人在欧洲永远都是外来者。1896年，他出版了《犹太国家》（The Jewish State）一书，呼吁犹太人建立自己的国家。

到了1914年，大约有9万犹太人在巴勒斯坦定居，他们希望在那里建立一个犹太国家。然而，犹太复国主义遭到强烈反对。巴勒斯坦是犹太人"家园"的想法激发了阿拉伯民族主义者，后者的构想是建立一个不受奥斯曼帝国控制的独立的阿拉伯国家，包括巴勒斯坦及其70万阿拉伯人口。极端正统的犹太人也谴责犹太复国主义，因为他们相信只有上帝才能完成犹太人重返锡安的使命。此外，许多在西欧国家（如英国）的犹太人担心犹太复国主义正中反犹主义者的下怀，因为反犹主义者认为犹太人不可能成为欧洲国家的好公民或忠诚的臣民。

女性的反抗

　　随着更多来自劳动阶层的男性获得选举权，中产阶级女性也要求获得这一重要的政治权利。然而，女性争取选举权的运动只是国际中产阶级女权主义运动的一部分。对于女权主义者来说，选举权是一种改变文化价值观和期望的方式。19世纪的女权主义拒绝了自由主义的男女社会空间分野思想，即坚持认为上帝和生物学都注定男人要进入有偿就业和政治参与的公共领域，而女人则要进入家庭的私人领域。在寻求政治权利的过程中，女权主义者不仅要进入公共的男性领域，而且要彻底消除公共领域和私人领域之间的许多差别。

女性经历和期望的变化

　　19世纪的女权主义运动几乎完全是一场中产阶级参与的活动。工人阶级缺乏参与的一个重要原因是，一个革命性的变化发生在中产阶级家庭，而不是工人阶级家庭。在19世纪的最后三分之一时间里，中产阶级夫妇开始通过使用已经众所周知的节育方法，如节欲、体外射精和堕胎来限制他们的家庭规模。例如，19世纪90年代，英国中产阶级家庭平均不到3个孩子，而在1850年平均有6个孩子。这一基本变化意味着，已婚的中产阶级女性成年后不再把大部分时间花在怀孕或哺乳上，因此，她们可以自由追求其他兴趣，包括女权主义活动。

　　为什么工人阶层家庭没有遵循同样的模式呢？答案是，在很大程度上是经济方面的原因。由于经济大萧条削减了企业利润，中产阶级家庭希望削减开支。限制家庭规模的做法不难理解：中产阶级家庭的孩子在青春期的大部分时间是在上学，因此对家庭资源构成了长期的消耗。然而，工人阶级的孩子11岁或12岁就离开了学校，因此更早地开始为

中产阶级女性进入公共领域。朱利叶斯·勒布朗·斯图尔特（Julius Le Blanc Stewart）1901 年创作的《1897 年金匠家的女儿在布洛涅森林驾驶标致小汽车》。正如这幅世纪之交的画作所证明的那样，女性新的休闲机会挑战了中产阶级女性作为"家中天使"的理想。

图片来源：RMN-Grand Palais / Art Resource, NY

家庭收入做贡献。因为孩子可以为家庭做贡献，而不是对家庭资源的消耗，所以工人阶级家庭规模仍然很大。对于那些在贫困中艰难维持大家庭的女性来说，选举权在很大程度上似乎无关紧要。

此外，政治上活跃的工人阶级女性倾向于同意卡尔·马克思的观点，即阶级才是社会的真正分界线，而不是性别。为了改善命运，她们求助于工会和社会主义。例如，英国活动家赛琳娜·库珀（Selina Cooper, 1868—1946）为争取妇女权利而努力，但只是在英国劳工运动内部。库珀10岁时就被送到一家纺织厂工作，她把女性机遇的扩大和工人阶级政治权力的实现视为同一个问题的两面。

中产阶级女性不断变化的经济和社会条件也有助于解释女权主义运动的出现。1850年，未婚的中产阶级女性要养活自己，除了当家庭教师或为寡妇做有偿陪护外，没有什么选择。但到了19世纪70年代，工业扩张和国家责任的扩大创造了新的机会，中产阶级的单身女性成为打字员、电话电报员、销售员和银行出纳员。在19世纪60年代的英国，从事商业办事员和会计工作的女性数量增加了10倍。

同一时期，政府为穷人的福利和教育承担了更大的责任。在新的地方和国家官僚机构中，曾担任志愿者和慈善工作者的中产阶级女性很快就获得了有薪酬的民选职位。女性在学校和福利委员会任职，担任政府检查员，管理济贫院。在一些国家，她们在地方（而不是全国）选举中投票，并被选为地方（而不是全国）公职人员。大众义务教育也创造了对教师的巨大需求，从而为未婚女性开辟了新的职业道路。

对已婚中产阶级女性的期望也开始改变，因为她们进入了一个新的公众角色——消费者。女性是新生的广告业的主要目标。她们是那些新百货公司用橱窗陈列和彬彬有礼的职员来吸引顾客的对象。她们会乘坐新的有轨电车和地铁来享受促销。

随着中产阶级女性机会的扩大，她们面临着法律、政治和经济上的不便。一场国际性的女权主义运动应运而生，并为四个目标而战：消除已婚女性面临的法律障碍，扩大女性就业和接受高等教育的机会，消除对性行为的双重标准，获得全国女性选举权。

已婚妇女与法律

在 19 世纪，欧洲的法律体系强化了自由主义关于男女社会空间分野的观念。法典常常将妇女与儿童、罪犯和精神病患者纳入同一范畴。作为法国法律体系和欧洲大部分国家法典的基础，《拿破仑法典》第 231 条宣布："丈夫有义务保护妻子，妻子应服从丈夫。"[7] 在俄国，没有父亲或丈夫的许可，妇女不能旅行，而丈夫也是所有子女的合法监护人。只有丈夫才能为子女挑选学校，决定对他们的惩罚，批准他们的婚姻伴侣。在普鲁士，只有丈夫才能决定何时停止哺乳。根据英国普通法，"在法律上，丈夫和妻子是一个人"，这个人就是丈夫。[8] 女性结婚时带来的、已婚妇女领受的和挣来的大多数财产成为丈夫的财产。

从 19 世纪中期开始，妇女团体为改善已婚妇女的合法权利而斗争。在不同的国家，斗争的结果很悬殊。到 19 世纪 80 年代末，英国已婚妇女可以拥有自己的财产，控制自己的收入，并抚养自己的孩子。20 年后，法国妇女也有了类似的权利。相比之下，1900 年的《德国民法典》赋予了丈夫作为父母的全部权力，甚至是对继子女的权力。虽然已婚妇女可以保留自己挣来的钱，但所有婚前属于妻子或婚后赠予她的财产都归丈夫所有。

找到属于自己的位置：就业和教育

女权主义者还努力扩大妇女的教育和就业机会。在 1850 年之前，即使是来自特权家庭的女孩也很少接受正规的教育。少数能上学的女孩把时间花在了学习淑女的职业上，比如花哨的刺绣、插花和钢琴演奏。姿态比文学和科学更重要。于是，拓宽女性教育领域成为女权主义者的一个重要目标，也是她们取得巨大成功的领域。

女权主义者在这方面的斗争有三个重点：提高女孩中等教育的质量，扩大女孩受中等教育的数量，以及向女性开放大学。提高女孩中等教育质量的努力是困难的。许多家长反对为女孩开设学术课程，医学专业人士也支持这一立场，他们认为女孩的大脑无法承受智力教育的压力。19世纪50年代，多罗西娅·比尔（Dorothea Beale，1831—1906）在伦敦创立了最早的一所女子高中，但她面临着一场艰苦的斗争，那就是要说服父母允许她教他们的女儿数学。在法国，女权主义者在19世纪80年代实现了其目标，建立了女子中等学校的公立系统。然而，她们在争取大学预科课程的斗争中失败了，这使得女孩很难通过进入法国大学系统的必要考试。

在不同的国家，女孩接受大学教育的机会有很大差别。在这一时期，进入法国大学的女性很少，而在美国，到1880年，接受高等教育的学生中有三分之一是女性。然而，在德国，直到1901年女性才被全日制大学录取。在俄国，莫斯科的女性从1872年开始就接受全日制大学教育，到1880年，俄国女性获得了欧洲最好的高等教育机会。但在1881年，正如我们在本章开头看到的，一群年轻的刺客杀害了沙皇亚历山大二世，其中包括索菲亚·佩罗夫斯卡娅，一个受过教育的女性。沙皇政府由此得出结论，革命政治和先进的女性教育关系密切，于是切断了女性进入大学的机会。

尽管有这些限制和挫折，欧洲女性的工作范围确实扩大了。1900年，法国女性赢得了从事法律工作的权利。1903年，一名法国女律师首次在欧洲法庭上提交了一个案件。1906 年，出生于波兰的物理学家、诺贝尔奖得主玛丽·居里（Marie Curie）成为法国第一个担任大学教师的女性。到 20 世纪早期，女医生虽然仍然罕见，但也不是闻所未闻。在俄国，到 1914 年，女医生人数占所有医生的 10%。

不再做天使

争取女性合法权利和扩大就业与教育机会的运动帮助女性进入了公共领域。但女权主义活动的第三个目标——消除性行为的双重标准——对男女社会空间分野观念提出了更为激进的挑战。女权主义者通过主张同样的道德标准应该适用于男性和女性，质疑男女社会空间分野本身是否应该存在。

男女社会空间分野观念赞美女性在道德上的纯洁，认为男性更加好斗，更具有动物性，因此酗酒和性冒险这样的消遣行为是很自然的。法律和更广泛的文化也反映了这种认识。例如，在法国，有私生子的女性不能对其父亲提起父权诉讼，这意味着女性的婚前性行为是犯罪，男性的却不是。同样，1857 年的英国离婚法宣布，妻子通奸足以使丈夫提出离婚诉讼。然而，妻子要与丈夫离婚，她必须证明丈夫不仅犯了通奸罪，还犯了重婚罪、乱伦罪或兽交罪。

对于女权主义者来说，对男性和女性使用不同的道德标准不仅是对男性的侮辱，也阻碍了女性改善自己生活和整个社会的努力。正如法国女权主义领袖玛丽亚·德莱斯梅（Maria Deraismes）所解释的那样："说女性是天使，就是以一种伤感和爱慕的方式把所有的责任都强加在她身上，并为自己保留所有的权利……我拒绝做天使的荣誉。"[9]

为了消除男女道德的双重标准，女权主义者在多条战线上进行了斗争。一个重要的斗争领域是对卖淫的管制。到 19 世纪 70 年代，许多欧洲国家和美国已经建立了一些规则，使得男性嫖娼行为更加安全，但仍将卖淫的女性视为罪犯。在英格兰，1870年通过的旨在解决性病问题的《传染病法案》宣布，警方可以要求任何涉嫌卖淫的女性接受生殖器检查。女权主义者如约瑟芬·巴特勒（Josephine Butler，1857—1942）指出，这样的立法使男人更容易放纵自己的性欲，却惩罚了那些为了养活自己和孩子而出卖自己身体的贫穷妇女。在将近20年的时间里，巴特勒领导了一场运动，既废除了有关卖淫的法律，又将公众的注意力集中在女性缺乏就业机会的问题上。

酗酒问题是妇女运动的另一个战场。女权主义者认为，社会所接受的大量男性酗酒的做法导致了家庭贫困，引发了家庭暴力。因此，禁酒成为妇女权利的问题。禁酒组织遍布西方世界的大部分地区，在1916—1919年，成功地推动冰岛、芬兰、挪威、美国和加拿大的许多省份通过了禁酒立法。然而，禁酒令对改变性别关系的作用不大，而且难以执行，因此很快就被废除了。

女权主义的其他道德改革运动收效甚微。1886年，英国废除了对卖淫的管制。到1914年，美国、法国和斯堪的纳维亚的国家也先后废除了对卖淫的管制，但在德国仍然有效。到1884年，在法国，丈夫的通奸行为和妻子的通奸行为一样可以成为提起离婚的理由。然而在英国，直到1923年，离婚的理由仍然因性别而异。在所有的欧洲国家和美国中产阶级和工人阶级的文化中，性道德双重标准仍然根深蒂固。

女性争取选举权的斗争

在法律和道德方面的缓慢而不均衡的进展使许多女权主义者相信，要想实现她们的目标，需要"全国选举权"的政治影响力。1867年，英国成立了全国女性选举权协会。在接下来的30年里，选举权协会在

不同的声音

关于女性选举权的辩论

关于女性选举权的辩论并不是按照性别展开的。许多男性支持女性的选举权，而包括维多利亚女王在内的许多女性则认为这违反了自然秩序。以下是有关女性选举权之辩论的摘要。第一份文件的作者是英国最畅销的小说家玛丽·沃德（Mary Ward），她一直以"汉弗莱·沃德夫人"（Mrs. Humphry Ward，1851—1920）自称，在 1889 年，她给一家有影响力的杂志写了一封信。许多知名的、有影响力的女性在信上签了名。第二份文件由全国女性选举权协会联盟发布，这是一个英国组织，到 1913 年已有 5 万名成员。

反对女性选举权的论点：汉弗莱·沃德夫人

以下署名者希望通过诉诸英国人的常识和教育，反对将议会选举权扩大到妇女的提议。

虽然我们希望女性的能力、精力和教育得到尽可能充分的发展，但我们认为，她们为国家所做的工作和对国家所负的责任必须始终与男性有本质上的不同。因此，她们在国家机器的运行中所承担的任务应与男性不同……男性的任务包括在议会立法的过程中展开辩论，在陆军和海军服役，参与所有繁重的、艰苦的、基础的工业，如矿山、金属和铁路的工业，领导和监督英国的商业，并为我们的食品供应所依赖的商船队服务。

与此同时，我们衷心赞同最近所做的一切努力，这些努力使女性在以下社会事务中发挥更重要的作用：在不仅涉及男性的利益而且涉及女性的利益时，当她们不仅能够做出决定而且能够帮助执行决定时，当判断因为真正的责任而更加重要并且能够以经验和来自经验的实际信息为指导时。作为学校董事会、监护人委员会和其他重要公共机构的投票者或成员，女性现在有机会为公众服务，这必然会促进她们性格的成长，同时加强她们的社会意识和习惯。但是，我们认为，解放进程现在已经达到了女性的体质和女性的主要职业与男子的主要职业之间必然始终存在的根本差别所规定的限度。对病人、精神病患者和穷人的照顾，对儿童的教育，在所有这些问题上，以及在其他问题上，她们已经证明了自己拥有更大、更广泛的能力。我们为此感到欣慰。但当涉及外交或殖民政策或重大宪法改革的问题时，我们认为，女性的必要和正常的经验没有也永远不可能给她们提供对男性开放的可靠判断的材料。

最后，我们绝对没有要贬低女性的地位和重要性的意思。正是因为我们深知她们对社会的特殊贡献的巨大价值，我们才反对在我们看来可能危及她们的贡献的行为。我们相信，对妇女来说，追求与男人表面上的平等不仅是虚荣的，而且会使人泄气。这导致了对女性真正尊严和特殊使命的完全误解。这会导致人与人之间的斗争和竞争，而在人类大家庭中，男性和女性唯一的努力应该是运用各自的特色劳动和最好的天赋为共同利益服务。

资料来源：Mrs. Humphry Ward, "An Appeal Against Female Suffrage," *Nineteenth Century* 147 (June 1889), 781–785.

支持女性选举权的 14 条理由

1. 因为这是所有政治自由的基础，那些遵守法律的人应该能够在制定法律的人选问题上有发言权。

2. 因为议会应该反映人民的愿望。

3. 因为如果女性的愿望没有任何直接代表，议会就不能充分反映人民的愿望。

4. 因为大多数法律对女性的影响和对男性的影响一样大，有些法律对女性的影响尤其大。

5. 因为那些对女性影响尤其大的法律现在在通过时没有征求那些法律的受益者的意见。

6. 因为影响儿童的法律既要从男性的角度来看，又要从女性的角度来看。

7. 因为每一次会议都会有影响家庭的问题被提交给议会审议。

8. 因为女性的经验应该在国内立法中起到有益的作用。

9. 因为剥夺女性的选举权就会降低她们在大众心目中的地位。

10. 因为拥有选举权会增加女性对具有公众重要性的问题的责任感。

11. 因为有公益精神的母亲会生出有公益精神的儿子。

12. 因为很多有思想、有智慧、努力工作的女性渴望获得这一特权。
13. 因为对她们拥有选举权的反对是基于感情，而不是理性。
14. 把所有的原因归纳起来，就是这是为了大家的共同利益。

资料来源："Fourteen Reasons for Supporting Women's Suffrage," National Union of Women's Suffrage Societies, © The British Library Board. Reprinted with permission.

欧洲其他地方纷纷成立。法国女权主义领导人于贝尔蒂娜·奥克莱尔（Hubertine Auclert，1848—1914）形容选举权是"女性所有其他权利的基石"[10]。她拒绝纳税，理由是"无代表，不纳税"，并成为第一个自称"女权主义者"的女性。这个词于 1890 年左右从法语引入英语。

奥克莱尔和其他女性选举权论者几乎没有取得成功。只有芬兰和挪威的女性分别于 1906 年和 1913 年获得了全国选举权。第一次世界大战的社会动荡使俄国（1917）、英国（1918）、德国（1918）、奥地利（1918）、荷兰（1919）和美国（1920）的女性先后获得选举权。但是意大利的女性要等到 1945 年，法国的女性要等到 1944 年，希腊的女性要等到 1949 年。瑞士的女性直到 1971 年才获得选举权。

从这些时间点可以看出，女权主义者在争取国家选举权的斗争中面临着巨大的障碍（见本章"不同的声音"专题）。在法国和意大利等罗马天主教国家，女性选举权运动遇到了两大障碍。首先，教会反对女性投票。其次，天主教以不同的方式赋予女性权利。在对圣母马利亚和其他女圣徒的崇拜中，在对家庭生活的颂扬中，在为修女提供宗教职业机会的过程中，天主教都为女性提供了许多非政治的情感表达和在思想上获得满足的途径。

在英国，女权主义者未能赢得全国选举权，这使得一些活动家放弃了女性选举权论者强调的通过政治体系运作的做法，转而采取更为激进的策略。在埃米琳·潘克赫斯特（Emmeline Pankhurst，1858—1928）和她的两个女儿克丽斯特贝尔（Christabel，1880—1958）与西尔维娅（Sylvia，1882—1960）的领导下，女性参政论者在 1903 年成立了一个独立的女性选举权团体。她们认为，男性政治家永远不会把选举权拱手送给女性，她们必须用武力夺取。她们以"要行动，不要嘴动"为座右铭，扰乱政治会议，把自己锁在议会大厦的台阶上，打碎商店橱窗，烧毁教堂，毁坏邮箱，甚至破坏了作为男性中产阶级文化堡垒的高尔夫球场。

女性参政论者选择用暴力攻击中产阶级文化的核心要塞，这是被动的居家女性的理想。她们的对手做出了愤怒的反应。警察用暴力手段驱散了女性参政论者的集会。他们拖拽女性参政论者的头发，踢踹她们的裆部，猛击她们的胸部，扯掉她们的上衣。绝食抗议的女性参政论者一旦入狱，就要忍受强迫喂食的恐怖。狱卒将她按倒在床上，医生则将一根管子插入她的喉咙，向里面灌食物，直到她呕吐。

结语：大众政治时代的西方

从 1870 年到 1914 年第一次世界大战爆发，女性参政论者和狱卒之间的冲突仅仅是那些寻求获得政治权力和限制政治权力的人之间的众多冲突之一，这些冲突很多是暴力冲突。不断变化的工业化模式和加快的城市化引发了其他类型的冲突，其中包括自由主义者和社会主义者之间的冲突，寻求削减生产成本的老板和想要保护他们工资的雇员之间的冲突，新来的城市移民和说不同语言的久居居民之间的冲突。

这些冲突反映了关于"西方"定义的重要问题。民主定义了西方吗? 应该如此吗? 西方是西欧白人男性的代名词,还是拥有橄榄色或黑色皮肤的人,或任何肤色的女性,都能完全参与西方文化和政治?"西方"是由其理性所定义的吗? 在 18 世纪,启蒙运动的思想家们将理性视为改善社会的途径。以情感诉求和种族仇恨为基础的民族主义政治的兴起,挑战了这种理性信念。但与此同时,帮助提高欧洲国民收入的产业组织和技术的发展表明了理性的好处。

我们将在下一章看到,随着这一时期西方对亚洲和非洲广大地区的控制的扩张,许多欧洲人和美国人强调经济繁荣和技术优势是西方的决定性特征。然而,信心也伴随着焦虑,因为这几年也见证了深刻的文化和思想危机。这场危机与大众政治的发展以及社会和性别关系的变化密切相关,它侵蚀了许多中上层社会的栋梁,并对关于西方的假设和价值观提出了质疑。

恩图曼战役。这幅画是由维多利亚时期的画家弗兰克·达德（Frank Dadd）创作的，给恩图曼战役提供了一种浪漫主义的亲英视角。画面中没有英军机枪的影子，而进攻的苏丹士兵则被描绘成一支强大但很快就要被击败的军队。

图片来源：Deagostini / SuperStock

第 24 章

西方与世界：文化危机与新帝国主义

1870—1914 年

1898 年夏天，英国军队入侵了非洲东北部的苏丹。9 月 2 日，4 万名苏丹士兵对英国在恩图曼（Omdurman）的防御工事发起了报复性攻击。苏丹士兵以勇猛好战著称，但他们使用的是剑、矛和其他过时的武器。英军装备了连发步枪和马克西姆机枪（一种早期的机枪），像割稻子似的将他们扫射在地。经过 5 个小时的战斗，1.1 万苏丹人倒地身亡，英军只损失了 40 人。根据一名士兵——后来的首相温斯顿·丘吉尔——的说法，英军面临的最大危险是无聊。"仅仅是肢体动作（装弹、射击，再装弹、再射击）就变得令人乏味。"他回忆说，"在对面的平原上，子弹穿透皮肉，粉碎骨头，鲜血从可怕的伤口涌出来，金属弹片呼啸而过，炮弹爆炸，扬起滚滚烟尘，勇敢的士兵穿行其间，遭受痛苦，并在绝望中死去。"[1]

　　这场实力悬殊的恩图曼战役是新帝国主义故事的一个插曲，也是西方征服全球的最后阶段。西方国家和世界其他国家之间经常发生暴力冲突，与本书第 23 章所讨论的政治和经济动荡密切相关。然而，要理解新帝国主义，还需要仔细研究 1870—1914 年科学、知识和文化的发展。当西方冒险家冒着生命危险绘制非洲的河流和开发亚洲资源时，艺术家和科学家也探索了新的思想并感知世界，挑战了社会秩序，甚至挑战了现实本身的意义。本章探讨了这几十年的科学、艺术和物理探索，并提出了以下问题：这些探索以何种方式重新定义了西方及其与世界其他地区之间的关系？

科学革命

1870 年后的科学进步改善了西方世界的健康和卫生状况。然而，这些变化也加深了这一时期欧洲人和美国人的文化焦虑，因为这些变化促使人们开始对人体和更广阔的物质世界进行新的探索。在拥挤的城市里，传染病的威胁迫使决策者、医生和科学家重新思考人体与人体之间、人体与微生物之间的相互作用的方式。生物学家的研究突出了身体是如何进化以应对生存的挑战的，而化学家和物理学家的实验则暴露了公认的物理世界模型的重大缺陷。

医学和微生物

在 19 世纪，一系列发展改变了西方的医学实践。在此之前，医生们认为坏血会导致疾病，因此依赖于诸如吸血（将水蛭附着在皮肤上）和放血（切开静脉）等做法来为人治病。由于不知道细菌和病毒的存在，医生在诊治一个又一个病人时，甚至懒得洗手或清洗手术器械。唯一可用的麻醉剂是酒精。病人和医生都认为疼痛是不可避免的，必须忍受而不是减轻。

在城市化的背景下，这种传统的医疗方法是行不通的。不断扩大的城市人口成为传染病的温床。霍乱的爆发首先迫使医生和政府官员关注人口过度拥挤、水污染和流行病之间的关系。例如，在 1848 年，一场霍乱的流行促使英国官员修建了至今仍为伦敦服务的下水道系统。

然而，官员和医生都不了解疾病的原因，直到 19 世纪 60 年代，化学家路易·巴斯德（Louis Pasteur，1822—1895）发现传染源是微生物——细菌。在这一发现的基础上，巴斯德研制出了预防炭疽、狂犬病和许多其他疾病的疫苗。他发明的净化牛奶和发酵产品的方法被称为"巴氏杀菌法"。继巴斯德之后，柏林大学的公共卫生教授罗伯特·科赫（Robert Koch，1843—1910）在 1882 年分离出结核杆菌，在 1883 年分离出引起霍乱的细菌。巴斯德、科赫和其他科学家在追踪疾病传播方面的工作改进了西方的医学实践。从 1872 年到 1900 年，欧洲人死于传染病的人数下降了 60%。

麻醉药的使用标志着另一个重要的医学进步。1847 年，一位苏格兰医生首次使用三氯甲烷来减轻一位母亲分娩时的疼痛。尽管受到神学家的谴责（他们认为疼痛是罪恶的人类存在的必要组成部分），麻醉药的使用迅速传播开来。英国的维多利亚女王生了 9 个孩子，她欢迎在分娩过程中使用麻醉药，满怀欣喜地说了一句："谢天谢地，感谢三氯甲烷！"这表达了许多病人的感受。

这些医学上的进步让欧洲人信心满满，相信科学征服自然会创造一个更加健康的环境。但对细菌的广泛认识也加剧了人们的焦虑。19世纪 70 年代以后，欧洲人意识到，他们生活的世界充满了可能致命但又看不见的有机体，他们的仆人、雇员、邻居和家人都可能是携带者。分离出引起疾病的杆菌并不能立即治愈疾病，麻疹等病毒感染仍然是杀手。那些有能力使自己远离危险的人常常会选择这样做。由于富裕的欧洲人逃离疫情蔓延的城市中心，郊区和海滨度假胜地成倍增加。

进化论的胜利

地质学和生物学的发展也导致了自信和焦虑的情绪。进化论提供了一个科学框架，在这个框架中受过教育的欧洲人以此为自己优越的社会和经济地位辩护。然而，它挑战了基本的宗教假设，用一种新的、令人不安的方式描绘了自然世界。

长期以来，基督徒一直依靠《圣经》的开篇章节来理解自然和人类的起源，但19世纪的地质学家对《圣经》的说法提出了质疑。根据《圣经》上的文字记载，地球的年龄是6 000年，但像查尔斯·莱尔（Charles Lyell，1797—1875）这样的地质学家认为，地球的形成经历了数百万年。在一本再版11次的畅销书《地质学原理》（*Principles of Geology*）中，莱尔驳斥了正统基督教的观点，即《圣经》中描述的挪亚的洪水和其他神干预了地质变化和物种灭绝。他认为，物质世界必须被视为仍在发挥作用并且仍然可以观察到的自然力量的产物。

但是，如何用自然过程来解释全球动植物物种的惊人的多样性呢？英国科学家查尔斯·达尔文（1809—1882）对这个问题的回答令许多受过教育的欧洲人感到满意，却让其他人感到震惊。19世纪30年代，达尔文参加了一次全球考察之旅。在这次旅行中他观察到，在与世隔绝的岛屿上，有些动物和植物与海岸上的相关物种走上了不同的进化道路。回到英国后，达尔文阅读了托马斯·马尔萨斯的人口理论（见本书第21章）。马尔萨斯认为，所有物种产生的后代都超过了实际能够生存的数量。通过把马尔萨斯的理论和他自己的观察结合起来，达尔文得出结论，生命是一场生存斗争，微小的生物变异可以帮助一个物种的个体成员赢得这场斗争。达尔文进化论就是从这一认识发展起来的。

达尔文的进化论假说基于两个概念："变异"和"自然选择"。变异指的是有助于生存斗争的生物优势。例如，喙稍长的鸟可能更容易获得稀缺的食物供应。随着时间的推移，发生了变异的个体就会取代没有变异的个体。因此，变异提供了自然选择的手段，而这里的自然选

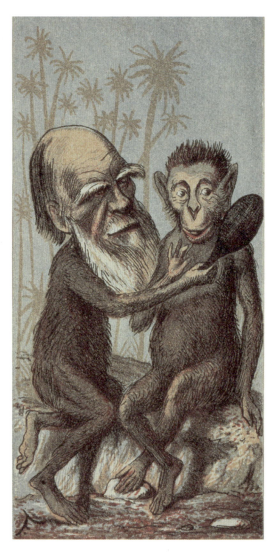

达尔文令人不安的镜子（彩色平版画，英国派，绘于 1861 年）。达尔文思想的简化和荒谬版本几乎立即就进入了流行文化。在这幅讽刺画中，长着猴子身体的达尔文举着一面镜子看着他的同类，后者似乎对自己镜子中的形象感到惊讶。

图片来源：Natural History Museum, London, UK / The Bridgeman Art Library

择也就是新物种进化的过程。

达尔文为进化过程中的变异提供了一种解释，但有两个因素仍然存在问题。首先，他所描述的变异过程需要很多很多代。这能解释生物世界中各种明显的变异吗？其次，变异最初是如何出现的，又是如何遗传的？

答案就藏在奥地利修士格雷戈尔·孟德尔（Gregor Mendel，1822—1884）的研究中。孟德尔在他的菜园里进行实验，发现了遗传规律。然而，孟德尔的研究一直被忽视，直到 19 世纪末，荷兰植物学家雨果·德弗里斯（Hugo de Vries，1848—1935）利用孟德尔的数据提出假说：进化是通过生物生殖细胞的突变而发生的，并在繁殖时传递给后代。在生存竞争中提供优势的突变能够使变异的后代存活下来，并产生更多的变异后代。因此，进化可以突飞猛进，而不是经过很长一段时间。

然而，在这些进化的基因基础被理解之前很早一段时间里，达尔文的理论就已经产生了很大的影响。出版于 1859 年的《物种起源》（*On the Origin of Species*）立即引起了人们的兴趣和争论。1871 年，达尔文的《人类的起源》（*The Descent of Man*）一书出版，他在书中提出，人类像其他物种一样，也是随着时间而进化的。这种否认人类在宇宙中的特殊地位的说法让许多基督徒大为震惊。他们发现达尔文的自然观更加令人不安。根据正统基督教神学，大自然的美向信徒揭示了上帝的存在。然而，在达尔文的宇宙中，大自然并没有显示出上帝之手的作用。相反，这是一个充满鲜血的竞技场，有机体为生存而竞争，用英国诗人阿尔弗雷德·丁尼生（Alfred Tennyson）的话来说，是"齿爪血淋淋"[2]。在这样一个宇宙中，关于目的和意义的观念似乎消失了。

尽管如此，许多欧洲人和美国人还是欢迎达尔文的进化论，因为它似乎证实了他们对竞争的美德和进步的必然性的信念。正如达尔文自己所写的那样，因为"自然选择只会发生在每个个体身上，并为每个个体的利益而起作用，所有的身体和智力的发展都将趋于完美"[3]。

社会达尔文主义和种族等级

达尔文用进化论来解释生物变化，而英国作家赫伯特·斯宾塞（Herbert Spencer，1820—1903）则坚持认为进化论也应该被应用于社会政策。作为自由放任经济（见本书第 22 章）的拥护者，斯宾塞创造了"适者生存"这个表达。他认为，对穷人的慈善或政府援助使弱势群体得以生存，从而延缓了社会向更好的方向发展。

社会达尔文主义者把斯宾塞的适者生存的概念应用于整个人种。他们认为，非洲和亚洲的非白种人在进化阶梯上处于欧洲白种人之下。因此，英国小说家和社会达尔文主义者 G. A. 亨蒂（G. A. Henty）坚持认为："普通黑人的智力大约相当于一个 10 岁的欧洲男孩。"[4] 社会达尔文主义者用这种伪科学的论点来为西方帝国主义辩护。他们认为，进化的落后注定了非白种人被征服甚至被灭绝的命运。下面这句话出自一本英国畅销小说，概括了社会达尔文主义者的世界观："弱者必须灭亡；地球属于强者……我们踩着那些跌倒之人的尸首走向强大；我们从饥饿的婴儿口中夺取食物，而这就是世间的安排。"[5]

社会达尔文主义者用进化论来证明种族和性别等级的合理性。他们认为，女性的身体不如男性的那样发达，认为女性在智力和体力上都不如男性。这些思想在 19 世纪晚期蔓延到了整个西方文化。例如，精神病学家西格蒙德·弗洛伊德（Sigmund Freud）等知名知识分子就认为，"女性的生殖器比男性的更原始"。而法国社会理论家古斯塔夫·勒庞（Gustave Le Bon，1841—1931）则将女性的大脑和大猩猩的大脑相提并论。

因此，进化论脱离了其生物学框架，被滥用于社会和国际事务，从而证明了 19 世纪社会的主要假设是合理的，其中包括竞争的好处、白人统治和男性统治的正确性，以及西方文明的优越性。然而，进化科学也削弱了西方的信心，因为进化论带来了退化的可能性：进化阶梯是单向的吗？物种会不会退化到更低的进化水平？人类会退化到动物的水平吗？

法国科学家让－巴蒂斯特·拉马克（Jean-Baptiste Lamarck，1744—1829）提出了后天获得性状遗传的理论，加强了这种对退化的恐惧。在达尔文发表《物种起源》的 50 多年前，拉马克就提出了这一理论。所谓后天获得性状，是指一个人因为经历或者为了适应环境而形成的特征，例如矿工往往会驼背，编织蕾丝的工人往往会视力差，妓女往往会滥交，等等，而这些特征都可能会被其子女"获得"。由于人们还不了解遗传繁殖的过程，拉马克的理论在整个 19 世纪仍然很有影响力。欧洲和美国的中产阶级担心，不断扩大的城市贫民窟中的贫困大众正在获得种种不良特征，从身体残疾到性堕落和暴力犯罪。根据拉马克的理论，他们得出的结论是，如果越来越多出身贫困的儿童继承了这些特征，西方国家的进化进程可能会放缓，甚至会出现倒退。

物理学革命

在这一时期，物理学也发生了一场革命，尽管其最显著的结果——原子武器和核能——要再过半个世纪才能实现，但是这场革命给 1870 年后西方的知识和文化带来了愉悦和不确定性。

这场物理学革命的核心问题是："什么是物质？"随着艾萨克·牛顿理论的胜利，在长达 200 年的时间里，受过教育的西方人对此一直有一个明确的答案：物质是可以通过近距离的观察和测量来发现的东西（见本书第 17 章）。由原子组成的三维物质实体在固定的时空中运动。像机器一样，自然是可以预测的。利用理性、观察和常识，人类可以理解、控制和改造物质世界。

一连串的发现和实验挑战了这种关于宇宙的常识，向人们展示了一个更加神秘和令人不安的世界图景。1895 年 X 射线的发现打破了人们对物质稳定性的普遍假设。当波兰化学家玛丽·斯克洛多夫斯卡·居里（Marie Sklodowska Curie，1867—1934）发现了新元素镭时，这些假设进一步瓦解了。镭的表现方式与人们认为的物质应有的表现方式不

1904 年，玛丽·斯克洛多夫斯卡·居里和皮埃尔·居里在他们的实验室里。夫妇二人都获得了诺贝尔奖。

图片来源：The Print Collector / Alamy

同，由于不断地放射亚原子粒子，镭的原子量并不恒定。两年后，德国科学家马克斯·普朗克（Max Planck，1858—1947）提出一种新的理论，认为受热物体辐射的能量并不是大多数科学家所设想的连续的、可预测的流，而是不规则的团簇，他称之为"量子"。大多数科学家认为普朗克的假设与常识相悖，因此对其不以为然，但他的"量子论"很快就帮助他建立了一个多变宇宙的新模型。

这些科学新发现给 20 世纪最著名的科学家阿尔伯特·爱因斯坦（1879—1955）的研究提供了背景。由于爱因斯坦对专利局工作感到厌倦，于是他就把时间用在了思索宇宙的本质上。1905 年，他发表了相对论，直接挑战了牛顿的宇宙模型。根据这个理论，爱因斯坦提出了一个四维宇宙模型，取代了原有的三维宇宙模型。在长宽高这三个维度之上，爱因斯坦加上了时间的维度。他提出时间和空间并不是固定不变的，而是相对于观察者的位置而发生移动。同样，物质本身也会移动，因为物质的质量会随着运动而改变。在爱因斯坦的模型中，时间、空间和物质在一个相对变动的宇宙中相互混合。爱因斯坦用自己的日常经验来解释他的模型。他注意到，当他乘坐的有轨电车经过一个固定的物体，比如一所房子时，这个物体看起来变窄了。电车开得越快，看到的物体就越窄。换句话说，宽度的大小会随着观看者的速度和位置而发生变化。

尽管在通俗解释上做出了这样的努力，但对于普通的男女来说，物理学革命使许多科学知识变得高深莫测。最重要的是，这门新科学挑战了支配 19 世纪思想的基本假设，它提供了一种宇宙的视觉，在这种视觉中，你看到的并"不是"你最后得到的，在这种视觉中，客观现实很可能是主观感知的产物。

社会思想：对实证主义的反抗

正如物理学革命呈现了物质宇宙一幅新的令人不安的图景一样，在为社会学、心理学和人类学等学科奠定基础的社会思想中，也出现了关于人类社会本质的令人不安的理论。正如本书第22章所解释的那样，19世纪的主流思想是实证主义的，它对人类的理性抱有极大的信心。然而，到了19世纪末，社会思想家们通过强调非理性力量在决定人类行为中的作用来反抗实证主义。

例如，古斯塔夫·勒庞通过研究如何诉诸人们的情感（尤其是以符号和神话的形式）来影响群体行为，形成了他的群体或集体心理学理论。在勒庞看来，新的大众政治（见本书第23章）就是这种群体行为的一种形式：没有受过教育的选民根据情感而非逻辑论证做出选择。勒庞的结论是，民主将政治控制权让给了非理性的大众，因此这只会导致灾难。

就在勒庞关注大众的同时，德国社会理论家马克斯·韦伯（Max Weber，1864—1920）探索了他所谓的现代生活的"科层化"，即政治和经济制度变得越来越科层化因此越来越标准化和非人格化的趋势。韦伯认为科层制的胜利大体上是积极的，是理性和科学对传统和偏见的胜利。但他也认识到，科层制可以粉碎理想和个人，从而威胁个人自由。

韦伯被困在"现代生活的铁笼"中的个人幻想所困扰，他在1898年精神崩溃了。据他的妻子说："一个来自无意识的邪恶的东西用爪子牢牢攫住了他。"[6]这种认为个人是无意识的俘虏的观点是反对实证主义的核心，并在维也纳科学家和医生西格蒙德·弗洛伊德（1856—1939）有影响力的著作中得到了最充分的发展。弗洛伊德治疗神经紊乱患者的努力使他相信，意识在塑造一个人的行为方面起着有限的作用。他在《梦的解释》（*The Interpretation of Dreams*，1900）一书中指出，在每个人的理性表象之下，都潜藏着各种欲望，包括对死亡和毁灭的渴望等非理性冲动。弗洛伊德认为，通过潜到理性的表面之下，去探索潜意识的欲望，他可以理解人类的行为，并治疗精神疾病。然而，弗洛伊德心理学的出现使西方许多受过教育的人相信，非理性不是可以被发现和控制的，反而是人受到非理性的控制。

文化危机：世纪末与现代主义的诞生

对非理性力量的认识导致了一种日益严重的文化危机。法文短语"fin-de-siècle"（世纪末）成为这个时代西方社会不安情绪的代名词。经济、技术和社会日新月异的变化，再加上新的科学理论，使许多人相信旧的解决方案不再有效。对新答案的追求促成了现代主义的诞生。所谓现代主义，是思想、文学和艺术上一系列令人不安但又鼓舞人心的发展的统称。许多欧洲人和美国人将现代主义视为摆脱中产阶级种种约束的一种解脱，但也有人忧心忡忡。

世纪末

西方正处于衰落状态的感觉引发了世纪末的焦虑。许多因素导致了对退化的恐惧。随着城市的扩张，人们对犯罪率上升的看法也越来越强烈。这种看法与日益增加的毒品和酒精使用的现实是同步的。上流社会的用餐者用泡在乙醚里的草莓来结束他们丰盛的晚餐，体面的资产阶级男性在一天的工作结束时互相提供可卡因作为快速提神之物。中产阶级的母亲们给不安分的婴儿喂含鸦片的糖浆，而工人们则在周六下午购买足够的鸦片酊，帮助自己一直昏睡到周一早上上班之前。利用拉马克

《苦艾酒》（布面油画，埃德加·德加创作于 1876—1877 年）。去咖啡馆的巴黎人经常沉迷于苦艾酒，这是一种用茴芹调味的烈性酒精饮料。德加对画面上这个喝苦艾酒的女性的描绘是一幅堕落的画面：布满皱纹的脸、疲惫的姿势和孤独，让人想起世纪末的忧郁。

图片来源：Scala / Art Resource, NY

关于后天获得性遗传的理论（见上文），科学家们认为犯罪和吸毒会一代一代地遗传下去，从而导致社会的衰落。

通俗小说把西方文化描绘成病态的或野蛮的，这也助长了人们对退化的恐惧。法国小说家埃米尔·左拉（1840—1902）在《娜娜》（*Nana*，1880）一书中用这个标题人物来代表他的国家。娜娜是一名妓女，她死于天花，此时正值法军士兵在普法战争中遭遇溃败。她的脸被描述成"一个凶杀之地，一堆脓血，一铲腐肉"[7]，作者以此来象征法兰西第二帝国的崩溃。《化身博士和海德先生》（*Dr. Jekyll and Mr. Hyde*，1886）和《德古拉》（*Dracula*，1897）等作品表明，在文明人彬彬有礼的外表下，潜伏着一头原始的嗜血成性的野兽。

德国哲学家和诗人弗里德里希·尼采（Friedrich Nietzsche，1844—1900）的作品集中体现了这种世纪末的情绪。尼采把现代社会的大多数成员斥为被过时的规则和信仰禁锢的绵羊。植根于基督教的中产阶级道德削弱了西方文化的活力。他说："基督教支持一切衰弱的事物。"但尼采把西方文化的弱点一直追溯到古希腊对理性的强调。他认为，由于过分强调理性思维，西方社会压制了本能和情感的强大力量。甚至作品的风格也反映了尼采对理性的不耐烦。他写的不是结构严谨、逻辑清晰的文章，而是采用了一种难以捉摸的、以不连贯的片段为特征的诗歌风格，用直觉比用理性分析更容易理解。

尼采呼吁人们"成为你自己"，这一口号吸引了19世纪90年代欧洲各地的年轻追随者。尼采的这些粉丝接受了他的信念，即中产阶级道德的限制性准则阻碍了个体的个人解放。"上帝死了，"尼采宣称，"我们杀死了他。"既然上帝已经死了，就"没有人吩咐人，没有人顺从人，也没有人犯罪"[8]。这样的宣言震惊了一部分读者，他们将尼采的作品视为西方衰落的一个原因，而不是对西方衰落的批判。

性别界限的强化

对退化的恐惧也表现在 19 世纪晚期强化"男性"和"女性"界限的努力中。女性主义者和同性恋者被归入罪犯、吸毒者和妓女之列，被视为危险的堕落分子（见本章"历史上的正义"专题）。

在 1870 年后的几十年里，随着中产阶级女性开始进入大学和有偿就业的其他公共领域，女权主义成为一股政治力量（见本书第 23 章）。许多欧洲人和美国人对这些发展感到惊慌。他们认为女性的身体和大脑无法承受公共生活的压力。在反女权主义者看来，追求高等教育或职业的女性不仅冒着身心崩溃的风险，也往往会生出身体退化、道德堕落的孩子，从而威胁西方社会的进步。

和女权主义者一样，同性恋者被认为是对社会秩序的威胁。在 1869 年之前，还不存在"同性恋者"这个词。它是由一位匈牙利科学家创造出来的，为了给一个新概念找个新标签，这个词直到 1890 年才进入英语。传统上，欧洲人和美国人认为同性性行为是不道德的，是道德堕落者（但在其他方面是正常的人）的放纵行为。很少有人考虑到女性同性恋行为的可能性。然而，在 19 世纪后期，重点从"行为"转移到"身份"，从谴责一种行为到谴责一种人，即同性恋者。

有三个发展加剧了人们对同性恋的恐惧。首先，城市生活的匿名性和流动性给同性恋者提供了更加自信地表达同性恋身份的空间。在西方的每一个城市，同性恋亚文化变得越来越多，越来越明显，因此，也就越来越具有威胁性。

其次，公司资本主义的兴起（见本书第 23 章）削弱了自由主义的男性理想。自由主义思想将中产阶级男性描绘成积极主动、自力更生的人。现在，这些人发现自己被绑在办公桌上，听命于人。他们不再是自己命运的主人，而是成了公司资本主义这出戏的小角色。给同性恋和女

历史上的正义

对奥斯卡·王尔德的审判

1895 年 3 月，昆斯伯里侯爵（Marquis of Queensberry）递给伦敦一家绅士俱乐部的门房一张自己的卡片，上面写着"致鸡奸者奥斯卡·王尔德"。这里的"鸡奸者"是与其他男人发生性关系的男人的通称。昆斯伯里侯爵把这张卡片交给了门房，公开指控著名小说家和剧作家王尔德有同性恋行为。10 年前，英国议会宣布所有同性恋行为都是非法的，即使是成年人之间在私人家中自愿发生的。昆斯伯里侯爵的指控是很严重的。作为回应，奥斯卡·王尔德以诽谤罪起诉昆斯伯里侯爵，法律程序由此启动，最终导致了王尔德入狱，并间接地导致了他的早逝。

当王尔德选择以诽谤罪起诉时，他犯了一个鲁莽的错误，因为事实上昆斯伯里侯爵并没有诽谤他。王尔德确实是同性恋者。他和昆斯伯里侯爵的儿子阿尔弗雷德·道格拉斯勋爵（Lord Alfred Douglas）是一对恋人。那么，为什么王尔德敢于挑战昆斯伯里侯爵呢？也许他认为自己已婚并且有两个孩子的事实可以使他免受指控，又或许是王尔德事业上的成功给了他一种坚不可摧的感觉。1895 年春天，他的两部戏剧登上了伦敦的舞台，广受好评，他的事业达到了顶峰。

王尔德通过藐视中产阶级的道德准则来建立自己的职业声望。他认为自己是一位艺术家，并坚持艺术应该摆脱社会习俗和道德约束。他的关于"上流社会"的喜剧描写的是过着不道德生活的特权精英们，以及彼此间的插科打诨，这与中产阶级观众所期待的提升道德的戏剧相去甚远。

王尔德还利用自己的公众形象对一切传统的、受人尊敬的和正统的东西发起攻击。他以奇装异服和奇谈怪论而广为人知，有意识地采用了 19 世纪英国人所说的"花花公子"的言谈举止。所谓"花花公子"，是指一个衣着讲究、不惧权威、文雅、有闲而又女子气的男子。在他受审之前，这种女子气并不能作为同性恋倾向的标志，但在许多人看来，这确实是一种奢侈和放纵的生活方式。可见，奥斯卡·王尔德是一个令许多英国人又爱又恨的人。

即便如此，当审判开始时，王尔德似乎处于有利地位。因为王尔德手里有昆斯伯里侯爵写的指控他是鸡奸者的卡片，除非他能证明王尔德确实有同

奥斯卡·王尔德和阿尔弗雷德·道格拉斯勋爵。英国政府对王尔德进行起
诉，却没有对道格拉斯提起诉讼。

图片来源：AKG Images / Newscom

性恋行为，否则昆斯伯里侯爵肯定会被定罪。王尔德知道昆斯伯里侯爵不会
冒险将法律聚光灯对准自己儿子的同性恋身份。

起初，昆斯伯里侯爵的律师爱德华·卡森（Edward Carson）将注意力放
在王尔德已经出版的作品上，试图用王尔德自己的话来表明他的不道德。事
实证明，这种策略是无效的。在证人席上，王尔德很享受众人的关注，而卡
森则显得没有文化，并且毫无幽默感。

然而，在审判的第二天，卡森就王尔德与男性性伴侣的关系进行了盘问。
突然之间，问题不再是王尔德作品的道德价值，而是他的性生活。就在此时，

王尔德撤回了他对昆斯伯里侯爵的诽谤指控，法院宣布侯爵无罪。

既然昆斯伯里侯爵称王尔德为鸡奸者是无罪的，那么很显然王尔德有同性恋行为，因此是名罪犯。1895 年 5 月 25 日，也就是昆斯伯里侯爵给俱乐部的门房留下卡片的三个月后，王尔德被判犯有 7 项严重猥亵罪。审判长阿尔弗雷德·威尔斯爵士（Sir Alfred Wills）将此次审判描述为"我审理过的最糟糕的案件"，并将王尔德描述成"一个极其丑恶的广泛腐败圈子的中心"[9]。因此，他宣布："在这种情况下，我将会做出法律允许的最严厉的判决。但在我看来，对于如此严重的罪行，这样的判决是完全不够的。"[10] 他判处王尔德两年苦役，这种体罚损害了王尔德的健康，他于 1900 年去世，享年 46 岁。

威尔斯为什么出言如此之重呢？王尔德所受惩罚为什么会如此严厉呢？为什么在 19 世纪的最后几十年里对同性恋的谴责会越来越严厉呢？一个解释是，在一个快速变化的时代，性别界限作为一种创建和执行社会秩序的方式变得更加重要。王尔德跨越了这些界限，因此似乎威胁到了社会稳定。

第二个解释是，到 19 世纪末，国家承担了新的责任。随着国际竞争日益激烈，西方政府急于增强国力，对以前被认为是私人领域的领域进行了干预。为了提高国家生产力和军事能力，政府现在强制父母送孩子上学，规定成年人的工作时间，监督食品和药品的销售，为住房建设设立新的标准，并监管性界限。

在广为人知的王尔德审判之后，对性界限的监管变得更加容易，因为这次审判提供了一份同性恋人格档案，一张挂在西方文化墙上的"通缉犯"海报。王尔德成为同性恋的象征，一种特定的、特殊的人，对文化的稳定构成了威胁。对王尔德的审判将"花花公子"形象与这一新形象联系在一起。对许多观察家来说，女子气、艺术气质、浮夸的服装和谈话等外在风格成了内在堕落的标志。因此，王尔德案件标志着对同性恋身份的建构和谴责的一个转折点。

权主义的谴责提供了一条重新定义和强化男性身份的途径。

最后，性科学的诞生引发了新的恐惧。在 19 世纪的最后几十年里，科学家们在理解人类生殖和性生理学方面取得了重要的突破。例如，在 1879 年，科学家们首次在显微镜的帮助下目睹了精子钻进卵子的过程。然而，随着人们对性生理学有了更深入的了解，同时也开始试图定义正常的性行为，并在医学上谴责同性恋是病态的。

对性别界限的高度关注不仅在科学领域，而且在 19 世纪晚期的西方艺术领域也普遍存在。在视觉艺术中，女性常常以原始的力量、自然的产物而非文明的形象出现，她们威胁着要诱捕、阉割、吞噬、扼杀或摧毁粗心大意的男人。例如，奥地利画家古斯塔夫·克里木特（Gustav Klimt，1862—1918）就经常把女人描绘成自然的产物，常常带有性挑逗的色彩。

现代主义的诞生

克里木特充满性挑逗色彩的绘画是新兴的现代主义运动的例证。在 19 世纪的最后几十年里，像克里木特这样的现代主义艺术家抛开条条框框，开始了一系列大胆的实验。现代主义并没有单一的风格，但现代主义的艺术家、音乐家和作家都厌倦了中产阶级自由主义的世界观。

现代主义者以三种方式挑战自由主义。首先，他们拒绝接受艺术作为提升道德或情感的工具的观点。自由主义者相信艺术在文明社会中是有用的。参观美术馆是一项很受欢迎的活动，就像今天去看电影一样。受人尊敬的工人和中产阶级男女挤进展览馆，观看那些讲述有趣故事、传达明确道德信息的画作。相比之下，现代主义者则主张"为了艺术而艺术"。现代主义画家不寻求讲述一个故事或进行说教，而是对线条、色彩和构图进行创作。

其次，现代主义者反对中产阶级对人类理性和观察的力量的信仰，而强调个人经验和直觉在塑造人类理解方面的作用。例如，在巴黎，一群艺术家以西班牙画家巴勃罗·毕加索（Pablo Picasso，1881—1973）为中心，将不同视角的风景放在同一张画布上。他们称自己为"立体派"。用一位文化历史学家的话来说，"立体派打破了艺术的镜子"[11]。

《水蛇》（古斯塔夫·克里木特创作于 1904—1907 年）。克里木特的画作经常把女性描绘成一种迷人但吞噬性的力量。在这幅作品中，他使用神话中的海蛇形象来描绘女性毫不掩饰甚至是积极主动的肉欲，这与男女社会空间分野观中消极女性形成了鲜明对比。

图片来源：Erich Lessing / Art Resource, NY

他们的支离破碎、参差不齐、充满活力的作品不再反映"外在"的世界，而是展现了艺术家流动而矛盾的内心（见本章"碰撞与转型"专题）。这种对艺术作为一种个人表达方式的强调在表现主义运动中也可以看到，表现主义运动不像立体派那样以法国为中心，而是集中在中欧和东欧。表现主义者如埃贡·席勒（Egon Schiele，1890—1918）认为，艺术应该表达艺术家的内心，而不是表达外在世界。席勒在他短暂的一生中创作了 3 000 多幅纸上作品和 300 幅油画。在裸体自画像中，他把自己描绘成丑陋和瘦弱的样子，这是他内心世界痛苦的形象表达。

最后，现代主义者坚持认为历史无关紧要，以此挑战自由主义的世界观，因为自由主义者把历史视为道德教训的重要来源，以及理解现在和改进未来的关键。然而，现代主义者认为，快速发展的工业和技术变革打破了过去、现在和未来之间的联系。画家如意大利的未来主义艺术家等认为现代世界与过去的一切完全隔绝。未来主义艺术是"现代主义"这一总称之下的众多艺术运动（如立体主义和表现主义）之一，它陶醉于新机器时代。在未来主义绘画中，人类看起来就像运动中的机器，因为移动得太快而无法与历史联系在一起。在对传统生活方式的挑战中，未来主义者甚至向意大利面宣战。

在这几十年里，流行文化和高雅文化中出现的新的音乐风格也体现了现代主义的这种不连续性。以雷格泰姆音乐（Ragtime）为例，它将切分音与出人意料的节奏和突然的停顿结合在一起，而爵士乐大约是在世纪之交在美国的黑人城市社区发展起来的，创造了一个不断自发变化的音乐世界。在欧洲，交响音乐家，如俄国作曲家伊戈尔·斯特拉文斯基（Igor Stravinsky，1882—1971）和奥地利作曲家阿诺德·勋伯格（Arnold Schoenberg，1874—1951），打破了所有的规则，让他们的观众为之震惊。在斯特拉文斯基的芭蕾舞《春之祭》（*The Rite of Spring*，

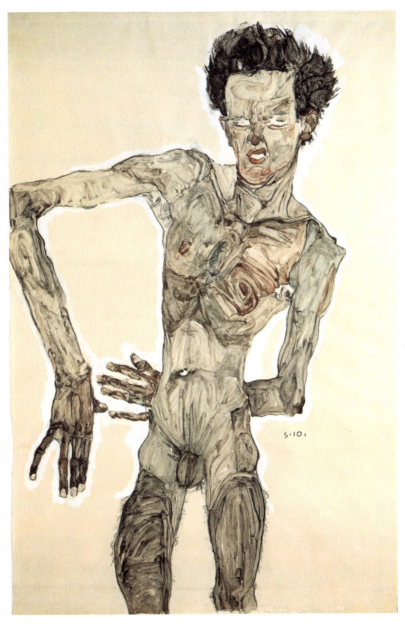

埃贡·席勒的裸体自画像（1910）。席勒的画作以其对色彩的大胆运用以及对人类情感和性的不加限制的探索，成为表现主义运动的代表。

图片来源：Graphische Sammlung Albertina, Vienna, Austria / De Agostini Picture Library / G. Nimatallah / Bridgeman Images

《足球运动员的活力》[翁贝托·波丘尼（Umberto Boccioni）创作于1913年]。像波丘尼这样的未来派画家用几何图形的碎裂和透叠来表达运动，他们认为运动是现代的核心。

图片来源：Francis G. Mayer / Fine Art Value / Corbis

1913）的最后34小节，节拍变换了28次。同样，勋伯格在自己的作品中消除重复，使用快速的节奏变化。

观众对现代主义作品的反应往往是不理解和愤怒的。1912年，当勋伯格的《管弦乐曲五首》（*Five Orchestral Pieces*）在伦敦首演时，一位听众说："自始至终，观众都在放声大笑……最后还发出强烈的嘘声。"第二年在维也纳，由于观众的强烈反对，勋伯格的另一部作品不得不停止演出。同样，评论家们也经常谴责现代主义绘画是病态的、色情的，或者是精神错乱的。一位伦敦评论家称画家保罗·塞尚（Paul Cezanne，1899—1954）是"一位患有视网膜疾病的艺术家"。

这种对现代主义的敌意表明，大多数观众依然停留在这样一个文化环境中：绘画描绘美丽的场景，小说讲述道德的故事，音乐展现和谐的魅力。20世纪初，威廉·霍尔曼·亨特（William Holman Hunt，1827—1910）的《世界之光》（*The Light of the World*）是英语世界最受欢迎的艺术作品之一。这部带有道德色彩的作品讲述了一个简单易懂、鼓舞人心的故事，与现代主义的每一个原则都背道而驰，从1905年到1907年在大英帝国巡回展出。热情的人群竞相购票观赏，称这幅画是宗教和艺术的杰作。

大众宗教和世俗化

正如霍尔曼·亨特对耶稣的描绘所揭示的那样，宗教信仰在1870年后的几十年里仍然是一股强大的力量。在英国，星期天的礼拜仍然是中产阶级文化的一个重要方面，而在公立学校中，主日学校运动和宗教教育确保了工人阶级的孩子受到基督教信仰基本知识的教育。在欧洲大陆，许多欧洲人将不信仰宗教与1871年巴黎公社的激进分子杀害巴黎大主教后的革命无政府状态联系在一起。在此意义上，巴黎公社的暴行（见本书第22章）促进了宗教的复兴。天主教徒的狂热通常集中在对圣母马利亚的崇拜上，到19世纪70年代，位于卢尔德的圣母马利亚圣地（1858年圣母马利亚显灵的地方）吸引了数十万天主教徒朝圣者。

另外还有三个因素也促进了19世纪晚期欧洲的宗教虔诚。首先，高移民率意味着有许多人要在陌生的城市里寻找自己熟悉的东西。他们经常诉诸家乡的宗教文化。例如，在英国的城市里，爱尔兰移民到当地的罗马天主教堂寻求精神安慰、物质支持和社会联系。其次，在许多地区，民族主义强化了宗教信仰和实践。因此，对梦想摆脱俄国统治而独立的波兰民族主义者来说，罗马天主教是独立民族身份的关键组成部分。最后，正如我们将在下一节看到的，西方帝国在全球的扩张似乎给基督教的持续胜利提供了清晰的证据。

然而，当基督徒面对新的挑战时，这种必胜信念遇到了日益增长的焦虑。正如我们在对达尔文的讨论中所看到的那样，生物学的发展破坏了正统基督教认为大自然是和谐的、受上帝指引的观点。医学的进步也削弱了传统宗教的吸引力。人们曾经认为像霍乱这样的疾病是"上帝的行为"，但现在明白了其自然原因。换句话说，科学家似乎能够回答以前认为属于神学领域的问题。最终，社会科学的出现直接对基督教提出了挑战，它无视

《世界之光》（布面油画，威廉·霍尔曼·亨特创作于 1852 年）。在这幅基督教油画中，作为世界之光的耶稣正在敲一个失落的灵魂紧闭的大门。蔓生的杂草和掉落的果实象征着罪恶，灯笼代表着基督照亮一切的力量。灯笼上的星星和新月代表霍尔曼·亨特希望犹太人和穆斯林皈依基督教。这幅作品的流行凸显了 1914 年前现代主义艺术的有限吸引力。

图片来源：Manchester Art Gallery, UK / Bridgeman Images

宗教真理的问题，转而提出宗教信仰在社会中的作用是什么。法国社会学的创始人之一埃米尔·涂尔干（Emile Durkheim，1858—1917）大胆地将基督教与"最野蛮、最荒诞的仪式和最奇怪的神话"相提并论。涂尔干认为没有哪一种宗教比其他的宗教更真实，每一种宗教都满足了社会的需要。[12]

基督徒对这些挑战的反应各不相同。许多新教徒将科学方法视为上帝的恩赐。他们认为，将《圣经》作为一份历史文献和文学文献来研究，将其作为一部由人类作家创作的神启文本的合集来研究，可以将基督徒从在新的科学时代无法维持的陈旧信仰中解放出来，也可以使他们的宗教生活更加贴近现实，更加注重改革。然而，新教原教旨主义者坚决维护《圣经》在字面上、历史学上和科学上的准确性，这一立场导致他们把科学视为宗教的敌人。

面对现代挑战，罗马天主教教皇也采取了挑衅的姿态。1864 年，教皇庇护九世（Pope Pius IX，1846—1878 年在位）发布了一份通谕《谬论举要》（Syllabus of Errors），谴责教皇应该"使自己与进步、自由主义和现代文明协调一致"的观点。六年后，自 16 世纪天主教改革以来第一次召集的天主教大公会议宣布了"教皇无误"的教义。根据这一教义，当教皇颁布一项涉及信仰和道德问题的法令时，该法令是不会有错误的，在任何时间和任何地方都有效。"教皇无误"教义的宣布驳斥了那些主张基督教必须适应现代世界的天主教神学家。

在这几十年里，罗马天主教也面临着重要的政治挑战。在天主教人口众多的国家，教会与保守主义的联盟将反教权主义推到了自由派议程的重要位置。例如，在法国，天主教徒主导了要求回归君主制或威权统治的政党。因此，希望法兰西第三共和国继续存在下去的法国自由主义者竭力削弱教会的影响力。更普遍地说，社会主义的传播给欧洲工人

到卢尔德朝圣。这幅 1873 年美国报纸上的版画描绘的是法国的"圣心"朝圣者从卢尔德附近的一个车站出发，继续他们的徒步旅行。

图片来源：Quint Lox / Photoshot

提供了一个在教会之外并且与之相对立的信仰体系和社群生活。

1870 年后，宗教所面临的最大挑战并不是来自议会、社会主义集会或科学实验室，而是来自百货公司和运动场。在不断发展的工业城市中，工薪阶层和中产阶级享受着新的世俗的娱乐、灵感和欲望。曾经集中在宗教信仰上的精力被越来越多地集中在了消费和娱乐活动上。共同的宗教崇拜曾一度把人们凝聚在一起，而如今观看体育比赛的仪式则铸就了忠诚和身份认同的新纽带。橱窗里陈列的琳琅满目的、不断更新的商品预示着此时此地的满足，这是人间的天堂，而不是上天的赏赐。

新帝国主义

陈列在玻璃橱窗后面的许多商品是帝国征服的产物。新帝国主义与我们在本章和本书第 23 章中已经讨论过的许多发展问题交织在一起。电报确保了与遥远帝国的快速通信,大规模印刷技术保证了宣扬帝国成就的插图故事进入家庭和学校。社会达尔文主义给征服那些在生物学上被认为低等的人提供了一个所谓的科学解释,而迅速战胜其他社会的军事胜利帮助平息了对欧洲衰落的焦虑。对许多欧洲人来说,尤其是对统治着世界上最大帝国的英国人来说,帝国主义的统治是西方文明具有明显优越性的可靠证据。

理解新帝国主义

帝国主义本身并不新鲜。早在 15 世纪,欧洲人就开始了帝国主义的第一阶段,欧洲人的势力范围延伸到了非洲和印度的沿海港口,并进入了美洲的新大陆(见本书第 13 章)。帝国主义的第二阶段开始于 17 世纪晚期,随着欧洲各国政府寻求从国际贸易中获得更多的利润,亚洲和西半球的殖民帝国不断扩张(见本书第 18 章)。

和帝国主义的早期阶段一样,1870 年以后,贸易依然是帝国主义活动的主要推动力。保护帝国既得利益的需要也推动了进一步的征服。例如,在整个 19 世纪,大英帝国的许多扩张行为可以归因于保护大英帝国"王冠上的宝石"印度的渴望。英国对缅甸和克什米尔的吞并,在中东地区划定势力范围,以及保护在非洲沿岸的利益,所有这些都与其在印度的帝国联系在一起。

然而,对既有帝国的保护和商业上的考虑并不能完全解释新帝国主义。1870 年后,特别是 1880 年后,西方的扩张更加来势汹汹。在短短 30 年里，欧洲人对全球陆地的控制从 65% 增加到 85%。此外，新的玩家加入了扩张主义游戏。新成立的民族国家，如德国和意大利，开始在非洲争夺殖民领土，美国开始扩大其对西半球的控制，日本开始进军中国和朝鲜。促成这种新帝国主义的因素有哪些呢？

技术、经济和政治

促成这种新帝国主义的因素在于本书第 23 章探讨过的经济发展。由于第二次工业革命，欧洲和美国的经济越来越依赖于只有在亚洲、非洲和南美洲才能获得的原材料。全球的电线和电报线都要靠橡胶来绝缘，但是在欧洲和美国并没有橡胶树。来自非洲的棕榈油提供了工业机械所需的润滑剂。对曾经数量众多的非洲象群的屠杀，为现在中产阶级家庭中出现的许多新消费品，如钢琴键和台球，提供了象牙。由于依赖于这些主要资源，西方国家迅速对其经济利益受到的威胁做出反应。德国人甚至创造了"Torschlusspanik"（闭门恐慌）一词来描述这种对失去重要原材料的恐惧。

对市场的竞争也加速了帝国主义的扩张。随着 19 世纪 70 年代经济萧条的开始（见本书第 23 章），实业家面临着欧洲对其产品需求的下降。帝国主义扩张似乎提供了一个解决方案，因为可以将被兼并的地区视为垄断市场。正如 1891 年一份法国报纸的社论所解释的那样，"每一枪都为法国工业打开了另一个出口"[13]。

然而，到 19 世纪 90 年代中期，大萧条在大多数地区已经结束，然而，帝国主义扩张的步伐并没有放缓。相反，全球投资热潮确保了帝国主义的持续扩张。欧洲的资本资助了世界各地的铁路、矿山和公用事业。随着每条铁路、每座煤矿或每座水坝的出现，欧洲在非欧洲地区的利益不断扩大，如果外部竞争对手或当地政治不稳定威胁到这些利益，欧洲各国政府进行正式政治控制的压力也随之增大。

除了这些经济因素，国内的政治压力也鼓励了帝国主义的扩张。在大众政治时代，政治领导人需要找到能够吸引新选民的议题。危险的探险和决定性的军事胜利的故事很受民众欢迎。帝国主义的征服使普通人确信他们是一个优越的、征服他人的民族的一部分。

正如本章"不同的声音"专题所表明的那样，国际竞争也助长了帝国主义。意大利和德国等新成立的国家也在寻求在欧洲以外建立帝国，以此在欧洲内部获得权力和威望。19 世纪德国历史学家海因里希·冯·特赖奇克（Heinrich von Treitschke）解释说："每一个强盛而伟大的国家都希望在野蛮人的土地上留下自己的印记，而那些未能参与这场激烈竞争的国家将在未来扮演可怜的角色。"[14] 对地位和战略优势的类似担忧促使英国和法国等国捍卫和扩张自己的帝国。

帝国主义观念

在 1870 年后的几十年里，新帝国主义作为一种思想体系渗透到了中产阶级文化和大众文化之中。为了向观众灌输"帝国主义观念"，在展览会和交易会上会展示来自被征服地区的商品和民族。帝国的形象出现在男孩们的冒险故事里，也出现在肥皂和巧克力的精美广告、图片明信片、饼干盒和廉价的纪念瓷盘与杯子上。在音乐厅和剧院里，帝国主义歌曲和戏剧赢得了大众的掌声。

帝国主义观念的核心是这样一种假设，即西方对世界的支配是一件好事。如果欧洲人不相信欧洲的优越性，他们就不会寻求按照欧洲的形象重塑世界了。是什么让他们相信他们有权利和责任去掌控其他的文化和大陆呢？

其中一个关键因素是西方基督教与"文明"之间的联系。在整个

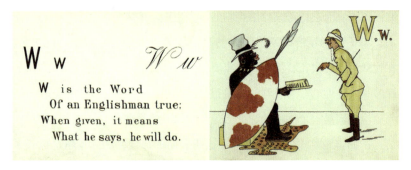

帝国主义教育。正如这页字母表所表明的那样，帝国主义意识形态的教育很早就开始了。

图片来源：Bodleian Library

19世纪，基督教传教士一直是西方文化的先锋。著名的苏格兰探险家大卫·利文斯通（David Livingstone，1813—1873）在地图上标出了非洲中部和南部的大部分地区，他就是一名新教传教士（尽管不是很成功，他只说服了一个人皈依基督教，但这个人最终放弃了基督教信仰）。传教士协会的出版物向读者介绍异国他乡的风貌，而协会自身则为了促进基督教的传播而呼吁西方的扩张。

技术似乎也为西方帝国主义辩护。在18世纪之前，西方社会和其他社会之间的技术差距并不大。在有些地方，比如中国，非西方社会反而占据技术优势。然而，工业化赋予了西方技术上的优势。因此，英国探险家玛丽·金斯利（Mary Kingsley，1862—1900）写道："我在非洲生活了一段时间再回来的时候，让我为自己是英国人而自豪的一个事物是一台火车头，这是我的种族优越性的体现。"[15]

最后，社会达尔文主义似乎给帝国主义观念提供了科学依据。1903年，英国的米尔纳勋爵（Lord Milner，1854—1925）在南非的一次演讲中解释道："必须由白人统治，因为他们比黑人高出许多个台阶。黑人

不同的声音

新帝国主义的拥护者

正如下面这两份文件所表明的那样，新帝国主义是由各种恐惧和野心造成的。虽然有些帝国扩张的拥护者试图使全世界人民皈依基督教，但另一些人坚持认为，海外扩张加强了一个国家与对手竞争的能力，无论是经济上的竞争，还是在军事、外交甚至文化领域的竞争。

朱尔·费里 1883 年 7 月在法国国民议会上的讲话

朱尔·费里（Jules Ferry，1832—1893）曾担任过两届法国总理，他支持法国的帝国扩张。正如对他演讲的干扰和反对所显示的那样，费里面临着社会的反对，尤其是来自社会主义政客们的反对。

朱尔·费里：先生们，我认为，总结一下殖民扩张政策所依据的原则、动机和各种利益是有好处的。

在经济领域，请允许我从需要的角度向你们提出殖民扩张政策的理由。我们这个富裕而勤劳的国家的工业化人口越来越强烈地感受到对出口市场的需要。这是为什么呢？因为我们的邻国德国被壁垒所包围，因为在大洋彼岸，美利坚合众国已经变成了保护主义国家，因为不仅我们的工业产品很难进入这些市场，而且这些大国已经开始向我们自己的市场投放以前未曾见过的产品……

先生们，还有第二点，那就是人道主义和文明方面。在这一问题上，可敬的卡米尔·佩拉丹（Camille Pellatan，费里的反对者，反对帝国主义扩张）先生用自己文雅而聪明的方式进行了嘲讽。他极尽嘲讽和谴责之能事，他说："你们用炮弹强加的文明又算是什么呢？这不就是另外一种形式的野蛮吗？难道这些人，这些劣等种族，没有和你们一样的权利吗？难道他们不是自己房子的主人吗？他们找过你们吗？你们违背他们的意愿来到他们这里，你们带给他们的是暴力，而不是文明。"……

先生们，我必须从一个更高、更真实的层面上讲。必须公开声明，实际上，优等种族对劣等种族是拥有权利的。（坐在最左边长椅上的许多人出现骚动。）

朱尔·曼因（Jules Maigen，费里的对手，社会主义者）：哦！你竟敢在这个宣告人权的国家说这句话！……

费里：我重申一下，优等种族有权利，因为他们有义务。他们有义务教化劣等种族。……（坐在左边的人对此表示认同。坐在最左边和右边的人再次表示反对。）

先生们，有几点值得所有爱国者注意。海战的条件已经发生了深刻的变化。（听众深表赞同。）大家知道，今天一艘军舰所能装载的煤炭只能维持 14 天……而一艘没有煤炭可以用的船就相当于海面上的弃船，谁先见到谁就可以据为己有。因此，在海洋上必须有提供防御和补给的补给站、庇护所和港口。（中间和左边的听众鼓掌，也有各种打断。）正是这个原因，我们需要突尼斯。正是这个原因，我们需要西贡和湄公河三角洲。正是这个原因，我们需要马达加斯加……并且永远不会放弃这些地方！（很多人鼓掌。）先生们，在今天的欧洲，群雄并起，我们的对手正在发展壮大……在这样的欧洲，或者说是在这样的世界，一个关起门来搞和平或节制的政策就是一条通向衰落的道路！……

法国……不能仅仅是一个自由的国家……它还必须是一个伟大的国家，对欧洲的命运行使它所有正当的影响力……它应该把这种影响传播到全世界，并尽可能地把它的语言、风俗、旗帜、标志和天才带到所到之处。（中间和左侧的听众鼓掌。）

资料来源：Ralph A. Austin (ed.), *Modern Imperialism: Western overseas expansion and Its Aftermath*, 1776–1965 (Lexington, Mass.: D. C. Heath, 1969), 70–73. Friedrich Fabri, *Does Germany Need Colonies?* (Gotha, Germany: Perthes, 1879). Translated by Theodore von Laue. In Perry et al., *Sources of the Western Tradition*, 4th ed., Vol. 2. (New York: Houghton Mifflin, 1999, 235–237.

弗里德里希·法布里：《德国需要殖民地吗？》（1879）

弗里德里希·法布里（Friedrich Fabri，1824—1891）是一位牧师兼神学教授，他领导了一个在南部非洲和东印度群岛活动的德国多教派传教士协会。1879 年，法布里出版了《德国需要殖民地吗？》（*Does Germany Need Colonies?*），他的回答很明确。

在寻找殖民领地的过程中，德国并不是出于扩张权力的愿望，它只想履行一个国家的义务，我们甚至可以说是一种道德义务……

德意志民族海上经验历史悠久，在工商业方面也很有经验，比其他民族更擅长农业殖民。在今天高度文明的民族中，没有一个像它这样拥有如此丰富的人力资源。它不应该成功地进行这次新的冒险吗？……在我们刚刚统一的德国，存在着太多的怨恨和有害的党派之争。因此，开辟一条充满希望的国家发展新道路可能会产生一种解放作用，推动民族精神向新的方向发展。

更重要的是要考虑到，一个民族在其政治权力的鼎盛时期，只有承认并证明自己是文化使命的承载者，才能成功地保持其历史地位。这是保证国家发展和稳定的唯一途径，而国家的繁荣发展是持久力量来源的必要基础。在过去，德国对世界的贡献只是其知识和文学作品，现在我们已经转向政治，并变得强大起来。但是，如果政治权力的目标本身成为一种目的，它就会导致冷酷，甚至是野蛮，除非这个国家愿意承担起精神、道德和经济方面的领导作用……放眼全球，考察一下英国日益增多的殖民领地，它从中汲取的力量，它的管理技巧，以及盎格鲁－撒克逊人在所有海外领地占据的支配地位……如果我们德国人开始学习我们盎格鲁－撒克逊兄弟的殖民经验，并在和平竞争中效仿他们，那就好了。几个世纪前，德意志帝国作为欧洲诸国之首时，它是最重要的商业和海洋强国。如果新生的德国想在未来恢复和维护其传统的强大地位，它将把殖民活动视为一种文化使命而毫不犹豫地进行殖民扩展。

资料来源：Friedrich Fabri, *Does Germany Need Colonies?* (Gotha, Germany: Perthes, 1879). Translated by Theodore von Laue. In Perry et al., *Sources of the Western Tradition*, 4th ed., Vol. 2. (New York: Houghton Mifflin, 1999), 235–237. copyright © 1999 Wadsworth, a part of cengage Learning, Inc. reproduced by permission. www.cengage.com/permissions.

要想登上这些台阶，将会花费几个世纪的时间，而绝大多数的黑人很可能根本就无法攀登这些台阶。[16]

帝国主义者认为，帝国的职权——无论是上帝赋予的还是生物赋予的——都是一种道德责任，也就是说西方人有义务将自己文明的益处带给世界其他地方。1899 年，英国诗人拉迪亚德·吉卜林（Rudyard Kipling，1865—1936）在一首敦促美国决策者征服菲律宾的诗中阐述了这一观点：

> 承担起白人的责任——
>
> 将你们培育的最好的东西传播开来——
>
> 让你们的子孙离家远去，
>
> 去满足你们的俘虏的需要；
>
> 在繁重的日常工作中，
>
> 侍候那些激动不安的野蛮人——
>
> 那些你们新捕获的
>
> 半魔鬼半孩童的阴郁臣民。[17]

并不是所有的欧洲人和美国人都接受了"白人的责任"这一观点，许多人拒绝了西方优越性的帝国主义假设。正如毕加索的例子所表明的那样（见本章的"碰撞与转型"专题），一些现代主义艺术家从非西方文化中寻找艺术灵感。野兽派是巴黎的一个艺术家圈子，其成员包括亨利·马蒂斯（Henri Matisse，1869—1954）和保罗·高更（Paul Gauguin，1848—1903），他们谴责说，大多数西方艺术是虚伪的，并试图通过自己的色彩绚丽的作品来重新发现他们在非西方文化中发现的活力。

碰撞与转型

毕加索参观博物馆

经过几个月的工作和 800 多幅草图的准备，巴勃罗·毕加索认为《阿维尼翁的少女》最终完成了。但当他把这幅画拿给他的朋友兼竞争对手马蒂斯看时，这个法国人觉得这幅画简直是个笑话。另一位朋友兼画家乔治·布拉克（Georges Braques）觉得这幅画令人震惊。毕加索有好几年没有展出这幅画了，它在很大程度上一直不为人知，直到 1939 年它才在纽约现代艺术博物馆展出。今天，《阿维尼翁的少女》是西方世界最著名的现代主义艺术作品之一。"我们这个世纪的所有艺术都建立在这一惊人的行为之上。"[18] 它改变了西方艺术史，甚至可能改变了感知本身的历史。

这幅作品对女色直率大胆的描写让观赏者无不深感震惊。五个裸体的妓女正在招揽生意，她们搔首弄姿，扭曲着身体，摆出色情甚至挑逗的姿势。然而，这幅画的影响并不仅仅在于其色情上。

我们现在知道，这幅画是毕加索去巴黎一家博物馆时一次特殊邂逅的产物。在 1906 年或 1907 年的某个时间，毕加索已经认真开始了这幅画的创作，当时他在特罗卡迪罗（Trocadero）的人种学博物馆观看了展出的非洲部落面具。这次博物馆之行让这位西班牙画家极度兴奋和不安。他的女友费尔南德·奥利弗（Fernande Olivier）说："毕加索为黑人作品和雕像而发狂。"[19] 在毕加索看来，这些"黑人作品和雕像"具有西方艺术所缺少的生命力和真实性。他和许多现代主义者认为，西方文明的城市化和工业化、组织机构和学院以及各种规章制度扼杀了艺术表现。在他们看来，大多数现代艺术是软弱无力、毫无生气的，是一个陈腐社会的疲惫产物。他们认为，相比之下，非洲艺术就像孩子们画的画，充满活力，色彩斑斓，好玩而富有创意。

当然，这种认为非洲文化天真无邪的想法，反映了帝国主义关于"落后民族"的思想。毕加索和其他现代主义者拒绝接受帝国主义的西方优越观，并批评西方帝国，但他们无法摆脱对帝国主义的刻板印象。然而，在这些刻板印象的限制下，一些现代主义者把西方和非洲的文化关系颠倒了过来。毕加索要向非洲艺术学习，而不是去征服它。

毕加索与非洲面具的相遇改变了这幅特殊绘画的构图和现代艺术本身。在

《阿维尼翁的少女》（巴勃罗·毕加索创作于 1907 年）。

图片来源：© 2015 Estate of Pablo Picasso / Artists Rights Society (ARS), New York; Digital Image The Museum of Modern Art / Licensed by SCALA / Art Resource, NY

参观了特罗卡迪罗的人种学博物馆之后，毕加索重新设计了右边两个妓女的脸，使她们面具般的面孔和另外三个妓女看起来很不协调。这一步骤破坏了绘画中叙事或构图的一切统一性：五个人物不再是单一故事的一部分，也不再拥有同一个视角。毕加索还把每一个身体碎片化，把它们压扁，并把它们转变成突出的几何形状。因此，这幅作品把毕加索推向立体派，这是 20 世纪最有影响力的艺术风格之一。正如艺术史学家约翰·戈尔丁（John Golding）所说的那样："在《阿维尼翁的少女》中，毕加索开始打破人物形象，并用余下的艺术生命来对其进行解剖、重组和重新创造。"[20] 在毕加索之后，西方艺术家们将 20 世纪余下的时间用来剖析、重组和重新创造我们观察和描绘这个世界的方式。

对帝国的批评通常集中在其国内政治和经济影响上。英国经济学家 J. A. 霍布森（J. A. Hobson，1858—1940）指责海外帝国只让富有的资本家受益，却分散了公众对国内所需要的政治和经济改革的注意力。霍布森认为，不受监管的资本主义几乎不可避免地导致了帝国主义扩张，因为它为一小部分精英创造了巨额资本盈余，然后这些精英必须找到投资这些资本的地方。霍布森的思想影响了欧洲的社会主义者，他们谴责帝国主义和资本主义。

瓜分非洲

新帝国主义在非洲达到了顶峰。正如地图 24.1 和地图 24.2 所示，在短短 30 年里，即 1875—1905 年，欧洲人在这里建立了 30 个新的殖民地和保护国，覆盖了 1 000 万平方英里（约 2 590 万平方千米）的面积，控制了 1.1 亿非洲人。到 1905 年，90% 的非洲在欧洲人的控制之下。对非洲大陆的征服是如此迅速而引人瞩目，早在 1884 年，困惑的欧洲人就开始谈论瓜分非洲。

克服障碍

欧洲在非洲内陆建立定居点的努力面临三个主要障碍：气候、疾病和非洲人的抵抗。恶劣的气候使非洲被称为"白人的坟墓"。19 世纪初，被派往西非的白人士兵中，超过 75% 死在那里，另外 20% 成为残疾人。一些地区的气温超过 100 华氏度（约 37.8 摄氏度），另一些地区的持续降雨使旅行变得极其困难。蚊子和舌蝇使旅行者面临生命威胁。蚊子叮咬会带来疟疾，舌蝇会带来锥虫病或昏睡病，这是一种传染病，最终会导致致命的瘫痪。昏睡病不仅会使人死亡，也会使牲畜死亡。在锥虫病流行的地区，如非洲赤道地区、南部非洲和东部非洲，使用马和

地图 24.1　被瓜分之前的非洲（1876）

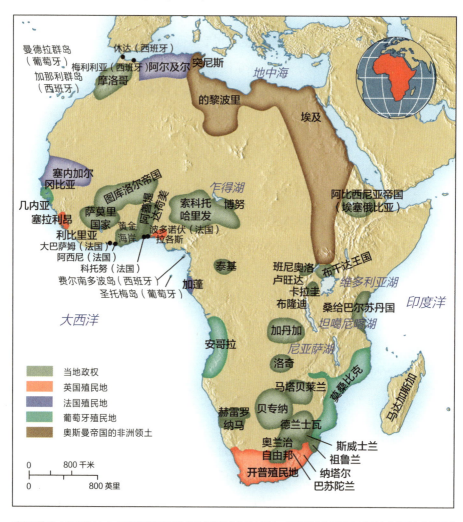

曼德拉群岛
（葡萄牙）
加那利群岛
（西班牙）

休达（西班牙）
梅利利亚（西班牙）
摩洛哥
阿尔及尔
突尼斯
的黎波里

地中海

埃及

塞内加尔
冈比亚

乍得湖

几内亚
塞拉利昂
利比里亚

图库洛尔帝国
萨摩里
国家
黄金
海岸
阿散蒂
达荷美
波多诺伏（法国）
拉各斯

索科托
哈里发
博努

阿比西尼亚帝国
（埃塞俄比亚）

大巴萨姆（法国）
阿西尼（法国）
科托努（法国）
费尔南多波岛（西班牙）
圣托梅岛（葡萄牙）

泰基
加蓬

班尼奥洛
卢旺达
卡拉圭
布隆迪

布干达王国
维多利亚湖

桑给巴尔苏丹国

印度洋

大西洋

安哥拉

加丹加

洛奇

尼亚萨湖

坦噶尼喀湖

马达加斯加

马塔贝莱兰

莫桑比克

赫雷罗
纳马

贝专纳
德兰士瓦
奥兰治
自由邦
开普殖民地

斯威士兰
祖鲁兰
纳塔尔
巴苏陀兰

当地政权
英国殖民地
法国殖民地
葡萄牙殖民地
奥斯曼帝国的非洲领土

0　　　800 千米
0　　　800 英里

对比地图 24.1 和地图 24.2，可以看出新帝国主义对非洲社会的巨大影响。像索科托哈里发国这样的本土帝国和像赫雷罗这样的部落社会都受到了西方的统治。就像南非的德兰士瓦共和国和奥兰治自由邦所表明的那样，即使是由欧洲白人统治的国家也会受到欧洲人的统治。哪些非洲国家仍然不受欧洲的控制？西方帝国主义对奥斯曼帝国在北非的领土有何影响？

地图 24.2 被瓜分之后的非洲（1914）

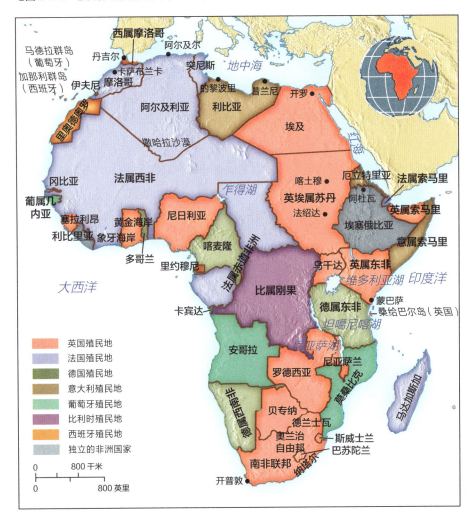

马德拉群岛
（葡萄牙）
加那利群岛
（西班牙）

西属摩洛哥
丹吉尔
阿尔及尔
突尼斯
地中海
卡萨布兰卡
伊夫尼
摩洛哥
的黎波里
昔兰尼
开罗
里奥德奥罗
阿尔及利亚
利比亚
埃及

冈比亚
撒哈拉沙漠
乍得湖
喀土穆
厄立特里亚
法属索马里

法属西非
阿杜瓦
英埃属苏丹
英属索马里
葡属几
内亚
法绍达
塞拉利昂
黄金海岸
尼日利亚
埃塞俄比亚
利比里亚
象牙海岸
喀麦隆
意属索马里
多哥兰
乌干达
英属东非
里约穆尼
法属赤道非洲
大西洋
比属刚果
维多利亚湖
印度洋
卡宾达
蒙巴萨
德属东非
桑给巴尔岛（英国）
坦噶尼喀湖
安哥拉
尼亚萨湖
尼亚萨兰
罗德西亚
莫桑比克
马达加斯加
德属西南非
贝专纳
奥兰治
斯威士兰
自由邦
德兰士瓦
纳塔尔
巴苏陀兰
南非联邦
开普敦

英国殖民地
法国殖民地
德国殖民地
意大利殖民地
葡萄牙殖民地
比利时殖民地
西班牙殖民地
独立的非洲国家

0   800 千米
0   800 英里

牛都是不可能的。尽管有这些困难，欧洲人确实努力在非洲建立内陆定居点，但通常被非洲人的抵抗击退。例如，在17世纪，葡萄牙人就在今天的津巴布韦所在的地区建立了要塞和贸易中心，但是被当地的非洲人赶了出去。

然而，从1830年开始，一系列的发展改变了欧洲与非洲之间的关系，使欧洲征服成为可能。首先，欧洲探险家改变了西方对非洲的认知。1830—1870年，探险家绘制出了非洲内陆的主要地理特征，为欧洲人照亮了这片"黑暗大陆"。他们发现非洲中部并不像欧洲人认为的那样是空旷的沙漠，而是拥有丰富的农业和矿产资源，并且人口众多，而他们都是欧洲商品的潜在消费者。

在欧洲人对非洲的看法发生转变的同时，非洲内部也发生了重要的政治变化，这些变化是西方努力废除奴隶贸易的意外结果。在19世纪30年代，英国和其他欧洲国家在人道主义和传教团体的压力下，试图消灭西非的奴隶贸易。它们成功了，但是奴隶贸易转移到了中非和东非，这一转变导致了巨大的政治动荡。非洲从事奴隶贸易的国家依靠频繁的军事袭击来获取用来出售的奴隶。这些由非洲人对非洲人实施的袭击扰乱了农业生产，破坏了贸易网络，削弱了政治统治者的既有权威。由于政治体系混乱，许多非洲地区很容易受到欧洲人的入侵。

最后，三个特定的发明使力量平衡向西方倾斜。首先，蒸汽动力被证明是至关重要的，它使西方帝国主义者能够利用非洲大陆宽阔而水浅的河流系统，从而克服穿越非洲的障碍。蒸汽的使用使西方人能够进入非洲内陆，奎宁预防则帮助他们在到达那里后生存下来。长期以来，医生们一直用奎宁治疗疟疾。然而，这种疾病造成的死亡率和致残率仍然很高，直到一些偶然的发现才揭示了服用奎宁预防药物的重要性，即在感染之前让奎宁在整个身体达到饱和。到了19世纪60年代，前往非洲的欧洲人会提前有规律地服用奎宁，他们的死亡率才大幅下降。

然而，由于帝国主义的第三项重要发明——欧洲人从 19 世纪 70 年代开始携带的后膛装填连发步枪的使用，非洲人的死亡率飙升。在这种步枪被发明之前，欧洲人使用的是滑膛枪或者说是前膛枪。这种武器很容易熄火，尤其是在潮湿的天气里，而且一次只能装一颗子弹，通常需要持枪者站着才行。因此，欧洲人并没有明显的军事优势，即使面对的是长矛。然而，自从有了这种新型的连发步枪，"欧洲的步兵现在可以在任何天气下，在躺着不被发现的情况下，在数秒内对半英里外的目标连发 15 发子弹"。正如我们在本章开头所看到的那样，由于有了后膛装填连发步枪和它的后代机枪，欧洲人对苏丹等地区的征服，"与其说是战争，不如说是打猎"。[21]

分蛋糕：征服非洲

在 1870 年后的几十年里，欧洲国家深信征服非洲领土将带来商业繁荣，增强国家实力。因此，它们迅速行动起来，击败竞争对手，瓜分这块大陆。正如比利时国王利奥波德二世（1865—1909）在 1876 年致驻伦敦大使的信中所解释的那样："我可不想错过吃非洲这块大蛋糕的好机会。"[22]

事实证明，利奥波德二世说的这块蛋糕是巨大的。他想要的是刚果，这是非洲中部的一个巨大地区，面积是中欧的两倍多。经过十年的争吵，欧洲列强的代表于 1884 年在柏林会面，满足了他的要求。欧洲列强还利用这次柏林会议来协调对非洲的争夺。根据这次会议上达成的协议，任何声称在非洲拥有领土的国家都必须建立"有效占领"，并为该区域的经济发展制订计划。

但正如刚果自由邦的历史所证明的那样，这种经济发展服务的是欧洲的利益，而不是非洲的利益。利奥波德二世的私人雇佣军把刚果变成了奴役和死亡的地狱。他将所有所谓的空地据为己有，剥夺了村民赖以生存的牧场、觅食地和狩猎场。他向每个村庄征收定额的橡胶，迫使村民每月多达 25 天在家人挨饿的情况下为他收割野生橡胶。为了确保村民服从，他实施了残酷的惩罚。如果村民上缴的橡胶数量没有达到定额，就会把他们的手剁掉。比利时人还强行把非洲人当作驮马来使用，这种做法将昏睡病从西海岸传播到内陆地区。据估计，强制劳动、残酷惩罚、饥饿和疾病的综合影响造成了 300 万人死亡。利奥波德二世从刚果获得的巨额利润使他得以在里维埃拉（Riviera）建造精美的旅游胜地。

利奥波德二世的帝国主义行径让比利时信誉扫地。1908 年比利时政府用对刚果的国家控制取代了利奥波德二世的个人统治。然而，他对刚果的剥削与欧洲人对非洲其他地方的征服只是程度上的不同，并没有本质上的差别。强制劳动在欧洲人控制的地区很普遍，任何胆敢反抗的非洲人都会受到残酷的惩罚。最可怕的此类事件发生在 1904 年的德属西南部非洲。面对部落起义，德国殖民军队指挥官下令消灭整个赫雷罗（Herero）部落。他的士兵将 2 万名男女老少从他们的村庄赶到沙漠中渴死。

非洲的抵抗

正如赫雷罗起义所表明的那样，非洲人经常反抗帝国主义政权，但毫无效果。非洲抵抗欧洲征服的唯一成功案例发生在北非的埃塞俄比亚王国（也叫阿比西尼亚）。到欧洲人争夺非洲的时候，埃塞俄比亚不仅建立了现代化的常备军，而且还发展了先进的基础设施和通信系统。1896 年，这些因素使埃塞俄比亚在阿杜瓦战役中击败了意大利军队，但这种情况仅仅是个例外。

原住民和他们的欧洲征服者之间的技术差距注定了大多数非洲人的反抗将以失败告终。非洲人确实拥有枪支，这是欧洲步枪制造商和非洲国家之间蓬勃发展的武器贸易的结果。然而，运往非洲的武器通常都是劣等型号——滑膛枪或单发的前膛枪——而不是欧洲入侵者所拥有的最新的、更加致命的连发步枪和早期机枪。有些非洲军事领导人确实获得了先进的武器装备，但是往往未能实现必要的战略飞跃，使其军事战术与新技术相匹配。正如我们将在本书第 25 章看到的那样，在第一次世界大战中，欧洲的军事领导人犯了类似的错误。

与亚洲的碰撞

与非洲大多数国家不同，亚洲的许多国家早在 1870 年之前就已经融入西方经济网络，成为 18 世纪由荷兰、英国、葡萄牙和法国贸易公司建立的重商主义帝国的一部分（见本书第 18 章）。在整个 19 世纪，欧洲各国政府加强了对这些地区的控制，主要是为了保护贸易路线或确保获得有利可图的商品，如橡胶、锡、烟草和糖。例如，荷兰人扩大了他们的东印度群岛帝国，1815 年他们控制了爪哇岛，几十年后他们控制了几乎整个群岛。

以下四个因素加速了 1870 年后欧洲列强在亚洲的势力扩张。第一，在蒸汽时代，西方列强需要太平洋岛屿作为其商业和海军舰队的装煤站。第二，新的工业化过程提高了许多地区的经济价值。例如，由于开发了一种生产椰子干的工艺，萨摩亚变得非常有价值，以至于德国、英国和美国竞相争夺对这些小岛的控制权。第三，正如在非洲一样，国际竞争加速了帝国主义发展。一个大国的领土扩张导致了其对手的焦虑和更快的扩张步伐。

第四，中国政治稳定性不断受到侵蚀——这本身就是与西方碰撞的结果——这加剧了"对亚洲的争夺"。当西方列强为进入中国市场而竞争时，西方帝国正在整个亚洲扩张。例如，为了寻求一条受保护的通往中国的贸易路线，法国将其势力范围延伸到了与中国相邻的中南半岛。1893年，法属印度支那联邦包括了以前独立的国家老挝、柬埔寨、安南和东京——后两个国家更广为人知的名字是"越南"。

扩大的西方：美国和澳大利亚

在19世纪后半叶，美国和澳大利亚确立了自己作为西方之延伸的地位。随着这些国家扩大并巩固了自己的领土，它们还征服了原住民，曾经为欧洲帝国主义冒险辩护的基于种族的民族认同开始适用于所有有色人种。

对美国来说，在巩固了对北美大部分地区的控制之后，美国在亚洲建立了一个帝国。1846年，美国在与墨西哥的战争取得胜利后，获得了加利福尼亚、内华达、犹他、亚利桑那、新墨西哥和南科罗拉多的领土。1869年跨越大陆的联合太平洋铁路的完工加快了向西定居的步伐。然而，对这块大陆上的原住民来说，美国的征服意味失败和被屠杀的命运。从1860年到1890年，美国的向西扩张引发了一连串的"印第安人战争"。

一旦其边界到达太平洋，美国就迅速成为亚洲的帝国主义强国。1853年，海军准将马修·佩里（Matthew Perry）用他的四艘军舰打开了日本对美国商业开放的大门。19世纪60—70年代，美国与欧洲列强一起削弱了中国的国家主权，以确保那里的贸易优惠条件。到19世纪末，美国已经吞并了夏威夷和萨摩亚群岛的一部分，通过美西战争，美国获得了关岛、菲律宾、古巴和波多黎各。

美国在亚洲的帝国扩张加剧了美国国内的反亚洲情绪。1882 年美国通过了禁止中国移民的《排华法案》，1902 年又延长了其期限。1913年，美国通过了禁止非公民拥有土地的《外国人土地法》，试图限制日本移民的财产权。

这些努力与美国南方试图建立一种仅限于白人的民族身份认同的尝试相一致。美国南方的立法者们通过文化测试、人头税和暴力恐吓来剥夺黑人的选举权，而《吉姆克劳法》或称《种族隔离法》则将黑人定义为二等公民。

澳大利亚的领土扩张与其作为一个西方国家的兴起在许多方面与美国的发展相似。1770 年，詹姆斯·库克船长发现了澳大利亚，并宣称澳大利亚属于英国，英国政府将其作为罪犯流放地。但在 1830 年后的几十年里，随着羊毛工业的扩张，在澳大利亚建立的六个英国殖民地成为英国移民的中心。1901 年，这些殖民地联合在一起成为澳大利亚联邦。澳大利亚是大英帝国的一部分，但它是一个自治的政治实体，也是一个自我定义的"西方"国家，尽管其地理位置在东半球。许多澳大利亚人把"西方"定义为"白人"，包括第一任总理埃德蒙·巴顿（Edmund Barton）。巴顿呼吁要建立一个"白人的澳大利亚"。

和美国的情况一样，在西方文明扩张的过程中需要打败原住民。在英国占领澳大利亚之初，英王乔治三世就禁止任何人"肆意杀死［原住民］，或在占领过程中给他们造成任何不必要的干扰"[23]。但定居下来的白人建立了城市和农场，并在土地上建起围栏作为牧场，打破了大约 50 万生活在分散的部落群体中的原住民的游牧生活方式。

在如何对待原住民的问题上，英国人之间产生了意见分歧。在几十年的时间里，许多英国移民以及澳大利亚出生的白人中的许多人认为，原住民对白人定居点构成了威胁，其结果是对原住民的屠杀。基督教团体和人道主义团体以及伦敦的英国政府都谴责了这种暴力行径，并坚持认为原住民应该被西化和基督教化，而不是被消灭。传教站从 19世纪 20 年代开始给原住民的儿童提供住宿和教育。这些孩子被强行赶出家门，接受英国方式的教育，15 岁就被安排去当学徒和用人。尽管有这些措施，但很少有原住民融入西方的生活方式。在 19 世纪的最后几十年里，官方政策从同化转变为"保护"。澳大利亚政府宣布原住民和混血儿为国家的法定被监护人，并要求他们在保护区生活。原住民直到 1967 年才获得澳大利亚公民身份。

许多澳大利亚白种人不仅认为原住民对他们的西方身份构成了威胁，而且认为亚洲移民也是如此。到 19 世纪 50 年代，成千上万的中国人移民到澳大利亚。他们以契约劳工的身份来到这里，在极其恶劣的条件下劳动。许多人在金矿工作，他们的工资只有欧洲人的十二分之一。随着中国移民数量的增加，反华情绪也随之增长。一位报纸编辑指出："在每一次会议上，中国人问题总是能够引起热议。……在场的每个人的脑海中都会浮现出数以百万计的野蛮人蜂拥而至的景象。"[24] 1888 年，澳大利亚政府拒绝了载有中国移民的船只登陆，此后不久就出台了限制中国移民的法律。

俄罗斯帝国的持续扩张

与美国和澳大利亚一样，19 世纪俄罗斯帝国的扩张采取了横跨大陆的领土兼并的形式。到 1914 年，俄罗斯帝国从中欧的华沙一直延伸到海参崴，占全球陆地面积的七分之一。俄罗斯族人只占帝国人口的 45%。

对西伯利亚的殖民始于 16 世纪，当时俄国农奴为了寻找土地和自由而东逃。1861 年农奴制的结束实际上加速了人口向西伯利亚的流动，因为农民现在要逃避解放他们的立法强加给他们的债务（见本书第 22 章）。沙皇将持不同政见者流放到西伯利亚的政策加强了这种人口流动，而 19 世纪 90 年代横跨西伯利亚的铁路的建成使这段旅程变得更加容易。从 1800 年到 1914 年，有 700 万俄国人移民到或被驱逐到西伯利亚。

正如美国向西扩张和英国对澳大利亚的征服使印第安人和原住民人口急剧减少一样，俄国人向西伯利亚的迁移也使该地区原有的群体流离失所。直到 1826 年，俄国人还可以把西伯利亚人作为奴隶进行贸易，许多人因为受到残酷的对待而死亡。此外，移民带来了新的流行病，蓬勃发展的毛皮贸易使作为西伯利亚人主要食物来源的兽群逐渐耗尽。疾病和饥荒使西伯利亚人大量死亡。

俄国还向南扩张至中亚，主要是作为对英国在印度势力增长的回应。由于担心英国人会向北推进，俄国人先发制人，向南推进。到 1885 年，黑海地区、高加索地区和突厥斯坦都落入了俄罗斯帝国的控制之下，穆斯林在沙皇的臣民中占了重要的少数。在接下来的 30 年里，高加索地区的油田成为俄国工业经济的重要组成部分。

俄罗斯帝国的东扩侵占了中国的领土，从而加剧了中国的不稳定。这还导致了俄国和日本之间的敌意不断升级，因为两国政权都觊觎中国东北。就像我们在本书第 23 章看到的那样，俄国和日本之间日益增长的对抗导致了 1904 年的日俄战争，这场战争的失败引发了 1905 年的俄国革命。可见，帝国主义也可能会变成一件危险的事情。

日本的工业扩张和帝国扩张

1905 年日本对俄国的胜利标志着日本成为世界强国，并成为一个帝国主义玩家。17 世纪 30 年代，日本天皇关闭了日本的港口，使日本与西方隔绝，只允许少数荷兰和中国的商人在长崎活动。日本政府拒绝了西方的所有示好，直到 1853 年海军准将马修·佩里迫使日本向美国船只开放了两个港口。在接下来的 15 年里，西方列强努力扩大在日本的经济影响力，而日本的精英们为如何应对西方列强而争吵不休。针对西方的恐怖活动盛行，内战爆发，政治革命接踵而至。

日本在一个新政府的带领下走出了这段动荡的时期。200 多年来，日本实际上的政治控制权不是掌握在天皇手中，而是掌握在日本军事长官"幕府将军"手中。然而，在 1868 年，日本的武士贵族推翻了幕府将军政权，恢复了年轻的明治天皇（1867—1912 年在位）的统治，史称"明治维新"。

日本新政府认识到，只有采用西方的工业和军事技术才能抵抗西方的征服。在接下来的 40 年里，一场自上而下的革命发生了，以法国为榜样的现代中央集权国家取代了日本的封建政治体系，以美国公立学校为榜样的国立学校体系也建立起来了。大量资金被投入以英国海军为蓝本的现代海军建设以及以德国陆军为蓝本的强大军队的征召之中。1871 年的一项法令甚至命令政府官员放弃和服，改穿西装。

从 19 世纪 90 年代开始，日本也采取了西方式的帝国主义。1894年与中国和 1904 年与俄国的战争使日本占领了中国台湾和朝鲜，并扩大了日本在中国东北地区的经济影响力。日本作家德富苏峰（1863—1957）宣称，日本的帝国征服表明"文明并不是白人的垄断"[25]。帝国主义的暴力当然不是白人的垄断：日本人残酷地惩罚了敢于抗议他们统治的朝鲜人和中国台湾人。

争夺中国

日本利用与西方的碰撞使其社会实现了现代化和军事化，而中国在抵御西方霸权方面没那么成功。在整个 19 世纪，随着欧洲列强、美

镇压义和团运动。尽管中国从未被西方列强正式控制，但到 19 世纪末，中国已成为西方的"势力范围"，1900 年义和团运动的余波表明了这一点。在西方列强的坚持下，清政府当着打败义和团的外国军队的面，公开处决了义和团的领袖。

图片来源：Hulton Archive / Getty Images

国和日本争夺中国的市场和资源，中国的国家主权逐渐受到侵蚀。1899年，在中国享有利益的欧洲列强确实同意支持美国的"门户开放"政策，反对针对中国的正式分割（就像非洲刚刚发生的那样）。然而，这一政策实际上加强了而不是阻止了西方国家对中国经济和政治事务的干涉。

许多中国人憎恨西方国家的入侵，在 1900 年，一个致力于清除西方影响的秘密团体开始攻击外国人，这个事件被称为"义和团运动"。在清政府的秘密支持下，义和团拳民袭击了北京的使馆区，造成 200 多名传教士和数千名中国基督徒伤亡。西方国家迅速做出回应。一支从俄国、德国、奥匈帝国、法国、英国、日本和美国征召的 1.6 万名士兵组成八国联军，镇压了这场运动，并洗劫了北京。清政府被要求进一步对其入侵者给予贸易和领土让步，因而遭到致命的削弱。1911 年，辛亥革命爆发，推翻了清王朝，之后军阀混战，使中国陷入了近 40 年的政治和社会动荡。

对未来的一瞥：布尔战争

19 世纪 40 年代，一位驻中国的英国记者敦促中国人接受他认为是至关重要的历史教训："自从人类散居以来，在上帝的旨意下，人类最大的福祉就是遵循了西方的道路。"对许多欧洲人、澳大利亚人和美国人来说，1870 年后西方帝国在全球的迅速扩张证实了这一教训。然而，在 19 世纪末，英国人发现自己卷入了一场挑战这种自满情绪的冲突。1899—1902 年的布尔战争动摇了英国人的自信，并预示了西方在 20 世纪所经历的全面战争和帝国的崩溃。

布尔战争是英帝国主义者、荷兰殖民者（布尔人，在荷兰语中是"农民"的意思）与非洲南部三角地区的原住民非洲人之间长达一个世纪的敌意的高潮。1884 年，德国进军非洲西南部，导致了冲突加剧，因为开普殖民地（见地图 24.3）的英国人担心布尔人会与德国合作来反对英国的利益。1886 年，在独立的布尔人的共和国德兰士瓦发现了钻石和黄金，这也加剧了冲突。有利可图的钻石矿和金矿的英国投资者憎恨布尔人的赋税和劳工政策，他们向英国政府施压，要求入侵布尔人的共和国并将其置于英国的统治之下。

1899 年，这些帝国主义者所要求的战争爆发了，但结果与他们所期望的不同。事实证明，布尔人是可怕的敌人，他们是熟练的步枪手，

地图 24.3　南非

英属贝专纳

德属西南非

葡属东非

南非共和国
（德兰士瓦）

斯威士兰

祖鲁兰

奥兰治自由邦

纳塔尔

巴苏陀兰

开普殖民地

大西洋

印度洋

0　　　200 千米

0　　　200 英里

布尔人的国家

在 1902 年的布尔战争中布尔人国家（德兰士瓦和奥兰治自由邦）被击败后，南非联邦由开普
殖民地和两个布尔人的国家组成。为什么英国政府认为南非是大英帝国的重要组成部分？

熟悉这片土地，并且是为自己的家园而战。由于深陷游击战的泥潭中，
英国司令部决定采取焦土政策将布尔人歼灭。英国军队烧毁了 3 万多座
农场，并将布尔族妇女和儿童以及他们的非洲黑人仆人关在供应不足的
集中营里。白喉和斑疹伤寒等疾病很快对其造成了损害。近 2 万名布尔
族妇女和儿童以及至少 1.4 万名黑人死在这些集中营里。

　　1902 年 4 月，英国人终于打败了布尔人，但有两个因素限制了这
场胜利。首先，布尔人的国家处于英国的控制之下，但在新成立的南非

联盟中，布尔人（或者阿非利加人）的数量超过了其他白人。南非在1910年获得自治后，阿非利加人主导了政治体系，建立了一个基于种族隔离的国家。其次，经过布尔战争，英国军事声望和人道主义声望都严重受损。这场战争在英国国内引起了强烈的反对，这表明如果代价太高，帝国主义将很快消失。

在接下来的几十年里，随着民族主义者对帝国统治的挑战日益增多，帝国主义的观念越来越不具有说服力，帝国主义的反对者和支持者之间的这种冲突将会重复出现很多次。更不妙的是，非战斗人员被囚禁并死在集中营的现象将很快变得非常常见。在此意义上，布尔战争成为20世纪的一个预言性开端。

结语：重塑西方——扩张与分裂

看到自己的政治和社会结构在帝国主义的攻击下土崩瓦解的非洲人和亚洲人，可能会同意奥地利诗人雨果·冯·霍夫曼斯塔尔（Hugo von Hoffmansthal，1874—1929）的观点，即"其他几代人认为坚不可摧的东西实际上正在瓦解"。然而，霍夫曼斯塔尔的这句话并非在评论非洲或亚洲的形势，而是在描述西方的文化和思想图景就像殖民地的政治边界一样，在1870年后的几十年里经历了巨大而令人不安的变化。在这个时代，随着牛顿世界观让位于一种新的、更令人不安的物理宇宙图景，物质本身开始变得不稳定。医学实践的变化、达尔文进化论的胜利，以及对实证主义的反抗，所有这些都破坏了既有的假设，并让人觉得西方文化的基础正在发生变化。此外，现代主义的诞生和更加广泛的变化——如中产阶级女性进入公共领域和性别界限的重新定义——也将西方文化推向了一个新的方向。

在 19 世纪后期，一系列的碰撞重塑了西方世界。随着美国等非欧洲地区成为重要的经济强国和帝国主义强国，西方的地理边界不断扩大。随着澳大利亚人以西方人自居，"西方"甚至扩大到了东半球。然而，分裂和扩张是 1870 年后西方的特征。在社会思想家宣称白人文化优越的同时，欧洲艺术家，如高更和毕加索接受了非欧洲、非白人社会的艺术风格，努力突破西方文化的边界。科学和技术的成就使许多欧洲人和美国人相信，西方将征服世界，而另一些人则对这些发展深感不安。

下一章将讲述，旧的确定性正在消失的感觉导致一些欧洲人欢迎1914 年的战争，将其视为西方社会恢复英雄主义和道德目标的一种方式。然而，第一次世界大战的战壕并没有提供多少可靠性。许多 19 世纪的政治、经济和文化结构在全面战争的冲击下走上瓦解。

索姆河战役（1916）。英军（左）和德军在战斗间歇搜救伤亡士兵。
图片来源：AKG Images / Alamy

第 25 章

第一次世界大战

1916 年 7 月 1 日早晨，在法国北部索姆河附近的战场上，数万名英军士兵从战壕里爬出来，开始穿过一片满是金属碎片和腐烂尸体的泥泞空地。他们背着 60 磅（约 27 千克）重的背包，步履沉重地向前走着，以为不会遇到什么阻力。在过去的一周里，英军的重炮一直在猛烈地攻击泥地另一边的德军，但是德军躲在安全的"防空洞"里，直到轰炸结束。当进攻开始时，德军冲向自己的炮位，用机枪扫射列队整齐的英军。那天有 2 万多名英军士兵死亡，其中数千人是在攻击开始后几分钟内死亡的，另有 4 万人受伤。然而，攻击仍在继续。从 1916 年 7 月 1 日至 11 月 18 日索姆河战役结束时，来自不列颠和大英帝国的近 42 万名士兵或死或伤。他们的盟友法军死伤人数多达 20 万。德军的伤亡估计为 45 万人。

在第一次世界大战期间，这样的屠杀司空见惯。从 1914 年至 1918 年，欧洲的指挥官们在一系列经常是徒劳无功的袭击中，把 800 多万士兵送上死路。死亡、受伤和失踪的总人数超过了 3 700 万。这些伤亡数据在一定程度上是工业革命的结果，因为西方国家利用自己的工厂生产出大量更加高效的杀人武器。对机枪、炮弹、毒气罐和其他现代战争武器的需求意味着第一次世界大战是第一次全面战争，一场要求参战国家动员其工业经济和军队的战争，因此是一场抹去了平民和士兵之区别的战争。在全面战争中，胜利不仅依赖于前线的男性，还依赖于兵工厂里的女性。

第一次全面战争重新定义了西方。通过摧毁东欧和中欧的威权主义帝国，并让美国更全面地参与欧洲事务，这场战争确保了对民主价值观的服膺成为 20 世纪占主导地位的"西方"定义的核心。这场战争也使俄国的共产主义政权迅速掌权，加剧了东欧的种族冲突和民族主义者冲突，并破坏了西方的稳定和繁荣所带来的许多经济结构。本章探讨了一个关键问题：这场全面战争是如何改变西方文化的？

第一次世界大战的起因

1914 年 6 月 28 日，塞尔维亚民族主义分子暗杀了奥匈帝国的皇位继承人弗朗茨·斐迪南大公（Archduke Franz Ferdinand，1863—1914）。斐迪南大公死后一个月，奥匈帝国对塞尔维亚宣战。一周后，欧洲陷入了战争。德国站到了奥匈帝国的一方。这两个同盟国不仅要对抗弱小的塞尔维亚，还要对抗强大的协约国，即俄国、法国和英国的联合力量。到 1918 年年底战争结束时，战争已经席卷了世界各国。

为什么一个人在巴尔干城市的街头被刺杀会导致数百万人死亡？要想理解第一次世界大战的起因，我们需要审视四个相互关联的因素：东欧民族主义的不稳定影响，敌对联盟体系的建立，对工业化军事的需求，以及"战争意愿"，即决策者和普通民众都坚信战争可以解决社会和文化危机。

东欧民族主义：奥匈帝国与塞尔维亚问题

在东欧，定义"民族"的是族群、宗教或语言身份，而不是政治

逮捕加夫里洛·普林西普（Gavrilo Princip）。普林西普在 18 岁时刺杀了弗朗茨·斐迪南大公，引发了一系列事件，导致了第一次世界大战的爆发。由于年龄太小，他没有被判处死刑，而是被判处 20 年监禁。他在 22 岁时死于肺结核。

图片来源：Bettmann / Corbis

公民的身份，民族主义是一种不稳定的力量。对捷克人、斯洛文尼亚人、塞尔维亚人、波兰人、乌克兰人和其他许多民族来说，将民族身份转化为政治身份，建立一个"民族国家"，需要帝国的瓦解，需要重新划定政治边界。

　　民族主义在东欧造成不和的影响解释了为什么奥匈帝国的官员们

将小国塞尔维亚视为一个主要威胁。作为一个多民族、多语言的国家，奥匈帝国要想延续下去，当民族主义的火焰燃烧起来时就必须将其扑灭。然而，塞尔维亚政治的核心是煽动民族主义的火焰。1903年，一群塞尔维亚军官枪杀了塞尔维亚备受鄙视的国王和王后，将他们的尸体砍成碎片，扔出窗外。为了继续掌权并避免这种可怕的命运，新国王迎合了激进民族主义者的要求，这些人寻求将所有塞尔维亚人统一成一个大塞尔维亚国家。因为有超过700万的塞尔维亚人不是住在塞尔维亚，而是住在奥匈帝国境内，所以奥匈帝国君主将塞尔维亚统一的呼吁视为对奥匈帝国的严重威胁。

塞尔维亚和奥匈帝国之间的敌对关系直接导致了战争的爆发。1908年，奥匈帝国吞并了有很多塞族人的波斯尼亚。因此，塞尔维亚政府鼓励波斯尼亚塞族分离主义团体奋起反抗。其中一个名为"黑手会"的组织在1914年夏天暗杀了弗朗茨·斐迪南大公。这次暗杀导致了奥匈帝国对塞尔维亚宣战。

国际竞争和敌对的联盟体系

要想理解是什么把奥匈帝国和塞尔维亚之间的冲突变成了欧洲战争，我们需要看一下第二个因素，即敌对的联盟体系，它将一场地区冲突升级为欧洲战争，继而演变为全球战争。这些同盟的出现是为了应对日益激烈的国际竞争。

1871年德国完成统一，在欧洲中部建立了一个军事和经济强国，这打破了欧洲的均势。然而，直到1890年，德国总理奥托·冯·俾斯麦的外交策略确保了局势稳定。俾斯麦意识到，1870年的普法战争（导致了德国的统一）使得反对德国成为法国外交政策的核心。他还认识到，如果法国成功地与另一个欧洲国家结成反德同盟，那么德国在欧洲中心的位置将使它很容易被包围。为了避免这种包围的发生，俾斯麦与俄国、奥地利和意大利保持同盟关系。1879年，德国和奥匈帝国之间结成了德奥同盟。到1882年，德国、奥匈帝国和意大利三国签署共同防御条约，形成了"三国同盟"。根据1887年的《再保险条约》，俄国和德国同意在对方受到攻击时保持中立。

但是，在1888年，新皇帝威廉二世（1888—1918年在位）登上了德国的帝位。威廉二世是一个雄心勃勃而又缺乏耐心的年轻人，他在1890年罢免了俾斯麦，把德国推向了一条更加危险的道路。新皇帝在两个方面打破了俾斯麦的政策。首先，他让与俄国的《再保险条约》失效，从而使反德的法国与俄国于1894年结成法俄同盟。德国现在正面临着敌对势力的包围，以及由此导致的两线作战的威胁，而这正是俾斯麦试图避免的。

其次，威廉二世支持德国采取一种疏远英国的新"世界政策"。俾斯麦将德国的利益局限于欧洲，而威廉二世和许多德国要人希望德国作为全球强国获得"阳光下的地盘"，也就是说德国需要一个强大的海外帝国和一支海军来保卫它。这样的政策肯定会激怒英国人。作为一个依赖海外帝国的岛国，英国的国防建立在其海军优势之上。从英国的角度来看，强大的德国海军挑战了英国的国家安全，不断扩张的德意志帝国与大英帝国的利益发生了冲突。

对德国野心的敌意压倒了英国在欧洲大陆纠葛中保持"光辉孤立"的悠久传统。在20世纪的第一个十年里，一系列军事和经济安排使英国、俄国和法国之间的联系日益紧密，为这三个大国之间形成"三国协约"扫清了道路。这是一个非正式的联盟，三国协约不要求英国加入对抗德国的战争。然而，许多英国官员认为德国是英国利益的主要威胁。

在这种情况下，德国决策者非常重视与奥匈帝国的同盟关系。使这个关键盟友变得强大至关重要。1914 年 7 月，当奥匈帝国官员就如何应对弗朗茨·斐迪南大公遇刺一事展开辩论时，德国政府敦促其对塞尔维亚进行迅速而果断的打击。威廉二世向奥匈帝国大使保证，德国将不惜任何代价支持奥匈帝国。

德国和奥匈帝国的决策者都认识到，攻击塞尔维亚的代价很可能是与俄国开战。由于渴望扩大其在巴尔干地区的影响力（从而获得通往地中海的通道），俄罗斯帝国政权几十年来一直将自己定位为巴尔干地区斯拉夫民族的捍卫者，以及塞尔维亚等独立斯拉夫国家的保护者。因此，如果奥匈帝国进攻塞尔维亚，俄国很可能会动员起来保卫塞尔维亚。

然而，德国官员决定赌一把，他们认为俄国还没有强大到可以为塞尔维亚发动战争的程度。十年前，俄国在日俄战争（见本书第 23 章）中的失败暴露了它在军事实力上的薄弱。然而，德国总理特奥巴尔德·冯·贝特曼－霍尔维格（Theobald von Bethmann-Hollweg）解释说，如果俄国真的选择了战争，那么现在德国取胜的机会"比一两年后要大"[1]。他和他的顾问们知道，沙皇政府在输给日本以后已经实施了军事改革和重整军备的计划，因此俄国只会变得更强大。

动员计划和工业化军事

这种联盟体系有助于解释第一次世界大战的起因：德国与奥匈帝国的联盟鼓励了奥匈帝国政策制定者进攻塞尔维亚，而塞尔维亚与俄罗斯帝国之间的关系使得这次进攻很可能会把俄罗斯帝国拉进来，而俄国是与法国结盟的。然而，仅靠联盟并不能将奥匈帝国与塞尔维亚之间的冲突转变成一场欧洲战争。没有任何同盟"要求"俄国或英国加入这场战斗。此外，意大利作为德国和奥匈帝国三国同盟的一员，并没有在

1914 年 8 月与这两个大国一起宣战。事实上，意大利在 1915 年参战时，站在了德国和奥匈帝国"对手"的一方（见地图 25.1）。

为了理解第一次世界大战的起因，我们需要考察第三个因素，即传统外交的期望和工业化军事的需求之间不断扩大的差距。这种不断扩大的差距使得 1914 年夏天开始备战时，局势的控制权从外交官和他们的政治上级手中滑落到将军手中，而这些将军计划发动一场欧洲战争。他们的计划一旦开始实施，就决定了一切。

这些计划中一个重要的因素是铁路，它使军事策划者能够将大量的人员迅速运送到精确的地点。此时政府将军队投入战斗的速度混淆了动员和实际战争之间的区别。"动员"是指将常备军转变为作战部队的过程，包括调用预备部队、征用物资、征召志愿军或应征入伍者、将部队转移到战场。传统上，动员意味着为可能发生的战斗做准备，这一过程需要数月时间，如果外交官成功地避免了战争，这一过程就可能会停止。但是铁路加速了动员过程，从而改变了军事计划。由于意识到敌人也可以迅速动员起来，策划者强调要在被攻击之前先发制人的重要性。一旦一个国家动员起来，战争的势头似乎是不可阻挡的。

这些发展有助于解释施里芬计划，这是一份决定了 1914 年夏天德国行动和协约国反应的军事方案。1894 年法俄联盟成立后，德国的军事策划者不得不为两线作战做准备。他们设计了施里芬计划，就是为了应对这种可能性。该计划认为俄国的军事动员需要时间，因为俄国幅员辽阔，工业基础设施（包括铁路）不发达，这将减缓其军事动员速度，从而保证俄国军队不会对德国边境构成直接威胁。根据施里芬计划，当德国军队以迅雷不及掩耳之势向法国发动进攻时，规模较小的奥匈帝国军队将能抵挡住缓慢动员起来的俄国军队（见地图 25.2）。在快速击败法国之后，德国可以再集中力量对付俄国。

地图 25.1　1914 年 8 月的欧洲

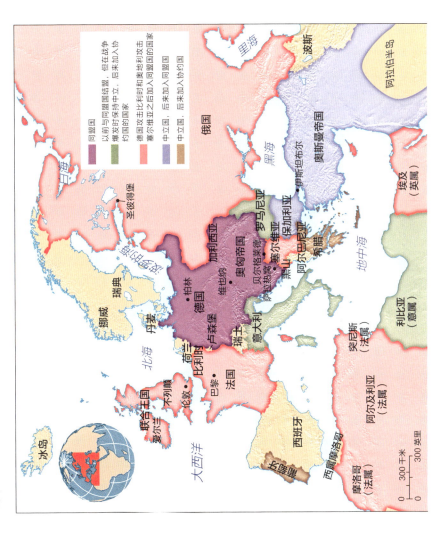

1914 年 8 月，每一个同盟国都在两条战线上面临战争的挑战。但 1914 年 11 月，奥斯曼帝国站在同盟国一边加入战争，阻断了协约国通过地中海向俄国的补给线。与奥斯曼帝国对德国结盟对德国和奥匈帝国有什么好处？

施里芬计划对速度的要求迫使德国政客将俄国的动员宣言视为宣战本身。俄国一开始动员，德国军事领导人就敦促其政治同僚中断外交谈判，以便满载士兵的列车能够出发。从俄国下达动员令到德国宣战，之间只过了两天。

对速度的要求也决定了对法国的进攻将通过比利时进行——这的确是一个非常重要的行动。法国人以为德国的任何入侵都将通过阿尔萨斯和洛林（德国在普法战争后从法国夺取的东北部边境省份），因此在这里的边境严加设防。德军如果沿着这条路线前进，就有陷入困境的危险。相反，施里芬计划要求德军的大部分部队转向西部（见地图25.2）。德军沿着一个大弧线，从比利时涌入法国，包围巴黎，在法国将军们回过神来之前，就将法国军队包抄。击败了法国之后，德国军队登上火车，快速返回东线，与他们的盟友奥地利军队会合。

通过入侵比利时，德国政策制定者再一次赌了一把。他们知道，这样做可能会把英国以及大英帝国的巨大资源卷入战争，因为根据一项长期的国际协议，英国是中立的比利时的保护者。然而，德国的政治和军事领导人希望英国能够选择置身事外，毕竟，自 1815 年以来，英国一直避免卷入欧洲大陆的战争。但是德国的赌博又失败了。由于断定德国的胜利将威胁到英国的经济和帝国利益，英国的决策者们利用德国入侵比利时的机会来激起公众对英国参战的支持。就这样，就在塞尔维亚恐怖分子在波斯尼亚枪杀了奥匈帝国大公六周后，英军士兵和德军士兵已经在法国北部的泥泞中互相残杀。

战争意愿

工业化军事的需求超越了传统的外交，把这些士兵推入了战争的泥潭。同样，1914 年夏天，来自公众舆论的新压力限制了外交官的行动。这种公众舆论压力，或者说是"战争意愿"，构成了第一次世界大战爆发的第四个因素。

外交官们仍然主要来自贵族阶层，他们试图维持欧洲的均势，这种均势不仅受到民族主义和工业革命的影响，还受到大众政治的影响。选举权的扩大意味着公众舆论此时在国际关系中开始发挥作用。大多数新选民依靠廉价的大众报纸来获得对外交事务的理解。这些报纸上的大字标题、大幅照片和简短或简单的故事，把错综复杂的外交关系变成了一出引人注目的好人对坏人的大戏。受过民族性良好教育的普通欧洲人，到1914年倾向于将外交事务视为一场巨大的民族主义竞争。他们想要证明"我们"领先于"他们"。

在1914年7月的最后几周，支持战争的人群聚集在大城市，但并非所有欧洲人都对战争的前景表示乐观。例如，在柏林，3万名中产阶级男女在7月25日晚上上街游行，他们唱着爱国歌曲，聚集在德国英雄的雕像周围。然而，在工人阶级社区，反战示威得到了坚定的支持。然而，在8月之后，反对战争的声音减弱了，甚至在工人阶级社会主义者中也是如此。事实证明，一旦宣战，对国家的忠诚比阶级团结更加重要。

是什么让战争在1914年如此受欢迎？一些欧洲人认为，战争是一种强大的清洁剂，可以清除社会上的腐败。正如本书第24章所解释的，对种族退化和性别混淆的恐惧是1914年以前的标志。战争似乎给男人提供了一个机会，他们可以借此来重申他们的男子汉气概和他们的优越性。战争也给他们提供了参与比他们自己更大的事业的机会——超越他们经常受到限制的生活的界限，加入一场所谓的伟大的民族运动。自愿参战的德国剧作家和小说家卡尔·楚克迈尔（Carl Zuckmayer）后来解释说，像他这样的人欢迎这场战争，认为它可以让人"从这个饱和

地图 25.2（A） 施里芬计划（1905）

1905 年，阿尔弗雷德·冯·施里芬伯爵最初的计划是让右翼的德军士兵横扫英吉利海峡南下，以弧形大举向西发起进攻。1914 年秋，小毛奇修改了施里芬计划。一些军事历史学家认为，如果执行最初的施里芬计划，德国本来是可以获胜的，比较一下这两张地图，为什么会有这一说法呢？

地图 25.2（B） 德军的实际进军路线（1914）

图例：

1914 年的德国

1914 年 8 月 4 日德军集中的地点

9 月 9 日至 15 日，英法在马恩河战役中取得胜利。
这场战役阻止了德军的前进，拯救了巴黎。

8 月 4 日至 9 月 9 日，德军挺进的路线

9 月 9 日英法联军占领区的边界

要绕过的法国要塞

英国　北海　荷兰

德国

莱茵河

多佛

加来

布鲁塞尔

比利时

阿拉斯

索姆河

卢森堡

亚眠

色当

恩河

瓦兹河

兰斯

凡尔登

马恩河

洛林

巴黎

南锡

图勒

塞纳河

沙特尔

埃皮纳勒

阿尔萨斯

500 千米

500 英里

卢瓦尔河

法国

贝尔福

的、令人窒息的、僵化的世界中解放出来"[2]。

对政治领导人来说，战争给他们提供了掩饰社会冲突和将国内的敌意转移到战场上的机会。在 1914 年之前的几十年里，暴力的工会主义、社会主义对革命变革的要求，无政府主义激发的暗杀，种族恐怖主义和女权主义抗议活动等动摇了西方。对许多欧洲精英来说，他们的社会似乎处于解体的边缘。但是，正如未来的英国首相温斯顿·丘吉尔所解释的那样，战争使社会以一种"更高的仇恨原则"团结起来。

然而，实际发生的战争与大学生们为之喝彩、政客们积极谋划、将军们具体策划的战争完全不同。大多数人预计战争会很快结束。军事理论家认为，发动一场工业战争的成本如此之高，任何国家都不可能长期维持一场战争。那些在 1914 年 8 月出征参战的人期望在圣诞节前能回家。而事实是，如果他们能侥幸活下来（很少有人能活下来），不仅那个圣诞节，连接下来的三个圣诞节，他们都将在前所未有的恐惧中度过。

全面战争

法国军队指望着凭借他们的锐气获得胜利，他们穿着鲜艳的红裤子和闪光的蓝色外衣投入战斗。领头的是法国军事教育体系的精英——圣西尔军校的毕业生，他们穿着阅兵服，戴着白手套和用羽毛装饰的帽子。这种花哨而鲜艳的颜色使他们成为德军机枪容易瞄准的目标。正如一位军事历史学家所说的那样："机枪手从没有如此尽兴过。收割后的法国田地变成了一块块红蓝相间的艳丽地毯。"[3] 那些"艳丽地毯"是法国年轻人的鲜血染成的，是他们的尸体堆成的，预示着这将是一场始料不及的屠杀。

西线：战壕僵持

德国军队实施了修改过的施里芬计划（见地图 25.2），横扫比利时进入法国。到了 1914 年 9 月的第一周，他们似乎做好了夺取巴黎的准备。然而，这一快速推进使德军的补给线过度延伸，也使得法国和英国的军队得以在马恩河上将德军击退。有一个插曲表明了内燃机——以及给内燃机提供燃料的石油——在现代战争中的重要性，一位聪明的法国指挥官利用德国防线上的一个缺口，用唯一可用的车辆——出租车——将军队从巴黎快速运送到前线。当然，军队是全款付了出租车费的。

出租车拯救了巴黎，但是协约国的军队没能把德军赶出法国。到了 10 月中旬，德国、英国和法国的士兵都挤在战壕里，这些战壕最终从比利时海岸延伸到瑞士边境，长达 300 英里（约 483 千米）。他们将在这些战壕里度过后面的 4 年。

防御优势

堑壕战在 1914 年并不新鲜。士兵们早就认识到战壕的防御优势，即可以减少被敌人的矛、箭或子弹击中的风险。但是堑壕战从来没有被如此大规模、如此长时间地使用过。如何解释西线旷日持久的僵持呢？答案就在于 1914 年防御技术和进攻技术之间存在的巨大差距。机枪被证明是最杰出的工业化防御武器。正如在本书第 24 章所讨论的帝国战争中欧洲指挥官们所认识到的那样，躲在战壕里的机枪手可以横扫进攻的敌军。但在西线，双方都拥有机枪，并且都拥有一种更为平淡无奇但同样重要的工业产品：铁丝网。躲在巨大的、即使重炮也难以摧毁的带刺铁丝网后面，装备机枪的军队构成了强大的防御力量。

然而，关键的进攻技术还处于起步阶段。由于没有便携式无线电和电话用于战场通信，也没有越野车和装甲车用于战场机动，攻击部队不得不像几个世纪以来的军队所做的那样，依靠自己的脚、马和信鸽。与此同时，指挥官们仍然坚持着久负盛名的进攻技术，即大规模步兵冲锋和骑兵进攻，事实证明这些都无法与机枪抗衡。换句话说，双方防守都很好，但进攻都很差。其结果就是僵持。进攻的步兵部队所要面对的敌人不仅配备有机枪，还躲在带刺铁丝网和厚厚的土墙与沙袋后面。尽管在 1914 年秋到 1918 年春进行了多次尝试，但双方都未能突破敌人的防线。

战壕

曾在西线服役的英国诗人西格弗里德·萨松（Siegfried Sassoon）认为："归根结底，这场战争取决于战壕。"⁴ "堑壕战"这个词并没有传达出在这些战壕中的生死之痛。想象一下，你站在一个七八英尺深、三四英尺宽的战壕里。战壕的墙是用沙袋支撑、用泥浆填充的。下面铺着木板，但是泥浆会从木板之间被挤出来。敌人一侧的沙袋和带刺铁丝网路障加深了你在地下的感觉。此外，战壕也不是笔直的，而是曲曲折折，以减少敌人狙击手的火力范围，降低爆炸物的冲击力，但也让你无论在什么地方看到的都是一堵泥墙。因为这里是法国北部，可能很多时候都在下雨。因此，你很可能不是站在泥上，就是站在泥里。在有些地方，士兵们站在一英尺深的泥浆里。在沙袋防御的另一边是将英法的战壕体系与德军分隔开来的无人区。无人区到处都是因猛烈炮击而留下的弹坑，里面常常填满了污泥，到处都是不同腐烂程度的、臭气熏天的尸体，这些尸体是在前几次袭击中丧生的士兵。始终与你为伴的是虱子

战壕里的生与死。在法国战壕里，死者、垂死的人和幸存的人挤在一起。

图片来源：Hulton Archive / Getty Images

［从"louse"（虱子）一词衍生出来的"lousy"被用来形容极其让人讨厌的东西，就是源于西线的经历］和老鼠。对老鼠来说，这场战争是一场似乎永不散场的盛宴，它们在成堆的尸体中啃食着，越吃越肥，越长越大。

从1915年开始，随着一种新的杀人工具毒气的引进，西线的恐怖程度不断升级。毒气是德军在1915年春天首次使用的。协约国谴责使用毒气是不人道的，但几个月后，英法两国也开始使用毒气。其后果令人震惊：眼睛失明，皮肤起泡，肺部灼伤，甚至窒息而死。到了1916年，由于防毒面具成为每名士兵的标配，连队就像一大群昆虫。

而且，像昆虫一样，他们很容易被消灭。1915年夏天，西线每天平均有300名英军士兵伤亡，这种伤亡不是发动攻击的结果，而是因为被狙击手击中，或者是被弹片击中，或者因为生活在腐烂尸体的烂泥中而染病。

攻势

双方在西线发动的进攻使死伤人数激增。德军的赫尔穆特·冯·毛奇（Helmuth von Moltke）和埃里希·冯·法金汉（Erich von Falkenhayn），法军的约瑟夫·霞飞（Joseph Joffre）和斐迪南·福煦（Ferdinand Foch），以及英军的道格拉斯·黑格（Douglas Haig）和约翰·弗伦奇（John French），这些年长的指挥官没有一个人懂得如何进行堑壕战。他们接受的教育就是相信战争就是进攻，他们投入大量的火力和人力，试图把这场冲突从战壕中移开，但没有成功。机枪一次又一次地挫败了这些大规模袭击。

本章开头描述的索姆河战役就是西线的一场典型的进攻。到1917年年底，西线的死亡人数上升到惊人的水平，但双方都没有取得多少进

《被轰炸的炮台》[布面油画，佩尔西·温德姆·刘易斯（Percy Wyndham Lewis，1882—1957）创作于 1919 年]。为了寻求成为英雄的机会，人们自愿参加战斗，却发现自己沦为一架巨大的战争机器的可互换的部件。英国艺术家刘易斯的这幅作品用现代主义的手法表现了这种非人的体验。背景中负责埋葬牺牲者的士兵看起来几乎像机器人，而前景中的士兵完全脱离了他们周围的恐怖。刘易斯曾在英军炮兵部队服役，1917 年成为一名"官方战争艺术家"，负责通过绘画记录和纪念战争。

图片来源：Imperial War Museum, London, UK / © The Wyndham Lewis Memorial Trust / Bridgeman Images

展。许多士兵入伍并没有特定的期限或服役期，而是要服役到战争结束。他们开始确信只有死了才能从战壕中逃脱（见本章"不同的声音"专题）。

东欧的战争

西线战场只是几个战场之一。例如，意大利在加入协约国之后，意大利军队和奥地利军队沿着一条静止的前线残酷地战斗了两年。这里的特点是徒劳的进攻和坚固的防守，和西线的情况几乎一样。然而在东线，完全是另一种情形。

运动战

如果说西线的战争是一场泥水和堑壕之战，那么东线的冲突就是一场运动之战。在长达三年的时间里，大批军队在东欧的平原和山脉上来回奔袭，其间充斥着惊人的挺进、轻率的退却、不断升级的种族冲突，以及最终的政治革命。

当1914年8月战争开始时，俄国军队开始了对德国和奥地利的两路进攻（见地图25.3）。虽然对俄军的进攻速度感到震惊，但驻扎在东普鲁士的德国军队在坦能堡战役中扭转了局面，随后稳步挺进俄罗斯帝国。第二年，德国军队和奥地利军队联合发动进攻，迫使俄军撤退到自己的领土内300多英里（约483千米）。到1915年年底，俄军遭受了惊人的军事损失，超过100万士兵阵亡，另有100万士兵受伤，90万士兵被俘。1916年6月，俄军攻到了奥匈帝国境内，但无法维持进攻。1917年夏天，他们再次发动进攻，但这次进攻很快也以撤退告终。

这些撤退表明，俄罗斯帝国的经济和政治结构无法承受全面战争的压力。俄军的补给线太过延伸，以致缺衣少食的俄军发现自己没有弹药，根本无法继续推进。俄军士气低落，出现了大批逃兵。

俄罗斯帝国的平民也遭受了巨大的苦难。随着军队的撤退，沙皇政府下令实施焦土政策。俄军士兵轰炸了他们自己的城市，拆除了工厂，烧毁了农舍和庄稼，杀死了牲畜。许多居住在边境地区的人被认为可能会不忠，其中包括波兰人、讲德语的路德宗信徒和犹太人，他们被驱逐到东部。驱逐再加上焦土政策导致数百万人失去生存手段，造成了大规模的难民潮，一位历史学家称之为"颠沛流离的帝国"[5]。

到了1917年，俄罗斯帝国已经处于崩溃的边缘。士兵、工人和农民对战时的掠夺和需求越来越憎恶。语言和宗教上的少数群体越来越多地转向反俄的民族主义政治，尤其是那些曾被驱逐出境的人。

不同的声音

西线的文化影响

许多在西线作战的中上层军官出于对祖国的热爱、将战争视为光荣使命的理想主义观点以及对冒险的渴望而自愿参战。英国的征兵海报将这场战争描述为"最伟大的游戏"。堑壕战粉碎了这些理想。下面这三首诗是两位年轻的英国中上层军官写的，描述了从最初对战争的热情到后来的幻灭和绝望的转变。两人都没有生还：鲁伯特·布鲁克（Rupert Brooke）1915 年在前往加里波利的途中死于败血症，而威尔弗雷德·欧文（Wilfred Owen）在 1918 年战争结束前几天的一次战斗中阵亡。

在战争开始时写的十四行诗系列《1914》中，鲁伯特·布鲁克不仅对战争表示欢迎，而且就像他的第一个副标题所显示的那样，他把战争的爆发和英勇死亡的机会与个人内心的平和联系起来。

《1914·一·和平》

此刻，我们感谢上帝让我们生逢其时；
我们正青春年少，
双手更稳健，眼睛更清澈，力量更强大，
他将我们从沉睡中唤醒，
如游泳者纵身跃入一片清潭，
满心欢喜地告别那衰老、寒冷、疲惫的世界，
告别那荣誉无法打动的病态之心，
告别那些猥琐之人和他们的下流秽曲，
告别那空虚的爱。
哦！我们已经知道了羞耻，
并在那里找到了解脱。
那里没有疾病，没有哀痛，只有安眠治愈。
除了身体，一切皆不会受损，
除了呼吸，一切皆不会失去。

除了无尽的疼痛，没有什么能够打破内心的平和，
只有死亡是最坏的朋友，也是最坏的敌人。

资料来源："Peace" from *1914* *Five Sonnets* by Rupert Brooke, London: Sidgwick & Jackson, 1915.

《1914·三·死亡》

吹响吧，号角，为那富有的死者！
从没有人如此孤独和贫穷，
但死亡让我们比黄金更珍贵。
掩埋了尘世，倾空了
青春的葡萄美酒；舍弃
劳作与欢愉的岁月，那未料的宁静，
人们称其为时代；为了那些将成为
他们的子嗣的人，他们奉献了他们的永生。
吹响吧，号角，吹响吧！因为我们的饥荒，
他们带来了神圣，短缺良久的爱，以及苦痛。
荣耀归来，如王者降世，
馈以臣民盛大的回报；
我们重新变得高贵，
我们继承了我们的传统。

资料来源："Peace" from *1914* *Five Sonnets* by Rupert Brooke. London: Sidgwick & Jackson, 1915.

欧文在 1917 年 10 月到 1918 年 3 月进行了几次修改，创作了这首诗，它是第一次世界大战期间最著名的诗歌之一。这首诗直截了当地描述了一名士兵在欧文和其他战友的注视下被毒气窒息而死的情景。

《为国捐躯，甜蜜而光荣》

塌腰驼背，如麻袋下的老乞丐，
迈着八字步，像女巫一样咳嗽，我们在烂泥中咒骂，

直到遇到幽灵般的闪光，我们开始却步。

向着遥远的栖息地艰难跋涉。

走得半梦半醒，掉了很多靴子，

步履蹒跚，一脚的血。一瘸一拐，两眼漆黑，

疲惫如酣醉，充耳不闻，炮弹呼啸，

呼啸的炮弹，掠过头顶，落在身后。

毒气！毒气！快，兄弟们！——一阵狂乱的摸索、折腾，

及时戴好笨重的面罩；

但还有人在呼号，踉跄，

像在大火或石灰里挣扎……

视线模糊，绿光昏暗，

如身处绿海深处，我看着他沉没。

在我所有的梦境中，这绝望的场景，

他扑向我，漂摇，窒息，沉没。

若在某个压抑的梦中，你和我们同行，

看我们把他丢上板车，跟在后面，

看他白眼珠翻转着，

面目狰狞，如同一个厌恶了罪恶的恶魔；

如果你能听到，每一次颠簸，

血液从他充满泡沫的肺里汩汩流出，

向癌症一样可憎，像呕吐物一样可恶。

无辜的舌头上长了无可救药的疮口，

我的朋友，你就不会如此满怀热情地告诉那些

渴望荣耀的孩子，

那古老的谎言："为国捐躯，甜蜜而光荣。"

资料来源："Dulce et Decorum Est" from *Poems* by Wilfred Owen, with an Introduction by Siegfried Sassoon. London: Chatto and Windus, 1920.

地图 25.3　东部战线和中东战线（1914—1918）

与西线不同的是，东线远非静止不动的。通过这幅地图，我们看看为什么许多德国人会觉得他们的国家在 1918 年 11 月的失败难以理解。

颠沛流离的帝国。这张手工上色的照片描绘了第一次世界大战期间俄国的一群难民。到1917年，大约有700万难民在俄罗斯帝国流浪，遭受了数月或数年的饥饿、寒冷、疾病、强奸、抢劫和殴打。

图片来源：Oesterreichisches Volkshochschularchiv / Imagno / Hulton Archive / Getty Images

　　这种不满和分裂导致了俄国革命。正如我们将在本章后面详细探讨的那样，1917年3月，二月革命迫使沙皇尼古拉二世退位。11月，一小群被称为"布尔什维克"的社会主义革命者夺取了政权，并迅速采取行动，使俄国退出了战争。

德国与东线

　　德国军队就这样在东线打败了敌人。从1915年起，德军占领了俄罗斯帝国的大片领土。1918 年签订的《布列斯特－立陶夫斯克和约》将俄罗斯帝国西部的全部领土割让给了德国，包括三分之一的人口，从而确认了这一占领。

七个多月后，德国输掉了更大范围的战争，《布列斯特－立陶夫斯克和约》被废除。尽管持续时间很短，但德军在东线的胜利意义重大，这有两个原因：首先，从东线的胜利到全面战争的失败之间的短暂间隔，有助于解释为什么许多德国人难以相信他们的军队真的输了。他们抓住了其他的解释，比如认为叛国者——社会主义者和犹太人——背叛了德国人民。正如我们将要看到的那样，这种被背叛感破坏了战后德国的民主结构。

其次，德国对俄罗斯帝国西部领地的占领加剧了该地区的民族主义紧张局势。由于工业化和城市化程度不如德国，德国占领的领土已经被撤退的俄军系统化地"烧焦"了。面对处于混乱之中的社会，许多德国人得出结论："东方"是原始和野蛮的，需要德国的纪律、秩序和文明加持。但德国的统治只是加剧了边疆居民的苦难。到 1917 年，高税率、强制劳动和没收稀缺食物与供应品导致许多占领区出现饥荒。随着立陶宛人、波兰人、乌克兰人和其他国家的人民为生存而战，他们越来越多地开始从民族的角度来看待自己。然而，这里的"我们"不仅反对作为"他们"的德国占领军，也反对作为"他们"的长期邻国。因此，民族主义的紧张关系——例如，波兰人和乌克兰人之间，立陶宛人和白俄罗斯人之间——变得更加明显，反犹主义也变得更加明显。

被遗忘的前线：巴尔干半岛

在欧洲东南部，第一次世界大战在很多方面显示出是"第三次巴尔干战争"，是正在进行的领土和权力竞争的又一阶段。在 1912 年和

1913 年，希腊、保加利亚、罗马尼亚和塞尔维亚在第一次和第二次巴尔干战争中相互争斗。因此，1915 年保加利亚加入了同盟国，以夺回在第二次巴尔干战争中失去的领土，而罗马尼亚则在 1916 年加入了协约国，以保护其对该领土的控制。

在战争的大部分时间里，同盟国控制着巴尔干半岛。保加利亚、德国和奥匈帝国的联合入侵摧毁了罗马尼亚。塞尔维亚人的经历甚至更加凄惨。1915 年 11 月，塞尔维亚军队已经被逼到了阿尔巴尼亚边境。奥地利军队占领了塞尔维亚，将该国置于自己的军事统治之下。到第一次世界大战结束时，大约 25% 的塞尔维亚人死亡。

战争中的世界

19 世纪后期帝国主义的扩张导致战争一旦开始，很快就会超出欧洲边界。英法两国给协约国提供了宝贵的军事和人力资源。第一次世界大战期间，澳大利亚、新西兰、加拿大、印度、南非和爱尔兰给英国提供了不少于 40% 的军事力量。来自中南半岛、阿尔及利亚和法属西非超过 65 万人协助了法国的战争努力。

随着参战国为帝国霸权和欧洲霸权而展开争夺，世界各地的战线迅速增多。葡萄牙加入协约国主要是因为它希望扩大在非洲的殖民地。日本在利用海军保护协约国部队和补给船的同时，抓住机会夺取了德国在中国的殖民地。到 1914 年年底，日本、澳大利亚和新西兰的军队也占领了德国在太平洋上的大部分岛屿殖民地。

中东也成了战争的关键战场。一旦奥斯曼帝国加入同盟国，英国在中东的经济和军事利益就岌岌可危。英国不顾一切地想要保护协约国进入苏伊士运河的通道，这是连接印度、澳大利亚和新西兰的士兵和补给的重要通道，也是通往英国海军重要的燃料来源波斯油田的通道。

战争中的世界：阿尔及利亚士兵（黑白照片）。阿尔及利亚士兵们挤在一辆货车里，准备前往西线作战。来自欧洲海外帝国的军队正在西线和东线作战。

图片来源：Algeria / Bridgeman Images

为了在中东击败奥斯曼帝国，英国与阿拉伯民族主义者联合起来。在英军士兵 T. E. 劳伦斯（T. E. Lawrence，1888—1935。他的更广为人知的名字是"阿拉伯的劳伦斯"）的领导下，受战后民族独立愿景的鼓舞，阿拉伯民族主义者利用游击战摧毁了奥斯曼帝国在中东的残余统治。到 1917 年，奥斯曼帝国已经失去了对几乎整个阿拉伯半岛的红海沿岸地区的控制，劳伦斯和他的阿拉伯盟友占领了耶路撒冷。

海上战争和美国的加入

当步兵在战壕中战死或在山口被冻死时，德国海军和英国海军在海上打了一场至关重要的战争。德国潜艇试图通过切断英国的帝国生命线，在英国船只抵达英国港口前将其击沉，使英国平民因断粮而屈服。近 1.4 万名英军水兵和平民死于这些潜艇袭击。与此同时，英国的驱逐舰封锁了所有的海洋和通往德国及其盟国的海上通道。

协约国的封锁阻止了食物和其他重要原材料抵达德国、奥匈帝国和它们的盟国。1916 年，食物短缺在德国 30 多个城市引发了骚乱。那一年马铃薯歉收，使仅存的一个营养来源不复存在，儿童的口粮降至其实际需求量的十分之一。

由于急于迅速赢得战争，1917 年，德国决策者决定升级对英国的潜艇战争。德国政府怀疑（这种怀疑是正确的）所谓中立的美国客轮正在向英国运送必要的战争物资，于是命令其潜艇在未向驶往英国海岸的船只发出警告的情况下将其击沉。德国人认识到这种不受限制的潜艇战可能会把美国拉入战争。但德国正处于经济崩溃的边缘，德国的政策制定者们认为他们别无选择，他们寄希望于在美国参战之前的最后一搏中击败协约国。

美国于 1917 年 4 月对德国宣战。对美国人在海上死亡的愤怒是美国参战的最直接原因。其他四个因素也发挥了作用。第一，法英关于德军入侵比利时期间的暴行的新闻报道让许多美国人相信正义在协约国一方。第二，俄国革命消除了美国与协约国合作的一个重要障碍——沙皇政权。美国人一直不愿与专制的沙皇尼古拉二世政府结盟，但推翻尼古拉二世的二月革命给美国决策者提供了一个更加可以接受的战时伙伴。第三，到伍德罗·威尔逊总统要求美国国会宣战时，美国经济已经与协约国的经济紧密交织在一起。美国与协约国之间的贸易额从 1914 年的 8.25 亿美元增长到 1916 年的 30 多亿美元，美国银行家给协约国政府提供了 20 多亿美元的贷款。第四，1917 年春天，德国政府犯了一个严重的错误。当时，德国政府表示，如果德国和美国之间爆发战争，德国将帮助墨西哥收复新墨西哥州、亚利桑那州和得克萨斯州，以换取墨西哥的支持。对德国外长阿瑟·齐默尔曼（Arthur Zimmermann）电报的窃听暴露了这一提议，激起了美国国内的反德情绪。因此，德国的无限制潜艇战政策相当于火上浇油。

美国的宣战（紧随其后的是巴西、哥斯达黎加、古巴、危地马拉、海地、洪都拉斯、尼加拉瓜和巴拿马）立即给协约国带来了心理上的刺激。但几个月后，美国军队才大规模地投入战场。然而，到 1918 年 7 月，美国每月向欧洲派遣 30 万新兵。协约国现在可以获得几乎不受限制的军事物资和人员的供应。最终，近 200 万美军士兵被派往欧洲，近 4.9 万美军士兵在战斗中丧生。

运动战：1918 年的西线

面对不得不与新的美国军队作战的前景，德国决策者决定再赌一次。1918 年 3 月 2 日，在美国部署大量军队之前，德国军队对英法阵线发动了压倒性的地面进攻。这场赌博几乎成功了。德国军队在 30 分钟内就突破了英军的前线。到了 4 月，德军已驻扎在距巴黎仅 50 英里（约 80 千米）的地方。

新的进攻性战略说明了西线的这种突然转变，即从一场以僵局为特征的冲突转变为一场决定性的运动战。1918 年，德军部署了一系列小规模攻击，旨在切断英法两国的后方阵地，而不是由远在后方的指挥官指挥正面进攻。此外，德军还取消了预示攻击开始时间和地点的前期炮兵轰击。在整个进攻过程中，他们突然使用毒气和炮击。1918 年春天，德军的迅速推进表明其军事技术已经赶上来了。

然而，在 7 月，协约国军队阻止了德军的进攻。8 月，协约国军队突破德军防线，开始把德军逼退。整个夏天，德军节节败退。到了 9 月，长期静止不动的西线迅速向东移动。

德军最后一搏失败的原因有三个：第一，快速推进使德军的人力和补给线不堪重负。第二，协约国向敌人学习，采取了同样的新的进攻战略。第三，协约国想出了如何有效利用一种新的进攻技术——坦克。这种坦克是在英国研发出来的，它摧毁了机枪加固的战壕的防御优势。20 世纪的进攻遇到了 20 世纪的防御，战争变得更加机动。

有了美国的增援部队和未来的增援承诺，协约国军队士气高涨，而德军则饥肠辘辘，士气低落。当保加利亚、奥斯曼帝国和奥地利的军队在 1918 年 9 月和 10 月崩溃时，德军孤立无援。11 月 11 日，德国领导人签署停战协议，战争结束。《布列斯特－立陶夫斯克和约》被宣布无效，1919 年德国军队从他们占领的东部土地上撤出。

一场截然不同的战争

1918 年，当战争接近尾声时，一场截然不同的战争开始了。这年春天，在堪萨斯州芬斯顿营地（Camp Funston）接受训练的美军士兵开始患一种严重的流感。当来自该营地的美军部队抵达西线时，流感病毒也随之而至，并很快传遍整个军队，然后通过复员士兵、护士和管理人员扩散到各个国家。到了8月，流感大流行爆发了。

1918—1919年的流感大流行夺去了大约5 000万人（也有一些人估计多达1亿人）的生命，这远远超过了在战争中死亡的人数。其他记录在案的流行病都没有如此迅速地导致这么多人死亡。然而，当时很少有人意识到疫情的严重程度。在全面战争时期，参战各方的政府都很担心流行病可能对民众士气造成影响，因此都对新闻报道进行了严格的审查。具有讽刺意味的是，这场大流行后来被称为"西班牙流感"，因为在中立的西班牙，政府并没有限制媒体的报道。

大后方

"大后方"（home front）一词是在第一次世界大战期间被创造出来的，用来强调这样一个事实，即不仅是前线的士兵在作战，国内的平民也在间接地作战。全面战争要求动员参战国的生产能力。全面战争不仅改变了参战国家的经济，也改变了参战国家的政治、社会和性别关系。

工业战争

第一次世界大战也是第一次工业战争。毒气和机枪、带刺的铁丝网和铁锹、罐头食品和大量生产的制服，所有这些都从工厂里源源不断地涌出，帮助完成了这场战争。工业化使各国政府能够部署在这场战争中动员起来的大量人员。1815年的滑铁卢战役有17万士兵参战，1870

年的色当战役有 30 万士兵参战，而 1914 年的马恩河战役则有 100 万士兵参战。只有工业化生产才能给这些庞大的军队提供武器、弹药和其他必需品。

政府权力的扩张

一开始，没有政府意识到工业工人在这场战争中扮演的重要角色。军事和政治领导人都认为战争会很快结束，胜利取决于向前线投入尽可能多的兵力。在法国，甚至连军工厂都被关闭了，工人被送往前线。政府实行"一切照旧"——让自由市场决定工资、价格和供给——结果是灾难性的。不断飙升的通货膨胀、快速扩张的黑市、公众对战时投机行为的不满，最重要的是包括弹药在内的基本军用物资的短缺，这些都表明全面战争经济需要全面监管。

从 1915 年开始，协约国和同盟国的政府逐渐掌控了征用物资、控制工资、限制利润和禁止工人换工作的权力。在德国，对经济日益加强的监管被称为"战争社会主义"，这个表述很有误导性，因为受益的是大企业。德国军队与大型工业公司合作，以确保前线的战争物资供应，而 1916 年的《辅助役法》则征召所有 17 岁至 60 岁的男性参加与战争有关的工作。诸如此类的措施大大扩大了参战国中央政府的规模和权力。例如，1914 年，英国负责军事采购的部门只雇用了 20 名职员；到 1918 年，它已发展成为军需部，这是一个巨大的官僚机构，拥有 6.5 万名雇员，管理着政府所拥有的和经营的军需厂的超过 300 万名的工人。

这种政府权力的扩张与对个人自由的限制是并驾齐驱的，即使在英国这样的传统上奉行自由主义的国家也是如此。1916 年，英国政府公然违背传统，强行实施征兵制，这是国家要求凌驾于个人愿望之上的一个明显例子。到战争结束时，英国政府还限制了酒吧的营业时间（作为鼓励工人在清醒状态下上班的一种方式），并通过发明夏令时来使战时生产最大化。

全面战争的政治

战争对工业生产的依赖极大地增强了工业生产者的力量。1915 年，法国和英国都放弃了政党之争，组成了包括社会主义者和工人阶级代表在内的联合政府。作为回报，法国和英国的工会领导人同意禁止罢工，并接受了某些工作的临时"去技能化"，这一措施允许非熟练工人（特别是女性）以较低的工资代替熟练工人。

尽管如此，在 1916 年和 1917 年，英国和法国的工人罢工的次数有所增加。面对大后方可能的分裂，英国和法国的政治领导人做出了类似的反应。他们组成了致力于全面胜利的战时政府。在英国，戴维·劳合·乔治（1863—1945）于 1916 年年底担任首相。作为威尔士工匠的儿子，劳合·乔治好不容易才跻身英国阶级界限分明、由英格兰人主导的政治体系的顶层，他不是一个愿意妥协的人。一年后，乔治·克莱蒙梭（1841—1929）成为法国总理。绰号"老虎"的克莱蒙梭强烈要求获胜。当被要求详细说明他的政府计划时，他简单干脆地回答："我要发动战争！"

但法国和英国的官员意识到，发动战争需要公众的支持。他们通过两种方式培养这种支持。首先，他们试图把这场战争描述为民主和专制之间的斗争——一场不是为了国家实力或经济利益，而是为了建立一个更美好世界的运动。其次，他们认识到，如果不能满足普通公民的基本需求，平民的士气就会直线下降。两国政府定期对经济进行干预，以确保工人获得更高的工资、更好的工作条件和公平的粮食配给。在国

1917 年的柏林。1917 年冬天，当德国平民在柏林排队领取稀缺的食物时，一位老妇人站立不稳，很可能是因为饥饿。

图片来源：Ullstein bild / The Granger Collection

有军工厂，工人们第一次获得了公共厨房和日托等福利。食品配给实际上改善了许多贫困家庭的饮食。战争期间，法国工人和英国工人的生活水平有所提高。

德国的情况则与此大相径庭。直到战争的最后几周，德国的政治领导权仍掌握在保守派精英和军方手中。坦能堡战役中的英雄人物兴登堡（Hindenburg）将军和鲁登道夫（Ludendorff）将军越来越多地支配着政治事务。军队和大型工业公司控制了德国的经济生活。考虑到设定价格和利润率的权力，实业家们大赚了一笔是不足为奇的。他们的收入飙升，而不断加剧的通货膨胀和长期的食品短缺折磨着普通工人。1917年，工业动乱减缓了德国的军工生产，平民的不满达到了危险的程度，而协约国的成功封锁意味着德国人正在挨饿。

颠倒的世界

到战争结束时，不同阶级之间和男女之间关系的变化使许多欧洲人觉得他们的世界好像颠倒过来了。当欧洲的工人意识到他们集体力量的可能性和政府作为社会变革工具的潜力时，他们变得更加激进。到1917年，这些工人中有很多人是女性，这一事实也产生了革命性的影响。在工作领域和整个社会中，性别角色和阶级关系一样经历了显著的转变。

战争对社会关系的影响

在战壕里和战场上，第一次世界大战起到了一种平权作用。对许多年轻的中产阶级和上层阶级的士兵来说，这场战争给他们提供了第一次与体力劳动和体力劳动者持久接触的机会。他们在家书中表示，他们对两者都产生了新的尊重，因为战争的恐怖经历打破了僵化的阶级壁垒。

然而，在大后方，社会关系的敌意非但没有减少，反而增加了。在战争年代，通货膨胀侵蚀了中产阶级男人和女人的储蓄，使他们忙于维持自己的社会和经济地位。在德国和整个东欧，粮食短缺和工资下降造成了革命局面。相比之下，在英国和法国，生活水平的提高向工人们展示了国家干涉主义的好处。然而，阶级敌对情绪在西欧也有所抬头。工人阶级活动家要求政府在和平时期继续调控经济，以提高普通工人的生活水平。在尝到经济蛋糕的甜头后，工人们努力争取更大的份额，而中产阶级则努力捍卫自己不断缩小的份额。

战争对两性关系的影响

到 1916 年，主要军事工业的劳动力短缺，再加上需要让尽可能多的男性投入战斗，这意味着双方政府部门都积极招募女性作为有偿劳动力。女性突然出现在公共领域，成为公共汽车司机、电梯操作员和火车售票员。在东欧，农业劳动力几乎全部由女性组成。在西欧，女性在军工厂从事危险的工作，在前线担任救护车司机和护士，在 1917 年和 1918 年，女性经常带头罢工，要求更好的工作条件。

然而，战争对女性角色的影响不应被夸大。在整个战争期间，继续从事家政服务工作——厨师、女佣、保姆——的女性比其他任何经济部门都要多。绝大多数走上技术性工业岗位的女性对有偿劳动力并不陌生。1914 年之前，她们从事的是各种薪水较低的工作。她们当然没有得到与男性平等的待遇。在英国政府经营的工厂里，虽然做同样的工作，但女性的工资只有男性的一半。

然而，对许多女性来说，这场战争是一次女性解放的体验。由于丈夫不在身边，许多妻子第一次自己做决定。英国女性军需品工人的工资比战前高出三倍。但中产阶级和上层阶级的女性经历了最剧烈的变化。在战前的岁月里，娴静和被动仍然是许多中产阶级女孩生活的标志——她们深居简出，服从父亲的权威，等待有人前来求婚。战争把女性推向了公共空间。在 1914 年以前，中产阶级女孩在没有陪同的情况下禁止外出，但是战争期间，她们可能要驾驶救护车在泥浆和血泊中飞奔，或者擦洗工人阶级士兵赤裸的身体。

战争一方面打破了许多限制女性的界限，另一方面也缩小了中产阶级男性士兵的世界。当女人们纷纷行动起来时——开公共汽车，驾驶运输机，渡运伤员——男人们则被困在狭窄而泥泞的战壕里等待上级的命令。他们本来期望着要成为英勇的实干家，却发现自己过着战前

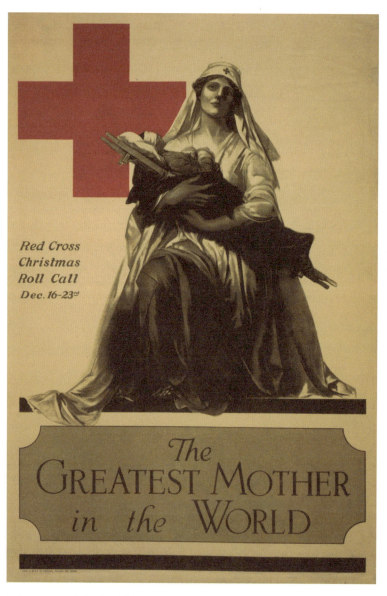

角色颠倒。在这张英美红十字会海报上，士兵被塑造成婴儿的形象，而护士则被塑造成具有神圣力量
的形象。许多男人发现堑壕战的被迫禁闭和被动令人深感不安，而许多女性则把战争视为解放的时代。
图片来源：Library of Congress Prints and Photographs Division [LC USZC4 10241]

中产阶级女性所特有的那种一成不变、消极被动的生活。在全面战争中，甚至性别角色都颠倒了。

然而，当战争结束时，许多这些根本的变化被证明只是暂时的。女性在战时从事技术性工作和公共汽车司机、火车售票员等公共职位的情况被迅速逆转。例如，根据《英国恢复战前实践法案》（1919）的规定，在工厂从事技术性工作的女性可以获得两周的工资和一张回家的火车票。

其他变化似乎持久些。与1914年相比，1919年法国法律专业的女生数量是原来的10倍，医科专业的女生数量是原来的3倍。30岁以上的英国女性在有限的基础上获得了选举权。与此同时，在美国、德国和东欧的大多数新国家，女性选举权更为完整。文化上的变迁似乎也预示着一场性别革命。女性开始在公共场所吸烟，她们提高裙摆，剪短头发，扔掉了紧身胸衣。

确认敌人：从宣传到种族灭绝

性别和阶级关系发生许多变化是政府努力为全面战争而调控经济的结果。为了确保其公民继续致力于战争，各国政府还试图调控思想的产生和传播。和平主义者和反战者面临着被监禁甚至死刑。在法国，敢于建议与德国谈判的记者和政敌（甚至是前总理）都被关进了监狱。

战时政府努力创造出鼓励全面战争心态的思想。宣传成为一种重要的政治工具。通过审查报纸和修改照片，政客们确保公众积极地看待战争。使用广告业新技术的海报宣传激起了爱国主义热情。

培养全面战争心态也需要激起对那些被贴上敌人标签的人的仇恨。诗人、二等兵恩斯特·利绍尔（Ernst Lissauer，1882—1937）要求德国人"对［英国］仇恨深远……这是七千万人的憎恨"[6]。这些诗句很快

战争的后果。奥斯曼帝国对亚美尼亚人的屠杀表明了民族主义仇恨与全面战争相结合的破坏性后果。这种恐怖犯罪通常被视为第一次世界大战期间对犹太人进行大屠杀的前兆。

图片来源：Armin T Wegner / Hulton Archive / Getty Images

被谱成曲子，并成为流行的战时歌曲。与此同时，在英国，反德情绪高涨，为了抹去其德国血统，英国王室将其名字从汉诺威改为温莎。在东欧的民族大熔炉中，对敌人的仇恨常常会助长对被视为内部敌人的少数民族的敌意。例如，在奥匈帝国，500多名波斯尼亚塞族人和数百名乌克兰人未经审判就被枪杀了，因为他们被视为俄国的支持者。

这种在国内寻找敌人的倾向最可怕的后果发生在奥斯曼帝国，那里对亚美尼亚少数民族的怀疑导致了大屠杀。对所谓的"亚美尼亚问题"的残酷"解决方案"始于1915年4月。在逮捕了亚美尼亚精英（从而清除了潜在的抵抗领导者）之后，奥斯曼土耳其军队杀害了一些亚美尼亚的成年男性。奥斯曼帝国政府将亚美尼亚的妇女、儿童和老人驱逐到叙利亚。他们被匆匆赶出家园，在没有食物和水的情况下穿越山区和沙漠地带。从1915年至1918年，有100多万亚美尼亚人（包括儿童）受到牵连。

战争与革命

全面战争撕裂了欧洲的社会和政治结构。随着接缝处开始磨损，出现了大洞，许多人会欢迎这个机会，可以把旧布撕开，编织出新的东西。这些革命者中有一些是马克思主义者，他们的目标是建立一个社会主义欧洲。另一些人是民族主义者，他们决心维护自己的民族或语言群体的权利，或推翻他们的殖民统治者。然而，并非所有的革命者都属于地下组织或恐怖组织。美国总统伍德罗·威尔逊也要求建立新的世界秩序。然而，和平解决方案并没有实现这些革命的期望。

俄国革命

沙皇俄国在加入战争时就已经分裂了。在拉脱维亚、立陶宛、波兰和乌克兰等地区，反俄情绪高涨，民族主义者认为这场战争打开了建立独立国家的大门。在整个帝国，沙皇尼古拉二世坚持实行神圣专制，这与不断壮大的中产阶级和工人阶级的政治要求之间的冲突造成了一触即发的局面。

第一次世界大战给俄罗斯帝国带来了政治上的混乱。尼古拉二世具有惊人的自欺能力，他坚持亲自到前线指挥他的军队。他把政治事务交给了妻子亚历山德拉（Alexandra，1872—1918）和她的精神导师格里高利·拉斯普京（Grigori Rasputin，1869—1916）处理。拉斯普京是20世纪历史上非常有趣的人物之一。他出身于农民家庭，是一名没有受过教育的巫师，但他拥有为年轻的皇储阿列克谢（Alexei）止血的能力，阿列克谢患有血友病。有充分的证据可以证明他的这种止血能力，但至今仍无法解释。然而，许多俄国高官认为拉斯普京不是一个奇迹创造者，而是一个叛徒。由于拉斯普京反对对德战争，他们认为他是一个出生于德国在沙皇皇后耳边低语的叛国者。1916年，俄国贵族谋杀了拉斯普京，希望恢复沙皇政府的权威和稳定。

二月革命

除掉拉斯普京收效甚微。1917年1月，法国驻俄大使写道："我必须报告，目前的俄罗斯帝国是由疯子统治的。"[7]近200万俄国士兵死亡，更多的人受伤或被俘。经济和通信网络崩溃，面包价格上涨，人们饥肠辘辘。甚至沙皇政府的成员也开始质询，问题不是革命"是否"会发生，而是"何时"发生。

1917年2月23日（儒略历，公历为1917年3月8日），答案揭晓。

革命的火花。1917 年 3 月 8 日，数千名女工走上彼得格勒街头，抗议实行面包配给制。
她们的"和平与面包"的呼声引发了俄国革命。

图片来源：Sovfoto / Uig / Getty Images

彼得格勒（以前叫圣彼得堡）的一群女工举行示威，抗议食物供应不足。在接下来的几天里，类似的示威活动在整个城市上演。2 月 27 日，奉命镇压抗议的军队也加入了抗议者的队伍，革命之火熊熊燃烧起来。政府的命令失去了所有的权威。3 月 2 日，沙皇尼古二世被迫退位。俄国革命开始了。

现在谁控制着俄国？两个相互竞争的权力中心出现了，一个是临时政府，另一个是彼得格勒苏维埃。3 月 12 日，杜马（俄国议会）的成员创建了一个临时政府。和杜马一样，绅士和中产阶级成员在新的临时政府里占支配地位，这些中产阶级成员包括专业人士、商人、知识分子和官僚。这些人都是自由主义者，他们认为俄国正在走向议会民主。他们迅速实施了一些重要的改革，如普选权、8小时工作制和所有公民的平等权。然而，临时政府正如其名称所表明的那样，它仅仅是临时的。其成员认为他们不应该采取任何激烈的措施。他们的任务是看守政府，直到选举产生的制宪会议为新俄国制定宪法。

但就在临时政府正在努力为俄国革命的混乱局面带来秩序的同时，整个帝国的社会主义者、工业工人和士兵组成了苏维埃（委员会），来表达他们的不满和希望。由革命社会主义者领导的彼得格勒苏维埃很快成为温和的临时政府强有力的政治对手。

但无论是临时政府的自由主义者还是彼得格勒苏维埃的社会主义者都无法控制革命。一场"人民"革命推翻了尼古拉二世，这场人民革命的核心思想是一个简单的要求："和平、土地和面包。"士兵们和大多数俄国人希望立即结束一场对他们来说早已毫无意义的战争。农民一如既往地需要土地，这是他们在混乱的世界中生存的保证。城市居民想要足够数量的、价格适中的面包食品。

临时政府无法满足这些要求。它确实承诺要逐步分配皇室和教会的土地，但农民不受自由主义对法律和私有财产权的尊重的约束，他们想马上获得土地。更重要的是，到1917年夏，如果没有和平，俄国政府就不可能提供面包。俄国的资源无法使其在继续战争的同时重建其经济。随着食品从商店里消失，工厂因原料短缺而停产，货币贬值，城市人口减少。然而，和平似乎是不可能的。俄国不仅对其同盟有承诺，而且德国军队已经深入俄国境内。与德国单独媾和将意味着巨大的领土损失。大多数临时政府成员认为，只有经宪法选举产生的政府才有资格采取如此激进的措施。于是战争继续。

而革命也是如此。农民通过夺取他们想要的土地来进行自己的土地改革。士兵们以逃兵的方式宣告自己的和平。每 1 000 名被派往前线的俄国士兵中只有不到 250 人到了前线，其他的逃跑了。临时政府越来越不得人心。广受欢迎的社会主义者、彼得格勒苏维埃成员亚历山大·克伦斯基（Alexander Kerensky，1881—1970）被任命为临时政府的总理，但是这也没能保住临时政府的地位。

十月革命

布尔什维克是彼得格勒苏维埃的社会主义派别之一，这种混乱的局势给布尔什维克夺取控制权提供了机会。1917 年 4 月，布尔什维克领导人弗拉基米尔·列宁（1870—1924）结束了近 20 年的流亡生活，返回祖国。列宁十几岁时，他的哥哥因试图暗杀沙皇亚历山大三世而被处决，从此他就毅然决然地投身于革命事业。列宁意志坚强，务实果敢，他认为一群坚定的职业革命者可以迫使俄国进行社会主义革命。在一个以农民为主的社会中，革命的推动者不可能是城市工业工人阶级（就像卡尔·马克思的理论所认为的那样）。群众不能发动革命，因此革命的"先锋"布尔什维克或共产党必须为他们发动革命。

到了 1917 年秋，布尔什维克党员从 1 万人增加到 25 万人，该党在彼得格勒苏维埃中占多数。此时列宁要求立即推翻临时政府。10 月 25 日（儒略历，公历为 11 月 7 日），布尔什维克战士占领了彼得格勒的冬宫，当时临时政府正在那里开会。

第二次俄国革命就此拉开序幕。布尔什维克宣布了一项土地与和平的政策，内容是不给地产所有者任何补偿的土地分割和不惜代价立即与德国议和。正如前文提到的那样，议和的代价是高昂的：根据 1918 年与德国签订的《布列斯特－立陶夫斯克和约》，俄国失去了其西部领土。

然而，和平和土地的承诺并没有赢得俄国所有人的心。由于社会主义者、自由主义者和沙皇支持者反对布尔什维克的统治，内战爆发了。这些"白军"（区别于"红军"布尔什维克）得到了外国军队的援助。由于担心共产主义革命的蔓延，14 个国家（包括美国、英国、法国和日本等）向俄国派遣了 10 万名士兵。争取独立的非俄国民族主义者也加入了这场冲突。

　　随着战争的持续，交通系统被关闭，供水中断，家具成了唯一的燃料来源。有的家庭当家具烧完后，全家都被冻死在公寓里。城区空空荡荡，因为居民都逃到农村去了。到 1921 年，莫斯科失去了一半的居民，彼得格勒失去了三分之二的居民。

　　内战中死亡的人数比第一次世界大战中死亡的人数还要多，但到 1922 年，布尔什维克战胜了白军。波兰、芬兰和波罗的海诸国（爱沙尼亚、拉脱维亚和立陶宛）保住了来之不易的独立。"苏维埃社会主义共和国联盟"（简称苏联）取代了俄罗斯帝国。

革命的传播

　　俄国布尔什维克的胜利鼓舞了欧洲甚至全世界的社会主义者。1919 年 1 月，由俄国移民领导的阿根廷布宜诺斯艾利斯的共产党人控制了这座城市三天，直到被阿根廷军队击溃。英国码头工人为支持布尔什维克革命而罢工，而法国城市的大罢工造成了混乱。在奥地利，革命者试图控制维也纳的政府大楼，但很快被奥地利军队击败。在匈牙利，贝拉·昆（Bela Kun）于 1919 年春建立了一个短暂的苏维埃政权。贝拉·昆是一名记者，在俄国当战俘时就开始仰慕布尔什维克。

　　革命也席卷了战败的德国。1918 年 10 月，德国的军事指挥官建议德国政府进行和平谈判，但协约国拒绝谈判，除非德国将其政治制度民主化。结果，左翼和中间派的代表——包括欧洲最大的社会主义政党社民党——加入了德国政府。

这种"自上而下的革命"与"自下而上的革命"同时发生并相互竞争。受到布尔什维克革命的启发，许多德国社会主义者谴责社民党过于温和。他们支持更激进的斯巴达克斯党（以公元前 1 世纪领导奴隶起义的角斗士斯巴达克斯命名）。在卡尔·李卜克内西（Karl Liebknecht，1871—1919）和罗莎·卢森堡（Rosa Luxemburg，1871—1919）的领导下，斯巴达克斯联盟要求立即进行共产主义革命。1918 年 11 月 8 日，德国共产党宣布在巴伐利亚省建立苏维埃共和国，共产主义的象征——红旗在 11 个德国城市上空飘扬。

11 月 9 日，德皇退位，社民党领袖弗里德里希·艾伯特（Friedrich Ebert，1871—1925）成为德国总理。从柏林国会大厦的窗口，艾伯特的一位社民党同事宣布德国现在是一个议会民主制国家。几乎与此同时，卡尔·李卜克内西站在柏林的另一个窗口（在被占领的皇宫）宣布德国是一个革命的共产主义国家。由于有两种对立的革命版本，德国内战一直持续到 1919 年春社民党击败共产党。

革命的停止

然而，即使在德国共产主义革命失败后，列宁仍希望共产主义革命能传遍整个西欧。1919—1921 年的苏波战争激发了然后又粉碎了欧洲共产主义革命的希望。

波兰在 18 世纪被普鲁士、奥地利和俄国瓜分，又在第一次世界大战后重建。然而，由于正在进行的内战和布尔什维克俄国的民族主义冲突，它的东部边界仍然不清楚。波兰领导人约瑟夫·毕苏斯基（Josef Pilsudski，1867—1935）试图建立一个由波兰、独立的乌克兰、白俄罗斯和波罗的海诸国组成的联邦，一种波兰－立陶宛联邦 20 世纪早期的现代版本。然而，这些国家的民族主义者拒绝合作。尽管毕苏斯基的军队在 1920 年 5 月控制了大部分领土，但苏俄在 6 月发动反攻，波兰人被迫撤退。

苏俄成功进入波兰，让列宁相信革命不可阻挡。列宁认为，苏俄一旦控制了波兰，就可以用它作为"对抗所有当代国家的基地"[8]。因此，列宁把 1920 年 8 月的华沙战役称为"世界历史的转折点"[9]。但是，毕苏斯基和他的军队守住了华沙，击退了苏俄红军。1921 年的《里加和约》结束了苏俄和波兰之间的战争，也设定了布尔什维克革命的界限。

威尔逊革命的失败

1919 年年初，战胜国的代表聚集在巴黎起草和平条约。这些官员的目标不仅仅是结束战争，也希望建立一个新欧洲。这一崇高努力的中心人物是从大学教授变成美国总统的伍德罗·威尔逊。威尔逊的革命性变革基于民族自决的理想——在这样一个世界里，"每个民族都应该自由地决定自己的政体和自己的发展道路，不受阻碍，不受威胁，不用畏惧，不管大小和强弱"。威尔逊规划了一幅新的欧洲版图，独立的、种族同质的民主民族国家将取代旧的威权主义帝国。

威尔逊设想，这些新的民族国家将以不同于过去帝国的方式进行互动。在他所谓的"十四点计划"中，威尔逊要求在国际关系中进行一场革命。他认为，海洋自由、贸易自由和开放外交（结束秘密条约）等"要点"将打破壁垒，保证各国人民的和平与繁荣。这一新的世界秩序的基石将是一个国际组织，即国际联盟。通过监督"十四点计划"的实施以及通过谈判解决国家间的争端，国际联盟将保证第一次世界大战是"结束所有战争的战争"。因为所有国家——无论大小，无论是欧洲国家还是非欧洲国家——都将在国际联盟中拥有平等的发言权，全面战争时期的秘密外交和大国联盟体系将会消失。

然而，威尔逊的设想并没有实现。1919—1920 年，协约国和战败的同盟国在巴黎签署了一系列条约，其中最重要的是与德国签订的《凡尔赛和约》。条约的起草者试图建立一种基于以下三点的国际新秩序：民主的德国、东欧的民族自决和以国际联盟为首的可行的国际仲裁制度。但是，这三点都没有实现。

《凡尔赛和约》和德国民主

伍德罗·威尔逊设想的新欧洲的中心是一个新的民主的德国，但法国领导人乔治·克莱蒙梭并不赞同这一设想。在经历了德国人两次入侵自己的祖国后，他希望确保德国永远不会再威胁法国。他提议在德国工业化的西部地区建立一个莱茵兰国家，作为法国和德国之间的缓冲区，并以此削弱德国的经济实力。英国领导人劳合·乔治向他的人民承诺，他将尽一切努力压榨德国，并公开支持克莱蒙梭的强硬路线。但是私下里，他担心这种做法会激起德国人的不满情绪，破坏德国民主结构。

事实证明，劳合·乔治的担心是有道理的。德国人民痛恨《凡尔赛和约》，他们认为这是不公正的惩罚。根据该和约的条款，德国失去了所有海外殖民地、13% 的欧洲领土、10% 的人口，以及发动战争的能力。和约将德军的兵力限制在 10 万人以内，不能拥有飞机和坦克。克莱蒙梭没能建立一个独立的莱茵兰国家，但莱茵兰已经非军事化了，没有了德军士兵和防御工事。此外，《凡尔赛和约》将萨尔煤矿区割让给法国开采长达 15 年（见地图 25.4）。

最重要的是，和约宣布是德国的侵略引起了战争，因此德国必须

地图 25.4 边界之争：第一次世界大战后中欧和东欧的重新划分

将此地图与地图 25.1 进行比较，这场战争是如何重新绘制中欧和东欧的政治版图的？哪些国家获得了领土？哪些国家失去了领土？哪些国家是新产生的？

补偿协约国所付出的代价。1921 年，协约国向德国提出了 1 320 亿马克（约合 315 亿美元）的战争赔款。正如本书第 26 章将要详述的，这一赔偿条款帮助建立了一个经济圈，事实证明，这对全球繁荣和德国民主政治都是毁灭性的。

民族自决的失败

和平解决方案试图重新划定东欧的国家边界。从地图 25.4 可以看出，东欧和中欧古老的多民族帝国消失了，取而代之的是独立的民族国家。波兰再次成为一个国家，分别从德国、奥匈帝国和俄罗斯帝国中分离出来。在奥匈帝国的废墟上建立了一个全新的国家——捷克斯洛伐克。罗马尼亚、希腊和意大利都因为站在了胜利者的一方而国土面积有所扩大，塞尔维亚则成了新南斯拉夫的核心。战败国的面积缩小了，有些国家缩小幅度很大。例如，曾经强大的哈布斯堡帝国的一小部分成了奥地利，匈牙利则缩减到了战前面积的三分之一。奥斯曼帝国只剩下了土耳其。

威尔逊总统将这些变化称为"民族自决"的胜利。但正如威尔逊的国务卿所抱怨的那样："这个短语简直是装满了炸药，它会带来永远无法实现的希望。"威尔逊曾呼吁"每个民族"都可以自由决定自己的政治命运，但是谁构成"一个民族"？

即使在和平解决方案重新绘制地图之后，仍有 3 000 万东欧人是少数民族。例如，不到 70% 的匈牙利人住在匈牙利，超过 300 万人分散在其他国家。超过 900 万德意志人生活在德国境外。在新成立的捷克斯洛伐克，三分之一的人口既不是捷克人也不是斯洛伐克人。新成立的南斯拉夫包含了几个令人不安的民族混合体，其中大部分憎恨占统治地位的塞尔维亚人。和平解决方案没有满足民族主义者的野心，反而助长了他们的野心，从而为第一次世界大战后的世界创造了一种不稳定的局势。

国际联盟的局限性

与威尔逊对新国际秩序的愿景一致，条约制定者在每一份条约中都加入了国际联盟的盟约。然而，国际联盟从未实现威尔逊永远结束战争的希望。当国际联盟在 1920 年召开第一次会议时，三个世界大国没有代表出席：德国和苏联被排除在外，而且美国参议院拒绝批准美国加入联盟，对威尔逊总统来说，这是一次令人震惊的失败。这三个国家在国际联盟成立之初未能加入，使该组织丧失了很大一部分潜在影响力。

另外两个因素也削弱了国际联盟。首先，它没有军事力量。尽管国际联盟可以对无视其决定的国家实施经济制裁，但仅此而已。其次，让国际联盟发挥其作用的意愿不够强大。随着威尔逊的退出，欧洲领导人开始追求他们自己关于联盟应该是什么样子的更传统的愿景。例如，法国政界人士认为，国际联盟存在的主要原因是执行《凡尔赛和约》的条款，而不是重建国际关系。

现代中东的形成

在中东，第一次世界大战的结束意味着一个全新版图的形成，但并不意味着欧洲主导地位的终结。如地图 25.5 所示，根据新的国际联盟所设定的条款，协约国将奥斯曼帝国在中东的领土分割成独立的或名义上独立的国家。然而，国际联盟认为这些国家"还不能在现代世界的艰苦条件下独立生存"，因此将它们置于法国或英国的控制（或"托管"）之下。叙利亚和黎巴嫩落入法国之手，而英国则宣称拥有伊拉克（美索不达米亚）、巴勒斯坦和外约旦（后来称为约旦）。英国还继续对

地图 25.5　第一次世界大战后的中东

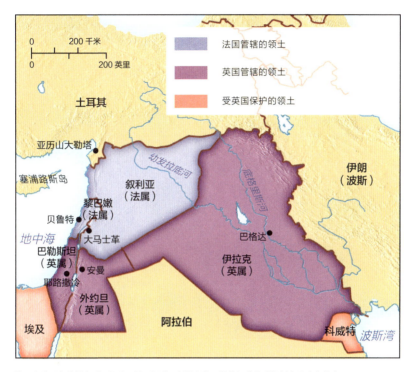

第一次世界大战结束后，新成立的国际联盟根据新的"托管"制度重新划定了中东的政
治边界。这个新制度为谁的利益服务？

埃及、伊朗（波斯）和后来的沙特阿拉伯施加影响。

　　有三个因素可以解释为什么中东的重组未能在该地区产生持久解
决方案。首先，新的边界违反了战时的承诺，因此造成了对西方长期的
不信任和怨恨情绪。其次，强加于该地区的新国家是人为的，是协约国
胜利者创造出来的，而不是历史演变或当地人民愿望的产物。最后，西
方的托管（实际上与老式的帝国统治几乎没有什么不同）带来了西方的

费萨尔率领他的军队（1917）。谢里夫·侯赛因·伊本·阿里的儿子费萨尔领导阿拉伯军队与英国结盟，对抗奥斯曼帝国的军队。战争结束后，费萨尔成为伊拉克国王。

图片来源：The Granger Collection

做法和观念，破坏了当地的社会和经济结构。

　　伊拉克的早期历史就证明了这三个因素。1915 年，守卫伊斯兰圣地的哈希姆王朝的首领谢里夫·侯赛因·伊本·阿里（Sharif Hussein Ibn Ali）同意与同盟国作战，以换取英国支持他建立一个独立的阿拉伯国家。英国人辩称，当他们把侯赛因的儿子费萨尔（Faisal）推上新成立的伊拉克的王位时，他们兑现了这一承诺。然而，侯赛因和他的支持者感到被出卖了。他们认为英国违背了建立一个独立的阿拉伯王国的承诺，这个王国的中心是后来的叙利亚，包括巴勒斯坦。

伊拉克的人为性质也造就了一种革命局势。在创建伊拉克的过程中，协约国将巴士拉、巴格达和摩苏尔这三个省结合到了一起，而奥斯曼帝国从未将其视为一个单一的政治或经济单位。这个新国家的人口由不同的民族（包括阿拉伯人、库尔德人和亚述人）和宗教（包括什叶派和逊尼派穆斯林、基督徒、犹太人和祆教徒）组成。这些群体不认为自己是"伊拉克人"，也没有任何效忠于他们的新统治者的意愿。他们认为费萨尔是帝国主义的傀儡，受英国"顾问"的操纵。

最后，英国人引入了英国的法律和经济概念，从而在无意之中破坏了伊拉克的社会结构，也破坏了当地的传统。例如，通过将私有土地所有权的概念应用到伊拉克的传统关系中，英国人将部落酋长和部落成员之间的传统关系转变为地主和佃户之间的经济安排——这种安排往往使地主变得更加富有，而使佃户变得更加贫困。

巴勒斯坦的问题进一步破坏了中东的稳定。侯赛因和他的支持者认为，英国政府已经向他们承诺建立一个包括巴勒斯坦在内的独立的阿拉伯王国。然而，在战争期间，英国官员也承诺支持在巴勒斯坦建立一个犹太国家。受强大的犹太精英支配世界事务这一反犹主义神话的影响，英国的政策制定者错误地认为，犹太人的影响力可以决定美国是否参战，以及俄国是否继续参战。为了确保这两点，英国政府在1917年发布了《贝尔福宣言》，宣布英国支持犹太复国主义的目标，即在巴勒斯坦建立犹太人的家园。

战后，巴勒斯坦作为国际联盟的托管地被移交给英国。英国在名义上仍然致力于履行《贝尔福宣言》。然而，1920年巴勒斯坦90%的居民是阿拉伯人（包括基督徒和穆斯林），他们认为《贝尔福宣言》是为了夺取他们的土地，将其交给欧洲人。因此，巴勒斯坦的阿拉伯人爆发了抗议和骚乱。1922 年，英国政府决定减缓犹太移民进入该地区的步伐，以减轻阿拉伯人的恐惧。在接下来的 20 年里，英国不断面临来自阿拉伯和犹太民族主义势力的压力。与东欧的重组一样，中东的重组也导致了几十年的政治动荡和暴力。

结语：战争和西方

第一次世界大战改变了"西方"的概念。美军在战争的最后一年参战，这标志着在 20 世纪，不管对"西方文化"或"西方文明"做何定义，美国都将占主导地位。与此同时，战争蔓延到中东和非洲，来自帝国领地（如突尼斯、印度和澳大利亚）的士兵在战争中发挥了重要作用，这些都展现出一种制约西方事务并使之变得更加复杂的全球架构。

第一次世界大战的革命性后果也对"西方身份"的形成产生了影响。随着布尔什维克革命的胜利，出现了现代性的两种模式——一种与美国和资本主义有关，另一种则以苏联及其共产主义为代表。布尔什维克党的理论根源是马克思主义，这是一种西方意识形态，由西方的演变进步和人类理性胜利的理想所塑造。但在俄国革命之后，许多西方国家将共产主义视为西方国家在自我认同过程中所反对的"他者"。

第一次世界大战的大屠杀挑战了许多欧洲人的信念，即工业发展确保了西方在道德和物质方面的持续进步。在 19 世纪的最后几十年里，欧洲和美国的士兵以西方文明的名义，使用连发步枪和机枪征服了地球上的大片地区。1914 年，欧洲和美国的士兵将机枪指向彼此。战争所创造的世界是一个大破坏的世界，数百万人死亡，数百万人终身残疾。法国北部和东欧的大片地区变成了大墓地，里面填满了腐烂的尸体和生锈的金属。在中欧和东欧，成千上万的人仍在挨饿。在索姆河战役等无情冲突塑造的新世界中，在战争爆发前 10 年侵入艺术的悲观和绝望情绪，成为更广泛的文化特征。对许多欧洲人来说，19 世纪自由主义的乐观和自信已经在战壕中死去。

然而，矛盾的是，战争也给人们带来了很高的希望值。威尔逊宣称这是一场"结束所有战争的战争"。革命的火焰熊熊燃烧，许多西方人相信，在帝国解体的灰烬之上，他们现在可以建立一个更加美好的世界。然而，事实证明重建工作是艰难的。为了寻求稳定，许多欧洲人和美国人尽他们最大的努力回到战前的模式。和平解决方案的失败导致"结束所有战争的战争"为下一场更具破坏性的全面战争奠定了基础。

伊莎多拉·邓肯的舞蹈。这幅第一次世界大战前的画作捕捉到了
邓肯现代舞的活力、自由和流畅。

图片来源：G. Dagli Orti / Dea / De Agostini / Getty Images

第 26 章

重建、反应和持续革命

20 世纪 20—30 年代

1927 年 9 月 14 日，一辆敞篷车加速行驶在法国南部城市尼斯的街道上。乘客座位上坐着伊莎多拉·邓肯（Isadora Duncan），她让长长的丝巾随风摆动。作为西方世界最著名的舞者之一，邓肯开创了一种革命性的舞蹈风格，用光脚和简单的束腰外衣取代了芭蕾舞鞋和芭蕾舞裙。邓肯抨击古典芭蕾矫揉造作，扭曲了女性的身体，她创造的舞蹈不把动作强加在身体上，而是让动作从身体里自然流露。邓肯坐着敞篷车在大街上疾驰，这为第一次世界大战后的西方文化树立了一个恰如其分的形象。她是美国人，在这几十年里，美国文化代表了许多欧洲人不受限制的未来。就像坐在车里的邓肯一样，战后的美国人和欧洲人都希望朝新的方向前进，打破传统障碍，争取更大的解放。甚至邓肯的着装——宽松的束腰外衣、迎风飘舞的丝巾——都象征着对自由和动感的热爱。

然而，自由有时是危险的，动感可能是猛烈的。1927 年那个秋日，邓肯的丝巾缠在了车轮上，她当场被勒死。这一幕很可怕，但也象征着西方在第一次世界大战和第二次世界大战之间动荡的插曲。美国总统伍德罗·威尔逊称第一次世界大战为"人类自由的最后一场战争"[1]。许多欧洲人也是这样认为的。他们认为第一次世界大战会把他们的社会推向一条新的道路。然而，在欧洲大部分地区，追求自由的努力以意识形态的胜利而告终，这些意识形态将人类自由视为一种幻觉，将大规模屠杀视为国家的工具。

东欧和南欧几十年来对民主的扼杀突出了本书的一个中心主题，即"西方"这个有争议的定义。在威尔逊的愿景中，西方通过民主政治和资本主义经济促进了个人自由。但在 20 世纪 20—30 年代，反民主和反资本主义的意识形态对西方的定义有所不同。对第一次世界大战后果的研究回答了这样一个问题：为什么"西方"和"民主"之间的联系在这个时代如此脆弱？

文化的绝望与渴望

第一次世界大战后，许多西方人绝望地放弃了对未来的憧憬。然而，另一些人则梦想着建立一个新世界。

荒原

在第一次世界大战结束后的几年里，战争纪念馆遍布法国和英国的城市和村庄。这些纪念馆很少纪念协约国的胜利。它们关注的是死去的士兵，是屠杀，而不是胜利。例如，凡尔登纪念馆就是一座藏骨堂，一个容纳 13 万人的尸骨的巨大容器。在某种程度上，战后的欧洲文化就像一座藏骨堂，知识分子和艺术家看着战争中的死亡人数得出这样的结论，即人类理性和科学努力的最终产物是大规模的破坏。

在英语世界，美国侨民 T. S. 艾略特（T. S. Eliot，1888—1965）的诗歌《荒原》（*The Waste Land*，1922）描绘了战后精神幻灭的情景，令人回味。这首长诗就像一幅立体主义绘画，没有直接的叙述，而是包含了对话的片段、文学典故、不连贯的引语和神话的引用，所有这些相互碰撞，形成现代主义绝望的呐喊。

> 白色尸体赤裸裸地躺在低洼潮湿的地面上，
>
> 骨头被丢在一个低矮干燥的阁楼里，
>
> 年复一年，只有老鼠从上面窸窸窣窣地爬来爬去。[2]

神学和哲学也充满了悲观主义色彩。19 世纪的神学家和哲学家强调人类的不断进步，但第一次世界大战对人类社会的道德进步提出了质疑。瑞士神学家卡尔·巴尔特（Karl Barth，1886—1968）在他的著作中强调了人类的罪恶，认为人类与上帝之间有一道巨大的鸿沟，而人类的智力根本无法弥合这一鸿沟。人类要想接近上帝，就需要一个彻底的信仰飞跃。

巴尔特的德国同事鲁道夫·布尔特曼（Rudolf Bultmann，1884—1976）使信仰的飞跃更加激进。他认为基督教的基础《新约》描述的耶稣基督在很大程度上是虚构的。在布尔特曼看来，《新约》就像艾略特的《荒原》一样，源自神话和民间故事的很多片段，可以有多种解释。作为一位路德宗牧师，布尔特曼认为，在这个基督教神话中，人们可以找到精神真理，而不是科学或历史真理。

布尔特曼的基督教思想通常被称为基督教存在主义，因为他在战间期出现的存在主义哲学中加入了基督教的元素。存在主义者如让－保罗·萨特（Jean-Paul Sartre，1905—1980）教导说，存在没有内在的意义——没有宗教目的或道德价值。存在就是存在。为了克服对存在的恐惧、异化，甚至"恶心"（这也是萨特 1938 年出版的一部小说的名字），一个人必须有意识地选择能够创造意义和自我意识的行动。正如萨特所说，每个人都"命中注定是自由的"[3]。

建设更美好的东西

在 1934 年创作的《佛兰德》（*Flanders*）中，第一次世界大战老兵奥托·迪克斯（Otto Dix，1891—1969）描绘了战壕里士兵的噩梦，他们像枯萎的树木一样腐烂。在他的笔下深陷泥潭的士兵给战间期文化提供了一个令人难以忘怀的形象。然而，我们在审视迪克斯在包豪斯学院的同时代人的作品时，就会产生一种完全不同的印象。1919 年创立的包豪斯学院是一所培养建筑师、工匠和设计师的学校，它是战后西方理想主义而不是绝望的缩影。其成员试图打破"艺术"（我们贴在墙上或在博物馆里看到的东西）和"工艺"（我们在日常生活中实际使用的

《佛兰德》（奥托·迪克斯创作于 1934 年）。在这幅画中，士兵的尸体塑造了佛兰德的风景。就像这些士兵以及战后的欧洲文化一样，作为一名老兵，迪克斯无法逃离战争。他的画作展现了一个永远受到战争伤害的人。

图片来源：© 2015 Artists Rights Society (ARS), New York / VG Bild Kunst, Bonn; BPK, Berlin / Staatliche Museen / Jörg P. Anders / Art Resource, NY

东西，如家具、纺织品、盘子等）之间的界限。包豪斯学院的创始人是沃尔特·格罗皮乌斯（Walter Gropius，1883—1969），他和他的学生们希望通过使日常生活更有效、更高效、更美丽而成为"新文明的建筑师"[4]。像格罗皮乌斯一样，许多艺术家抛弃了战前现代主义"为艺术而艺术"的理想，他们的作品充满了政治激情和对激进社会变革的希望。

对技术的信赖是战间期文化中乐观的一面。在第一次世界大战中展示了机器的破坏力之后，人类现在将使用他们的机械力量来重新改造现代社会。建筑就体现了这种对机械的信赖。瑞士建筑师勒·柯布西耶（Le Corbusier，1887—1965）解释说，房子是"我们居住的机器"[5]。他和他的现代主义建筑师同行们剥离了建筑的装饰，暴露了其本身，包括支撑梁、供暖管道、电梯井。混凝土、钢铁和玻璃等成为现代主义摩天大楼的首选建筑材料，这些闪闪发光的矩形建筑改变了城市的天际线，证明了人造物的胜利。

这种对机械的热情也影响了战间期的流行文化。合唱队体现了战间期的人们对机械化的痴迷，每个舞蹈演员都沦为了一个大型舞蹈队形的标准化组成部分。同样，在20世纪20年代风靡一时的查尔斯顿舞中，舞者的胳膊和腿像活塞一样灵活，整个身体像一台快速运转的机器。

和电影一样，汽车和飞机也象征着这个技术可能性的新时代。装配线从美国出口到欧洲，降低了汽车制造的成本，过去富人的玩具变成了中产阶级的必需品。航空业也在这个时期崛起，1919年，伦敦和巴黎之间的航空客运开始运营。1927年，当美国人查尔斯·林德伯格（Charles Lindbergh，1902—1974）完成了第一次独自飞越大西洋的飞行时，他成为国际英雄和人类足智多谋与精通技术的象征。

POINT D'ARRÊT POUR TRANSPORT EN COMMUN

一种新文明的建筑设计［威廉・凡・勒斯登（Willem van Leusden，1886—1974）创作的彩色平版画］。这些包豪斯风格的"公共交通连接车站、变压器和小便池"首次出现在 1925 年的法国建筑杂志（*L'Architecture Vivante*, editions Albert Morance）上。许多建筑师和城市规划者将公共交通系统视为使现代城市生活不仅更高效而且更有联系和凝聚力的手段。

图片来源：Bibliotheque des Arts Decoratifs, Paris, France / Archives Charmet / Bridgeman Images

科学的可能性

正在进行的科学革命也提供了新的可能性。正如本书第 24 章所述，从 19 世纪 90 年代起，一种新的宇宙模型开始形成。到 20 世纪 20 年代，阿尔伯特·爱因斯坦将物质视为"冷冻能量"的概念吸引了世界各地的科学家。在理论上，如果能量可以被"解冻"，那么这种能量就可以被释放出来。但这个理论能成为现实吗？1936 年，西方最重要的研究实验室之一的负责人、英国科学家欧内斯特·卢瑟福（Ernest Rutherford，1871—1937）把分解原子以释放能量的想法斥责为一派胡言。

然而，就在 1932 年，一位在卢瑟福的实验室工作的科学家实际上已经找到了分解原子的钥匙，尽管当时没有人意识到这一点。詹姆斯·查德威克（James Chadwick，1891—1974）发现原子中不仅含有带正电的质子和带负电的电子，还有中子。因为中子不带电荷，所以质子和电子都不排斥它们。因此，在理论上，重中子的轰击可以分裂为一个原子的原子核，这个过程被称为"核裂变"。分裂的原子核本身会释放出中子，而中子又会撞开其他的原子，这些原子反过来又会释放出更多的中子，如此往复，就会形成核连锁反应。其结果是，巨大的能量爆发可以用于工业生产，也可以用于军事破坏。

直到 1938 年，德国科学家奥托·哈恩（Otto Hahn，1879—1968）和弗里茨·斯特拉斯曼（Fritz Strassmann，1902—1980）发现了铀原子的裂变，这种可能性才变成现实。在一年内，科学期刊上发表了 100 多篇探讨这一发现意义的文章。正如一位历史学家指出的那样："物理学家把核裂变的发现看作找到了一张遗失的藏宝图。"[6]

威权主义的魅力与法西斯主义的兴起

第一次世界大战后的文化发展中的悲观主义和乌托邦主义的极端特征，也反映在政治生活日益加剧的两极分化之中。面对全面战争造成的大规模破坏，西方许多人得出结论认为，信奉个人理性和议会民主妥协的自由主义时代已经结束，新时代需要新的政治形式。我们将在下一节中看到，许多人向左转向了苏联的共产主义，而另一些人则向右转向了保守的威权主义，甚至转向了新生的法西斯主义。

东欧和中欧民主的崩溃

我们在本书第 25 章中看到，第一次世界大战后起草和平解决方案的政治家和外交官设想了一个由独立的、民主的民族国家组成的新欧洲。正如地图 26.1 所示，战后的东欧与战前的东欧明显不同。然而，地图上的线条并没有改变关键的政治现实。这些新的国家很少有民主传统或历史，新的政治领导人也很少掌握建立稳定议会政府所必需的协商技能。

更重要的是，新地图上画的线实际上破坏了这些新国家的稳定。和平解决方案不但没有平息民族主义的敌对行动，反而火上浇油。民族主义成了这些新国家的意识形态的基础：波兰是波兰人的国家，捷克斯洛伐克是捷克人和斯洛伐克人的国家，拉脱维亚是拉脱维亚人的国家，等等。然而，所有这些民族国家都包含着数量可观的少数民族，他们不认为自己（或不被主体民族认为）是现在控制着国家的"民族"的一部分。一些人诉诸暴力。例如，在波兰，乌克兰民族主义团体在整个 20 世纪 20—30 年代发动了一场恐怖主义运动，目的是要颠覆新成立的波兰国家。还有些团体诉诸议会政治，他们组建了以种族为基础的政党，

地图 26.1　20 世纪 20—30 年代的中欧和东欧

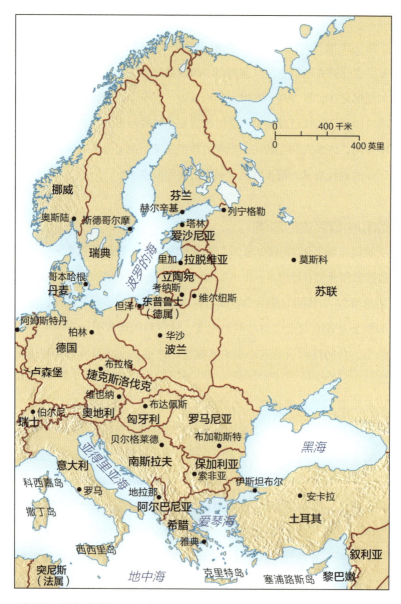

这张地图显示了战间期欧洲国家新的政治边界。这些边界是如何与民族认同和野心发生冲突的?

试图破坏战后的政治解决方案。许多新成立的国家由于政治忠诚的分裂和政党之间缺乏共识，根本不可能组建一个有效的政府。在波兰，犹太人、乌克兰人和德国人占总人口的三分之一，18 个不同的政党争夺控制权。

经济上的问题加剧了这些民族主义冲突。欧洲东部、南部和中部的大部分地区仍然是贫穷的农民和贵族地主的世界。在罗马尼亚、波兰和匈牙利，至少有 60% 的人口是农民。在保加利亚和南斯拉夫，这个数据是 80%（在已经实现了工业化的英国，这个数据只有 20%）。这些地区的工业几乎没有增长，而且几乎没有城市能够吸收劳动力，因此失业率上升，土地短缺的问题变得更加严重。被民族主义敌对行动撕裂的议会未能制定出有效的经济发展政策。

相比之下，威权主义至少给人一种强有力领导的错觉。在 20 世纪 20 年代或 30 年代，在除了捷克斯洛伐克以外的所有东欧国家，民主政府都让位于威权主义政府。

法西斯主义

与此同时，意大利的事态发展突出了一种新型的威权政治——法西斯主义。法西斯主义结合了战时的兴奋和战后的绝望，在既有的政治意识形态之外提供了另一种选择。然而，法西斯主义不仅仅是一套政治理念。正如它的创造者贝尼托·墨索里尼（1883—1945）所说的那样，法西斯主义是一场持续不断的表演，一场有数百万人参与的壮观的声光秀。

墨索里尼的上台之路

法西斯主义起源于意大利，是第一次世界大战的产物。当意大利于 1915 年站在协约国一边参战时，许多意大利人把这场战争视为一种清洗力量，一种净化意大利社会的强大消毒剂，并对此表示欢迎。信奉社会主义的记者墨索里尼也持同样的观点。由于社会党反对意大利参战，墨索里尼与社会党决裂，参了军，一直战斗到 1917 年受伤。战争结束后，他试图建立一种以战友情谊和战斗热情为基础的新政治。

1919 年 3 月，墨索里尼和大约 100 名男女聚集在米兰，宣布发起一场法西斯运动。和墨索里尼一样，这些"最初的法西斯分子"中的许多人是第一次世界大战的老兵。其中一些人曾在敢死队服役，这是一个在敌后作战的精英突击队。敢死队的制服黑衬衫成了法西斯分子的身份标志。"黑衫军"的口号"我不在乎"成为法西斯分子的信条，这恰如其分地表达了他们抛弃传统标准和政治的愿望。[7]

在米兰的第一次法西斯会议之后仅仅过了三年半的时间，墨索里尼就成为意大利的总理。他是在社会动乱的背景下上台的。在 1919 年和 1920 年，超过 100 万工人举行了罢工，社会主义所激发的征地浪潮席卷了整个农村。由于担心共产主义革命会像摧毁沙皇俄国那样吞噬意大利，地主和实业家们向墨索里尼的法西斯分子寻求帮助。法西斯小分队扰乱社会党会议，阻止罢工，殴打工会成员，保护贵族庄园不受攻击。到 1922 年，法西斯党已成为一支强大的政治力量，拥有 35 个议会席位。同年 10 月，国王维托里奥·埃马努埃莱三世（Victor Emmanuel III，1900—1946 年在位）让墨索里尼担任总理。来自意大利各地的法西斯分子聚集起来，"向罗马进军"，其实这是一场街头表演，旨在展示墨索里尼追随者的纪律严明的力量。

在接下来的四年里，墨索里尼使用了合法和非法的手段，包括谋杀，来消灭他的政治对手，并将意大利塑造成一个一党制国家。到了

1926 年，他已经大获全胜。政党政治、独立媒体和工会运动都消失了。维托里奥·埃马努埃莱三世仍然在位，他是名义上的国家元首，但权力掌握在墨索里尼手中。他恢复死刑，并利用强大的警察机构，随时准备镇压有异议的人士，巩固法西斯政权。

意大利的法西斯革命

但法西斯主义是什么呢？作为一种政治意识形态，法西斯主义首先具有强烈的"民族主义"色彩。民族的利益优先于任何传统、阶级或个人。法西斯主义也是"集权主义"和"反民主"的。一个中央集权的政府是由一个单一政党实行统治，由一个威权主义的领导人领导，保护民族的利益。最后，法西斯主义是"军国主义"的，它提倡暴力和军事行动。受社会达尔文主义（见本书第 24 章）的影响，墨索里尼认为，国家就像物种一样，在一个充满敌意的世界里为生存而竞争。只有强者才能生存下来，也只有强者才应该生存下来。

墨索里尼将法西斯主义描述为变革的政治。有一个强有力的领导人掌舵，用暴力行动作为燃料，法西斯国家就会冲破社会和经济障碍，将国家带进现代。然而，墨索里尼所谓的激进革命实际上强化了传统的上层利益。法西斯分子早期关于土地再分配的承诺从未兑现。在理论上，法西斯主义承诺用法团主义来取代资本主义竞争和利润动机。所谓法团主义是指由工人、雇主和国家的代表组成委员会（或者"法团"），为了国家的利益指导经济。事实上，工人的权利消失了，而实业家的利润却保持不变。

虽然墨索里尼无意将真正的政治权力赋予普通民众，但他确实认识到赋予他们权力幻觉的重要性。法西斯主义让个人感觉到自己是一个强大国家的一部分。"下班后"娱乐团体将普通民众与法西斯国家联系起来，充当法西斯宣传的渠道，占据他们的闲暇时间。

墨索里尼还利用以自己为中心的个人崇拜来培养一种民族共同体意识，坚持说"我是法西斯"[8]。精心设计的公众形象让普通的意大利人有机会看到、听到和崇拜他们的领袖，并通过与他本人的接触，感受自己是新意大利的一部分。墨索里尼非常注意自己的公众形象，他命令媒体忽略他的生日和他孙子的出生，因为作为领袖，不能让人看到他也会变老。相反，墨索里尼表现得像个实干家，在飞机、火车和赛车上，他一刻也不闲着，总是在奔波（见本章"不同的声音"专题）。

墨索里尼将最新的广告和大众媒体技术与主要受天主教会启发的古老仪式结合起来。在大型会场上举行大型公众集会，精心设计了灯光和音乐，以鼓舞他的追随者。一句流行的法西斯口号概括了这种对领袖的崇拜："相信，服从，战斗。"[9]意大利人不需要思考或质疑，他们应该相信。他们应该相信什么？另一句口号给出了答案："墨索里尼永远是正确的。"[10]

1929 年后的大萧条和法西斯主义的传播

20 世纪 20 年代，法西斯主义在意大利以外的地区几乎没有什么吸引力。法西斯主义得以传播的关键因素是大萧条。1929 年 10 月 24 日，美国股市崩盘。在接下来的两年里，美国的经济危机演变成全球性的大萧条，银行关门，企业倒闭，失业率上升到毁灭性的水平。

大萧条之所以会蔓延得如此之快速，是因为第一次世界大战已经把世界经济中心从欧洲转移到了美国。为了支付战争费用，欧洲国家变卖了它们的资产，并大量借贷。到 1918 年年底，协约国欠美国 90 多亿美元债务。纽约的股票市场与伦敦的不相上下，美国也从债务国变成了债权国。战时负债问题很快就同德国赔偿问题纠缠在一起。英国、法国和意大利只有在德国向它们赔款的情况下才能偿还它们欠美国的债务。美国的信贷成为欧洲经济持续发展的燃料。美国投资者借钱给德国，德国用这笔钱向协约国支付赔款，协约国又用这笔钱偿还美国。然而，随着美国股市的崩溃，美国债权人清算了在欧洲的投资，欧洲经济也随之骤降。

伴随大萧条而来的是政治和社会混乱，而这使得法西斯主义关于稳定、秩序和国家实力的承诺变得更加具有吸引力。在接下来的10年里，法西斯运动在欧洲各地兴起，既有的威权主义政权为了维护自己的统治而采用法西斯那一套东西。

德国的纳粹主义与民主的失败

在政治上，法西斯主义属于激进右翼。与19世纪的保守主义不同，激进右翼的意识形态拒绝既有的社会和政治等级制度，他们的战斗不是为了维护现状，而是彻底改变现状。在德国，纳粹党提供了一种不同版本的激进右翼意识形态。正如法西斯主义的出现与贝尼托·墨索里尼密不可分一样，纳粹主义的出现也与阿道夫·希特勒（1889—1945）密不可分。要想理解德国的纳粹革命，我们首先需要探索德国民主的弱点，然后是希特勒的上台和纳粹统治对普通民众的影响。

魏玛共和国的弱点

第一次世界大战后的和平协议破坏了德国的帝国结构，取而代之的是实行民主议会制的魏玛共和国。然而，这个政治结构在反民主的基础上摇摇欲坠。德国皇帝不存在了，但强大的反民主力量仍然存在，削

《社会栋梁》［乔治·格罗兹（George Grosz）创作于 1926 年］。表现主义
艺术家和共产主义者格罗兹，和奥托·迪克斯一样也是一名"一战"老
兵，也用他的艺术批评魏玛共和国。在这幅画中，一名醉醺醺的随军牧师
在布道，一群老兵举着刺刀在街上示威。画面的前景坐着一名律师，一名
所谓的现代专业人士，但他的脑袋里突然蹦出一名决心毁灭一切的骑兵军
官。律师的右侧是一头上戴着夜壶的记者，他怀里抱着那些保证他的
财富并欺骗大众的报纸。律师的左边蹒跚着一个社民党政治家，他满脸横
肉，脑袋里装满了粪便，还冒着热气，压在胸前的小册子的标题为"社会
主义就是工作"。这些都表明了格罗兹对改革派社会主义的蔑视。

弱了新德国。

威权主义态度和制度之所以能够延续下来，部分原因是1918年秋季和1919年头几个月席卷德国的内战。在这场斗争中，受俄国布尔什维克革命的鼓舞，德国共产党人与此时统治德国的更为温和的社会主义党（简称社民党）展开了斗争。急于维持秩序的社民党领导人选择与既有的行政机构合作，而不是取而代之，即使这意味着与曾为德皇服务的亲威权主义贵族结盟。为了赢得内战，社民党也放弃了长期以来对德国军队的厌恶，并部署了正规军和"自由军团"（志愿准军事部队，通常由沉溺于暴力的复员士兵组成）来对付共产主义者。

到了1919年春，这个由温和的社会主义者、传统贵族和暴徒组成的奇怪联盟镇压了共产主义革命。社民党赢了，但最后得不偿失。通过与公务员、军队和自由军团结盟，社民党不仅粉碎了共产主义革命，也使自己失去了进行重大社会变革的机会。军队里的许多军官和公务员里的贵族反对民主。他们继续掌握着权力和影响力，在新德国的核心构成了一股威权主义势力。组成自由军团的大约40万人也鄙视民主，称其为"卑鄙小人的统治企图"[11]。它的口号概括了自由军团的态度："我们即使射杀更多的人，也会一切正常。"[12]（见本章"历史上的正义"专题。）

对《凡尔赛和约》的怨恨加强了这些反民主力量。许多德国人无法将魏玛共和国的诞生与《凡尔赛和约》带来的国耻分开。他们将这一耻辱归咎于签署条约的温和的社会主义政府。军官们鼓励这样一种认识：如果社民党政客没有"在背后捅刀子"，德国本可以继续战斗下去。这种"背后捅刀子"的说法不仅削弱了对社民党温和的社会主义的支持，也削弱了对民主制度的支持。

恶性通货膨胀进一步削弱了魏玛共和国的民主。1923年，德国马克彻底崩溃，纸币不再有任何价值。1914 年马克与美元的汇率为 4：1，到 1923 年 10 月，马克的汇率暴跌至 440 000 000 000：1。那些节俭多年的家庭发现他们的积蓄只够买一条面包。

这种恶性通货膨胀是魏玛政府试图迫使协约国重新考虑《凡尔赛和约》所要求的赔款的结果。1922 年，政府停止了赔款，并要求签订新的经济协议。作为报复，法国派遣军队进入德国的鲁尔河谷，夺取那里的煤炭作为一种补偿，德国矿工举行了罢工。为了支付罢工工人的工资，德国政府开始大肆印钞。通货膨胀率急剧上升，最后失去了控制。

面对潜在的灾难性的德国经济崩溃，协约国和德国代表在 1924 年起草了《道斯计划》，重新谈判赔款。到 1924 年年底，德国经济已经稳定下来。但恶性通货膨胀严重侵蚀了魏玛共和国的支持率。对许多德国人来说，民主意味着混乱和堕落。

希特勒的上台

这些事件给阿道夫·希特勒和他的纳粹运动在德国政治中崛起提供了背景。希特勒，一个德意志民族主义者，但在他生命的大部分时间里，他不是德国公民。希特勒出生在奥匈帝国的奥地利，在维也纳长大。他在那里当画家，过着贫寒的生活，并在此期间吸收了弥漫在这个首都城市反犹主义的德意志民族主义。然而，到第一次世界大战爆发时，希特勒已在德国定居。希特勒很高兴有机会穿着德国军装而不是奥地利军装打仗，他认为军队生活的经历是"所有经历中最棒的"[13]。他曾是一名德军士兵，直到 1918 年因毒气而暂时失明。希特勒随后回到慕尼黑，那里有大批失业的退伍军人，也是民族主义和种族主义团体的滋生地。

历史上的正义

审判阿道夫·希特勒

———————————————————————————

1924 年 2 月 24 日，阿道夫·希特勒因叛国罪在慕尼黑出庭受审。这次审判标志着希特勒职业生涯的转折点。这次审判给了他一个国家平台，并使他相信武力进攻国家是徒劳的。从 1925 年起，希特勒开始通过议会制度来摧毁国家。但对阿道夫·希特勒的审判也揭示了新德国反民主势力的力量。这次审判清楚地表明，在魏玛共和国，许多身居要职和负有责任的人与希特勒一样蔑视这个民主政权。他的检察官们没有把希特勒当作一个叛国的暴徒，而是当作一个可敬的爱国者，从而削弱了德国本来已经很脆弱的民主结构。

希特勒企图用武力推翻魏玛共和国，当时正值恶性通货膨胀最严重的时候。到 1923 年 11 月 8 日希特勒诉诸武力时，德国马克的价值仅为战前价值的万亿分之一。随着货币贬值，魏玛政府的政治合法性也在逐渐消失。希特勒相信他可以将这种政治上的不满转化为一场民族革命。他的支持者包括德国最重要的人物之一、第一次世界大战的英雄埃里希·冯·鲁登道夫将军。为了避免因 1918 年德国战败而受到指责，鲁登道夫坚持说，如果不是现在掌管政府的社民党政客在背后捅了一刀，他的军队本可以赢得战争。像许多德国保守派一样——如希特勒——鲁登道夫认为魏玛共和国是不合法的。

11 月 8 日，希特勒采取了行动。他站在慕尼黑的一个啤酒馆里宣布，德国联邦政府已经被推翻，他现在是德国的元首，而鲁登道夫是他的总司令。大概是在第二天中午，希特勒、鲁登道夫和他们的几千名追随者向慕尼黑的一个主要广场游行。武装警察封锁了他们的通道，随后的交火造成了 17 人死亡。尽管子弹呼啸而过，鲁登道夫还是穿过了警察的警戒线，站在广场上等待逮捕，而希特勒则跑掉了。两天后，警察在一名支持者的家中找到了希特勒。

啤酒馆暴动失败了。在监狱等待审判时，希特勒曾打算自杀。然而，后来他形容自己的失败是："也许在我一生中这是对运气最大的打击。"[14] 这次失败意味着一场审判，而一场审判意味着一次会见全国观众。

审判期间，希特勒承认他曾密谋推翻民主选举产生的魏玛政府。然而，

希特勒在兰茨贝格监狱（1924）。希特勒在短暂监禁期间的这张照片被制成一张明信片，供他的支持者购买。

图片来源：Library of Congress, Prints & Photographs Division [LC-USZ62-42897]

他坚称自己并没有犯叛国罪，真正的叛国罪发生在 1918 年 11 月，当时社民党政府向协约国投降。他说："我承认这件事，但我不承认叛国罪。在一项旨在消除 1918 年叛国行动中不可能存在叛国的问题……我认为自己不是叛徒，而是一个真正的德国人。"[15]

在希特勒的证词中，他把自己描述成一个爱国者，一个热爱德国、仇恨共产主义者和社会主义者的民族主义者。"永恒的历史法庭"[16]将做出这样的宣判：他和他的被告同伴"是为自己的人民和祖国着想的德国人，他们愿意为之战斗，为之牺牲"[17]。

尽管希特勒承认了密谋反对政府，但主审法官还是在承诺希特勒很快就会被赦免的情况下，才说服三名非专业法官（他们代替了陪审团）做出有罪判决。法官们不愿给希特勒定罪，这突显出在整个审判过程中和监禁期间，人们对他及其政治思想表现出了异乎寻常的同情。首席检察官对这个被指控为叛徒的描述相当令人惊讶："希特勒是一个极有天赋的人，他出身卑微，在公共生活中获得了受人尊敬的地位，这是他辛勤工作和奉献精神的结果。"[18] 在宣判时，法官强调了希特勒"纯粹的爱国动机和崇高的意图"[19]。他并没有因为严重的罪行而被驱逐出境（希特勒当时还是奥地利公民），而是仅仅被判了为期 5 年的徒刑，这使得他在 6 个月内就有资格获得假释。监狱官员像对待来访的显要人物一样对待希特勒——他们免除他的工作和锻炼要求，有人帮他打扫房间，甚至在餐厅给他提供一张装饰有纳粹标志的特殊桌子。当希特勒在 9 月获释时，他的假释报告称赞他是一个"遵守秩序的人"[20]。

对希特勒的善待揭示了第一次世界大战后德国民主制度的不稳定性。许多位高权重的德国人（如法官和检察官）痛恨议会民主制。这场审判还表明，保守派贵族愿意与纳粹等激进右翼组织结盟。1923 年，当时还不强大的纳粹很容易就可以被控制住。然而，10 年之后，原本以为可以驾驭希特勒而掌权的保守派突然发现，他们已无法掌控局面了。

纳粹党就是这些团体中的一个，希特勒很快成了他们的领袖。"纳粹党"这个名字是"民族社会主义德国工人党"（National Socialist German Workers' Party）的简称，但就像纳粹党的其他意识形态一样，这个名称是一个空洞的承诺。纳粹主义反对社会主义、共产主义和工会主义。和法西斯主义一样，纳粹主义是一种民族主义、中央集权主义、反民主和军国主义的意识形态。

然而，在纳粹主义中，种族主义（尤其是反犹主义）扮演了核心角色。对希特勒来说，所有的历史都是种族斗争的历史。在这场种族斗争中，犹太人始终是主要的敌人。希特勒认为犹太人是一种生物身份，而不是宗教身份，是一种威胁"雅利安人"的有毒传染病，希特勒滥用这个语言学术语来指代"种族纯正"的北欧白人。在希特勒扭曲的视野中，犹太人和共产主义构成了同一个邪恶整体的两个部分。他把布尔什维克在俄国的胜利看作犹太人统治世界的更广泛斗争的一部分，他向他的追随者承诺，雅利安民族将击败"犹太－布尔什维主义"的力量，建立一个包括苏联在内的整个东欧的强大帝国。

早期的纳粹运动吸引了像希特勒这样的人，那些没有权力的人，或者显然有很大机会获得权力的人——失业的退役士兵和心怀不满的年轻人、被战后通货膨胀压垮的小店主、急于保住自己不稳定的社会地位的中下层职员，以及失业的工人。纳粹主义提供了一个对历史的简单解释，一个对未来荣耀的承诺，以及个人和国家灾难的责任人。到 1923 年 11 月，其党员人数约为 5.5 万人——一个微不足道的边缘政党。

然而，就在那个月，希特勒和他的支持者试图推翻魏玛政府，从而赢得了全国的声誉。尽管这场后来被称为"啤酒馆暴动"的政变惨败，但它为希特勒赢得了广泛的听众。在随后的叛国罪审判中，他发表了一篇演讲，后来又在狱中写了《我的奋斗》(*Mein Kampf*) 一书，这些都表达了他对德国政治史的种族主义观点。

出狱之后，他集中精力把纳粹转变成一股有说服力的政治势力。为了渗透到德国社会的各个层面，纳粹组建了大学和专业团体、工会和农业组织，而纳粹的准军事组织冲锋队则对反对者进行恐吓。纳粹不间断地举行会议和集会，而不仅仅是在选举期间，因此确保了德国充斥着它的信息。即便如此，在 1928 年的选举中，纳粹党的候选人只赢得了2.6% 的选票。

大萧条使政治形势朝着有利于希特勒的方向发展。随着德国工业产出下降 46%，失业人数增加到 600 多万，魏玛政治体系开始崩溃。没有哪位德国政治领袖能够组建一个可行的执政联盟。1932 年，联邦议会只开会 13 天。随着议会民主机制的动摇，政治两极分化加速了。到 1932 年 7 月，纳粹党成为议会中最大的政党，赢得了德国 37% 的选票。对他们的对手共产主义者的支持也在持续扩大。

在这种不稳定的气氛中，德国总理海因里希·布吕宁（Heinrich Brüning）诉诸德国宪法中的一项紧急措施——总统紧急法令。这种做法意味着权力从议会转移到第一次世界大战的英雄保罗·冯·兴登堡将军手中。此时的兴登堡已经 80 多岁了，他是一个软弱的人，很容易被一小群贵族顾问操纵。这些人害怕共产主义，深信纳粹分子很容易被控制，于是在 1933 年 1 月说服兴登堡让希特勒担任总理。其中一个名叫弗朗茨·冯·巴本男爵（Baron Franz von Papen）的人向一位朋友保证，希特勒"一点也不危险，我们雇他来为我们工作。再过两个月，我们就要把希特勒逼得走投无路了，那时他就完蛋了"[21]。

这是一个糟糕的预测。希特勒一上任就说服兴登堡通过了一项紧急法令，下令查封所有的共产党媒体和活动场所。1933 年 2 月，一场大火烧毁了德国议会大楼。希特勒（错误地）宣称这场大火是共产主义者反对国家阴谋的一部分，他要求在没有逮捕令或审判的情况下对政治对手进行监禁。随后，他逮捕了 2.5 万多名政治对手，包括共产主义者、社会主义者和任何公开反对他的人。到了 2 月底，德国政客们被纳粹的监禁威胁吓住了，于是通过了《授权法案》，赋予希特勒中止宪法的权力和在没有议会多数赞同的情况下通过立法的权力。到了 1933 年夏天，希特勒已经摧毁了德国的民主，建立了独裁统治。

希特勒万岁！在纳粹党集会上，热情的人群向希特勒致敬。这些身着传统服饰的女性展示了纳粹魅力的一个关键方面：纳粹党承诺让女性恢复传统的家庭角色。这些穿着军装的男人表明了纳粹受欢迎的第二个原因：恢复军事实力和民族自豪感。

图片来源：BPK, Berlin / Art Resource, NY

纳粹独裁统治下的生（和死）

　　纳粹独裁政权经常被视为威权主义效能的典范，但它实际上是一堆令人困惑的重叠的官僚机构，野心勃勃的官员们相互倾轧，争权夺利。这种有计划的混乱确保了希特勒的手下都不会获得太多的权力。这也增加了国家的神秘感。试图投诉或解决问题的公民个人很快就会觉得自己好像在和一个多肢怪物搏斗。

　　然而，这个怪物只有一个脑袋，那就是阿道夫·希特勒。和墨索里尼一样，希特勒也意识到将他的统治个人化的重要性。在他掌权的最初几年里，他一直在四处奔波，乘汽车或飞机去访问一个又一个城市，发表一个又一个演讲，接触一个又一个人。希特勒青年团的领导人宣誓："阿道夫·希特勒就是德国，德国就是阿道夫·希特勒。效忠希特勒就是效忠德国。"[22]

德国民族复兴

1933年纳粹夺取国家控制权时，德国经济陷入大萧条。根据传统的经济法则，在经济萧条时期，政府应该削减开支，并保持预算平衡。为了刺激停滞不前的经济，希特勒的前任们抛开了这些法则，开始实施基于赤字开支的计划。希特勒延续了这一做法。他在公共工程上投入巨资，1936年后又投入巨资重整军备。这些项目创造了大量的就业机会。失业率从1932年的44%下降到1934年的14.1%，再降到1938年的不到1%，而在英国和法国等民主国家，失业率一直保持在两位数。

德国人和非德国人都称赞纳粹德国的经济成就，但在纳粹统治下，实际工资下降了，工人的权利消失了。对重整军备的加强导致了消费品的短缺。尽管如此，许多德国人仍然认为自己的境况要好得多。这种看法要归因于社会福利援助的扩大（针对那些被认为是"雅利安人"的人），也要归因于"力量来自快乐"工程，该工程给工人提供廉价的假期、剧院和音乐会门票，以及周末出游活动。但最重要的是，在纳粹统治下，虽然工资低，工人权利消失，食品短缺，但是大量的工作岗位使希特勒成为许多人的经济救助者。

许多德国人还把他看作恢复德国尊严和权力的民族救星。由于全球经济危机，德国在1930年停止了战争赔款。希特勒再未恢复付款。他还无视《凡尔赛和约》的军事限制，重建了德国的武装力量。到

1938 年，一排又一排身着制服的士兵组成的游行标志着德国军事力量的复兴。对于许多普通的德国人来说，一连串的国家灾难——军事失败、失去领土、恶性通货膨胀、政治和财政危机、失业——给他们带来了创伤和耻辱，军队在德国国旗下迈着正步的景象意味着个人和民族的复兴。正如一首纳粹歌曲所宣称的那样："现在，小我是大我的一部分。"[23]（见本章"不同的声音"专题）

镇压和恐怖活动

"大我"的创造依赖于对"非我族类者"的妖魔化和镇压。希特勒使用既有的德国警察部队和他自己的准军事部队——被称为"褐衫军"的冲锋队（SA）和被称为"黑衫军"的党卫军（SS）——来恐吓那些被他定义为国家敌人的人。到 1934 年，约 30 万名德国共产党员中有一半被关进监狱或被弄死，其余的大部分逃离了德国。纳粹分子还以实际的或"莫须有"的反对纳粹政权的罪名迫害特定的宗教团体。罗马天主教徒不断受到骚扰，德国约 2 万名耶和华见证会信徒中大约有一半的人被送进了集中营。同性恋者也受到残酷的迫害。1933—1939 年，约 1 万个德国人被纳粹政权杀害。

那些被纳粹分子认为在生物学上低人一等的群体受害最严重。从 1933 年开始，纳粹政权强制对有身心障碍的儿童和混血儿童实施绝育（大多数是德国妇女和莱茵兰法国占领军的非洲黑人士兵的后代）。这场运动很快延伸到罗姆人（Roma，吉卜赛人）身上。到 1939 年，已经约有 37 万名男性和女性被绝育。

然而，纳粹种族攻击的主要对象是德国的犹太人，他们不到总人口的 1%。对纳粹反犹主义者来说，希特勒就任德国总理就像是狩猎季节的开始。他们在街上殴打犹太人，破坏犹太人的商店和住宅，威胁与

不同的声音

对领袖的个人崇拜

墨索里尼的法西斯分子通过打击社会主义者而崭露头角，希特勒将共产主义者和犹太人列为德国的敌人。法西斯意大利、纳粹德国都蔑视个人权利，并乐于使用暴力作为治理国家的工具。这些国家也都依赖于个人崇拜（或领袖崇拜）。为了寻找一种既能动员群众又不赋予他们实际政治权力的方法，墨索里尼、希特勒用自己的形象把国家拟人化、个人化，使他们的威权主义统治更广泛、更容易被接受。以下摘录说明了在 20 世纪 30 年代塑造西方的个人崇拜。

一、教师路易斯·索尔米茨（Louise Solmitz）对早期纳粹集会的描述

4 月的阳光像夏天一样炎热，把一切都变成了一幅美好期待的画面。一切都秩序井然……时间一分一秒地过去……人们满怀期待。希特勒站在那里，他身穿一件朴素的黑色大衣，俯视着人群，等待着。一面面纳粹旗帜在风中飘扬，激动的人群发出了雷鸣般的欢呼……有多少人以崇拜之情对他翘首以望！他是他们的帮助者和救助者，把他们从难以忍受的苦难中解救出来，他拯救了普鲁士的贵族、学者、牧师、农民、工人、失业者，把他们统一成一个民族。

资料来源："Description of an Early Nazi Rally by Louise Solmitz, Schoolteacher," copyright © 1988 by Claudia Koonz. *Mothers in the Fatherland: Women, the Family, and Nazi Politics* by Claudia Koonz, Reprinted with the permission of Liverpool University Press.

二、1936 年，一位纳粹党成员写给希特勒的信

我的元首！……我每天都被不断的爱所驱使，感谢造物主的恩典，当我们美丽而亲爱的祖国受到犹太－布尔什维主义最可怕的破坏的威胁时，您来到我们中间，您拯救了整个德意志民族。敬爱的元首！如果当

初没有您，为了这个伟大的民族而鼓起勇气，和其他 6 位勇士一起，拯救了 6 600 万德国人，实在不敢想象在第一次世界大战的伤口尚未愈合之际，还要流多少泪，洒多少血。通过您对每个人的伟大的爱，从最年幼的孩子到最年长的老人，您俘获了所有人的心，所有的女人、男人甚至整个德国青年的心。……我的元首！为您祈祷是我的荣幸，不是赞美，也不是虚伪。上帝创造了您来拯救德国，也必将保佑您永远健康。人们对您的爱将不断增长，就像在全国各个社区里出于对您的爱戴和尊敬而栽种的橡树一样茁壮成长……作为一位曾经为元首冲锋陷阵并将一生奉献给您的前线战士，我向您致敬。为了德国，我甘愿抛头颅、洒热血！

资料来源：*The Hitler Myth* by Ian Kershaw (1987), p. 81. © Ian Kershaw 1987.By permission of Oxford University Press.

犹太人有联系的德国基督徒，并强行抵制犹太人的生意。反犹立法层出不穷。1933 年，纳粹政府将"非雅利安人"（犹太人）从公务员队伍和法律职业中开除，并限制犹太学生进入高中和大学的人数。德国的每一个组织——青年俱乐部、运动队、工会、慈善团体等——都经历了"纳粹化"，这意味着解雇所有犹太人，并任命纳粹分子担任领导职务。1935 年，《纽伦堡法》剥夺了德国犹太人的公民权，并宣布德国犹太人与非犹太人之间的婚姻或性关系是一种严重的罪行。到 1938 年，已经有 25% 的德国犹太人逃离了德国。

苏联的替代方案和民主国家的反应

法西斯意大利和纳粹德国表面上的成功吸引了许多对民主感到失

望的欧洲人和美国人。在此期间，苏联似乎也取得了成功。当资本主义国家与高失业率和工业衰退抗争时，苏联似乎正在创造经济奇迹。西方政治因此变得越来越两极分化，分为极左和极右。美国和西欧的政客和政策制定者在艰难地维持中间立场，在面对极端主义挑战时维护民主价值观。

苏联：革命的重建

在第一次世界大战后，在革命和内战的废墟中新建立起来的苏联走上了一条与西方其他国家不同的道路。在布尔什维克（现在被称为共产党）的领导下，来自 100 多个不同民族、使用 200 多种语言或方言的人开始努力创建一个新的政治秩序。

新经济政策和民族政策

我们在本书第 25 章中看到，经过四年的艰苦战斗，布尔什维克赢得了内战。沙皇的统治让位给了人民委员会。

然而，即使是最严厉的控制也无法弥补多年内战造成的巨大经济损失。在农村饥荒和经济混乱的情况下，列宁在 1921 年宣布放弃"战时共产主义"的战略和废除资本主义企业的做法。在新经济政策下，农民被允许出售他们的农产品来赚钱。尽管国家继续控制重工业、交通运输业和银行业，新经济政策实际上鼓励了小型私营企业和农场。在这一政策下，苏联经济稳定了下来，私人企业者的数量增加了，许多农民也富裕起来。

新的经济政策伴随着一项新的民族政策。苏联拥有大量的非俄罗斯人。认识到许多人憎恨沙皇的俄国化政策（见本书第 23 章），列宁放弃了俄国化。新的民族政策并不是要摧毁非俄罗斯人的民族身份认同，而是要寻求培养当地语言和文化——列宁希望借此赢得非俄罗斯民族对新共产主义秩序的忠诚。苏联本身是由俄罗斯、乌克兰、白俄罗斯和外高加索的半自治共和国组成的联邦。居住在非俄罗斯共和国的俄罗斯人被要求学习当地语言，当地精英被鼓励加入共产党，并担任领导职务。

从列宁到斯大林

帮助列宁谋划民族政策的这位副手来自格鲁吉亚，正如他的姓氏朱加什维利（Dzhugashvili）所显示的那样，他本人也不是俄罗斯人。但大多数苏联人知道他的革命名字，即斯大林，意思是"钢铁侠"。和列宁一样，约瑟夫·斯大林（1878—1953）也是一名职业革命者，是一名"老布尔什维克"，曾在反对沙皇政权的地下组织工作过。虽然他是党内的重要人物，但在列宁 1924 年去世时，人们普遍认为他不会接替列宁成为领导人。然而，作为党的总书记，斯大林控制着谁才能加入这个把控一切的组织。到 20 世纪 20 年代中期，大批普通共产党人从他那里获得了他们在党内的特权和职位。1927 年，斯大林成为列宁的接班人和苏联的首脑。

为了巩固和扩大自己的权威，斯大林建立了一个庞大的宣传体系。无数的海报和雕像确保了斯大林的形象始终矗立在苏联公民的面前。教科书将苏联的每一项科学、技术或经济进步都与他联系在一起。大量写给"斯大林同志"的私人信件证明，数百万苏联公民视斯大林为他们的保护者。在许多无处不在的斯大林画像中，他总是出现在列宁身旁，因为斯大林总是小心翼翼地把自己描绘成列宁选定的继承人。

"自上而下的革命"：集体化

一旦斯大林确立了对苏联的控制，他就中止了列宁的新经济政策，

"人民害虫"。这张照片拍摄于 1930 年，上面是作为集体化运动宣传的公共展示。巨大的面具把富农描绘成要被消灭的害虫。

图片来源：Archiv Gerstenberg / Ullstein bild / The Image Works

启动苏联经济的全面工业化。

为了让苏联跻身工业化国家的行列，斯大林呼吁"自上而下的革命"，抛弃新经济政策，加强国家对经济的控制。这一革命的第一阶段是"集体化"，即按照中央政府的指示，国有的大型农业合作社取代了私人和乡村的农场。集体农场被认为是更现代和更高效的，有望产生农业剩余，从而增加工业化所需的资本。此外，集体化将通过根除利润动机、废除私有财产、将农民转变为现代国家的雇员来实现共产主义理想。

为了实行集体化，斯大林在 1929 年年底宣布富农将"作为一个阶级被清算"[24]。在苏联的宣传中，富农被描绘成依靠他人劳动而致富的压迫者，是正在进行的革命的敌人。富农往往是他们所在地区的领导人，那些在新经济政策下发家致富的人，也是那些在集体化过程中损失最大的人。在接下来的几年里，近 200 万富农被剥夺了所有财产，被迫登上寒冷的运货车厢，并被驱逐到古拉格劳动营，这是一种遍布西伯利亚和哈萨克斯坦的强制劳动营和特殊定居点。

"自上而下的革命"：工业化

当阶级斗争在农村开展时，城市居民开始了第二阶段的"自上而下的革命"，即工业化。1931 年，斯大林阐明了苏联面临的任务："我们比先进国家落后了 50 年至 100 年，我们应当在 10 年内跑完这一段距离。我们要么这样做，要么被人打倒。"[25] 要想"这样做"，首先要有严格的劳动纪律。如果被解雇，工人就会被毫不犹豫地赶出公寓，并被剥夺配给卡。其次还要减少个人消费。80% 的投资进入了重工业，而国内的建筑业和轻工业——服装、家具、餐具、电器等——却被忽略了。物资短缺成为常态，排长队和持续的物资短缺成为每个城市居民生活的一部分。

年轻的共产主义者自愿组织集体农场，在建筑工地的恶劣条件下工作，在工厂和矿山长时间劳动。旨在说服劳动者更加努力工作的宣传运动使这种热情保持在狂热的水平。生产力最高的工人获得了勋章和物质奖励。宣传关注的是巨大的工程成就——建在沼泽地上的城市、带有巨大水坝和发电厂的水电项目、莫斯科的地铁系统，等等。这样的宣传让人们感到自己是一项伟大事业的一部分。一首流行歌曲唱道："我们生来就是为了让童话成真。"[26]

到 20 世纪 30 年代末，斯大林"自上而下的革命"已经实现了其目标。向重工业投入大量资源，成功地奠定了工业社会的基础，使其后来承受住了 20 世纪 40 年代全面战争的考验。

民主国家的反应

在 20 世纪 30 年代，民主国家面临着强大的挑战，因为西方许多人得出结论，民主根本行不通。然而，在西欧国家和美国，政府采取了重要措施，以确保民主得以延续。

第三条道路？社会民主主义

应对大萧条挑战的努力加快了第二次世界大战后主导西欧的政治模式的发展，即社会民主主义。在一个社会民主国家中，一个民主选举产生的政府承担着确保其公民享有体面生活水平的责任。为实现这一目标，政府承担两项职能：第一，对经济进行干预，其中包括私有企业和国有或国家控制的企业；第二，对福利制度进行监督，保障公民获得失业补贴和疾病补贴、养老金、家庭津贴和医疗保健服务。虽然社会民主主义直到第二次全面战争之后才在西方取得胜利，但在战间期，西方社会在这条替代极右和极左的第三条道路上迈出了重要的步伐。

一场改变民主政府与经济关系的最引人注目的实验发生在美国。富兰克林·德拉诺·罗斯福（1882—1945）于 1932 年大萧条最严重时当选总统，当时美国的失业率高达 24%。失业的退伍军人发动叛乱，政府不得不派军队加以镇压。罗斯福承诺推行"救济、复苏、改革"的"新政"，以积极的政府干预应对大萧条，其中包括农业补贴、公共工程项目和奠定美国福利计划基础的 1935 年《社会保障法案》。

然而，即使政府干预急剧加强，美国的失业率仍然居高不下——1939 年有 1 000 万工人失业——国民生产总值到 1941 年才恢复到 1929 年的水平。在一些经济学家看来，罗斯福未能解决失业问题的原因是他一直致力于平衡预算的理念。相比之下，英国经济学家约翰·梅纳德·凯恩斯（John Maynard Keynes，1883—1946）坚持认为，在大萧条时期，国家不应该减少开支，努力在预算范围内生活，而应该采取赤字支出计划来刺激经济增长。凯恩斯建议，只有当经济恢复繁荣时，政府才应该增加赋税并削减开支，以弥补赤字。

瑞典的经验似乎证实了凯恩斯的经济学理论。1932年，瑞典社会民主党上台，试图利用国家权力重振经济。政府任由预算赤字攀升，同时给公共工程提供资金，并增加福利，包括失业保险、生育津贴和住房补贴等。到1937年，随着制造业的繁荣，失业率迅速下降。

然而，整个西欧国家的政府都不愿接受新政策。例如，英国在20世纪30年代后期有限的经济复苏，很大程度上是因为新兴的以国内消费（如收音机和其他小型电子产品）为目标的私营产业的出现。在受经济萧条打击最严重的地区——英国北部城市，以及煤炭、造船、纺织和钢铁等出口产业的所在地——政府干预的缺乏意味着在整个20世纪30年代，高失业率和普遍的贫困一直在持续。

法国和西班牙的人民阵线

民主政府在解决大萧条问题上取得的有限成功意味着，对许多人来说，20世纪30年代是一个艰难而饥饿的10年。法国和西班牙的例子说明了20世纪30年代欧洲发生的政治两极分化，以及政府在维护民主政治和改善生活条件方面受到的严重限制。

大萧条对法国的打击比其他大多数欧洲国家都要晚，但在1931年，法国经济大幅下滑。社会动荡加剧，法西斯主义的吸引力也随之增强。法西斯主义的威胁，加上国家紧急状态的加深，导致了人民阵线的形成，这是一个由激进分子、社会主义者和共产主义者组成的联盟。1936 年，人民阵线赢得了全国选举，社会党领袖莱昂·布鲁姆（Léon Blum，1872—1950）就任总理。在接下来的一年里，布鲁姆将重点产业国有化，提高工人薪水，给工人带薪假，规定每周 40 小时的工作时间。

许多保守的法国选民认为，布鲁姆的社会改革政策是迈向斯大林主义的第一步。他们喊道："宁要希特勒，也不要布鲁姆！"换句话说，激进的右派总比斯大林主义的左派好。全球工商界纷纷撤出法国，这导致了严重的金融危机和法国法郎的贬值。由于依赖外国贷款，布鲁姆政府试图废除社会和经济改革。它的工人阶级支持者发起了骚乱，法国人民阵线瓦解了。

在西班牙，人民阵线败给的不是经济压力，而是内战。1931 年，一个民主选举的共和政府取代了西班牙君主制。1936 年，由社会主义者和共产主义者组成的人民阵线政府上台。在弗朗西斯科·佛朗哥将军（General Francisco Franco，1892—1975）的带领下，军官们发动叛乱，内战爆发了。

左翼共和政府和右翼反叛者之间的斗争很快成为一个国际问题。法西斯意大利和纳粹德国支持叛乱。西班牙共和国请求民主国家提供援助，但给它提供援助的唯一国家是苏联。由于对苏联的介入感到不安，法国、英国和美国等国政府保持中立，尽管它们有 1.5 万名公民加入了国际纵队，要为西班牙的民主事业而战。总共有来自 55 个国家的 5.9 万多名志愿者加入了国际纵队。

西班牙内战一直持续到 1939 年 3 月，最后一支共和军向佛朗哥投降。至少有 40 万男女死于战争，佛朗哥在掌权并建立一个威权主义国家后又处决了 20 万人。

西班牙内战。西班牙内战不仅动员了男人，还动员了女人。这些女兵身穿无政府主义民兵的制服，保卫巴塞罗那的路障，抵抗叛军的袭击。

图片来源：Robert Capa / International Center of Photography / Magnum Photos

性别的重构

我们在本书第 25 章中看到，全面战争的要求意味着女性进入了以前被指定为"仅限男性"的经济领域。第一次世界大战似乎是西方女性历史上的一个重要转折点。但在这里，就像在东欧和中欧的民主化进程中一样，第一次世界大战在很多方面是一个未能真正实现转折的转折点。

新女性

乍一看，战后时期似乎是一个女性发生深刻变化的时代。在 20 世纪 20 年代的电影、杂志、小说和流行音乐中，"新女性"占据了中心舞台。她们独自生活、工作和旅行，在性方面也更加活跃。她们走出了家庭的束缚。女性的衣着和发型更强化了这种变化的感觉。19 世纪的女性服装在限制运动的同时突出了女性的身体，而 20 世纪 20 年代的服装忽略了女性的曲线，变得不那么拘束。洒脱的"波波头"取代了长久以来作为女性气质标志的长发。

这种对新女性的看法建立在不断变化的政治和经济预期之上。到 1920 年，美国和许多欧洲国家的女性获得了在全国选举中投票和担任国家公职的权利。在所有工业化国家，保健和服务部门的扩大给女性提供了护士、社会工作者、秘书、电话接线员和文员等新工作。在这一时期，女性接受高等教育的机会也扩大了。

然而，影响普通女性生活的最大变化发生在更加私密的领域，那就是节育措施的传播。我们在本书第 23 章中看到，到 19 世纪 70 年代，西方国家的中产阶级女性开始实行计划生育。在 20 世纪 20—30 年代，越来越多的工人阶级女性也开始这样做。怀孕次数和生育子女的减少改

新女性（1927 年的一本法国杂志插图）。新女性的几乎每一个方面都让传统主义者感到被冒犯：波波头、男性化的服饰和咄咄逼人的昂首阔步，这些都让她们变得更加男性化。

图片来源：Roger Viollet / The Image Works

善了女性的健康状况和生活水平。

传统角色的重建

然而，尽管发生了这些重要的变化，在第一次世界大战后的 20 年里，女性的角色几乎没有改变。政府和普通公民从战时的性别剧变中退缩，并努力重建 19 世纪的男性和女性理想。

严重的战争伤亡和家庭平均规模的下降引发了人们对人口减少导致国家实力下降的普遍担忧。政府、宗教领袖和企业家联合起来，使女性相信她们的天职就是生儿育女。在 20 世纪 20 年代，在法国、比利时、意大利和西班牙，买卖节育设备成为非法行为。法国于 1920 年宣布堕胎为非法。1929 年以后，在英国，女性堕胎可能会被判处终身监禁。为了鼓励人口增长，政府扩大了福利服务。通过提供家庭津贴、住房补贴、学校午餐、医疗保险以及产前和婴儿保健，政客和决策者希望确保已婚女性能待在家里，生儿育女。

优生学（通过鼓励具有优良特性的人生育来提高人口的身体和智力能力的努力）在这项立法中发挥了重要作用。国家领导人不仅要增加人口数量，还要提高人口质量。从积极方面来看，这意味着要改善婴儿和母亲的健康。更糟糕的是，福利政策的言论常常集中在区分"适合"和"不适合"，阶级和种族被用来指定谁"适合"为国家生育下一代。

尽管呼吁女性留在家里，但许多女性不得不从事有偿工作。在职场就像在家庭中一样，传统的性别角色在第一次世界大战后得到了加强，大多数职业女性回到了家政服务岗位或被贴上"低技能"标签的工作岗位，因此她们的工资也很低。因为雇主仍然倾向于禁止女性担任管理职位，让她们从事重复性最强的工作，并按计件支付工资，男性和女性劳动者之间的工资差距仍然很大。在这个时代，从事文书和服务行业的女性数量确实有所增加，但女性进入这些岗位意味着这些工作被重新定义为"女性的工作"，而这意味着低工资和低地位。

女性和激进右派

法西斯主义和纳粹主义承诺要让那些被认为处于崩溃边缘的社会恢复秩序。秩序的恢复意味着女性要回到她们的传统角色。根据纳粹宣传："土地提供食物，女人提供人口，男人采取行动。"[27] 希特勒宣称："纳粹革命完全是男人的事。"[28] 墨索里尼也主张："女性必须服从……在我们这个国家，她们不算数。"[29]

纳粹政府提供经济和文化奖励，鼓励女性待在家里生孩子。这些措施包括婚姻贷款（只有在妻子辞职的情况下才能享受）和家庭所得税减免，以及为家庭主妇设立讨论、福利和休闲团体。纳粹分子还使用了遏制措施。希特勒政府的首要行动之一是限制女性在行政部门就业，并规定女医生只能在她们丈夫的诊所里工作。到 1937 年，女医生和拥有博士学位的女性已经失去了被称为"医生"或"教授"的权利。女性不能再担任学校校长。男女同校的学校被废除。节育成为非法行为，并加重了对堕胎的惩罚，因此被起诉的人数翻了一番。

在法西斯意大利，墨索里尼政府在这方面的立法既针对女性，也针对男性。30 岁以上的未婚男子必须缴纳双重所得税（牧师除外），男性要想担任高级公职，必须先成为父亲。配额制限制了在政府部门和私营企业工作的女性人数，而女性发现自己完全被排除在"男性化"的工作之外，这些工作包括船长、外交官、高中校长和历史教师。政府出台了一个范围广泛的社会福利项目，包括家庭津贴、产假和婚姻贷款，旨在加强传统家庭。尽管有这些规定，意大利的出生率实际上还是下降了，因为低工资意味着家庭供养不起更多的孩子。

苏联的女性

与这些加强传统家庭结构的努力相反，在苏维埃俄国，布尔什维克承诺改革性别角色。列宁认为，家庭是一种注定要"消亡"的制度。他宣称，在理想的共产主义社会中，婚姻是互惠互利的，而且在许多情况下，婚姻是两个同等教育和同等收入的伴侣之间的临时安排，家务和照顾孩子的工作将从私人家庭转移到公共领域的有偿服务。然而，在革命的苏联社会中，女性在战前和战后的经历也有连续性。

布尔什维克掌权一个月后，离婚和世俗婚姻合法化。1918 年，一项新的家庭法典宣布男女在法律上是平等的，并废除了婚生子女和非婚生子女的区别。列宁曾把家务劳动描述为"最琐碎、最粗重、最辛苦、最使人愚钝"[30] 的苦差事。为了把女性从家务劳动中解放出来，布尔什维克承诺提供公共托儿所、洗衣房和餐厅。1920 年，正当其他国家宣布堕胎为非法时，堕胎在苏维埃俄国成为合法行为。一个妇女事务局指导女性行使她们的新权利，挑战农民家庭的传统父权制，并鼓励穆斯林女性摘下面纱。

但在 1922 年，正如我们所看到的，列宁通过制定新经济政策，在某种程度上放松了共产主义意识形态。这一政策还意味着性别革命的逆转。到 1923 年，餐厅被关闭了，一半以上的日托中心也被关闭了。在整个 20 世纪 20 年代，苏联女性的平均工资是男性的 65%。此外，在农村和少数民族地区，布尔什维克的性别革命尝试引起了强烈的有时是暴力的抵抗。大多数苏联女性仍然处于从属地位。

在斯大林掌权之后，1936 年，苏联政府宣布堕胎为非法，并加大了离婚的难度。和西方领导人一样，斯大林也试图通过给予孕妇生育津

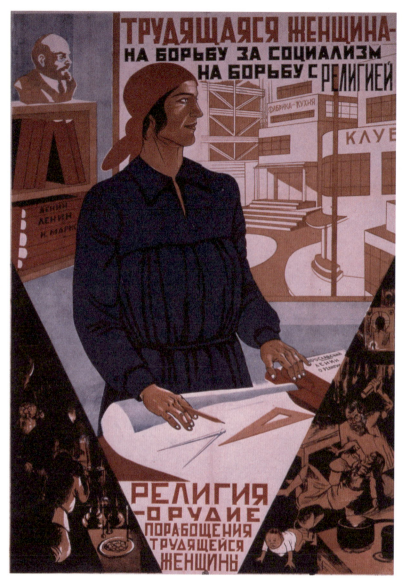

社会主义斗争与反宗教斗争中的劳动妇女。这张苏联宣传海报宣告了苏联女性解放的新时代。社会主义的光芒透过列宁的著作（左上），透过干净、现代主义的设计（右上），穿透了迷信和父权制的黑暗（左下和右下）。海报上的女性是一名正在设计社会主义未来的建筑师，她代表着理想的苏联女性。

图片来源：Hoover Institution Archives Poster Collection, RU / SU 1598

贴和改善产前护理来提高出生率。

然而，斯大林并未让女性退出劳动大军。在 1932—1937 年进入劳动力市场的 400 多万新工人中，82% 是女性。苏联女性仍然可以接受高等教育和从事专业工作，比如医生、工程师、科学家和高级政府官员。

西方与世界：战间期的帝国主义

在第一次世界大战期间，协约国支持欧洲国家的民族自决，但它们不打算允许帝国统治下的国家决定自己的政府。英法两国从第一次世界大战中崛起，其帝国得到了极大的扩张。它们瓜分了德国在非洲和亚洲的海外殖民地，并成为中东地区的主导力量。比利时和葡萄牙保留了它们在非洲的殖民地，而在亚洲，日本、澳大利亚和新西兰获得了一些战利品。大众帝国主义在战后也达到了顶峰，电影制片人和小说家发现，帝国背景成了激动人心的个人英雄主义故事和无限冒险的完美背景。

爱尔兰革命

然而，在这一时期，对帝国主义思想的重大挑战出现了。最成功的例子发生在爱尔兰。第一次世界大战使爱尔兰民族主义运动变得更加激进。我们在本书第 23 章中看到，在 1914 年之前，爱尔兰民族主义的主流支持"地方自治"，即爱尔兰在大英帝国框架内的政治自治。到 1919 年，地方自治的程度不够，时间也太迟，公众舆论已经转向支持爱尔兰共和国从英国独立出来的激进要求。

英国对 1916 年复活节起义的反应推动了爱尔兰民族主义向激进的方向发展。星期一复活节，一小群革命民族主义者在都柏林发动了武装叛乱。很少有爱尔兰男人或女人参与其中，许多人谴责这次叛乱，但是英国政府犯了一个致命的错误，处决了叛乱的领导人，并残忍地对待都柏林的居民。舆论迅速转变。被处决的领导人变成了民族神圣事业的殉道者。

1918 年英国决定在爱尔兰实行征兵制度，这进一步激起了人们的愤怒，也完成了爱尔兰的激进化进程。其结果就是爆发了 1919—1921 年的英爱战争，爱尔兰反叛者利用游击战术对抗强大得多的敌人。

由于公众对战争感到厌倦，英国政府在 1921 年提出了一项基于爱尔兰有限独立的和平解决方案，即新的"爱尔兰自由邦"将保留其在大英帝国的成员资格，而阿尔斯特省的六个北部郡，由反对爱尔兰独立的英格兰和苏格兰血统的新教徒控制，将继续属于联合王国。

爱尔兰领导人将不得不宣誓继续效忠英国的君主，该岛将被分割，对此感到震惊的少数爱尔兰人拒绝接受和平解决方案，并向新的爱尔兰自由邦宣战。1922—1923 年的爱尔兰内战在爱尔兰的政治和文化生活中造成了持久的分歧。爱尔兰自由邦最终与大英帝国断绝关系，并于 1949 年成立了爱尔兰共和国。今天的北爱尔兰仍然保留着与英国的宪法联系（见地图 26.2）。

权力的变化：意识形态与经济

这一时期爱尔兰反抗大英帝国统治的革命是不寻常的，因为它成功了。在其他地区，欧洲列强能够继续维持帝国的控制。然而，在 20 世纪 20—30 年代，由于共产主义意识形态的传播和经济大萧条的影响，群众民族主义运动在许多地区发展壮大。

地图 26.2 爱尔兰和英国

1921 年结束英爱战争的条约将爱尔兰岛分割开来。北部的六个郡（或阿尔斯特省）仍然是大不列颠及北爱尔兰联合王国的一部分。爱尔兰的其余部分成为爱尔兰自由邦，一个在大英帝国内的独立国家。1937 年，新宪法将爱尔兰自由邦改为爱尔（Eire），1949 年宣告自己为共和国。1949年这个宣言的意义是什么？

共产主义意识形态在打击欧洲帝国方面发挥了重要作用。列宁认为，资本主义对市场的竞争不可避免地导致了帝国主义，因此反资本主义和反帝国主义是齐头并进的。苏联宣称自己是各地被压迫民族的捍卫者，给印度尼西亚、中南半岛、缅甸的民族主义独立运动提供了意识形态和物质援助。

然而，事实证明，经济发展与意识形态的逻辑论证同样重要。大萧条导致全球初级产品价格急剧下降。对许多依赖经济作物生产出口的殖民地地区来说，价格下跌是一场灾难。更直接的是，帝国政权对大萧条经济挑战的反应削弱了其自身的效力。为了寻找减少开支的方法，欧洲各国政府削减了对殖民地学校、公共服务和医疗保健的资金。直接税上升，失业率飙升。作为回应，民族主义运动爆发了。

战后民族主义、西方化和传统宗教的挑战

殖民地的反西方情绪也以宗教形式出现。例如，在非洲，泛灵论宗教的复兴表明了对欧美传教士带来的基督教教义的明确拒绝，以及对西方文化和政治风格的含蓄拒绝。

然而，在非洲许多地区和亚洲大部分地区，伊斯兰教拥有十分强大的吸引力。在不断发展的城市里，与他们的村庄和传统宗教习俗隔绝的移民发现，伊斯兰教提供了一种不同于他们的欧洲统治者提供的文化身份认同。

第一次世界大战的结束标志着伊斯兰教历史上一个新时代的开始。奥斯曼帝国象征着一个统一的伊斯兰世界。作为哈里发，奥斯曼帝国苏丹宣称其宗教权威凌驾于所有穆斯林之上，即使是那些不在奥斯曼帝国政治统治下的穆斯林。第一次世界大战之后，奥斯曼帝国的崩溃和奥斯曼哈里发政权的废除为穆斯林创造了一个新的宗教和政治环境。许多人

遵循西方的世俗模式。然而，另一些人则在伊斯兰复兴运动中找到了精神慰藉和政治认同。

民族主义模式

对中东的许多穆斯林来说，泛阿拉伯主义是一种强大的民族主义形式。正如泛斯拉夫主义提倡建立一个单一的斯拉夫国家（见本书第22章）一样，泛阿拉伯主义坚持所有的阿拉伯人——包括非穆斯林的少数族裔——应该联合成一个阿拉伯国家。

然而，并不是所有的阿拉伯民族主义者都支持泛阿拉伯主义。在埃及等国，国家边界不是由西方军队或机构强加的，民族主义倾向于围绕国家本身团结起来。因此，在埃及，民族主义政党"华夫脱党"呼吁埃及的民族自由，而不是泛阿拉伯统一。

对像华夫脱党这样的民族主义者来说，土耳其成功的民族主义革命为其提供了灵感来源。在第一次世界大战结束后的动荡时期，由穆斯塔法·凯末尔·帕夏（Mustafa Kemal Pasha）领导的土耳其民族主义者推翻了奥斯曼帝国苏丹，迫使同盟国放弃实施限制新土耳其国家主权的条约。

然而，尽管凯末尔无意让西方列强控制土耳其，但他并不反对西方。凯末尔认为西方是现代化的，而他也想使土耳其现代化。因此，他宣布土耳其为世俗共和国，宣布一夫多妻制为非法，赋予女性公民权和法律权利，并要求所有土耳其人冠姓。后来，他被尊称为"阿塔图尔克"（Atatürk，意为"土耳其之父"）。他推行了一个旨在教土耳其人如何使用拉丁字母阅读和写作的大众识字项目。胆敢使用阿拉伯字母的老师会被逮捕。阿塔图尔克甚至谴责土耳其传统形式的毡帽，认为它是"无知、失职、狂热、对进步和文明的仇恨的象征"[31]。为了体现土耳其的新西方化，土耳其男子被要求穿西服，戴英式圆顶礼帽。

阿塔图尔克对英国的政治自由并不热心。尽管建立了一个由普选产生的议会，但他利用行政权力对国家实行铁腕统治。他继续实施奥斯曼帝国对土耳其少数民族亚美尼亚人的镇压政策。

事实证明，凯末尔·阿塔图尔克的世俗主义、西化的民族主义模式很有吸引力。在 20 世纪 20—30 年代，中东、非洲和亚洲的民族主义者倾向于接受西方模式，即使他们拒绝西方（或西方强加的）统治者。他们组建议会政党，提倡自由主义和共产主义等西方政治意识形态，认为国家是世俗的，并将政治独立视为工业现代化和经济繁荣的关键一步。

来自传统宗教的挑战

然而，在政治生活的表面之下，有着不同目标的不同运动正在联合起来。在中东的每一个新国家，先知穆罕默德的通俗传记销量的飙升，以及伊斯兰联盟和俱乐部的激增，都暗示着许多普通人发现世俗民族主义就像西方强加的统治者的面孔一样陌生，就像新地图上的边界一样毫无意义。这些情绪直到 20 世纪 40 年代才固化为政治运动；然而，在战间期的几十年里，阿拉伯中部的瓦哈比派（Wahhabism）复兴和埃及的穆斯林兄弟会为伊斯兰教与西方的关系确立了新的方向。

瓦哈比派于 18 世纪由穆罕默德·阿卜杜勒·瓦哈比（Muhammad Abd al-Wahhab，1703—1792）创立，试图通过回归对"伊斯兰教法"的严格解释来净化伊斯兰教。瓦哈比派在第一次世界大战后的动荡时期复兴，因为在动荡的政治变革时期，它对基本真理和实践的重申让人安心。此外，战后瓦哈比派复兴有一个强大的赞助人：阿卜杜勒－阿齐兹·伊本·沙特（Abd al-Aziz Ibn Saud，约 1880—1953），他是沙特王朝的领袖，他对阿拉伯半岛的征服成为沙特王国的基础。瓦哈比派对净化伊斯兰教的呼吁很快就发展为对西方文化的强烈反对。

1928年，埃及出现了另一种有着类似目标的运动。和瓦哈比派一样，穆斯林兄弟会拒绝对伊斯兰教进行现代化的解释，重申了伊斯兰教法（Sharia）的普遍管辖权，并认为西方社会是腐朽的。对穆斯林兄弟会来说，伊斯兰教不仅控制着宗教信仰，而且控制着生活的方方面面。在20世纪30年代，穆斯林兄弟会通过青年团体、教育机构和商业企业，从埃及扩展到整个中东地区。

印度的道德革命

在这一时期，在莫罕达斯·甘地（1869—1948）的领导下，印度形成了一种截然不同的反西方抗议形式。甘地在南非待了20多年，为改善大英帝国统治下的印度契约劳工的命运而奋斗，并形成了通过非暴力抵抗和公民不服从来推动社会和政治变革的思想。

1916年回到印度后，甘地通过诉诸印度传统习俗和宗教认同，将印度民族主义转变为一场群众运动。他并不反对现代化，但他认为现代化并不意味着西方化。印度可以走自己的路，也应该走自己的路。甘地拒绝西方服饰，他以印度文化中人们熟悉和尊敬的宗教苦行僧的形象出现。甘地坚持认为，民族主义斗争是一种"道德力量"，而不是一场斗殴，这一思想借鉴了印度的非暴力传统。然而，他非常谨慎，没有把"印度人"和"印度教徒"等同起来。甘地努力将穆斯林少数群体纳入民族主义运动，并通过为那些被视为"贱民"的人争取权利的运动，打破了传统的印度教种姓制度（见本章"碰撞与转型"专题）。

由于无法决定是将甘地作为危险的革命者而逮捕，还是作为印度人民的代表而与他谈判，英国人两样都做了。1931年，甘地和印度总督（viceroy，字面意思是"副国王"，是英国在印度的最高官员）在平等的条件下举行了 8 次会议。几个月后，甘地和他的 6.6 万名民族主义同事一起被关进了监狱。

英国几届政府通过了一系列措施，给予印度人越来越多的自治权，但甘地和印度国民大会要求印度立即获得完全的民族独立。虽然甘地本人致力于非暴力不合作主义，但由此造成的僵局还是导致了不断升级的动乱和恐怖活动。印度仍然是大英帝国皇冠上的一颗宝石，但到 20 世纪 30 年代末，固定它的黏合剂正在迅速恶化。

原始的力量

甘地被问及对"西方文明"的看法时回答说："我认为这是个很好的概念。"[32] 正如甘地等西方以外的民族主义者开始质疑将西方等同于文明的观点，西方人自己也是如此。在 19 世纪，帝国主义者坚持认为"文明"赋予了西方在世界其他地区统治"野蛮人"的权力。但到了1918 年，即第一次世界大战结束后，至少有一些欧洲人开始发问："现在谁是野蛮人？"

心理学的发展进一步侵蚀了野蛮文化或"原始"文化与现代文化之间的界限。在战后的著作中，西格蒙德·弗洛伊德（Sigmund Freud）强调，人类的本性从根本上来说是好斗的，甚至是兽性的。弗洛伊德在 20 世纪 20 年代发展起来的人格理论认为，在每个个体内部，"本我"（原始本能的无意识力量）与"自我"（有意识的理性）和"超我"（社会强加的道德价值）的控制做斗争。虽然弗洛伊德教导说，文明的延续取决于对"本我"的压制，但弗洛伊德思想的许多普及者坚持认为，个人应该允许他或她的原始"自我"自由发挥。

弗洛伊德的昔日追随者卡尔·荣格（Carl Jung，1875—1961）的作

碰撞与转型

从莫罕达斯到圣雄甘地：甘地的转变

1893 年 4 月，一位衣着光鲜的年轻印度律师购买了一张从德班到南非比勒陀利亚的头等火车票。旅程的第一部分进展顺利，但后来一位白人旅客进入了头等车厢。他转身离开，然后带着两名警卫回来了。这两名警卫要求这名印度男子和其他"有色"乘客去坐三等座。年轻的律师拒绝了，因此在下一站他被扔下了火车。

莫罕达斯·甘地在前往比勒陀利亚的火车上的这段经历并不罕见。南非的印度移民长期遭受法律歧视、经济剥削和频繁的暴力，而非洲黑人遭受的苦难比这还要严重得多。但 24 岁的甘地对这些事情知之甚少。他在印度的一个高等种姓家庭长大，是家中备受宠爱的最小的儿子，他知道的是特权而不是偏见。即使在伦敦学习法律的三年里，他也没有受到多少种族歧视。事实上，他离开英国时，甚至有点离开自己"家"的感觉。1891 年，他回到印度，深信英国法律和文化的优越性。他禁止家里人穿印度风格的衣服，坚持让他不识字的年轻妻子学习英语，并命令他的孩子早餐要喝粥和可可。

他以一名成功的英国律师自居，但其他人不这么看他。当甘地向一名英国官员请求帮他弟弟一个忙时，他受到了羞辱，竟然被一个仆人推了出来。甘地后来写道："这一经历改变了我的人生轨迹。"[33] 他得到了一份在南非的工作，于是就去了。在那趟去比勒陀利亚的火车上，他遭受了更大的羞辱。当甘地最终到达比勒陀利亚时，他已经决定要战斗了。他成了南非印度民权运动的领导者。

甘地在南非生活了 21 年。在此期间，这位西方化的、热爱英国的律师变成了一名印度教圣人。莫罕达斯成为"圣雄"——"伟大的灵魂"。发生这种转变的部分原因是，当甘地遭受英帝国主义根深蒂固的种族歧视时，他有一种被背叛的感觉。甘地在伦敦的经历告诉他，英国是西方公平正义和个人权利理想的缩影。但他在南非遇到的英国殖民政权则违背了这些理想。幻想破灭之后，甘地又回到了他的印度教根源。

然而，在甘地的转变过程中，西方文化也发挥了积极作用。在南非期间，甘地广泛阅读了基督教文本和西方文本，包括《新约》以及 19 世纪欧洲社会

圣雄甘地。在阐述他的道德抗议时，甘地既借鉴了印度教的传统，也借鉴了西方的传统。

图片来源：Bettman / Corbis

和文化批评家的著作，这些著作揭露了工业社会在精神和物质上的失败。甘地与这些文本的思想碰撞帮助他形成了"非暴力不合作主义"（Satyagraha，原意为"真理的力量"）的思想。从最具体的意义上来说，这种思想是一种政治工具。通过非暴力的大规模公民不服从，无权者说服有权者去推行政治变革。但这种思想也是一种精神行为，是善良对暴力和邪恶的胜利。

甘地亲身经历了帝国统治的不公，先是在印度的一位英国官员家中，然后是在南非的火车上，这迫使他开始了一段不同寻常的精神和政治之旅，一段对西方和印度教思想的探索。这段旅程将甘地从莫罕达斯转变为圣雄，引领他走向了非暴力不合作主义，并将印度民族主义转变为一场群众运动。到了1948年，这场运动使得英国不得不放弃对印度的统治。

品也强调了原始与现代之间的联系。荣格主张，对个人梦境的仔细研究将表明，它们与古代神话和世界宗教有着共同的形象和形式，这就是"原型"。这些原型表明了"集体无意识"的存在，这是所有人类共有的，无论他们生活在何时何地。因此，在荣格的分析中，"文明"与"原始"、"西方"与"非西方"之间的界限消失了。

在其他思想家和艺术家的作品中，这一界限保持不变，但西方的文化优越感被颠覆了。德国小说家赫尔曼·黑塞（Hermann Hesse，1877—1962）谴责现代工业社会的精神贫瘠，并将东方神秘主义作为力量和智慧的源泉而加以颂扬。许多作家一致认为，西方需要向西方之外寻求活力和生命力。

认为西方文化是衰弱的、疲惫的、失败的，这样的认识也导致了一种新的对其他思想和艺术传统的开放性。当非裔美国人的爵士乐充满活力的节奏进入白人音乐传统时，流行音乐为之焕然一新。非裔美国艺术家深受欧洲观众的欢迎。例如，当美国舞蹈家约瑟芬·贝克（Josephine Baker）于1925年首次出现在巴黎时，她的观众把她视为非洲野蛮人的形象，尽管贝克在圣路易斯长大。贝克在巴黎轰动一时，她狂热而热情的舞蹈风格，只穿一条香蕉裙出现在舞台上，这一形象代表了许多欧洲人认为他们的城市化文化已经失去的自由，而美国和非洲却保留了这种自由。贝克的香蕉裙是她的法国白人雇主设计的，这一事实表明种族主义的刻板印象塑造了这种对原始文化的理想化。然而，对许多巴黎人来说，贝克的黑人身份和她的美国身份代表了一种解放的正面形象。

同样，"黑人精神"运动也强调非洲黑人文化的历史和内在价值。1935年，来自法属非洲和西印度群岛殖民地的学生在巴黎发起了这场运动，谴责欧洲文化软弱腐朽，并呼吁黑人重建独立的文化和政治

原始的力量。对许多欧洲人来说，约瑟芬·贝克代表了所谓原始文化的自由和活力。贝克成了法国公民，并在第二次世界大战期间参与了法国抵抗运动。

图片来源：Walery / Hulton Archive / Getty Images

身份。该运动的领导者反对西方帝国主义，要求非洲自治，其中包括后来成为塞内加尔独立后第一任总统的利奥波德·桑戈尔（Leopold Senghor，1906—2001）。这场运动把非洲人、加勒比黑人和美国黑人聚集在一起，认为存在一种超越了国界和殖民边界的共同的黑人文化。这场运动借用了白人种族主义者对"快乐跳舞的野蛮人"的刻板印象，并将其重新塑造为积极性的，即黑人文化培育了白人西方工业社会所破坏的情感、创造力和人际联系。

结语：尸体上的王国

　　1921 年，法国文学史上最著名的奖项"龚古尔奖"没有授予土生土长的法国作家，而是授予了出生在法国殖民地马提尼克的作家勒内·马郎（René Maran）。比他获奖更引人注目的是他获奖的那部小说的内容。在这部名为《霸都亚纳》（*Batouala*）的小说中，马郎这样谴责西方文化："文明，文明，欧洲人的骄傲和无辜者的藏尸屋……你的王国建在尸体之上。"[34]

　　对许多西方人来说，在全面战争之后，马郎将欧洲描述成一个建在尸体上的王国，这似乎恰如其分。在 20 世纪 20—30 年代，右翼的纳粹主义和法西斯主义摒弃了诸如个人权利和法治等关键的西方理想。在绝望的氛围中，这些极端主义意识形态似乎很有说服力，这种氛围产生的原因不仅是第一次世界大战，还是东欧战后民主制度的失败和 1929年后全球经济的崩溃。结果，"尸体上的王国"在纳粹德国和西班牙兴起。然而，这个尸体上的王国不断扩张，随着 20 世纪 30 年代的结束，西方和世界正处于另一场全面战争的边缘，在这场战争中，死亡人数急剧上升，到了令人无法理解的程度。

贝尔根－贝尔森的万人坑。1945 年 4 月 15 日，英军士兵解放了贝尔根－贝尔森纳粹集中营。然而，对被关押在这里的许多人来说，死亡是他们唯一的"解放"。

图片来源：U. S. Army / Handout / Archive Photos / Getty Images

第 27 章

第二次世界大战

在第二次世界大战欧洲战场的最后几周，许多盟军士兵将面临一个到当时为止最困难的任务。这些习惯了屠杀场景的老兵，在看到纳粹集中营的恐怖场景时，也禁不住失声痛哭，他们所看到的比他们最可怕的噩梦还要恐怖。正如一位美国战地记者所言："我们终于窥见了人性最黑暗、最邪恶的一面。"[1]那些解放奥地利毛特豪森（Mauthausen）集中营的美军士兵，永远不会忘记他们第一眼看到的里面囚犯的样子："几千人从里面蜂拥而出……他们形容枯槁，面色苍白，衣衫褴褛，像是从坟墓中出来的鬼魂，让人不寒而栗。长期的疾病以及难以忍受的污秽和折磨让他们一个个形如骷髅，不时地咧嘴一笑，像疯子一样。"[2]

同样，那些解放德国贝尔根－贝尔森（Bergen-Belsen）集中营的英军士兵看到的景象，也给他们留下了无法磨灭的记忆。当德军在不断前进的苏联军队面前撤退时，他们把东欧集中营里的囚犯都塞进了贝尔根－贝尔森集中营。这些病饿交加的囚犯被关进本来只能容纳几百人的营房里，一次就进来1 200人。到了1945年3月，饮用水和食物都中断了，排泄物从双层床上滴下来，地面上到处都是排泄物，集中营里遍地都是尸体。在这样的条件下，唯一能蓬勃生长的是那些导致斑疹伤寒的微生物。虽然物资缺乏，英军士兵、医生和护士仍然竭尽所能地解救。即便如此，贝尔根－贝尔森集中营的6万名囚犯中仍有2.8万人在解放后的几周内死亡。

在毛特豪森集中营和贝尔根－贝尔森集中营，在一堆堆腐烂的尸体和一个个骨瘦如柴的幸存者中，美军士兵和英军士兵看到了阿道夫·希特勒重新定义西方的努力的结果。在希特勒眼中，西方文明由北欧白人组成，在德国人的带领下，按照这个全能政权所规定的节奏同步行进。为了实现这一愿景，希特勒诉诸全面战争和大屠杀。

为了将西方重新塑造成一个以种族为基础的德意志帝国，希特勒与西方以外的盟友日本走到了一起。德日同盟将一场欧洲战争转变为全球冲突。因此，要想理解第二次世界大战，我们不仅要看纳粹种族意识形态的结果，还要看全球大国关系和经济依赖模式。太平洋战争是日本的统治精英与西方长期碰撞最残酷的一次。像希特勒一样，日本的统治精英渴望建立一个帝国，对他们来说，是要建立一个亚洲帝国，以确保获得资源和对太平洋地区人民的统治。他们想利用这些资源和统治地位，让日本的经济和政治结构不受西方的影响或控制。

因此，我们在审视欧洲战场和太平洋战场时，需要了解，对"西方"的不同定义是如何影响这场冲突的。我们还要考虑结果的问题，即被称为第二次世界大战的大灾难是如何重新定义西方世界的？

战争的到来

第一次世界大战被认为是"结束所有战争的战争"。然而，20多年后，全面战争再次吞噬了欧洲，然后吞噬了整个世界。希特勒在东欧建立德意志帝国的野心导致了 1939 年 9 月战争的爆发。但是希特勒的野心与行动并不是第二次世界大战爆发的全部原因。

脆弱的和平

　　第二次世界大战起因于第一次世界大战的解决方案。有三个因素导致了这一和平解决方案的脆弱性。首先，《凡尔赛和约》引起了德国人极大的不满，削弱了第一次世界大战后西方的经济，增强了希特勒的魅力。其次，国际联盟的成立本来是要取代被许多人指责引发了第一次世界大战的联盟体系，但未能实现其规划者的厚望。由于缺乏军事力量，又受到美国的抵制，并在不同时期将德国和苏联等关键国家排除在外，国际联盟被证明过于弱小，无法成为新国际秩序的基础。最后，东欧和中欧地图的重新绘制本来是想创建具有凝聚力的民族国家，却恶化了整个东欧和南欧的民族冲突。

　　1929年大萧条的爆发进一步破坏了和平。随着各国政府建立关税壁垒以保护本国工业，经济民族主义加剧。有些国家试图通过领土扩张来摆脱经济困境。受到生丝和棉布出口市场崩溃的威胁，日本在1931年入侵了中国东北。1935年意大利入侵了埃塞俄比亚。埃塞俄比亚人忍受了许多即将降临到欧洲大陆的恐怖，包括对平民的饱和轰炸，使用毒气，以及建立集中营。1936年6月底，埃塞俄比亚流亡皇帝海尔·塞拉西（Haile Selassie，1892—1975）在国际联盟大会上发表讲话，警告说："今天是我们，明天就轮到你们了。"[3]

　　意大利军队入侵埃塞俄比亚一年后，西班牙爆发了内战。正如本书第26章所解释的，弗朗西斯科·佛朗哥将军叛乱的胜利似乎表明侵略者可以不受惩罚。当西班牙内战愈演愈烈时，日本人又恢复了他们在中国的攻势。在这起后来被称为"南京大屠杀"的事件中，日本士兵用婴儿作为靶子练习刺刀，还轮奸了多达2万名年轻女孩和妇女，并将死者的尸体丢在街头任其腐烂。

第二次世界大战的前奏。1937 年，日本对中国发动全面侵略战争，加剧了 20 世纪 30 年代的恐怖。在上海火车站，一位摄影师抓拍到了一个与父母分离的婴儿的痛苦。

图片来源：Historical / Corbis

纳粹德国的扩张

在这种军事侵略和民主国家不作为的背景下，希特勒开始着手在欧洲建立德意志帝国（见地图 27.1）。1933 年，他让德国退出了国际联盟，并在两年后宣布建立德国空军，恢复大规模征兵，这是在故意违反《凡尔赛和约》。1936 年，希特勒与墨索里尼结盟，组成罗马－柏林轴心，并再次违反其《凡尔赛和约》的义务，派遣德国军队进入德国西部

地图 27.1　20 世纪 30 年代德国的扩张

从 1936 年莱茵兰的重新军事化开始，希特勒开始了德国的领土扩张计划。希特勒可以把德国的哪项扩张行动说成是基于"民族自决"？

边境工业发达的莱茵兰地区。然而，法国和英国袖手旁观，没有做出任何回应。两年后的 1938 年 3 月，德国再次违反《凡尔赛和约》，吞并了奥地利。

在德国和奥地利成功合并后，希特勒要求将捷克斯洛伐克西部的苏台德地区也并入德国，这里的人口大多数讲德语。希特勒似乎太过分了。随着法国和苏联承诺保护捷克斯洛伐克的领土完整，欧洲处于了战争的边缘。紧迫的形势促使英国首相内维尔·张伯伦（1869—1940）生平第一次坐飞机，他飞往慕尼黑与希特勒会谈。在将捷克斯洛伐克政府排除在外的谈判后，张伯伦和法国总理爱德华·达拉第同意立即授予希特勒占领苏台德地区的权利。希特勒做出保证，《慕尼黑协定》满足了他对领土的所有要求，张伯伦飞回英国，并且受到热烈欢迎。当他宣布"我们时代的和平"时，人群欢呼雀跃（见本章"不同的声音"专题）。[4]

"我们时代的和平"只持续了六个月。1939 年 3 月，随着德国军队占领捷克斯洛伐克的其余部分，希特勒的承诺被证明是毫无价值的。然后，希特勒说服斯大林签署了《苏德互不侵犯条约》，从而避免了两线作战。该条约公开承诺这两个大国相互不攻击。它们还秘密地将波兰一分为二，并承诺斯大林在波兰东部和波罗的海地区获得大量领土。

1939 年 9 月 1 日，德国军队入侵波兰，数周内实施的种族灭绝政策杀害了数百万波兰人。英国和法国于 9 月 3 日对德国宣战。第二次世界大战就这样爆发了。

对绥靖政策的评价

在希特勒使欧洲卷入第二次世界大战之前，他能被阻止吗？关于这个问题的争论集中在 20 世纪 30 年代英国的政策上。随着法国国力被经济和政治危机削弱，美国对欧洲事务置身事外，英国主动回应了希特勒的崛起和他的要求。

英国的政策制定者——尤其是 20 世纪 30 年代末担任首相的内维尔·张伯伦——在与希特勒打交道时奉行的是和解与谈判的政策。第二次世界大战爆发后，这种政策被称为"绥靖政策"，现在这个词被等同于被动和懦弱。然而，张伯伦并不是一个懦夫，也绝不被动。他确信自己肩负着将欧洲从战争中拯救出来的使命，于是积极寻求与希特勒和解。

对张伯伦和许多其他欧洲人来说，除绥靖政策之外的另一个选择就是一场会摧毁西方文明的全面战争。他们对上一场战争记忆犹新，一致认为下一场战争会更糟，因为那将是一场空战。在 1918 年之后的几年里，欧洲和美国的航空工业开始腾飞，军事专家和普通民众都意识到了机载炸弹的灾难性潜力。张伯伦的前任斯坦利·鲍德温（1867—1947）首相对英国公众说："轰炸机是无法被阻拦的。"[5] 意大利空军在埃塞俄比亚造成的平民伤亡和西班牙内战中对西班牙城市的轰炸，使许多人相信鲍德温是正确的，因此这场战争是不可接受的。

出于避免另一场可怕战争的愿望，绥靖政策还建立在另外两个认知之上：一是认为德国的许多不满是合理的；二是相信只有强大的德国才能消除苏联共产主义带来的威胁。20 世纪 20 年代，许多学者和政策制定者研究了有关第一次世界大战爆发的外交记录。他们得出的结论是，《凡尔赛和约》制定者指责德国发动战争是错误的。英国领导人确信《凡尔赛和约》对德国不公，于是寻求重新谈判赔款，迫使法国软化其反德政策，并将德国拉回到国际外交关系网络中。希特勒的上台进一步推动了现行的政策。英国领导人辩称，他们可以通过纠正德国人的合理不满，使希特勒失去很大一部分吸引力。对共产主义的恐惧强化了这种与德国和解的愿望。许多政客称赞希特勒对德国共产

不同的声音

绥靖政策与《慕尼黑协定》

在第一次世界大战后，获胜的协约国集团重新绘制了中欧的地图，并将苏台德地区（位于奥匈帝国波希米亚省边缘的一个新月形地区）划给了捷克斯洛伐克。在 20 世纪 20—30 年代，苏台德地区的德意志人在教育、就业和政治生活方面都受到了歧视，而德意志民族主义政客煽动不满的火焰，有时他们与希特勒秘密合作，为纳粹上台做准备。1938 年，在成功吞并奥地利之后，希特勒要求兼并苏台德地区。经过一系列会谈，希特勒、英国首相内维尔·张伯伦和法国总理爱德华·达拉第签署了《慕尼黑协定》，将苏台德地区割让给德国。张伯伦回到英国后，发表了臭名昭著的"我们时代的和平"宣言。大多数英国公民对《慕尼黑协定》表示欢迎。温斯顿·丘吉尔是张伯伦的保守党成员，但是他对张伯伦的绥靖政策提出了批评。

第一段摘录是张伯伦在下院为绥靖政策辩护的演讲。第二段摘录是丘吉尔对《慕尼黑协定》的抨击。

一、1938 年内维尔·张伯伦在下院的演讲

今天的战争与过去不同。……今天，只要战争一开始，在影响到任何职业军人、水手或飞行员之前，首先受到打击的是工人、职员，以及大街上或公共汽车上的人及其家里的妻子和孩子……你不能要求人们接受这样的前景，除非你自己能够感觉到，并且能够让他们感觉到，他们将要为之奋斗的事业是一项至关重要的事业，一项超越所有人类价值的事业。……

自从我第一次去贝希特斯加登 [Berchtesgaden，希特勒的高山别墅，政治领导人曾在此会面]，唐宁街 10 号收到了 2 万多封信件和电报……发出这些信件和电报的人不认为他们有这样一个事业去为之战斗……有人说，我们早在几周前就应该告诉德国，如果它的军队越过捷克斯洛伐克边界，我们就和它开战。……

除了这种必然导致战争的可怕政策，还有什么别的选择呢？……

我们应该在我们的能力范围内，通过分析可能的原因，努力消除这

些原因，并本着合作和善意的精神进行商讨，尽力避免战争，即使这意味着与独裁者建立个人联系……

有人问我，如何解释一边呼吁国民支持继续重整军备计划，一边相信我们这个时代可能会有和平……我从来没想过要建议我们应该通过裁军来确保和平，除非我们能让别人也裁军。我们过去的经验非常清楚地告诉我们，军事力量的薄弱就意味着外交上的软弱。

资料来源：*Parliamentary Debates*, Fifth Series, Volume 339, House of Commons Official Report (London, 1938), 544–552.

二、1938 年温斯顿·丘吉尔在下院的演讲

我们经受了一次彻底的失败……我最尊敬的朋友、我们的首相所能争取到的条件就是，德国的独裁者不是把餐桌上的食物一把抢走，而是满足于一道菜一道菜地端给他……

在德国于 1938 年 3 月占领奥地利之后……我大胆地呼吁政府做出这样的承诺，即国际联盟或其他某个公正机构在对苏台德问题进行考察时，将与法国和其他国家一起，保证捷克斯洛伐克的安全。……在投降和立即开战之间还有第三种选择，它不仅能给人带来和平的希望，而且能给人带来正义的希望。的确，为了取得成功，这种政策要求英国在很久以前就直截了当地宣布，它将和其他国家一起保卫捷克斯洛伐克不受无端的侵略。……

现在，一切都结束了。沉默的、悲伤的、被遗弃的、支离破碎的捷克斯洛伐克陷入了黑暗之中……我想你很快会发现，或许是几年之后，或许是几个月之后，捷克斯洛伐克将被纳粹政权吞并。……

现在必须接受的一点是，中欧和东欧的所有国家都将尽其所能，与胜利的纳粹势力达成最好的协议。……这些国家已经有了亲德的政客、部长和政府，但在波兰、罗马尼亚、保加利亚和南斯拉夫，一直有一场声势浩大的民众运动，人们厌恶被强加的极权主义体系的专制统治，他们将目光转向西方民主国家，希望它们能表明立场。但是，所有这些都已经成为过去。

首相希望看到我国与德国建立友好关系。两国人民之间建立友好关系毫无困难。……但你永远不会和现在的德国政府建立友谊。你必须有

外交和正确的关系，但是英国的民主政体和纳粹政权之间永远不可能有友谊。……

我不怪罪我们忠诚而勇敢的人民。……他们在知道现在不再需要经受艰难的考验时，自然地、自发地感到喜悦和宽慰，但他们需要了解真相。他们应该知道，我们的防御一直存在严重的疏忽和缺陷。他们应该知道，我们已经不战而败。……

不要以为这就是结局，这仅仅是清算的开始。这只是年复一年提供给我们的一杯苦酒的第一口，除非我们在道德上和军事上恢复活力，重新站起来，像从前一样为自由而战。

资料来源：Reproduced with permission of Curtis Brown, London on behalf of the Estate of Winston S. Churchill Copyright © The Estate of Winston S. Churchill.

党的镇压，并欢迎德国重新军事化，希望德国成为抵御苏联威胁的强大屏障。然而，1939 年夏天，令人震惊的《苏德互不侵犯条约》的宣布表明这个屏障是靠不住的。

战争中的欧洲（1939—1941）

在短短两年内，希特勒似乎实现了在欧洲建立纳粹帝国的目标。到 1941 年秋天，几乎整个欧洲大陆不是与纳粹德国结盟，就是被纳粹德国占领。

一场新型战争

第一次世界大战期间西线长达四年的僵持表明，用机枪武装起来的战壕防线，可以轻而易举地抵挡步兵的进攻。战后德国的军事战略家为了避免堑壕战的僵局，提出了这样的理论：将飞机和坦克结合起来，像一个"钢铁拳头"，强大而迅猛，足以突破敌人最坚固的防御。轰炸机将提供机动轰炸，粉碎防御工事，破坏通信联系，堵塞运输路线。同时，摩托化步兵和坦克编队将突破敌人的防线。

德国在第二次世界大战最初几年的成功证明了机动灵活的机械化攻击部队的有效性。在这些年里德国唯一的一次失败是不列颠之战，当时德国遭遇的是英国机动灵活的机械化防御。就像德国的胜利一样，这次失败突出了本章的一个重要主题，即工业生产在现代战争中的核心作用。

闪电战

在入侵波兰期间，大多数德国军队靠步行或骑马，就像几个世纪以来的士兵那样。然而，摩托化师却猛力突破波兰的防线，深入敌人的领土，占领了关键阵地。当这些部队在地面上大肆破坏时，德国空军也在从空中大肆破坏。1 300多架飞机在波兰上空呼啸而过，摧毁了波兰空军。

西方的新闻记者把纳粹德国的进攻方式称为"闪电战"。1940年春天，德军在4月初入侵丹麦和挪威，在5月进入西欧，西欧人亲身经历了闪电战。荷兰在四天内战败。和第一次世界大战一样，比利时在英法部队的支持下，坚持了两个星期。

到了5月底，德军在法国北部海岸一个叫敦刻尔克的小地方包围了英军和法军的几个师。在由英国皇家空军负责击退德国空军的情况下，英国海军和由英国平民驾驶的渔船与娱乐船组成的小型舰队帮助被围的士兵撤退。截至6月4日，11万法军士兵和近24万英军士兵安全回到了英国。但是，新任命的英国首相温斯顿·丘吉尔（1874—1965）提醒兴高采烈的人民："战争不是靠撤退赢得的。"[6]

6月14日，德军士兵进入巴黎。法国议会投票决定解散议会，并将权力移交给第一次世界大战的英雄菲利普·贝当（Philippe Pétain，1856—1951）元帅，他建立了一个威权主义政府。6月22日，新的维希政权（以贝当选为其首都的城市命名）与德国签署了停战协议，并承诺与纳粹政权合作。理论上，贝当的权力扩张到了整个法国，但正如地图27.2所示，实际上维希政权仅限于南部（和法国的殖民地）。到1940年6月，德国不仅占领了法国西部和北部，而且连同德国的盟国和卫星国一起占领了这个大陆的大部分地区。

不列颠之战

法国沦陷后，希特勒希望英国能接受德国对欧洲大陆的支配，并同意议和，但他的愿望落空了。绥靖政策的失败和随后的军事灾难彻底败坏了内维尔·张伯伦首相的名声。张伯伦所在政党的一名成员代表国家发言："以上帝的名义，下台吧！"[7]张伯伦就这样被迫下台了。英国议会在战争期间暂停了政党政治，权力移交给了由温斯顿·丘吉尔领导的多党联合政府。丘吉尔自1933年以来一直批评英国的绥靖政策。丘吉尔从来都不是一个谦卑的人，当他接受首相的职位时，他写道："我觉得我在与命运同行，我过去的一切只是为这一刻和这场考验做准备……我确信我是不会失败的。"[8]丘吉尔在作为首相的第一次演讲中承诺："胜利！不惜一切代价赢得胜利！"[9]

面对英国人拒绝谈判，希特勒命令他的总参谋部准备对英国进行陆上入侵。但是，英国皇家空军在仍然控制着领空的情况下，让德国军队通过英吉利海峡将必然是一场军事灾难。因此，首先德国必须摧毁英国的空中力量。1940年7月10日，德国轰炸机对英国南部沿海城市的袭击拉开了"不列颠之战"的序幕，这是一场在空中和工厂进行的战

地图 27.2 纳粹帝国（1939—1942）

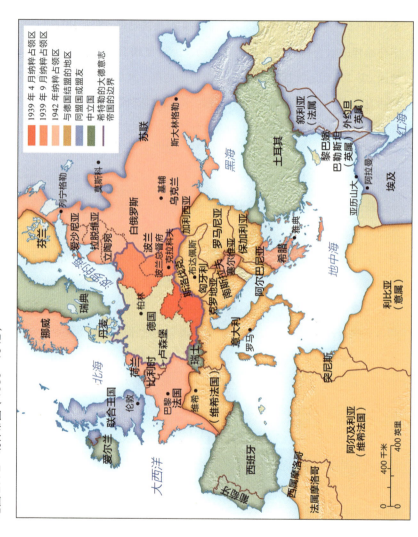

到 1942 年，纳粹德国已经控制了欧洲大部分地区以及北非和中东的大部分地区。哪些国家被德国占领？哪些国家与德国结盟？哪些国家保持中立？

图例

- 1939 年 4 月纳粹占领区
- 1939 年 9 月纳粹占领区
- 1942 年纳粹结盟的地区
- 与德国结盟或同盟国
- 中立国
- 希特勒的大德意志
- 帝国的边界

苏联

斯大林格勒

莫斯科

列宁格勒

芬兰

爱沙尼亚
拉脱维亚
立陶宛

白俄罗斯

基辅

乌克兰

波兰
波兰总督府

挪威

瑞典

丹麦

北海

爱尔兰

联合王国
伦敦

荷兰
比利时
卢森堡
柏林
德国

布达佩斯
（匈牙利）

斯洛伐克
克拉科夫

加利西亚

罗马尼亚

南斯拉夫
摩尔达维亚
保加利亚

黑海

土耳其

雅典

希腊

地中海

塞尔维亚
阿尔巴尼亚

意大利

罗马

克罗地亚

瑞士

法国
巴黎
维希
（维希法国）

西班牙

葡萄牙

直布罗陀

法属摩洛哥

西属摩洛哥

大西洋

阿尔及利亚
（维希法国）

突尼斯

利比亚
（意属）

亚历山大

埃及

红海

叙利亚
（法属）

外约旦
（英属）

黎巴嫩
巴勒斯坦
（英属）

阿拉伯

地图 27.2 纳粹帝国（1939—1942）

0   400 千米
0   400 英里

斗，也是德国的第一次重大失败。

在不列颠之战中，英国人有三个重要优势。首先，英国皇家空军飞行员在英国上空飞行，这意味着在坠机事件中幸存下来的飞行员可以被营救出来继续作战，而德国的飞行员幸存者则只能作为俘虏。其次，英国 1934 年开始的重整军备计划建造了一系列高射炮设施和雷达站，保护了不列颠群岛，增加了德国的损失。最后，也是对未来战争进程最重要的一点，英国的工业生产率超过了德国。1940 年夏天，英国工厂每月生产的战斗机数量是德国的两倍。同年 9 月 17 日，希特勒宣布"推迟"入侵英国。

入侵苏联

然而，与英国之间的战争从来就不是希特勒的核心目标之一。他的德意志第三帝国的梦想集中在夺取苏联的农业和工业资源。但希特勒寻求的远不止于资源。在他的认知中，与苏联的战争是一场世界末日般的善与恶的冲突，即优越的德意志种族对抗犹太－布尔什维主义。当然，苏联是全球"布尔什维主义"或共产主义的中心，而大多数欧洲犹太人生活在苏联控制的波兰东部地区或苏联本土。

一场至关重要的推迟

1940 年 7 月，随着不列颠之战的打响，希特勒命令他的军队开始谋划对苏联的入侵。到 12 月，计划已经确定：德国军队将在 1941 年 4 月入侵苏联。但事实上他们并没有这样做。希特勒将入侵推迟了至关重要的两个月，因为他的无能的盟友墨索里尼的野心威胁到了纳粹战争机器的经济基础。

为了扩张其地中海帝国，墨索里尼在 1940 年 7 月命令意大利军队进入大英帝国在北非的领土，随后在 10 月入侵希腊。但是，意大利的军事预算只有德国的十分之一，坦克和飞机都过时了，没有航空母舰和防空设施，工业基地很有限，因此，意大利军队装备不足，无法打一场全面战争。1941 年春，英国军队将意大利人逼回利比亚，而希腊人则发起了顽强的抵抗。

希特勒害怕英国势力在非洲巩固，更害怕英国进军东欧。英国如果能够在希腊建立空军基地，那么巴尔干半岛将成为英国轰炸的对象，从而削弱德国的战争努力。德国 50% 的粮食和牲畜来自巴尔干地区，45% 的铝来自希腊，90% 的锡来自南斯拉夫，大部分石油来自罗马尼亚。没有石油，就不可能进行闪电战。

基于这些考虑，希特勒推迟了对苏联的入侵，而德国军队则在巴尔干和北非收拾墨索里尼留下的烂摊子。1941 年 4 月，德国装甲部队攻破了南斯拉夫的防线，并包围了南斯拉夫军队，希腊接着被攻破。与此同时，在北非，德国军队夺回了英国前一年占领的所有领土。如地图 27.2 所示，到同年夏天，德国属于获胜的一方，在北非和巴尔干地区都取得了重大胜利。但这些胜利也付出了高昂的代价：德国将入侵苏联的时间从 4 月推迟到了 6 月。

早期的胜利

起初，这一推迟似乎无关紧要。1941 年 6 月 22 日，有史以来世界上规模最大的侵略军开始越过苏联边界。300 万德军士兵、2 770 架现代飞机和 3 350 辆坦克投入了战斗。几天之内，苏联的大部分空军力量就被摧毁了。到了 10 月，德国人攻占了基辅，包围了列宁格勒，距离莫斯科只有 80 英里（约 129 千米）。几乎 45% 的苏联人口被德国占领，德国人控制着苏联的大部分自然资源和工业资源，包括 45% 以上的粮食和65%的煤炭、钢铁。10月10日，希特勒的发言人向外国记者团宣布，苏联灭亡已成定局。德国报纸宣称："东部战线胜局已定！"[10]

为什么德国在入侵之初如此成功？闪击战是部分原因。德国坦克和摩托化步兵师的先头部队粉碎了苏联的防线，夺取了关键目标。斯大林固执地拒绝相信希特勒会违反《苏德互不侵犯条约》，这也削弱了苏联的防御。苏联情报部门发出了80多次德国即将发动进攻的警告，斯大林却认为这些信息是"可疑的"。此外，德军最初的挺进发生在苏联控制下的东欧地区，那里的人民没有理由要保卫苏维埃政权。例如，乌克兰还没有从20世纪30年代的饥荒中恢复过来，而波兰东部和波罗的海国家（斯大林通过《苏德互不侵犯条约》获得的领土）仍在因1939年和1940年苏联的接管而流血。

致命的冬天

然而，在1941—1942年的冬天，德军的前进陷入了停滞。列宁格勒抵抗了它的围攻者，莫斯科仍然在德军的打击范围之外。三个障碍阻止了德军的入侵：第一个障碍是，德军的暴行加强了当地人对占领者的抵抗。占领区的德国军队对当地居民极其残暴。党卫军和国防军穿过波兰东部、波罗的海和苏联的土地，攫取关键资源，随意屠杀。纳粹在乌克兰的负责人坚称："我会把这个国家的一切都榨干。"[11]人为的饥荒很快就摧毁了乌克兰和加利西亚。

游击部队在德军的后方作战，破坏其运输路线，劫持他们的补给，杀害他们的巡逻队。他们发现德军很容易受到游击队的攻击，因为阻止入侵的第二个因素是德军战线过长。自6月以来，德军一路高歌猛进，结果使补给线和通信网络不堪重负。

天气是德军面临的第三个也是最关键的障碍，德军后勤问题更加

德军刻赤大屠杀。德军在刻赤（Kerch）村屠杀了 7 500 名平民，在这张苏联在战争期间拍摄的最著名的照片中，村民们正在辨认自己亲人的尸体。他们几乎都是犹太人。苏联当局不强调受害者的犹太人身份，而是强调德军屠杀了苏联公民。公开这些照片增强了苏联人民反抗德国占领者的意愿。

图片来源：Itar Tass Photo Agency / Alamy

恶化。如果德军按原计划在 4 月份进行入侵，他们可能已经占领了莫斯科，并在冬天到来之前进一步向东推进。那次至关重要的推迟意味着德军先是陷入泥沼，然后又陷在雪地里。10 月初的一场雪融化后，苏联的土路变成了无法通行的泥浆路。几周后，当地面结冰时，德军就像 130 年前拿破仑的军队一样，开始与苏联的冬天作战。零摄氏度以下的气温严重破坏了运输线路。马匹被冻死，机器也无法启动。士兵的情

苏联工业实力的重建。1941—1942年冬天，德军的进攻被拖延，这给了苏联一个重要的时间优势：重建工业实力的时间。数以千计的工厂被拆解，将零部件运往乌拉尔东部安全的地方。在这张照片中，工人们开始进行大规模的工厂组装工作。战前他们制造火车车厢，现在他们将制造坦克。

图片来源：Sovfoto / Uig / Getty Images

况也一样糟糕。穿着轻薄的春季制服的德军士兵被冻坏了，到冬季结束时，伤亡名单上的人数超过了东部战线德军总数的30%。

1942年年初，这支军队仍然占领着苏联的很多地区，控制着大部分农业和工业资源。超过300万苏联士兵被杀，另外还有300万人被俘。但在1941年德国未能快速置苏联于死地，这给了斯大林和他的指挥官们一个至关重要的优势，那就是时间。在德军进攻期间，苏联工人拆解了整座工厂，把零部件运到德国轰炸范围之外的东部地区。在1941年8月至10月，苏联军工产业的80%已经被拆解。1941—1942年冬天所获得的时间让苏联得以将这些零部件组装起来，重建了自己的工厂，并将苏联巨大的生产力集中在生产军备上。到1943年，苏联的军备产量超过了德国，坦克的数量是2.4万辆对1.7万辆，火炮的数量是13万门对2.7万门，战斗机的数量是3.5万架对2.5万架。在一场全面战争中，胜利既取决于前线，也取决于装配线，这方面的差距威胁到了希特勒建立德意志帝国的梦想。

战争中的世界（1941—1945）

1941年12月，随着德军在苏联的进展放缓，日本在太平洋的扩张与欧洲的战争融合到了一起，美国也卷入了这场战争。在接下来的四年里，数以百万计的士兵和平民在世界各地爆发的大规模复杂冲突中丧生。

战争的全球化

甚至在1941年之前，欧洲的帝国主义遗产就注定了第二次世界大战不仅仅局限于欧洲。墨索里尼扩张其地中海帝国的野心将战争引到了北非，而在1940年，如果没有其帝国的人力和物力支持，英国永远不可能独自对抗被德国占领的欧洲大陆。德国阻止英国获得这些资源的努力将战争蔓延到了大西洋，在这里，英国商船与德国潜艇展开斗争，以保持通往英国的海上通道畅通。

这些海上通道给英国和此时仍然中立的美国之间提供了至关重要

的联系，因为英国非常依赖美国的资源。1941年3月，美国国会通过了《租借法案》，保证美国给英国提供必要的军事物资，付款推迟到战争结束后。《租借法案》的通过是第二次世界大战期间最重要的决定之一。它先是让英国然后是让苏联得以利用美国强大的工业实力。

随着美国与英国的关系日益密切，它与日本的关系也变得更加敌对。1941年，日本占领了中南半岛，作为回应，美国对日本实施了石油禁运。日本的决策者认为禁运等同于战争行为。日本的帝国野心要求它在石油耗尽之前果断采取行动。作为一个矿产和其他资源的宝库，南太平洋地区诱惑十足。

1941年12月7日至10日，日本军队袭击了美国、英国和荷兰在太平洋地区的领土，包括中国香港、威克岛和关岛、菲律宾、马来半岛以及美国在夏威夷珍珠港的海军基地。在一次仅持续了几个小时的袭击后，美军太平洋舰队受到重创。关岛立即沦陷，威克岛坚持到12月23日，香港在圣诞节当天投降。到了1942年2月，马来半岛和新加坡都落入了日本人之手。到5月，日本军队已经征服了印度尼西亚、缅甸和菲律宾。在短短几个月的时间里，日本就建立了自己在南太平洋的帝国霸主地位，将这里丰富的原材料为自己所用。

日本人的大胆进攻给希特勒留下了深刻的印象。虽然他一直害怕美国的工业力量，但还是在1941年12月11日对美国宣战。在欧洲，德国现在面对的是英国、苏联和美国的联盟。然而，即使在对抗这个联盟的情况下，德国似乎也依然占优势。到了1942年1月，在北非的一次壮观的进攻使德军进入了战略上至关重要的苏伊士运河200英里（约322千米）之内。6月，德军恢复了对苏联的进攻，并很快威胁到了苏联在南高加索地区的油田。由于德军在中东和苏联处于攻势，日本又控制了太平洋，同盟国似乎要输掉这场战争。

转折点：中途岛战役、阿拉曼战役和斯大林格勒战役

12 个月后，形势发生了变化，盟军走上了最终胜利的道路。1942 年下半年是个转折点，三场截然不同的战役改变了战争的进程。在太平洋战场上，中途岛战役的胜利给了美军决定性的优势。在北非，英军在阿拉曼战场上首战告捷。在欧洲，斯大林格勒战役给了德国一个沉重的打击，德国从此一蹶不振。

中途岛战役

中途岛战役的起因是日本试图通过摧毁美国航空母舰来确保其空中霸权。为了达到这个目的，日本人在 1942 年 6 月 4 日袭击了美国的前哨中途岛。到 4 日上午 10 时左右，日本已经击落了三分之二的美国飞机。但随后，一支迷路的美国俯冲轰炸机编队突然发现自己正在日本主力航空母舰的上方。这些航母的甲板上布满了输油管道和炸弹，正在为下一步的攻击做准备。在短短 5 分钟里，这些俯冲轰炸机摧毁了日本 4 艘航空母舰中的 3 艘。第四艘在当天晚些时候也被摧毁。日本航空母舰的毁灭给了日本一个沉重的打击，使其元气大伤。美国拥有丰富的工业资源，有能力来补充失去的舰船和飞机，而日本没有。中途岛战役中这短短 5 分钟的轰炸改变了太平洋战争的进程。

阿拉曼战役

相比之下，阿拉曼战役标志着两年多来北非战争的高潮。正如我们已经看到的，1941 年春天，德国军队赶来支援在利比亚节节败退的意大利军队。到同年 6 月，他们已经把英军逼回了埃及。在一年多的时间里，两军在沙漠里打得难解难分，但最终英军在 1942 年 10 月的阿拉曼战役中战胜了德军。

一个月后，英美联军登陆摩洛哥和阿尔及利亚。在接下来的六个月里，他们把德军赶出了北非，并在 1943 年 7 月为从意大利南部登陆找到了一个立足点。因此，阿拉曼战役是这场战争中的一个转折点。丘吉尔评价说："这不是结束，甚至不是结束的开始，而可能只是开始的结束。"[12]

斯大林格勒战役

丘吉尔恰当的描述也适用于 1942 年的第三个转折点，即斯大林格勒战役。7 月，德军向南横扫石油丰富的高加索地区。希特勒命令向南进攻的军队兵分两路，其中一路剑指伏尔加河上的斯大林格勒。一旦占领斯大林格勒，德军就控制了从高加索地区向苏联其他地区运输石油和食品的主要水路。但是，通过兵分两路，希特勒将他的战线从 500 英里（约 805 千米）延长到了 2 500 英里（约 4 023 千米）。当德军于 8 月 23 日到达斯大林格勒时，他们的补给已经不堪重负。

斯大林的将军们向他保证，他们可以摧毁暴露在外的德军，但前提是斯大林格勒能坚持近两个月，在此期间他们会筹集必要的人员和装备。一场史诗般的城市保卫战就这样打响了，双方围绕每一个街道、每一栋房子和每一个房间展开了激烈的争夺。到了 11 月，苏军已经包围了德军。当时的德国指挥官弗里德里希·冯·保卢斯（Friedrich von Paulus，卒于 1953 年）将军请求投降，希特勒回答说："军队要坚守阵地，直到最后一名士兵和最后一枚子弹。"[13]保卢斯违背了希特勒的命令，并在 1943 年 1 月 30 日投降。但在那时他的军队已经基本上全军覆没。在斯大林格勒战役中，德军在人力、物力和士气上都遭受重创，再也没有恢复过来。

盟军在欧洲的胜利

从地图 27.3 可以看出，1943 年盟军转守为攻。全面战争的破坏性呈指数级增长，正如德军死亡人数统计数据显示的那样，到 1944 年 7 月，280 万德军士兵死亡，而在剩余的 9 个月里，又有 480 万人丧生。

登陆意大利

斯大林长期以来一直恳求他的盟友在欧洲开辟"第二战场"，以缓解苏联军队的压力。1943 年 7 月 10 日，英美联军登陆西西里岛，准备向意大利半岛推进，这里被丘吉尔称为德国控制下的欧洲的"软肋"。对意大利的进攻起初看来是成功的。仅仅 15 天，墨索里尼就被推翻了，他的继任者开启了与同盟国的和平谈判。

然而，这次胜利并不是决定性的。德军占领了意大利，救出了墨索里尼，击退了盟军的进攻。意大利半岛群山环抱，河流纵横，形成了天然的防御堡垒。在 8 个月的时间里，盟军只前进了 70 英里（约 113 千米）。

决定性的前线

因此，决定欧洲战争的不是意大利的山区，而是东线。从 1943 年夏天开始，苏军稳扎稳打，在北到列宁格勒、南到克里米亚的前线上击退德军。苏联和纳粹德国之间的几场战役是历史上最大规模的军事对抗中的一些。据估计，德军在第二次世界大战中 75% 的损失发生在东线。

从 1943 年开始，苏联红军节节胜利，这表明他们已经掌握并改进了德国的闪电战战术。苏军将他们的坦克集中起来，组成由摩托化步兵团、坦克、反坦克营和机动高射炮组成的部队。他们还增加了无线电和野战电话的数量，以避免 1941 年出现的组织混乱。

地图 27.3 盟军在欧洲的胜利（1942—1945）

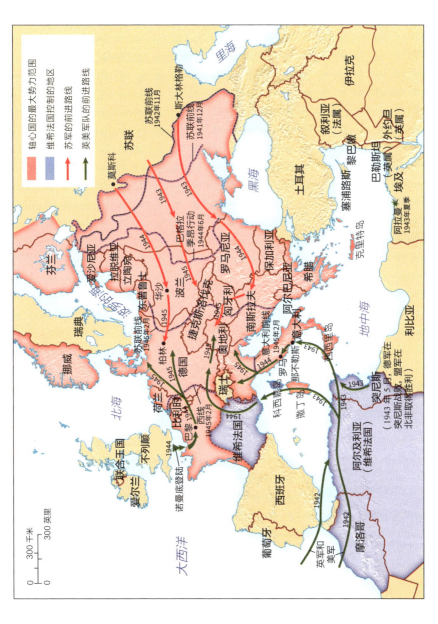

1943 年，盟军开始进攻，关键战役发生在任何时何地？根据这张地图，东线在决定战争结果方面发挥了什么样的关键作用？

这样的机动装甲部队依赖于大量生产现代军队所需的钢铁、橡胶、石油和各种机器部件的工厂。因此，工业生产的成就是苏联胜利的关键因素。虽然《租借法案》给苏联提供了维持其军队运转所需的基本物资，其中包括飞机和坦克、铁轨和机车、卡车和汽油，以及 1 500 万双靴子，但苏联并不仅仅依赖进口。1943 年，苏联生产的坦克数量是进口的 4 倍，生产的坦克和反坦克炮数量是德国的 2 倍。

德国战败

在苏联红军从东面逼近德国时，英国人、加拿大人和美国人也在从西面推进。1944 年 6 月 6 日，盟军发动了历史上规模最大的两栖登陆战。盟军 8 个师的兵力越过英吉利海峡，在法国北部海岸登陆，其中 5 个师（美国 2 个，英国 2 个，加拿大 1 个）搭乘舰艇，另外 3 个是空降师（美国 2 个，英国 1 个）。"诺曼底登陆日"（D-Day）表明了盟军在人力和物力方面的优势。盟军有 8 个师，德军只有 4 个师；盟军有 5 000 架战斗机，德军只有 169 架。

然而，德军的顽强抵抗表明通往柏林的道路并非一帆风顺，尤其是在奥马哈海滩，美军损失了 4 000 多人。盟军面临的任务是将德军从他们 5 年前占领的地方彻底清除出去。在 10 个月的时间里，美军、英军和其他国家的军队打了几场来之不易的胜仗。

当这些军队从西部向德国推进时，苏军也加速了他们在东部的进攻。诺曼底登陆两周后，也就是德军入侵苏联三年后，苏军发动了"巴格拉季昂行动"（Operation Bagration），一位历史学家称之为"历史上最具压倒性的一次军事进攻"[14]。250 万苏军沿着一条 450 英里（约 724 千米）长的战线发起进攻，这条战线从波罗的海一直延伸到白俄罗斯。德军由于兵力和武器上的劣势，溃不成军。一位看到德军撤退的波

柏林之战。1945 年 4 月 20 日，希特勒庆祝了他 56 岁的生日，并罕见地走出了他的柏林地堡，去看望保卫这座城市的士兵。正如这张照片所显示的，这些"士兵"只是孩子。10 天后，希特勒自杀了。

图片来源：Interfoto / Alamy

兰平民写道："他们不再是纪律严明的士兵，而是仓皇逃命之人。"[15] 到 8 月初，苏联坦克部队已经进入华沙，希特勒建立千年帝国的梦想正在灰飞烟灭（见地图 27.3）。

1945 年 3 月，苏军从东部逼近柏林，英美联军也到达了德国莱茵河边界。同盟国同意把占领柏林的任务交给苏联军队。在这场欧洲战争的高潮战役中，32 万德国人（其中许多是未成年的男孩）与 300 万苏军作战。即便如此，直到 11 天后的 5 月 2 日，负责防守柏林的指挥官才投降。而两天前，希特勒先是服用氰化物胶囊，然后又用手枪结束了自己的生命。5 月 7 日，阿尔弗雷德·约德尔（Alfred Jodl，1890—1946）将军签署了德军无条件投降书。

空战、原子弹和日本战败

1945 年春天德国投降时，太平洋战争仍在激烈进行。1942 年中途岛战役之后，美军缓慢地、稳扎稳打地把日军从一个又一个岛屿上驱赶出去。日本的工业发展跟不上战斗中武器与弹药的消耗，而美国的工业发展却突飞猛进。在 1940 年，美国装配线只生产了 2 000 多架飞机，到了 1944 年，已经生产了 9.6 万多架轰炸机和战斗机。美国工人每小时的生产率是日本的 5 倍。

就在美军逼近日本本土时，英印联军挫败了日军入侵印度的企图，并将日军赶出了缅甸。在美国的协助下，澳大利亚军队守住了新几内亚的防线，阻止了日军对澳大利亚的入侵。1945 年 2 月，美国海军陆战队登陆距离日本本土仅 380 英里（约 612 千米）的硫黄岛时，日本的战争努力被粉碎，而盟军已胜利在望。

然而，取得这最后的胜利并不容易。在为期一个月的硫黄岛战役中，美军登陆部队的士兵伤亡了三分之一。4 月，美军占领冲绳岛的胜利更加来之不易。日军因寡不敌众，损失惨重——岛上 12 万士兵中有 11 万人死亡。然而，他们仍然对进攻部队造成了严重的伤害，在战斗结束前，他们造成了 5 万美军士兵的伤亡。没有人统计有多少冲绳人死于这场无端的战争，但据估计多达 16 万人。

空战

在占领了硫黄岛和冲绳岛后，美军有了轰炸日本城市所需的基地。这场空战使用的战术和技术是盟军在过去 5 年对德战争中发展起来的。

他们在 1940 年的不列颠之战中取得了胜利，使英国免遭入侵，但并没有使英国免遭轰炸。到 1941 年 5 月，德国飞机几乎轰炸了英国每一个主要工业城市，造成 4.3 万名非战斗人员死亡。但从 1941 年 1 月起，英国轰炸机就以同样的方式进行报复，随着战争的持续，英国发明了空中轰炸的新技术。例如，1942 年 5 月，英国出动飞机 1 000 架次对科隆实施饱和轰炸。一年后，英国对汉堡的轰炸制造了世界上第一场"火焰风暴"。在这场人为灾难中，大火（由燃烧弹引起）与风结合，吸走空气中的氧气，将大气温度提高到可燃水平。这场轰炸的一名幸存者回忆说："小孩像油炸的鳝鱼一样躺在人行道上。"[16] 超过 50 万德国平民死于盟军的轰炸袭击，其中 20% 是儿童。

为了打败日本，美国空军司令部采用了英军在德国上空完善的战术。在 1945 年 3 月的一个夜里，美军的空袭以及随后的火焰风暴杀死了 8.5 万东京居民。在接下来的 5 个月里，美国轰炸机袭击了日本 66 座城市，烧焦了 180 平方英里（约 466 平方千米）的土地，约 33 万日本人丧生。与此同时，美军的海上封锁切断了日军的补给线。

"曼哈顿工程"

当美国轰炸机在 1945 年春夏摧毁日本城市时，一个由多国科学家组成的小组在新墨西哥州的一个秘密军事设施中进行了一场不同寻常的战斗。所谓的"曼哈顿工程"是指英、美、加联合起来制造原子弹的项目，这是一项非凡的努力，是历史上最大、最昂贵的武器开发项目。然而，即使是美国当时的副总统哈里·杜鲁门也是直到罗斯福总统去世后才知道这个项目的。

"曼哈顿工程"是对抗纳粹德国的战争的一部分。欧洲战争开始时，一些科学家担心德国可能研制出原子弹，他们中许多人是东欧和中欧逃脱纳粹魔爪的科学家，其中许多是犹太人。他们说服英国和美国政府要赶在希特勒之前制造出原子弹。1940 年春天，英国率先成立一个委员会来监督原子研究。英国的研究使美国人相信原子弹是可以制造出来的。1941 年 10 月，就在日本轰炸珍珠港的前两个月，罗斯福和丘吉尔开始在这方面进行合作。"曼哈顿工程"的科学家们花了三年时间努力揭示原子的能量。1945 年 7 月 16 日，他们成功地在新墨西哥州的沙漠上空进行了世界上第一颗原子弹试爆，这次原子弹试验的代号为"三位一体"。但在"三位一体"试爆时，纳粹德国已经战败，因此纳粹原子弹的威胁消失了。

然而，太平洋战争仍在继续。对日本使用原子弹的决定立即引起了争议。许多参与"曼哈顿工程"的科学家反对这一决定，认为这样做超越了关键的道德底线。美国高级将领也反对这一决定，其中包括欧洲盟军最高指挥官德怀特·艾森豪威尔（1890—1969）将军、太平洋盟军最高指挥官道格拉斯·麦克阿瑟（1880—1964）将军。支持这一决定的人认为，如果不使用原子弹，盟军将不得不入侵日本。美国陆军参谋部警告说，如果伤亡率像冲绳战役那样高的话，在入侵第一阶段中死亡的美国人可能会多达 5 万人。然而，海军上将威廉·莱希（Admiral William Leahy，杜鲁门的参谋长）等人认为，入侵是没有必要的，如果盟军保持海上封锁，继续用常规炸弹攻击日本城市，日本将会在 1945 年年底投降。然而，从杜鲁门总统的角度来看，无论是否入侵日本，继续这场战争都意味着继续将盟军士兵置于危险之中。原子弹有望迅速结束战争，让盟军士兵早日回家。

一道"比一千个太阳还亮"的光

1945 年 8 月 6 日上午 8 点 15 分，一架名为"艾诺拉·盖"（Enola

蘑菇云。1945 年 8 月 6 日，原子弹在广岛爆炸，产生了"二战"后最熟悉的画面之一。

图片来源：Keystone / Hulton Archive / Getty Images

Gay，以飞行员母亲的名字命名）的美国飞机在广岛上空投下了一颗原子弹。一道"比一千个太阳还亮"的光闪过天空。原子弹爆炸现场的温度高达 5 400 华氏度（约 2 982 摄氏度）。所有暴露在爆炸中心 2 英里（约 3.2 千米）范围内的人都遭受了严重的灼伤——他们的血液几乎被煮沸，皮肤瞬间脱落下来。广岛在战争时期人口有 40 万，到 1945 年年底有 14 万人死亡，在接下来的 5 年里又有 6 万人死亡。

日本人对广岛的原子弹爆炸感到困惑不解。他们不知道是什么击中了他们。日本政府高层内部逐渐认识到原子弹的威力，那些认识到日本现在必须投降的官员的立场得到了加强。然而，军方的一个强硬派却希望继续战斗下去。

1945 年 8 月 8 日，苏联对日本宣战。第二天，美军又向长崎投下了一颗原子弹，7 万人当场死亡（在接下来的 5 年里又有 7 万人死亡）。8 月 15 日，裕仁天皇宣布无条件投降。

然而，在广岛和长崎，另一场战斗开始了，这次的敌人是看不见的，一开始也不为人知，它就是核辐射。许多美国人和英国人最初认为辐射病是日本的宣传，但这种挥之不去的恐惧表明，原子弹不仅仅是一种威力巨大的武器。在战争结束后的几个月里，政策制定者和普通民众都开始认识到，原子能这一革命性的新力量给世界带来了新的可能性，也带来了新的恐怖。

战争中的战争

军队和先进的武器只是第二次世界大战的一部分。在这场军事战争中，其他战争也在同时发生。

东部杀戮区

大多数屠杀发生在历史学家蒂莫西·斯奈德（Timothy Snyder）所说的"血染之地"，即西起波兰中部、东到苏联西部这片多语言、多民族地区，包括乌克兰、白俄罗斯和波罗的海诸国。[17]这片"血染之地"变成了种族灭绝的实验室。这个杀戮区的平民死亡人数惊人。到战争结束时，波兰战前人口的20%死亡。300多万乌克兰平民也遭受了同样的命运。战前白俄罗斯人口的一半要么死亡，要么被驱逐。

德国占领的波兰成为纳粹在欧洲进行种族重组的舞台。正如地图27.4所示，德国吞并了波兰西部的大部分地区，希特勒认为波兰是德国"重新殖民"的主要地区。1939年9月至1941年6月，一项残酷的驱逐计划迫使波兰人和犹太人离开家园。德国控制的波兰的其余部分，或称"普通政府"地区，成为容纳被驱逐的波兰人和犹太人的"垃圾场"，以及德国战争努力的巨大劳动力来源。希特勒的种族等级制度将斯拉夫人定义为生物学意义上的下等人，他希望斯拉夫人给人种更为优秀的德国人提供劳动力。为了使波兰人民沦为奴隶，纳粹企图摧毁波兰的社会和文化。他们查封企业和银行账户，用德国名称取代波兰地名，关闭大学和高中，谋杀波兰知识分子和专业人士。

德国对苏联（包括苏联占领的波兰和波罗的海诸国）的入侵加剧了这种基于种族的暴力，扩大了杀戮区。正如我们在本章前面看到的，前进的德国军队以可怕的暴行对待当地居民，并将大规模饥饿作为战争手段。纳粹梦想着把乌克兰变成德国一个庞大的农业殖民地，他们认为当地居民是完全可以牺牲掉的。

对犹太人的战争

针对犹太人的战争，通常被称为"大屠杀"（Holocaust 或 Shoah），

地图 27.4 "二战"期间的波兰

1939 年 9 月，德国和苏联瓜分了波兰。德国人把他们得到的领土一分为二。西波兰成为大德国的
一部分，波兰和犹太居民被迫迁移，为新的德国定居者腾出空间。被德国占领的波兰其余地区成为
"普通政府"，一个巨大的强制劳动和杀戮区。死亡集中营在哪里？为什么会这样？

发生在种族重组的政治背景和"血染之地"的地理背景下。根据纳粹的种族主义意识形态，有两个"种族"对帝国构成了固有的威胁，他们是罗姆人（吉卜赛人）和犹太人。战争给了纳粹一个机会去尝试看似不可能的事情，那就是彻底消灭这些民族。有22万—60万罗姆人死于"吞灭"，其中包括几乎所有生活在波罗的海诸国和捷克斯洛伐克的罗姆人。欧洲的犹太人数量比罗姆人要多得多，他们是希特勒仇恨的特别目标。大屠杀夺走了大约600万犹太人的生命。犹太儿童尤其容易受到伤害。在1939年生活在已经或即将被德国控制的地区的犹太儿童中，只有11%幸存下来。

"最终解决方案"的出台

1939年，纳粹政府还没有明确的"犹太人政策"，虽然在征服波兰西部后，近200万犹太人处于德国的控制之下。在将犹太人向东甚至向非洲岛屿马达加斯加输出的模糊计划中，波兰的德国官员专注于识别犹太人，并将他们转移到偏远的、容易控制的地区。根据这种"犹太人隔离区"政策，德国占领者将犹太人赶出他们的家园，并将他们关在与非犹太人邻居隔绝的犹太人隔离区。这里的人住在拥挤的公寓里，食物和卫生条件都很差，他们生活在疾病、饥饿和死亡的梦魇里。在德国入侵波兰和入侵苏联之间的近两年时间里，估计有3万犹太人死亡，有的被德军士兵直接杀害，有的死于驱逐和隔离造成的饥饿和疾病。然而犹太人的苦难才刚刚开始。

入侵苏联给纳粹政策转向彻底的大屠杀提供了背景。德国正规军所到之处都会有一支特别行动队（简称别动队）跟随。在军队提供后勤支持的情况下，这些小型机动部队（总共约3 000人）承担了杀害犹太人的任务。这些谋杀大多遵循相同的模式：别动队士兵（通常在当地居民的帮助下）在城镇或村庄里围捕所有的犹太男人、女人和孩子，把他们成批地押到田野或树林里。他们命令第一批人挖一条大沟，让他们脱光衣服，在沟边排好队，然后近距离向他们开枪。之后，他们让随后的几批人分别排好队将他们射杀。就这样，在一天的杀戮结束后，尸体就可以把沟填满。最后，他们在上面薄薄地覆盖上一层土，就这样这条沟就变成了一个集体坟墓。据估计，别动队这样杀害的人数在 150 万—200 万，波及了波罗的海诸国和乌克兰几乎全部历史悠久的犹太人社区。

1941 年 12 月，随着德军在苏联的军事进攻陷入停滞，希特勒呼吁彻底消灭欧洲犹太人，他指责他们是德国军事灾难的罪魁祸首。1942 年 1 月 20 日，德国高级官员在柏林郊外万湖的一座别墅里会面，起草了种族灭绝计划，他们称之为"最终解决方案"。就连瑞典和爱尔兰等中立国的犹太人也出现在了名单上。万湖会议标志着对欧洲犹太人更有系统的屠杀的开始。

这种系统的屠杀方法建立在别动队在大屠杀中获得的经验之上。通过反复试验，这些人发现了最有效的方法来识别和围捕犹太人，然后射杀他们，并掩埋尸体。但是，别动队的行动也暴露出传统杀戮方法的局限性。射杀需要时间，消耗宝贵的弹药，并且需要很多人来做。此外，即使是训练有素和被成功洗脑的士兵，在近距离射击手无寸铁的妇女和儿童的心理压力下也会崩溃。纳粹需要一种技术手段，一种能让杀人者和被杀者之间保持舒适距离的手段，而死亡集中营就满足了这种需求。

流水线式的种族屠杀

死亡集中营和普通集中营不同。从 1933 年起，希特勒政府将共产党人、同性恋者、耶和华见证会信徒、罗姆人以及任何被定义为政权敌人的人，都判处在集中营强制劳动。在战争打响之后，集中营系统在德

别动队的行动。一名士兵枪杀乌克兰一个村庄的最后一个犹太人。

图片来源：AKG Images

国控制的欧洲地区迅速扩张。集中营成为纳粹战时经济的重要组成部分。德国重要的企业在集中营内或旁边设立工厂，以方便利用集中营里的苦工。大批集中营的囚犯死于残酷的体力劳动、酷刑，以及与营养不良、住房不足和卫生条件差有关的疾病。然而，这种集中营中的这些死亡只是一个副产品，而不是中心目的。相比之下，贝尔赛克（Belzec）、马伊达内克（Majdanek）、索比堡（Sobibor）和特雷布林卡（Treblinka）的死亡集中营只有一个目的，那就是屠杀，并且主要是屠杀犹太人。

从1942年年初开始，整个波兰的犹太人聚居区被清空。这些人被分批挑选出来，被命令聚集在火车站，再将他们驱逐到更东边的"劳动营"。士兵们把他们塞进运输牲畜的车厢里，每节车厢超过100人，全程都站着。由于缺乏食物和水，甚至连呼吸空气都很困难，路程往往要好多天，许多人死在了路上（见本章"历史上的正义"专题）。

幸存者跌跌撞撞地下了火车，进入了一个巨大的"死亡机器"。他们被迫脱光衣服，然后被赶进一个公共"浴室"，而这其实是一个毒气室。把人毒死之后，犹太苦工会把尸体清理出去，埋进万人坑里，或者是用仿照工业烤箱制作的焚化炉将尸体火化。因此，死亡集中营使用工业生产技术来毁灭人类。沿着一条杀人流水线，人类原材料从到达经过筛选，到脱衣室，到毒气室，再到焚化炉。

奥斯威辛－比克瑙的死亡工厂

奥斯威辛－比克瑙集中营把劳动营和死亡集中营结合到了一起。1940年，奥斯威辛集中营最初是波兰人的集中营，1941年以后被用来关押苏联战俘。它发展成为一个占地数平方英里的工业园区，有供7万名囚犯居住的营房。这些囚犯在煤矿、合成橡胶和石油工厂以及一些较小的军事工厂里做苦工。这里的囚犯最终不仅包括波兰人和苏联人，还

历史上的正义

审判阿道夫·艾希曼

1960 年 5 月 23 日，以色列总理大卫·本 - 古里安（David Ben-Gurion，1886—1973）宣布了一个惊人的消息：以色列情报机构摩萨德的特工绑架了纳粹战争通缉犯阿道夫·艾希曼（Adolf Eichmann），并将他偷运到以色列，等待审判。作为盖世太保犹太事务部门的负责人，艾希曼梳理了复杂的官僚程序，以确保欧洲犹太人沿着杀人流水线快速移动，从身份识别到隔离，再到驱逐出境，直至死亡。第二次世界大战以后艾希曼逃到阿根廷，在那里他以"里卡多·克莱门特"（Ricardo Klement）的身份与妻子和孩子一起过着安静、体面的生活，一直到 1960 年。

从本 - 古里安耸人听闻的宣布开始，艾希曼的案子就引起了全世界的注意。600 名外国记者参加了审判，这是首批接受电视摄像机拍摄的审判之一。120 多名目击者做证，其中许多是大屠杀的幸存者。

对艾希曼的审判向尽可能多的观众讲述了犹太人在第二次世界大战期间遭受的苦难。本 - 古里安和首席检察官吉德翁·豪斯纳（Gideon Hausner）都认为，这次审判是"一场巨大的人类和民族灾难的活生生的记录"[18]，可以让全世界人民了解大屠杀的原因和后果。在其动情的开场白中，豪斯纳称自己是"600 万指控者的代言人……他们的尸骨堆在奥斯威辛的山上和特雷布林卡的田地里，或者被波兰的河流冲走"[19]。

等到控方结束陈述时，很明显，艾希曼在这起数百万人的谋杀案中发挥了关键作用。然而，对艾希曼的审判引来了大量的批评，并且至今依然存在争议。批评者指责说，为了给大屠杀受害者和幸存者实现道义上的正义，以色列法庭对艾希曼实施了法律上的不公。绑架艾希曼不仅违反了国际法，而且审判本身也充满了不合规范之处，包括引入与被指控的具体罪行无关的证词。批评者还质疑以色列审判艾希曼的权利的合法性：这些罪行并没有发生在以色列领土上，艾希曼的受害者也不是以色列公民（以色列直到 1948 年才建国）。

作为对这些批评的回应，豪斯纳和其他起诉的支持者坚持认为，正义要求艾希曼受到审判，以色列政府采取了可以采取的唯一一行动路线。那么，在艾希曼的审判中，我们面对的是一个合法性和正义性似乎存在冲突的案件。

艾希曼受审。阿道夫·艾希曼站在防弹玻璃后面，由以色列士兵守卫。
图片来源：Bettmann / Corbis

毫无疑问，艾希曼犯下了骇人听闻的罪行。毫无疑问，以色列政府在审判和判处艾希曼有罪时超越了既定的法律界限。

对艾希曼的审判也提出了关于大屠杀性质的重要问题。这是少数几个坏人犯下的罪行，还是这种罪恶已经深入德国和欧洲的社会呢？控方试图将艾希曼描绘成一个怪物，一个要为数百万犹太人的死负责的邪恶的策划者。就像豪斯纳指出的那样："是艾希曼下令让毒气室投入使用的。他拿起电话，火车就把犹太人送去了死亡集中营。正是他的签字决定了成千上万人的命运。"[20] 这样的描述给大屠杀提供了一个令人欣慰的解释，即犯下这一滔天罪行的不是普通人，而是可怕的恶魔。

然而，许多审判观察员和后来的历史学家认为，这样的描述是错误的。这一论点支撑了对这次起诉最著名的批判——汉娜·阿伦特（Hannah Arendt，1906—1975）于 1963 年出版的《艾希曼在耶路撒冷：一份关于平庸之恶的报告》(*Eichmann in Jerusalem: A Report on the Banality of Evil*)。阿伦特是一位在 1941 年逃离纳粹欧洲的犹太哲学家,她认为,这次审判表明艾希曼是一个执迷于琐碎细节的乏味官僚,一个普通人,却能做出非凡的恶行。

普通人应该为遵从邪恶的命令负责吗?辩护律师罗伯特·塞尔瓦蒂乌斯(Robert Servatius)坚称,大屠杀是一种"国家行为",是一种由政权实施的罪行,任何公务员都不能为此承担责任。艾希曼只是按照吩咐去做。塞尔瓦蒂乌斯通过询问艾希曼如何看待"犯罪问题"来总结他的论点。艾希曼答道:

> 没有责任,就没有犯罪……我对德国领导人下令灭绝犹太人的行为表示谴责和遗憾。可是我自己跳不出我自己的阴影。我不过是上级和当局手中的工具。[21]

审判艾希曼的法官不同意他的说法。在宣布艾希曼犯有种族灭绝罪时,他们指出:

> 我们完全拒绝被告的说法,即他只不过是灭绝机器上的一个"小齿轮"。他不是别人手里的傀儡,而是幕后操纵者之一。[22]

1962 年 5 月 31 日,艾希曼被处以绞刑,这是以色列第一次执行死刑,因为以色列已经废除了除种族灭绝外的所有罪行的死刑。

有来自欧洲各地的人。他们只能得到刚够生存的食物(官方规定的饮食仅够囚犯平均活三个月),奥斯威辛集中营的囚犯每天都要忍受繁重的劳动和持续不断的、不加区分的暴行。

在"最终解决方案"开始实施之后,奥斯威辛集中营的残酷帝国扩张,又增加了一个死亡集中营,即比克瑙集中营。那些被认为足够强壮的犹太人(比例从不会超过 20%)会被挑选出来,送到主要的集中营做苦工。其余的人会死在比克瑙的毒气室里,他们的尸体会在 5 个火葬场中被烧掉。作家埃利·维泽尔(Elie Wiesel)在 15 岁时与家人一起被驱逐到了奥斯威辛集中营，他回忆起当时的挑选过程：

> "男人往左！女人往右！"就这八个字，轻声地，冷淡地，
> 不带任何感情。八个简短而简单的字。然而，就在那一刻，我
> 与母亲分别了。[23]

维泽尔的母亲和妹妹，以及近100万人死在奥斯威辛–比克瑙的
毒气室里。

同盟国的反应

同盟国的领导人很早就获得了关于大屠杀的信息。1939年7月，
在战争开始之前，波兰情报部门就给英国政府提供了一部德国恩尼格
玛密码机。在整个战争期间，英国的密码破译人员一直在破译德国军
方的无线电情报。例如，1941年8月27日，驻苏联的别动队发送了
这样一条信息："南部团射杀了914名犹太人，320警察营的别动队射
杀了4 200名犹太人。"[24]到1942年6月，同盟国领导人知道了死亡集
中营的存在，同年12月，英美政府发布了一份盟国间的声明，描述并
谴责了希特勒屠杀欧洲犹太人的做法。

尽管公开承认了这一点，但同盟国并没有直接采取行动阻止杀戮。
那么同盟国是否应该被认为对大屠杀罪行袖手旁观呢？一些历史学家认
为，英美两国社会的反犹主义阻止了其领导人探索阻止大屠杀的方法
（例如派遣突击队，炸毁通往死亡集中营的铁路，甚至轰炸集中营）。还
有的历史学家认为，这些选择在军事上是不可行的，同盟国做了他们唯
一能为欧洲犹太人做的事，那就是尽快赢得战争。

在战争结束后的几个月里，同盟国的领导人努力让纳粹领导人为

他们的罪行接受审判。这场审判于 1945 年 11 月开始，一名参与者称之为"历史上最伟大的审判"[25]。在长达 11 个月的时间里，一个由四国——美国、英国、法国和苏联——的代表组成的法庭在德国纽伦堡的一个法庭里审判了 19 位德国军事、政治和工业领导人。纽伦堡审判将"危害人类罪"的范畴引入了国际法。

抵抗运动及其局限性

在整个欧洲的德占区，犹太人和非犹太人的欧洲人都加入了抵抗运动，这是一场反对纳粹统治的地下斗争。抵抗运动藏匿了逃亡的犹太人和其他人，破坏了交通系统，暗杀了纳粹官员，并向盟军传递了秘密情报。在波兰，抵抗运动发展成为一个秘密的"国中之国"，包括地下议会、学校系统、印刷机和一支由 35 万人组成的"国家军"。在那些地形可以给游击队提供掩护的地区（如苏联部分地区、南斯拉夫、意大利和法国南部的山区），抵抗组织组成游击队攻击德军。

抵抗运动是伟大的英雄主义运动之一，但只有少数欧洲人参加。德国人的军事力量和残酷无情使抵抗显得徒劳。最著名的一个例子是，1943 年春天，华沙犹太区的犹太人奋起反抗，他们只携带了一两支冲锋枪和一些手枪、步枪、手榴弹和汽油弹，却抵抗了一个多月。但最终，德国人夷平了这个犹太区，并将其幸存者驱逐到死亡集中营。

德国实行集体报复的政策也削弱了民众对反纳粹运动的支持。例如，在 1942 年，英国情报部门空降捷克特工到德国控制的捷克斯洛伐克。特工们暗杀了该地区的党卫军首领莱因哈德·海德里希（Reinhard Heydrich，1904—1942），但他们很快就被出卖。为了报复，德国人屠杀了利迪策（Lidice）村的所有居民。

在与德国结盟的国家（而不是被德国征服的国家），潜在的抵抗者必须说服自己，爱国主义要求他们与自己的政府作对。因此，在法国，直到1943年，加入抵抗运动就意味着反对合法成立但又通敌的维希政府。因此，许多法国人把抵抗运动的战士视为叛徒，而不是英雄。然而，到了1943年，另一个国民忠诚的焦点出现了，那就是由夏尔·戴高乐（1890—1970）将军领导的"自由法国"。戴高乐宁愿流亡，也不愿接受与纳粹德国的停战协定。1942年11月，英美联军在北非登陆后，戴高乐宣称自己是自由法国临时政府的领导人，并号召所有忠诚的法国人抵制纳粹统治和维希政府通敌。

内战和民族主义的残暴

抵抗运动内部的分歧不仅限制了其影响，而且增加了战争造成的人员伤亡。例如，在希腊，共产党主导的民族解放阵线与一个为恢复希腊君主制而斗争的敌对抵抗组织展开了斗争。那时，没有单纯意义上的"抵抗"，抵抗组织之间的战斗常常演变成内战。

南斯拉夫的流血事件证明了抵抗运动和内战之间的联系。1941年德国入侵克罗地亚后，建立了一个纳粹傀儡政权，积极采取针对犹太人、穆斯林和塞尔维亚人的大屠杀政策。在克罗地亚和南斯拉夫其他地方出现的抵抗运动，因为民族主义和不同的政治路线而发生分裂。名为"切特尼克"（Chetniks）的塞尔维亚游击队支持流亡的塞尔维亚君主的回归，希望恢复塞尔维亚在南斯拉夫的统治地位，他们不仅与克罗地亚人和德国人作战（并屠杀犹太人和穆斯林），还与共产党"游击队"作战。在约瑟普·布罗兹（Josip Broz，1892—1980，别名"铁托"）的领导下，这些游击队员赢得了内战，将德国人赶出了南斯拉夫，在战后建立了共产主义政权。然而，在共产主义意识形态形成的统一表象之下，南斯拉夫民族主义分裂的矛盾依然很尖锐。

《1940 年的女英雄》。这张希腊海报设计于 1946 年，是为了纪念女性在希腊抵抗运动中的贡献。
图片来源：De Agostini Picture Library / Getty Images

在东部的杀戮区，即波罗的海诸国、白俄罗斯、乌克兰和波兰东部，德国军队从 1943 年开始的撤退引发了民族主义团体之间的一段恶性冲突，这些民族主义团体争夺战后的统治地位。例如，乌克兰游击队袭击了德国和波兰在其为独立的乌克兰划定的领土上的定居点。至少有5 万波兰人死亡，成千上万的波兰人被迫逃往西方。一名乌克兰游击队队员命令道："清除所有波兰人留下的痕迹，要记住这样一个事实：一旦留下了波兰的东西，波兰人就会觊觎我们的土地。"[26] 作为回应，位于加利西亚和波兰东部的波兰部队也对他们的乌克兰邻居发动了攻击。

占领区和大后方

对于欧洲占领区的男人、女人和儿童来说，没有"大后方"，因为战争已经蔓延到了每一个角落。但即使在没有被敌人占领的国家，大后方也不是一个安全的地方，而是另一种战争的战场。第二次世界大战抹去了战斗人员和非战斗人员之间的区别，模糊了性别角色，并引发了对激进社会变革的呼声。

占领政策以及强制劳动

在这一章中，我们已经看到，在德国占领的欧洲，纳粹的种族理想决定了普通人的生活现实。纳粹明确区分了西欧的民族和东欧的斯拉夫民族，前者包括荷兰人、挪威人、丹麦人和佛兰德人，这些人都被认为是种族上优越的"日耳曼民族"。纳粹认为，"日耳曼民族"可以被教导成优秀的纳粹分子，因此他们可以免受德国占领东欧时的极端暴力。

然而，德国对西欧的占领虽然没有对东欧那么残忍，却依然残酷。

任何公开反对纳粹的人都将面临监禁或死刑。纳粹强迫被占领的国家支付高额的费用来维持其占领的成本，并以低价向德国出售制成品和原材料。1943 年之后，德军的损失不断增加，食物和其他物资的库存逐渐减少，德国对平民劳动力的需求日益增加，占领变得更加残酷。

对东欧和西欧的数百万人民来说，战争意味着在德国的强制劳动。由于前线需要大量士兵，纳粹几乎在每个经济部门都面临劳动力短缺的问题。将经济置于全面战争状态将意味着实施不受欢迎的措施，如征召女性从事工业劳动，延长工作时间，禁止休假，等等。纳粹选择从被征服的地区"招募"劳工。到 1944 年 8 月，德国农场主和工厂主雇用了超过 570 万外国平民劳工（其中三分之一是女性）和近 200 万战俘。这些外国工人占德国农业和军需品工厂劳动力的一半以上，占采矿、化工和金属等主要战争工业劳动力的三分之一。

外国劳工不仅给德国的战争机器提供动力，也维持了德国平民的士气。外国劳工使后方的德国人免受全面战争的冲击，并使他们确信自己属于一个优越的种族。纳粹法规规定，德国工人可以自认为是与他们一起工作的外国人的主人。许多德国工厂主发现，他们现在雇用的工人几乎没有什么政治权利，这让他们松了一口气。一家飞机制造公司的主管解释说："雇用外国人的最大优势……是我们只需要发号施令。没有人敢拒绝，没有必要讨价还价。"[27]

女性的战争

第二次世界大战从各个方面来说都是一场女性的战争。落在城市里的炸弹不分性别，炸死谁是谁；强制劳动、大规模驱逐出境和种族灭绝的命运落在男性和女性二者身上。在被占领国家，女性在抵抗运动中战斗，甚至付出生命。在没有被敌军占领的国家，女性往往首当其冲，因为面对极度的匮乏和少得可怜的定量配给，她们通常要想办法解决一家人的衣食问题。像煎锅、牙刷、自行车轮胎、婴儿奶瓶和电池等这些基本的家庭用品几乎消失了。食物短缺，衣服不得不反复利用。正如英国政府的宣传小册子所说的那样，女性成了"将就和修补"的专家。

在全面战争中，军事上的胜利既取决于前线的男人，也取决于装配线上的女人，因此女性被动员起来，参加支持战争的工作。英国的女性不参加战斗，但她们被征召到民防、与战争有关的工业或武装部队服役。在英国空袭防御部门工作的平民中，女性占了25%，她们担任管理员、救援人员和电话接线员。在金属和化学等男性主导的行业工作的女性人数急剧增加。

只有苏联比英国更充分地动员了女性。苏联女性占农业劳动力的80%，占工业劳动力的50%。所有45岁以下的苏联成年男女，只要不从事必要的战争工作，就都被要求每天工作11个小时来建造防御工事。苏联女性也参加战斗。到1944年，前线部队有24.6万女性。对于所有苏联公民而言，无论男女，在后方的生活都意味着无尽的劳动和不足的食物供应。

在1943年之前，德国的大后方与英国和苏联形成了鲜明的对比。纳粹对女性就业的政策建立在希特勒的这样一个信念之上，即他认为德国在第一次世界大战中失败的部分原因是国内士气的崩溃。因此，在第二次世界大战的前几年，纳粹政府并没有大幅降低消费水平。此外，希特勒相信，"德意志民族"的未来取决于中产阶级女性得到保护，免受有偿劳动的压力，以便能够生育健康的雅利安后代。因此，德国使用外国劳工取代了对本国女性的全面动员，直到军事上的需求才削弱了纳粹的性别意识形态。

对于德国女性来说，斯大林格勒战役的失败是一个转折点。由于

第二次世界大战海报。这张海报是为了招募女性志愿者参与战争工作。然而，全面战争的需要意味着英国政府不能仅仅依靠自愿，而是不得不征召女性到工厂和辅助服务部门工作。

图片来源：National Archives / SSPL / Getty Images

在东线每月平均损失 15 万人，德国军队需要更多的士兵。希特勒的副手约瑟夫·戈培尔（Joseph Goebbels，1897—1945）下令对后方进行全面动员。最后在战争绝望的一年，纳粹德国大量使用女性劳动力。

在所有参战国家中，美国后方的情况是独一无二的。超过 70% 的美国女性没有参加有报酬的工作。美国很少实行配给制，消费水平较高。事实上，对许多家庭来说，在经历了多年的经济萧条之后，战争年代出现了繁荣。第二次世界大战期间，美国的城市从未被轰炸过，因此，美国能够在士兵和平民、男人和女人之间保持着清晰的界限，而在其他参战国家，这种界限是模糊不清的。

我们在为什么而战？

为了动员人民参加全面战争，政府必须说服自己的公民支持战争。维持士气，激励平民和士兵忍受贫困和危险，要求领导人对下面这个问题给出一个有说服力的答案：我们在为什么而战？

神话与士气

无论是民主的还是独裁的，所有的国家都依靠神话、民族起源和身份认同的故事来团结不同的个人、阶级和群体。在全面战争时期，这些神话变得至关重要。政府会利用艺术家、艺人和大众媒体技术来创造神话，鼓舞士气。在德国，战前严格的审查制度已经使艺术和娱乐业屈从于纳粹国家的需求。战争加剧了这种控制，因为审查制度变得更加严格，纸张短缺限制了书籍和期刊的生产，而被征召到东线作战的威胁使艺术家们只好乖乖服从。

在战争期间，电影作为一种艺术形式崭露头角，它能够创造民族团结的重要神话。劳伦斯·奥利弗（Laurence Olivier）改编了莎士比亚的名著《亨利五世》（*Henry V*，1944），它讲述了一个克服巨大困难、取得军事胜利的经典故事，让英国观众深受鼓舞。在意大利，一群被称为"新写实主义者"的电影人创作了一系列电影，将民族团结的抵抗精神搬上银幕。像罗伯托·罗西里尼（Roberto Rossellini）的《罗马，不设防的城市》（*Open City*，1945）这样的电影在外景地拍摄，演员是业余的，布景很逼真，以诚实和尊重的态度描绘了下层社会的生活，并呼吁在旧社会的废墟之上创建一个更好的社会。

重建计划

在第二次世界大战期间，罗西里尼对建立新社会的呼吁在整个欧洲引起了共鸣。人们对社会民主达成了共识，即国家干预经济生活以确保公共福利和社会正义（见本书第 26 章）。早在 1942 年 12 月，英国政府的一个委员会就为战后社会制订了一个激进的计划。在一份官方文件中，该委员会用一种不同寻常的语言指出了"重建道路上的五大拦路虎"，它们分别是匮乏、疾病、愚昧、肮脏和懒惰。[28] 为了消灭这些拦路虎，该委员会建议国家承担责任，通过提供家庭津贴、社会福利计划和国家医疗服务，确保所有人的充分就业和最低生活标准。这本《贝弗里奇报告》（*Beveridge Report*，以委员会主席的名字命名）成为英国畅销书，也是战后欧洲一系列社会福利计划的基础。

三个因素可以解释欧洲政治的这种激进的重新定位：首先，也是最重要的一点是，随着战争的延续和死亡人数的增加，欧洲人希望他们所承受的痛苦不会白费。他们想知道，他们不是为重建 20 世纪 30 年代萧条和分裂的社会而战，而是为建设一个新欧洲而战。例如，在法国，1944 年的《抵抗宪章》要求通过重点行业的国有化、建立全面的社会保障体系、承认工人参与管理的权利来建立"更加公正的社会秩序"。

其次，这场战争（以及不断被揭露的纳粹暴行）使极右翼政治名声扫地。无论是法西斯、纳粹还是保守独裁，这种政治都从合法的政治讨论中消失了。但是，作为战前大萧条的牺牲品，在欧洲（尽管美国的情况有所不同），以自由而自私的个人在不受管制的经济中竞争为特征的自由主义理想也已经破灭。因此，新欧洲的建设必须走一条不同的路线。

最后，抵抗运动和战时动员的经验都告诉人们，国家的力量可以用来在不践踏个人权利的基础上改善公民的福祉。20世纪30年代，极右的希特勒和墨索里尼说服了许多人，个人并不重要，只有国家才是重要的。但是，抵抗运动重申了个人及其选择的关键意义。与此同时，参战国成功地调动其经济以应对全面战争，这表明国家采取行动的积极可能性。政府如果可以通过干预经济来应对战争，为什么不能为了和平时期的繁荣和更大的社会正义而干预经济呢？在战后，民主制度将激进的国家从法西斯主义和纳粹主义那里解救了出来。

结语：新西方——奥斯威辛和原子弹之后

纳粹认为西方是一个以种族为基础的威权秩序，在战时与这种观点的碰撞至关重要，因此才有了西方世界对民主进程和民主价值观的更加坚定的信念。但是，如果把第二次世界大战描述成民主政体与纳粹主义之间的冲突，未免过于简单化了。为了打败纳粹德国，英国和美国的民主政体与斯大林领导的苏联结盟。

苏联在战后成为东欧的主导力量。英美联盟与苏联之间固有的紧张关系直接导致了冷战，这种意识形态和政治冲突主导了第二次世界大战后的世界，并再次迫使人们对西方进行重新定义。从1949年到1989年，在地图上标出西方很容易，西方就是和苏联对立的美国及其同盟。然而，与此同时，出现了一个新的分裂。第二次世界大战标志着欧洲帝国对非欧洲世界的控制正在走向终结。战后，工业发达国家和试图摆脱殖民历史的不发达地区之间的紧张关系不断恶化，这种关系被称为"南北关系"。

帝国统治非欧洲地区的动力主要来自对西方霸权的信念。然而，日本在第二次世界大战期间的胜利打破了西方在军事上不可战胜的幻觉。第二次世界大战后，人们逐渐认识到大屠杀的恐怖，这粉碎了任何仅剩的西方文化优越感。当受过教育的、据说是文明的人把孩子送入伪装成淋浴间的毒气室时，这样一种文化还能宣称自己优越吗？广岛和长崎的原子弹爆炸给正在进行的关于西方意义的争论增加了更多的难题。出于一片好心，西方世界一些最伟大的头脑却制造了能在几秒钟内杀死和残害数万平民的武器。西方的技术是否超前于西方的道德？而这些技术在民主社会中又会产生怎样的影响呢？例如，控制这类武器的需要会导致破坏个人自由的措施吗？

因此，纳粹发明的流水线式的大屠杀，以及以截然不同的方式高效摧毁城市人口的原子弹，所有这些都迫使个人以及政治领导人直面西方工业化的破坏性潜力。几个世纪以来，利用科学探究的方法来揭示真理，实现物质和道德的双重进步，这支持了西方人的自我认同和文化优越感。但第二次世界大战证明，最好的科学会被用来生产最坏的武器，技术和方法可以在死亡工厂相结合。接受这一认知并直面其含义的任务塑造了1945年后的西方文化。

柏林墙的拔河。被电视摄像机拍到的这名女子试图从窗户逃到西柏林。她成功了。

图片来源：Picture alliance / Dpa / Newscom

第 28 章

重新定义第二次
世界大战之后的西方

1961 年 8 月，在一个看似平常的日子里，西欧的电视观众目睹了不寻常的一幕。在新闻摄像机的拍摄之下，来自东柏林（民主德国控制的那一半）的警察正在和来自西柏林（联邦德国控制的那一半）的消防员进行一场拔河比赛。然而，在他们中间的不是一段绳子，而是一位中年妇女。东柏林的警察试图将这名女子拉回一幢公寓楼，而西柏林的消防队员奋力将她拉出来。

柏林墙的建造引发了这场奇怪的拔河比赛。在 20 世纪 50 年代，越来越多的民主德国的人试图进入西柏林。最终在 1961 年，民主德国和苏联当局采取了行动。8 月 13 日，周日凌晨，他们沿着柏林的东西分界线竖起了一道带刺的铁丝网，阻止任何人越过这道铁丝网进入西柏林。然而，在某些情况下，这条分界线直接穿过公寓楼，因此，在接下来的几周里，这些公寓提供了名副其实的"通向西方的窗户"。西柏林的消防员们带着毯子等待着，随时准备抓住任何愿意从窗户跳下来的人，也就是从东欧逃出来的人。这些窗户很快就被关闭了。当局首先用砖封住了面向西柏林的窗户，后来又夷平了整栋公寓楼。带刺的铁丝网变成了混凝土墙，有碉楼提供支撑，有探照灯照明，有武装警卫巡逻。

这名身份不明的女子悬挂在窗外，名副其实地被夹在东西方之间，象征着 20 世纪 50—60 年代的欧洲。在这几十年里，美国和苏联之间的冷战塑造了欧洲的政治、文化和社会。正如这名妇女渴望进入西方所表明的那样，美国在西欧的影响并不能与苏联在东欧的控制相提并论。然而，无论是在西欧还是东欧，很多欧洲人感到他们不再对自己的社会拥有完全的掌控权了。

冷战在某种程度上是两种相互冲突的意识形态的碰撞，是一场思想和价值观的较量，也是一场武器和战士的较量。双方都宣称拥有普世文化，都实现了一种有益于所有人类社会的生活方式。这种意识形态的碰撞迫使人们重新定义"西方"。之前的章节已经描述了这种文化结构是如何随着时间的推移而发生变化的。到 19 世纪晚期，基督教虽然仍很重要，但在定义"西方"时，它已经不如工业技术、白人种族优越感的幻觉，对资本主义经济和自由政治价值观的信仰等因素那么重要了。冷战加剧了对苏联和共产主义意识形态的恐惧。具有讽刺意味的是，这些恐惧有时会破坏西方对民主的信念，尤其是在发展中国家。

值得注意的是，冷战变成"热战"的地方不是欧洲，而是朝鲜、古巴和越南等地。在这一时期，工业化国家与经济不发达地区之间的"南北"经济差距不断扩大，前者主要位于北半球，后者主要位于南半球，其中许多刚刚摆脱殖民统治。随着冷战越过欧洲边界进入发展中国家，两种不同的竞赛交织在一起，一种发生在南北之间，一种发生在东西之间。那么，这些竞赛是如何塑造不断发展的西方概念的呢？

可疑的和平（1945—1949）

第二次世界大战于 1945 年春夏结束，但杀戮还没有结束。战后的清洗、驱逐和内战导致的死亡总数继续上升。随着"热战"的消退，冷战开始了，冷战的一方是苏联及其控制的国家，另一方是美国及其西方盟友。

毁灭、死亡和难民

1945 年 5 月，德国投降并没有立即给欧洲带来和平。南欧和东欧的许多地区发生了内战，而在其他地区，胜利者带着复仇的怒火转向战败者。在波罗的海诸国和乌克兰，反对苏联的游击组织一直战斗到 20 世纪 50 年代初。第二次世界大战后，那些不再交战的欧洲国家面临着重建的艰巨任务。密集的轰炸使大多数公路、铁路和水路无法使用。由于劳动力、种子、肥料和基本设备都短缺，1945 年的农业产量比战前的水平降低了 50%。战争对金融体系的破坏不那么明显，但同样也很严重。欧洲没有贬值的货币很少。在战败的德国，香烟取代马克成为交换单位。

地图 28.1 显示了战后欧洲所面临的最严重的问题之一是难民或流离失所者。第一，难民问题源于战争本身，入侵和大规模轰炸使千百万人无家可归。第二，希特勒的种族重组政策也导致了难民人数的飙升，因为在被战争撕裂的欧洲废墟上还有很多集中营幸存者。

导致难民问题恶化的第三个因素是和平解决方案本身，它重新划定了德国的边界，并重申了苏联对波兰东部和波罗的海国家的吞并。为了解决它们认为的少数民族问题，同盟国和东欧各国政府同意了一项人口迁移政策。这一政策迫使 1 800 多万欧洲人背井离乡，用单一民族的民族国家取代了古老的多语言、多民族社会。因为苏联、波兰、捷克、罗马尼亚、南斯拉夫和匈牙利等国政府都强行驱逐德意志人，所以他们遭受的打击尤为严重。由于在没有食物和补给的情况下被迫上路，大约 200 万德意志人在途中丧生。

地图 28.1　第二次世界大战后：边界和人口的变化

第二次世界大战及其余波导致了千百万人的迁移。政治野心和军事关切与种族和民族仇恨以及正在出现的冷战相结合，创造了新的国家边界，导致了整个人口的交换。一条边界线在地图上移动了 0.25 英寸（约 6.35 毫米），这意味着成千上万的男人、女人和孩子要在战后的经济崩溃和社会动荡中被迫离开家园，进入陌生的新城市或村庄。战后国家边界的重大变化有哪些？哪些人群受这些变化的影响最大？

从热战到冷战

1945 年之后，对这种可疑的和平构成最大威胁的冲突是冷战，即美苏之间争夺全球霸权的斗争。在德国和日本战败后的短短几年时间里，第二次世界大战时的盟友就变成了敌人，温斯顿·丘吉尔所说的东欧和西欧之间的"铁幕"落下了。

战时同盟的脆弱结构

使英国、苏联和美国结成同盟的是共同的战时敌人，而不是共同的战后目标。为了确保苏联的安全和权力，约瑟夫·斯大林要求苏联的边界向西延伸，苏联的"势力范围"包括苏联西部边界沿线的国家。他直言不讳地指出："你拥有的越多，你就越安全。"[1]

斯大林要求在东欧建立"友好"的共产主义政府，这与美国和英国的目标相冲突。美国总统富兰克林·罗斯福认为，在整个欧洲（包括苏联边境）建立民主制度对国际安全和美国的繁荣至关重要。一位美国官员向国会解释说："如果在外国扶植了好的政府，就会为我们自己创造更好的市场。"[2] 同盟国的第三位领导人是英国首相温斯顿·丘吉尔，他认为苏联的势力范围向西延伸是对欧洲均势的威胁。他尤其关注斯大林对波兰的计划，因为 1939 年 9 月英国之所以会参战，就是因为纳粹入侵波兰。有超过 20 万波兰士兵为盟军作战。

1943 年 11 月，当斯大林、丘吉尔和罗斯福"三巨头"在德黑兰会议上首次会晤时，波兰问题也在议事日程之中。斯大林坚持要恢复 1940 年的波苏边界，即根据《苏德互不侵犯条约》的秘密条款划定的边界。丘吉尔和罗斯福认识到，如果他们同意，就相当于肯定了 1939 年苏联对波兰东部的占领。然而，他们也知道数以百万计的苏联士兵正在东线拼命，他们渴望保留斯大林对同盟的全部承诺。于是，在德黑兰

"三巨头"（1945 年 2 月，雅尔塔）。从 1941 年到 1945 年 4 月，"三巨头"指的是丘吉尔、罗斯福和斯大林。然而，在战争即将结束时，"三巨头"的组成突然发生了变化，哈里·杜鲁门取代了罗斯福，克莱门特·艾德礼取代了丘吉尔。

图片来源：Courtesy of the Franklin D. Roosevelt Presidential Library and Museum, Hyde Park, New York

会议上，他们秘密地达成这样一项协议，即波兰战后的边界将向西移动数百英里。[3]

　　到了 1945 年 2 月，当"三巨头"在克里米亚海滨城市雅尔塔会面时，斯大林站在了一个更强大的谈判立场上。正如他所说的那样："每个人都把自己的制度强加到他的军队所能到达的地方。"1945 年，苏联军队的影响范围很大，它的士兵占领了波兰、罗马尼亚、保加利亚、匈牙利和捷克斯洛伐克的大部分地区。[4]罗斯福希望得到斯大林对日宣战的承诺，这也增加了斯大林的谈判筹码。就这样，雅尔塔会议产生了一种自相矛盾的妥协。斯大林承诺在东欧进行自由民主的选举，而罗斯福和丘吉尔则同意这种自由选举产生的民主政府应该是亲苏联的。然而，他们没有定义"自由"或"民主"，也没有做出监督或管理选举的安排。

在德国未来的问题上，"三巨头"也存在分歧。斯大林希望从德国榨取一切可用的资源来为苏联的重建买单。然而，罗斯福坚信，欧洲的经济复兴离不开一个繁荣的德国。此外，他和丘吉尔担心，一个虚弱或分裂的德国会方便苏联向中欧扩张。在雅尔塔会议上，"三巨头"并没有解决德国未来的问题，但他们同意将德国和具有象征和战略意义的城市柏林分割成由美国、苏联、法国和英国分别掌控的占领区（见地图 28.1）。

罗斯福不愿加深裂痕，选择暂时搁置在雅尔塔会议上无法达成一致的决定。他希望战后成立一个新的国际机构——联合国来解决这些有争议的问题。然而，如果苏联拒绝参与，联合国就会像战间期的国际联盟一样失败。因此，罗斯福试图避免冲突，因为冲突可能会给斯大林一个阻止苏联加入联合国的理由。

罗斯福还希望新的国际经济结构能够稳定战后秩序。1944 年，美国和欧洲的主要经济学家聚集在新罕布什尔州，为战后的经济复兴出谋划策。考虑到第一次世界大战之后的经济混乱，为了避免 20 世纪 30 年代大萧条的重演，他们起草了《布雷顿森林协定》，作为西方战后经济秩序的框架。为了使全球经济平稳运行，布雷顿森林体系承认美元为世界储备货币，并固定了汇率。它还建立了两个新的国际经济机构，即国际货币基金组织和世界银行，前者是为了保持成员国货币的稳定，后者是为了鼓励全球经济发展。

加深的裂痕（1945—1946）

"三巨头"最后一次峰会于 1945 年 7 月在德国城市波茨坦召开，但这次会议并没有弥合苏联与其盟国之间的分歧。斯大林面对的是两个不熟悉的谈判伙伴。美国新总统哈里·杜鲁门（1884—1972）接替了 4 月去世的罗斯福，而在峰会进行到一半的时候，英国新首相、工党领袖克莱门特·艾德礼（Clement Attlee）接替了丘吉尔的位置。这些改变几乎没有产生什么影响。斯大林要求控制他的军队占领的领土，而英国和美国越来越认为这一要求是对民主理念和欧洲均势的威胁。

在波茨坦会议期间，另外两个因素加剧了盟国领导人之间的敌意。第一个因素是英国外交大臣欧内斯特·贝文（Ernest Bevin，1881—1951），他在很大程度上决定了艾德礼政府的外交政策，他曾经反对共产主义者控制英国工会。贝文是一名强烈的反斯大林主义者，也是一名热心的英国民族主义者。他认为强大的苏联会威胁到英国作为大国的地位，因此敦促美国对苏联的要求采取强硬态度。

第二个因素更具戏剧性。在峰会期间，杜鲁门收到一封电报，通知他代号为"三位一体"的原子弹爆炸试验在新墨西哥州取得成功（见本书第 27 章）。这个消息意味着对日战争即将结束，美国和英国不再需要或希望斯大林参加太平洋战争。西方安抚斯大林的一个重要动机消失了。

然而，在波茨坦会议之后，这一战时同盟仍然完好无损。杜鲁门反对美国在欧洲永久驻军的想法，因此在接下来的几个月里，他试图解决导致盟国领导人分歧的冲突。斯大林也不想做得太过分。他害怕美国的军事力量，希望通过削减军事开支来重振苏联经济。因此，在斯大林认为属于西方势力范围的地区，他采取了被动政策。他拒绝协助共产主义者推翻英国支持的希腊君主，并命令西欧的共产主义政党与非共产主义政党共同组建联合政府。

一分为二（1946—1948）

在德国命运问题上的分歧加速了同盟的分裂。在雅尔塔会议上，同盟国已经同意战后对德国分而治之，在波茨坦会议上，杜鲁门和艾德礼屈服于斯大林对德国赔偿的要求：英国、美国和法国的占领国政府将工业制成品和机器从工业化程度较高的德国西部地区运到苏联占领的以农业为主的东部地区。作为交换，苏联同意从它占领的地区向西部地区提供食物和原材料。1946年，英国和美国当局认识到德国人面临着饥饿。他们深信经济复苏必须是当务之急，因此把各自的地区合并成一个单一的经济单元，并停止向苏联提供赔款。同盟国在德国统一行动的伪装现在都放弃了，杜鲁门也改变了他最初尽快从德国撤军的计划。1946年9月，美国国务卿詹姆斯·贝尔纳斯宣布："我们不走了。"[5]他们确实是这样做的，截至2015年，美国军队仍然驻扎在德国。

1947年杜鲁门主义的出台暴露了斯大林和西方之间不断加深的裂痕。作为一项美国政策，杜鲁门主义是对英国行动做出回应的结果。同年2月，英国政府通知杜鲁门政府，它无力继续协助希腊政府打击共产主义武装。美国立即接替了英国在希腊的角色。更重要的是，杜鲁门趁此机会提出了"杜鲁门主义"，即美国要致力于遏制政策，在全世界范围内的任何地方抵制共产主义的发展。

马歇尔计划——尤其是斯大林对该计划的抵制——强化了欧洲分裂成两个敌对阵营的局面。1947年，时任美国国务卿乔治·马歇尔

（1880—1959）访问欧洲，对其所观察到的破坏和绝望感到震惊。由于担心饥饿的欧洲人可能转向共产主义，马歇尔建议美国承担欧洲经济复苏的责任。马歇尔的提议一开始并没有引起多少人的注意，但英国外交大臣欧内斯特·贝文从广播中听到了有关此事的报道。贝文深信，美国在欧洲的持续存在符合英国的利益，他称赞马歇尔计划是"抛给溺水者的救生索"。[6]

法国外交部长乔治·皮杜尔（Georges Bidault，1899—1983）对此也表现出很大的热情，他们一起使马歇尔计划成为现实。贝文和皮杜尔与其他 12 个欧洲国家的代表一起，制订了一项为期四年的欧洲经济重建计划，加速了西欧向战后繁荣的飞跃。最终，美国给欧洲提供了 130 亿美元的援助，一个新的国际机构成立了，即欧洲经济合作组织，致力于消除贸易壁垒和稳定货币。

据估计，苏联从东欧抽走的财富大致相当于美国根据马歇尔计划向西欧注入的援助。美国给每一个欧洲国家提供援助，然而，如果一个国家接受了援助，它就必须加入欧洲经济合作组织。由于斯大林将这一组织视为美国统治的工具，所以他禁止东欧国家的政府接受马歇尔计划的资金援助。

冷战开始

斯大林对东欧的控制日益加强，这加深了美国和西欧对苏联目的的怀疑。然而，斯大林主义在东欧的传播部分原因是斯大林对一个关键的东欧国家"失去"控制。在 1948 年，南斯拉夫共产党领导人铁托与斯大林断绝了关系，铁托的独立让斯大林非常震惊，因而斯大林加强了对东欧其他国家的控制。

斯大林与铁托的决裂，以及由此导致的斯大林主义在东欧的蔓延，恰逢冷战的第一次"战役"。1948年6月，斯大林下令封锁被美国、法国和英国控制的西柏林。斯大林希望迫使这些西方国家恢复联邦德国的赔款支付，或者至少放弃对西柏林的控制。相反，英国和美国以柏林空投作为回应。在将近一年的时间里，每三分钟就有飞机在西柏林降落，不分昼夜，运送1.2万吨的日用物资。1949年5月，斯大林承认失败，取消了封锁。柏林和德国一样，在接下来的40年里一直处于分裂状态。

1949年，另外三个事态发展将最后的线索编织成基本的冷战格局。第一，被占领的德国的英国控制区、美国控制区与法国控制区合并成为与西方结盟的联邦德国，而苏联控制区则成为共产主义民主德国。第二，1949年4月，9个西欧国家与美国和加拿大结成了北大西洋公约组织（以下简称北约），这是一个专门旨在击退苏联干预西欧行动的军事联盟。第三，1949年8月29日，苏联成功试爆了自己的原子弹。在接下来的几年里，斯大林迫使他的东欧卫星国加入了一个反西方的军事联盟（1955年最终确定为华沙条约组织）。美国和苏联研发了氢弹或者说热核炸弹，这些武器的破坏力远远超过了原子弹。就这样，欧洲被分成两个敌对的军事阵营，每个阵营都由一个拥有核武器的超级大国控制。

西方与世界：全球性的冷战和帝国的终结

20世纪50年代初，欧洲分成了两个敌对的冷战阵营。在接下来的20年里，冷战敌对不仅程度加剧，而且范围也有所扩大，两个超级大国充当领导，世界各国纷纷站队。战后的另一种发展是"去殖民化"，即欧洲列强从海外领土撤退，冷战的全球化既与其交织在一起，也被其加速。为了争夺权力，相互竞争的民族主义团体向美国或苏联寻求支持，而超级大国则利用经济和军事援助，以及秘密行动，哄骗和强迫新独立的国家在冷战冲突中选择立场。

冷战的全球化

朝鲜战争是冷战全球化进程中重要的一步。朝鲜曾经是日本的殖民地，和德国一样，在第二次世界大战后成为分裂的国家。一个与苏联结盟的政权控制了朝鲜半岛的北部，一个由美国支持的反共政权控制了朝鲜半岛的南部。1950年，朝鲜战争爆发。这场内战很快成为冷战的新战场。由联合国支持的美国军队与韩国军队并肩作战，而苏联和中国则与朝鲜共同奋战。

这场冲突将冷战延伸到了亚洲，并在此过程中使日本从过去的敌人转变为西方的坚定盟友。随着美国军队转向日本寻求重要的军事补给，超过35亿美元的资金流入日本，并使日本经济恢复了活力。美国军方的卡车订单救活了本已陷入困境的日本新公司丰田。日本从一个被占领的敌人转变为一个坚定的盟友和一个经济强国，成为阻挡"威胁吞噬世界的赤潮"的大坝。[7]因此，日本虽然地理位置在最东方，却成为"西方"的一部分。

朝鲜战争也加剧了欧洲内部的冷战。随着战争成本的不断上升，杜鲁门政府要求其欧洲盟国加强自己的军事力量，并要求允许联邦德国重整军备。许多欧洲人被第二个要求吓坏了，毕竟，被德国征服的惨痛经历依然历历在目。英国首相克莱门特·艾德礼警告说："利用撒旦来战胜罪恶的政策是非常危险的。"[8]但经过四年的争议，联邦德国在北约的保护伞下重新武装起来。

冷战氛围的变化

朝鲜战争参战国于 1953 年签订停战协议，同年冷战进入了一个新阶段。斯大林于同年 3 月去世，此时德怀特·艾森豪威尔总统领导的美国新一届共和党政府刚刚上台几个月。艾森豪威尔谴责杜鲁门遏制共产主义的政策是失败主义，是"消极的、徒劳的和不道德的政策"[9]。相反，他承诺美国要击退共产主义，并坚持共产主义的侵略应该遭到大规模的核报复。

美国这种咄咄逼人的新姿态，与冷战的另一方针锋相对。在斯大林死后的一段局面不确定的时期后，尼基塔·赫鲁晓夫（1894—1971）成了新的苏联领导人。赫鲁晓夫嗓门很大，喜欢即兴讲话和自发的情感流露，与沉默寡言的斯大林形成了鲜明的对比。例如，他曾在联合国的电视摄像机前脱下鞋子在桌子上敲打，我们很难想象斯大林会做出这样的举动。赫鲁晓夫玩了一场危险的核虚张声势游戏，他通过这种方式让盟友和敌人相信，苏联的核实力比现实中更加强大。

然而，赫鲁晓夫和艾森豪威尔（以及艾森豪威尔的继任者约翰·肯尼迪）都承认，核武器将会导致一场没有赢家的全面战争。因此，从 1953 年到 1964 年，超级大国之间的关系开始解冻，但随后又爆发了新一轮的敌对行动。

峰会、人造卫星和间谍飞机

1955 年，英国、法国、美国和苏联的代表在日内瓦举行了冷战后的第一次峰会。虽然这次峰会没有制定实质性政策，但它标志着关键性的第一步，即大国关系出现解冻。1956 年 4 月，赫鲁晓夫访问英国，这是冷战开始后苏联领导人首次访问西方。

几个月后，匈牙利事件发生，最初的解冻就此宣告结束。1957 年，苏联成功发射了第一颗人造地球卫星"斯普特尼克"（Sputnik），冷战的气氛变得更加严峻。赫鲁晓夫谎称苏联拥有先进的洲际弹道导弹部队，苏联工厂"就像在机器上生产香肠一样"[10]生产火箭。西欧人认为苏联发射人造卫星是一个不祥之兆。如果苏联人能把一颗卫星送入太空，他们当然也能向美国城市投下一颗核弹。那么，如果苏联以常规力量入侵西欧，美国是否会保卫欧洲，从而让自己的城市遭受核报复？换句话说，美国会冒着失去纽约或芝加哥的风险去拯救伦敦或巴黎吗？

尽管苏联的人造卫星对西方构成了威胁，但在 20 世纪 50 年代末，冷战之冰似乎再次开始融化。1958 年，苏联宣布将暂停核试验。美国和英国紧随其后，关于禁止核试验的谈判在日内瓦举行。第二年，赫鲁晓夫对美国进行了为期 12 天的访问。（令赫鲁晓夫非常遗憾的是，出于安全考虑，他没能去迪士尼乐园。）这位共产党领导人给美国人留下的印象是脚踏实地，是一个人，而不是一个怪物。在结束美国之行时，赫鲁晓夫承诺将于 1960 年再次举行四国峰会。

然而，在苏联宣布击落一架美国间谍飞机并抓获其飞行员后，两国之间的关系再次开始结冰。苏联公布这一消息不仅使原定的峰会流产，还开启了第二次世界大战后最危险的时期之一，将世界推到了核战边缘。

核战边缘：柏林墙和古巴导弹危机

正如我们在本章开头看到的，民主德国的人不断通过柏林涌向西方，导致民主德国领导人瓦尔特·乌布利希（Walter Ulbricht，1893—1973）和赫鲁晓夫竖起柏林墙，这是冷战分裂对立的有形标志。两周后，苏联恢复了核试验。新上任的美国总统约翰·肯尼迪（1917—1963）增加了军费开支，并呼吁扩大民防计划以准备核战争。在整个欧

1963 年 11 月 7 日，莫斯科红场阅兵。新武器（通常是核武器）的发展成为美苏冷战比赛的焦点。在十月革命纪念日举行的这场阅兵是在向全世界展示苏联的军事力量。

图片来源：ITAR TASS Photo Agency / TASS / Alamy

洲，人们都担心他们的大陆会变成一片核荒地。

然而，让世界处于核战边缘的，不是欧洲的事件，而是加勒比地区的事件。1959 年，由菲德尔·卡斯特罗（1926—2016）领导的革命运动推翻了古巴的亲美派独裁者，古巴很快与苏联结盟。1962 年，肯尼迪得知苏联正在古巴建立导弹基地。然而，他不知道在古巴的苏联军队拥有核武器，并且有权在美国军队入侵时使用这些武器。肯尼迪的一些顾问敦促他对古巴发动攻击，但他利用秘密的外交渠道达成了妥协。赫鲁晓夫撤走了导弹，作为交换，肯尼迪从土耳其撤出北约的核导弹，并保证美国不会入侵古巴。在这场古巴导弹危机之后，两个超级大国放弃了外交冒险政策，并于 1963 年同意停止地上核试验。

欧洲帝国的终结

在古巴导弹危机期间，面对英国历史学家阿诺德·汤因比（Arnold Toynbee）所说的"没有表决权的毁灭"[11]，欧洲政治领导人发现自己无能为力。去殖民化加强了这种日益衰弱的感觉，因为被第二次世界大战削弱的欧洲帝国在战后迅速瓦解。当第二次世界大战于 1945 年结束时，欧洲人无意放弃他们的帝国，他们认为帝国可以提供经济重建所需的重要原材料和市场，也是国际权力和威望的保障。例如，英国外交大臣欧内斯特·贝文认为，大英帝国是"让我们的力量和影响力达到美国和苏联的水平"[12]的手段。然而，第二次世界大战加强了殖民独立运动，同时削弱了欧洲各国政府压制这些运动所需要的经济和军事资源。第二次世界大战也削弱了帝国主义思想本身，反帝国主义者指出，西欧人在欧洲争取民主，在海外的帝国臣民却不享有民主。战后一系列血腥的殖民冲突就这样开始了。欧洲人努力维持他们的海外帝国，但他们失败了。到 20 世纪 60 年代末，欧洲帝国的时代落幕了。

去殖民化：英国的例子

第二次世界大战后，英国人发现他们的大部分殖民地在反抗他们，而此时全面战争的经济和军事需求，一方面极大地削弱了英国控制其遥远领地的能力，另一方面，使这些领地变得比以往任何时候都更重要。因此，战后第一任首相克莱门特·艾德礼和他的外交大臣欧内斯特·贝文采取了这样一种政策，即抛弃那些英国不再需要或无法承受的地区，以保持对帝国大部分地区的控制。第一个这样的地区是英属印度，它曾经是大英帝国"皇冠上的宝石"，这似乎令人惊讶。然而，艾德礼和贝文认识到，印度民族主义运动太强大，太受欢迎，不可能被击败。因此，1947年，独立的印度、巴基斯坦和缅甸取代了英属印度。

第二年，英国军队从巴勒斯坦撤出，这次依然是因为英国认识到自己不可能赢得当地的战争。第二次世界大战结束后，许多犹太难民寻求在巴勒斯坦定居。然而，英国坚持限制犹太移民，以维护地区的政治稳定（并保护自己的利益）。但是，面对日益加剧的暴力以及国际社会要求巴勒斯坦建国的压力，艾德礼政府宣布，巴勒斯坦的未来应该由新成立的联合国来决定。1947年年底，联合国宣布了一项将巴勒斯坦划分为一个犹太国家和一个阿拉伯国家的计划。在阿拉伯领导人拒绝该计划后，英国在没有向任何一方移交权力的情况下撤出。犹太领导人宣布建立新的以色列国家，该地区爆发了战争。长达九个月的战争以不稳定的和平结束，这场和平是建立在以色列、约旦和埃及分割巴勒斯坦的基础上的。巴勒斯坦大约75万阿拉伯人变成无国籍的难民。

英国希望通过从诸如印度和巴勒斯坦等动荡地区撤出来以保存大英帝国其他的殖民地。在20世纪50年代，英国历届政府都抵制去殖民化。他们试图通过宪法改革和权力分享的手段来削弱整个帝国的独立运动的力量，并镇压这些手段改变不了的民族主义者。但是，无论是妥协还是胁迫，都无法阻止民族主义浪潮。

肯尼亚的事件就是一个富有戏剧性的例子。20世纪50年代初，英国政府承诺逐步进行宪法改革，最终实现英联邦内部的自治，然而，肯尼亚民族主义者拒绝接受这些承诺。其结果是1952年爆发了"茅茅起义"，这实际上是农民起义、民族主义叛乱和内战的结合。为了切断起义者的补给线，殖民政府实施了残酷的"村庄化"计划，将大部分人口囚禁在封闭的村庄里，在那里，通常与茅茅党毫无关系的男人、女人和儿童丧失了供应充足的食物和住所，并被强制劳动，有时还遭到殴打或折磨。然而，所有这些流血事件并没有阻止肯尼亚的独立。1963年，因参与起义而被监禁七年的乔莫·肯雅塔（Jomo Kenyatta，1891—1978）成为肯尼亚第一位民选领导人。

当肯雅塔从囚犯变成总理时，英国政府已经认识到去殖民化是不可避免的。1960年，英国首相哈罗德·麦克米伦在访问南非时宣称："变革之风正吹遍这个大陆。不管我们喜不喜欢，这种民族意识的增长是一个政治事实。"[13] 麦克米伦表示，英国人将不再逆流而动。如地图28.2所示，到20世纪60年代末，英国在非洲的帝国已所剩无几。

去殖民化：法国的例子

在某些方面，法国的例子甚至更具戏剧性。法国人决心在越南重建他们的帝国（在第二次世界大战期间，越南连同法属中南半岛的其余部分已被日本占领），于是在1946年出动军队镇压胡志明领导的抵抗运动。随后就是长达八年的战争，在1954年，法国军队在奠边府战役中遭受了决定性的失败。

经历了奠边府战役的耻辱性失败之后，法国军官对同一年阿尔及

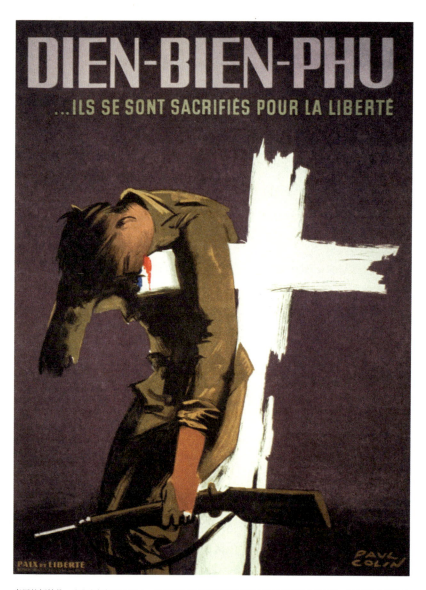

帝国的牺牲品。这张海报提醒法国人，他们的军队在越南奠边府战役中做出了巨大的牺牲："他们为你们的自由牺牲了自己的生命。"法军在奠边府失败的记忆坚定了法国保住阿尔及利亚的决心。

图片来源：Fine Art / Corbis

利亚爆发的民族主义叛乱做出了激烈回应。许多法国人同意军队的观点，认为法国已经被逼得没有退路了，现在必须站稳脚跟。其结果就是法阿战争，这场冲突严重分裂了法国社会，引发了对法国民主意义的质疑，并改变了法国的政治结构。支持法军在阿尔及利亚的军事行动的人将其视为代表西方文明对抗野蛮的力量。批评人士则指出，有证据表明，法国军队经常对阿尔及利亚起义者使用酷刑。他们认为，这场战争可能会让法国社会本身陷入野蛮状态（见本章"不同的声音"专题）。

到了1958年，法国在内战的边缘摇摇欲坠，法国军官正准备攻击巴黎。在这个关键时刻，第二次世界大战的英雄戴高乐将军强行通过了一部新宪法，使法国国内政治的权力平衡向总统（正好是戴高乐本人）倾斜。戴高乐控制住了军队，并通过谈判结束了战争。但是，到1962年阿尔及利亚宣布独立时，大约有20万民族主义战士被杀或被监禁，多达1.5万名法军士兵和辅助部队士兵以及2.3万名阿尔及利亚和法国的平民死亡。

帝国主义的遗产

正如阿尔及利亚危机所表明的那样，去殖民化并不仅仅发生在欧洲以外的世界，相反，它往往会对欧洲的政治生活产生深远的影响。帝国的丧失也导致了欧洲社会内部一系列的文化碰撞。去殖民化导致了移民的激增，因为白人定居者离开定居的殖民地，而那些曾经站在现在被击败的殖民势力一边的当地人也因为害怕被歧视或被报复而逃离家园。例如，在法国，阿尔及利亚的独立不仅导致了大量阿尔及利亚法国人的移民，也导致了8万阿尔及利亚哈基人（Harki）的移民，他们对殖民政府的忠诚危及了他们在新阿尔及利亚的地位。白人定居者群体往往带着强硬的种族主义态度，而聚集在某些城市的非白人少数群体的存在，

地图 28.2 后帝国时代的非洲

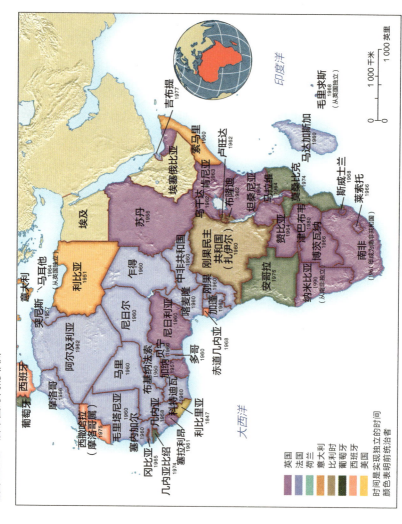

我们在第 24 章中看到，在 1880 年到 1910 年的短短 30 年里，欧洲国家瓜分了几乎整个非洲大陆，这就是臭名昭著的"瓜分非洲"。非洲民族主义者甚至使欧洲帝国政权在撒哈拉以南非洲地区的争夺更为加激烈。哪个是非洲第一个独立的国家？有多少非洲国家是在 1957 年到 1967 年独立的？

地图图例：

- 英国
- 法国
- 荷兰
- 意大利
- 比利时
- 葡萄牙
- 西班牙
- 美国

时间是实现独立的时间
颜色表明帝前统治者

地图上标注：

葡萄牙
西班牙
意大利

摩洛哥 1956
马耳他 1964（从英国独立）
突尼斯 1957
利比亚 1951
埃及
苏丹 1956
埃塞俄比亚
乍得 1960
乌干达 1962
肯尼亚 1963
索马里 1960
吉布提 1977
卢旺达 1962
布隆迪 1962
坦桑尼亚 1964
马拉维 1964
莫桑比克 1974
毛里求斯 1968（从英国独立）

阿尔及利亚 1962
尼日尔 1960
中非共和国 1960
刚果民主共和国（扎伊尔）1960
刚果 1960
赞比亚 1964
津巴布韦 1980
斯威士兰 1968
莱索托 1966

摩洛哥 1956
毛里塔尼亚 1960
塞内加尔 1960
马里 1960
布基纳法索 1960
加纳 1957
尼日利亚 1960
喀麦隆 1960
加蓬 1960
多哥 1960
贝宁 1960

冈比亚 1965
西撒哈拉（摩洛哥属）1975
几内亚比绍 1974
几内亚 1958
科特迪瓦 1960
塞拉利昂 1961
利比里亚 1847
赤道几内亚 1968
安哥拉 1975
纳米比亚 1990（从南非独立）
博茨瓦纳 1966
南非 1961 年成为南非共和国

大西洋
印度洋

1 000 英里
1 000 千米

不同的声音

法阿战争中的酷刑和恐怖主义

法阿战争摧毁了法国战后的政治体系，并引发了有关法国身份认同的令人不安的问题。战争引发的争议主要集中在法国警方和军方经常使用酷刑审讯被捕的阿尔及利亚革命者。在下面的摘录中，我们听到了军人的声音，第一个是高级军官，第二个是志愿伞兵。

针对恐怖主义的战争

罗杰·特兰基耶（Roger Trinquier，1908—1985）曾在第二次世界大战中和中南半岛服役，后来成为阿尔及利亚第三殖民空降团指挥官。在《现代战争：一个法国人对平叛的看法》（*Modern Warfare: A French View of Counterinsurgency*）一书中，特兰基耶将恐怖主义和对恐怖主义的打击视为现代战争的精髓。

> 现代战争的目标是控制民众，恐怖主义是一种特别合适的武器，因为它直接针对居民……现代恐怖主义的特征是对手无寸铁的普通人的屠杀，这也是其威力所在……恐怖分子不应被视为普通罪犯。实际上，就像对抗他的军人一样，他是在其组织的框架内，为了他认为高尚的事业和值得尊敬的理想而战斗，并非为了个人利益的考虑。在上级的命令下，他不带有任何仇恨地杀害不认识的人，就像战场上的士兵一样无动于衷。他的受害者通常是妇女和儿童……但是，在一个允许轰炸城市的历史时期，考虑到两个日本城市被夷为平地以加速太平洋战争的结束这一事实，人们并没有充分的理由来责备他。恐怖分子变成了士兵，就像飞行员或步兵一样。
>
> 但是飞行员知道防空炮弹可以杀死他或让他变成残疾人……（步兵）从来没有想过要让他的敌人放弃使用步枪、炮弹或炸弹……恐怖分子必须认识到，他被捕时不会受到普通罪犯那样的待遇……这种审讯没有律师在场。如果罪犯招供，审讯将很快结束。如果他不肯招供，会有专家

迫使他说出秘密……恐怖分子必须接受这一点，这是他从事的职业和他的上级与他本人所选择的这种战争方法所固有的……

现代战争中的审讯应由精通审讯技术的专家进行……审问者必须始终努力不伤害个人的身体和道德完整性。科学可以很容易地给军队提供获得所寻求的东西的手段。但是我们不能玩忽职守。如果允许大炮或飞机轰炸村庄，屠杀妇女和儿童，而让真正的敌人逃之夭夭，阻止审讯专家抓住真正有罪的恐怖分子并放过无辜的人，这样做是虚伪的。

我们的军队如果拒绝使用现代战争的所有武器，就无法继续履行其使命。我们将不再受到保护。我们的民族独立、我们所珍视的文明和自由都可能会丧失。

资料来源：*Modern Warfare*: *A French View of Counterinsurgency* by Roger Trinquier (New York: Frederick Praeger, 1964). 由 Daniel Lee 从法文翻译而来，Bernard B. Fall 为该书写作引言，Eliot A. Cohen 为该书写作前言。引文分别出自该书第 16、17、20—21、23、115 页等。经普雷格国际安全公司（Praeger Security International）授权以通过版权结算中心在书中转载的方式进行转载。

二、刑讯室

1954 年，皮埃尔·勒伊莱特（Pierre Leuillette）应征入伍。在阿尔及利亚服役结束后，他写了《圣迈克尔与龙：一个伞兵的回忆录》（*St. Michael and the Dragon*: *Memoirs of a Paratrooper*），1961 年在法国首次出版。

志愿伞兵一开始就是一个刚成年的小男孩，充其量是一个满怀热情的童子军，梦想着伤口和瘀青，梦想着机枪的扫射，梦想着他在风中张开的降落伞，梦想着迷人的制服、红色的贝雷帽、绿色的战服，以及插进靴子里的突击队员匕首……他放弃了一切，父母、朋友、学校、工作，只为"冒险"。这是他第一次自由行动。这也将是他在很长一段时间内的最后一次自由行动，因为一旦入伍，服役期就是三年……

我要说的是我所在的第二殖民伞兵团第一连的刑讯室。……每天，值班的中尉在信号部队的 T 中士的协助下，和另一个强壮的阿尔萨斯中士一起在那里待上几个小时。他们有很多事要做……他们以审讯为借口，实际上就是从早到晚，一个接一个地折磨赤身裸体被绑着的囚犯。[勒伊莱特描述了各种各样的刑讯方式，从基本的打耳光到模拟溺水，再到用虎钳压碎生殖器。]然而，我们的主要工具在中世纪并不存在。这种文明的改进乍一看是相当无害的，只不过是一根电线连着一个地面插头……除了有效外，电刑还有一个好处，那就是不会留下任何伤痕……

虽然我们审讯的绝大多数人是罪大恶极的罪犯，但其中也有一些人只是嫌疑犯，例如涉嫌包庇叛乱分子或者是为他们筹措资金的人。也有一些人是完全无辜的，像大多数无辜的人一样，他们无法证明自己是无辜的。……

我告诉法国的平民我每天的亲眼所见。他们一直对法国的伟大怀有崇高的理想。他们礼貌地聆听，但我感觉到了他们的怀疑。他们在想："这是不可能的。如果是这样的话，我们应该早就知道了。"他们会知道吗？在第二次世界大战后，德国人总是在说"我们当时不知道"，这可能是真的。……他们有没有意识到，不知道也是一种犯罪。

[他的任务结束后，勒伊莱特回到了法国。]在船上，我开心极了，整夜吹口哨、唱歌……船驶进了马赛，我的兴奋和喜悦突然消失了。因为码头上有几百名士兵正等着出发，就像我三年前那样。我很担心，为他们担心……因为我现在知道他们冒的风险不只是死亡，他们有可能会失去让他们成为人的一切。

资料来源：*St. Michael and the Dragon: Memoirs of a Paratrooper* by Pierre Leulliette. Copyright © 1961 by Les Editions de Minuit. Reprinted by permission of Georges Borchardt, Inc., for Les Editions de Minuit.

在不习惯文化多样性的社会中引发了怨恨。习惯于将自己视为统治种族的一部分的欧洲人不得不重新考虑他们的民族身份。许多人也不得不重新考虑自己的职业身份，因为曾经很有前途的、为殖民地服务的中产阶级职业消失了。

然而，在某些方面，这个新时代并不像民族主义领导人或他们的前帝国主义统治者所期望的那么新。由于急需资金，新独立的国家增加了用于出口的经济作物的生产，其中包括棉花、咖啡、坚果和糖，同时扩大了他们的采矿业，为西方市场生产铀、锂、铜、锡、金、钻石和锌。这些出口极易受到需求和价格波动的影响，因此许多前殖民地国家在经济上比以往任何时候都更加依赖西方。此外，西方的发展援助往往依赖于这些前殖民地区从西方进口制成品。

对非洲和亚洲许多新独立的国家来说，政治稳定和经济繁荣一样难以实现。民主政治结构要想牢固，就必须建立在人民参与的基础上。然而，近一个世纪的帝国主义统治使这种参与很成问题。例如，在1960年刚果独立时，1 300万人口中只有16名大学毕业生，这是比利时限制刚果儿童接受基础教育的结果。1960年，整个非洲80%的人不会读书写字。因此，到1966年，在尼日利亚、刚果（布）、布基纳法索、阿尔及利亚、贝宁共和国和中非共和国等前殖民领土上，军事政权取代了民选政府，这也许就不足为奇了。

冷战帝国

冷战也动摇了这些新独立的国家，因为美国和苏联武装这些国家中相互竞争的派系，以努力扩大它们的全球影响力。这两个超级大国越来越多地取代欧洲的帝国，成为全球权力掮客。越南和中东的事件都说明了这一过程。

正如我们之前提到的那样，奠边府战役的失败标志着法兰西帝国在越南的终结。然而，这并不意味着越南战争的结束，相反，这里变成了冷战博弈的一个关键场所。胡志明和他在越南的共产主义政权依靠苏联和中国的支持，而美国的军事和经济援助支撑着南越的反共政权。到1968年，美国派遣了50万名士兵参加越战。最终，美国的努力失败了，南越于1975年向越南共产党投降。

中东是第二个重要的冷战竞技场。一个多世纪以来，英国和法国一直将这一地区视为其帝国势力范围的一部分，但苏伊士运河危机凸显了地缘政治的转变。1954年，民族主义者阿卜杜勒·加梅尔·纳赛尔（Abdel Gamel Nasser，1918—1970）推翻了英国扶植的埃及君主政权。纳赛尔与苏联结盟，随后宣布埃及从英法两国的手中收回苏伊士运河。

英法两国政府恼羞成怒，与以色列人密谋要把纳赛尔赶下台。1956年10月，以色列军队按计划入侵埃及。英法两国装作和事佬，要求双方从运河区撤出。正如英法两国所料，纳赛尔拒绝了，于是英法两国派炮艇轰击埃及城市，英国派军队入侵埃及。

但是在超级大国的压力之下，这一计划失败了。当苏联威胁要对侵略军发动核打击时，德怀特·艾森豪威尔总统给英国首相安东尼·艾登打电话，他在电话里大发雷霆，说："是你吗，安东尼？我是艾森豪威尔总统，我猜你一定是疯了吧！"[14]艾森豪威尔政府压下了英国向国际货币基金组织的贷款申请，把英国推到了金融崩溃的边缘。艾登政府别无选择，只能宣布停火并撤军。这一事件非常清晰地表明了欧洲帝国的衰落和超级大国的崛起。

在接下来的十年里，随着1967年"六日战争"的爆发，冷战给中东造成的分裂越来越明显。在美国的支持和武装下，以色列打败了埃及、约旦和叙利亚的军队，而这些国家都是苏联的盟国。这一胜利的结果是，以色列获得了西奈半岛、约旦河西岸和戈兰高地，还有100万巴勒斯坦人。

超级大国的全球霸权并非没有受到挑战。1949年，在与荷兰斗争了五年之后，艾哈迈德·苏加诺（Ahmed Sukarno，1901—1970）领导印度尼西亚获得独立。1955年，他主持了万隆不结盟国家会议。万隆会议表明，许多国家领导人希望抵制冷战两极分化，在超级大国之间或之外找到自己的位置。与会的法国记者给这些国家贴上了一个共同的标签：既不是第一世界（西方，资本主义国家），也不是第二世界

（东方，共产主义国家），而是第三世界。这些不结盟国家中很少有自己的权力，但联合国大会给它们提供了一个重要的论坛，让它们的声音被听到。然而，即使是处于不结盟运动前沿的国家，也往往无法抵挡超级大国的吸引力。例如，对物资和军事援助的需求将印度尼西亚拖入苏联的轨道，直到 1967 年穆罕默德·苏哈托（1921—2008）将军推翻苏加诺政权，并与西方结盟。（在此过程中，数十万无头尸体堵塞了印度尼西亚的河流。）

20 世纪 50—60 年代的苏联和东欧

20 世纪 50—60 年代，西欧和东欧的人民因冷战而分道扬镳（见地图 28.3）。对于东欧和苏联的公民来说，斯大林在 1953 年的去世开启了一段政治改革和渴望繁荣的时期。然而，到 20 世纪 60 年代末，经济停滞和政治不满成为苏联阵营的主要生活特征。

赫鲁晓夫统治下的去斯大林化

到 1955 年，尼基塔·赫鲁晓夫战胜了政治对手，控制了后斯大林时代的苏联。赫鲁晓夫出身于目不识丁的农民家庭，14 岁开始当煤矿工人。共产党认为他是一个有才能的人。他接受了工程师的培训，并帮助建造了莫斯科地铁系统。赫鲁晓夫的一切都归功于共产党，他从未忘记这一点。赫鲁晓夫对共产主义的道德和物质优势充满信心，他相信苏联将在经济战场上赢得冷战。但是，只有苏联人民的生活水平大幅提高了，取得这场胜利才有可能。赫鲁晓夫上台后，苏联进入了"去斯大林化"时代，苏联阵营变得更加开放。多年来，在公众生活中再次出现不

地图 28.3 冷战时期的欧洲

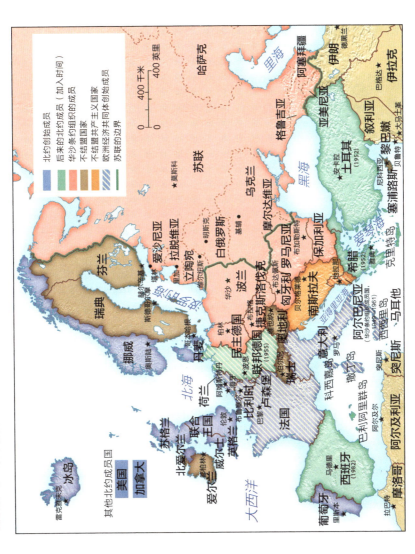

正如这张地图所示，在冷战期间，"西方"是根据文化和政治来定义的，而不是根据地理来定义的。
哪些"东方"国家属于"西方"阵营？哪些欧洲国家是中立的？

同意见和辩论。

去斯大林化最引人注目的标志是释放了至少450万名劳动营的劳改犯。一名苏联公民回忆道，他们的回归令人不安："火车车厢里和车站里，到处都是劳动营的幸存者，他们头发灰白，眼窝凹陷，面容憔悴，像老人一样拖着沉重的脚步。"[15] 这些幸存者回到家乡，往往发现他们的配偶再婚，他们的孩子因他们的存在而感到难堪，他们的世界被摧毁。有些人描述了他们的可怕经历，如作家亚历山大·索尔仁尼琴（Alexander Solzhenitsyn）。在《古拉格群岛》（*The Gulag Archipelago*）一书中，索尔仁尼琴详细描绘了劳动营里悲惨的日常生活。

去斯大林化对经济的影响也很有限，特别是在农业方面，苏联仍然落后于西方。赫鲁晓夫拒绝放弃集体化，实施了一系列计划不周的改革，包括快速机械化、大规模化肥计划和开荒计划。根本的生产力问题仍然没有得到解决，而且苏联农村因遭受生态破坏而长期恶化。土壤侵蚀呈指数增长，氮素径流污染水源，土壤肥力下降。这些问题的全部影响直到20世纪80年代才显现出来，但早在1963年，苏联就不得不从西方进口粮食，这对赫鲁晓夫政权来说是耻辱地承认失败。

再斯大林化和经济停滞：勃列日涅夫时代

去斯大林化使许多高层共产党人感到不安，他们于1964年迫使赫鲁晓夫辞职。在短暂的集体领导之后，列昂尼德·勃列日涅夫（1906—1982）成了新的苏联领导人。勃列日涅夫是一个彬彬有礼的人，对新奇思想不感兴趣，因此比赫鲁晓夫更能让苏联官僚们放心。事实已经证明，赫鲁晓夫对耗资巨大的计划的热情支持是一个不稳定的因素。58岁的勃列日涅夫在担任总书记时已经身体不适，日渐衰老的勃列日涅夫与他的那个时代非常相称。

勃列日涅夫统治下的苏联经济停滞不前。工业生产和劳动生产率的增长在 20 世纪 60 年代后半期放缓，在 70 年代几乎完全停滞。然而，生活水平的提高掩盖了这种经济停滞。勃列日涅夫延续了赫鲁晓夫的免费高等教育和提高工资的政策，同时加速了消费品的生产。国家补贴确保了公共设施、公共交通和租金的花费远低于西方（尽管公寓供应不足），广泛的福利体系缓解了普通人的生活压力。到了 20 世纪 60 年代中期，苏联似乎已经实现了某种程度的稳定。

东欧的多样化和异见

尽管几十年来苏联模式的共产主义制度让东欧各国形成了统一性，但它们的发展方式各不相同。东欧的共产主义经历也因地域和时间的不同而不同。

1956 年及以后

1956 年，赫鲁晓夫开始了去斯大林化的进程，他宣称："认为革命可以批发定制，这样的想法是荒谬的。"[16] 言外之意是，共产主义国家可以走上与苏联不同的发展道路。但这些道路到底可以在多大程度上偏离苏联的道路呢？1956 年波兰和匈牙利截然不同的命运提供了答案。

在波兰，反对斯大林主义控制的抗议十分强烈，让瓦迪斯瓦夫·哥穆尔卡（Władysław Gomułka，1905—1982）重新掌权。哥穆尔卡是一位很有影响力的波兰共产主义者，他成功地建立了独特的波兰式共产主义，放弃了农业集体化，给波兰的罗马天主教会一定的自由，但仍忠于《华沙条约》。

在改革派纳吉·伊姆雷（Imre Nagy，1896—1958）的领导下，匈牙利也推行了去斯大林化的"新路线"。然而，与哥穆尔卡不同的是，纳吉屈服于民众要与苏联决裂的要求，并发现自己站在了一场变革的最前沿。1956 年 10 月 31 日，匈牙利退出了华沙条约组织，或者更准确地说，它试图退出华沙条约组织。几天后，赫鲁晓夫派出坦克。苏联红军粉碎了所有的抵抗。纳吉于 1958 年被处决。

匈牙利变革的失败确定了东欧去斯大林化的界限，即苏联的卫星国不能走上退出华沙条约组织的道路。然而，在这种结构和一党制国家的范围内，东欧各国政府采取了不同的方针。波兰一直保持着它的小型家庭农场，到 1960 年，只有不到八分之一的农田实行集体化，相比之下，罗马尼亚的集体化率为 84%，捷克斯洛伐克的集体化率为 87%。在匈牙利，1956 年后的卡达尔·亚诺什（1912—1989）政府在 20 世纪 60 年代后半期实行了新经济体制。新经济体制大幅减少了国家对经济的控制。罗马尼亚人则经历了格奥尔基·乔治乌－德治（Gheorghe Gheorghiu-Dej，1901—1965）和尼古拉·齐奥塞斯库（Nicolae Ceaușescu，1918—1989）的统治。

在 1956 年后，东欧各国虽然经历不同，但也有一些共性。除了罗马尼亚和阿尔巴尼亚之外，人们的生活水平普遍提高了，尤其是与 20 世纪 30—40 年代的困难时期相比。教育机会增多了，消费品的供应增加了。即便如此，由于过度集权、官僚管理不善和政治腐败，人们的生活水平仍低于西方。此外，正是那些本应让东欧公民相信共产主义制度优越性的消费品，反而证明了它的缺陷。借助收音机，匈牙利青少年就可以收听"自由欧洲电台"，了解西方更有活力、物质更丰富的社会。在民主德国，电视观众可以通过联邦德国的电视网络看到西方的繁荣景象。

"布拉格之春"

20 世纪 60 年代，不满情绪在整个东欧阵营酝酿，最终于 1968 年在捷克斯洛伐克爆发。在 20 世纪 60 年代，捷克斯洛伐克共产党内部出现了一场改革运动，其中包括那些认为政府的中央集权政策有利于捷克人的斯洛伐克人，还有年轻的、受过大学教育的管理者和科学家，他们憎恨党内那些未受过教育的上级的权力。1968 年年初，要求改革的呼声引发了党内变革，斯洛伐克共产主义者亚历山大·杜布切克（Alexander Dubček，1921—1992）上台执政。杜布切克发起了一项激进的改革计划，旨在实现"有人情味的社会主义"。杜布切克自上而下进行的改革很快与知识分子、艺术家、学生和工人之间兴起的更广泛的民众抗议运动融合在一起。其结果就是引起了名为"布拉格之春"的改革，政治和社会自由在捷克斯洛伐克遍地开花，尤其是在首都布拉格。

杜布切克非常清楚 1956 年匈牙利的命运，他向勃列日涅夫保证，他的改革不会导致捷克斯洛伐克退出华沙条约组织。但到了 1968 年夏天，"布拉格之春"的消息传到了其他东欧国家和苏联。在乌克兰，民族主义抗议者从"布拉格之春"中寻找灵感，而在波兰，学生抗议者挥舞着写有"波兰正在等待自己的杜布切克"的标语牌。东欧的领导人吓坏了，他们要求勃列日涅夫终结"布拉格之春"。8 月 20 日至 21 日晚，8 万名苏联、波兰、匈牙利和民主德国的军队士兵越过捷克斯洛伐克边界，在接下来的几周内终结了"布拉格之春"。

西方：共识、消费和文化

就像在东欧一样，在西欧，第二次世界大战和冷战塑造了 20 世纪 50—60 年代的特征。希望让战争年代的苦难变得有价值，以及对共产主义的反对，推动了经济一体化，强化了政治中间路线。然而，随着西欧经济体开始了为期20年的急剧经济增长和消费支出，战后的主要事实是物质上的繁荣。

民主制度的成绩

与战间期不同，20世纪50—60年代的西欧当权政党和支持他们的选民都认同议会民主的优点。法国、联邦德国和意大利的新宪法保障了对个人权利的保护，法国和意大利的女性获得了选举权。普选权的民主理想终于在西欧大部分地区得以实现。

然而，在1945年之后，公民权不仅仅意味着选举权。随着社会民主主义在整个西欧取得成就，公民权的含义扩大到包括享有体面的生活水平的权利。西欧各国通过将主要工业国有化，建立监督和鼓励投资与贸易的公共机构，并调控利率和货币供应，各国政府承担了确保其公民充分就业和物质福利的任务。德国社会民主党的口号"尽可能多的竞争，必要时进行计划"，总结了这个时期大多数西欧国家的共同方针。[17]

社会民主主义还意味着建设综合福利国家，以保证公民有足够的收入和医疗保健。到20世纪50年代末，西欧工薪阶层家庭平均收入的63%来自工资，其余的大量收入来自家庭津贴、国家保健服务、疾病和残疾保险以及养老金等福利。此外，国家的疫苗接种计划、更严格的卫生条例以及控制传染病的政策的制定，都意味着欧洲人口健康状况的改善。

正如我们在本书第27章中看到的，社会民主主义的成绩植根于第二次世界大战的苦难，当时欧洲人决心从全面战争的废墟中创造一个更美好的世界。这种决心依然存在，但随着冷战限制了政治辩论的范围，战时激进主义消退了。主流政党——右翼的基督教民主党或保守党，左翼的社会民主党或社会党——都同意拒绝让共产党成员参与执政联盟。在法国和意大利，共产党一直能获得 20% 到 30% 的选票，但 1948 年后，由于被排除在政府之外，他们实际上被边缘化了。

除了共产主义者被孤立，法西斯主义和纳粹主义等极端右翼意识形态因战争的恐怖而名誉扫地，西欧政治变得更加偏向中间派。美国和英国所没有的基督教民主党在欧洲大陆蓬勃发展。基督教民主党主要依靠罗马天主教的支持，拥护保守的社会意识形态和国家福利制度。在 20 世纪 50—60 年代，基督教民主党基本上主导了欧洲的政治。他们在法国和比利时的政治生活中扮演着重要的角色，在 1949—1969 年统治了联邦德国，在 1945—1993 年，意大利的历届总理大都来自该政党，只有两届是例外。

基督教民主党的成功有三个原因：首先，作为反共主义者和自由市场的倡导者，基督教民主党从冷战焦虑中获益，更直接地得益于美国的援助。其次，由于基督教民主党以宗教（罗马天主教）而不是阶级为基础，他们能够吸引中产阶级和工人阶级选民，尤其是女性，她们往往比男性更虔诚，在政治上更保守。最后，基督教民主党的胜利有赖于从右翼政治运动向中间派政治运动的转变。在战间期，植根于以等级制度和威权主义为基础的宗教和政治传统的基督教民主已接近法西斯主义。但在第二次世界大战期间，许多天主教徒参加了抵抗运动，并在此过程中吸收了进步的政治思想。这场战争激发了人们利用国家权力改善普通民众生活的愿望，这种愿望与传统的天主教家长式作风相融合。第二次世界大战以后，基督教民主党拥护民主，支持建设全面福利国家。

西方的繁荣

这些政治发展是在日益繁荣的经济背景下展开的。20 世纪 50 年代前半段，欧洲人从战后的紧缩型经济迅速进入了富裕的时代。

经济一体化

西欧经济体之间更多的协调促进了这种新的繁荣。第二次世界大战给这种经济一体化提供了最初的动力。在前所未有的恐怖条件下作战，欧洲人寻找保证持久和平的方法。1944 年 7 月，来自法国、意大利、荷兰和其他一些国家的抵抗运动领导人在日内瓦开会，宣布支持欧洲联邦制。

这种激进的重组并没有发生，但对冷战的担忧使西欧人将自己视为拥有共同利益的一整个地区的一部分。此外，美国的决策者要求任何接受马歇尔计划援助的国家发展跨国经济机构。回顾欧洲经济一体化的早期阶段，比利时首相保罗－亨利·斯巴克（Paul-Henri Spaak，1899—1972）在 20 世纪 60 年代末写道："欧洲人，让我们保持谦虚。正是对斯大林的恐惧和马歇尔大胆的观点使我们走上了正确的道路。"[18]

欧洲经济一体化的努力最终促成了 1957 年欧洲经济共同体或者说共同市场的形成。欧洲经济共同体由德国、法国、意大利和比荷卢三国（比利时、荷兰和卢森堡）组成，旨在建立一个跨越成员国边界的自由贸易区，协调工资、价格、移民和社会保障政策。从 1958 年到 1970 年，它的 6 个成员国之间的贸易增长了 5 倍。商品、服务甚至工人的快速流动确保了成员国经济的繁荣。相比之下，英国选择留在欧洲共同体之外，以保持与前殖民地和现在殖民地的优惠贸易关系，但它的增长率低于欧洲大陆的竞争对手。

富足的时代

到 20 世纪 50 年代中期，西欧进入了消费时代。经历了多年的战时配给，欧洲人开始疯狂消费，并且一直没有停下来。实际工资的上升可以解释其中的原因，例如，从 1950 年到 1970 年，英国人的实际工资增长了 80%。福利国家的建设也是如此。由于充分就业和全面的福利服务提供了前所未有的财政保障，欧洲人摆脱了节俭的习惯。赊账购物（英国人称之为"分期付款的购买"）变得司空见惯，并使更多的消费成为可能。

这种消费狂潮改变了欧洲家庭的内部和外部环境。住房建设蓬勃发展，给新房子配置了新的家居用品。冰箱和洗衣机等曾经是难以负担的奢侈品，现在在普通家庭中变得越来越普遍。在法国，家用电器的库存从 1949 年到 1957 年增长了 400%。与此同时，汽车彻底改变了乡村和城市的面貌。在 1950 年，高速公路还很少，现在纵横交错，而 1959 年之前在欧洲还不为人知的停车计时器，如今遍布城市的大街小巷。1964 年，佛罗伦萨大主教在一个加油站主持了一场感恩仪式，庆祝连接米兰和那不勒斯的高速公路竣工。为车主提供便利的城外购物中心迅速发展起来，而市中心却衰落了。

消费时代的西方思想与文化

西方社会的文化发展突出了从一个由第二次世界大战的紧缩和苦难构成的时代向一个富足的、充满机遇的时代的转变。到了 20 世纪 50 年代的后半期，艺术家们创作的主体不再是战争的恐怖，而是消费社会的富足。

在奥斯威辛和原子弹的时代寻找意义

在 1945 年之后的几年里，存在主义（第一次出现在 20 世纪 30 年代的绝望时期）仍然是一股强大的文化力量。让－保罗·萨特认为，存在没有内在意义，但个人保留了行动的自由，因此能够创造意义。在经历了大屠杀和抵抗运动的世界中，这样的观点被广为接受。存在主义强调，个人行动是意义的来源，这可能会导向积极参与政治生活。例如，萨特曾与法国抵抗运动合作，并在 20 世纪 50—60 年代成为左翼政治事业的杰出参与者。然而，存在主义的焦虑也证明了脱离政治是合理的。在爱尔兰裔法国剧作家塞缪尔·贝克特（Samuel Beckett）的《等待戈多》（*Waiting for Godot*，1952）一书中，两个流浪汉坐在空荡荡的宇宙中，等待一个永远不会到来的人。在这种荒谬的空无之中，政治没有任何相关性或共鸣。

20 世纪 50 年代早期，存在主义主题在整个视觉艺术中产生了共鸣。让·杜布菲（Jean Dubuffet，1901—1985）的绘画作品强调了个人经历的独特性和纯粹的怪异，给观者留下了深刻的印象。杜布菲的作品展示了存在主义对真实性的追求，而英国画家弗朗西斯·培根（1909—1992）的作品则强调了存在的痛苦。培根的油画是关于潜意识力量的案例研究。他画的是他看到的周围的人，但他的感知是一个被屠杀摧残的社会的感知。一块块滴着血的肉映入眼帘。培根解释说："当你走进一家肉店……你可以想象一下生活有多可怕，一种东西靠另一种东西过活。"[19]

核时代的恐怖也塑造了这一时期的文化意识。由于具象绘画似乎完全无法捕捉到原子时代的力量和恐怖，原子弹加强了抽象艺术在前卫艺术领域的领先地位。但是抽象派艺术本身发生了变化。战前，形式化的几何构图占主导地位。然而，战后，更加流动的和自发的"无形式艺术"和抽象表现主义主导了现代主义艺术。例如，美国画家杰克逊·波洛克（Jackson Pollock，1912—1956）发明了一种全新的绘画方式。他把画布放在地上，四处走动，把颜料滴在或倒在画布上。在波洛克的作

《让·波朗》(让·杜布菲创作于 1946 年)。杜布菲为他的作家和画家朋友们画了 170 幅肖像画,这幅是他为散文家和编辑让·波朗(Jean Paulhan)画的,是杜布菲"反艺术"的典型代表。通过夸大个人特征(图中的波朗的头发、宽眼距和突出的门牙),他的孩子般的作品滑稽地模仿了传统的肖像画。

图片来源:© 2015 Artists Rights Society (ARS), New York / ADAGP, Paris / Peter Horree / Alamy

《人形与肉》（左上）（弗朗西斯·培根创作于1954年）。培根令人不安的作品引起了仍在全面战争影响下挣扎的欧洲公众的共鸣。《人形与肉》是培根模仿迭戈·委拉斯开兹1649—1650年的《教皇英诺森十世肖像》（右下）的一系列画作之一。通过用肉块取代委拉斯开兹杰作中的窗帘，培根挑战了传统宗教的安慰和权威。

图片来源：（左上）AKG Images；（右下）M. Flynn / Alamy

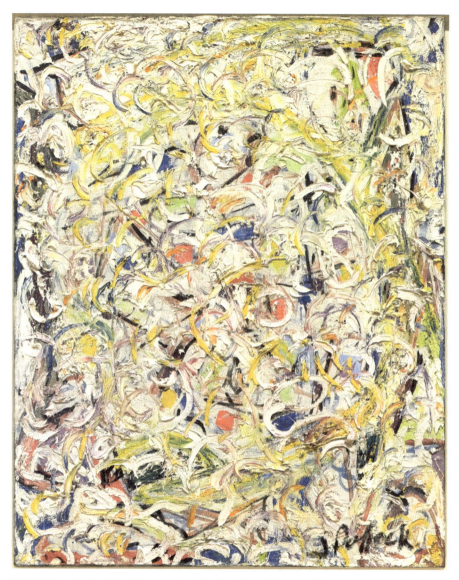

《闪光的物质》（杰克逊·波洛克创作于 1946 年）。波洛克战后的许多作品是充满力量的巨幅画作，都表现出对热与光的痴迷，这在核时代到来之时当然不是巧合。

品中，画布上没有清晰的中心，也没有焦点。相反，它会像物质本身一样分解。正如波洛克解释的那样："新的需求需要新的技术……现代画家无法用旧的形式表达他的时代、飞机和原子弹……"[20]

大多数人不是在画廊里面对他们的核恐惧，而是在电影院和流行小说里。在电影中，各种恐怖的核衍生物，如巨型蜘蛛、巨型蚂蚁和巨型乌龟，每周都在西方世界大肆破坏。与之相称的是，这些电影有许多是在日本制作的。在整个20世纪50年代，流行小说中也充斥着核战争和核危机后的生存斗争。然而，有这样一部可能最重要的"核"小说，却把有关原子弹的内容仅限于一句话。英国作家威廉·戈尔丁（William Golding，1911—1993）在他的小说《蝇王》（*Lord of the Flies*，1954）中讲述了一个简单而残酷的故事：一群男孩因躲避原子弹袭击而被困在一个岛上。他们的道德沦丧引出了关于文明意义的基本问题，由于在第二次世界大战中西方社会用先进的科学技术消灭平民，这个问题成为西方社会关注的焦点。

富足世界的文化和思想

20世纪50年代后期，艺术家们开始远离这些大问题，转而关注日常生活的物质内容。英国艺术家理查德·汉密尔顿（Richard Hamilton）的《到底是什么让今天的家庭如此不同，如此迷人?》（*Just What Is It That Makes Today's Homes So Different, So Appealing?*，1956），讽刺却又赞美了装配线上涌现出的大量物质产品。汉密尔顿是"独立团体"的领导者之一，这是一个由英国艺术家、设计师和建筑师组成的松散协会，探索"富足美学"，其观念是：消费者的富足打破了美术和流行文化之间的障碍。这个"独立团体"，连同像法国的"新现实主义"和联邦德国的"资本主义现实主义"这样的运动，帮助塑造了所谓的"波普

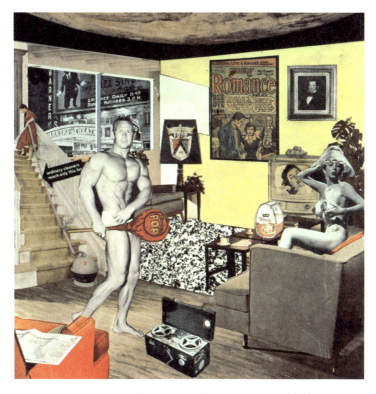

《到底是什么让今天的家庭如此不同，如此迷人？》（拼贴画，理查德·汉密尔顿创作于 1956 年）。
英国艺术家理查德·汉密尔顿是 20 世纪 50 年代波普艺术运动的领军人物之一。他的这张拼贴画
反映了战后消费主义观念和家庭生活。

图片来源：Kunsthalle,Tubingen, Germany / Bridgeman Images; © R. Hamilton. All Rights Reserved,
DACS and ARS 2015

艺术"。

波普艺术家对培根和贾科梅蒂（Giacometti）的痛苦不屑一顾，认
为这是仍陷在第二次世界大战泥潭中的老 ·代的担忧。波普艺术向外看
而不是向内看，关注物质而不是精神。波普艺术家使用大众物质主义的
词语说话，依靠大规模生产和大规模营销，挑战西方社会对艺术和艺术

家角色的公认观念。1963 年，格哈德·里希特（Gerhard Richter，1932 年出生）在联邦德国一家百货商店的家具展览上展示自己，并把由此产生的"作品"称为"与波普一起生活"。这样一来，他把艺术家和艺术都变成了商品，一种像其他任何东西一样可以买卖的东西。波普艺术倡导者宣称，在消费时代，艺术家个人的意图是不重要的，像艺术天才这样的概念无关紧要。

类似的主题也是社会思想发展的特点。存在主义将个人提升为荒诞宇宙中唯一的意义来源。然而，在 20 世纪 50 年代后期，一种新的社会理论——结构主义——将个人推离了舞台中央。结构主义是法国人类学家克洛德·列维－斯特劳斯（Claude Lévi-Strauss，1908—2009）首次介绍给大众的，它改变了许多学科，包括文学批评、政治理论、社会学和历史。列维－斯特劳斯认为，无论是中世纪的法国农民还是当代的伦敦人，人们讲述的故事都有着共同的"深层结构"、重复的模式，如结对和对立，这些模式塑造了个人感知世界的方式。每个故事本身以及每个讲故事的人并不重要。

大众消费时代的科学与宗教

结构主义者将个体描述为困在一个文化和语言的网络之中，而生物科学的突破表明，也许这个网络就在个体内部。1953 年，英国生物学家弗朗西斯·克里克（Francis Crick，1916—2004）和他的美国同事詹姆斯·沃森（James Watson，1928 年出生）发现了 DNA 的结构，这是遗传物质的基本组成部分。克里克和沃森的"双螺旋"模型引起了全世界的关注。"双螺旋"指的是化学单元之间相互缠绕的螺旋状结构，从某种意义上来说，它为个体的发展发出指令。随着生物学家和遗传学家对人类基因遗传的进一步研究，他们提出了令人兴奋但又令人不安的可能性，如克隆活的有机体和操纵基因。这些可能性为长期以来关于个人自由的争论增添了一个新的维度。

其他的科学发展使人类比以往任何时候都能从自然环境中获得更多的自由。在冷战的推动下，太空竞赛将人类送到了地球之外，1969年美国宇航员尼尔·阿姆斯特朗（Neil Armstrong）实现了月球漫步。青霉素的大规模生产改变了普通的医疗保健，麻疹等许多儿童杀手的疫苗的迅速开发也是如此。1953年，美国医生乔纳斯·索尔克（Jonas Salk）宣布首次成功进行了脊髓灰质炎疫苗的临床试验。输血变得越来越普遍，器官移植也取得重大进展，1950年在芝加哥首次成功进行了肾脏移植。就像洗衣机和电视机一样，对许多西方人来说健康长寿突然变得触手可及。

当科学家们对自然环境有了更多的控制时，有组织的教会继续为人们提供精神上的权威和滋养。在战间期，大多数西方国家去教堂做礼拜的人数有所下降，但在20世纪50年代有所上升。在美国，1942—1960年，教会成员人数的增长速度比19世纪90年代以来的任何时候都要快。没有一个欧洲国家发生像美国这样的宗教热潮。然而，除了斯堪的纳维亚半岛之外，西欧也经历了一场温和的宗教复兴运动。在20世纪50年代的英国，教会成员、主日学校的注册人数、洗礼和宗教婚姻的数量都有所增加。在联邦德国，从1952年到1967年，去教堂做礼拜的新教徒比例上升。在整个信奉天主教的欧洲，基督教民主政治的活力反映了罗马天主教会在社会中的重要地位。

然而，在20世纪60年代，情况发生了变化，欧洲人放弃了教堂这个精神庇护所，转而热衷于百货商店、体育场或电视机前的沙发。教堂出席率下降，越来越多的人举行民间婚礼而非宗教婚礼，越来越多的人不愿意遵守教会在婚前性关系等问题上的教导，这些都表明了欧洲社会的世俗化。到了 20 世纪 70 年代，去教堂做礼拜的人数在新教和天主教国家都出现了大幅度的下滑。

然而，在这一变革时期，教会并没有停滞不前。许多新教神学家认为，基督教可以通过将《圣经》的信息适应现代语境来维持它与这个更世俗的社会的关联性。1963 年，英国神学家（一位圣公会主教）约翰·罗宾逊（John Robinson）宣布"上帝之死"，因而声名狼藉。大多数嘲笑者或为罗宾逊的声明欢呼的人都没有真正把握他的观点，那就是基督徒必须更新表达信仰的语言，以便使其在现代世界产生意义。

最大的变化发生在罗马天主教会。1962 年，第二届梵蒂冈大公会议（简称"梵二会议"）在罗马召开，这是自 1870 年以来的第一次天主教大公会议。通过召集这次大公会议，教皇约翰二十三世（1958—1963 年在位）力图使天主教会现代化。他认识到，这一过程需要"改变人们的心态、思考方式和偏见，而所有这些都有着悠久的历史"[21]。

约翰二十三世在世期间没能看到这种变化的发生，但他的继任者保罗六世（1963—1978 年在位）领导了一场平静的革命。在这次大公会议之后，教会不那么等级森严了，地方会议和地区会议与教皇分享了更多的权力。对普通天主教徒来说，最显著的变化发生在礼拜仪式上。一系列的改革缩小了神父与人民之间的距离。神父会在祭坛后面走动，以便更好地面对会众；他使用的是方言而不是拉丁语；所有礼拜者都可以在圣餐礼上领受象征圣血的葡萄酒，而不仅限于神父。

在性和性别角色的问题上，这次大公会议并没有那么具有革命性，对同性恋问题只字不提，重申了神父独身的传统教义，并坚持只有男性才能被任命为神父。这次会议也没有涉及避孕的问题；然而，三年后，教皇宣布使用避孕药具是违反天主教教义的。在这个世纪剩下的时间里，神职人员独身、授予女性神职、避孕药具的使用等问题将长期困扰着教会。

富足时代的社会碰撞

随着战后的繁荣，美国人和欧洲人之间、移民和当地人之间、男性和女性之间以及代际的一系列碰撞改变了西方文化。

美国化、可口可乐殖民化和戴高乐主义者的抗议

在战后的几十年里，美国的公司在西欧各地设立了分支机构，欧洲商店的货架上摆满了美国生产的商品。美国在科学技术领域的成就也让人叹为观止。美国在科学研发上投入了更多的资金，培养的理工科毕业生比其他所有西方国家的总和还要多，发表论文和注册专利的数量也名列前茅。

美国对流行文化的支配甚至更引人注目。第二次世界大战一结束，美国政府就以扣留急需的贷款相威胁，迫使欧洲国家取消对美国电影进口的配额。到 1951 年，美国制作的电影占西欧放映电影总数的 60% 以上。美国电视剧也很快在欧洲大众文化中确立了中心地位。例如，广受欢迎的美剧《独行侠》（*Lone Ranger*）在 24 个国家播出。语言本身似乎也受到了美国的影响。像 "babysitter"（临时保姆）和 "comics"（漫画）这样的词语直接进入了德语，而法国孩子则希望能够得到 "les jeans"（"牛仔裤"一词在法语中的表达，直接源自美国英语，仅仅是加上了法语中的冠词）和 "le chewing-gum"（"口香糖"一词在法语中的表达，同样直接源自美国英语，并加上了法语中的冠词）。

欧洲人对美国文化的扩张有不同的反应。许多人热情地拥抱美国文化，把它等同于开放和自由。然而，其他人担心像"可口可乐"这样

的美国产品会降低欧洲人的品位。他们满怀忧虑地指出人才流失的现象，因为科学家和学者纷纷涌向更富裕的美国大学。他们还指出就在欧洲失去其殖民领地的同时，它本身也在遭受殖民化，或者至少是"可口可乐殖民化"。[22]

抗议"可口可乐殖民化"最有力的声音之一来自 20 世纪 60 年代的法国总统戴高乐。戴高乐将反共产主义与传统社会价值观结合在一起，承诺建立一个强大的国家，并对经济进行集中管理。也许最重要的是，"戴高乐主义"拥护法国和法国特征。在戴高乐的想象中，法国"就像童话故事中的公主或壁画中的圣母，致力于崇高而卓越的命运……法国如果不伟大，法国就不成其为法国"[23]。

戴高乐并不认同苏联，但他认为美国的"可口可乐殖民化"对法国人的生活方式构成了更直接的威胁。1960 年，戴高乐被邀请参观加利福尼亚新建的一条高速公路，他忧郁地凝视着汽车在多层立交桥上进进出出的景象，说道："我有一种印象，这一切的结局将会非常糟糕。"[24] 为了削弱美国在欧洲的影响力，从而使法国恢复其应有的辉煌和荣耀地位，戴高乐执行独立的外交和军事政策。他对中国给予外交上的承认，对莫斯科进行了国事访问，并将法国军队从北约司令部撤出（尽管法国仍然是北约的正式成员）。1960 年，法国引爆了自己的原子弹。

和戴高乐一样，不同政治派别的欧洲人都担心他们的国家可能会成为二手版的美国。然而，这一时期文化碰撞的特征是相互影响，而不是单向的美国化。欧洲人兴致勃勃地消费着美国的产品，但在这个过程中，他们对这些产品进行了调整，以适应自己的需要。例如，在 20 世纪 50 年代末，四个来自英国西部海港城市利物浦的工人阶级的青年迷上了美国摇滚音乐，并融入了自己的地方音乐风格，不仅改变了欧洲的

巴黎（平版画，反对戴高乐的政治海报，1968 年 5 月。法国派，20 世纪）。"La Chienlit" 的意思是假面舞会或狂欢节，在这个时候规则可以被解除。1968 年，巴黎和法国各地爆发抗议活动后，戴高乐将军出现在电视上。他利用"狂欢节"和"大便"这两个词语在法语中的相似性，玩弄文字游戏，说："改革，可以；狂欢（在床上大便），不行。"（La réforme, oui. La chieen-lit, non.）可见，戴高乐认为抗议活动是毫无意义的嘉年华，视之为粪便。抗议者把戴高乐这句话放到了戴高乐著名的侧面剪影下："狂欢节（大便）就是他（戴高乐）！"

流行音乐，而且改变了美国的流行音乐。披头士乐队的影响证明了欧洲文化重塑美国文化产品的力量。即使是麦当劳，当它在 20 世纪 60 年代进入欧洲城市时，也对其快餐的成分进行了细微的改变，以迎合新市场的不同口味。

移民和种族多样性

越来越多的移民带来了新的、常常是非西方的文化传统，这些也改变了这个时代的欧洲社会。正如我们所看到的，去殖民化促使移民进入欧洲，然而，在此过程中更重要的因素是经济繁荣。西欧快速增长的经济创造了对劳动力的巨大需求，政府和企业试图通过在境外招聘来满足这一需求。到 20 世纪 70 年代初，大约有 900 万移民在西欧定居。其中一半来自较不富裕的地中海国家，如葡萄牙、西班牙、意大利和希腊，另一半来自土耳其、南斯拉夫以及亚洲、非洲和加勒比地区的国家。

这些工人从事最脏、最危险、最不受欢迎的工作。他们上夜班，倒便盆，挖沟渠，打扫厕所。他们住在不合标准的房子里，通常被限制在孤立的宿舍或市中心的贫民窟里，而且从事工资很低的工作，通常是工资低到非法的程度。从表 28.1 可以看出他们这样做的原因。对于这些移民来说，尽管有种族歧视和经济剥削，但西欧可以提供比他们的故国更多的经济机会。

早期移民大多数是单身男子。他们倾向于把自己看作"客居工人"，即挣到钱后就返回祖国的临时劳工，而他们的东道国也是这样看待他们的。然而，从 20 世纪 70 年代开始，这些移民的家人也来到这里，第二代"移民"诞生了。如本书第 29 章将要讲述的，这一代人改变了欧洲的面貌。

表 28.1　20 世纪 60 年代中期的人均国民生产总值

国家	人均国民生产总值（美元）
巴基斯坦	125
牙买加	520
土耳其	353
西班牙	822
意大利	1 272
英国	1 977
法国	2 324

资料来源：Leslie Page Moch, *Moving Europeans: Migration in Western Europe Since 1650* (Bloomington: Indiana University Press, 1992), 177.

第二性？

　　塑造战后西方文化的第三个领域是男女之间的碰撞。1949 年，法国作家西蒙娜·德·波伏瓦（Simone de Beauvoir, 1908—1986）出版了她的《第二性》（*The Second Sex*）。波伏瓦对西方工业社会的性别划分进行了颇具影响力的批判，她认为女性仍然是"第二性"——尽管政治和法律有所改变，但定义女性的依然是女性与男性的关系，而不是她自己的行为或成就。在接下来的 20 年里，新的繁荣推动女性接受高等教育，并进入劳动力市场。因此，从长远来看，这削弱了波伏瓦所描述的传统性别角色。然而，从短期来看，富足的生活强化了女性作为第二性的身份。

　　人口变化反映并强化了战后的家庭关系。在战后的岁月里，结婚率上升，结婚年龄下降。从 1940 年到 1957 年，美国的生育率上升了50%。欧洲经历了一场生育小高峰，而不是像美国那样的"婴儿潮"，出生率在 20 世纪 40 年代末有所上升，但在 50 年代下降了。

　　通过强调女性的母性身份，宗教和大众文化都为这些人口变化提供了强大的意识形态。20 世纪 50 年代，罗马天主教会重新强调了对作为母性典范的圣母马利亚的崇拜。教皇庇护十二世（1939—1958 年在位）特别鼓励对圣母的崇拜。他在 1950 年宣布"圣母升天"（升天学说），并指定 1954 年为"马利亚年"。这种对圣母马利亚的崇拜激励妇女把做母亲视为一种神圣的使命。通过展示生动的家庭形象以及家庭之间的互动方式，流行文化强化了这一宗教信息。在电视节目、女性杂志的文章和广告中，女性待在家里，掌管着越来越多的家电。从理论上讲，这些家电减轻了她们的家务负担，使她们得以专注于做母亲所带来的满足感。

对冷战的担忧也强化了西方女性在家庭中的角色。首先，反共宣传通过对比西方女性和苏联女性的不同境遇将家庭生活作为西方优越感的标志，因为后者既要做家务又要从事全职的工作，通常是从事繁重的体力劳动，还要每天排几个小时的队去购买稀缺的物品。其次，核时代使核心家庭显得更加重要。在一个超级大国主导的、处于核毁灭边缘的世界里，欧洲人感到越来越无助，他们更加重视家庭生活提供的庇护。

但是，对一些女性来说，这种庇护更像是一种监禁。在 1963 年出版的《女性的奥秘》（*The Feminine Mystique*）一书中，美国记者贝蒂·弗里丹（Betty Friedan，1921—2006）指出了她所谓的"没有名气的问题"，即受过良好教育的中产阶级女性，由于局限于家庭主妇和母亲的角色而产生了身份和地位危机。[25] 英国社会学家汉娜·加夫隆（Hannah Gavron，1936—1965）的研究支持了弗里丹的论点。在 1966 年出版的《被囚禁的妻子》（*The Captive Wife*）一书中，加夫隆利用访谈和其他社会学数据探讨了"居家母亲的冲突"。她问道："在过去 150 年里，女性地位的所有巨大变化都化为乌有了吗？"[26] 29 岁的加夫隆是一位妻子和两个年幼儿子的母亲，但就在她的作品出版的前一年，她自杀了。

无论是噩梦还是美梦，战后许多女性的现实生活仍然和家庭生活的理想相距甚远。在较贫穷的社会阶层，女性和以前一样，仍然必须继续在外工作。与此同时，新的消费文化要求许多勉强维持着中产阶级地位的女性从事有报酬的工作，以购买不断增加的家庭必需品。

一种新的就业模式出现了，它将新的家庭生活与不断扩张的经济和消费者需求相协调。越来越多的单身女性工作到结婚。许多人婚后继续工作，直到第一个孩子出生，并在最后一个孩子离开家或至少开始上学后恢复工作。然而，这种工作被认为是次要的，她们的主要工作依然是料理家务和养育孩子。工资较低、福利很少或没有福利的兼职工作也相应增加。男女的工资待遇仍然不平等。

抗议的时代

在这个时代，西方前所未有的繁荣带来了高等教育系统的急剧扩张。到 20 世纪 60 年代后期，随着政治示威活动在几乎所有西方国家和发展中国家爆发，这些大学成了强大抗议活动的中心。在法国，一场学生示威发展成一场全面的社会反抗。几天之内，800 万法国男女举行了罢工。1968 年的巴黎抗议活动象征着这些年来西方许多人，尤其是年轻人，对政治和社会的不满。

这种不满主要集中在"新左派"的这一观点上，那就是即使是在民主社会，普通民众也几乎没有权力。对斯大林主义感到震惊的新左派与"旧"左派不同，因为他们对国家持怀疑态度。德国哲学家赫伯特·马尔库塞（Herbert Marcuse，1898—1979）等新左派思想家警告说，国家权力的扩张威胁到了普通公民的个性和独立。他们认为，辩论似乎是公开的，但真正做出选择的是专家和精英，而不是普通人。因此，抗议者要求的是"参与式"而不是议会式民主，要求通过积极参与决策来恢复公民权。

抛弃正统的政治解决方案与推翻传统的社会规则是齐头并进的。在要求"解放"的过程中，学生们不仅关注经济和政治问题，也关注文化问题。20世纪50年代，曾经被认为"不道德"或"放荡不羁"的行为变得司空见惯，例如，情侣婚前同居，个人与各种各样的伴侣发生性关系，这些行为被一些评论者称为"性革命"。

20世纪60年代后期的抗议活动也与更广泛的去殖民化和冷战背景有关。抗议者将争取更开放政治的斗争与殖民独立运动联系起来。抗议者反对苏联模式的共产主义和自由竞争的资本主义，试图从拉丁美洲和亚洲的新兴国家寻求灵感。为了打破冷战的束缚，他们强烈批评美国介入越南战争，认为美国不是"自由世界的领袖"，而是帝国主义压迫者。

结语：新的定义，新的划分

1956年，苏联坦克驶过布达佩斯的街道时，不仅终结了匈牙利的变革，还摧毁了人们对苏联模式的幻想。然而，这样一种希望并没有消失，那就是可以对制度进行改革，并恢复马克思当初对社会正义和政治平等的关注，直到12年后，苏联的坦克再次在一个东欧城市行驶。"布拉格之春"的失败浇灭了东欧的一切希望。

相比之下，民主在战后的西欧生根发芽，其中甚至包括拥有反民主文化传统的国家，如联邦德国和意大利。然而，在1968年，巴黎和世界各地城市的抗议者挑战了简单地将"西方"与民主联系起来的做法。他们指出，工业社会日益扩大的规模和复杂性剥夺了普通人真正参与政治决策的机会。他们指出了冷战的分歧是如何取代民主承诺的。在冷战的背景下，"西方"有时似乎仅仅意味着"反苏"。

到了 20 世纪 70 年代初，东西方尖锐的两极分化开始瓦解。在接下来的 30 年里，经济危机和东欧与苏联的革命性巨变将重塑当代世界。到 90 年代初，冷战结束。在被超级大国的敌对行动抢了风头 20 年后，通常由恶毒的种族和宗教仇恨引发的民族主义冲突再次占据了重要位置。

柏林墙轰然倒塌。在 1989 年 11 月 9 日柏林墙开放后的几周内，东西柏林人将这片曾经是禁地的区域作为他们的庆祝场所。

图片来源：Lionel Cironneau / AP Images

第 29 章

当代西方：新的碰撞与转型

1989 年 11 月 9 日晚，负责防守柏林墙的民主德国边防警卫紧张地注视着成千上万的东柏林人挤在他们面前，这些东柏林人要求进入西柏林。这一要求非同寻常，因为在柏林墙建成的 28 年里，约有 200 人在试图从东向西穿越时被枪杀。但是 1989 年的秋天是一个不寻常的时期。苏联出现了一个改革派政权。波兰和匈牙利开始采用多元议会制度。在民主德国，超过 100 万心怀不满的公民参加了抗议示威。

面对这种巨大的公众压力，民主德国政府决定放宽前往联邦德国的出境签证要求。但在 11 月 9 日上午的新闻发布会上，德国统一社会党东柏林支部第一书记君特·沙博夫斯基（Günter Schabowski）表示，任何想前往西方的人都可以在边境获得自动出境签证。当大批人聚集在遍布柏林墙的边防检查站时，边防警卫不知道该怎么办。他们惊慌失措地打开了大门。当电视摄像机向震惊的世界播放这一场面时，成千上万的东柏林人走着、跑着、跳着跨越了长期以来在实质上和象征意义上都将东西方分隔开来的边界。他们为新获得的自由而欢欣鼓舞，对自己的力量充满信心，对未来充满希望，他们爬上了柏林墙。一个分裂的工具变成了聚会的平台。几天之内，普通德国人又一次在没有得到任何官方批准的情况下，拿着锤子和凿子，开始拆除约 30 年前建起的这堵隔离墙。

柏林墙的倒塌已经成为 20 世纪末戏剧性事件的象征，其中包括东欧剧变、冷战结束、苏联解体、南斯拉夫内战和许多原来属于苏联的地区内战的发生。在随后的几十年里，欧洲乃至全球的政府和普通民众都在努力构建新的结构，以适应地缘政治格局的变化。那么，这些事态发展的原因和后果是什么？它们对西方身份认同和西方文明的未来有何影响？

经济停滞和政治变革：20 世纪 70—80 年代

在 20 世纪 70—80 年代，第二次世界大战后的国家和国际政治解决方案开始崩溃。就在经济危机扩大了西方社会内部的分歧、侵蚀了社会民主政治共识的同时，冷战时期明确的"他们对我们"的界限变得模糊起来。

一个更加不确定的时代

20 世纪 70 年代初，西方进入了一个新时代。谈判和军备控制缓和了超级大国之间的关系，改变了冷战的形势，而战后安逸富足的生活却戛然而止。与此同时，恐怖主义的激增使西欧社会动荡不安。恐怖主义戏剧性地拒绝了民主决策过程，挑战了西方对战后秩序的一些最基本假设。

"缓和"的时代

联邦德国的外交促成了冷战关系的第一次转变。1969 年，西柏林市长兼社会民主党领导人维利·勃兰特（Willy Brandt，1913—1992）当选为总理。联邦德国历史上第一次有了非基督教民主党领导的政府。勃兰特开始实施"新东方政策"，即联邦德国与苏联及其卫星国建立外交关系和经济关系。1972 年民主德国和联邦德国相互承认对方存在的合法性，1973 年两国都加入了联合国，这些事件标志着"新东方政策"达到了高潮。

经济压力迫使超级大国领导人欣然接受了更广泛的"新东方政策"，即"缓和"关系政策。到 20 世纪 60 年代末，苏联和美国的经济都停滞不前。由于两国都在核武器上投入了巨额资金，两国领导人都在寻找应对冷战的新方法。因此，在 1969 年 11 月，苏联和美国的谈判代表开始了"限制战略武器谈判"。1972 年，双方签订了限制战略武器条约。超级大国拥有的核武器依然足以摧毁地球好几次，这些条约有助于减缓超级大国之间的军备竞赛，缓解冷战的紧张局势。

这种"缓和"关系也延伸到了美国与中国的关系。1971 年，美国总统理查德·尼克松（1913—1994）宣布取消对华旅行和贸易的限制，随后他亲自访问了中国。在整个 20 世纪 50—60 年代，"东西对峙"构成了国际关系的基石。然而，在"缓和"时代，国际政治格局变得更加不固定。

西方的经济危机

在这个时代，经济前景也变得模糊起来，因为 20 世纪 70 年代出现了前所未有的高通胀和高失业率。评论人士将这一新的现实称为"滞胀"，即经济过热导致的物价上涨与经济停滞导致的失业并存。在 1974—1976 年，西欧国家的平均年增长率降到了零。

战争和石油助长了这场经济危机。1973 年 10 月，埃及和叙利亚的军队进攻以色列，"赎罪日战争"打响了。为了报复美国对以色列的援助，石油输出国组织的产油国对美国实施了禁运，并将每桶石油的价格提高了 5 倍。1979 年，伊朗的政治革命又使石油价格翻了一番。这两次"石油危机"极大地加速了通胀的螺旋式上升。

另外两个因素也导致了经济危机。第一个因素是，1973 年，尼克松总统采取行动，通过"浮动"美元汇率来捍卫疲软的美元。现在决定美元对其他货币价值的是市场力量，而不是固定汇率。这一决定破坏了自第二次世界大战以来管理国际经济事务的《布雷顿森林协定》(见本书第 28 章)，并进入了一个监管更少、更不稳定的经济时代。在布雷顿森林体系崩溃后的 20 年里，69 个国家经历了严重的银行危机，因为货币投机者破坏了国家经济的稳定，发展中国家的年经济增长率下降了三分之一。

导致 20 世纪 70 年代经济危机的第二个因素是，随着亚洲、南美洲和拉丁美洲经济的工业化而产生的国际竞争。西方社会拥有政治化的劳动力，这些劳动力要求相对较高的工资和广泛的社会福利，因此制造业企业开始向南部和东部转移，以充分利用发展中国家劳动力监管和保护的缺乏。

经济危机的影响

随着经济蛋糕越来越小，对蛋糕的竞争也越来越激烈。20 世纪 70 年代，工人罢工卷土重来。例如，与工会的冲突导致在十年内连续三届英国政府垮台。在整个西方，罢工工人经常与警察发生冲突的场面充斥着电视新闻广播。

种族冲突也在升级，生活在北欧和西欧的 900 万移民很容易成为那些为他们的经济困难寻找替罪羊的个人和团体的目标。到 1975 年，联邦德国、法国、荷兰、英国、比利时、瑞典和瑞士都禁止进一步移民。具有讽刺意味的是，这项立法实际上增加了移民社区的规模。外国工人在大门关闭前争先恐后地进入西欧，那些已经定居的工人则赶紧让家庭成员来到西欧。到 1991 年，25% 的法国居民不是移民就是移民的子女或孙辈。

由此产生的不同宗教和文化传统的民族之间的碰撞改变了欧洲社会。例如，在英国，加勒比黑人风格的服装和音乐从根本上重塑了白人工人阶级青年文化，而日益壮大的东南亚社区也为英国的饮食注入了新的口味。

然而，自 19 世纪以来，欧洲一直倾向于用种族或民族（"种族民族主义"）而不是用一套思想（我们称之为"公民民族主义"）来定义"国家"，这使得新居民融入更广泛的民族共同体的过程变得更加复杂。因此，20 世纪 80 年代的英国记者经常将出生在英国并拥有英国国籍的人描述为"第三代移民"，这个标签揭示了英国身份认同中普遍存在的"白人"概念。

但在英国，就像在法国一样，移民至少可以成为（或已经成为）合法公民。相比之下，在联邦德国、瑞士和斯堪的纳维亚诸国，移民仍然是"外国人"，没有机会获得公民身份。因此，他们的子女在一个他们没有政治权利的社会中长大。这些"外国人"在教育、住房和就业方面都会遭受广泛的歧视。

转向恐怖主义

正如我们在上一章所看到的，20 世纪 60 年代，学生抗议浪潮席卷了世界大部分地区。到了 70 年代，由于未能通过抗议和劝说实现真正的变革，少数学生积极分子转向恐怖主义。美国的"气象员"、意大利的极左翼恐怖组织"红色旅"、联邦德国的"巴德尔－迈因霍夫帮"（又称"红军旅"）都潜入地下，采取爆炸、暗杀和绑架等手段，试图削弱西方资本主义的结构。在意大利，一种恐怖主义文化出现了，20

世纪 70 年代，每年大约发生 2 000 起恐怖主义行为，包括 1978 年"红色旅"戏剧性地绑架并杀害了基督教民主党领袖、前总理阿尔多·莫罗（Aldo Moro）。

在 20 世纪 70 年代，左翼学生团体并不是唯一接受子弹和炸弹政治的团体。民族主义也为恐怖主义的滋生提供了肥沃的土壤。1968 年，名为"巴斯克祖国与自由"（Euskadi Ta Askatasuna，简称 ETA，即"埃塔"）的分裂组织实施了首例被确认的谋杀案，这是西班牙长达 40 年并导致 800 多人丧生的恐怖活动的开端。在北爱尔兰，"麻烦"始于 20 世纪 70 年代初。爱尔兰共和军试图将该省并入独立的爱尔兰，而它的对手统一党则为维护与英国的联盟而斗争。双方都以无辜平民作为首要目标。

20 世纪 70 年代，中东的冲突也波及了西欧。巴勒斯坦民族主义组织利用劫持和爆炸来影响国际外交。1972 年，在联邦德国慕尼黑举行的奥运会上，一个这样的组织谋杀了以色列奥运会代表团的 11 名成员。此次"慕尼黑惨案"不仅是对奥林匹克国际主义精神的彻底嘲弄，也让许多人认识到了战后秩序的脆弱性。

西方政治共识的终结

在这个更不确定的新时代，战后的政治共识崩溃了。作为 20 世纪 60 年代抗议活动的两个分支，新女权主义和环境保护主义要求重新定位社会民主主义政治，而新保守派则拒绝接受社会民主主义的基本原则。

新挑战和新身份：新女权主义

新女权主义（也被称为"第二轮女权主义"）直接起源于 20 世纪

新女权主义。1971 年，巴黎女性走上街头，要求堕胎合法化，并自由获得有关避孕药具的资讯。
图片来源：Rue des Archives / Granger, NYC

60 年代的学生抗议运动。当时女性活动家对自己的有限角色感到沮丧，"当男人在谈论革命时，我们却在做饭"[1]。她们为把女性从政治和文化限制中解放出来而付出的努力，催生了一场国际女权主义运动。

　　尽管新女权主义者为女性候选人的选举和其他类似的政治目标而工作，她们拒绝将她们的努力局限于议会政治。新女权主义者坚决主张"个人的即政治的"。她们抨击选美比赛，批评时尚产业，并要求女孩平等获得体育基金和设施。她们还试图将强奸配偶定为非法，并使堕胎合法化。堕胎首先在欧洲北部被合法化，其中英国是在 1967 年，丹麦是在 1970 年。信奉天主教的欧洲紧随其后：1978 年意大利允许堕胎，

1979 年法国也紧随其后。

新女权主义者将其对性别不平等的批判扩展到经济和教育领域。她们要求同工同酬，并为女性提供更多的职业机会。她们要求更加慷慨的产假政策、家庭津贴和幼儿保育服务。在许多西方国家，女性约占大学生总数的一半，女权主义者也开始改变课程内容。她们挑战了那些认为女性的贡献无关紧要、女性的生活无关紧要的偏见，揭露了女性"被埋没的历史"。

新挑战和新身份：环保主义

环保主义者也加入了 20 世纪 70—80 年代的政治喧嚣之中。环保主义的核心是自然极限的概念，通常被概念化为"地球飞船"，把地球看作"唯一的一艘宇宙飞船，什么都不是无限的"[2]。这种认识让环保主义者质疑工业经济（无论是资本主义的，还是共产主义的）的基本结构，特别是它们固有的对"更多、更大、更快、立即"的强调。这场运动认为，对经济增长的量化指标（如国民生产总值）未能将环境破坏和社会失序考虑在内，在许多情况下，"小就是美"。

环保主义运动对生态可持续性的关注帮助创建了"绿色"政党（简称绿党）。绿色政治还利用了另外两场运动，即新女权主义运动和新左派运动。绿党认为，自然环境的退化与对女性的歧视有着相同的根源，那就是对体力的痴迷和不愿意打破等级结构。绿色政治也支持新左派的关键目标，即参与式民主（见本书第 28 章），因此明确提出了对政治现状的基本挑战："我们既不是左派也不是右派，我们只是更加进步。"[3] 到 20 世纪 80 年代末，绿党已经在 15 个西欧国家兴起。绿党在联邦德国是最成功的，他们从 1983 年起就在立法机构任职，并形成了一个重要的投票团体。

新保守主义

由于对 20 世纪 70 年代的经济危机和社会动荡不满，整个西方世界的选民都在寻找新的答案。在西班牙、葡萄牙和希腊，他们转向了社会主义政党。然而，在整个西欧和美国，新保守主义主导了政治社会。有三位领导人是新保守主义的代表，分别是美国共和党人罗纳德·里根（1911—2004）、联邦德国基督教民主党人赫尔穆特·科尔（Helmut Kohl，1930—2017）和英国保守党人玛格丽特·撒切尔（1925—2013）。新保守派拒绝战后对社会进步的强调，他们更加重视个人成就。他们认为，由增税提供资金的社会支出的增加是通货膨胀飙升和经济增长率下降的原因。正如科尔在 1983 年竞选期间所要求的那样："少一些政府干预，多一些市场干预；少一些集体负担，多一些个人表现；少一些僵化的结构，多一些流动性、主动性和竞争。"

新保守派的政策包括取消对商业的规定，将国有化产业或国有产业私有化，以及控制福利制度。最引人注目的是，新保守派放弃了战后社会民主主义共识的核心特征——坚信国家有责任确保充分就业。通过实施高利率，像撒切尔这样的新保守党领导人降低了破坏性的两位数通货膨胀率。但高利率损害了国内制造业，导致失业率上升。在英国，到 1984 年，13% 的劳动力失业。联邦德国也是如此，科尔的政策旨在降低赋税和政府支出，同时失业率在 20 世纪 80 年代中期超过 9%。

"缓和"关系的结束

与新保守主义的出现一样，超级大国之间日益加剧的紧张关系加速了第二次世界大战后西方社会政治共识的破裂。20 世纪 70 年代初，由于超级大国领导人主张缓和关系，这些紧张关系似乎正在消退。1975

新保守派。1988 年，英国首相玛格丽特·撒切尔和联邦德国总理赫尔穆特·科尔在伦敦会晤后向媒体发表了讲话。尽管他们有许多共同的新保守派观点，但正如他们的肢体语言所显示的那样，两位领导人都对对方不感兴趣。
图片来源：Sahm Doherty / The Life Images Collection / Getty Images

年，32 个欧洲国家、加拿大、美国和苏联的代表签署了《赫尔辛基协定》，该协定确认了既有的欧洲边界，同意在进行大型军事演习时相互告知（以减少意外核战争的机会），并承诺要保障人权。

《赫尔辛基协定》是因为超级大国之间关系的缓和而达成，但是它也破坏了这种缓和关系。在东欧和苏联，有些人利用《赫尔辛基协定》中有关人权的条款来要求正义。当美国总统吉米·卡特（生于 1924 年）在 1976 年就职时，他把人权作为其外交政策的核心。卡特的做法激怒了苏联领导人。"缓和"关系最终于 1979 年 12 月结束，当时苏联军队入侵阿富汗。卡特称这次入侵是"自第二次世界大战以来对和平最严重的威胁"，他警告说，如果苏联向中东进军，他将动用核武器。[4]

1979年撒切尔和1980年里根等新保守派的当选，加剧了对"缓和"关系的抛弃，并使冷战重新开始。里根给苏联贴上了"邪恶帝国"的标签〔这一表达出自20世纪70年代上映的大受欢迎的《星球大战》(*Star Wars*)系列电影〕，并恢复了50年代的反共产主义态度和言论。撒切尔强烈支持里根加快由卡特开始的军备建设的决定。她的反共产主义的强硬路线为她赢得了苏联决策者给她起的绰号"铁娘子"。

东欧的动荡

1989—1991年，动荡席卷了东欧和苏联，引发了一系列剧变：苏联对东欧的控制结束了，冷战戛然而止，苏联也不复存在。米哈伊尔·戈尔巴乔夫（1931—2022）于1985年被任命为苏共中央总书记，他在这些事件中发挥了关键作用。但戈尔巴乔夫并没有控制整个事情的发展。普通百姓在这个过程中发挥了重要作用，他们以自己的方式参与并推动了历史的发展。捷克斯洛伐克的瓦茨拉夫·哈维尔（Václav Havel，1936—2011，后来成为总统）所说的"无权者的力量"被证明确实很强大。

东欧的合法性危机

20世纪70年代，当西方国家与经济滞胀做斗争时，苏联经济却实现了破纪录的增长。但苏联的统计数据忽略了产品的质量、对产品的实际需求或生产成本。苏联领导人说，他们已经完成了赫鲁晓夫在20世纪60年代初计划的重工业扩张，然而，如今微芯片比铁矿石更重要，支撑这种新型现代化的是光纤，而不是钢铁。苏联僵化的指令性经济无法跟上这一发展趋势。到了20世纪80年代，苏联唯一的增长领域是石油和伏特加酒，然后石油市场触底。在1981年达到峰值后，油价开始了长达10年的稳定下跌，而苏联经济也是如此。

在此期间，苏联在东欧的卫星国也从表面上的繁荣陷入了经济危机。在20世纪70年代，有两个因素缓和了西方经济危机对东欧的影响。首先，东欧政府可以以低于市场价格购买苏联的石油。作为回报，这些国家必须以同样的折扣把自己的产品卖给苏联。其次，来自西方银行的贷款掩盖了一些根本性问题，如过度集中化和生产率低下。但到了80年代，苏联在其摇摇欲坠的经济中苦苦挣扎，开始抬高油价，而与此同时，债务负担也压得东欧的经济体喘不过气来。

结局的开始：团结工会

波兰发生的事件表明了既有制度的脆弱性，并启动了导致这一制度崩溃的进程。面对经济负增长，波兰政府在1980年7月宣布提高肉类和其他必需品的价格。抗议价格上涨的罢工蔓延到了波兰各地。后来，在一个名叫莱赫·瓦文萨（Lech Wałęsa，1943年出生）的富有魅力的电工的领导下，格但斯克列宁造船厂的工人们要求成立一个独立于政府控制的工会。一个月后，他们做到了，团结工会就这样诞生了。仅仅几个月，就有1 100多万波兰人加入了团结工会。

团结工会怎么会这么快地成为如此强大的政治和社会力量？答案至少部分地在于市民社会的概念：即独立于国家、商业或家庭的公共组织和活动。从教堂和慈善团体到体育和业余爱好俱乐部，从剧院公司到摇滚乐队再到广播电台，这些组织和活动帮助创造了社区生活，而在这

团结的时刻。1980 年 8 月，莱赫·瓦文萨在格但斯克列宁造船厂外对团结工会支持者发表讲话。请注意下面墙上教皇约翰·保罗二世的画像和其他罗马天主教的人物。在波兰人民共和国时代，天主教会一直是波兰身份认同和忠诚的中心。

图片来源：Rue des Archives / Granger, NYC

些社区中，一个人创造了他或她自己的独立身份意识（见本章"碰撞与转型"专题）。

在波兰，国家的控制从未完全摧毁这些组织和活动，部分原因是罗马天主教会的关键作用。长期以来，对波兰人来说，参加教会不仅是一种表达他们宗教信仰的方式，也是一种表达他们波兰人身份的方式，而这种身份不受政府的控制。1979 年，教皇约翰·保罗二世（1978—2005 年在位）访问波兰，这种天主教身份的力量变得清晰起来。约翰·保罗二世并不是普通的教皇，他原名为卡罗尔·沃伊迪瓦（Karol

碰撞与转型

摇滚和"天鹅绒革命"

1968年9月，"布拉格之春"结束后不到一个月，一位名叫米兰·赫拉夫萨（Milan Hlavsa）的捷克斯洛伐克贝斯手组建了一支摇滚乐队。他并不认为组建摇滚乐队是一种政治行为。苏联的干预让赫拉夫萨大为震惊，但他从来没有想过他可以做些事情来改变苏联阵营的生活现实。他只是喜欢西方摇滚音乐，尤其是美国摇滚歌手弗兰克·扎帕（Frank Zappa）的迷幻音乐，他想在一个摇滚乐队中演奏。

赫拉夫萨和他的朋友们称他们的乐队为"宇宙塑料人"，这个名字出自弗兰克·扎帕的一首歌。这个乐队很快在布拉格流行起来，但几乎同样快，乐队遇到了麻烦。作为1968年后的政治行动的一部分，捷克斯洛伐克政府坚持要求音乐团体遵守一套官方指导方针，规定他们的表演方式、表演内容和地点。"宇宙塑料人"拒绝服从，1970年1月，乐队失去了其营业执照。没有执照，乐队就失去了排练和录音的场所，以及他们的乐器。

但乐队通过修理丢弃的乐器和用旧晶体管收音机组装的扩音器继续演奏。1972年，他们被禁止在布拉格演出，于是就搬到了乡下。1974年，他们又被禁止在任何地方演出，于是他们就转到了地下。当乐队将在某个偏远的农场演奏时，歌迷们会相互告知，而在住房和车库中录制的唱片也会私下传播。

在这一时期，他们已经不仅仅是一支摇滚乐队，也是艺术总监伊凡·伊劳斯（Ivan Jirous）所说的"第二文化"的中心。与官方的"第一文化"相对，这个"第二文化"由音乐家、粉丝、艺术家、作家以及其他试图寻求在一个基于一致性的社会中保持个性和正直的人组成。

1976年3月17日，27名音乐家被捕，包括"宇宙塑料人"乐队的所有成员。6个月后，他们开始受到审判。作为对国际抗议的回应，捷克斯洛伐克政府释放了27名摇滚歌手中的大部分。但是伊劳斯和乐队的萨克斯吹奏者弗拉季斯拉夫·布拉贝内茨（Vratislav Brabenec），以及其他乐队的两名音乐家，被判犯有"有组织地扰乱治安罪"，并被判处8到18个月的监禁。[5]

这一判决激怒了瓦茨拉夫·哈维尔，他是著名剧作家，也是弗兰克·扎

1977 年，"宇宙塑料人"乐队在瓦茨拉夫·哈维尔的农舍举行了一场音乐会。
图片来源：Sovfoto / Getty Images

帕的忠实粉丝。审判结束后，哈维尔向这个乐队开放了他的农舍，允许其举行音乐会和录音。1977 年 1 月 1 日，哈维尔与其他艺术家和知识分子宣布发起一场运动，以宣传现行体制的不合理之处。在接下来的 10 年里，许多运动成员曾经身陷囹圄，包括哈维尔。然而，通过要求政府对其行为负责，这场运动削弱了现政权。1989 年剧变爆发时，这个政权轻而易举地就被推翻了。1988 年，"宇宙塑料人"乐队解散。但是两年后，总统瓦茨拉夫·哈维尔邀请的第一批来到新自由的捷克斯洛伐克的人当中，就有一位名叫弗兰克·扎帕的上了年纪的迷幻摇滚歌手。

Wojtyla），是 1523 年以来第一位非意大利籍教皇，也是第一位波兰籍教皇。教皇访问波兰期间受到了 1 200 万人（占波兰总人口的三分之一）的欢迎。团结工会的许多成员证明了这次访问的重要性，因为它赋予了他们挑战既有秩序的权力。

团结工会日益高涨的人气很快威胁到了统一工人党对波兰的控制。1981 年 12 月，总理沃伊切赫·雅鲁泽尔斯基（Wojciech Jaruzelski）宣布戒严，逮捕了多名团结工会成员（包括瓦文萨）。

但是团结工会并没有就此偃旗息鼓。在整个 20 世纪 80 年代，它一直是波兰社会的政治存在和道德力量。团结工会成员以小组形式集会，出版报纸，组织人们抵制选举。与此同时，匈牙利、捷克斯洛伐克、民主德国和苏联的激进分子从团结工会中获得了抵抗的灵感和经验教训。

在 1989 年之前，没有其他的东欧国家经历过像团结工会这样激烈的抗议运动，然而，在 20 世纪 70 年代后期和 80 年代，东欧的大部分地区出现了两项重要的发展：第一，经济困难助长了广泛的政治疏离，加深了人们对激进变革的渴望。第二，激进分子和普通民众努力创建市民社会的结构。

环保主义者的抗议

对许多东欧人来说，环保主义运动至少帮助创建了市民社会的开端。几十年来，征服自然一直是苏东国家意识形态的一个关键部分："我们不能等待大自然的恩惠，我们的任务是从它那里抢夺。"[6] 苏联阵营的每一个政府都忽视了最基本的环境保护措施，把未经处理的污水和核废料倒入湖泊和河流里，把有毒物质直接排放到空气中。但由于官员认为自然环境无关紧要，他们倾向于认为环保主义者的抗议也不重要，不过是一种发泄民众不满的"安全"途径。因此，到 20 世纪 70 年代后期，许多苏联和东欧的公民加入了环保组织。环保主义运动就像白蚁入侵一样，啃食着政治建筑。在匈牙利，公众对捷克斯洛伐克和匈牙利合作修建多瑙河大坝的愤怒导致了环保组织的成立，这些组织鼓励匈牙利人不仅质疑多瑙河项目，而且质疑整个制度的优先事项和政策。

环保主义还加剧了苏联境内非俄罗斯民族的民族主义抗议。苏联的各个民族群体眼睁睁地看着他们的森林消失，他们的湖泊干涸，他们的古城被铲平，而这都是由于那些他们认为是外国人的人在遥远的莫斯科做出的决定。在他们看来，那些人是俄罗斯人，而不是苏维埃同志。例如，到了 20 世纪 80 年代，由于化学物质泄漏的危险，拉脱维亚的学校被迫发放防毒面具作为日常安全防护措施，许多拉脱维亚人得出结论，如果拉脱维亚独立了，他们或许会过得更好。

戈尔巴乔夫与激进改革

随着这些不满情绪在苏联阵营的人民中酝酿，一连串领导人的去世开启了一个剧变的时代。1982 年，年老的列昂尼德·勃列日涅夫去世——随后，他的继任者尤里·安德罗波夫（Yuri Andropov，1914—1984）和康斯坦丁·契尔年科（Konstantin Chernenko，1911—1985）相继去世。是时候更新换代了。当戈尔巴乔夫接替契尔年科时，他已经54 岁，与他的老一辈政治局同僚相比，他看起来仍像个青年。

戈尔巴乔夫的一生经历了苏联历史的所有大事件。他出生于 1931年。他的父亲在第二次世界大战期间曾在苏联红军中服役，并两度受伤。然而，戈尔巴乔夫的家人仍然相信共产主义的理想。1948 年，戈尔巴乔夫和他的父亲一起获得了劳动红旗勋章，因为他们的收成几乎是平均收成的六倍。这一成就加上他的能力，让戈尔巴乔夫获得了接受大学教育的机会。在获得经济学和法学学位后，戈尔巴乔夫先后在省级政府和中央政府中担任党内职务。

虽然戈尔巴乔夫是一名忠诚的共产主义者，但他开始相信，苏联的体制正在走下坡路，要让它恢复健康，唯一的办法就是进行彻底的外科手术。他没有预料到的是，这样的手术实际上会导致"病人"死亡。戈尔巴乔夫的手术工具是"开放"和"改革"，这两个俄语术语在英语中没有直接对应的表达。

开放和改革

"开放"（glasnost）又被翻译为"公开"或"透明"，这意味着苏联采取一种基于公开承认问题的政策。按照戈尔巴乔夫的说法："广泛、及时和坦率的信息是信任人民以及他们自己解决问题的能力的证明。"[7]

直到 1986 年 4 月切尔诺贝利核电站灾难发生前，苏联民众一直对戈尔巴乔夫所说的"开放"政策保持警惕。乌克兰核电站的操作失误导致了历史上最严重的核事故。事故发生后的几天里，35 名工厂工人死亡。在接下来的 5 年里，清理工作至少夺去了 7 000 人的生命。这次事故使乌克兰和白俄罗斯的 400 多万居民处于过量辐射的危险之中，辐射云一直蔓延到苏格兰。当事故的消息刚传到莫斯科时，党内官员予以否认。但在西方国家的监测仪监测到大气中的辐射后，戈尔巴乔夫才敢于向公众发布准确的信息。1986 年，93% 的苏联人有了电视机，他们在屏幕上看到的东西让他们相信"开放"政策是真的。苏联的政治文化发生了巨大的变化。

戈尔巴乔夫实行"开放"政策，旨在克服公众的疏离和冷漠，从而说服苏联公民参与政治和经济生活"改革"，即"perestroika"，这个词又被翻译为"重组"或"重建"。戈尔巴乔夫认为，他可以通过现代化、权力下放和引入有限的市场机制来调整经济结构，从而扭转苏联的经济衰退。然而，戈尔巴乔夫知道，即使是有限的经济改革也会威胁到官僚的既得利益，而这些官僚会竭尽所能阻止他的改革。因此，没有政治改革，经济改革就不会成功，而这就意味着苏联必须实行政治制度改革，开放有限的竞争，使新的领导人和新的思想取得胜利。因此，1990年戈尔巴乔夫结束了苏共对立法机构权力的垄断，苏联开始实行多党政治。

结束冷战

苏联经济和政治的重组几乎不可避免地导致了国际关系的重组，也导致了冷战的结束。到20世纪80年代，为了跟上里根总统的军事建设步伐，苏联将至少18%的国民生产总值投入军备竞赛。戈尔巴乔夫得出结论，苏联承受不起冷战。为了向西方表明他对新国际秩序的渴望，戈尔巴乔夫减少了苏联在海外的军事承诺，并要求恢复军备控制谈判。1987年12月，戈尔巴乔夫和里根签署了《中导条约》（INF），同意销毁所有陆基中程核导弹。1991年，苏联和美国签署了《第一阶段削减战略武器条约》（START I），承诺削减洲际弹道导弹。核军备竞赛结束了。

戈尔巴乔夫也开始调整苏联在东欧的政策。他意识到：第一，只要苏联试图支配东欧事务，西方领导人就不会结束冷战；第二，苏联再也无力控制其卫星国。到1988年年底，戈尔巴乔夫在联合国大会上发表讲话，宣布东欧国家可以自由选择自己的道路。从此，剧变开始了。

中欧和东欧的剧变

匈牙利和波兰是最早发生剧变的国家。甚至在戈尔巴乔夫上台之前，经济危机和公众的不满就已经迫使波兰政府和匈牙利政府接受改

开放。1985年，米哈伊尔·戈尔巴乔夫在莫斯科会见工人。

革。20世纪80年代初，匈牙利加入了世界银行和国际货币基金组织，并建立了股票市场，从而走向了以西方为导向的、市场驱动的经济。1985年，独立候选人第一次出现在匈牙利的选票上，而且很多人获胜了。在波兰，雅鲁泽尔斯基政府还尝试恢复一些市场经济措施和有限的政治改革。

戈尔巴乔夫上台后，这两个国家的改革步伐加快了。1989年1月，匈牙利使非共产主义政党和工会合法化。2月，团结工会和波兰统一工人党官员开始了旨在重组波兰政治体制的"圆桌会谈"。6月，波兰举行了苏联阵营的第一次自由选举。团结工会在竞选中大获全胜，组建了

"一切都结束了！捷克人自由了！"布拉格一个公交车站上的涂鸦是对 1989 年剧变的总结。

图片来源：John Chapman / Alamy

1948 年以来东欧第一个非共产主义政府。

　　这些事件引发了整个苏联阵营的剧变。1989 年秋天，大规模的抗议活动推翻了捷克斯洛伐克政府和民主德国政府。11 月，正如本章开头所描述的那样，东柏林人成功地拆除了柏林墙。一个月后，全世界惊奇地看到剧作家瓦茨拉夫·哈维尔成为捷克斯洛伐克的总统。

　　剧变迅速蔓延到保加利亚和罗马尼亚。然而，在那里，现行体制被改革而不是被推翻。在保加利亚，具有改革思想的共产党员推翻了托多尔·日夫科夫（Todor Zhivkov）政府，他已经掌权 35 年。罗马尼亚变革的结果与之相似。1989 年 12 月，罗马尼亚领导人尼古拉·齐奥塞斯库（Nikolae Ceauşescu）命令他的军队向抗议民众开火。然而，在几天之后，士兵倒戈。他和妻子躲了起来，但在圣诞节那天，他们被抓住并被处决。曾与戈尔巴乔夫一起上过莫斯科大学的改革家扬·伊利埃斯库（Ion Iliescu）组建了新政府。

东欧剧变的最后一环是政治边界的重新划分，以及相应的政治身份的转变。1990 年 10 月，民主德国和联邦德国的分界线消失了，德国再次成为单一民族国家。但是，三年后，捷克斯洛伐克这个民族国家分裂了，因为哈维尔总统无法满足斯洛伐克民族主义者的要求。捷克斯洛伐克分裂成了两个新国家，分别是捷克共和国和斯洛伐克共和国。

苏联的解体

西方政治领导人和普通民众称赞戈尔巴乔夫结束了冷战，也结束了苏联对东欧的控制。然而，戈尔巴乔夫将这些变革视为实现国内目标的国际手段，以便使苏联经济走向繁荣，从而拯救整个制度。但是，繁荣没能实现，他试图拯救的制度却解体了。结果证明，他的经济改革失败了。到 1990 年，食品和其他必需品短缺，价格比前一年上涨了20%，生产率和收入都在下降。妓女、弃婴和无家可归者数量的急剧增加都标志着苏联经济和社会的崩溃。

随着这些问题的升级，戈尔巴乔夫面临着来自党内强硬派和主张彻底资本主义经济的改革者越来越多的反对。鲍里斯·叶利钦（1931—2007）成为改革派的代言人，这位富有魅力、大嗓门的政治家在 1991年成为俄罗斯（不同于苏联）的总统。1991 年 8 月，当一些反对改革的苏联领导人试图推翻戈尔巴乔夫时，叶利钦领导的民众抵抗阻止了这些人。从那时起，主导苏联政治的是叶利钦，而不是戈尔巴乔夫。

然而，推翻了戈尔巴乔夫并摧毁了苏联的是民族主义，而不是强硬派或叶利钦的亲资本主义运动。东欧国家成功地摆脱了苏联控制，激励了苏联内部的分裂主义者民族主义运动。尽管戈尔巴乔夫干预了阿塞拜疆和格鲁吉亚的民族主义运动，并反对波罗的海国家的独立运动，但苏联还是解体了。1991 年 12 月 25 日，戈尔巴乔夫辞去苏联总统职务时，这个国家已经不复存在了。

剧变之后

东欧剧变和苏联解体意味着令人振奋但又令人精疲力竭的变革。事实证明，民主建设是一项艰巨的任务，因为社会分裂、政治怀疑主义和经济停滞等遗留问题给社会造成了沉重负担。

剧变后的俄罗斯

与波兰等国家不同，在这些国家中，现行制度的解体是民众抗议的结果，而在苏联，变革是从上层开始的。此外，俄罗斯人至少可以自豪地指出共产主义制度的一些成就：他们创造了一个工业社会，赢得了第二次世界大战，并成了一个超级大国。在 20 世纪 90 年代，俄罗斯人努力接受他们意想不到的——对一些人来说，是不想要的——变革。

俄罗斯的经济和社会危机

作为苏联解体后俄罗斯的第一位总统，鲍里斯·叶利钦承诺要加快俄罗斯向繁荣的资本主义民主国家转型。但事实证明他做不到。叶利钦时代的特点是三个相互关联的发展事态：持续的经济危机、不断扩大的腐败和犯罪，以及日益严重的社会经济不平等。

1992 年 1 月，叶利钦对境况不佳的俄罗斯经济实施了"休克疗法"。他取消了价格控制，取消了补贴，并将国有企业私有化，但是经济并没有因此而繁荣起来。物价大幅攀升，非生产性企业的关闭加速了失业率的上升。与此同时，政府开支的削减切断了社会福利的生命线。到 1995 年，80% 的俄罗斯人所挣的工资无法维持生活。食品消费下降到与 20 世纪 50 年代初相当的水平。1998 年，俄罗斯实际上破产了，经济形势进一步恶化。卢布贬值，国家拖欠贷款。即使是有工作的俄罗斯人也发现入不敷出。许多人依靠物物交换和黑市来维持基本生活。

由于普遍的腐败和犯罪，这场经济危机恶化了。20 世纪 90 年代，俄罗斯人突然有了拥有私人财产的权利，但他们不能指望国家来保护这些财产。俄罗斯的警察和司法系统无法满足他们的新要求。结果，俄罗斯生活中出现了一股新的力量，即名为"俄罗斯黑手党"的犯罪团伙，他们以高价提供"保护"，利用敲诈和恐吓来夺取对主要经济部门的控制权。

经济危机，加上犯罪和腐败，意味着不平等的加剧。到 1997 年，7 个人控制了大约 50% 的俄罗斯经济。显然，少数有权有势的俄罗斯人在 20 世纪 90 年代获得了非凡的机遇，并实现了财富积累。然而，对其他许多俄罗斯人来说，苏联政权的结束意味着最糟糕的自由，那就是饥饿、无家可归和恐惧的自由。1999 年，几乎 40% 的俄罗斯人生活在官方贫困线以下。

原苏联地区的民族主义挑战

1991 年苏联的解体并没有结束该地区的民族主义暴力。民众的民族主义运动使格鲁吉亚、乌克兰和波罗的海沿岸的几个加盟国家获得了独立，但许多新政府随后发现，自己也面临着民族主义挑战。在 20 世纪 90 年代，格鲁吉亚、亚美尼亚和阿塞拜疆都发生了内战，因为这些新国家内部的某些地区也试图分裂出去，建立自己的独立国家。

俄罗斯也继续面临着要求重新划定边界的暴力行动。即使在苏联解体后，俄罗斯仍然是一个庞大的多民族联邦，并不是所有的少数民族都想留在俄罗斯阵营内。最严峻的挑战来自车臣，它是俄罗斯境内 21 个自治共和国之一。苏联解体时，车臣人认为没有理由不让车臣像格鲁吉亚或阿塞拜疆那样走上属于自己的独立道路。

这场争论一直持续到 1994 年，这一年叶利钦派遣俄罗斯军队迫使车臣重新回到俄罗斯的怀抱。在随后 20 个月的冲突中，有 8 万人死亡，24 万人受伤，其中 80% 是车臣平民。1996 年夏天，双方通过谈判停战，但 4 年后战争再次爆发。普京巧妙地运用了古老的"分而治之"的策略，把前叛军变成了他的特工。普京的巨幅照片注视着车臣人重建被战争摧毁的城镇。

中欧和东欧：走向民主？

与苏联一样，东欧国家发现，通往民主的道路布满了荆棘。到 20 世纪 90 年代末，大部分地区（但不是所有地区）成功地走上了民主道路，实现了政治和经济稳定。

重新统一的德国内部的斗争

柏林墙倒塌后的第一周，民主德国几乎一半的人口越过边界进入联邦德国。商店橱窗里琳琅满目的消费品让他们眼花缭乱，渴望有机会从资本主义的大锅中分一杯羹。联邦德国总理赫尔穆特·科尔认识到这些渴望的力量，巧妙地加快了统一的步伐。当两个德国在 1990 年年底统一时，科尔成了新德国的第一任总理。

科尔相信联邦德国的经济足够强大，足以帮助其破产的新伙伴实现繁荣，但事实证明他过于乐观了。民主德国的居民很快发现他们的工厂倒闭了，他们的生计消失了。这些经济问题波及了德国西部地区。到1997年，德国的失业率达到了12.8%，这是第二次世界大战以来的最高水平。经济困难主要集中在德国东部，90年代末，那里超过20%的人失业。

联邦德国人和民主德国人之间也存在着巨大的文化差异。例如，民主德国的女性往往很难适应这样一种文化，在这种文化中，传统的性别角色和性道德观念占主导地位。她们希望全职工作，享受国家提供的日托、避孕和堕胎服务。然而，在联邦德国，直到20世纪70年代末，男性养家糊口者/户主的概念一直被载入法典，并在其后很长一段时间内主导着联邦德国的文化。

在20世纪90年代，两德之间的鸿沟有时似乎不可逾越。然而，2005年，安格拉·默克尔（生于1954年）当选总理，对于统一后的德国来说，这是一个重要的象征性时刻。默克尔是首位领导德国基督教民主党的女性（同时也是一个信奉天主教的政党中的新教徒），也是新德国第一个担任如此重要政治职位的民主德国人。在默克尔的领导下，两德之间的分歧开始减弱。在统一的创伤之后，经济也稳定下来。到2011年年底，德国的失业率达到了20年来的最低水平。

1989年后的赢家和输家

当然，民主德国在苏联阵营国家中是独一无二的，因为它与联邦德国迅速统一。但在1989年之后，整个东欧的人民都经历了一段艰难的时期。西方顾问和国际货币基金组织坚持要求新政府遵循旨在削减政府开支和抑制通货膨胀的"紧缩"计划。其结果是，经济困难远远超出了任何西方选民所能承受的程度。

然而，在 20 世纪 90 年代后半期，波兰、匈牙利、捷克共和国和波罗的海国家的经济趋于稳定，整体生活水平迅速提高。

2002 年，普通波兰人的购买力比 1989 年高出 40%。但是在斯洛伐克、保加利亚、罗马尼亚和阿尔巴尼亚等国，经济依然举步维艰。在阿尔巴尼亚，情况非常糟糕，1994—1998 年，处于工作年龄的阿尔巴尼亚人大约有 40% 的人出国找工作。在东欧为适应 1989 年以后的情况而进行的斗争中，"赢家"和"输家"之间出现了一条很大的鸿沟。同样的鸿沟也出现在政治中。到 20 世纪 90 年代末，"赢家"已经成功地通过谈判过渡到稳定的民主政治，而在其他地方，权力仍然集中在少数人的手中。

三个因素可以解释东欧和中欧"赢家"和"输家"之间的新鸿沟。第一个因素，波兰和匈牙利早在 1989 年之前就已经开始走向市场改革，因此，为向市场经济过渡做好了最充分的准备，在这方面，捷克斯洛伐克和波罗的海国家却只能追溯到第二次世界大战前的民族独立时期。第二个因素，邻近西欧市场和来自西欧的投资发挥了重要作用。但是，第三个也是最重要的一个因素，是我们已经讨论过的市民社会的建设。在 1989 年后的世界中挣扎的国家，是那些在 1989 年以前市民社会的基础尚不成熟的国家。例如，1989 年发生在保加利亚和罗马尼亚的变革，是由体制内的改革家实施的，而不是由那些与体制分离或对立的公民实施的。

南斯拉夫的解体

20 世纪 90 年代初，在整个东欧和中欧，许多人担心基于仇恨的民族主义政治和政策将填补现行制度崩溃后留下的意识形态真空。随着罗姆人等少数民族人口成为歧视和暴力的对象，以及新纳粹运动的出现，这些担心不断升级。然而，尽管种族主义和对待少数群体的方式仍然存在问题（就像在整个西方一样），但事实证明，对中欧和东欧可能再次陷入种族灭绝的屠杀旋涡的担忧是没有根据的，除了南斯拉夫。在那里，民族主义敌对情绪的复苏导致了国家批准的大规模屠杀和自 20 世纪 40 年代以来欧洲从未见过的大屠杀场面。

第二次世界大战后，共产主义游击队领袖铁托控制了南斯拉夫，他试图将南斯拉夫从最近的分裂战争中脱离出来。为了建设一个统一的国家，铁托使用了两种工具，即联邦制和共产主义。由六个平等的共和国组成的联邦政治结构阻止了塞尔维亚或其他任何一个共和国主导南斯拉夫的事务。共产主义是一种统一的意识形态，是一套超越种族、宗教和语言分歧的思想。铁托宣布，种族身份和竞争是不可接受的，是南斯拉夫留下的资产阶级历史的一部分。

然而，南斯拉夫人经常说，他们的国家由"六个民族、五种语言、四种宗教……和一个铁托"[8]组成。根据这种民间智慧，把这个多样化的国家黏合在一起的是铁托，而不是共产主义或联邦制。1980 年，铁托去世。不祥的是，在他死后的一年，塞尔维亚科索沃省的阿尔巴尼亚族和塞尔维亚族之间爆发了骚乱。更不祥的是，铁托的死恰逢经济危机爆发。不断上涨的油价削弱了南斯拉夫的经济，债务负担使情况雪上加霜。1987 年，通货膨胀率高达每年 200%。两年后，它突然进入恶性通货膨胀——每月 200%。

在这次经济危机的压力下，铁托建立的联邦结构开始崩溃。南斯拉夫较富裕的共和国（如克罗地亚）试图摆脱与较贫穷的共和国（如塞尔维亚）的联系。然后，在 1989 年，席卷苏联卫星国的动荡也破坏了南斯拉夫共产主义者联盟对国家的控制。在南斯拉夫政治生活的表面下

地图 29.1 南斯拉夫的解体

导致南斯拉夫解体的因素是什么?

长期酝酿的民族主义,填补了由此产生的意识形态空白。

南联盟总统斯洛博丹·米洛舍维奇(1941—2006)反对克罗地亚和其他领导人解散南斯拉夫联邦的努力。如果南斯拉夫分裂了,塞尔维亚将只是一个弱小的、贫穷的、无影响力的国家。他还鼓励南斯拉夫国民相信,他们的安全和繁荣依赖于南斯拉夫的统一。

战争爆发于1991年,当时克罗地亚宣布独立,南斯拉夫军队被动员起来反对分离主义分子。1992年，在波斯尼亚－黑塞哥维那政府宣布独立后，战争也蔓延到了这里。北约军队有史以来第一次投入战斗，1994年，北约飞机开始轰炸南联盟。第二年，一场不稳定的和平确定了波斯尼亚和克罗地亚的独立（见地图29.1）。

1998年，塞尔维亚人和阿尔巴尼亚人在科索沃省爆发了冲突。在北约对塞尔维亚进行轰炸之后，北约和俄罗斯军队进入了科索沃，科索沃于2008年宣布从塞尔维亚独立。

反思西方

20世纪90年代初，西方文化中弥漫着胜利的气息，最简单的表述就是"我们赢了冷战"。但"我们"指的是谁呢？ 40年来，冷战提供了一个明确的敌人，也因此提供了一个明确的身份：西方是反共、反苏、反华沙条约组织的。在冷战后的世界里，西方又是什么呢？

进入后现代主义时代

"后现代主义"在很多方面围绕着西方身份认同的问题。尽管这个术语涵盖了一系列的风格和立场，但其核心是对西方文化霸权的拒绝。更具体地说，后现代主义挑战了这样一种观点，即西方的科学和理性构建了一种单一的、普遍适用的"现代性"形式。

后现代主义的形成

后现代主义首先出现在建筑领域，也许是因为到20世纪70年代早期，现代主义建筑的失败是如此明显。出于对人类理性和现代技术的信仰，现代主义建筑师们建造了他们认为能让人们生活得更美好的建筑。但是，他们建造的混凝土高楼无法与居民的需求和情感联系起来，许多高楼成了被遗弃的、案件多发的、布满涂鸦的公寓。

面对这一失败，新一代的后现代主义者认为现代主义建筑过于精英化。美国建筑师查尔斯·詹克斯（Charles Jencks，1939 年出生）认为，由于人们倾向于依赖熟悉的事物来理解他们的世界，现代主义拒绝传统形式是错误的。例如，大多数欧洲人和美国人将家庭住房与山墙屋顶联系起来（让孩子画一幅房子的画，看看他或她是否画了一个平屋顶）。詹克斯问道，现代主义住宅典型的矩形混凝土建筑疏远了这么多人，这是否令人惊讶？后现代主义的反精英主义因此导致了折中主义，重新创造和结合过去的形式与风格（如有山墙的屋顶），并努力复兴地方和区域风格。为什么东京的街道看起来像伦敦或芝加哥的市中心？相反，后现代主义采用了一种植根于具体时间和地点的建筑。除了反精英主义和折中主义，后现代主义建筑也是反普遍主义的，它谴责现代主义的假设，即相同的现代（和西方）理想与形式适合所有个人和所有社会。

对现代主义的批评也同样出现在艺术领域，因为 20 世纪 60 年代末和 70 年代初的政治在三个方面改变了视觉艺术。首先，在 1968 年的抗议活动之后，艺术家——许多来自左翼激进主义环境——拒绝了基于等级制度和权威的意识形态。这种拒绝导致了对现代主义"先锋"概念的抨击，这种概念意味着艺术天才在美学卓越的前沿战斗。其次，政治抗议的经历促使许多艺术家尝试与更广泛的公众进行交流，因此，他们从过去和流行文化中寻找观众熟悉的形式和材料。正如艺术评论家伊迪特·迪克（Edit DeAk）所解释的那样，后现代主义艺术依赖的是"认可的冲击，而不是新事物的冲击"[9]。最后，女权主义影响了这种新艺

西方文化的后现代主义表现。马可·文图拉（Marco Ventura）利用"认可的冲突"，在这幅戏谑的画作中融合了西方传统中的六个熟悉图像，并将其命名为《蒙娜丽莎凝视奈费尔提蒂半身像，上帝在星夜的大碗岛（La Grande Jatte）上从混沌中创造秩序，玛格丽塔小公主在旁观》（1993）。

图片来源：Painting by Marco Ventura

术。女权主义者强调了在美术馆和博物馆展览中系统性地排斥女性的现象。她们也质疑这样一种审美等级，即以一种自以为高人一等的态度，给传统的女性艺术形式（例如编织）贴上"工艺"的标签。

到 20 世纪 70 年代末，后现代主义在艺术和建筑方面的实践与一种不断发展的文学和文化理论相融合，这种理论通常被称为"后结构主义"。后结构主义的理论集中于一批法国思想家的研究，他们的思想被美国大学接受，然后又渗透回欧洲的知识分子圈子。这些思想家包括文学研究领域的罗兰·巴特（Roland Barthes，1915—1980）、雅克·德里达（Jacques Derrida，1930—2004），以及历史研究领域的米歇尔·福柯（Michel Foucault，1926—1984）和精神分析领域的雅克·拉康（Jacques Lacan，1901—1981）。

就像建筑和艺术中的后现代主义理论一样，后结构主义开始于对沟通问题的探索。巴特宣布"作者已死"，他的意思是，文学研究的目的不是问"作者的意思是什么"，而是探索读者如何创造自己的意义。德里达在巴特的基础上提出，我们所经历的世界是由语言构成的，离开了语言，我们甚至不能理解或表达自我。但是因为在一个词（德里达所谓的"能指"）和这个词所指的事物或观念（"所指"）之间没有内在的匹配，所以沟通从来就不是直接的。因此，德里达认为，我们必须放弃一个固定的或单一的真理的观念，放弃终极的或普遍意义的观念。

这种挑战任何单一"正确答案"或任何权威中心（有时被称为"去中心化"）的努力，将后结构主义对沟通的关注与其对权力的分析联系在一起。福柯和拉康剖析了权威的等级制度（不仅在政治领域，也在学术领域，例如在医学界），以及这些权威如何使用看似客观的知识体系来维持他们对权力的控制。

这些关于沟通和权力的后结构主义理论与已经在建筑和艺术领域蓬勃发展的现代主义批判相融合，产生了后现代主义。这种将文化视为全球权力竞争的后现代观点让更传统的（现代主义的已经被认为是传统的了）思想家感到不安，这些思想家坚持认为美学卓越的标准（"美"）和客观的知识标准（"真"）是存在的，他们警告说文化"去中心化"将破坏西方的社会凝聚力和政治稳定（见本章"不同的声音"专题）。

不同的声音

后现代世界的历史

20 世纪 80 年代后期，后现代主义思想渗透到了历史研究领域。许多历史学家接受了后现代主义理论和方法，如第一段摘录的作者贝弗利·索斯盖特（Beverley Southgate）。但也有历史学家谴责后现代主义是失控的相对主义，如第二段摘录的作者格特鲁德·希梅尔法布（Gertrude Himmelfarb）。正如第三段摘录所示，这场辩论在相当小的专业历史学家圈子之外引起了共鸣。为了在小学教育和中学教育中建立统一的标准，玛格丽特·撒切尔寻求为英国公立学校制定全国性的课程。正如她的叙述所揭示的那样，撒切尔关于历史的观点与专业历史学家的观点发生了冲突。

一、贝弗利·索斯盖特：历史的隐秘动机

如果说有些历史学家故意扭曲他们的叙述，并随着政治的曲调起舞，也有些历史学家可能会不自觉地受到某种隐秘动机的影响，用他们的行动为维持现状服务……像其他人一样，他们有时不知道自己的动机是什么，当然，这并不是说他们没有任何动机。他们不可避免地与自己所处的时间和地点纠缠在一起，并受到成长过程中周围盛行的假设的影响，其中包括在任何文化中都不受质疑的观念、信仰和预设。有时历史学家说产生的影响与他们本人有意识地设想的完全不同，而这些影响常常是去证实盛行的假设，并为其辩护。正如历史学家赫伯特·巴特菲尔德（Herbert Butterfield）很久以前指出的那样，如果历史学家所创作的历史是一部"最适合维护现存制度"的历史，在此过程中，他们是不由自主的。

换句话说，历史学家常常无意之中为维持现状做出了贡献，确保事情尽可能和以前一样，让未来宛若他们描述的过去，让未来看起来是过去的自然延续……

因此，在一定意义上，历史的任务往往是一种自我辩护和自吹自擂，确证我们的当下。……因为正是历史学家们声称（并且通常被认可）能够说出关于人类性格及其问题、关于人类思想和行为的真理……历史

学家的任务就是去揭示关于人类本质及其问题的真理。

然而，权威的"真理"当然是有选择性的。它建立在哪种人具有优先权的预设之上。历史在它自己的"真理体制"下呈现出了"男人"和"女人"、"丈夫"和"妻子"、"享乐主义者"和"清教徒"、"老板"和"工人"之类的模式。……历史仍然给仿效、禁止和辩解提供模本。这些或许并未做明确说明，但是任何历史学家对主题的选择本身都带有一定的价值判断。无论我们的态度如何，我们是选择阿道夫·希特勒，还是选择纳尔逊·曼德拉（Nelson Mandela），是选择贵族，还是选择工厂的工人，这都会影响我们所要证明的"真理"。

因此，历史隐秘动机的一部分一直是促进关于人性的首选模式，给我们自身的存在提供正当理由。

资料来源：Beverley Southgate, *What is History For?* (Abingdon, Oxon, UK: Routledge, 2005), 74-79.

二、格特鲁德·希梅尔法布："老"历史学家拒绝"新"历史学家

历史学家们一直为事实的意义和解释争论不休。实际上，他们也一直为事实本身争论不休。……但是他们传统上认为解释和事实、语言和现实之间存在一定的呼应关系。他们痛苦地意识到这种呼应并不完美，过去总是无法把握，现实从来不会完全展现在他们面前……但他们也敏锐地意识到，有必要尽量缩小这一差距……［然而，］如今，越来越多的历史学家……使过去变得更不确定，更难以捉摸，更不真实，从而允许他们在解释过去时尽可能地发挥创造性、革新性和创新性。这些已经成为历史的新"可能"，这些可能性是由历史学家的想象力和感性提出的，而不是由当时的经验提出的……当时的人可能认为他们的历史是由国王和政治家、政治和外交、宪法和法律塑造的。新历史学家更清楚……种族/性别/阶级，全国的文字处理器肯定已经设定好了程序，只要按一下键就能打印出那个公式……种族、性别和阶级是而且一直是历史的基本决定因素，这样的假设解构了历史学家所知道的过去，而且在许多情况下解构了当时的人所知道的过去。……这样一种观点认为，当时那些愚昧的人并不能作为权威，因为他们已被"霸权文化"迷惑，而这种文化本身就是无可救药的性别歧视、种族歧视和精英主义。因

此，所有的过去都必须被解构，并被重新建构。

资料来源：Gertrude Himmelfarb,"Some Reflections on the New History," *American Historical Review*, 1989, 94 : 3, 665–666, 667, 668. 经作者许可转载。

三、玛格丽特·撒切尔：一位政治家参与进来

在国家课程的问题上，也许我最艰难的斗争发生在历史学科。虽然我本人不是历史学家，但我对历史有一个非常清楚的而且是天真地认为没有争议的概念。历史是对过去所发生的事情的叙述。因此，学习历史需要了解事件，需要知道日期。对历史人物或事件充满想象力的同情再多，也无法取代最初乏味但最终有益的对事件的记忆……

1989 年 7 月，历史工作组提出了临时报告。我很震惊，它强调的是解释和探究，而不是内容和知识。英国历史没有得到足够的重视。把历史作为年代学的研究也没有得到足够的重视……

[最终报告于 1990 年 3 月提交。撒切尔夫人很不满意。]它所设定的目标并没有具体包括历史事实的知识，这在我看来很不寻常，而且对一些话题的讲述过于偏重社会、宗教、文化和美学问题，而不是政治事件，比如 20 世纪的英国历史……现在我已经被彻底激怒了……

资料来源：Margaret Thatcher, *The Downing Street Years*, 595–596. Harper Collins, 1993.

后现代文化和后工业技术

在许多方面，流行文化证实了后现代理论。例如，在英国，20 世纪 90 年代末主导俱乐部的"大节拍"歌曲是由节目主持人制作的，他们从旧唱片中提取片段，以不同的速度播放，并将它们与对比鲜明的风格结合在一起。与后现代主义绘画一样，这种音乐包含了过去的片段，并以新的方式循环利用。更通俗一些说，一系列的技术发展意味着流行文化是"去中心化的"，大量的流行文化共存，就像巴特的读者一样，

跳舞的建筑。由美国建筑师弗兰克·盖里（Frank Gehry）和他的捷克合作伙伴弗拉多·米卢尼奇（Vlado Milunič）设计的"跳舞的建筑"，填补了布拉格市中心"二战"时轰炸遗留下来的一片空地。这座建筑又被称为"弗莱德和金杰"，得名于著名的好莱坞舞蹈二人组弗莱德·阿斯泰尔（Fred Astaire）和金杰·罗杰斯（Ginger Rogers），这个后现代主义作品让布拉格的人民既开心又愤怒。

图片来源：Chad Ehlers / Alamy

文化的个人消费者可以自由地按照他或她的选择来创造意义。盒式录像机（VCR）于 1975 年首次上市，它的后继发展不仅将电影观看从公共领域转移到了私人领域，还为电影观众提供了根据自己的喜好改编电影的可能性。例如，调整音量，或干脆选择另一个音轨，跳过或快进某些场景，无休止地重放其他场景，等等。同样，在 20 世纪 80—90 年代，有线电视和卫星电视的普及分散了观众，使人们无法用单数形式谈论流行文化。

后现代主义关注的是沟通，以及解释可以被无休止地修改的方式，还有单一权威中心的废除，这些似乎都合乎"信息时代"或后工业社会。对生产的强调是经济发展的工业阶段的特点。但在后工业化阶段，"生产"变得没有"营销"重要。如果说工厂象征着工业社会，那么后工业时代的缩影就是家用电脑，它具有传播信息、销售产品、无休止地复制但又不断改变视觉和语言形象的能力，而所有这些都没有任何中央监管机构。在后工业时代，各国政府争相对不断扩散的技术施加控制，但在真正的后现代风格之下，权力中心崩溃了。例如，事实证明，监管色情内容的现行法律很难适用于互联网这个庞大的全球通信网络。

同样，医疗技术的发展也提出了有关权威和所有权的重要问题。1978 年，世界上第一个"试管婴儿"路易丝·布朗（Louise Brown）在英国出生。在接下来的 20 年里，辅助生育治疗导致了超过 100 万的婴儿出生。随着技术越来越复杂，伦理和政治问题也越来越复杂。社会在努力确定一些行为的合法性，比如商业代孕和绝经后生育，前者是指女性将自己的子宫租给一对夫妇，后者是指已过生育年龄的女性被植入受精卵。

基因研究引发了更多关于应该由哪个权威机构或根据哪些原则来指导科学研究的争论。1997 年，英国科学家第一次从一只成年绵羊身上克隆出了一只名为"多莉"的小绵羊。许多科学家认为，长期作为科幻或恐怖故事内容的克隆人类是不可避免的，尽管宗教领袖认为这是不道德的，政治当局宣布这是非法的。2001 年 2 月，科学家宣布破译了人类基因组，即已经绘制了人体每个细胞的指令集，这一消息引发了这样的问题：谁拥有这些指令？谁有权决定如何使用它？

宗教生活中的后现代模式

文化分裂、权力中心崩溃和形象至上，这些后现代模式也是 20 世纪 70 年代后西方宗教信仰和实践的特征。基督教不再是一种共同的文化纽带。定期去教堂做礼拜的人在欧洲人中占少数。宗教信仰变成了一个私人问题，是一种亚文化的标志（通常由"我们对他们"的心态来定义），而不是将个人和群体联系在一起形成一个有凝聚力的民族文化的纽带。但与此同时，长期在位的教皇约翰·保罗二世受到了前所未有的欢迎。约翰·保罗二世是 20 世纪游历最广、以民粹主义为导向的教皇，他成了媒体明星，那些为著名摇滚乐队疯狂的人和 T 恤小贩同样为他疯狂。他的声望很大程度上是因为他与波兰团结工会的密切联系，这使他成为一种解放的形象。但是教皇对团结工会的支持并不意味着他支持其他形式的反对权威的活动。他对教会的管理采取了强硬的中央集权的方式，反对节育，反对教士结婚，也反对任命女性担任神职人员。身处权威瓦解、不存在普遍真理的后现代主义时代，许多基督徒发现教皇不妥协的立场可以给人提供很大的慰藉。

然而，在整个西方，教皇的信众脱离了他的控制。在美国，数百万人涌上街头欢迎从一辆敞篷车（"教皇专车"）上挥手致意的约翰·保罗二世，但美国天主教徒使用节育措施的比例——这直接违背了教皇的教义——反映了美国整个人口的情况。信奉天主教的意大利是世界上出生率第二低的国家，独生子女家庭成为常态。我们难免得出这样的结论：在许多西方罗马天主教中，就像在许多后现代社会中一样，当权威消失时，形象就会统治一切。

后现代世界中的性实践与身份认同

在性行为及其引发的辩论中，后现代主义对单一"正确"答案或中央权威声音的拒绝也很明显。由于许多西方人放弃了传统的道德准则，婚外性行为和离婚率飙升，个体性活跃的年龄下降，电影、广告和出版中的性形象变得更加明显。

三个方面的发展促成了这场性革命。首先，宗教信仰并遵守宗教仪式的比例下降，这意味着有宗教支持的性行为准则不像以前那么重要了。与此同时，20世纪60年代和70年代初的叛乱美化了对传统习俗和规则的抵制。其次，对女性来说，违反这些规定的风险似乎比以前更小了，因为有了口服避孕药或避孕用具，且堕胎变得更容易，在东欧尤其如此。最后，女权主义在鼓励女性将自己视为有性存在方面发挥了重要作用。

性革命还意味着，不符合主流异性恋模式的性身份变得更加引人注目。丹麦于1933年成为第一个将同性恋行为合法化的欧洲国家，但在20世纪60年代或之后，大多数欧洲国家朝着在法律上平等对待同性恋和异性恋的方向发展。例如，在英格兰，同性恋行为于1967年合法化，在苏格兰，同性恋行为于1980年合法化。1989年，丹麦再次走在了前列，成为第一个将同性伴侣关系（也称为民事结合）合法化的国家。截至2015年，在13个欧洲国家和美国，男女同性恋者可以与异性恋者一样合法结婚。

正在进行的性革命将西方与世界其他地方区别开来，在后者，传统的性文化仍然很强大。这也加剧了西方社会内部关于"西方"真正含义的持续争论。例如，许多欧洲人和美国人将同性婚姻合法化视为人权概念合理而公正的延伸，以及西方身份认同的一个核心方面。他们的反对者强调的是对西方的另一种定义，他们认为这样的举动违反了西方文化中犹太教和基督教的基本价值观。越来越多的西方公民既不是犹太人，也不是基督徒，但遵守宗教认可的性规范和性角色，其中包括穆斯林、印度教徒、锡克教徒和许多其他宗教的信徒，这使得这场争论更加激烈。

欧洲联盟

后现代主义挑战了西方的文化定义，冷战的结束和欧洲联盟的扩张改变了西方的权力关系和地理边界。如地图29.2所示，在20世纪70—80年代，欧洲经济共同体（EEC）成员增加，变成了欧洲共同体（EC），一个政治、文化和经济组织。1979年，欧洲人投票选举了第一届欧洲议会，而欧洲法院逐渐将欧洲法律置于国家法律之上。

然后，在1991年，欧洲共同体变成了欧洲联盟（EU），由法国总统弗朗索瓦·密特朗（François Mitterrand）将其定义为"单一货币，单一义化，单一社会领域，单一环境"。对普通欧洲人来说，欧洲联盟的建立意味着明显的变化。他们看到自己的国家护照被统一的欧洲联盟护照取代，边境管制也被取消了。2002年，单一的欧洲联盟货币欧元取代了许多国家的货币，打破了欧洲国家之间最重要的经济壁垒之一。与此同时，欧洲议会的权力不断扩大，成员国纷纷制定共同的社会政策，如劳工权利。

与此同时，欧洲人面临着冷战结束所带来的意想不到的挑战。欧洲联盟（通常简单地被称为"欧洲"）现在应该把东欧包括在内吗？被欧洲联盟的繁荣吸引，原苏联阵营里的国家的回答是肯定的。西欧国家的领导人不愿让自己的国家卷入东欧支离破碎的经济和分裂的社会，为申请加入的国家列出了一份资格清单。要想成为"欧洲"的一员，就必须满足金融上的特定要求，以表明其经济稳定和对市场资本主义的承诺。因此，欧洲联盟首先将"欧洲"定义为资本主义。但一系列政治要求表明，"欧洲"也意味着对民主政治的承诺。申请国的投票程序、少

地图 29.2 当代欧洲

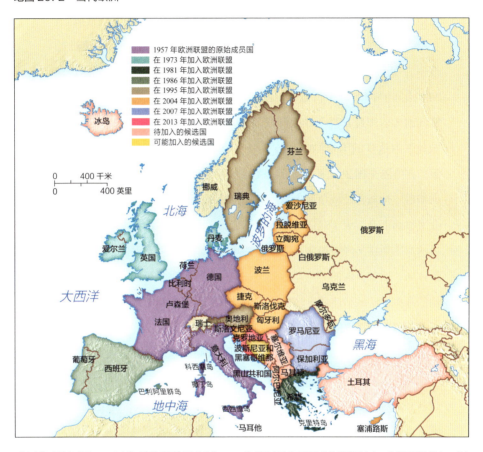

图例：
- 1957 年欧洲联盟的原始成员国
- 在 1973 年加入欧洲联盟
- 在 1981 年加入欧洲联盟
- 在 1986 年加入欧洲联盟
- 在 1995 年加入欧洲联盟
- 在 2004 年加入欧洲联盟
- 在 2007 年加入欧洲联盟
- 在 2013 年加入欧洲联盟
- 待加入的候选国
- 可能加入的候选国

冰岛

0　　400 千米
0　　400 英里

北海　挪威　瑞典　芬兰
波罗的海　爱沙尼亚　拉脱维亚　立陶宛　俄罗斯
爱尔兰　英国　丹麦　俄罗斯　白俄罗斯
大西洋　荷兰　德国　波兰　乌克兰
比利时　卢森堡　捷克　斯洛伐克　匈牙利　摩尔多瓦
法国　瑞士　奥地利　斯洛文尼亚　罗马尼亚　黑海
葡萄牙　西班牙　克罗地亚　塞尔维亚　保加利亚
波斯尼亚和黑塞哥维那　马其顿　土耳其
巴利阿里群岛　科西嘉岛　黑山共和国　希腊
撒丁岛　阿尔巴尼亚
地中海　撒丁岛
马耳他　克里特岛　塞浦路斯

对比这幅地图和地图 28.3 "冷战时期的欧洲"可以看出，1989 年的剧变及其后果标志着欧洲历史上一个明显的转折点。政治边界发生了哪些重大变化？欧洲联盟成员国的扩大如何反映了一种新的欧洲秩序？

数群体的待遇、警务方法和司法制度都受到严格审查。从地图 29.2 可以看出，欧洲联盟现在已经扩展到中欧和东欧的大部分地区。

欧洲联盟经济的一体化及其扩张都引发了争议。英国、丹麦和瑞典拒绝采用欧元，担心它们的经济会被表现不佳的欧洲联盟国家拖累。小贸易商和独立生产商经常会感到欧洲联盟官僚主义的压迫，而西欧的许多工人担心不得不与工资较低的东欧人争夺工作机会。尽管如此，在 20 世纪 90 年代和 21 世纪初，欧洲联盟似乎取得了巨大的成功。虽然欧洲的失业率经常高于非欧洲联盟国家，但欧洲联盟的经济蓬勃发展。像爱尔兰这样的国家经历了前所未有的经济扩张和繁荣。然而，2008年，在席卷美国和欧洲大部分地区的与房地产相关的金融泡沫出现严重通缩后，全球化经济急剧下滑。房屋止赎不断升级，养老基金崩溃，失业率急剧上升。为了刺激经济走出衰退，大西洋两岸的政府都采取了经典的凯恩斯主义经济措施，其中包括政府投资和贷款担保，以及经济刺激计划，比如英国的"汽车报废"计划，鼓励车主报废旧车，购买更省油的汽车。这些措施将全球经济从第二次大萧条中拯救出来。

随后，财政关注的焦点从经济复苏转移到许多欧洲国家的巨额债务上。为了应对这场债务危机，像德国这样财政状况良好的国家要求财政疲弱的伙伴，通过审慎的财政政策重新赢得投资者的信任，换句话说，它们放弃经济刺激计划，削减开支，并对国内实施紧缩计划。"紧缩"不仅意味着更高的赋税、更少的社会服务，以及普通民众养老金的缩减，还意味着经济收缩，从而导致更多的失业。例如，到 2015 年，希腊经济萎缩了 26%，这是欧洲联盟为换取一系列救助而实施的紧缩措施的结果。小企业陷入困境，贫困率攀升，25% 的希腊工人失业。

债务危机暴露了欧洲联盟结构的重大弱点，对一些人来说，这使整个欧洲统一的计划受到质疑。欧洲各国的反欧洲联盟政党越来越受欢迎，而在英国，保守党在 2015 年赢得了议会的控制权，部分原因是它承诺会就是否继续留在欧洲联盟举行公投。随着统一欧洲的理想主义破灭，古老的民族主义敌对情绪重新浮出水面。例如，希腊的反紧缩示威者焚烧了德国国旗，称德国的欧洲联盟谈判代表为"纳粹"。

尽管如此，欧洲领导人仍然致力于欧洲计划。普通民众的态度更为矛盾，但 2014 年民调机构"欧洲晴雨表"（Eurobarometer）的一项民意调查发现，只有斯洛文尼亚和塞浦路斯的大多数人认为，"他们的国家离开欧洲联盟后会有更好的未来"[10]。

伊斯兰教与西方

就在欧洲联盟努力整合欧洲多样化经济的同时，欧洲国家也面临着这样的挑战，即如何在各自的疆域内整合日益多样化的文化，特别是如何调和欧洲身份认同与日益增长的伊斯兰文化和政治存在。随着清真寺的宣礼塔和教堂的尖塔一起构成欧洲城市的天际线，关于伊斯兰教、欧洲和西方身份的定义及其关系的问题加剧了。

欧洲穆斯林和欧洲－伊斯兰教

在保加利亚、阿尔巴尼亚和波斯尼亚等东欧国家和地区，穆斯林属于原住民，是那些在奥斯曼帝国统治的几个世纪中皈依伊斯兰教的人的后代。相比之下，在西欧，穆斯林社区的出现相对较晚，这是本章前面讨论的第二次世界大战后移民的结果。到 2010 年，来自许多不同民族、接受各种宗教习俗和文化传统的穆斯林约占欧洲人口（不包括土耳其）的 6%。

在许多重要方面，西欧穆斯林移民的经历符合一般的模式。欧洲穆斯林努力适应新的社会规范，这个过程反映了原籍国比东道国更传统的移民的通常经历。就像 19 世纪 90 年代来到北美城市的意大利天主教徒移民或东欧犹太人移民一样，许多穆斯林移民对欧洲的性别关系和性自由感到特别震惊。由于移民父母与子女，特别是与女儿之间的冲突（这也是移民中常见的一种现象），家庭关系经常变得非常紧张。

经济因素也造成了代际关系紧张。许多欧洲穆斯林家庭生活在城市工业区，在 20 世纪 60—70 年代，那里的制造业工作机会很多，但到 90 年代，那里的工作机会就很少了。在许多西欧国家，在以穆斯林为主的地区，失业率是全国平均水平的 2 倍，25 岁以下男性的失业率甚至更高。因此，在这一时期，至少有一部分成年人看不到曾经驱使他们的父母和祖父母的经济抱负有什么意义。

这些文化和代际冲突促成了欧洲－伊斯兰教的形成，穆斯林学者和神学家努力建立一种信仰体系，使欧洲穆斯林能够完全接受他们的宗教身份和欧洲身份。例如，瑞士学者塔里克·拉马丹（Tariq Ramadan，1962 年出生）认为，穆斯林不应该将欧洲视为"战争之家"，即一个不遵守伊斯兰教法的社会，一个穆斯林在持续不断的精神斗争状态下生活的社会（与伊斯兰教法占主导地位的"伊斯兰之家"相对）。相反，他建议穆斯林将欧洲视为第三个"家"，即"见证之家"，在那里他们可以自由地宣示自己的信仰，并与非穆斯林一起生活。欧洲－伊斯兰教的支持者试图强调伊斯兰教坚持现在许多人认为的西方核心价值观的方式，这些价值观包括民主政治，尊重个人差异，以及不分种族和性别，所有人都享有法律保障的公民自由。当然，大多数欧洲穆斯林并没有参与神学的解释或重建，但他们在日常生活中实施了一种实用版本的适应计划，因为他们塑造了自己的欧洲身份。

新欧洲穆斯林妇女在荷兰豪达（Gouda）的一个露天市场互相问候。

图片来源：Iain Masterton / Alamy

伊斯兰主义与西方

伊斯兰主义作为一股强大的全球力量的出现，使西欧伊斯兰社区的整合复杂化。"伊斯兰主义"是一个包罗万象的术语，它囊括了各种各样的运动，这些运动呼吁回归被信徒视为更纯粹的伊斯兰教形式。正如本书第 26 章所讨论的，沙特阿拉伯的瓦哈比派和埃及的穆斯林兄弟会等运动在战间期兴起，是对腐败的西方傀儡政权和令人不安的经济变革的回应。伊斯兰主义明确地反西方，把西方文化视为对伊斯兰身份的威胁。

几个发展促进了对伊斯兰主义的支持。首先，在西欧移民社会中，一些穆斯林越来越感到被社会边缘化，尤其是年轻男性和越来越多的女性。伊斯兰主义利用了这种异化感，在这些群体中获得了支持和影响力。虽然他们的父母和祖父母经常与他们的原籍国保持着紧密的联系，但新一代被证明对跨国形式的伊斯兰思想和实践——比如那些与伊斯兰主义有关的思想和实践——更为开放。就像 20 世纪上半叶的共产主义一样，伊斯兰主义提供了一种对世界事务迷人的、简单的非黑即白的看法，一种对完全不同的未来的吸引人的愿景，以及参与一场强大的全球运动的机会。

世俗化的欧洲主流文化和穆斯林宗教价值观之间的冲突有时也加强了伊斯兰主义的吸引力。例如，许多穆斯林认为，任何对先知穆罕默德的视觉描绘都是亵渎行为，这一宗教信条与西方传统的讽刺漫画产生了冲突。许多西方编辑认为出版这样的漫画是一种言论自由的表达，而许多穆斯林则认为这侵犯了他们在不受迫害的情况下进行宗教活动的自由。由此产生的动荡和恐怖主义活动导致了进一步的两极分化，并助长了伊斯兰的招募活动。

西方以外的事件也为伊斯兰主义的发展推波助澜。持续的巴以冲

历史上的正义

对萨尔曼·拉什迪的判决

1989 年 2 月，伊朗的政治和精神领袖阿亚图拉·霍梅尼悬赏 250 万美元，作为任何虔诚的穆斯林刺杀小说家萨尔曼·拉什迪的奖金。身为英国公民的拉什迪躲了起来，并且一躲就是几十年。他的死刑判决引发了"《撒旦诗篇》事件"，一场因文化假定和文化期望的巨大冲突而引发的国际危机。

这场危机是因为一本书引起的。1988 年初秋，维京企鹅书店出版了拉什迪的《撒旦诗篇》(*The Satanic Verses*)，这本艰深的小说讲述了现代移民经历的复杂性和矛盾性。拉什迪出生在印度，在一个伊斯兰家庭长大，他写的《撒旦诗篇》描述了"移民、蜕变、分裂的自我、爱、死亡、伦敦和孟买"[11]。这部小说立即受到评论界的好评，评论家们称赞它是一部令人惊叹的后现代主义小说。

这部小说一出版就引起了争议。印度政府几乎立即禁止了它。几周后，其他几个国家也纷纷效仿。印度和巴基斯坦的反拉什迪示威活动演变成了暴力活动。书店受到了爆炸和死亡威胁。在西欧，穆斯林和非穆斯林之间的敌对情绪加剧。然后，在 1989 年 2 月 14 日，德黑兰电台的播音员大声宣读了阿亚图拉·霍梅尼公布的一项判决，内容如下：

> 我要告知世界上每一位勇敢的穆斯林，反对伊斯兰教、先知和《古兰经》，编印和出版了《撒旦诗篇》一书的作者以及那些知道这本书内容的出版商，都应被判处死刑。我呼吁所有虔诚的穆斯林迅速处决他们，无论在哪里发现他们……任何在此过程中牺牲的人都将视为殉道者。[12]

西方政府迅速做出反应。欧洲共同体 12 个成员、美国、瑞典、挪威、加拿大、澳大利亚和巴西都谴责霍梅尼的判决，召回了他们在德黑兰的大使，并取消了与伊朗的高层外交接触。

也有一些穆斯林不赞成霍梅尼的判决，包括许多公开反对拉什迪这本书的人。一些穆斯林学者认为，霍梅尼的判决仅仅是一种学术观点，而不是具有法律约束力的判决。有人认为不能对拉什迪不经审判就判刑，还有人认为

文化冲突。2007 年，英国女王伊丽莎白授予萨尔曼·拉什迪爵士头衔，以表彰他对文学的贡献。这一举动引发了伊斯兰世界的抗议，在巴基斯坦的拉合尔，示威者焚烧英国国旗以表达他们的愤怒。

图片来源：Arif Ali / AFP / Getty Images

拉什迪生活在一个没有伊斯兰教政府的社会，因此不受伊斯兰法律的约束。但许多普通穆斯林欣然接受了霍梅尼的判决。欢呼的穆斯林人群涌上欧洲各地的城市街道，表达对这一判决的拥护。在曼彻斯特和布拉德福德，年轻的英国穆斯林男子坚称，如果有机会，他们会杀了拉什迪。在巴黎，示威者游行时高喊："我们都是霍梅尼主义者！"

　　为什么霍梅尼的判决在西方穆斯林中激起了如此大的热情？部分原因在

于，许多穆斯林对他们所认为的对审查法律的不平等应用感到沮丧。面对在他们看来充满仇恨的伊斯兰教的色情漫画，他们要求西方政府利用既有法律审查色情内容和禁止仇恨犯罪，以阻止拉什迪的书的出版，但他们一无所获。

但这场争论不仅仅是关于审查制度的争论。对一些穆斯林来说，拉什迪的《撒旦诗篇》是西方世俗社会对传统和宗教价值观缺乏尊重的缩影。英国亲伊朗的穆斯林研究所的卡里姆·西迪基（Kalim Siddiqui）博士宣称："西方文明从根本上来说是一个不道德的文明。"[13] 从这个角度来看，霍梅尼的判决谴责的不只是一本书或一名作者，而是整个文化。

一些穆斯林的反西方立场也反映在了拉什迪的一些支持者所持的反伊斯兰教立场上。在他所有的书中，拉什迪谴责了英国的种族主义，并揭露了西方所谓的文化优越感的谎言。然而，具有讽刺意味的是，他的许多拥护者现在却准确地表达了拉什迪在书中激情洋溢地反对的那种西方文化沙文主义。许多西欧人同意一家英国日报发表这封信的结论："拉什迪事件的教训是，让穆斯林社区在我们中间站稳脚跟是不明智的。"[14] 他们把伊斯兰教等同于非理性主义和野蛮，而把"西方"与理性和文明联系在一起。正当东欧剧变和冷战的结束剥夺了西方的一种定义属性的时候，"《撒旦诗篇》事件"提供了一个新的他者，西方可以以此来定义自己。

突发挥了重要作用，特别是考虑到美国对以色列经济和军事的大力支持。从1949年到1998年，以色列获得的美国援助比其他任何国家都多。由于超过90%的巴勒斯坦人是穆斯林，而且美国被普遍视为西方的旗手，所以伊斯兰主义者将这场冲突定义为西方与伊斯兰教之间的冲突。

1979年的伊朗革命也很关键。那一年，一场人民革命推翻了西方支持的国王穆罕默德·礼萨·巴列维（Mohammad Reza Pahlavi）的威权主义政权，阿亚图拉·霍梅尼（Ayatollah Khomeini，1902—1989）登上了权力宝座。霍梅尼迅速推翻了国王的西方化和世俗化政策，并谴责美国是"大撒旦"。在他的统治下，伊朗成为黎巴嫩真主党等组织的重要支持者。

在 1979—1980 年的"伊朗人质危机"中，霍梅尼成为国际伊斯兰英雄。当时，伊朗学生占领了美国驻德黑兰大使馆，绑架了 66 名美国人，其中大多数人被关押了一年多。10 年后，霍梅尼决定判处英国作家萨尔曼·拉什迪（Salman Rushdie）死刑，因为他认为拉什迪对先知穆罕默德的描述是亵渎性的。这一决定扩大了霍梅尼的伊斯兰政权与西方之间的鸿沟，并再次使他成为伊斯兰主义者心目中的英雄（见本章"历史上的正义"专题）。

20 世纪 90 年代发生在波斯尼亚和车臣的战争进一步强化了伊斯兰主义者认为穆斯林遭到攻击的信念。在波斯尼亚战争期间，当穆斯林男人和男孩被屠杀、穆斯林妇女和女孩被强奸时，西欧和美国最初的被动使许多穆斯林相信，西方政府有一个反伊斯兰教的议程。当西方国家拒绝支持车臣人（他们是穆斯林）时，这种看法变得更加强烈，许多人认为这是车臣反对俄罗斯压迫的独立战争。

西方和恐怖主义

本书追溯了"西方"的含义是如何变化的，而这种变化往往是对那些被定义为"非西方"的地方和民族的回应。随着冷战的结束，西方失去了它的主要敌人，但是另一个敌人就在身边。1996 年，美国总统比尔·克林顿（1946 年出生）将恐怖主义确定为"我们这一代的敌人"。在冷战后的世界里，恐怖主义取代了共产主义，成为西方自我定义时所针对的敌人。

恐怖主义将决策权从选票箱转移到爆炸和暴力手段上，绕过了民主过程。这直接违反了许多人现在视为西方文化基石的价值观之一，即对民主的承诺。但无论是把西方等同于民主，还是把恐怖主义定义为非西方的，都很容易忽略西方的历史和恐怖主义本身的历史。19 世纪中期爱尔兰的芬尼亚勇士团、19世纪90年代遍布欧洲的无政府主义团体，以及20世纪70年代遍布西欧的恐怖主义活动的激增，所有这些都表明，恐怖主义长期以来一直是"西方文明"的一部分。然而，随着21世纪的到来，许多西方国家将恐怖主义视为外部威胁，通常与信仰宗教的阿拉伯人联系在一起。

这种看法始于将暴力作为一种政治武器的极端组织的出现。从20世纪80年代开始，一些组织不仅在中东，而且在非洲、亚洲部分地区、欧洲和美国发动了暴力袭击，并在2001年发动了迄今为止最致命的恐怖袭击之一。2001年9月11日，一个名为"基地"的组织劫持了4架客机，撞向纽约世贸中心和五角大楼（华盛顿特区的美国军事总部），第四架飞机在宾夕法尼亚州坠毁。这一事件造成近3 000人丧生。

"9·11"恐怖袭击开启了西方和伊斯兰教历史上一个更加暴力的阶段。在情报部门将基地组织与阿富汗的伊斯兰政府联系起来后，美国入侵了阿富汗，并与多国联盟一道，试图摧毁基地组织，铲除其阿富汗支持者。2003年3月，美国领导的联军入侵伊拉克，冲突发生了转折。由于伊拉克政府在"9·11"袭击事件中没有扮演任何角色，伊拉克战争分裂了美国社会，而且事实证明伊拉克战争在西欧极不受欢迎。这场战争也加剧了伊斯兰教主义者对西方的敌意，特别是在美国军队被揭露在阿富汗和伊拉克虐待囚犯之后。在2004年和2005年，基地组织分别对马德里和伦敦高峰时段的通勤者发动了袭击，这两个事件表明了极端主义者的敌意，因为西班牙和英国是入侵伊拉克的联军的一部分。

伊拉克战争于2011年结束，但极端主义者的威胁并未结束。2011年美国从伊拉克撤军，同年叙利亚爆发内战，一个从基地组织分裂出来的自称"伊斯兰国"的组织在该地区崛起为一支政治和军事力量。到2015年，它控制了伊拉克、叙利亚、利比亚和尼日利亚的领土，并通过熟练地使用社交媒体，在欧洲和其他地方赢得了支持者。"伊斯兰国"信奉一种预示着全球变革的末世意识形态，对所有背离其信仰的人（包括大多数穆斯林）宣战。它表面上的成功鼓励了世界许多地方的极端主义恐怖袭击。

21 世纪的西方

在本书中，我们试图追踪西方不断变化的定义。那么，在 21 世纪的第二个十年，西方意味着什么？又包括哪些地方呢？在地理和文化定义上一个最新的显著变化是，许多被冷战隔绝在西方之外的地区和民族"重新西化"，这一过程的标志是两个西方标志性机构欧洲联盟和北约的扩张。到 2015 年，欧洲联盟接纳了许多以前属于苏联阵营或苏联本身的国家。波兰、捷克共和国、匈牙利、保加利亚、爱沙尼亚、拉脱维亚、立陶宛、罗马尼亚、斯洛伐克和斯洛文尼亚都加入了北约。当然，普京治下的俄罗斯没有加入。

西方定义的第二个更为渐进的变化是宗教认同的瓦解。几个世纪以来，西方作为一个基督教共同体的理念一直是其定义的核心。但到了 21 世纪，每周去教堂做礼拜已成为西方少数人的活动，而这通常是衡量基督教活动水平的晴雨表。在大多数欧洲国家，每周去教堂做礼拜的人占总人口的比例低于 20%，甚至在波兰、北爱尔兰和美国等宗教大本营，这个比例也低于 40%。与此同时，欧洲大量穆斯林人口的出现意味着一个重要的地缘宗教转变，基督教在撒哈拉以南非洲的迅速发展以及教皇方济各在 2013 年的当选一样也是如此，方济各是有史以来第一位来自南半球的教皇。

至少自 18 世纪以来，定义西方时一直没有发生变化的，就是它与相对高水平的经济繁荣、教育机会和技术创新之间的联系。生活水平很难衡量和比较，但在 21 世纪旨在实现这一目标的各种排名表中，西方国家和日本、新加坡排在前列。也许更好的证据是，有多少人愿意冒着生命危险进入西方世界。例如，2011 年利比亚政府倒台后，该国港口向人口走私开放，进入意大利的非洲男人、女人和儿童数量激增，从 2011 年的 6 万人增加到 2014 年的 16 万人以上。这些移民中有许多是逃离战乱地区的人，还有一些是经济移民，希望为自己和家人创造更好的生活。他们对进入西方的渴望突显了一个事实，即"西方"和一些人所谓的"其他国家"之间的经济差距在继续扩大。

这种日益扩大的差距本身就对西方的一些关键假设提出了质疑。随着非洲和亚洲大部分地区的去殖民化，西方经济学家认为，西方资本和专业知识的注入将使世界其他地区走上经济增长和技术繁荣的道路。但事实是，直到今天，全球六分之一的人口继续生活在极端贫困之中，其中超过 95% 在西方以外。

鉴于各国人民、经济和文化日益融合和相互作用，这种日益扩大的差距既具有讽刺意味，又具有悲剧性。国际贸易和投资创造了全球生产、分配和消费体系。技术的发展加速了这种"全球化"。光纤电缆的信号传输速度比铜电缆快 4 000 倍，使全球的即时通信成为现实。互联网、个人电脑和智能手机的普及，以及社交媒体的出现，都为全球化文化做出了贡献。事实证明，"全球网络"这个标签是恰当的。

在许多方面，不断升级的环境危机是全球化文化的另一个方面：污染和气候变化不受国家、地区或西部边界的影响。早在 1985 年，257 项多边条约就规定了某种形式的环境保护，如限制濒危物种贸易、保护湿地、保护森林或管制工业排放。然而，地球正在迅速地退化。21 世纪伊始，世界上有一半的河流受到污染或即将干涸，因水危机而流离失所的人数达到 2 500 万（战争导致的难民人数为 2 100 万人），全球气候变化的潜在灾难迫在眉睫。2015 年，教皇方济各发布通谕，呼吁立即采取行动，避免这种对他所说的"我们共同的家园"的威胁。

结语：西方——碰撞与转型

在本书的开篇，三位作者曾说过："我们编写这部书的目的，是要回答我们所生活其中的文明的身份认同问题。"三位历史学家通过回顾过去来回答这些问题，这也许并不令人惊讶。更具体地说，我们试图强调那些改变了西方文明地理与概念边界的文化和意识形态的碰撞，无论是发生在西方内部，还是外部。举一个很小的例子：在今天的英国，最受欢迎的快餐不是最具英国特色的炸鱼薯条，也不是经济全球化的反对者可能预测的巨无霸，而是南亚少数族裔移民社区带来的咖喱饭。一次碰撞带来了一次转变，不仅是饮食上的转变，也是文化身份认同上的转变：吃咖喱已经成为英国人特性的一部分，是西方身份的多种形式之一。

然而，如果我们将这种碰撞向前推一点，就会发现情况更加复杂，更加不友好。是什么吸引了喜欢吃咖喱的南亚人来到英国？当然，快速地回答是经济机会。但再往前追溯：为什么英国在第二次世界大战后提供的经济机会比印度或巴基斯坦更多？为什么印度人和巴基斯坦人去了英国而不是德国或法国？要想回答这些问题，就要考察经济交流和剥削的动态、帝国主义征服和后帝国主义的权力关系，以及仍然不完善的民主建设——换句话说，就要探讨西方世界的多维历史。这段复杂而引人入胜的历史，既不是直线发展，也不是没落衰亡，而是融合与迷茫、征服与退却、扩张与整合、停滞与革命、碰撞与转型的历史。

大事年表

时间	事件
15万年前	现代人类首次出现在非洲。
4.5万年前	现代人类遍布欧洲、亚洲和非洲。
1.5万年前	冰期结束。
1.1万年前	西南亚开始食物生产。
9 500—3 000年前	美索不达米亚、安纳托利亚和埃及出现了定居村落，开始驯养动物、培育植物和远距离贸易。
约前8000年	西南亚开始食物生产。
约前7000年	食物生产开始传入欧洲。
约前3300年	冰人奥茨去世。
约前3200年	纽格兰奇墓建成。
约前3000年	苏美尔城邦出现。
约前2680年	最早的金字塔建成；埃及古王国时期开始。
约前2340年	萨尔贡将苏美尔人的城邦统一为阿卡德帝国。
约前2300年	巨石阵建成。
约前2250年	阿卡德帝国瓦解。
约前2200年	埃及古王国崩溃；第一中间期开始。
约前2100年	乌尔纳姆重新统一了苏美尔人的城邦；乌尔第三王朝建立。
约前2040年	孟图霍特普二世统一埃及；埃及中王国时期开始。
约前2000年左右	乌尔第三王朝崩溃。
约前1790年	汉谟拉比建立巴比伦帝国。
约前1720年	埃及中王国崩溃；第二中间期开始。
约前1700年	克里特岛上的米诺斯文明繁荣昌盛。
约前1650年	喜克索斯人开始统治埃及。

时间	事件
约前 1650—前 1600 年	赫梯王国出现。
约前 1600—前 1200 年	国际青铜器时代和大国俱乐部时代。
约前 1550 年	雅赫摩斯一世把喜克索斯人驱逐出埃及；埃及新王国时期开始。
约前 1479 年	哈特谢普苏特成为女法老。
约前 1450 年	希腊的迈锡尼建造了第一座宫殿。
约前 1400 年	加喜特人占领了巴比伦。
约前 1360 年	亚述扩张时期开始。
前 1351 年	阿蒙霍特普四世（阿赫那吞）进行宗教革命。
约前 1200—前 1100 年	国际青铜器时代结束。
约前 1150 年	埃及新王国崩溃。
约前 1100 年	迈锡尼宫殿体系崩溃；希腊黑暗时代开始。
约前 1020—前 922 年	在扫罗、大卫和所罗门统治下的统一王国。
约前 1000 年	腓尼基文明发展起来；迦南地区出现独立的王国，包括以色列。
前 922 年	王国分裂：以色列王国分为犹大王国（南方王国）和以色列王国（北方王国）。
前 883 年	亚述纳西拔二世继承亚述王位，新亚述帝国开始崛起。
约前 850 年	腓尼基人建立迦太基。
前 850 年	希腊人口开始增长；贸易站和定居点增加。
约前 800 年	先知运动开始。
前 776 年	第一届奥林匹亚赛会举行。
约前 750 年	哈尔施塔特的凯尔特人开始在欧洲定居。
前 750—前 720 年	荷马创作《伊利亚特》和《奥德赛》。
前 750 年	城邦出现，海外殖民开始；希腊人采用腓尼基字母表。
前 721 年	亚述人灭了以色列。
前 700—前 650 年	重装步兵出现；斯巴达人征服美塞尼亚。
前 7 世纪	迦太基在北非、撒丁岛、西班牙南部和西西里扩张领土。
前 670—前 500 年	僭主统治许多城邦。

时间	事件
前 626 年	那波勃来萨的统治拉开新巴比伦帝国的序幕。
前 616 年	新巴比伦帝国攻陷尼尼微。
前 612 年	那波勃来萨的军队占领尼尼微。
前 605 年	新亚述帝国崩溃。
前 600 年	安纳托利亚的吕底亚最早铸造硬币；科学和哲学在爱奥尼亚萌芽。
前 594 年	梭伦改革雅典政体。
前 586 年	新巴比伦帝国击败犹太王国，摧毁耶路撒冷和所罗门的圣殿；"巴比伦之囚"开始。
约前 560—前 510 年	庇西特拉图斯和他的儿子们在雅典实行僭主统治；斯巴达统治伯罗奔尼撒半岛。
前 550 年	居鲁士开创波斯帝国；琐罗亚斯德教成为波斯帝国的宗教。
前 546 年	波斯人征服小亚细亚。
前 539 年	波斯占领巴比伦。
前 538 年	波斯王居鲁士允许犹太人返回巴勒斯坦重建圣殿。
前 525 年	波斯人征服埃及。
前 522 年	大流士一世继位。
约前 509 年	罗马共和国建立。
前 508 年	克里斯提尼进行民主改革，统一了阿提卡；罗马和迦太基签订条约。
前 500—前 200 年	迦太基与西西里岛上的希腊人之间发生冲突。
前 494 年	罗马护民官制度的建立。
前 490 年	希腊人在马拉松战役中击退入侵的波斯人。
前 480—前 479 年	薛西斯入侵希腊失败。
前 478 年	提洛同盟成立；雅典民主治政和帝国主义扩张。
前 477—前 432 年	帕特农神庙建成。
前 474 年	罗马平民大会设立。
前 5 世纪中期	伯里克利时代；希罗多德写作《历史》。
前 451 年	《十二铜表法》颁布。
约前 450 年	拉坦诺凯尔特人在莱茵河和多瑙河流域建立定居点。
约前 445—前 360 年	安提西尼定义了雅典的犬儒主义精神。

时间	事件
前 431—前 404 年	伯罗奔尼撒战争；修昔底德写作《伯罗奔尼撒战争史》。
前 429 年	伯里克利去世；欧里庇得斯和索福克勒斯活跃期。
前 415—前 413 年	雅典远征西西里失败。
前 405 年	斯巴达在羊河战役中击败雅典。
约前 400 年	凯尔特人从中欧向外扩张。
前 399 年	苏格拉底被审判和死亡。
前 399—前 347 年	柏拉图写作《对话录》，并创立学园。
约前 390—前 386 年	凯尔特人入侵意大利。
前 388—前 312 年	本都的赫拉克利德斯观察到一些行星围绕太阳运行。
前 387 年	凯尔特人洗劫罗马城。
前 359—前 336 年	腓力二世统治马其顿。
约前 350 年	第一部人类解剖学著作问世。
前 338 年	腓力二世征服希腊（喀罗尼亚战役）。
前 336 年	亚历山大大帝成为马其顿国王。
前 334 年	格拉尼库斯河战役。
前 333 年	伊苏斯战役。
前 331 年	高加米拉战役；亚历山大在埃及建立亚历山大城。
前 330 年	亚历山大摧毁波斯波利斯。
前 327 年	亚历山大到达印度。
前 323 年	亚历山大死于巴比伦。
前 323—前 300 年	亚历山大的继承者建立王国。
前 310—前 230 年	萨摩斯的阿里斯塔克提出日心说。
约前 310—前 230 年	马赛的皮提亚斯探索北海海岸。
约前 306 年	萨摩斯的伊壁鸠鲁创立伊壁鸠鲁学派。
约前 300 年	基提翁的芝诺在雅典创立斯多葛学派。
约前 295 年	托勒密一世在埃及的亚历山大建立博物馆和图书馆；雅典的米南德创作新喜剧；基提翁的芝诺在雅典传授斯多葛学派思想；欧几里得的《几何原本》完成。
前 287 年	平民大会的决议对所有罗马人都有约束力。
前 287—前 212 年	叙拉古的阿基米德计算出圆周率。

时间	事件
前 280 年	伊庇鲁斯国王皮洛士击败罗马军队。
前 279 年	凯尔特人入侵希腊。
前 276—前 194 年	昔兰尼的厄拉多塞计算出地球的周长。
前 3 世纪 70 年代	凯尔特人在安纳托利亚建立加拉太王国。
前 264—前 241 年	第一次布匿战争。
前 218—前 203 年	汉尼拔在意大利作战。
前 218—前 201 年	第二次布匿战争。
前 215—前 167 年	马其顿战争。
前 202 年	扎马战役；汉尼拔在迦太基附近被打败。
约前 190—前 127 年	尼西亚的喜帕恰斯认为地球是宇宙的中心。
前 2 世纪 40 年代	波里比阿撰写《通史》。
前 149—前 146 年	第三次布匿战争。
前 148—前 146 年	马其顿和希腊成为罗马的行省。
前 146 年	迦太基城被毁。
前 123—前 122 年	盖乌斯·格拉古改革。
前 91—前 88 年	同盟者战争。
前 82—前 80 年	苏拉担任独裁官。
前 73—前 71 年	斯巴达克斯起义。
前 67—前 62 年	庞培确立罗马对安纳托利亚、叙利亚和巴勒斯坦的控制。
前 60 年	前三头同盟建立。
前 47—前 44 年	尤利乌斯·恺撒担任独裁官。
前 44 年	恺撒被谋杀；内战爆发。
前 43 年	后三头同盟建立；西塞罗被谋杀。
前 42 年	腓立比战役；刺杀恺撒的人被击败。
前 31 年	亚克兴海战，屋大维击败安东尼和克娄巴特拉。
前 27 年	屋大维被封为奥古斯都。
前 27—公元 68 年	尤利乌斯－克劳狄王朝时期。
9 年	条顿堡森林战役，瓦鲁斯率领的三个罗马军团覆灭；罗马人放弃日耳曼尼亚。
约 30 年	耶稣在巴勒斯坦被处死。

时间	事件
61 年	不列颠的布狄卡起义被镇压。
66—70 年	犹太人叛乱；圣殿和耶路撒冷被摧毁。
69 年	"四帝之年"。
69—96 年	弗拉维王朝时期。
96—192 年	安敦尼王朝时期。
101—106 年	图拉真征服达契亚。
115—116 年	图拉真征服美索不达米亚。
122—128 年	在不列颠修建哈德良长城。
132—135 年	哈德良镇压犹太人起义。
168 年	马克·奥勒留打败马科曼尼人。
193—235 年	塞维鲁王朝建立。
212 年	卡拉卡拉颁布《安东尼努斯敕令》，赋予帝国所有居民罗马公民权。
235—284 年	罗马政府危机。
约 280 年	安东尼进入埃及沙漠。
284 年	戴克里先开始帝国改革。
293 年	罗马开始实行"四帝共治"。
303 年	对基督徒的大迫害。
312 年	君士坦丁皈依基督教；君士坦丁赢得罗马帝国西部的控制权。
324 年	君士坦丁堡建立。
325 年	尼西亚公会议召开，并制定《尼西亚信经》。
378 年	阿德里安堡战役；西哥特人入侵罗马帝国。
391 年	罗马法律禁止多神崇拜。
396—430 年	奥古斯丁担任希波的主教。
约 400 年	《耶路撒冷塔木德》完成。
406 年	汪达尔人和其他部落越过莱茵河。
410 年	哲罗姆完成《圣经》的拉丁文翻译；罗马人撤出不列颠；西哥特人洗劫罗马城。
418 年	西哥特人在高卢定居下来。
429—439 年	汪达尔人占领北非。

时间	事件
451 年	卡尔西顿公会议召开。
476 年	西罗马帝国最后一位皇帝罗穆路斯·奥古斯都被废黜。
481—511 年	克洛维在位时期。
493—526 年	东哥特人狄奥多里克统治意大利。
约 500 年	《巴比伦塔木德》完成。
527—565 年	查士丁尼一世统治拜占庭帝国。
529 年	雅典学园被关闭；禁止非基督徒教授哲学；本笃在意大利的卡西诺山上建造本笃会第一座修道院。
534 年	本笃撰写修道院教规。
568 年	伦巴第人入侵意大利。
约 570 年	穆罕默德在麦加降生。
587 年	西班牙西哥特国王皈依拉丁基督教。
622 年	穆罕默德逃往麦地那（希吉拉）。
7 世纪 30 年代	西哥特人占领西班牙。
632 年	穆罕默德在麦地那去世。
633—651 年	伊斯兰军队征服波斯。
636 年	阿拉伯人从拜占庭帝国手中夺得叙利亚。
640—642 年	伊斯兰军队征服并占领埃及。
661 年	哈里发阿里被暗杀。
661—750 年	倭马亚哈里发王朝时期。
698 年	伊斯兰军队征服迦太基。
约 700 年	伦巴第人皈依拉丁基督教。
703—1060 年	阿拉伯人征服西西里岛。
713 年	伊斯兰军队占领西班牙的大部分地区。
716—718 年	伊斯兰军队围攻君士坦丁堡。
726—842 年	圣像破坏运动。
732 年	查理·马特在普瓦捷战役中击败倭马亚王朝的军队。
740 年	拜占庭帝国打败阿拉伯人。
750—945 年	阿拔斯哈里发王朝时期。
751 年	丕平推翻最后一位墨洛温王朝的国王；伦巴第人占领拉文纳，结束拜占庭拉文纳总督区的统治。

时间	事件
756—1031 年	科尔多瓦的倭马亚哈里发王朝时期。
800 年	查理曼在罗马加冕称帝。
约 810—约 893 年	君士坦丁堡牧首佛提乌的生活年代。
843 年	《凡尔登条约》达成，将加洛林帝国一分为三。
843—911 年	东法兰克王国的加洛林王朝时期。
843—987 年	西法兰克王国的加洛林王朝时期。
867—1056 年	拜占庭帝国马其顿王朝时期。
约 870 年	哲学家阿尔－金迪去世。
919—1024 年	萨克森王朝或奥托王朝时期。
955 年	奥托一世击败马扎尔人。
962 年	奥托一世在罗马加冕称帝。
987 年	加洛林王朝最后一位国王去世。
987—1328 年	法兰西的卡佩王朝时期。
1066 年	"征服者"威廉击败最后一个盎格鲁－撒克逊国王。
约 1070 年	意大利出现第一个城市共和国或公社。
1071 年	曼齐刻尔特战役，塞尔柱突厥人打败拜占庭帝国的军队。
1073—1085 年	教皇格列高利七世在位。
1075—1122 年	主教叙任权之争。
1085 年	托莱多基督徒从穆斯林手中夺得托莱多。
1095 年	克莱蒙公会议；乌尔班二世呼吁发起第一次十字军东征。
1095—1099 年	第一次十字军东征。
1098 年	熙笃会创立。
1099 年	基督徒攻占耶路撒冷。
1147—1149 年	第二次十字军东征。
1189—1192 年	第三次十字军东征。
1198—1216 年	教皇英诺森三世在位。
1202—1204 年	第四次十字军东征，最终西方十字军占领君士坦丁堡。
1206—1227 年	成吉思汗统治时期。

时间	事件
1206—1258 年	蒙古军队横扫欧亚大陆。
1208—1213 年	针对阿尔比派的十字军运动。
1212 年	托洛萨会战
1215 年	第四次拉特兰公会议，规定了圣餐变体论的教义。
1221 年	多明我去世。
1226 年	阿西西的方济各去世。
1260 年	蒙古军队在叙利亚被埃及的马穆鲁克打败。
1270 年	埃塞俄比亚王国建立。
1281—1326 年	奥斯曼一世统治奥斯曼帝国。
1285 年	"美男子"腓力四世继承法兰西王位。
1294—1303 年	教皇卜尼法斯八世在位。
1305—1378 年	教会的"巴比伦之囚"，教皇驻扎在阿维尼翁。
1307 年	爱德华二世继承英格兰王位。
1308 年	奥斯曼帝国进军欧洲。
1310—1320 年	欧洲发生大饥荒。
1316 年	教皇派代表团前往埃塞俄比亚。
1320—1384 年	牛津大学教授约翰·威克里夫生活的年代。
1324 年	帕多瓦的马西略的《和平的保卫者》出版。
1327 年	爱德华三世继承英格兰王位。
1328 年	腓力六世继承法兰西王位。
1337 年	百年战争开始。
1340 年	斯鲁伊斯海战。
1348 年	黑死病传入欧洲。
1358 年	法兰西爆发扎克雷农民起义。
1369—1405 年	帖木儿统治时期。
1369—1415 年	扬·胡斯的生活年代。
1378 年	佛罗伦萨的梳毛工起义。
1378—1417 年	教会"大分裂"时期。
1379—1385 年	佛兰德和法兰西的城市起义。
1381 年	英格兰农民起义。

时间	事件
1389 年	科索沃战役；塞尔维亚成为奥斯曼帝国的附庸。
1394—1460 年	葡萄牙航海家恩里克王子的生活年代。
1401 年	洛伦佐·吉贝尔蒂和菲利波·布鲁内莱斯基竞争佛罗伦萨大教堂的洗礼堂大门浮雕的合约。
1402 年	佛罗伦萨执政官莱奥纳多·布鲁尼开始写作关于"公民人文主义"的文章。
1404—1407 年	佛罗伦萨雕刻家多纳泰罗和菲利波·布鲁内莱斯基基前往罗马考察古物。
1404—1472 年	人文主义者和建筑师莱昂·巴蒂斯塔·阿尔贝蒂的生活年代。
1413 年	亨利五世继承英格兰王位。
1414—1417 年	康斯坦茨公会议。
1415 年	阿金库尔战役。
1418—1466 年	女人文主义者伊索塔·诺加罗拉的生活年代。
1422 年	查理七世继承法兰西王位。
约 1425 年	佛罗伦萨雕刻家和建筑师菲利波·布鲁内莱斯基展示线性透视法的使用。
1429 年	查理七世继承法兰西王位。
1431—1449 年	巴塞尔公会议。
1434 年	科西莫·德·美第奇开始对佛罗伦萨进行长达 30 年的统治。
1438 年	印加帝国在秘鲁建立。
1440 年	洛伦佐·瓦拉开始传播他对《君士坦丁赠礼》的批判。
约 1441 年	《效法基督》问世。
1444 年	乌尔比诺公爵费德里科二世开始长达 40 年的统治。
15 世纪 50 年代	轻快帆船出现；欧洲人在非洲的奴隶贸易开始。
1451—1481 年	"征服者"穆罕默德二世统治时期。
1452—1519 年	佛罗伦萨画家和发明家列奥纳多·达·芬奇的生活年代。
1453 年	君士坦丁堡沦陷，拜占庭帝国灭亡。
约 1454 年	约翰内斯·古腾堡开始印刷书籍。

时间	事件
1455—1485 年	英格兰玫瑰战争。
15 世纪 60 年代	西班牙占领佛得角群岛。
1461 年	路易十一继承法兰西王位。
1469 年	"高贵者"洛伦佐开始统治佛罗伦萨。
1474 年	曼图亚侯爵夫人伊莎贝拉·德·埃斯特出生；伊莎贝拉继承卡斯蒂利亚王位。
1475—1506 年	人文主义者劳拉·切蕾塔的生活年代。
1479 年	斐迪南继承阿拉贡王位；卡斯蒂利亚和阿拉贡合并。
1480 年	莫斯科大公、后来的沙皇伊凡三世"大帝"拒绝向鞑靼人进贡。
1482 年	葡萄牙在埃尔米纳建立黄金交易站。
1485 年	亨利七世继承英格兰王位。
1487—1488 年	巴托罗缪·迪亚士到达好望角。
1492 年	西班牙双王征服格拉纳达；犹太人被逐出西班牙；亚历山大六世成为教皇。
1492—1493 年	哥伦布的前两次航行。
1494 年	法兰西入侵那不勒斯，意大利战争爆发。
1497—1499 年	瓦斯科·达·伽马经好望角到达印度。
1498 年	哥伦布第三次航行；葡萄牙人到达印度马拉巴尔海岸。
1500 年	佩德罗·卡布拉尔发现巴西。
1502 年	哥伦布的第四次航行。
1503 年	尤里乌二世成为教皇。
1504 年	佛罗伦萨雕刻家、画家、建筑师和诗人米开朗琪罗·博纳罗蒂完成雕塑《大卫》。
1508 年	巴尔达萨雷·卡斯蒂廖内开始写作《廷臣论》。
1513 年	利奥十世成为教皇。
1514 年	葡萄牙人抵达中国。
1515 年	弗朗索瓦一世继承法兰西王位。
1516 年	卡洛斯一世（查理五世）继承西班牙王位。
1517 年	马丁·路德发表"九十五条论纲"。

时间	事件
1519 年	马丁·路德在莱比锡与约翰·艾克辩论；查理五世被选为神圣罗马帝国皇帝。
1519—1522 年	西班牙人征服墨西哥；斐迪南·麦哲伦的船队环球航行。
1520 年	茨温利成为苏黎世人民牧师。
1520 年至 16 世纪 30 年代	穆斯林攻击埃塞俄比亚王国。
1521 年	沃尔姆斯公会议。
1523 年	威尼斯总督安德烈·古利提统治开始。
1524—1525 年	德意志农民起义。
1531 年	施马尔卡尔登同盟建立。
约 1532—1625 年	画家索福尼斯巴·安圭索拉的生活年代。
1533 年	西班牙人征服秘鲁。
1534 年	英格兰议会通过《至尊法案》和《继承法案》；保罗三世成为教皇。
1534—1535 年	再洗礼派控制德意志的明斯特。
1535 年	约翰·费舍尔和托马斯·莫尔被处决；约翰·加尔文的《基督教要义》第一版问世。
1540 年	耶稣会成立。
1542 年	罗马宗教裁判所重组。
1543 年	尼古拉·哥白尼的《天球运行论》出版；安德烈·维萨里的《人体结构》出版。
1545 年	西班牙人在波托西发现银矿。
1545—1563 年	特兰托公会议。
1548 年	依纳爵·罗耀拉的《神操》出版。
1549 年	《禁书目录》问世。
1555 年	《奥格斯堡宗教和约》签订。
1559—1563 年	伊丽莎白的宗教和解政策颁布。
1560 年	《苏格兰信纲》写成；胡格诺派反对天主教吉斯家族的昂布瓦斯阴谋。
1561 年	加布里埃莱·法洛皮奥《解剖学》出版。
1568 年	腓力二世颁布禁止摩里斯科人文化的法令。
1569 年	波兰－立陶宛联邦成立。

时间	事件
1572 年	圣巴托罗缪惨案，天主教徒谋杀胡格诺派教徒。
1580—1583 年	葡萄牙王位继承战争。
1584 年	"沉默者"威廉被刺杀。
1585 年	英国人在北卡罗来纳州的罗阿诺克岛建立殖民地。
1588 年	西班牙"无敌舰队"被英格兰击败；尼德兰北部的七个省组成一个共和国。
1598 年	法兰西国王颁布《南特敕令》，授予胡格诺派教徒宗教宽容。
1603 年	苏格兰国王詹姆士六世成为英格兰国王詹姆士一世；切西大公在罗马创建了猞猁学社。
1604—1613 年	俄国的"混乱时期"。
1607 年	英国人在弗吉尼亚的詹姆斯敦建立殖民地。
1609 年	摩里斯科人被逐出西班牙；尼德兰七省与西班牙休战；约翰内斯·开普勒发表《新天文学》。
1610 年	天文学家伽利略·伽利雷发表利用望远镜做出的新发现；法国国王亨利四世被刺杀，路易十三继位。
1613 年	米哈伊尔·罗曼诺夫被选为沙皇。
1618 年	波希米亚人反抗哈布斯堡王朝的统治；三十年战争爆发。
1620 年	英国在马萨诸塞湾建立殖民地；神圣罗马帝国军队在白山战役中击败波希米亚人；弗朗西斯·培根论证了严格实验的必要性。
1625 年	詹姆士一世去世，查理一世即位。
1628 年	枢机主教黎塞留成为路易十三的首席大臣；威廉·哈维的《心血运动论》出版。
1629—1640 年	查理一世个人统治时期。
1632 年	伽利略发表《关于托勒密和哥白尼两大世界体系的对话》。
1633 年	伽利略被罗马宗教法庭审判。
1637 年	勒内·笛卡儿的《方法论》出版。
1638 年	伽利略发表《关于两门新科学的对话》。
1640 年	英国长期议会开始。
1642—1646 年	英国第一次内战，国王查理一世被俘。

时间	事件
1643 年	法国国王路易十三去世，路易十四继位；路易十四的母亲、奥地利的安妮成为摄政，枢机主教儒勒·马萨林担任首席大臣。
1648 年	《威斯特伐利亚和约》结束了三十年战争，承认荷兰独立；英国第二次内战开始。
1648—1653 年	法国投石党运动。
1649 年	英国国王查理一世被处决，英国成为共和国。
1653 年	英国长期议会结束；奥利弗·克伦威尔成为英格兰、苏格兰和爱尔兰的护国公。
1657 年	科西莫·德·美第奇二世在佛罗伦萨创建实验学院。
1659 年	罗伯特·波义耳发明气泵，并进行空气弹性和可压缩性实验。
1660 年	查理二世在英国恢复君主制。
1661 年	枢机主教马萨林去世；路易十四实行个人统治。
1662 年	查理二世赞助成立英国皇家学会。
1666 年	法国皇家科学院在巴黎成立。
1667 年	路易十四开始发动战争。
1670 年	巴鲁赫·斯宾诺莎的《神学政治论》出版，挑战了精神和物质之间的严格区分。
1672 年	奥兰治-拿骚的威廉三世成为荷兰执政；法荷战争（1672—1678）开始。
1685 年	《南特敕令》被废除；英国国王查理二世去世，他的弟弟詹姆士二世即位。
1686 年	贝尔纳·德·丰特奈尔的《关于多重世界的对话》出版。
1687 年	牛顿的《自然哲学的数学原理》出版。
1688—1689 年	英格兰和苏格兰的光荣革命。
1688—1697 年	奥格斯堡同盟战争（九年战争）；英格兰和苏格兰联合普鲁士、奥地利、荷兰共和国和许多德意志邦国对抗法国。
1690 年	约翰·洛克的《政府论》出版。
1697 年	《里斯维克和约》签订。
1700—1721 年	大北方战争，俄国最终击败瑞典；俄国作为一个大国开始崛起。

时间	事件
1701—1713 年	西班牙王位继承战争（在北美被称为"安妮女王战争"）；西班牙与法国结盟。
1707 年	英格兰和苏格兰政治上联合起来组成大不列颠联合王国。
1713 年	《乌得勒支条约》签订。
1715 年	法国国王路易十四去世，其曾孙路易十五继位。
1738 年	伏尔泰的《牛顿哲学原理》出版；大卫·休谟的《人性论》出版。
1740—1748 年	奥地利王位继承战争（欧洲），法国与西班牙和普鲁士结盟；英国与奥地利和荷兰共和国结盟。
1744—1748 年	乔治王战争（北美）。
1748 年	孟德斯鸠的《论法的精神》出版；大卫·休谟的《人类理解研究》出版。
1751 年	狄德罗和达朗贝尔编纂的《百科全书》第一卷出版。
1754—1763 年	法国与印第安人战争（北美），法英各自联合不同的印第安人部落。
1755 年	让－雅克·卢梭的《论人类不平等的起源》出版。
1756—1763 年	七年战争（欧洲），法国与奥地利结盟，英国与普鲁士结盟。
1759 年	伏尔泰的《老实人》出版。
1762 年	让·雅克·卢梭的《社会契约论》《爱弥儿》出版。
1763 年	伏尔泰的《论宽容》出版；詹姆斯·瓦特发明了旋转式蒸汽机。
1764 年	切萨雷·贝卡里亚的《论犯罪与刑罚》出版；伏尔泰的《哲学词典》出版。
1767 年	詹姆斯·哈格里夫斯发明珍妮纺纱机。
1769 年	理查德·阿克莱特发明水力纺纱机。
1775—1783 年	美国革命。
1776 年	亚当·斯密的《国富论》出版。
1779 年	塞缪尔·克朗普顿发明骡机。
1781 年	伊曼纽尔·康德的《纯粹理性批判》出版。
1781—1783 年	发生在印度的英法战争。
1787 年	埃德蒙·卡特赖特发明水力织布机。

时间	事件
1788 年	法国国王路易十六于 8 月 8 日宣布召开三级会议。
1789 年	5 月 5 日，三级会议在凡尔赛开放；6 月 17 日，三级会议改名为国民议会；6 月 20 日，网球场宣誓；7 月 9 日，国民议会更名为国民制宪议会；7 月 14 日，巴黎人民攻占巴士底狱；7 月下旬，农村地区出现"大恐慌"；8 月 4 日，封建制度和特权被废除；8 月 26 日，《人权宣言》颁布；10 月 5 日，巴黎人民向凡尔赛进军，路易十六和国民议会转移到巴黎；11 月 2 日，教会财产被收归国有。
1789—1804 年	海地革命。
1790 年	7 月 12 日，法国国民制宪议会颁布《神职人员民事组织法案》；11 月 27 日，国民制宪议会通过要求神职人员忠诚宣誓的法令。
1791 年	3 月，托马斯·潘恩的《人权论》出版；6 月 20 日，法国王室人员逃到瓦雷讷，被国民自卫军抓获；10 月 1 日，法国新选出的立法议会开始工作。
1792 年	1 月，玛丽·沃斯通克拉夫特的《女权辩护》出版；4 月 20 日，法国向奥地利宣战；8 月 10 日，革命民众攻占杜伊勒里宫，法国君主制终结；9 月 20 日，法军在瓦尔米战役中获胜；9 月 21 日，法国国民公会召开；9 月 22 日，法国废除君主制，建立共和国。
1792—1815 年	法国大革命和拿破仑战争，英国在不同时期分别与奥地利、普鲁士、西班牙和荷兰共和国结盟，在西印度群岛和印度时常发生战争。
1793 年	1 月 21 日，路易十六被处死；2 月 1 日，法国向英国和荷兰共和国宣战；3 月 11 日，旺代叛乱开始；6 月 2 日，吉伦特派被从国民公会中清除出去；6 月 24 日，法国通过共和宪法；10 月 16 日，玛丽·安托瓦内特被处死。
1794 年	7 月 28 日（热月十日），罗伯斯庇尔被处死；11 月 12 日，雅各宾俱乐部被迫关闭。
1795 年	4 月，孔多塞侯爵的《人类精神进步史表纲要》出版；8 月 22 日，法国国民公会批准一部新宪法；10 月 5 日，拿破仑镇压巴黎的保王派起义；10 月 26 日，国民公会结束，督政府开始。
1796 年	2 月 19 日，法国停止发行指券；4 月 12 日，拿破仑在意大利的一系列胜利开始。

时间	事件
1798 年	5 月 13 日，拿破仑的远征队前往埃及；5 月 19 日，第二次反法联盟（英国、奥地利、俄国、那不勒斯和奥斯曼土耳其）开始形成，以对抗拿破仑；7 月 21 日，拿破仑赢得了金字塔战役；8 月 1 日，纳尔逊在尼罗河战役中摧毁了法国舰队。
1798—1799 年	爱尔兰革命。
1799 年	11 月 9 日至 10 日，拿破仑发动政变，执政府成立；12 月 15 日，执政府宪法公布。
1801 年	7 月 15 日，拿破仑与教皇签订《政教协约》。
1804 年	3 月 21 日，法国《民法典》颁布；12 月 2 日，拿破仑加冕为法国皇帝。
1805 年	8 月，第三次反法联盟（英国、奥地利和俄国）建立。
1806 年	1 月，英国从荷兰手中接管开普殖民地；8 月 6 日，神圣罗马帝国正式解体；10 月 14 日，法国人在耶拿战役和奥尔施塔特役中击败普鲁士军队。
1810 年	4 月 2 日，拿破仑和玛丽－路易丝结婚。
1810—1816 年	阿根廷革命。
1810—1818 年	智利革命。
1810—1819 年	哥伦比亚革命。
1810—1821 年	墨西哥革命；委内瑞拉革命。
1812 年	9 月 7 日，博罗季诺战役；9 月 14 日，拿破仑进入莫斯科；10 月，拿破仑开始从莫斯科撤退。
1813 年	10 月 16 日至 19 日，莱比锡民族大会战。
1814 年	4 月 6 日，拿破仑退位；5 月 30 日，第一个《巴黎条约》签订；9 月，维也纳会议召开。
1815 年	3 月，拿破仑逃离厄尔巴岛；6 月 18 日，滑铁卢战役；11 月 20 日，第二个《巴黎条约》签订。
1820 年	西班牙自由主义者起义；葡萄牙自由派军官夺取政权。
1821 年	希腊开始反抗奥斯曼帝国。
1821—1824 年	秘鲁革命。
1825 年	乔治·斯蒂芬森设计并制造出世界第一台商用蒸汽机车；俄国十二月党人反抗沙皇尼古拉一世。

时间	事件
1829 年	自由主义者在法国众议院获得多数席位。
1830 年	巴黎革命，路易－菲利普一世成为法国国王；比利时独立，并采用自由主义宪法；波兰开始反抗俄国沙皇尼古拉一世。
1832 年	英国颁布《大改革法案》。
1833 年	希腊独立，奥托一世成为国王。
1837 年	布尔人建立独立的德兰士瓦共和国和奥兰治自由邦。
1846 年	伊莱亚斯·豪发明缝纫机。
1848 年	2 月 22 日，巴黎革命；2 月 25 日，法兰西第二共和国建立；3 月，柏林爆发革命，德意志各地农村发生骚乱，普鲁士和德意志其他各国建立自由主义政府，米兰和威尼斯爆发革命，斐迪南二世在那不勒斯颁布新宪法；4 月，法国选出新的国民议会；5 月，法兰克福议会召开，普鲁士议会召开；6 月，巴黎工人阶级革命被镇压，泛斯拉夫大会在布拉格召开，布拉格革命被镇压；10 月，维也纳革命被镇压；12 月，路易－波拿巴当选法兰西第二共和国总统，法兰克福议会发布《德意志人民基本权利宣言》，腓特烈·威廉解散普鲁士议会。
1849 年	3 月，国王腓特烈·威廉拒绝接受法兰克福议会授予的德意志皇位；4 月，法兰克福议会颁布新宪法，匈牙利议会宣布马扎尔独立；5—6 月，德意志各国自由主义政府垮台；8 月，威尼斯共和国向奥地利军队投降，匈牙利独立运动被镇压。
1851 年	12 月 2 日，路易－波拿巴解散国民议会。
1852 年	11 月，拿破仑三世建立法兰西第二帝国。
1853 年	美国海军准将马修·佩里迫使日本向美国开放市场。
1859 年	达尔文的《物种起源》出版。
1861—1865 年	美国内战。
1866 年	北德意志邦联建立。
1867 年	英国全国女性选举权协会的成立为女性选举权运动拉开序幕；爱尔兰的芬尼亚人反抗英国统治失败。
1868 年	日本明治维新，日本开始快速现代化。

时间	事件
1870 年	7 月 18 日，"教皇无误"教义颁布；7 月 19 日，普法战争爆发；9 月 2 日，拿破仑三世在色当向普鲁士投降；9 月 4 日，法兰西第二帝国结束，法兰西第三共和国成立。
1871 年	1 月，德意志帝国建立；2 月，国民议会在波尔多召开；3 月，巴黎公社革命；5 月 10 日，普法战争结束；5 月 21—27 日，"流血周"，巴黎公社被镇压。
1873 年	英国出现贸易和农业大萧条；爱尔兰自治联盟成立。
1875—1905 年	欧洲列强争夺非洲。
1878 年	俄土战争结束，奥斯曼帝国失去了大部分欧洲领土。
1879 年	爱迪生发明灯泡。
1881 年	俄国沙皇亚历山大二世被刺杀，亚历山大三世登基。
1882 年	俄国通过《五月法案》，加剧对俄国犹太人的迫害。
1884 年	德国吞并西南非洲。
1885 年	俄罗斯帝国控制中亚。
1886 年	德兰士瓦发现黄金。
1893 年	法属印度支那联邦成立，包括老挝、柬埔寨、东京和安南。
1894 年	俄国沙皇尼古拉二世即位。
1894—1895 年	中国在甲午战争中失败。
1895 年	法国的阿尔弗雷德·德雷福斯上尉被判叛国罪，引发德雷福斯事件；对奥斯卡·王尔德的审判。
1896 年	犹太复国主义领袖西奥多·赫茨尔的《犹太国家》出版。
1898 年	美西战争；美国吞并波多黎各、菲律宾、夏威夷和关岛；美国成为古巴的保护国。
1899 年	美国宣布在中国实行"门户开放"政策；布尔战争爆发。
1901 年	澳大利亚联邦成立。
1904—1905 年	日俄战争，俄国战败。
1905 年	俄国爆发革命；爱因斯坦提出"狭义相对论"。
1906 年	芬兰女性获得选举权。
1907 年	毕加索完成《阿维尼翁的少女》。

时间	事件
1910 年	南非实行自治。
1911 年	中国爆发辛亥革命，清王朝被推翻。
1912 年	秉持社会主义的社会民主党成为德国最大政党。
1914 年	6 月 28 日，奥匈帝国的弗朗茨·斐迪南大公被刺杀；7 月 28 日，奥匈帝国对塞尔维亚宣战；7 月 30 日，俄国发起动员；7 月 31 日，法国、奥匈帝国和德国发起动员；8 月 1 日，德国对俄国宣战；8 月 3 日，德国对法国宣战；8 月 4 日，德国入侵比利时，英国对德国宣战。
1916 年	德国城市食物短缺。
1917 年	3 月 12 日，俄国沙皇政府垮台；4 月 6 日，美国对德国宣战；11 月 7 日，俄国十月革命；12 月，布尔什维克与德国签署停战协议，英国军队占领耶路撒冷。
1918 年	3 月，《布列斯特－立陶夫斯克和约》签署；3—7 月，德军在西线发动攻势，迅速向前推进；7—11 月，协约国发动反攻；8 月，全球性流感大流行；9 月 29 日，保加利亚和协约国签署停战协定；11 月 3 日，奥匈帝国与协约国达成停火协议；11 月 9 日，德皇威廉二世退位；11 月 11 日，第一次世界大战西线的战斗结束。
1918—1922 年	俄国内战。
1919 年	墨索里尼参与创立法西斯运动；《凡尔赛和约》签署。
1919—1923 年	希特勒在慕尼黑成为一名右翼激进分子。
1921 年	意大利法西斯党在议会赢得 35 个席位；苏俄开始实施新经济政策。
1922 年	墨索里尼成为意大利首相；斯大林当选联共（布）中央总书记；爱尔兰自由邦建立。
1923 年	鲍里斯三世在保加利亚建立独裁政权；希特勒企图推翻政府的啤酒馆暴动失败。
1924 年	列宁逝世。
1925—1926 年	墨索里尼废除政党政治，并确立自己的独裁者地位。
1926 年	5 月，元帅约瑟夫·毕苏斯基在波兰建立军事独裁政权；12 月，斯梅托纳在立陶宛建立独裁政权。

时间	事件
1928 年	新宪法赋予阿尔巴尼亚国王索古几乎无限的权力。
1929 年	国王亚历山大一世在南斯拉夫建立独裁政权；美国股市崩盘，大萧条开始；苏联放弃新经济政策，开始实行集体化。
1930 年	纳粹党在德国议会赢得 107 个席位。
1931 年	甘地被英国殖民当局囚禁；日本入侵中国东北。
1932 年	法西斯领导人根伯什·久洛被任命为匈牙利总理；纳粹党赢得 230 个议会席位，成为德国最大的政党。
1933 年	1 月，希特勒成为德国总理；2 月，希特勒以国会大厦纵火案为借口获得绝对权力；3 月，希特勒利用《授权法案》摧毁了德国的民主。
1934 年	拉脱维亚和爱沙尼亚建立独裁政权；联共（布）第十七次代表大会召开，这次大会也被称为"胜利者大会"。
1935 年	希特勒向世人展示德国空军，并宣布实行征兵制；意大利入侵埃塞俄比亚。
1936 年	德国军队占领莱茵兰地区；西班牙内战爆发；希特勒和墨索里尼组成罗马 – 柏林轴心。
1937 年	日本全面侵华，实行南京大屠杀。
1938 年	2 月，国王卡罗尔在罗马尼亚建立王室独裁政权；3 月，德奥合并；9 月，慕尼黑会议，德国占领苏台德地区。
1939 年	3 月 15 日，德国入侵捷克斯洛伐克；8 月 23 日，《苏德互不侵犯条约》签订；9 月 1 日，德国入侵波兰；9 月 3 日，英国和法国对德国宣战。
1940 年	4 月 9 日，德国开始对丹麦和挪威发动闪电战；5 月 10 日，德军开始攻打西欧；6 月 22 日，法国沦陷；7 月 10 日，不列颠之战打响；9 月 7 日，德军对伦敦发动闪电战；9 月 17 日，希特勒取消入侵英国的计划。
1941 年	3 月，美国国会通过《租借法案》；4 月，德国推迟对苏联的入侵；德国在南斯拉夫、希腊和北非发动攻势；6 月 22 日，德军入侵苏联；12 月，德军在莫斯科城外止步不前；12 月 7 日，日本偷袭珍珠港；12 月 11 日，德国对美国宣战。

时间	事件
1942 年	1 月 21 日，德国在北非发起攻势；2 月 15 日，新加坡的英军向日本投降；4 月 22 日，英军从缅甸撤离；5 月 6 日，日本完成对菲律宾的征服；6 月 4 日，中途岛战役；8 月 7 日，瓜达尔卡纳尔岛战役打响；8 月 23 日，德军到达斯大林格勒；10 月 23 日，阿拉曼战役打响；11 月 8 日，英美联军在北非登陆；11 月 23 日，德军在斯大林格勒被切断。
1943 年	2 月，德国在斯大林格勒投降，苏联红军转守为攻，盟军开始 24 小时轰炸德国；5 月，北非的德军投降；7 月 10 日，盟军开始登陆意大利。
1944 年	1 月，列宁格勒之围解除；6 月 4 日，盟军解放罗马；6 月 6 日，诺曼底登陆，盟军在法国对德军发起进攻；6 月 22 日，苏军发起"巴格拉季昂行动"；8 月，苏军进入巴尔干半岛；8 月 24—26 日，盟军解放巴黎；9 月，盟军解放荷兰、比利时和卢森堡；10 月，美军发起菲律宾群岛战役。
1945 年	1 月，苏联军队进入波兰；2 月，雅尔塔会议；3 月 16 日，美军在硫黄岛取得胜利；4 月 11 日，美军抵达德国的易北河；4 月 16 日，苏联红军发动柏林战役；4 月 30 日，希特勒自杀；5 月 7 日，欧洲胜利日，德国正式投降；6 月 22 日，美军在冲绳岛取得胜利；7 月，波茨坦会议；8 月 6 日，美国在广岛投下原子弹；8 月 8 日，苏联对日宣战；8 月 9 日，美国在长崎投下原子弹；8 月 17 日，印度尼西亚宣布脱离荷兰独立；9 月 2 日，日本正式投降。
1946 年	3 月，丘吉尔在美国密苏里州发表"铁幕"演讲。12 月，法国发动全面侵略中南半岛的战争。
1947 年	2 月，杜鲁门主义出台；6 月，马歇尔计划出台；8 月，印度、巴基斯坦脱离英国获得独立。
1948 年	1 月，缅甸脱离英国独立；2 月，捷克斯洛伐克政变；5 月，以色列建国；6 月，南斯拉夫领导人铁托和斯大林之间发生分裂，斯大林主义在整个东欧传播，苏联封锁西柏林，柏林空投开始。
1949 年	4 月，北大西洋公约组织成立；5 月，联邦德国（德意志联邦共和国）正式成立；8 月，苏联原子弹试验成功。
1950 年	朝鲜战争爆发；世界首例肾移植成功。

时间	事件
1952 年	肯尼亚爆发茅茅起义；世界首例变性手术成功；首次生产脊髓灰质炎疫苗。
1953 年	美国和苏联首次进行氢弹试验；斯大林去世；朝鲜战争结束；DNA 被发现。
1954 年	法国军队在中南半岛被击败；越南分裂；法阿战争爆发。
1955 年	万隆会议，"第三世界"诞生；第一次日内瓦首脑会议召开。
1956 年	苏伊士运河危机；匈牙利事件。
1957 年	加纳成为大英帝国统治下的非洲第一个获得独立的黑人国家；苏联成功发射人造卫星；第一台 CAT 扫描仪诞生。
1959 年	苏联领导人赫鲁晓夫访问美国。
1960 年	刚果、尼日利亚独立；法国在非洲的大多数殖民地独立。
1961 年	柏林墙建成。
1962 年	阿尔及利亚脱离法国获得独立；古巴导弹危机；第二次梵蒂冈公会议召开。
1963 年	乔莫·肯雅塔成为肯尼亚第一任总理；《禁止核试验条约》签署。
1964 年	赫鲁晓夫下台，勃列日涅夫成为苏联最高领导人。
1965 年	美国开始轰炸越南民主共和国。
1967 年	首例心脏移植手术成功。
1968 年	"布拉格之春"；巴黎爆发抗议活动。
1969 年	"新东方政策"的实施和"限制战略武器谈判"，紧张关系开始"缓和"。
1973 年	赎罪日战争；滞胀开始。
1977 年	第一例艾滋病病例被诊断。
1978 年	第一个试管婴儿诞生。
1979 年	伊朗革命；玛格丽特·撒切尔当选英国首相。
1980 年	全世界消灭天花。
1982 年	首次使用基因工程（用细菌制造的胰岛素）。
1984 年	识别出艾滋病病毒。

时间	事件
1985 年	首次使用激光手术疏通阻塞的动脉；戈尔巴乔夫成为苏联最高领导人。
1989 年	东欧剧变。
1991 年	苏联解体；南斯拉夫战争打响。
1997 年	成功克隆绵羊。
2001 年	"9·11"事件；人类基因组被成功破译。
2008 年	全球经济衰退。

注释

引言

1. Rudyard Kipling, "The Ballad of East and West", Pioneer, 1889.

2. Wing Tek Lum, "East/West Poem," Hawaii Review 10 (Spring/Fall 1980).

第 1 章

1. Wenke, Robert J. *Patterns in Prehistory: Humankind's First Three Million Years*, 4th ed. 1999, 404.

2. Ibid.

3. Marc van de Mieroop, *A History of the Ancient Near East, ca 3000–323 b.c.e.* (2007), 23.

4. Wenke, Robert J. *Patterns in Prehistory: Humankind's First Three Million Years*, 4th ed. 1999, 404.

5. 转引自 Stephen Bertman, *Handbook to Life in Ancient Mesopotamia* (2003), 65。

6. Ibid., 179.

7. 转引自 van de Mieroop, *A History of the Ancient Near East*, 113。

8. Ibid.

9. 转引自 Bertman, *Handbook to Life in Ancient Mesopotamia*, 172–173。

10. 《汉谟拉比法典》, J. N. Postgate 英译, 55–56, 转引自 *Postgate, Early Mesopotamia: Society and Economy at the Dawn of History* (1992), 160。

11. Samuel Greengus, "Legal and Social Institutions of Ancient Near Mesopotamia," in *Civilizations of the Ancient Near East*, ed. Jack M. Sasson, vol.1 (1995), 471.

12. Jean Bottero, *Mesopotamia: Writing, Reasoning, and the Gods*, Zainab Bahrani and Marc van de Mieroop 英译 (1992), 33, 127, 129。

13. Ibid., 474.

14. 《一个男人与他的巴力神之间的争论》(*A Dispute of a Man with His Ba*), 可能创作于公元前 2180— 前 2040 年。转引自 W. Stiebing, *Ancient Near Eastern*

History and Culture (2008), 153。

第 2 章

1. 转引自 Carlo Zaccagnini, "The Interdependence of the Great Powers," in *Amarna Diplomacy: The Beginnings of International Relations*, eds. Raymond Cohen and Raymond Westbrook (2000), 149。

2. Gary M. Beckman, Harry A. Hoffner, *Hittite Diplomatic Texts* (Scholars Press, 1996).

3. 转引自 Michael Roaf, *Cultural Atlas of Mesopotamia and the Ancient Near East* (2004), 136。

4. 转引自 Trevor Bryce, *Life and Society in the Hittite World* (2002), 113。

5. 转引自 William H. Stiebing, Jr., *Ancient Near Eastern History and Culture* (2008), 229。

6. 转引自 Marc van de Mieroop, *A History of the Ancient Near East ca.3000–323 b.c.* (2007), 194.

7. Ibid., 195.

8. A. Kirk Grayson, *Assyrian and Babylonian Chronicles* (1975).

9. Roux, Georges, *Ancient Iraq*. (Penguin Books, reprinted 1976), 342.

10. 转引自 Stiebing, *Ancient Near Eastern History and Culture*, 281。

11.《弥迦书》6：6—8，标准修订版。

12. 转引自 Michael David Coogan, Marc Zvi Brettler, Carol Ann Newsom, *The New Oxford Annotated Bible with the Apocryphal/Deuterocanonical Books* (Oxford University Press, 2007)。

13.《以西结书》34：15—20，标准修订版。

第 3 章

1. Demosthenes, *Orations*, 59.122.

2. 转引自欧里庇得斯,《特洛伊妇女》, Peter Levi 英译, John Boardman, Jasper Griffith, and Oswyn Murray, eds., *The Oxford History of the Classical World* (1986), 169。

3. 柏拉图,《斐多篇》, 1. 118。

第 4 章

1. Athenaios, 253 D; J. J. Pollitt 引用并翻译, *Art in the Hellenistic Age* (1986), 271。

2. *Archimedes in Pappus: The Library of History of Diodorus Siculus, Fragments of Book XXVI*, F. R. Walton 英译, Loeb Classical Library (1957) Vol.XI。

第 5 章

1. *The Orations of Marcus Tullius Cicero*, C. D. Yonge 英译, vol.1, 131–152. London, George Bell & Sons, 1903。

第 6 章

1. 转引自 Martin M. Winkler, *The Fall of the Roman Empire: Film and History*, John Wiley & Sons, 2009, p. 212。

2. 转引自 Ali Parchami, *Hegemonic Peace and Empire: The Pax Romana, Britannica and American*, Routledge, 2009, p. 51。

3. 转引自 Charles S Maier, *Among Empires: American Ascendancy and Its Predecessors*, Harvard University Press, 2009, 117。

4. 转引自 Lawrence Cunningham, John Reich, Lois Fichner-Rathus, *Culture and Values: A Survey of the Humanities,* Volume 1, Cengage Learning, 2013, p. 129。

5. Pliny (the Elder.), *Natural History* (George Bell and Sons, 1890).

6.《加拉太书》3：27—29。新修订标准版《圣经》，1989 年版，美国基督教会全国理事会基督教教育处。版权所有，授权使用。

7. 转引自 Philip F. Esler, *The Early Christian World*, Routledge, 2002, p. 826。

第 7 章

1. John Helgeland, *Christians in the Military: The Early Experience* (1985), 64–65.

第 8 章

1. 转引自 John R. Bowen, *Religions in Practice: An Approach to the Anthropology of Religion*, Routledge, 2015, p. 116。

2.《古兰经》22：27—28。*Quran in Today's English. Clear and Easy to Read*, Talal Itani 英译。

3. Al-Tabari, *The History of Al-Tabari, Vol.17: The First Civil War*, G. R. Hawting 注

译 (1985), 50。

4. 转引自 Al-Tabari, "From the Battle of Siffin to the Death of 'Ali A. D. 656−661/A. H. 36−40", *The History of al-Tabari Vol. 17: The First Civil War*, SUNY Press, 2015, p. 48。

5. 转引自 Jane S. Gerber, *The Jews of Spain: A History of the Sephardic Experience* (1992), 28。

第 9 章

1. Willibald, *The Life of Saint Boniface*, in Clinton Albertson, trans., *Anglo-Saxon Saints and Heroes* (1967), 308–310.

2. 转引自 Elizabeth Tonkin, *Narrating Our Pasts: The Social Construction of Oral History*, Cambridge University Press, 1995, p. 93。

3. 转引自 Edward Peters, *Europe and the Middle Ages* (1989), 159。

4. 转引自 Ed West, "The Islamic philosopher every Catholic should know about", *Catholic Herald*, 22 Sep. 2015。

第 10 章

1. 转引自 Marcus Braybrooke, *Beacons of the Light: 100 Holy People Who Have Shaped the History of Humanity*, John Hunt Publishing, 2009, p. 287。

2. 转引自 Leidulf Melve, *Inventing the Public Sphere: The Public Debate during the Investiture Contest (c.1030–1122)*, 2 vols, Brill, 2007, p. 203。

3. "Unam Sanctam", *Catholic Encyclopedia*, New York: Robert Appleton Company, 1913.

4. 转引自 Emmanuel Le Roy Ladurie, *Montaillou: Promised Land of Error*, Barbara Bray 英译 (1978), 130。

5. Ibid.

6. Ibid.

第 11 章

1. 转引自 William Bowsky, "The Impact of the Black Death," in Anthony Molho (ed.), *Social and Economic Foundations of the Italian Renaissance* (1969), 92。

2. 转引自 Philip Ziegler, *The Black Death* (1969), 20。

3. Giovanni Boccaccio, *The Decameron*, Richard Aldington 英译 (1962), 30。

4. Ibid.

5. 转引自 Mark C. Bartusis, *The Late Byzantine Army: Arms and Society, 1204–1453* (1992), 133。

6. 审判记录，转引自 Marina Warner, *Joan of Arc* (1981), 122。

7. Ibid.

8. Ibid.

9. *The Trial of Joan of Arc*, W. S. Scott 英译 (1956), 134。

10. Ibid.

11. Ibid.

12. Johan Huizinga, *The Autumn of the Middle Ages*, Rodney J. Payton and Ulrich Mammitzsch 英译 (1996), 156。

13. 转引自 Barbara W. Tuchman, *A Distant Mirror: The Calamitous 14th Century* (1978), 505–506。译文经作者稍做修改。

14. 转引自 Bartlett, *The Making of Europe*, 238。

第 12 章

1. 转引自 Niccolo Machiavelli, *The Portable Machiavelli*, Peter Bondanella and Mark Musa 英译, New York: Penguin Books, 1979。

2. Baldesar Castiglione, *The Book of the Courtier*, Charles S. Singleton 英译 (1959), 43。

3. Giovanni Villani, *Cronica* vol.7 (1823), 52.

4. Agostino di Colloredo, "Chroniche friulane, 1508–18," *Pagine friulane* 2 (1889), 6.

5. Francesco Petrarca, "Letter to the Shade of Cicero," in Kenneth R. Bartlett (ed.), *The Civilization of the Italian Renaissance: A Sourcebook* (1992), 31.

6. 转引自 Margaret L. King, *Women of the Renaissance* (1991), 197。

7. Laura Cereta, "Bibulus Sempronius: Defense of the Liberal Instruction of Women," in Margaret King and Alfred Rabil (eds.), *Her Immaculate Hand: Selected Works by and About the Women Humanists of Quattrocento Italy* (1983), 82.

第 13 章

1. Christopher Columbus, 转引自 Felipe Fernández Armesto, *Columbus* (1991), 6。

2. Ibid.

3. *The Life of the Admiral Christopher Columbus by His Son Ferdinand*, Benjamin

Keen 注译 (1959), 222。

4. Sir Arthur Helps, *The Spanish Conquest in America*, vol.1 (1900), 1, 264–267.

5. *The Book of Chilam Balam of Chumayel*, Ralph L. Roy 编译 (1933), 83。

6. *The Conquistadores: FirstPerson Accounts of the Conquest of Mexico*, Patricia de Fuentes 编译 (1963), 159。

7. 转引自 Margaret T. Hodgen, *Early Anthropology in the Sixteenth and Seventeenth Centuries* (1964), 9。

8. Ibid.

9. Ibid.

10. Ibid.

第 14 章

1.《使徒行传》4：32，新修订标准版《圣经》，1989 年版，美国基督教会全国理事会基督教教育处。版权所有，授权使用。

2. Ibid.

3.《罗马书》1：17，钦定本。

4. 转引自 Gordon Rupp, *Luther's Progress to the Diet of Worms* (1964), 29。

5. 转引自一幅匿名漫画, A. G. Dickens, *Reformation and Society in Sixteenth-Century Europe* (1966), 图 46, 61。

6. 转引自 Roland H. Bainton, *Here I Stand: A Life of Martin Luther* (1950), 166, 181–185。

7. Ibid.

8. 转引自 Peter Blickle, "The Popular Reformation," in Thomas A. Brady, Jr., Heiko A. Oberman, and James D. Tracy (eds.), *Handbook of European History 1400–1600: Late Middle Ages, Renaissance and Reformation, vol., 2: Visions, Programs and Outcomes* (1995), 171。

9. Thomas Head 翻译并引用 , "Marie Dentière: A Propagandist for the Reform," in Katharina M. Wilson (ed.), *Women Writers of the Renaissance and Reformation* (1987), 260。

10. 转引自 Heiko A. Oberman, *Luther: Man Between God and the Devil*, Eileen Walliser-Schwarzbart 英译 (1989), 240。

11. 转引自一幅匿名漫画 , A. G. Dickens, *Reformation and Society in Sixteenth-Century*

Europe (1966), 图 46, 61。

12. 转引自 R. E. Modras, *The Catholic Church and Antisemitism: Poland, 1933–1939* (Chur, Switzerland: Harwood academic publ., 1994)。

第 15 章

1. 转引自 R. Po-Chia Hsia, *Social Discipline in the Reformation: Central Europe, 1550– 1750* (1989), 147–148.

2. 转引自 Norbert Elias, *The Civilizing Process, vol.1: The History of Manners*, Edmund Jephcott 英译 (1978), 119。

3. 转引自 R. J. Knecht, *The French Wars of Religion, 1559–1598*, 2nd ed.(1996), 13。

4. Michel de Montaigne, *Essays and Selected Writings*, Donald M. Frame 编译 (1963), 219–221。

5. 转引自 Norman Davies, *Europe: A History*, Oxford University Press, 1996, p. 529。

第 16 章

1. Thomas Hobbes, *Leviathan*, C. B. Macpherson (ed.) (1968), 186.

2. Marshall Poe, "The Truth about Muscovy," *Kritika* 3 (2002), 483.

3. 转引自 Lindsey Hughes, *Russia in the Age of Peter the Great* (1998), 92。

4. 转引自 Thomas Cromwell, *Oliver Cromwell and His Times*, Sherwood, Neely and Jones, 1822。

5. 转引自 Thomas Jones Howell et al., *A Complete Collection of State Trials and Proceedings for High Treason and Other Crimes and Misdemeanors: From the Earliest Period to the Year 1783*, Volume 4, Longman, Hurst, Rees, Orme, and Browne, 1816。

6. 转引自 Thomas Cromwell, *Oliver Cromwell and His Times*, Sherwood, Neely and Jones, 1822。

第 17 章

1. 艾萨克·牛顿爵士给罗伯特·胡克的信（1676 年 2 月 15 日）。

2. William Harvey, *On the Motion of the Heart and Blood in Animals*, G. Bell and Sons, 1889, p.33.

3. René Descartes, *Le Monde*, Book VI.

4. Thomas S. Kuhn, *The Structure of Scientific Revolutions* (1970).

5. René Descartes, *Discourse on the Method and Meditations on First Philosophy*, edited by David Weissmann (1996), 21.

6. 转引自 Margaret Gullan-Whur, *Within Reason: A Life of Spinoza*, Random House, 2010。

7. Galileo, "Letter to the Grand Duchess Christina," in Stilman Drake (ed.), *Discoveries and Opinions of Galileo* (1957), 186.

8. 转引自 W. Hazard, *The European Mind, 1680–1715* (1964), 362。

9. François Poullain, *De l'égalite des deux sexes* (1673), 85.

10. Francis Bacon, *The Works of Francis Bacon*, vol.3, J. Spedding (ed.) (1857–1874), 524–539.

11. Henry Oldenburg, "To the Reader," in Robert Boyle (ed.), *Experiments and Considerations in Touching Colours* (1664).

第18章

1. Olaudah Equiano, *The Interesting Narrative of the Life of Olaudah Equiano, or Gustavus Vassa the African* (1789).

2. Thomas Rymer (ed.), *Foedera*, vol.18 (1704–1735), 72.

3. 转引自 David G Williams, "Mutiny On The Bounty & Pandora's Box", Lulu.com, 2015, p. 202。

4. Ibid.

5. 转引自 Robin Blackburn, *The Making of New World Slavery* (1997), 325。

第19章

1. 转引自 Hilton L Root, *Peasants and King in Burgundy: Agrarian Foundations of French Absolutism*, University of California Press, 1992。

2. 转引自 Jürg Steiner, *Deliberative Politics in Action: Analyzing Parliamentary Discourse*, Cambridge University Press, 2004, p.32。

3. Denis Diderot, *Supplement to the Voyages of Bougainville* (1796).

4. John Locke, *Two Treatises of Government* (1690).

5. Baron d'Holbach, *Good Sense* (1753).

6. David Hume, *Essays: Moral, Political, and Literary* (1742), Essay 10: "Of Supersti-

tion and Enthusiasm".

7. Cesare Beccaria, *An Essay on Crimes and Punishments* (1788), Chapter 47.

8. 给让·达朗贝尔的信（1762 年 11 月 28 日）。

9. Voltaire, "Religion," *The Philosophical Dictionary* (1802).

10. *Candide* (1759).

11. Thomas Paine, *The Rights of Man* (1791).

12. Thomas Jefferson, *The American Declaration of Independence* (1776).

第 20 章

1. Jean-Jacques Rousseau, *The Social Contract* (1762).

2. 转引自 John R Gillis, *The Development of European Society, 1770–1870*, Boston: Houghton Mifflin, 1977。

3. 转引自 Margaret R. O'Leary, "Forging Freedom: The Life of Cerf Berr of Médelsheim" *iUniverse*, 2012, p. 315。

4. 转引自 Michael Walzer, *Regicide and Revolution: Speeches at the Trial of Louis XVI*, Columbia University Press, 2013, p.159。

5. 转引自 Harald R. Wohlrapp, *The Concept of Argument: A Philosophical Foundation*, Springer, 2014, p. 227。

6. H. Wallon, *Histoire du tribunal révolutionnaire de Paris*, vol.4 (1880–1882), 511.

7. 转引自 Jason Lane, *General and Madam de Lafayette: Partners in Liberty's Cause in the American and French Revolutions*, Taylor Trade Publishing, 2003, p. 233。

8. 转引自 *The Camridge Modern History*, p. 32。

9. 转引自 Joseph James Mathews, *Reporting the Wars*, University of Minnesota Press, 1957, p. 22。

第 21 章

1. 转引自 Jonathan French Scott, Alexander Baltzly, *Readings in European History Since 1814*, F. S. Crofts & Company, 1930, p. 90。

2. Lord Ashley's Commission on Mines, *Parliamentary Papers*, vols.15–17 (1842), Appendix 1, Note 26.

3. 转引自 R. P. T. Davenport-Hines, Jonathan Liebenau, *Business in the Age of Reason*, Routledge, 2013, p. 103。

4. Sir James Kay-Shuttleworth (1832), 转引自 John Rule, *The Labouring Classes in Early Industrial England* (1986)。

5. John Richardson, *The Friend: A Religious and Literary Journal*, 30 (1856), 97.

6. 约瑟夫在萨德勒童工委员会上的证词。

7. "Report of the Select Committee on the Factories Bill," *Parliamentary Papers*, vol.20 (1833).

8. John O'Rourke, *The History of the Great Irish Famine of 1847* (1902).

9. David Gillard, ed., *British Documents on Foreign Affairs, vol.1: The Ottoman Empire in the Balkans, 1856–1875* (1984–1985), 20.

第 22 章

1. Louis Blanc, *The Organization of Work*, 1848.

第 23 章

1. Leslie Moch, *Moving Europeans: Migration in Western Europe Since 1650* (1992), 147.

2. 转引自 Eugen Weber, *Peasants into Frenchmen: The Modernization of Rural France, 1870–1914* (1976), 332–333。

3. Norman Kleeblatt, *The Dreyfus Affair: Art, Truth, and Justice* (1987), 96.

4. 转引自 Eric Cahm, *The Dreyfus Affair in French Society and Politics* (1994), 167。

5. 转引自 Robert Gildea, *Barricades and Borders: Europe, 1800–1914* (1987), 317。

6. Eugen Weber, *France, Fin-de-Siècle* (1986), 126.

7. 转引自 Suzanne Desan, *The Family on Trial in Revolutionary France*, University of California Press, 2004, p. 299。

8. 转引自 Sonia Harris-Short, Joanna Miles, *Family Law: Text, Cases, and Materials*, Oxford University Press, 2011, p. 211。

9. Maria Desraismes, "La Femme et Le Droit," *Eve dans l'humanite* (1891), 16–17.

10. 转引自 David J. Samuels, *Case Studies in Comparative Politics*, Pearson Education, 2013。

第 24 章

1. Winston Churchill, *The River War: An Account of the Re-Conquest of the Sudan*

(1933); 转引自 Daniel Headrick, *The Tools of Empire: Technology and European Imperialism in the Nineteenth Century* (1981), 118。

2. Alfred, Lord Tennyson, *In Memoriam*, 1850.

3. 转引自 Charles Darwin, *On the Origin of Species by Means of Natural Selection, or the Preservation of Favoured Races in the Struggle for Life*, D. Appleton, 1869, p. 425。

4. 转引自 Anne McClintock, *Imperial Leather: Race, Gender, and Sexuality in the Colonial Contest* (1995), 50。

5. Rider Haggard, *She* (1887).

6. 转引自 H. Stuart Hughes, *Consciousness and Society* (1958), 296。

7. 转引自 Shearer West, *Fin de Siècle* (1993), 24。

8. 转引自 Weaver Santaniello, *Nietzsche and the Gods*, SUNY Press, 2001, pp. 184, 187。

9. 转引自 Frank Harris, *Oscar Wilde*, Wordsworth Editions Ltd, 2007, p. 175。

10. Ibid.

11. Stephen Kern, *The Culture of Time and Space, 1880–1918* (1983), 195.

12. *Elementary Forms*, 转引自 Hughes, *Consciousness and Society*, 284–285。

13. 转引自 William Schneider, *An Empire for the Masses: The French Popular Image of Africa, 1870–1900* (1982), 72。

14. Heinrich von Treitschke, *Politics* (1897).

15. Yves-Alain Bois, "Painting as Trauma," in Christopher Green, *Picasso's Les Demoiselles d'Avignon* (2001), 49.

16. 转引自 Catherine Hall, *Cultures of Empire: Colonizers in Britain and the Empire in the Nineteenth and Twentieth Centuries* (2000), p. 299。

17. Brassaï, *Conversations with Picasso*, Jane Marie Todd 英译 (1999), 32。

18. John Golding, "*Les Demoiselles D'Avignon* and the Exhibition of 1988," in Green, *Picasso's Les Demoiselles*, 29.

19. Mary Kingsley, in *West African Studies* (1901), 329–330.

20. Rudyard Kipling, *Verse* (1920).

21. Headrick, *The Tools of Empire*, 101. 作者是一位历史学家，他发明的蒸汽船、奎宁、后膛装填连发步枪，在征服非洲的过程中发挥了关键作用。

22. 转引自 Thomas Pakenham, *The Scramble for Africa, 1876–1912* (1991), 22。

23. 转引自 F. K. Crowley (ed.), *A New History of Australia* (1974), 6。

24. Ibid., 207.

25. 转引自 W. G. Beasley, *Japanese Imperialism, 1894–1945* (1987), 31–33。

第 25 章

1. 转引自 Niall Ferguson, *The Pity of War* (1999), 152。

2. 转引自 Eric Leeds, *No Man's Land: Combat and Identity in World War I* (1979), 17。

3. Allister Horne, *The Price of Glory: Verdun, 1916* (1967), 27.

4. Siegfried Sassoon, *Memoirs of an Infantry Officer* (1937), 228.

5. Peter Gatrell, *A Whole Empire Walking: Refugees in Russia During World War I* (2000).

6. Ernst Lissauer, "Hymn of Hate" (1914), in *Jugend* (1914), Barbara Henderson 英译, New York Times, October 15, 1914。

7. 转引自 W. Bruce Lincoln, *Red Victory: A History of the Russian Civil War* (1989), 32。

8. Richard Pipes et al. (eds.), *The Unknown Lenin* (1999), 6.

9. Ibid., Document 59.

第 26 章

1. 伍德罗·威尔逊总统 1918 年 1 月 8 日的演讲。

2. Thomas Stearns Eliot, "Fire Sermon", *The Waste Land*, Horace Liveright, 1922.

3. 转引自 Jean-Paul Sartre, *Being and Nothingness: An Essay on Phenomenological Ontology*, Philosophical Library, 1956。

4. 转引自 Peter Gay, *Weimar Culture* (1970), 99。

5. 转引自 Le Corbusier, *Towards a New Architecture*, Courier Corporation,1931。

6. Martin J. Sherwin, *A World Destroyed: Hiroshima and the Origins of the Arms Race* (1987), 17.

7. 转引自 Tracy H. Koon, *Believe, Obey, Fight: Political Socialization of Youth in Fascist Italy*, UNC Press Books, 1985, p. 23。

8. 转引自 Robert Paxton, Julie Hessler, *Europe in the Twentieth Century*, Cengage Learning, 2011, p. 180。

9. 转引自 Tracy H. Koon, *Believe, Obey, Fight: Political Socialization of Youth in Fascist Italy*, UNC Press Books, 1985, p. 251.

10. Ibid., p. 32.

11. 转引自 Michael Burleigh, *The Third Reich: A New History* (2000), 36。

12. Ibid.

13. 转引自 John Keegan, *The Mask of Command: A Study of Generalship*, Random House, 1987。

14. 转引自 Joachim C. Fest, *Hitler*, Houghton Mifflin Harcourt, 2013, p. 190。

15. Ibid., p. 191.

16. Ibid., p. 193.

17. Ibid., p. 190–193。

18. Ibid., p. 192。

19. Ibid., p. 193.

20. Ibid., p. 190–193。

21. 转引自 Claudia Koonz, *Mothers in the Fatherland* (1987), 130。

22. 转引自 Joachim Fest, *Hitler* (1973), 190–193。

23. 转引自 Claudia Koonz, *Mothers in the Fatherland* (1987), 130。

24. 转引自 Aleksandr Solzhenitsyn, *One Day in the Life of Ivan Denisovich*, H.T. Willetts 英译, Farrar, Straus and Giroux, 2005。

25. 转引自 Mark Mazower, *Dark Continent: Europe's Twentieth Century* (1998), 123。

26. 转引自 Sheila Fitzpatrick, *Everyday Stalinism* (1999), 68。

27. 转引自 Claudia Koonz, *Mothers in the Fatherland* (1987), 130。

28. 转引自 Claudia Koonz, *Mothers in the Fatherland: Women, the Family and Nazi Politics*, St. Martin's Press, 1987。

29. Victoria DeGrazia, *How Fascism Ruled Women: Italy, 1922–1945* (1992), 234.

30. 转引自 Wendy Goldman, *Women, the State, and Revolution: Soviet Family Policy and Social Life, 1917–1936* (1993), 5。

31. 转引自 Felix Gilbert, *The End of the European Era* (1991), 162。

32. 转引自 Ronald Wright, *A Short History Of Progress,* Canongate Books, 2010, p. 34。

33. Mohandas K. Gandhi, *An Autobiography: The Story of My Experiments with Truth* (1957), 120.

34. 转引自 Tyler Stovall, *Paris Noir: African Americans in the City of Light* (1996), 32。

第 27 章

1. 转引自 Robert H. Abzug, *Inside the Vicious Heart: Americans and the Liberation of Nazi Concentration Camps* (1985), 19。

2. 转引自 Gordon Horwitz, *In the Shadow of Death: Living Outside the Gates of Mauthausen* (1991), 167。

3. 转引自 Piers Brendon, *The Dark Valley: A Panorama of the 1930s* (2000), 282。

4. 内维尔·张伯伦 1938 年 9 月 30 日的演讲。

5. 转引自 Middlemas, Keith, and John Barnes, *Baldwin: A Biography*, Weidenfeld and Nicolson, 1969, p.735。

6. 转引自 W. Churchill, *Their Finest Hour*, Boston: Published in association with the Cooperation Pub. Co.[by] Houghton Mifflin (1949)。

7. 转引自 Robert C. Self, *Neville Chamberlain: A Biography*, Ashgate Publishing, Ltd., 2006, p. 423。

8. 转引自 Christopher Catherwood, *Winston Churchill: The Flawed Genius of WWII*, Penguin Books, 2009。

9. 温斯顿·丘吉尔 1940 年 5 月 13 日的演讲"热血、辛劳、眼泪与汗水"（Blood, Toil, Tears and Sweat）。

10. 转引自 Richard Overy, *Russia's War* (1998), 95。

11. 转引自 Mark Mazower, *Dark Continent: Europe's Twentieth Century* (1999), 157。

12. 转引自 Peter Clarke, *Hope and Glory: Britain, 1900–1990* (1996), 204。

13. 转引自 Joachim Fest, *Hitler* (1973), 190–193。

14. Mark Mazower, *Hitler's Empire: How the Nazis Ruled Europe* (2008), 522.

15. Ibid.

16. 转引自 Richard Rhodes, *The Making of the Atomic Bomb* (1988), 474。

17. Timothy Snyder, *Bloodlands: Europe Between Hitler and Stalin* (2010).

18. 豪斯纳的开庭陈词，转引自 Moshe Pearlman, *The Capture and Trial of Adolf Eichmann* (1963), 463–465。

19. Gideon Hausner, *Justice in Jerusalem* (1966), 291.

20. 豪斯纳的开庭陈词，转引自 Moshe Pearlman, *The Capture and Trial of Adolf Eichmann* (1963), 149。

21. 转引自 Alan Cowell, "Files Suggest British Knew Early Of Nazi Atrocities Against Jews", *The New York Times*, November 19, 1996。

22. 转引自 Michael R. Marrus (1997), "INTERNATIONAL LAW: The Nuremberg Trial: Fifty Years After", *The American Scholar* 66 (4): 563–570。

23. Elie Wiesel, *Night* (1960), 39.

24. 豪斯纳的开庭陈词，转引自 Moshe Pearlman, *The Capture and Trial of Adolf Eichmann* (1963), 149。

25. Gideon Hausner, *Justice in Jerusalem* (1966), 291.

26. Kate Brown, *Biography of No Place: From Ethnic Borderlands to Soviet Heartland* (2004), 221.

27. 转引自 Ulrich Herbert, *Hitler's Foreign Workers* (1997), 306。

28. Sir William Beveridge, *Social Insurance and Allied Services*, London: HMSO, 1942.

第 28 章

1. 斯大林写给马克西姆·利特维诺夫（Maxim Litvinov）的信，转引自 Vladislav Zubok and Constantine Pleshakov, *Inside the Kremlin's Cold War: From Stalin to Khrushchev* (Cambridge, 1996), 37–38。

2. 这位官员是利奥·克劳利（Leo Crowley），罗斯福和杜鲁门时期的对外经济管理局局长。转引自 William Appleman Williams, *The Tragedy of American Diplomacy* (New York, 1972), 241。

3. Lawrence Rees, *World War II Behind Closed Doors: Stalin, the Nazis, and the West* (2008), 221, 236.

4. 转引自 Milovan Djilas, *Conversations with Stalin*, Penguin Books, 1969, p. 90。

5. 1946 年 9 月 6 日，美国国务卿贝尔纳斯在斯图加特发表的讲话"重申对德政策"（Restatement of Policy on Germany）。

6. 转引自 Joseph Conlin, *The American Past, Volume II: Since 1865*, Cengage Learning, 2011, p. 856。

7. *Time*, 1950; 转引自 Martin Walker, *The Cold War and the Making of the Modern World* (1993), 66–67。

8. 转引自 Josef Becker, Franz Knipping, *Power in Europe?: Great Britain, France, Italy and Germany in a Postwar World, 1945–1950*, Walter de Gruyter, 1986, p. 42。

9. 转引自 Walker, *The Cold War*, 83。

10. 转引自 Stephen Ambrose, *Rise to Globalism* (1971), 225。

11. 转引自 Robert Paxton, Julie Hessler, *Europe in the Twentieth Century*, Cengage Learning, 2011, p. 480。

12. 转引自 Karel Kaplan, *Report on the Murder of the General Secretary* (1990), 231。

13. 转引自 Harold Macmillan, *Winds of Change, 1914–1939*, London: Macmillan, 1966。

14. 1956 年 10 月 31 日，德怀特·艾森豪威尔总统给安东尼·艾登首相的电话。

15. 转引自 John L. H. Keep, *Last of the Empires: A History of the Soviet Union, 1945–1991* (1995), 79。

16. Ibid.

17. 转引自 Sheri Berman, *The Primacy of Politics: Social Democracy and the Making of Europe's Twentieth Century*, Cambridge University Press, 2006, p. 190。

18. 转引自 Robert Paxton, *Europe in the Twentieth Century* (1997), 578。

19. 转引自 Jonathan Fineberg, *Art Since 1940: Strategies of Being* (1995), 144。

20. Ibid.

21. 转引自 Adrian Hastings, *Modern Catholicism: Vatican II and After* (1991), 29。

22. Reinhold Wagnleitner, *Coca-Colonization and the Cold War: The Cultural Mission of the United States in Austria After the Second World War* (1994).

23. 转引自 Felix Gilbert, *The End of the European Era, 1890 to the Present* (1991), 429。

24. 转引自 Richard Kuisel, *Seducing the French: The Dilemma of Americanization* (1993), 147。

25. 转引自 Betty Friedan, *Feminine Mystique*, W. W. Norton & Company, 1963, p. 16。

26. 转引自 Hannah Gavron, *The Captive Wife: Conflicts of Housebound Mothers*, Routledge and Kegan Paul, 1966, pp. i, 35。

第 29 章

1. 转引自 Robert Paxton, *Europe in the Twentieth Century* (1997), 613。

2. Kenneth Boulding, *The Economics of the Coming Spaceship Earth* (1966), in *Toward a Steady-State Economy*, ed. Herman Daly (1973).

3. 转引自 Lester W. Milbrath, Barbara V. Fisher, *Environmentalists: Vanguard for a New Society*, SUNY Press,1984, p. 89。

4. 转引自 Josepha Sherman, *The Cold War*, Twenty First Century Books, 2004, p. 69。

5. 转引自 Joseph Yanosik (March 1996), "The Plastic People of the Universe", *Perfect*

Sound Forever。

6. 转引自 D. J. Peterson, *Troubled Lands: The Legacy of Soviet Environmental Destruction* (1993), 12。

7. 转引自 Archie Brown, *The Gorbachev Factor* (1996), 125。

8. 转引自 Walter R. Roberts, *Tito, Mihailovic, and the Allies, 1941–1945*, Rutgers University Press, 1973, p. 5。

9. 转引自 Irving Sandler, *Art of the Postmodern Era* (1996), 4。

10. "Public Opinion in the European Union," *Standard Eurobarometer*, 82 (Autumn 2014), 102, http://ec.europa.eu/public_opinion/archives/eb/eb82/eb82_publ_en.pdf (accessed June 23, 2015).

11. Salman Rushdie, "Please, Read *Satanic Verses* Before Condemning It," *Illustrated Weekly of India* (October 1988). Reprinted in M. M. Ahsan and A. R. Kidwai, *Sacrilege Versus Civility: Muslim Perspectives on The Satanic Verses Affair* (1991), 63.

12. *Observer*, 19 Feb. 1989; 转引自 Lisa Appignanesi & Sara Maitland, eds., *The Rushdie File* (London: Fourth Estate, 1989), p. 84。

13. 转引自 Malise Ruthven, *A Satanic Affair: Salman Rushdie and the Wrath of Islam* (1991), 100。

14. *The Sunday Telegraph* (June 24, 1990); 转引自 Ahsan and Kidwai, *Sacrilege Versus Civility*, 80。

延伸阅读

第1章

1. Andrews, Anthony P. *First Cities.* 1995.精彩地介绍了东南亚地区、埃及、印度、中国和美洲城市化的发展。

2. Crawford, Harriet. *Sumer and the Sumerians.* 2004. 全面介绍了自然环境、新兴政治结构和技术变革之间的相互作用。附有清晰的插图。

3. Dalley, Stephanie. *Mari and Karana: Two Old Babylonian Cities.* 1984. 尽管书名令人望而生畏，但该书利用对美索不达米亚西北部两个小王国的考古挖掘，对公元前 18 世纪日常生活的描写趣味横生。

4. Fagan, Brian. *People of the Earth: An Introduction to World Prehistory.* 1998. 一本全面的教科书，以丰富的插图和解释性材料介绍了一些基本问题。

5. Hornung, Erik. *History of Ancient Egypt: An Introduction*, trans. David Lorton. 1999. 简明扼要地概述了埃及人的历史和生活。

6. Kuhrt, Amélie. *The Ancient Near East, ca.3000–330 b.c.*, 2 vols. 1995. 权威概述，附有优秀的参考书目。要想了解该地区的连续历史叙述，最好从这本书开始。

7. Redford, Donald B. *Egypt, Canaan, and Israel in Ancient Times.*1993. 一位杰出的埃及学家讨论了埃及和西南亚之间长达 3 000 年的不间断的联系。

8. Sasson, Jack M., ed. *Civilizations of the Ancient Near East*, vol.2. 1995. 包括一些非常有用的文章，特别是关于埃及的。

9. Schmandt-Besserat, Denise. *How Writing Came About.* 1996. 可读性强，并且有一个开创性的论点，即楔形文字是从用陶筹计数的方法发展而来的。

10. Schulz, Regine, and Matthias Seidel, eds. *Egypt: The World of the Pharaohs.* 1999. 一本由权威专家撰写的关于埃及社会和生活方方面面的文章集锦，图文并茂。

11. Snell, Daniel C. *Life in the Ancient Near East.* 1997. 简要介绍了近东 5 000 多年来的主要发展。

12. Spindler, Konrad. *The Man in the Ice: The Discovery of a 5,000-Year-Old Body Reveals the Secrets of the Stone Age.* 1994. 一位国际专家团队的领导者解读了

在奥地利阿尔卑斯山发现的新石器时代猎人的尸体。

13. Stiebing, William H. *Ancient Near Eastern History and Culture.* 2008. 对近东重要的政治和文化事件进行了清晰而全面的调查。

14. Trigger, Bruce G. *Early Civilizations: Ancient Egypt in Context.* 1995. 一位著名的文化人类学家通过对比中国、秘鲁、墨西哥、美索不达米亚和非洲的早期文明，研究了埃及的古王国和中王国。

15. Van De Mieroop, Marc. *A History of the Ancient Near East ca. 3000–323 b.c.* 2007. 一部权威的历史，结合了最新研究成果。

16. Wenke, Robert J. *Patterns in Prehistory: Humankind's First Three Million Years,* 4th ed. 1999. 讲述非常诙谐，通俗易懂。

第 2 章

1. Bryce, Trevor. *Life and Society in the Hittite World.* 2002. 对赫梯风俗、法律和社会结构的生动描绘。

2. Bryce, Trevor. *The Letters of the Great Kings of the Ancient Near East: The Royal Correspondence of the Late Bronze Age.* 2003. 作者通过现存的信件对大国俱乐部展开了探讨。

3. Bryce, Trevor. *The Trojans and Their Neighbors.* 2005. 对特洛伊历史的最新考察研究。

4. Cohen, Raymond, and Raymond Westbrook, eds. *Amarna Diplomacy: The Beginnings of International Relations.* 2000. 是考古学家、语言学家和国际外交专家的有趣合作。这本书从现代国际关系的背景看待阿马尔奈书简。

5. Dever, William G. *What Did the Biblical Writers Know and When Did They Know It?: What Archaeology Can Tell Us about the Reality of Ancient Israel.* 2001. 对《希伯来圣经》写作的清晰而有趣的记述。

6. Dever, William G. *Who Were the Early Israelites and Where Did They Come From?* 2003. 一部清晰而生动的叙述，带领读者逐步了解困扰着古代以色列研究的各种历史、考古和政治争议。

7. Dickinson, Oliver. *The Aegean Bronze Age.* 1994. 对复杂的考古数据的标准化处理。

8. Dothan, Trude, and Moshe Dothan. *People of the Sea: The Search for the Philistines.* 1992. 为非专业人士编写的考古资料综述。

9. Finkelstein, Israel, and Neil Asher Silberman. *David and Solomon: In Search of*

the Bible's Sacred Kings and the Roots of the Western Tradition. 2006. 一个重要的但有争议的考古解释，认为大卫和所罗门是部落首领，并认为"统一王国"是虚构的。这篇文笔优美的研究还探讨了圣经故事对西方身份认同的影响。

10. Fitton, J. Lesley. *Minoans: Peoples of the Past.* 2002. 对最近的研究和结论的讲述，浅显易懂。

11. Fitton, J. Lesley. *The Discovery of the Greek Bronze Age.* 1996. 对 19 世纪和 20 世纪早期使希腊青铜器时代为人所知的考古学家进行了清晰的研究，图文并茂。

12. Kuhrt, Amélie. *The Ancient Near East, ca.3000–330 b.c.*, 2 vols. 1995. 一部权威的概述，有很好的参考书目。要想获得对这一地区的连续历史的了解，最好从该书开始。

13. Latacz, Joachim. *Troy and Homer: Towards a Solution of an Old Mystery.* 2004. 这是为解决荷马史诗中特洛伊战争历史真实性之谜所做的最新研究之一。

14. Markoe, Glenn. *Phoenicians.* 2000. 一位著名专家对腓尼基社会的重要论述。

15. Miller, Patrick D. *Chieftains of the Highland Clans: A History of Israel in the 12th and 11th Centuries b.c.* 2003. 不仅使用考古和文字证据，还使用人类学方法来探索早期以色列人的历史。

16. Redford, Donald B. *Egypt, Canaan and Israel in Ancient Times.* 1992. 这是对强调文化间相互联系的文字证据和考古证据的一种极好的、详尽的综合研究。

17. Stiebing, William H. *Ancient Near Eastern History and Culture.* 2008. 一部全面的考察著作，也密切关注史学和考古学的争议。其中关于国际青铜器时代结束的那一章写得特别好。

18. van De Mieroop, Marc. *A History of the Ancient Near East ca.3000–323 b.c.* 2007. 一部优秀的考察著作，有清晰的地图和有用的时间线。

19. Walker, Christopher, ed. *Astronomy Before the Telescope.* 1996. 一部有趣的关于前现代时期天文学的文集，清楚地表明了巴比伦人对西方文明的巨大贡献。

第 3 章

1. Boardman, John. *Persia and the West: An Archaeological Investigation of the Genesis of Achaemenid Art.* 2000. 附有精彩的插图，强调了波斯艺术各个方面的跨文化影响。

2. Boyce, Mary. *A History of Zoroastrianism,* vol.2. 1975. 一部权威性著作，对波斯帝国的宗教进行了精彩的概述。

3. Burkert, Walter. *The Orientalizing Revolution: Near Eastern Influence on Greek Culture in the Early Archaic Age,* trans. Margaret Pinder and Walter Burkert. 1993. 解释了闪米特东方对古风时期希腊社会发展的影响。

4. Cohn, Norman. *Cosmos, Chaos, and the World to Come: The Ancient Roots of Apocalyptic Faith.* 1993. 是对西方世界启示信仰的权威批判性分析，包括琐罗亚斯德教、古代犹太教、基督教和其他信仰。

5. Connelly, Joan Breton. *The Parthenon Enigma: A New Understanding of the West's Most Iconic Building and the People Who Made It.* 2014. 认为帕特农神庙的壁画描绘了人牲，反映了希腊文化的阴暗面。

6. Finkelstein, Israel, and Neil Asher Silberman. *The Bible Unearthed: Archaeology's New Vision of Ancient Israel and the Origin of the Sacred Texts.* 2001. 一部重要的考古解释，挑战了《希伯来圣经》的叙述，并提供了对《圣经》历史的新思考。

7. Gottwald, Norman K. *The Hebrew Bible: A Socio-Literary Introduction.* 5. 结合了对《希伯来圣经》的仔细阅读与最新的考古和历史证据。

8. Just, Roger. *Women in Athenian Law and Life.* 1989. 概述了雅典女性的社会背景。

9. Kuhrt, Amélie. *The Ancient Near East, ca.3000–330 b.c.,* Vol.2. 1995. 内容丰富全面，以非常简明易懂的方式讲述了波斯历史，并且对古代文本证据进行了精彩的讨论，对许多重要的段落有流畅的翻译。

10. Lane, Melissa. *The Birth of Politics: Eight Greek and Roman Political Ideas and Why They Matter.* 2014. 对希腊政治思想的清晰阐述和评论，包括民主、正义、共和与主权。

11. Lindberg, David C. *The Beginnings of Western Science: The European Scientific Tradition in Philosophical, Religious, and Institutional Context, 600 b.c. to a.d. 1450.* 1992. 这项极具可读性的研究给西方科学的主要发展提供了激动人心的调查研究。

12. Markoe, Glenn. *Phoenicians.* 2000. 一位著名的专家对腓尼基社会的最好和最现代的讲述。

13. Murray, Oswyn. *Early Greece.* 1983. 对希腊社会在黑暗时代和波斯战争结束之间的各个方面进行了出色的研究。

14. Osborne, Robin. *Greece in the Making, 1200–479 b.c.* 1996. 一部关于希腊社会发展的精彩叙述，特别关注考古证据。

15. Stewart, Andrew. *Art, Desire, and the Body in Ancient Greece.* 1997. 一部引起争

议的论著，考察了希腊人对性和艺术的态度。

16. Walker, Christopher, ed. *Astronomy Before the Telescope*. 1996. 一部有趣的关于前现代时期天文学的文集，清楚地说明了巴比伦的巨大贡献。

17. Wieshöfer, Josef. *Ancient Persia from 550 b.c. to a.d. 650*, trans. Azizeh Azodi. 1996. 对波斯文化、社会和政治历史的全新而全面的概述，它更多地依赖于波斯的证据，而不是依赖于有偏见的希腊和罗马文献资料。

第 4 章

1. Austin, Michel. *The Hellenistic World from Alexander to the Roman Conquest: A Selection of Ancient Sources in Translation*, 2nd ed. 2006. 这一时期的 325 份重要文件的合集。

2. Boardman, John, Jasper Griffin, and Oswyn Murray, eds. *Greece and the Hellenistic World. The Oxford History of the Classical World*. 1988. 综合了希腊化时期生活的各个方面，附有精美的插图和参考书目。

3. Bosworth, A. B. *Alexander and the East: The Tragedy of Triumph*. 1997. 对亚历山大作为极权统治者的负面解读。

4. Bugh, Glenn R. *The Cambridge Companion to the Hellenistic World*. 2006. 一部关于希腊化时期政治和文化的 15 个不同方面的文集。

5. Cartledge, Paul, Peter Garnsey, and Erich Gruen, eds. *Hellenistic Constructs: Essays in Culture, History and Historiography*. 1997. 强调这一时期希腊社会与非希腊社会之间的文化互动。

6. Cohen, Getzel M. *The Hellenistic Settlements in Europe, the Islands, and Asia Minor*. 1996. 关于希腊化时期这些地区建立的城市的标准参考书。

7. Cohn, Norman. *Cosmos, Chaos, and the World to Come: The Ancient Roots of Apocalyptic Faith*. 1993. 这部精彩的作品解释了古代世界文化中关于世界末日思想的发展。

8. Cunliffe, Barry. *The Ancient Celts*. 1997. 分析了凯尔特铁器时代的考古证据，附有许多插图和地图。

9. Cunliffe, Barry, ed. *The Oxford Illustrated Prehistory of Europe*. 1996. 一本关于从冰期末期到古典时期欧洲文化发展的文集，图文并茂。

10. Fox, Robin Lane. *Alexander the Great*. 1994. 表明亚历山大创造的神话在今天和在古代世界一样有影响力。

11. Green, Peter. *Alexander to Actium: The Historical Evolution of the Hellenistic Age*.

1990. 对亚历山大所创造的世界的生动阐释，一直讲到奥古斯都的胜利。

12. Gruen, Erich S. *The Hellenistic World and the Coming of Rome.* 1984. 关于罗马如何进入东地中海世界的重要研究。

13. Kuhrt, Amélie, and Susan Sherwin-White, eds. *Hellenism in the East: The Interaction of Greek and Non-Greek Civilizations from Syria to Central Asia After Alexander.* 1987. 这些研究帮助我们理解希腊化世界中希腊人和非希腊人相互作用的复杂性。

14. Momigliano, Arnaldo. *Alien Wisdom: The Limits of Hellenization.* 1975. 研究了希腊人对同一时期罗马人、凯尔特人、犹太人和波斯人文明的态度。

15. Onians, John. *Art and Thought in the Hellenistic Age: The Greek World View, 350–50 b.c.* 1979. 对希腊艺术和思想史的研究，附有丰富的图解。

16. Pollitt, J. J. *Art in the Hellenistic Age.* 1986. 对希腊艺术发展的精彩阐释，讨论了这一时期在埃及的希腊贵族女性的自由。

17. Pomeroy, Sarah B. *Women in Hellenistic Egypt: From Alexander to Cleopatra.* 1984. 描述了不同社会阶层的女性的生活。

18. Steele, James. *Hellenistic Architecture in Asia Minor.* 1992. 挑战了希腊化时期的建筑，表现出希腊古典风格退化的观念。

第 5 章

1. Bringmann, Klaus. *A History of the Roman Republic.* 2007. 一部很有用的考察著作，不仅提供了详细的叙述，但也挑战了一些传统的解释。

2. Cornell, T. J. *The Beginnings of Rome: Italy and Rome from the Bronze Age to the Punic Wars (ca.1000–264 b.c.).* 1996. 综合了最新的证据和许多重要的新解释。

3. Crawford, Michael. *The Roman Republic,* 2nd ed. 1992. 一位著名学者的综述。

4. Flower, Harriet I., ed. *The Cambridge Companion to the Roman Republic.* 2004. 包括政治和军事历史、罗马社会、共和国的领土扩张、文化和罗马共和国对法国和美国革命的影响。

5. Gardner, Jane F. *Women in Roman Law and Society.* 1986. 解释了女性在罗马世界的法律地位。

6. Goldsworthy, Adrian. *The Fall of Carthage: The Punic Wars, 265–146 b.c.* 2003. 一部关于古代世界最伟大的军事冲突之一的历史巨著。

7. Gruen, Erich S. *The Last Generation of the Roman Republic.* 1995. 对罗马共和国一个关键时期的详尽研究。

8. Lintott, Andrew. 2003. *The Constitution of the Roman Republic.* 对这一主题的权威性论述，文笔优美。

9. Orlin, Eric. *Temples, Religion and Politics in the Roman Republic.* 2002. 对罗马宗教的研究，主要集中在新神庙的建造和奉献上。

10. Pocock, J. G. A. *The Machiavellian Moment.* 1975. 对文艺复兴时期的欧洲、17世纪晚期的英格兰和 18 世纪的英属美洲使用共和思想的广泛讨论。

11. Pomeroy, Sarah B. *Goddesses, Whores, Wives, and Slaves: Women in Classical Antiquity.* 1995. 对古代世界女性的全面研究。

12. Sherwin-White, A. N. *Roman Citizenship.* 1980. 对这个问题的全面论述。

13. Stein, Peter. *Roman Law in European History.* 一部极好的概述性著作，从《十二铜表法》开始讲起。

14. Wiseman, T. P. *Remembering the Roman Republic: Essays on Late Republican Politics and Literature.* 2009. 探讨了罗马共和国民众的民主政治意识形态的不同方面。

第 6 章

1. Barrett, Anthony A. *Livia: First Lady of Imperial Rome.* 2002. 罗马帝国最引人入胜的人物之一的传记。

2. Beard, Mary, John North, and Simon Price. *Religions of Rome.* 1995. 第一卷是关于多神论宗教的文章，第二卷是对古代史料的翻译。

3. Chancey, Mark. *Greco-Roman Culture and the Galilee of Jesus.* 2005. 对标题内容进行了简明但广泛的调查。

4. Crossan, J. D. *The Birth of Christianity.* 1998. 生动地描述了这种新宗教的罗马背景。

5. Futrell, Alison. *Blood in the Arena: The Spectacle of Roman Power.* 1997. 探讨了暴力场面在创造和维持罗马统治中的作用。

6. Gardner, Jane F. *Women in Roman Law and Society.* 1987. 讨论了与罗马女性有关的问题。

7. Isaac, Benjamin. *The Creation of Racism in Classical Antiquity.* 2004. 讨论了影响现代种族主义发展的古代社会偏见和歧视性的刻板印象，可读性很强。

8. Nickelsburg, George W. E. *Ancient Judaism and Christian Origins. Diversity, Continuity, and Transformation.* 2003. 对基督教从犹太教中产生的创新性研究。

9. Ramage, Nancy H., and Andrew Ramage. *Roman Art*, 4th ed. 2005. 对罗马艺术和

建筑的介绍，有精美的插图。

10. Romm, James. *The Edges of the Earth in Ancient Thought: Geography, Exploration, and Fiction.* 1992. 介绍了罗马人对真实和想象中的民族的理解，妙趣横生。

11. Scott, Sarah, and Jane Webster, eds. *Roman Imperialism and Provincial Art.* 2003. 一部探索罗马人和他们统治的民族之间文化联系的新方法的文集。

12. Talbert, Richard, ed. *The Barrington Atlas of the Classical World.* 2000. 这本地图集包括了最好的地图。

13. Webster, Graham. *The Roman Imperial Army*, 3rd ed. 1985. 讨论了帝国的军事组织和生活。

14. Wells, Peter S. *The Battle That Stopped Rome.* 2003. 对条顿堡森林战役的生动讲述，清晰而全面地阐明了考古证据是如何帮助我们形成对过去的理解的。

15. Wolfram, Herwig. *The Roman Empire and Its Germanic Peoples.* 1997. 考察了几个世纪里罗马人和日耳曼人之间的相互关系。

16. Woolf, G., ed. *The Cambridge Illustrated History of the Roman World* 2003. 叙述全面，图文并茂。

17. Woolf, Greg. *Becoming Roman: The Origins of Provincial Civilization in Gaul.* 1998. 对罗马化的著名研究。

第 7 章

1. Bowersock, G. W. *Hellenism in Late Antiquity.* 1990. 解释了传统希腊文化在塑造古典时代晚期的重要作用。

2. Bowersock, G. W., Peter Brown, and Oleg Grabar, eds. *Late Antiquity: A Guide to the Postclassical World.* 1999. 一部不可或缺的手册，包括综合性的论文和较短的百科全书式条目。

3. Brown, Peter. *The Cult of the Saints: Its Rise and Function in Late Antiquity.* 1981. 一部精彩的、非常有影响力的研究成果。

4. Brown, Peter. *The Rise of Western Christendom: Triumph and Diversity.* 1997. 一部很有影响力且通俗易懂的概述。

5. Brown, Peter. *The World of Late Antiquity.* 1971. 对这一时期的经典介绍。

6. Brown, Peter. 2014. *Through the Eye of a Needle: Wealth, the Fall of Rome, and the Making of Christianity in the West, 350–550 AD.* 尽管耶稣教导说，获得财富与获得救赎是不相容的，但基督教会在罗马帝国晚期变得极为富有。布朗探讨了这一悖论的意义。

7. Cameron, Averil. *The Later Roman Empire.* 1993. *The Mediterranean World in Late Antiquity.* 1997. 一部优秀的教科书，附有参考书目和地图。

8. Clark, Gillian. *Women in Late Antiquity: Pagan and Christian Life-Styles.* 1993. 是现代讨论的起点；清晰而可靠。

9. Harries, Jill. *Law and Empire in Late Antiquity.* 1999. 探讨了法律在罗马社会的存在和实践。

10. Lee, A. D. *Information and Frontiers: Roman Foreign Relations in Late Antiquity.* 1993. 一部激动人心的原创性研究。

11. Maas, Michael. *The Cambridge Companion to the Age of Justinian.* 2005. 共有20章，不同的专家对6世纪地中海世界的所有方面进行了探讨。

12. Maas, Michael. *Readings in Late Antiquity: A Sourcebook.* 2000. 是对数以百计的古代资料的翻译，涵盖了古典时代晚期的各个方面。

13. Markus, Robert. *The End of Ancient Christianity.* 1995. 很好地介绍了基督教在古典时代晚期的转型。

14. Pagels, Elaine. *The Origin of Satan: How Christians Demonized Jews, Pagans, and Heretics.* 1996. 作者是一位屡获殊荣的历史学家，讲述了早期基督徒如何将爱的福音转变为对他者非理性的仇恨。

15. Rich, John, ed. *The City in Late Antiquity.* 1992. 一部对古典时代晚期城市变迁的重要研究。

16. Thompson, E. A. *The Huns,* rev. Peter Heather. 1997. 对主要问题的最佳介绍。

第 8 章

1. Bowersock, G. W. *The Throne of Adulis: Red Sea Wars on the Eve of Islam.* 2013. 这场鲜为人知的战争发生在伊斯兰教兴起之前，一边是拜占庭帝国支持下的埃塞俄比亚基督徒，另一边是萨珊波斯人支持下的阿拉伯犹太人，对阿拉伯南部地区造成了破坏。

2. Bowersock, Glen, Peter Brown, and Oleg Grabar, eds. *Late Antiquity: A Guide to the Post-Classical World.* 1999. 由结合《百科全书》条目的解释性文章组成，该书是相关讨论的起点。

3. Brown, Thomas S. *Gentlemen and Officers: Imperial Administration and Aristocratic Power in Byzantine Italy, a.d. 554–800.* 1984. 对查士丁尼和查理曼时期拜占庭对意大利统治的基础研究。

4. Bulliet, Richard W. *The Camel and the Wheel.* 1990. 关于骆驼在历史上的重要性

的有趣调查。

5. Cook, Michael. *Muhammad*. 1996. 一部对穆罕默德生平的简短而精辟的记述，对传统的认识提出了质疑。

6. Cormack, Robin. *Writing in Gold: Byzantine Society and Its Icons*. 1985. 关于拜占庭世界的圣像的专家讨论。

7. Donner, Fred M. *The Early Islamic Conquests*. 1981. 讨论了伊斯兰教扩张的第一阶段。

8. Fletcher, Richard. *Moorish Spain*. 1992. 一部可读性很强的著作。

9. Franklin, Simon, and Jonathan Shepard. *The Emergence of Rus: 750–1200*. 1996. 对这段时期的标准介绍。

10. Hawting, G. R. *The First Dynasty of Islam: The Umayyad Caliphate, AD 661–750*. 2000. 对倭马亚王朝的最新研究成果。

11. Herrin, Judith. *The Formation of Christendom*. 2001. 一部异常博学而清晰的著作。作者认为拜占庭帝国对于基督教和伊斯兰教的发展都至关重要。

12. Hourani, George. *Arab Seafaring in the Indian Ocean in Ancient and Early Medieval Times*. 1995. 对阿拉伯人海上活动的标准介绍。

13. King, Charles. *The Black Sea: A History*. 2004. 对黑海地区从古至今的历史的综合介绍。对任何对这一文化边缘地带感兴趣的人都特别有用。

14. Lings, Martin. *Muhammad: His Life Based on the Earliest Sources*. 2006. 一部可读性很强的传记，完全基于 8 世纪和 9 世纪的阿拉伯文献。作者对穆罕默德的描述是富有同情心的。但这本书删除了许多后来扭曲了历史上的穆罕默德的穆斯林虔诚和反穆斯林言论。

15. Moorhead, John. *The Roman Empire Divided, 400–700*. 2001. 对这一时期最新的可靠介绍。

16. Norwich, John Julius. *A Short History of Byzantium*. 1998. 最易读的简短介绍。作者是一个天生的讲故事高手，使本书读起来妙趣横生。

17. Petry, Carl F. *The Cambridge History of Egypt, vol.1: Islamic Egypt, 640–1517*. 2008. 这一领域最全面和最新的研究，谈论了埃及如何成为伊斯兰世界的主导力量之一。

18. *The Qur'an (Oxford World Classics)*, Trans. Haleem, Muhammad Abdel. 2008. 伊斯兰教创始文本的最佳新译本。

19. Robinson, Francis, ed. *The Cambridge Illustrated History of the Islamic World*. 1978. 书中许多优秀的文章和插图对初学者非常有用。

20. Treadgold, Warren T. *A History of the Byzantine State and Society.* 1998. 一部可靠的拜占庭帝国史。

21. Treadgold, Warren T. *A Concise History of Byzantium.* 2001. 一部可靠而富有洞察力的简短介绍。

第9章

1. Asbridge, Thomas. *The Crusades: The Authoritative History of the War for the Holy Land.* 2011. 一项全面的研究，抓住了战争背后的精神动机。这是唯一完全基于来自基督徒和穆斯林双方的资料来源的著作。

2. Bachrach, Bernard S. *Early Medieval Jewish Policy in Western Europe.* 1977. 对拉丁基督教欧洲犹太人历史的重要修正主义观点。

3. Bartlett, Robert. *The Making of Europe: Conquest, Colonization and Cultural Change: 950–1350.* 1994. 是对拉丁基督教在后加洛林时代的欧洲如何传播的最好的分析，也很有启发性。

4. Bartlett, Robert. *The Medieval World Complete.* 2014. 按照主题排列，涵盖了中世纪社会和文化的各个方面。

5. Bartlett, Robert. *Trial by Fire and Water: The Medieval Judicial Ordeal.* 2014. 该书试图解释神判是如何运作的，以及那些执行它的人是如何理解的，尽管它看起来不合逻辑。

6. Brown, Peter. *The Rise of Western Christendom: Triumph and Diversity a.d.200–1000.* 2013. 对基督教在其社会背景下的发展进行了精彩的阐释。

7. Cohen, Jeremy. *Living Letters of the Law: Ideas of the Jew in Medieval Christianity.* 1999. 对中世纪早期犹太教的出色调查。

8. Geary, Patrick J. *The Myth of Nations: The Medieval Origins of Europe.* 2003. 该书推翻了一个盛行的观点，即欧洲民族的起源可以追溯到中世纪早期的族群。作者令人信服地推翻了现代民族主义运动的意识形态。

9. Geary, Patrick J. *The Peoples of Europe in the Early Middle Ages.* 2002. 讨论了欧洲新王国的出现，强调了对罗马元素的吸收。

10. Hollister, C. Warren. *Medieval Europe: A Short History.* 1997. 简明扼要地介绍了欧洲在中世纪的发展，描绘了它从一个人烟稀少、贫穷落后的原始乡村社会到一个强大而独特的文明社会的发展过程。

11. Jones, Gwyn. *A History of the Vikings.* 2001. 非常全面，可读性很强。

12. Keen, Maurice, ed. *Medieval Warfare: A History.* 1999. 对中世纪战争的方方面

面的清晰介绍。

13. Lawrence, C. H. *Medieval Monasticism.* 2001. 是对基督教隐修生活方式现象的很好介绍。

14. Maalouf, Amin. *The Crusades Through Arab Eyes.* 1984. 以阿拉伯编年史家的作品为基础，描述了一个几乎被内部冲突和外来基督教文化的军事威胁摧毁的文化。

15. Madden, Thomas F. *The New Concise History of the Crusades.* 2005. 简明扼要的叙述揭示了十字军东征在穆斯林中间留下的永久遗产。

16. Mayr-Harting, Henry. *The Coming of Christianity to Anglo Saxon England.* 1991. 讲述了日耳曼人的一支是如何皈依基督教的。

17. McKitterick, Rosamond. *The Early Middle Ages.* 2001. 对公元 400—1000 年历史的最新研究。由各领域的专家撰写的独立论文组成。

18. Moorhead, John. *The Roman Empire Divided, 400–700.* 2001. 对这一时期的最佳介绍。

19. Reuter, Timothy. *Germany in the Early Middle Ages, c.800–1056.* 1991. 对这一时期德国历史复杂性的清晰解释。

20. Reynolds, Susan. *Fiefs and Vassals: The Medieval Evidence Reinterpreted.* 1994. 对封建主义问题最重要的重新审视。

21. Riché, Pierre. *Education and Culture in the Barbarian West, Sixth Through Eighth Centuries.* John J. Contreni. 1975. 译自法文版第三版。这一时期一度被认为是教育的黑暗时代，但这本书显示了这一时期学术的复杂性。

22. Riché, Pierre. *The Carolingians: A Family Who Forged Europe.* 1993. 译自 1983 年的法文版。该书追溯了加洛林王朝的兴起、衰落和复兴，展示了它如何塑造了一个从后罗马时代直到今天的欧洲。这基本上是一个家族的历史，但是这个家族统治欧洲超过两个世纪。

23. Riley-Smith, Jonathan Simon Christopher. *The Crusades: A Short History.* 1987. 完全如该书标题所言。

24. Riley-Smith, Jonathan Simon Christopher. *The Oxford Illustrated History of the Crusades.* 2001. 一部引人入胜的全面研究。

25. Stenton, Frank M. *Anglo-Saxon England.* 2001. 这部经典著作涵盖了大约 550—1087 年的历史，追溯了英国社会的发展，从最古老的盎格鲁－撒克逊法律和国王到私人贵族的扩展。

26. Strayer, Joseph B., ed. *Dictionary of the Middle Ages.* 1986. 一本不可或缺的参

考书。

27. Webster, Leslie, and Michelle Brown, eds. *The Transformation of the Roman World, a.d.400–900.* 1997. 图例丰富，附有地图和参考文献。

28. Wickham, Chris. *Early Medieval Italy: Central Government and Local Society, 400–1000.* 1981. 考察了意大利的经济和社会转型。

第 10 章

1. Bony, Jean. *French Gothic Architecture of the Twelfth and Thirteenth Centuries.* 1983. 附有许多精美的插图，非常有助于我们了解这些宏伟的建筑。

2. Colish, Marcia L. *Medieval Foundations of the Western Intellectual Tradition, 400–1400.* 1997. 最好的一般性介绍。

3. Gimpel, Jean. *The Medieval Machine: The Industrial Revolution of the Middle Ages.* 1976. 简短清晰地介绍了动力与农业革命。

4. Keen, Maurice. *Chivalry.* 1984. 该书轻松易读，对这一有时被误解的主题进行了公允的介绍。

5. Lambert, Malcolm. *Medieval Heresy: Popular Movements from the Gregorian Reform to the Reformation,* 2nd ed. 1992. 对异端最好的总体介绍。

6. Lawrence, C. H. *The Friars: The Impact of the Early Mendicant Movement on Western Society.* 1994. 对多明我会和方济各会影响的最佳总体介绍。

7. Moore, R. I. *The Formation of a Persecuting Society: Power and Deviance in Western Europe, 950–1250.* 2007. 对欧洲如何变成一个迫害社会的精彩分析。

8. Moore, R. I. *The War on Heresy.* 2014. 作者提出了一个新颖而惊人的解释，回答了为什么对所谓的异教徒的迫害在公元 1000 年后变得如此普遍。

9. Morris, Colin. *The Papal Monarchy: The Western Church from 1050 to 1250.* 1989. 该书研究深入，可以作为了解中世纪教会中许多有趣人物的起点。

10. Mundy, John H. *Europe in the High Middle Ages, 1150–1309,* 3rd ed. 1999. 对这一时期的全面介绍。

11. Panofsky, Erwin. *Gothic Architecture and Scholasticism.* 2005. 作者是 20 世纪最具影响力的艺术史家之一，学识渊博，思维缜密。该书读起来不容易，却极具启发性。

12. Peters, Edward. *Europe and the Middle Ages.* 1989. 一本优秀的一般性介绍。

13. Pieper, Joseph, Clara Winston, and Richard Winston. *Scholasticism: Personalities and Problems of Medieval Philosophy.* 2001. 该书简明扼要，清晰地介绍了中

世纪主要的基督教思想家，并对犹太人和穆斯林的影响给予了应有的重视。

14. Strayer, Joseph R. *On the Medieval Origins of the Modern State*. 1970. 该书依然是最佳的短篇分析。

第 11 章

1. Aberth, John. *The Black Death: The Great Mortality of 1348–1350: A Brief History with Documents*. 2005. 一部有用的论文写作参考资料。

2. Carmichael, Ann G. *Plague and the Poor in Renaissance Florence*. 1986. 这是一项创新性的研究，它不仅质疑认为腺鼠疫是黑死病病因的传统理论，而且研究了对这种疾病的恐惧如何导致对穷人的监管。

3. Cohn, Samuel Kline. *The Black Death Transformed: Disease and Culture in Early Renaissance Europe*. 2003. 论证有力，认为黑死病不是由腺鼠疫引起的。

4. Cohn, Samuel Kline. *Cultures of Plague: Medical Thinking at the End of the Renaissance*. 2011. 表明了医学思维是如何随着腺鼠疫病理的突变而改变的。

5. Cohn, Samuel Kline. *Lust for Liberty: The Politics of Social Revolt in Medieval Europe, 1200–1425*. 2008. 挑战了许多关于中世纪起义的常见假设，作者表明大多数工人和工匠试图获得政治权利。

6. Cohn, Samuel Kline. *Popular Protest in Late Medieval Europe: Italy, France, and Flanders*. 2005. 这本书提供了 200 多份首次翻译的文件，展示了两个世纪以来广泛的抗议活动，是一部有用的论文写作参考资料。

7. Duby, Georges. *France in the Middle Ages, 987–1460: From Hugh Capet to Joan of Arc*. 1991. 追溯法国这个国家的诞生。

8. Gordon, Bruce, and Peter Marshall, eds. *The Place of the Dead: Death and Remembrance in Late Medieval and Early Modern Europe*. 2000. 一部散文集，展示了如何将死者埋葬是一项重要的社会活动，会引发相当多的冲突和谈判。

9. Herlihy, David. *The Black Death and the Transformation of the West*. 1997. 分析了黑死病的流行病学和历史问题，简明易读。

10. Holmes, George. *Europe: Hierarchy and Revolt, 1320–1450*. 1975. 对叛乱的出色研究。

11. Huizinga, Johan. *The Autumn of the Middle Ages*, trans. Rodney J. Payton and Urlich Mammitzsch. 1996. 新译本，是对 14—15 世纪法国和低地国家的经典研究，虽然成书已久，并且可能过于悲观，但作者文笔清晰，视野广阔，这本书依然能给人带来一种引人入胜的阅读体验。

12. Imber, Colin. *The Ottoman Empire, 1300–1481.* 1990. 一部基础著作，确立了早期奥斯曼帝国的历史年表。

13. Jordan, William C. *The Great Famine: Northern Europe in the Early Fourteenth Century.* 1996. 关于饥荒的最全面的著作。

14. Lambert, Malcolm. *Medieval Heresy: Popular Movements from the Gregorian Reform to the Reformation.* 1992. 对胡斯派和罗拉德派做了很好的总体研究。

15. Le Roy Ladurie, Emmanuel. *Times of Feast, Times of Famine: A History of Climate Since the Year 1000*, trans. Barbara Bray. 1971. 提出了小冰期的概念，促进了对气候影响的历史研究。

16. Lynch, Joseph H. *The Medieval Church: A Brief History.* 1992. 对教会机构和发展的精辟、优雅的概述。

17. Morgan, David O. *The Mongols.* 1986. 一部最好的蒙古历史介绍。

18. Nirenberg, David. *Communities of Violence: Persecution of Minorities in the Middle Ages.* 1996. 对迫害少数派的重要分析，深深植根于西班牙的证据。

19. Scott, Susan, and Christopher Duncan. *Biology of Plagues: Evidence from Historical Populations.* 2001. 两位流行病学家的分析认为，黑死病并不是腺鼠疫，而是一种类似于埃博拉病毒的病毒。

20. Sumption, Jonathan. *The Hundred Years' War: Trial by Battle.* 1991. 第一卷只讲到 1347 年。到它成书时，它是这一领域最好的综合性研究。

21. Swanson, R. N. *Religion and Devotion in Europe, c.1215–c.1515.* 1995. 一部介绍中世纪后期宗教实践的最新、最好的教科书。

第 12 章

1. Appuhn, Karl. *A Forest on the Sea: Environmental Expertise in Renaissance Venice.* 2009. 对文艺复兴时期环境史的原创和开创性研究。

2. Baker, Nicholas Scott. *The Fruit of Liberty: Political Culture in the Florentine Renaissance.* 2013. 这是对佛罗伦萨在从共和国到公国的动荡转型中所发生的变化的一种创新的诠释。

3. Baker, Nicholas Scott, and Brian Jeffrey Maxson, eds. *After Civic Humanism: Politics and Learning in Renaissance Italy.* 2015. 这些论文呈现了对共和主义与人文主义之间有争议的关系的最新思考。

4. Baxandall, Michael. *Painting and Experience in Fifteenth Century Italy: A Primer in the Social History of Pictorial Style.* 1988. 这是一项有趣的研究，研究佛罗伦

萨银行家和教徒的日常社会经历如何影响这些人如何看待文艺复兴时期的绘画，以及画家如何对这些人的经历做出反应。该书是关于意大利绘画的最好图书之一。

5. Benadusi, Giovanna, and Judith C. Brown, eds. *Medici Women: The Making of a Dynasty in Grand Ducal Tuscany.* 2015. 托斯卡纳大公国王宫是文艺复兴时期欧洲最强大的文化影响之一。该书论述了女性在宫廷中的重要作用。

6. Brown, Howard M. *Music in the Renaissance.* 1976. 虽已过时，但仍是对文艺复兴时期的音乐最好的一般性研究。

7. Brown, Patricia Fortini. *Art and Life in Renaissance Venice.* 1997. 关于艺术如何融入威尼斯上层阶级日常生活和家庭的有趣研究。

8. Brucker, Gene. *Florence: The Golden Age, 1138–1737.* 1998. 一部精彩的、图文并茂的历史著作，作者是美国最著名的佛罗伦萨史专家。

9. Burke, Peter. *The Italian Renaissance.* 1999. 对最近的研究的简明总结，可读性很强。

10. Ferraro, Joanne Marie. *Venice: History of the Floating City.* 2012. 使威尼斯的历史与时俱进，特别是通过强调性别和身份的问题。

11. Hale, J. R. *Renaissance Europe, 1480–1520.* 2000. 对早期现代国家制度形成时期的欧洲进行的一项诙谐、引人入胜和富有启发性的研究，善于指出文艺复兴时期社会的物质和社会限制。

12. Jurdjevic, *Mark. A Great and Wretched City.* 2014. 对马基雅弗利的《佛罗伦萨史》的一次有力的重新审视。

13. Jurdjevic, Mark. *Guardians of Republicanism: The Valori Family in the Florentine Renaissance.* 2008. 展示了共和理想是如何在佛罗伦萨共和国结束后的很长一段时间内在一个家庭中得以保留的。

14. Kent, D. V. *Cosimo de' Medici and the Florentine Renaissance.* 2000. 一部精彩的著作，追溯了科西莫赞助艺术的巨大影响。

15. King, Margaret L. *Women of the Renaissance.* 1991. 对文艺复兴时期欧洲女性的最好的一般性研究，在探讨女性知识分子和女性教育方面尤为突出。

16. Kohl, Benjamin G., and Alison Andrews Smith, eds. *Major Problems in the History of the Italian Renaissance.* 1995. 一部有用的文章和短篇研究的合集，讨论了文艺复兴研究中的主要历史问题。

17. Martines, Lauro. *April Blood: Florence and the Plot Against the Medici.* 2004. 作者是文艺复兴时期意大利研究领域的杰出历史学家，该书揭示了针对美第奇

家族的帕奇（Pazzi）阴谋。

18. Martines, Lauro. *Power and Imagination: City-States in Renaissance Italy.* 1988. 一部很好的综述，着重讨论了阶级冲突和赞助行为。

19. Maxson, Brian Jeffrey. *The Humanist World of Renaissance Florence.* 2013. 对不同人文主义的最新概述。作者表明人文主义者的文化影响远远不止于那些能读写古典拉丁文的人。

20. Mazur, Peter. *The New Christians of Spanish Naples, 1528–1671: A Fragile Elite.* 2013. 尽管存在广泛的敌意和宗教裁判所的警惕，那不勒斯的前犹太人还是设法在文艺复兴后期的那不勒斯获得了显赫的地位。

21. McGough, Laura J. *Gender, Sexuality, and Syphilis in Early Modern Venice: The Disease that Came to Stay.* 2011. 是一部富有挑战性的著作，展示了梅毒是如何通过跨阶级的人际关系网络传播的。

22. Muir, Edward. *Civic Ritual in Renaissance Venice.* 1981. 展示了宗教和政治是如何在一个文艺复兴城市里交织在一起的。

23. Muir, Edward. *Mad Blood Stirring: Vendetta in Renaissance Italy.* 1998. 讲述了文艺复兴时期最血腥、持续时间最长的血亲仇杀。

24. Najemy, John M. *A History of Florence, 1200–1575.* 2006. 对文艺复兴时期家庭最好和最新的历史介绍。

25. Nauert, Charles G., Jr. *Humanism and the Culture of Renaissance Europe.* 1995. 为不熟悉人文主义的学生而写的综合性介绍，内容清晰而全面。

26. Ross, Sarah Gwyneth. *The Birth of Feminism: Woman as Intellectual in Renaissance Italy and England.* 2009. 发现了一个女性知识分子的世界，她们开始了关于女性教育和女性权利的论述，是现代女权主义的先声。

27. Rothman, E. Natalie. *Brokering Empire: Trans-Imperial Subjects between Venice and Istanbul.* 2012. 展示了商业代理人、皈依者和专业翻译人员如何打破基督教和伊斯兰教之间的语言和文化障碍的。

28. Ruggiero, Guido. *The Renaissance in Italy: A Social and Cultural History of the Rinascimento.* 2014. 对文艺复兴的一次新的重要解读，它将社会变化与文化创造力紧密地联系在一起。

29. O'Connell, Monique. *Men of Empire: Power and Negotiation in Venice's Maritime State.* 2009. 对意大利文艺复兴时期殖民主义的最佳研究。

30. Pocock, J. G. A. *The Machiavellian Moment.* 1975. 十分精彩地探讨了文艺复兴时期的欧洲、17 世纪晚期的英格兰和 18 世纪的英属美洲的共和思想。

31. Romano, Dennis. *The Likeness of Venice: A Life of Doge Francesco Foscari.* 2007. 福斯卡里是许多浪漫和悲剧传说的来源。该书也许是意大利文艺复兴时期政治家最好的传记。

32. Ross, Sarah Gwyneth. *The Birth of Feminism: Woman as Intellect in Renaissance Italy and England.* 2009. 这是一种非常新颖的观点，认为文艺复兴产生了一种强大而持久的女权主义写作流派。

33. Skinner, Quentin. *Machiavelli: A Very Short Introduction.* 2000. 研究马基雅弗利的入门介绍。清晰明确，非常棒的一本小书。

34. Stephens, John. *The Italian Renaissance: The Origins of Intellectual and Artistic Change Before the Reformation.* 1990. 以一种发人深思的方式分析了文化变迁是如何发生的。

35. Vasari, Giorgio. *The Lives of the Artists.* 1998. 作者是一个 16 世纪的佛罗伦萨人，也是一位杰出的艺术家，这一系列的艺术传记捕捉到了文艺复兴时期社会的精神。

36. Weinstein, Donald. *Savonarola: The Rise and Fall of a Renaissance Prophet.* 2011. 一部萨伏那洛拉戏剧生涯的优雅历史，出自研究他的权威专家之手。

第 13 章

1. Chaudhuri, K. N. *Trade and Civilization in the Indian Ocean: An Economic History from the Rise of Islam to 1750.* 1985. 该书主张贸易路线的长期统一性，阐述了亚洲商人对从南海到地中海的海上贸易网络的重要性。

2. Clendinnen, Inga. *Aztecs: An Interpretation.* 1991. 一部具有煽动性的、有时令人不安的作品，直接面对了阿兹特克人人祭和食人的含义，并通过分析阿兹特克人的宗教对此进行了解释。

3. Crosby, Alfred W., Jr. *The Columbian Exchange: Biological and Cultural Consequences of 1492.* 1973. 关于生物大交换对新旧大陆文化史的影响的最重要的研究。它的好处是读来令人兴奋不已。

4. Curtin, Philip D. *African History: From Earliest Times to Independence.* 1995. 一位最杰出的比较历史学家所著的一部非常出色的概述。

5. Elvin, Mark. *The Pattern of the Chinese Past: A Social and Economic Interpretation.* 1973. 一部优秀的中国历史概述，涵盖了中国人对西方遭遇的反应。

6. Fernández-Armesto, Felipe. *Before Columbus: Exploration and Colonization from the Mediterranean to the Atlantic, 1229–1492.* 1987. 引人入胜，新颖独到，这是

对早期欧洲殖民努力的最佳介绍。

7. Fernández-Armesto, Felipe. *Columbus.* 1991. 1492 年哥伦布航海 500 周年纪念日引发了对他的动机和职业的广泛重新评价。这部精辟、引人入胜的书是迄今为止最令人信服的对哥伦布形象的修正，但它推翻了很多关于哥伦布的神话，引起了相当大的争议。

8. Leon-Portilla, Miguel. *Broken Spears: The Aztec Account of the Conquest of Mexico.* 2006. 对原住民观点的经典讲述，该书为修订版。

9. Oliver, Roland. *The African Experience from Olduvai Gorge to the 21st Century.* 2000. 可读性很强的一本总体介绍。

10. Pagden, Anthony. *European Encounters with the New World: From Renaissance to Romanticism.* 1993. 对欧洲人如何解读他们与美洲的相遇进行了有趣的考察。

11. Pagden, Anthony. *Lords of All the World: Ideologies of Empire in Spain, Britain, and France, c.1500–c.1800.* 1998. 比较了这三个帝国为夺取非欧洲民族的土地所进行的辩护。

12. Parry, J. H. *The Age of Reconnaissance.* 1982. 对欧洲航运技术及欧洲探险背后的原因进行了分析，涵盖了所有的主要航行。

13. Parry, J. H. *The Spanish Seaborne Empire.* 1990. 是对这一课题公认的优秀研究。它汇集了大量的材料，并清晰而有说服力地呈现出来。

14. Pennock, Caroline Dodds. *Bonds of Blood: Gender, Lifecycle, and Gender in Aztec Culture.* 2008. 通过关注性别问题，作者赋予阿兹特克人活人祭的血腥历史以人性，令人耳目一新。

15. Phillips, William D., Jr., and Carla Rahn Phillips. *The Worlds of Christopher Columbus.* 1992. 客观地介绍了哥伦布为他的航行寻找赞助的过程，对他的个人抱负、基督徒的热情和航海技巧给予了同等的关注。

16. Todorov, Tzvetan. *The Conquest of America: The Question of the Other.* 1999. 引人注目，也令人不安。这本很有影响力的著作完全重新解释了西班牙人和阿兹特克人之间的冲突。

第 14 章

1. Bireley, Robert. *The Refashioning of Catholicism, 1450–1700: A Reassessment of the Counter Reformation.* 1999. 这一时期最著名的天主教历史学家之一对重大事件重新进行了公正的评价。

2. Bossy, John. *Christianity in the West, 1400–1700.* 1985. 对基督教本身而不是对

教会制度的简短研究。该书探讨了基督徒的信仰和他们的生活方式，展示了宗教改革前后相当大的连续性，尤其有助于理解普通信徒的态度，与主要改革者和教会官员的态度形成对照。

3. Cameron, Euan. *The European Reformation.* 2012. 最全面的综合评述，这本大部头著作涵盖了所有的重要主题，相当详细，并且很好地解释了神学问题。

4. Gregory, Brad S. *Salvation at Stake: Christian Martyrdom in Early Modern Europe.* 2001. 对宗教改革时期新教、天主教和再洗礼派殉道者的全面研究。作者解释了为什么当权者愿意杀害殉道者，以及殉道者为什么愿意为信仰而死。

5. Gregory, Brad S. *The Unintended Reformation: How a Religious Revolution Secularized Society.* 2012. 作者认为新教改革导致了公共利益意识的丧失、现代生活中的世俗主义、消费主义和自由竞争的资本主义。

6. Hsia, R. Po-chia. *The World of Catholic Renewal, 1540–1770.* 1998. 对最新研究的出色综述。

7. Koenigsberger, H. G., George L. Mosse, and G. Q. Bowler. *Europe in the Sixteenth Century*, 2nd ed. 1989. 一部优秀的入门读物，特别擅长对政治事件的讲述。

8. McGrath, Alister E. *Reformation Thought: An Introduction*, 3rd rev. ed. 1999. 对于任何想要了解欧洲宗教改革思想的人来说，这都是一本必不可少的介绍。利用最新的学术成果，作者对这些思想进行了清晰的解释，并提供了坚实的历史背景。

9. Muir, Edward. *Ritual in Early Modern Europe*, 2nd ed. 2005. 对宗教改革中关于宗教仪式的争论和宗教改革的实施进行了广泛的考察。

10. Oberman, Heiko A. *Luther: Man Between God and the Devil*, trans. Eileen Walliser-Schwarzbart. 1992. 这本书首先在德国出版，获得了极高的赞誉。作者认为路德更多的是中世纪修士，而不是历史学家通常认为的那样。作者声称路德被魔鬼困扰，视世界为上帝与撒旦之间的宇宙战场。一部才华横溢、充满智慧的传记，有时颇具挑战性，但始终清晰准确。

11. O'Malley, John. *Trent and All That: Renaming Catholicism in the Early Modern Era.* 2000. 作者很好地介绍了天主教改革和早期现代天主教（作者发明的一个非常有用的表达）概念背后的思想和历史发展。该书是对近代早期欧洲天主教研究的最佳概述，简洁明了，趣味盎然。

12. Ozment, Steven. *The Age of Reform, 1250–1550: An Intellectual and Religious History of Late Medieval and Reformation Europe.* 1986. 把新教的形成牢牢置于中世纪后期的灵性和神学背景之下。对宗教改革之前发展的介绍尤其突出。

13. Reardon, Bernard M. G. *Religious Thought in the Reformation*, 2nd ed. 1995. 一本很好的入门书，概述了宗教改革的思想维度。

14. Scribner, R. W. *For the Sake of the Simple Folk: Popular Propaganda for the German Reformation*. 1994. 研究了路德对视觉形象的利用，非常有创新性，也非常吸引人。

15. Scribner, R. W. *The German Reformation*. 1996. 作者是这一时期的社会历史学家，该书简要而清晰地分析了宗教改革的吸引力。关注的是人们实际做了什么，而不仅仅是改革者说他们应该做什么。

16. Shagan, Ethan H. *Popular Politics and the English Reformation*. 2002. 在这个创新的研究中，作者展示了宗教改革如何涉及地方层面的政治问题，而不仅仅是神学上的辩论。

17. Shagan, Ethan H. *The Rule of Moderation: Violence, Religion, and the Politics of Restraint in Early Modern England*. 2011. 表明追求极端之间的"中间道路"本身可能是一条高压和暴力的道路。

18. Wandel, Lee Palmer. *The Eucharist in the Reformation*. 2005. 追溯了对"这是我的身体"这句话的不同解释如何将宗教改革分成了不同的阵营。

19. Wandel, Lee Palmer. *The Reformation: Towards a New History*. 2011. 将西欧人和美洲人之间的遭遇与宗教改革的分裂联系起来。这是关于新教改革最新、最具创新性的介绍。

第 15 章

1. Anderson, M. S. *The Origins of the Modern European State System, 1494–1618*. 1998. 对于不熟悉欧洲教派国家演进的读者来说，该书是最好的简明介绍。作者非常善于在不同国家之间建立共同的模式。

2. Burke, Peter. *Popular Culture in Early Modern Europe*. 1994. 内容广泛，包括大量来自东欧和斯堪的纳维亚的材料，也有得到更深入研究的西欧国家的材料。该书很有影响力，展示了通过研究节日和游戏可以了解多少东西，实际上创造了流行文化这一主题。

3. Cameron, Euan. *Enchanted Europe: Superstition, Reason, and Religion, 1250–1750*. 2011. 通过研究学者之间的讨论，作者揭示了对流行宗教信仰的态度。

4. Davies, Norman. *God's Playground: A History of Poland*. Rev. ed., 2 vols. 1982. 迄今为止最全面的波兰历史研究，对 16 世纪和 17 世纪的介绍尤其精彩。书中以波兰为中心的欧洲历史观点令人振奋，尽管他有时夸大了波兰的重要性。

5. Dukes, Paul. *A History of Russia: Medieval, Modern, Contemporary, ca.882–1996*, 3rd ed. 1998. 一部综合了最新研究成果的调查。

6. Dunn, Richard S. *The Age of Religious Wars, 1559–1715*, 2nd ed. 1980. 对初涉这一领域的人来说，这是一部很好的入门书。

7. Evans, R. J. W. *Rudolf II and His World: A Study in Intellectual History, 1576–1612*. 1973. 以满怀同情的方式审视了鲁道夫创造的知识分子世界。作者承认鲁道夫有精神问题，但降低了这对理解这一时期的重要性。

8. Holt, Mack P. *The French Wars of Religion, 1562–1629*. 1996. 对这些战争所引发的事件和复杂问题的综合介绍，清晰而简短。

9. Hsia, R. Po-chia. *Social Discipline in the Reformation: Central Europe, 1550–1750*. 1989. 介绍了德国规训人民的努力，简洁明了。

10. Huppert, George. *After the Black Death: A Social History of Early Modern Europe*. 1986. 该书引人入胜，趣味盎然，文笔优美，是对近代早期欧洲社会生活最好的单本研究。

11. Levack, Brian P. *The Devil Within: Possession and Exorcism in the Christian West*. 2013. 显示了恶魔附身的概念是如何形成于宗教信仰，而不是一些身体或精神疾病。

12. Levack, Brian P. *The Witch-Hunt in Early Modern Europe*. 2015. 这是对猎巫运动这一复杂问题的最佳和最新的简短审视。对于初涉这一话题的读者来说，该书是一部很好的入门书。

13. Marshall, Peter. *The Magic Circle of Rudolph II: Alchemy and Astrology in Renaissance Prague*. 2006. 在该书中，鲁道夫二世宫廷里奇怪的知识分子世界是连接中世纪和现代科学观点的桥梁。

14. Monter, William. *The Rise of Female Kings in Europe, 1300–1800. 2012.* 一部对完全靠自己能力进行统治的女性统治者的精彩介绍。它为理解伊丽莎白一世提供了不可或缺的背景。

15. Ozment, Steven E. *Ancestors: The Loving Family in Old Europe*. 2001. 这项对家庭生活的全面研究表明，家庭实际上比父权制理论所表明的更加充满爱意。

16. Parker, Geoffrey. *The Dutch Revolt,* rev. ed. 1990. 作者是研究这一时期的专家，该书是他对这一问题的经典之作，尤其善于指明这场叛乱的更大的欧洲背景。

17. Parker, Geoffrey. *The Grand Strategy of Philip II*. 1998. 该书捍卫了腓力二世作为重要的战略思想家的地位。

18. Wiesner, Merry E. *Women and Gender in Early Modern Europe*. 1993. 对这一问题

的最佳的简短介绍。对于初涉这一领域的人来说，该书是一部最佳的入门书。

第16章

1. Aylmer, G. E. *Rebellion or Revolution.* 1986. 探讨了 17 世纪 40—50 年代政治动乱的性质。

2. Beik, William. *Louis XVI and Absolutism: A Brief Study with Documents.* 2000. 一部极好的史料集。

3. Collins, James B. *The State in Early Modern France.* 1995. 对法国政府最好的一般性研究。

4. Elliott, J. H. *Richelieu and Olivares.* 1984. 比较了法国和西班牙同时代的两位绝对主义大臣和国家创建者。

5. Friedrich, Karin. *Brandenburg-Prussia, 1466–1806: The Rise of a Composite State.* 2012. 该书涵盖了关于国家建构和农村社会的章节。

6. Goffman, Daniel. *The Ottoman Empire and Early Modern Europe.* 2002. 一项广泛的调查，挑战了西方对奥斯曼帝国政治和文化的刻板印象，包括对奥斯曼帝国专制政府的认识。

7. Harris, Tim. *Politics Under the Later Stuarts.* 1993. 对复辟时期的政治最好的研究，包括"光荣革命"。

8. Hughes, Lindsey. *Russia in the Age of Peter the Great.* 1998. 对"沙皇改革家"统治时期的政治、外交、社会和文化进行了全面研究。

9. Israel, Jonathan. *The Dutch Republic: Its Rise, Greatness and Fall, 1477–1806.* 1996. 对荷兰共和国在其全球影响力最大时期的大规模权威性研究。

10. Lincoln, W. Bruce. *Sunlight at Midnight: St. Petersburg and the Rise of Modern Russia.* 2000. 对彼得大帝新都城建造过程的最好研究。

11. Parker, David. *The Making of French Absolutism.* 1983. 对 17 世纪早期的讲述尤其突出。

12. Parker, Geoffrey. *The Military Revolution.* 1988. 论述了军事革命对世界和欧洲历史的影响。

13. Rabb, Theodore K. *The Struggle for Stability in Early Modern Europe.* 1975. 运用视觉和政治史料来说明欧洲人是如何应对 17 世纪的普遍危机的。

14. Schama, Simon. *The Embarrassment of Riches: An Interpretation of Dutch Culture in the Golden Age.* 1987. 包含对荷兰鼎盛时期艺术和文化的大量评论。

15. Underdown, David. *Revel, Riot and Rebellion: Popular Politics and Culture in*

England, 1603–1660. 1985. 将英国内战解读为一种文化冲突。

16. Wilson, Peter H. *Absolutism in Central Europe*. 2000. 分析了普鲁士和奥地利绝对主义的理论和实践。

第17章

1. Biagioli, Mario. *Galileo, Courtier: The Practice of Science in the Culture of Absolutism*. 1993. 认为伽利略对赞助的渴望决定了他从事的研究类型和他提出的科学问题。

2. Campbell, Mary Blaine. *Wonder and Science, Imagining Worlds in Early Modern Europe*. 1999. 探讨了由科学开启的概念和天体世界，以及在探索航行中发现的地理世界。

3. Cohen, H. Floris. *The Scientific Revolution: A Historiographical Inquiry*. 1995. 对科学革命的原因和意义的所有不同解释进行了全面讲述。

4. Dear, Peter. *Discipline and Experience: The Mathematical Way in the Scientific Revolution*. 1995. 解释了数学在 17 世纪科学发展中的重要性。

5. Debus, Allen G. *Man and Nature in the Renaissance*. 1978. 介绍了科学革命的早期历史，并确定了它与文艺复兴之间的许多联系。

6. Drake, Stillman, ed. *Discoveries and Opinions of Galileo*. 1957. 包括了伽利略四部最重要的著作，连同详细的评论。

7. Fara, Patricia. *Newton: The Making of Genius*. 2004. 探讨了牛顿死后的名声与科学发展之间的关系。

8. Feingold, Mordechai. *The Newtonian Moment: Isaac Newton and the Making of Modern Culture*. 2004. 插图丰富，包含 18 世纪对牛顿思想接受的有价值的材料，还有一章是谈论信仰牛顿学说的女性的。

9. Finocchiario, Maurice A. *Retrying Galileo, 1633–1992*. 2007. 探讨了对伽利略的审判所引起的辩论。

10. Grayling, A. C. *Descartes: The Life and Times of a Genius*. 2006. 这部传记将笛卡儿置于他的历史背景中，并暗示他可能曾做过间谍。

11. Harkness, Deborah. *The Jewel House: Elizabethan London and the Scientific Revolution*. 2007. 展示了来自社会不同阶层的男女是如何为科学革命做贡献的。

12. Huff, Toby. *The Rise of Early Modern Science: Islam, China and the West*. 2003. 解释了为何现代科学只出现在西方，虽然在中世纪非西方科学更为先进。

13. Kuhn, Thomas S. *The Copernican Revolution*. 1957. 这是对宇宙模型从地心说

转变到日心说的最全面和最权威的研究。

14. Needham, Joseph. *The Grand Titration: Science and Society in East and West.* 1979. 讨论了中国科学的优缺点。

15. Popkin, Richard. *The History of Scepticism from Erasmus to Spinoza.* 1979. 讨论了作为科学革命原因和结果的怀疑主义。

16. Schiebinger, Londa. *The Mind Has No Sex? Women in the Origins of Modern Science.* 1989. 论述了科学研究各个领域的作用。

17. Shapin, Steven. *The Scientific Revolution.* 1996. 关于现代科学世界观起源的研究，强调对知识生产的社会影响和科学知识的社会目的。

18. Shapin, Steven, and Simon Schaffer. *Leviathan and the Air Pump.* 1989. 讨论了罗伯特·波义耳和托马斯·霍布斯在实验价值上的不同。

19. Shea, William R., and Mariano Artigas. *Galileo in Rome: The Rise and Fall of a Troublesome Genius.* 2004. 该书把伽利略的一些麻烦归咎于他的不够圆滑和任性行为。

20. Stewart, Matthew. *The Courtier and the Heretic: Leibniz, Spinoza, and the Fate of God in the Modern World.* 2006. 阐明了威廉·莱布尼茨和巴鲁赫·斯宾诺莎相互矛盾的哲学思想，认为斯宾诺莎提前两到三个世纪预言了后来的哲学和科学发展。

21. Thomas, Keith. *Man and the Natural World: A History of the Modern Sensibility.* 1983. 对 1500—1800 年人类对自然态度转变的研究。

22. Webster, Charles. *The Great Instauration: Science, Medicine and Reform, 1626–1660.* 1975. 探讨了清教主义与英国科学革命的关系。

23. Westfall, Richard S. *Never at Rest: A Biography of Isaac Newton.* 1980. 一部关于西方历史上最有影响力的科学家的精彩传记。

第 18 章

1. Arana, Marie. *Bolívar: American Liberator.* 2013. 一部关于南美独立运动领袖的传记，作者对传主充满钦佩之情。

2. Bailyn, Bernard. *Ideological Origins of the American Revolution.* 1967. 对美国殖民者独立主张所依据的不同思想传统的深入分析。

3. Baptist, Edward E. *The Half Has Never Been Told: Slavery and American Capitalism.* 2014. 该书有力地阐述了美国奴隶制的恐怖，确立了奴隶制在南北战争前美国资本主义形成过程中所起的关键作用。

4. Beckert, Sven. *Empire of Cotton: A Global History*. 2014. 展示了欧洲企业家和政治家如何将帝国扩张和奴隶劳动结合起来，使棉花工业成为世界经济的中心，并在 18—19 世纪创造了全球资本主义。

5. Blackburn, Robin. *The Making of New World Slavery: From the Baroque to the Modern, 1492–1800*. 1997. 将欧洲的奴隶制置于一个广阔的全球视野中。

6. Boxer, C. R. *The Dutch Seaborne Empire, 1600–1800*. 1965. 一本涵盖整个荷兰扩张时期的详尽讲述。

7. Brown, Christopher L. *Moral Capital: Foundations of British Abolitionism*. 2006. 介绍了大众运动以及像威廉·威尔伯福斯这样的议会改革者的工作。

8. Burbank, Jane, and Frederick Cooper. *Empires in World History: Power and the Politics of Difference*. 2010. 展示了帝国是如何容纳、创造和操纵人民之间的差异以塑造全球秩序的。

9. Darwin, John. *After Tamerlane: The Global History of Empire Since 1405*. 2008. 关注亚洲帝国，挑战了"西方崛起"不可避免的观点。

10. Elliott, J. H. *Empires of the Atlantic World: Britain and Spain in America 1492–1830*. 2006. 对近代早期两个最大的海外帝国进行了极好的比较研究。

11. Eltis, David. *The Rise of African Slavery in the Americas*. 2000. 根据奴隶船和奴隶乘客数据库分析了奴隶贸易的不同维度。

12. Goody, Jack. *The East in the West*. 1996. 挑战了西方文化比亚洲文化更理性的观点。

13. Greene, Jack P. *Peripheries and Center: Constitutional Development in the Extended Polities of the British Empire and the United States, 1607–1788*. 1986. 探讨了大英帝国的组成及其在北美的解体。

14. Kamen, Henry. *Empire: How Spain Became a World Power*. 2003. 解释了西班牙如何建立了世界上最庞大的帝国。

15. Langley, Lester D. *The Americas in the Age of Revolution, 1750–1850*. 1996. 对美国革命、海地革命和拉丁美洲革命的广泛比较。

16. Liss, Peggy K. *The Atlantic Empires: The Network of Trade and Revolutions, 1713–1826*. 1983. 将美国革命放在更广泛的比较背景之下，包括早期拉丁美洲独立运动的资料。

17. Mungello, D. E. *The Great Encounter of China and the West, 1500–1800*. 1999. 探讨了中国对西方文化的接受与排斥，以及西方对中国文化的接受。

18. Pagden, Anthony. *Lords of All the World: Ideologies of Empire in Spain, Britain*

and France, ca.1500–ca.1800. 1996. 讨论了大西洋帝国的理论基础。

19. Said, Edward. *Orientalism.* 1979. 研究了西方对东方的看法以及其优越感是如何产生的。

第 19 章

1. Alexander, John T. *Catherine the Great: Life and Legend.* 1989. 一部关于这位杰出的"开明专制君主"的生动传记。

2. Beckett, J. V. *The Aristocracy in England, 1660–1914.* 1986. 对地主统治精英的全面研究，区分了贵族阶层和狭义上的贵族。

3. Darnton, Robert. *The Forbidden Best-Sellers of Pre-Revolutionary France.* 1995. 对色情、亵渎和颠覆性书籍的研究，在 18 世纪的法国，这些书比启蒙运动思想家的著作畅销得多。

4. De Vries, Jan. *The Industrious Revolution: Consumer Behavior and the Household Economy, 1650 to the Present.* 2008. 研究了工业革命来临前消费者需求的增加。

5. Dewald, Jonathan. *The European Nobility, 1500–1800.* 1996. 对贵族阶层的全面研究，强调了其适应能力。

6. Doyle, William. *The Old European Order, 1660–1800,* 2nd ed. 1999. 这是对那个时期最好的一般性研究。

7. Dupré, Louis. *The Enlightenment and the Intellectual Foundations of Modern Culture.* 2004. 全面介绍了启蒙运动的复杂性和动态特征。

8. Houston, R. A. *Literacy in Early Modern Europe: Culture and Education.* 1991. 这是对整个近代早期这一主题的最佳介绍。

9. Israel, Jonathan. *Radical Enlightenment: Philosophy and the Making of Modernity 1650–1750.* 2001. 强调了巴鲁赫·斯宾诺莎追随者的激进哲学思想对启蒙运动的影响。

10. Knott, Sarah, and Barbara Taylor, eds. *Women, Gender and the Enlightenment.* 2005. 一部有价值的 39 篇文章的合集，反映了女权主义研究对启蒙运动研究的影响。

11. Lugee, Carolyn. *Le Paradis des Femmes: Women, Salons and Social Stratification in 17th-Century France.* 1976. 一部对沙龙女性的社会研究。

12. Massie, Robert K. *Catherine the Great: Portrait of a Woman.* 2011. 一部阐释 18 世纪俄国历史的精美传记。

13. Outram, Dorinda. *The Enlightenment.* 1995. 关于启蒙运动主要史学辩论的公允

评估。

14. Robertson, John. *The Case for Enlightenment: Scotland and Naples, 1680–1760.* 2005. 该书认为整个欧洲启蒙运动的主要统一主题不是它的哲学思想，而是实现"人类进步"和物质进步的决心。

15. Root, Hilton. *Peasants and King in Burgundy: Agrarian Foundations of French Absolutism.* 1979. 研究了农民公社制度及其与国王和贵族的关系。

16. Williams, David, ed. *The Enlightenment.* 1999. 一部极好的政治著作合集，导言尤其有价值。

第 20 章

1. Andress, David. *The French Revolution and the People.* 2004. 着重讲述了法国普通民众——农民、工匠和生活在社会边缘的人们——在大革命中所扮演的角色。

2. Bell, David A. *The First Total War: Napoleon's Europe and the Birth of Modern Warfare.* 2008. 认为现代战争的主要特征起源于 1792—1815 年的革命和拿破仑战争。

3. Blanning, T. C. W. *The French Revolutionary Wars, 1787–1802.* 1996. 一部权威的政治和军事叙述，评估了战争对法国政治的影响。

4. Chartier, Roger. *The Cultural Origins of the French Revolution.* 1991. 探讨了启蒙时期的文化与革命时期的文化转型之间的联系。

5. Cobban, Alfred. *The Social Interpretation of the French Revolution.* 1964. 挑战了马克思对革命起因和后果的解释。

6. Doyle, William. *The Oxford History of the French Revolution.* 1989. 一部优秀的综合性著作。

7. Ellis, Geoffrey. *Napoleon.* 1997. 研究了拿破仑权力的本质和机制，分析了他的帝国政策。

8. Furet, François. *The French Revolution, 1770–1814.* 1992. 一部引起争议的叙述，认为拿破仑是第二次威权主义革命的设计师，这次革命推翻了第一次革命的成果。

9. Hardman, John. *Louis XVI: The Silent King.* 2000. 对国王进行重新评估，既同情又批评。

10. Higonnet, Patrice. *Goodness Beyond Virtue: Jacobins During the French Revolution.* 1998. 探讨了雅各宾派意识形态的矛盾及其陷入恐怖统治的原因。

11. Hunt, Lynn. *Politics, Culture and Class in the French Revolution.* 1984. 分析了

革命政治文化的形成。

12. Kennedy, Emmet. *The Culture of the French Revolution.* 1989. 对革命前和革命期间所有文化发展进行了综合研究。

13. Landes, Joan B. *Women and the Public Sphere in the Age of the French Revolution.* 1988. 探讨了革命时期新的政治文化如何改变女性的社会地位。

14. Lefebvre, Georges. *The Great Fear of 1789: Rural Panic in Revolutionary France.* 1973. 显示了 1789 年 7 月的农村动荡的重要性，为 1789 年 8 月的立法提供了背景。

15. Schama, Simon. *Citizens: A Chronicle of the French Revolution.* 1989. 描述了一个自由和幸福的愿景沦为饥饿、愤怒、暴力和死亡的悲剧。

16. Scurr, Ruth. *Fatal Purity: Robespierre and the French Revolution.* 2006. 对这位有争议的革命人物的明智评估。

17. Tackett, Timothy. *The Coming of the Terror in the French Revolution.* 2015. 强调了无处不在的恐惧、不信任和暴力文化，尤其是在巴黎，因为这些使得恐怖统治成为可能。

第 21 章

1. Ashton, T. A. *The Industrial Revolution,* reprint edition with preface by P. Hudson. 1992. 这是乐观主义者立场的经典陈述，指出了革命的好处。

2. Berg, Maxine. *The Age of Manufactures, 1700–1820: Industry, Innovation and Work in Britain.* 1994. 对特定产业的过程和特点的研究，尤其是那些雇用女性的产业。

3. Brinley, Thomas. *The Industrial Revolution and the Atlantic Economy: Selected Essays.* 1993. 对英国工业革命是一个渐进过程的观点提出了质疑。

4. Deane, Phyllis. *The First Industrial Revolution.* 1967. 对英国技术创新的最佳研究。

5. Gutmann, Myron. *Toward the Modern Economy: Early Industry in Europe, 1500–1800.* 1988. 对家庭手工业的研究，尤其是法国的家庭手工业。

6. Hobsbawm, E. J. *Industry and Empire.* 1968. 一部英国 1750—1970 年的经济通史，分析了英国在世界经济中的地位。

7. Jacob, Margaret. *Scientific Culture and the Making of the Industrial West.* 1997. 探讨了科学知识的传播及其与工业化的联系。

8. Morris, Charles. *The Dawn of Innovation: The First American Industrial Revolution.* 2012. 强调了 19 世纪初英美两国间的工业竞争。

9. Morris, R. J. *Class and Class Consciousness in the Industrial Revolution, 1780–1850.* 1979. 公允地讲述了工业化与阶级形成之间的联系。

10. Pollard, Sidney. *Peaceful Conquest: The Industrialization of Europe, 1760–1970.* 1981. 将煤炭供应与经济发展联系起来。

11. Rule, John. *The Vital Century: England's Developing Economy, 1714–1815.* 1992. 一部经济通史，确立了 18 世纪早期发展的重要性。

12. Stearns, Peter. *The Industrial Revolution in World History,* 2nd ed. 1998. 这是对全球范围内工业化的最佳研究。

13. Teich, Mikulas, and Roy Porter, eds. *The Industrial Revolution in National Context: Europe and the USA.* 1981. 阐述了工业化过程中不同国家之间的相似之处以及差异。

14. Wrigley, E. A. *Continuity, Chance and Change: The Character of the Industrial Revolution in Britain.* 1988. 对从先进的有机经济到以矿物为基础的经济的转变进行了最好的讨论。

第 22 章

1. Anderson, Benedict. *Imagined Communities: Reflections on the Origin and Spread of Nationalism.* 1991. 探讨了人们想象"民族"这一概念的方式。

2. Bromwich, David. *The Intellectual Life of Edmund Burke: From the Sublime and Beautiful to American Independence.* 2014. 这部思想传记强调了伯克思想的复杂性，表明他作为现代保守主义之父的声望必须加以限定。

3. Clark, Martin. *The Italian Risorgimento.* 1999. 全面探讨了意大利统一的社会、经济和宗教背景，以及其政治和外交维度。

4. Figes, Orlando. *The Crimean War: A History.* 2010. 引人入胜地讲述了这场涉及四个帝国的全球战争。

5. Gellner, Ernest. *Nations and Nationalism.* 1983. 解释了民族主义的社会根源。

6. Hamerow, Theodore S. *Restoration, Revolution, Reaction: Economics and Politics in Germany, 1815–1871.* 1966. 探讨了德国意识形态碰撞的社会基础。

7. Holmes, Richard. *The Age of Wonder: How the Romantic Generation Discovered the Beauty and Terror of Nature.* 2009. 认为科学激发了浪漫主义想象。

8. Honour, Hugh. *Romanticism.* 1979. 对浪漫主义绘画的全面研究。

9. Hunczak, Tara, ed. *Russian Imperialism from Ivan the Great to the Revolution.* 1974. 这部论文集从长时段的角度探讨了俄国的民族主义和帝国主义。

10. Lichtheim, George. *A Short History of Socialism.* 1970. 对这一社会主义思想的优秀概述。

11. Nipperdey, Thomas. *Germany from Napoleon to Bismarck, 1800–1866.* 1996. 探讨了德国民族主义的产生和自由主义的失败。

12. Onuf, Peter S. *Jefferson's Empire: The Language of American Nationhood.* 2000. 探讨了杰斐逊的扩张民族主义。

13. Pflanze, Otto. *Bismarck and the Development of Germany: The Period of Unification, 1815–1871.* 1963. 对俾斯麦和德国统一的经典研究。

14. Pinckney, David. *The French Revolution of 1830.* 1972. 对法国 1830 年革命的最佳探讨。

15. Seton-Watson, Hugh. *Nations and States.* 1977. 一部对民族国家的研究，文笔通畅易懂。

16. Sperber, Jonathan. *The European Revolutions, 1848–1851.* 1994. 对 1848 年革命的最佳研究。

17. Tombs, Robert. *The War Against Paris, 1871.* 1981. 讲述了巴黎公社的历史。

第 23 章

1. Bayly, C. A. *The Birth of the Modern World, 1780–1914: Global Connections and Comparisons.* 2004. 该书将现代西方的出现置于全球视野中。

2. Clyman, Toby W., and Judith Vowles, eds. *Russia Through Women's Eyes: Autobiographies from Tsarist Russia.* 1999. 一部令人着迷的文集，让我们以新的方式来看女性历史和俄国历史。

3. Crossik, Geoffrey, and Serge Jaumin, eds. *Cathedrals of Consumption: The European Department Store, 1850–1939.* 1999. 这部论文集探讨了零售业革命的影响。

4. Geraci, Robert. *Window on the East: National and Imperial Identities in Late Tsarist Russia.* 2001. 探讨了俄罗斯帝国将"东方"各民族进行俄国化的努力。

5. Hoerder, Dirk. *Cultures in Contact: World Migrations in the Second Millennium.* 2002. 对人口迁徙的原因和后果的广泛研究。

6. Kern, Stephen. *The Culture of Time and Space, 1880–1918.* 1983. 一部独具匠心的作品，探讨了技术变革的文化影响。

7. Lazarski, Christopher. *Power Tends to Corrupt: Lord Acton's Study of Liberty.* 2012. 考察了自由主义理想在西方文化中的作用。

8. Lidtke, Vernon. *The Alternative Culture: Socialist Labor in Imperial Germany.* 1985.

该书评估了工人阶级社会主义在议会政治之外的意义和影响。

9. Lindemann, Albert. *Esau's Tears: Modern Anti-Semitism and the Rise of the Jews.* 1997. 一部全面而详细的调查，挑战了许多关于现代反犹主义的根源和本质的假设。

10. Mayer, Arno. *The Persistence of the Old Regime: Europe to the Great War.* 1981. 认为在整个 19 世纪，地主精英们拥有相当多的经济和政治权力。

11. Maynes, Mary Jo. *Taking the Hard Road: Life Course in French and German Workers' Autobiographies in the Era of Industrialization.* 1995. 对产业工人"生命历程"的精彩研究。

12. Nord, Philip. *The Republican Moment: Struggles for Democracy in Nineteenth-Century France.* 1996. 阐明了定义和重新定义法国的斗争。

13. Offen, Karen. *European Feminisms, 1700–1950: A Political History.* 1999. 一部全面的概述。

14. Pilbeam, Pamela. *The Middle Classes in Europe, 1789–1914: France, Germany, Italy, and Russia.* 1990. 一种有助于阐明社会变革模式的比较方法。

15. Rappaport, Erica. *Shopping for Pleasure: Women in the Making of London's West End.* 2000. 对女性与消费主义的重要研究。

16. Richards, Thomas. *The Commodity Culture of Victorian England: Advertising and Spectacle, 1851–1914.* 1990. 关于渴望之物制造的精彩研究。

17. Slezkine, Yuri. *The Jewish Century.* 2004. 可以与上面林德曼的《以扫的眼泪》结合起来阅读。

18. Steenson, Gary P. *After Marx, Before Lenin: Marxism and Socialist Working-Class Parties in Europe, 1884–1914.* 1991. 考察了欧洲社会主义政党的意识形态和政治实践。

19. Weber, Eugen. *Peasants into Frenchmen: The Modernization of Rural France, 1870–1914.* 1976. 一部非常重要的著作，它帮助塑造了历史学家对"民族建构"的看法。

第 24 章

1. Adas, Michael. *Machines as the Measure of Men: Science, Technology, and Ideologies of Western Dominance.* 1989. 极好地研究了帝国意识形态与西方文化和思想发展之间不可分割的联系。

2. Barnes, David S. *The Great Stink of Paris and the Nineteenth Century Struggle*

against Filth and Germs. 2005. 关于正在形成的公众健康心态的重要研究。

3. Butler, Christopher. *Early Modernism: Literature, Music, and Painting in Europe, 1900–1916.* 1994. 内容广泛，图文并茂。

4. Crews, Robert. *For Prophet and Tsar: Islam and Empire in Russia and Central Asia.* 2006. 对帝国主义一个经常被忽视的方面的重要研究。

5. Dijkstra, Bram. *Idols of Perversity: Fantasies of Feminine Evil in Fin-de-Siècle Culture.* 1986. 这部插图丰富的作品显示了对女性角色变化的焦虑如何渗透到 19 世纪末的艺术创作中。

6. Ellis, John. *The Social History of the Machine Gun.* 1975. 图文并茂，信息量丰富。

7. Gould, Stephen Jay. *The Mismeasure of Man.* 1996. 探究了对科学数据和统计数据的操纵是如何为种族主义和精英主义假设提供"证据"的。

8. Headrick, Daniel R. *The Tools of Empire: Technology and European Imperialism in the Nineteenth Century.* 1981. 强调了技术在决定西方帝国主义的时机和成功方面所起的重要作用。

9. Hochschild, Adam. *King Leopold's Ghost.* 1998. 对利奥波德二世在刚果的帝国主义统治进行了辛辣的描述。

10. Hull, Isabel. *Absolute Destruction: Military Culture and the Practices of War in Imperial Germany.* 2005. 认为独特的德国军事文化出现在 19 世纪晚期。

11. Pick, Daniel. *Faces of Degeneration: A European Disorder, c.1848–1918.* 1993. 认为对退化的关注形成了 19 世纪后半期欧洲文化的中心主题。

12. Showalter, Elaine. *Sexual Anarchy: Gender and Culture at the Fin de Siècle.* 1990. 对"世纪末"时期性别关系的动荡进行了富有启发性的审视。

13. Sperber, Jonathan. *Popular Catholicism in Nineteenth-Century Germany.* 1984. 考察了大众文化的宗教维度。

14. Vandervort, Bruce. *Wars of Imperial Conquest in Africa, 1830–1914.* 1998. 一部一位军事历史学家的研究，通俗易懂。

15. Weeks, Theodore. *Nation and State in Late Imperial Russia: Nationalism and Russification on the Western Frontier.* 1966. 对俄罗斯帝国主义和民族建构的重要研究。

16. Weiner, Jonathan. *The Beak of the Finch: The Story of Evolution in Our Time.* 1994. 对达尔文理论及其影响的获奖研究。

17. Wesseling, H. L. *Divide and Rule: The Partition of Africa, 1880–1914.* 1996. 对复杂发展的可靠调查。

第 25 章

1. Barry, John M. *The Great Influenza: The Epic Story of the Deadliest Plague in History.* 2004. 引人入胜地讲述了一个经常被忽视的事件。

2. Brose, Eric Dorn. *A History of the Great War: World War One and the International Crisis of the Early Twentieth Century.* 2009. 对全球背景的介绍非常精彩。

3. Clark, Christopher. *The Sleepwalkers: How Europe Went to War in 1914.* 2013. 对第一次世界大战起因的新的重要解释。

4. Cooper, John Milton. *Breaking the Heart of the World: Woodrow Wilson and the Fight for the League of Nations.* 2001. 考察了威尔逊的世界新秩序的失败。

5. Davis, Belinda. *Home Fires Burning: Food, Politics, and Everyday Life in World War I Berlin.* 2000. 对德国大后方的重要研究。

6. Ferguson, Niall. *The Pity of War.* 1999. 以一种有争议的方式重新探讨了第一次世界大战的起因和经过。

7. Figes, Orlando. *A People's Tragedy: A History of the Russian Revolution.* 1997. 关于革命年代的获奖作品。

8. Fitzpatrick, Sheila. *The Russian Revolution, 1917–1932.* 1994. 正如书名所示，作者将 1917 年革命视为十年多来塑造新俄国斗争的开端。

9. Gatrell, Peter. *Russia's First World War: A Social and Economic History.* 2005. 该书提供了全面性的研究。

10. Healy, Maureen. *Vienna and the Fall of the Habsburg Empire: Total War and Everyday Life in World War I.* 2004. 探讨了大后方的平民冲突。

11. Higonnet, Margaret. *Lines of Fire: Women's Visions of World War I.* 1998. 对女性经历的重要研究。

12. Joll, James. *The Origins of the First World War.* 1984. 对这一复杂问题最精彩也是最公允的研究之一。

13. Liulevicius, Vejas Gabriel. *War Land on the Eastern Front: Culture, National Identity, and German Occupation in World War I.* 2000. 对德国占领俄国的开创性研究。

14. Steinberg, M. D. *Voices of Revolution, 1917.* 2001. 该书是用那些制造和经历俄国革命的普通人的话来讲述的。

15. Zuckerman, Larry. *The Rape of Belgium: The Untold Story of World War I.* 2004. 认真审视了德国的暴行。

第 26 章

1. Balderston, Theo, ed. *The World Economy and National Economics in the Interwar Slump*. 2003. 一部探讨大萧条影响的论文集。

2. Berend, Ivan T. *Decades of Crisis: Central and Eastern Europe before World War II*. 2001. 考察了这些重要地区的复杂历史。

3. Blinkhorn, Martin. *Fascism and the Right in Europe 1919–1945*. 2000. 一部清晰而简明的历史和史学调查，精选了一些重要的原始文献。

4. Bookbinder, Paul. *Weimar Germany: The Republic of the Reasonable*. 1996. 一部标新立异的解析。

5. Bosworth, R. J. B. *Mussolini's Italy: Life under the Fascist Dictatorship*. 2007. 对重要地点和时间的重要研究。

6. Brendon, Piers. *The Dark Valley: A Panorama of the 1930s*. 2000. 对美国、德国、意大利、法国、英国、日本、俄罗斯和西班牙的历史进行了细致的研究和全面的概述。

7. Brown, Kate. *A Biography of No Place: From Ethnic Borderland to Soviet Heartland*. 2004. 对历史上波兰和俄国之间的边境之地进行了新颖独到、发人深省的考察。

8. Fischer, Conan. *The Rise of the Nazis*. 1995. 总结了最近的研究，并包括一部分第一手文献。

9. Fitzpatrick, Sheila. *Everyday Stalinism. Ordinary Life in Extraordinary Times: Soviet Russia in the 1930s*. 1999. 探索了斯大林时期苏联普通城市工人的日常生活。

10. Fitzpatrick, Sheila. *Stalin's Peasants: Resistance and Survival in the Russian Village After Collectivization*. 1995. 一部从深层探讨的精彩历史。

11. Gilbert, Bentley Brinkerhoff. *Britain 1914–1945: The Aftermath of Power*. 1996. 一部简短、易读的概述，专为初学者设计。

12. Jackson, Julian. *The Popular Front in France: Defending Democracy, 1934–1938*. 1988. 一部政治和文化史。

13. Kershaw, Ian. *Hitler*. 1991. 一部广受好评的传记。

14. Kitchen, Martin. *Nazi Germany: A Critical Introduction*. 2004. 一部简短、清晰的介绍和概述。

15. Lewis, Bernard. *The Shaping of the Modern Middle East*. 1994. 一部简明而全面的分析。

16. Mack Smith, Denis. *Mussolini: A Biography*. 1983. 一部引人入胜的读物，如今已成为经典。

17. Marks, Sally. *The Ebbing of European Ascendancy: An International History of the World, 1914–1945*. 2002. 以全球视角审视了美国是如何取代欧洲成为世界强国的。

18. Pedersen, Susan. *Family, Dependence, and the Origins of the Welfare State: Britain and France, 1914–1945*. 1993. 阐明了福利政策是如何与人口和优生问题密不可分的。

19. Seidman, Michael. *Republic of Egos: A Social History of the Spanish Civil War*. 2002. 考察了一个普通人在这个不平凡的时代里的经历。

20. Thomas, Hugh. *The Spanish Civil War*. 1977. 一部权威的讲述。

21. Ward, Alan J. *The Easter Rising: Revolution and Irish Nationalism*. 2003. 简洁明了，洞烛入微。

22. Wolpert, Stanley. *Gandhi's Passion: The Life and Legacy of Mahatma Gandhi*. 2001. 一部思想和精神传记，作者是现代印度研究领域最重要的历史学家之一。

第27章

1. Alperovitz, Gar. *Atomic Diplomacy: Hiroshima and Potsdam. The Use of the Atomic Bomb and the American Confrontation with Soviet Power*. 1994. 这本书的第一版于 1965 年出版，引发了一场持续不断的学术争论，争论的焦点是美国对苏联力量的恐惧是否影响了对日本使用原子弹的决定。

2. Browning, Christopher. *Ordinary Men: Reserve Police Battalion 101 and the Final Solution in Poland*. 1992. 讲述了一群"普通人"参与大屠杀的过程，引人入胜。

3. Browning, Christopher. *The Origins of the Final Solution: The Evolution of Nazi Jewish Policy, September 1939–March 1942*. 2004. 强烈推荐该书，是一部对大屠杀起源的研究。

4. Calder, Angus. *The People's War: Britain, 1939–1945*. 1969. 这部书很厚，但对于希望了解战争对英国社会的影响的人来说，很值得一读。想要看简短叙述的人可以去读罗伯特·麦凯（Robert Mackay）的 *The Test of War: Inside Britain 1939–45*（1999）。

5. Frayn, Michael. *Copenhagen*. 1998. 一部了不起的话剧作品，作者将德国原子物理学家沃纳·海森堡 (Werner Heisenberg) 与他的丹麦反纳粹同事尼尔斯·玻尔 (Niels Bohr) 之间的一次会面 (确实发生过) 戏剧化了。该书既包含了对原子物理学非常清楚的解释，又包含了对制造原子弹所涉及的道德问题的深入探讨。

6. Friedlander, Saul. *Nazi Germany and the Jews, 1933–1939.* 1998. 一部"二战"前纳粹反犹政策演变的重要研究。

7. Hilberg, Raul. *Perpetrators, Victims, Bystanders: The Jewish Catastrophe, 1933–1945.* 1992. 正如标题所示,作者研究了大屠杀参与者的三种主要类型。

8. Iriye, Akira. *The Origins of the Second World War in Asia and the Pacific.* 1987. 这是朗文出版社的"现代战争的起源"丛书中的一部,主要面向大学生,该书篇幅短小,可读性强,突出了主要的问题和事件。

9. Keegan, John. *The Second World War.* 1989. 对军事技术做出明确解释,书中有很多有用的地图和生动的插图。

10. Kitchen, Martin. *Nazi Germany at War.* 1995. 对德国大后方的简短介绍,结构分明。

11. Marrus, Michael R. *The Holocaust in History.* 1987. 一部清晰、简明的历史书,讲述了历史学家为理解大屠杀所做的努力。强烈推荐该书。

12. Maudsley, Evan. *Thunder in the East: The Nazi-Soviet War 1941–1945.* 2005. 涵盖的范围很广,考察了社会和政治背景以及军事战略和技术。

13. Mazower, Mark. *Hitler's Empire: How the Nazis Ruled Europe.* 2008. 一部令人印象深刻的、广泛的描述,挑战了许多假设。

14. Merridale, Catherine. *Ivan's War: Life and Death in the Red Army, 1939–1945.* 2007. 一部"自下而上"的军事史,审视了普通士兵常常令人痛苦的经历。

15. Moore, Bob, ed. *Resistance in Western Europe.* 2000. 一部探讨这个有争议话题的最新研究的文集。

16. Overy, Richard. *Russia's War: A History of the Soviet War Effort, 1941–1945.* 1997. 为电视纪录片《俄国战争》而写的一部很能打动人的讲述。

17. Paxton, Robert. *Vichy France: Old Guard and New Order, 1940–1944.* 1972. 介绍了法国卖国主义政府的目标和演变,现在已经成为经典。

18. Rees, Laurence. *WWII Behind Closed Doors: Stalin, the Nazis and the West.* 2008. 英国历史图书奖得主,英国广播公司(BBC)电视系列片的配套读物。该书使用了最近披露的档案文件和采访,探索了斯大林和西方民主之间奇怪的联盟所涉及的道德复杂问题。

19. Rhodes, Richard. *Masters of Death: The SS-Einsatzgruppen and the Invention of the Holocaust.* 2002. 关于德国入侵苏联期间别动队行动的叙述,引人入胜。

20. Rhodes, Richard. *The Making of the Atomic Bomb.* 1986. 冗长但非常易读的叙述,作者非常善于解释所涉及的复杂科学。

21. Rock, William R. *British Appeasement in the 1930s.* 1977. 该书给出了一个客

观而简明的评价。

22. Snyder, Timothy. *Bloodlands: Europe Between Hitler and Stalin*. 2010. 近年来出版的最重要的著作之一。

23. Weinberg, Gerhard. *A World at Arms: A Global History of World War II*. 1994. 将第二次世界大战置于全球的背景下，而不仅限于欧洲。

第 28 章

1. Ansprenger, Franz. *The Dissolution of Colonial Empires*. 1989. 对殖民帝国的清晰而全面的描述。

2. Applebaum, Anne. *Iron Curtain. The Crushing of Eastern Europe, 1944–1956*. 2012. 关于冷战起因的权威性描述。

3. Castles, Stephen, et al. *Here for Good: Western Europe's New Ethnic Minorities*. 1984. 对战后移民影响的有益探索，尽管其分析相当教条地运用了马克思主义。

4. Crampton, R. J. *Eastern Europe in the Twentieth Century–And After*. 1997. 详细讲述了 20 世纪 50—60 年代的包括对 "布拉格之春" 的许多讨论。

5. De Grazia, Victoria. *Irresistible Empire: America's Advance through Twentieth-Century Europe*. 2005. 探讨了欧洲的美国化。

6. Elkins, Caroline. *Imperial Reckoning: The Untold Story of Britain's Gulag in Kenya*. 2005. 一部有争议的作品，获得了普利策奖（非小说类）。

7. Fineberg, Jonathan. *Art Since 1940: Strategies of Being*. 1995. 一部大胆而又有大量插图的大部头，提出了个人的重要性这一过时的论点。

8. Fink, Carole, et al. *1968: The World Transformed*. 1998. 这部论文集探讨了 1968 年动乱的国际和国内背景。

9. Gaddis, John Lewis. *The Cold War: A New History*. 2005. 一位著名的冷战历史学家的全面概述。

10. Gillingham, John. *European Integration, 1950–2003: Superstate or New Market Economy?* 2003. 是对欧洲联盟历史的重要诠释。

11. Gross, Jan T., ed. *The Politics of Retribution in Europe: World War II and Its After-math*. 2000. 这一系列文章清楚地表明，欧洲的战争并没有在 1945 年 5 月结束。

12. Judge, Edward, and John Langdon. *A Hard and Bitter Peace: A Global History of the Cold War*. 1999. 一部对学生非常有用的概述，书上的地图很棒。

13. Judt, Tony. *Postwar: A History of Europe Since 1945*. 2005. 一部重要的解释性调查。

14. Judt, Tony, and Timothy Snyder. *Thinking the Twentieth Century*. 2012. 一部 20

世纪思想史的概览。

15. Keep, John. *Last of the Empires: A History of the Soviet Union,1945–1991*. 1995. 目光超越了克里姆林宫，探索了社会、文化和经济发展。

16. Madaraz, Jeannette. *Working in East Germany: Normality in a Socialist Dictatorship, 1961–1979*. 2006. 考察了一个非凡社会中的平凡生活。

17. Poiger, Uta. *Jazz, Rock, and Rebels: Cold War Politics and American Culture in a Divided Germany*. 2000. 探讨了青年文化、美国化和政治抗议之间的相互作用。

18. Rees, Laurence. *WWII Behind Closed Doors: Stalin, the Nazis and the West*. 2008. 该书荣获英国历史图书奖，是 BBC 系列纪录片的姊妹篇。该书利用了最近披露的档案文件和访谈，探索了冷战欧洲妥协的原因。

19. Shepard, Todd. *The Invention of Decolonization: The Algerian War and the Remaking of France*. 2006. 不仅探讨了历史，而且还探讨了阿尔及利亚为从法国独立而进行的斗争的持续影响。

20. Steege, Paul. *Black Market Cold War: Everyday Life in Berlin, 1946–1949*. 2007. 一部"自下而上"的历史，探讨了柏林如何成为冷战的象征中心及其对柏林人民的影响。

21. Taubman, William. *Khrushchev: The Man and His Era*. 2003. 这部赫鲁晓夫传记第一次使用了冷战结束之后公开的资料。

22. Taylor, Frederick. *The Berlin Wall: A World Divided, 1961–1989*. 2007. 利用柏林墙戏剧性的历史来探索冷战对全球的影响。

23. Westad, Odd Arne. *The Global Cold War: Third World Interventions and the Making of Our Time*. 2007. 一部对冷战全球化的研究。强烈推荐该书。

24. Wyman, Mark. *DPs: Europe's Displaced Persons, 1945–1951*. 1989. 对一个经常被忽视的主题的重要研究。

第29章

1. Ardagh, John. *Germany and the Germans: The United Germany in the Mid–1990s*. 1996. 一个处于社会和经济变革之中的社会的快照。

2. Jenkins, Philip. *God's Continent: Christianity, Islam, and Europe's Religious Crisis*. 2007. 一部重要的著作，公允、理性，信息量丰富。

3. Kenney, Padraic. *The Burdens of Freedom: Eastern Europe since 1989*. 2006. 在仅有 160 页的篇幅里，作者对革命后的发展进行了清晰而又非常有益的描述。

4. Kotkin, Stephen. *Armageddon Averted: The Soviet Collapse, 1970–2000*. 2001. 一

部清晰且引人入胜的叙述。

5. Lebovics, Herman. *Bringing the Empire Back Home: France in the Global Age*. 2004. 一部定义法国身份的斗争的文化史。

6. Lewis, Jane, ed. *Women and Social Policies in Europe: Work, Family and the State*. 1993. 一部探索西欧女性地位的一系列散文汇编，里面有很多统计数据和有用的表格。

7. Lovell, Stephen. *Destination in Doubt: Russia Since 1989*. 2006. 一部清晰而简洁的叙述。

8. McNeill, John. *Something New Under the Sun: An Environmental History of the Twentieth Century*. 2000. 作者认为 20 世纪的人类经济活动已经改变了全球的生态。这是一个正在进行的实验，其结果可能是毁灭性的。

9. Ost, David. *The Defeat of Solidarity: Anger and Politics in Postcommunist Europe*. 2005. 以令人着迷、有时令人不安的方式讲述了自团结工会战胜统一工人党以来波兰的发展。

10. Rogel, Carole. *The Breakup of Yugoslavia and the War in Bosnia*. 1998. 该书的目标读者是本科生，包括一个简短但详细的历史叙述，以及主要人物的传记和一系列原始文献。

11. Rosenberg, Tina. *The Haunted Land: Facing Europe's Ghosts After Communism*. 1995. 该书曾荣获普利策奖，主要探讨了后共产主义政治文化面临的基本道德问题。

12. Sandler, Irving. *Art of the Postmodern Era: From the Late 1960s to the Early 1980s*. 1996. 该书所涵盖的范围比标题所表明的更广。这部优秀的作品通俗易懂，将当代艺术和后现代理论置于更广泛的历史背景中。

13. Stokes, Gale. *The Walls Came Tumbling Down: The Collapse of Communism in Eastern Europe*. 1993. 一部精彩的叙述，深深扎根于历史之中。

14. Taylor-Gooby, Peter. *Reframing Social Citizenship*. 2008. 分析了新保守主义兴起以来福利改革的影响。

15. Veldman, Meredith. *Margaret Thatcher: Shaping the New Conservatism*. 2016. 利用撒切尔夫人的传记来探索第二次世界大战后社会民主主义的出现和挑战。

译后记

"西方观念"的形成

西方文明的统一性和连续性是通过不断碰撞与转型逐渐形成的。西方人开始面对理解"他者"文化的问题，并在此过程中改变了自己。西方文明是一系列文化碰撞的产物，既有来自西方外部的碰撞，也有西方内部的碰撞。"西方的起源和发展是在一个不断包容和排斥的过程中进行的，而这一过程是由不同群体之间和群体内部的一系列碰撞所导致的。""碰撞是互动的，但它们采取了不同的形式：暴力的或和平的，胁迫的或合作的。"

今日西方文明的源头在西亚，在美索不达米亚，在美索不达米亚南部，这里的城邦、王朝、帝国孕育了西方最早的文明。"然而，在我们通常认为是西方边界之外的地区，也就是现在的伊拉克和埃及，西方文明开始萌芽。从古代的美索不达米亚文明和埃及文明，西方继承了一些十分重要的内容，如书写和计算系统，以及其法律传统的核心部分。这些文明还留下了大量的宗教故事和思想，经过一个相对弱小的民族希伯来人的改编和修改，成为西方文明的基本道德。"但是，正如我们所看到的，"西方"和"东方"这两个词所指代的不仅仅是地理概念，也指代一系列文化传统。我们认为属于西方的一些政治、宗教和科学传统可以追溯到波斯帝国，其中许多是希腊文化和波斯文化碰撞的产物。

上述这些观点就是作者想给读者传达的，也是他们写作过程中一以贯之的指导思想。

一个不了解自己出生以前事情的人，将永远如初生的儿童。"二战"后，作为西方世界新的领头羊，美国正式从欧洲手中接过了西方文明的火炬。为了使本国公民对身处其中的文化有所了解，在大学中为本科生设置了西方文明课程。此时的西方文明课程在意识形态与学术范式上深受"冷战"时代背景和"欧洲中心论"的影响，其教科书在很长时期内倾向于把近代以来的西方价值观视作普世观念，运用"欧洲中心论"从结果推导原因的分析方法，从西方国家处于强势地位的现状出发去挖掘西方文明兴起的独特原因，堂而皇之地为西方文明贴上科学、民主、理性等标签。到了20世纪末，随着后现代主义史学的发展和全球史观影响的不断扩大，西方史学界掀起了对"欧洲中心论"的反思，这种思潮也深深影响了对西方文明的研究与教学。时至今日，西方文明的课程内涵已经大大丰富，早已超越了"欧洲中心论"的狭隘视野，在一定程度上具备了世界历史课程的性质。索斯塔克（Rick Szostak）的《认识世界历史》（*Making Sense of World History*）、麦凯（John P. McKay）等人主编的《世界社会史》（*A History of World Societies*）就属于此类。

作为目前美国大学西方文明课程的教科书之一，《碰撞与转型》以不同于"欧洲中心论"的视角剖析西方文明，摒弃从现代业已形成的西方固有观念出发，从碰撞与转型的角度，试图从文化的源头追溯考察西方文明是如何形成的。本书围绕"如何阐释西方长期以来的变化""西方的范围以何种方式发生改变""怎样分辨西方文化特征的转变""西方是通过何种方式、何种思想来发展的"等基本问题展开分析，讲述了西方从起源到发展成熟所经历的过程，主张将西方文明视为不同群体内部和彼此之间一系列文化碰撞的产物。其内在意识形态的碰撞包括西方国家内部不同社会群体之间的相互影响，外在碰撞发生于不同文明的种族或民族之间。本书所指的文化碰撞包括精神文化、制度文化、物质文化等方面，通过讲述宗教、政治、生产等领域在不同历史时期的变化来考察西方文明的形成与发展过程，探索不同时代各种途径的交流对人类文化发展的影响。

《碰撞与转型》针对"西方就是由地球上的一些区域或人们组成，西方历史就是欧洲历史的延伸"的观念，主张西方不仅是一个地理概念，更是一个超越欧洲政治和地理界限的文化概念，西方文明本身就蕴含了一种文化史。有鉴于此，本书的叙述开始于文明之初在两河流域和尼罗河流域驯养动物、栽培农作物和开辟远距离贸易，立场鲜明地指出西方文明的许多要素源于地理上并不属于欧洲的北非和中东等地，作为现代西方的文化鼻祖，这些古代文明对地中海地区的思想、艺术和宗教等产生了深刻影响。

作者提出要想准确认识西方界限的改变，关键是要研究西方内部的民族是如何思考并认识自身的。本书指出，古代世界的人们并没有西方的集体认同感这类观念。随着阅读的深入，书中的西方历史在不同阶段展示出不同的价值观。今天西方所普遍认同的价值观，如民主政治、宗教多样性、法律面前人人平等，以及知情权和言论自由等内容，并非从一开始就是西方文明的组成部分。本书表明，西方最重要的文化转变是"人们接受了科学探究在解决人类问题和哲学问题时的价值，这种方法在 17 世纪之前并不存在，但成了西方文明的显著特征之一"。阅读此书，读者可以重新审视历史，了解这些价值观最初被明确、系统地规范与阐释是何等困难，其维护又是何等不易。

《碰撞与转型》以政治史确立全书基本框架，包括宗教史和军事史内容，并适度地将妇女史纳入各个时代的社会史、文化史和政治史当中。书中力求均衡体现不同社会群体的活动对推动文明进步的意义，如权贵与平民、男性与女性、雇主与佣工等，反映出作者对不同民族、不同地区、不同阶层、不同信仰者的史学话语权的尊重。作者注重运用考古学、文献学、文化人类学等相关学科的成果反映人类文明的发展历程，考察西方文明从整个人类历史经验中汲取的营养。书中涉及许多有关中东地区、亚洲、非洲、拉丁美洲的材料，并且比以往的同类教科书更加重视东欧和伊斯兰世界的重要作用。作者还讲述了北美和澳大利亚是如何成为西方一部分的，举重若轻地阐明了一个事实：就地理概念而言，西方是欧洲人殖民扩张的产物。

合作编写此书的学者莱瓦克、缪尔、维德曼既是各自学术研究领域的专家，又是教学经验丰富的教学奖得主。他们将写作此书视为阐释西方文明源于古代诸民族之间多元文化互动的契机，着力描述不同文化、不同社会和不同意识形态之间的交流与互渗。

这样一个创作群体，虽然其著书的目的在于向读者阐释西方的含义，并向读者介绍文明遭遇的理念，但在具体编撰过程中，真正做到了在坚持材料扎实、遵循学术惯例的前提下，尽力避免枯燥的说教，力争贴近读者视角，激发阅读兴趣，鼓励独立思考。书中对许多问题通常不是简单地提供确切答案，而是试图向读者展示最大的可能性，激发读者学习和思考历史的兴趣。例如，作者认为历史学家不可能真正知道是什么引发了 14 世纪的黑死病，但是他们能够回答为什么在 14—15 世纪出现许多新的大学。这是因为很多传教士死于黑死病，由此产生的人才缺口导致了对受过专门教育的传教士的巨大需求。

"欧洲中心论"不仅对西方史学界的影响根深蒂固，即便对我国世界史学界也有很深的影响。从我国世界历史教科书的内容编排来看，往往对各个国家的历史一一陈述，将各个文明依次平铺直叙，但是对各地区各文明之间横向的内在联系的讨论相对较少。此外，在这一编排叙述过程中，源于西方的历史经验往往决定了内容的取舍与定性。其中，经济因素驱动下的城市支配乡村、农业社会向工业社会转型等内容成为分析和评价历史问题的重要指标。以此为依据，我们如果在具体研究过程中不自觉地套用西欧模式和概念话语，就会落入"欧洲中心论"的窠臼。在我国的大学历史教科书《世界史》（吴于廑、齐世荣主编）中，吴先生谈到，人类社会形态由低级阶段向高级阶段的纵向发展，与世界各地区从相互闭塞到逐步开放、从彼此分离到逐步联系密切的横向发展，共同构成了世界历史的主题。但是在阅读《世界史》的过程中，仍会感到书中对各地区横向文化联系的叙述与吴先生的期望有一定距离。因此，秉持着博采众长的目的，《碰撞与转型》无论是在作者对世界各地区、各民族文化联系的讨论上，还是在全书的编撰架构上，对我国的大学历史教科书都有积极的借鉴意义。

关于碰撞（交流）与转型（演变）的书，汉语学术界有两部非常著名，影响很大。一部是杰里·本特利、赫伯特·齐格勒主编的《新全球史：文明的传承与交流》，另一部是于尔根·奥斯特哈默的《世界的演变：19世纪史》。《新全球史：文明的传承与交流》的原名是《传统与邂逅：全球视野下的过去》，"传统与邂逅"给全球史提供了一个包容的视角，这个视角对于当代这个互联互通、相互依存的世界是颇有意义的。以知识渊博著称的奥斯特哈默以跨文化、跨大洲的笔法讲述了19世纪的世界转型故事，其中不仅包括传统的欧洲中心主义方法，还包括比工业化或殖民主义等常规史学范式更多的内容。如果将这两部作品和《碰撞与转型》一起比较阅读，也许会有另一种体验：不断碰撞的过程促进了文化的流动性、生活的多样性和丰富性。然而，这一过程也并非没有弊端，那就是人们在不断运动和变化的过程中会产生恐惧和不适，现代化也会产生很多以前无法预知的弊病。这就是历史魅力所在，这就是现实的吊诡之处，而它们会激发读者丰富的想象力。

陈恒　马百亮

2024 年 2 月

作者简介

布赖恩·莱瓦克 BRIAN LEVACK 得克萨斯大学奥斯汀分校历史系原主任、教授,耶鲁大学博士。研究方向为近代早期欧洲史、法律史和猎巫史,曾多次荣获得克萨斯大学奥斯汀分校的各种教学和科研奖项。代表作《近代早期欧洲的猎巫》已被翻译成八种文字出版,其他作品还有《英国的形成:英格兰、苏格兰和联合王国,1603—1707》《苏格兰的猎巫:法律、政治和宗教》等。

爱德华·缪尔 Edward Muir 美国西北大学历史系原主任、教授,美国历史学会原主席,美国艺术与科学院院士,欧洲人文和自然科学院院士,罗格斯大学博士。研究方向为近代意大利史、文艺复兴时期欧洲史,曾荣获美国历史学会颁发的赫伯特·巴克斯特·亚当斯奖和安德鲁·梅隆基金会颁发的杰出成就奖。代表作有《文艺复兴时期威尼斯的公共仪式》《文艺复兴时期晚期的文化战争》《近代早期欧洲的仪式》等。

梅雷迪斯·维德曼 Meredith Veldman 路易斯安那州立大学历史学教授,美国西北大学博士。研究方向为近现代英国史,曾多次荣获路易斯安那州立大学的各种教学和科研奖项。代表作有《玛格丽特·撒切尔:塑造新保守主义》《幻想、炸弹和英国的绿色化:浪漫抗争,1945—1980》《英国人的耶稣,1850—1970》等。

陈恒 上海师范大学世界史系教授，研究领域为西方史学史与史学理论、西方城市史。著译有《世界史与当代中国》《历史是什么》等，在《中国社会科学》《历史研究》《世界历史》《读书》等刊物上发表文章多篇，主编《世界历史评论》《新史学》等杂志，主编"历史学研究入门丛书""三联经典人文书库""二十世纪人文译丛""光启文库"等丛书。

马百亮 上海海洋大学外国语学院副教授，英语语言文学硕士，历史学博士。主要从事翻译教学与实践，曾两度荣获韩素音国际翻译奖。已出版社科历史类译著三十余部，代表译著有《企鹅欧洲史·古典欧洲的诞生》《罗马的复辟》《统治史》《人类的情感》等。